D1727788

Martin Henssler

Partnerschaftsgesellschaftsgesetz

Partnerschafts-gesellschaftsgesetz

erläutert von

Dr. Martin Henssler

o. Professor an der Universität zu Köln

Geschäftsführender Direktor des Instituts
für Arbeits- und Wirtschaftsrecht

sowie
des Instituts für Anwaltsrecht

und des
Europäischen Zentrums für Freie Berufe
der Universität zu Köln

Prorektor für Planung und wissenschaftliches
Personal der Universität zu Köln

3. Auflage 2018

C.H.BECK

www.beck.de

ISBN 978 3 406 69105 8

© 2018 Verlag C. H. Beck oHG
Wilhelmstraße 9, 80801 München

Druck und Bindung: Friedrich Pustet,
Gutenbergstraße 8, 93051 Regensburg

Satz: Jung Crossmedia Publishing GmbH, Lahnau
Umschlag: Druckerei C. H. Beck, Nördlingen

Gedruckt auf säurefreiem, alterungsbeständigem Papier
(hergestellt aus chlorfrei gebleichtem Zellstoff)

Vorwort

Seit der 2008 erschienenen Vorauflage ist trotz ihrer freundlichen Aufnahme durch die Leser ein recht langer Zeitraum vergangen. Die Partnerschaft hat in der Zwischenzeit – auch dank erneuter gesetzlicher Verbesserungen – noch einmal deutlich an Beliebtheit gewonnen. Nach der 1998 eingeführten Haftungskonzentration gemäß § 8 Abs. 2 PartGG hat die in § 8 Abs. 4 PartGG verankerte Variante der Partnerschaft mit beschränkter Berufshaftung dazu geführt, dass die Partnerschaft nicht nur im Kreise der von der deutschen Rechtsordnung für freiberufliche Berufsausübungsgesellschaften zur Verfügung gestellten Rechtsformen eine herausgehobene Position einnimmt. Sie kann nun auch im Wettbewerb mit ausländischen Rechtsformen, insbesondere der zeitweise sehr beliebten englischen LLP, bestehen. Der im Vorwort zur ersten Auflage artikulierte Wunsch, der Gesetzgeber möge „die notwendigen Ergänzungen und Korrekturen durchführen, welche die Partnerschaft zu einer echten Alternative zur Kapitalgesellschaft werden lassen", ist damit erfüllt worden. Das bedeutet nicht, dass kein weiterer Reformbedarf bestünde, wie etwa ein Blick auf die antiquierte Regelung des Namensrechts in § 2 PartGG zeigt. Der Kommentar nimmt dementsprechend auch den verbleibenden Reformbedarf in den Blick und zeigt die Schwierigkeiten der Praxis mit dem geltenden Recht auf.

In der Neuauflage ist der bewusst als Eigenart dieses Kommentars gewählte Schwerpunkt, nämlich die Darstellung der vielfältigen Besonderheiten der einzelnen Freien Berufe, weiter ausgebaut worden. Es ist dem Verfasser ein besonderes Anliegen, die Angehörigen der verschiedenen Freien Berufe über die Vorteile der Partnerschaft und die bei ihrer Wahl zu beachtenden berufsrechtlichen Besonderheiten zu informieren. Ein weiterer Schwerpunkt liegt in der Darstellung der haftungsrechtlichen Besonderheiten. Die Kommentierung des § 8 PartGG ist daher erneut erweitert und ein ausführlicher Abschnitt zur Part mbB aufgenommen worden. Hinweise zu den in Deutschland weiterhin aktiven, der PartG verwandten ausländischen Rechtsformen, wie der englischen LLP, sowie rechtsvergleichende Ausführungen dienen einer möglichst breiten Leserinformation. Ein Vertragsmuster für einen Partnerschaftsvertrag soll zusätzliche Denkanstöße geben und die Arbeit mit dem Werk erleichtern.

Die Kommentierung befindet sich auf dem Stand September 2017. Bei ihrer Erstellung haben meine Mitarbeiterinnen und Mitarbeiter am Institut für Arbeits- und Wirtschaftsrecht und am Institut für Anwaltsrecht an der Universität zu Köln, namentlich Frau Ines Holz und Frau Dr. Franziska Trottmann sowie die Herren Dr. David Markworth, Jan Nockemann, Andreas Riegler, Dr. Kai Ulmer und Herr Dr. Christian Deckenbrock wertvolle Hilfe geleistet. Ihnen und allen weiteren Institutsmitarbeitern sei auch an dieser Stelle herzlich gedankt.

Köln, im November 2017   Martin Henssler

Aus dem Vorwort zur 1. Aufl.

Der Deutsche Gesetzgeber hat den Angehörigen der Freien Berufe mit dem am 1.7.1995 in Kraft getretenen PartGG eine Gesellschaftsform zur Verfügung gestellt, die sowohl ihren historisch gewachsenen Eigenarten als auch ihrer Stellung in einer modernen Dienstleistungsgesellschaft Rechnung tragen soll. Er folgt damit einer international verbreiteten Entwicklung im Gesellschaftsrecht. Nach jahrzehntelanger Vernachlässigung hat sich die Erkenntnis durchgesetzt, dass die Freien Berufe eigenständiger gesellschaftsrechtlicher Regelungen bedürfen. Die Partnerschaft steht als Zusammenschlussform neben anderen Kooperationsmodellen, namentlich neben der Gesellschaft Bürgerlichen Rechts und der Kapitalgesellschaft, die in nahezu allen modernen Industrienationen auch den Freien Berufen, meist allerdings mit Modifikationen, zugänglich ist. Bei sachgerechter Ausgestaltung sollte die Partnerschaft indes zur idealen Form gemeinschaftlicher freiberuflicher Tätigkeit heranreifen.

Die Kommentierung will dem Praktiker einen Leitfaden für alle wichtigen Fragen von der Gründung der Gesellschaft über deren freiberufliche Tätigkeit bis zu ihrer eventuellen Auflösung bieten. Eineinhalb Jahre nach Inkrafttreten des Gesetzes ließen sich bereits erste praktische Erfahrungen mit der neuen Gesellschaft und sogar schon erste Gerichtsentscheidungen verwerten. Das Schrifttum hat bereits ein beachtliches Ausmaß erreicht, die praktische Relevanz hinkt dieser theoretischen Aufarbeitung vorerst noch weit hinterher. Ein Vertragsmuster für einen Partnerschaftsvertrag und ein Muster einer Haftungsbeschränkungsvereinbarung sollen zusätzliche Denkanstöße geben und die Arbeit mit dem Werk erleichtern. Das sehr schlanke Gesetz begnügt sich mit nur 11 Paragraphen, eine Knappheit, die erst durch die weitgehende Verweisung auf das Recht der OHG in den §§ 105 ff. HGB möglich wurde. Die Kommentierung erstreckt sich daher auf die zum Verständnis des Gesamtkonzeptes notwendigen handelsrechtlichen Vorschriften, Entsprechend dem Standort des Gesetzes an der Schnittstelle zwischen Gesellschaftsrecht und Berufsrecht wurde ein besonderes Gewicht auf die berufsrechtlichen Vorschriften gelegt, die gemäß dem Berufsrechtsvorbehalt (§ 1 Abs. 3 PartGG) den gesellschaftsrechtlichen Regelungen vorgehen. Nicht nur Rechtsanwälte, Steuerberater, Wirtschaftsprüfer und Ärzte, auch alle anderen Freien Berufe sollen über die spezifischen Besonderheiten informiert werden, die von ihnen bei einer Gesellschaftsgründung zu beachten sind.

Köln, im Dezember 1996   Martin Henssler

Inhaltsverzeichnis

Inhaltsverzeichnis

Inhaltsverzeichnis

Abkürzungsverzeichnis

Abkürzungsverzeichnis

BOPäd	Berufsordnung Deutscher Diplom-Pädagogen und Diplom-Pädagoginnen
BORA	Berufsordnung für Rechtsanwälte
BOStB	Satzung über die Rechte und Pflichten bei der Ausübung der Berufe der Steuerberater und der Steuerbevollmächtigten (Berufsordnung)
BR-Drs.	Bundesrats-Drucksache
BRAK	Bundesrechtsanwaltskammer
BRAK-Mitt.	BRAK-Mitteilungen, herausgegeben von der BRAK (Zeitschrift) (Jahr und Seite)
BRAO	Bundesrechtsanwaltsordnung
BReg	Bundesregierung
BSG	Bundessozialgericht
BSGE	Entscheidungen des Bundessozialgerichts
BStBl.	Bundessteuerblatt
BS WP/vBP	Satzung der Wirtschaftsprüferkammer über die Rechte und Pflichten bei der Ausübung der Berufe des Wirtschaftsprüfers und des vereidigten Buchprüfers (Berufssatzung für Wirtschaftsprüfer/vereidigte Buchprüfer – BS WP/vBP)
BT-Drs.	Bundestags-Drucksache
BVerfG	Bundesverfassungsgericht
BVerfGE	Entscheidungen des Bundesverfassungsgerichts
BVerwG	Bundesverwaltungsgericht
BVerwGE	Entscheidungen des Bundesverwaltungsgerichts
BWNotZ	Zeitschrift für das Notariat in Baden-Württemberg (Jahr und Seite)
bzgl.	bezüglich
bzw.	beziehungsweise
CR	Computer und Recht (Zeitschrift) (Jahr und Seite)
DÄBl.	Deutsches Ärzteblatt (Zeitschrift) (Jahr und Seite)
DAV	Deutscher Anwaltverein
DAZ	Deutsche Apothekerzeitung (Jahr und Seite)
DB	Der Betrieb (Zeitschrift) (Jahr und Seite)
DDR	Deutsche Demokratische Republik
Deutsch/Spickhoff . .	Deutsch/Spickhoff, Medizinrecht, Arztrecht, Arzneimittelrecht, Medizinprodukterecht und Transfusionsrecht, 7. Aufl. 2014
Deckenbrock/ Henssler/*Bearbeiter*	Deckenbrock/Henssler, Rechtsdienstleistungsgesetz, 4. Aufl. 2015
dh	das heißt
DHKT	Deutscher Handwerkskammertag
DiätAssG	Gesetz über den Beruf der Diätassistentin und des Diätassistenten
DIHK	Deutscher Industrie- und Handelskammertag
DIHT	Deutscher Industrie- und Handelstag
Diss.	Diss.
DJT	Deutscher Juristentag

Abkürzungsverzeichnis

Feddersen/Meyer-
Landrut . . . . Feddersen/Meyer-Landrut, Partnerschaftsgesellschaftsgesetz – Kommentar und Mustervertrag, 1995
Feuerich/Weyland/
Bearbeiter . . . . . . Feuerich/Weyland, Bundesrechtsanwaltsordnung, 9. Aufl. 2016
FG . . . . Finanzgericht
FGG . . . . Gesetz über Angelegenheiten der freiwilligen Gerichtsbarkeit
FGO . . . . Finanzgerichtsordnung
Fischer . . . . Fischer, Die Partnerschaftsgesellschaft mit beschränkter Berufshaftung, Rechtliche Einordnung und Haftungsverfassung unter Berücksichtigung der englischen LLP, Diss. 2015
Fischer StGB . . . . . Fischer, Strafgesetzbuch und Nebengesetze, Kommentar, 64. Aufl. 2017
Fn. . . . . Fußnote
FR . . . . Finanz-Rundschau (Zeitschrift) (Jahr und Seite)
FS . . . . Festschrift

Gail/Overlack . . . . . Gail/Overlack, Anwaltsgesellschaften, 2. Aufl. 1996
GbR . . . . Gesellschaft bürgerlichen Rechts
gem. . . . . gemäß
GesR . . . . Gesundheitsrecht (Zeitschrift) (Jahr und Seite)
GewA . . . . Gewerbe-Archiv (Jahr und Seite)
GewO . . . . Gewerbeordnung
GG . . . . Grundgesetz für die Bundesrepublik Deutschland
ggf. . . . . gegebenenfalls
GmbH . . . . Gesellschaft mit beschränkter Haftung
GmbHG . . . . Gesetz betreffend die Gesellschaften mit beschränkter Haftung
GmbHR . . . . GmbH-Rundschau (Zeitschrift) (Jahr und Seite)
Bearbeiter in
Gottwald InsO-HdB Gottwald, Insolvenzrechts-Handbuch, 5. Aufl. 2015
grds. . . . . grundsätzlich
GRUR . . . . Gewerblicher Rechtsschutz und Urheberrecht (Jahr und Seite)
GS . . . . Gedächtnisschrift; Großer Senat
GVBl. . . . . Gesetz- und Verordnungsblatt
GVG . . . . Gerichtsverfassungsgesetz

Hachenburg/
Bearbeiter . . . . . . Hachenburg, Gesetz betreffend die Gesellschaften mit beschränkter Haftung (GmbHG), Großkommentar, 8. Aufl. 1992–1997
Hartung/Scharmer/
Bearbeiter . . . . . . Hartung/Scharmer, Berufs- und Fachanwaltsordnung: BORA/FAO, 6. Aufl. 2016
HASG . . . . Hessisches Architekten- und Stadtplanergesetz
hM . . . . herrschende Meinung
HdB . . . . Handbuch
HebG . . . . Gesetz über den Beruf der Hebamme und des Entbindungspflegers
HeilBerG . . . . Heilberufsgesetz
HeilPraktG . . . . . . Heilpraktikergesetz

Abkürzungsverzeichnis

Abkürzungsverzeichnis

Abkürzungsverzeichnis

NachhBG	Gesetz zur zeitlichen Begrenzung der Nachhaftung von Gesellschaftern (Nachhaftungsbegrenzungsgesetz)
nF	neue Fassung
NJ	Neue Justiz (Zeitschrift) (Jahr und Seite)
NJOZ	Neue Juristische Online Zeitschrift (Jahr und Seite)
NJW	Neue Juristische Wochenschrift (Zeitschrift) (Jahr und Seite)
NJW-RR	NJW-Rechtsprechungs-Report (Zeitschrift) (Jahr und Seite)
NK-BGB/*Bearbeiter*	Dauner-Lieb/Heidel/Ring, BGB, NomosKommentar, 6 Bände, 2. Aufl. 2015 ff.
Nr.	Nummer(n)
NRW	Nordrhein-Westfalen
NVwZ	Neue Zeitschrift für Verwaltungsrecht (Jahr und Seite)
NWB	Neue Wirtschafts-Briefe für Steuer- und Wirtschaftsrecht
NZG	Neue Zeitschrift für Gesellschaftsrecht (Jahr und Seite)
NZS	Neue Zeitschrift für Sozialrecht (Jahr und Seite)
oÄ	oder Ähnlich(e/es)
Oetker/*Bearbeiter* . .	Oetker, HGB, Kommentar, 4. Aufl. 2015
OFD . . , , , ,	Oberfinanzdirektion
OG	Offene Gesellschaft
OHG	Offene Handelsgesellschaft
OLG	Oberlandesgericht
OPK	Ostdeutsche Psychotherapeutenkammer
OVG	Oberverwaltungsgericht
OWiG	Gesetz über Ordnungswidrigkeiten
Palandt/*Bearbeiter* . .	Palandt, Bürgerliches Gesetzbuch, 76. Aufl. 2017
PAO	Patentanwaltsordnung
PartGG	Gesetz über Partnerschaftsgesellschaften
PartmbB	Partnerschaftsgesellschaft mit beschränkter Berufshaftung
Bearbeiter in Peres/	
Senft SozietätsR . . .	Peres/Senft, Sozietätsrecht, Handbuch für rechts-, steuer-, und wirtschaftsberatende Gesellschaften, 3. Aufl. 2015
Pharm. Ztg.	Pharmazeutische Zeitung (Jahr und Seite)
PHi	Produkthaftpflicht international (Zeitschrift) (Jahr und Seite)
PRV	Verordnung über die Einrichtung und Führung des Partnerschaftsregisters (Partnerschaftsregisterverordnung)
PsychThG	Gesetz über die Berufe des Psychologischen Psychotherapeuten und des Kinder- und Jugendlichenpsychotherapeuten (Psychotherapeutengesetz)
RA	Rechtsanwalt
RabelsZ	Zeitschrift für ausländisches und internationales Privatrecht (Jahr und Seite)
Radiologe	Der Radiologe (Zeitschrift) (Jahr und Seite)
RAK	Rechtsanwaltskammer
Rbeistand	Der Rechtsbeistand (Zeitschrift) (Jahr und Seite)
RBerG	Rechtsberatungsgesetz

Abkürzungsverzeichnis

Seibert/Kilian . . . . . Seibert/Kilian, Partnerschaftsgesellschaftsgesetz – PartGG, 2012
SGB . . . . Sozialgesetzbuch
SigG . . . . Gesetz über Rahmenbedingungen für elektronische Signaturen (Signaturgesetz)
Soergel/Bearbeiter . . Soergel, Bürgerliches Gesetzbuch, 13. Aufl. 2000 ff.
sog. . . . . sogenannte(r/s/n)
Spickhoff/Bearbeiter Spickhoff, Medizinrecht, 2. Aufl. 2014
Staub/Bearbeiter . . . Canaris/Habersack/Schäfer, Handelsgesetzbuch, Großkommentar, begr. von Staub, 15 Bände, 5. Aufl. 1983 ff.
Staudinger/Bearbeiter Staudinger, Kommentar zum Bürgerlichen Gesetzbuch (BGB) mit Einführungsgesetz und Nebengesetzen, 1993 ff. Buch 2, Recht der Schuldverhältnisse, §§ 705–740, 2003
Staudinger/Großfeld
IntGesR . . . . Staudinger/Großfeld, Internationales Gesellschaftsrecht, 15. Aufl. 2015
StB . . . . Steuerberater; Der Steuerberater (Zeitschrift) (Jahr und Seite)
StBerG . . . . Steuerberatungsgesetz
Stbg . . . . Die Steuerberatung (Zeitschrift) (Jahr und Seite)
StGB . . . . Strafgesetzbuch
stRspr . . . . ständige Rechtsprechung
StPO . . . . Strafprozessordnung
str. . . . . streitig, strittig
Sudhoff/Bearbeiter . . Sudhoff, Personengesellschaften, 8. Aufl. 2005

Bearbeiter in Thode/
Wirth/Kuffer
ArchitektenR-HdB Thode/Wirth/Kuffer, Praxishandbuch Architektenrecht, 2. Aufl. 2016

ua . . . . unter anderem
uÄ . . . . und Ähnliche(r/s)
Ulmer/Habersack/
Löbbe/*Bearbeiter* . . . Ulmer/Habersack/Löbbe, GmbHG, Kommentar, 3 Bände, Bd. 1: 2. Aufl. 2014, Bd. 2: 2. Aufl. 2014, Bd. 3: 2. Aufl. 2016
UmwG . . . . Umwandlungsgesetz
Urt. . . . . Urteil
usw . . . . und so weiter
UStG . . . . Umsatzsteuergesetz
uU . . . . unter Umständen
UWG . . . . Gesetz gegen den unlauteren Wettbewerb

VÄndG . . . . Vertragsrechtsänderungsgesetz
Var. . . . . Variante
Verf. . . . . Verfasser
VersR . . . . Versicherungsrecht, Juristische Rundschau für die Individualversicherung (Zeitschrift) (Jahr und Seite)
VG . . . . Verwaltungsgericht
VGH . . . . Verwaltungsgerichtshof

Abkürzungsverzeichnis

vgl. . . . . vergleiche
VO . . . . Verordnung
VStG . . . . Vermögensteuergesetz
VVG . . . . Gesetz über den Versicherungsvertrag

Bearbeiter in Wegen/
Spahlinger/Barth
GesR Ausland . . . . Wegen/Spahlinger/Barth, Gesellschaftsrecht des Auslands, Lose-
blattsammlung, Stand: 2016
Wehrheim/Wirtz . . . Wehrheim/Wirtz, Die Partnerschaftsgesellschaft, 5. Aufl. 2013
Wellmann/*Bearbeiter* Wellmann, Der Sachverständige in der Praxis, 7. Aufl. 2004
WiB . . . . Wirtschaftsrechtliche Beratung (Jahr und Seite)
Wicke . . . . Wicke, GmbHG, Kommentar, 3. Aufl. 2016
Wiedemann GesR I Wiedemann, Gesellschaftsrecht, Band I: Grundlagen, 1980
Wiedemann GesR II Wiedemann, Gesellschaftsrecht, Band II: Recht der Personen-
gesellschaften, 2004
WM . . . . Wertpapiermitteilungen, Zeitschrift für Wirtschaft und Bankrecht
(Jahr und Seite)
WP-Handbuch
2017/*Bearbeiter.* . . . Institut der Wirtschaftsprüfer in Deutschland e.V., WP Hand-
buch, Wirtschaftsprüfung und Rechnungslegung, 15. Aufl. 2017
WPK . . . . Wirtschaftsprüferkammer
WPK-Magazin . . . Mitteilungen der Wirtschaftsprüferkammer – Magazin (Heft/Jahr
und Seite)
WPK-Mitt. . . . . . . Wirtschaftsprüferkammer-Mitteilungen (Jahr und Seite)
WPO . . . . Wirtschaftsprüferordnung
WPrax . . . . Wirtschaftsrecht und Praxis (Zeitschrift) (Jahr und Seite)

Zahnärzte-ZV . . . . Zulassungsverordnung für Vertragszahnärzte
ZAP . . . . Zeitschrift für die Anwaltspraxis (Jahr und Seite)
ZEV . . . . Zeitschrift für Erbrecht und Vermögensnachfolge (Jahr und Seite)
ZGR . . . . Zeitschrift für Unternehmens- und Gesellschaftsrecht (Jahr und
Seite)
ZHR . . . . Zeitschrift für das gesamte Handelsrecht und Wirtschaftsrecht
(Jahr und Seite)
ZIP . . . . Zeitschrift für Wirtschaftsrecht (Jahr und Seite)
ZMGR . . . . Zeitschrift für das gesamte Medizin- und Gesundheitsrecht
(Jahr und Seite)
Zöller/*Bearbeiter* . . . Zöller, Zivilprozessordnung, 31. Aufl. 2016
ZPO . . . . Zivilprozessordnung
ZRP . . . . Zeitschrift für Rechtspolitik (Jahr und Seite)
zT . . . . zum Teil
ZVglRWiss . . . . . . Zeitschrift für vergleichende Rechtswissenschaft (Jahr und Seite)
ZZP . . . . Zeitschrift für Zivilprozess (Jahr und Seite)

Einführung

Übersicht

1

Einführung

I. Entstehungsgeschichte

Schrifttum: *Beckmann,* Ringen um das Partnerschaftsgesetz für Freie Berufe, der freie beruf 1992, 19; *Beckmann,* Für eine Partnerschaft Freier Berufe, FS Kleinert, 1992, 210; *Bösert,* Der Regierungsentwurf eines Gesetzes zur Schaffung von Partnerschaftsgesellschaften, DStR 1993, 1332; *Bösert,* Das Gesetz über Partnerschaftsgesellschaften Angehöriger Freier Berufe, ZAP 1994, 137; *Bösert,* Die Partnerschaftsgesellschaft – neue Form des Zusammenschlusses von Freiberuflern, WPrax 1994, 2; *Burret,* Das Partnerschaftsgesellschaftsgesetz?, WPK-Mitt. 1994, 201; *v. Falkenhausen,* Brauchen die Rechtsanwälte ein Partnerschaftsgesetz?, AnwBl. 1993, 479; *Henssler,* Der Regierungsentwurf eines Gesetzes über Partnerschaftsgesellschaften, WiB 1994, 53; *Kempter,* Das Partnerschaftsgesellschaftsgesetz – Ein Überblick zur Einführung und Orientierung, BRAK-Mitt. 1994, 122; *Leutheusser-Schnarrenberger,* Ein wichtiger Tag für die Freien Berufe, AnwBl. 1994, 334; *Leutheusser-Schnarrenberger,* Die Partnerschaftsgesellschaft – nationale und EG-rechtliche Bestrebungen zu einem Sondergesellschaftsrecht für die freien Berufe, FS Helmrich, 1994, 677; *Lieder/Hoffmann,* Die PartG mbB – Rechtstatsachen und Rechtsprobleme, NJW 2015, 897; *Michalski,* Zum Regierungsentwurf eines Partnerschaftsgesellschaftsgesetzes, ZIP 1993, 1210; *Rittner,* Teamarbeit bei Freien Berufen, StB 1967, 2; *K. Schmidt,* Partnerschaftsgesetzgebung zwischen Berufsrecht, Schuldrecht und Gesellschaftsrecht, ZIP 1993, 633; *Seibert,* Regierungsentwurf eines Partnerschaftsgesellschaftsgesetzes, ZIP 1993, 1197; *Seibert,* Zum neuen Entwurf eines Partnerschaftsgesellschaftsgesetzes, AnwBl. 1993, 155; *Volmer,* Die Partnerschaft als Gesellschaftsform für die Teamarbeit im freien Beruf, StB 1967, 25.

1. Die Entwicklung der rechtspolitischen Diskussion

1 Mit dem am 27.5.1994 vom Deutschen Bundestag verabschiedeten Partnerschaftsgesellschaftsgesetz (BGBl. 1994 I 1744ff.) stellt der Gesetzgeber eine eigenständige Gesellschaftsform für die Zusammenarbeit von Angehörigen Freier Berufe zur Verfügung. Dem Gesetzgebungsverfahren gingen eine langjährige Diskussion und eine Vielzahl von Gesetzesentwürfen voraus. Ende der 60er Jahre des letzten Jahrhunderts forderten Vertreter der Berufsstände erstmals die Partnerschaft als Gesellschaftsform für die kooperative freiberufliche Tätigkeit (*Volmer* StB 1967, 25f.). Hinter der Forderung stand die Erkenntnis, dass die Gesellschaft bürgerlichen Rechts (§§ 705ff. BGB) nicht ausreichend rechtlich verselbstständigt ist, um für alle Arten gemeinsamer Berufsausübung geeignet zu sein (*Volmer* StB 1967, 25; *Rittner* StB 1967, 2 [9]). Ein Blick über die Grenzen offenbarte seinerzeit, dass eine ganze Reihe von Staaten den Bedarf der Freien Berufe nach einer eigenständigen Zusammenschlussform längst erkannt und umgesetzt hatte (vgl. das franz. Gesetz über die société civile professionnelle vom 29.11.1966; zu weiteren Organisationsformen für freiberufliche Zusammenschlüsse im europäischen Ausland vgl. *Nerlich,* Internationale Kooperationsmöglichkeiten für europäische Anwälte, 1994, 122ff.; s. auch *Donath* ZHR 156 [1992], 135 [146ff.]).

2. Die Gesetzesentwürfe der 6. und 7. Legislaturperiode

Ein erster Regelungsvorschlag zur Erweiterung der gesellschaftsrechtlichen **2** Gestaltungsmöglichkeiten um eine „Partnerschaft" stammt aus dem Jahre 1967 (*Volmer* StB 1967, 26). Bereits dieser Vorstoß orientierte sich eng an der Regelung der OHG in §§ 105ff. HGB. Auf ihm basierte ein 1971 von mehreren Abgeordneten des Deutschen Bundestages eingebrachter Gesetzesentwurf. Die vorgeschlagene Partnerschaft war allerdings abweichend von der OHG als juristische Person konzipiert. Die Initiatoren des Gesetzesentwurfs gingen davon aus, dass bei Großformen der Zusammenarbeit eine Personengesellschaft technisch unzureichend sei, größere Zusammenschlüsse durch die Gesellschaftsform jedoch erleichtert werden sollten (BT-Drs. 6/2047, 6). Die Haftung der Partnerschaft sollte auf einen Betrag von 500.000,– DM beschränkt sein. Der Entwurf, der durchaus auf ein positives Echo stieß, fiel der Auflösung des 6. Deutschen Bundestages zum Opfer (zum Ganzen *Beckmann* der freie beruf 1992, 19f.; *Beckmann* FS Kleinert, 1992, 210f.).

Der in der folgenden Legislaturperiode im Jahre 1975 eingebrachte zweite **3** Entwurf (BT-Drs. 7/4089; zu Einzelheiten *Henssler* JZ 1992, 697 [701]) sah eine rechtsfähige Personengesellschaft vor. Die Rechtsform der Kapitalgesellschaft stieß auf Ablehnung, da sie der Eigenverantwortlichkeit, Selbstständigkeit und der leitenden Funktion des Berufsträgers kaum Rechnung trage (BT-Drs. 7/4089, 8). Die Haftungsregelung des Entwurfs entsprach der Rechtslage in der BGB-Gesellschaft. Jedoch sollte durch schriftliche Vereinbarung im Außenverhältnis die alleinige Haftung eines Gesellschafters bestimmt werden können. Im Innenverhältnis war ein Rückgriffsrecht gem. § 426 Abs. 2 BGB geplant.

Die Beratung des Entwurfs im Rechtsausschuss führte zu erheblichen Ver- **4** änderungen, sodass die Beschlussempfehlung einem neuen Gesetzesentwurf gleichkam (BT-Drs. 7/5402; 7/5413). In dieser modifizierten Form wurde der Entwurf in dritter Lesung vom Bundestag verabschiedet. Die Partnerschaft sollte nun nicht mehr als juristische Person, sondern als Gesamthand ausgestaltet werden. Zur Begründung verwies der Rechtsausschuss auf die steuerrechtlichen Probleme bei der Einordnung der Partnerschaft in das bestehende Steuersystem (BT-Drs. 7/5413, 2). Nur die Parteifähigkeit der Partnerschaft sollte erhalten bleiben. Aufgegeben wurden ferner die Versicherungspflicht und die Haftungsbeschränkungsmöglichkeiten. Dem nach Streichung der innovativen Teile nur noch halbherzigen Rumpfgesetz verweigerte der Bundesrat am 16.7.1976 zu Recht seine Zustimmung gem. Art. 84 Abs. 1 GG. Eine neue Gesellschaftsform sei – jedenfalls in der vorgelegten Fassung – nicht not-

Einführung

wendig (BR-Drs. 444/1/76, 2). Hinzu kam, dass auch die Berufsverbände gegen den modifizierten Entwurf votierten (vgl. *Bösert* ZAP 1994, 137 ff. [138]).

3. Die Entstehungsgeschichte des PartGG

5   Erst Ende der 80er Jahre lebte mit der Forderung nach neuen Organisationsformen für die Angehörigen der Freien Berufe der Gedanke einer Partnerschaftsgesellschaft wieder auf. Eine der Ursachen für die Renaissance des Partnerschaftsmodells lag in dem verstärkten Wettbewerbsdruck durch die internationale Konkurrenz. Freiberufliche Zusammenschlüsse entwickelten sich sowohl in den Vereinigten Staaten als auch in einigen Mitgliedstaaten der Europäischen Gemeinschaft zu Dienstleistungsunternehmen großen Stils (für den Beruf des Rechtsanwalts in Europa *Nerlich,* Internationale Kooperationsmöglichkeiten für europäische Anwälte, 1994). Als unbefriedigend wurde die fehlende Eignung der GbR für die interprofessionelle Zusammenarbeit der Freien Berufe empfunden. Verschiedene freiberufliche Verbände trugen den Wunsch an das Bundeswirtschaftsministerium heran, eine Rechtsform speziell für die Zusammenarbeit der Freien Berufe zu schaffen. Parallel dazu wurde vom Deutschen Anwaltverein eine berufsspezifische Form der GmbH gefordert (DAV AnwBl. 1990, Beilage zu Heft 4, 16 f.; vgl. aber auch die Vorschläge der Deregulierungskommission, Marktöffnung und Wettbewerb, 2. Bericht (März 1991), Die Märkte für Rechtsberatung und Wirtschaftsberatung, Vorschlag 64 Nr. 453).

6   In ihren Koalitionsvereinbarungen vom 16.1.1991 beschlossen die Regierungsparteien die Vorbereitung eines Partnerschaftsgesetzes (Formulierung abgedruckt bei *Beckmann* FS Kleinert, 1992, 213). Nach verschiedenen Sondierungsgesprächen und einer vom Bundestag in Auftrag gegebenen Untersuchung zur Lage der Freien Berufe verabschiedete der Deutsche Bundestag am 3.6.1992 eine Entschließung, in der die Bundesregierung aufgefordert wurde, alsbald den Entwurf eines Partnerschaftsgesellschaftsgesetzes vorzulegen (BT-Drs. 12/2017, 3 Nr. 8). Am 8.1.1993 wurde ein erster Referentenentwurf vorgestellt (dazu *Seibert* AnwBl. 1993, 155 ff.; abgedruckt in ZIP 1993, 153 ff.), der nach gründlicher Überarbeitung am 20.7.1993 als Regierungsentwurf vom Kabinett verabschiedet wurde (BT-Drs. 12/6152; dazu *Bösert* DStR 1993, 1332 ff.). Von den ursprünglichen 27 Paragraphen des Entwurfes verblieben nur 11. Die Straffung wurde vor allem durch Verweisungen auf das Recht der OHG erreicht. Als Reaktion auf die berechtigte Kritik von *K. Schmidt* (ZIP 1993, 633 ff.) wurde außerdem deutlicher als zunächst zwischen berufs- und gesellschaftsrechtlichen Regelungen getrennt. Das PartGG beschränkt sich nunmehr überwiegend auf die Regelung des Gesellschaftsrechts, einschließlich des Namensrechts, den berufsrechtlichen Bezügen wird durch einen Berufsrechtsvorbehalt Rechnung getragen (vgl. § 1 Abs. 3).

4. Nachträgliche Reformen

7   Seit seinem Inkrafttreten musste das Gesetz wiederholt geändert werden: Zunächst führten die umfangreichen Änderungen des HGB durch das „Gesetz zur Neuregelung des Kaufmanns- und Firmenrechts und zur Änderung anderer handels- und gesellschaftsrechtlicher Vorschriften" (Handelsrechtsreform-gesetz – HRefG; BGBl. 1998 I 1474) vom 22.6.1998 zur Anpassung der im PartGG enthaltenen Verweisungen. Das „Gesetz zur Änderung des Umwandlungsgesetzes, des Partnerschaftsgesellschaftsgesetzes und anderer Gesetze" (BGBl. 1998 I 1878) vom 22.7.1998 brachte sodann in § 1 Abs. 2 S. 1 eine Legaldefinition der Freien Berufe, vor allem aber die vom Schrifttum geforderte (→ Rn. 14) gesellschaftsrechtliche Haftungsbegrenzung in § 8 Abs. 2. Durch Art. 2 des „2. Gesetz(es) zur Änderung der Finanzgerichtsordnung und anderer Gesetze" vom 19.12.2000 wurde mit Wirkung vom 1.1.2001 in § 7 der jetzige Abs. 4 eingefügt, der unter bestimmten Voraussetzungen (Handeln durch postulationsfähige Partner) die Postulationsfähigkeit der Partnerschaft anordnet (BGBl. 2000 I 1757).

Weitere Änderungen erfuhr das PartGG durch Art. 4 des „Gesetz(es) über **8** elektronische Register und Justizkosten für Telekommunikation" (ERJuKoG, Gesetz v. 10.12.2001, BGBl. 2001 I 3422), der am 15.12.2001 in Kraft getreten ist. Im Zusammenhang mit der Ermöglichung des Online-Abrufs aus elektronisch geführten Registern führte das Gesetz eine klare Regelung zur Eintragung der Vertretungsmacht von Personengesellschaften ein (Begründung zum RegE v. 31.8.2001, BT-Drs. 14/6855, 16; → § 4 Rn. 26, → § 5 Rn. 4). Die Neuregelung trug ferner den auf EG-Ebene geplanten Änderungen der Publizitätsrichtlinie zugunsten weitergehender Transparenz europäischer Unternehmen Rechnung (Vorschlag für eine Richtlinie zur Änderung der Richtlinie 68/151/EWG in Bezug auf Offenlegungspflichten von Gesellschaften bestimmter Rechtsformen v. 3.6.2002, DOK KOM (2002) 279 endg., vgl. *Wiesner* BB 2001, Beilage 8 zu Heft 44, 2 [11] mwN). Die Änderungen des HGB durch das Gesetz über elektronische Handelsregister und Genossenschaftsregister sowie das Unternehmensregister (EHUG v. 10.11.2006; BGBl. 2006 I 2553), nach dem das Partnerschaftsregister wie die Handels- und Genossenschaftsregister zum 1.1.2007 verpflichtend auf elektronischen Betrieb umgestellt worden ist, führten zu einer Anpassung der im PartGG enthaltenen Verweisungen in § 5 Abs. 2. Zudem wurde in § 11 ein inzwischen überholter Abs. 3 eingefügt. Danach konnten die Landesregierungen bestimmen, dass Anmeldungen zum Partnerschaftsregister noch bis zum 31.12.2009 auch in Papierform eingereicht werden konnten.

Von großer Tragweite ist die jüngste Novellierung des PartGG durch das **9** Gesetz zur Einführung einer Partnerschaftsgesellschaft mit beschränkter Berufshaftung und zur Änderung des Berufsrechts der Rechtsanwälte, Patentanwälte, Steuerberater und Wirtschaftsprüfer vom 15.7.2013 (BGBl. 2013 I 2386). Mit ihm ist die – über die Haftungskonzentration des § 8 Abs. 2 hinausgehende – Möglichkeit geschaffen worden, die Haftung wegen fehlerhafter Berufsausübung auf das Gesellschaftsvermögen zu beschränken, sofern die Gesellschaft einen erhöhten Versicherungsschutz unterhält. Diese Gesetzesänderung hat die Attraktivität der Rechtsform weiter erhöht und zusätzlich zu einer starken Verbreitung der Partnerschaftsgesellschaft beigetragen (→ Rn. 14 f.).

Einführung

II. Überblick über die Gesamtregelung

10 Mit der **Partnerschaftsgesellschaft** hat der Gesetzgeber zum 1.7.1995 –
einmalig im 20. Jahrhundert (zuletzt entstand im Jahre 1900 mit Inkrafttreten
des BGB die GbR) – eine neue Gesellschaftsrechtsform geschaffen und so den
Numerus clausus derselben erweitert (BT-Drs. 12/6152, 8; *K. Schmidt* NJW
1995, 1). Um eine Verwechslung mit der nichtehelichen Lebensgemeinschaft
und der gleichgeschlechtlichen Lebensgemeinschaft, die seit dem 1.8.2001
auch als Lebenspartnerschaft eingetragen werden kann (Gesetz v. 16.2.2001,
BGBl. 2001 I 266), zu vermeiden, wurde von der ursprünglichen Absicht, die
neue Rechtsform als „Partnerschaft" zu bezeichnen, Abstand genommen
(*Bösert* ZAP 1994, Fach 15, 137 [142]; *Römermann/Zimmermann* § 1 Rn. 2).
Für die Praxis soll allerdings nach dem Willen des Gesetzgebers nicht die amts-
deutsche (*Henssler* NJW 1993, 2137 [2142]) Bezeichnung „Partnerschaftsgesellschaft" verbindlich sein. Im Folgenden werden daher der Kommentierung
der zT im PartGG selbst verwandte Begriff **„Partnerschaft"** bzw. die Kurz-
form **„PartG"** zugrunde gelegt. Soll die Grundform der PartG (§ 8 Abs. 1
und 2) von der PartmbB des § 8 Abs. 4 abgegrenzt werden, wird die Bezeichnung „reguläre" PartG verwendet. Die im Schrifttum vielfach gebräuchliche
Bezeichnung als „einfache" Partnerschaft ist missverständlich, weil sie im Berufsrecht (→ § 1 Rn. 336, 356) bereits für die Unterscheidung von der (als
Steuerberatungsgesellschaft oder Wirtschaftsprüfungsgesellschaft) durch die jeweilige Kammer „anerkannten" Partnerschaft besetzt ist.

1. Die strukturelle Angleichung an die OHG

11 Die Gesellschaftsform der Partnerschaft steht ausschließlich den in § 1
Abs. 2 nicht abschließend aufgezählten Freien Berufen offen. Zur Gründung
bedarf es – wie bei allen Personengesellschaften – zumindest zweier Partner.
Einmann-Gesellschaften bleiben den Kapitalgesellschaften vorbehalten. Die
Struktur der Partnerschaft ist eng an diejenige der OHG (§§ 105 ff. HGB) an-
gelehnt. Die amtliche Begründung spricht von einer **„Schwesterfigur"** zur
OHG. Das mag für die ursprüngliche Version noch zutreffend gewesen sein.
Die weitere Verwendung dieses Begriffs ist inzwischen allerdings irreführend,
ersetzt doch die Partnerschaft in ihrer aktuellen Ausprägung gerade nicht nur
die OHG, sondern auch die KG. Dies verdeutlichen die haftungsrechtlichen
Privilegierungen des § 8 Abs. 2 und 4. Sie bilden eine Art Kompensation dafür, dass die KG, einschließlich der GmbH & Co KG, den Freien Berufen weiterhin überwiegend (Ausnahmen: Wirtschaftsprüfer und Steuerberater) verwehrt bleibt. Die Bezeichnung „Schwesterfigur" bringt immerhin treffend
zum Ausdruck, dass die Partnerschaft Personengesellschaft und zugleich **Ge-
samthandsgesellschaft,** aber gegenüber ihren Gesellschaftern rechtlich verselbstständigt ist. Ebenso wie die OHG kann sie unter ihrem Namen Vermögen erwerben. Sie ist namensrechtsfähig, aktiv und passiv parteifähig,
grundbuchfähig und deliktsfähig. Gesellschaftsgläubiger können in ihr Vermögen vollstrecken (*Leutheusser-Schnarrenberger* AnwBl. 1994, 334 zufolge ist damit der ideale Unternehmensträger für die Freien Berufe geschaffen). Außer-

dem ist sie insolvenzfähig (§ 11 Abs. 2 Nr. 1 InsO). Entsprechend der Regelung der OHG steht den Partnern grundsätzlich die Einzelgeschäftsführungs- und Einzelvertretungsbefugnis zu (§ 6 Abs. 3 S. 2, § 7 Abs. 3). Für die Gesellschaftsschulden haften – wie bei der OHG – neben dem Partnerschaftsvermögen grundsätzlich alle Partner akzessorisch als Gesamtschuldner (§ 8 Abs. 1 S. 1). Ausnahmen gelten lediglich im beruflichen Bereich.

2. Abweichungen vom Recht der OHG

Abweichungen von den §§ 105 ff. HGB ergeben sich aus den Besonderheiten der Freiberuflichkeit, insbesondere aus den Grundsätzen der Unabhängigkeit und Eigenverantwortlichkeit der Berufsausübung. So ist etwa die Geschäftsführungsbefugnis für die freiberufliche Tätigkeit nicht beschränkbar (§ 6 Abs. 2). Generell gilt der Vorrang des Berufsrechts vor dem Gesellschaftsrecht (§ 1 Abs. 3). Um auch nur den Anschein einer Nähe zur handelsgewerblichen Tätigkeit zu vermeiden, wurde ein eigenständiges Register (Partnerschaftsregister) geschaffen, in das sich alle Partnerschaften eintragen lassen müssen. **12**

Ein auffälliger Unterschied im Vergleich zur OHG sind die speziellen Haftungsprivilegien in § 8 Abs. 2–4. Nach § 8 Abs. 2, der nachträglich im Jahre 1998 durch das Gesetz zur Änderung des Umwandlungsgesetzes, des Partnerschaftsgesellschaftsgesetzes und anderer Gesetze (BGBl. 1998 I 1878) in das PartGG eingefügt wurde (→ § 8 Rn. 4 ff.), können für berufliche Fehler neben dem Partnerschaftsvermögen nur diejenigen Gesellschafter persönlich haftbar gemacht werden, die mit der Bearbeitung eines Auftrags befasst waren. Bearbeitungsbeiträge von untergeordneter Bedeutung bleiben außer Betracht. § 8 Abs. 3 trifft keine eigene Regelung. Er enthält eine Ermächtigung, in den einschlägigen berufsrechtlichen Gesetzen summenmäßige Beschränkungen der Haftung für Ansprüche wegen fehlerhafter Berufsausübung zu gestatten, wenn zugleich die Pflicht zum Abschluss einer Berufshaftpflichtversicherung für die Partner oder die Partnerschaft begründet wird. Mit der 2013 erfolgten Einführung der Sonderform der PartmbB hat sich die PartG partiell noch weiter von der OHG entfernt. Die PartmbB ermöglicht – ebenfalls nur im beruflichen Bereich – eine vollständige Beschränkung der Haftung auf das Gesellschaftsvermögen. Entgegen der ursprünglichen Intention, nach der es nur darum gehen sollte, Nachteile der Freien Berufe gegenüber den Gewerbetreibenden auszugleichen, ist die PartG damit kontinuierlich zu einer Privilegierung für die Freien Berufe geworden. Zumindest rechtspolitisch, wenn nicht gar verfassungsrechtlich ist diese Entwicklung bedenklich. **13**

3. Die Entwicklung der Partnerschaft

Den Angehörigen der Freien Berufe soll nach dem Willen des Gesetzgebers mit der Partnerschaft eine Zusammenschlussmöglichkeit eröffnet werden, „die einerseits dem hergebrachten Berufsbild des Freien Berufs entspricht und andererseits eine moderne und flexible Organisationsform bietet" (BT-Drs. 12/6152, 7). Die neue Gesellschaftsform „soll die Lücke zwischen der Gesellschaft bürgerlichen Rechts und den Kapitalgesellschaften durch Schaffung einer nur Angehörigen Freier Berufe zugänglichen rechtsfähigen **14**

Einführung

Personengesellschaft schließen" (BT-Drs. 12/6152, 1). Ihre **Vorteile** gegenüber alternativen Organisationsformen waren **ursprünglich eher marginal** (→ Rn. 34 f.). Insbesondere wies das PartGG zunächst eine zu Recht als „halbherzig" kritisierte Haftungsbeschränkungsregelung auf (vgl. nur *K. Schmidt* ZIP 1993, 633 ff.; *v. Falkenhausen* AnwBl. 1993, 479; *Lenz* MDR 1994, 741 ff.). In der Praxis hatte die neue Rechtsform aus diesem Grund zunächst nicht den gewünschten Anklang gefunden. Rechtspolitisch unbefriedigend war von vornherein, dass der Gesetzgeber nur ein Pendant zur OHG, nicht jedoch zur KG zur Verfügung stellen wollte. Den Freien Berufen blieb damit auch die attraktive Rechtsform der GmbH & Co KG verschlossen, ein Rechtszustand, der bis heute im Wesentlichen beibehalten wurde. Lediglich für Steuerberater und Wirtschaftsprüfer erlaubt das Berufsrecht systemwidrig die Berufsausübung in dieser Sonderform.

15   Auf die fehlende Attraktivität der PartG hat der Gesetzgeber zunächst 1998 mit der Einführung der gesetzlichen Haftungskonzentration auf den handelnden Partner (§ 8 Abs. 2) reagiert. Den Gesellschaftern soll damit eine gewisse Rechts- und Planungssicherheit geboten werden (Begr. RegE, BT-Drs. 13/9820, 21). Aufgrund der gesellschaftsrechtlichen Haftungsbeschränkung weist die PartG seither jedenfalls gegenüber der GbR klare Vorteile auf. Ihre Akzeptanz in der Praxis ist seit der Gesetzesänderung erkennbar gestiegen.

16   Im Vergleich zu kapitalgesellschaftsrechtlichen Organisationsformen (→ Rn. 41 ff.) und der Berufsausübung in der GmbH & Co KG bietet die Grundform der PartG aber in haftungsrechtlicher Hinsicht weiterhin nur eine halbherzige Lösung. Erst mit der Einführung der **Partnerschaftsgesellschaft mit beschränkter Berufshaftung** als attraktiver Untervariante hat die Gesellschaftsform einen bedeutsamen Schub erhalten (zur Bewertung der PartG mbB, → § 8 Rn. 16). Nach gut einem Jahr waren zum Stichtag 31.12.2014 deutschlandweit bereits 1.702 PartGmbB im Partnerschaftsregister eingetragen (*Lieder/Hoffmann* NJW 2015, 897). Zum 31.12.2016 gab es 13.197 eingetragene Partnerschaften, inkl. 4.378 Partnerschaftsgesellschaften mit beschränkter Berufshaftung (vgl. die Darstellung der zahlenmäßigen Entwicklung bei *Lieder/Hoffmann* NZG 2017, 325).

III. Die steuer- und bilanzrechtliche Behandlung der Partnerschaft

Schrifttum: *Dornbusch/Jasper,* Die Besteuerung der Rechtsanwälte und Notare, 2. Aufl. 1991; *Gail,* Steuerrechtliche Überlegungen zur Gesellschaftsform für Freiberufler, BFuP 1995, 481; *Gail/Overlack,* Anwaltsgesellschaften, 2. Aufl. 1996, Rn. 402 ff.; *Knobbe-Keuk,* Bilanz- und Unternehmenssteuerrecht, 9. Aufl. 1993; *Küntzel,* Umsatzsteuerfreiheit für Krankenhausleistungen, arztähnliche Leistungen und Pflegeleistungen – neue Rechtsprechung des BFH, MedR 2004, 548; *Kupfer,* Freiberufler-Gesellschaften: Partnerschaft, Anwalts- und Ärzte-GmbH, KÖSDI 1995, 10.130; *Möckershoff,* Handbuch Freie Berufe im Steuerrecht, 1999; *Schmidt* EStG, 36. Aufl. 2017; *Schulze zur Wiesche,* Steuerliche Anerkennung von interprofessionellen Mitunternehmerschaften als freiberufliche Mitunternehmerschaften, DStR 2001, 1589; *Siepmann,* Die Partnerschaftsgesellschaft im Zivil- und Steuerrecht, FR 1995, 601; *Sommer,* Anwalts-GmbH oder Anwalts-Partnerschaft, GmbHR 1995, 249.

1. Grundsatz

Im PartGG selbst gibt es abweichend von den ersten Gesetzesentwürfen **17** keine Vorschriften mit steuerrechtlichem Inhalt. Auf die Partnerschaft finden daher die Vorschriften Anwendung, die allgemein für Personengesellschaften gelten (*Bayer/Imberger* DZWiR 1995, 181; *Korts/Korts,* Heilberufsgesellschaften – ärztliche Partnerschaft, in Heidelberger Musterverträge, H 88, 3. Aufl. 2008, 27; *Gores,* Die Partnerschaftsgesellschaft als Rechtsform der Zusammenarbeit von Rechtsanwälten, 1996, 237). Die steuerliche Belastung der Partnerschaft ist durch den im Gesetzgebungsverfahren deutlich artikulierten Grundsatz der Gleichbehandlung mit der Gesellschaft bürgerlichen Rechts bestimmt (dazu BT-Drs. 12/6152, 2; *Henssler* DB 1995, 1549 [1555]; Blümich/*Hutter* EStG § 18 Rn. 73). Eine Mehrbelastung ist nicht erwünscht, zumal sie die Attraktivität der Gesellschaftsform von vornherein schmälern bzw. ganz ausschließen würde. Auf die PartG sind deshalb steuerrechtlich die Grundsätze der Freiberufler-GbR anzuwenden (FG BaWü 5 K 4164/09 v. 22.1.13, DStRE 15, 644). Ebenso wie BGB-Gesellschaft und OHG ist die Partnerschaft dementsprechend einkommensteuerrechtlich gesehen kein selbstständiges Steuersubjekt. Abweichend von den Kapitalgesellschaften und der GmbH & Co KG ist sie auch nicht allein ihrer Rechtsform wegen gewerbesteuerpflichtig. Dagegen ist die Partnerschaft ebenso wie die OHG umsatzsteuerrechtsfähig (→ Rn. 29). Aufgrund ihrer Grundbuchfähigkeit kann die Partnerschaft bei einer Eintragung als Eigentümerin im Grundbuch Steuersubjekt der Grundsteuer sein (*Eggesiecker* Fach C 7.380). Für Steuerschulden der Partnerschaft haften die Partner nach § 8 Abs. 1 S. 1 unbeschränkt, akzessorisch und gesamtschuldnerisch.

2. Einkommensteuerrechtliche Behandlung des Gewinns

Der von der Partnerschaft erzielte Gewinn wird nicht über sie zur Besteuerung herangezogen, sondern den Partnern anteilig zugerechnet. Als nicht gewerblich tätige natürliche Personen (§ 1 Abs. 1 S. 3) haben sie ihre Gewinnanteile als Einkünfte aus selbstständiger Arbeit gem. § 18 EStG zu versteuern. Nach der Rspr. des BFH sind auch die Einkünfte einer Personengesellschaft Einkünfte aus selbstständiger Tätigkeit, wenn alle Gesellschafter Freiberufler im Sinne der Katalogberufe des § 18 EStG und in der Gesellschaft leitend und eigenverantwortlich tätig sind (BFH BStBl. II 1985, 584; II 1987, 124). Da die Partnerschaft den Freiberuflern vorbehalten ist, werden diese Voraussetzungen regelmäßig erfüllt sein.

Denkbar, wenngleich gesellschaftsrechtlich unzulässig, wäre es, dass einer **19** der Partner den Gesellschaftszweck nur über einen Kapitalbeitrag fördert, ohne selbst eigenverantwortlich tätig zu werden. In diesem Fall werden von der Personengesellschaft insgesamt gewerbliche Einkünfte erzielt (*Dornbusch/Jasper,* Die Besteuerung der Rechtsanwälte und Notare, 2. Aufl. 1991, 222). Einen Sonderfall bilden Partner, die aus Altersgründen aus der aktiven Beteiligung an der freiberuflichen Tätigkeit ausgeschieden sind, gleichwohl jedoch noch für eine Übergangszeit am Kapital des Unternehmens beteiligt sind und auch auf dem Briefkopf in Erscheinung treten. Gesellschaftsrechtlich bewegen sich solche Konstellationen wegen des Gebotes der aktiven Mitarbeiter der

Einführung

Partner (§ 1 Abs. 1 S. 1; → § 1 Rn. 18, 24 ff., → 1 Rn. 109 ff., → 1 Rn. 232 f.) in einer Grauzone. Hier wird man davon ausgehen müssen, dass die Freiberufler-Eigenschaft der Partnerschaft – ebenso wie in einer vergleichbaren Konstellation diejenige einer Sozietät – fortbesteht (*Dornbusch/Jasper,* Die Besteuerung der Rechtsanwälte und Notare, 2. Aufl. 1991, 222).

20 Der nach Maßgabe der einkommensteuerrechtlichen Bewertungsvorschriften (§§ 4–7i EStG) ermittelte Gewinn wird gegenüber den Partnern als Mitunternehmer nach § 180 Abs. 1 Nr. 2 AO ivm § 179 Abs. 2 AO einheitlich und gesondert festgestellt (vgl. *Schulz* in Möckershoff, Handbuch Freie Berufe im Steuerrecht, 1999, 69, 71). Ein eigenständiges Feststellungsverfahren findet in Bezug auf die Gewinnanteile in der Einkommensteuererklärung nicht statt. Der Feststellungsbescheid des Betriebsstättenfinanzamtes ist für den Einkommensteuerbescheid nach Maßgabe des § 182 AO verbindlich. Hat einer der Partner allein Betriebsausgaben für die Gesellschaft aufgewendet, so können diese als Sonderbetriebsausgaben berücksichtigt werden. Denkbar ist dies etwa, wenn ein Partner Reisekosten alleine trägt, die er auf einer Dienstreise für die Partnerschaft aufgewendet hat. Praktisch bedeutsam sind auch die Zinsen für Darlehen, die ein Partner für die Finanzierung seines Gesellschaftsanteils aufwenden muss. Auch diese Sonderbetriebsausgaben müssen im Rahmen des gesonderten Feststellungsverfahrens vor dem Betriebsstättenfinanzamt geltend gemacht werden.

21 Schuldrechtliche Vereinbarungen zwischen der Gesellschaft und den Partnern werden steuerrechtlich nicht anerkannt. Das bedeutet, dass alle Einkünfte der Partner solche aus Mitunternehmerschaft sind, auch wenn ihnen formal ein Anstellungsverhältnis zur Gesellschaft zugrunde liegt. Praktisch noch wichtiger ist, dass damit zugleich die Möglichkeit zur Bildung von Pensionsrückstellungen entfällt. Pensionszusagen an Mitunternehmer einer Personengesellschaft werden vom BFH als Gewinnverteilungsabreden behandelt, die den Gewinn der Personengesellschaft nicht beeinflussen dürfen (BFHE 87, 531; 107, 564). Hierin liegt ein Nachteil gegenüber der Freiberufler-GmbH, bei der eine Rückstellung nach § 6a EStG in Betracht kommt.

22 Auch im Bereich der Einkommensteuer wirkt sich die **Abfärbe- oder Infektionstheorie** (→ § 1 Rn. 103) aus. Insoweit erfolgt eine Umqualifikation der Einkünfte aus freiberuflicher Tätigkeit in solche aus Gewerbebetrieb. Die Besteuerung der Einkünfte richtet sich im Rahmen der Einkommensteuer dann nach § 15 Abs. 3 Nr. 1 EStG. § 18 EStG findet keine Anwendung mehr. Für den Streitfall kommt es dabei grundsätzlich nicht darauf an, in welchem Umfang die gewerbliche Tätigkeit zur freiberuflichen Tätigkeit erfolgt (dazu BFH BStBl. II 1995, 171). Nur wenn der Umfang der gewerblichen Tätigkeit als äußerst gering einzustufen ist, scheidet eine Umqualifikation der Einkünfte aus (BFH DStR 2015, 345 ff.; *v. Lersner* DStR 2015, 2817 ff.).

3. Gewerbesteuersteuerrechtliche Behandlung

23 Ebenso wie bei der Gesellschaft bürgerlichen Rechts fällt bei der Partnerschaft eine **Gewerbesteuerbelastung nicht** an. Anders als die Kapitalgesellschaften ist die Partnerschaft nicht allein ihrer Rechtsform wegen gewerbesteuerpflichtig (BT-Drs. 12/6152, 9). Als freiberufliche Kooperationsform übt sie kein Handelsgewerbe aus (§ 1 Abs. 1 S. 2). Wird allerdings eine – auch nur geringfügige – gewerbliche Tätigkeit in der Partnerschaft ausgeübt, so werden wie bei der Sozietät in der Rechtsform der GbR die gesamten Einkünfte „infiziert" und somit gewerbesteuerpflichtig (vgl. BT-Drs. 12/6152, 10; sog. **Abfärbe- oder Infektionstheorie,** dazu BFH BStBl. II 1995, 171; BStBl. II 1997, 567; zur GbR Schmidt/*Wacker* EStG § 18 Rn. 44; *Eggesiecker* Fach C 7.330; zur PartG *Krieger* MedR 1995, 95; MHdB GesR I/*Salger* § 37 Rn. 10; aA *Knoll/Schüppen* DStR 1995, 608 [613]). Gewerbliche und freiberufliche Tätigkeiten können anders als bei einem einzelnen Freiberufler steuerlich grundsätzlich nicht getrennt werden (*Siepmann* FR 1995, 601 [602]; *Schulz* in Möckershoff, Handbuch Freie Berufe im Steuerrecht, 1999, 42f.).

Nach der Rspr. des BFH entsteht die Gewerbesteuerpflicht außerdem **24** dann, wenn nur eine berufsfremde Person an der Gesellschaft **beteiligt** ist (BFH BStBl. II 1980, 336 mwN; dazu *Knobbe-Keuk,* Bilanz- und Unternehmenssteuerrecht, 9. Aufl. 1993, 730). Bedeutsam ist dies im Erbfall, wenn etwa ein verstorbener Arzt oder Anwalt von einem Berufsfremden beerbt wird. In der Partnerschaft kann diese Situation nicht auftreten, da nur Angehörige der Freien Berufe partnerschaftsfähig sind und auch eine Vererbung an Dritte nur in Betracht kommt, wenn diese einen Freien Beruf ausüben (§ 9 Abs. 4). Denkbar ist eine die Gewerbesteuerpflicht auslösende Tätigkeit etwa bei Immobiliengeschäften einer Partnerschaft von Rechtsanwälten oder Steuerberatern oder bei einer bloßen kapitalmäßigen Beteiligung eines Partners (vgl. *Siepmann* FR 1995, 601 [603]; *Stuber,* Die Partnerschaftsgesellschaft, 2. Aufl. 2001, 20; zu der Behandlung von Bauherrenmodellen im Steuerrecht MHdB GesR I/*Inhester/Herrmann* § 9 Rn. 11), die nach § 1 Abs. 1 an sich schon gesellschaftsrechtlich unzulässig ist. Der Gewinn ist für die Partnerschaft einheitlich und berufsspartenunabhängig zu ermitteln. Eine andere Vorgehensweise, wie zum Beispiel eine für jeden Gesellschafter getrennt durchgeführte Gewinnermittlung, widerspricht dem Wesen der Gemeinschaft und dem Grundsatz der Einheitlichkeit (*Schulze zur Wiesche* DStR 2001, 1589 [1592]; *Kempermann,* Steuerberater Jahrbuch 2003/2004, 379 [394]).

Bedeutsam sind auch Konstellationen der doppelstöckigen Freiberufler- **25** Personengesellschaften und sonstige Holdingkonstellationen. Ist an einer Personengesellschaft (Untergesellschaft) eine andere Personengesellschaft (Obergesellschaft) beteiligt, so ist die Tätigkeit der Untergesellschaft nur dann als freiberufliche zu qualifizieren, wenn neben den Gesellschaftern der Untergesellschaft auch sämtliche Gesellschafter der Obergesellschaft die Merkmale eines freien Berufs erfüllen (BFH DStR 2009, 417 ff.)

Die Beteiligung einer freiberuflichen Partnerschaft an einer gewerblich täti- **26** gen Personengesellschaft führt ebenfalls dazu, dass alle Einkünfte als gewerblich angesehen werden (BFH BStBl. II 1996, 264; 2001, 359).

Ist nicht die Partnerschaft, sondern nur einer ihrer Gesellschafter persönlich **27** an einer gewerblich tätigen Gesellschaft beteiligt, entgeht die Partnerschaft der entsprechenden Besteuerung. Möglich ist es auch, die Beteiligung auf eine Schwestergesellschaft auszulagern und so ein Abfärben der gewerblichen Tätigkeit zu verhindern (BFH BStBl. II 1997, 567; *Schulz* in Möckershoff, Handbuch Freie Berufe im Steuerrecht, 1999, 43; vgl. dazu Schmidt/*Wacker* EStG § 18 Rn. 55).

28   Das Niedersächsische Finanzgericht rief mit Beschluss vom 21.4.2004 das BVerfG an (4 K 317/91). Es hielt die Abfärberegelung in § 15 Abs. 3 Nr. 1 EStG ebenso wie die Gewerbesteuerfreiheit der Freien Berufe insgesamt wegen Verstoßes gegen Art. 3 Abs. 1 GG für verfassungswidrig (EFG 2004, 1065). Das BVerfG sah es hingegen zum einen als mit dem Gleichheitssatz vereinbar an, dass die Einkünfte der Freien Berufe, von anderen Selbstständigen und der Land- und Forstwirte nicht der Gewerbesteuer unterliegen. Ferner verneinte das BVerfG einen Verstoß der in § 15 Abs. 3 Nr. 1 EStG normierten Abfärberegelung gegen den Gleichheitssatz. Mit Art. 3 Abs. 1 GG sei es vereinbar, dass die gesamten Einkünfte einer Personengesellschaft als Einkünfte aus Gewerbebetrieb gelten und damit der Gewerbesteuer unterliegen, wenn die Gesellschaft auch nur teilweise eine gewerbliche Tätigkeit ausübt (BVerfGE 120, 1 = DStRE 2008, 1003).

4. Umsatzsteuerliche Behandlung

29   Die Partnerschaft ist ebenso wie eine Berufsausübungsgesellschaft in der Rechtsform der BGB-Gesellschaft, etwa die Gemeinschaftspraxis von Ärzten und Zahnärzten oder die Anwaltssozietät, eigenes Steuersubjekt im Sinne des UStG. Sie übt regelmäßig eine selbstständige und nachhaltige Tätigkeit mit Einnahmeerzielungsabsicht aus. Gemäß § 2 Abs. 1 UStG ist sie damit umsatzsteuerlich als Unternehmer einzustufen (vgl. *Ketter* in Möckershoff, Handbuch Freie Berufe im Steuerrecht, 1999, 99 f.). Ihre Leistungen isv § 1 UStG unterliegen der Umsatzsteuer. Werden ihr selbst für Leistungen Umsatzsteuerbeträge in Rechnung gestellt, so ist sie zum Vorsteuerabzug gem. §§ 15 ff. UStG berechtigt. Für die Umsatzsteuerschuld der Partnerschaft haften die Partner nach § 8 Abs. 1 als Gesamtschuldner.

30   Zu beachten sind berufsrechtliche Besonderheiten. So sind die Umsätze aus einer reinen Ärztepartnerschaft beispielsweise nach § 4 Nr. 14 UStG unter der Voraussetzung umsatzsteuerbefreit, dass Heilkunde am Menschen betrieben wird (*Korts/Korts,* Heilberufsgesellschaften – ärztliche Partnerschaft, in Heidelberger Musterverträge, H 88, 3. Aufl. 2008, 30 f.; *Lüke-Rosendahl,* Der Beruf des Arztes unter besonderer Berücksichtigung der ärztlichen Kooperation, 1999, 143; *Küntzel* MedR 2004, 548).

5. Besteuerung des Ausscheidens eines Partners

31   Nach § 18 Abs. 3 EStG gehört zu den Einkünften aus selbstständiger Tätigkeit auch der Gewinn aus der Veräußerung des Anteils an einer Berufsausübungsgesellschaft. Scheidet daher ein Partner aus der Partnerschaft aus, so hat er den anlässlich des Ausscheidens erzielten Gewinn (Abfindungsanspruch abzüglich Kapitalkonto) gem. § 18 Abs. 3 EStG ivm § 34 EStG zu versteuern, allerdings gelten nach § 34 Abs. 1 S. 2–4 und Abs. 3 EStG ermäßigte Steuersätze. Besonders steuerlich begünstigt ist der Veräußerungsgewinn nach § 34 Abs. 3 EStG, wenn der Steuerpflichtige das 55. Lebensjahr vollendet hat oder dauerhaft berufsunfähig ist. Der ermäßigte Steuersatz beträgt in diesem Fall nur 56% des durchschnittlichen Steuersatzes, der sich ergäbe, wenn die tarifliche Einkommensteuer nach dem gesamten zu versteuernden Einkommen zuzüglich der dem Progressionsvorbehalt unterliegenden Einkünfte zu bemessen wäre, mindestens jedoch 14% (zum Ganzen Schmidt/*Seeger* EStG § 34 Rn. 25 ff.; Blümich/*Lindberg* EStG § 34 Rn. 75 ff.). Diese Vergünstigung kann allerdings nur einmal im Leben in Anspruch genommen werden (§ 34 Abs. 3 S. 4 EStG).

Veräußert dagegen der Gesellschafter einer Freiberufler-GmbH bei Auf- **32** gabe seiner aktiven Berufstätigkeit seinen Gesellschaftsanteil, so ist der Veräußerungsgewinn gem. § 17 EStG **nur dann steuerpflichtig,** wenn der Freiberufler innerhalb der letzten fünf Jahre unmittelbar oder mittelbar zu mindestens 1% an der Gesellschaft beteiligt war. In einer großen Freiberufler-GmbH mit mehr als 100 Gesellschaftern oder aber bei einer sonstigen Form einer Kleinstbeteiligung ergibt sich damit die Möglichkeit eines steuerfreien Veräußerungsgewinns. § 17 Abs. 3 EStG kennt außerdem Freibeträge.

6. Die Rechnungslegung der Partnerschaft

Die Partnerschaft unterliegt nicht den kaufmännischen Rechnungslegungs- **33** vorschriften der §§ 238 ff. HGB. Wie alle Freiberufler-Zusammenschlüsse, die nicht in der Rechtsform der Kapitalgesellschaft erfolgen, ist sie gem. § 4 Abs. 3 EStG nur zu einer einfachen „Einnahmen-Überschussrechnung" verpflichtet (zu Einzelheiten *Dornbusch/Jasper,* Die Besteuerung der Rechtsanwälte und Notare, 2. Aufl. 1991, 133 ff.).

IV. Die Partnerschaft im Wettbewerb der Kooperationsformen

Schrifttum: *Bösert/Braun/Jochem,* Leitfaden zur Partnerschaftsgesellschaft 1996; *Gail/ Overlack,* Anwaltsgesellschaften, 2. Aufl. 1996; *Ganster,* Freier Beruf und Kapitalgesellschaft – das Ende der freien Professionen?, 2000; *Henssler,* Gemeinsame Berufsausübung in der Anwalts-AG, NZG 2000, 641; *Henssler,* Neue Formen anwaltlicher Zusammenarbeit, DB 1995, 1549; *Kaiser/Bellstedt,* Die Anwaltssozietät, 2. Aufl. 1995; *Klose,* Zulässigkeit von Kapital- und Personengesellschaften für Ärzte und andere Heilberufe ab 2004, BB 2003, 51; *Peres/Senft,* Sozietätsrecht, 3. Aufl. 2015; *Kupfer,* Freiberufler-Gesellschaften: Partnerschaft, Anwalts- und Ärzte-GmbH, KÖSDI 1995, 10.130; *Rau,* Neue gesellschaftsrechtliche Organisationsformen ärztlicher Tätigkeit, DStR 2004, 640; *Römermann/Spönemann,* Gesellschaftsformen für Rechtsanwälte – Berufsrecht, Gesellschaftsrecht, Steuerrecht, NZG 1998, 15; *Saenger,* Gesellschaftsrechtliche Gestaltung ärztlicher Kooperationsformen, MedR 2006, 138; *Seibert,* Gemeinsame Berufsausübung von Freiberuflern, MittPatA 1996, 107; *Sommer,* Anwalts-GmbH oder Anwalts-Partnerschaft, GmbHR 1995, 249; *Stake,* Neue Entwicklungen im Gesellschaftsrecht, JA 1995, 850

1. Gesellschaft bürgerlichen Rechts

Die Vorteile der Partnerschaft gegenüber dem Zusammenschluss in der **34** **BGB-Gesellschaft** waren in der zunächst erfolgten Ausgestaltung durch den Gesetzgeber gering. Zwar boten die rechtliche Selbstständigkeit, die gesetzlichen Regelungen der Vertretung und Geschäftsführung sowie das Namensrecht der Partnerschaft eine größere Flexibilität gegenüber der GbR. Durch entsprechende Ausgestaltung des Gesellschaftsvertrages konnte jedoch eine adäquate innere **Organisationsstruktur** auch bei der GbR erzielt werden

Einführung

(*Henssler* DB 1995, 1549 [1552f.]; *v. Falkenhausen* AnwBl. 1993, 47 [48]). Die größere Selbstständigkeit der neuen Kooperationsform war zunächst nur dann interessant, wenn die Gesellschaft in größerem Umfang als Vermögensträgerin eingesetzt werden sollte oder eine häufige Partnerfluktuation erwartet wurde. Immerhin erleichterte die gesetzliche Regelung geschäftlich unerfahrenen Angehörigen Freier Berufe die sachgerechte Gestaltung des Gesellschaftsvertrages, sparte damit Transaktionskosten bei der Abfassung dieser Vereinbarung (dazu *Assmann / Kirchner / Schanze,* Ökonomische Analyse des Rechts, 1993, 225).

35   Dagegen bot die **Haftungsbeschränkungsregelung** des § 8 Abs. 2 aF lediglich geringfügige Verbesserungen gegenüber der für die GbR geltenden Rechtslage (vgl. *Henssler* FS Vieregge, 1995, 361 sowie → § 8 Rn. 4ff.). Eine beschränkte persönliche Haftung wurde bei manchen Freien Berufen, namentlich den Angehörigen der Heilkundeberufe, als „standeswidrig" abgelehnt (dazu *Henssler* JZ 1992, 697ff.; *Henssler* ZIP 1994, 844ff.; *Taupitz* NJW 1992, 2317ff.). Als Kompromiss konnte man sich im Gesetzgebungsverfahren zunächst nur darauf einigen, den Partnern die Möglichkeit zu eröffnen, ihre persönliche Haftung für berufliche Fehler anderer Partner (formular)vertraglich auszuschließen.

36   Mit der 1998 erfolgten Einführung der gesetzlichen Haftungsbeschränkung in § 8 Abs. 2 hat sich diese Situation geändert. Die Partnerschaft weist seither Haftungsvorteile gegenüber der GbR auf: Für berufliche Fehler haften nur die Partner, die mit der Bearbeitung des Auftrags befasst waren, sofern es sich nicht um Bearbeitungsbeiträge von untergeordneter Bedeutung handelt (→ § 8 Rn. 62ff.).

37   Soweit sich zunächst im Vergleich zur GbR eine **strengere Haftung** für **neu eintretende Partner** mit Blick auf Altverbindlichkeiten (§ 8 Abs. 1 S. 2 iVm § 130 HGB; → § 8 Rn. 49) ergab, ist auch **dieser** Nachteil mit der aktuellen Fassung des § 8 Abs. 2 für die Haftung aus beruflichen Pflichtverletzungen der Altgesellschafter beseitigt. Der neu eintretende Gesellschafter kann zwangsläufig an der vor seinem Eintritt erfolgten Mandatsbearbeitung nicht beteiligt gewesen sein. Bedenklich ist insoweit, dass nach der Rspr. des BGH einem neu eintretenden Gesellschafter, der in die Bearbeitung einer bereits laufenden Mandatsbeziehung einsteigt, auch solche Fehler zugerechnet werden, die andere Gesellschafter vor seinem Eintritt bei der Bearbeitung dieses Mandates begangen haben (BGH NJW 2010, 1360; dazu *Deckenbrock / Markworth* in Kilian / Offermann-Burckart / vom Stein, Praxishandbuch Anwaltsrecht, 3. Aufl. 2018, § 9 Rn. 76; *Henssler / Deckenbrock* EWiR 2010, 89). Sieht man von diesem Sonderfall einmal ab, so ist die Rechtslage für die eintretenden Gesellschafter seit der Reform bei der PartG günstiger als bei der GbR.

38   Der II. Zivilsenat des BGH wendet in inzwischen gefestigter Rspr. § 130 HGB im Wege der Analogie auch auf die BGB-Gesellschaft an (BGHZ 154, 370 [373ff.] = NJW 2003, 1803 [1804f.]; zul. best. v. BGH NZG 2014, 696). Diese Haftung kommt grundsätzlich auch bei freiberuflichen Berufsausübungsgesellschaften in der Rechtsform der GbR zur Anwendung. Zwar hat der BGH es in seiner Entscheidung aus dem Jahr 2003 offen gelassen, ob die Anwendbarkeit des § 130 HGB auch für die Haftung für Altverbindlichkeiten aus beruflichen Haftungsfällen gilt. Heute gehen aber Rspr. und Schrifttum bei Freiberuflersozietäten von der Anwendbarkeit des § 130 HGB auch für berufliche Fehler aus. Ein Rückgriff auf die Wertung des § 8 Abs. 2 auf die GbR wird abgelehnt (BGHZ 172, 169 Rn. 29 = NJW 2007, 2490; BGHZ 193, 193 Rn. 69, 74 = NJW 2012, 2435; dazu *Deckenbrock* AnwBl 2012, 723 [725]; aA Henssler/Strohn/*Hirtz* PatGG § 8 Rn. 2 sowie *Henssler* LMK 2004, 118).

Durch die Anwendbarkeit der **Registerpublizität** des § 15 HGB werden **39** die Angehörigen der Freien Berufe partiell den handelsrechtlichen Sorgfaltspflichten unterworfen. Auch das Verbot, juristische Personen als Partner aufzunehmen, kann für einige Berufsgruppen Nachteile gegenüber der GbR bieten. In steuerrechtlicher Hinsicht sind Sozietät und Partnerschaft identisch zu beurteilen (→ Rn. 17).

Zum Verhältnis zwischen der neu eingeführten **PartmbB** und der GbR **40** → § 8 Rn. 21. Haftungsrechtlich gesehen weist diese Unterform der PartG insbesondere für größere Zusammenschlüsse klare Vorteile gegenüber der Sozietät auf. Bei kleineren Gesellschaften fällt dagegen die Kostenbelastung durch die erhöhte Berufshaftpflichtversicherungssumme ins Gewicht, da ihr kein äquivalentes Haftungsrisiko gegenübersteht.

2. GmbH

a) Zulässigkeit der Freiberufler–GmbH. Den Angehörigen der Freien **41** Berufe stehen heute ganz überwiegend auch die Kapitalgesellschaften als Rechtsformen für eine gemeinschaftliche Berufsausübung zur Verfügung. Für **Steuerberater** (§§ 49ff. StBerG) und **Wirtschaftsprüfer** (§§ 27ff. WPO) sehen die jeweiligen Berufsrechte die Anerkennung von Berufsausübungs-Kapitalgesellschaften bereits seit langem ausdrücklich vor. Für andere Freiberufler, wie etwa **Architekten,** ist die Zulässigkeit der Berufsausübung in einer Kapitalgesellschaft auch ohne ausdrückliche berufsrechtliche Regelung seit jeher unbestritten. Ein explizites generelles Verbot kennt lediglich § 8 ApoG für den Berufsstand der **Apotheker,** dem indes auch die Partnerschaft verwehrt bleibt, sofern im Rahmen dieser Rechtsform eine Apotheke betrieben wird (vgl. hierzu BGHZ 210, 48 Rn. 14ff. = NJW 2016, 2263; BVerfGE 141, 82 Rn. 65 = NJW 2016, 700; → § 1 Rn. 85ff.).

Bei anderen Freien Berufen gab es für **GmbH** und AktG unterschiedliche **42** Entwicklungen. Für **Heilkundeberufe** (→ § 1 Rn. 116ff.) und die **Anwalt-schaft** (→ § 1 Rn. 151ff.) wurde ungeachtet einer schon länger andauernden Diskussion de lege ferenda die Rechtsform der GmbH noch bis 1990 einhellig abgelehnt. Im Anschluss an die Vorarbeiten von *Ahlers* (AnwBl. 1991, 226; *Ahlers* FS Rowedder, 1994, 1ff.) und *Henssler* (JZ 1992, 697; *Henssler* NJW 1993, 2137; *Henssler* ZIP 1994, 844; *Henssler* DB 1995, 1549) ist in Rspr. und Schrifttum Mitte der 90er Jahre ein grundlegender Meinungsumschwung erfolgt. Der BGH hat mit Urteil vom 25.11.1993 zunächst für die Zulässigkeit der Zahnärzte-GmbH (BGHZ 124, 224 = NJW 1994, 786) votiert. Das Bay-ObLG beschritt den danach vorgezeichneten Weg sodann für die **Rechts-anwalts–GmbH** (BayObLG ZIP 1994, 1868 mAnm *Henssler* ZIP 1994, 1871; *Henssler* NJW 2017, 1644; ebenso OLG Bamberg MDR 1996, 423; Bay-ObLG ZIP 1996, 1790). Diese Entwicklung in der Rspr. stieß im Schrifttum ganz überwiegend auf Zustimmung (umfangreiche Nachweise bei *Henssler*

Einführung

ZHR 161 [1997], 305 [306]; *Landry* MDR 1995, 558; *Dauner-Lieb* GmbHR 1995, 259; *Hommelhoff/Schwab* WiB 1995, 115 ff.; *Michalski* DZWiR 1995, 114; aA weiterhin *Taupitz* JZ 1994, 1100; *Kempter* BRAK-Mitt. 1995, 4; *Braun* MDR 1995, 447). Der Gesetzgeber hat daraufhin 1998 mit dem Gesetz zur Änderung der Bundesrechtsanwaltsordnung (BGBl. 1998 I 2600 ff.) reagiert. Die Ausgestaltung der Rechtsanwalts-GmbH in den **§§ 59 c ff. BRAO** orientiert sich weitgehend an den Vorgaben, die Rspr. (BayObLG ZIP 1994, 1868; OLG Bamberg MDR 1996, 423; BayObLG ZIP 1996, 1790) und Literatur (*Henssler* JZ 1992, 697; *Henssler* ZIP 1994, 844; *Ahlers* AnwBl. 1991, 226) aufgrund der berufsrechtlichen Vorschriften entwickelt hatten.

43   Die **Ärzteschaft** hat anders als die Anwaltschaft zunächst **restriktiv** auf die gerichtliche Erweiterung der Kooperationsmöglichkeiten reagiert. Verschiedene Heilberufsgesetze der Länder sahen bis zu den Jahren 2005/2006 ausdrückliche Verbote der Berufsausübung in einer GmbH vor (hierzu die 1. Aufl. 1997, Rn. 28; *Taupitz* NJW 1996, 3033 ff.; *Taupitz* FS Geiss, 2000, 503; *Meyer/Kreft* GmbHR 1997, 193 ff.; *Laufs* NJW 1997, 3071 ff.; *Saenger* NZS 2001, 234 ff., alle mwN). Diese sind – auf Initiative der Ärzteverbände – teils nur wenige Monate nach Veröffentlichung der BGH-Entscheidung zur Zahnärzte-GmbH in Kraft getreten. Die ländergesetzlichen Verbote der Berufsausübung in der Kapitalgesellschaft richteten sich nur gegen die ambulante Ausübung des Heilkundeberufes außerhalb von Krankenhäusern. Schon wegen dieser Ungleichbehandlung waren sie verfassungsrechtlich unzulässig (hierzu die 1. Aufl. 1997, Rn. 28 mwN).

44   Die an diesen Verboten geäußerte Kritik wurde in der Musterberufsordnung für **Ärzte** (MBO-Ä) aufgegriffen. Seit ihrer Neufassung durch den 107. Deutschen Ärztetag 2004 erlaubt sie die ärztliche Betätigung in Form der juristischen Person des Privatrechts (§ 23 a Abs. 1 S. 1 MBO-Ä 2004 geändert durch den Beschluss des Vorstands der Bundesärztekammer vom 24.11.2006, → § 1 Rn. 255 f.). Mit Ausnahme von Bayern (Art. 18 Abs. 1 S. 2 BayHKaG) und Berlin (§ 4a Abs. 5 BlnKAG – durch Koppelung der Berufsausübung an Niederlassung in eigener Praxis) haben daraufhin alle Länder, die bisher ein Verbot normierten, dieses abgeändert. Dazu zählen Brandenburg, Niedersachsen, Nordrhein-Westfalen und Sachsen. Keine Regelung kannten folgende Länder: Baden-Württemberg, Bremen, Hessen, Mecklenburg-Vorpommern, das Saarland und Thüringen. Obwohl teilweise die Koppelung der Berufsausübung an eine eigene Niederlassung aufrechterhalten wurde (so etwa § 31 Abs. 2 BbgHeilBerG; § 32 Abs. 1 NdsHKG), erlauben verschiedene Heilberufe- und Kammergesetze nunmehr ausdrücklich die ärztliche Betätigung in Form der juristischen Person. Ihre Zulässigkeit wird regelmäßig von der für die ärztliche Betätigung prägenden eigenverantwortlichen, selbstständigen und nicht gewerblichen Berufsausübung abhängig gemacht (s. etwa § 31 Abs. 4 BbgHeilBerG; § 29 Abs. 2 NRWHeilBerG und § 32 Abs. 2 NdsHKG; § 16 Abs. 4 SächsHKaG). Damit ist das Verbot der ärztlichen Berufsausübung in einer GmbH überwiegend – vergleichbar mit anderen Freiberufler-GmbHs – zugunsten besonderer berufsrechtlicher Anforderungen an die Binnenstruktur der Heilkunde- bzw. Ärzte-GmbH aufgegeben worden (eingehend *Saenger* MedR 2006, 138).

b) Vergleich der Partnerschaft mit der Freiberufler-GmbH. Ein or- **45** ganisations-, haftungs- und steuerrechtlicher **Vergleich mit der Freiberufler-GmbH** offenbart Stärken und Schwächen der Partnerschaft. Seit Einführung der neuen Haftungsverfassung, insbesondere seit die Möglichkeit eröffnet wurde, die Untervariante der PartmbB zu wählen, kann die Partnerschaft nicht mehr wie früher als in allen Belangen unterlegene Gesellschaftsform angesehen werden (zum Vergleich vor diesen Reformen *Henssler* DB 1995, 1549 [1552 ff.]). Hinsichtlich der **Organisationsverfassung** sprechen neben der Möglichkeit der Einmann-Gründung und der grundsätzlichen Zulässigkeit der Beteiligung von juristischen Personen als Gesellschafter (sofern keine berufsrechtlichen Besonderheiten greifen) die Schwierigkeiten, die sich bei der Partnerschaft aus der Pflicht zur **Selbstorganschaft** und bei der Veräußerung von Gesellschaftsanteilen ergeben können, für die GmbH.

Haftungsrechtlich ist die Freiberufler-GmbH der Partnerschaft weiterhin **46** insoweit überlegen, als ihre Gesellschafter aufgrund des für die juristische Person geltenden **Trennungsprinzips** grundsätzlich von jeder persönlichen Haftung im Geschäftsbetrieb der Gesellschaft freigestellt sind. Die reguläre Partnerschaft schützt aufgrund der **Haftungskonzentration** des § 8 Abs. 2 (→ § 8 Rn. 63 ff.) nur vor einer Inanspruchnahme wegen fehlerhafter Berufsausübung anderer Partner. Die Haftung des mandatsbearbeitenden Partners und die solidarische und gesamtschuldnerische Haftung aller Partner für allgemeine (nicht mit der Berufsausübung in Zusammenhang stehende) Verbindlichkeiten bleiben dagegen bestehen (§ 8 Abs. 1 S. 1). Zwar war der Schutz vor der Haftung für fehlerhafte Berufsausübung anderer Gesellschafter – nicht zuletzt aufgrund der oftmals mit ihr verbundenen hohen Haftungssummen – einer der wesentlichen rechtspolitischen Gründe zur Einführung des PartGG bzw. der Haftungsbeschränkung (vgl. etwa Begr. RegE, BT-Drs. 13/9820, 21). Gerade bei großen Freiberuflergesellschaften kommt aber den allgemeinen Verbindlichkeiten wie etwa dem Mietzins für die Büro- oder Praxisräume oder den Kosten für die erforderliche Infrastruktur der Kanzlei oder Praxis aus wirtschaftlichen Gesichtspunkten eine immer größere Bedeutung zu. Bei der seit 2013 möglichen Wahl der PartmbB bleibt das Manko, dass die Erleichterungen ebenfalls nur im Bereich der Haftung für berufliche Pflichtverletzungen greifen (vgl. zu dieser Schwäche auch im Vergleich zu ausländischen Rechtsformen wie der LLP *Henssler* NJW 2014, 1761).

In **steuerrechtlicher** Hinsicht sind generalisierende Aussagen nicht mög- **47** lich (→ Rn. 17 ff.). Vorteile der GmbH aus der Rückstellungsfähigkeit von Pensionsverpflichtungen können die gewerbesteuerrechtlichen Nachteile der Kapitalgesellschaft überkompensieren (hierzu *Ganster,* Freier Beruf und Kapitalgesellschaft – das Ende der freien Professionen?, 2000, 499 f.). Die Finanzverwaltung lehnt – unter Abweichung vom Maßgeblichkeitsgrundsatz – die steuerlich wirksame Bildung einer Rückstellung für die Verbindlichkeiten der Gesellschaft aus Pensionszusagen gegenüber Gesellschafter-Geschäftsführern bei Personenhandelsgesellschaften ab (als Grundlage dienen insoweit BFH BStBl. III 1967, 222; DStR 1994, 499). Die Partnerschaft wird auch insoweit OHG und KG steuerrechtlich gleichgestellt. Die in der Literatur geäußerte Kritik (*Knobbe-Keuk,* Bilanz- und Unternehmenssteuerrecht, 9. Aufl. 1993, 437 f. mwN) an dieser Entscheidungspraxis ist von der finanzgerichtlichen

Einführung

Rspr. bislang nicht aufgegriffen worden. Zudem sei darauf hingewiesen, dass die Bildung von Pensionsrückstellungen eine kaufmännische Buchführung der Partnerschaft voraussetzen würde, die meist nicht gewünscht ist. Die bei der Partnerschaft übliche Einnahme-Überschussrechnung gewährt gewisse zeitliche Gestaltungsspielräume bei der Gewinnermittlung. So müssen Forderungen gegenüber Mandanten/Klienten nicht bereits im Zeitpunkt der Entstehung aktiviert und versteuert werden. Keine Steuerpflicht fällt auch bei halbfertigen Arbeiten an (dazu MHdB GesR I/*Salger* § 37 Rn. 14).

48   Zum Rechtsformvergleich zwischen der neu eingeführten Partnerschaftsgesellschaft mit beschränkter Berufshaftung und der Freiberufler-GmbH → § 8 Rn. 16.

3. Aktiengesellschaft

49   **a) Zulässigkeit der Freiberufler-AG.** Als Kapitalgesellschaft ist die Aktiengesellschaft ebenso wie die GmbH für Wirtschaftsprüfer (§ 27 Abs. 1 WPO) und Steuerberater (§ 49 Abs. 1 StBerG) seit langem anerkannt. Gleiches gilt etwa für **Architekten,** allerdings ohne ausdrückliche berufsrechtliche Regelung. Dem Berufsstand der **Apotheker** stehen die Kapitalgesellschaften dagegen nach § 8 ApoG generell nicht offen.

50   Auch für die **Anwaltschaft** wird die AG als Berufsausübungsgesellschaft mittlerweile als zulässig erachtet. Zwar betreffen die §§ 59 c ff. BRAO lediglich die anwaltliche Berufsausübung in der Rechtsform der GmbH. Zur Zulässigkeit der Berufsausübung in der AG trifft das Gesetz ganz bewusst keine Aussage (BT-Drs. 13/9820, 11). Ganz ähnlich wie im Fall der Freiberufler- bzw. Anwalts-GmbH (→ Rn. 41 ff.) ist die berufsrechtliche Entwicklung aber durch die Rspr. vorangetrieben worden. Das BayObLG hat mit Beschluss vom 27.3.2000 den Zusammenschluss von Rechtsanwälten in einer AG erstmals für zulässig erklärt (BayObLG NJW 2000, 1647). Damit folgte das Gericht der bereits zuvor in der Literatur vorherrschenden Meinung (hierzu etwa *Römermann,* Entwicklungen und Tendenzen bei Anwaltsgesellschaften, 1995, 183 ff.; *Henssler,* Max-Hachenburg-Gedächtnisvorlesung 1996, 13 [20 ff.]; *Römermann/Spönemann* NZG 1998, 18; *Hartung/Holl* GmbHR 1997, 532).

51   Der BGH hat die Entscheidung des BayObLG in seinem Beschluss vom 10.1.2005 bestätigt (BGHZ 161, 376 ff. = NJW 2005, 1568 ff.; hierzu *Henssler* AnwBl. 2005, 374; *Kilian* JR 2006, 206; *Kempter/Kopp* NZG 2005, 582; vgl. auch BGH NJW 2006, 1132 ff.; OLG Hamm NJW 2006, 3434). Die grundsätzliche Zulässigkeit der Anwalts-AG folgt unmittelbar aus Art. 12 Abs. 1 GG und Art. 3 Abs. 1 GG (BGH NJW 2005, 1568 [1570]; Henssler/Prütting/ *Henssler* BRAO Vor § 59 c Rn. 11 ff., 18). Voraussetzung für den Anspruch auf Zulassung als Berufsausübungsgesellschaft ist, dass die Anwalts-AG den wesentlichen Anforderungen genügt, die an die Zulassung einer Rechtsanwaltsgesellschaft nach den §§ 59 c ff. BRAO gestellt werden. Solange eine konkrete Normierung der Zulassungsvoraussetzungen fehlt, ergeben sich die Kriterien für eine Zulassung aus diesen Vorschriften (eingehend hierzu Henssler/Prütting/ *Henssler* BRAO Vor § 59 c Rn. 16 ff.).

52   Nachdem die Musterberufsordnung für Ärzte (MBO-Ä) seit dem 107. Deutschen Ärztetag von 2004 die ärztliche Betätigung in Form der juristischen Person des Privatrechts zulässt (§ 23a Abs. 1 S. 1 MBO-Ä 2004 geändert durch den Beschluss des Vorstands der Bundesärztekammer vom 24.11.2006), und verschiedene Heilberufe- und Kammergesetze nunmehr ausdrücklich die ärztliche Betätigung in der juristischen Person erlauben (→ Rn. 44), steht die AG als Berufsausübungsgesellschaft auch den **Heilkundeberufen** offen. Ihre Zulässigkeit ist – wie bei der GmbH – von der für die ärztliche Betätigung prägenden eigenverantwortlichen, selbstständigen und nicht gewerblichen Berufsausübung abhängig (→ Rn. 44).

b) Praktikabilität der Freiberufler-AG. Die Entwicklung bei den Wirt- **53** schaftsprüfern, aber auch bei den Steuerberatern zeigt, dass die Aktiengesellschaft durchaus eine adäquate Kooperationsform für die Freien Berufe sein kann. Mit dem „Gesetz für kleine Aktiengesellschaften und zur Deregulierung des Aktienrechts" (BGBl. 1994 I, 1961) hat der Gesetzgeber zwar keine neue Rechtsform, wohl aber Erleichterungen geschaffen, die auch kleineren Unternehmen den Zugang zur Rechtsform der AG eröffnen. Nachdem seither Einpersonengründungen zulässig sind (§§ 2, 36 Abs. 2 AktG), die Aktien nicht mehr einzeln verbrieft werden müssen (§ 10 Abs. 5 AktG), die Formalien zur Einberufung der Hauptversammlung erleichtert wurden (§ 121 Abs. 4 AktG) und auch die Notwendigkeit der notariellen Beurkundung der Hauptversammlung für die nicht börsennotierte AG entfallen ist (§ 130 AktG), kann sich die Gründung einer Aktiengesellschaft anbieten. Anders als die GmbH trägt die AG den „Makel" der Haftungsbeschränkung nicht schon im Namen. Sie geht damit potentiellen Vorbehalten gegen das Haftungsprivileg im Kreise der Auftraggeber aus dem Weg. Ferner bedarf die Übertragung der Gesellschaftsanteile bei der AG (Aktien) nicht (wie bei der GmbH) der kostenträchtigen notariellen Beurkundung. Aufgrund der starken Stellung des Vorstands ist außerdem eine straffe Unternehmensführung möglich.

4. Ausländische Rechtsformen

Ausländische Rechtsformen, die nach der Rspr. des EuGH auch für eine **54** rein inländische Berufstätigkeit gewählt werden können (→ Rn. 61 ff.), weisen teilweise klare Vorteile gegenüber der Partnerschaft und zwar auch gegenüber der PartmbB auf. Das gilt insbesondere für die englische LLP, die einerseits die Vorteile einer Besteuerung als Personengesellschaft bietet und sich auf der anderen Seite – ähnlich wie eine Kapitalgesellschaft – durch eine Haftungsbeschränkung auch im Bereich der außerberuflichen Haftung auszeichnet (dazu eingehend *Henssler* NJW 2014, 1761).

V. Internationales Privatrecht

Schrifttum allgemein: *v. Bar/Mankowski,* Internationales Privatrecht, 2. Aufl. 2003; *Beitzke,* Kollisionsrecht der Gesellschaften und juristischen Personen, in Lauterbach, Vorschläge und Gutachten zur Reform des deutschen internationalen Personen- und Sachenrechts, 1972; *Eidenmüller,* Ausländische Kapitalgesellschaften im deutschen Recht, 2004; *Ferid,* Zur Behandlung von Anteilen an Personengesellschaften beim zwischenstaatlichen Erbgang, FS A. Hueck, 1959, 343; *Grasmann,* System des Internationalen Gesellschaftsrechts, 1970; *Hirte/Bücker,* Grenzüberschreitende Gesellschaften, Praxishand-

Einführung

buch für ausländische Kapitalgesellschaften mit Sitz im Inland, 2. Aufl. 2006; *v. Hoffmann / Thorn,* Internationales Privatrecht, 9. Aufl. 2007; *Kegel / Schurig,* Internationales Privatrecht, 9. Aufl. 2004; *Kropholler,* Internationales Privatrecht, 6. Aufl. 2006; *Lutter,* Europäische Auslandsgesellschaften in Deutschland, 2005; *v. Staudinger / Großfeld,* Internationales Gesellschaftsrecht, 15. Aufl. 2015; *Sandrock / Wetzler,* Deutsches Gesellschaftsrecht im Wettbewerb der Rechtsordnungen nach Centros, Überseering und Inspire Art, 2004; *Spahlinger / Wegen,* Internationales Gesellschaftsrecht in der Praxis, 2005; *Wiedemann,* Internationales Gesellschaftsrecht, FS Kegel, 1977, 187; *Zimmer,* Internationales Gesellschaftsrecht, 1996.

1. Grundlagen: Sitz- und Gründungstheorie

55   Für Sachverhalte mit Auslandsberührung enthält das deutsche Internationale Gesellschaftsrecht als Teil des deutschen Internationalen Privatrechts Kollisionsregeln, die bestimmen, welcher Rechtsordnung im Verband untersteht. Da diese Kollisionsregeln nicht positivrechtlich kodifiziert sind, besteht seit jeher Streit darüber, nach welchem Anknüpfungspunkt sich das für die grenzüberschreitend tätig werdende Gesellschaft geltende Recht – das **Gesellschaftsstatut** – richtet. Dabei stehen sich im Wesentlichen zwei gegensätzliche Theorien, die Sitz- und die Gründungstheorie, gegenüber.

56   Nach der in Deutschland lange Zeit herrschenden und bis heute für außerhalb der EU und den USA gegründete Gesellschaften vertretenen **Sitztheorie** (Überblick über den ehemaligen Meinungsstand MüKoBGB/ *Kindler* IntGesR Rn. 420ff.; *v. Staudinger / Großfeld* IntGesR Rn. 26ff.) ist der Verwaltungssitz für das Gesellschaftsstatut des betreffenden Unternehmens ausschlaggebend. Eine grenzüberschreitend in Deutschland tätige Gesellschaft soll demnach dem deutschen Gesellschaftsrecht zu unterwerfen und nach dessen Grundsätzen zu beurteilen sein, wenn der tatsächliche Sitz ihrer Hauptverwaltung innerhalb der Bundesrepublik liegt. Unter dem Verwaltungssitz ist insoweit nach hM derjenige Ort zu verstehen, an dem „… die grundlegenden Entscheidungen der Unternehmensleitung effektiv in laufende Geschäftsführungsakte umgesetzt werden …" (BGHZ 97, 269 [272] = NJW 1986, 2194 [2195]). Maßgebend ist also der Ort der tatsächlichen Willensbildung, an dem von der Geschäftsleitung die zur Führung der Gesellschaft entscheidenden Leitlinien umgesetzt werden.

57   Nach der **Gründungstheorie** ist hingegen für das Gesellschaftsstatut diejenige Rechtsordnung entscheidend, nach der die Gesellschaft errichtet wurde. Gemäß den unterschiedlichen Ausprägungen dieser Theorie kommt insoweit das Recht des Gründungsortes, das Recht des Registerortes und dasjenige Recht als maßgebend in Betracht, nach dem die Gesellschaft organisiert ist (eingehend zur Gründungstheorie MüKoBGB/ *Kindler* IntGesR Rn. 359ff.). In der Regel wird eine Rechtsordnung alle drei Anknüpfungsmerkmale erfüllen. Eine grenzüberschreitend in Deutschland tätige Gesellschaft ist folglich nach der Gründungstheorie im Grundsatz nur dann deutschem Gesellschaftsrecht unterworfen, wenn sie nach diesem organisiert ist, also eine Rechtsform deutschen Rechts hat, oder wenn sie in Deutschland gegründet oder registriert ist. In allen anderen Fällen ist für das Statut der Gesellschaft dasjenige ausländische Recht maßgeblich, welches – je nach konkreter Spielart der Gründungstheorie – diese Kriterien erfüllt.

2. Auswirkungen der Sitz- bzw. Gründungstheorie

Bedeutung erlangt der unterschiedliche Ansatz von Sitz- und Gründungs- **58** theorie immer dann, wenn eine Gesellschaft einen von ihrem Satzungssitz im Ausland verschiedenen Verwaltungssitz in Deutschland hat.

Die **Sitztheorie** führt in diesen Fällen nicht nur dazu, dass alle ausländi- **59** schen Gesellschaftsformen weder als juristische Personen (etwa AG, GmbH, Genossenschaft) noch als Gesamthandsgemeinschaften angesehen werden können, für deren Entstehen als Außengesellschaft eine Eintragung erforderlich ist (wie etwa die Partnerschaft, → § 7 Rn. 2 ff.). Denn die entsprechenden Anforderungen des deutschen Rechts erfüllen derartige Gesellschaften gerade nicht. Über diese offensichtliche Folge hinaus bewirkt die Sitztheorie einen **ganzheitlichen Statutenwechsel:** In allen dem Gesellschaftsstatut zuzuordnenden Fragen findet auf die ausländische Gesellschaft deutsches Recht und nicht etwa das Recht des Gründungsstaates Anwendung. Die Auslandsgesellschaft wird gewissermaßen „eingedeutscht", was regelmäßig einen Rechtsverlust der Auslandsgesellschaft nach sich zieht.

Hingegen bewirkt die **Gründungstheorie,** dass in den beschriebenen **60** Sachverhalten im Ausland gegründete Gesellschaften ihre Identität auch dann erhalten, wenn sie ausschließlich in Deutschland als sog. „pseudo-foreign-companies" tätig werden, ein Auslandsbezug damit nur im Sinne einer „Briefkastengesellschaft" besteht. Fragestellungen, die dem Gesellschaftsstatut zuzuordnen sind, werden nach dem Recht des Gründungsstaates beurteilt. Im Ergebnis zieht die Gründungstheorie eine **erhebliche Ausweitung der Rechtsformwahlfreiheit** nach sich: In Deutschland tätige Unternehmen können als Organisationsform für einen Zusammenschluss jedwede ausländische Gesellschaftsform durch Gründung und Eintragung der jeweiligen Gesellschaft im Heimatland und Konzentration des Geschäftsbetriebes auf die Bundesrepublik nutzen, sofern nur die ausländische Rechtsordnung – wie dies insbesondere im angelsächsischen Rechtskreis der Fall ist – einen vom Satzungssitz abweichenden Verwaltungssitz zulässt.

VI. Europarechtliche Entwicklungen

1. Allgemeines

In seiner jüngeren Rspr. zur Niederlassungsfreiheit von Gesellschaften aus **61** Art. 49 AEUV iVm Art. 54 AEUV in den Fällen *Centros* (EuGH Rs. C-212/ 97, Slg. 1999, I-1459), *Überseering* (EuGH Rs. C-208/00, Slg. 2002, I-9919) und *Inspire Art* (EuGH Rs. C-167/01, Slg. 2003, I-10.155) hat der EuGH unmissverständlich zum Ausdruck gebracht, dass Unternehmen, die in anderen Mitgliedstaaten der EU wirksam gegründet worden sind, in allen anderen Staaten der Gemeinschaft als Gesellschaften ausländischen Rechts in der jeweiligen Rechtsform anzuerkennen sind.

Dies gilt nach ganz einhelliger Ansicht nicht nur im Hinblick auf Fragen der **62** Rechts- und Parteifähigkeit (dazu schon EuGH Rs. C-208/00, Slg. 2002, I-9919 – Überseering), sondern für alle Regelungsbereiche, die nach allgemeiner Auffassung dem Gesellschaftsstatut zuzuordnen sind (vgl. *Eiden-*

Einführung

müller, Ausländische Kapitalgesellschaften im deutschen Recht, 2004, § 4 Rn. 1; Lutter/*Fleischer* Auslandsgesellschaften Kap. C S. 96; *Ulmer* NJW 2004, 531 [534]; *Behrens* IPRax 2004, 20 [24 f.]; *Leible* ZGR 2004, 531 [534]; *Riegger* ZGR 2004, 520 [524]; *v. Bernstorff* RIW 2004, 498 [500]). Darunter wird gemeinhin die Summe aller gesellschaftsrechtlichen Angelegenheiten verstanden, die für das Leben einer Gesellschaft maßgebend sind (vgl. nur *Wiedemann* GesR I § 14 I. 1., 777). Betroffen sind mit anderen Worten alle genuin gesellschaftsrechtlichen Verhältnisse des Unternehmens, in denen, um eine Beschränkung der Niederlassungsfreiheit zu vermeiden, grundsätzlich das entsprechende Gründungsrecht auf die Auslandsgesellschaft anzuwenden ist. Erfasst wird nicht zuletzt auch die Haftungsverfassung der jeweiligen Gesellschaft (dazu EuGH, *Inspire Art,* Rs. C-167/01, Slg. 2003, I-10.155). Erst jüngst hat der EuGH in der Sache Kornhaas (NJW 2016, 223) allerdings klargestellt, dass darunter – trotz der Verortung im Gesellschaftsrecht – nicht die Vorschrift des § 64 GmbHG (Haftung des GmbH-Geschäftsführers für Zahlungen nach Zahlungsunfähigkeit oder Überschuldung) fällt. Auch der Geschäftsführer einer englischen Ltd. unterliegt damit bei einem Verwaltungssitz in Deutschland der entsprechenden Haftung.

2. Abkehr von der Sitztheorie für EU-Auslandsgesellschaften

63   Obgleich den zur Niederlassungsfreiheit von Gesellschaften ergangenen Urteilen des EuGH keine ausdrückliche Aussage dazu zu entnehmen ist, ob in Europa der Gründungstheorie generell der Vorzug vor der Sitztheorie zu geben ist, hat der EuGH durch die Urteile *Centros, Überseering* und *Inspire Art* nach heute nahezu einhelliger Auffassung der Sitztheorie für den Zuzug von Gesellschaften aus einem EU-Mitgliedsstaat *faktisch* eine Absage erteilt (s. Palandt/*Thorn* EGBGB Anh. zu Art. 12 Rn. 5).

64   Infolgedessen ist in Deutschland – für den europäischen Kontext – in Rspr. und Literatur ein Meinungsumschwung von der Sitz- zur Gründungstheorie erfolgt, nach dem nunmehr für EU-Auslandsgesellschaften das maßgebliche Recht grundsätzlich nach der Gründungstheorie bestimmt werden muss (vgl. BGHZ 154, 185 [189] = NJW 2003, 1461; BGH NZG 2004, 1001; Palandt/ *Thorn* EGBGB Anh. zu Art. 12 Rn. 5).

3. Bedeutung für Gesellschaften aus Drittstaaten

65   Der von der Rspr. des EuGH angestoßene Meinungsumschwung von der Sitz- zur Gründungstheorie beeinflusst die Tätigkeit der Gesellschaften nicht nur innerhalb der EU. Die beschriebenen Auswirkungen gelten aufgrund des EWR Abkommens auch für die Staaten des Europäischen Wirtschaftsraumes (Island, Liechtenstein und Norwegen). Noch darüber hinausgehend hat der BGH entschieden, dass aufgrund Art. XXV Abs. 5 S. 2 des Freundschafts-, Handels- und Schifffahrtvertrages zwischen der Bundesrepublik und den Vereinigten Staaten von Amerika vom 29. 10. 1956 (BGBl. 1956 II 487) für US-Gesellschaften in Deutschland „ähnliches [gilt] wie im Geltungsbereich der Niederlassungsfreiheit" (BGH NZG 2004, 1001). Für in Deutschland niedergelassene US-Gesellschaften ist demzufolge grundsätzlich ebenfalls an das

Gründungsrecht anzuknüpfen (BGHZ 153, 353 [356 f.] = NJW 2003, 1607 [1608 f.]).

Im Verhältnis zu Drittstaaten, die unter keines der vorgenannten völker- **66** rechtlichen Abkommen fallen, ist bislang noch keine autonome Fortentwicklung des deutschen internationalen Gesellschaftsrechts mit der Folge vollzogen worden, dass generell von der Sitz- zur Gründungstheorie übergangen wird (dazu *Zimmer* ZHR 168 [2004], 355 [365]). Nach dem derzeitigen, vom BGH (BGHZ 178, 192 = NJW 2009, 289 – Trabrennbahn; vgl. auch jüngst BGH NZG 2016, 1187 Rn. 13) geteilten Meinungsstand existiert in Deutschland ein zweigeteiltes Kollisionsrecht, das Auslandsgesellschaften abhängig von den bestehenden völkerrechtlichen Vereinbarungen nach zwei verschieden Anknüpfungspunkten beurteilt (dazu Palandt / *Thorn* EGBGB Anh. zu Art. 12 Rn. 10; *Bayer/Schmidt* ZHR 173 [2009], 735). Mit Ausnahme der USA und den Staaten des EWR bleibt es somit im Hinblick auf Drittstaaten derzeit bei der Geltung der Sitztheorie.

4. Auswirkungen auf die Rechtsformwahl – Rechtsformwahlfreiheit

Im Zuge der EuGH- Rspr. zur Niederlassungsfreiheit und der Rspr. des **67** BGH zum deutsch-amerikanischen Freundschafts-, Handels- und Schifffahrtvertrag ist das Spektrum der in Deutschland verfügbaren **Gesellschaftsformen erheblich erweitert** worden. Den Gründern einer Gesellschaft in der Bundesrepublik steht es frei, neben den Gesellschaftsformen des deutschen Rechts auf alle in der EU, den EWR-Staaten und den USA existierenden Gesellschaftstypen als Organisationsform zurückzugreifen. Dies gilt selbstverständlich auch für in Deutschland tätige Freiberufler, die neben den traditionellen Freiberuflergesellschaften des deutschen Rechts gleichermaßen die für eine freiberufliche Tätigkeit infrage kommenden Gesellschaftsformen der genannten Rechtsordnungen nutzen können.

Die Nutzung ausländischer Organisationsformen kann auf zwei verschie- **68** dene Arten erfolgen, die der EuGH als von der Niederlassungsfreiheit erfasste Zuzugsfälle anerkannt hat: Einerseits ist es möglich, eine Gesellschaft mit **Satzungssitz im Ausland** zu gründen und dort registrieren zu lassen und sodann den Verwaltungssitz der Gesellschaft – also den Ort der tatsächlichen Willensbildung, an dem die Geschäftsleitung die zur Führung der Gesellschaft entscheidenden Leitentscheidungen fällt, – nach Deutschland zu verlegen (zu einem solchen Sachverhalt s. EuGH Rs. C-208/00, Slg. 2002, I-9919 – Überseering). Alternativ kann die mit Satzungssitz im Ausland gegründete und dort eingetragene Gesellschaft in Deutschland **Zweigniederlassungen** errichten und so in ausländischer Rechtsform hierzulande tätig werden (zu solchen seit jeher unproblematischen Sachverhalten s. EuGH Rs. C-212/97, Slg. 1999, I-1459 – Centros und EuGH Rs. C-167/01, Slg. 2003, I-10.155 – Inspire Art). Diese Möglichkeit stünde englischen Anwaltsgesellschaften auch nach dem Brexit weiterhin offen.

5. Europäische Partnerschaftsgesellschaft

Schrifttum: *Grüninger,* Die deutsche Rechtsanwaltssozietät als Mitglied einer EWIV, AnwBl. 1990, 228; *Leutheusser-Schnarrenberger,* Die Partnerschaftsgesellschaft – nationale und EG-rechtliche Bestrebungen zu einem Sondergesellschaftsrecht für die freien Berufe, FS Helmrich, 1994, 677; *Nerlich,* Internationale Kooperationsmöglichkeiten für europäische Anwälte, 1994; *Seibert,* EG-Gesellschaftsform für Freie Berufe? – Grenzüberschreitende Ausübung freiberuflicher Tätigkeiten, DZWiR 1993, 158.

69   Der Plan der EG-Kommission, eine **europäische Partnerschaftsgesellschaft** zu schaffen, muss als gescheitert angesehen werden (*Bösert* ZAP 1994, Fach 15, 139 [141]; vgl. auch *Hensler* NJW 1993, 2137 [2143]). Die 1985 beschlossene und 1989 in Kraft getretene supranationale Gesellschaftsform der Europäischen Wirtschaftlichen Interessenvereinigung **EWIV** kann lediglich Hilfsfunktionen, wie zB die Werbung für die Tätigkeit der Mitgliedsunternehmen, übernehmen (so ausdrücklich die Erwägungsgründe der europäischen Verordnung, ABl. 1985 Nr. L 199/1). Sie ist keine Berufsausübungsgesellschaft. Seit Verabschiedung der Europäischen Gesellschaft **(SE)** durch die EG-Verordnung Nr. 2157/2001 ist die Verschmelzung von – auch freiberuflichen – Aktiengesellschaften aus den einzelnen Mitgliedstaaten zu einer Europäischen Aktiengesellschaft denkbar. Zur Möglichkeit einer Europäischen Anwalts-GmbH vgl. *Schriever* AnwBl. 2007, VI.

VII. Rechtsvergleichung

Schrifttum: *Bachelin,* Die Zusammenarbeit von Rechtsanwälten in Europa, 2002; *Grunewald/Müller,* Ausländische Rechtsberatungsgesellschaften in Deutschland, NJW 2005, 465 ff.; *Hensler,* Die Zulassung ausländischer Anwaltsgesellschaften in Deutschland, FS Busse, 2006, 127; *Hensler,* Die LLP die bessere Alternative zur PartG mbB?, NJW 2014, 1761; *Hensler/Nerlich,* Anwaltliche Tätigkeit in Europa, 1994; *Hensler/Streck,* Handbuch des Sozietätsrechts, 2. Aufl. 2011; *Hensler/Wambach,* Die Lage der freien Berufe in ihrer Funktion und Bedeutung für die europäische Zivilgesellschaft, 2014; Institut für Freie Berufe, Freie Berufe in Europa, 1994; *Knöfel,* Grundfragen der internationalen Berufsausübung von Rechtsanwälten, 2005; *Nerlich,* Internationale Kooperationsmöglichkeiten für europäische Anwälte, 1994; *Stoldt,* Organisations- und Kooperationsmöglichkeiten für Anwälte, Steuerberater, Wirtschaftsprüfer und Ärzte in Europa und den USA, in Seibert, Die Partnerschaft, 1994, 62 ff.; *Triebel/Otte/Kimpel,* Die englische Limited Liability Partnership in Deutschland: Eine attraktive Rechtsform für deutsche Beratungsgesellschaften?, BB 2005, 1233; *Tyrrell/Yaqub,* The Legal Professions in the New Europe, 2. Aufl. 1996; *Weller/Kienle,* Die Anwalts-LLP in Deutschland, DStR 2005, 1060 ff. und 1102 ff.

70   Vor dem Hintergrund der unter → Rn 67 geschilderten erweiterten Rechtsformwahlfreiheit sollen – ohne Anspruch auf Vollständigkeit – die Charakteristika der wichtigsten, den Freiberuflern offen stehenden Zusammenschlussformen in ausgewählten Staaten in einem rechtsvergleichenden Überblick vorgestellt werden. Die Darstellung stützt sich weitgehend auf in deutscher Sprache zugängliches Schrifttum, kann damit nicht in allen Fällen Aktualität gewährleisten. Ein Schwerpunkt liegt auf der Darstellung der gemeinsamen Berufsausübung von **Rechtsanwälten.** Im europäischen Ausland ist die freiberufliche Zusammenarbeit überwiegend sowohl in Personengesellschaften als auch in Kapitalgesellschaften möglich. Die ausländischen Regelungen kennen zudem häufig freiberufsspezifische Modifikationen der allgemeinen gesellschaftsrechtlichen Bestimmungen. Dics gilt insbesondere, soweit ausländische Rechtsordnungen die Berufsausübung in einer Kapitalgesellschaft zulassen.

1. Australien

Schrifttum: *Steve Mark,* The regulatory Framework in Australia, Materials for the ABA Center for Professional Responsibility – 40th National Conference on Professional Responsibility, Regulatory Innovation in England and Wales and Australia: What's in it for Us?, Long Beach, California, May 29, 2014 (unveröffentlicht).

Australien hat eine föderale Struktur. Ähnlich wie in den USA und Canada **71** sind die acht Bundesstaaten und Territorien für die Regulierung von Berufen, etwa den Anwaltsberuf, zuständig. Mit den sich hieraus ergebenden Unterschieden weist Australien eine der liberalsten Rechtsordnungen mit Blick auf die Zusammenarbeit jener Berufe auf, die nach kontinentaleuropäischen Verständnis als Freie Berufe qualifiziert werden. So hat Neu Süd Wales als erste Rechtsordnung weltweit sogar börsennotierte Anwaltsgesellschaften zugelassen und damit eine Vorreiterfunktion für die Einführung von ABS in England übernommen. Inzwischen sind mehrere Anwaltsgesellschaften an der Australian Securities Exchange (ASX) notiert. Über 3.000 Anwaltsgesellschaften, und damit ca. 30% aller law firms, sind als Kapitalgesellschaften („incorporated legal practices" (ILPs)) organisiert, die meisten davon in Neu Süd Wales.

Angesichts der Bedeutung dieses Staates sei beispielhaft näher auf das Recht **72** von Neu Süd Wales Bezug genommen (Legal Profession Uniform Law [NSW] in der Fassung vom 3.11.2016 sowie die Legal Profession Uniform Regulations 2015 in der Fassung vom 26.6.2015). Danach stehen den Rechtsanwälten prinzipiell alle Gesellschaftsformen für die Berufsausübung zur Verfügung. 85% der Anwälte üben ihren Beruf allerdings weiterhin als Einzelanwalt aus. Zusammenschlüsse sind möglich in der Rechtsform der Partnerships, Incorporated Legal Practice (Kapitalgesellschaft) und Unincorporated Legal Practice (sec. 6 *Legal Profession Uniform Law (NSW)).* Die Berufsausübung in Kapitalgesellschaften ist nach sec. 108ff. des genannten Berufsgesetzes besonderen Regeln unterworfen. Neu Süd Wales hat sich für eine ausdrückliche gesetzliche Zulassung von MDP entschieden. Sie sind zulässig, wenn (1) Anwälte die Kontrolle über die Gesellschaft behalten und mindestens 51% der Einnahmen erhalten, (2) Nichtanwälte an das anwaltliche Berufsrecht gebunden werden und (3) außerdem persönlich verantwortlich für Gesetzesverstöße sind.

2. Belgien

Schrifttum: *Ferguson,* Benelux firms resist international competition, International Financial Law Review, April 1998, 38; *Heenen/Malherbe,* Les sociétés civiles professionelles, Journal des Tribunaux 1985, 709; *Hoffmann,* Der belgische Rechtsanwalt, BRAK-Mitt. 1984, 52, 54; *Jeune Barreau de Liège,* L'exercice en société des professions libérales et les pratiques multidisciplinaires, 2000; *Maiden,* Belgian Firms Enter International Arena, In-

Einführung

ternational Financial Law Review July 1999, 30; *de Valkeneer/Dehan,* L'exercice en société des professions libérales, 1989.

73   In Belgien fallen unter den Begriff der Freien Berufe vor allem juristische und medizinische Berufe sowie solche des Finanzbereichs und Baugewerbes. Freie Berufe sind zB Anwälte, Notare, Gerichtsvollzieher, Haus-, Fach-, Zahn- und Tierärzte, Apotheker, Psychologen, Buchhalter, Wirtschaftsprüfer, Architekten und Landvermesser, etc (vgl. http://www.fvib.be/viewobj.jsp?ar ticle=347786). Seit Juli 2009 ist für alle Angehörige der Freien Berufe, die in Belgien niedergelassen sind, grundsätzlich eine Registrierung bei der Zentralen Unternehmensdatenbank (Banque-Carrefour des Entreprises/*Kruispunt-bank voor Ondernemingen*) gesetzlich vorgesehen.

74   Neben privatrechtlich organisierten Interessenverbänden für verschiedene Berufsgruppen gibt es auch Kammern. Die Mitgliedschaft in einer solchen Kammer ist im Allgemeinen – im Gegensatz zu den Interessenverbänden – nicht freiwillig, sondern zwingend. Die Berufsorganisationen sind idR nicht nur national, sondern auch stark regional organisiert. Alle Angehörigen eines Freien Berufs haben bestimmte Berufspflichten zu beachten, die in einer Berufsordnung festgelegt sind.

75   Das belgische Gesellschaftsrecht kennt Gesellschaften mit und ohne Rechtspersönlichkeit (*Vorlat* in Wegen/Spahlinger/Barth GesR Ausland Belgien Rn. 5). Außerdem unterscheidet es ebenso wie das deutsche Recht zwischen gewerblichen und nicht-gewerblichen Gesellschaften (zu letzteren gehören etwa Zusammenschlüsse von Rechtsanwälten, vgl. *Vorlat* in Wegen/Spahlinger/Barth GesR Ausland Belgien Rn. 8). Zur gemeinsamen Berufsausübung steht Freiberuflern in Belgien zunächst die **société de droit commun/maatschap** ohne Rechtspersönlichkeit offen, die an die Stelle der ehemaligen société civile/burgerlijke vennootschap (Art. 1832 Code Civil/ Burgerlijke Wetboek aF) getreten ist (Art. 2 § 1 und Art. 46 des durch Gesetz vom 7. 5. 1999 geschaffenen Code des Sociétés/Wetboek van Vennootschappen). Anwälte können sich zusätzlich in einer société civile à forme commerciale/burgerlijke vennootschap met handelsvorm zusammenschließen (vgl. Art. 2 § 2 des Code des Sociétés/Wetboek van Vennootschappen). Dabei handelt es sich um eine Gesellschaft mit nicht kaufmännischem Gesellschaftszweck, die jedoch die Rechtsform einer kaufmännischen Gesellschaft annimmt, um von der eigenen Rechtspersönlichkeit zu profitieren (Art. 3 Code des Sociétés/Wetboek van Vennootschappen). Sie kann in Form einer **société en nom collectif** (SNC)/**vennootschap onder firma** (VOF, vergleichbar mit der deutschen OHG), einer **société coopérative/coöperatieve vennootschap** (vergleichbar mit der Genossenschaft) oder einer **société privée à responsabilité limitée** (SPRL)/**besloten vennootschap met beperkte aansprakelijkheid** (BVBA, vergleichbar mit der GmbH) gegründet werden. Eine Zusammenarbeit von Rechtsanwälten in der Rechtsform der **société anonyme/naamloze vennootschap** (Aktiengesellschaft) oder der **société en commandite/commanditaire vennootschap** (Kommanditgesellschaft) ist in Belgien grundsätzlich nicht möglich.

76   Aus berufsrechtlicher Sicht sind im Vergleich zu Deutschland einige Besonderheiten bemerkenswert. Der Beruf des **Wirtschaftsprüfers** ist in Belgien zweigeteilt, der „reviseur d'entreprise" darf sich im Gegensatz zum „expert comptable" nur in einer SNC/VOF, einer société coopérative/coöperatieve vennootschap oder einer SPRL/BVBA zusammenschließen. **Ärzte** dürfen sich zu Gesellschaften, auch in der Rechtsform von Kapitalgesellschaften, zusammenschließen, die Beteiligung Berufsfremder ist unzulässig. Die Vertreter dieser Freien Berufe sind berufsrechtlich verpflichtet, sich neben der Gesellschaft gesamtschuldnerisch für Ansprüche aus Schäden wegen fehlerhafter Berufsausübung zu verpflichten, sodass sie unabhängig von der gewählten Gesellschaftsform jeweils persönlich und unbeschränkt für ihre Tätigkeit haften. Ein Gesetzesvorhaben, mit dem eine eigenständige société civile professionnelle et interprofessionnelle/professionele en interprofessionele burgerlijke vennootschap (Gesetzesbegründung, Chambre des Représentants/Kamer van Volksvertegenwoordigers, sess. 1984–1985, doc. 1108 – No. 1 v. 18.1.1985) eingeführt werden sollte, scheiterte.

3. Dänemark

Schrifttum: *B. Dux,* Anwaltsreform in Dänemark, AnwBl. 2007, 285; *Galli,* Danish firms to consider international links, International Financial Law Review, September 1996, 36; *Høj,* Die dänische Rechtsanwalts-GmbH, AnwBl. 1995, 361; *Kilian,* Die dänische Anwaltschaft, AnwBl. 2001, 49.

In Dänemark sind der Berufszugang und die Berufsausübung vieler Freier **77** Berufe durch Gesetze und Verordnungen geregelt. Die Berufsorganisationen können zur weiteren Regelung des Berufsrechts ermächtigt werden (wie zB im Bereich der rechtlichen Dienstleistungen durch die Verordnung *Bekendigørelse Af Lov Om Rettens Pleje* – im Englischen als *Administration of Justice Act* bezeichnet; vgl. *Stockholm Institute for Scandinavian Law,* The Danish Bar and Law Society, Scandinavian Studies in Law, vol. 46 [2004], 289 [292]). Bezogen auf das Ausmaß und die Intensität der Regulierung des Berufsrechts wird Dänemark auf EU-Ebene bisher zu den Ländern gezählt, in denen das Berufsrecht der Dienstleistungsberufe im Vergleich zu anderen EU-Mitgliedstaaten wenig reguliert ist (*Paterson et al.,* Economic impact of regulation in the field of liberal professions in different Member States. Regulations of Professional Service, 2003, 3). Die dänische Regierung hat im Jahr 2003 eine Analyse der Rechtsvorschriften in ausgewählten Gebieten des Berufsrechts vorgenommen (vgl. *Wendt,* EU Competition Law and Liberal Professions: an Uneasy Relationship, 2003, 82f.). Die Analyse bezog Rechtsvorschriften der Freien Berufe wie Rechtsanwälte, Zahnärzte und technischer Sachverständiger ein und zielte darauf ab, wettbewerbsbeschränkende Regelungen zu reformieren ohne die von ihnen geschützten Allgemeininteressen (wie Verbraucherschutz oder Gesundheitsschutz) zu verdrängen (vgl. *Wendt,* EU Competition Law and Liberal Professions: an Uneasy Relationship, 2003, 82f.).

In Dänemark gilt die Partnerschaft als häufigste Form der kooperativen frei- **78** beruflichen Berufsausübung in einer Personengesellschaft. Für Gesellschaftsschulden haften alle Partner persönlich (*Rasmussen* in Wegen/Spahlinger/Barth GesR Ausland Dänemark Rn. 2), das gilt auch für die beruflichen Verfehlungen ihrer Mitgesellschafter und die Verbindlichkeiten der Partnerschaft.

Einführung

Seit dem 1.1.1991 ist es den dänischen Rechtsanwälten auch erlaubt, sich in einer Kapitalgesellschaft (Aktiengesellschaft oder Gesellschaft mit beschränkter Haftung) zusammenzuschließen (zu Einzelheiten *Errens* in Henssler/Nerlich, Anwaltliche Tätigkeit in Europa, 1994, 131), allerdings nur mit anderen Rechtsanwälten, nicht mit Angehörigen sonstiger Freier Berufe. Der in der Gesellschaft tätige Anwalt haftet jedoch neben der Gesellschaft für alle Schäden, die dem Mandanten als Folge seiner Beratung entstehen. Nur von der Haftung für das Fehlverhalten der Mitgesellschafter ist er freigestellt. Eine von der dänischen Regierung eingesetzte Kommission zur Vorbereitung einer Reform des Anwaltsrechts sieht ua auch für das Recht der Anwaltsgesellschaften Liberalisierungen vor. So soll Nichtanwälten eine Beteiligung von bis zu 10% an Anwaltsgesellschaften erlaubt werden (s. dazu den Bericht des Kölner Dokumentationszentrums für Europäisches Anwalts- und Notarrecht, AnwBl. 2007, 285). Wirtschaftsprüfern und Ärzten stehen alle Kooperationsformen offen, ihre persönliche Haftung bleibt jedoch bestehen.

4. Estland

Schrifttum: *Kilian,* Eesti Advokatuur – Die estnische Anwaltschaft, WIRO 2007, 1.

79   Die Organisationsfreiheit der estnischen Anwaltschaft ist sehr weitreichend gewährleistet. § 50 Abs. 3 Anwaltsgesetz enthält zwar einen Berufsrechtsvorbehalt, erklärt aber für Anwaltsgesellschaften beliebiger Rechtsform das allgemeine Gesellschaftsrecht für anwendbar. Daher kann der Anwalt seinen Beruf sowohl in einer Gesellschaft bürgerlichen Rechts (täisühing), einer Kommanditgesellschaft (usaldusühing), einer GmbH (osaühing) oder einer Aktiengesellschaft (aktsiaselts) ausüben. Die Kapitalgesellschaften ziehen für den handelnden Anwalt keine haftungsrechtlichen Vorteile nach sich, da berufsrechtlich in § 47 Anwaltsgesetz angeordnet ist, dass der Rechtsanwalt seine Haftung grundsätzlich nicht beschränken kann. Interprofessionelle Berufsausübungsgesellschaften sind Anwälten verboten.

5. Finnland/Norwegen/Schweden

Schrifttum: *Ferguson,* Finnish Lawyers enjoy a quiet boom, International Financial Law Review, September 1998, 41; *Ferguson,* Schwedens Lagerlöf enters a brave new world, International Financial Law Review, September 1998; *Galli,* Norway's big four under pressure, International Financial Law Review, September 1998, 47; *Pretzell,* Anwaltsrecht in Finnland, Schweden und Norwegen, 1997.

80   Im finnischen Recht finden sich Regelungen zu einzelnen Freien Berufen in bereichsspezifischen Gesetzen, die neben Vorgaben zur Berufszulassung und Berufsausübung auch allgemeine Ziele, die in diesem Bereich der Dienstleistung verfolgt werden sollen, enthalten (zB im Bereich der Gesundheitsberufe im Health Care Professionals Act No. 559/1994). Andere Berufe sind in speziellen Berufsgesetzen geregelt (zB Rechtsanwälte im Advocates Act). Darüber hinaus finden sich Regelungen auf untergesetzlicher Ebene. Vielfach erlassen zudem die als privat-rechtliche Vereinigungen organisierten Berufsverbände eigene rechtliche Regeln in Gestalt von by-laws (vgl. Section 2 des Advocates

Act). Weiterhin existieren ethische Regelungen, die von den Vereinigungen beschlossen werden.

Im europäischen Vergleich sind die Dienstleistungsberufe in Finnland we- **81**
nig reguliert. Wie in den anderen skandinavischen Ländern ist vor allem die Wettbewerbs- und Verbraucherbehörde (Konkurrens- och konsumentverket) in der Markt- und Rechtsvorschriftenanalyse aktiv. Sie hat etwa gemeinsam mit den anderen nordischen Wettbewerbsbehörden im Jahr 2008 den pharmazeutischen Sektor in den nordischen Ländern analysiert. Danach war der finnische Apothekenmarkt so stark reguliert, dass Wettbewerb unter Apotheken als nicht möglich bewertet wurde.

Im Gesellschaftsrecht knüpfen die nordischen Staaten Finnland, Norwegen **82**
und Schweden durchweg nicht an einer kaufmännischen oder gewerblichen Tätigkeit an, sondern an der wirtschaftlichen Erwerbstätigkeit, die von der ideellen Betätigung unterschieden wird. Sowohl die offene Gesellschaft oder Handelsgesellschaft als auch die in allen Ländern bekannte Kommanditgesellschaft (Finnland: Lag om öppna bolag och kommanditbolag v. 29.4.1988; Schweden: Lag om handelsbolag och enkla bolag; Norwegen: vgl. § 1 1 Abs. 1 Selskapslov) stehen daher grundsätzlich für die freiberufliche Tätigkeit, auch für die anwaltliche Berufsausübung, zur Verfügung. Sowohl Finnland als auch Norwegen haben nach ursprünglichen partiellen Verboten (vgl. § 5 Abs. 3 des finnischen Lag om Advokater aF) die Berufsausübung für Angehörige der Freien Berufe in der Kapitalgesellschaft heute weitgehend anerkannt (zum Ganzen *Pretzell,* Anwaltsrecht in Finnland, Schweden und Norwegen, 1997). Allerdings eröffnen dort die Aktiengesetze selbst über allgemeine Subsidiaritätsklauseln die Möglichkeit, dass speziellere (berufsrechtliche) Vorschriften den Grundsatz der beschränkten Haftung durchbrechen (§ 1 Abs. 1 Lag om aktiebolag).

Dem finnischen und norwegischen Recht diente ersichtlich das dänische **83**
Modell als Vorlage. So haftet etwa im Falle der finnischen Anwaltsgesellschaft nur der für die Pflichtverletzung verantwortliche Anwaltsaktionär neben der Gesellschaft. Das schwedische Rechtssystem lässt zwar die Kapitalgesellschaft, etwa in Form der Anwaltskapitalgesellschaft, ebenfalls zu. Es setzt zugleich aber jeden Anwaltsaktionär der solidarischen Haftung mit der Gesellschaft aus, sodass haftungsrechtliche Vorteile mit der Gründung einer Anwaltsaktiengesellschaft nicht verbunden sind. Interprofessionelle Gesellschaften sind in Finnland und Schweden grundsätzlich verboten, können aber im Einzelfall von den Anwaltsverbänden zugelassen werden. In Norwegen darf eine Anwaltsgesellschaft auch solchen Tätigkeiten nachgehen, die mit dieser in einem natürlichen Zusammenhang stehen.

6. Frankreich

Schrifttum: *Ader/Damien,* Règles de la profession d'avocat, 15. Aufl. 2017; *Donath,* Rechtsberatungsgesellschaften, ZIIR 156 (1992), 135 (155), *Dux,* Blick ins Ausland, AnwBl. 2008, 287; 2010, 433; *Galli,* Will French firms survive?, International Financial Law Review, October 1998, 33; *Henrichfreise,* Frankreichs Anwaltschaft im Wandel, 1992; *Henssler,* Die Kapitalbeteiligung an Anwaltsgesellschaften (Teil 2), BRAK-Mitt. 2007, 238, 241f., *Henssler,* Die „association d'avocats à responsabilité professionnelle individuelle" als französisches „Pendant zur LLP", FS Hommelhoff, 2012, 401; *Maier,* Die

Einführung

Reform des Anwaltsrechts in Frankreich, AnwBl. 1991, 182; *Martin,* Déontologie de l'avocat, 11. Aufl. 2013; *Moog,* Anwaltsgesellschaften in Deutschland und Frankreich, 2000; *Mulrennan,* A Declaration Of Independence, International Financial Law Review, October 1999, 29; *Ndzana Siani,* Die Partnerschaftsgesellschaft und die französische Freiberuflergesellschaft, 2007; *Nerlich,* Internationale Kooperationsmöglichkeiten für europäische Anwälte, 1994; *Niessen,* Frankreichs Anwaltschaft, 1995; *Schmuck,* Die Anwalts-AG nach französischem Recht, RIW 1993, 983; *Schwenter-Lipp,* Die französische Zivilrechtsgesellschaft für Freiberufler, 1984; *Siems,* Deutsche und französische Rechtsanwaltskanzleien als LLPs, ZVglRWiss 107 (2008), 60.

84 Freiberufliche Tätigkeit kann in Frankreich mittlerweile überwiegend in **jeder Gesellschaftsform** mit Ausnahme der Personenhandelsgesellschaften ausgeübt werden. Dies gilt seit 2015 auch für Rechtsanwälte und andere Justizberufe (Art. 63 Gesetz Nr. 2015-990 v. 6.8.2015, J.O. v. 7.8.2015). Der französische Gesetzgeber hat mehrere Sonderrechtsformen für die Ausübung reglementierter Freiberufe geschaffen, die früher teilweise zwingend waren, heute dagegen meist als bloße Option zur Verfügung stehen. Die älteste von diesen ist die **société civile professionnelle** (kurz SCP), eine besondere Form der rechtsfähigen société civile nach Art. 1832 Code civil (Gesetz Nr. 66-879 v. 29.11.1966, J. O. v. 30.11.1966, 10451 ff.; dazu *Schwenter-Lipp,* Die französische Zivilrechtsgesellschaft für Freiberufler, 1984). Neben der Eintragung in das Handels- und Gesellschaftsregister wird eine Einschreibung in das Berufsregister der zuständigen Kammer verlangt (Art. 1 Abs. 3 Gesetz Nr. 66-879 iVm Art. 6 Gesetz Nr. 66-879). Für Fehler in der Berufsausübung haften primär der die Sache bearbeitende Gesellschafter und subsidiär die Gesellschaft sowie die Mitgesellschafter anteilig im Verhältnis ihrer Beteiligung (Art. 15 f Gesetz Nr. 66-879).

85 Als freiberufliche Sondervariante der Kapitalgesellschaften existieren seit 1990 die **sociétés d'exercice libéral** (kurz SEL, Gesetz Nr. 90-1258 v. 31.12.1990, J. O. v. 5.1.1991, 216 ff.; dazu *Donath* ZHR 156 [1992], 135 [155 f.]; *Henssler* JZ 1992, 697 [709]). Durch das Gesetz wurden die bestehenden Kapitalgesellschaftsformen (GmbH, AG und KGaA) an die Besonderheiten freiberuflicher Zusammenarbeit angepasst. Kernstück der Regelung sind die Vorschriften zum Gesellschafterkreis, welche auch die Aufnahme reiner Kapitalgeber gestatten (Art. 6 f. Gesetz Nr. 90-1258). Im Grundsatz müssen die Gesellschafter mehrheitlich ihren Beruf aktiv in der Gesellschaft ausüben. Eine Minderheitsbeteiligung ist (natürlichen und juristischen) Personen eröffnet, die denselben Beruf außerhalb der Gesellschaft ausüben, ehemals in der Gesellschaft tätigen Berufsangehörigen im Ruhestand und ihren Erben sowie Vertretern anderer artverwandter Berufe eröffnet. Für Gesellschaften zur Ausübung des Rechtsanwaltsberufs und anderer justiznaher Berufe (etwa Notare) wird seit 2015 auf das Erfordernis aktiver Berufsausübung der Gesellschafter vollständig verzichtet; auch wechselseitige Beteiligungen zwischen diesen Berufsgruppen sind nahezu uneingeschränkt zulässig (Art. 67 Gesetz Nr. 2015-990). Abweichend von der Dogmatik des Kapitalgesellschaftsrechts haftet in den SEL der jeweils handelnde Freiberufler persönlich für eigene Fehler in der Berufsausübung gesamtschuldnerisch mit der Gesellschaft (Art. 16 Gesetz Nr. 90-1258). Für die einzelnen Freien Berufe gibt es zT detaillierte spezifische Regelungen in eigenen Ausführungsverordnungen.

Für alle Freien Berufe besteht bereits seit 2001 die Möglichkeit, eine **Hol-** 86
dinggesellschaft zu gründen (société de participations financières de professions libérales, kurz SPFPL, Art. 31-1 f. Gesetz Nr. 90-1258). Die Anforderungen an den Gesellschafterkreis der SPFPL entsprechen weitgehend
denjenigen bei den SEL. Grundsätzlich sind nur Beteiligungen an Tochtergesellschaften zur Ausübung ein und desselben Berufs zulässig. Eine Ausnahme von diesem monoprofessionellen Ansatz gilt jedoch für die Justizberufe
und die experts-comptables. Neben dem Halten von Gesellschaftsanteilen
darf die Holdinggesellschaft auch beliebige Nebentätigkeiten ausüben, die
den Tochtergesellschaften zugutekommen (zB Vermietung von Kanzleiräum-
lichkeiten).

Wesentlich zurückhaltender als mit der Zulassung reiner Kapitalbeteiligun- 87
gen war der französische Gesetzgeber lange Zeit im Bereich der **interprofessionellen Zusammenarbeit.** Eine solche Möglichkeit ist zwar in den Gesetzen zur SCP und zu den SEL im Grundsatz vorgesehen, konnte jedoch
mangels Erlass der notwendigen Ausführungsverordnungen nie tatsächlich genutzt werden. 2016 wurde ein neuer Anlauf unternommen durch Einführung
der société pluri-professionnelle d'exercice (kurz SPE, Art. 31-3 ff. Gesetz
Nr. 90-1258, eingeführt durch Ordonnance Nr. 2016-394 v. 31.3.2016, J.O.
v. 1.4.2016). Diese ermöglicht die gemeinsame Berufsausübung von Angehörigen der Justizberufe und experts-comptables in beliebiger Rechtsform. Auch
reine Kapitalbeteiligungen sind in weitem Umfang zulässig. Die zur Nutzung
der SPE erforderlichen Ausführungsverordnungen sollen spätestens bis zum
1.7.2017 erlassen werden.

7. Griechenland

Schrifttum: *Kerameos,* Der Rechtsanwalt in Griechenland, AnwBl. 2001, 349.

In Griechenland sind die Kooperationsmöglichkeiten der Angehörigen 88
Freier Berufe stark durch berufsrechtliche Vorschriften beeinflusst. So regelt
das Präsidialdekret Nr. 81 vom 23.5.2005 über die „Anwaltsgesellschaften"
(welches das bislang geltende Präsidialdekret Nr. 518 vom 4.10.1989 ersetzt)
die anwaltlichen Zusammenschlüsse in Anlehnung an das französische Modell
der société civile professionnelle (dazu *Kerameos* AnwBl. 2001, 349 ff.). Die anwaltlichen Gesellschafter der Berufsausübungsgesellschaft Bürgerlichen Rechts
müssen der gleichen Anwaltskammer angehören. Das bislang bestehende Erfordernis der Mindestanzahl von fünf Gesellschaftern wurde abgeschafft, sodass
nunmehr auch (nur) zwei Rechtsanwälte eine sog. „Rechtsanwaltsberufsge-
sellschaft Bürgerlichen Rechts" gründen dürfen. Der verantwortliche Anwalt
haftet als Gesamtschuldner mit der rechtsfähigen Gesellschaft für die Folgen
einer Pflichtverletzung (Art. 13 des Dekrets).

Durch die nunmehr erweiterte Gestaltungsfreiheit in Bezug auf die Satzung 89
können die Gesellschafter viele Aspekte ihrer Zusammenarbeit miteinander
vereinbaren. Interprofessionelle Zusammenschlüsse sind unzulässig (Art. 2 des
Dekrets). Ärzte dürfen seit 2001 sowohl Praxisgemeinschaften als auch Perso-
nen- und Kapitalgesellschaften (GmbH, AG) zur gemeinsamen Berufsausübung gründen (Präsidialdekret Nr. 84 vom 10.4.2001). Bei der Gründung

Einführung

von Berufsausübungsgesellschaften dürfen sie sich auch mit anderen Berufen zusammenschließen, wie zB mit Biologen, Chemikern und Psychologen, unter der Voraussetzung, dass die Mehrheit der Kapitalanteile sowie der Stimmrechte Ärzten gehören bzw. die Gesellschaften mehrheitlich von Ärzten verwaltet werden. Die Zustimmung der Ärztekammer ist für die Gründung dieser Gesellschaften erforderlich.

8. Großbritannien

Schrifttum: *Bakker,* Rechtsanwaltsgesellschaften in England, AnwBl. 1993, 245; *Bank,* Die britische Limited Liability Partnership: Eine attraktive Organisationsform für Freiberufler?, 2006; *Bohlander,* Anwaltliches Berufsrecht in England und Wales, AnwBl. 1993, 309, 361, 594; *Hellwig,* Deutsches Berufsrecht als Bollwerk gegen englische ABS? Berufsausübung, Geschäftsführung und Eigenkapital von Nicht-Anwälten in englischen Alternative Business Structures (ABS), AnwBl. 2012, 876; *Henssler/Mansel,* Die Limited Liability Partnership als Organisationsform anwaltlicher Berufsausübung, NJW 2007, 1393 ff.; *Henssler/Mansel,* Internationalrechtliche Haftungsfragen beim Auftreten einer anwaltlich tätigen Limited Liability Partnership (LLP) englischen Rechts in Deutschland, FS Horn 2006, 403; *Kilian,* Die limited liability partnership, NZG 2000, 1008 ff.; *Kilian,* Das Fremdbeteiligungsverbot im Spannungsfeld von Berufs-, Gesellschafts- und Unionsrecht Die Kohärenzanforderungen in der Dogmatik des EuGH als Reformherausforderung, AnwBl. 2014, 111; *Kilian,* Alternative Business Structures ante portas? Nichtanwaltliche Gesellschafter im Rechtsdienstleistungsmarkt, NJW 2014, 1766; *Kilian/Lemke,* Anwaltsgesellschaften mit berufsfremder Kapitalbeteiligung – ABS, ILP und MDP: Der Regulierungsansatz in Australien und England, AnwBl. 2011, 800; *Lieder/Hoffmann,* Rechtstatsachen zur PartG mbB und LLP, NZG 2014, 127 ff; *Passamore,* What is happening to the regulation of the legal market in England and Wales? Ziel der Reformen in England und Wales: Bezahlbarer Zugang zum Recht für den Bürger, AnwBl. 2014, 140; *Remmertz,* Anwaltschaft zwischen Tradition und Wettbewerb: Das Berufs- und Standesrecht der Rechtsanwälte in England und Deutschland, 1996; *Schnittker,* Gesellschafts- und steuerrechtliche Behandlung einer englischen Limited Liability Partnership mit Verwaltungssitz in Deutschland, 2006; *Schnittker/Bank,* Die englische Limited Liability Partnership (LLP) in der Praxis, 2008; *Triebel/Karsten,* Limited Liability Partnership Act 2000 – maßgeschneiderte Rechtsform für freie Berufe?, RIW 2001, 1 ff.; *Triebel/Otte/Kimpel,* Die englische Limited Liability Partnership in Deutschland: Eine attraktive Rechtsform für deutsche Beratungsgesellschaften?, BB 2005, 1233; *Wegerich,* Das englische Anwaltsrecht, 1992, 111 ff.; *Weller/Kienle,* Die Anwalts-LLP in Deutschland, DStR 2005, 1060 ff. und 1102 ff.; *Wiedemann* GesR II § 1 V. 2., 66 ff.

90   In Großbritannien ist das kontinentaleuropäische Modell der Freien Berufe unbekannt. Dementsprechend knüpfen gesetzliche Regelungen nicht an den Status als Freier Beruf an. Wenn überhaupt im Sinne der europarechtlichen Terminologie von Freien Berufen (liberal professions) gesprochen wird, so werden darunter Tätigkeiten verstanden, die bestimmte Fähigkeiten, besonderes Wissen und Praxiserfahrung voraussetzen und somit in einem klar abgegrenzten Bereich Dienste im öffentlichen Interesse und von besonderer Qualität erbringen. Die Angehörigen dieser Berufe sind im Vereinigten Königreich vielfach den Regeln privatrechtlicher Verbände (sog. professional bodies incorporated by royal charter) unterworfen. Ihnen obliegt die Überwachung der Berufsausübung. Die Zahl dieser Verbände ist hoch, geschätzt gibt es ungefähr 400 verschiedene Berufsorganisationen. Eine Registrierung ist für Berufsgruppenangehörige grundsätzlich nicht zwingend, jedoch häufig mit Privilegien verbunden.

Einige Berufsgruppen, die nach europarechtlichen Verständnis den Freien **91** Berufen zugeordnet werden, sind auch in Großbritannien gesetzlich reguliert, so namentlich Solicitors, Ärzte, Zahnärzte und Architekten. Im Gegenzug einer gesetzlichen Registrierungspflicht wird von staatlicher Seite garantiert, dass einige Tätigkeitsbereiche ausschließlich den registrierten Mitgliedern vorbehalten sind. Im Übrigen bestehen für die verschiedenen Berufe sehr unterschiedliche Regelungen. Für die Heilberufe der Ärzte und Zahnärzte gibt es etwa eigenständige Körperschaften in Form des General Medical Council und des General Dental Council. Neben derartigen behördenähnlichen Körperschaften bestehen in Großbritannien die sog. non-chartered bodies. Hierbei handelt es sich um Vereine, die ein Register führen, in das sich die jeweiligen Berufsträger eintragen lassen können. Sie sind zuständig für die Festlegung von Berufsregeln.

Speziell die Anwaltschaft ist in Großbritannien traditionell geteilt in **„soli-** **92** **citors"** und **„barristers".** Diese Zweiteilung hat inzwischen allerdings je denfalls zT an Bedeutung verloren. Der „solicitor" war traditionell Ansprechpartner für den Mandanten, ihm oblagen die Rechtsberatung sowie die umfassende Prozessvorbereitung. Bis zum Jahr 1990 durfte nur der „barrister" vor Gericht plädieren. Darüber hinaus bestanden seine Aufgaben in der Vorbereitung von Schriftsätzen und der Erstellung von Gutachten zu schwierigen Rechtsfragen. Mittlerweile ist das Verbot des direkten Kontaktes des „barrister" zum Mandanten gelockert und das Verbot des Auftritts vor den Gerichten für „solicitors" aufgehoben worden (Access to Justice Act 1999, c. 22, s. 36ff.).

„Barristers" ist es nicht erlaubt, Sozietäten zu bilden oder sich anderweitig **93** gesellschaftsrechtlich zu organisieren (Code of Conduct 2004, para 205). Sie sind lediglich Mitglieder sog. „chambers", dh von Bürogemeinschaften. Ansonsten kennt Großbritannien als Personengesellschaftsform für die gemeinsame freiberufliche Berufsausübung – auch der „solicitors" – die **partnership,** die hinsichtlich der Struktur der deutschen OHG sehr nahe kommt. Alle Partner haften für die Fehler, die einem Mitgesellschafter bei der Berufsausübung unterlaufen, soweit die Handlung zum normalen Geschäftsgang der partnership gehört. Eine Haftungsbeschränkung ist grundsätzlich nicht möglich. Haftungsrechtlich ähnlich ist die Berufsausübung in der **unlimited company.** Sie ist eine rechtsfähige Gesellschaft mit körperschaftlicher Struktur.

Seit dem 1.1.1992 sind für die anwaltliche Berufsausübung der „solicitors" **94** auch die **private limited company,** vergleichbar der deutschen GmbH, und die **public limited company,** vergleichbar der deutschen AG, zugelassen. Stille Beteiligungen sind nur unter engen Voraussetzungen möglich (*Bakker* AnwBl. 1993, 245 [248]). Der Sicherung der Unabhängigkeit der Anwälte dient eine Strohmann-Klausel. Die Berufsausübung in der Kapitalgesellschaft ist grundsätzlich monoprofessionell, die Beteiligung berufsfremder Dritter nahezu vollständig ausgeschlossen. Ein **Haftungsdurchgriff** wie etwa im französischen Recht ist in Großbritannien unbekannt. Jedoch besteht eine Pflicht zum Abschluss einer Berufshaftpflichtversicherung (dazu *Dietlmeier,* Die Haftung englischer Rechtsanwälte für Fahrlässigkeit, 1994, 106ff.). Zudem besteht die Möglichkeit, die Berufsträger wegen fehlerhafter Berufsausübung

Einführung

nach den englischen Grundsätzen der fahrlässigen Vermögenshaftung (tort of negligence) in Anspruch zu nehmen. Ein Nachteil der Berufsausübung in der Form der limited company ist die Pflicht zur Offenlegung des Jahresabschlusses, sodass die Akzeptanz der Kapitalgesellschaften bislang gering ist. Auch Wirtschaftsprüfer dürfen Kapitalgesellschaften gründen, eine Haftungsbeschränkung ist bei ihnen allerdings ebenfalls nicht möglich. Die Bildung von Zivil- und Handelsgesellschaften durch Ärzte ist zulässig.

95   2001 wurde sodann allen Freiberuflern und Gewerbetreibenden als neue Gesellschaftsform die **limited liability partnership** (LLP) zur Verfügung gestellt. Sie ist ein zwischen Kapital- und Personengesellschaft stehendes Hybrid, bietet somit einerseits die charakteristischen Vorteile einer limited company, wie etwa die einfach handhabbaren Gründungsvoraussetzungen oder die aus der eigenen Rechtsperson folgende Haftungsbeschränkung auf das Gesellschaftsvermögen, weist aber andererseits auch vorteilhafte Elemente der Personengesellschaft auf. Zu den letztgenannten zählen insbesondere die Steuertransparenz (AnwBl. 2012, 876; die LLP wird anders als die Ltd. und die PLC nicht als Kapital-, sondern als Personengesellschaft besteuert) oder die Gestaltungsfreiheit bezüglich der Organisation des Unternehmens im Innenverhältnis. Aufgrund dieser innovativen Kombination kapital- und personengesellschaftlicher Attribute hat die LLP im Vereinigten Königreich nach ihrer Einführung rasch an Beliebtheit gewonnen (eingehend hierzu *Henssler/Mansel* NJW 2007, 1393 ff.; *Henssler/Mansel* FS Horn, 2006, 403; *Kilian* NZG 2000, 1008; *Bank,* Die britische Limited Liability Partnership: Eine attraktive Organisationsform für Freiberufler?, 2006; *Schnittker/Bank,* Die englische Limited Liability Partnership (LLP) in der Praxis, 2008). Dies zieht zT auch in Deutschland tätige Freiberufler – insbesondere Rechtsanwaltsgesellschaften – an. Sie versprechen sich eine umfassende Befreiung von sowohl der gesellschaftsrechtlichen als auch der (nur dem britischen, nicht aber dem deutschen Recht bekannten) deliktischen Haftung für vermögensschädigende Handlungen (→ § 8 Rn. 28, 196). Auch bei der LLP besteht die Möglichkeit, die Berufsträger wegen fehlerhafter Berufsausübung nach den englischen Grundsätzen der fahrlässigen Vermögenshaftung (tort of negligence) in Anspruch zu nehmen.

96   Durch den Legal Services Act 2007 (für England und Wales) ermöglicht und seit 2012 auf dem Rechtsberatungsmarkt lizensiert sind sog. **Alternative Business Structures** (ABS). Hierbei handelt es sich nicht um eine eigene Gesellschaftsform, sondern um die **Ermöglichung fremdkapitalisierter Anwaltsgesellschaften** (*Kilian/Lemke* AnwBl. 2011, 800 [801]). Dieses Konzept basiert auf einem in Australien entwickelten Modell anwaltlicher Berufsausübung (*Kilian/Lemke* AnwBl. 2011, 800 ff.); das bedeutet, dass auch Nicht-Rechtsanwälte Geschäftsführer und/oder Gesellschafter von Rechtsberatungsgesellschaften – gleich welcher Rechtsform – sein können AnwBl. 2012, 876). Die ABS sollen unter anderem zu Kostenvorteilen der Empfänger von Rechtsdienstleistungen führen (*Passamore* AnwBl. 2014, 140 ff.). Sie unterliegen der Aufsicht der Solicitors Regulation Authority (SRA; AnwBl. 2012, 876; zum Ganzen *Kilian* NJW 2014, 1766 ff. mwN). Die Zulassung von ABS in Deutschland kollidiert mit dem Gebot aktiver Sozietätsbeteiligung und dem Verbot der Assoziierung mit Berufsfremden (*Kilian* AnwBl. 2014, 111, dort auch zur unionsrechtlichen Dimension).

9. Irland

Schrifttum: *Hartnett* in Tyrrell/Yaqub, The legal Professions in the new Europe, 2. Aufl. 1996, 205; *O'Callaghan,* The Law on Solicitors in Ireland, 2000.

Auch in Irland ist die Anwaltschaft zweigeteilt in „barristers" und „solici- **97** tors". „Solicitors" dürfen **partnerships** mit anderen „solicitors" gründen. Interprofessionelle Zusammenschlüsse sind ebenso verboten wie die reine Kapitalbeteiligung von nicht in der Gesellschaft beruflich aktiven Gesellschaftern. Nach den Solicitors (Professional Practice) Regulations 1988 darf ein solicitor seine Anwaltshonorare nur mit einem anderen solicitor oder einem zugelassenen ausländischen Rechtsanwalt teilen (Regulation 3 o f SI. No. 343/1988 Solicitors (Professional Practice) Regulations 1988). „Barristers" sind verpflichtet, einzeln und unabhängig zu praktizieren, im Gegensatz zur Regelung in England dürfen sie auch nicht in „chambers" arbeiten. Ärzte können in Irland Gruppenpraxen bilden, die Gründung von Gesellschaften ist nicht zulässig.

10. Italien

Schrifttum: *Bortloff,* Italienischer Rechtsanwaltstag 1998 in Turin, AnwBl. 1990, 37; *Dangel,* Neues italienisches Anwaltsrecht, Jahrbuch für italienisches Recht, 1997, Bd. 10, 159; *Dolce,* BRAK-Mitteilungen 2013, 112ff.; *Fasciani,* Entwicklung des Anwaltsberufes in Europa, IPRax 1998, 51; *Galli,* Italian firms face foreign invasion, International Financial Law Review, May 1998, 32; *Maiden,* Italian Firms Look To Domestic Strength, International Financial Law Review, April 1999, 41.

Das italienische Recht verlangt in Art. 2229 des *Codice civile* (italienisches **98** Bürgerliches Gesetzbuch), dass Angehörige der *professione intellettuale* (geistigen/intellektuellen Berufe) zur Berufsausübung der Eintragung in ein Berufsregister oder Verzeichnis bedürfen. Zuständig für die Registrierung, die Führung des Berufsregisters sowie die Disziplinargewalt über die in dem Berufsregister eingetragenen Berufsträger sind die *associazioni professionali sotto la vigilanza dello Stato,* die unter staatlicher Aufsicht stehenden berufsständischen Organisationen. Der *libero professionista* (Freiberufler) zeichnet sich in Italien dadurch aus, dass er eine wirtschaftliche Tätigkeit zugunsten Dritter ausübt, die auf die Erbringung von Dienstleistungen intellektuellen Charakters beruht. Unterscheidungskriterien für die Zugehörigkeit zu den Freien Berufen sind grundsätzlich eine besondere Berufsausbildung, bspw. das Vorweisen eines Hochschulabschlusses, und die Erbringung von Diensten für verschiedene Auftraggeber ohne die Bindung an einen einzigen Arbeitgeber (selbstständige Tätigkeit). Durch das Gesetz *legge 14 gennaio 2013, n. 4 per professione non organizzata in ordini o collegi* (Gesetz über die nicht in Kammern organisierten Berufe; http://www.gazzettaufficiale.it/eli/id/2013/01/26/13G00021/sg) wurde außerdem eine neue Art der Berufsausübung ohne vorherige Eintragung in ein Berufsregister ermöglicht. Die Berufsverbände sind in diesem Fall privatrechtlich organisiert und die Mitgliedschaft ist hier freiwillig. Laut Gesetz n. 4 vom 14.1.2013 fallen unter diese nicht verkammerten Berufe solche unternehmerischen Tätigkeiten, die keinem gesetzlichen Tätigkeitsmonopol unterliegen und keiner Registrierungspflicht gem. Art. 2229 *Codice civile* unterfallen.

Einführung

99   Bis Ende der 90er Jahre wurde die freiberufliche Kooperation in Italien restriktiv gehandhabt. Seit 1939 bestand ein allgemeines Zusammenschlussverbot für Freiberufler (s. Art. 2 des Gesetzes Nr. 1815 v. 23.11.1939). So konnten sich italienische Rechtsanwälte zwar in einem „studio legale" zusammenschließen, hierbei handelte es sich jedoch lediglich um eine Bürogemeinschaft. Der Zugang zur „società civile" (Gesellschaft bürgerlichen Rechts) als echte Berufsausübungsgesellschaft blieb ihnen dagegen verschlossen (dazu *Vigoriti*, Rivista di diretto civile 1990, 649 [655]; *Nerlich,* Internationale Kooperationsmöglichkeiten für europäische Anwälte, 1994, 126). Erst im Jahr 1997 wurde das genannte Zusammenschlussverbot für Freiberufler durch Gesetz Nr. 266 v. 7.8.1997 aufgehoben. Den reglementierten verkammerten Freien Berufen steht mit der *Società tra Professionisti* (Art. 10 Abs. 3−10 *legge 12 novembre 2011, n. 183* iVm *Decreto 8 febbraio 2013, n. 34.*) eine Sonderform für die berufliche Zusammenarbeit zur Verfügung.

100   Die Zusammenarbeit von **Rechtsanwälten** hatte der italienische Gesetzgeber schon mit dem Gesetzesdekret Nr. 96 vom 2.2.2001 betreffend die Umsetzung der Richtlinie 98/5/EG (Niederlassungsrichtlinie für Rechtsanwälte) näher geregelt und ihnen die berufliche Zusammenarbeit in einer „società tra avvocati" ermöglicht (Art. 16−33; dazu *Muthers* RIW 2003, 247). Für diese Gesellschaft finden grundsätzlich die Vorschriften der Art. 2291 ff. Codice Civile über die **„società in nome collettivo"** (entspricht der deutschen OHG) Anwendung. Die das Mandat bearbeitenden Gesellschafter haften persönlich und unbegrenzt für die aus ihrer beruflichen Leistung entstehenden Verbindlichkeiten. Die übrigen Gesellschafter haften nur im Rahmen des Gesellschaftsvermögens, werden allerdings dann persönlich in Haftung genommen, wenn nicht die bearbeitenden Rechtsanwälte dem Mandanten gegenüber schon bei Auftragserteilung schriftlich benannt wurden.

101   Das lange Zeit auch in Italien geltende Verbot interdisziplinärer Kooperationsformen zwischen Freiberuflern wurde durch das Dekret vom 4.7.2006 (sog. *„Decreto Bersani")* − ergangen als Notverordnung und vom Parlament bestätigt durch Gesetz Nr. 248/2006 vom 4.8.2006 − abgeschafft. Diese − aus Kreisen der italienischen Anwaltschaft kritisierte − Reform hat zur Folge, dass die multidisziplinäre Zusammenarbeit in einer Gesellschaft von Rechtsanwälten und anderen Freiberuflern nunmehr erlaubt ist. Bis vor kurzem war die Gründung von Kapitalgesellschaften sowohl für die ausschließlich anwaltliche Tätigkeit als auch für interdisziplinäre Zusammenschlüsse unzulässig. Mit der am 2.2.2012 in Kraft getretenen „Nuova disciplina dell'ordinamento della professione forense" (Gesetz v. 31.12.2012, Nr. 247) hat der italienische Gesetzgeber das italienische Berufsrecht für Rechtsanwälte neu geregelt. Die neue Berufsordnung ersetzt nicht nur die Vorgängerregelung aus dem Jahre 1933, sondern auch eine Fülle von darauf folgenden Verordnungen (*Dolce* BRAK-Mitt. 2013, 112). Nunmehr ist Rechtsanwälten die Berufsausübung in jeder Gesellschaftsform gestattet (*Dolce* BRAK-Mitt. 2013, 113). Einer ministeriellen Erlaubnis bedarf es, sofern der Rechtsanwalt sich mit anderen Berufsträgern, bspw. Steuerberatern oder Wirtschaftsprüfern, zusammenschließen möchte (*Dolce* BRAK-Mitt. 2013, 113 [114]).

11. Luxemburg

Schrifttum: *Kilian,* Rechtsanwaltschaft in Luxemburg, AnwBl. 2001, 354.

Eine besondere Gesellschaftsform ist für die Angehörigen Freier Berufe **102** vom luxemburgischen Recht nicht vorgesehen. Vielmehr stehen ihnen alle vom luxemburgischen Gesellschaftsrecht anerkannten Gesellschaftsformen für eine gemeinsame Berufsausübung zur Verfügung. Häufig wird die bürgerlich-rechtliche Grundform der Personengesellschaften, die „association", von den Angehörigen der Freien Berufe für die gemeinsame Berufsausübung eingesetzt. Eine Vorlagepflicht für den Gesellschaftsvertrag sieht Art. 34 des Anwaltsgesetzes (loi du 10.8.1991 sur la profession d'avocat) vor.

Interdisziplinäre Zusammenschlüsse sind verboten. Sowohl dieses strikte **103** Verbot als auch die fehlenden Möglichkeiten zur Haftungsbeschränkung sind Anlass für eine in den letzten Jahren vorangetriebene Diskussion über die Reform des anwaltlichen Gesellschaftsrechts nach dem Vorbild des belgischen Rechts (*Kilian* AnwBl. 2001, 354 ff.).

12. Niederlande

Schrifttum: *Ewig,* Multidisziplinäre Partnerschaften – Anwälte und Wirtschaftsprüfer in den Niederlanden, BRAK-Mitt. 1997, 116; *Götz,* Neuere Tendenzen im niederländischen Anwaltsrecht, AnwBl. 1998, 712; *Maiden,* Dutch Firms Plan Strategy to Meet Global Rivals, International Financial Law Review, July 1999, 42.

Das niederländische Recht kennt keine eigenständige Legaldefinition des **104** Begriffs des Freien Berufs. Üblicherweise werden solche Dienstleister den Freien Berufen zugerechnet, die aufgrund ihrer individuellen persönlichen, künstlerischen und/oder akademischen Fähigkeiten tätig werden. Freie Berufe werden selbstständig, dh auf eigene Rechnung und in eigener Verantwortung ausgeübt, was zugleich als das wichtigste Kriterium für die Zuordnung zur Gruppe der Freien Berufe gewertet wird. Ursprünglich wurden zu der Gruppe der Freien Berufe allein Geistliche, Mediziner und Juristen gezählt. Das heutige Verständnis geht weiter und umfasst ua Anwälte, Notare, Steuerberater, Abschlussprüfer, (Innen-, Garten- und Landschafts-)Architekten, Ärzte, Zahnärzte, Tierärzte, Heilpraktiker, Physiotherapeuten, Krankenschwestern und -pfleger, juristische Berater, Künstler, Lehrer, Logopäden, Psychologen, Redakteure, Übersetzer, Hebammen, Ingenieure und Gerichtsvollzieher.

Seit dem 1.7.2008, mit dem Inkrafttreten des neuen Handelsregistergeset- **105** zes, sind auch die Angehörigen der Freien Berufe verpflichtet, sich in das Handelsregister eintragen zu lassen, das von der Kamer van Koophandel (KvK, entspricht der deutschen IHK) geführt wird, wenn die Voraussetzungen eines Unternehmers erfüllt werden. In den Niederlanden gibt es mehr als 200 Berufsorganisationen. Es handelt sich überwiegend um private Verbände, welche die Interessen ihrer Mitglieder vertreten, Fortbildungen anbieten und den Kontakt zwischen Mitgliedern und Dritten herstellen. Eine Verkammerung, wie sie in Deutschland üblich ist, gibt es nur für Rechtsanwälte und Notare. Für sie ist die Mitgliedschaft verpflichtend.

Die Niederlande kennen freiberufliche Zusammenschlüsse sowohl in Form **106** sozietätsähnlicher Berufsausübungsgesellschaften (Partnerschaft) als auch in der

Einführung

Rechtsform der Gesellschaft mit beschränkter Haftung und der Aktiengesellschaft. Haftungsrechtliche Vorteile entstehen durch die Berufsausübung in der Kapitalgesellschaft nicht, da jeder Anwalt auch in dieser Rechtsform für die Gesellschaftsschulden gesamtschuldnerisch und persönlich einzustehen hat (vgl. Art. 6 der Verordnung op de Praktijkvennootschap). Hinter der Gründung von Anwaltskapitalgesellschaften stehen daher überwiegend steuerrechtliche, gelegentlich auch versicherungsrechtliche Erwägungen (zum Ganzen *Nerlich,* Internationale Kooperationsmöglichkeiten für europäische Anwälte, 1994, 146 ff.). Interprofessionelle Kooperationen mit Angehörigen Freier Berufe stehen auch Rechtsanwälten weitgehend offen, soweit dieser Beruf eine vergleichbare Ausbildung erfordert und die Berufsangehörigen in einer Kammer organisiert sind, die sie einem Disziplinarrecht unterwirft, das dem der Anwälte ähnlich ist (*Kuiper* BRAK-Mitt. 1985, 135 [137]). So werden Partnerschaften zwischen Rechtsanwälten und Notaren, Patentanwälten sowie Steuerberatern genehmigt. Die Zusammenarbeit mit Wirtschaftsprüfern bleibt jedoch nach einer Verordnung der nationalen Rechtsanwaltskammer (Samenwerkingsverordening 1993) ausgeschlossen (*Ewig* BRAK-Mitt. 1997, 116). Gegen dieses Verbot wurde Klage erhoben, und das Verfahren wurde zur Klärung von wettbewerbsrechtlichen Fragen dem Europäischen Gerichtshof vorgelegt. Ergebnis war der Erlass des für das europäische Wettbewerbsrecht der Freien Berufe wegweisenden EuGH-Urteils *Wouters ./. NOvA* vom 19. 2. 2002 (EuGH NJW 2002, 877; dazu *Henssler* JZ 2002, 983), welches diese Verordnung der nationalen Rechtsanwaltskammer als rechtmäßig und mit den Wettbewerbsregeln der EU vereinbar anerkannt hat.

13. Österreich

Schrifttum: *Donath,* Rechtsberatungsgesellschaften, ZHR 156 (1992), 135 (157 ff.); *Feil/Wenning,* Anwaltsrecht, 6. Aufl. 2010; *Fritz,* Vom Handelsgesetzbuch zum Unternehmensgesetzbuch in Österreich, GmbHR 2007, 34; *Graff,* Das neue Erwerbsgesellschaftengesetz (Regierungsvorlage) – erstmals kommentiert, RdW 1990, 133; *Gruber,* Die Rechtsanwalts-GmbH, RdW 2000, 65; *Harrer,* Haftungsprobleme bei der RA-GmbH, GEsRz 2001, 2; *Hetz,* Anwaltsgemeinschaften, 1995; *Hoffmann,* Gesellschaften zur Ausübung der Rechtsanwaltschaft aus der Sicht des österreichischen Rechtsanwaltes, in DACH (Europäische Anwaltsvereinigung), Formen anwaltlicher Zusammenarbeit in Europa, 1995, 85 ff.; *Kilian,* Die GmbH als Kooperationsform für die österreichische Anwaltschaft, AnwBl. 2000, 21 ff.; *Kilian,* Aktuelles Berufsrecht in Österreich, BRAK-Mitt. 2001, 13 ff.; *Reiff,* Die eingetragene Erwerbsgesellschaft, ZVglRWiss 90 (1991), 130; *Reiner,* Die Rechtsanwaltsgesellschaft, 2016; *Resch,* Abgrenzungsfragen zur Eingetragenen Erwerbsgesellschaft – unter besonderer Berücksichtigung der freien Berufe, ÖJZ 2000, 377 ff.; *Torggler/Sedlacek,* Die Rechtsanwalts-GmbH, (Ö)AnwBl. 1999, 600 ff.; *Torggler,* Zur Haftungsverfassung der RA-GmbH, Festschrift Koppensteiner, 2001, 247 ff.

107   In Österreich üben rund 75.000 Personen einen Freien Beruf aus (vgl. *Reiner,* Die Rechtsanwaltsgesellschaft, 2016, 31 f.). Nur die verkammerten Berufe der Apotheker, Architekten und Ingenieurskonsulenten, Ärzte, Notare, Patentanwälte, Rechtsanwälte, Tierärzte, Wirtschaftstreuhänder und Zahnärzte zählen zur Gruppe der Freien Berufe. Die Diskussion um eine Gesellschaftsform für die Freien Berufe reicht bis in die 70er Jahre zurück. Die Angehörigen der Freien Berufe konnten sich lange Zeit nur in einer **Gesellschaft**

bürgerlichen Rechts gem. §§ 1175 ff. ABGB zusammenschließen (*Reiff* ZVglRWiss 90 (1991), 130 [136]). Das zum 31. 12. 2006 wieder aufgehobene **Erwerbsgesellschaftengesetz** (EEG) aus dem Jahr 1990 brachte sodann allen Nicht-Kaufleuten eine an die OHG und die KG des seinerzeitigen österreichischen HGB angenäherte Gesellschaftsform, die Eingetragene Erwerbsgesellschaft in Form der Offenen Erwerbsgesellschaft oder der Kommanditerwerbsgesellschaft.

Durch das **Handelsrechts-Änderungsgesetz** vom 27. 10. 2005 (BGBl. I **108** Nr. 120/2005) wurde das Erwerbsgesellschaftengesetz abgeschafft. Nunmehr ist mit Wirkung vom 1. 1. 2007 die Unterscheidung zwischen Offener Handelsgesellschaft und Offener Erwerbsgesellschaft aufgehoben; beide Formen sind zur **Offenen Gesellschaft** vereint. Gemäß § 105 des neuen Unternehmensgesetzbuches (UGB) kann eine Offene Gesellschaft jeden erlaubten Zweck einschließlich freiberuflicher Tätigkeit wahrnehmen. Die bestehenden Offenen Erwerbsgesellschaften und Kommanditerwerbsgesellschaften, die ab dem 1. 1. 2007 durch Gesetz als Offene Gesellschaften (OG) bzw. **Kommanditgesellschaften** (KG) gelten, müssen spätestens bis zum 31. 12. 2009 den neuen Rechtsformzusatz führen und ins Firmenbuch zur Eintragung angemeldet werden.

Grundsätzlich gilt das UGB für alle Unternehmen, denen nach § 1 Abs. 2 **109** UGB jede auf Dauer angelegte Organisation selbstständiger wirtschaftlicher Tätigkeit zugeordnet ist, auch wenn sie nicht auf Gewinnerzielung gerichtet ist. Auch die Angehörigen der **Freien Berufe** werden damit grundsätzlich erfasst, jedoch gelten für sie Besonderheiten. Insbesondere ist das 1. Buch des UGB auf sie nicht anzuwenden. Unabhängig von der Unternehmensgröße können sie sich aber freiwillig in das Firmenbuch eintragen lassen, mit der Folge, dass auch die Bestimmungen des 1. Buches auf sie anzuwenden sind. Auch die Bildung von eingetragenen Personengesellschaften (2. Buch des UGB), also die OG und die KG, steht ihnen frei, gem. § 19 Abs. 1 Nr. 4 UGB können sie anstatt der Bezeichnung „OG" oder „KG" die Zusätze **„Partnerschaft"** oder **„Kommandit-Partnerschaft"** führen; ihre Firma muss, soweit berufsrechtliche Vorschriften zur Firmenführung nichts anderes vorsehen, einen Hinweis auf den ausgeübten Freien Beruf enthalten. Außerdem steht den Freien Berufen generell die Gesellschaft bürgerlichen Rechts für ihre Berufsausübung zur Verfügung. Während sonstige Unternehmen ihre Gesellschaft ab einem jährlichen Umsatzerlös von 400.000,00 EUR als OG oder KG in das Firmenbuch eintragen lassen müssen, behalten die Freien Berufe ihr Rechtsformwahlrecht in vollem Umfang auch bei höheren Jahresumsatzerlösen.

Gemäß dem **Berufsrechtsvorbehalt** des § 4 Abs. 2 UBG geht das Berufs- **110** recht der **verkammerten Freien Berufe** den gesellschaftsrechtlichen Regelungen vor. Für **Rechtsanwälte** regelt § 1a RAO abschließend die Rechtsformen, die für Berufsausübungsgesellschaften zur Verfügung stehen. Neben der Gesellschaft bürgerlichen Rechts können sich Rechtsanwälte auch in einer OG, einer KG oder einer GmbH zusammenschließen, wobei OG und KG sich auch als **Rechtsanwalts-Partnerschaften** bezeichnen dürfen. OG und KG sind nicht nur in das Firmenbuch, sondern wie alle Rechtsanwaltsgesellschaften auch in eine eigene, bei der zuständigen Rechtsanwaltskammer ge-

Einführung

führte Liste der Rechtsanwalts-Gesellschaften einzutragen. Anders als im deutschen Recht wird der Gesellschaft bürgerlichen Rechts nach ha keine eigene Rechtspersönlichkeit zuerkannt (*Feil/Wenning,* Anwaltsrecht, 6. Aufl. 2010, RAO § 1a Rn. 2 mwN). Für die Kommanditgesellschaft gilt die Voraussetzung, dass ausschließlich Rechtsanwälte die Stellung eines Komplementärs einnehmen dürfen, zugleich dürfen nur die in § 21c RAO genannten Personen (zB Ehegatten oder ehemalige Rechtsanwälte) als Kommanditisten auftreten.

111 Schon seit der umfassenden Berufsrechtsreform 1999 steht Rechtsanwälten auch die Rechtsform der **GmbH** zur Verfügung (dazu *Torggler/Sedlacek* AnwBl. 1999, 600; *Torggler* FS Koppensteiner, 2001, 247; *Harrer* GEsRz 2001, 2; *Gruber* RdW 2000, 65). Die Neufassung des § 1a Abs. 1 S. 1 RAO hat hieran nichts geändert. Die **Rechtsanwalts-GmbH** wird – ebenso wie die Rechtsanwalts-Partnerschaft – in das Firmenbuch eingetragen, nachdem die zuständige Rechtsanwaltskammer eine sog. „Unbedenklichkeitsbescheinigung" aufgestellt hat. Während die regelmäßige Mindestversicherungssumme für Rechtsanwälte 400.000,00 EUR beträgt, muss die Rechtsanwalts-GmbH nach § 21a Abs. 4 RAO eine Haftpflichtversicherung mit einer Mindestversicherungssumme von insgesamt 2.400.000,00 EUR unterhalten. Zulässig ist – anders als im deutschen Recht – auch die Berufsausübung in einer Rechtsanwalts GmbH & Co KG (vgl. *Reiner,* Die Rechtsanwaltsgesellschaft, 2016, 102f., 126, 130f.), für die ebenfalls die Pflicht zum Abschluss einer erhöhten Berufshaftpflichtversicherung gilt. Eine Beteiligung berufsfremder Personen ist nur unter den einschränkenden Voraussetzungen des § 21c RAO, die nunmehr für alle Rechtsanwaltsgesellschaften identisch sind, möglich. Interprofessionelle Zusammenschlüsse sind danach unzulässig, jedoch dürfen sich neben Stiftungen auch (überlebende) Ehegatten und Kinder von anwaltlichen Gesellschaftern und ehemals aktive Rechtsanwälte beteiligen. Das im deutschen Recht aufgehobene (vgl. § 31 BORA aF) Verbot der Sternsozietät gilt auch für österreichische Rechtsanwälte (§ 21c Nr. 8 RAO; zur Notwendigkeit einer restriktiven europarechtskonformen Auslegung *Feil/Wenning,* Anwaltsrecht, 6. Aufl. 2010, RAO § 21c Rn. 8 mwN).

14. Polen

Schrifttum: *Kilian/Wielgosz,* Der Rechtsanwalt und Rechtsberater in Polen, WIRO 2006, 257.

112 Das polnische Recht kennt keine allgemeingültige gesetzliche Definition des Freien Berufs, jedoch greifen verschiedene gesetzliche Regelungen diesen Begriff auf. Nach dem Sprachgebrauch werden zu den Freien Berufen gemeinhin Anwälte, Steuerberater, Notare, Ärzte, Zahnärzte, Tierärzte, Apotheker, Krankenpflegepersonal, Architekten und Ingenieure gezählt. Nach dem Gesetz über eine pauschale Einkommensteuer ist ein Freier Beruf die nicht gewerbliche, nichtlandwirtschaftliche Tätigkeit, die persönlich ausgeführt wird, und zwar von Ärzten, Zahnärzten, Tierärzten, Zahntechnikern, Arzthelfern, Krankenpflegepersonal, Hebammen, Architekten, Dolmetschern und Lehrern. Voraussetzung ist, dass die Tätigkeit nicht für eine juristische Person durchgeführt wird. Die rechtsberatenden Berufe sind hiervon bewusst aus-

genommen worden, da es bei der gesetzlichen Regelung allein um die Sachgerechtigkeit einer vereinfachten Pauschalbesteuerung geht und gerade nicht um eine allgemeine Definition des Freien Berufs.

Die Freien Berufe sind grundsätzlich in Selbstverwaltungskörperschaften/ **113** Berufskammern organisiert. Die Grundlage dazu findet sich in der polnischen Verfassung. Derzeit gibt es Kammern für folgende Berufe: Anwälte, Apotheker, Architekten, Wirtschaftsprüfer, Steuerberater, Labordiagnostiker, Bauingenieure, Gerichtsvollzieher, Bewährungshelfer, Ärzte und Zahnärzte, Tierärzte, Notare, Krankenschwestern und Hebammen, Rechtsberater, Patentanwälte sowie Planer. Für Psychologen ist eine Kammer zwar gesetzlich vorgesehen, jedoch existiert eine solche derzeit nicht.

In gesellschaftsrechtlicher Hinsicht stehen den Freien Berufen zunächst alle **114** Gesellschaftsformen offen. Darüber hinaus ist ihnen – parallel zum deutschen PartGG – eine besondere Rechtsform für die Zusammenarbeit zur Verfügung gestellt worden, die (berufliche) Partnerschaft. Art. 88 des Handelsgesetzbuches zählt ähnlich wie § 1 Abs. 3 diejenigen Berufe auf, für die der Zusammenschluss in einer Partnerschaftsgesellschaft in Betracht kommt. Dazu gehören Anwälte, Apotheker, Architekten, Wirtschaftsprüfer Versicherungsmakler, Anlageberater, Steuerberater, Bauingenieure, Buchhalter, Ärzte, Zahnärzte, Tierärzte, Wertpapiermakler, Notare, Krankenpflegepersonal, Hebammen, Rechtsberater, Patentanwälte, Immobiliengutachter und Dolmetscher.

Polnischen Rechtsanwälten steht damit als mögliche Zusammenschlussform **115** die Offene Handelsgesellschaft, die Gesellschaft bürgerlichen Rechts, die Kommanditgesellschaft sowie die Partnergesellschaft zur Verfügung. Ihnen ist es gestattet, eine interprofessionelle Berufsausübungsgesellschaft mit Rechtsberatern, Patentanwälten, Steuerberatern und ausländischen Rechtsanwälten zu gründen, sofern die Geschäftsführung in den Händen von Rechtsanwälten liegt.

15. Portugal

Schrifttum: *Kilian,* Rechtsanwaltschaft in Portugal, AnwBl. 2002, 47; *Lemke,* Der Rechtsanwalt in Portugal, ZZP Int. 9/2010, 185 ff.; *Mulrenan,* Portugese Bar Set to Shake Up Professions, International Financial Law Review, February 1999, 34.

In Portugal können die Freiberufler grundsätzlich frei die gesellschaftsrecht- **116** liche Form der Zusammenarbeit wählen (*Henssler/Wambach,* Die Lage der freien Berufe in ihrer Funktion und Bedeutung für die europäische Zivilgesellschaft, 2014; Institut für Freie Berufe, Freie Berufe in Europa, 1994, 101). Dabei steht es insbesondere Ärzten, Wirtschaftsprüfern, Ingenieuren oder auch Physiotherapeuten offen, ihren Beruf in Büroausübungsgemeinschaften oder anderen Gesellschaftsformen auszuüben. Ebenfalls besteht die Möglichkeit untereinander zu kooperieren. Ferner hat Portugal durch Art. 44 Decreto-Lei n. 176/98 eigens eine Gesellschaftsform für Freie Berufe geschaffen, die „**Sociedade de Profissionals (Liberais)**" (*Henssler/Wambach,* Die Lage der freien Berufe in ihrer Funktion und Bedeutung für die europäische Zivilgesellschaft, 2014; Institut für Freie Berufe, Freie Berufe in Europa, 1994, 102).

Daneben sehen einige berufsrechtliche Vorschriften spezielle Gesellschafts- **117** formen vor. So wird Rechtsanwälten eine spezielle „**sociedade de advoga-**

Einführung

dos" zur Verfügung gestellt (Art. 203 Lei No. 15/2005 iVm Decreto-Lei No. 229/2004). Diese soll vor allem jungen Anwälten den Berufseinstieg erleichtern. Die Gesellschafter können zwischen zwei Arten der „sociade de advogados" wählen. Entweder sie entscheiden sich für eine Gesellschaftsform mit unbeschränkter Haftung **(Sociedade de advogados de responsabilidade ilimitada)** oder sie optieren für eine Form der Anwaltsgesellschaft mit beschränkter Haftung **(Sociedade de advogados de responsabilidade limitada).** Im letzteren Fall beträgt das Mindestkapital 5.000 EUR. Daneben muss für die Gesellschaft eine eigene Berufshaftpflichtversicherung iHv mindestens 50.000 EUR abgeschlossen werden. Alle „sociedades de advogados" sind in ein Register der Anwaltskammer einzutragen, nachdem ihre Satzung genehmigt wurde. Beide Gesellschaftsformen weisen eigene Rechtspersönlichkeit auf. Die Gründung einer „sociedade" steht auch den „procuradores" (Anwälte, die vor Gericht auftreten dürfen, vergleichbar mit den englischen „barristers") zur Verfügung. Interprofessionelle Zusammenschlüsse sind in Portugal unzulässig (zur anwaltlichen Berufsausübungsgesellschaft: *Albiez-Dohrmann/Jaimez Trassiera/Olarte Encabo,* Las formas societarias del despacho colectivo de abogados, 1992, 58 ff.; *Fedtke/Marquez* in Henssler/Nerlich, Anwaltliche Tätigkeit in Europa, 1994, 271; *Kilian* AnwBl. 2002, 47 ff.).

16. Rumänien

118   Rumänische Rechtsanwälte können ihren Beruf allein **(cabinete individuale),** zusammen mit Kollegen oder anderen Juristen in einer Bürogemeinschaft **(cabinete asociate),** einer Gesellschaft bürgerlichen Rechts **(societăţi civiil profesionale)** oder seit 2009 in Form einer Rechtsanwalts-GmbH **(societăţi profesionale cu răspundere limitată)** ausüben. Die gemeinschaftliche Berufsausübung muss bei der lokalen Kammer angezeigt werden, bei der die Kanzlei ihren Hauptsitz hat. Gründungsmitglieder müssen mindestens zwei Rechtsanwälte sein. Ferner setzt die Anwalts-GmbH eine Einlage voraus. Die Anwalts-GmbH haftet mit ihrem Gesellschaftsvermögen; daneben haften die Gesellschafter persönlich bis zur Höhe ihrer Einlage. Die Zusammenarbeit mit nicht-juristischen Personen ist bei allen Gesellschaftsformen verboten.

17. Schweiz

Schrifttum: Eidgenössisches Departement für Wirtschaft, Bildung und Forschung, Freie Berufe, Stellenwert in der Volkswirtschaft?, Bericht des Bundesrats vom 15. 1. 2014 in Erfüllung des Postulates 11.3899 Cassis vom 29. 9. 2011; *Fellmann,* Zulässigkeit der Aktiengesellschaft als Organisationsform für Anwaltskanzleien, Anwaltsrevue 2007, 22; *Frey,* Die Veräußerung einer freiberuflichen Praxis, 1999; *Henssler,* Schweizer Kantone führen die Anwaltsgesellschaft ein, AnwBl. 2006, 836; *Honsell,* Handbuch des Arztrechts, 1994; *Kilian,* Harmonisierung des Schweizerischen Berufsrechts, BRAK-Mitt. 1999, 249; *Maiden,* Switzerland's Quiet Evolution, International Financial Law Review, Nov. 1999, 33; *Nobel,* Rechtsformen der Zusammenarbeit von Rechtsanwälten: Organisationsfreiheit für Rechtsanwälte!, in Fellmann/Huguenin/Jacobs/Schwarz, Schweizerisches Anwaltsrecht, 1998, 339.

119   Das Schweizer Recht kennt keine gesetzliche Definition des Freien Berufes, jedoch werden gemeinhin vier Merkmale als charakteristisch angesehen:

(1) Der Beruf wird persönlich und eigenverantwortlich ausgeübt, (2) im Zentrum des Angebots steht eine anspruchsvolle Dienstleistung, (3) die ausübende Person hat eine hohe berufliche Qualifikation und (4) die Ausübung des Berufs ist häufig staatlich reglementiert. Auf der Basis dieser vier Kriterien übten 2012 rund 390.000 Personen bzw. rund 9,3% aller Erwerbstätigen in der ständigen Wohnbevölkerung einen Freien Beruf aus. 2003 hatte der entsprechende Anteil noch bei 8,2% gelegen. Im Jahr 2012 waren 30% der Personen, die einen Freien Beruf ausübten, selbstständig erwerbstätig, 42% der freiberuflich Erwerbstätigen entfielen auf den Bereich Technik (Architekten und Ingenieure), 24% auf den Bereich Recht und Wirtschaft (Anwälte, Notare, Treuhänder, Unternehmensberater, Vermögensverwalter etc) und 34% auf den Bereich Gesundheit und Soziales (Ärzte, Apotheker, Psychologen, Therapeuten etc). Die Schweiz hat die Regelungen zur Personenfreizügigkeit mit der EU im Bereich der Freien Berufe weitestgehend umgesetzt. Die Zulässigkeit freiberuflicher Berufsausübungsgesellschaften ist in der Schweiz kantonal unterschiedlich geregelt. Für Rechtsanwälte und Ärzte sind Gesellschaften bürgerlichen Rechts („einfache Gesellschaften" gemäß Art. 530 OR) fast überall zulässig. Die Handelsgesellschaften werden im Rahmen der einzelnen Berufsrechte nicht explizit ausgeschlossen. Auch die Kollektivgesellschaft (Art. 552 Abs. 1 OR, vergleichbar mit der deutschen OHG) wird daher als zulässig erachtet (*Frey,* Die Veräußerung einer freiberuflichen Praxis, 1999; *Nobel* in Fellmann/Huguenin/Jacobs/Schwarz, Schweizerisches Anwaltsrecht, 1998, 339 ff.).

Die Zulässigkeit freiberuflicher Kapitalgesellschaften (GmbH, AG) wurde **120** lange Zeit abgelehnt, bis sie durch zwei Beschlüsse der kantonalen Aufsichtsbehörden Obwalden und Zürich aus dem Jahr 2006 ausdrücklich bejaht wurde (vgl. hierzu *Henssler* AnwBl. 2006, 836). Inzwischen hat auch das Schweizer Bundesgericht diese Praxis bestätigt, allerdings muss dabei die Unabhängigkeit der Berufsträger sichergestellt sein (BGer 2C_237/2011, v. 7.9.2012). Voraussetzung der Eintragungsfähigkeit der Anwalts AG ist ihre dauernde Beherrschung durch registrierte Rechtsanwälte und die Sicherstellung der Einhaltung der Berufsregeln und des Berufsgeheimnisses, was aus den Gesellschaftsunterlagen, die der Aufsichtsbehörde vorzulegen sind, hervorgehen muss. Heute ist die klare Mehrheit der großen Schweizer Anwaltskanzleien als Aktiengesellschaft oder als Kollektivgesellschaft organisiert. Interprofessionelle Zusammenschlüsse sind für Rechtsanwälte in einigen Kantonen zulässig, jedoch lediglich mit den Rechtsanwälten eng verwandten Berufen.

18. Slowakische Republik

Schrifttum: *Kilian/Wielgosz,* Der Rechtsanwalt in der Slowakischen Republik, WIRO 2006, 33; *Markechová/Stessl,* Landesbericht Slowakische Republik, in Kolonovits, Anwaltsrecht in EU Beitrittsländern, 2003.

Rechtsanwälten ist in der Slowakischen Republik die gemeinschaftliche **121** Berufsausübung in einer Sozietät, als Gesellschafter einer Offenen Handelsgesellschaft und seit dem 1.1.2004 als Komplementär einer Kommanditgesellschaft oder als geschäftsführender Gesellschafter einer Gesellschaft mit beschränkter Haftung erlaubt. Die gesellschaftsrechtlich bewirkte Haftungsbeschränkung in der GmbH wird mit einer deutlich erhöhten Mindestversicherungssumme für diese Form der Berufsausübung ausgeglichen.

19. Slowenien

Schrifttum: *Kilian/Lemke,* Rechtsanwaltschaft und Anwaltsrecht in Slowenien, WiRO 2010, 167 ff.; *Špec,* Country Report Slovenia, in Kolonovits, Anwaltsrecht in EU Beitrittsländern, 2003.

122 Die freiberufliche Tätigkeit slowenischer Rechtsanwälte richtet sich nach Art. 35 f. des Anwaltsgesetzes aus dem Jahr 1993. Slowenische Rechtsanwälte haben dabei die Möglichkeiten, ihren Beruf als Einzelanwalt, mit anderen Rechtsanwälten in einer Bürogemeinschaft oder durch einen Zusammenschluss mit Berufskollegen in einer Gesellschaft ausüben. Bei einer gemeinschaftlichen Berufsausübung können sich die Rechtsanwälte zu einer Gesellschaft bürgerlichen Rechts **(societas)** sowie zu einer Rechtsanwaltsgesellschaft **(Odvetniška Družba)** zusammenschließen.

123 Bei der Rechtsanwaltsgesellschaft handelt es sich um eine juristische Person, die durch einen Gesellschaftsvertrag gegründet wird und bei der nur Rechtsanwälte Gesellschafter werden können. Durch Gesellschaftsvertrag wird bestimmt, in welcher Höhe sie haften. Bei einer unbeschränkten Haftung **(Odvetniška družba z neomejeno odgovornostjo)** haften die Gesellschafter persönlich, bei beschränkter Haftung **(Odvetniška družba z omejeno odgovornostjo)** bis zur Höhe ihrer Einlage. Ist im Gesellschaftsvertrag eine beschränkte Haftung vereinbart, muss zumindest ein Partner bei der regionalen Anwaltskammer am Sitz der Kanzlei registriert sein. Im Rechtsverkehr weist der Zusatz „OP" **(odvetniška pisarna,** zu deutsch: die „Kanzlei") auf die Haftungsbeschränkung der Gesellschaft hin. Die Gesellschaft kann ihre Tätigkeit nur aufnehmen, wenn sie bei der Anwaltskammer die Eintragung als **Odvetniška Družba** beantragt hat. Die Anwaltskammer muss ihre Zustimmung zur Tätigkeit der Gesellschaft erklären, wobei diese davon abhängt, ob Errichtung und Führung der Anwaltsgesellschaft mit den Vorschriften des Anwaltsgesetzes übereinstimmen. Ein Rechtsmittel gegen die Kammerentscheidung ist nicht möglich. Die reine Kapitalbeteiligung von Nicht-Juristen an der Rechtsanwaltsgesellschaft ist seit dem 2.7.2008 ausdrücklich verboten (*Kilian/Lemke* WiRO 2010, 173 f.).

20. Spanien

Schrifttum: *Albiez Dohrmann,* La Sociedad Profesional de Abogados, 2005; *Henssler,* Die Kapitalbeteiligungen an Anwaltsgesellschaften, BRAK-Mitt. 2007, 238 ff.; *Kilian/Bubrowski,* Die spanische Sociedad Profesional als zukunftsweisendes Modell?, RIW 2007, 669; *Moreno-Luque Casariego,* Sociedades Profesionales Liberales, 1994; *Odenbach,* Spanisches Anwaltsrecht, 1994; *Yzquierdo Tolsada,* la responsabilidad civil del profession liberal, 1989.

124 In Spanien hat das kontinentaleuropäische Modell der verkammerten Freien Berufe eine lange Tradition und bis heute einen hohen Stellenwert. Die typischerweise als Freie Berufe geltenden Tätigkeiten sind in öffentlich-rechtlichen Selbstverwaltungskörperschaften organisiert (Ley 2/1974, de 13 de febrero, sobre Colegios Profesionales). Die verkammerten Berufe sind in einem Dachverband (Unión Profesional) zusammengefasst, der die Anliegen der Kammern fördert und ihre Interessen vertritt. Grundsätzlich besteht Pflichtmitgliedschaft in den Berufskammern, außerdem sind die Berufsträger besonderen Berufspflichten unterworfen. So gelten aufgrund besonderer Ethikkodizes Einschränkungen hinsichtlich der Werbetätigkeit sowie Beschränkungen im Hinblick auf die Honorargestaltung.

Spanien bewahrte lange Zeit die traditionelle romanische Anschauung, **125** nach der die Freien Berufe nicht kooperativ und arbeitsteilig, sondern **nur** individualistisch ausgeübt werden (*Yzquierdo Tolsada,* la responsabilidad civil del profession liberal, 1989, 153). Offen stand den Freien Berufen dementsprechend zwar seit längerem die Gesellschaft bürgerlichen Rechts (**„Sociedad civil"** gem. Art. 1665 CC), die Kapital- und Handelsgesellschaften wurden dagegen als grundsätzlich ungeeignet angesehen (für Anwaltsgesellschaften: *Odenbach,* Spanisches Anwaltsrecht, 1994, 138 mwN). In der sociedad civil haften die freiberuflichen Gesellschafter persönlich, jedoch nicht gesamtschuldnerisch mit der Gesellschaft, sondern nur subsidiär für die Gesellschaftsschulden. Die gesellschaftsrechtlichen Regelungen werden durch berufsrechtliche Restriktionen überlagert.

2007 wurde der Bedeutung der Freien Berufe durch eine gesellschaftsrecht- **126** liche Besonderheit, der **„Sociedad Profesional"** Rechnung getragen. Die Rahmengesetzgebung des *Ley 2/2007, de 15 de marzo, de sociedades profesionales* ermöglicht es, die gesellschaftsrechtlich zulässigen Rechtsformen Mindestanforderungen zu unterwerfen, die der Gesetzgeber für Freiberuflergesellschaften für unverzichtbar hält. Dies schließt nicht aus, dass auf der Ebene der einzelnen freien Berufe durch das jeweilige Berufsrecht weitergehende berufsspezifische Anforderungen vorgesehen werden. Die **Sociedad Profesional** schafft somit keine neue Rechtsform, sondern gibt den Rechtformen, die den Freien Berufen offen stehen, einen einheitlichen Rahmen (*Henssler* BRAK-Mitt. 2007, 242). In der **Sociedad Profesional** besteht stets die Haftung des schadensverursachenden Gesellschafters unabhängig von der gewählten Rechtsform, sodass eine Beschränkung der Haftung auf die Gesellschaft nicht möglich ist. Nach der gesetzlichen Regelung muss der Name der Gesellschaft die gewählte Gesellschaftsform enthalten, erweitert um die Bezeichnung „profesional".

21. Tschechische Republik

Schrifttum: *Kilian/Wielgosz,* Der Rechtsanwalt in der Tschechischen Republik, WiRO 2008, 161 ff.; *Nürnberger/Dokoupilová,* Landesbericht Tschechische Republik, in Kolonovits, Anwaltsrecht in EU Beitrittsländern, 2003.

Tschechische Rechtsanwälte können ihren Beruf als Mitglieder einer Ver- **127** einigung nach bürgerlichem Recht, als Gesellschafter einer offenen Handelsgesellschaft und seit dem 1.4.2006 auch als Gesellschafter einer Kommanditgesellschaft oder einer Gesellschaft mit beschränkter Haftung ausüben. Einzig zulässiger Unternehmensgegenstand ist die Ausübung der anwaltlichen Tätigkeit. Interdisziplinäre Berufsausübungsgesellschaften sind verboten. Im Zuge der Erweiterung der möglichen Organisationsformen, die eine beschränkte Haftung mit sich bringen, wurde der Mandantenschutz durch die Einführung

Einführung

einer Pflichtversicherung für Handelsgesellschaften und ihre Gesellschafter gestärkt.

22. Ungarn

Schrifttum: *Kilian/Dux,* Der Rechtsanwalt in Ungarn, WIRO 2006, 137; *Udvaros,* Landesbericht Ungarn, in Kolonovits, Anwaltsrecht in EU-Beitrittsländern, 2003.

128 In der ungarischen Rechtsordnung werden ebenfalls die Freien Berufe von der gewerblichen Tätigkeit abgegrenzt. Dementsprechend gilt das „Gesetz über den Einzelunternehmer und die Einzelfirma" vom 16.11.2009, das die gesetzlichen Voraussetzungen der gewerblichen Tätigkeit normiert, nicht für Freie Berufe. Für den Zugang zu den Freien Berufen gibt es idR gesetzlich festgelegte Voraussetzungen. Im Zuge der gesetzlichen Neuordnung nach der Auflösung des Ostblocks wurden vielfach Berufskammern mit Pflichtmitgliedschaft geschaffen, die ua Berufszugangs- und Fortbildungsvoraussetzungen festlegen. Eine Organisation in Kammern ist für folgende Freie Berufe gesetzlich vorgeschrieben: Rechtsanwälte, Gerichtsvollzieher, Justizsachverständige, Notare, Patentanwälte, Wirtschaftsprüfer, Ingenieure, Architekten, Ärzte, Apotheker, Tierärzte.

129 Für ungarische **Rechtsanwälte** existiert eine eigene, im Berufsrecht geregelte und nur bei den Anwaltskammern registrierte Gesellschaftsform: Die **„ügyvédi iroda".** Es handelt sich hierbei um keine bürgerlich-rechtliche Gesellschaft, sondern um eine speziell für Anwälte eingeführte Gemeinschaftsformation mit eigener Rechtspersönlichkeit. Andere Gesellschaftsformen sind nicht zulässig. Für Verbindlichkeiten haftet primär die „ügyvédi iroda", ergänzt um eine subsidiäre unbeschränkte Haftung der beteiligten Anwälte mit ihrem eigenen Vermögen. Die „ügyvédi iroda" kann auch aus nur einem Anwalt bestehen, der dann von der Rechtspersönlichkeit der Gesellschaftsform profitiert. Ein Zusammenschluss mit anderen nichtanwaltlichen Berufsträgern ist nicht möglich.

23. USA

Schrifttum: *Bank,* Die LLP – eine attraktive Alternative für deutsche Anwaltssozietäten?, BB-Special 3 (zu BB 2010, Heft 49), 4; *Bungert,* Die (Registered) Limited Liability Partnership, RIW 1994, 360; *Donath,* Rechtsberatungsgesellschaften, ZHR 156 (1992), 134 (146 ff.); *Henssler,* Grundlagen des US-amerikanischen Berufsrechts der Rechtsanwälte, AnwBl. 2002, 557; *Henssler,* Die „Limited Liability Partnership" des US-amerikanischen Rechts – Denkanstöße zur Fortentwicklung des Rechts der Partnerschaftsgesellschaft und der OHG –, FS Wiedemann 2002, 907; *Henssler,* Die LLP die bessere Alternative zur PartG mbB, NJW 2014, 1761; *Hölscher,* Die Professional Corporation – die „amerikanische Form der Partnerschaft", RIW 1995, 551; *Kaiser/Bellstedt,* Die Anwaltssozietät, 1995 Rn. 553 ff.; *Schurr,* Anwaltsgesellschaften in Deutschland und den Vereinigten Staaten von Amerika, 1998; *Weller/Kienle,* Die Anwalts-LLP in Deutschland, DStR 2005, 1060 ff. und 1102 ff.

130 Als Personengesellschaftsformen sind im US-amerikanischen Recht die **„general partnership",** die der deutschen OHG vergleichbar ist, deren Zweck aber kein gewerblicher sein muss, und die **„limited partnership",** ähnlich der KG, am weitesten verbreitet. Insbesondere für Freiberufler („professionals") ist in einigen Einzelstaaten in jüngerer Zeit die „(registered) **limited liability partnership**" **(LLP)** geschaffen worden. Durch Registrierung bei dem jeweiligen „secretary of State" und Abschluss einer Versicherung mit gesetzlich festgelegter Deckungssumme haftet der Partner nicht mehr generell für Pflichtverletzungen seiner Mitgesellschafter, sondern nur noch für Pflichtverletzungen von unter seiner Überwachung stehenden Gesellschaftern und für eigene. Die Haftung der Gesellschaft selbst ist nicht beschränkt. Die LLP (Partnerschaft) ist die beliebteste Rechtsform unter den US-amerikanischen Anwaltsgesellschaften und eignet sich von der Organisationsstruktur her für viele Freiberuflergesellschaften besser als andere Rechtsformen.

Außerdem sind in fast allen Einzelstaaten in den Jahren seit 1990 „**limited**   **131** **liability companies**" **(LLC)** zugelassen worden. Diese Gesellschaftsform weist sowohl kapitalistische als auch personalistische Züge auf. Sie hat eigene Rechtspersönlichkeit und die Gesellschafter haften nur auf Erbringung der Einlage, ansonsten haftet allein das Gesellschaftsvermögen. Im Gegensatz zur Kapitalgesellschaft sind die Anteile jedoch grundsätzlich nicht frei übertragbar und die Existenz der Gesellschaft ist abhängig vom Bestand der Mitglieder. Für die Nähe zur OHG/KG sprechen auch die dispositiven Grundsätze der Selbstorganschaft und der Einzelvertretungsmacht. Unter steuerlichen Gesichtspunkten wird die LLC wie eine Personengesellschaft behandelt. Daneben haben aber auch alle Bundesstaaten der USA im Laufe der Zeit Gesetze erlassen, die Freiberuflern die Gründung von Kapitalgesellschaften, „**professional corporations**" oder „**professional associations**", gestatten. Diese Freiberufler-Kapitalgesellschaften sind zumeist stark personalistisch ausgestaltet: zB dürfen in der Anwaltsgesellschaft im Staat New York nur im Staat selbst zugelassene Anwälte Gesellschafter sein. Die Haftungsverfassungen sehen in den Bundesstaaten sehr unterschiedlich aus. Während einige Staaten keine persönliche Haftung – auch nicht für eigene Beratungsfehler – vorsehen (was allerdings durch die Rspr. einschränkend ausgelegt wird), wird die Haftung zT auf eigene Beratungsfehler beschränkt, zT auch auf Fehler unter direkter Aufsicht des betreffenden Anwalts stehender Personen ausgedehnt (zB im Staat New York).

Interprofessionelle Gesellschaften (MDP) sind gemäß ABA Model Rule of   **132** Professional Conduct 5.4b) grundsätzlich unzulässig („A lawyer shall not form a partnership with a nonlawyer if any of the activities of the partnership consist of the practice of law."). Im Einzelnen haben verschiedene Bundesstaaten abweichende Regelungen verabschiedet. Eine Pionierfunktion kam insoweit Washington D.C. zu, wo Zusammenschlüsse von Rechtsanwälten mit allen denkbaren Berufen zulässig sind unter der Voraussetzung, dass diese MDPs lediglich juristische Dienstleistungen anbieten. 2001 hat die New York State Bar eine Regelung verabschiedet, die Zusammenschlüsse zwischen attorneys und Nichtanwälten erlaubt. In der Folge haben auch Kalifornien, Colorado, Georgia, Maine und South Dakota MDP empfohlen.

Gesetz über Partnerschaftsgesellschaften Angehöriger Freier Berufe (Partnerschaftsgesellschaftsgesetz – PartGG)

Vom 25. Juli 1994
(BGBl. 1994 I 1744)
Zuletzt geändert durch Art. 7 Aktienrechtsnovelle 2016 vom 22.12.2015
(BGBl. 2015 I 2565)

§ 1 Voraussetzungen der Partnerschaft

(1) [1]Die Partnerschaft ist eine Gesellschaft, in der sich Angehörige Freier Berufe zur Ausübung ihrer Berufe zusammenschließen. [2]Sie übt kein Handelsgewerbe aus. [3]Angehörige einer Partnerschaft können nur natürliche Personen sein.

(2) [1]Die Freien Berufe haben im allgemeinen auf der Grundlage besonderer beruflicher Qualifikation oder schöpferischer Begabung die persönliche, eigenverantwortliche und fachlich unabhängige Erbringung von Dienstleistungen höherer Art im Interesse der Auftraggeber und der Allgemeinheit zum Inhalt. [2]Ausübung eines Freien Berufs im Sinne dieses Gesetzes ist die selbständige Berufstätigkeit der Ärzte, Zahnärzte, Tierärzte, Heilpraktiker, Krankengymnasten, Hebammen, Heilmasseure, Diplom-Psychologen, Mitglieder der Rechtsanwaltskammern, Patentanwälte, Wirtschaftsprüfer, Steuerberater, beratenden Volks- und Betriebswirte, vereidigten Buchprüfer (vereidigte Buchrevisoren), Steuerbevollmächtigten, Ingenieure, Architekten, Handelschemiker, Lotsen, hauptberuflichen Sachverständigen, Journalisten, Bildberichterstatter, Dolmetscher, Übersetzer und ähnlicher Berufe sowie der Wissenschaftler, Künstler, Schriftsteller, Lehrer und Erzieher.

(3) Die Berufsausübung in der Partnerschaft kann in Vorschriften über einzelne Berufe ausgeschlossen oder von weiteren Voraussetzungen abhängig gemacht werden.

(4) Auf die Partnerschaft finden, soweit in diesem Gesetz nichts anderes bestimmt ist, die Vorschriften des Bürgerlichen Gesetzbuchs über die Gesellschaft Anwendung.

Übersicht

I. Überblick

§ 1 definiert in Abs. 1 S. 1 die wesentlichen **Merkmale** der Partnerschaft. **1**
Den **personellen Anwendungsbereich** des Gesetzes legt Abs. 1 S. 3 im Zu-
sammenspiel mit Abs. 2 fest. Einen sog. **Berufsrechtsvorbehalt** statuiert
Abs. 3. Aufgrund des grundsätzlichen Vorrangs der berufsrechtlichen Vorschriften, dem nur das Grundrecht der freien Berufsausübung Grenzen setzt,
muss das PartGG immer vor dem Hintergrund der jeweils einschlägigen Be-
rufsregelungen (→ Rn. 115 ff., → Rn. 240 ff.) betrachtet werden. Die Berufsgesetze können aber keine Erleichterungen vorsehen, sondern nur die Berufsausübung in der PartG an zusätzliche Voraussetzungen knüpfen. Das gilt
insbesondere für die Haftung der Gesellschafter, über § 8 Abs. 2 und 4 hinausgehende Privilegierungen sind insoweit unzulässig. Abs. 4 ordnet die subsidiäre Geltung der Vorschriften über die GbR an. Allerdings enthält das Gesetz
vielfältige Verweisungen auf das Recht der OHG, sodass die §§ 705 ff. BGB im
Wesentlichen nur bei solchen Rechtsfragen greifen, bei denen sie auch bei der
OHG über § 105 Abs. 3 HGB zur Geltung kommen (→ Rn. 41)

II. Gesellschaftsrechtliche Grundlagen

1. Die Partnerschaft im System des Gesellschaftsrechts

a) Die Partnerschaft als Gesellschaft. Nach § 1 Abs. 1 S. 1 ist die Part- **2**
nerschaft eine Gesellschaft. Orientiert an dem stark personenbezogenen Charakter der freiberuflichen Tätigkeit handelt es sich um eine **Personengesellschaft.** Ohne dass es der auf Drängen des Bundesrates (BT-Drs. 12/6152,
25 f.) eingefügten Regelung in Abs. 4 bedurft hätte, finden damit die Bestimmungen über die GbR (§§ 705 ff. BGB) Anwendung. Dies gilt allerdings nur,
soweit das PartGG keine speziellen Regelungen enthält und keine ausdrückliche oder stillschweigende Verweisung auf das Recht der OHG (§§ 105 ff.
HGB) erfolgt. Die Partnerschaft steht im Gesellschaftssystem somit zwischen
OHG/KG und GbR.

Folge ihrer Stellung im System der Personengesellschaften ist ihre auto- **3**
matische Umwandlung in eine GbR oder OHG, sobald sie ihren freiberuflichen Gesellschaftszweck verliert, bzw. überwiegend (zu Mischtätigkeiten
→ Rn. 103 ff.) einer gewerblichen Tätigkeit iSv § 1 Abs. 1 HGB nachgeht.
Ein solcher **identitätswahrender Rechtsformwechsel** erfordert weder
eine Vermögensübertragung auf die „neue" Gesellschaft noch die Liquidation
der „alten" Gesellschaft (BT-Drs. 12/6152, 9). Dabei kann die Änderung des
Gesellschaftszweckes auch stillschweigend erfolgen. Die Eintragung im Partnerschaftsregister steht einer solchen Umwandlung nicht entgegen (MHdB
GesR I/*Salger* § 38 Rn. 6).

Aus der unmittelbaren Verbundenheit der Mitglieder untereinander folgen **4**
besondere mitgliedschaftliche **Treuepflichten.** Aufgrund der dispositiven
Ausgestaltung ihrer Verfassung lässt sich in der Praxis – unter dem Vorbehalt
eventuell berufsrechtlicher Hindernisse – auch eine körperschaftliche Struktur
der Partnerschaft erreichen. Typenvermischungen sind nur in eine Richtung

möglich: Eine Partnerschaft kann zwar Mitglied einer anderen Gesellschaft werden. An einer Partnerschaft können sich dagegen nur natürliche Personen beteiligen (§ 1 Abs. 1 S. 3, → Rn. 43 ff.).

5   Die Partnerschaft ist keine juristische Person. Wegen des Verweises in § 7 Abs. 2 auf § 124 HGB kann sie zwar unter ihrem Namen Rechte und Pflichten erwerben. Die Zurechnung der Rechte und Pflichten findet ihren Fixpunkt bei den Gesellschaftern in ihrer gesamthänderischen Verbundenheit. Sie sind zu einer eigenständigen Wirkungseinheit der **Gesamthand** verbunden. Dennoch hat bereits ihre Rechtsfähigkeit weitreichende Folgen für die Behandlung der Partnerschaft im Rechtsverkehr: Sie kann unter ihrem Namen Grundstücke erwerben und in das Grundbuch eingetragen werden, sie ist erb-, wechsel-, prozess- (§ 52 ZPO) und insolvenzverfahrensfähig (*Keller,* Insolvenzrecht, 2006, Rn. 149), sowie parteifähig nach § 50 Abs. 1 ZPO. Im Verwaltungsprozess ist sie beteiligungsfähig nach § 61 Nr. 2 VwGO. Die Partnerschaft kann unter ihrem Namen Kapital bilden und ist Trägerin des Gesellschaftsvermögens (vgl. MHdB GesR I/*Salger* § 37 Rn. 4 ff.). Auch wenn die Partnerschaft über Prozessfähigkeit iSv Verfahrenssubjektqualität (MüKo-ZPO/*Lindacher* ZPO § 52 Rn. 23) verfügt, muss sie sich vor Gericht durch ihre organschaftlichen Vertreter vertreten lassen. Fehlverhalten von Angestellten wird der Partnerschaft nach § 278 BGB zugerechnet. Im Deliktsrecht findet § 831 BGB Anwendung. Analog § 31 BGB ist die Partnerschaft deliktsfähig. Ihr Vermögen kann Gegenstand von Vollstreckungsmaßnahmen und eines Insolvenzverfahrens sein.

6   Als prägendes Strukturmerkmal einer Personengesellschaft gilt im Unterschied zur juristischen Person das Prinzip der Anwachsung des Gesellschaftsvermögens der Partnerschaft bei Ausscheiden eines Partners (§ 1 Abs. 4 iVm § 738 Abs. 1 S. 1 BGB). Der Anteil am Gesellschaftsvermögen kann nicht getrennt von der Mitgliedschaft übertragen werden (§ 1 Abs. 4 iVm § 719 Abs. 1 BGB).

7   Als Berufsausübungsgesellschaft ist die Partnerschaft notwendig **Außengesellschaft.** Die nur in den Grenzen der § 125 Abs. 1, 2, 4 HGB und § 126 HGB beschränkbare Vertretungsmacht der Partner (§ 7 Abs. 3) bestätigt dies. Eine Vereinbarung, nach der einzelne Mitglieder nicht nach außen in Erscheinung treten sollen, ist nicht nur gesellschaftsrechtlich (zur OHG vgl. BGHZ 10, 44 [48] = NJW 1953, 1548; RGZ 33, 125 [127 f.]; 165, 260 [265]), sondern auch berufsrechtlich und wettbewerbsrechtlich unzulässig. Stille Beteiligungen an der Partnerschaft sind ebenfalls unzulässig (→ Rn. 232 f.).

8   Die Partnerschaft dient in aller Regel nur dann der gemeinsamen Berufsausübung, wenn sie von den Partnern als **Dauergesellschaft** gewollt ist. Erforderlich ist damit grundsätzlich eine planmäßige, auf Dauer angelegte gemeinsame Tätigkeit der Partner. Dabei ist für die Qualifikation als Dauergesellschaft nicht allein das objektive zeitliche Element entscheidend, sondern der subjektive Zweck, mit dem die Gesellschaft gegründet worden ist (für die GbR MHdB GesR I/*Schücking* § 4 Rn. 12). In Ausnahmefällen kann aber auch eine zeitliche Begrenzung infrage kommen in der Form, dass die Partnerschaft auf ein gemeinsames Projekt beschränkt wird. Dabei ist – zur Abgrenzung zu der in der Rechtsform der GbR zu organisierenden Gelegenheitsgesellschaft – ein Großprojekt (so auch BT-Drs. 12/6152, 19) hinsichtlich des finanziellen und zeitlichen Aufwandes zu verlangen. Zu denken wäre etwa an die gemeinsame Planung und Durchführung eines Bauprojektes durch Architekten und Ingenieure oder aufwendige Filmproduktionen.

b) Abgrenzung zur GbR. Die Gründung einer Partnerschaft ist im **9** Gegensatz zur GbR, die jedermann zu jedem erlaubten Zweck bilden kann, gem. § 1 Abs. 1 nur Freiberuflern zur Ausübung ihres Berufes möglich. Da dieser Zweck auch in der Rechtsform der GbR verfolgt werden kann, für die freiberufliche Berufsausübung also kein Rechtsformzwang zur Partnerschaft besteht (BT-Drs. 12/6152, 8), erfolgt die Abgrenzung zur GbR primär durch die bei der Partnerschaft erforderliche, konstitutiv wirkende Eintragung der Gesellschaft in das Partnerschaftsregister (→ § 7 Rn. 2 ff.).

Anders als bei der GbR ist die rechtliche Selbstständigkeit der Partnerschaft **10** durch den Verweis auf § 124 HGB (§ 7 Abs. 2) positiv-rechtlich geregelt. Dieser Vorteil ist freilich durch die Anerkennung der Rechtsfähigkeit der Außen-GbR durch die Rspr. (BGHZ 146, 341 = NJW 2001, 1056) relativiert worden. In der Sache dürfte es insoweit heute keinen Unterschied mehr zur frei beruflichen Berufsausübungsgesellschaft in der Rechtsform der GbR geben.

Der zentrale Unterschied betrifft die Haftungssituation. Die Haftung der **11** GbR-Gesellschafter ist gesellschaftsrechtlich nicht beschränkt und auch formularvertraglich nur eingeschränkt beschränkbar. Die Gesellschafter haften dort unmittelbar, unbeschränkt, persönlich und akzessorisch. Im Gegensatz dazu ist in der Partnerschaft die Haftung für berufliches Fehlverhalten gem. § 8 Abs. 2 auf denjenigen Partner beschränkt, der aufgrund einer fehlerhaften Berufsausübung konkret verantwortlich ist (→ § 8 Rn. 62 ff.). Für die PartmbB gilt gem. § 8 Abs. 4 sogar eine noch weitergehende haftungsrechtliche Privilegierung, die ebenfalls den Gesellschaftern einer GbR nicht zur Verfügung steht.

c) Abgrenzung zur OHG. Die amtliche Begr. bezeichnet die Partner- **12** schaft in Anlehnung an eine Formulierung von *K. Schmidt* (ZIP 1993, 633 [635]) als „Schwesterfigur" zur OHG (vgl. auch BT-Drs. 12/6152, 8). Die Abgrenzung zur OHG erfolgt durch den Gesellschaftszweck. Während beide Gesellschaftsformen eine gemeinsame, selbstständige und private Tätigkeit der Gesellschafter zum Gegenstand haben müssen, die auf Dauer angelegt ist, planmäßig betrieben wird und erwerbsgerichtet ist (zum Gewerbe-Begriff vgl. Baumbach/Hopt/*Hopt* HGB § 1 Rn. 11 ff.), darf in der OHG wegen der begrifflichen Bindung an den Betrieb eines „Handelsgewerbes" keine freiberufliche Tätigkeit ausgeübt werden (vgl. BGHZ 56, 355 = NJW 1971, 1801; BGHZ 70, 247 = NJW 1978, 996; BGHZ 83, 328 = NJW 1982, 1866; BGHZ 108, 290 = NJW 1989, 2890; Baumbach/Hopt/*Hopt* HGB § 105 Rn. 3; Henssler/Strohn/*Henssler* HGB § 105 Rn. 8). Aus diesem Grund und zugleich diese in der Literatur de lege lata und de lege ferenda (*K. Schmidt* HandelsR § 9 II, 348 ff.) angefochtene Sichtweise bestätigend hat der Gesetzgeber die Partnerschaft geschaffen. Der Partnerschaft ist folgerichtig die Ausübung einer nicht-freiberuflichen, gewerblichen Tätigkeit gem. § 1 Abs. 1 S. 2 untersagt („Sie übt kein Handelsgewerbe aus.") und zwar selbst dann, wenn es sich nur um eine untergeordnete, den Unternehmensgegenstand nicht prägende Tätigkeit handelt. Ihr soll eine Komplementärfunktion zur OHG zukommen

(Gesetzesbegr., BT-Drs. 12/6152, 1). Ziel ist es, dem Freiberufler die Möglichkeit zu eröffnen, die Vorteile der OHG zu nutzen, ohne sich in die Nähe eines Gewerbes zu begeben (*Seibert* 43). Die Partnerschaft ließ sich daher in ihrer ursprünglichen Fassung (zu der inzwischen erfolgten Angleichung an eine Freiberufler KG → Einführung Rn. 11) auch als eine auf die Besonderheiten freiberuflicher Tätigkeit zurechtgeschnittene OHG bezeichnen (*Bösert* ZAP 1994, Fach 15, 137 [142]).

13   Sieht man einmal von dem unterschiedlichen Unternehmensgegenstand ab, so unterscheiden sich Partnerschaft und OHG im Wesentlichen dadurch, dass die Partnerschaft keine Prokura erteilen kann und nicht den Rechnungslegungs- und Buchführungspflichten der Personenhandelsgesellschaften unterliegt (Römermann/*Römermann* Einf. Rn. 83 ff.; *Werner,* Gemeinschaftliche ärztliche Berufsausübung und Formen interprofessioneller ärztlicher Kooperation, 1999, 239). Die für die Praxis wichtigsten Unterschiede sind erst nachträglich in den in § 8 Abs. 2 und § 8 Abs. 4 angeordneten haftungsrechtlichen Besonderheiten gesetzlich verankert worden. Diese Haftungsvorteile führen zu einer erheblichen, verfassungsrechtlich nicht unproblematischen (*Henssler* FS Wiedemann, 2002, 928; *Henssler,* Verhandlungen des 71. DJT. Bd. II/1, 2017, O 69f.) Privilegierung der freiberuflichen Unternehmer gegenüber gewerblichen Unternehmern, die personengesellschaftsrechtlich auf den Zusammenschluss in OHG und KG beschränkt sind.

14   **d) Abgrenzung zu den Kapitalgesellschaften.** Im Unterschied zu den Kapitalgesellschaften ist die Partnerschaft nicht als juristische Person ausgestaltet, sondern diesen durch ihre Rechtsfähigkeit nur angenähert (zur heute begrenzten Bedeutung der Grenzziehung zwischen Personen- und Kapitalgesellschaften *Henssler,* Verhandlungen des 71. DJT. Bd. II/1, 2017, O 54 ff.). Als Personengesellschaft zeichnet sich die Partnerschaft durch die – allerdings nur im außerberuflichen Bereich – zwischen den Partnern bestehende Haftungsgemeinschaft aus. Während bei den Kapitalgesellschaften nur das Gesellschaftskapital für die Schulden der Gesellschaft haftet, besteht bei der Partnerschaft neben der Haftung des Gesellschaftsvermögens auch die grundsätzlich unbeschränkte, persönliche Haftung der Partner selbst (BT-Drs. 12/6152, 7). Diese personengesellschaftstypische (allerdings für Personengesellschaften nicht zwingende) persönliche Haftung ist nur im Bereich der beruflichen Pflichtverletzungen partiell durchbrochen. Die Mitgliedschaft in der Partnerschaft ist nicht ohne die Zustimmung der anderen Gesellschafter übertragbar. Die im Gesellschaftsvertrag niedergelegte Verfassung der Partnerschaft verselbstständigt sich im Gegensatz zur Satzung einer Publikums-AG nicht gegenüber dem Willen der Gründungsgesellschafter. Fremdorganschaft ist unzulässig. Es gilt grundsätzlich das Einstimmigkeitsprinzip.

2. Gesellschaftsvertrag

15   **a) Überblick.** Die Gründung der Partnerschaft setzt den Abschluss eines Gesellschaftsvertrages unter Freiberuflern über die gemeinsame Ausübung ihrer Berufe voraus. Der Vertrag bedarf – wie auch sämtliche Vertragsänderungen (BT-Drs. 12/6152; → § 3 Rn. 18f.) – nach § 3 der Schriftform. Diese ist nach § 126 BGB erfüllt, wenn alle Vereinbarungen in der Vertragsurkunde

wiedergegeben sind und diese eigenhändig von den Vertragsparteien unterzeichnet ist. Ein nur konkludenter Abschluss eines Partnerschaftsvertrages ist
danach grundsätzlich nicht möglich. Jedoch entsteht nach den Grundsätzen
über die **faktische Gesellschaft** auch bei mangels Schriftlichkeit oder aufgrund von Willensmängeln fehlerhaften Verträgen eine Partnerschaft, sofern
die Eintragung erfolgt und die Gesellschaft in Vollzug gesetzt worden ist. Eine
Partnerschaft ohne Vertrag im Sinne einer **Scheinpartnerschaft** ist denkbar,
wenn eine Gesellschaft trotz fehlenden Vertragsschlusses zum Partnerschaftsregister angemeldet wurde (zu weiteren Einzelfällen vgl. *Markworth* 92 ff.). Praktisch bedeutsamer sind die Fälle von Scheinpartnern, bei denen bloß angestellte Mitarbeiter nach außen (Briefkopf, Kanzlei- oder Praxisschild) als
Partner einer tatsächlich existierenden Gesellschaft in Erscheinung treten
(→ § 8 Rn. 55 ff.).

Charakterisiert ist der Gesellschaftsvertrag durch die Vereinbarung eines ge- **16**
meinsamen Zwecks und die darauf gerichteten Förderpflichten der Partner.
Durch die Vereinbarung eines gemeinsamen Zwecks unterscheidet er sich
von Austauschverträgen, insbesondere von den partiarischen Rechtsverhältnis-
sen. Vom gemeinsamen Zweck zu unterscheiden sind die Einzelinteressen der
Partner, die jeweils die Motive für den Zusammenschluss bilden.

b) Beitragsleistung. Der nach § 705 BGB notwendige **Beitrag** aller Ge- **17**
sellschafter zur Förderung des Gesellschaftszwecks besteht bei der Partnerschaft
zum einen in der **grundsätzlich unbeschränkten persönlichen Schul-
denhaftung** der Partner.

Zum anderen ist zur Gründung einer Partnerschaft erforderlich, dass die Part- **18**
ner im Gesellschaftsvertrag als **Mindestbeitrag** jedes Gesellschafters die **Pflicht
zur aktiven Berufsausübung** übernehmen (› Rn. 24 ff., › Rn. 109 ff.,
→ 232 f.). Die persönliche Arbeitsleistung ist zugleich auch der wesentliche Ge-
sellschaftsbeitrag, den jeder Partner zur Förderung des gemeinsamen Zweckes
zu leisten verpflichtet ist. Anders als bei der GbR und OHG kann eine ausreichende Beitragsleistung bei der Partnerschaft nicht bereits in dem bloßen
Beitritt und der dadurch erfolgten Erweiterung der Haftungsgrundlage und
Kreditwürdigkeit gesehen werden (vgl. zur OHG Staub/*Schäfer* HGB § 105
Rn. 18 aE).

Als weitere Beitragsleistungen kommen Geld-, Sach- (zB Büroinventar) **19**
und Dienstleistungen in Betracht (dazu ausführlich MWHLW/*Meilicke* § 6
Rn. 5 ff.). Sonstige geldwerte Leistungen wie Geschäftsverbindungen oder
Know-how können ebenfalls als Beitrag vereinbart werden (Staub/*Schäfer*
HGB § 105 Rn. 18). Schranken setzt der Beitragsleistung allerdings der frei-
berufliche Charakter der Partnerschaft.

Art und Umfang der Leistung von Beiträgen richten sich nach § 706 **20**
BGB, soweit der Gesellschaftsvertrag hierzu keine abweichenden Regelungen
enthält.

Für die Beitragspflicht gilt grundsätzlich nicht das Recht der Leistungsstö- **21**
rungen der §§ 280 ff. BGB, sondern das allgemeine Gesellschaftsrecht: Anders
werden nur sog. Drittgeschäfte behandelt, etwa wenn ein Partner, der die
Qualifikation als Wirtschaftsprüfer und Rechtsanwalt besitzt, mit Zustimmung der Partner anwaltlich für eine Wirtschaftsprüfungs-Partnerschaft tätig

wird, obschon er seine anwaltliche Tätigkeit laut Partnerschaftsvertrag grundsätzlich außerhalb der Partnerschaft ausübt. Bei solchen außerhalb der Beitragspflicht liegenden Tätigkeiten für die Gesellschaft greifen Treuepflichten nur in wesentlich reduziertem Ausmaß.

22   Ist für die **Erhöhung der Beiträge** entgegen § 707 BGB nach dem Gesellschaftsvertrag ein Mehrheitsbeschluss ausreichend, so kam es für die Gültigkeit dieser Klausel und des darauf basierenden Beschlusses früher auf die Einhaltung des Bestimmtheitsgebotes an (BGHZ 8, 35 [39] = NJW 1953, 102 [103]; WM 76, 1053; MüKoBGB/*Schäfer* BGB § 707 Rn. 3 f.). Erforderlich war danach eine Vertragsklausel, in der Kriterien festgelegt waren, die als eine antizipierte Zustimmung der später überstimmten Gesellschafter zu der Beitragserhöhung anzusehen waren. Mit der Aufgabe des Bestimmtheitsgrundsatzes durch den BGH (BGHZ 203, 77 = NZG 2014, 1296) und der zugleich erfolgten Distanzierung von der Kernbereichslehre haben diese Grundsätze ihre Bedeutung verloren. Maßgeblich ist nach den aktuellen Rspr., ob der mit der Beitragserhöhung verbundene Eingriff in die individuelle Rechtsstellung des Gesellschafters, dh in seine rechtliche und vermögensmäßige Position in der Gesellschaft, im Einzelfall im Interesse der Gesellschaft geboten und dem betroffenen Gesellschafter unter Berücksichtigung seiner eigenen schutzwerten Belange zumutbar ist. Anderenfalls liegt eine Treupflichtverletzung der Mehrheit gegenüber der Minderheit vor.

23   **c) Gemeinsame Ausübung eines Freien Berufes als Gesellschaftszweck. aa) Freiberufliche Tätigkeit.** Nach § 1 Abs. 1 S. 1 ist gesetzlich festgelegter Zweck der Partnerschaft der Zusammenschluss der Partner „zur Ausübung ihrer Berufe". Präzisierend lässt sich die Partnerschaft definieren als gemeinsame Ausübung freiberuflicher Tätigkeit durch mehrere Angehörige desselben oder verschiedener Freier Berufe unter gemeinsamem Namen, in gemeinsamen Räumen, mit gemeinschaftlichen Einrichtungen sowie mit gemeinsamer Büroorganisation und Abrechnung, zur gemeinschaftlichen Betreuung einer gemeinsamen Klientel (in Anlehnung an BGHZ 97, 273 [277] = NJW 1986, 2364; vgl. auch *Michalski,* Das Gesellschaftsrecht und Kartellrecht der berufsrechtlich gebundenen freien Berufe, 1989, 95). Zu Begriff und Abgrenzung der freiberuflichen Tätigkeit → Rn. 54 ff., zu gemischten (freiberuflichen und gewerblichen) Tätigkeiten → Rn. 103 ff.

24   **bb) Die „aktive" Berufsausübung.** § 1 Abs. 1 S. 1 verlangt eine **aktive freiberufliche Tätigkeit** aller Partner (→ Rn. 18, 109, 232 f.; BT-Drs. 12/6152, 9; *Bösert* ZAP 1994, Fach 15, 137 [143]; *Stuber* WiB 1994, 705 [706 f.]; *Stuber,* Partnerschaftsgesellschaft, 2. Aufl. 2001, 17; MüKoBGB/*Schäfer* Rn. 11; ausführlich MWHLW/*Lenz* Rn. 89 ff., krit. Römermann/*Zimmermann* § 1 Rn. 8 ff. mit eingehender Begr.). Deutlich wird das schon durch die im Gesetzestext verwendete Formulierung „Ausübung", die per definitionem bereits ein Tätigwerden der Partner verlangt (so auch MWHLW/*Lenz* Rn. 90). Erforderlich ist, dass die Partner gerade ihre freiberufliche Tätigkeit in der Partnerschaft ausüben. Es darf grundsätzlich keine Gesellschafter geben, die nicht ihren Beruf aktiv in der Partnerschaft ausüben. Damit ist bei einem Rückgriff auf die steuerrechtliche Rspr. des BFH fraglich, ob sich Rechtsanwälte zur ausschließlichen Ausübung ihrer Tätigkeit als Insolvenzverwalter,

Testamentsvollstrecker oder Treuhänder in einer Partnerschaft zusammen-schließen können. Die Tätigkeit eines Insolvenz-, Zwangs- und Vergleichsver-walters ist nach der Rspr. des BFH nämlich eine vermögensverwaltende iSd § 18 Abs. 1 Nr. 3 EStG und keine freiberufliche Tätigkeit iSd § 18 Abs. 1 Nr. 1 EStG (BFHE 73, 100; BFH NJW 1974, 730 = BStBl. II 1973, 730; BStBl. II 1989, 729 = BeckRS 1989, 22009006), und zwar auch dann, wenn sie durch einen Rechtsanwalt ausgeübt wird. Entscheidend ist für den BFH, dass diese Tätigkeiten für einen Rechtsanwalt nicht berufstypisch sind. Über-zeugender dürfte es sein, sich insoweit von der durch steuerrechtliche Norm-zwecke geprägten Rspr. des BFH zu lösen. Die genannten Tätigkeiten sind zwar einem Rechtsanwalt nicht vorbehalten. Übt er sie aber aus, so handelt es sich um eine anwaltliche Tätigkeit, für die auch das anwaltliche Berufsrecht greift (Henssler/Prütting/*Henssler* BRAO § 7 Rn. 75 ff.). Dementsprechend geht auch der BGH (NZG 2016, 398) inzwischen davon aus, dass die Treu-handtätigkeit „seit jeher" dem anwaltlichen Berufsbild zuzuordnen ist. In be-rufsrechtlicher Hinsicht ist sie damit als freiberufliche Tätigkeit einzuordnen. Das nach § 1 Abs. 3 vorrangige Berufsrecht regelt, welche Arten freiberuflicher Tätigkeit innerhalb derselben Partnerschaft ausgeübt werden können (zu die-sen sog. interprofessionellen Partnerschaften → Rn. 245, 270 ff., → Rn. 288 f., → Rn. 295 f., → Rn. 316 ff., → Rn. 341 ff., → Rn. 359 f., → Rn. 393).

Bloße **Kapitalanlagen** und **stille Beteiligungen** an der Partnerschaft sind 25 unzulässig (BT-Drs. 12/6152, 7 [9]; → Rn. 232 f.). Mit „stillen Beteiligungen" sind untechnisch alle Formen der nicht aktiven Ausübung des Freien Berufes in der Partnerschaft gemeint (so auch MWHLW/*Lenz* Rn. 94). Die Beteiligung als **Strohmann** entfällt daher selbst dann, wenn sie von einem Angehörigen eines Freien Berufs gehalten wird. Der Partner soll, so die (durch die Einfüh-rung der PartmbB teilweise überholte) Gesetzesbegr. (BT-Drs. 12/6152, 7), „seinen Beruf in eigener Verantwortung ausüben und für sein Handeln grund-sätzlich persönlich haften". Auch die bloße Beteiligung am Gewinn oder Verlust der Gesellschaft bedeutet eine Gefährdung der Unabhängigkeit des Freiberuflers, die nicht nur von den verschiedenen Berufsrechten, son-dern vom PartGG ganz allgemein unterbunden werden soll (für die Anwalts-Partnerschaft *Henssler* DB 1995, 1549 [1551]; zustimmend *Gail/Overlack* Rn. 87 ff.; aA *Feddersen/Meyer-Landrut* Rn. 5). **Neben** der beruflichen Leistung ist die Einbringung von Kapital in die Gesellschaft dagegen selbstverständlich zulässig und zT bei großem Kapitalbedarf wegen teurer Anfangsanschaffungen nötig.

Für die erforderliche aktive Berufsausübung genügt es, wenn ein Partner 26 der Gesellschaft nur einen Teil seiner Arbeitskraft widmet, solange er dabei sei-nen Freien Beruf aktiv ausübt (*Stuber* WiB 1994, 705 [707]). Auch eine nur nebenberufliche Tätigkeit ist in diesem Rahmen möglich. Ebenfalls aus-reichend sind geringfügige Aktivitäten. „Ausübung des Berufes" ist damit weit zu verstehen (vgl. Henssler/Strohn/*Hirtz* Rn. 35; MWHLW/*Lenz* Rn. 96 ff., 100; MAH PersGesR/*Johansson* § 4 Rn. 412; für einen vollständigen Verzicht auf das Gebot der aktiven Berufsausübung Römermann/*Zimmermann* Rn. 10, 13; zurückhaltender MüKoBGB/*Schäfer* Rn. 11 ff.). Die gängige Pra-xis, bei der Senior-Partner die Geschäfte der Gesellschaft nur sporadisch mit-betreuen und ihren jüngeren Kollegen mit ihrem Erfahrungsschatz zur Seite stehen, soll auch in der Partnerschaft möglich bleiben (*Lenz* WiB 1995, 529 [531]; ähnlich *Seibert* 56).

27   Da entsprechende Kontrollmöglichkeiten fehlen, können faktisch auch solche Partner Gesellschafter bleiben, die sich aus der aktiven Mitarbeit völlig zurückgezogen haben, solange nicht die übrigen Partner ihren Ausschluss (→ § 9 Rn. 21 ff.) erzwingen (BT-Drs. 12/6152, 9; *Stube* WiB 1994, 705 [706 f.]; *Bayer/Imberger* DZWiR 1995, 178 [179]; Römermann/*Zimmermann* Rn. 9 ff.). In der Praxis ist damit auch eine von Anfang an in dieser Form geplante stille Beteiligung möglich (vgl. Römermann/*Zimmermann* Rn. 9 ff.). Vertraglich vereinbar ist eine Beteiligung allerdings nicht ohne eine zumindest minimale Berufsausübung. Eine entgegenstehende Abrede wäre gem. § 134 BGB iVm § 1 Abs. 1 S. 1 nichtig. Sie verstieße zudem gegen § 6 Abs. 2, wonach ein Partner nur von der Führung der sonstigen Geschäfte ausgeschlossen werden kann.

28   Der Partnerschaft selbst ist es möglich, sich an anderen Gesellschaften zu beteiligen (*Seibert* DB 1994, 2381 [2383] sowie → § 7 Rn. 31), auch in der Form einer stillen Beteiligung. Nach Auffassung des BGH ist zwar eine Beteiligung als einzige Gesellschafterin einer Rechtsanwaltsgesellschaft mbH nicht möglich, und zwar auch dann nicht, wenn an der Partnerschaft ausschließlich Rechtsanwälte beteiligt sind (BGH NJW 2017, 1681; dazu krit. *Henssler* NJW 2017, 1644; *Römermann* GmbHR 2017, 572). Dies folgt allerdings nicht aus dem PartGG, sondern aus den Besonderheiten der Rechtsanwaltsgesellschaft mbH. Die freiberufliche Praxis muss von der Partnerschaft **betrieben** werden. Dafür ist notwendig, dass die Geschäfte im Namen der Partnerschaft abgeschlossen werden.

29   **cc) Abgrenzung von Organisationsgesellschaften.** Von der Partnerschaft als **Berufsausübungsgesellschaft** abzugrenzen sind bloße **Organisationsgesellschaften** (Bürogemeinschaften, Labor- und Apparategemeinschaften), deren Zweck sich in der gemeinsamen Benutzung von Praxisräumen, Einrichtungsgegenständen und Personal unter Wahrung der Selbstständigkeit erschöpft (vgl. *Ratzel/Lippert* MedR 2004, 525 [528] zur Problematik der Abgrenzung zwischen Berufsausübungs- und Organisationsgemeinschaft bei Ärzten; zur Abgrenzung speziell zwischen Praxisgemeinschaft und Gemeinschaftspraxis *Cramer* MedR 2004, 552). *K. Schmidt* grenzt unternehmensrechtlich die Partnerschaft als unternehmenstragende Gesellschaft von den Kooperationsformen für Selbstständige ab (NJW 1995, 1 [2 f.]). Die einzelnen Berufsangehörigen handeln bei Letzteren für ihre jeweils eigene Klientel im eigenen Namen und auf eigene Rechnung. Freiberufliche Organisationsgesellschaften können nach der Konzeption des Gesetzes nicht als Partnerschaft, sondern nur in der Rechtsform der GbR oder Kapitalgesellschaft betrieben werden (*Stuber,* Die Partnerschaftsgesellschaft, 2. Aufl. 2001, 17). Innerhalb der Partnerschaft darf die Zusammenarbeit allerdings auf eine bestimmte Gruppe von Klienten/Patienten beschränkt werden und jeder Partner eigene Auftraggeber allein betreuen. Im Hinblick auf § 3 Abs. 2 Nr. 3 bedarf es dafür einer ausdrücklichen Regelung im Gesellschaftsvertrag (→ § 3 Rn. 39 f.).

III. Die Errichtung der Partnerschaft

1. Überblick

Die Entstehung der Partnerschaft setzt (1) die schriftliche (§ 3 Abs. 1) Abfas- **30** sung eines rechtsgültigen Gesellschaftsvertrages durch Angehörige der Freien Berufe (→ Rn. 15 f.) voraus. Es folgt als Gründungsakt (2) die Anmeldung zum Partnerschaftsregister und (3) die registergerichtliche Prüfung und Eintragung. Mit der Eintragung entsteht die Partnerschaft (§ 7 Abs. 1).

2. Neugründung

Erforderlich ist ein formwirksamer Gesellschaftsvertrag, der Partnerschafts- **31** vertrag (→ § 3 Rn. 15 ff.). Im Unterschied zur OHG (vgl. § 123 Abs. 2 HGB) kann die Partnerschaft nicht allein durch Aufnahme der Geschäftstätigkeit entstehen. Einer analogen Anwendung des § 123 Abs. 2 HGB ist aufgrund des eindeutigen Gesetzeswillens der Weg verschlossen (→ § 7 Rn. 2; *Schaffner* 191) Um die Abgrenzung zur GbR zu ermöglichen, verlangt der Gesetzgeber als konstitutives Erfordernis eine **Eintragung** in das Partnerschaftsregister (§ 7 Abs. 1).

Zuvor besteht im Außenverhältnis keine Partnerschaft, sondern lediglich **32** eine GbR (MAH PersGesR / *Johansson* § 4 Rn. 453; *Schaffner* 192). Auf die vor Eintragung, aber nach Abschluss eines formwirksamen Gesellschaftsvertrages bestehende Gesellschaft sind daher ausschließlich die Vorschriften über die GbR anzuwenden (str., → § 7 Rn. 8 f., zutreffend *K. Schmidt* NJW 1995, 1 [4]; *Stuber,* Die Partnerschaftsgesellschaft, 2. Aufl. 2001, 26; MWHLW / *Meilicke* § 7 Rn 4 ff.; *Goltz,* Neue Organisationsformen für die anwaltliche Zusammenarbeit unter besonderer Berücksichtigung des Partnerschaftsgesellschaftsgesetzes, 1999, 35; aA Römermann / *Praß* § 7 Rn. 13 ff.; *Gail / Overlack* Rn. 126, nach deren Auffassung sich die Rechtsstellung dieser Gesellschaft bereits der Partnerschaft annähert; ähnlich *Schaffner* 259: Gesellschaft sui generis). Entsprechendes gilt auch für die Überführung einer GbR in eine Partnerschaft (vgl. dazu *Wälzholz* DStR 2004, 1708 [1709 f.]). Insbesondere können auf die Vor-Partnerschaft nicht die haftungsrechtlichen Privilegierungen des § 8 Abs. 2 und 4 angewendet werden.

Im Innenverhältnis der Partner gelten dagegen bereits mit Vertragsschluss **33** die Vereinbarungen des Gesellschaftsvertrages bzw. subsidiär das PartGG, es sei denn, die Partner haben etwas anderes vereinbart (vgl. MAH PersGesR / *Johansson* § 4 Rn. 405, 453; *Schaffner* 192; → § 7 Rn. 11). Dies entspricht dem Parteiwillen, der im Partnerschaftsvertrag zum Ausdruck kommt. Dabei müssen die Partner ihren Gründerpflichten nachkommen (vgl. § 705 BGB), dh sie haben die Pflicht zur Mitwirkung an den für die Eintragung erforderlichen Handlungen (vgl. *Goltz,* Neue Organisationsformen für die anwaltliche Zusammenarbeit unter besonderer Berücksichtigung des Partnerschaftsgesellschaftsgesetzes, 1999, 29).

3. Umwandlung

34   Sollen schon bestehende Gesellschaften in eine Partnerschaft umgewandelt werden, bietet sich zur Vermeidung von Liquidation und Neugründung ein Rückgriff auf die Umwandlungsvorgänge – Verschmelzung, Spaltung und Formwechsel – nach dem Umwandlungsgesetz (Gesetz v. 28.10.1994, BGBl. 1994 I 3210, ber. 1995 I 428; tabellarische Übersicht bei *Neye* ZAP 1998 Fach 15, 257 [265 f.]) an.

35   Aufgrund der parallelen Erarbeitung von UmwG und PartGG und ihrer nahezu zeitgleichen Verabschiedung war die Partnerschaft ursprünglich im UmwG als beteiligter Rechtsträger nicht vorgesehen. Der Gesetzgeber wollte vor einer Einbeziehung der Partnerschaft zunächst die Resonanz der Praxis auf die neue Rechtsform abwarten. Nachdem im ersten Jahr nach Inkrafttreten des PartGG rund 250 (*Neye* ZIP 1997, 722; ZIP-aktuell 1996 Nr. 154) und zum Zeitpunkt der Änderung des Umwandlungsgesetzes bereits ca. 850 Gesellschaften (Begr. RegE BT-Drs. 13/8808, 8) in das Partnerschaftsregister eingetragen waren, entstand das Bedürfnis, auch die Partnerschaft als einen an Umwandlungsvorgängen beteiligungsfähigen Rechtsträger anzuerkennen (vgl. *Neye* GmbHR 1997, R 125; *Neye* ZIP 1997, 722 ff.; *Neye* DB 1998, 1649; *Neye* ZAP 1998, Fach 15, 257 ff.; *Goltz,* Neue Organisationsformen für die anwaltliche Zusammenarbeit unter besonderer Berücksichtigung des Partnerschaftsgesellschaftsgesetzes, 1999, 38). Das „Gesetz zur Änderung des Umwandlungsgesetzes, des Partnerschaftsgesellschaftsgesetzes und anderer Gesetze" (v. 22.7.1998, BGBl. 1998 I 1878) trug diesem Bedürfnis Rechnung. Partnerschaften stehen seither grundsätzlich dieselben Umwandlungsmöglichkeiten wie den Personenhandelsgesellschaften zur Verfügung (Bericht des Rechtsausschusses, BT-Drs. 13/10955, 1). Eine Einschränkung ergibt sich allerdings aus § 1 Abs. 1, dessen Voraussetzungen auch bei Umwandlungsvorgängen nach dem UmwG stets eingehalten werden müssen (Begr. RegE BT-Drs. 13/8808, 8; *Neye,* ZAP 1998, Fach 15, 257 [258, 260]). Seinen Ausdruck findet dieses grundlegende Erfordernis in §§ 45 a, 228 Abs. 2 UmwG.

36   Die Umwandlung einer GbR, OHG oder KG in eine Partnerschaft ist aufgrund der identischen gesellschaftsrechtlichen Struktur ohne Rückgriff auf eine gesetzliche Regelung im Wege des identitätswahrenden Rechtsformwechsels möglich (*Seibert* DB 1994, 2381 [2382]; *K. Schmidt* NJW 1995, 1 [7]; MHdB GesR I/*Salger* § 45 Rn. 4, 8; → Rn. 3). Die Gesellschafter müssen die Umwandlung in einer Vertragsänderung zum Ausdruck bringen. Die Eintragung in das Partnerschaftsregister ist auch hier konstitutive Entstehungsvoraussetzung. Bei der Umwandlung einer KG in eine Partnerschaft ist zudem zu beachten, dass die Kommanditisten zuvor die Stellung persönlich haftender Gesellschafter übernehmen müssen. OHG und KG müssen aus dem Handelsregister gelöscht werden. Die Umwandlung erfolgt ohne Vermögensübertragung oder Liquidation. Die Identität der Gesellschaft bleibt gewahrt (zur Umwandlung einer GbR in eine OHG: BGH NJW 1967, 821; WM 1962, 10 [12]; WM 1975, 99; zur Umwandlung einer OHG in eine GbR MüKoBGB/ *Schäfer* BGB § 705 Rn. 11; Erman/*Westermann* BGB § 705 Rn. 3). Gehört Immobilienbesitz zum Gesamthandsvermögen, so bedarf es keiner Grundbuchberichtigung nach § 894 BGB. Die Eintragung der Eigentümerin ist als Richtigstellung tatsächlicher Angaben zu qualifizieren (*Bösert* ZAP 1994, Fach 15, 146; *Kupfer* KÖSDI 1995, 10.130 [10.137]; vgl. auch OLG München ZIP 2016, 269 Rn. 9 ff. zum Parallelfall eines identitätswahrenden Rechtsformwechsels in eine GmbH & Co KG). Grunderwerbssteuer fällt nicht an. Auch in der Warenzeichenkontrolle bedarf es lediglich einer Richtigstellung der tatsächlichen Angaben. Im Fall einer bereits erhobenen Klage bedarf es keiner Klageänderung, sondern lediglich einer Rubrumsberichtigung. Ist bereits die Vor-Partnerschaft verklagt worden, so muss der Kläger klarstellen, ob seine Klage nach der Umwandlung nur gegen die Partnerschaft oder nach § 8 Abs. 1 S. 2 iVm § 129 HGB auch gegen die Partner persönlich gerichtet sein soll (MWHLW/*Meilicke* § 7 Rn. 36). Hat die GbR Gewerberäume gemietet, so bedarf die Umwandlung in eine Partnerschaft nicht der Erlaubnis des Vermieters (für die Umwandlung in eine OHG: BGH NJW 1967, 821).

Von nur theoretischer Bedeutung dürfte eine auf eine Erbengemeinschaft **37** übergegangene freiberufliche Praxis in der Form der Partnerschaft sein (vgl. aber § 9 Abs. 4). Sie setzt die Freiberuflereigenschaft aller Erben voraus.

a) Verschmelzung. Die Partnerschaft kann nach § 3 Abs. 1 Nr. 1 UmwG **38** an einer Verschmelzung als übertragender, übernehmender oder neuer Rechtsträger beteiligt sein. Die §§ 45a–45e UmwG enthalten Sonderregeln, die zusätzlich zu den §§ 4–45 UmwG zu beachten sind. Zu unterscheiden ist zwischen der Verschmelzung durch Aufnahme durch einen bestehenden Rechtsträger und der Verschmelzung durch Neugründung. Die Partnerschaft kann ihr Vermögen auf diesem Wege auf andere Partnerschaften, Personenhandelsgesellschaften, Kapitalgesellschaften oder eingetragene Genossenschaften übertragen. Zu beachten ist insbesondere § 45a UmwG, der nur für die Verschmelzung einer Partnerschaft auf eine andere Partnerschaft gilt. Nach dieser Norm müssen alle Anteilsinhaber des übertragenden Rechtsträgers natürliche Personen sein, die einen Freien Beruf ausüben. Maßgeblicher Zeitpunkt ist das Wirksamwerden der Verschmelzung (Kallmeyer/*Kallmeyer*/*Kocher* UmwG § 45b Rn. 3). Zudem wird auf § 1 Abs. 3 verwiesen. Berufsrechtliche Einschränkungen sind auch bei Verschmelzungen zu beachten. Zur Absicherung von § 45a UmwG muss nach § 45b UmwG im Verschmelzungsvertrag, bzw. dessen Entwurf der Name sowie der in der aufnehmenden Partnerschaft ausgeübte Beruf der Anteilseigner des übertragenden Rechtsträgers angegeben werden. Der Zusammenschluss zweier oder mehrerer Gesellschaften zu einer Partnerschaft erfolgt ebenfalls durch Verschmelzung (sog. Mehrfachverschmelzung, vgl. Sudhoff/*Lübke* § 23 Rn. 6). Nach Abschluss des Verschmelzungsvertrages ist die Verschmelzung beim zuständigen Register jedes der beteiligten Rechtsträger anzumelden. Mit Eintragung der Verschmelzung im Register des übernehmenden Rechtsträgers erlischt der übertragende Rechtsträger (Sudhoff/*Lübke* § 23 Rn. 60).

b) Spaltung. Die Generalverweisung des § 125 UmwG eröffnet der Part- **39** nerschaft die Spaltung in Form der Auf- und Abspaltung. Alle Anteilsinhaber des übertragenden Rechtsträgers, die Gesellschafter der Partnerschaft werden sollen, müssen nach § 45a UmwG in dieser einen freien Beruf ausüben. Eine Ausgliederung, bei der die Anteile des ausgegliederten Rechtsträgers nicht auf die Anteilsinhaber des übertragenden Rechtsträgers, sondern auf diesen selbst übergehen, kann nicht durchgeführt werden (Kallmeyer/*Kallmeyer/Sickinger* UmwG § 125 Rn. 49a). Die dabei notwendige Folge der Trennung zwischen Anteilen und Anteilsinhabern ist für die Anteile an einer Partnerschaft, deren Anteilsinhaber selbst Freiberufler sein müssen, ausgeschlossen (*Neye* ZIP 1997, 722 [723]; *Neye* DB 1998, 1649 [1650]).

40   **c) Formwechsel.** Der Formwechsel einer Kapitalgesellschaft oder Genossenschaft in eine Partnerschaft richtet sich nach § 191 Abs. 1 UmwG, §§ 225a–225c, 228 Abs. 2 UmwG. Danach bleibt die Identität der Gesellschaft grundsätzlich erhalten. Eine Vermögensübertragung findet nicht statt (Lutter/*Decher/Hoger* UmwG § 190 Rn. 1; *Höflacher/Wendlandt* DStR 1996, 530). Für den Formwechsel sind vorbereitend ein Umwandlungsbericht mit dem Entwurf eines Umwandlungsbeschlusses nach § 192 Abs. 1 UmwG erforderlich. Die Gründungsvorschriften des neuen Rechtsträgers sind zu berücksichtigen (§ 197 UmwG). Kernstück des Formwechsels ist der sodann zu fassende Umwandlungsbeschluss, dessen Form und Inhalt sich nach §§ 193 f. UmwG richten. Der Formwechsel wird mit Eintragung und Bekanntmachung der neuen Rechtsform wirksam (§§ 198 ff. UmwG; Kallmeyer/*Dirksen/Blasche* UmwG § 228 Rn. 10; Lutter/*Göthel* UmwG § 228 Rn. 29). Zu diesem Zeitpunkt müssen alle Anteilsinhaber der Kapitalgesellschaft natürliche Personen sein, die einen freien Beruf ausüben. Berufsrechtliche Beschränkungen sind auch hier zu beachten. Folge der Eintragung ins Partnerschaftsregister ist die unwiderrufliche Auflösung der bislang bestehenden Kapitalgesellschaft. Liegen die Voraussetzungen des § 1 dagegen nicht vor, ist trotz einer Eintragung in das Partnerschaftsregister eine GbR oder – bei gewerblicher Tätigkeit – eine OHG entstanden (Lutter/*Göthel* UmwG § 228 Rn. 31), die nach §§ 395, 374 Nr. 3 FamFG jeweils aus dem Partnerschaftsregister zu löschen ist.

IV. Anwendbarkeit der §§ 705 ff. BGB (Abs. 4)

41   Die in § 1 Abs. 4 enthaltene Verweisung auf das Recht der GbR (§§ 705 ff. BGB) bringt eine bereits aus der Rechtsnatur der Partnerschaft als Personengesellschaft folgende Selbstverständlichkeit zum Ausdruck. Der Bundesrat befürchtete Zweifelsfragen bei der Gesetzesauslegung, da sich die gesamthänderische Bindung des Gesellschaftsvermögens aus dem Gesetz nicht ergebe (BT-Drs. 12/6152, 25). Subsidiär gelten über Abs. 4 die Vorschriften über den Gesellschaftsvertrag und die Beiträge der Gesellschafter (§§ 705–708 BGB). Die Geschäftsführung und Vertretung der Partnerschaft wird durch die Verweisung in § 6 Abs. 3 S. 2 auf die §§ 110 ff. HGB und in § 7 Abs. 3 auf die §§ 125 ff. HGB abweichend von §§ 709 ff. BGB abschließend geregelt. Für die Vermögensordnung der Partnerschaft gelten die §§ 717–720 BGB über das Gesamthandsvermögen und das in § 738 Abs. 1 S. 1 BGB verankerte Prinzip der Anwachsung. Bedeutung entfaltet die subsidiäre Geltung des Rechts der GbR vor allem für die Gewinn- und Verlustverteilung (so auch BT-Drs. 12/6152, 25) sowie für Kapitalentnahmen, da das PartGG insoweit nicht auf das Recht der OHG verweist. Sind keine vertraglichen Absprachen erfolgt, so sind die §§ 721 f. BGB heranzuziehen. Für das Ausscheiden eines Partners, die Auf-

lösung und Liquidation der Partnerschaft wird weitgehend auf das Recht der OHG verwiesen (vgl. § 9 Abs. 1, § 10). Die Durchführung des Ausscheidens eines Partners und die daraus resultierenden Ansprüche bestimmen sich dagegen nach den bürgerlich-rechtlichen Vorschriften der §§ 738–740 BGB.

V. Gesellschafter

1. Allgemeines

Die Gründung einer Partnerschaft setzt die Beteiligung von **mindestens** **42** **zwei** Gesellschaftern voraus. Anders als eine Kapitalgesellschaft (GmbH, AG, KGaA) erlischt die Partnerschaft bei Ausscheiden des vorletzten Gesellschafters. Sie wandelt sich unter Anwachsung des Gesamthandsvermögens auf den verbleibenden Partner (§ 738 Abs. 1 S. 1 BGB) in eine freiberufliche Einzelpraxis um (zur Beendigung der Partnerschaft durch „Verschmelzung" → § 10 Rn. 39 ff.). Eine **Höchstzahl** von Gesellschaftern besteht demgegenüber nicht (*Stuber*, Die Partnerschaftsgesellschaft, 2. Aufl. 2001, 25). Die Partnerschaft eignet sich gerade für mitgliederstarke Gesellschaften (vgl. BT-Drs. 12/6152, 7). Aus gesellschaftsrechtlicher Sicht unbedenklich ist die **Beteiligung einer Person an mehreren Partnerschaften,** allerdings können insoweit berufsrechtliche Ausnahmen („Verbot sog. Sternsozietäten") gelten (→ Rn. 255 ff. – Ärzte; → Rn. 285 ff. – Zahnärzte; → Rn. 293 ff. – Tierärzte; → Rn. 311 ff. – Rechtsanwälte). Erforderlich ist stets, dass in allen Partnerschaften der jeweilige Beruf aktiv ausgeübt wird. Stille Beteiligungen an einer Partnerschaft sind unzulässig (→ Rn. 232 f.).

2. Qualität der Gesellschafter (Abs. 1 S. 3)

Gemäß § 1 Abs. 1 S. 3 können **nur natürliche Personen** Partner sein. **43** Nach der amtlichen Begr. (BT-Drs. 12/6152, 9) soll dies „am ehesten dem Leitbild der auf ein persönliches Vertrauensverhältnis zum Auftraggeber ausgerichteten freiberuflichen Berufsausübung" entsprechen. Nicht nur juristische Personen (insbesondere eine „GmbH & Partner" ist unzulässig, vgl. *Römermann* NJW 2013, 2305 [2306 f.]; Römermann/*Zimmermann* Rn. 40), sondern auch Personengesellschaften können weder im Gründungsstadium noch durch späteren Beitritt die Mitgliedschaft in einer Partnerschaft erlangen (krit. dazu *Beck* AnwBl. 2015, 382 f.; Römermann/*Zimmermann* Rn. 41 ff.). § 1 Abs. 1 S. 3 geht ungeachtet des insoweit nicht greifenden Vorrang des Berufsrechts (§ 1 Abs. 3) als zwingendes Recht etwaigen abweichenden Regelungen vor (als solche zB § 28 Abs. 4 S. 1 Nr. 1 WPO). § 1 Abs. 3 erlaubt nur Verschärfungen, aber keine berufsrechtlichen Erleichterungen gegenüber den Vorgaben des PartGG.

Erschwert wird damit ein Zusammenschluss von **Rechtsanwälten** mit **44** **Wirtschaftsprüfern,** wenn Letztere auf die Möglichkeit der Haftungsbeschränkung durch Gründung einer GmbH nicht verzichten wollen (vgl. *Burret* WPK-Mitt. 1994, 201 [202 f.], aus Sicht der Wirtschaftsprüfer; krit. auch *Michalski* ZIP 1993, 1210 [1211]; Römermann/*Zimmermann* Rn. 41 ff.). § 1 Abs. 1 S. 3 verhindert auch eine für **Steuerberater** oder **Wirtschaftsprüfer** an sich gesetzlich (§ 50a Abs. 2 S. 2 StBerG; § 28 Abs. 4 S. 3 WPO) vorgesehene Möglichkeit der Altersversorgung. Nach ihrem Berufsrecht können sie grundsätzlich von ihnen gegründete Stiftungen und Vereine zur Altersversorgung als Gesellschafter in ihre Berufsgesellschaften aufnehmen (vgl. *Koslowski* StBerG § 50a Rn. 8).

45   Da die Kapitalgesellschaft von Rspr. und Lit. als legitime und anderen Gesellschaftsformen gleichwertige Rechtsform auch für die freiberufliche Berufsausübung anerkannt wird (BayObLG NJW 1995, 199; BGHZ 124, 224 = NJW 1994, 786 Anerkennung der Freiberufler GmbH), wird zT gefordert, den **Zusammenschluss freiberuflicher juristischer Personen** mit anderen Freiberuflern in einer Partnerschaft unter dem Vorbehalt einer abweichenden berufsrechtlichen Regelung zuzulassen (*Römermann*/*Zimmermann* Rn. 41 ff.; *MWHLW*/*Lenz* Rn. 105; *Wehrheim*/*Wirtz* 26; *Burret* WPK-Mitt. 1994, 201 [204]; *Stuber* WiB 1994, 705 [706]; *K. Schmidt* ZIP 1993, 633 [639]; ablehnend *Eggesiecker* Fach D 1.120 f.; *Gores,* Die Partnerschaftsgesellschaft als Rechtsform der Zusammenarbeit von Rechtsanwälten, 1996, 76 f. plädiert für eine ersatzlose Streichung des § 1 Abs. 1 S. 3).

46   Diskussionswürdig erscheinen solche Überlegungen angesichts des eindeutigen Wortlauts des § 1 Abs. 1 S. 3 (nur natürliche Personen sind als Partner zulässig) allenfalls de lege ferenda. Auch wenn in der Tat die **Beteiligung von juristischen Personen** mit dem freiberuflichen Charakter durchaus zu vereinbaren ist, erscheint eine entsprechende Gesetzesänderung dennoch rechtspolitisch zweifelhaft. Die geforderte Erweiterung der Beteiligungsmöglichkeiten bietet nämlich kaum Vorteile, will man nicht zugleich ein zentrales Wesenselement der Partnerschaft aufgeben. Sobald sich die Gesellschafter der beteiligten Kapitalgesellschaften über ihre freiberufliche Tätigkeit aktiv in der Partnerschaft einbringen (→ Rn. 24 ff.), müssen sie – außerhalb der Sonderform der PartmbB – auch für ihr persönliches Fehlverhalten haften (→ § 8 Rn. 37 ff.). Der Auftraggeber muss bei einer regulären Partnerschaft davon ausgehen können, dass ihm der verantwortliche Bearbeiter des Auftrags persönlich haftet. Die Möglichkeit, als verantwortlichen Mandatsbearbeiter eine Kapitalgesellschaft vorzuschieben, würde im Rechtsverkehr zu einer massiven Entwertung der Rechtsform der Partnerschaft führen, und beim Publikum Verwirrung stiften. Dieser Irreführungsgefahr könnte auch nicht entsprechend § 19 Abs. 2 HGB durch eine „Firmierung" etwa als „Kapitalgesellschaft und Co. Partnerschaft" begegnet werden. Anders als bei der GmbH & Co KG ist die persönliche Haftung des freiberuflichen Mandatsbearbeiters als Wesenselement der regulären Partnerschaft anzusehen. Etwas anderes gilt nur für die PartmbB (§ 8 Abs. 4).

47   Läuft aber die im Rahmen einer Kapitalgesellschaft mögliche Haftungsbeschränkung in der Partnerschaft im beruflichen Bereich ohnehin leer, so ist auch **kein praktischer Bedarf** nach einer Beteiligung von Kapitalgesellschaften erkennbar. Favorisieren potentielle Gesellschafter die Struktur einer Kapitalgesellschaft oder wollen sie ihre Haftung im außerberuflichen Bereich beschränken, steht es ihnen frei, sich unter dem Vorbehalt einer abweichenden beruflichen Regelung zu einer AG oder GmbH zusammenzuschließen. Da die Zulässigkeit der freiberuflichen Kapitalgesellschaft heute allgemein anerkannt ist, bestehen gegen einen derartigen Zusammenschluss idR keine Bedenken. Entscheiden sie sich dagegen für die personalistisch geprägte Partnerschaft, muss diesem Entschluss auch die Art der Beteiligung entsprechen.

Als weniger problembehaftet erscheint die **Beteiligung** einer nach § 1 **48** Abs. 1 S. 3 de lege lata ebenfalls ausgeschlossenen **GbR** an einer Partnerschaft (dafür *Deckenbrock/Markworth* in Kilian/Offermann-Burckart/vom Stein, Praxishandbuch Anwaltsrecht, 3. Aufl. 2018, § 9 Rn. 149). Die GbR kann anerkanntermaßen Gesellschafterin einer anderen GbR werden (erstmals BGH NJW 1998, 376; Erman/*Westermann* BGB § 705 Rn. 21; Staudinger/*Habermeier,* 2003, BGB § 705 Rn. 28) und sich auch an einer OHG oder KG beteiligen (für die Beteiligung als Kommanditistin einer KG BGHZ 148, 291 [293] = NJW 2001, 3121; für die Beteiligung als Komplementärin LG Berlin NZG 2003, 580 [581] = GmbHR 2003, 719 [720 f.]; Erman/*Westermann* BGB § 705 Rn. 21; *Schmidt/Bierly* NJW 2004, 1210; offen gelassen noch von BGH NJW-RR 1990, 798 [799]). Die vorstehend dargelegten haftungsrechtlichen Probleme stellen sich hier nicht. Zweifelhaft bleiben indes die Vorteile einer solchen Konstruktion für die Gesellschafter einer GbR. Solange von der Praxis kein plausibler Bedarf für diese Beteiligungsform vorgebracht wird, erscheint damit auch insoweit eine Gesetzesänderung untunlich. Die Gesellschafter der GbR sind auf die Möglichkeit einer direkten Beteiligung an der Partnerschaft zu verweisen. Bei einer als Gesellschafterin einer Partnerschaft auftretenden GbR wäre es zudem naheliegend, dass dann alle Gesellschafter der GbR ins Partnerschaftsregister eingetragen werden müssten. Anderenfalls bliebe der Rechtsverkehr entgegen der Intention der Registerpublizität über die Gesellschafterstruktur der Partnerschaft im Unklaren. In vergleichbarer Form wird auch bei der Beteiligung einer GbR an einer GmbH im Schrifttum jedenfalls überwiegend verlangt, dass alle Gesellschafter der GbR in die Gesellschafterliste des § 40 GmbHG einzutragen sind (dazu Scholz/*Seibt* GmbHG § 40 Rn. 17; Lutter/Hommelhoff/*Bayer* GmbHG § 40 Rn. 6 d und Lutter/Hommelhoff/*Bayer* GmbHG § 8 Rn. 4; *Scheuch* GmbHR 2014, 568; *Wachter* ZNotP 2008, 378 (380); *Meier-Wehrsdorfer* notar 2012, 295; Michalski/*Terlau* GmbHG § 40 Rn. 8; Baumbach/Hueck/*Fastrich* GmbHG § 1 Rn. 33; Ulmer/Habersack/Löbbe/*Paefgen* GmbHG § 40 Rn. 30; *Wicke* GmbHG § 8 Rn. 4; *Heidinger* in Heckschen/Heidinger, Die GmbH in der Gestaltungs- und Beratungspraxis, 3. Aufl. 2014, § 13 Rn. 259; *Hasselmann* NZG 2009, 409 (412 f.); MüKoGmbHG/*Heidinger* GmbHG § 40, Rn. 22 f. mit umfangreichen Nachweisen). Damit würde sich aber der Vorteil des einfachen und nicht eintragungspflichtigen Gesellschafterwechsels in der GbR bei einer Beteiligung an einer Partnerschaft erübrigen.

Eine Partnerschaft kann dagegen **Gesellschafterin einer juristischen 49 Person** sein. Zu beachten sind allerdings häufig berufsrechtliche Einschränkungen. An einer Rechtsanwalts-GmbH können sich zB nach § 59 e Abs. 1 S. 1 BRAO nur natürliche Personen beteiligen. Der BGH lässt zwar eine „doppelstöckige" Struktur unter Beteiligung einer GbR an einer Rechtsanwalts-GmbH zu (BGH NJW 2002, 68), hat aber jüngst die Möglichkeit der Beteiligung einer Partnerschaft als einziger Gesellschafterin an einer Rechtsanwaltsgesellschaft mbH verneint, und zwar auch dann, wenn an der Partnerschaft ausschließlich Rechtsanwälte beteiligt sind (BGH NJW 2017, 1681; dazu krit. *Henssler* NJW 2017, 1644; *Römermann* GmbHR 2017, 572). Als Gesellschafter einer Steuerberatungsgesellschaft kommen außer den in § 50a Abs. 1 Nr. 1, 3 und 4 StBerG genannten natürlichen Personen nur Gesellschaften bürgerlichen Rechts sowie Stiftungen und eingetragene Vereine zur Altersversorgung in Betracht (§ 50a Abs. 2 StBerG). Auch für Wirtschaftsprüfungsgesellschaften gelten gem. § 28 WPO Beschränkungen für die Beteiligung von juristischen Personen und Gesellschaften.

50   § 1 Abs. 1 S. 3 verhindert nicht den Zusammenschluss einer Partnerschaft mit anderen Partnerschaften, Freiberuflern oder juristischen Personen in einer anderen Kooperationsform, wie zB einer bloßen **Bürogemeinschaft** (zur Abgrenzung einer Bürogemeinschaft von der Partnerschaft als Berufsausübungsgesellschaft → Rn. 29).

51   Die Vorschrift des § 1 Abs. 1 S. 3 greift nicht, wenn eine andere Personen- oder Kapitalgesellschaft **nur zum Zwecke der Auflösung** der Partnerschaft an dieser beteiligt wird.

VI. Eintritt und Ausscheiden von Partnern

52   Die Beteiligung an einer Partnerschaft darf **nicht an Dritte veräußert** werden, die nicht partnerschaftsfähig iSd § 1 Abs. 1 sind. Das ausdrückliche Verbot in § 10 des Referentenentwurfs v. 8.1.1993 (ZIP 1993, 153 ff.) ist zwar in die endgültige Gesetzesfassung nicht eingegangen. Es ergibt sich jedoch aus § 1 Abs. 1 und findet auch in § 9 Abs. 4 seinen Ausdruck. Die Abtretung des Gesellschaftsanteils unter Verletzung dieses Verbots ist gem. § 134 BGB nichtig. Soweit der Partnerschaftsvertrag nicht entgegensteht, ist eine Veräußerung des Gesellschaftsanteils an Partner oder Dritte im Übrigen zulässig. Zu beachten ist das Schriftformerfordernis des § 3 Abs. 1.

53   Die Grundsätze für die Anteilsveräußerung gelten auch für die **Aufnahme eines neuen Partners.** Nur Angehörige Freier Berufe dürfen aufgenommen werden. Der Beitrittsvertrag bedarf als Änderung des Partnerschaftsvertrages der Schriftform (§ 3 Abs. 1). Zum Ausscheiden von Partnern → § 9 Rn. 4 ff.

VII. Angehörige Freier Berufe

1. Der Begriff des Freien Berufs in § 1 Abs. 2 S. 1

54   Der Freie Beruf, erstmals in einer bundesrechtlichen Regelung in Großschreibung (dazu *Seibert* 54 f.), ist das zentrale Merkmal des PartGG und gibt der Partnerschaft ihr spezielles Gepräge.

55   § 1 Abs. 2 S. 1, eingefügt aufgrund des „Gesetzes zur Änderung des Umwandlungsgesetzes, des Partnerschaftsgesellschaftsgesetzes und anderer Gesetze (Gesetz v. 22.7.1998, BGBl. 1998 I 1878), enthält unter Abkehr von dem ursprünglich bewussten Verzicht des Gesetzgebers (vgl. *Taupitz,* Die Standesordnungen der freien Berufe, 1991, 17 ff.; BT-Drs. 12/6152, 9: „(…), da es sich um eine soziologische Wortschöpfung handelt, bzgl. derer eine justiziable Begriffsfassung auf unüberwindbare Schwierigkeiten stößt.“; *Michalski,* Das Gesellschaftsrecht und Kartellrecht der berufsrechtlich gebundenen freien Berufe, 1989, 6 ff.; zu den verschiedenen im Laufe der Zeit vorgenommenen Definitionsversuchen vgl. *Lüke-Rosendahl,* Der Beruf des Arztes unter besonderer Berücksichtigung der ärztlichen Kooperation, 1999, 22 f.) eine positiv-rechtliche Festlegung eine **Legaldefinition.** Die Definition soll Maßstab und Appell an den **Freien Beruf „in seiner Besonderheit und seiner gemeinschaftswichtigen Verpflichtung"** sein (Bericht des Rechtsausschusses, BT-Drs. 13/10.955, 12).

§ 1 Abs. 2 S. 1 wird „mit Rücksicht auf die außerordentliche Vielfalt des **56** Freien Berufs" durch den **Zusatz „im Allgemeinen"** als Definition insofern entwertet, als offensichtlich Ausnahmefälle für möglich erachtet werden. Die Vorschrift enthält daher statt einer verbindlichen Rechtsnorm eine **Typusbeschreibung** (vgl. zum Typus allgemein *Larenz/Canaris,* Methodenlehre der Rechtswissenschaft, 3. Aufl. 1995, 333 ff.; *Leenen,* Typus und Rechtsfindung, Die Bedeutung der typologischen Methode für die Rechtsfindung dargestellt am Vertrag des BGB, 1971, passim; *Taupitz,* Die Standesordnungen der freien Berufe, 1991, 23 ff.) ohne eigenen normativen Gehalt (Römermann/*Zimmermann* Rn. 51; *Klose* NWB 2005, 429 [431]). Sie orientiert sich eng an dem Vorschlag des Bundesverbandes der Freien Berufe aus dem Jahre 1995 (Römermann/*Zimmermann* Rn. 47): Angehörige Freier Berufe erbringen aufgrund besonderer beruflicher Qualifikationen persönlich und fachlich unabhängig geistig-ideelle Leistungen im Interesse ihrer Auftraggeber und der Allgemeinheit. Ihre Berufsausübung unterliegt idR spezifischen berufsrechtlichen Bindungen nach Maßgabe der staatlichen Gesetzgebung oder des von der jeweiligen Berufsvertretung autonom gesetzten Rechts, welches die Professionalität, Qualität und das zum Auftraggeber bestehende Vertrauensverhältnis gewährleistet und fortentwickelt (abgedr. in BRAK-Mitt. 1995, 156).

Relevant wird die Definition vor allem dann, wenn keine eindeutige Zu- **57** ordnung des Berufes zu den im Katalog des S. 2 genannten Tätigkeiten erfolgen kann. Erinnert sei an die Öffnungsklausel der „ähnlichen Berufe". Aufgrund des Verzichts auf zwingende Voraussetzungen ermöglichen die Kriterien des S. 1 auch eine Erfassung von Zwischenformen (krit. *K. Schmidt* GesR § 64 I 2b, 1878 f., der die Definition für eine „legislatorische Peinlichkeit" hält.).

Die Typusbeschreibung besteht aus **vier voneinander abgrenzbaren 58 Kriterien.** Bei dem Freien Beruf geht es um (1) Dienstleistungen höherer Art, die (2) persönlich, eigenverantwortlich und fachlich unabhängig erbracht werden müssen. Dabei dient die Dienstleistung (3) sowohl dem Interesse des Auftraggebers als auch dem der Allgemeinheit und beruht auf (4) besonderer beruflicher Qualifikation oder schöpferischer Begabung. So hebt sie sich vom Kreis der gewerblichen Tätigkeiten ab.

Bei der Einordnung kommt es jeweils auf das **gesamte Erscheinungsbild 59** an. Leitgedanke für die Einordnung im Einzelfall ist die vom Gesetzgeber bezweckte Privilegierung der Freien Berufe um ihrer zumeist hervorgehobenen Stellung und Bedeutung im Sozialgefüge willen (BVerfGE 46, 224 [231] = NJW 1978, 365 [366 f.]), die zur Anerkennung der besonderen Rechtsform der Partnerschaft geführt hat.

2. Der Begriff des Freien Berufs im Europäischen Recht und im europäischen Rechtsvergleich

Schrifttum: *Henssler/Wambach,* The State of Liberal Professions Concerning their Functions and Relevance to European Civil Society, EESC/COMM/05/2013.

60   **a) Der Begriff des Freien Berufs im europäischen Sekundärrecht.** Die Definition des § 1 ist im Wesentlichen als Ergebnis einer rein nationalen Diskussion entstanden und noch bevor es auf der Ebene des europäischen Rechts eine vertiefte Auseinandersetzung über die Begriffselemente dieser Personengruppe gegeben hat. Vor dem Hintergrund der Bemühungen der EU-Kommission um eine Liberalisierung der Berufsrechte haben sich die Freien Berufe der Mitgliedstaaten in den letzten Jahren verstärkt um ein einheitliches Auftreten bemüht und dabei auch versucht, den Gedanken der Freiberuflichkeit durch eine einheitliche Begriffsbildung zu stärken. Es ist allerdings festzustellen, dass es in Europa keine einheitliche Tradition der Freiberuflichkeit gibt. Die Idee der Freien Berufe hat kontinentaleuropäische Wurzeln, dem angelsächsischen Rechtskreis sind die Freien Berufe als eigenständige Unternehmergruppe unbekannt und auch die skandinavischen Länder kennen überwiegend keine gesetzliche Eigenständigkeit der Freien Berufe. Selbst in jenen Ländern, die eine freiberufliche Tradition haben, gibt es kein einheitliches Begriffsverständnis (rechtsvgl. *Büschges* BRAK-Mitt. 1987, 16 [18]; *Mälzer,* Werbemöglichkeiten für Rechtsanwälte, 1995, 54 ff.).

61   Diese unterschiedlichen Traditionen erschweren zugleich eine einheitliche Erfassung im europäischen Recht. Der Begriff des Freien Berufs ist in verschiedenen Rechtsakten der Europäischen Union genannt, häufig als Untergruppe der Dienstleistungsberufe. An die Zugehörigkeit zu einem Freien Beruf wird in diesen Fällen aber keine konkrete Rechtsfolge geknüpft. Der EuGH (Slg. I 2001, 7467) hat sich in seinem Urteil vom 11.10.2001 gleichwohl um eine Begriffsdefinition bemüht und aus nationalen Gepflogenheiten einige Wesenselemente abgeleitet. Danach sind in den Begriff des Freien Berufs iSd Anhangs F Nr. 2 der Sechsten Richtlinie 77/388/EWG all diejenigen Tätigkeiten einzubeziehen, die

(1) einen ausgesprochen intellektuellen Charakter haben,
(2) eine hohe Qualifikation verlangen und
(3) gewöhnlich einer genauen und strengen berufsständischen Regelung unterliegen.

Hinzu kommt seiner Ansicht nach, dass bei der Ausübung einer solchen Tätigkeit

(4) das persönliche Element besondere Bedeutung hat und diese Ausübung auf jeden Fall
(5) eine große Selbstständigkeit bei der Vornahme der beruflichen Handlungen voraussetzt.

62   Die Entscheidung betraf eine umsatzsteuerrechtliche Frage nach Anhang F Nr. 2 der Sechsten Richtlinie 77/388/EWG des Rates vom 17.5.1977 zur Harmonisierung der Rechtsvorschriften der Mitgliedstaaten über die Umsatzsteuern – Gemeinsames Mehrwertsteuersystem. Ihr kann von vornherein keine abschließende Bedeutung für ein Begriffsverständnis des Freien Berufs im europäischen Recht zukommen. Schon gar nicht schreibt der EuGH mit dieser Entscheidung vor, welche Definition die Mitgliedstaaten ihren nationalen Regelungen zugrunde zu legen haben.

Im Zusammenhang mit ihren aktuellen Bemühungen um eine Vertiefung **63** des Binnenmarktes für Dienstleistungen bezieht sich die EU-Kommission nicht auf die Freien Berufe, sondern auf die reglementierten Berufe („regulated professions"). Dieser Begriff entstammt Art. 3 Abs. 1 lit. a RL 2005/36/EG (Berufsanerkennungsrichtlinie/Diplomanerkennungs-RL) und erfasst eine „berufliche Tätigkeit, [...] bei der die Aufnahme oder Ausübung oder eine der Arten der Ausübung direkt oder indirekt durch Rechts- und Verwaltungsvorschriften an den Besitz bestimmter Berufsqualifikationen gebunden ist".

b) Das weite Begriffsverständnis im deutschen Recht. Deutschland **64** nimmt mit der Begriffsbildung in § 1 Abs. 2 innerhalb der kontinentaleuropäischen Staaten, die eine freiberufliche Tradition haben, eine Sonderstellung ein. Das sehr weite Begriffsverständnis des § 1 Abs. 2 geht deutlich über die Auslegung in vielen anderen europäischen Staaten hinaus. So werden im österreichischen Recht gemeinhin nur die (verkammerten) Berufe, die eine eigene gesetzliche Regelung erfahren haben, dieser Gruppe zugerechnet. Dementsprechend vertritt die Bundeskonferenz der Freien Berufe Österreichs als Dachverband der Kammern der Freien Berufe Österreichs „nur" die etwa 77.500 Ärzte, Apotheker, Architekten und Ingenieurkonsulenten, Wirtschaftstreuhänder, Notare, Rechtsanwälte, Patentanwälte, Tierärzte und Zahnärzte. Auch andere europäische Mitgliedstaaten konzentrieren sich auf solche Berufe, die einer eigenständigen berufsrechtlichen Regulierung unterliegen (zum rechtsvergleichenden Überblick → Einführung Rn. 70 ff.).

Dieses sehr weite Begriffsverständnis in der deutschen Rechtsordnung er- **65** schwert naturgemäß die Zusammenarbeit mit anderen Freiberufsverbänden in Europa und damit auch ein einheitliches Auftreten der Verbände in Brüssel. Vor dem Hintergrund der vielfältigen Herausforderungen, vor denen die Bemühungen um die Bewahrung der Eigenständigkeit der Freien Berufe in Europa stehen, erweist sich diese Heterogenität als zusätzliche Belastung.

3. Der Katalog der Freien Berufe in § 1 Abs. 2 S. 2

Die praktische Bedeutung der abstrakten Definition des § 1 Abs. 2 S. 1 ist **66** gering geblieben. Insbesondere hat das Begriffsbild des Freien Berufs durch die Einfügung der Definition keine Änderung erfahren. Hinsichtlich der Feststellung der Partnerschaftsfähigkeit im Einzelfall wird in der Rechtsanwendung auf den Katalog der Berufe in § 1 Abs. 2 S. 2 abgestellt (vgl. Henssler/Prütting/*Henssler* Rn. 16; Römermann/*Zimmermann* Rn. 51; *Römermann* NZG 1998, 675 [676f.]). In Abs. 2 S. 2 sind die Berufe aufgezählt, deren selbstständige Berufstätigkeit als Ausübung eines Freien Berufes iSd Gesetzes gilt. Durch die Einbeziehung der „ähnlichen Berufe" bleibt daneben Raum für neue Entwicklungen (krit. *K. Schmidt* ZIP 1993, 633 [639]).

§ 1 Abs. 2 S. 2 lehnt sich eng an § 18 Abs. 1 Nr. 1 EStG an, stimmt aber **67** nicht völlig mit der steuerrechtlichen Begriffsbildung überein (BT-Drs. 12/6152, 10). Umgekehrt hat auch die Eintragung der Partnerschaft in das Partnerschaftsregister für das Steuerrecht keine präjudizielle Wirkung. Es muss im

Einzelfall geprüft werden, ob tatsächlich eine freiberufliche Tätigkeit vorliegt (BT-Drs. 12/6152, 10).

68   Die enge Anlehnung an § 18 Abs. 1 Nr. 1 EStG ermöglicht es, weitgehend auf die dazu ergangene steuerrechtliche Judikatur auch für den Bereich der Partnerschaft zurückzugreifen. Zur Abgrenzung des partnerschaftsrechtlichen Begriffs von § 18 Abs. 1 Nr. 1 EStG und § 1 HGB → Rn. 74 ff., → Rn. 77 ff.

4. Die einzelnen Begriffselemente § 1 Abs. 1 S. 1

69   a) **Selbstständigkeit.** Der Freie Beruf setzt zunächst eine selbstständige Tätigkeit voraus. Begriffsnotwendig ist diese von der nicht selbstständigen Tätigkeit abzugrenzen. Dafür kann die im Rahmen des § 18 EStG bekannte Abgrenzung zwischen selbstständiger und nichtselbstständiger Tätigkeit, sowie die für das Arbeitsrecht relevante Unterscheidung zwischen Arbeitnehmern und Selbstständigen herangezogen werden. Selbstständig tätig ist aus steuerrechtlicher Sicht, wer nicht verpflichtet ist, den Weisungen eines Dritten zu folgen und auf eigene Rechnung und Gefahr arbeitet (Schmidt/*Wacker* EStG § 18 Rn. 7) bzw. aus arbeitsrechtlicher Sicht, wer im Wesentlichen frei seine Tätigkeit gestalten und seine Arbeitszeit bestimmen kann (BAG ZIP 2000, 630 = DB 2000, 723; NJW 2004, 461 = NZA 2004, 39). Der neu in das BGB aufgenommene § 611a BGB stellt für die arbeitsrechtliche Abgrenzung die Weisungsgebundenheit hinsichtlich Inhalt, Durchführung, Zeit und Ort der Tätigkeit in den Vordergrund und bezeichnet als weisungsgebunden und damit als unselbständig denjenigen, der nicht im Wesentlichen frei seine Tätigkeit gestalten und seine Arbeitszeit bestimmen kann (dazu eingehend Henssler/Grau/*Henssler,* Arbeitnehmerüberlassung und Werkverträge, 2017, 45 ff.). Zu beachten ist, dass viele freiberufliche Tätigkeiten (etwa diejenige als Rechtsanwalt, Arzt, Steuerberater oder Architekt) auch im Anstellungsverhältnis ausgeübt werden können. Die Tätigkeit bleibt dann aus der Sicht des Berufsrechts gleichwohl eine freiberufliche, nicht jedoch aus der Sicht des Steuerrechts. Insoweit ist die Entwicklung des Begriffsverständnisses nicht synchron verlaufen.

70   Aus gesellschaftsrechtlicher Sicht verträgt sich – jedenfalls in der als Berufsausübungsgesellschaft aktiven Personengesellschaft – die Tätigkeit als Arbeitnehmer in aller Regel nicht mit der Gesellschafterstellung. Fehlt es an der Selbstständigkeit eines Partners im Verhältnis zu den anderen, scheidet unabhängig von der Bezeichnung idR auch die gesellschaftsrechtliche Natur des „Partnerschafts"vertrages aus (zur Abgrenzung zwischen Gesellschaftsvertrag und partiarischem Dienstverhältnis vgl. MüKoBGB/*Schäfer* BGB Vor § 705 Rn. 107 ff.). Es kann ein Fall der Scheinselbstständigkeit vorliegen. Kein Indiz gegen den Partnerstatus ist allerdings, dass ein Partner einen fest bestimmten Betrag als Gewinnanteil erhält.

71   Denkbar ist es, einem Mitarbeiter unter Beibehaltung des bestehenden Arbeitsverhältnisses eine gesellschaftsrechtliche Beteiligung einzuräumen. Die beiden unterschiedlichen Rechtsbeziehungen müssen dann deutlich voneinander getrennt werden. Im Interesse der Mitgesellschafter wird eine solche Konstruktion wegen des in einem parallelen Arbeitsverhältnis greifenden Kündigungsschutzes regelmäßig nicht liegen. Auf der anderen Seite werden die Mitgesellschafter ein Interesse daran haben, dass im Falle der Beendigung des Arbeitsverhältnisses auch die Stellung als Gesellschafter aufgelöst wird (sog. Mitarbeitermodelle). Bei der Partnerschaft folgt eine entsprechende Vorgabe schon aus dem Gebot der aktiven Mitarbeit. Ist nach den vertraglichen Absprachen ein Partner nur hinsichtlich eines Teils der in der Partnerschaft ausgeübten Tätigkeit weisungsfrei, besteht auch nur insofern ein Partnerschaftsverhältnis.

Ist keine klare Beurteilung der Selbstständigkeit möglich, kommt es auf die **72** Verkehrsanschauung an. Für eine Einordnung sind alle Umstände des Einzelfalls heranzuziehen (MWHLW/*Lenz* Rn. 33 mit Beispielen).

b) Berufstätigkeit. Berufstätigkeit ist die auf **gewisse Dauer angelegte 73 Tätigkeit,** die der **Schaffung und Erhaltung der Lebensgrundlage** dient. Allerdings können in Ausnahmefällen auch Zusammenschlüsse von Freiberuflern für ein Einzelprojekt – etwa für aufwendige Filmproduktionen (→Rn. 8; zur Freiberuflichkeit → Rn. 396) – als Partnerschaft gegründet werden. Die Absicht der Gewinnerzielung ist stets erforderlich (zum SteuerR vgl. Schmidt/*Wacker* EStG § 18 Rn. 15). Ob jemand hauptberuflich oder nur im Nebenberuf an einer Partnerschaft beteiligt ist, spielt idR keine Rolle (vgl. BT Drs. 12/6152, 10)

5. Verhältnis zu § 18 EStG

Der Katalog des § 1 Abs. 2 S. 2 enthält weitgehend durch berufsrechtliche **74** Regeln geprägte Berufsbilder. Der im Steuerrecht ausgetragene Streit (vgl. Littmann/Bitz/Pust/*Güroff* EStG § 18 Rn. 130b mwN), ob auch das **Tätigwerden ohne die erforderliche Erlaubnis** als Freier Beruf anzusehen ist, hat im PartGG wegen § 9 Abs. 3 (automatisches Ausscheiden aus der Partnerschaft) keine Relevanz. Allerdings kommen hier nur Erfordernisse in Betracht, ohne die eine Berufsausübung verboten wäre, nicht zB die Eintragung in die Architektenliste, die Voraussetzung für das Führen der Berufsbezeichnung „Architekt" ist (vgl. § 2 BauKaG NRW, ferner BFH BStBl. II 1975, 558). § 9 Abs. 3 beeinflusst jedoch nicht die Eigenschaft als Angehöriger eines Freien Berufs. Auch Fahrlehrer ohne die gem. § 1 FahrlG erforderliche Fahrlehrerlaubnis können demnach Freiberufler iSd PartGG sein (ohne diese Differenzierung zwischen § 1 Abs. 2 S. 2 und § 9 Abs. 3 offenbar Römermann/*Zimmermann* Rn. 138, Fn. 486 „Anders … die Rechtslage im Steuerrecht"), sofern sie nicht ausschließlich kaufmännisch-administrativ, sondern zumindest auch unterrichtend tätig sind.

Im Übrigen ist im Rahmen der Beurteilung des jeweiligen Berufs auf Rspr. **75** und Lit. zu § 18 EStG zu verweisen (BT-Drs. 12/6152, 10), obschon sich aus den besonderen **Zielsetzungen** des PartGG einzelne **Abweichungen** ergeben können (aA Römermann/*Zimmermann* Rn. 58; vgl. auch *Mittelsteiner* DStR 1994, Beil. zu Heft 37, S. 37).

Steuerrecht und Partnerschaftsrecht haben unterschiedliche Ziele, die bei **76** der Beurteilung zu berücksichtigen sind. Steuerrechtlich ist entscheidend, ob Einkünfte im Rahmen einer freiberuflichen oder einer gewerblichen Tätigkeit erzielt wurden. Letztere unterliegen der Gewerbesteuer. Dabei ist es unerheblich, ob der Berufsangehörige Freiberufler ist und bleibt. Das Partnerschafts-

recht stellt dagegen lediglich fest, ob der Betroffene den Freien Berufen angehört. Dies kann auch dann der Fall sein, wenn er zT – außerhalb der Gesellschaft – gewerbliche Einkünfte erzielt.

6. Verhältnis zu § 1 HGB

77   Der in Anlehnung an das Einkommensteuerrecht erstellte Katalog des § 1
Abs. 2 S. 2 und der früher im Handelsrecht entwickelte Begriff des Freien Berufs weisen nicht unerhebliche Unterschiede auf. Abs. 2 S. 2 hat entsprechend
seinem Regelungsvorbild **extensiven Charakter:** Der Gesetzgeber will möglichst vielen Freien Berufen den Zugang zur Partnerschaft eröffnen (BT Drs.
12/6152, 10). Im Handelsrecht wurde dagegen tendenziell ein engerer Begriff
des Freien Berufs entwickelt, der nur den Kernbereich der Freien Berufe erfasste (Baumbach/Hopt/*Hopt* HGB § 1 Rn. 19 ff.; *Michalski,* Das Gesellschaftsrecht und Kartellrecht der berufsrechtlich gebundenen freien Berufe, 1989,
118). Der bisherige handelsrechtliche Begriff stimmte dementsprechend auch
nicht vollständig mit § 18 Abs. 1 Nr. 1 EStG überein (*K. Schmidt* HandelsR § 9
IV 2a cc, 282, *K. Schmidt* GesR § 64 I 2b, 1878; vgl. auch die Aufzählung bei
Heymann/*Emmerich* HGB § 1 Rn. 20). Als Konsequenz dieser Diskrepanzen
ergeben sich einige Streitfälle. So ist beispielsweise umstritten, ob **Heilpraktiker,** die nach handelsrechtlicher Auffassung Kaufleute sein sollen (BGHZ 144,
86 = NJW 2000, 1940, 1941, zu § 196 Abs. 1 Nr. 1 BGB; Heymann/*Emmerich*
HGB § 1 Rn. 20; Baumbach/Hopt/*Hopt* HGB § 1 Rn. 19; Röhricht/v. West-
phalen/Haas/*Röhricht* HGB § 1 Rn. 62, jeweils unter Berufung auf LG Tübingen NJW 1983, 2093 zu § 196 Abs. 1 Nr. 1 BGB; anders wohl MüKoHGB/
K. Schmidt HGB § 1 Rn. 34, ebenfalls unter Berufung auf LG Tübingen NJW
1983, 2093), vom PartGG jedoch als Freiberufler eingestuft werden, seit der
Regelung in Abs. 2 S. 2 noch eine OHG bzw. KG betreiben dürfen. Da die
Heilpraktiker inzwischen deutlich erhöhte Zulassungsvoraussetzungen erfül-
len müssen und sich zu einem eigenständigen Gesundheitsberuf verselbststän-
digt haben, überzeugt allein die Qualifikation als Freier Beruf. Ihnen steht so-
mit die für sie sachgerechte Partnerschaft als passende Gesellschaftsform offen.
Dass ihnen zugleich die OHG und damit auch die KG, einschließlich der
GmbH & Co. KG, verwehrt bleiben, ist eine vom Gesetz angeordnete
Schlechterstellung, die auch andere Freie Berufe, etwa Rechtsanwälte, trifft.
Rechtspolitisch ist diese Differenzierung bedenklich, nach Auffassung des
BGH (NJW 2011, 3036 Rn. 12 f.) und des BVerfG (NJW 2012, 993) folgt dar-
aus aber kein Verfassungsverstoß.

78   Auch wenn man die Stellung der Partnerschaft im System der Gesellschaftsformen (→ Rn. 2 ff.) betrachtet, war es anlässlich der Novelle des § 1 allein folgerichtig, entweder den handelsrechtlichen Begriff des Freien Berufes (dazu
Staub/*Oetker* HGB § 1 Rn. 27) in das PartGG zu übernehmen oder aber unter
Modifikation des handelsrechtlichen Begriffs eine einheitliche Neudefinition
für PartGG und HGB zu entwickeln. Nach richtiger Auffassung ist vom Willen zu einer für beide Rechtsgebiete (PartGG und HGB) einheitlichen Neu-
schöpfung auszugehen. Anderenfalls käme es entweder zu Lücken im Regelungssystem oder aber zu Konstellationen, in denen OHG und Partnerschaft
wahlweise den Unternehmern zur Verfügung stünden. Beides entspricht

grundsätzlich nicht dem gesetzlichen Regelungsanliegen. Der Heilpraktiker ist damit Freiberuflicher sowohl iSd PartGG als auch iSd HGB.

Diesem **Bekenntnis zu einem grundsätzlich einheitlichen Begriff** der **79** Freien Berufe steht nicht entgegen, dass der Gesetzgeber – aus zT fragwürdigen Gründen – die Partnerschaft bestimmten Freien Berufen nicht zur Verfügung stellt (→ Rn. 80 ff.). Die ausdrückliche Ausklammerung dieser Berufe aus dem PartGG berührt ihre Zugehörigkeit zu den Freien Berufen nicht.

7. Ausgeklammerte Berufe

Im Gegensatz zu § 18 Abs. 1 Nr. 1 EStG erwähnt § 1 Abs. 2 S. 2 Dentisten, **80** Notare und Vermessungsingenieure nicht. Auch **Apotheker** sind nicht in den Katalog aufgenommen worden. Eine gewisse Modifikation zu § 18 Abs. 1 Nr. 1 EStG ergibt sich für Rechtsanwälte. Das PartGG begrenzt seinen Anwendungsbereich insoweit auf **Mitglieder der RAK** (→ Rn. 151 ff.). Wegen der Zwangsmitgliedschaft aller zugelassenen Rechtsanwälte in der regional zuständigen Kammer ist dies in der Praxis bedeutungslos. Das Abstellen auf Mitglieder der RAK wirkt damit als Erweiterung, weil auch Angehörige des inzwischen geschlossenen Berufs des Rechtsbeistands sich in einer Partnerschaft zusammenschließen können.

a) Dentisten. Der Beruf des **Dentisten** beschränkt sich seit der Neu- **81** regelung des Gesetzes über die Ausübung der Zahnheilkunde vom 16.4.1987 (BGBl. 1987 I 1226) auf Personen, die aufgrund der alten Rechtslage Bestandsschutz genießen. Nur wer vor Inkrafttreten des Gesetzes die Zahnheilkunde ohne Bestallung als Arzt oder Zahnarzt ausgeübt hat, darf in dieser Form weiterhin tätig werden (vgl. § 19 des Gesetzes). Die Einordnung des Dentisten in den Kreis der Freien Berufe ist davon unabhängig.

b) Notare. Die Nichtaufnahme der **Notare** in den Katalog des Abs. 2 S. 2 **82** wurde bei Erlass des Gesetzes damit erklärt, dass sie wegen der Ausübung eines öffentlichen Amtes nicht fähig sind, an einer Partnerschaft teilzunehmen (vgl. BT-Drs. 12/6152, 10). Diese Argumentation ist im Hinblick auf die Neufassung des § 9 BNotO im Jahr 1998 (durch Gesetz v. 31.8.1998, BGBl. 1998 I 2585) überholt. § 9 Abs. 1 S. 1 BNotO gestattet die gemeinsame Berufsausübung von Nur-Notaren, soweit die persönliche und eigenverantwortliche Amtsführung, Unabhängigkeit und Unparteilichkeit des Notars nicht beeinträchtigt wird (vgl. § 9 Abs. 3 BnotO; dazu *Mihm,* Berufsrechtliche Kollisionsprobleme beim Anwaltsnotar, 2000, 138 ff.). Diesen Voraussetzungen wird idR Genüge getan, wenn das jeweilige Mandat einem Notar als Einzelmandat (im Gegensatz zur Partnerschaft an sich) erteilt wird. Einer **Zusammenarbeit in einer GbR** steht danach nichts entgegen. Nichts anderes kann aber für die Zusammenarbeit in einer Partnerschaft gelten (*Henssler/Jansen* EWiR 2006, 603; ebenso MüKoBGB/*Schäfer* Rn. 48, 80; aA OLG Celle NJW 2007, 2929 [2930], ohne nähere Begr. Schippel/Bracker/*Görk* BNotO § 9 Rn. 5; Eylmann/Vaasen/*Baumann* BNotO § 9 Rn. 21; *Mihm,* Berufsrechtliche Kollisionsprobleme beim Anwaltsnotar, 2000, 173).

Die Nichtaufnahme der Notare in den Katalog des Abs. 2 S. 2 steht einer **83** Einordnung als Freier Beruf nicht entgegen; unproblematisch kann eine Subsumtion unter die „ähnlichen Berufe" erfolgen (vgl. auch MHdB GesR I/ *Salger* § 39 Rn. 17). Im Hinblick auf Art. 12 GG, der auch die Freiheit des Notars schützt, seinen Beruf gemeinsam mit anderen auszuüben (BVerfGE 54, 237 [245 f.] = NJW 1989, 2611; BGHZ 127, 83 [91] = NJW 1995, 529), wäre eine andere Auffassung nicht vertretbar (vgl. zur Versagung einer Kooperation von Nur-Notaren in einer Dreier-Sozietät BGH NJW-RR 2005, 1722).

84   **c) Vermessungsingenieure.** Für **Vermessungsingenieure** nahm der Gesetzgeber an, dass ihnen aufgrund ihres öffentlichen Amtes die Teilnahme an einer Partnerschaft verwehrt ist. Im Rahmen ihrer Amtstätigkeit sind sie daher nicht als partnerschaftsfähig anzusehen (vgl. zur Tätigkeit öffentlich bestellter Vermessungsingenieure und zur Ausübung öffentlicher Gewalt *Henssler* Forum 2004, 382 ff. [460 ff.]). Sofern es Vermessungsingenieuren nach ihrem landesrechtlich geregelten Berufsrecht nicht verwehrt ist, sich mit anderen Freiberuflern zur gemeinsamen Berufsausübung zusammenzuschließen, sind sie jedoch mit ihren nicht hoheitlichen Tätigkeiten als „Ingenieure" partnerschaftsfähig (vgl. BT-Drs. 12/6152, 10). In den einzelnen Bundesländern bestehen stark unterschiedliche Ansichten bzgl. der Zulässigkeit von Partnerschaften unter Beteiligung von öffentlich bestellten Vermessungsingenieuren. So ist teilweise nur die Bildung von Arbeitsgemeinschaften zulässig (**Hamburg:** § 7 Abs. 3 HmbÖbVI-VO). Für die Amtstätigkeit wird häufig die Gründung einer Bürogemeinschaft erlaubt (**NRW:** § 13 NRWÖbVIG, **Bremen:** § 16 Abs. 1 BremÖbVIG). Im Land **Brandenburg** zugelassene Öffentlich bestellte Vermessungsingenieure dürfen sich untereinander zur gemeinschaftlichen Berufsausübung durch schriftlichen Vertrag zusammenschließen, soweit die Erfüllung ihrer Berufspflichten nicht beeinträchtigt wird (§ 6 Abs. 1 S. 1 BbgÖbVIG). Damit ist auch der Zusammenschluss in einer Partnerschaft zulässig. § 4 HÖbVIngG (**Hessen**) erlaubt es öffentlich bestellten Vermessungsingenieuren sich mit anderen Personen gesellschaftsrechtlich zusammenzuschließen, wenn ihre selbstständige, eigenverantwortliche und unparteiische Berufsausübung iSd § 5 Abs. 1 S. 1 HÖbVIngG gewahrt bleibt. In **Bremen** eröffnet die Berufsordnung die Möglichkeit, sich mit Angehörigen von Freien Berufen zusammenzuschließen, deren Tätigkeitsschwerpunkt im Vermessungs- und Liegenschaftswesen liegt, soweit die Verantwortungsbereiche der Partnerinnen oder Partner gegenüber dem Auftraggeber rechtlich und wirtschaftlich getrennt bleiben und die eigenverantwortliche Ausübung der hoheitlichen Tätigkeiten der Beliehenen sowie ihre Unparteilichkeit dadurch nicht beeinträchtigt werden (§ 16 Abs. 2 BremÖbVIG). Darüber hinaus ermöglicht die Bremische Berufsordnung die gemeinsame Berufsausübung in einer Sozietät (§ 16 Abs. 1 BremÖbVIG). Ebenso wie bei den Notaren überzeugt es nicht, den Vermessungsingenieuren nur wegen der Ausübung eines öffentlichen Amtes den Weg in die Partnerschaft zu verwehren. Die grundsätzliche Zugehörigkeit auch des Vermessungsingenieurs zu den Freien Berufen wird durch die Nichterwähnung in § 1 Abs. 2 S. 2 in keinem Fall berührt.

85   **d) Apotheker.** Apotheker wurden in den Katalog des § 1 Abs. 2 S. 2 ebenfalls bewusst nicht aufgenommen. Die Ausklammerung erfolgte auf ausdrücklichen Wunsch ihrer Standesorganisationen (BT-Drs. 12/6152, 10). Ein Bedarf

wurde verneint, weil Apothekern nach § 8 ApoG als zulässige Kooperationsformen die GbR und die OHG zur Verfügung stehen (dazu *Henssler* DAZ
1995, Nr. 21, 17 ff.). Der besondere Charakter des Apothekerberufs, der als
Heilberuf einerseits freiberufliche, als Arzneimittelkaufmann andererseits gewerbliche Züge aufweist, ist nach Auskunft der Bundesvereinigung Deutscher
Apothekerverbände (ABDA) der Grund für diese Wahlmöglichkeit. Dabei
kommt die Rechtsform der GbR allerdings entsprechend den allgemeinen
Grundsätzen (§§ 1, 2 HGB) nur dann in Betracht, wenn die Apotheke keinen
in kaufmännischer Weise eingerichteten Betrieb erfordert. In der Praxis wird
aufgrund des Geschäftsumfangs idR ein Handelsgewerbe vorliegen, sodass
nach Maßgabe von § 105 Abs. 2 HGB nur die Gründung einer OHG möglich
ist.

Zieht man die Möglichkeit der Haftungsbeschränkung nach § 8 Abs. 2 und **86**
Abs. 4 in Betracht, so ist diese Begr. verfehlt (*Henssler* WIB 1994, 53 [54]; zustimmend MWHLW/*Lenz* Rn. 48). Schließlich ersetzt die Partnerschaft, wie
diese haftungsrechtlichen Privilegierungen verdeutlichen, nicht nur die
OHG, sondern auch die KG, die den Freien Berufen ebenfalls nicht zur Verfügung steht. Da § 8 ApoG auch die Apotheker-GmbH verbietet, wurden die
Apotheker in bedenklicher Weise von der allgemeinen Entwicklung der freiberuflichen Kooperationsmöglichkeiten abgekoppelt.

Eine andere Frage ist, ob Apotheker außerhalb des PartGG den Freien Be- **87**
rufen zuzuordnen sind. Die Ausübung des Apothekerberufs wird in § 2 Abs. 3
BApoO (in der Bekanntmachung v. 19. 7. 1989, BGBl. 1989 I 1478) definiert
als die Ausübung einer pharmazeutischen Tätigkeit (Entwicklung, Herstellung, Prüfung oder Abgabe von Arzneimitteln unter der Berufsbezeichnung
„Apotheker" oder „Apothekerin"). Berücksichtigt man, dass idR die eigenständige Herstellung von Arzneimitteln hinter der Anschaffung und Weiter-
veräußerung derselben zurückbleibt, erscheint die Zuordnung zu den Freien
Berufen fraglich (vgl. *Becker-Platen,* Die Kammern der freien Heilberufe –
Berufsordnung, Rechte und Pflichten der Mitglieder, 1998, 4 ff., 131, der die
Zuordnung zu den Freien Berufen letztlich bejaht; ebenso MHdB GesR I/
Salger § 39 Rn. 7). Aus steuerrechtlicher Sicht gehören die Apotheker nicht
zu den Freien Berufen. Nach Auffassung des BVerfG und des BGH betreibt
der selbstständige Apotheker ein Gewerbe (BVerfGE 17, 232 (239) = NJW
1964, 1067 [1069, 1072]; stRspr vgl. BGH NJW 1983, 2085 [2086]). Für den
Anwendungsbereich des PartGG ist diese Frage jedoch unerheblich (*Römermann*/*Zimmermann* Rn. 57). Im Handelsrecht wird der Apotheker als Gewer-
betreibender angesehen (vgl. MüKoHGB/*K. Schmidt* HGB § 1 Rn. 34;
Baumbach/Hopt/*Hopt* HGB § 1 Rn. 19). Insgesamt gesehen spricht daher
vieles dafür, den Apotheker auch partnerschaftsrechtlich als Gewerbetreibenden anzusehen (zum einheitlichen handels- und partnerschaftsrechtlichen Begriffsverständnis → Rn. 77 ff.).

Durch das Gesetz zur Modernisierung der gesetzlichen Krankenversiche- **88**
rung (GMG) vom 14. 11. 2003 (BGBl. 2003 I 2190 ff.) wurde das ApoG (vgl.
Art. 20) dergestalt geändert, dass Apothekern seit dem 1. 1. 2004 neben einer
Hauptapotheke der Betrieb von **bis zu drei Filialapotheken** möglich ist,
wobei sich Letztere in demselben oder in einem der Hauptapotheke benach-
barten Landkreis befinden müssen (dazu *Burk,* Die Funktionen der unabhän-

gigen Apotheke für die Arzneimittelversorgung der GKV und das Mehr- und Fremdbesitzverbot, 2007, 81). Für jede Filialapotheke muss ein verantwortlicher Apotheker benannt werden. Da ein erlaubter Filialbetrieb eine einheitliche Betriebserlaubnis erfordert, in deren Rahmen der Apothekeninhaber dann bis zu drei zusätzliche Niederlassungen errichten kann, wird das generell geltende Fremd- und Mehrbetriebsverbot nicht infrage gestellt (dazu allgemein BVerfGE 17, 232ff. [240] = NJW 1964, 1067 [1069f.]: „der Apotheker in seiner Apotheke"; *Tisch,* Die neue Rechtslage 2004, Pharm. Ztg. 11.12.2003, 14ff.; *Starck,* Die Vereinbarkeit des apothekenrechtlichen Fremd- und Mehrbetriebsverbotes mit den verfassungsrechtlichen Grundrechten und dem gemeinschaftsrechtlichen Niederlassungsrecht, Rechtsgutachten vom 11.6.1999, Erstattet für die ABDA – Bundesvereinigung Deutscher Apothekerverbände, 1999). Der EuGH (EuZW 2009, 409) hält auch das im deutschen Recht verankerte Fremdbesitzverbot für mit den Vorschriften der Niederlassungsfreiheit aus Art. 49, 54 AEUV vereinbar. Zwar liege in der ausschließlichen Betriebserteilung an Apotheker eine Beschränkung der Niederlassungsfreiheit, jedoch sei diese gerechtfertigt. Das Europäische Gericht sieht in der sicheren und qualitativ hochwertigen Arzneimittelversorgung ein legitimes Ziel, insbesondere mit Blick auf die schweren Gesundheitsschäden und die Verschwendung finanzieller Mittel, die bei falscher Anwendung entstehen könnten.

89 **Ausländische Apotheker** können eine deutsche Apotheke problemlos übernehmen. Durch die Apothekerrichtlinien (RL 85/432/EWG und RL 85/433/EWG) wurde die Ausbildung von Apothekern in den Mitgliedstaaten der EU weitgehend harmonisiert. Eine Anerkennung erfolgt jetzt automatisch. Einschränkend ist allerdings § 2 Abs. 2 ApoG zu beachten. Danach ist es EU-Ausländern nur möglich, eine seit mindestens drei Jahren bestehende Apotheke zu übernehmen; eine Neugründung ist ihnen nicht gestattet. Diese Vorschrift entspricht Art. 21 Abs. 4 S. 2 RL 2005/36/EG.

8. Ähnliche Berufe

90 Ausübung eines Freien Berufes iSd PartGG ist nach § 1 Abs. 2 S. 2 auch die selbstständige Berufstätigkeit der den Katalogberufen ähnlichen Berufe. Diese Generalklausel trägt der faktischen Unmöglichkeit Rechnung, alle existierenden Freien Berufe aufzuzählen, und erübrigt ständige Ergänzungen der Vorschrift, sobald sich ein neues Berufsbild entwickelt. Die Bezeichnung als ähnlicher Beruf bezieht sich ausschließlich auf die zuvor aufgeführten **Katalogberufe,** eine Ähnlichkeit mit den anschließend genannten **Tätigkeitsfeldern** genügt nicht (MüKoBGB/*Schäfer* Rn. 64; Römermann/*Zimmermann* Rn. 123; MWHLW/*Lenz* Rn. 75; im Steuerrecht entsprechend, vgl. Herrmann/Heuer/Raupach/*Brandt* EStG § 18 Rn. 215).

91 Für die Einordnung einer Tätigkeit als ähnlicher Beruf kann als Ausgangspunkt die **Rspr. der Finanzgerichte** übernommen werden (BT-Drs. 12/6152, 10): Es muss sich demnach um einen Beruf handeln, der in wesentlichen Punkten mit einem Katalogberuf verglichen werden kann (BFH BStBl. II 1991, 878 = BFHE 165, 221; BStBl. II 2004, 954 = DStR 2004, 130 [131]). Notwendig ist, dass der tatsächlich ausgeübte Beruf Tätigkeitsmerkmale eines

der in § 1 Abs. 2 S. 2 genannten Berufe aufweist, die nach ihrem Gesamtbild dem typischen Berufsbild dieses Berufs entsprechen (BFH BStBl. II 1991, 878 = BFHE 165, 221).

Umstritten ist insbesondere im Steuerrecht, ob auch solche Berufe als ähn- **92** lich eingestuft werden können, die lediglich die wesentlichen Merkmale einer Berufsgruppe bzw. einer Untergruppe (zB Heilhilfsberufe) aufweisen (so *Schick,* Die freien Berufe im Steuerrecht, 1973, 45; Blümich/*Hutter* EStG § 18 Rn. 160; Littmann/Bitz/Pust/*Güroff* EStG § 18 Rn. 132f.; **aA** die eine **Einzelähnlichkeit** fordernde Rspr. BFH BStBl. II 1984, 823 [824] = BFHE 141, 505; BStBl. II 1998, 139 = BFHE 184, 456; BStBl. II 2003, 27 = NJW-RR 2003, 204; BFH BFH/NV 2013, 920 mwN; Herrmann/Heuer/Raupach/*Brandt* EStG § 18 Rn. 215; Schmidt/*Wacker* EStG § 18 Rn. 125). Da selbst ein völlig neu entwickelter Beruf als Freier Beruf iSd PartGG eingeordnet werden kann, muss grundsätzlich auch eine Berufsgruppe als Vergleichsmaßstab herangezogen werden können (sog. **Gruppenähnlichkeit;** Blümich/*Hutter* EStG § 18 Rn. 160). Voraussetzung ist, dass die Merkmale bei der jeweils in Betracht kommenden Berufsgruppe ein ausreichendes Maß an Bestimmtheit im Hinblick auf die fachlichen Voraussetzungen und die Umstände der Berufsausübung aufweisen. Sind keine oder für eine Abgrenzung nicht ausreichend einheitliche Merkmale vorhanden, scheidet ein Gruppenvergleich aus. In Betracht kommt dann nur eine Ähnlichkeit mit einem im Katalog konkret aufgeführten Beruf (vgl. MüKoBGB/*Schäfer* Rn. 66f.; Römermann/*Zimmermann* Rn. 124; aA MWHLW/*Lenz* Rn. 75).

Bei der Prüfung der Ähnlichkeit ist nach der Rspr. des BFH das Berufsbild **93** entscheidend. Dieses wird durch den **Ausbildungsgang, den Tätigkeitsbereich und das Tätigkeitsbild** bestimmt (BFH BStBl. II 1991, 878 = BFHE 165, 221; Schmidt/*Wacker* EStG § 18 Rn. 126). Verlangt die Ausübung des Katalogberufes eine besondere Ausbildung, so muss diese auch bei dem ähnlichen Beruf vorliegen (Schmidt/*Wacker* EStG § 18 Rn. 127). Wenn der Vergleichsberuf eine **wissenschaftliche Ausbildung** erfordert, muss auch der ähnliche Beruf auf einer wissenschaftlichen Grundlage beruhen, ein akademischer Abschluss ist nicht notwendig (BFH BStBl. II 1981, 118 = BFHE 132, 16; BStBl. II 1988, 497 = BFHE 152, 345; FG München EFG 1987, 304). Dabei können die notwendigen Kenntnisse auch im Selbststudium oder durch die Berufstätigkeit erworben werden (BFH BStBl. II 93,100; MWHLW/*Lenz* Rn. 75; Römermann/*Zimmermann* Rn. 125; Schmidt/*Wacker* EStG § 18 Rn. 128). Die Kenntnisse auf dem Fachgebiet müssen dem Niveau eines Angehörigen des Vergleichsberufs entsprechen (BFH BStBl. II 1988, 497 = BFHE 152, 345; BStBl. II 1986, 15 = BFHE 144, 413; BStBl. II 1986, 484 = BFHE 146, 121; BFH BFH/NV 07, 2091). Den Nachweis der gleichwertigen Kenntnisse muss der Antragsteller führen (Schmidt/*Wacker* EStG § 18 Rn. 129).

Kann der Vergleichsberuf nur mit einer behördlichen Erlaubnis, die eine **94** **Zulassung** zum Beruf darstellt, ausgeübt werden, so ist dies derart prägend, dass ein nicht benannter Beruf nur ähnlich ist, wenn er ebenfalls der Erlaubnispflicht unterliegt (str. im EStG: BFH BStBl. II 1987, 124 = BFHE 148, 42; BStBl. II 1988, 273 = BFHE 152, 120; BStBl. II 2004, 509 = BFHE 205, 151; BStBl. II 2004, 954 = DStR 2004, 130 [131f.]; *Schick,* Die freien Berufe im

Steuerrecht, 1973, 29, 40; Littmann/Bitz/Pust/*Güroff* EStG § 18 Rn. 130b; Herrmann/Heuer/Raupach/*Brandt* EStG § 18 Rn. 216; *Erdweg* FR 1978, 417 [421]; aA *Huchatz* FR 1982, 479; wie hier differenzieren MüKoBGB/*Schäfer* Rn. 68; Römermann/*Zimmermann* Rn. 126; Schmidt/*Wacker* EStG § 18 Rn. 130). Ist dagegen nur das **Führen einer bestimmten Berufsbezeichnung** von einer Erlaubnis abhängig, steht eine fehlende Erlaubnis der Annahme eines ähnlichen Berufes nicht entgegen (*Schick, Die freien Berufe im Steuerrecht*, 1973, 30f.; MüKoBGB/*Schäfer* Rn. 68; Römermann/*Zimmermann* Rn. 126; vgl. zu dieser Differenzierung auch BFH BStBl. II 2003, 480 = BFHE 202, 160; jetzt auch im Bereich der Heil- und Heilhilfsberufe: BFH BStBl. II 2004, 954 = DStR 2004, 130 [131f.] zu § 1 Abs. 1 HeilPraktG und § 1 PhysiothG).

9. Die Mitarbeit von qualifiziertem Personal

95   **a) Problemlage.** Erhebliche Rechtsunsicherheit besteht in der Frage, unter welchen Voraussetzungen aufgrund der **Mithilfe angestellter Mitarbeiter** mit entsprechender beruflicher Qualifikation aus der Ausübung eines Freien Berufs eine gewerbliche Tätigkeit werden kann mit der Folge, dass die Partnerschaft nicht mehr für die unternehmerische Betätigung zur Verfügung steht. Die Partnerschaft wäre dann mangels freiberuflicher Tätigkeit als OHG bzw. als GbR zu qualifizieren. Anknüpfungspunkt für eine entsprechende Umqualifizierung ist die Höchstpersönlichkeit der Berufstätigkeit, welche als eine der Charakteristika der Freiberuflichkeit gilt. Damit stellt sich die Frage: Kann aufgrund der Beschäftigung einer größeren Anzahl von qualifizierten Mitarbeitern, die sich nicht lediglich auf eine Zuarbeit für den Berufsträger beschränken, dessen Freiberuflichkeit in handels- und gesellschaftsrechtlicher Hinsicht entfallen?

96   **b) Die steuerrechtliche Beurteilung.** Diese Problematik ist bislang nur in steuerrechtlicher Hinsicht thematisiert worden und hat dort eine eigene Entwicklung genommen, die sich auf die handels- und gesellschaftsrechtliche Beurteilung nicht ohne Weiteres übertragen lässt. Aus steuerrechtlicher Sicht zeichnet sich die selbstständige Arbeit iSd § 18 EStG dadurch aus, dass die persönliche Arbeitsleistung – anders als bei einer gewerblichen Tätigkeit – im Vordergrund stehen muss. Das Einkommensteuerrecht unterscheidet insoweit allerdings abweichend vom Handels- und Gesellschaftsrecht nicht nur zwischen freiberuflicher und gewerblicher Tätigkeit, sondern zwischen (mindestens) drei im vorliegenden Kontext relevanten (die weiteren Unterfälle des § 18 EStG sind insoweit bedeutungslos) Einkunftsarten: den freiberuflichen Einkünften nach § 18 Abs. 1 Nr. 1 EStG, den Einkünften aus sonstiger selbstständiger (aber weder freiberuflicher noch gewerblicher) Tätigkeit gem. § 18 Abs. 1 Nr. 3 EStG und den Einkünften aus gewerblicher Tätigkeit (§ 15 EStG). Die freiberuflichen Einkünfte sind damit nur eine Fallgruppe der Einkünfte aus selbstständiger Tätigkeit iSd § 18 EStG.

97   Die Zuordnung zu den Einkünften aus selbstständiger Arbeit iSd § 18 EStG bringt neben der Befreiung von der Gewerbesteuer (§ 2 Abs. 1 GewStG) für den Steuerpflichtigen weitere Vorteile (dazu und zum Folgenden *Kopp* NJW 2011, 1560), nämlich (1) keine Buchführungspflicht gem. § 141 AO, (2) die damit verbundene Freistellung von der Bilanzierungspflicht, (3) die Berechnung der Umsatzsteuer nach vereinnahmten Entgelten (sog. „Ist-Versteuerung"; § 20 Abs. 1 Nr. 2 UStG). Die Zuordnung zu den Einkünften aus Gewerbebetrieb ist dementsprechend für den Berufsträger nachteilhaft. Zwar wird die Mehrbelastung durch die Gewerbesteuer teilweise beseitigt, weil nach § 35 EStG die Gewerbesteuer grundsätzlich auf die Einkommensteuerschuld angerechnet wird. Dies gilt aber nur, sofern der Hebesatz der Gemeinde unter 400% liegt. In Ballungsgebieten mit hohen (zwischen 460% [Frankfurt a. M.] und 490% [München] liegenden) Gewerbesteuer-Hebesätzen kompensiert die pauschalierte Anrechnung die Gesamtbelastung durch die Gewerbesteuer nur teilweise.

c) Die überholte Vervielfältigungstheorie. Nach der in der Rspr. zu **98** § 18 EStG bislang entwickelten **Vervielfältigungstheorie** lagen schon dann keine Einkünfte aus sonstiger selbstständiger Tätigkeit iSd § 18 Abs. 1 Nr. 3 EStG mehr vor, wenn mehr als ein qualifizierter Mitarbeiter beschäftigt wurde (BFHE 66, 85 = BStBl. III 1958, 34; vgl. auch BFH BStBl. II 2002, 202 [205] – BFHE 202, 160). Bei freiberuflicher Tätigkeit genügt es dagegen nach § 18 Abs. 1 Nr. 1 S. 3 EStG auch bislang schon, wenn der Berufsträger seine Tätigkeit zwar unter Einsatz vorgebildeter Mitarbeiter ausübt, er dabei aber aufgrund eigener Fachkenntnisse selbst **leitend und eigenverantwortlich** tätig bleibt. Diese auf § 18 Abs. 1 Nr. 3 EStG beschränkte Vervielfältigungstheorie hat der BFH inzwischen auch für die sonstigen selbstständigen Einkünfte iS dieser Bestimmung aufgegeben (BFH NJW 2011, 1628 ff.; *Kopp* NJW 2011, 1561). Ein Rechtsanwalt, der als Insolvenzverwalter oder Zwangsverwalter tätig ist, erzielt damit auch dann Einkünfte aus sonstiger selbstständiger, und nicht aus gewerblicher Tätigkeit, wenn er seine Tätigkeit unter Einsatz vorgebildeter Mitarbeiter ausübt, sofern er dabei nur selbst leitend und eigenverantwortlich tätig bleibt. Für die **gesellschaftsrechtliche Beurteilung** war die Vervielfältigungstheorie genau genommen stets irrelevant, weil sie nur den Sonderfall des § 18 Abs. 1 Nr. 3 EStG und damit nicht die freiberufliche Tätigkeit im engeren Sinne betraf. Allerdings bleibt die offene Frage, wie die in § 18 Abs. 1 Nr. 3 EStG angesprochenen Tätigkeiten gesellschaftsrechtlich qualifiziert werden.

d) Steuerrechtliche Beurteilung nach Aufgabe der Vervielfälti- 99 gungstheorie. Auch nach Aufgabe der Vervielfältigungstheorie bleibt es in steuerrechtlicher Hinsicht dabei, dass jeder nicht gewerblich tätige Selbstständige, und damit auch jeder Freiberufler leitend und eigenverantwortlich tätig sein muss. Die Berufstätigkeit muss damit durch die Festlegung der Grundzüge der Organisation und der dienstlichen Aufsicht sowie durch Planung, Überwachung und Kompetenz zur Entscheidung in Zweifelsfällen gekennzeichnet sein. Die Rspr. betont: Ob die Arbeitsleistung des Insolvenzverwalters im Einzelfall trotz des Einsatzes qualifizierter Mitarbeiter noch den „Stempel seiner Persönlichkeit" trägt, ist eine Frage des Einzelfalles. Allgemeingültige Kriterien hinsichtlich der maximal zulässigen Zahl von Mitarbeitern und Standorten gibt es nicht. Auch bei einer Mehrzahl von qualifizierten Mitarbeitern kann ein Berufsträger noch die erforderliche höchstpersönliche Organisations- und Entscheidungshoheit haben, wenn er in jedem der von den Mitarbeitern betreuten Verfahren noch über die wesentlichen Weichenstellungen, etwa die Erhebung einer Klage oder die Durchführung von Abwicklungsmaßnahmen informiert ist und ggf. eingreifen kann. **Eigenverantwortlich** handelt ein Partner, sofern es ihm seine Tätigkeit noch ermöglicht, auch für die von seinen Mitarbeitern erbrachte Arbeit uneingeschränkt die persönliche Verantwortung zu übernehmen. Verantwortlichkeit gegenüber dem Auftraggeber reicht nicht aus. Der Berufsträger muss in ausreichendem Maße an jedem Auftrag mitwirken. Eine stichprobenartige Kontrolle genügt nicht (BFH NJW 1991, 783 = BStBl. II 1990, 507; BFH DStR 2004, 905; BFH BFH/NV 2007, 1319; BFH DStR 2015, 30; *Kempermann,* Steuerberater Jahrbuch 2003/2004, 379 [382]). Die Eigenverantwortung muss über das Maß hinausgehen, das von allen Berufsangehörigen aufgrund ihrer Berufsordnungen verlangt wird.

100   **e) Keine Übertragbarkeit der steuerrechtlichen Bewertung auf § 1 Abs. 2.** Nach hier vertretener Ansicht lässt sich diese steuerrechtliche Rspr. **nicht auf die handels- und gesellschaftsrechtliche Beurteilung der Freiberuflichkeit übertragen.** Vielmehr bleibt der Berufsträger, etwa ein Rechtsanwalt oder Steuerberater, selbst dann ein Angehöriger der Freien Berufe, wenn er in erheblichem Umfang qualifizierte Mitarbeiter beschäftigt. Entscheidend ist, dass die Berufsrechte der Freien Berufe keine Verbote hinsichtlich der Beschäftigung von angestelltem qualifiziertem Personal kennen. So verliert ein Rechtsanwalt nicht seinen ihm berufsrechtlich zwingend zugeordneten Status als Angehöriger eines Freien Berufes, wenn er aus steuerrechtlicher Hinsicht „zu viele" qualifizierte Mitarbeiter beschäftigt. Diese berufsrechtliche Bewertung strahlt auf die handels- und gesellschaftsrechtliche Einordnung aus. Es wäre auch für den Rechtsverkehr unerträglich, wenn eine Partnerschaft in solchen Fällen aufgrund einer fingierten Gewerblichkeit zu einer OHG würde, mit der Folge, dass die haftungsrechtlichen Privilegien entfallen würden. Interessanterweise ist in dem eine Partnerschaft betreffenden Verfahren, das dem Urteil des BFH vom 26.1.2011 zugrunde lag, die gesellschaftsrechtliche Zulässigkeit der Partnerschaft gar nicht diskutiert worden. Sie hatte mehrere Niederlassungen und war überregional tätig, beides Gesichtspunkte, die nach Auffassung des BFH einer leitenden und eigenverantwortlichen Tätigkeit nicht per se entgegenstanden (BFH NZI 2011, 418 = NJW 2011, 1632 L.). Nach dem Willen des Gesetzgebers sollen „komplexe Dienstleistungen […] aus einer Hand angeboten werden können" (BT-Drs. 12/6152, 7). Dem Gesetzgeber war dabei sicherlich das Bild der beispielsweise in anwaltlichen Großsozietäten üblichen Teamarbeit präsent. Hier arbeitet idR (etwa bei der due diligence anlässlich eines Unternehmenskaufs) eine Vielzahl angestellter Berufsangehöriger mit. Neben eigener, aktiver Tätigkeit als Freiberufler ist deshalb lediglich entscheidend, ob die Partner überhaupt **leitend** tätig werden. Sie müssen die Grundzüge für die Organisation des Tätigkeitsbereichs und für die Durchführung der Tätigkeiten festlegen, die Durchführung der Tätigkeiten unter Beachtung der aufgestellten Prinzipien überwachen und grundsätzlich Fragen selbst entscheiden (dazu *Kempermann,* Steuerberater Jahrbuch 2003/2004, 379 [381 f.]).

101   Die Beschäftigung **freier Mitarbeiter** verleiht der Partnerschaft grundsätzlich keinen gewerblichen Charakter, es sei denn, es handelt sich nach dem Arbeits- und Sozialversicherungsrecht in Wirklichkeit um unselbstständige Mitarbeit. Hilfstätigkeiten haben von vornherein keinen Einfluss auf die Qualifizierung der Partnerschaft (zum StR s. BFHE 153, 414 = BStBl. II 1988, 782, 784).

10. Freiberuflichkeit von Ausländern

Eine Partnerschaft kann nur entstehen, wenn die Gesellschaft von Frei- **102** beruflern ihren Register- und Verwaltungssitz (→ § 3 Rn. 26 ff.) zunächst im Inland errichtet (zum IPR der Partnerschaft → Einführung Rn. 55 ff.). Eine nachträgliche Verlegung des tatsächlichen Sitzes der Partnerschaft ins europäische Ausland ist dagegen auf der Grundlage der Rspr. des EuGH (→ Einführung Rn. 57 ff.) möglich. Die Zugehörigkeit zu den Freien Berufen als gesellschaftsrechtliche Mitgliedschaftsvoraussetzung (hierzu MüKoBGB/*Kindler* IntGesR Rn. 458) beurteilt sich für jeden Gesellschafter – auch für Ausländer und auch nach einer eventuellen Sitzverlegung ins Ausland – nach deutschem Recht. Die Berufstätigkeit von Ausländern ist an dem deutschen Berufsbild des jeweiligen Freien Berufes zu messen. Nach dem PartGG ist grundsätzlich jeder Ausländer partnerschaftsfähig, der die Kriterien des § 1 Abs. 2 erfüllt. Etwas anderes kann sich aus Sicht des inländischen Berufsrechts – soweit international anwendbar – ergeben.

11. Gemischte Geschäftsgegenstände einer Partnerschaft

a) Keine Geltung der Abfärbetheorie. Nicht abschließend geklärt sind **103** die Folgen eines gemischten Unternehmensgegenstandes der Partnerschaft. § 1 verlangt nach seinem Wortlaut zwar die Ausübung freiberuflicher Tätigkeit, schließt aber sonstige Gegenstände, etwa gemeinnützige oder auch gewerbliche (Neben-)Tätigkeiten nicht – jedenfalls nicht ausdrücklich – aus. Im Steuerrecht wurde zur rechtlichen Bewältigung der Folgen freiberuflich-gewerblicher Mischtätigkeiten die sog. Abfärbetheorie entwickelt (→ Einführung Rn. 22 ff.). Danach wird eine teils freiberufliche, teils gewerbliche Mitunternehmerschaft insgesamt als gewerbliche Tätigkeit bewertet. Der erzielte Gewinn wird damit den Einkünften aus gewerblicher Tätigkeit zugeordnet (vgl. statt vieler BFH BStBl. II, 84, 152; *Herzig/Kessler* DStR 1986, 451 sowie zur neueren Rspr. BFH DStR 2015, 345 ff.; *v. Lersner* DStR 2015, 2817 ff.). In der Praxis behilft man sich, indem man die gewerbliche Tätigkeit in eine gesonderte Gesellschaft, häufig in eine Kapitalgesellschaft, ausgliedert. Auf das Handels- und Gesellschaftsrecht und damit auch auf das Partnerschaftsrecht lässt sich diese Abfärbetheorie nicht übertragen (so auch MWHLW/*Lenz* Rn. 84). Hinter ihr stehen spezifisch steuerrechtliche Erwägungen, die primär aus Praktikabilitätsgründen eine einheitliche Besteuerung sicherstellen wollen.

b) Die Geltung der Schwerpunkttheorie. Bei Mischtätigkeiten, etwa **104** freiberuflicher und handelsgewerblicher Tätigkeit der Gesellschaft, ist grundsätzlich auf die typische Tätigkeit bzw. den Schwerpunkt des wirtschaftlichen Handelns abzustellen (BGH NJW 2015, 61; 2011, 3036 [3037]; vgl. dazu auch BVerfG NJW 2012, 993; BGH NJW 1999, 2967 [2968]; BayObLG NZG 2002, 718; Baumbach/Hopt/*Hopt* HGB § 1 Rn. 20, 28; Oetker/*Körber* HGB

§ 1 Rn. 46; Henssler/Strohn/*Henssler* HGB § 105 Rn. 9; dagegen können nach KKRM/*Roth* HGB § 1 Rn. 15 und MüKoHGB/*K. Schmidt* HGB § 1 Rn. 35 freiberufliche und gewerbliche Tätigkeit nebeneinander bestehen). Maßgeblich ist, welche Tätigkeit nach dem „Gesamtbild" dominiert. Dementsprechend hat das BayObLG für die Eintragungsfähigkeit einer KG, die im Schnittstellenbereich von gewerblicher und freiberuflicher Tätigkeit aktiv werden wollte, darauf abgestellt, ob das Tätigkeitsfeld insgesamt oder zumindest im Wesentlichen dem gewerblichen Bereich oder dem Bereich der Freien Berufe zuzuordnen ist (BayObLG NZG 2002, 718). Der BGH hat – noch nach altem Recht für den Fall einer neben dem Warenhandel betriebenen handwerklichen Tätigkeit – betont, dass Kaufmann iSd § 1 HGB der Inhaber eines solchen „gemischten" Betriebs nur dann sei, *„wenn der Warenhandel für das Unternehmen charakteristisch und quantitativ nennenswert ist, das Gesamtbild des Unternehmens also durch den Handel geprägt wird"* (BGH NJW 1999, 2967 [2968]). Lasse sich ein derartiger Schwerpunkt nicht feststellen, sei die gewerbliche Tätigkeit mithin lediglich von untergeordneter oder höchstens gleichrangiger Bedeutung im Vergleich zu der nicht gewerblichen Tätigkeit, so könne der Inhaber nicht als Kaufmann behandelt werden.

105 Diese Grundsätze lassen sich auf die Abgrenzung zwischen gewerblicher und freiberuflicher Tätigkeit übertragen (KKRM/*Roth* HGB § 1 Rn. 24). Danach schadet bereits eine gleichrangige freiberufliche oder sonstige nicht gewerbliche Tätigkeit, nicht aber eine untergeordnete Tätigkeit dieser Art (*Henssler/Markworth* NZG 2015, 1 [4]; *Henssler* NZG 2011, 1121). Aufgrund der speziellen Vorschriften der § 49 Abs. 2 StBerG und § 27 Abs. 2 WPO gilt für Steuerberater- und Wirtschaftsprüfer-GmbH und Co. KGs dem BGH zufolge etwas **anderes,** wenn diese neben der sie prägenden freiberuflichen Tätigkeit nur untergeordnete (gewerbliche) Treuhandtätigkeiten durchführen (BGHZ 202, 92 Rn. 14ff. = NJW 2015, 61; dazu krit. *Henssler/Markworth* NZG 2015, 1 [5f.]). Sie sind dann trotz ihrer nur untergeordneten gewerblichen Tätigkeit gleichwohl als KG zu qualifizieren.

106 c) Rechtsformzwang bei Betrieb eines Handelsgewerbes (§ 1 Abs. 2 HGB, § 105 Abs. 1 HGB). Überlagert wird die Schwerpunkttheorie allerdings bei richtigem Verständnis von dem in § 105 HGB angeordneten Rechtsformzwang. Bedarf der gewerbliche Teil der Tätigkeit für sich genommen nach Art und Umfang eines in kaufmännischer Weise eingerichteten Geschäftsbetriebes, so ist die Gesellschaft kraft Gesetzes OHG (MWHLW/*Lenz* Rn. 86; *K. Schmidt* GesR § 5 II. 3.; aA MüKoBGB/*Schäfer* Rn. 22). Ob die Gesellschaft daneben noch freiberufliche oder aus sonstigen Gründen nicht gewerbliche Tätigkeiten (zB karitative oder nicht auf Dauer angelegte Tätigkeiten) ausübt, spielt dann nach der Wertung der § 105 Abs. 2 HGB, § 123 Abs. 2 HGB keine Rolle. Die Eintragung ins Partnerschaftsregister steht dem nicht entgegen. Die Eintragung der OHG ins Handelsregister wirkt hier nicht konstitutiv, sondern, wie § 123 Abs. 2 HGB verdeutlicht, nur deklaratorisch.

107 d) Nicht gewerbliche Zweittätigkeiten. Nicht vergleichbar eindeutig ist die Rechtslage bei einer nicht gewerblichen Zweittätigkeit einer nicht ins Handelsregister eingetragenen Gesellschaft. Hier konkurriert die Beurteilung als Partnerschaft mit derjenigen als GbR. Es würde zu praxisfremden Ergebnissen führen und unerwünschte Rechtsunsicherheit nach sich ziehen, wenn eine nur vereinzelte, nicht freiberufliche, aber erwerbsgerichtete Tätigkeit bereits die Rechtsnatur der Gesellschaft verändern würde. Hier liegt mangels Dauerhaftigkeit keine gewerbliche Tätigkeit (zum Gewerbebegriff vgl. Baumbach/ Hopt/*Hopt* HGB § 1 Rn. 11 ff.) vor, sondern ein weder gewerblicher noch beruflicher, gleichwohl aber erwerbsgerichteter Geschäftsgegenstand der Gesellschaft Er sollte ebenso wie eine untergeordnete gemeinnützige Zweittätigkeit die Rechtsform der Partnerschaft nicht infrage stellen. Schwerpunkt der unternehmerischen Tätigkeit muss freilich jeweils die freiberufliche Tätigkeit sein. Dies folgt aus dem Regelungsanliegen des Gesetzgebers, den Angehörigen der Freien Berufe gerade für ihre freiberufliche Tätigkeit eine zusätzliche Rechtsform zur Verfügung zu stellen (→ Rn. 77). Entsprechendes gilt auch bei einer untergeordneten vermögensverwaltenden Tätigkeit neben einer überwiegenden freiberuflichen Ausrichtung. Hier kommt eine Beurteilung als OHG nach der Schwerpunkttheorie nicht in Betracht.

e) Kleingewerbliche Zweittätigkeiten iSv § 2 HGB. Sobald **dauer-** 108 **haft** – und sei auch nur als Nebenzweck – eine kleingewerbliche Tätigkeit iSv § 2 HGB zum Unternehmensgegenstand zählt, können die Gesellschaft bzw. ihre Gesellschafter dagegen nicht mehr die Privilegien des PartGG beanspruchen. Ausschlaggebend ist, dass einer Partnerschaft nach dem Regelungsanliegen des PartGG jede dauerhafte (klein-)gewerbliche Tätigkeit verwehrt ist. Eine überwiegend freiberuflich und daneben untergeordnet kleingewerblich tätige Gesellschaft kann nach der Schwerpunkttheorie nicht, und zwar auch nicht über § 2 HGB, ins Handelsregister eingetragen werden. Bei einer zu Unrecht erfolgten Eintragung kann entsprechend auf § 5 HGB zurückgegriffen werden. Die für den Handelsverkehr essentiellen Rechtsklarheitserwägungen sprechen in diesem Fall für eine Qualifikation als OHG. Entscheidend ist, dass der tatsächliche Schwerpunkt der Tätigkeit für Außenstehende/Geschäftspartner schlechterdings nicht nachvollziehbar ist. Die allgemeine Voraussetzung des § 5 HGB, nämlich der Betrieb eines Gewerbes, ist hier erfüllt. Eine solche Gesellschaft kann somit nur als GbR betrieben werden (so auch *Seibert/Kilian* Rn. 5; *Beck* AnwBl. 2015, 381; insoweit aA MWHLW/*Lenz* Rn. 23, 88, der nur bei (klein-)gewerblicher Tätigkeit eine automatische Umwandlung in eine GbR bejaht, ansonsten aber eine untergeordnete gewerbliche Tätigkeit für unschädlich hält, ebenso MüKoBGB/*Schäfer* Rn. 21 f.).

12. Rechtsfolgen fehlender aktiv ausgeübter Freiberuflichkeit

Bei der Gründung soll durch die Pflicht zur Anmeldung (§ 4) sichergestellt 109 werden, dass sich nur Angehörige Freier Berufe an der Partnerschaft beteiligen, die ihren Beruf innerhalb derselben auch tatsächlich ausüben (dazu eingehend, auch zu den Einschränkungen → Rn. 24 ff.).

Ob und inwieweit der Grundsatz der **aktiven Berufsausübung** durch den 110 einzelnen Partner auch nach Gründung der Partnerschaft oder nach dem Beitritt zu einer solchen gilt, wird vom PartGG nicht eindeutig beantwortet. § 9 Abs. 3 klärt diese Frage nur für den Fall des **endgültigen Verlusts der Berufszulassung,** der zwingend zum Ausscheiden des jeweiligen Partners führt (→ § 9 Rn. 40 ff.). Für Angehörige Freier Berufe, die keine Berufszulassung kennen, gibt es eine vergleichbare Sanktion nicht. Nehmen diese statt ihrer freiberuflichen eine gewerbliche Tätigkeit auf, so bleiben sie zunächst Partner (arg. e § 9 Abs. 3). Den Partnern soll so „eine flexible Handhabung in Fällen möglich sein, in denen ein Partner sich aus gesundheitlichen oder Altersgründen aus der aktiven Mitarbeit zurückzieht" (BT-Drs. 12/6152, 9).

111   Unabhängig von einem Ausschluss oder Austritt des betreffenden Partners ist das Registergericht gem. §§ 395 FamFG von Amts wegen zur entsprechenden **Berichtigung der Eintragung** im Partnerschaftsregister befugt. Es wird den Namen des Partners löschen. Erfährt die Berufsaufsicht von der gewerblichen statt freiberuflichen Tätigkeit eines Partners, so kann sie dem Registergericht nach § 380 Abs. 1 Nr. 4 FamFG, § 395 Abs. 1 S. 1 FamFG einen Hinweis geben. Regelmäßig werden dem Gericht aber Informationsmöglichkeiten fehlen.

112   Der **vorübergehende Verlust** oder das **Ruhen der Berufszulassung** stellen ebenfalls Ausnahmen vom Grundsatz der aktiven Berufsausübung dar (BT-Drs. 12/6152, 20; MHdB GesR I/*Salger* § 44 Rn. 28). Entsprechendes wird auch für ähnliche Formen vorübergehender Verhinderung, wie **Krankheit** oder sonstige **Fälle höherer Gewalt,** denen die Übernahme eines **Abgeordnetenmandates** nach Art. 48 Abs. 2 S. 1 GG gleichsteht, vertreten (vgl. Römermann/*Zimmermann* Rn. 10 ff.). Stellt ein Partner nachträglich seine aktive Mitarbeit ein, so hat dies daher zunächst keine Auswirkungen auf das Partnerschaftsverhältnis (zum Sonderfall der „stillen Beteiligung" → Rn. 232 ff.). Er kann allerdings auf Antrag der übrigen Partner nach § 9 Abs. 1 iVm §§ 140, 133 HGB durch gerichtliche Entscheidung oder bei einer entsprechenden Regelung im Gesellschaftsvertrag auch durch Beschluss, sowie automatisch bei Einstellung der aktiven Mitarbeit ausgeschlossen werden (§ 9 Abs. 1 iVm § 131 Abs. 3 S. 1 Nr. 5, 6 HGB). Die Beendigung der aktiven Mitarbeit stellt aus Sicht des PartGG einen „wichtigen Grund" iSd § 133 Abs. 1 HGB dar. Allerdings haben die Partner die Möglichkeit, eine andere Regelung im Gesellschaftsvertrag zu treffen.

113   Verändert sich der Gesellschaftszweck der Partnerschaft, indem sie selbst einer **gewerblichen Tätigkeit** iSd § 1 Abs. 1 HGB nachgeht, so erfolgt automatisch eine formwechselnde Umwandlung in eine OHG bzw. in den Fällen der §§ 2, 123 Abs. 2 HGB in eine GbR gem. §§ 705 ff. BGB (→ Rn. 3, 36; → § 10 Rn. 38 f.). Die unveränderte Eintragung im Partnerschaftsregister steht der Umwandlung nicht entgegen (MWHLW/*Lenz* Rn. 86; aA MüKoBGB/*Schäfer* Rn. 19 ff., 22, solange im Sinne eines „Nebenzweckprivilegs" die gleichzeitige gewerbliche Tätigkeit der freiberuflichen dient und ihr untergeordnet ist; vgl. auch *K. Schmidt* NJW 1995, 1 [3, 7]). Die Folgen können einschneidend sein, da damit auch die Haftungsprivilegien des § 8 Abs. 2 und 4 verloren gehen. Schon aus diesem Grund verbietet sich eine unreflektierte Übernahme der steuerrechtlichen Grundsätze zu den Grenzen freiberuflicher Betätigung (→ Rn. 74, 100). Das Registergericht hat von Amts wegen gem. § 395 FamFG einzuschreiten.

114   Außerhalb des Registerverfahrens sind **Maßnahmen der Berufsorganisation denkbar.** So kommen bei Rechtsanwälten anwaltsgerichtliche Maßnahmen gem. § 113 Abs. 1 BRAO in Betracht, wenn nicht mehr aktiv für die Partnerschaft tätige Partner trotz eines entsprechenden Hinweises nicht ausscheiden.

VIII. Die Katalogberufe im Überblick

Die genannten Katalogberufe lassen sich wie im Steuerrecht (vgl. hierzu **115**
BVerfGE 46, 224 [242] = NJW 1978, 365 [367]; Littmann/Bitz/Pust/*Güroff*
EStG § 18 Rn. 126) in fünf **Berufsgruppen** unterteilen:

– **Heilberufe:** Ärzte, Zahnärzte, Tierärzte, Heilpraktiker, Krankengymnasten, Hebammen, Heilmasseure, Diplom-Psychologen (→ Rn. 116 ff.),
– **rechts- und wirtschaftsberatende Berufe:** Mitglieder der RAK, Patentanwälte, Wirtschaftsprüfer, Steuerberater, beratende Volks- und Betriebswirte, vereidigte Buchprüfer (vereidigte Buchrevisoren), Steuerbevollmächtigte (→ Rn. 150 ff.),
– **naturwissenschaftlich orientierte Berufe:** Ingenieure, Architekten,
   Handelschemiker, hauptberufliche Sachverständige (→ Rn. 178 ff.),
– **Vermittler geistiger Güter und Informationen:** Journalisten, Bildberichterstatter, Dolmetscher, Übersetzer (→ Rn. 196 ff.),
– **Lotsen** (→ Rn. 202 ff.).

1. Heilberufe

a) Grundlagen. Für nahezu alle der in § 1 Abs. 2 S. 2 genannten Heil- **116**
berufe ist eine staatliche Zulassung erforderlich. Ärzte, Zahnärzte und Tierärzte bedürfen nach deutschem Berufsrecht zur Ausübung der Heilkunde der
Approbation (vgl. §§ 2, 3 BÄO, § 1 ZahnheilkundeG, § 2 BTÄO). Ob es sich
dabei um eine ausländische Berufszulassung handelt, ist aus Sicht des § 1 Abs. 2
S. 2 irrelevant, solange ein den sonstigen Merkmalen des Berufsbildes entsprechender Beruf ausgeübt wird (→ Rn. 102). Insofern kann sich aber aus dem
Berufsrechtsvorbehalt etwas anderes ergeben. Auch die Heilhilfsberufe der
Heilpraktiker, Krankengymnasten, Hebammen und Heilmasseure benötigen
eine Zulassung (vgl. § 1 Abs. 1 HeilPraktG, § 1 MPhG [Masseur- und Physio-
therapeutengesetz], § 1 HebG). Einen Sonderfall stellt der Beruf des Diplom-
Psychologen dar, der bereits aufgrund eines universitären Abschlusses tätig
werden kann. Im Übrigen ist eine Zulassung für das Berufsbild der Heilberufe
idR konstitutiv (→ Rn. 94; Römermann/*Zimmermann* Rn. 64; *Wehrheim/
Wirtz* 5 f.; im EStR: Hermann/Heuer/Raupach/*Brandt* EStG § 18 Rn. 67;
Blümich/*Hutter* EStG § 18 Rn. 158; BFH BStBl. II 1975, 522 [523 und 576];
BStBl. II 1976, 621; BStBl. II 1987, 124 = BFHE 148, 42; Littmann/Bitz/
Pust/*Güroff* EStG § 18 Rn. 130b).

Eine andere Beurteilung ist jedoch bei einem Gruppenvergleich möglich. **117**
Hier kann uU das Vorliegen eines ähnlichen Berufes bejaht werden, obwohl
keine Zulassung vorliegt (→ Rn. 92 f.).

b) Ärzte, Zahnärzte, Tierärzte. Ärzte, Zahnärzte und Tierärzte üben die **118**
Heilkunde aufgrund einer entsprechenden ärztlichen Vorbildung und nach
einer Zulassung zum Arztberuf aus. Dabei ist Heilkunde jede Handlung, die
der Prophylaxe, Diagnose, Heilung oder Linderung einer Erkrankung zu dienen bestimmt ist (Littmann/Bitz/Pust/*Güroff* EStG § 18 Rn. 150; Schmidt/
Wacker EStG § 18 Rn. 87). Ärztliche Berufsausübung liegt aber auch vor,
wenn jemand zwar keine Heilbehandlung durchführt, wohl aber gutachterlich

für Gerichte und Versicherungsanstalten auftritt (BFH BStBl. II 1977, 31; Blümich/*Hutter* EStG § 18 Rn. 115; Littmann/Bitz/Pust/*Güroff* EStG § 18 Rn. 151).

119   Auch aus gesellschaftsrechtlicher Sicht wird ein Arzt gewerblich tätig, wenn er über den Praxisbedarf, die stationäre Versorgung oder die Notfallbehandlung hinaus Medikamente gegen Entgelt abgibt (BFH BStBl. II 1977, 879; BStBl. II 1979, 574; Blümich/*Hutter* EStG § 18 Rn. 117). **Augenärzte,** bei denen der Verkauf von Kontaktlinsen ganz im Vordergrund steht, üben ebenfalls eine gewerbliche Tätigkeit aus (vgl. BFH BStBl. II 1984, 588; Blümich/ *Hutter* EStG § 18 Rn. 118). Als nicht mehr eigenverantwortlich und somit als aus steuerrechtlicher Sicht gewerblich ist auch die Tätigkeit eines **Arztes für Laboratoriumsmedizin** einzustufen, der die Untersuchungen durch Angestellte erledigen lässt und nicht mehr persönlich an jeder Untersuchung mitarbeitet (BFH NJW 1995, 3078 = BB 1995, 1727). Gesellschaftsrechtlich ist dies dagegen bedeutungslos, sodass die Berufsausübung in der Partnerschaft nicht tangiert ist (→ Rn. 100). Zur leitenden und eigenverantwortlichen Tätigkeit selbstständiger Ärzte bei Beschäftigung angestellter Ärzte vgl. BFH DStR 2015, 30 ff.

120   Stehen die geschilderten gewerblichen Verkaufstätigkeiten im Vordergrund, so kann diese Tätigkeit grundsätzlich nicht im Namen einer Partnerschaft ausgeübt werden. Konkurrenten könnten dies als Wettbewerbsverstoß ahnden. Die einzelnen Partner sind indes nicht gehindert, die genannten Tätigkeiten außerhalb einer Partnerschaft auszuüben (vgl. zum Erfordernis der räumlichen Trennung von Arztpraxis und Gewerbe OLG Frankfurt a. M. MedR 2005, 661 = GesR 2005, 369). Eine genaue Umschreibung des in der Partnerschaft ausgeübten Berufes gem. § 3 Abs. 2 Nr. 2 ist hier ratsam.

121   Einen Sonderfall stellt der **Arbeitsmediziner** (Betriebsarzt) dar. Die Arbeitsmedizin umfasst die Vorbeugung und Erkennung von durch das Arbeitsgeschehen verursachten Erkrankungen sowie Maßnahmen zur Unfallverhütung (so die Musterweiterbildungsordnung der Ärzte). Während angestellte Betriebsärzte Arbeitnehmer und folglich keine Freiberufler iSd PartGG sind (sie begründen mit dem Betriebsinhaber ein festes Arbeitsverhältnis, vgl. zu Krankenhausärzten Schmidt/*Wacker* EStG § 18 Rn. 91), haben nebenberuflich tätige Betriebsärzte idR den Status eines freien Mitarbeiters. Es kann allerdings auch ein Angestelltenverhältnis vorliegen. Der nur nebenberuflich tätige Betriebsarzt kann seine Haupttätigkeit als niedergelassener Arzt ausüben. Nur bzgl. dieser Haupttätigkeit ist er dann freiberuflich tätig. Vgl. generell zum Feld der Arbeitsmedizin *Laufs* in Laufs/Kern ArztR-HdB § 12 Rn. 28 ff.

122   Die kassenärztliche Zulassung wird nur Ärzten, nicht aber der Partnerschaft als solcher erteilt (vgl. § 95 SGB V, § 18 Ärzte-ZV).

123   **c) Heilpraktiker, Krankengymnasten (Physiotherapeuten), Hebammen, Heilmasseure. Heilpraktiker** iSd PartGG ist, wer eine Erlaubnis zur Führung dieser Berufsbezeichnung nach § 1 Abs. 1 HeilPraktG v. 17. 2. 1939 (RGBl. 1939 I 251; BGBl. III/FNA 2122-2) hat. Im Anwendungsbereich des PartGG sind Heilpraktiker, die früher nach inzwischen überholter (→ Rn. 78) handelsrechtlicher Auffassung als Kaufleute qualifiziert wurden (Heymann/*Emmerich* HGB § 1 Rn. 20, unter Berufung auf LG Tübingen

NJW 1983, 2093), ausdrücklich dem Kreis der Freien Berufe zugeordnet (Erdle/*Becker* Kap. 30.1, S. 19; Spickhoff/*Schelling* HeilpraktG § 1 Rn. 9). Ausübung der Heilkunde ist nach § 1 Abs. 2 HeilPraktG jede berufs- oder gewerbsmäßig vorgenommene Tätigkeit zur Feststellung, Heilung oder Linderung von Krankheiten, Leiden oder Körperschäden bei Menschen, auch wenn sie im Dienst von anderen vorgenommen wird (vgl. insbesondere *Erdle/Becker* Kap. 30.1, Anm. zu § 1 HeilPraktG). Nach dem BGH fällt unter den Anwendungsbereich des HeilPraktG bereits jedwedes Handeln, das bei dem Behandelten lediglich den Eindruck erweckt, es ziele darauf ab, ihn zu heilen oder ihm eine gesundheitliche Erleichterung zu verschaffen (sog. Eindruckstheorie, vgl. BGH NJW 1956, 313; 1978, 599; *Laufs* in Laufs/Kern ArztR-HdB § 10 Rn. 6).

Der Beruf des Heilpraktikers definiert sich ausschließlich durch die Art der **124** Tätigkeit und die damit verbundene Erlaubnispflicht (BFH DStR 2004, 130 [132] = BStBl. II 2004, 954). Die Ausübung der Heilkunde ohne Erlaubnis wird durch § 5 Abs. 1 HeilPraktG unter Strafe gestellt.

Hebammen bedürfen nach § 1 Abs. 1 HebG v. 4.6.1985 (BGBl. 1985 I **125** 902) der Erlaubnis zur Führung dieser Berufsbezeichnung. Bis zum Jahr 1985 waren zur Geburtshilfe – bis auf Ärzte – nur Frauen befugt (vgl. § 1 Abs. 3 HebG aF). Erst die Gesetzesnovelle des Jahres 1985 ließ auch Männer unter der Bezeichnung **„Entbindungspfleger"** zum Hebammenberuf zu und trug so dem Gleichbehandlungsgrundsatz Rechnung. Nunmehr sind die Berufsbezeichnungen „Hebamme" und „Entbindungspfleger" gleichermaßen in § 1 Abs. 1 HebG genannt. Hebammen und Entbindungspfleger erteilen Frauen während der Schwangerschaft, der Geburt und der Zeit im Wochenbett Rat und gewähren ihnen Fürsorge. Zudem leiten sie normale Geburten und versorgen anschließend das Neugeborene.

Die Berufsbezeichnung **Krankengymnast** gibt es seit dem 1.6.1994 nicht **126** mehr. Nach dem an diesem Tag in Kraft getretenen Masseur- und Physiotherapeutengesetz (MPhG, v. 26.5.1994; BGBl. 1994 I 1084) tritt – mit Rücksicht auf den Sprachgebrauch in der früheren DDR und in einigen EU-Mitgliedstaaten – an dessen Stelle die Bezeichnung **Physiotherapeut** (*Erdle/Becker* Kap. 50.1, Anm. zu § 1 MPhG). Die Fortführung der Berufsbezeichnung „Krankengymnast" ist jedoch weiterhin möglich (BR-Drs. 524/93, 23). Auch die Berufszulassungen der Krankengymnasten gelten fort (§ 16 Abs. 4 MPhG). Trotz des Hinweises des Bundesrates im Gesetzgebungsverfahren (BT-Drs. 12/6152, 25) wurde das PartGG nicht mehr aktualisiert. Eine Subsumtion des Physiotherapeuten unter den Begriff des Krankengymnasten ist aber ohne Weiteres möglich (vgl. Stellungnahme der BReg, BT-Drs. 12/6152, 28). Nach § 8 MPhG besteht die Tätigkeit des Physiotherapeuten darin, geeignete Verfahren der Physiotherapie in Prävention, kurativer Medizin, Rehabilitation und im Kurwesen anzuwenden, um damit Hilfen zur Entwicklung, zum Erhalt oder zur Wiederherstellung aller Funktionen im somatischen und psychischen Bereich zu geben und bei nicht rückbildungsfähigen Körperbehinderungen Ersatzfunktionen zu schulen. Auch den Physiotherapeuten steht aufgrund einer entsprechenden Regelung im Berufsrecht die Sonderform der PartmbB zur Verfügung (*Lieder/Hoffmann* NZG 2017, 325 [330]).

Von der freiberuflichen Tätigkeit der Physiotherapeuten ist in der Praxis das **127** gewerbliche Betreiben eines **Medizinischen Gerätetrainings** zu unterscheiden. Sofern Physiotherapeuten in diesem Bereich in Wettbewerb zu den Betreibern von gewerblichen Fitnessstudios treten, handelt es sich nicht mehr um eine heilberufliche und damit freiberufliche Tätigkeit (Verfügung OFD München DStR 2004, 1963). Soweit an den Geräten jedoch **gerätegestützte Krankengymnastik** praktiziert wird, werden Physiotherapeuten freiberuflich tätig.

128   Wer eine Tätigkeit als Physiotherapeut ausüben will, bedarf nach § 1 MPhG der Erlaubnis. Bereits 1976 hat der BFH jedoch erkannt, dass das Gesetz im Gegensatz zu § 1 Abs. 1 HeilPraktG kein Ausübungsverbot enthält, sondern lediglich die Berufsbezeichnung schützt (BFH DStR 1976, 673; 2004, 130 [132]; BStBl. II 2004, 954). Die Tätigkeit eines Physiotherapeuten kann daher – unter einer anderen Berufsbezeichnung – auch von Personen ausgeübt werden, die die Voraussetzungen des MPhG nicht erfüllen. Das unbefugte Führen der Berufsbezeichnung stellt eine Ordnungswidrigkeit dar (vgl. § 15 MPhG).

129   Der Begriff des **Heilmasseurs** erscheint in dem neuen MPhG ebenfalls nicht. Dieses kennt lediglich den Masseur und medizinischen Bademeister. Nach der amtlichen Begr. soll die Rspr. des BFH (BStBl. II 1971, 249 = BB 1971, 601) für das PartGG übernommen werden, nach der die Tätigkeit eines Masseurs dann den Bereich der freiberuflichen Tätigkeit verlässt, wenn sich die Verabreichung von Bädern nicht als Hilfsmaßnahme zur Berufstätigkeit als Masseur darstellt, also nicht die persönliche Dienstleistung des Masseurs im Mittelpunkt steht, sondern statt dessen „die Nutzung der Einrichtung des Badebetriebs bei der Zubereitung und Verabreichung der Bäder sowie die Verwertung der physikalischen, chemischen und technischen Mittel seines Anlagevermögens" (BT-Drs. 12/6152, 29; mit Recht krit. Römermann/*Zimmermann* Rn. 78). Wollen sich – das Verständnis der Gesetzgebungsmaterialien zugrunde gelegt – Personen mit der Berufsbezeichnung „Masseur und medizinischer Bademeister" in einer Partnerschaft zusammenschließen, so müssen sie ihre Tätigkeit als medizinische Bademeister im Ergebnis praktisch aufgeben. Eine Trennung ist kaum vorstellbar. Die Partner müssten – vermutlich in denselben Räumen – ihre Tätigkeit als Masseure im Namen der Partnerschaft ausüben und gleichzeitig im eigenen Namen als medizinische Bademeister tätig werden.

130   **d) Diplom-Psychologen.** Diplom-Psychologen sind Personen, die einen Studienabschluss in Psychologie vorweisen können. Ihre Tätigkeit ist nicht notwendig heilkundlich (Littmann/Bitz/Pust/*Güroff* EStG § 18 Rn. 159); sie muss auch nicht immer freiberuflich sein.

131   Am 1.1.1999 ist nach mehreren gescheiterten Vorhaben das Psychotherapeutengesetz in Kraft getreten (v. 16.6.1998, BGBl. 1998 I 1311; dazu *Haage* MedR 1998, 291; *Stock* NJW 1999, 2702; Lex.ArztR/*Steinhilper* Nr. 4430 Rn. 1 ff.). **Psychotherapeuten** isd PsychThG werden im System der kassenärztlichen Vereinigung tätig und sind in Psychotherapeutenkammern verkammert (zur Teilnahme an der vertragspsychotherapeutischen Versorgung *Quaas*/*Zuck*, Medizinrecht, 3. Aufl. 2014, § 32 Rn. 2). Es gibt nunmehr vier verschiedene Berufe, die im Bereich der Psychotherapie tätig werden dürfen. Neben den im PsychThG neu geregelten Berufen des **Psychologischen Psycho-**

therapeuten (PPT) und des **Kinder- und Jugendlichenpsychotherapeu-ten** (KJPT), die als Diplom-Psychologen zu den Freiberuflern gezählt werden (vgl. Stellungnahme der BReg, BT-Drs. 12/6152, 29; *Jerouschek,* Psychothera-peutengesetz, 2004, PsychThG § 1 Rn. 1; auch dann, wenn eine Person den Beruf des Kinder- und Jugendlichenpsychotherapeuten aufgrund eines Studi-ums der Pädagogik oder Sozialpädagogik ausübt), gibt es den **psychothera-peutisch tätigen Arzt** und den **psychotherapeutisch tätigen Heilprakti-ker,** der ohne Psychologiediplom aufgrund einer Erlaubnis zur Ausübung der Heilkunde nach dem HeilPraktG tätig wird (*Haage* MedR 1998, 21; *Quaas/ Zuck,* Medizinrecht, 3. Aufl. 2014, § 31 Rn. 1, 5; vgl. zum Verhältnis des Psy-chologischen Psychotherapeuten zum Kinder- und Jugendlichenpsychothera-peuten *Jerouschek,* Psychotherapeutengesetz, 2004, PsychThG § 1 Rn. 23ff.; für eine Spezialität OVG Bremen MedR 2003, 185; *Schlund* NJW 1998, 2722; zum psychotherapeutisch tätigen Heilpraktiker und den entsprechenden Übergangsregelungen im PsychThG *Stock* MedR 2003, 554).

Die Berufsbezeichnung „Psychologischer Psychotherapeut" soll durch den **132** Bestandteil „Psychotherapeut" den Inhalt der Berufstätigkeit und dessen heil beruflichen Charakter zum Ausdruck bringen. Die ergänzende Qualifikation „Psychologisch" weist auf die Vorbildung der Berufsangehörigen hin und un-terscheidet den Berufsträger von psychotherapeutisch tätigen Ärzten (vgl. Begr. zum RegE, BT-Drs. 13/8035, 13; *Jerouschek,* Psychotherapeutengesetz, 2004, PsychThG § 1 Rn. 3). Den Hauptanteil der nichtärztlichen Psychothe-rapeuten stellen Diplom-Psychologen mit einer Zusatzausbildung in der Psy-chotherapie (Begr. zum RegE, BT-Drs. 13/8035, 13).

Als Ausübung von Psychotherapie iSd Gesetzes definiert § 1 Abs. 3 S. 1 **133** PsychThG jede mittels wissenschaftlich anerkannter psychotherapeutischer Verfahren vorgenommene Tätigkeit zur Feststellung, Heilung oder Linderung von Störungen mit Krankheitswert, bei denen Psychotherapie indiziert ist. Nach § 1 Abs. 3 S. 3 PsychThG zählen zur Psychotherapie nicht psychologi-sche Tätigkeiten, die die Aufarbeitung und Überwindung sozialer Konflikte oder sonstige Zwecke außerhalb der Heilkunde zum Gegenstand haben (vgl. Begr. zum RegE, BT-Drs. 13/8035, 14; *Haage* MedR 1998, 291 [292]).

Nach § 1 Abs. 1 S. 1 PsychThG ist für die Ausübung der Psychotherapie **134** nach dem PsychThG wie bei anderen Heilberufen mit Hochschulausbildung die Erteilung einer **Approbation** erforderlich (Begr. zum RegE, BT-Drs. 13/8035, 17). So kommt die Einbeziehung der Berufsgruppe in den heil-kundlichen Tätigkeitsbereich zum Ausdruck; gleichzeitig hebt sich die Aus-übung der Psychotherapie von den lediglich erlaubnispflichtigen Heilberufen ab. Die Approbation befreit vom Verbot des HeilPrakttG bzgl. unerlaubter Heilkunde am Menschen und geht der Erlaubnis nach § 1 HeilPraktG vor (Begr. zum RegE, BT-Drs. 13/8035, 17; *Jerouschek,* Psychotherapeutengesetz, 2004, PsychThG § 1 Rn. 4f.).

Auf Antrag kann nach § 4 PsychThG auch eine **befristete Erlaubnis** zur **135** Berufsausübung erteilt werden.

Nach der Rspr. des BFH zu § 18 EStG (BFH BStBl. II 1981, 255) üben **Di-** **136** **plom-Psychologen, soweit sie psychotherapeutisch tätig** sind, einen **arztähnlichen** Beruf aus (zu nicht therapeutisch tätigen Diplom-Psychologen Littmann/Bitz/Pust/*Güroff* EStG § 18 Rn. 159). Ob sie ärztlich vorgebildet sind, spielt im Steuerrecht keine Rolle (BMF Schreiben BStBl. I 1981, 29). Auch Gutachtertätigkeit von **Gerichtspsychologen** ist als freiberuflich anzuerkennen (im EStR wissenschaftliche Tätigkeit: bei **Gerichtspsychologen** differenzierend Littmann/Bitz/Pust/*Güroff* EStG § 18 Rn. 159).

137   Unter den Begriff der Diplom-Psychologen fallen auch **beratende Psychologen** (BT-Drs. 12/6152, 10), deren Tätigkeit nicht mehr mit den Heilberufen verwandt ist, sondern den rechts- und wirtschaftsberatenden Berufen ähnelt. Von ihnen werden Einzelpersonen, Wirtschaftsunternehmen und -organisationen oder die öffentliche Verwaltung beraten und mit den Methoden der wissenschaftlichen Psychologie unterstützt. Das Betätigungsfeld der beratenden Psychologen liegt insbesondere auf dem Gebiet der Personalplanung und Personalführung von Unternehmen (BT-Drs. 12/6152, 10).

138   **e) „Ähnliche" Heilberufe.** In seinem Urteil zur Verfassungsmäßigkeit des Altenpflegegesetzes vom 24.10.2002 hat sich das BVerfG erstmals zum Begriff des Heilberufs (iSv Art. 74 Abs. 1 Nr. 19 GG) geäußert (NJW 2003, 41 [42ff.]). Entsprechend den vom Bundesverwaltungsgericht fortentwickelten Definitionen des Heilkundebegriffs (§ 1 HeilPraktG) ist das Tatbestandsmerkmal weit zu fassen. Heilberufe sind nicht mehr nur auf die „Heilung von Krankheiten" zu reduzieren, sondern erfassen auch die helfende Betreuung von Menschen mit gesundheitlichen Problemen. Maßgeblich ist, dass ein Schwerpunkt der Tätigkeit im heil(hilfs)kundlichen Bereich liegt, ohne dass dieser quantitativ immer überwiegen muss. Einen Heil- oder Heilhilfsberuf übt derjenige aus, dessen Tätigkeit der Feststellung, Heilung oder Linderung von Krankheiten, Leiden oder Körperschäden beim Menschen dient. Dazu gehören auch Leistungen der vorbeugenden Gesundheitspflege (BMF Schreiben DStR 2004, 1963 = BB 2004, 2453; dazu *Korts/Korts*, Heilberufsgesellschaften – ärztliche Partnerschaft, in Heidelberger Mustervertäge, H 88, 3. Aufl. 2008, 32f.; Einzelheiten bei Spickhoff/*Schelling* HeilpraktG § 1 Rn. 11ff.).

139   Bei der steuerrechtlichen Beurteilung der den Heilberufen ähnlichen Berufen hat sich die bisherige Rspr. gelockert (dies erwartete bereits *Kempermann,* Steuerberater Jahrbuch 2003/2004, 379 [381]). So fordert der BFH zwar weiterhin für die Ähnlichkeit einer Tätigkeit mit der des Heilpraktikers eine staatliche Erlaubnis zur Ausübung der Heilkunde. Eine Ähnlichkeit mit dem Beruf des Physiotherapeuten (Krankengymnasten) hängt dagegen nicht von einer staatlichen Erlaubnis zum Führen der Berufsbezeichnung ab. Insbesondere stellt die Zulassung des Berufstätigen bzw. die regelmäßige Zulassung seiner Berufsgruppe durch die zuständigen Stellen der gesetzlichen Krankenkassen nach § 124 Abs. 2 SGB V ein ausreichendes Indiz für das Vorliegen einer dem Katalogberuf des Krankengymnasten ähnlichen Tätigkeit dar. Insoweit hat sich die Rspr. geändert (vgl. BFH BStBl. II 2003, 480 = BFHE 202, 160; BStBl. II 2004, 954 = DStR 2004, 130; auch BMF Schreiben DStR 2004, 1963 = BB 2004, 2453; Littmann/Bitz/Pust/*Güroff* EStG § 18 Rn. 130b, 161).

140   Bei selbstständigen und eigenverantwortlich tätigen **Krankenschwestern** und **-pflegern** nach § 1 KrPflG vom 16.7.2003 (BGBl. 2003 I 1442; dazu Littmann/Bitz/Pust/*Güroff* EStG § 18 Rn. 162; MüKoBGB/*Schäfer* Rn. 69), sowie jetzt auch bei **Altenpflegern** nach dem Altenpflegegesetz (idF der Bekanntmachung v. 25.8.2003, BGBl. 2003 I 1690; dazu *Schneider* NJW 2001,

3226; BFH BStBl. II 2004, 509 = DStR 2004, 903; Littmann/Bitz/Pust/ *Güroff* EStG § 18 Rn. 162 und 236; für den Altenpfleger noch anders BFH BStBl. II 1997, 681 = DStR 1997, 1682: Da sie für ihre Berufsausübung weder einer staatlichen Erlaubnis bedürfen, noch einer Überwachung durch das Gesundheitsamt unterliegen, sind sie den Heilberufen nicht ähnlich) ist zu unterscheiden, ob Leistungen der häuslichen Krankenpflege oder der häuslichen Pflegehilfe erbracht werden. Bei Leistungen der häuslichen Pflegehilfe verneint der BFH eine heilhilfsberufliche Tätigkeit. Die Gesamtleistung ist nicht von einer medizinischen Versorgung geprägt, da sich die Pflege nach § 36 SGB XI nur auf die Grundpflege und die hauswirtschaftliche Versorgung (im Gegensatz zur sog. Behandlungspflege, die als medizinische Hilfeleistung unter der Verantwortung eines Arztes auf einer Stufe mit Leistungen anderer Heilhilfsberufe steht) erstreckt (BFH BStBl. II 2004, 509 = DStR 2004, 903). Bei der Erbringung von Leistungen nach § 37 Abs. 1 SGB V stellt dagegen die Behandlungspflege den Kernbereich der Tätigkeit dar (zur Behandlungspflege EuGH DB 2002, 2144; BFH BStBl. II 2004, 849 = DStRE 2004, 1043; dazu *Küntzel* MedR 2004, 548 [551]). Diese ist mit der eines Krankengymnasten vergleichbar (Schmidt/*Wacker* EStG § 18 Rn. 155; BMF BStBl. I 2003, 183; DStR 2004, 1963).

    Als den Ärzten ähnliche Freiberufler werden die **medizinisch diagnosti- 141 schen Assistenten** angesehen (BFH BStBl. III 1953, 269 = BB 1953, 938). Ebenso sind **Diätassistenten** nach dem DiätAssG v. 8.3.1994 (BGBl. 1994 I 446; dazu *Raps/Melzer,* Gesetz über den Beruf der Diätassistentin und des Diätassistenten, 1994) den Heilberufen ähnliche Freiberufler (BMF DStR 2004, 1963; BStBl. I 2003, 183; Schmidt/*Wacker* EStG § 18 Rn. 155).

    Rettungsassistenten nach dem Gesetz v. 10.7.1989 (BGBl. 1989 I 1384; 142 dazu *Kurtenbach/Gorgass/Raps,* Rettungsassistentengesetz, 2. Aufl. 1997, 75 ff.) sind Freiberufler (BMF BStBl. I 2003, 183; DStR 2004, 1963; Schmidt/ *Wacker* EStG § 18 Rn. 155). Sie sind abzugrenzen von den **Rettungssani- tätern** (*Erdle/Becker* Kap. 70.1, Anm. zu § 1 RettAssG; Lex.ArztR/*Krieger/ Rieger* Nr. 4530 Rn. 1 ff.).

    Zahnpraktiker, die ohne Dentisten oder Zahnärzte zu sein, lediglich 143 Zahnersatzteile nach eigener Vorbehandlung der Zähne anfertigen und ein- passen, dabei jedoch nicht für Dentisten oder Zahnärzte arbeiten (BFH BStBl. III 1965, 692 = DB 1966, 19) sind den ausdrücklich aufgeführten Dentisten ähnlich (BMF DStR 2004, 1963).

    Nach dem Gesetz v. 7.5.1980 (BGBl. 1980 I 529) zugelassene, selbstständig 144 tätige **Logopäden** (BT-Drs. 12/6152, 10) üben einen dem Krankengymnas- ten ähnlichen Beruf aus (BMF BStBl. I 2003, 183; DStR 2004, 1963; MHdB GesR I/*Salger* § 39 Rn. 16). Sie behandeln Patienten mit Störungen der Stimme und Sprache, des Sprechablaufs, sowie des Redeflusses, der Nahrungs- aufnahme und des Gehörs, um die Kommunikationsfähigkeit wiederherzu- stellen, zu verbessern oder zu kompensieren (Lex.ArztR/*Hespeler* Nr. 3430 Rn. 1).

    Der Beruf des **Ergotherapeuten** hat 1998 den des **Beschäftigungs- und 145 Arbeitstherapeuten** abgelöst, der nun nicht mehr erlernt werden kann. Für diese Berufe galt das Gesetz über den Beruf des Beschäftigungs- und Arbeits- therapeuten (Gesetz v. 25.5.1976, BGBl. 1976 I 1246; dazu *Raps,* Gesetz über den Beruf der Ergotherapeutin und des Ergotherapeuten, 17. Aufl. 2014). Heute heißt es Gesetz über den Beruf der Ergotherapeutin und des Ergotherapeuten. Eine vor Inkrafttreten des Ergotherapeutengesetzes erteilte Erlaubnis als Beschäftigungs- und Arbeitstherapeut gilt als Erlaubnis nach § 1 ErgThG fort. Ergotherapeuten, die nach dem Gesetz v. 25. 5. 1976 (BGBl. 1976 I 1246) zugelassen sind, haben zum Ziel, Menschen dabei zu helfen, eine durch Krankheit, Verletzung oder Behinderung verloren gegangene bzw. noch nicht vorhandene Handlungsfähigkeit im Alltagsleben wieder zu erreichen. Werden sie selbstständig tätig, handelt es sich um den Krankengymnasten ähnliche Freiberufler (BMF BStBl. I 1978, 35 zu § 4 Nr. 14 UStG für den Beschäftigungs- und Arbeitstherapeuten; BStBl. I 2003, 183; BMF DStR 2004, 1963; BStBl. I 09, 756; BT-Drs. 12/6152, 29).

146 Auch **Heilpädagogen** können grundsätzlich als den Heilberufen ähnlich eingestuft werden. Allerdings ist der Großteil dieser Berufsgruppe nicht freiberuflich, sondern im Rahmen eines abhängigen Beschäftigungsverhältnisses tätig. **Sprachheilpädagogen** und **Sprachtherapeuten** können ebenfalls freiberuflich tätig sein (Littmann/Bitz/Pust/*Güroff* EStG § 18 Rn. 236). Sie sind den Physiotherapeuten ähnlich (BFH BStBl. II 2004, 954 = DStR 2004, 130; anders noch BFH BStBl. II 2003, 721; BVerfG DStZ 1998, 478, vorbehaltlich einer unterrichtenden oder erzieherischen Tätigkeit wird ein Gewerbe ausgeübt).

147 Die medizinisch-therapeutisch tätigen **Orthoptisten** (geregelt durch Gesetz v. 28. 11. 1989, BGBl. 1989 I 2061; dazu *Raps,* Gesetz über den Beruf der Orthoptistin und des Orthoptisten und Ausbildungs- und Prüfungsverordnung für Orthoptistinnen und Orthoptisten, 1990) erkennen und behandeln Schwachsichtigkeit, Schielen und Augenmuskulaturstörungen. Oftmals arbeiten sie allerdings als Angestellte in Augenarztpraxen. Sobald sie dagegen selbstständig und damit auch freiberuflich (BMF BStBl. I 2003, 183; DStR 2004, 1963; Schmidt/*Wacker* EStG § 18 Rn. 155) tätig sind, steht die Partnerschaftsfähigkeit als ähnlicher Heilberuf nicht infrage.

148 Als den Heilberufen ähnlich ist auch der nach dem Gesetz v. 4. 12. 2001 (BGBl. 2001 I 3320) zugelassene **Podologe** anzusehen (vgl. BVerfG DStRE 2000, 203; DStRE 2003, 629; DStRE 2003, 465; DStR 2004, 1963). Der Podologe ist im Bereich der medizinischen Fußpflege tätig. Nur in diesem medizinischen Bereich sind Podologen und Fußpfleger den Heilberufen ähnlich und damit Freiberufler. Der bloße Fußpfleger ist wie der **Fußpraktiker** im Gegensatz zum medizinischen Fußpfleger dem gewerblichen Bereich zuzuordnen (FinMin Nds BB 1985, 382; zum **Fußpraktiker** Littmann/Bitz/ Pust/*Güroff* EStG § 18 Rn. 236; nach Auffassung desselben soll dagegen der **Fußreflexzonenmasseur** nach Änderung der Rspr. des BFH im Bereich der Heil(hilfs)berufe den Heilberufen ähnlich sein, Littmann/Bitz/Pust/*Güroff* EStG § 18 Rn. 162; vgl. hierzu auch Schmidt/*Wacker* EStG § 18 Rn. 155).

149 **Heileurythmisten** (vgl. dazu BVerfGE 101, 132 = NJW 2000, 859) fördern seelische und körperliche Fähigkeiten und Funktionen bei Menschen mit entsprechender Beeinträchtigung. Ziel ist die Wiederherstellung des organischen Gleichgewichts. Wie der **Kunst**- oder **Musiktherapeut** ist der Heileurythmist als den genannten Heilberufen (Krankengymnast) ähnlich anzusehen, soweit der Beruf selbstständig und eigenverantwortlich ausgeübt wird.

Voraussetzung ist zudem eine kassenärztliche Zulassung (Schmidt/*Wacker* EStG § 18 Rn. 155, 130; aA noch BMF BStBl. I 2003, 183; vgl. dazu BFH BStBl. II 2003, 480 = BFHE 202, 160; BStBl. II 2004, 954 = DStR 2004, 130).

2. Die rechts- und wirtschaftsberatenden Berufe

In die Gruppe der rechts- und wirtschaftsberatenden Berufe fallen die Mit- **150** glieder der RAK, Patentanwälte, Wirtschaftsprüfer, Steuerberater, die beratenden Volks- und Betriebswirte, vereidigten Buchprüfer und Steuerbevollmächtigten. Die Berufe dieser Gruppe dürfen grundsätzlich erst aufgrund einer speziellen Berufszulassung, die eine besondere Ausbildung erfordert, ausgeübt werden (vgl. zB § 4 BRAO, §§ 12ff. WPO). Eine Ausnahme bilden nur die beratenden Volks- und Betriebswirte.

a) Mitglieder von RAK. RAK sind gesetzliche Zusammenschlüsse von **151** Rechtsanwälten zu einer Körperschaft öffentlichen Rechts unter der Staatsaufsicht der Landesjustizverwaltung (§§ 60ff. BRAO). Die RAK verwaltet die Standesangelegenheiten der Rechtsanwälte. Die Zulassung zum Rechtsanwalt erlangt nach § 4 BRAO nur, wer durch ein universitäres Studium und einen entsprechenden Vorbereitungsdienst die Befähigung zum Richteramt erworben hat. Erst danach sind Mandantenberatung und Vertretung vor Gericht möglich (vgl. § 3 Abs. 1 BRAO).

Alle Mitglieder von RAK, nicht nur Rechtsanwälte, können Gesellschafter **152** einer Partnerschaft sein. Damit wird in überflüssiger Weise – bei den Ärzten gibt es auch keine Beschränkung auf „Mitglieder der Ärztekammern" – das über § 1 Abs. 3 anwendbare Berufsrecht vorweggenommen und die Beteiligung von ausländischen, nicht in deutsche Kammer aufgenommenen Rechtsanwälten, grundsätzlich ausgeschlossen (→ Rn. 311).

Einbezogen sind Rechtsanwälte aus EU-Staaten, die eine nach dem früher **153** geltenden Rechtsanwaltseignungsprüfungsgesetz v. 6.7.1990 (BGBl. 1990 I 1349; nunmehr abgelöst durch das EuRAG) sowie der Verordnung über die Eignungsprüfung für die Zulassung zur Rechtsanwaltschaft (RAEigPruefV) vom 18.12.1990 (BGBl. 1990 I 2881) mögliche und erforderliche Eignungsprüfung erfolgreich absolviert und sodann gem. § 4 BRAO die Vollzulassung im Inland erhalten haben. Seit einigen Jahren (durch das EuRAG v. 9.3.2000; BGBl. 2000 I 182) gibt es außerdem den **europäischen Rechtsanwalt.** Bei ihm handelt es sich um einen Angehörigen eines der Mitgliedstaaten der EU, der Vertragsstaaten des Abkommens über den europäischen Wirtschaftsraum oder der Schweiz, der im Herkunftsstaat berechtigt ist, als Rechtsanwalt tätig zu sein (§ 1, 2 Abs. 2 EURAG, § 6 Abs. 2 EuRAG). Lässt er sich in eine deutsche RAK aufnehmen, ist es ihm gestattet, die Anwaltstätigkeit unter der Berufsbezeichnung seines Herkunftsstaates als sog. niedergelassener europäischer Rechtsanwalt auszuüben. Die Einschränkung, in Deutschland die ausländische Berufsbezeichnung führen zu müssen, entfällt mit Zulassung zur deutschen Rechtsanwaltschaft (dazu §§ 11–15 EuRAG). Unabhängig davon ist es einem europäischen Rechtsanwalt gestattet, in Deutschland im Rahmen der Dienstleistungsfreiheit nach Art. 50 EG-Vertrag vorübergehend, dh ohne Niederlassung, die Tätigkeit eines Rechtsanwalts auszuüben (§§ 25ff. EuRAG).

154   Auch ausländische Rechtsanwalte, die eine beschränkte Zulassung nach § 206 BRAO besitzen, sind Mitglieder der RAK und damit partnerschaftsfähig.

155   **Rechtsbeistände** (dazu *Jessnitzer/Blumberg,* Bundesrechtsanwaltsordnung, 9. Aufl. 2000, BRAO § 209 Rn. 2) sind, soweit sie verkammert sind, trotz gewisser Ähnlichkeiten zu den Gewerbetreibenden den Freien Berufen zuzuordnen (BVerfGE 80, 269 = NJW 1989, 2611; BVerwG NJW 1968, 906 [907]; *Schorn* NJW 1967, 911; *Rennen/Caliebe,* Rechtsberatungsgesetz, 3. Aufl. 2001, RBerG Art. 1 § 1 Rn. 9; *Chemnitz/Johnigk,* Rechtsberatungsgesetz, 11. Aufl. 2003, RBerG Art. 1 § 1 Rn. 326; vgl. auch Littmann/Bitz/Pust/*Güroff* EStG § 18 Rn. 172; Römermann/*Zimmermann* Rn. 92; MHdB GesR I/*Salger* § 39 Rn. 21; für den Beruf der **Rentenberater** vgl. auch *Henssler/Deckenbrock* DB 2013, 2912 Fn. 37 sowie *Henssler/Deckenbrock,* Das Berufsrecht der Rentenberater, 2013, 27). Die finanzgerichtliche Rspr. spricht sich unter Anwendung des § 18 Abs. 1 Nr. 1 S. 2 EStG ebenfalls überwiegend für die Freiberuflichkeit aus (BFHE 98, 497 = NJW 1970, 2136; BFHE 126, 209 = DStR 1979, 174; FG Nürnberg Rbeistand 1984, 222; FG Kiel Rbeistand 1984, 223). Hierbei ist jedoch zu berücksichtigen, dass es sich bei dem Berufsstand der Rechtsbeistände um einen auslaufenden Berufsstand handelt. Seit Inkrafttreten des Rechtsdienstleistungsgesetzes (RDG) zum 1.7.2008 gelten die Vorschriften des Rechtsberatungsgesetzes (RBerG) nicht mehr. Für die Alterlaubnisinhaber sind die Übergangsvorschriften des § 1 RDGEG zu beachten (vgl. hierzu Deckenbrock/Henssler/*Deckenbrock* RDGEG § 1 Rn. 2ff.).

156   Alterlaubnisinhaber, die keiner Rechtsanwaltskammer angehörten, mussten, um ihre Rechtsdienstleistungen auch nach Inkrafttreten des RDG übergangslos weiter anbieten zu können, gem. § 1 Abs. 1 S. 2 RDGEG bis zum 31.12.2008 einen Antrag auf Registrierung nach § 13 RDG stellen. Wurde dies versäumt, so erlosch die Erlaubnis (§ 1 Abs. 1 S. 1 RDGEG). Das Erlöschen der Erlaubnis hatte aber keinen Ausschlusscharakter für eine Wiederaufnahme der Tätigkeit als Rechtsdienstleister. Vielmehr besteht die Möglichkeit, die erloschene Rechtsberatungsbefugnis unter Beachtung des vereinfachten Registrierungsverfahrens nach § 1 Abs. 4 RDGEG im ursprünglichen Umfang wiederzuerlangen (hierzu Deckenbrock/Henssler/*Deckenbrock* RDGEG § 1 Rn. 3f., 23).

157   Der Umfang der beantragten Erlaubnis richtet sich nach § 1 Abs. 3 RDGEG. Entsprach die Alterlaubnis einer der in Art. 1 § 1 Abs. 1 S. 2 Nr. 1, 5 oder Nr. 6 RBerG genannten Bereiche (Rentenberater, Inkassounternehmer, Berater in einem ausländischen Recht), so werden die Erlaubnisinhaber als „registrierte Person" nach § 10 Abs. 1 Nr. 1–3 RDG in das Rechtsdienstleistungsregister eingetragen (§ 1 Abs. 3 S. 1 RDGEG). Erlaubnisinhaber, deren Erlaubnis sich auf andere Bereiche erstreckt oder deren Befugnisse über die in § 10 Abs. 1 RDG geregelten Befugnisse hinausgehen, werden gesondert oder zusätzlich zu ihrer Registrierung nach § 1 Abs. 3 S. 1 RDGEG als Rechtsbeistände oder Erlaubnisinhaber registriert, sog. registrierte Erlaubnisinhaber.

158   Bei den gem. § 10 RDG registrierten Personen ist zu differenzieren. Rentenberater und Rechtsdienstleister in einem ausländischen Recht können als anwaltsähnliche Rechtsdienstleister ebenfalls den Freien Berufen zugeordnet werden. Sie müssen gem. § 10 Abs. 1 RDG, § 12 Abs. 1 RDG nicht nur über

persönliche Eignung und Zuverlässigkeit, sondern auch über besondere Sachkunde verfügen. Damit steht ihnen die Partnerschaft für ihre Berufsausübung zur Verfügung (Henssler/Deckenbrock/*Rillig* RDG § 10 Rn. 12f.). Etwas anderes gilt für die als gewerblich einzustufende Inkassotätigkeit, die nicht in der Partnerschaft ausgeübt werden kann (BT-Drs. 16/3655, 63; HK-RDG/ *D. Schmidt* RDG § 10, Rn. 9; *Henssler/Deckenbrock,* Das Berufsrecht der Rentenberater, 2013, 26ff.; *Henssler/Deckenbrock* DB 2008, 41 [45]; Dreyer/ Lamm/Müller/*K. Lamm* RDG § 10 Rn. 17).

Dass Rechtsanwälte oder andere Mitglieder der RAK neben ihrer freiberuflichen Tätigkeit noch in einem **Arbeitsverhältnis,** zB für Banken und Versicherungen oder sonstige gewerbliche Unternehmen, stehen, schadet nicht. Ebenso verhält es sich mit Arbeitsverhältnissen bei Wirtschafts- und Unternehmensverbänden oder bei Gewerkschaften. Gemäß § 46a BRAO zur Rechtsanwaltschaft zugelassene **Syndikusrechtsanwälte** können ebenfalls Partner einer Partnerschaft sein, wenn sie außerdem noch über eine zweite Zulassung als niedergelassener Rechtsanwalt verfügen. Reinen Syndikusanwälten, die ausschließlich in einem Unternehmen im Angestelltenverhältnis tätig sind, ist dagegen trotz ihrer Mitgliedschaft in einer RAK die Beteiligung an einer PartG naturgemäß verwehrt. Es fehlt dann zwangsläufig an der erforderlich selbständigen, aktiven Mitarbeit als Gesellschafter. Mitglieder von RAK verlassen das Gebiet freiberuflicher Betätigung, wenn sie die **Vermittlung von Vermögensanlagen** (zB Immobilien und Gesellschaftsanteile) betreiben. Ebenso wenig können Geldgeschäfte (zB Darlehens- und Bürgschaftsgewährung gegen Entgelt) Unternehmensgegenstand einer Partnerschaft sein, der Mitglieder von RAK angehören. Solche Geschäfte sind nicht nur berufsrechtswidrig, sie stellen auch keine freiberufliche Tätigkeit dar. Die Vornahme einzelner **berufsrechtswidriger Geschäfte** führt dagegen noch nicht zur Unzulässigkeit des Gegenstands der Partnerschaft. **159**

b) Patentanwälte. Auch die Zulassung als **Patentanwalt** setzt nach §§ 5ff. PAO eine bestimmte Ausbildung und Prüfung voraus. Patentanwälte üben Rechtsberatung und Prozessvertretung auf dem Gebiet des gewerblichen Rechtsschutzes aus (vgl. § 3 Abs. 2 und 3 PAO, § 4 PAO). Im Gegensatz zu Rechtsanwälten kommt es bei ihnen allerdings nicht auf die Kammerzugehörigkeit an (vgl. Wortlaut des § 1 Abs. 2 S. 2). **160**

c) Ähnliche Berufe. Für die Ähnlichkeit eines Berufes mit dem des Mitgliedes einer RAK ist es nicht erforderlich, dass er ebenfalls einer Berufskammer angehört. Die Erwähnung der RAK ist auch aus diesem Blickwinkel systemwidrig. **161**

Die **Schadensregulierung** durch Versicherungsunternehmen ist nicht dem Beruf des Rechtsanwalts ähnlich, sondern eine gewerbliche Tätigkeit (BFH BStBl. II 1979, 455; 1975, 593). Auch der Beruf des **Erbensuchers** (dazu BVerfG NJW 2002, 3531) ähnelt nicht dem des Rechtsanwalts. Für berufsmäßige **Insolvenzverwalter** mit Anwaltszulassung gilt ebenso wie für **Testamentsvollstrecker** aus steuerrechtlicher Sicht, dass ihre Tätigkeit nur dann als freiberuflich qualifiziert wird, wenn eine berufstypische anwaltliche Tätigkeit ausgeübt wird, die nach dem RVG abgerechnet werden kann (BFH **162**

BStBl. III 1961, 210; 1986, 213; 1987, 147; zum **Testamentsvollstrecker:**
BFH BStBl. II 1982, 184; 1987, 524; FG Köln EFG 1982, 569; BGH NJW
2005, 969 [970]; zum **Insolvenzverwalter** BFH BStBl. II 2002, 202 = DStR
2002, 353; BFH NJW 2011, 1628; krit. *Grashoff* DStR 2002, 355; *Strahl* BB
2002, 603 [604]; *Korn,* EWiR 2002, 433; Römermann/*Zimmermann*
Rn. 127). Überzeugender erscheint es diese Tätigkeiten bei Ausübung durch
einen Rechtsanwalt stets als freiberuflich einzustufen und sie damit als zulässigen Unternehmensgegenstand einer Partnerschaft anzusehen, an denen
Rechtsanwälte beteiligt sind. Diese Tätigkeiten sind zwar nicht Rechtsanwälten vorbehalten, es handelt sich aber bei einer Ausübung durch Rechtsanwälte
um anwaltliche Tätigkeiten. Der Rechtsanwalt ist damit auch bei einer Tätigkeit als Insolvenzverwalter oder Testamentsvollstrecken den anwaltlichen Berufspflichten unterworfen, dementsprechend handelt es sich gem. § 2 Abs. 1
BRAO per se um eine freiberufliche Tätigkeit. Ähnliches gilt für die Tätigkeit
als **Treuhänder.** Sie wird in Anlehnung an steuerrechtliche Erwägungen teilweise als gewerbliche Tätigkeit eingestuft; die Qualität der Aufgaben – eher
kaufmännisch oder eher beratend – sei jeweils im Einzelfall zu werten (Litt-
mann/Bitz/Pust/*Güroff* EStG § 18 Rn. 236 [Treuhänder]; Römermann/*Zimmermann* Rn. 127). Der BGH geht aber inzwischen zu Recht davon aus, dass
die Treuhandtätigkeit sogar seit jeher zum Berufsbild der Rechtsanwälte gehört, sodass eine untergeordnete Treuhandtätigkeit auch ohne ausdrückliche
gesetzliche Gestattung zulässiger Unternehmensgegenstand einer Rechtsanwaltsgesellschaft sein kann (BGH NZG 2016, 398 Rn. 30 mAnm *Henssler/
Holz* EWiR 2016, 239). Das gilt auch dann, wenn sie nicht im engen Sinne
mit rechtsberatender Tätigkeit verbunden ist. Die Öffnung für anwaltliche
Treuhandtätigkeiten muss auch für die Partnerschaft gelten (→Rn. 171,
Rn. 336; → § 8 Rn. 72).

163   Werden die genannten Tätigkeiten der Insolvenzverwalter, Testamentsvollstrecker oder Treuhänder dagegen nicht von Rechtsanwälten (ähnliches gilt
für Steuerberater und Wirtschaftsprüfer) wahrgenommen, ist jeweils im Einzelfall darauf abzustellen, ob die Tätigkeit eher beratend oder kaufmännisch
ist. Insoweit kann auf die im Steuerrecht anerkannten Grundsätze abgestellt
werden.

164   Bei der **Insolvenz–** und **Vergleichsverwaltung** kann sich auch eine Ähnlichkeit zur Tätigkeit eines Steuerberaters oder Wirtschaftsprüfers ergeben,
wenn entsprechend berufstypische (steuerberatende oder prüfende) Tätigkeiten ausgeübt werden. Nach Änderung der Rspr. wird nunmehr auch die Tätigkeit eines nichtanwaltlichen **Berufsvormundes** oder eines **Berufsbe-
treuers** als den rechts– und wirtschaftsberatenden Berufen ähnliche Tätigkeit
anerkannt (BFH NJW 2011, 110ff.; anders noch BFH, NJW 2005, 1006).

165   **d) Wirtschaftsprüfer, Steuerberater, vereidigte Buchprüfer (vereidigte Buchrevisoren), Steuerbevollmächtigte.** Die Berufsbilder der Wirtschaftsprüfer, vereidigten Buchprüfer und vereidigten Buchrevisoren werden
durch die Regelungen der WPO idF der Bekanntmachung v. 5.11.1975
(BGBl. 1975 I 2803) und für Steuerberater und Steuerbevollmächtigte durch
die Regelungen des StBerG idF der Bekanntmachung v. 4.11.1975
(BGBl. 1975 I 2735) geprägt. Sowohl der Beruf des Wirtschaftsprüfers als

auch der des Steuerberaters dürfen erst dann ausgeübt werden, wenn nach bestandener Prüfung eine Bestellung durch die zuständige Berufskammer erfolgt (vgl. § 1 Abs. 1 S. 1 WPO, § 40 Abs. 1 StBerG, § 35 Abs. 1 StBerG).

Wirtschaftsprüfer prüfen vorrangig Jahresabschlüsse wirtschaftlicher **166** Unternehmen und erteilen über die erfolgte Prüfung entsprechende Bestätigungsvermerke. Zudem ist eine Beratung und Vertretung in Steuerangelegenheiten möglich (vgl. § 2 WPO; zum Berufsbild des Wirtschaftsprüfers WP-Handbuch 2017/*Naumann* A. Rn. 7 ff.).

Vereidigte Buchprüfer sind insbesondere für die Prüfung von Jahresab- **167** schlüssen mittelgroßer Gesellschaften mit beschränkter Haftung zuständig. Sie prüfen das Rechenwerk nicht prüfungspflichtiger Firmen, die ihre Abschlüsse zur eigenen Kontrolle oder zur Vorlage an Dritte von gesetzlichen Abschlussprüfern prüfen lassen. Der Berufsstand, der bereits 1961 (Gesetz v. 24.7.1961; BGBl. 1961 I 1049) im Berufsstand der Wirtschaftsprüfer aufging und 1986 im Zuge des Bilanzrichtliniengesetzes wiedereröffnet worden war (Gesetz v. 19.12.1985; BGBl. 1985 I 2355), ist nunmehr zum 1.1.2004 im Rahmen der 5. WPO-Novelle (Wirtschaftsprüfungsexamens-Reformgesetz v. 1.12.2003; BGBl. 2003 I 2446) endgültig geschlossen worden (dazu *Pieroth/Aubel,* Der vereidigte Buchprüfer im Verfassungs- und Europarecht, 2004; *Schmidt/Kaiser* WPK Mitt. 2003, 150). Die Möglichkeit, die Prüfung zum Wirtschaftsprüfer in verkürzter Form abzulegen (§ 13a Abs. 1 WPO), wurde allerdings, nach vorheriger Befristung bis zum 31.12.2007, durch den Gesetzgeber mit Änderung der WPO zum 17.6.2016 wieder eröffnet (vgl. hierzu BT-Drs. 18/6282, 58). Ziel war es bei der ursprünglichen Wiedereröffnung im Jahr 1985, den Beruf des vereidigten Buchprüfers als Zusatzqualifikation für solche Steuerberater und Rechtsanwälte zur Verfügung zu stellen, die zusätzliche Qualifikationen erfüllen. Ihnen soll ein Anreiz geboten werden, sich stärker um die steuerrechtliche und betriebswirtschaftliche Beratung von Unternehmen zu bemühen (BT-Drs. 10/4268, 92; MWHLW/*Lenz* Rn. 56).

Die Tätigkeit des **Steuerberaters** reicht von der Beratung und Vertretung **168** in Steuerangelegenheiten über Steuerstrafsachen bis hin zu der Erfüllung von Buchführungspflichten (vgl. § 32 Abs. 1 StBerG, § 33 StBerG).

Der Beruf des **Steuerbevollmächtigten** wurde durch das Gesetz zur Än- **169** derung und Vereinfachung des EStG und anderer Gesetze v. 18.8.1980 (BGBl. 1980 I 1537, 1543; vgl. § 156 Abs. 5 aF) geschlossen. Für das Gebiet der fünf neuen Bundesländer sind aufgrund des Einigungsvertragsgesetzes (BGBl. 1990 II 885 [970]) vorläufig Steuerbevollmächtigte bestellt worden. Zum 1.1.2015 gab es noch ca. 1.824 Steuerbevollmächtigte nach über 16.500 im Jahre 1975 (vgl. *Koslowski* StBerG Einl. Rn. 17).

Den Steuerberatern gleichgestellt sind **landwirtschaftliche Buchstellen,** **170** bei denen es sich um Steuerberater mit Spezialkenntnissen handelt (vgl. § 44 StBerG). Gegenstand einer Partnerschaft mit diesen steuerberatenden Berufen kann vor allem die Prüfung der laufenden Eintragungen in die Geschäftsbücher, die Prüfung der Inventur, die Durchführung des Hauptabschlusses und die Aufstellung der Steuererklärungen sein. Es handelt sich um freiberufliche Tätigkeit, wenn Angehörige dieser Berufe die Buchführung für andere Personen erledigen (BFHE 55, 487 = BStBl. III 1951, 197). Dagegen liegt gewerbliche Tätigkeit vor, wenn andere Personen, zB selbstständige **Bilanzbuchhal-**

ter, die nicht den steuerberatenden Berufen angehören, für ihre Klienten die laufenden Buchführungsarbeiten übernehmen (BFH HFR 63, 368).

171 Ebenfalls gewerblich wird tätig, wer für Apotheken die Abrechnung von Rezepten übernimmt (BFH BStBl. II 1974, 515 = BFHE 112, 176) oder eine **ärztliche Inkassostelle** unterhält (FG Düsseldorf EFG 1983, 94; BFH BStBl. II 1995, 613 = BB 1995, 1729). Vermittelt ein Steuerberater seinen Klienten Eigentumswohnungen oder Anteile an Abschreibungsgesellschaften, so ist er insoweit gewerblich tätig (BFH BStBl. II 1984, 129 = NJW 1984, 1374; FG Münster EFG 1979, 183). **Treuhänderische Tätigkeit** der Wirtschaftsprüfer und Steuerberater soll nach verbreiteter Ansicht nur dann freiberuflich sein, wenn sie berufsspezifisch ist (Römermann/*Zimmermann* Rn. 127; vgl. BFH BStBl. II 1994, 650 = NJW-RR 1994, 1482; idR soll bei einer treuhänderischen Tätigkeit jedoch Gewerblichkeit vorliegen, vgl. BFH DStR 2007, 190). Die jüngste Rspr. des BGH (BGH NZG 2016, 398 Rn. 30 mAnm *Henssler/ Holz* EWiR 2016, 239) zur Treuhandtätigkeit von Rechtsanwälten ist aber auf Steuerberater und Wirtschaftsprüfer zu übertragen, sodass inzwischen generell von der Zulässigkeit jedenfalls der untergeordneten Treuhandtätigkeit auch bei diesen Berufen auszugehen ist. Daraus folgt nicht nur, dass die berufliche Ausübung dieser Tätigkeit in einer PartG zulässig ist, sondern auch, dass folgerichtig auch die Haftungsprivilegierung nach § 8 Abs. 2 greift (→ Rn. 336, § 8 Rn. 72). Ähnliches gilt für die Tätigkeit als **Insolvenzverwalter.** Für das Gesellschaftsrecht unbeachtlich ist insoweit, dass sie steuerrechtlich § 18 Abs. 1 Nr. 3 EStG und nicht der freiberuflichen Tätigkeit iSv § 18 Abs. 1 Nr. 1 EStG zuzuordnen ist (vgl. Littmann/Bitz/Pust/*Güroff* EStG § 18 Rn. 335). Entscheidend ist für die Berufsausübung in der Partnerschaft, dass es sich nicht um eine gewerbliche Tätigkeit iSv § 15 EStG handelt.

172 **e) Beratende Volks- und Betriebswirte.** Für die beratenden Volks- und Betriebswirte existiert aufgrund der fehlenden gesetzlichen Regelung kein festes Berufsbild. Eine Abgrenzung muss sich an dem Studieninhalt der entsprechenden universitären Studiengänge orientieren (Schmidt/*Wacker* EStG § 18 Rn. 107). Der beratende Volks- und Betriebswirt muss also Kenntnisse in den hauptsächlichen Bereichen der Volks- und Betriebswirtschaftslehre (Unternehmensführung, Leistungserstellung wie die Fertigung von Gütern und die Bereitstellung von Dienstleistungen, Materialwirtschaft, Finanzierung, Vertrieb, Verwaltungs- und Rechnungswesen, Personalwesen, vgl. BFH BStBl. II 2000, 616 = DStR 2000, 1771, 1772) erworben haben, diese fachliche Breite in seiner praktischen Tätigkeit einzusetzen in der Lage sein und davon auch tatsächlich Gebrauch machen (BFH BStBl. II 1985, 584 = NJW 1986, 1376; BStBl. II 1991, 769 = BFHE 164, 408; BFH BFH/NV 2007, 1883; 2008, 1669). Es kommt nicht darauf an, ob diese Kenntnisse durch ein Hochschulstudium erworben wurden oder auf einem Selbststudium beruhen (BFH BFH/NV 2007, 1883; Römermann/*Zimmermann* Rn. 96; Schmidt/*Wacker* EStG § 19 Rn. 107 mwN). Allerdings wird aus Gründen der steuerlichen Belastungsgleichheit gem. Art. 3 Abs. 1 GG die Tiefe eines Hochschul- oder Fachhochschulstudiums gefordert (BFH BFH/NV 2007, 1883).

173 **Diplom-Wirtschaftsingenieure** können bei nachgewiesenen betriebswirtschaftlichen Kenntnissen als Betriebswirte freiberuflich tätig sein (BFH

BStBl. II 2003, 919 = BFHE 203, 152; Schmidt/*Wacker* EStG § 18 Rn. 155).
Der **Unternehmensberater,** der sich auf die Beratung in Grundsatzfragen
beschränkt, ist stets beratender Betriebswirt (BFH BStBl. II 1974, 293
= BFHE 111, 316; BStBl. II 1988, 845 = DStR 1988, 745; Littmann/Bitz/
Pust/*Güroff* EStG § 18 Rn. 236). Bei Spezialisierung kommt es darauf an, dass
sich die Beratungstätigkeit wenigstens auf einen der betriebswirtschaftlichen
Hauptbereiche, wie zB Produktion, Absatz, Investitionen und Finanzierung
oder betriebliches Rechnungswesen, erstreckt (BFH BStBl. II 1991, 769
= BFHE 164, 408). Bei einem **Marketing- und Unternehmensberater,**
dessen Aufgabenbereich Marketing, Verkaufsstrategien und „PR" umfasst, ist
dies zweifelhaft (vgl. BFH Beschl. v. 29.1.1997 – XI B 205/95; FG München
Beschl. v. 31.3.2004 – 5 V 5010/03). Es kommt grundsätzlich auf die besonderen Umstände des Einzelfalles an. Weist der Berufstätige nach, dass er in den
Hauptbereichen der Betriebswirtschaftslehre ausreichende Kenntnisse besitzt
und diese im Rahmen der Berufstätigkeit tatsächlich anwendet, liegt grundsätzlich eine freiberufliche Tätigkeit vor (Littmann/Bitz/Pust/*Güroff* EStG
§ 18 Rn. 236 [Marketingberater] [Unternehmensberater]).

Geht die Spezialisierung weiter, ist eine gewerbliche Tätigkeit anzuneh- **174**
men, wie zB bei einem **Werbeberater** (BFH BStBl. II 1974, 293 = DStR
1974, 286; BStBl. II 1977, 34 – BFHE 120, 253; BStBl. II 1978, 565 = DStR
1978, 653; Schmidt/*Wacker* EStG § 18 Rn. 107; krit. *Grube* StuW 1981, 34;
vgl. Littmann/Bitz/Pust/*Güroff* EStG § 18 Rn. 186); dieser übt allerdings eine
freiberufliche Tätigkeit aus, wenn er ausschließlich **Werbeschriftsteller** oder
Werbekünstler ist (BFH BStBl. III 1958, 316 = BFHE 67, 115; Littmann/
Bitz/Pust/*Güroff* EStG § 18 Rn. 187). Eine freiberufliche Tätigkeit scheidet
jedenfalls aus, wenn die Werbeberatung untrennbar mit einer Werbeagentur
verknüpft ist (BFH BStBl. II 1981, 448 = BFHE 132, 552). **Unternehmensberater,** die Unternehmenskaufverträge vermitteln, üben eine gewerbliche
Tätigkeit aus (BGH NJW 1996, 1833 = JZ 1996, 1183 mAnm *Henssler*). Eine
in Form von Trainings- oder Coachingmaßnahmen durchgeführte Beratung
hat ebenfalls den Charakter einer gewerblichen Serviceleistung.

Bauberater sind keine Freiberufler, da ihre Tätigkeit vorwiegend in der **175**
kaufmännisch-gewerblichen Vertretung der Bauherren besteht (BFH BStBl. II
1973, 668 = DStR 1973, 606; BStBl. II 1974, 447 = DStR 1974, 352; BStBl. II
1989, 797 = NJW 1990, 71; Littmann/Bitz/Pust/*Güroff* EStG § 18 Rn. 186).
Dasselbe gilt für **Wirtschaftsberater,** sofern ihre Tätigkeit in der Vermittlung
von Wohnungseigentum für andere besteht (BFH BStBl. III 1965, 586
= BFHE 83, 237; BStBl. II 1989, 797 = NJW 1990, 71; FG Hamburg EFG
1977, 556) und für einen Wirtschaftsberater, der auf dem Gebiet des Rech-
nungswesens ohne Studienabschluss tätig ist (FG Bremen Urt. v. 10.8.1993 –
2 92 169 K 5, BeckRS 1993, 08665).

EDV-Beratung ist nur dann freiberuflich, nämlich ingenieurähnlich, **176**
wenn sie auf der Grundlage und unter Einsatz von Kenntnissen ausgeübt
wird, die auch ein Diplom-Informatiker aufgrund eines Studiums besitzt (ähnlich BFH BStBl. II 1983, 677 = BFHE 139, 84; krit. *Grube* StuW 1981, 34;
Littmann/Bitz/Pust/*Güroff* EStG § 18 Rn. 188a ff.). Bislang wurde dabei zwischen der Entwicklung von Anwendungssoftware und Systemsoftware unterschieden; nur Letztere wurde als ingenieurähnlich eingestuft (vgl. BFH BStBl.

II 1990, 337 = BFHE 159, 171). Einen dem Ingenieur ähnlichen Beruf iSd § 18 Abs. 1 Nr. 1 EStG kann jedoch auch ein selbstständiger EDV-Berater, der Computer-Anwendungssoftware entwickelt, ausüben (so jetzt BFH BStBl. II 2004, 989 = DStR 2004, 1739; → Rn. 184). Diese Grundsätze sind auf die Beurteilung der Partnerschaftsfähigkeit zu übertragen (vgl. zur Einordnung von EDV-Beratern als Ingenieure bzw. als ingenieursähnlichen Beruf BFH NJW 2010, 1167; DStRE 2010, 222).

177   **Finanz- und Kreditberater** sind nicht freiberuflich tätig (BFH GewA 1989, 17).

3. Naturwissenschaftlich orientierte Berufe

178   Gesetzlich normiert sind im naturwissenschaftlichen Bereich lediglich die Berufe des Ingenieurs und des Architekten. Der hauptberuflich tätige Sachverständige ist im PartGG erstmals vom Gesetzgeber den freien Berufen zugeordnet worden.

179   **a) Ingenieure.** Ingenieur ist, wer aufgrund von Landesgesetzen zum Schutz dieser Berufsbezeichnung befugt ist, den Titel Ingenieur zu führen (zu § 18 EStG: BFH BStBl. II 1981, 118 = BFHE 132, 16; BStBl. II 1987, 116 = BFHE 148, 140; FG Münster EFG 1987, 179; vgl. zB BauKaG NRW v. 16.12.2003, GVBl. 786). Ein Ingenieur muss fähig sein, technische Werke zu planen und zu konstruieren, sowie deren Ausführung zu leiten und zu überwachen (*Wehrheim/Wirtz* 14). Ein konstruktives Element ist zur Bejahung einer ingenieurähnlichen Tätigkeit nicht zwingend erforderlich. Vielmehr reicht es aus, wenn die Tätigkeit zumindest einen der Kernbereiche der Ingenieurstätigkeit erfasst. Die Ingenieurstätigkeit umfasst auch die bloß beratende Tätigkeit (zu § 18 EStG BFH BFH/NV 2006, 1270, anders noch BFH BStBl. II 2003, 761 = BFHE 202, 336). Nicht dem freiberuflichen, sondern dem gewerblichen Bereich sollen Ingenieursleistungen zur technischen Gebäudeausrüstung und Energieberatung zuzurechnen sein. Diese Dienstleistungen stellten zwar eine hochqualifizierte Tätigkeit dar, würden aber vorrangig sachbezogen und gewerbetypisch betrieben (OLG Zweibrücken NJW-RR 2013, 241). Zum Berufsbild gehört eine gewisse Ausbildung durch ein Studium an einer Hochschule, Fachhochschule, privaten Ingenieurschule oder Bergschule (zu § 18 EStG: BFH BStBl. II 1991, 878 = BFHE 165, 221). Die Ausbildung an einer Fachschule zum **staatlich geprüften Techniker** reicht nicht aus (BFH BStBl. II 1982, 492 = DB 1982, 1496; BStBl. II 2000, 616 = DStR 2000, 1771, 1772; vgl. aber zum Betriebswirt → Rn. 173). Zur Nutzung der PartmbB durch Ingenieure und Architekten *Lieder/Hoffmann* NZG 2017, 325 (328).

180   Wer die Berufsbezeichnung Ingenieur nach landesgesetzlichen Regelungen kraft Verleihung oder aufgrund einer Übergangsregelung führt, ist nur dann Ingenieur iSd PartGG, wenn er die erforderlichen Kenntnisse, die denen eines Hochschulabsolventen entsprechen müssen, im Selbststudium oder durch praktische Tätigkeit erworben hat (vgl. zum Steuerrecht BFH BStBl. II 1991, 878 = BFHE 165, 221). Weist das Registergericht eine Eintragung als Partner zurück, so trifft den Zusammenschlusswilligen die Darlegungs- und uU auch die Beweislast für die entsprechenden Kenntnisse (zum SteuerR vgl. Schmidt/

Wacker EStG § 18 Rn. 109). Als Maßstab müssen die Mindestanforderungen an die Ausbildung nach allen Landesgesetzen gelten (zum SteuerR so auch Schmidt/*Wacker* EStG § 18 Rn. 109).

Auch Öffentlich bestellte **Vermessungsingenieure** (ÖbVI) sind mit ihren **181** nicht hoheitlichen Tätigkeiten grundsätzlich taugliche Gesellschafter einer Partnerschaft (→ Rn. 84). Nur die Amtstätigkeit, die ihnen aufgrund ihrer hoheitlichen Stellung nach landesrechtlichen Regelungen obliegt, darf überwiegend nicht in der Partnerschaft ausgeübt werden (BT-Drs. 12/6152, 10; → Rn. 84).

Prüfingenieure für Baustatik nehmen ebenfalls hoheitliche Aufgaben **182** wahr. Mit dieser Tätigkeit sind sie ähnlich wie die Vermessungsingenieure nicht partnerschaftsfähig. Aufgaben als Beratender Ingenieur für Tragwerksplanung und Baustatik dürfen sie dagegen in einer Partnerschaft wahrnehmen (*Bösert/Braun/Jochem* 92).

Die Anerkennung als **EuroIngenieur,** der in ein europäisches Register **183** eingetragen wird, trägt der zunehmenden Globalisierung Rechnung und weist eine qualifizierte Berufsausbildung aus. Möglich ist die Anerkennung als Euro-Ingenieur entweder mit dem Abschluss eines Hochschulstudiums als Diplom-Ingenieur oder auch als Sonderfall über eine mindestens 15-jährige Berufserfahrung in einem Ingenieurberuf (vgl. zu den genauen Anforderungen für eine Anerkennung die Hinweise auf der Homepage des Europäischen Verbands nationaler Ingenieurvereinigungen [FEANI]).

b) Ähnliche Berufe. Dem Ingenieurberuf ähnlich sind nur solche Berufe, **184** die über einen ähnlichen Ausbildungsstandard verfügen (BFH BStBl. II 1991, 878 = BFHE 165, 221; BStBl. II 1993, 324 = BFHE 166, 443) und eine ebenso gehobene Tätigkeit ausüben. Ein selbstständiger **EDV-Berater** kann nur dann als Freiberufler angesehen werden, wenn er durch klassische ingenieurmäßige Vorgehensweise wie Planung, Konstruktion und Überwachung, qualifizierte Software entwickelt (BFH BStBl. II 2004, 989 = DStR 2004, 1739, 1741; BFH BFH/NV 2007, 1854). Früher nahm der BFH eine ingenieurähnliche Tätigkeit nur an, wenn die Entwicklung von Systemsoftware im Gegensatz zu so genannter Anwendungssoftware im Vordergrund stand (so noch BFH BStBl. II 1990, 337 = BFHE 159, 171; BStBl. II 1993, 324 = BFHE 166, 443; BStBl. II 1995, 888 = DStR 1995, 1909). Im Mai 2004 änderte der BFH seine Rechtsauffassung dahin, dass auch ein selbstständiger EDV-Berater, der Computer-Anwendungssoftware entwickelt, einen dem Ingenieur ähnlichen Beruf ausüben kann (BFH BStBl. II 2004, 989 = DStR 2004, 1739, aA OVG Lüneburg BVBl. 2012, 1119). Im Folgenden weitete der BFH die freiberufliche Tätigkeit in diesem Bereich noch aus. Ingenieurähnlich ist demnach auch die Einrichtung und Betreuung von Betriebs- und Datenübertragungssystemen. Hierbei ist es ausreichend, wenn der EDV-Berater die Software zwar nicht selbst entwickelt, seine Tätigkeit aber über die bloße Installation hinausgeht, indem er die Software an die örtlichen Gegebenheiten und Bedürfnisse des Kunden anpasst (BFH BStBl. II 2010, 466 = BFHE 227, 386). Das Gleiche gilt für die Tätigkeit als Netz- und Systemadministrator, der eine große Anzahl an Servern betreut (BFH BStBl. II 2010, 467 = DB 2010, 252) sowie die Tätigkeit als leitender Manager von großen IT-Projekten (BFH BStBl. 2010 II, 404 = NJW 2010,

1166). Die erforderlichen Kenntnisse können im Selbststudium erworben sein oder durch eigene praktische Arbeiten nachgewiesen werden (BFH BStBl. II 1993, 324 = BFHE 166, 443; CR 1994, 22; BFH NJW 2002, 3655).

185   Ähnlich ist die Tätigkeit **eines Technischen Redakteurs** zu beurteilen. Sind Tätigkeit und Ausbildung im Einzelfall vergleichbar, übt der Technische Redakteur einen ingenieurähnlichen Beruf aus (BFH NJW 2002, 3655; → Rn. 225).

186   Ein **Diplom-Informatiker,** der gewisse betriebliche Abläufe daraufhin analysiert, ob sie mittels EDV-Anlagen durchgeführt werden können, wird freiberuflich tätig (BFH BStBl. II 1983, 677 = BFHE 139, 84; ähnlich BFH BStBl. II 1986, 15). In der Informatikbranche sind die Grenzen zur gewerblichen Tätigkeit allerdings fließend, sodass stets eine auf den Einzelfall bezogene Prüfung nötig ist (→ Rn. 184; vgl. nur FG München Urt. v. 17.1.1992 – 8 K 1276/91 (unveröff.); BFH BStBl. II 1993, 324 = BFHE 166, 443; BStBl. II 1990, 337 = BB 1990, 835; FG Hannover BRAK-Mitt. 1995, 42). Auch wenn die Ausbildung des „ähnlichen" Berufs grundsätzlich der des Katalogberufs vergleichbar sein muss, kann auch ein Autodidakt, der über Kenntnisse und Fähigkeiten verfügt, die denen eines Diplom-Informatikers entsprechen, einen Freien Beruf ausüben (BFH BStBl. II 2010, 466 = BFHE 227, 386). Problematisch ist in Bezug auf den Zusammenschluss die in einer Partnerschaft zwingend personenabhängige Namensgebung (→ § 2 Rn. 1 ff.), während im Informatikbereich technikbezogene Firmennamen üblich sind.

187   Bei dem Beruf des **Kfz-Sachverständigen** ist nach der Aufnahme der hauptamtlichen Sachverständigen in § 1 Abs. 2 S. 2 nicht mehr allein danach zu fragen, ob er dem Ingenieurberuf ähnlich ist (→ Rn. 184; zu § 18 EStG vgl. BFH BStBl. II 1989, 198 = BB 1989, 757). Freiberuflich kann auch die **beratende Tätigkeit** für Unternehmen hinsichtlich Produktherstellung und -gestaltung sein.

188   **c) Architekten.** Für **Architekten** gilt weitgehend ein landesrechtlicher Bezeichnungsschutz (vgl. BauKaG NRW v. 16.12.2003, GVBl. S. 786). Deshalb ist Architekt iSd § 1 Abs. 2 S. 2, wer berechtigt ist, diese Berufsbezeichnung zu führen (BFH BStBl. II 1982, 492 = DB 1982, 1496). Der Berufswillige muss entweder eine Architekten-Ausbildung an einer Hochschule oder einer vergleichbaren Einrichtung abgeschlossen haben oder in sonstiger Weise seine Befähigung als Architekt nachweisen können. Aufgabe des Architekten ist die gestaltende, technische, wirtschaftliche und ökologische Planung von Bauwerken, ferner die Beratung, Betreuung und Vertretung des Bauherrn in den mit der Planung und Durchführung eines Vorhabens zusammenhängenden Fragen sowie die Überwachung der Ausführung (so *Schick,* Die freien Berufe im Steuerrecht, 1973, 38 unter Bezugnahme auf Art. 1 Abs. 1 des BayArchG v. 31.7.1970 BayVBl. 363; *Portz/Rath,* Architektenrecht, 4. Aufl. 2007, Rn. 2, 7; *Staudacher* Thode/Wirth/Kuffer ArchitektenR-HdB § 11 Rn. 17 f.). Soweit ein Architekt sich vorwiegend mit der wirtschaftlichen (finanziellen) **Bau-Betreuung** beschäftigt, wird er gewerblich tätig (BFH BStBl. II 1973, 668 = DB 1973, 1535; BStBl. II 1974, 447 = DB 1974, 773; BStBl. II 1989, 727 = NJW 1990, 343). Ebenso kann ein Architekt Grundstückshandel und -vermittlung nur außerhalb einer Partnerschaft betreiben.

Den Architekten gleichgestellt sind **Landschafts-** und **Innenarchitekten** 189
sowie **Stadtplaner** (vgl. die Zusammenfassung dieser Berufe im BauKaG
NRW, insbesondere §§ 1, 2 BauKaG NRW; so auch MWHLW/*Lenz* Rn. 59;
Portz/Rath, Architektenrecht, 4. Aufl. 2007, Rn. 4ff.).

d) Handelschemiker. Ein Handelschemiker erstellt Analysen und er- 190
forscht Stoffe aller Art, deren chemische Zusammensetzung und ihr Verhalten
(BFH BStBl. II 1973, 183 = DB 1973, 649). Die Berufsbezeichnung des Han-
delschemikers ist nicht gesetzlich geschützt. Dennoch setzt seine Tätigkeit eine
wissenschaftliche Vorbildung voraus (BFH BStBl. III 1965, 592 = BB 1965,
1141).

Dem Handelschemiker ähnlich ist der Beruf des **Biologen.** Nach Auskunft 191
des Verbandes Deutscher Biologen in Kiel existiert allerdings nur eine geringe
Zahl von Freiberuflern. 1995 wurde von der European Countries Biologist
Association (ECBA) der Titel **EuroBiologe** definiert. Dieser wurde von dem
European professional Biologist abgelöst. Voraussetzung für die Erlangung
dieses Titels ist die Mitgliedschaft im nationalen Biologenverband (in Deutschland der Verband Deutscher Biologen, vdbiol) sowie eine mindestens achtjäh-
rige Tätigkeit als Biologe.

e) Hauptberufliche Sachverständige. Nach allgemeinem Sprachge- 192
brauch ist der Sachverständige ein Spezialist auf einem eng definierten Sach-
gebiet, das idR den Teilbereich eines Berufes bildet. Der Angehörige eines
Berufes wird erst dann zum Sachverständigen, wenn er sich auf einem abgrenzbaren Gebiet des beruflichen Tätigkeitsfeldes besondere Detailkenntnisse
verschafft hat (§ 3 Abs. 2d MSVO-DIHK [neugefasst aufgrund des Beschlusses
des Arbeitskreises Sachverständigenwesen vom 30.11.2009]; BGH NJW
1984, 2365; *Böttger* in Bayerlein SachverständigenR-HdB § 1 Rn. 7; genauer
Wellmann/*Weidhaas* Rn. 2). Die Aufgabe des Sachverständigen besteht darin,
dem Unkundigen durch seine besondere Sachkunde eine eigene Urteilsbil-
dung zu ermöglichen (Wellmann/*Weidhaas* Rn. 3).

In § 18 EStG sind die hauptberuflichen Sachverständigen nicht als Frei- 193
berufler aufgeführt. Sie wurden in das PartGG erst auf Vorschlag des Rechtsausschusses aufgenommen (BT-Drs. 12/7642, 4, 12). Trotz dieser Änderung
des ursprünglichen RegE hat dessen Begr. (BT-Drs. 12/6152, 10) weiterhin
Gültigkeit. Danach soll die Sachverständigentätigkeit nicht schon als solche
freiberuflich sein. Vielmehr kann hier auf die Differenzierung der finanzgerichtlichen Rspr. zurückgegriffen werden. Danach waren Sachverständige nur
dann als Freiberufler anzusehen, wenn ihre Tätigkeit der eines freiberuflichen
Ingenieurs ähnlich war oder als wissenschaftlich qualifiziert werden konnte
(Littmann/Bitz/Pust/*Steinhauff* EStG § 18 Rn. 84f. und 203ff.). Nach Erlass
der Landes-Ingenieurgesetze wurde ein ähnlicher Ausbildungsstandard auch
für die Anerkennung von Sachverständigen als Freiberufler gefordert (BFH
BStBl. II 1981, 120; FG Hessen EFG 1976, 603). Zwar muss nach der Aufnahme der Sachverständigen in den Katalog des § 1 Abs. 2 S. 2 nicht mehr auf
die ingenieurähnliche Ausbildung abgestellt werden. Jedoch ist auch weiterhin
eine qualifizierte Ausbildung zu verlangen (so auch die Begr. BT-Drs. 12/6152,
10). Allein gewerbliche oder handwerkliche Erfahrungen des Gutachters reichen nicht aus. Zudem ist erforderlich, dass die Tätigkeit als Sachverständiger,

die jemand in die Partnerschaft einbringt, dessen **Hauptberuf** darstellt. Es muss hier der Schwerpunkt der beruflichen Betätigung liegen (BT-Drs. 12/7642, 12). Die Möglichkeit zum Zusammenschluss von Sachverständigen in einer Partnerschaftsgesellschaft hat auch in die MSVO-DIHK Eingang gefunden. So können sich Sachverständige gem. § 21 MSVO-DIHK zur Ausübung ihrer Sachverständigentätigkeit in jeder beliebigen Rechtsform zusammenschließen. Nr. 21.1 der Richtlinien zur MSVO-DIHK weist explizit auf die Möglichkeit zum Zusammenschluss in der Partnerschaft hin (Einzelheiten zur Ausübung der Sachverständigentätigkeit in der Rechtsform der Partnerschaftsgesellschaft finden sich bei *Jacobs,* Der Bausachverständige, 2012, 58 ff.).

194   Problematisch ist die Einordnung des **Kfz-Sachverständigen.** Die gutachterliche Tätigkeit eines Handwerksmeisters ist mangels qualifizierter höherer Ausbildung grundsätzlich nicht freiberuflich (aA noch FG München EFG 1972, 364). Dagegen ist ein **Unfallsachensachverständiger,** der Schadensursachen ermittelt, als freiberuflich anzuerkennen, da er umfangreicher mathematisch-physikalischer Kenntnisse bedarf (BVerwG DÖV 1970, 566; Römermann/*Zimmermann* Rn. 111). Die Tätigkeit eines Architekten als **vereidigter Bauschätzer** einer Brandversicherungskammer ist deshalb freiberuflich (BFH BStBl. III 1959, 267 = BB 1959, 840), nicht dagegen die Tätigkeit eines **Schätzers von Einrichtungsgegenständen und Kunstwerken** (BFH BStBl. II 1971, 749 = BB 1971, 1312). Auch **Briefmarkenprüfer oder -sachverständige** (FG Münster EFG 1976, 145) und **Havariesachverständige** (BFH BStBl. III 1965, 593 = BB 1965, 1097; FG Bremen DStR 1981, 237) sind gewerblich tätig. Ebenso wenig sind **Patentberichterstatter** Freiberufler, wenn sie lediglich Interessenten mit Informationen über vorliegende Patentschriften versorgen (BFH BStBl. III 1956, 89 = NJW 1956, 608).

195   Personen, die bei der Erstattung von Gutachten weisungsgebunden sind, üben keine Sachverständigentätigkeit aus und dürfen sich in der Öffentlichkeit auch nicht als Sachverständige bezeichnen. **Angestellte von Versicherungen,** die Schäden im Auftrag ihres Arbeitgebers regulieren, sind daher keine Sachverständigen. Fließend sind die Grenzen zwischen hauptberuflicher Sachverständigentätigkeit und **freiberuflicher Beratung.** Letztlich hängt die Zuordnung vom Parteiwillen ab (*Böttger* in Bayerlein SachverständigenR-HdB § 1 Rn. 12; *Roeßner* in Bayerlein SachverständigenR-HdB § 8 Rn. 3).

4. Vermittler von geistigen Gütern und Informationen

196   **a) Journalisten.** Journalistische Tätigkeit besteht in der Information der Öffentlichkeit über gegenwartsbezogene oder auch vergangene Ereignisse und Sachverhalte mittels eines Mediums. Ein gesetzlich fixiertes Berufsbild gibt es hier nicht. Auch eine gewisse Vorbildung kann grundsätzlich nicht verlangt werden. Gleichgültig ist auch, welches Medium – Zeitung, Zeitschrift, elektronische Medien, Rundfunk oder Fernsehen – der Journalist verwendet. Die vermittelten Informationen müssen sich auch nicht notwendig auf aktuelle Ereignisse beziehen (so aber wohl BFH BStBl. II 1978, 565 [567] = BB 1978, 1346).

197   Wer als **Nachrichtenagentur** mit Nachrichten handelt, betätigt sich gewerblich (Littmann/Bitz/Pust/*Steinhauff* EStG § 18 Rn. 221). **Werbeberater**

bezwecken keine Information der Öffentlichkeit und sind daher keine Journalisten.

b) Bildberichterstatter. Auch ein Bildberichterstatter übt journalistische 198
Tätigkeit aus; er vermittelt oder vertieft Informationen durch Bilder oder
Filme, die der Öffentlichkeit durch die herkömmlichen (BFH BStBl. II 1971,
267 = BB 1971, 426) oder elektronischen Medien nahe gebracht werden. Er-
klärende Texte sind dabei nicht notwendig. Voraussetzung ist allerdings, dass
die Bilder einen eigenständigen Nachrichtenwert besitzen. Eine besondere
Vorbildung ist für die Ausübung des Berufes mangels einer gesetzlich fixierten
Berufsbezeichnung nicht erforderlich.

Ein **Fotograf,** der Lichtbilder zu einem dem individuellen Interesse des 199
Auftraggebers dienenden Zweck – zB Werbung, Verwertung für Vermes-
sungs- und Planungsarbeiten, Wandschmuck, Programmhefte und Bücher –
herstellt, übt eine gewerbliche Tätigkeit aus (BFH BStBl. II 1971, 267 = BB
1971, 426; BStBl. II 1998, 441 = DStR 1998, 1048). Hier besteht der Zweck
der Bilder anders als bei einer journalistischen Tätigkeit nicht in der Information der Allgemeinheit.

c) Dolmetscher. Die Berufsbezeichnungen **Übersetzer** und **Dolmet-** 200
scher sind nicht geschützt. Dolmetscher ermöglichen die sprachliche Verständigung zwischen Menschen, die nicht dieselbe Sprache sprechen (gesproche-
ner Texttransfer). Im Gegensatz dazu übertragen Übersetzer schriftliche
Gedankenäußerungen von einer Sprache in die andere. Im Einzelfall kann ein
Übersetzer auch schriftstellerisch tätig sein, wobei die Unterscheidung wegen
der Aufnahme des Schriftstellerberufes in § 1 Abs. 2 S. 1 ohne praktische Bedeutung ist. Eine Vorbildung ist daher derzeitigem Verständnis grundsätzlich
nicht erforderlich (Littmann/Bitz/Pust/*Steinhauff* EStG § 18 Rn. 227), obschon es an Fachschulen oder Fachhochschulen Studiengänge gibt, die zu
einem Abschluss als „Diplom-Dolmetscher" oder „Diplom-Übersetzer" führen. Ein ergänzendes Qualitätsmerkmal neben einem etwaigen Studienabschluss kann die Mitgliedschaft in einem einschlägigen Berufsverband sein.

d) Privatdetektive. Privatdetektive können mit Blick auf ihre Recher- 201
chetätigkeit zwar eine gewisse Nähe zu Journalisten aufweisen. Allerdings
wird es ihnen idR an einer besonderen Vorbildung und Qualifikation fehlen,
sodass eine Einordnung als partnerschaftsfähiger Freier Beruf nicht in Betracht
kommt (ebenso MWHLW/*Lenz* Rn. 79).

5. Lotsen

Lotsen unterstützen aufgrund ihrer besonderen Revier- und Sachkunde die 202
Schiffsführung bei der sicheren Navigation, um Kollisionen und Grundbe-
rührungen zu vermeiden. Ziel ist dabei die Vermeidung von Gefahren für das
Schiff, seine Besatzung und Ladung, sowie die Sicherheit und Leichtigkeit des
Gesamtverkehrs und der Schutz der Umwelt. Die Aufnahme der Lotsen in den
Katalog des § 1 Abs. 2 erklärt sich durch die recht pauschale Übernahme der
Katalogberufe aus § 18 Abs. 1 Nr. 1 EStG. Nach § 1 SeeLG (BGBl. 1984 I
1213, zuletzt geändert durch Gesetz v. 31.8.2015, BGBl. 2015 I 1474) ist **See-**
lotse, wer nach behördlicher Zulassung berufsmäßig auf Seeschifffahrtsstraßen

außerhalb der Häfen oder über See Schiffe als orts- und schifffahrtskundiger Berater geleitet. Der Seelotse gehört nicht zur Schiffsbesatzung. Im Gegensatz dazu sind **Hafenlotsen** ausschließlich innerhalb der Häfen tätig.

203   Der Berufszugang ist als Verbot mit Erlaubnisvorbehalt ausgestaltet. Ein Lotse bedarf daher zur Berufsausübung der Genehmigung, die als Bestallung bezeichnet wird (vgl. § 7 SeeLG). Alle bestallten Lotsen eines Seelotsreviers bilden nach § 27 Abs. 1 SeeLG eine Lotsenbrüderschaft. Diese Lotsenbrüderschaften (Elbe, Emden, Weser I, Weser II/Jade, NOK I, NOK II, Wismar/Rostock/Stralsund) bilden als Körperschaften des öffentlichen Rechts die Bundeslotsenkammer.

204   Von der finanzgerichtlichen Rspr. werden als Lotsen iSd § 18 EStG nur die amtlich zugelassenen **Berater der Schiffsführung** auf bestimmten, schwierig zu befahrenden Wasserstraßen, auf denen aus Sicherheitsgründen Lotsen an Bord genommen werden müssen, anerkannt. Zugelassen wird nur, wer das Kapitänspatent für das jeweils zu führende Schiff sowie genaueste Kenntnisse für den jeweiligen Einsatzbereich nachweist (Littmann/Bitz/Pust/*Steinhauff* EStG § 18 Rn. 232; vgl. §§ 9f. SeeLG). Zu den **Weserlotsen** vgl. OFD Bre StEK EStG § 18 R 31; für **Seelotsen** nach dem SeeLG vgl. BFH BStBl. II 1987, 625 = BB 1987, 2020). Partnerschaftsrechtlich gesehen spricht vieles dafür, alle Mitglieder der Lotsenbrüderschaften als freiberuflich einzustufen, sofern sie selbstständig tätig sind. § 21 Abs. 1 SeeLG bestimmt, dass jeder für ein Seelotsenrevier bestallte Seelotse seine Tätigkeit als freien, nicht gewerblichen Beruf ausübt.

6. Wissenschaftler, Künstler, Schriftsteller, Lehrer, Erzieher

205   **a) Allgemeines.** Im Unterschied zu § 18 EStG ist in § 1 Abs. 2 S. 2 nicht die wissenschaftliche, künstlerische, schriftstellerische etc Tätigkeit angesprochen, sondern der Wissenschaftler, Künstler, Schriftsteller etc **als Person.** Damit wird zum Ausdruck gebracht, dass nur Personen erfasst werden sollen, für die diese Tätigkeiten eine auf gewisse Dauer angelegte Berufsausübung darstellen, nicht dagegen eine nur gelegentliche Beschäftigung. Zur Begriffsbestimmung kann ergänzend auf die finanzgerichtlichen Definitionen zurückgegriffen werden. Ein Zusammenschluss in einer Berufsausübungsgesellschaft liegt hier ohnehin nicht nahe. Die Einbeziehung dieser Berufe ist Ausdruck des sehr weiten deutschen Verständnisses der Freiberuflichkeit. Die praktische Bedeutung im Bereich des Partnerschaftsrechts ist jedenfalls bei Teilbereichen eher gering, weil es etwa kaum vorstellbar ist, dass sich mehrere Schriftsteller, Maler oder Bildhauer in einer Partnerschaft zusammenschließen. Wichtig ist aber die Klarstellung, dass die Katalogberufe auch ihre Tätigkeit als Schriftsteller (Beispiel: Rechtsanwälte, die auch als wissenschaftliche Autoren tätig sind) in die Partnerschaft einbringen können.

206   Im Einzelfall können sich bei der Einordnung eines Berufes als freiberuflich iSd PartGG insofern **Überschneidungen** ergeben, als eine Subsumtion sowohl unter einen der Katalogberufe als auch unter den Begriff des Wissenschaftlers, Künstlers, Schriftstellers, Lehrers oder Erziehers möglich ist. Als Sonderregelungen haben in diesem Fall die ausdrücklich aufgeführten Katalogberufe Vorrang.

Den Wissenschaftlern, Künstlern etc **ähnliche Berufe** hat der Gesetzgeber 207
im PartGG nicht einbeziehen wollen. Nach dem eindeutigen Wortlaut des § 1
Abs. 2 S. 2 – „und ähnlicher Berufe sowie Wissenschaftler …“ – sind nur den
Katalogberufen ähnliche Berufe angesprochen (vgl. aber *Heuer,* Die Besteuerung der Kunst, 2. Aufl. 1984, 156f.; *Heuer* DStR 1983, 638 [640]).

b) Wissenschaftler. Nach dem BFH (BStBl. III 1952, 165 = BB 1952, 208
456; HFR 65, 267; BStBl. II 1973, 183 = DB 1973, 649; BFH-NV 87, 156;
BStBl. II 2009, 238 = NJW 2009, 797) liegt wissenschaftliche Tätigkeit vor,
wenn jemand selbstständig versucht, eine schwierige Aufgabe nach wissenschaftlichen Grundsätzen, dh nach streng sachlichen und objektiven Gesichtspunkten zu lösen. Voraussetzung sind wissenschaftliche Kenntnisse, ferner
muss eine hoch stehende qualifizierte Tätigkeit entfaltet werden, die der For-
schertätigkeit vergleichbar ist. Die Tätigkeit setzt nicht notwendigerweise,
aber doch idR ein Hochschulstudium voraus (BFH BStBl. II 1989, 965
= BFHE 157, 546; BStBl. II 2001, 241 [243] = BB 2001, 1392; Schmidt/
Wacker EStG § 18 Rn. 62). Der Begriff der Wissenschaft umfasst nicht nur die
Grundlagenforschung (reine Wissenschaft), sondern auch die **Anwendung**
des so erlangten Wissens auf konkrete Fragen des praktischen Lebens (angewandte Wissenschaft, vgl. BFH BStBl. III 1952, 165 = BB 1952, 456). Aus
diesem Grund sind Personen, die berufsmäßig **Gutachten** über konkrete
Streitfragen, zB medizinische Gutachten über schwer zu beurteilende Krank-
heitsfälle, juristische Gutachten über schwierige rechtliche Probleme, erstel-
len, Wissenschaftler. Bedingung ist, dass die Gutachtertätigkeit auf der Grundlage von Disziplinen ausgeübt wird, die an Hochschulen gelehrt werden (BFH
BStBl. III 1957, 106 = NJW 1957, 1168). Auf der anderen Seite fällt allein die
Ausübung eines Berufes, der wissenschaftliche Vorbildung erfordert, nicht
unter die wissenschaftliche Tätigkeit, wenn sie nicht zusätzlich die genannten
Kriterien erfüllt (BFHE 75, 325 = BStBl. III 1962, 385; BFHE 120, 204
= BStBl. II 1977, 31).

Die Tätigkeit eines an einer Hochschule ausgebildeten **Restaurators** kann 209
wissenschaftlich sein, soweit sie sich auf die Erstellung von Gutachten und Veröffentlichungen beschränkt. Die Erstellung eines Gutachtens oder die Veröffentlichung einer wissenschaftlichen Arbeit muss Gegenstand der für die Tätigkeit gezahlten Vergütung sein. In diesem Fall geht es nicht nur um die
materielle Bewahrung von Kultur- und Kunstgütern, sondern um Beratung
und Erforschung sowie diesbzgl. Dokumentation (BFH BStBl. II 2005, 362
[363] = NJW 2005, 1454).

Bei Ärzten, Rechtsanwälten, Wirtschaftsprüfern uä Freiberuflern kann auch 210
allein die nebenberuflich ausgeübte wissenschaftliche Tätigkeit als **Gutachter,**
Examensprüfer (BFH BStBl. III 1958, 255 [293] = BB 1958, 549) oder als
Lehrender (hierzu auch unten „Lehrer") in eine Partnerschaft eingebracht
werden, sofern es sich nicht um hoheitliche Tätigkeiten handelt. Allerdings
muss eine Vermischung mit gewerblichen Tätigkeiten vermieden werden. Ein
Promotionsberater, dessen Aufgaben darin bestehen, seinen Klienten auf der
Grundlage selbst entwickelter Testverfahren und Gesprächen bei der Suche des
Dissertationsthemas, der Vermittlung des Doktorvaters, der Gliederung sowie
der anschließenden wissenschaftlichen Tätigkeit Hilfe zu leisten, erfüllt nicht

die Anforderungen an eine wissenschaftliche Tätigkeit. Promotionsberater sind vielmehr gewerblich tätig (BFH NJW 2009, 797).

211   Auf die **Verwendung** des Geschaffenen kommt es nicht an. Die Verwertung der Ergebnisse wissenschaftlicher Tätigkeit zB zur Produktion kann allerdings nicht Gegenstand einer Partnerschaft sein (Schmidt/ *Wacker* EStG § 18 Rn. 64).

212   Ein **Erfinder** ist freiberuflich tätig, wenn er mit wissenschaftlichen Methoden arbeitet und seine Erfindungen als Frucht einer angestrengten geistigen Arbeit mit den Merkmalen einer Forschungstätigkeit angesehen werden können (BFHE 125, 280 = BStBl. II 1978, 545). Er ist kein freiberuflicher Wissenschaftler, wenn sich seine Erfindungen lediglich aufgrund handwerklicher Fertigkeiten und Erfahrungen ergeben (BFH BStBl. III 1967, 310 = DB 1967, 886).

213   Die **Verwertung** wissenschaftlicher Erfindertätigkeit durch Lizenzvergabe oder Übertragung von Patenten ist idR noch freiberuflich (vgl. BFH BStBl. II 1990, 377 = DB 1990, 1171; BStBl. II 2001, 798 = NJW 2002, 535).

214   **Marktforschungsberater** (hierzu BFH BStBl. II 1989, 212 = BB 1989, 682; FG Hamburg EFG 1970, 389) und **Werbeberater,** die Marktanalysen und Meinungsforschung durchführen (BFH BStBl. II 1978, 565 = BB 1978, 1297; FG Münster EFG 1967, 417), können im Einzelfall als Wissenschaftler qualifiziert werden, wenn sie ihre Berufsausübung nicht lediglich auf Marktkenntnissen und gewerblichen Erfahrungen aufbauen (Littmann/Bitz/Pust/ *Steinhauff* EStG § 18 Rn. 86).

215   Zu den freiberuflichen Wissenschaftlern können insbesondere selbstständige **Geologen, Physiker** und **Biologen** gehören (*Wehrheim/Wirtz* 16).

216   **c) Künstler.** Eine allgemeine Definition, was Kunst und wer Künstler ist, gibt es nicht. Vielmehr muss künstlerische Tätigkeit im Einzelfall im Hinblick auf die unterschiedlichen Kunstgattungen, die verschiedenen Funktionen künstlerischer Existenz und künstlerischer Wirksamkeit unterschiedlich abgegrenzt werden (sog. **offener und relativer Kunstbegriff;** dazu *Lerche* BayVBl. 1974, 177 f.). „Das Wesentliche der künstlerischen Betätigung ist die freie schöpferische Gestaltung, in der Eindrücke, Erfahrungen, Erlebnisse des Künstlers durch das Medium einer bestimmten Formensprache zu unmittelbarer Anschauung gebracht werden (BVerfGE 30, 173 = NJW 1971, 1645)". Politisches Engagement lässt den Kunstcharakter nicht entfallen (VG Köln NVwZ 1983, 374). Nach der Rspr. der Finanzgerichte zu § 18 EStG ist aber immer zu fordern, dass – anders als bei bloßer handwerklicher Tätigkeit – über die hinreichende Beherrschung des jeweiligen Mediums hinaus grundsätzlich eine **künstlerische Gestaltungshöhe** erreicht wird (BFHE 104, 314 = BStBl. II 1972, 335; BFHE 121, 410 = BStBl. II 1977, 474; BFHE 132, 77 = BStBl. II 1981, 170 [172]; aA FG Hamburg EFG 1991, 125; krit. *Heuer* DStR 1983, 638 [639]). Dabei kommt es auf die Bewertung der Gesamttätigkeit an (BFH BStBl. II 1982, 22 [23] = NJW 1982, 672).

217   Während bei **Malern** und **Musikern** idR künstlerische Tätigkeit vorliegt (sog. zweckfreie Kunst, die nicht primär einem Gebrauchszweck, sondern vielmehr ästhetischen Zwecken dient), ist bei zweckgebundener Gebrauchskunst, deren Ergebnisse einen praktischen Gebrauchswert aufweisen, (zB bei Designern) eine Würdigung des Einzelfalles vorzunehmen (BFHE 131, 365

= BStBl. II 1981, 21; BFHE 134, 135 = BStBl. II 1982, 22). Hier ist das Merkmal der künstlerischen Gestaltungshöhe entscheidend. Außer bei Malern und Musikern dürfte eine Vermutung künstlerischer Betätigung auch bei anderen traditionellen künstlerischen Berufszweigen anzuerkennen sein, wie bei den Berufen der **Bildhauer, Komponisten, Sänger, Dirigenten, Schauspieler** und **Bühnenbildner** (Littmann/Bitz/Pust/*Steinhauff* EStG § 18 Rn. 91; *Heuer,* Die Besteuerung der Kunst, 2. Aufl. 1984, 153 f.). Im Einzelfall kann allerdings selbst die Tätigkeit eines **Malers** oder **Musikers** eher handwerklichen Charakter haben (BFHE 136, 474 = BStBl. II 1983, 7). Hier muss nach künstlerischer Gestaltungshöhe, dem Ausmaß individuellen Ausdrucks und freier schöpferischer Tätigkeit unterschieden werden (BFHE 131, 365 = BStBl. II 1981, 21; BFHE 134, 135 = BStBl. II 1982, 22). Die Verkehrsauffassung ist bei der Beurteilung heranzuziehen.

Die Tätigkeit eines **Restaurators** ist künstlerisch, wenn sie ein Kunstwerk **218** betrifft, dessen Beschädigung ein solches Ausmaß aufweist, dass die Wiederherstellung eine eigene schöpferische Leistung des Restaurators erfordert. Nur in diesen Fällen ist dem Berufstätigen eine individuelle Gestaltung möglich – auch wenn eine Lösung vom Original nicht erforderlich ist. Allerdings muss der zu restaurierende Gegenstand seinerseits ein Kunstwerk darstellen. Die Restaurierung eines – selbst historisch bedeutsamen – Gebrauchsgegenstandes führt nicht zu einer künstlerischen Tätigkeit. In Betracht kommt dann allerdings eine wissenschaftliche Tätigkeit des Restaurators (→ Rn. 209; BFH BStBl. II 2005, 362 [364] = NJW 2005, 1454). **Discjockeys** werden idR gewerblich tätig. In Einzelfällen kann jedoch eine künstlerische Gestaltungshöhe erreicht werden (Schmidt/*Wacker* EStG § 18 Rn. 155). Zur Abgrenzung ist zwischen Discjockeys, die „nur" Platten und CDs abspielen, und denjenigen, die im Wege der Kreativität neue Stücke vor einem Publikum zusammenmischen, zu unterscheiden. Nur Letztere werden künstlerisch tätig (so *Grams* FR 1999, 747 [750]).

Aus Sicht des partnerschaftsrechtlichen Begriffs der Freiberuflichkeit über- **219** zeugt es nicht, wenn der BFH (BFHE 131, 365 = BStBl. II 1981, 21) es als Indiz für eine künstlerische Tätigkeit wertet, dass die Arbeitsergebnisse (Bilder, Schlager) bei einem **nicht nur kleinen Käuferkreis Anklang gefunden** haben. Hinter dieser Einschränkung stehen steuerrechtsspezifische Überlegungen, die für die Partnerschaftsfähigkeit der ausgeübten Tätigkeit bedeutungslos sind. Die Aufführung von Musik- oder Theaterstücken ist idR ebenfalls künstlerisch (RFH RStBl. 1939, 963). Dies trifft auch auf ein Tanz- und Unterhaltungsorchester zu (BFHE 136, 474 = BStBl. II 1983, 7).

Besondere Bedeutung kommt den genannten Abgrenzungskriterien bei **220** Tätigkeiten zu, deren Arbeitsergebnisse einen starken praktischen Nützlichkeits- und Gebrauchszweck haben wie zB bei **Gebrauchsgrafikern, Modezeichnern, Designern, Werbefotografen, Rednern.** Gewerblicher Verwendungszweck der künstlerischen Arbeit schließt die Beurteilung als freiberuflich nicht aus, wenn der Kunstwert den Gebrauchswert übersteigt (BFHE 121, 410 = BStBl. II 1977, 474 mwN, Werbefotografen; BFHE 94, 12 = BStBl. II 1969, 70, Beleuchtungskörper; BFHE 94, 210 = BStBl. II 1969, 138, Entwürfe von Modellkleidern; FG Hamburg EFG 1991, 125, Fachbuchillustrator).

221 Da künstlerische Tätigkeit **persönlichkeitsbezogen** ist, kann eine **Dele-gation auf Mitarbeiter** nur in begrenztem Umfang erfolgen. Allerdings kann sich ein Künstler auf die Herstellung von Entwürfen und Plänen be-schränken und die Ausführung seinen Mitarbeitern überlassen (BFH BStBl. II 1969, 138 = DB 1969, 1043). Eine eigene Mitwirkung an allen künstlerisch relevanten Tätigkeiten bei der Herstellung eines Werkes zu fordern (so aber BFHE 132, 77 = BStBl. II 1981, 170, Filmhersteller; wohl auch MüKoBGB/ *Schäfer* Rn. 73), erscheint deshalb zu eng. Ausreichen dürfte der entscheidende Einfluss auf die Gestaltung.

222 **Gewerbliche Nebentätigkeiten** eines Künstlers können nicht Gegen-stand einer Partnerschaft sein (aA MWHLW/*Lenz* Rn. 23; MüKoBGB/*Schäfer* Rn. 22, die generell auch kleingewerbliche Nebentätigkeiten zulassen wollen). Dies trifft auf die Produktwerbung von Schauspielern ebenso zu (BFHE 165, 362 = DStR 1991, 1588; FG Hamburg EFG 1991, 212) wie auf die Beraterтä-tigkeit eines künstlerischen Modeschöpfers (BFHE 94, 210 = BStBl. II 1969, 138) oder die handwerkliche Tätigkeit eines auch künstlerisch tätigen Holz-schnitzers (BFHE 165, 216 = BStBl. II 1991, 889). Gleiches gilt, wenn ein Künstler Serienprodukte aus eigenen Entwürfen herstellt und vertreibt. Die eigentliche Entwurfstätigkeit kann dagegen Gegenstand einer Partnerschaft sein. Sie gehört – **anders als im Steuerrecht** (Schmidt/*Wacker* EStG § 15 Rn. 69) – nicht aufgrund des Zusammenhangs mit der späteren Serienproduk-tion zu einer einheitlich zu beurteilenden gewerblichen Tätigkeit (zum Steuerrecht: BFHE 126, 461 = BStBl. II 1979, 236, Schriftsteller).

223 Bei Künstlern kann zweifelhaft sein, ob überhaupt eine Berufstätigkeit, also eine auf Gewinnerzielung ausgerichtete Tätigkeit, oder eher **Liebhaberei** vorliegt (vgl. Schmidt/*Wacker* EStG § 18 Rn. 75). Die Gründung und Anmel-dung einer Partnerschaft bildet indes bereits ein wichtiges Indiz für eine be-rufsmäßige Tätigkeit. Auch das erkennbare Bemühen, nicht notwendige Kos-ten zu vermeiden, ist ein solches Indiz (OFD Köln FR 1984, 561). Dass uU tatsächlich kein Gewinn erzielt wird, ist für das PartGG – anders als für das Steuerrecht – bedeutungslos.

224 **d) Schriftsteller.** Schriftsteller ist, wer in selbstständiger Gestaltung eigene Gedanken schriftlich für die Öffentlichkeit niederlegt (BFHE 117, 456 = BStBl. II 1976, 192 mwN). Im Gegensatz zu den Voraussetzungen für eine Einordnung als Künstler ist nicht erforderlich, dass das Geschriebene einen wissenschaftlichen oder künstlerischen Inhalt hat (BFHE 67, 115 = BStBl. III 1958, 316, **Werbeschriftsteller**). Schriftstellerische Tätigkeit liegt auch vor bei einem **Werbetexter,** der ua Firmenzeitschriften und Informationsbro-schüren textlich gestaltet (FG Nürnberg EFG 1980, 559), auch bei der Her-stellung von Rätseln für Zeitschriften (FG Düsseldorf EFG 1971, 229). Nicht ausreichend ist dagegen die Übersetzung von Textbüchern für Werbefilme (BFH BStBl. II 1971, 703 = DB 1991, 1994). An dem erforderlichen Öffent-lichkeitsbezug fehlt es bei einem **Trauerredner,** der bei Totenfeiern selbstver-fasste Manuskripte vorträgt (BFH BStBl. II 1982, 22 [23] = NJW 1982, 672). Auch bei der Tätigkeit eines **Restaurators,** der Dokumentationen seiner Ar-beit als eigenständige gedankliche Leistung verfasst, fehlt es an diesem Öffent-lichkeitsbezug (BFH BStBl. II 2005, 362 [363] = NJW 2005, 1454). Zur freiberuflichen Tätigkeit gehört auch die **Verwertung** der schriftstellerischen Erzeugnisse.

Ein **Technischer Redakteur,** der Anleitungen zum Umgang mit technischen Geräten verfasst, kann ebenfalls schriftstellerisch tätig sein. Voraussetzung ist, dass der auf der Grundlage mitgeteilter Daten erstellte Text als eine eigenständige gedankliche Leistung des Autors erscheint (BFH NJW 2002, 3655 = BB 2002, 2532 mAnm *Reich/Helios*). Dies ist sowohl dann anzunehmen, wenn der Text den Umgang mit einem technischen Gerät beschreibt, als auch dann, wenn sich der Text auf das reine Beschreiben der Eigenschaften eines Gerätes beschränkt (BFH NJW 2002, 3655). **225**

Wer lediglich **vorbereitende und unterstützende Handlungen** wie die Erstellung einer Materialsammlung oder das Korrekturlesen vornimmt, wird nicht schriftstellerisch tätig. Im Einzelfall können sich **Überschneidungen** zwischen den Berufen der Schriftsteller, Journalisten, Bildberichterstatter und Übersetzer ergeben. Eine Abgrenzung ist nicht erforderlich. **226**

e) Lehrer. Angehörige des Berufes als Lehrer vermitteln Wissen, Fähigkeiten, Fertigkeiten, Handlungsweisen und Einstellungen an Dritte. Auf den Gegenstand des Unterrichts kommt es nicht an (BFHE 115, 64 = BStBl. II 1975, 389). Erforderlich ist stets, dass die Beziehung zwischen dem Unterrichtenden und dem Unterrichteten durch die Persönlichkeit des Unterrichtenden geprägt wird (BFH BStBl. II 1986, 398 = BB 1986, 1064). An einer solchen Prägung fehlt es beim Betrieb eines **Sportstudios** für Fitnesstraining; im Vordergrund steht hier, dass entsprechende Sportgeräte zur Verfügung gestellt werden (Littmann/Bitz/Pust/*Steinhauff* EStG § 18 Rn. 116). Ähnliches gilt für **Tennis-, Reit-** oder **Tanzlehrer** ohne spezifische Ausbildung (aA für den Bereich des § 18 EStG teilweise BFH BStBl. II 1982, 589 = BB 1982, 1470; BStBl. II 1988, 83 = BFHE 151, 204 „Reitlehrer"; *Wehrheim/Wirtz* 17; wohl auch MüKoBGB/*Schäfer* Rn. 76; ähnlich wie hier MWHLW/*Lenz* Rn. 73). **227**

Dagegen können beruflich besonders qualifizierte Lehrer wie **Diplom-Sportlehrer** oder **Fahrlehrer** die Voraussetzungen freiberuflicher Tätigkeit erfüllen und sich daher in einer Partnerschaft zusammenschließen (vgl. auch BFH BStBl. III 1956, 334 = BB 1956, 1061; BStBl. III 1959, 275 = BB 1959, 622 „Fahrlehrer"; BStBl. II 2003, 838 = NJW 2004, 246; BStBl. II 2005, 190 = BFHE 208, 80). Dies kann zB bei Sporttrainern, die im Profibereich tätig sind, der Fall sein. Der BGH hat diese als Angehörige Freier Berufe angesehen (BGH NJW 2012, 2579). **Diplom-Sportlehrer** können im Einzelfall auch eine heilberufsähnliche Tätigkeit ausüben. Fahrlehrer sind allerdings nur dann freiberuflich tätig, wenn sie zumindest auch unterrichtend tätig sind und sich nicht auf kaufmännisch-administrative Aufgaben in der Partnerschaft beschränken (ebenso *Bösert/Braun/Jochem* 98). Zu beachten ist, dass ein Fahrlehrer gem. § 9 Abs. 3 bei Verlust der Fahrerlaubnis automatisch aus der Partnerschaft ausscheidet. Unabhängig davon zu beurteilen ist die Frage, ob ein Fahrlehrer, der seine Fahrerlaubnis verloren hat, außerhalb des Anwendungsbereichs des PartGG als Freier Beruf anzusehen ist (→ Rn. 74). Auch **juristische Repetitoren** sind nach diesen Kriterien als partnerschaftsfähig anzusehen. **228**

Selbst der nicht unterrichtende Partner einer in der Form der Partnerschaft betriebenen Schule ist noch als Lehrer anzusehen, solange er die Unterrichts- **229** veranstaltungen mitgestaltet und ihnen dabei „den Stempel seiner Persönlichkeit" aufdrückt (vgl. BFH BStBl. II 1986, 398 = BB 1986, 1064; anders für den Inhaber einer Kraftfahrschule: BFH BStBl. III 1966, 685 = BB 1967, 911). Ein **Befähigungsnachweis** ist für die steuerrechtliche Einordnung als Freiberufler iSd § 18 Abs. 1 Nr. 1 EStG nicht erforderlich, wenn der Unterricht trotzdem eine fachlich ausreichende Qualität hat (Littmann/Bitz/Pust/*Steinhauff* EStG § 18 Rn. 118). **Verkauf von Material** an Schüler macht die Lehrtätigkeit noch nicht gewerblich. Übersteigt aber zB der Verkauf von Getränken in einer Tanzschule ein bestimmtes Maß, so kann insgesamt die Einordnung als freiberuflich entfallen (vgl. FG Nürnberg EFG 1984, 75). Hier ist nach außen klarzustellen, dass es sich bei dem Verkauf der Getränke nicht mehr um eine Tätigkeit der Tanzschulpartnerschaft handelt.

230   **f) Erzieher.** Der Erzieher betreut insbesondere Heranwachsende körperlich, geistig und charakterlich, um aus ihnen tüchtige und mündige Menschen zu machen. Dabei ist Mündigkeit die Fähigkeit, selbstständig und verantwortlich die Aufgaben des Lebens zu bewältigen (BFHE 115, 64 = BStBl. II 1975, 389). Die Tätigkeiten eines Lehrers und eines Erziehers sind häufig miteinander verknüpft und können im Einzelfall ineinander übergehen. Unter den Begriff der Erzieher fallen auch **Diplom-Pädagogen** (BT-Drs. 12/6152, 10). Einen Befähigungsnachweis oder eine besondere Fachausbildung setzt die Tätigkeit als Erzieher grundsätzlich nicht voraus (BFHE 112, 474 = BStBl. II 1974, 642). Wird eine Prüfung für bestimmte Bereiche vorgeschrieben, so ist sie zwar auch nach dem PartGG kein Qualifikationserfordernis für die Eigenschaft als Freier Beruf. Gemäß § 9 Abs. 3 bildet die Berufszulassung jedoch eine zusätzliche Voraussetzung, um sich an einer Partnerschaft beteiligen zu können. Der Betrieb eines **Kindererholungsheimes** ist nur dann eine erzieherische Tätigkeit, wenn bei der Auswahl und Betreuung der Kinder erzieherische Gesichtspunkte im Vordergrund stehen (BFH BStBl. II 1974, 147 und 610). Die Aufenthaltsdauer der Kinder kann ein Indiz sein.

7. Alphabetischer Katalog

231   **Altenpfleger** sind freiberuflich tätig, soweit keine hauswirtschaftliche Versorgung der Patienten erfolgt (BMF Schreiben DStR 2004, 1963; → Rn. 140).
       Anlagenberater werden als Finanzanalysten gewerblich tätig; keine Ähnlichkeit mit dem beratenden Betriebswirt.
       Apotheker, kein Freier Beruf iSd PartGG (→ Rn. 85 ff.).
       Arbeitsmediziner (Betriebsarzt): Der nur nebenberuflich tätige Betriebsarzt kann seine Haupttätigkeit als niedergelassener Arzt ausüben. Bzgl. dieser Haupttätigkeit handelt er freiberuflich (→ Rn. 121).
       Architekten sind Freiberufler, üben aber uU gewerbliche Tätigkeit aus (→ Rn. 188 f.).
       Artisten und **Varietékünstler** sind keine Künstler iSd § 1 Abs. 2 S. 2, sondern gewerblich tätig (*Wollny* DStR 1975, 577 [579]).
       Ärzte sind grundsätzlich Freiberufler (→ Rn. 116 ff.).
       Ärztliche Inkassostelle übt gewerbliche Tätigkeit aus (→ Rn. 171).
       Augenoptiker werden nach § 1 Abs. 2 HwO gewerblich tätig.

Autolotsen in Großstädten sind mangels vergleichbarer Vorbildung nicht Lotsen iSd § 1 Abs. 2 S. 2 (Littmann/Bitz/Pust/*Steinhauff* EStG § 18 Rn. 233; → Rn. 202).

Bademeister, medizinische werden freiberuflich tätig (→ Rn. 129).

Balletttänzer sind idR künstlerisch tätig (*Wollny* DStR 1975, 577; → Rn. 216 ff.).

Bauberater oder **Bau-Betreuer** sind keine Freiberufler (→ Rn. 175).

Bauleitertätigkeit durch Ingenieure ist freiberuflich, wenn architekten- oder ingenieurähnlich (BFH DB 2006, 2613).

Baustatiker können eine freiberufliche Tätigkeit ausüben (BFH BStBl. II 1979, 109 = BB 1979, 199; BStBl. II 2001, 828 = NJW 2001, 3503).

Beratende Psychologen sind Freiberufler (→ Rn. 137).

Beratende Volks- und **Betriebswirte** sind Freiberufler (→ Rn. 172).

Bergführer sind zwar nicht Lotsen iSd § 1 Abs. 2 S. 2, da ihre Ausbildung nicht mit der eines Lotsen vergleichbar ist. Jedoch liegt bei ihnen eine unterrichtende Tätigkeit vor (Littmann/Bitz/Pust/*Steinhauff* EStG § 18 Rn. 117; *März* DStR 1994, 1177; aA ohne nähere Begr. Hermann/Heuer/Raupach/ *Brandt* EStG § 18 Rn. 600; zweifelnd *Schick,* Die freien Berufe im Steuerrecht, 1973, 43 Fn. 123; → Rn. 227).

Berufsbetreuer werden nach Rspr. des BFH gewerblich tätig (BFH NJW 2005, 1006 = DStR 2005, 244; vgl. aber FG Thüringen BtPrax 2001, 121; FG Mecklenburg-Vorpommern BtPrax 2000, 40). Da die Führung einer Betreuung ein nicht übertragbares höchstpersönliches Amt ist, besteht idR für einen über die gemeinsame Nutzung von Räumen und Sachmitteln hinausgehenden Zusammenschluss kein Bedürfnis (→ Rn. 164).

Beschäftigungs- und Arbeitstherapeuten: s. Ergotherapeuten.

Bewegungstherapeuten: s. Heileurythmisten.

Betriebsärzte: s. Arbeitsmediziner.

Bilanzbuchhalter üben eine gewerbliche Tätigkeit aus (→ Rn. 170).

Bildberichterstatter sind freiberuflich tätig, Rn. 170.

Bildhauer sind idR Künstler (→ Rn. 217).

Biologen sind den naturwissenschaftlich orientierten Berufen ähnlich, insbesondere den Chemikern (→ Rn. 191, 215).

Briefmarkenprüfer oder **-sachverständige** sind keine Freiberufler. Sie üben keine wissenschaftliche Gutachtertätigkeit aus (FG Münster EFG 1976, 145; → Rn. 194).

Bühnenbildner sind idR als Künstler Freiberufler (→ Rn. 217).

Chiropraktiker werden als Heilpraktiker angesehen und sind damit freiberuflich tätig.

Dentisten sind, obschon im PartGG nicht mehr erwähnt, Freiberufler (vgl. § 18 EStG; → Rn. 81).

Designer: Fotodesigner (BFH BStBl. II 1977, 474 mAnm in HFR 77, 282; VG Sigmaringen GewA 1995, 485) oder **Industrie-Designer** (FG Hamburg EFG 1962, 155) sind Künstler, wenn ihre Arbeiten eigenschöpferisch sind und eine bestimmte Gestaltungshöhe erreichen (BFH BStBl. II 1991, 20). Hinzukommen muss beim Industrie-Designer ein entsprechender Hochschulabschluss oder entsprechende naturwissenschaftlich-technische Kenntnisse aus einem Selbststudium (BFH BStBl. II 1991, 20).

Diätassistenten sind den Heilberufen ähnliche Freiberufler (→ Rn. 141).

Diplom-Informatiker können freiberuflich tätig sein (→ Rn. 176, 186).

Diplom-Pädagogen fallen unter den Begriff des Erziehers (vgl. auch §§ 1, 3 der vom Bundesverband Deutscher Diplom-Pädagogen und Diplom-Pädagoginnen e. V. [BDDP] hrsg. Berufsordnung; → Rn. 230).

Diplom-Psychologen sind als Psychotherapeuten oder als beratende Psychologen Freiberufler. Auch **Psychologische Psychotherapeuten** sowie **Kinder- und Jugendlichenpsychotherapeuten** nach dem PsychThG (Gesetz v. 16.6.1998, BGBl. 1998 I 1311) sind freiberuflich tätig (→ Rn. 130 ff.).

Diplom-Wirtschaftsingenieure sind freiberuflich tätig (→ Rn. 173).

Dirigenten sind idR Künstler (→ Rn. 216 ff.).

Discjockeys werden idR gewerblich tätig, können aber im Einzelfall auch künstlerische Tätigkeiten ausüben (vgl. *Grams* FR 1999, 747; → Rn. 218).

Dolmetscher sind freiberuflich tätig (→ Rn. 200).

EDV-Berater sind freiberuflich, wenn sie ingenieurähnlich tätig sind. Das ist auch bei der Entwicklung von Anwendungssoftware möglich (BFH BStBl. II 2004, 989 = DStR 2004, 1739; → Rn. 176, 184).

Eiskunstläufer sind nicht künstlerisch tätig.

Entbindungspfleger s. Hebammen.

Erfinder sind idR Freiberufler (→ Rn. 212).

Ergotherapeuten sind Freiberufler (BMF BStBl. I 2003, 183; → Rn. 145).

Erzieher sind grundsätzlich Freiberufler (→ Rn. 146, 230).

Fachkrankenpfleger sind Freiberufler, dem freiberuflichen Krankengymnasten ähnlich (BFH DB 2007, 211).

Film- und **Fernsehkameramänner** können Künstler (BFH BStBl. II 1974, 383 = BB 1974, 1425), Journalisten (BFH BStBl. II 1977, 459 = BB 1977, 782) oder auch Gewerbetreibende sein (→ Rn. 216 ff. bzw. → Rn. 224).

Filmproduzenten sind nur Künstler, wenn sie an der Filmherstellung selbst entscheidend mitwirken (BFH BStBl. II 1981, 170 = BB 1981, 592; → Rn. 216).

Finanz- und Kreditberater werden hauptsächlich auf der Grundlage kaufmännischer Kenntnisse und damit gewerblich tätig.

Fotografen sind grundsätzlich keine Künstler (BFH BStBl. III 1967, 371 = BB 1967, 912, Werbefotograf; BStBl. II 1971, 267 = BB 1971, 426, Herstellung wirklichkeitsgetreuer Luftbildaufnahmen; BStBl. II 1972, 335 = DB 1972, 807, Museumsfotograf; BFH BStBl. III 1965, 114 = BB 1965, 192; → Rn. 199, 220). **Pressefotografen** können aber Bildjournalisten sein. Eine Einstufung als Künstler ist bei eigenschöpferischen Leistungen möglich (BFH BStBl. III 1963, 216 = DB 1963, 820). **Gemäldefotografen** sind keine Freiberufler (BSG DStR 1999, 1329).

Fotomodelle sind idR gewerblich tätig (BFH BStBl. III 1967, 618 = BB 1967, 1113).

Fußpfleger sind nur als medizinische Fußpfleger Freiberufler, ansonsten gewerblich einzuordnen (FinMin Nds BB 1985, 382; BMF BStBl. I 2002, 962; 2003, 183). **Fußreflexzonenmasseure** sollen nach der geänderten Rspr. des BFH im Bereich der Heil-(hilfs-)berufe den Heilberufen ähnlich und damit freiberuflich tätig sein (Littmann/Bitz/Pust/*Güroff* EStG § 18 Rn. 162, vgl. hierzu auch Schmidt/*Wacker* EStG § 18 Rn. 155; → Rn. 148).

Gebrauchsgrafiker können Künstler sein (→ Rn. 216; sowie BFH HFR 63, 430). Sie sind Gewerbetreibende, wenn sie die von sich geschaffenen gebrauchsgrafischen Erzeugnisse vervielfältigen und auf den Markt bringen (BFH DB 1957, 447; → Rn. 220).

Geologen und andere Geowissenschaftler können freiberuflich tätig sein (→ Rn. 215).

Gerichtspsychologen sind Freiberufler (→ Rn. 136).

Handelschemiker sind Freiberufler (→ Rn. 190).

Hauptberufliche Sachverständige sind Freiberufler (→ Rn. 192).

Hausverwalter: Die Gründung einer PartG ist mangels freiberuflicher Tätigkeit nicht möglich (*Schmidt* NZG 2012, 134 [135]).

Havariesachverständige sind gewerblich tätig (BFH BStBl. III 1965, 593 = BB 1965, 1097; FG Bremen, DStR 1981, 237), → Rn. 194.

Hebammen und **Entbindungspfleger** sind Freiberufler (BMF BStBl. I 2003, 183; → Rn. 125).

Heileurythmisten sind bei kassenärztlicher Zulassung freiberuflich tätig (→ Rn. 149).

Heilmasseure (Masseure und medizinische Bademeister) sind Freiberufler (→ Rn. 123, 129).

Heilpädagogen können grundsätzlich freiberuflich tätig werden (→ Rn. 146).

Heilpraktiker sind Freiberufler (→ Rn. 123).

Innenarchitekten sind Architekten gleichgestellt.

Informatiker können freiberuflich tätig werden (→ Rn. 176, 186).

Ingenieure sind Freiberufler (→ Rn. 178 ff.).

Inkassounternehmer üben auch bei einer Registrierung nach § 10 RDG eine gewerbliche Tätigkeit aus (*Henssler/Deckenbrock* DB 2008, 41 [45]).

Insolvenz- und **Vergleichsverwaltung** ist bei Ausübung durch einen Rechtsanwalt, Steuerberater oder Wirtschaftsprüfer nach hier vertretener Ansicht stets eine freiberufliche und damit partnerschaftsfähige Tätigkeit. Es kommt nicht darauf an, ob eine berufstypische (anwaltliche, steuerberatende oder prüfende) Tätigkeit ausgeübt wird (→ Rn. 164). Bei anderen Berufen ist auf den Einzelfall abzustellen, hier kann die kaufmännische Ausrichtung die Tätigkeit als gewerblich prägen.

Journalisten sind Freiberufler (→ Rn. 196).

Kammerrechtsbeistände sind als Mitglieder von RAK Freiberufler (→ Rn. 155).

Kfz-Sachverständige können freiberuflich tätig sein (→ Rn. 187, 194).

Kinder- und Jugendlichenpsychotherapeuten (geregelt im PsychThG v. 16.6.1998, BGBl. 1998 I 1311) sind Freiberufler (BT-Drs. 12/6152, 29; → Rn. 131 ff.).

Komponisten sind idR Künstler; dies gilt nicht nur für die Komposition sog. ernster Musik, sondern auch für Unterhaltungs- und Filmmusik (→ Rn. 217).

Kosmetikerinnen sind nicht freiberuflich tätig (Schmidt/*Wacker* EStG § 18 Rn. 155). Insbesondere ist keine Ähnlichkeit zu den Heilberufen gegeben.

Krankengymnasten (Physiotherapeuten) sind Freiberufler (→ Rn. 126 ff.).
Krankenschwestern und -pfleger sind Freiberufler iSd § 1 Abs. 2, wenn
sie selbstständig tätig werden (→ Rn. 140).
Kunstmaler sind idR Künstler (→ Rn. 216 ff.).
Künstler sind grundsätzlich Freiberufler (→ Rn. 216 ff.).
Künstleragenten sind selbst keine Künstler, sondern als Makler gewerb-
lich tätig. Nur wenn Kernpunkt der Tätigkeit das Arrangement einer Darbie-
tung ist, ist eine andere Beurteilung möglich (Nachw. der Rspr. bei Littmann/
Bitz/Pust/*Steinhauff* EStG § 18 Rn. 104).
Landschaftsarchitekten sind Architekten.
Lehrer sind grundsätzlich Freiberufler (→ Rn. 205, 227); **Reit-, Tanz-,
Sport-, Fahr-, Turnlehrer** sind Lehrer iSd § 1 Abs. 2 S. 2 (→ Rn. 228).
Logopäden sind den Heilberufen ähnliche Freiberufler (→ Rn. 144).
Lotsen sind als Berater der Schiffsführung freiberuflich tätig (→ Rn. 202 ff.).
Maler sind regelmäßig künstlerisch tätig und damit Freiberufler
(→ Rn. 217).
Mannequins: s. Fotomodell.
Marktforschungsberater können im Einzelfall als Wissenschaftler frei-
beruflich tätig sein (krit. *List* BB 1993, 1488 [1489 f.]; → Rn. 214).
Marketing-Berater können dem beratenden Betriebswirt ähnlich sein.
Masseure und **medizinische Bademeister** sind freiberuflich tätig, soweit
sie medizinische Massagen im Gegensatz zu Schönheitsmassagen vornehmen
(Schmidt/*Wacker* EStG § 18 Rn. 155; → Rn. 123, 129).
Medizinisch-/technisch-/diagnostische Assistentinnen sind frei-
beruflich tätig (BMF BStBl. I 2003, 183; DStR 2004, 1963; → Rn. 141).
Mitglieder von RAK: s. Rechtsanwälte.
Modezeichner können Künstler sein (→ Rn. 220).
Musiker sind idR Künstler (→ Rn. 216 ff.); Zweifel bestehen bei Mitglie-
dern von Tanz- und Unterhaltungsorchestern. Hier ist auf die künstlerische
Gestaltungshöhe abzustellen (BFH NJW 1983, 1224 = BStBl. II 1983, 7;
→ Rn. 218).
Nachrichtenagenturen werden gewerblich tätig (→ Rn. 197).
Nurnotare sind im Gegensatz zu **Anwaltsnotaren,** die bezogen auf ihre
anwaltliche Tätigkeit eine Partnerschaft eingehen können, nicht partner-
schaftsfähig (→ Rn. 82, → Rn. 325).
Orthopädieschuhmacher (geregelt durch die VO über die Berufsausbil-
dung zum Orthopädieschuhmacher v. 21. 4. 1999, BGBl. 1999 I 789) werden
gewerblich tätig (vgl. § 1 der VO iVm § 1 Abs. 2 HwO).
Orthoptisten können freiberuflich tätig sein und sind den Heilberufen
ähnlich (→ Rn. 147).
Pantomimen sind idR künstlerisch tätig (*Wollny* DStR 1975, 577;
→ Rn. 216).
Patentanwälte sind Freiberufler (→ Rn. 150, 160).
Patentberichterstatter können Freiberufler sein (→ Rn. 194).
Personalberater werden nicht freiberuflich tätig.
Psychologische Psychotherapeuten nach dem PsychThG (Gesetz v.
16. 6. 1998, BGBl. 1998 I 1311) sind freiberuflich tätig (→ Rn. 130 ff.).
Physiker können als Wissenschaftler Freiberufler sein (→ Rn. 215).

Physiotherapeut ist die seit 1994 geltende Berufsbezeichnung für Krankengymnasten (→ Rn. 126 ff.).

Podologen sind den Heilberufen ähnliche Freiberufler, soweit sie im Bereich der medizinischen Fußpflege tätig sind, vgl. Fußpfleger (→ Rn. 148).

Privatdetektive werden idR gewerblich tätig (→ Rn. 201).

Produktwerbung durch Schauspieler ist gewerbliche Tätigkeit (→ Rn. 222).

Promotionsberater sind gewerblich tätig (BFH NJW 2009, 797; → Rn. 210).

Psychotherapeuten sind Freiberufler (→ Rn. 130 ff.).

Rechtsanwälte und Mitglieder von RAK gem. § 209 BRAO sind Freiberufler (→ Rn. 150 ff.).

Rechtsbeistände sind, soweit sie verkammert sind, trotz gewisser Ähnlichkeiten zu den Gewerbetreibenden den Freien Berufen zuzuordnen (BFH BStBl. II 1998, 139 = BB 1998, 1093; → Rn. 155).

Rechtsdienstleister (§ 10 RDG): Bei den gem. § 10 RDG registrierten Personen ist zu differenzieren. Rentenberater und Rechtsdienstleister in einem ausländischen Recht, die nach § 10 RDG registriert sind, sind den Freien Berufen zuzuordnen. Etwas anderes gilt, selbst im Falle ihrer Registrierung, für die als gewerblich einzustufende Inkassotätigkeit, die nicht in der Partnerschaft ausgeübt werden kann (→ Rn. 156).

Redner können Künstler sein (→ Rn. 220).

Regisseure sind grundsätzlich Künstler (BGH NJW 1981, 2055 = BGHZ 79, 362; → Rn. 216).

Registrierte Rechtsdienstleister: s. Rechtsdienstleister.

Reiseleiter sind nicht Lehrer, da ihre unterrichtende Tätigkeit idR nachrangig ist (FG BdW EFG 1963, 63; zur Ähnlichkeit mit der Tätigkeit eines Dolmetschers oder der eines Lotsen FG Nürnberg EFG 1963, 63).

Rentenberater: s. Rechtsdienstleister.

Restauratoren können im Einzelfall wissenschaftlich oder künstlerisch tätig sein (BFH BStBl. II 2005, 362 = NJW 2005, 1454; → Rn. 209, 218, 224).

Rettungsassistenten nach dem Gesetz v. 10.7.1989 (BGBl. 1989 I 1384) sind freiberuflich tätig (→ Rn. 142).

Sachverständige können sich in einer Partnerschaft zusammenschließen (Nr. 21.1 der Richtlinien zur MSVO-DIHK; → Rn. 192).

Sänger sind idR Künstler (→ Rn. 216).

Schauspieler sind bis auf Serienproduktionen idR Künstler (→ Rn. 217, 222).

Schriftleiter üben als selbstständige Hrsg. einer Fachzeitschrift oder einer fachwissenschaftlichen Buchreihe grundsätzlich eine freiberufliche Tätigkeit aus (vgl. BFH BStBl. III 1956, 251 = BB 1956, 843).

Schriftsteller sind Freiberufler (→ Rn. 224).

Serienproduktion bei Künstlern ist gewerbliche Tätigkeit (→ Rn. 222).

Sportstudio. Der Betrieb eines Sportstudios ist keine Lehrtätigkeit iSd § 1 Abs. 2 S. 2 (→ Rn. 227).

Sportler, die regelmäßig an Sportveranstaltungen und Wettkämpfen teilnehmen, erzielen durch Preise, Erfolgsprämien und Werbeeinnahmen gewerbliche Einkünfte (BFH BStBl. II 2002, 271 = BB 2001, 1130; Schmidt/

Wacker EStG § 18 Rn. 132). Mannschaftsspieler werden schon aufgrund von bindenden Vereinsweisungen nicht selbstständig tätig.

Sprachheilpädagogen und **Sprachtherapeuten** können freiberuflich tätig sein (→ Rn. 146).

Stadtplaner sind ebenso wie Architekten Angehörige der Freien Berufe (vgl. § 1 Abs. 4 BauKaG NRW; → Rn. 189).

Steuerberater sind Freiberufler (→ Rn. 168).

Steuerbevollmächtigte sind Freiberufler (→ Rn. 169).

Synchronsprecher bei der Übersetzung ausländischer Spielfilme sind Freiberufler (BFH BStBl. II 1979, 131 = BB 1979, 719; BStBl. II 1981, 706 = BB 1981, 1626), nicht dagegen bei der Übertragung von Kultur-, Lehr- und Industriefilmen (BFH BStBl. II 1971, 703 = BB 1971, 1399; BStBl. II 1977, 459 = BB 1977, 782).

Technische Redakteure können eine schriftstellerische Tätigkeit ausüben (BFH NJW 2002, 3655 = BB 2002, 2532; → Rn. 225). Auch eine ingenieurähnliche Tätigkeit kann im Einzelfall vorliegen (→ Rn. 185).

Testamentsvollstreckung ist als anwaltstypische Tätigkeit bei Ausübung durch Rechtsanwälte, Steuerberater und Wirtschaftsprüfer als freiberuflich einzustufen. Bei der Wahrnehmung durch andere Berufe ist auf den Einzelfall abzustellen (→ Rn. 162). Zur gewerblichen Testamentsvollstreckung *Henssler* ZEV 1994, 261.

Tierärzte sind Freiberufler (→ Rn. 116, 118).

Tontechniker können Künstler sein, wenn es ihre Aufgabe ist, aus den Darbietungen einzelner Musiker ein bestimmtes Gesamtklangbild zu produzieren (FG Berlin EFG 1987, 244; → Rn. 216 ff.).

Trauerredner können Künstler sein, sind aber nicht Schriftsteller (BFH BStBl. II 1982, 22 [23] = NJW 1982, 672; → Rn. 216, 224).

Treuhänder: Treuhandtätigkeiten sind bei untergeordneter Ausübung durch einen Rechtsanwalt, Steuerberater oder Wirtschaftsprüfer stets dem jeweiligen Beruf zuzuordnen und damit – unabhängig von einer davon abweichenden steuerrechtlichen Beurteilung – als freiberuflich isv § 1 Abs. 2 einzustufen. Sie können damit in einer Partnerschaft ausgeübt werden (→ Rn. 171, 336, → § 8 Rn. 72). Es kommt nach der Rspr. des BGH (BGH NZG 2016, 398 Rn. 30 mAnm *Henssler/Holz* EWiR 2016, 239) nicht darauf an, ob tatsächlich eine berufstypische Tätigkeit ausgeübt wird. Bei sonstigen Berufen wird die Tätigkeit dagegen auch gesellschaftsrechtlich regelmäßig als gewerblich einzuordnen sein (vgl. für den Verwalter einer Bauherrengemeinschaft BFH BStBl. II 1990, 539; BStBl. II 1995, 171 = BB 1995, 27; → Rn. 162).

Turniertänzer sind nicht künstlerisch tätig.

Übersetzer sind freiberuflich tätig (→ Rn. 200).

Umweltgutachter: Der durch das Umweltauditgesetz vom 15.12.1995 (BGBl. 1995 I 1591; idF der Bekanntmachung vom 4.9.2002, BGBl. 2002 I 3490) neu geschaffene Beruf des Umweltgutachters gehört zu den Freien Berufen. Die geschützte Berufsbezeichnung darf nur von hierzu ernannten Personen geführt werden (dazu *Strobel* DStR 1995, 1715; *Könen* DStR 1996, 320). Umwelt-Auditing ist eine dem Ingenieurberuf vergleichbare Tätigkeit (vgl. FG Köln Urt. v. 15.12.2005 – K 3800/02).

Unfallursachensachverständige sind Freiberufler (→ Rn. 194).

Unternehmensberater sind als beratende Volks- und Betriebswirte je nach Tätigkeit Freiberufler (→ Rn. 173 ff.).

Vereidigte Buchprüfer (vereidigte Buchrevisoren) sind Freiberufler (→ Rn. 165, 167).

Vereidigte Bauschätzer sind Freiberufler, wenn diese Tätigkeit von einem Architekten ausgeübt wird (→ Rn. 194).

Vermessungsingenieure können nur mit ihrer nicht hoheitlichen Tätigkeit als Ingenieure partnerschaftsfähig sein (→ Rn. 84, 181).

Versicherungsberater werden gewerblich tätig (BFH BStBl. II 1998, 139 = BB 1998, 1093).

Visagisten können eine künstlerische Tätigkeit ausüben. Abzustellen ist auf die künstlerische Gestaltungshöhe.

Werbeberater können im Einzelfall als Wissenschaftler oder Künstler – Werbeschriftsteller, Werbekünstler – freiberuflich tätig sein (→ Rn. 174, 197, 214).

Werbetexter können Schriftsteller iSd § 1 Abs. 2 S. 2 sein (→ Rn. 174, 224).

Wirtschaftsberater können je nach Tätigkeit Freiberufler sein (→ Rn. 175).

Wirtschaftsprüfer sind Freiberufler (→ Rn. 165 ff.).

Wissenschaftler üben idR freiberufliche Tätigkeit aus (→ Rn. 205, 208 ff.).

Wohnungseigentumsverwalter: Die Gründung einer PartG ist mangels freiberuflicher Tätigkeit nicht möglich (*Schmidt* NZG 2012, 134 [136]).

Zahnärzte sind Freiberufler (→ Rn. 116 ff.).

Zahnpraktiker sind den Dentisten ähnlich (BMF BStBl. I 2003, 183) und damit grundsätzlich freiberuflich tätig (→ Rn. 143).

IX. Sonderfälle der Beteiligung

1. Stille Beteiligungen / Stille Gesellschaft

Stille Beteiligungen an der Partnerschaft sollen nach der amtl. Begr. (BT- **232** Drs. 12/6152, 7 [9]) ausgeschlossen sein. Mit „stillen Beteiligungen" sind untechnisch alle Formen der nicht aktiven Ausübung des Freien Berufes in der Partnerschaft gemeint (→ Rn. 24).

Der Ausschluss einer stillen Gesellschaft iSd §§ 230 ff. HGB folgt bereits aus **233** der fehlenden Ausübung eines Handelsgewerbes. Unzulässig ist aber auch die Gründung einer **bürgerlich-rechtlichen stillen Gesellschaft** zwischen der Partnerschaft und einem stillen Gesellschafter. Der stille Gesellschafter beteiligt sich bei dieser Innengesellschaft mit einer Vermögenseinlage an einer Berufsausübungsgesellschaft und nimmt dafür am Gewinn der freiberuflichen Praxis teil. Üblicherweise werden ihm zusätzlich bestimmte Mitspracherechte eingeräumt (vgl. MüKoBGB/*Schäfer* BGB § 705 Rn. 286 ff.). Die für die Partnerschaft ablehnende Beurteilung gilt sowohl für die typische stille Gesellschaft, bei der der Stille an Gewinn (und Verlust) beteiligt ist, als auch für die atypische stille Gesellschaft mit der Beteiligung des Stillen am Gesellschaftsvermögen. Da eine rein kapitalmäßige Beteiligung an der Partnerschaft unzulässig ist, wäre in der Gründung einer stillen GbR ein unzulässiges Umgehungsgeschäft zu sehen (vgl. auch BT-Drs. 12/6152, 7). Die Vereinbarung einer stillen Gesellschaft wäre demnach gem. § 134 BGB iVm § 1 Abs. 1 S. 1 nichtig. Auch die bloße Beteiligung am Gewinn oder Verlust der Gesellschaft bedeutet eine Gefährdung der Unabhängigkeit des Freiberuflers, die nicht nur von den verschiedenen Berufsrechten, sondern vom PartGG ganz allgemein unterbunden werden soll (→ Rn. 23). Entsprechende Verbote gelten auch bei anderen Gesellschaftsformen (vgl. zum Verbot von Unterbeteiligung, Nießbrauch und Treuhand bei einer Rechtsanwaltsgesellschaft mbH *Henssler* in Henssler/Streck SozietätsR-HdB Kap. D 69 ff.; Henssler/Prütting/*Henssler* BRAO § 59 e Rn. 28 f.)

2. Unterbeteiligung, Nießbrauch und Treuhand

234   Entsprechend ist auch eine **Unterbeteiligung** im Sinne einer vertraglich eingeräumten Mitberechtigung an einem dem „Hauptbeteiligten" zustehenden Gesellschaftsanteil (dazu Staub/*Schäfer* HGB § 105 Rn. 109 ff.) unzulässig. Der Wortlaut des Gesetzes steht hier zwar nicht entgegen. Jedoch wäre diese Form einer stillen Beteiligung an der Partnerschaft ebenfalls ein Umgehungsgeschäft. Jeder Partner soll, so die Gesetzesbegr. (BT-Drs. 12/6152, 7), „seinen Beruf in eigener Verantwortung ausüben und für sein Handeln grundsätzlich persönlich haften". Die Partizipation am unternehmerischen Erfolg der Partnerschaft widerspricht dem erklärten Regelungszweck des PartGG. Darüber hinaus kann sich auch aus berufsrechtlichen Vorschriften die Unzulässigkeit einer Unterbeteiligung ergeben. So ist eine – sei es auch nur mittelbare – Beteiligung nicht mitarbeitender Dritter am Ergebnis anwaltlicher Tätigkeit nicht mit § 27 S. 1 BORA zu vereinbaren.

235   Ebenso wenig kann ein **Nießbrauch** an einem Partnerschaftsanteil bestellt werden. Hierdurch werden dem Berechtigten nicht nur bestimmte Vermögensrechte, sondern auch Mitverwaltungsrechte am Gesellschaftsanteil eingeräumt, die er unmittelbar auch gegenüber den anderen Gesellschaftern geltend machen kann (vgl. Staub/*Schäfer* HGB § 105 Rn. 114 ff.). Eine Nießbrauchbestellung verstößt dementsprechend in besonders krasser Weise gegen das Erfordernis der aktiven Berufsausübung. Dasselbe gilt für den Fall, dass ein Angehöriger eines Freien Berufes eine Beteiligung lediglich als **Treuhänder** hält. Die eigennützige Verwaltungstreuhand (vgl. *Henssler* AcP 196 [1996], 37 [42]; Staub/*Schäfer* HGB § 105 Rn. 102) an einem Partnerschaftsanteil, bei welcher der Treuhänder zwar dinglich berechtigt wird, schuldrechtlich aber an die Weisungen des Treugebers gebunden ist, wäre der verbotenen Unterbeteiligung gleichzusetzen und würde demnach ebenfalls ein Umgehungsgeschäft darstellen (BT-Drs. 12/6152, 7; *Gail/Overlack* Rn. 84 ff., die allerdings das Verbot nur aus dem anwaltlichen Berufsrecht ableiten wollen). Die Vereinbarung einer fremdnützigen Sicherungstreuhand, bei der der Treuhänder zur Sicherung eines Kredits oÄ einen Partnerschaftsanteil übertragen erhält (vgl. Staub/*Schäfer* HGB § 105 Rn. 102; *Henssler* AcP 196 [1996], 37 [42, 79 f.]), wäre wegen des Gebots der aktiven Mitarbeit des Treuhänders (§ 1 Abs. 1 S. 1) bereits wirtschaftlich unsinnig.

3. Verpfändung und Pfändung

Verpfändung und Pfändung eines Partnerschaftsanteils sind dagegen zuläs- **236** sig. Die Verpfändung von Anteilen an Personengesellschaften wird von der hM als möglich angesehen (zur GbR/OHG: OLG Hamm Rpfleger 1977, 136; Staub/*Schäfer* HGB § 105 Rn. 131). Auch die Regelungen des PartGG, insbesondere das Erfordernis aktiver Berufsausübung, stehen dem nicht entgegen (vgl. auch zur Rechtsanwaltsgesellschaft mbH Henssler/Prütting/ *Henssler* BRAO § 59e Rn. 29). Durch die Verpfändung erwirbt der Pfandgläubiger nur das Recht zur Verwertung des Partnerschaftsanteils. Mitgliedschaftliche Verwaltungsrechte stehen ihm nicht zu. Dasselbe gilt für die Pfändung eines Partnerschaftsanteils.

Die **Verpfändung** des Anteils an einer Partnerschaft bestimmt sich nach **237** §§ 1273, 1274 Abs. 2 BGB, § 1280 BGB. Sie bedarf genauso wie die Übertragung der Zustimmung der übrigen Partner. Diese ist nicht nötig, wenn die Übertragbarkeit der Anteile im Gesellschaftsvertrag von vornherein festgelegt ist.

Die **Pfändung** eines Partnerschaftsanteils richtet sich nach § 859 Abs. 1 **238** ZPO, § 857 ZPO. Auf die Übertragbarkeit des Partnerschaftsanteils nach dem Partnerschaftsvertrag kommt es nicht an. Statt der Pfändung des Partnerschaftsanteils kann der Privatgläubiger eines Partners auch nur den zukünftigen Anspruch auf das Auseinandersetzungsguthaben pfänden und nach § 9 Abs. 1 iVm § 135 HGB die Partnerschaft kündigen.

4. Testamentsvollstreckung

Die **Testamentsvollstreckung** am Anteil eines verstorbenen Partners ist **239** unzulässig (für die OHG Staub/*Schäfer* HGB § 105 Rn. 134). Zwar hat die Rspr. (BGHZ 108, 187 [191ff.] = NJW 1989, 3152; dazu *Ulmer* NJW 1990, 73ff.) die Testamentsvollstreckung an einem Kommanditanteil gebilligt. Würde aber die Testamentsvollstreckung an dem Anteil eines im Wege der Erbfolge eingetretenen Partners angeordnet, so überschritte der Testamentsvollstrecker seine Befugnisse. Er kann nämlich grundsätzlich den Erben nur im Rahmen des Nachlassvermögens verpflichten, während ein Partner notwendigerweise unbeschränkt auch für die Geschäfte des Testamentsvollstreckers haften würde. In der Partnerschaft müsste der Testamentsvollstrecker außerdem gerade die freiberufliche Tätigkeit des Erben ausüben können.

X. Berufsrechtsvorbehalt (Abs. 3)

1. Einführung

a) Allgemeines. Über § 1 Abs. 3 bleibt es den einzelnen Berufsordnungen **240** vorbehalten, die Berufsausübung in der Partnerschaft auszuschließen oder sie an weitere Voraussetzungen zu knüpfen.

Während das Gesellschaftsrecht den Organisationsrahmen für Zusammen- **241** schlüsse vorgibt, regelt das jeweils einschlägige Berufsrecht durch Gebote und Verbote die tatsächliche Ausübung des Berufes. Das PartGG sollte von berufsrechtlichen Regelungen frei bleiben (*Seibert* 52; *Goltz,* Neue Organisationsformen für die anwaltliche Zusammenarbeit unter besonderer Berücksichtigung des Partnerschaftsgesellschaftsgesetzes, 1999, 18 f.; krit. zum Referentenentwurf *K. Schmidt* ZIP 1993, 633 [634 f.]: „Nur eine Gestaltungsform erweist sich (…) als anfällig für eine Vermischung von Standes- und Gesellschaftsrecht: die der Partnerschaft!"). Zum Teil war dies aufgrund von Gesetzgebungskompetenzen nötig (BT-Drs. 12/6152, 11). Das PartGG kann und soll aber auch das Berufsrecht weder ersetzen noch als übergeordnetes Standesrecht alle Besonderheiten für die einzelnen Freien Berufe regeln (vgl. BT-Drs. 12/6152, 8). Insofern sind die berufsrechtlich motivierten Regelungen in § 2 Abs. 1 und § 6 Abs. 1 teilweise ein Fremdkörper und sollten bei der ohnehin notwendigen Reform des PartGG gestrichen werden.

242 In der Trennung von Gesellschafts- und Berufsrecht manifestiert sich die Erfahrung, die man vor allem mit dem europäischen Entwurf einer Freiberufler-Gesellschaft gemacht hatte. Dieser von der EG-Kommission eingebrachte Vorschlag scheiterte nicht zuletzt an den zahlreichen berufsrechtlichen Regelungen, die auf erbitterten Widerstand der Mitgliedstaaten stießen (dazu *Seibert* DZWiR 1993, 185 f.; *Seibert* 53, 55; *Henssler* NJW 1993, 2137 [2143]).

243 Im Unterschied zum Referentenentwurf (ZIP 1993, 153) verzichtet das PartGG auf eine Einschränkung des Gesetzesvorbehalts in dem Sinne, dass von den Vorschriften des PartGG überhaupt nicht abgewichen werden darf (vgl. § 1 Abs. 3 S. 2 des ReferentenE ZIP 1993, 153). Allerdings lässt sich nicht von einer generellen Spezialität des Berufsrechts gegenüber dem Gesellschaftsrecht sprechen (vgl. auch *Michalski* ZIP 1993, 1210 [1211]: **späteres** Berufsrecht verdrängt das PartGG). Als Grundsatz gilt vielmehr: Erlaubt sind lediglich zusätzliche Voraussetzungen im Sinne einer **Verschärfung der Anforderungen** an die Berufsausübung in der Partnerschaft. Erleichterungen der Berufsausübung sind dagegen, insbesondere im Bereich der Haftung nicht möglich. So setzt sich die anwaltsrechtliche Regelung zu Kurzbezeichnungen in § 9 BORA, die inzwischen auf das Erfordernis der Benennung eines anwaltlichen Gesellschafters verzichtet, ganz unabhängig davon, dass es sich nur um eine Satzungsbestimmung handelt, nicht gegen die (rechtspolitisch verfehlten) Vorgaben des § 2 Abs. 1 durch. Ebenso geht das Haftungsprivileg des § 8 Abs. 2 (→ § 8 Rn. 62 ff.; anders Römermann/*Zimmermann* Rn. 148: Durch die Neufassung des § 8 Abs. 2 im Jahre 1998 ist diese Frage hinfällig geworden) als rechtsformspezifisches Sonderrecht eventuell noch weiter gehenden berufsrechtlichen Erleichterungen vor. Strengere Haftungsmaßstäbe, etwa eine unterstellte im Berufsrecht verankerte generelle Berufshaftung für grob fahrlässig verursachte Pflichtverletzungen eines Berufsträgers, würden sich demgegenüber gegen die gesellschaftsrechtliche Regelung in § 8 Abs. 4 durchsetzen (aA wohl MüKoBGB/*Schäfer* Rn. 77).

244 § 1 Abs. 3 wird ergänzt durch § 6 Abs. 1 und § 8 Abs. 3.

245 **b) Regelungsmöglichkeiten.** Die Berufsausübung in der Partnerschaft kann demnach grundsätzlich in berufsrechtlichen Vorschriften **ausgeschlossen** werden. Darüber hinaus können die Möglichkeiten **interprofessioneller Zusammenarbeit** eingeschränkt oder von gewissen Voraussetzungen abhängig gemacht werden, sodass Zusammenschlüsse verschiedener Freier Berufe nur zulässig sind, wenn keines der einschlägigen Berufsrechte entgegensteht (BT-Drs. 12/6152, 11). Maßgeblich ist der **„kleinste gemeinsame Nenner"**; es gilt das **„Prinzip der Meistbelastung".** Dieses Erfordernis erklärt sich aus der „Zwitterstellung" der Berufsrechte. Dort finden sich zum einen rein zivilrechtliche Bestimmungen, die berufsbezogene – statt partnerschaftsbezogene – Regelungen treffen, zum anderen enthalten die Berufsrechte aber auch Vorschriften mit öffentlich-rechtlichem Charakter, die ihre Schutzfunktion nur dann erfüllen können, wenn sie von allen Partnern, also auch von Berufsfremden, beachtet werden (vgl. zB § 45 Abs. 3 BRAO).

Bei **öffentlich-rechtlichen Pflichten** setzt sich grundsätzlich das strengste **246** Berufsrecht für alle Partner durch (dazu *Henssler* WPK-Mitt. 1999, 2 [4]; *Henssler/Trottmann* NZG 2017, 241 [244]). In den Berufsrechten finden sich ua Vorschriften über **Zweigniederlassungen** von Partnerschaften (→ § 5 Rn. 26 ff.). Ob die **Partnerschaft selbst Berufsträger** ist oder sein kann (so bei Wirtschaftsprüfern und Steuerberatern, → Rn. 336 bzw. → Rn. 355), ist ebenfalls eine Frage, die das Berufsrecht durch besondere Zulassungsvoraussetzungen zu entscheiden hat. Schuldrechtliche Verträge wie beispielsweise Mandats- oder Behandlungsverträge werden unabhängig von einer berufsrechtlichen Zulassung stets mit der Partnerschaft selbst abgeschlossen (vgl. § 7 Abs. 2 iVm § 124 HGB; *Seibert* 52 f.).

Für sog. statusbildende Regelungen der Berufsausübung ist nach der Rspr. **247** des BVerfG (BVerfGE 38, 373 [382] = NJW 1975, 1455) der **Vorbehalt des formellen Gesetzes** zu beachten. Ebenfalls ist die Grundrechtswesentlichkeit einzelner Regelungen im Hinblick auf die demokratische Binnenstruktur der zum Erlass ermächtigten Gremien zu bestimmen (vgl. BVerfGE 76, 171 = BVerfG NJW 1988, 191 [192]; *Kleine-Cosack* NJW 1988, 164 [168 ff.]). Keinesfalls kann durch **privatrechtliche Berufsverbände** die Zusammenschlussmöglichkeiten einschränkendes Berufsrecht iSd § 1 Abs. 3 erlassen werden (so auch *Michalski* ZIP 1993, 1210 [1211]).

Davon unabhängig muss sich jede Einschränkung des Zugangs zur Partner- **248** schaft als Regelung der Berufsausübung an Art. 12 Abs. 1 GG messen lassen. Ein völliger **Ausschluss** der Partnerschaft für einzelne der in § 1 Abs. 2 S. 2 genannten Berufe wäre als unverhältnismäßiger Eingriff in Art. 12 Abs. 1 GG anzusehen. Durchgreifende Bedenken gegen die Zulässigkeit der Partnerschaft sind schon im Hinblick darauf, dass sie den anerkannten Zusammenschlussformen der Freiberufler art- und wesensverwandt ist, nicht ersichtlich. Ein berufsrechtlicher Ausschluss der Partnerschaft ist daher nicht zu rechtfertigen (so auch Römermann/*Zimmermann* Rn. 152).

Eine Ausnahme wird man für den Ausschluss der Partnerschaft für **Apothe- 249 ker** anerkennen können (vgl. § 8 ApoG; → Rn. 85 ff.). Da dieser Berufsgruppe eine Art Zwitterstellung zwischen Freiem Beruf und Gewerbe zukommt und sie außerdem auf eigenen Wunsch nicht in den Katalog des § 1 Abs. 2 S. 2 aufgenommen wurde (BT-Drs. 12/6152, 10), sind die Regelungen des PartGG auf sie nicht anwendbar. Ein Vorrang des Berufsrechts steht daher nicht infrage.

250 **c) Verstoß gegen vorrangiges Berufsrecht.** Verstoßen Freiberufler gegen für sie maßgebliche berufsrechtliche Regelungen, kann dieses Fehlverhalten sowohl berufsrechtliche als auch gesellschaftsrechtliche Konsequenzen haben. Die **Berufsrechte** der verkammerten Berufe sehen idR eigene Sanktionsmöglichkeiten vor (vgl. zB §§ 113ff. BRAO; §§ 67ff. WPO). Je nach Schwere und Häufigkeit der Verletzung können Rügen, Warnungen, Verweise, Geldbußen, Tätigkeitsverbote und als schärfste Sanktion der Ausschluss aus dem Beruf ausgesprochen werden (dazu *Becker-Platen,* Die Kammern der freien Heilberufe – Berufsordnung, Rechte und Pflichten der Mitglieder, 1998, 187ff.; zu den Voraussetzungen des Widerrufs freiberuflicher Zulassungen *Kleine-Cosack* NJW 2004, 2473). Durch das Abschlussprüferaufsichtsgesetz (APAG v. 27.12.2004; BGBl. 2004 I 3846) ist zB die Kontrolle der Abschlussprüfer durch die Abschlussprüferaufsichtskommission (APAK), verschärft worden (dazu *Schmidt/Kaiser* WPK-Magazin 3/2004, 38). Infolge des Abschlussprüferaufsichtsreformgesetzes (APAReG v. 31.3.2016; BGBl. 2016 I 518) können Sanktionen bei der Verletzung von Berufspflichten, die die Wirtschaftsprüfungsgesellschaft selbst treffen, jetzt auch gegen diese und nicht mehr nur gegen die einzelnen Berufsträger verhängt werden (vgl. § 71 Abs. 2 WPO; BT-Drs. 18/6282, 100). Da nach dem Berufsrecht der Wirtschaftsprüfer auch Partnerschaftsgesellschaften als Wirtschaftsprüfungsgesellschaften anerkannt werden können (vgl. § 27 Abs. 1 WPO), sind diese damit potentielle unmittelbare Adressatinnen von berufsrechtlichen Sanktionen. Bei den nicht verkammerten Berufen fehlen entsprechende Regelungen.

251 **Gesellschaftsrechtlich** können Verstöße gegen berufsrechtliche Vorschriften, die ein Gesetz iSd Art 2 EGBGB darstellen, zur Nichtigkeit des Partnerschaftsvertrages nach **§ 134 BGB** führen (für Ärzte *Ratzel/Lippert* MedR 2004, 525 [526]; für die anwaltliche Berufsordnung *Henssler* ZIP 1998, 2121 [2126]). Regelmäßig wird allerdings nur die berufsrechtswidrige Klausel nichtig sein, nicht dagegen der gesamte Vertrag. Die Gesellschaft ist davon unabhängig aufgrund ihrer Eintragung ins Partnerschaftsregister im Innen- und Außerverhältnis als wirksame Partnerschaft zu behandeln (→ § 3 Rn. 22). In Betracht kommt eine Auflösung der Gesellschaft aus wichtigem Grund gem. § 9 Abs. 1 iVm §§ 133ff. HGB (→ § 9 Rn. 108).

252 Nur im Einzelfall lässt sich die Frage entscheiden, ob bei Verstößen gegen Vorschriften der Berufsordnungen die **Grundsätze über die fehlerhafte Gesellschaft** Anwendung finden (dazu *Gail/Overlack* Rn. 282ff., 291). Nicht angewandt werden diese Grundsätze, wenn höherrangige rechtlich geschützte Interessen der Allgemeinheit oder besonders schutzwürdiger Personen einer Behandlung der Gesellschaft als wirksam entgegenstehen. Einen solchen Fall bejahte der BGH bereits bei vertraglichen Verstößen gegen berufsrechtliche Vorschriften (BGHZ 97, 243 = NJW 1987, 65 [67]). Voraussetzung ist jeweils, dass die entsprechenden Vorschriften dem Zweck dienen, die sachgerechte Erfüllung der Aufgaben der betreffenden Berufsgruppe im Interesse des Allgemeinwohls sicherzustellen.

2. Regelungsfreie Berufe

Berufsrechtliche Regelungen gibt es nicht für: **253**
- Handelschemiker
- Lotsen (vgl. aber für die Seelotsen das Gesetz über das Seelotswesen (SeeLG) vom 13. 10. 1954
- landwirtschaftliche Sachverständige und Unternehmensberater
- Journalisten
- Bildberichterstatter
- Dolmetscher
- Übersetzer
- Wissenschaftler
- Künstler
- Schriftsteller

Bei interprofessionellen Zusammenschlüssen müssen jedoch auch diese **254** nicht-geregelten Berufe das Berufsrecht der übrigen Partner beachten. Danach kann ein Zusammenschluss unzulässig sein.

3. Ärzte

Schrifttum allgemein: *Andreas/Debong/Bruns,* Handbuch des Arztrecht in der Praxis, 2. Aufl. 2007; *Blaurock,* Gestaltungsmöglichkeiten der Zusammenarbeit von Vertrags- und Privatarzt, MedR 2006, 643; *Broglie,* Kooperation zwischen Ärzten und Nichtärzten, AusR 2005, 7; *Cramer,* Praxisgemeinschaft versus Gemeinschaftspraxis – Auf den Gesellschaftszweck kommt es an!, MedR 2004, 552; *Dahm/Ratzel,* Liberalisierung der Tätigkeitsvoraussetzungen des Vertragsarztes und Vertragsarztrechtsänderungsgesetz, MedR 2006, 555; *Deutsch/Spickhoff,* Medizinrecht, 7. Aufl. 2014; *Dreher,* Die ärztliche Berufsausübung in Gesellschaften und § 4 Abs. 2 S. 1 MBKK, VersR 1995, 245; *Ehmann,* Praxisgemeinschaft/Gemeinschaftspraxis, MedR 1994, 141 ff.; *Engelmann,* Zweigpraxen und ausgelagerte Praxisräume in der ambulanten (vertrags-)ärztlichen Versorgung, GesR 2004, 113; *Flenker/Koch,* Neue Möglichkeiten für Niederlassung und berufliche Kooperation, Westfälisches Ärzteblatt 2005, 11; *Gummert/Meier,* Beteiligung Dritter an den wirtschaftlichen Ergebnissen ärztlicher Tätigkeit, MedR 2007, 75; *Häußermann/Dollmann,* Die Ärztegesellschaft mbH, MedR 2005, 255; *Heberer,* Das ärztliche Berufs- und Standesrecht, 2. Aufl. 2001; *Klose,* Zulässigkeit von Kapital- und Personengesellschaften für Ärzte und andere Heilberufe ab 2004, BB 2003, 2702; *Koch,* Niederlassung und berufliche Kooperation – Neue Möglichkeiten nach der novellierten (Muster-)Berufsordnung für Ärzte, GesR 2005, 241; *Kosanke/Brenner,* Die ärztliche Gruppenpraxis, 6. Aufl. 1987; *Lach,* Formen freiberuflicher Zusammenarbeit, Diss. München 1970; *Laufs/Katzenmeier/Lipp,* Arztrecht, 7. Aufl. 2015; *Lüke-Rosendahl,* Der Beruf des Arztes unter besonderer Berücksichtigung der ärztlichen Kooperation, Diss. Bochum 1999; *Möller,* Gemeinschaftspraxis zwischen Privatarzt und Vertragsarzt, MedR 2003, 195; *Möller,* Aktuelle Probleme bei Gründung und Betrieb von Gemeinschaftspraxen, MedR 2006, 621; *Narr,* Ärztliches Berufsrecht, 26. Aktualisierung, Stand 9/2016; *Platz,* Die neue Muster-Berufsordnung für Ärzte: „Mustergültiger Wurf"?, KrV 2004, 232; *Preißler,* Zulassung neuer Kooperationsformen zur vertrags(zahn-)ärztlichen Versorgung und Abrechnung der in diesen Zusammenschlüssen erbrachten Leistungen, MedR 1995, 110; *Quaas/Zuck,* Medizinrecht, 3. Aufl. 2014; *Ratzel,* Stand der Umsetzung in den Berufsordnungen der Länder nach den Beschlüssen des 107. Deutschen Ärztetages in Bremen, ZMGR 2005, 143; *Ratzel/Lippert,* Das Berufsrecht der Ärzte nach den Beschlüssen des 107. Deutschen Ärztetages in Bremen, MedR 2004, 525; *Rau,* Neue gesellschaftsrechtliche Organisationsformen ärztlicher Tätigkeit, DStR 2004, 640; *Reiter,* Ärztliche Berufsausübungsgemeinschaft vs.

Organisationsgemeinschaft, GesR 2005, 6; *Rieger,* Lexikon des Arztrechts, 8. Aufl., Loseblattslg., Stand: August 2007; *Schirmer,* Berufsrechtliche und kassenarztrechtliche Fragen der ärztlichen Berufsausübung in Partnerschaftsgesellschaften, MedR 1995, 341 (Teil 1) und MedR 1995, 383 (Teil 2); *Schnitzler,* Das Recht der Heilberufe, 2004; *Scholz,* Neuerungen im Leistungserbringerrecht durch das GKV-Modernisierungsgesetz, GesR 2003, 369; *Sodan,* Verfassungsrechtliche Anforderungen an Regelungen gemeinschaftlicher Berufsausübung von Vertragsärzten – Zum Spannungsverhältnis von Berufs- und Sozialversicherungsrecht, NZS 2001, 169; *Taupitz,* Integrative Gesundheitszentren: neue Formen interprofessioneller ärztlicher Zusammenarbeit, MedR 1993, 367ff.; *Taupitz,* Zur Zulässigkeit von Freiberufler-GmbHs – Heilkunde-GmbH: ja, Rechtsberatungs-GmbH: nein?, JZ 1994, 1100; *Trautmann,* Die vertragsarztrechtlichen Voraussetzungen der gemeinschaftlichen Berufsausübung von Ärzten nach § 33 Abs. 2 Ärzte-ZV, NZS 2004, 238; *Trautmann,* Der Vertrag über die ärztliche Gemeinschaftspraxis, Diss. Gießen 2004; *Uhlenbruck,* Die Haftung in den verschiedenen Formen freier ärztlicher Zusammenarbeit, Arztrecht 1969, 151; *Weißauer,* Zur Kooperation freiberuflich tätiger Ärzte, insbesondere zur gemeinsamen Nutzung medizinisch-technischer Geräte, Bayrisches Ärzteblatt Heft 6/1977 (Mittelteil/Sonderdruck); *Werner,* Gemeinschaftliche ärztliche Berufsausübung und Formen interprofessioneller ärztlicher Kooperation, Diss. Mannheim 1999, zur Partnerschaft 235ff.; *Wertenbruch,* Veräußerung und Vererbung des Anteils an einer vertragsärztlichen Berufsausübungsgesellschaft (Partnerschaft und BGB-Gesellschaft), MedR 1996, 485; *Wertenbruch,* Gemeinschaftspraxis oder Partnerschaft, DÄBl 2001, A 2595; *Wigge,* Vertragsarzt- und berufsrechtliche Anforderungen an Gemeinschaftspraxisverträge, NZS 2001, 293; *Ziermann,* Sicherstellung der vertragszahnärztlichen Versorgung durch Medizinische Versorgungszentren, MedR 2004, 540.

Musterverträge für Gemeinschaftspraxen: *Andreas/Debong/Bruns* ArztR-HdB 618ff.; *Ehmann* MedR 1994, 141 [146ff.]; *Korts/Korts,* Heilberufsgesellschaften – ärztliche Partnerschaft, in Heidelberger Musterverträge, H 88, 3. Aufl. 2008; vgl. auch die Hinweise bei *Ahrens* MedR 1992, 145ff.; *Rieger* in *Ossege/Rieger,* Heidelberger Musterverträge, Verträge zwischen Ärzten in freier Praxis, 9. Aufl. 2017.

255   **a) Grundlagen.** Der Beruf des Arztes ist in der Bundesärzteordnung (v. 16. 4. 1987, BGBl. 1987 I 1218) geregelt. Die Berufsausübung der Ärzte wird in von den Landesärztekammern erlassenen **Berufsordnungen** näher bestimmt. Diese orientieren sich an einer Musterberufsordnung (**MBO-Ä;** abrufbar unter www.bundesaerztekammer.de), die von der Bundesärztekammer (als privatrechtlicher Zusammenschluss der Landesärztekammern), bzw. ihrem Organ „Deutscher Ärztetag" erlassen wird. Es handelt sich dabei um eine **reine Empfehlung** (ohne Rechtsnormcharakter) mit der Funktion eines Musters (vgl. *Engelmann* GesR 2004, 113 [114]). Der 107. Deutsche Ärztetag 2004 in Bremen hat unter dem Eindruck des am 1. 1. 2004 in Kraft getretenen Gesundheitssystem-Modernisierungsgesetzes (GMG v. 14. 11. 2003, BGBl. 2003 I 2190) an dieser Musterberufsordnung weitreichende Änderungen vorgenommen (zT skeptisch dazu *Ratzel/Lippert* MedR 2004, 525 [533]). Auch in der Folgezeit wurden immer wieder Anpassungen beschlossen. Inzwischen gilt die Musterberufsordnung in der Fassung des Beschlusses des 118. Deutschen Ärztetags 2015 in Frankfurt a. M. (zu den Änderungen vgl. die auf der Homepage der Bundesärztekammer verfügbare Synopse: http://www.bundesaerztekammer.de/recht/berufsrecht/muster-berufsordnung-aerzte/muster-berufsordnung).

256   Der Ärztetag 2015 hatte durch eine Neufassung des (die berufliche Zusammenarbeit betreffenden) § 18 MBO-Ä auf die Rspr. des BGH reagiert, der in

einem Wettbewerbsprozess den der MBO-Ä entsprechenden § 18 Abs. 1 S. 3
Fall 1 BO Baden Württemberg für unverhältnismäßig und damit verfassungswidrig erklärt hat (vgl. BGH NJW-RR 2014, 1188). Das dort verankerte
abstrakte Verbot, nach dem sich der Beitrag eines Berufsträgers nicht auf das
Erbringen medizinisch-technischer Leistungen auf Veranlassung der übrigen
Mitglieder einer Berufsausübungsgemeinschaft beschränken darf, sei zwar geeignet, die Unabhängigkeit ärztlicher Entscheidungen von merkantilen Erwägungen zu gewährleisten. Die Regelung stelle aber weder ein erforderliches
noch ein angemessenes Mittel dar, um diesen Zweck zu erreichen. Inzwischen
gewährleisten die verbleibenden Vorgaben des § 18 Abs. 1 BO Baden Württemberg einen effektiven Schutz vor Formen der beruflichen Zusammenarbeit
von Ärzten, bei denen die berechtigte Befürchtung besteht, dass die Unabhängigkeit der zu treffenden ärztlichen Entscheidungen durch merkantile Erwägungen beeinträchtigt wird. Im Übrigen ist die MBO-Ä veraltet, weil sie
noch keine Regelung zur PartmbB enthält.

Verbindlich ist für den einzelnen Arzt die Berufsordnung der jeweils zu- **257**
ständigen Landesärztekammer. Inzwischen orientieren sich jedoch die Berufsordnungen aller Landeskammern an der MBO-Ä. In einigen Ländern besteht
für eine vollständige Übernahme der Regelungen zusätzlich das Erfordernis,
das jeweilige Heilberufs- bzw. Kammergesetz anzupassen. So verbietet Art. 18
Abs. 1 S. 2 BayHKaG (Heilberufe-Kammergesetz in **Bayern**) weiterhin das
Führen einer ärztlichen Praxis in der Rechtsform einer juristischen Person des
privaten Rechts, obwohl dieses Gesetz erst jüngst geändert und die PartmbB
mit der Maßgabe ermöglicht wurde, dass sie eine dem aus der Berufsausübung erwachsenden Haftungsrisiko angemessene Berufshaftpflichtversicherung unterhält und die Mindestversicherungssumme pro Versicherungsfall
5.000.000,00 EUR beträgt (§ 18 Abs. 2 BayHKaG). § 4a Abs. 5 BlnKAG
(Kammergesetz **Berlin**), § 31 Abs. 2 S. 1 BbgHeilBerG (Heilberufsgesetz
Brandenburg) und § 32 Abs. 1 NdsHKG (Kammergesetz für die Heilberufe
Niedersachsen) binden die ambulante ärztliche Tätigkeit an die „Niederlassung in eigener bzw. einer Praxis". Dabei sehen die Regelungen die Möglichkeit einer Ausnahmegenehmigung durch die Ärztekammer vor und
ermöglichen somit grundsätzlich ohne Änderung des Gesetzes eine verfassungskonforme Korrektur, sofern man die Regelung als präventives Verbot
mit Erlaubnisvorbehalt ansieht.

Im Bereich der vertragsärztlichen Versorgung können einzelne Formen der **258**
Berufsausübung und Kooperation dagegen nicht genutzt werden (→ Rn. 265,
269, 278, 283). Trotz der am 1.1.2007 in Kraft getretenen Änderung des Vertragsarztrechts durch das VÄndG (BGBl. 2006 I 3439; dazu *Koch* GesR 2005,
241 [242]; *Dahm/Ratzel* MedR 2006, 555) bleiben den Vertragsärzten einige
Kooperationsformen weiterhin untersagt.

b) Partnerschaftsfähigkeit von Privatärzten. Lange Zeit galt es als un- **259**
zulässig, den Beruf des Arztes, abgesehen von ärztlicher Tätigkeit im Kranken-
haus, gemeinsam auszuüben. Erst 1968 wurde auf dem 71. Deutschen Ärztetag
in Wiesbaden beschlossen, die gemeinsame Berufsausübung für Ärzte einer
Fachrichtung generell zu ermöglichen (zu dieser Entwicklung *Werner,* Gemeinschaftliche ärztliche Berufsausübung und Formen interprofessioneller

ärztlicher Kooperation, 1999, 2f., Fn. 6, 7; *Luke-Rosendahl,* Der Beruf des Arztes unter besonderer Berücksichtigung der ärztlichen Kooperation, 1999, 60). § 23 Abs. 1 und 2 MBO-Ä in der auf dem Deutschen Ärztetag 1995 beschlossenen Fassung (abgedr. bei *Schirmer* MedR 1995, 341 [346]) ließen die Ärztepartnerschaft erstmals ausdrücklich zu.

260   Bei Zusammenschlüssen unter Beteiligung von Ärzten sind verschiedene Kooperationsformen zu unterscheiden (zum Begriff der ärztlichen **Gruppenpraxis** als Oberbegriff für alle Formen gemeinsamer Ausübung ärztlicher Tätigkeit *Quaas/Zuck,* Medizinrecht, 3. Aufl. 2014, § 14 Rn. 19; *Schlund* in Laufs/Kern ArztR-HdB § 18 Rn. 6; *Werner,* Gemeinschaftliche ärztliche Berufsausübung und Formen interprofessioneller ärztlicher Kooperation, 1999, 179 Fn. 489): (1) Zusammenschlüsse von Ärzten mit Ärzten (sog. **monoprofessionelle Zusammenschlüsse** zB in Form einer Gemeinschaftspraxis, Praxisgemeinschaft oder der hier betrachteten **Ärztepartnerschaft,** die ebenfalls, vgl. OLG Schleswig, NJW-RR 2003, 173 = MedR 2003, 350, unter der Bezeichnung Gemeinschaftspraxis anzutreffen ist), (2) Zusammenschlüsse von Ärzten mit Nichtärzten zur gemeinsamen Ausübung der Heilkunde und (3) Zusammenschlüsse von Ärzten mit Nichtärzten außerhalb der Ausübung der Heilkunde (vgl. zu den beiden letztgenannten Kooperationsformen den Abschnitt über **interprofessionelle Zusammenschlüsse**). Da die Partnerschaft nur der gemeinsamen Berufsausübung dienen kann, kommt sie für ärztliche Praxisgemeinschaften, Apparate- und Laborgemeinschaften als Rechtsform von vornherein nicht in Betracht. In der Rechtsform der Partnerschaft können nur Gemeinschaftspraxen betrieben werden.

261   In der geltenden MBO-Ä sind berufliche Kooperationen zum einen in §§ 18, 18a MBO-Ä geregelt. Nach § 18 Abs. 2 S. 1 MBO-Ä dürfen Ärzte ihren Beruf einzeln oder gemeinsam in allen für den Arztberuf zulässigen Gesellschaftsformen ausüben, wenn ihre eigenverantwortliche, medizinisch unabhängige sowie nicht gewerbliche Berufsausübung gewährleistet ist. Welche Kooperationsformen zulässig sind, ist in §§ 23a – 23d MBO-Ä geregelt (zu dieser unsystematischen Trennung *Ratzel/Lippert* MedR 2004, 525 [527]). Die MBO-Ä verwendet als etwas eigenwilligen Oberbegriff für alle Berufsausübungsgesellschaften den Begriff der **medizinischen Kooperationsgemeinschaft.** § 23b Abs. 1 S.2 MBO-Ä erlaubt dabei ausdrücklich auch die gemeinschaftliche Berufsausübung in einer Partnerschaft. Als Rechtsformen stehen außerdem die juristischen Personen des Privatrechts und die GbR zur Verfügung. § 18 Abs. 1 S. 2 MBO-Ä lässt auch die sog. „Teilgemeinschaftspraxis" als Zusammenschluss zur punktuellen gemeinsamen Berufsausübung zu (*Reiter* GesR 2005, 6). Ärzte, die an ihrer (Einzel-)Praxis festhalten wollen, können somit auch für die Erbringung bestimmter Leistungen eine geregelte und nach außen auftretende Kooperation eingehen (dazu *Koch* GesR 2005, 241 [243]).

262   Die gemeinsame Berufsausübung von Ärzten in der Rechtsform der Partnerschaftsgesellschaft mit beschränkter Berufshaftung ist nach der Musterberufsordnung bisher nicht zulässig, da die Musterberufsordnung in der Fassung des Beschlusses des 118. Ärztetages 2015 keine entsprechende Vorschrift enthält. Einige Landesgesetze haben aber bereits aktuellere Regelungen aufgenommen. So regelt Art. 18 Abs. 2 BayHKaG die Zulässigkeit einer PartmbB bei Abschluss einer entsprechenden Berufshaftpflichtversicherung (vgl. dazu

Henssler/Trottmann NZG 2017, 241 [242]). Eine vergleichbare Regelung findet sich inzwischen in § 32 Abs. 4 NdsHKG. Danach erfüllen ärztliche PartmbB die Voraussetzungen nach § 8 Abs. 4 S. 1, wenn sie eine hinreichende Haftpflichtversicherung zur Deckung bei der Berufsausübung verursachter Schäden unterhalten. Die Mindestversicherungssumme beträgt 5.000.000,00 EUR für jeden Versicherungsfall. Die Leistungen des Versicherers für alle innerhalb eines Versicherungsjahres verursachten Schäden können auf den Betrag der Mindestversicherungssumme, vervielfacht mit der Zahl der Partnerinnen und Partner, begrenzt werden, jedoch muss sich die Jahreshöchstleistung für alle in einem Versicherungsjahr verursachten Schäden mindestens auf den vierfachen Betrag der Mindestversicherungssumme belaufen.

Seit 1984 sind **fachübergreifende** Zusammenschlüsse erlaubt (BSG **263** MedR 1983, 196; *Ehmann* MedR 1994, 141 [142]; *Schirmer* MedR 1995, 341 [349]; *Trautmann,* Der Vertrag über die ärztliche Gemeinschaftspraxis, 2004, 12 ff., 115 f.). Voraussetzung ist, dass sich die Fachgebiete für die gemeinsame Ausübung ärztlicher Tätigkeit eignen und das Recht des Patienten auf freie Arztwahl nicht beschränkt wird (vgl. § 18 Abs. 4 MBO-Ä, *Schlund* in Laufs/ Kern ArztR-HdB § 18 Rn. 7, 12, 14; *Ehmann* MedR 1994, 141 [145]).

Nach § 18 Abs. 3 MBO-Ä ist die **Beteiligung an mehreren Berufsaus- 264 übungsgemeinschaften** zulässig (anders § 23 Abs. 3 MBO-Ä in der bis zum 107. Deutschen Ärztetag geltenden Fassung). Zulässig ist auch eine Berufsausübungsgemeinschaft mit **mehreren Praxissitzen** (→ § 5 Rn. 1 ff.). Nach § 18 Abs. 6 MBO-Ä besteht die Pflicht, die gemeinsame Berufsausübung bei der Landesärztekammer anzuzeigen.

c) Partnerschaftsfähigkeit von Vertragsärzten. Für die an der vertrags- **265** ärztlichen Versorgung teilnehmenden Ärzte gelten die MBO-Ä und somit auch die §§ 18 f., 23 a ff. MBO-Ä grundsätzlich ohne Einschränkung. Der Vorrang des Berufsrechts besitzt jedoch nur grundsätzlichen Charakter. Daher gibt es weitere bundesrechtliche Vorschriften, die bei Zusammenschlüssen unter der Beteiligung von Vertragsärzten zu beachten sind. Dazu zählt insbesondere die Zulassungsverordnung für Vertragsärzte (Ärzte-ZV), die in § 33 Ärzte-ZV auch Vorgaben für die berufliche Zusammenarbeit enthält. Jeder der in der Partnerschaft tätigen Ärzte muss über eine entsprechende Zulassung verfügen, da nur der Arzt selbst, nicht dagegen die Gesellschaft zulassungsfähig ist (§ 95 SGB V, § 18 Ärzte-ZV). Die gemeinsame Ausübung vertragsärztlicher Tätigkeit ist sowohl als örtliche Berufsausübungsgemeinschaft, bei der alle zur vertragsärztlichen Versorgung zugelassenen Leistungserbringer an einem gemeinsamen Vertragsarztsitz tätig sind, als auch in der Form einer überörtlichen Berufsausübungsgemeinschaft mit unterschiedlichen Vertragsarztsitzen der Mitglieder der Berufsausübungsgemeinschaft möglich. Voraussetzung ist bei der letztgenannten, dass die Erfüllung der Versorgungspflicht des jeweiligen Mitglieds an seinem Vertragsarztsitz unter Berücksichtigung der Mitwirkung angestellter Ärzte und Psychotherapeuten in dem erforderlichen Umfang gewährleistet ist sowie das Mitglied und die bei ihm angestellten Ärzte und Psychotherapeuten an den Vertragsarztsitzen der anderen Mitglieder nur in zeitlich begrenztem Umfang tätig werden. Zusammenschlüsse von **Kassen-Ärzten** müssen außerdem durch den kassenärztlichen Zulassungsausschuss genehmigt werden (§ 33 Abs. 3 Ärzte-ZV, dazu c 2004, 124; zu verfassungsrechtlichen Bedenken *Sodan,* NZS 2001, 169, 174ff.). Auf die Genehmigung besteht grundsätzlich ein Anspruch. Versagt werden kann sie nur, wenn die Versorgung der Versicherten beeinträchtigt wird oder landesrechtliche Vorschriften über die ärztliche Berufsausübung entgegenstehen (vgl. BSG Bayrisches Ärzteblatt 2004, 124). Soweit alle Ärzte die fachliche Fähigkeit und die Zulassung haben, auf demselben Fachgebiet ärztliche Leistungen zu erbringen, wirft die Genehmigung keine besonderen Probleme auf (*Ehmann* MedR 1994, 141 [145)]. Es ist von der kassenärztlichen Gleichbehandlung der Partnerschaft mit der GbR auszugehen (*Lüke-Rosendahl,* Der Beruf des Arztes unter besonderer Berücksichtigung der ärztlichen Kooperation, 1999, 139). § 33 Ärzte-ZV ist entsprechend anzuwenden (zum Ganzen *Schirmer* MedR 1995, 383 [388 f.]; *Preißler* MedR 1995, 110; zu privatversicherungsrechtlichen Fragen s. *Dreher* VersR 1995, 245).

266   Seit dem Urt. des BSG v. 22. 4. 1983 (MedR 1983, 196) ist auch unter Vertragsärzten eine **fachübergreifende Gemeinschaftspraxis** möglich (dazu Lex.ArztR/*Rieger/Küntzel* Nr. 2050 Rn. 39 f f.). Auch sie muss durch den Zulassungsausschuss genehmigt werden (§ 33 Abs. 3 Ärzte-ZV). Die Genehmigung darf nur dann versagt werden, wenn dem Gesetzeszweck nicht durch inhaltliche Beschränkung der Genehmigung und durch die Aufnahme von Nebenbestimmungen ausreichend Rechnung getragen werden kann (BSGE 55, 97 [105] = NJW 1984, 1424 [Ls.]). Der Zulassungsausschuss hat weiterhin durch Auflagen sicherzustellen, dass die sich aus den Weiterbildungsordnungen ergebenden Fachgebietsgrenzen durch den jeweiligen Partner nicht überschritten werden und die Wirtschaftlichkeitsprüfung (vgl. § 106 SGB V) der jeweiligen in der Gemeinschaftspraxis vertretenen Gebiete möglich bleibt (BSGE 55, 97 [102 f.]; KassKomm/*Hess* SGB V § 98 Rn. 50). Hier kann die Genehmigung an einen Gesellschaftsvertrag, der ausreichende Überwachungs- und Einwirkungsmöglichkeiten durch die kassenärztliche Selbstverwaltung sicherstellt, gekoppelt werden (BSGE 55, 97 [104 f.]).

267   § 33 Ärzte-ZV schreibt auch in der nach Inkrafttreten des VÄndG geltenden Fassung nicht vor, dass eine Partnerschaft ausschließlich aus Vertragsärzten bestehen muss (*Blaurock* MedR 2006, 643; *Wertenbruch* MedR 1996, 485 [486]; Lex.ArztR/*Rieger/Küntzel* Nr. 2050 Rn. 37 f.; *Heberer,* Das ärztliche Berufs- und Standesrecht, 2. Aufl. 2001, 496; *Trautmann,* Der Vertrag über die ärztliche Gemeinschaftspraxis, 2004, 61). Ein Zusammenschluss zwischen einem Vertragsarzt und ausschließlich privatärztlich tätigen Partnern ist daher grundsätzlich möglich (ausführlich *Blaurock* MedR 2006, 643; *Möller* MedR 2003, 195; aA *Schirmer* MedR 1995, 383 [388]). Sichergestellt werden muss lediglich, dass nur zugelassene Ärzte die vertragsärztliche Tätigkeit ausüben. Es empfiehlt sich eine entsprechende Regelung im Gesellschaftsvertrag. Nach *Schirmer* (MedR 1995, 383 [388]) ist die Genehmigung davon abhängig zu machen, dass nicht zugelassene Partner von der vertragsärztlichen Versorgung ausgeschlossen sind. *Trautmann* (NZS 2004, 238 [245]) hält einen Zusammenschluss nur dann für möglich, wenn der Gesellschaftszweck auf die gemeinschaftliche privatärztliche Tätigkeit beschränkt wird.

268   In der Verwaltungspraxis der Zulassungsgremien wurde die Gemeinschaftspraxis von Vertrags- und Privatärzten noch relativ lange als nicht genehmi-

gungsfähig angesehen (*Dahm/Ratzel* MedR 2006, 555 [557]; *Reiter* GesR 2005, 6 [9]).

Der Zusammenschluss in einer „Teilgemeinschaftspraxis" iSv § 18 Abs. 1 **269** S. 2 MBO-Ä ist für den Vertragsarzt sowohl zulassungsrechtlich als auch abrechnungstechnisch noch nicht möglich (vgl. Rundschreiben 1/05 KV-Thüringen, 8). Es ist dem Vertragsarzt allerdings gestattet, in einer Partnerschaft ausschließlich vertragsärztlich und in einer weiteren Partnerschaft ausschließlich privatärztlich tätig zu sein.

d) Interprofessionelle Zusammenschlüsse. Bis 1995 wurde die Mög- **270** lichkeit von Ärzten, mit Nichtärzten zwecks gemeinsamer Berufsausübung eine Gemeinschaftspraxis zu gründen, von der ganz hM abgelehnt (*Ahrens* MedR 1992, 145; *Taupitz* MedR 1993, 368). Gestützt wurde diese Ansicht zum einen auf den für die Freien Berufe charakteristischen Grundsatz der Weisungsfreiheit und die Sicherstellung des professionellen Standards, zum anderen auf § 29 Abs. 1 MBO-Ä aF, wonach es Ärzten nicht gestattet war, zusammen mit Personen, die weder Ärzte sind noch zu ihren berufsmäßig tätigen Mitarbeitern gehören, zu untersuchen oder zu behandeln. Diese Rechtslage änderte sich durch Einfügung des § 23a MBO-Ä auf dem 98. Deutschen Ärztetag 1995. Nach § 23a Abs. 1 MBO-Ä iVm § 23a Abs. 2 MBO-Ä durften sich Ärzte mit verwandten akademischen Berufen wie Diplom-Psychologen, klinischen Chemikern oder Diplom-Sozialpädagogen oder mit weiteren Berufen im Gesundheitswesen wie Hebammen, Physiotherapeuten oder Diätassistenten zur kooperativen Berufsausübung zusammenschließen. Der Katalog des § 23a Abs. 2 MBO-Ä war abschließend (dazu *Schirmer* MedR 1995, 383 ff.).

Seit dem **107. Deutschen Ärztetag 2004** sind **interprofessionelle Zu-** **271** **sammenschlüsse** unter Beteiligung von Ärzten in **§ 23a MBO-Ä und** **§ 23b MBO-Ä** geregelt. Demnach können sich Ärzte mit anderen Ärzten und den in § 23b Abs. 1 S. 1 MBO-Ä generalisierend genannten Berufen zusammenschließen. Zu den partnerschaftsfähigen Berufen zählen alle selbstständig tätigen und zur eigenverantwortlichen Berufsausübung befugten Berufsangehörigen anderer akademischer Heilberufe im Gesundheitswesen oder staatlicher Ausbildungsberufe im Gesundheitswesen sowie andere Naturwissenschaftler und Mitarbeiter sozialpädagogischer Berufe. Die Berufsordnung bleibt gegenüber allen neu entstehenden Berufen, die die genannten Voraussetzungen erfüllen, offen.

Die Kooperation mit einem **Heilpraktiker** bleibt dem Arzt dagegen **272** ebenso wie die entsprechende Doppelqualifikation weiterhin untersagt (Lex. ArztR/*Rieger/Hespeler/Küntzel* Nr. 2460 Rn. 27 ff.; zu den grundlegenden Unterschieden zwischen diesen beiden Berufsgruppen *Laufs* in Laufs/Kern ArztR-HdB § 10 Rn. 7 ff.). Während einem Heilpraktiker zusätzlich die ärztliche Approbation erteilt werden darf (VGH Kassel MedR 1993, 240), kann ein Arzt wegen seiner bereits umfassenden Befugnis neben der Approbation keine Erlaubnis als Heilpraktiker erlangen (VG München MedR 1996, 229).

Interprofessionelle Zusammenschlüsse stehen unter **umfangreichen be-** **273** **rufsrechtlichen Vorbehalten** (vgl. § 23b MBO-Ä). Erforderlich ist etwa, dass ein gleichgerichteter oder integrierender diagnostischer oder therapeutischer Zweck bei der Heilbehandlung, Prävention oder Rehabilitation durch räumlich nahes und koordinierendes Zusammenwirken erfüllt wird. Die nichtärztlichen Partner müssen durch ihre berufliche Tätigkeit einen medizinischen Zweck verfolgen, der dem Fachgebiet des an der Partnerschaft beteiligten Arztes entspricht (*Ratzel* ZMGR 2005, 143 [146]; *Ratzel/Lippert* MedR 2004, 525 [529]: zu verhindern sei ein medizinischer „Gemischtwarenladen"). Gewahrt werden müssen zudem die eigenverantwortliche und selbstständige Berufsausübung des Arztes, die Trennung der Verantwortungsbereiche der Partner sowie der Grundsatz der freien Arztwahl. Aufgrund des Arztvorbehaltes darf grundsätzlich allein der Arzt medizinische Entscheidungen treffen (vgl. im Übrigen § 23b Abs. 1 S. 4 lit. a–g MBO-Ä).

274   Darüber hinaus kann sich der Arzt mit anderen Freien Berufen in Partnerschaften zusammenschließen, sofern er in solchen Gesellschaften nicht den Heilkundeberuf ausübt. Diese Kooperationsmöglichkeit ist nunmehr ausdrücklich in § 23c MBO-Ä geregelt. In einer solchen **„Nichtbehandlungspartnerschaft"** (*Eggesiecker* Fach E Arzt 2.040; in Anlehnung daran *Lüke-Rosendahl,* Der Beruf des Arztes unter besonderer Berücksichtigung der ärztlichen Kooperation, 1999, 132) darf der Arzt generell keine medizinischen Leistungen erbringen (§ 1 HeilPraktG: Feststellung, Heilung oder Linderung von Krankheiten, Leiden oder Körperschäden bei Menschen; *Werner,* Gemeinschaftliche ärztliche Berufsausübung und Formen interprofessioneller ärztlicher Kooperation, 1999, 420 Fn. 1192; Littmann/Bitz/Pust/*Steinhauff* EStG § 18 Rn. 150). Denkbar ist etwa eine Zusammenarbeit mit Masseuren und medizinischen Bademeistern oder Kosmetikern zum Betrieb von Schönheits-, Gesundheits- oder Fitnesszentren (vgl. zu weiteren Gestaltungsmöglichkeiten *Schirmer* MedR 1995, 383 [387]).

275   Auch die Zusammenarbeit mit Rechtsanwälten kommt in Betracht. In seinem Beschluss v. 12.2.2016 (BVerfGE 141, 82 = NJW 2016, 700) hatte sich das BVerfG mit der Zulässigkeit einer Partnerschaftsgesellschaft zwischen einem Rechtsanwalt und einer Ärztin zu befassen, deren Gegenstand gem. § 3 Abs. 2 Nr. 3 die Ausübung des selbstständigen Berufs des Rechtsanwalts mit rein gutachterlicher und beratender Tätigkeit der Ärztin und Apothekerin sein sollte. Das ärztliche Berufsrecht steht einem derartigen Zusammenschluss nicht entgegen (anders als § 59a BRAO, der eine solche interprofessionelle Zusammenarbeit derzeit noch verhindert, allerdings in der genannten Entscheidung des BVerfG für zumindest teilweise verfassungswidrig erklärt wurde, vgl. dazu näher *Henssler/Trottmann* NZG 2017, 241 [242]). Auch nach dieser Entscheidung bleibt es aber dabei, dass ein Arzt weiterhin nicht seinen Heilkundeberuf in einer Partnerschaft mit einem Rechtsanwalt ausüben darf.

276   In Bezug auf das Erfordernis der **aktiven Berufsausübung** jedes Partners nach § 1 Abs. 1 ist zu beachten, dass ärztliche Berufsausübung durchaus auch dann vorliegt, wenn keine Heilbehandlung durchgeführt wird. So können Ärzte im Rahmen ihrer ärztlichen Tätigkeit zB gutachterlich für Gerichte und Versicherungsanstalten auftreten (vgl. BFH BStBl. II 1977, 31 = BFHE 120, 204; Littmann/Bitz/Pust/*Steinhauff* EStG § 18 Rn. 150a; aA *Werner,* Gemeinschaftliche ärztliche Berufsausübung und Formen interprofessioneller ärztlicher Kooperation, 1999, 421 f.: ein Arzt übe nur dann seinen Beruf aus, wenn er medizinisch und/oder diagnostisch tätig werde). Im Rahmen des

§ 23c MBO-Ä gelten für den beteiligten Arzt die berufsrechtlichen Regelungen nicht mit Ausnahme der übergreifenden Vorschriften, die sich mit dem Berufsbild des Arztes befassen (vgl. §§ 1–3 MBO-Ä).

Darüber hinaus ist es dem Arzt nicht verwehrt, neben der Beteiligung an **277** der Partnerschaft im Rahmen einer **eigenen Praxis** tätig zu sein. Die vor dem 107. Deutschen Ärztetag noch einschlägige Vorschrift, nach der sich ein Arzt nur einer einzigen medizinischen Kooperationsgemeinschaft anschließen durfte, galt schon damals nicht für die nicht medizinisch tätige Partnerschaft.

Für **Vertragsärzte** ergibt sich das Verbot der gemeinsamen Berufsausübung **278** in Bezug auf die vertragsärztliche Tätigkeit mit Nichtärzten aus § 33 Abs. 2 S. 1 Ärzte-ZV (*Ahrens* MedR 1992, 145; *Trautmann* NZS 2004, 238 [242]). Nach einem Urt. des BSG vom 16.7.2003 – B 6 KA 49/02 R (NJW 2004, 1820; *Schiller* Bayerisches Ärzteblatt 2004, 124) stehen die Regelungen der Zulassungsverordnung für Vertragsärzte im Rang eines formellen Gesetzes (aA *Trautmann* NZS 2004, 238 [241]). Das Verbot folgt allerdings auch aus den Besonderheiten des Vertragsarztrechts, wie sie im SGB V niedergelegt sind. So ließen sich die notwendigen Überwachungs- und Einwirkungsmöglichkeiten der kassenärztlichen Selbstverwaltungsorgane gegenüber den ihrer Aufsicht nicht unterworfenen Nichtärzten nicht verwirklichen. Insoweit stellt sich § 33 Abs. 2 S. 1 Ärzte-ZV nur als Konkretisierung dar. Ausnahmen gelten für die Errichtung eines medizinischen Versorgungszentrums nach § 95 SGB V (→ Rn. 284).

e) Internationale Zusammenschlüsse. Ausländische Ärzte können sich **279** mit deutschen zu einer Partnerschaft zusammenschließen, wenn sie die Approbation nach § 3 BÄO (BGBl. 1987 I 1218) erlangt haben. Für aus EU-Staaten stammende Berufsangehörige gelten gem. § 3 Abs. 1 S. 2 BÄO Erleichterungen.

f) Mitgliedschaft einer Partnerschaft in anderer Gesellschaft. Das **280** ärztliche Berufsrecht – insbesondere §§ 17f., 23aff. MBO-Ä, § 33 Abs. 1 Ärzte-ZV – verbietet es nicht, dass eine Partnerschaft Mitglied einer mit anderen Ärzten oder auch Nichtärzten (*Taupitz* MedR 1993, 369f.; enger: *Schlund* in Laufs/Kern ArztR-HdB § 18 Rn. 11) betriebenen Organisationsgemeinschaft (Praxis- oder Apparategemeinschaft) sein kann (vgl. dazu Lex.ArztR/ *Rieger/Küntzel* Nr. 4270 Rn. 1ff.). Auch die Gründung einer entsprechenden GmbH ist möglich (*Henke* NJW 1974, 2036f.; *Ahrens* MedR 1992, 142; → Rn. 282f.). Für Hinweise zur Vertragsgestaltung vgl. *Ahrens* MedR 1992, 145ff.

g) Bedeutung des PartGG. Herkömmlich und nach wie vor überwiegend üben Ärzte ihre Tätigkeit in einer Einzelpraxis aus (dem entspricht § 17 **281** Abs. 1 MBO-Ä, der die Berufsausübung in eigener Praxis an die Niederlassung bindet und insoweit von der ärztlichen Einzelpraxis als Regelfall ausgeht). Für Zusammenschlüsse zu einer Gemeinschaftspraxis ist bei Ärzten die **GbR weiterhin populärer** als die Partnerschaft (*Andreas/Debong/Bruns* ArztR-HdB 186: „Die GbR ist die ideale Gesellschaftsform für lokale ärztliche Kooperationen."; *Narr,* Ärztliches Berufsrecht, 26. Aktualisierung, Stand 9/2016, D-VI Rn. 2, 3). Die bei der Partnerschaft mögliche Haftungsbeschränkung

kompensieren die Gesellschafter einer GbR mit einer entsprechenden Haftpflichtversicherung, die in den Berufsordnungen verpflichtend vorgeschrieben
ist (vgl. § 21 MBO-Ä). Als Nachteil der Partnerschaft wird das Erfordernis der
Anmeldung zum Partnerschaftsregister empfunden. Da der formale Aufwand
bei einem Zusammenschluss von Ärzten ohnehin hoch ist (idR sind Genehmigungen bei der Kassenärztlichen bzw. Kassenzahnärztlichen Vereinigung einzuholen), wird jeder zusätzliche Aufwand vermieden. Die gebührenpflich-
tige Eintragung der Partnerschaft erweist sich jedoch bei genauer Betrachtung
als vorteilhaft. So können eingetragene Vertretungsbeschränkungen Gläubigern entgegengehalten werden. Die durch die Eintragung bewirkte Transparenz verbessert zudem die Verhandlungsbasis gegenüber potenziellen Kredit-
gebern und anderen Vertragspartnern (*Wertenbruch* DÄBl. 2001, A 2595).

282   Nach § 23a Abs. 1 MBO-Ä, § 17a MBO-Zahnärzte dürfen **(Zahn-)Ärzte**
sich unter bestimmten Voraussetzungen auch in einer **juristischen Person**
des Privatrechts zusammenschließen (zur Zulässigkeit der Ärzte-GmbH
BGHZ 124, 224 = NJW 1994, 786; dazu *Henssler* ZIP 1994, 844; *Schlund* in
Laufs/Kern ArztR-HdB § 18 Rn. 17; *Andreas/Debong/Bruns* ArztR-HdB
187; *Lüke-Rosendahl,* Der Beruf des Arztes unter besonderer Berücksichtigung
der ärztlichen Kooperation, 1999, 159ff.; anders noch BayVerfGH NJW 2000,
3418; OVG NRW MedR 2001, 150; zur Neuregelung *Ratzel/Lippert* MedR
2004, 525 [526, 530f.]; *Häußermann/Dollmann* MedR 2005, 255 [259]). Als
Gesellschafter kommen allerdings nur die in § 23b MBO-Ä genannten Berufsangehörigen in Betracht.

283   Die Rechtsform der GmbH ist jedoch für den niedergelassenen Arzt idR
uninteressant, da sie nur selten eine eigene vertragsärztliche Zulassung erhalten
wird. Diese Rechtslage ist allerdings unbefriedigend und auch verfassungsrechtlich bedenklich (*Deutsch/Spickhoff* Rn. 174). Zusätzlich verbietet es das
Kassenarztrecht einem niedergelassenen Arzt mit vertragsärztlicher Zulassung,
Beschäftigungsverhältnisse einzugehen, wenn der Arzt unter Berücksichtigung
der Dauer und zeitlichen Lage der anderweitigen Tätigkeit den Versicherten
nicht in dem seinem Versorgungsauftrag entsprechenden Umfang persönlich
zur Verfügung steht und insbesondere nicht in der Lage ist, Sprechstunden zu
den in der vertragsärztlichen Versorgung üblichen Zeiten anzubieten (vgl. § 20
Abs. 1 Ärzte-ZV). Darunter fällt auch das Beschäftigungsverhältnis zu einer
Arzt-GmbH, an der ein Arzt als Gesellschafter oder Geschäftsführer beteiligt
ist (*Andreas/Debong/Bruns* ArztR-HdB 188; *Lüke-Rosendahl,* Der Beruf des
Arztes unter besonderer Berücksichtigung der ärztlichen Kooperation, 1999,
163f.).

284   Mit dem Gesundheitssystem-Modernisierungsgesetz (GMG) wurde als
neue Organisationsform für die ärztliche Tätigkeit zum 1.1.2004 das **medizinische Versorgungszentrum** (MVZ) geschaffen, das allerdings in der
MBO-Ä nicht ausdrücklich erwähnt wird. Dabei handelt es sich um fachübergreifende, ärztlich geleitete Einrichtungen, in denen Ärzte als Angestellte oder
Vertragsärzte tätig sind (§ 95 Abs. 1 S. 2 SGB V; dazu MHdB GesR I/*Gum-
mert/Remplik* § 25 Rn. 20). Im Vordergrund steht eine vereinheitlichte Organisation sowie die „Versorgung aus einer Hand" (BT-Drs. 15/1525, 108). Ausdrücklich gewollt ist auch die Beteiligung arztfremder Berufe (BT-Drs. 15/
1525, 74). Der Gesellschafterkreis ist nicht auf Freiberufler beschränkt. Ur-

sprünglich konnten sich die Zentren gem. § 95 Abs. 1 S. 1 SGB V aF aller zulässigen Organisationsformen bedienen (vgl. aber *Ziermann* MedR 2004, 540 [541 f.]). Berücksichtigte man allerdings, dass ein MVZ Leistungen durch Angestellte erbringt, schied die Rechtsform der Partnerschaft im Hinblick auf § 1 Abs. 1 S. 1 aus (*Ziermann* MedR 2004, 540 [542]; *Scholz* GesR 2003, 369 [372]; anders wohl *Rau* DStR 2004, 640 [641 f.]; *Klose* BB 2003, 2702 [2703]). Durch das Gesetz zur Verbesserung der Versorgungsstrukturen in der gesetzlichen Krankenversicherung (GKV-VStG, BGBl. 2011 I 2983) wurden die Vorgaben zum 1.1.2012 verschärft. Gemäß § 95 Abs. 1 a S. 1 SGB V können MVZ seither nur noch in der Rechtsform einer Personengesellschaft, einer eingetragenen Genossenschaft, einer Gesellschaft mit beschränkter Haftung oder einer öffentlich rechtlichen Rechtsform gegründet werden. Gründer der MVZ können nur zugelassene Ärzte, zugelassene Krankenhäuser, Erbringer nichtärztlicher Dialyseleistungen, gemeinnützige Träger, die an der vertragsärztlichen Versorgung teilnehmen sowie Kommunen sein. Für vor dem 1.1.2012 zugelassene MVZ besteht allerdings Bestandsschutz gem. § 95 Abs. 1 a S. 2, Abs. 6 S. 4 SGB V. Zu Einzelheiten der Tätigkeit von MVZ *Cramer* Radiologe 2004, M 46 ff. *Rau* DStR 2004, 640 [641 ff.]; *Klose* BB 2003, 2702 ff.; *Ratzel/Lippert* MedR 2004, 525 [529 f.]; MHdB GesR I/*Gummert/Remplik* § 25 Rn. 20; *Ziermann* MedR 2004, 540 zur vertragszahnärztlichen Versorgung.

4. Zahnärzte

Schrifttum: S. die Literaturangaben unter „Ärzte".

a) Grundlagen. Der Beruf des Zahnarztes ist im Gesetz über die Ausübung der Zahnheilkunde (idF der Bekanntmachung v. 16.4.1987, BGBl. 1987 I 1225, zuletzt geändert am 6.12.2011, BGBl. 2011 I 2515) geregelt. Die Berufsausübung wird in von den Landeszahnärztekammern erlassenen Berufsordnungen näher bestimmt. Zu Beginn des Jahres 2005 haben Präsidium und Vorstand der Bundeszahnärztekammer einstimmig eine neue Musterberufsordnung **(MBO-Zahnärzte)** erlassen, die aktuelle Fassung ist auf dem Stand 19.11.2016. Änderungen der MBO-Zahnärzte werden erst dann verbindlich, wenn die Länder sie in ihren Berufsordnungen umgesetzt haben. Die zuvor geltende Musterberufsordnung übte keine große Vereinheitlichungswirkung aus (vgl. *Deutsch/Spickhoff* 61 Rn. 84, zum derzeitigen Stand → Rn. 290). **285**

b) Partnerschaftsfähigkeit. Den Zahnärzten stehen inzwischen alle für freiberufliche Tätigkeiten offenen Rechtsformen (zur Zulässigkeit der Zahnärzte-GmbH bei ausreichender Unabhängigkeit der Berufsträger: BGH NJW 1994, 786) und damit auch die Partnerschaft für eine gemeinschaftliche Berufsausübung zur Verfügung (§ 16 Abs. 1 MBO-Zahnärzte). In § 17 Abs. 2 MBO-Zahnärzte ist die Partnerschaft für den Sonderfall eines Zusammenschlusses, in der der Zahnarzt nicht die Zahnheilkunde am Menschen ausübt, sogar ausdrücklich als zulässige Rechtsform erwähnt. Die Zusammenschlussmöglichkeiten sind durch die MBO-Zahnärzte 2005 erweitert worden. Die Änderungen folgen dem Vorbild der grundlegenden Änderungen, die die **286**

Ärzteschaft auf dem 107. Deutschen Ärztetag in Bremen 2004 beschlossen hat
(→ Rn. 271 ff.). Nach § 14 Abs. 1 MBO-Zahnärzte aF durfte der Zahnarzt früher nur einer Berufsausübungsgemeinschaft angehören. Diese Beschränkung
ist in der aktuellen Fassung des § 16 Abs. 2 iVm § 9 MBO-Zahnärzte aufgehoben. Damit ist auch die Bildung überörtlicher Gemeinschaftspraxen zulässig.
Voraussetzung ist, dass an dem jeweiligen Praxissitz verantwortlich mindestens
ein Mitglied der Berufsausübungsgemeinschaft die Patientenversorgung sicherstellt (zu Zweigniederlassungen → § 5 Rn. 1 ff.).

287   Die gemeinsame Ausübung kassenzahnärztlicher Tätigkeit richtet sich nach
§ 33 Abs. 2 Zahnärzte-ZV (v. 28. 5. 1957, BGBl. 1957 I 582), der mit § 33
Abs. 2 Ärzte-ZV übereinstimmt. Wie bei den Ärzten können Vertragszahnärzte die Vorteile der neuen MBO-Zahnärzte erst nach einer entsprechenden
Änderung des SGB V und der Zahnärzte-ZV nutzen.

288   **c) Interprofessionelle Zusammenschlüsse.** Soweit Zusammenschlüsse
von Zahnärzten mit anderen Ärzten oder Nichtärzten nicht schon nach den
einschlägigen Landesgesetzen unzulässig sind, sind auch hier Einschränkungen
durch die Berufsordnungen zu beachten. In der aktuellen Fassung der MBO-
Zahnärzte sind interprofessionelle Zusammenschlüsse unter der Beteiligung
von Zahnärzten in § 17 MBO-Zahnärzte geregelt. Nach § 17 Abs. 1 MBO-
Zahnärzte können sich Zahnärzte mit selbstständig tätigen und zur eigenverantwortlichen Berufsausübung berechtigten Angehörigen anderer Heilberufe
oder staatlicher Ausbildungsberufe im Gesundheitswesen zusammenschließen,
soweit ihre eigenverantwortliche, fachlich unabhängige sowie freiberufliche
Berufsausübung gewährleistet ist. Zu beachten ist die Regelung des § 9 Abs. 4
MBO-Zahnärzte. Durch eine entsprechende räumliche und organisatorische
Trennung ist die zahnärztliche von der nicht zahnärztlichen Tätigkeit klar abzugrenzen.

289   Keinen Beschränkungen unterliegt die Beteiligung von Zahnärzten an interprofessionellen Partnerschaften, wenn sie in der Gesellschaft nicht die
Zahnheilkunde am Menschen ausüben (§ 17 Abs. 2 MBO-Zahnärzte; vgl.
auch die Parallelvorschrift in § 23 c MBO-Ä, → Rn. 274).

290   Inzwischen haben fast alle Landeszahnärztekammern die Änderungen der
MBO-Zahnärzte umgesetzt (vgl. die Berufsordnungen **Baden-Württem-
berg, Berlin, Brandenburg, Hamburg, Mecklenburg-Vorpommern,
Niedersachsen, Rheinland-Pfalz, Sachsen, Schleswig-Holstein** und
Westfalen-Lippe). Die Landeszahnärztekammer **Bayern** hat die §§ 16, 17
MBO-Zahnärzte zwar mit vergleichbarem Inhalt in die Berufsordnung über-
nommen, Abweichungen ergeben sich allerdings durch den Verweis auf § 5
Berufsordnung, dessen Abs. 2 nur bis zu zwei weitere Praxissitze zulässt (→ § 5
Rn. 46). Die Berufsordnung der Landeszahnärztekammer **Nordrhein** regelt
die gemeinsame zahnärztliche Berufsausübung in §§ 10 f. Gestattet ist ein Zusammenschluss mit allen selbstständig tätigen und zur eigenverantwortlichen
Berufsausübung berechtigten Angehörigen anderer Heilberufe im Gesundheitswesen. Für Zahnärzte in **Sachsen** ist § 18 der geltenden Berufsordnung
einschlägig. Nach dessen Abs. 4 dürfen Zahnärzte sich auch mit selbstständig
tätigen und zur eigenverantwortlichen Berufsausübung berechtigten Angehörigen anderer Heilberufe, anderer Naturwissenschaftler im Gesundheitswesen,

Angehörigen der staatlich geregelten Gesundheitsberufe und der sozialpäd-
agogischen Berufe zusammenschließen.

d) Internationale Zusammenschlüsse. Ausländische Zahnärzte können **291**
sich mit deutschen Zahnärzten zusammenschließen, wenn sie die Approbation
nach § 2 Abs. 1 Zahnheilkundegesetz (BGBl. 1987 I 1226) erlangt haben. Für
Angehörige von EU-Staaten gelten gem. § 2 Abs. 1 S. 2 Zahnheilkundegesetz
Erleichterungen.

e) Mitgliedschaft einer Partnerschaft in anderer Gesellschaft. Für die **292**
Mitgliedschaft einer Zahnärzte-Partnerschaft in einer mit anderen Ärzten oder
Nichtärzten betriebenen Praxis- oder Apparategemeinschaft gilt das zu den
Ärzten Gesagte (→ Rn. 280). Unter Umständen sind besondere Anforderun-
gen des Berufsrechts zu beachten (vgl. zB § 11 der MBO-Zahnärzte bei praxis-
eigenen Laboratorien).

5. Tierärzte

Schrifttum: S. die Literaturangaben unter „Ärzte"

a) Grundlagen. Der Beruf des Tierarztes ist in der **Bundes-Tierärzte-** **293**
ordnung von 1981 (BGBl. 1981 I 1193 als Neufassung der Tierärzteordnung
v. 17.5.1965, BGBl. 1965 I 416; zuletzt geändert durch Art. 379 der Verordnung vom 31.8.2015, BGBl. 2015 I 1474) geregelt. Die Bundestierärztekammer hat 2002 zudem eine **Musterberufsordnung (MBO-Tierärzte)** erlassen, auf deren Grundlage die folgende Kommentierung basiert. Die
Tierärztekammern der Länder sind zwar angehalten, aber nicht gezwungen,
sich an die Vorgaben der Bundestierärztekammer zu halten. Verbindlich ist für
den Tierarzt die Berufsordnung der zuständigen Landeskammer.

b) Partnerschaftsfähigkeit. Tierärzte können sich nach Maßgabe der **294**
einschlägigen Landesgesetze (HeilBerG oder KammerG) und der von den
Landestierärztekammern erlassenen Berufsordnungen zusammenschließen.
Nach den Landesgesetzen steht einem Zusammenschluss von Tierärzten in
einer Partnerschaft nichts entgegen. Die als Vorbild für die Landesberufsordnungen dienende MBO-Tierärzte (idF v. 22.3.2014) erlaubt ausdrücklich
den Zusammenschluss zu Gemeinschaftspraxen (§ 16 MBO-Tierärzte) auch
in der Rechtsform der Partnerschaft (§ 18 MBO-Tierärzte). Es besteht lediglich eine Mitteilungspflicht gegenüber der Kammer (§ 16 Abs. 3 MBO-Tierärzte). Hinsichtlich amtlicher Aufgaben behält jeder Partner die Stellung eines
selbstständig niedergelassenen Tierarztes (§ 16 Abs. 1 S. 2 MBO-Tierärzte).

c) Interprofessionelle Zusammenschlüsse. Der Betrieb einer Partner- **295**
schaft ist Tierärzten nur mit anderen Tierärzten erlaubt (§ 18 Abs. 1 S. 2
MBO-Tierärzte; vgl. zB § 18 Abs. 1 S. 2 Berufsordnung Tierärztekammer
Niedersachsen, § 25 Abs. 2 Berufsordnung Tierärztekammer **Nordrhein,**
bzw. § 25 Abs. 1 Berufsordnung Tierärztekammer **Westfalen-Lippe:** „Partnerschaften mit anderen freien Berufen […] sind nicht zugelassen."). Verfassungsrechtlich ist die Beschränkung der Kooperationsmöglichkeiten bedenklich.

296   Lediglich in **Bremen** trifft die geltende Berufsordnung in § 25 Abs. 2 eine abweichende Regelung. Danach können sich Tierärzte auch mit Diplom-Biologen, Diplom-Chemikern, Ärzten, Zahnärzten, Lebensmittelhygienikern und -chemikern zusammenschließen. Voraussetzung ist die eigenverantwortliche und selbstständige Berufsausübung jedes Partners im Rahmen seines Verantwortungsbereiches.

297   Unabhängig davon ist es einem Tierarzt möglich, sich mit Angehörigen anderer Freier Berufe in einer Partnerschaft zusammenzuschließen, wenn er in dieser **nicht die Tierheilkunde ausübt** (vgl. die entsprechenden Möglichkeiten der Ärzte und Zahnärzte, → Rn. 274, 289). In **Bayern** wurde diese Möglichkeit explizit in die Berufsordnung aufgenommen (vgl. § 23 Abs. 1).

298   **d) Internationale Zusammenschlüsse.** Zusammenschlüsse mit ausländischen Tierärzten kommen in Betracht, soweit diese nach §§ 2 und 3 Bundes-Tierärzteordnung berechtigt sind, im Inland die Berufsbezeichnung Tierarzt zu führen. Bei der Erteilung einer dafür grundsätzlich notwendigen Approbation gelten für EU-Bürger nach § 4 Abs. 1a Bundes-Tierärzteordnung Erleichterungen.

6. Heilpraktiker

Schrifttum: *Arndt,* Heilpraktikerrecht, 1987; Loseblattslg.; *Bockelmann,* Das Ende des Heilpraktikergesetzes, NJW 1966, 1145; *Erdle/Becker/Becker,* Recht der Gesundheitsfachberufe und Heilpraktiker, Loseblattslg.; *Quaas/Zuck,* Medizinrecht, 3. Aufl. 2014; *Schnitzler,* Das Recht der Heilberufe, 2004.

299   In Deutschland darf die Heilkunde nicht nur durch approbierte Ärzte ausgeübt werden. Zwar sollte die Kurierfreiheit ursprünglich durch Gesetz (HeilPraktG v. 17.2.1939, RGBl. 1939 I 251; BGBl. III/FNA 2122-2) beseitigt werden. Auf der Grundlage der durch Art. 12 GG geschützten Berufsfreiheit wurde jedoch ein neuer Berufsstand, der des Heilpraktikers, geschaffen (*Bachmann/Dünisch,* Der Heilpraktiker in Theorie und Praxis, Stand: Januar 1995, Teil I 2.1 S. 3 ff.; *Quaas/Zuck,* Medizinrecht, 3. Aufl. 2014, § 33 Rn. 4 ff.; *Bockelmann* NJW 1966, 1145 [1148 ff.]). In seinen wesentlichen Regelungen gilt das HeilPraktG von 1939, das seinen ursprünglich vorgesehenen Zweck nie erreicht hat, noch heute (RGBl. 1939 I 251; BGBl. III/FNA 2122-2, geändert d. Gesetz v. 2.3.1974, BGBl. 1974 I 469; DurchführungsVO v. 18.2.1939, RGBl. 1939 I 259; BGBl. III/FNA 2122-2-1; zuletzt geändert durch Artikel 17 e des Gesetzes vom 23.12.2016, BGBl. 2016 I 3191).

300   Heilpraktikern stehen alle Rechtsformen zur Verfügung, die für die Angehörigen der Freien Berufe offen sind. Auch die GmbH hat der BGH (GRUR 1992, 176) bei ausreichender Unabhängigkeit der Berufsträger schon früh für zulässig erklärt. Im Berufsrecht der Heilpraktiker sind auch keine Regelungen enthalten, die den Zusammenschluss mit Angehörigen anderer Freier Berufe verbieten. Die von den verschiedenen Verbänden erlassenen Berufsordnungen (Berufsordnung des Fachverbandes Deutscher Heilpraktiker Bundesverband e. V. [abrufbar unter www.heilpraktiker.org]; Berufsordnung des Berufs- und Fachverbandes Freie Heilpraktiker e. V. [abrufbar unter www.freieheilpraktiker.com]; Berufsordnung des Bundes Deutscher Heilpraktiker e. V. [abrufbar unter www.bdh-online.de]) könnten ohnehin keine rechtlich verbindlichen Einschränkungen der Zusammenschlussmöglichkeiten begründen, da sie jeweils nur verbandsinterne Wirkung entfalten. Zu beachten ist aber das Berufsrecht der in Aussicht genommenen Partner. Hier kann sich ein Verbot der gemeinsamen Berufsausübung in einer Gesellschaft mit Heilpraktikern ergeben. So ist es zB Ärzten grundsätzlich untersagt, ihren Beruf gemeinsam mit Heilpraktikern auszuüben (→ Rn. 272). Eine Doppelqualifikation ist aus Sicht der Heilpraktiker dagegen möglich: Einem Heilpraktiker darf zusätzlich die ärztliche Approbation erteilt werden (VGH Kassel MedR 1993, 240). Ein Arzt kann dagegen nicht die Erlaubnis als Heilpraktiker erlangen (VG München MedR 1996, 229).

Ein Zusammenschluss mit ausländischen Heilpraktikern kommt in Betracht, wenn diese im Inland die Heilkunde ausüben dürfen. Dies ist der Fall, wenn sie die nach dem deutschen Heilpraktikergesetz erforderliche Erlaubnis eingeholt haben. Ausländern darf diese Erlaubnis bei Erfüllung der Voraussetzungen nicht versagt werden. Der bis heute nicht ausdrücklich aufgehobene Staatsangehörigkeitsvorbehalt der § 2 Abs 1 b der DurchführungsVO zum Heilpraktikergesetz ist verfassungswidrig (BVerfG NJW 1988, 2290 [2291 f.]) und außerdem europarechtswidrig. Demzufolge muss auch einem Ausländer die Heilpraktikererlaubnis erteilt werden, wenn er die übrigen Voraussetzungen erfüllt. Weitergehende Erleichterungen für ausländische Heilpraktiker aus EU- oder EWR-Ländern bestehen nicht. **301**

7. Physiotherapeuten und Heilmasseure

Schrifttum: *Erdle / Becker / Becker,* Recht der Gesundheitsfachberufe und Heilpraktiker, Loseblattsammlung; *Raps / Melzer,* Gesetz über die Berufe in der Physiotherapie, 2000; *Schnitzler,* Das Recht der Heilberufe, 2004; *von der Twer,* Die Rechtsstellung des Physiotherapeuten, 2001.

Das Berufsrecht der Physiotherapeuten und der Heilmasseure (zu den neuen Bezeichnungen → Rn. 123, 126; (Gesetz über die Berufe in der Physiotherapie [Masseur- und Physiotherapeutengesetz] v. 26.5.1994, BGBl. 1994 I 1084) enthält keine Einschränkung der Partnerschaftsfähigkeit dieser Freien Berufe. Zu beachten ist aber immer das Berufsrecht der potentiellen Partner. Eine Kooperation bietet sich wegen der Nähe der Tätigkeitsfelder zum Masseur und medizinischen Bademeister an (dazu BSG NJW 1996, 3228). Attraktiv könnte insbesondere eine Zusammenarbeit mit Chirurgen und Orthopäden sein (zu Einschränkungen der Zusammenarbeit im Berufsrecht der Ärzte → Rn. 259 ff.). **302**

Physiotherapeuten gleichgestellt sind Ausländer, denen die Erlaubnis zur Führung der Berufsbezeichnung nach dem MPhG erteilt worden ist. Hierzu zählen vor allem Angehörige von EU- und EWR-Staaten, deren ausländische Ausbildung nach § 2 Abs. 3 MPhG anerkannt werden muss. Ausländern anderer Staaten wird die Erlaubnis nur erteilt, wenn ihre Ausbildung als gleichwertig anerkannt wird (§ 2 Abs. 2 MPhG). **303**

8. Hebammen

Schrifttum: *Erdle/Becker/Becker,* Recht der Gesundheitsfachberufe und Heilpraktiker, Loseblattsammlung; *Raps,* Hebammengesetz, 1985; *Schnitzler,* Das Recht der Heilberufe, 2004.

304   Auch im Berufsrecht der Hebammen und Entbindungspfleger, der männlichen Bezeichnung für Hebammen, (fortan wird als Oberbegriff „Hebamme" verwendet) finden sich keine Einschränkungen der Zusammenschlussmöglichkeiten (Gesetz über den Beruf der Hebamme und des Entbindungspflegers v. 4.6.1985, BGBl. 1985 I 902). In **Berlin** lässt sich aus § 2 Abs. 3 der Berufsordnung für Hebammen und Entbindungspfleger (v. 26.11.1989, GVBl. 2102) entnehmen, dass der Landesgesetzgeber einen interprofessionellen Zusammenschluss von Hebammen und Ärzten früher nicht für möglich hielt. Dort ist zwingend ein Weisungsrecht des die Behandlung übernehmenden Arztes gegenüber der Hebamme normiert. In einer Personengesellschaft herrscht dagegen typischerweise Gleichberechtigung zwischen den Gesellschaftern (vgl. MüKoBGB/*Schäfer* BGB § 705 Rn. 244). Die Berufsordnung für Hebammen und Entbindungspfleger in **Hamburg** (v. 7.4.1992, GVBl. 75) deutet ebenfalls ein entsprechendes Verständnis an (vgl. § 10 Abs. 3 S. 1). Ein Verbot statuieren diese Vorschriften jedoch nicht. Ein solches ist schon im Hinblick auf die MBO-Ä, die seit 2004 in § 23b Abs. 1 MBO-Ä die Zusammenarbeit von Hebammen mit Ärzten gestattet, auszuschließen.

305   Ein Zusammenschluss mit **ausländischen Hebammen** in einer Partnerschaft ist aus Sicht des deutschen Rechts zulässig, wenn diese eine Erlaubnis nach § 2 HebG erhalten haben. Für Staatsangehörige aus EU- und EWR-Staaten gelten Erleichterungen (vgl. § 2 Abs. 3 HebG und die entsprechende Richtlinie sowie das Abkommen über den EWR). Im Übrigen ist die Gleichwertigkeit der Ausbildung entscheidend (§ 2 Abs. 2 HebG). Ein Zusammenschluss mit Hebammen aus anderen EU- und EWR-Staaten, die nicht die entsprechende Erlaubnis nach § 1 Abs. 1 HebG erhalten haben, kommt nicht in Betracht. Diese sind zwar gem. § 1 Abs. 2 HebG ohne Erlaubnis zur vorübergehenden Dienstleistung im Inland berechtigt. Ein Zusammenschluss in einer inländischen Gesellschaft gilt jedoch nicht mehr als vorübergehende Dienstleistung, sondern als Niederlassung im Inland (arg. e Art. 49 Abs. 2 AEUV; zur Abgrenzung vgl. EuGH NJW 1996, 579 – „Gebhard").

9. Diplom-Psychologen

Schrifttum: *Haage,* Berufsrechtliche Beurteilung des neuen Psychotherapeutengesetzes, MedR 1998, 291; *Jerouschek,* Psychotherapeutengesetz, 2004; *Plagemann/Kies,* Approbation und Zulassung von Psychotherapeuten nach neuem Recht, MedR 1999, 413; *Quaas/Zuck,* Medizinrecht, 3. Aufl. 2014; *Schlund,* Das Psychotherapeutengesetz – ein Überblick, NJW 1998, 2722; *Schnitzler,* Das Recht der Heilberufe, 2004; *Stellpflug,* Niederlassung für Psychotherapeuten, Berufs- und vertragsarztrechtliche Fragen, 2005; *Stellpflug,* Berufsausübung der Psychologischen Psychotherapeuten und Kinder- und Jugendlichenpsychotherapeuten im Sinne der Heilberufs- und Kammergesetze, MedR 2005, 71.

306   Die Bundespsychotherapeutenkammer ist im Mai 2003 als Arbeitsgemeinschaft der Landeskammern der Psychologischen Psychotherapeuten und der

Kinder- und Jugendlichenpsychotherapeuten gebildet worden. Auf dem 7. Deutschen Psychotherapeutentag im Januar 2006 in Dortmund wurde eine Musterberufsordnung verabschiedet, inzwischen gilt diese in der Fassung des Beschlusses des 24. Deutschen Psychotherapeutentags in Berlin vom 17.5.2014. Nach § 21 Abs. 1 MBO dürfen sich Psychotherapeuten im Rahmen der Vorgaben des Heilberufsgesetzes zu Berufsausübungsgemeinschaften in allen rechtlich möglichen Formen mit anderen Angehörigen ihrer Berufsgruppe oder Angehörigen anderer Gesundheits- oder Beratungsberufe zusammenschließen. Dabei muss die freie Wahl der Psychotherapeuten durch die Patienten sowie die eigenverantwortliche und selbstständige sowie nicht gewerbliche Berufsausübung gewahrt bleiben (vgl. § 21 Abs. 4 MBO). Entsprechende Zusammenschlüsse oder Änderungen sind der zuständigen Landespsychotherapeutenkammer nach § 21 Abs. 7 MBO anzuzeigen.

Die von den Landespsychotherapeutenkammern erlassenen Berufsord- **307** nungen setzen im Wesentlichen ähnliche Schwerpunkte. Die Unterschiede sind größtenteils redaktioneller Natur (*Stellpflug,* Niederlassung für Psychotherapeuten, Berufs- und vertragsarztrechtliche Fragen, 2005, Rn. 310). § 29 Abs. 1 der Berufsordnung der Landespsychotherapeutenkammer **Baden-Württemberg** bestimmt, dass sich Psychotherapeuten in allen gesetzlich zulässigen Formen mit anderen Angehörigen des Berufsstandes oder Angehörigen anderer Berufsgruppen, die in Gesundheits- oder Beratungsberufen tätig sind, zusammenschließen können. Gewahrt werden muss unter anderem die Eigenverantwortlichkeit und Selbstständigkeit der Berufsausübung, sowie die freie Wahl des Psychotherapeuten durch den Patienten. Ein entsprechender Zusammenschluss ist der Kammer mitzuteilen. Ähnlich formulieren die Berufsordnungen in **Bayern,** Berlin (§ 21 Abs. 1, 4), **Bremen** (§ 21 Abs. 1), Hessen (§ 23 Abs. 1, 4), **Nordrhein-Westfalen** (§ 21 Abs. 1, 4), Rheinland-Pfalz (§ 21 Abs. 1, 4) und Saarland (§ 21 Abs. 1, 5). In Hamburg können sich Psychotherapeuten nach § 19 Abs. 9 der Berufsordnung zur Ausübung ihres Berufes in allen rechtlich möglichen Formen mit anderen Angehörigen ihres Berufsstandes oder Angehörigen anderer Berufsgruppen zusammenschließen, wenn die eigenverantwortliche und selbstständige sowie nicht gewerbliche Berufsausübung gewahrt bleibt. Bei allen Formen von Zusammenschlüssen muss die freie Wahl der Psychotherapeuten durch die Patienten gewährleistet bleiben. Ähnlich formulieren die Berufsordnungen in Niedersachsen (§ 21 Abs. 1) und Schleswig-Holstein (§ 22 Abs. 1, 2). Gemäß § 21 Abs. 1 der Berufsordnung in Bayern dürfen sich Psychotherapeuten zu Berufsausübungsgemeinschaften mit anderen Psychotherapeuten zusammenschließen. Sie dürfen sich zudem zur kooperativen Berufsausübung mit selbstständig tätigen und zur eigenverantwortlichen Berufsausübung befugten Berufsangehörigen anderer akademischer Heilberufe oder staatlicher Ausbildungsberufe im Gesundheitswesen sowie mit Personen zusammenschließen, welche über eine Qualifikation gem. § 5 Abs. 2 Psychotherapeutengesetz (PsychThG) verfügen. Die Kammer kann aus wichtigem Grund Ausnahmen von den Beschränkungen zulassen. Auch hier muss bei allen Formen von Kooperationen die freie Wahl der Psychotherapeuten durch die Patienten gewährleistet und die eigenverantwortliche, fachlich unabhängige sowie nicht gewerbliche Berufsausübung gewahrt bleiben.

308   Durch die dynamischen Formulierungen „in allen rechtlich möglichen"
oder „alle gesetzlich zulässigen Formen" soll erreicht werden, dass ggf. bestehende Restriktionen in den Heilberufs- und Kammergesetzen unmittelbar
nach Änderung dieser Gesetze wegfallen, sodass eine Anpassung der Berufsordnungen nicht nötig ist (*Stellpflug,* Niederlassung für Psychotherapeuten,
Berufs- und vertragsarztrechtliche Fragen, 2005, Rn. 312). Insofern bestimmen die entsprechenden Vorschriften der Berufsordnung, dass sich Psychotherapeuten (nur) „im Rahmen der Vorgaben des Heilberufsgesetzes" zusammenschließen dürfen (so § 21 Abs. 1 in **NRW,** ähnlich formuliert § 22 Abs. 1 in
Schleswig-Holstein).

309   Die zu diesem Zeitpunkt ca. 2000 Psychotherapeuten der ostdeutschen
Bundesländer (**Brandenburg, Mecklenburg-Vorpommern, Sachsen,
Thüringen** und **Sachsen-Anhalt**), die bis zu diesem Datum nicht verkammert waren, haben sich im April 2006 zu einer gemeinsamen Kammer, der
Ostdeutschen Psychotherapeutenkammer (OPK), mit Sitz in Leipzig zusammengeschlossen. Inzwischen wurde eine gemeinsame Berufsordnung verabschiedet. Gemäß deren § 21 Abs. 1 dürfen sich Psychotherapeuten im Rahmen der Vorgaben des SächsHKaG zu Berufsausübungsgemeinschaften in den
für den Beruf zugelassenen Rechtsformen nur mit anderen Angehörigen ihrer
Berufsgruppe oder Mitgliedern der Heilberufekammern, Naturwissenschaft-
lern im Gesundheitswesen, Angehörigen staatlich geregelter Gesundheitsberufe und Sozialpädagogen zusammenschließen. Auch hier muss bei allen
Formen von Zusammenschlüssen die freie Wahl der Psychotherapeuten durch
die Patienten gewährleistet und die eigenverantwortliche und selbstständige
sowie nicht gewerbliche Berufsausübung gewahrt bleiben (§ 21 Abs. 4).

10. Ähnliche Heilberufe

310   Zu den ähnlichen Heilberufen → Rn. 138 ff. Vielfach wird in Gesetzen die
Bezeichnung des jeweiligen Berufes geschützt. Eine Erlaubnis zur Führung der
Berufsbezeichnung wird nur demjenigen erteilt, der eine ordnungsgemäße
Ausbildung nachweisen kann. Für Staatsangehörige von EU- und EWR-Län-
dern gelten jeweils Vorschriften über die Anerkennung ihrer ausländischen
Ausbildung. Es kann ihnen deshalb die Erlaubnis nach den deutschen Geset-
zen erteilt werden. Ein Zusammenschluss mit inländischen Berufsangehörigen
zur gemeinsamen Berufsausübung im Inland ist möglich.

11. Mitglieder der Rechtsanwaltskammern und Patentanwälte

Schrifttum: *Braun,* Profit vor Berufsethos? Keine Sternsozietät für Anwälte, Anwalt
2003/4, 8; *Donath,* Rechtsberatungsgesellschaften, ZHR 156 (1992), 134; *Droste,* Gemeinschaftliche Berufsausübung von Rechtsanwälten mit Angehörigen anderer steuer-
und wirtschaftsberatender Berufe, Diss. Köln 1998; *Feuerich,* Patentanwaltsordnung,
1997; *Feuerich/Weyland,* Bundesrechtsanwaltsordnung, 9. Aufl. 2016; Gail/*Overlack,* Anwaltsgesellschaften, 2. Aufl. 1996; *Freiherr von der Goltz,* Neue Organisationsformen für
die anwaltliche Zusammenarbeit unter besonderer Berücksichtigung des Partnerschaftsgesellschaftsgesetzes, 1999; *Gores,* Die Partnerschaftsgesellschaft als Rechtsform der Zusammenarbeit von Rechtsanwälten, 1996; *Gotzens,* Die interprofessionelle Zusammenarbeit von Rechtsanwälten mit Angehörigen anderer freier Berufe, Diss. Köln 1998;
Hamacher, Neuregelung des Rechtsberatungsrechts, AnwBl. 2005, 378; *Henssler,* Die

Rechtsanwalts-GmbH, JZ 1992, 697; *Henssler,* Neue Formen anwaltlicher Zusammenarbeit, DB 1995, 1549; *Henssler,* Das Verbot der Sternsozietät gem. § 31 Berufsordnung der Rechtsanwälte – eine reformbedürftige Norm, ZIP 1998, 2121; *Henssler,* Die interprofessionelle Zusammenarbeit in der Sozietät, WPK-Mitt. 1999, 2; *Henssler,* Die gesetzliche Regelung der Rechtsanwalts-GmbH, NJW 1999, 241; *Henssler,* Gemeinsame Berufsausübung in der Anwalts-AG, NZG 2000, 875; *Henssler,* Freie Fahrt für die Anwalts-AG, AnwBl. 2005, 374; *Henssler/Jansen,* Keine Eintragung einer aus Anwälten und auch als Notaren einbezogenen Anwaltsnotaren bestehenden Partnerschaftsgesellschaft im Partnerschaftsregister, EWiR 2006, 603; *Henssler/Nerlich,* Anwaltliche Tätigkeit in Europa, 1994; *Henssler/Prütting,* BRAO, 2. Aufl. 2014; *Kääb/Oberlander,* Kooperationsformen bei Rechtsanwälten, Teil 1, BRAK-Mitt. 2005, 55; *Kääb/Oberlander,* Kooperationsformen bei Rechtsanwälten, Teil 2, BRAK-Mitt. 2005, 226; *Kleine-Cosack,* Offener Wettbewerb auf dem Rechtsberatungsmarkt, DB 2006, 2797; *Leutheusser-Schnarrenberger,* Die Partnerschaftsgesellschaft für die rechtsberatenden Berufe, BRAK-Mitt. 1995, 90; *Michalski/Römermann,* Interprofessionelle Zusammenarbeit von Rechtsanwälten, NJW 1996, 3233; *Mihm,* Berufsrechtliche Kollisionsprobleme beim Anwaltsnotar, 2000; *Papier,* Das anwaltliche Berufsrecht im Lichte der Rspr. des Bundesverfassungsgerichts, BRAK-Mitt. 2005, 50; *Pluskat,* Chancen für eine interprofessionelle GmbH von Rechtsanwälten, Steuerberatern und Wirtschaftsprüfern mit gleichberechtigten Gesellschaftern, DStR 2004, 58; *Posegga,* Die Beteiligung eines in Sozietät verbundenen Rechtsanwalts an einer Steuerberatungsgesellschaft mbH, NJW 2001, 3228; *Römermann,* Rechtsberatungsrecht im Umbruch, GmbHR 2005, R 181; *Römermann,* Hyperdereguliertes Rechtsberatungsrecht: Unabsehbare Gefahren für Rechtssuchende und die Anwaltschaft, DB 2005, 931; *Römermann/Spönemann,* Gesellschaftsformen für Rechtsanwälte – Berufsrecht, Gesellschaftsrecht, Steuerrecht, NZG 1998, 15; *Sommer,* Anwalts-GmbH oder Anwalts-Partnerschaft?, GmbHR 1995, 249; *Stuber,* Das Partnerschaftsgesellschaftsgesetz unter besonderer Berücksichtigung der Belange der Anwaltschaft, WiB 1994, 705; *Wagner,* Das „Notariat" aus der Sicht eines Anwaltsnotars, AnwBl. 2002, 387.

Mustervertrag: *Gail/Overlack,* Anwaltsgesellschaften, 2. Aufl. 1996, 213ff.; *Kopp* in Henssler/Streck SozietätsR-Hdb, 2. Aufl. 2011, Kap. C S. 396ff.; *Lenz/Braun,* Partnerschaftsgesellschaftsvertrag, Heidelberger Musterverträge, 3. Aufl. 2006; *Stucken,* Mustervertrag einer Partnerschaftsgesellschaft, WiB 1994, 744.

a) Partnerschaftsfähigkeit. Mitglieder von RAK (zur berufsrechtlichen **311** Bedeutung dieser Gesetzesfassung → Rn. 152) können sich nach Maßgabe des § 59a Abs. 1 und 3 BRAO, Patentanwälte gem. § 52a PAO, an einer Partnerschaft beteiligen. Die Regelungen beschränken sich nicht mehr auf Zusammenschlüsse in einer „Sozietät", sondern sprechen allgemein von der „gemeinschaftlichen Berufsausübung" (vgl. den Regierungsentwurf des **Rechtsdienstleistungsgesetzes** BT-Drs. 16/3655, 82f.; Henssler/Prütting/ *Hartung* BRAO § 59a Rn. 11). Auch für die Vorgängerregelung war bereits anerkannt, dass die Vorschriften keine Beschränkung der beruflichen Zusammenarbeit auf die Rechtsform der GbR bezwecken (vgl. *Michalski/Römermann* NJW 1996, 3233 [3237]).

b) Das Verbot der Sternpartnerschaft. Nach § 31 BOR A aF, der jeden- **312** falls über § 33 Abs. 2 BORA auch für Partnerschaften galt, war es Rechtsanwalten nicht gestattet, mehreren Berufsausübungsgesellschaften anzugehören (**„Sternsozietät"**). Selbst der Status als Angestellter oder freier Mitarbeiter in einer weiteren Gesellschaft war Anwälten verwehrt (*Henssler* ZIP 1998, 2121).

313   Das Verbot der Mehrfachbeteiligung fand seinen Ausdruck auch in der alten Fassung des § 59a Abs. 1 BRAO („… in einer Sozietät", vgl. BR-Drs. 12/4993, 33; BGH NJW 1999, 2970; 2003, 3048; 2006, 1132; Feuerich/Weyland/*Brüggemann* BRAO § 59a Rn. 62 ff.; *Henssler* ZIP 1998, 2121 [2123 f.]; aA *Römermann* NJW 1998, 2249 [2252]; *Römermann* AnwBl. 1999, 554; parallel dazu § 52a PAO und § 16 Abs. 3 Berufsordnung; vgl. *Feuerich,* Patentanwaltsordnung, 1997, PAO § 52a Rn. 2). Ein mehrfach qualifizierter Berufsträger durfte aber schon unter der Geltung des Verbots der Sternsozietät seine **verschiedenen Berufe in unterschiedlichen Partnerschaften** ausüben (AnwG Hamburg BRAK-Mitt. 2000, 21 zu einem Rechtsanwalt, der auch die Qualifikation als Steuerberater besitzt; *Henssler* NZG 1999, 1025).

314   Das Verbot der Mehrfachbeteiligung war rechtspolitisch verfehlt und im Hinblick auf Art. 12 GG verfassungsrechtlich bedenklich (zu Einzelheiten *Henssler* ZIP 1998, 2121; *Henssler* NJW 1999, 241 [245]; *Kilian* NZG 2001, 150 [155 f.]; *Zuck* NJW 1999, 263 [265]; zu einem Verstoß der Vorschrift gegen Gemeinschaftsrecht vgl. *Kilian* NJW 2001, 326). Obwohl der **BGH** noch 2006 entschieden hatte, dass § 59a BRAO weder Art. 12 GG noch Art. 3 GG verletze (NJW 2006, 1132), wurde § 59a BRAO durch Art. 4 Nr. 3 und 4 des Gesetzes zur Neuregelung des Rechtsberatungsrechts vom 12.12.2007 (BGBl. 2007 I 2840, 2848 f.) zu Recht mit Wirkung zum 18.12.2007 geändert und das Verbot der Sternsozietät damit aufgehoben.

315   Seit der Streichung der Wörter „in einer Sozietät" ist es Rechtsanwälten gestattet, ihren Beruf in mehreren Berufsausübungsgesellschaften, also auch in mehreren Partnerschaften, auszuüben. Möglich ist auch die parallele Beteiligung an einer ausländischen Rechtsanwaltsgesellschaft. Zugleich wurde auch der bisherige § 59a Abs. 2 BRAO aufgehoben, der bestimmte, dass die Sozietät eine gemeinschaftliche Kanzlei oder mehrere Kanzleien erfordere, in denen verantwortlich zumindest ein Mitglied der Sozietät tätig ist, für das die Kanzlei den Mittelpunkt seiner beruflichen Tätigkeit bildet. Es soll der Verantwortung des einzelnen Rechtsanwalts obliegen, wie er seine Tätigkeit organisiert. Ihm soll es freigestellt sein zu entscheiden, in welcher Kanzlei er seinen Beruf in welchem Umfang ausübt. § 31 BORA aF, der eine Konkretisierung des Verbots der Sternsozietät auf Satzungsebene enthielt, war damit gegenstandslos und wurde mit Wirkung zum 1.7.2008 gestrichen (*Römermann* AnwBl. 2007, 823). Konsequenterweise wurde auch § 59e Abs. 2 BRAO aufgehoben, der das Verbot der Sternsozietät für die Rechtsanwalts-GmbH statuierte (Regierungsentwurf des Rechtsdienstleistungsgesetzes, BT-Drs. 16/3655, 84). Mit der Änderung dieser Vorschriften korrespondiert eine Änderung der für Patentanwälte maßgeblichen Vorschriften der §§ 52a, 52e Abs. 2 PAO.

316   **c) Interprofessionelle Zusammenschlüsse.** Die interprofessionelle Zusammenarbeit hat durch die Entscheidung des BVerfG (BVerfGE 141, 82 = NJW 2016, 700) eine deutliche Ausweitung erfahren. Nach dem bisherigen § 59a Abs. 1 BRAO (analog § 52a Abs. 1 PAO) beschränkte sich die Möglichkeit der Zusammenarbeit mit anderen Berufen auf die sog. **sozietätsfähigen Berufe.** Zu diesen Berufen gehörten nach bisher geltendem § 59a Abs. 1 S. 1 BRAO nur die Mitglieder einer Rechtsanwalts- oder Patentanwaltskammer,

Steuerberater, Steuerbevollmächtigte (nach altem Recht in BGHSt 27, 390 = BGHZ 71, 161 = NJW 1978, 2254; BGHZ 72, 322 [327] = NJW 1979, 429 für unzulässig befunden), Wirtschaftsprüfer und vereidigte Buchprüfer.

Auf Vorlage des BGH (NJW 2013, 2674) hatte das BVerfG über die Verfas- **317** sungskonformität des § 59a Abs. 1 BRAO zu befinden. In dem Ausgangsverfahren gründete ein Rechtsanwalt eine Partnerschaft mit einer Ärztin, die zugleich auch Apothekerin war. Bei der Eintragung zum Partnerschaftsregister wurde der Gesellschaftsgegenstand angegeben mit: „Gegenstand der Partnerschaft ist die Ausübung des selbstständigen Berufs des Rechtsanwalts durch den Partner *Dr. W* und der Ärztin und Apothekerin durch die Partnerin *Dr. Dr. M.* Die Partnerin *Dr. Dr. M* wird jedoch nur gutachterlich und beratend tätig; sie übt in der Partnerschaft weder die Heilkunde am Menschen aus noch betreibt sie in der Partnerschaft eine Apotheke." Die Eintragung in das Partnerschaftsregister wurde mit Verweis auf § 59a Abs. 1 BRAO zurückgewiesen.

Das BVerfG hat die Beschränkung des § 59a Abs. 1 BRAO mit Art. 12 GG **318** für unvereinbar erklärt. Der mit § 59a Abs. 1 BRAO verfolgte Schutz der anwaltlichen Grundpflichten sei durch eine Zusammenarbeit mit Ärzten und Apothekern ebenso gewährleistet, wie bei den in § 59a Abs. 1 BRAO auf geführten Berufen (BVerfGE 141, 82 Rn. 16ff. = NJW 2016, 700). Dabei ist für die Tätigkeit von Apothekern zu beachten, dass nur die gutachterliche und fachlich beratende Tätigkeit mit Blick auf § 8 S. 1 ApoG innerhalb einer Partnerschaft möglich ist (vgl. hierzu den nach der Entscheidung des BVerfG ergangenen Beschluss des BGHZ 210, 48 = NJW 2016, 2263). Die gutachterliche und fachlich beratende Tätigkeit eines Apothekers ist als „ähnlicher Beruf" iSd § 1 Abs. 2 zu verstehen und stellt – anders als der Betrieb einer Apotheke – gerade keine gewerbliche Tätigkeit dar (BGHZ 210, 48 Rn. 17 = NJW 2016, 2263). Ebenso ist es Ärzten nach § 23c (Muster-)Berufsordnung für die in Deutschland tätigen Ärztinnen und Ärzte – MBO-Ä 1997 (idF der Beschlüsse des 114. Deutschen Ärztetages 2011, in Kraft ab 3.6.2011) gestattet, „mit Angehörigen anderer Berufe als den in § 23b MBO-Ä beschriebenen in allen Rechtsformen zusammen zu arbeiten, wenn sie nicht die Heilkunde am Menschen ausüben". Aus den vorgenannten Gründen erklärt sich auch, warum die Bayerische Landesärztekammer und die Bayerische Landesapothekerkammer in ihren Stellungnahmen aus der Sicht des jeweils für sie einschlägigen Berufsrechts keine Einwendungen gegen die Eintragung der Partnerschaftsgesellschaft erhoben hatten (BGHZ 210, 48 Rn. 12, 18 = NJW 2016, 2263).

Auch wenn das BVerfG die Reichweite der Vorlagefrage hinsichtlich der **319** Entscheidungserheblichkeit dahingehend einschränkt, dass sich die Entscheidung nur zur Zusammenarbeit zwischen Rechtsanwälten, Ärzten und Apothekern sowie zu der in Rede stehenden Form der Zusammenarbeit – nämlich die Partnerschaftsgesellschaft – verhält (BVerfGE 141, 82 Rn. 40 = NJW 2016, 700), lässt sich aus der Entscheidung jedenfalls herleiten, dass eine interprofessionelle Zusammenarbeit zwischen jeglichen Formen von Freien Berufen möglich ist, sofern das Berufsrecht der sich zusammenschließenden Freien Berufe mit den anwaltlichen Grundpflichten in Einklang steht (vgl. hierzu auch *Deckenbrock/Markworth* in Kilian/Offerman-Burckart/vom Stein, Praxishandbuch Anwaltsrecht, 3. Aufl. 2018 § 9 Rn. 27; *Römermann* NJW 2016, 682

[685]; *Römermann/Zimmermann* BB 2016, 2695). Insoweit muss der Gesetzgeber bei der anstehenden Neuformulierung des § 59a Abs. 1 BRAO nicht nur die Ärzte und Apotheker in den Kreis der sozietätsfähigen Berufe aufnehmen, sondern diesen für weitere Berufsgruppen öffnen (vgl. hierzu auch *Deckenbrock/Markworth* in Kilian/Offerman-Burckart/vom Stein, Praxishandbuch Anwaltsrecht, 3. Aufl. 2018 § 9 Rn. 28; *Henssler/Deckenbrock* AnwBl 2016, 211 ff.; *Kilian/Glindemann* BRAK-Mitt. 2016, 102 [104 ff.]).

320   Ungeachtet dieser Entscheidung sind grundsätzlich die Berufsrechte aller an der Partnerschaft beteiligten Berufsgruppen zu beachten. Insbesondere im Hinblick auf das Berufsrecht der Wirtschaftsprüfer kann die Zusammenarbeit Probleme aufwerfen (zu den Berufsordnungen der Wirtschaftsprüfer und Steuerberater → Rn. 336 ff., → Rn. 355 ff.).

321   Ebenfalls sozietätsfähig sind die in § 59a Abs. 2 BRAO genannten natürlichen Personen (→ Rn. 316 ff.). Die Berufsausübung in einer solchen interprofessionellen Partnerschaft darf nicht zu einer Überschreitung der eigenen beruflichen Befugnisse der Rechtsanwälte und Patentanwälte führen. Für die Regelung in § 59a Abs. 2 BRAO ist die Entscheidung des BVerfG gleichermaßen zu beachten.

322   Der Gesetzgeber sollte bei der überfälligen Neuregelung des § 59a BRAO an das geplante, aber durch den Rechtsausschuss des Deutschen Bundestages vertagte Gesetzesvorhaben zur Einführung eines § 59a Abs. 4 BRAO (parallel dazu war eine Neuregelung in § 52a Abs. 4 PAO geplant) anknüpfen. Im Rahmen der Neufassung des Rechtsberatungsrechts durch Einführung des Rechtsdienstleistungsgesetzes (RDG, → Rn. 155, 311, 315, 330, 347) sollten ursprünglich auch die Möglichkeiten der beruflichen Zusammenarbeit von Rechtsanwälten und Patentanwälten mit Angehörigen anderer Berufe erweitert werden. Nach der geplanten Regelung sollten sich Angehörige aller vereinbaren Berufe (§ 7 Nr. 8 BRAO, § 14 Abs. 2 Nr. 8 BRAO) mit Rechtsanwälten zusammenschließen können (vgl. noch den Regierungsentwurf, BT-Drs. 16/3655, dem ein Diskussionsentwurf, NJW Sonderdruck zum 65. DJT Bonn 2004, Beilage zu Heft 38, und ein Referentenentwurf des Bundesministeriums der Justiz vorausgegangen ist, sowie *Hamacher* AnwBl. 2005, 378; *Kleine-Cosack* DB 2006, 2797 [2802]). Aus Sicht des anwaltlichen Berufsrechts wäre dann bereits zu dieser Zeit beispielsweise die Aufnahme eines Arztes oder Architekten als Partner möglich gewesen (zu diesen uÄ Konstellationen *Michalski/Römermann* NJW 1996, 3233).

323   Nach **§ 30 BORA,** der über § 33 Abs. 1 BORA auch für die Partnerschaft gilt, darf sich ein Rechtsanwalt mit Angehörigen anderer sozietätsfähigen Berufe nur zusammenschließen, wenn diese bei ihrer Tätigkeit auch das anwaltliche Berufsrecht beachten (vgl. dazu Hartung/Scharmer/*Scharmer* BORA § 30 Rn. 19). Damit werden indirekt auch Angehörige anderer Berufe dem anwaltlichen Berufsrecht unterworfen. Ein derartiger Eingriff ist aber durch die Ermächtigungsgrundlage des § 59b BRAO nicht gedeckt (vgl. BGH NJW 1999, 2970, 2971). Die Vorschrift ist daher verfassungswidrig (*Kleine-Cosack* BRAO Vor § 59a Rn. 1; *Deckenbrock* BB 2002, 2453 [2458]; an der Verfassungsmäßigkeit zweifelnd auch Hartung/Scharmer/*Scharmer* BORA § 30 Rn. 5 ff.).

324   Die **beim BGH zugelassenen Rechtsanwälte** dürfen sich nach § 172a BRAO nur untereinander zusammenschließen, ihnen ist so jegliche Interprofessionalität untersagt (zur Verfassungsmäßigkeit der Vorschrift BVerfGE 106, 216 = NJW 2002, 3765; BGH NJW 2005, 2304; Feuerich/Weyland/*Kilimann* BRAO § 172 a Rn. 5; *Kleine-Cosack* BRAO § 172a; aA Henssler/Prütting/*Hartung* BRAO § 172 a Rn. 6).

Mit (Nur-)**Notaren** können Anwälte keine Partnerschaft bilden (§ 9 Abs. 1 **325** S. 1 BNotO; zu dessen Neufassung → Rn. 82). **Anwaltsnotare** dürfen dagegen gem. § 59 a Abs. 1 S. 3 BRAO bezogen auf ihre anwaltliche Berufsausübung eine Sozietät oder Partnerschaft eingehen sowohl miteinander als auch mit Rechtsanwälten, Patentanwälten, Kammerrechtsbeiständen, Steuerberatern (BVerfGE 80, 269 [279] = NJW 1989, 2611 [2612]; OLG Celle NJW 2007, 2929 [2930]; weitere Nachw. zur Rspr. bei *Bohrer,* Das Berufsrecht der Notare, 1991, Rn. 326), Wirtschaftsprüfern und/oder vereidigten Buchprüfern (*Mihm,* Berufsrechtliche Kollisionsprobleme beim Anwaltsnotar, 2000, 137 ff.). Nach der Entscheidung des BVerfG vom 12. 1. 2016 gilt dies nunmehr auch für die Berufe der Ärzte und Apotheker innerhalb einer PartG. Die Amtstätigkeit als Notar muss außerhalb der Berufsausübungsgesellschaft abgewickelt werden (dazu auch *Henssler/Jansen* EWiR 2006, 603; *Römermann/Zimmermann* Rn. 56; zur Abgrenzung der anwaltlichen Tätigkeit von der notariellen Tätigkeit BGH NJW-RR 2001, 1639; *Wagner* AnwBl. 2002, 38 / [389 ff.]).

Im Hinblick auf die Zusammenarbeit eines **Anwaltsnotars** mit **Wirt-** **326** **schaftsprüfern** und **vereidigten Buchprüfern** entnahm man § 59 a Abs. 1 S. 3 BRAO zunächst nur, dass zwar das anwaltliche Berufsrecht einem solchen Zusammenschluss nicht entgegenstehe, dass aber das notarielle Berufsrecht ein entsprechendes Verbot statuiere (vgl. § 59 a Abs. 1 S. 4 BRAO; BR-Drs. 93/93, 100; zuletzt BGH NJW 1996, 392; krit. *Henssler* JZ 1998, 1065 [1066]). Ein Verbot der Zusammenarbeit wurde aus dem Regelungszusammenhang von BNotO und BeurkG hergeleitet (BGHZ 64, 214 [219f.] = NJW 1975, 1414 [1415]; dazu WPK-Mitt. 1998, 252 [253]). Diese verfassungsrechtlich bedenkliche Auffassung ließ sich angesichts des eindeutigen Wortlautes von § 59 a Abs. 1 S. 3 BRAO nicht mehr aufrechterhalten (BVerfGE 98, 49 = JZ 1998, 1062 mAnm *Henssler; Mihm,* Berufsrechtliche Kollisionsprobleme beim Anwaltsnotar, 2000, 144 f.; dazu auch *Papier* BRAK-Mitt. 2005, 50 [54]). In § 9 Abs. 2 BNotO (geändert durch das Dritte Gesetz zur Änderung der BNotO und anderer Gesetze v. 31. 8. 1998 BGBl. 1998 I 2585, ber. BGBl. 1999 I 194) hat der Gesetzgeber diesen Bedenken Rechnung getragen. Seither können auch Wirtschaftsprüfer gemeinsam mit Anwaltsnotaren einer Partnerschaft angehören (vgl. *Henssler* WPK-Mitt. 1999, 2 [5]; *Henssler* AnwBl. 2000, 77 [79 f.]; Römermann/*Zimmermann* Rn. 166). Ein Hinweis auf die zusätzliche Tätigkeit eines Anwalts als Notar darf im Briefkopf der Partnerschaft erfolgen (BT-Drs. 12/6152, 10). § 44 b Abs. 1 S. 2 WPO stellt ergänzend klar, dass mit Rechtsanwälten, die zugleich Notare sind, eine Personengesellschaft (und damit auch eine PartG) nur bezogen auf die anwaltliche Berufsausübung eingegangen werden darf.

Zu **überörtlichen Partnerschaften von Rechtsanwälten und Zweig-** **327** **stellen** → § 5 Rn. 63 ff.

d) Internationale Zusammenschlüsse. Deutsche Rechtsanwälte und **328** Patentanwälte können sich auch mit **ausländischen Angehörigen von**

Rechtsanwaltsberufen in einer Partnerschaft zusammenschließen (§ 59 a Abs. 2 Nr. 1 BRAO). Sozietätsfähig sind Rechtsanwälte aus den Mitgliedstaaten der Europäischen Union oder anderen Staaten, die nach den Vorschriften des Gesetzes über die Tätigkeit europäischer Rechtsanwälte in Deutschland vom 9.3.2000 (BGBl. 2000 I 182) oder gem. § 206 BRAO berechtigt sind, sich in Deutschland niederzulassen. Für ausländische Patentanwälte gilt dasselbe nach § 52 a Abs. 2 Nr. 1 PAO iVm § 154 a PAO.

329   Mit **ausländischen Patentanwälten, Steuerberatern, Steuerbevollmächtigten, Wirtschaftsprüfern und vereidigten Buchprüfern** kann sich ein Rechtsanwalt nur nach Maßgabe des § 59 a Abs. 2 Nr. 2 BRAO in einer internationalen interprofessionellen Partnerschaft zusammenschließen. Voraussetzung ist, dass die Ausbildung und die Befugnisse der ausländischen Berufsangehörigen den jeweiligen deutschen Berufen entsprechen und dass sie mit ihren deutschen Berufskollegen im Inland eine Sozietät bilden könnten (vgl. dazu Feuerich/Weyland/*Brüggemann* BRAO § 59 a Rn. 57). Entsprechendes gilt für Patentanwälte nach § 52 a Abs. 2 Nr. 2 PAO. Wesentliches Kriterium für die Sozietätsfähigkeit von ausländischen Angehörigen der genannten Berufe ist, ob diesen ein Zeugnisverweigerungsrecht zusteht, ihre Akten beschlagnahmefrei sind und ob sie einen in der Ausbildung und in den Befugnissen den Vorschriften der PAO, des StBerG und der WPO entsprechenden Beruf ausüben.

330   Die im Zuge der Einführung des Rechtsdienstleistungsgesetzes vorgenommenen Gesetzesänderungen ließen die Vorschriften über die internationale berufliche Zusammenarbeit und über die Zusammenarbeit mit ausländischen Angehörigen von Patentanwalts-, Steuerberatungs- und Wirtschaftsprüfungsberufen unberührt (BT-Drs. 16/6634).

331   **e) Bedeutung der Partnerschaft als Berufsausübungsform. aa) Entwicklung.** Die für ihr Beharrungsvermögen an Althergebrachtem bekannte deutsche Anwaltschaft hat die Partnerschaft zunächst nur zögerlich angenommen. Auch die nachträgliche Einführung des § 8 Abs. 2 hat trotz der mit dieser Regelung verbundenen klaren Vorteile gegenüber der GbR zunächst keine Umwandlungswelle ausgelöst. In den letzten Jahren ist die Zahl der Umwandlungen jedoch deutlich angestiegen. Zum 1.1.2012 waren in Deutschland 3.029 Rechtsanwalts-Partnerschaften eingetragen (am 1.1.1997 waren es lediglich 78; vgl. *Kääb/Oberlander* BRAK-Mitt. 2005, 55 [56]; Bundesverband Freier Berufe (BFB) – Stellungnahme zur Novelle des Partnerschaftsgesellschaftsgesetzes v. 5.11.2012). Vorzugswürdig erscheint die Partnerschaft – im Vergleich mit der herkömmlichen GbR – vor allem wegen der gesetzlichen Haftungskonzentration auf den Mandatsbearbeiter, die auch für neu eintretende Gesellschafter klare Vorteile bietet (→ § 8 Rn. 1 ff.; *Scharlach/Hoffmann* WM 2000, 2082 [2088]). Die vorrangig auf große Beratungsgesellschaften der rechts- und wirtschaftsberatenden Berufe zugeschnittene PartmbB hat einen zusätzlichen Schub zugunsten der Partnerschaft ausgelöst. Diese vorrangig von den Anwaltsverbänden BRAK und DAV initiierte Neuerung ist von Anwaltsgesellschaften sehr gut angenommen worden (zu statistischen Daten *Lieder/Hoffmann* NZG 2017, 325 [328]: PartG unter tätiger Beteiligung von Rechtsanwälten sind zu 43,9% als PartmbB organisiert). Noch deutlicher ist

der Trend hin zur PartmbB bei den Patentanwälten. Fast 80% aller PartG unter Beteiligung von Patentanwälten sind als haftungsprivilegierte Variante ausgestaltet (*Lieder/Hoffmann* NZG 2017, 325 [328]).

bb) Verhältnis zur Kapitalgesellschaft. Ebenso wie Steuerberatern und **332** Wirtschaftsprüfern steht seit der Entscheidung des BayObLG im Jahre 1994 (NJW 1995, 199 = ZIP 1994, 1868 mAnm *Henssler*) und der anschließend erfolgten gesetzlichen Regelung in den §§ 59c ff. BRAO (eingefügt durch das Gesetz zur Änderung der BRAO, der PAO und anderer Gesetze v. 31.8.1998, BGBl. 1998 I 2600; dazu *Henssler* NJW 1999, 241) Rechtsanwälten auch die Berufsausübung in einer GmbH offen. Die Rspr. hat ferner die im Schrifttum vorherrschende Meinung bestätigt, derzufolge auch die Anwalts-AG zulässig ist (BGHZ 161, 376 = NJW 2005, 1568; dazu *Henssler* AnwBl. 2005, 374; BFH NJW 2004, 1974; BayObLG NJW 2000, 1647, dazu *Henssler* NZG 2000, 875f.; *Römermann* MDR 2000, 734; *Muthers* NZG 2001, 930). Somit bildet die Partnerschaft neben der klassischen Sozietät nur noch eine von vier Gestaltungsvarianten für anwaltliche Zusammenschlüsse (zur Gegenüberstellung der einzelnen Kooperationsformen → Einführung Rn. 34ff. sowie *Henssler* in Henssler/Streck SozietätsR-HdB A Rn. 41ff.; zur Anwaltskooperation allgemein *Henssler/Deckenbrock* DB 2007, 447).

Ein **steuerrechtlicher Vorteil** der Partnerschaft gegenüber dem Zusam- **333** menschluss in einer Kapitalgesellschaft nach Maßgabe der §§ 59c ff. BRAO, der allerdings aufgrund der Anrechnung gem. § 35 EStG in der Zwischenzeit begrenzt ist, liegt in der fehlenden Gewerbesteuerpflicht (→ Einführung Rn. 17, 23, 24). Andererseits können in der Partnerschaft keine Pensionsrückstellungen gebildet werden (→ Einführung Rn. 21, 47). Pensionszusagen an Mitunternehmer einer Personenhandelsgesellschaft werden vom BFH als Gewinnverteilungsabreden behandelt, sodass eine Rückstellung nach § 6a EStG (Bilanzierungsregel) nicht in Betracht kommt (BFHE 87, 531 = DB 1967, 534; BFHE 107, 564 = NJW 1973, 2093).

Die vormals bestehenden Vorteile gegenüber Kapitalgesellschaften bei **in-** **334** **terprofessionellen Zusammenschlüssen** hinsichtlich der Mehrheitsregelungen (dazu 2. Aufl. 2008 Rn. 290) bestehen seit der Entscheidung des BVerfG (BVerfGE 135, 90 = NJW 2014, 613) nicht mehr. Die Regelungen der § 59e Abs. 2 S. 1 BRAO und § 59f Abs. 1 S. 1 BRAO (ebenso § 52e Abs. 2 S. 1 PAO und § 52f Abs. 1 S. 1 PAO) verstoßen gegen die Berufsfreiheit aus Art. 12 GG und sind nichtig, soweit diese bei einer Rechtsanwalts- und Patentanwalts-GmbH zugunsten einer der beteiligten Berufsgruppen einen Anteils- und Stimmrechtsmehrheit sowie deren Leitungsmacht und Geschäftsführermehrheit normieren. Eine interprofessionelle Kapitalgesellschaft erfordert daher nicht mehr die Beteiligung von mehrfachqualifizierten Anwälten. Die Reichweite der aus der Entscheidung des BVerfG zu ziehenden Schlussfolgerungen sind freilich umstritten (vgl. *Glindemann* AnwBl. 2014, 214 [219f.]). Die insoweit bestehenden Unterschiede zu einer Partnerschaft sind aber jedenfalls eingeschränkt worden. Das anwaltliche Berufsrecht kennt für die Partnerschaft keine Mehrheitserfordernisse zugunsten der anwaltlichen Gesellschafter.

Mit § 59e Abs. 2 BRAO vergleichbare Regelungen finden sich in den Be- **335** rufsrechten der Steuerberater und Wirtschaftsprüfer (§ 50 Abs. 4 StBerG und

§ 28 Abs. 2 S. 3, Abs. 4 S. 1 WPO). Während sich die Mehrheitsregelungen der § 59e Abs. 2 BRAO und § 52e Abs. 2 PAO allerdings nur auf die Kapitalgesellschaft beziehen, sind die Mehrheitsregelungen zugunsten der Steuerberater und Wirtschaftsprüfer auch bei der Gründung einer anerkannten Partnerschaft zu beachten (→ Rn. 336). Die Grundsätze der vorgenannten Entscheidung des BVerfG sind auf diese Vorschriften übertragbar (BVerfGE 135, 90 = NJW 2014, 613). Gesetzliche Bestimmungen, welche einen interprofessionellen Zusammenschluss in nicht erforderlicher Weise beschränken, sind verfassungswidrig und bedürfen einer Korrektur durch den Gesetzgeber.

12. Wirtschaftsprüfer

Schrifttum: *Burret,* Das Partnerschaftsgesellschaftsgesetz, WPK-Mitt. 1994, 201; *Deutsches Steuerberaterinstitut e. V.,* 7. StBÄndG – WPOÄG – Neues Berufsrecht der Steuerberater und Wirtschaftsprüfer, 2001; *Eggesiecker/Keuenhof,* Normale Partnerschaften auch für Wirtschaftsprüfer und Steuerberater zulässig, BB 1995, 2049; *Elkemann-Reusch,* Die Partnerschaftsgesellschaft im Spannungsfeld zwischen Berufs- und Gesellschaftsrecht, Diss. Erlangen-Nürnberg 2000; *Henssler,* Die interprofessionelle Zusammenarbeit in der Sozietät, WPK-Mitt. 1999, 2; *Hense/Ulrich,* WPO Kommentar, 2. Aufl. 2013; *Institut der Wirtschaftsprüfer in Deutschland e. V.,* WP-Handbuch Wirtschaftsprüfung und Rechnungslegung, 15. Aufl. 2017 (zit.: WP-Handbuch 2017).

Musterverträge: bei der Geschäftsstelle der WPK; Muster eines Partnerschaftsvertrages für die Errichtung einer Wirtschaftsprüfungsgesellschaft unter www.wpk.de.

336   **a) Partnerschaftsfähigkeit. aa) Als Wirtschaftsprüfungsgesellschaft anerkannte Partnerschaft.** Wirtschaftsprüfer können gem. der allgemeinen Regelung des § 27 Abs. 1 WPO – ebenso wie jede andere nationale oder europäische Gesellschaftsform – auch eine Partnerschaft als **Wirtschaftsprüfungsgesellschaft** anerkennen lassen, wenn sie die Voraussetzungen des § 28 WPO erfüllen (*Burret* WPK-Mitt. 1994, 201 [206 f.]; WP-Handbuch 2017/ *Kaminski* A. Rn. 179). Nach § 28 Abs. 1 S. 1–3 WPO ist für eine Anerkennung grundsätzlich erforderlich, dass die Mehrheit der Mitglieder des Vorstandes, der Geschäftsführer und Geschäftsführerinnen, der persönlich haftenden Gesellschafter und Gesellschafterinnen, der geschäftsführenden Direktoren und Direktorinnen oder der Partner und Partnerinnen (gesetzliche Vertreter) Berufsangehörige oder EU- oder EWR-Abschlussprüfer sind. Persönlich haftende Gesellschafter und Gesellschafterinnen können auch Wirtschaftsprüfungsgesellschaften oder EU- oder EWR-Abschlussprüfungsgesellschaften sein. Hat die Gesellschaft nur zwei gesetzliche Vertreter, so muss einer von ihnen Berufsangehöriger oder EU- oder EWR-Abschlussprüfer sein. Darüber hinaus legt § 28 Abs. 1 S. 4 WPO fest, dass eine der in den Sätzen 1–3 genannten Personen oder Gesellschaften eine berufliche Niederlassung am Sitz der Gesellschaft haben muss. Allerdings gibt es hierzu auch Ausnahmen (§ 28 Abs. 2 WPO). Eine nach dem Berufsrecht der Wirtschaftsprüfer zulässige gewerbliche Tätigkeit (zB Treuhandtätigkeit) kann grundsätzlich nicht Gegenstand einer Partnerschaft sein (→ Rn. 23 f.). Ausnahmen wird man man angesichts der Zugehörigkeit zum Berufsbild jedenfalls bei untergeordneten Treuhandtätigkeiten anerkennen müssen (nach hier vertretener Ansicht [→ Rn. 231 Stichwort Treuhänder] ist es sachgerecht, sie – abweichend von

der steuerrechtlichen Behandlung – als freiberuflich iSv § 1 Abs. 2 einzustufen). Jedes andere Ergebnis wäre inkonsequent und praxisfremd (→ § 1
Rn. 171). Zuständig für die Anerkennung ist die WPK.

bb) Einfache Partnerschaft. Kontrovers diskutiert wurde lange Zeit die 337
Frage, ob sich Wirtschaftsprüfer auch an **nicht als Wirtschaftsprüfungsgesellschaften anerkannten Partnerschaften** beteiligen können. Nach
Änderung des § 27 Abs. 1 WPO (durch Gesetz v. 25.7.1994, BGBl. 1994 I
1744 [1746]) beruhte die Gesetzesfassung der WPO zunächst auf einem Re-
daktionsversehen des Gesetzgebers, da § 44b WPO sich ausdrücklich nur auf
Gesellschaften bürgerlichen Rechts bezog. Dieser Hinweis wurde zT so verstanden, dass nach dem Gesetzeswillen nur diese Rechtsform für nicht anerkannte Zusammenschlüsse unter Beteiligung von Wirtschaftsprüfern zur Verfügung stünde (so insbesondere AG Bayreuth WPK-Mitt. 1997, 327 und AG
Mannheim BRAK-Mitt. 1997, 93 [94] mablAnm *Seibert; Burret* WPK-Mitt.
1994, 201 [206f.]; *Mittelsteiner* DStR 1994, Beihefter zu Heft 37, 37; hM aber
schon damals anders: LG München NJW 1998, 1156 = NZG 1998, 260
mAnm *Römermann;* AG Essen 29.7.1996, abgedr. bei *Eggesiecker* Fach G; *Bösert* ZAP 1994, Fach 15, 137 [145]; *Eggesiecker/Keuenhof* BB 1995, 2049; *Seibert*
DB 1994, 2381 [2383f.]; *Gilgan* Stbg 1995, 28; *Gail/Overlack* Rn. 72f.; s. auch
Bericht des Rechtsausschusses BT-Drs. 12/7642, 12f.).

Mit Gesetz v. 31.8.1998 (BGBl. 1998 I 2585) berichtigte der Gesetzgeber zu- 338
nächst § 44b Abs. 1 WPO (dazu *Henssler* WPK-Mitt. 1999, 2 [5]; *Römermann*
NZG 1998, 675 [677]). Die Vorschrift wurde um die Worte „sowie in Partnerschaftsgesellschaften, die nicht als Wirtschaftsprüfungsgesellschaft, Buchprüfungsgesellschaft, Steuerberatungsgesellschaft anerkannt sind" ergänzt. Die Erwähnung der Partnerschaft warf allerdings neue Zweifelsfragen auf: § 44b
WPO gestattete entgegen § 1 nunmehr die gemeinsame Berufsausübung von
natürlichen und juristischen Personen in der Partnerschaft. Endgültige Klarheit
hat der Gesetzgeber durch eine Änderung des **§ 43a Abs. 2 S. 1 WPO unter
gleichzeitiger Rückkehr zu § 44b Abs. 1 WPO aF** geschaffen (Gesetz v.
19.12.2000, BGBl. 2000 I 1774). Eine sachliche Änderung der ursprünglichen
Klarstellung sollte damit nicht verbunden sein (vgl. Regierungsbegr. BT-Drs.
14/3649, 24). Die einfache, dh nicht in einem Zulassungsverfahren anerkannte,
Partnerschaft wurde in § 43a Abs. 2 S. 1 WPO aF (Gesetz v. 19.12.2000,
BGBl. 2000 I 1773) ausdrücklich als Rechtsform für die gemeinsame Berufsausübung genannt. In der aktuellen Fassung des § 43a Abs. 1 Nr. 2 WPO (Gesetz v.
31.3.2016, BGBl. 2016 I 524ff.; BT-Drs. 16/6282, 90/92) wird allgemein erklärt, dass Wirtschaftsprüfer ihren Beruf auch „als Vorstandsmitglieder, Geschäftsführer, persönlich haftende oder nach dem Partnerschaftsgesellschaftsgesetz verbundene Personen von Wirtschaftsprüfungsgesellschaften" ausüben
dürfen. Der in § 43a Abs. 1 Nr. 1 WPO in Bezug genommene § 44b WPO bestimmt ergänzend, dass „Wirtschaftsprüfer ihren Beruf mit natürlichen und juristischen Personen sowie mit Personengesellschaften, die der Berufsaufsicht
einer Berufskammer eines freien Berufes im Geltungsbereich dieses Gesetzes
unterliegen und ein Zeugnisverweigerungsrecht nach § 53 Abs. 1 Satz 1 Nr. 3
der Strafprozeßordnung haben, örtlich und überörtlich in Personengesellschaften gemeinsam ausüben" dürfen. Damit ist auch die Partnerschaft erfasst.

339   Zu beachten ist allerdings, dass der einfachen Partnerschaft, die in § 319 HGB nicht als gesetzliche Abschlussprüferin vorgesehen ist, ebenso wie einer Sozietät **kein Prüfungsauftrag** im Bereich der gesetzlichen Abschlussprüfung erteilt werden darf (dazu *Henssler* WPK-Mitt. 1998, 219; Hense/Ulrich/ *Schnepel* WPO § 48 Rn. 5, 7; WP-Handbuch 2017/Naumann A. Rn. 516). Dem in einer solchen Partnerschaft tätigen Wirtschaftsprüfer muss der Prüfungsauftrag persönlich (etwa in einer neben der Partnerschaft betriebenen Einzelpraxis) erteilt werden (vgl. o.Verf. WPK-Magazin 1/2007, 22). Die Partnerschaft kann nur als (interne) Organisationsgesellschaft eingesetzt werden (*Henssler* WPK-Mitt. 1999, 2, 5; *Elkemann-Reusch,* Die Partnerschaftsgesellschaft im Spannungsfeld zwischen Berufs- und Gesellschaftsrecht, Diss. Erlangen–Nürnberg 2000, 81 f.). Zudem ist die einfache Partnerschaft nicht zur Siegelführung nach § 48 WPO befugt (WP-Handbuch 2017/*Naumann* A. Rn. 516).

340   **cc) Einsichtsrecht.** Nach § 44b Abs. 3 WPO hat die WPK ein **Einsichtsrecht** in die Verträge über die gemeinsame Berufsausübung. Auskünfte sind auf Verlangen zu erteilen.

341   **b) Interprofessionelle Zusammenschlüsse.** Grundsätzlich können sich Wirtschaftsprüfer mit allen von § 44b Abs. 1 WPO erfassten Berufen zu einer Partnerschaft zusammenschließen. Voraussetzung ist lediglich, dass alle Partner der Berufsaufsicht der inländischen Berufskammer eines freien Berufes unterliegen und ein Zeugnisverweigerungsrecht nach § 53 Abs. 1 Nr. 3 StPO haben. Hierzu gehören auch Ärzte und Zahnärzte (*Lichtner/Korfmacher* WPK-Mitt. 1994, 207 [210]).

342   Der Zusammenschluss mit einem **Anwaltsnotar** war dem Wirtschaftsprüfer wegen des angeblich entgegenstehenden notariellen Berufsrechts lange Zeit untersagt (zuletzt BGH NJW 1996, 392; zustimmend *Nerlich* WIB 1996, 324). Dieses Verbot war allerdings im Hinblick auf Art. 12 Abs. 1 GG nach Einführung des § 59a BRAO nicht mehr haltbar (BVerfGE 98, 49 = NJW 1998, 2269). In § 9 Abs. 2 BNotO (geändert durch das Dritte Gesetz zur Änderung der Bundesnotarordnung und anderer Gesetze v. 31.8.1998, BGBl. 1998 I 2585, ber. 1999 I 194) hat der Gesetzgeber der geänderten Rechtslage Rechnung getragen. Wirtschaftsprüfer können sich, wie auch § 44b Abs. 1 S. 2 WPO klarstellt, mit Anwaltsnotaren in einer Partnerschaft zusammenschließen (→ Rn. 326).

343   Soll die Partnerschaft **als Wirtschaftsprüfungsgesellschaft anerkannt** werden, so dürfen Wirtschaftsprüfer mit Angehörigen anderer Freier Berufe in einer Partnerschaft nur zusammenarbeiten, wenn außerdem die Voraussetzungen des § 28 WPO eingehalten sind. Nach § 28 Abs. 2 S. 1 WPO aF waren nur **vereidigte Buchprüfer** und **Steuerberater,** sowie **Steuerbevollmächtigte** in gleicher Weise wie Wirtschaftsprüfer berechtigt, als Gesellschafter in Erscheinung zu treten. Durch das Wirtschaftsprüferordnungs-Änderungsgesetz v. 19.12.2000 (BGBl. 2000 I 1769) wurde diese Regelung liberalisiert. Die Zusammenarbeit mit Rechtsanwälten ist seither erleichtert, da sie kraft Gesetzes berechtigt sind, Mitglieder des Vorstandes, Geschäftsführer oder persönlich haftende Gesellschafter von Wirtschaftsprüfungsgesellschaften zu sein (vgl. § 28 Abs. 2 S. 1 WPO).

Angehörige anderer Berufe müssen weiterhin von der WPK als Gesellschaf- **344** ter **zugelassen werden** (§ 28 Abs. 2 S. 2 WPO). Die Zulassung muss bei Vorliegen der gesetzlichen Voraussetzungen erteilt werden, sofern keine Unzuverlässigkeit vorliegt (WP-Handbuch 2017/*Naumann* A. Rn. 128). Erforderlich ist, dass die Gesellschafter eine nach § 43 a Abs. 2 WPO mit dem Beruf des Wirtschaftsprüfers **vereinbare Tätigkeit** ausüben und **besonders befähigt und zuverlässig** sind (§ 28 Abs. 2 S. 2 WPO). Als mit dem Wirtschaftsprüferberuf vereinbar werden generell die Tätigkeiten der Freiberufler auf dem Gebiet der **Technik** und des **Rechtswesens** angesehen. Einbezogen in den Kreis der zulassungsfähigen Personen sind ferner alle nach **§ 44 b Abs. 1 WPO** sozietätsfähigen Berufe (→ Rn. 341). Danach kommen **Anwaltsnotare** (BVerfGE 98, 49 = NJW 1998, 2269; WP-Handbuch 2017/*Naumann* A. Rn. 39; → Rn. 326) – sowie Personen mit einem technischen Hochschul- bzw. Fachhochschulstudium wie **Dipl.-Ing., Dipl.-Wirtschaftsing.** und **Dipl.-Braumeister** in Betracht.

Gemäß § 28 Abs. 2 S. 2 WPO, § 43 a Abs. 2 Nr. 1 WPO, § 44 b Abs. 1 WPO **345** können auch **Ärzte** und **Zahnärzte** Gesellschafter einer Wirtschaftsprüfungsgesellschaft sein (*Lichtner/Korfmacher* WPK-Mitt. 1994, 207 [210]), wenn sie besonders befähigt und zuverlässig sind (§ 28 Abs. 2 S. 2 WPO). Dagegen dürfen nach derzeitigem Recht weder **Volljuristen ohne Rechtsanwaltszulassung** noch **Dipl.-Mathematiker, Dipl.-Versicherungsmathematiker** noch **Dipl.-Physiker** oder **EDV-** und **Unternehmensberater** Mitglieder einer Partnerschaft mit Wirtschaftsprüfern sein. Bei diesen handelt es sich nicht um Freie Berufe auf den Gebieten der Technik oder des Rechtswesens iSd § 43 a Abs. 2 Nr. 1 WPO. Ebenso wenig sind sie nach § 44 b Abs. 1 WPO iVm § 28 Abs. 2 S. 2 WPO, § 43 a Abs. 2 Nr. 1 WPO taugliche Mitglieder einer Wirtschaftsprüfungsgesellschaft, da sie keiner Berufsaufsicht durch eine Berufskammer unterstehen (*Kupfer* KÖSDI 1995, 10.130, 10.134; zum früheren Recht WP-Handbuch [1992], A Rn. 110).

Eine Anerkennung als Wirtschaftsprüfungsgesellschaft kann nur erfolgen, **346** wenn die Wirtschaftsprüfer die **Mehrheit der Partner** stellen (§ 28 Abs. 1 WPO). Eine gleichberechtigte kooperative Zusammenarbeit zwischen Rechtsanwälten und Wirtschaftsprüfern ist in anerkannten Partnerschaften daher nur bei einer Mehrfachqualifikation der Gesellschafter möglich. Bei zweigliedrigen Gesellschaften genügt Parität.

Beteiligen sich **Rechtsanwälte** an einer Partnerschaft, der auch Wirt- **347** schaftsprüfer angehören, so darf dieser Gesellschaft zwar auch ein Rechtsberatungsmandat erteilt werden. Bearbeitet werden darf dieses Mandat allerdings – wie § 7 Abs. 4 zu entnehmen ist – nur von den anwaltlichen Partnern der Gesellschaft. Die bloße Anstellung von Rechtsanwälten durch eine reine Wirtschaftsprüferpartnerschaft begründet dagegen grundsätzlich überhaupt keine Befugnis zur Übernahme von Rechtsberatungsmandaten. Das Rechtsdienstleistungsgesetz sieht allerdings vor, dass im Zusammenhang mit einer anderen beruflichen Tätigkeit erlaubnispflichtige Rechtsdienstleistungen auch durch Nichtanwälte erbracht werden können. Voraussetzung ist, dass sie gem. § 5 Abs. 1 RDG als Nebenleistung zum Berufs- oder Tätigkeitsbild des Nichtanwaltes gehören. Ob eine Nebenleistung vorliegt, ist nach ihrem Inhalt, Umfang und sachlichen Zusammenhang mit der Haupttätigkeit unter Berücksichtigung der Rechtskenntnisse zu beurteilen, die für die Haupttätigkeit erforderlich sind (zum Begriff der Nebenleistung eingehend Deckenbrock/Henssler/ *Deckenbrock/Henssler* RDG § 5 Rn. 29 ff.).

348   Ein **Wirtschaftsprüfer, der gleichzeitig als Rechtsanwalt zugelassen ist,** kann seine Beteiligung an einer Partnerschaft auf seine anwaltliche Tätigkeit beschränken. Entsprechendes gilt für einen Wirtschaftsprüfer, der gleichzeitig Steuerberater ist.

349   Soll die Partnerschaft **auch als Steuerberatungsgesellschaft** anerkannt werden, sind die zusätzlichen Voraussetzungen des StBerG zu beachten, insbesondere § 50 Abs. 4 StBerG. Danach müssen mindestens ebenso viele Steuerberater wie Angehörige anderer Berufe persönlich haftende Gesellschafter der Partnerschaft sein. Zur Verfassungsmäßigkeit dieser Vorschrift → Rn. 335.

350   **c) Mitgliedschaft einer Partnerschaft in anderen Zusammenschlüssen.** Grundsätzlich ist die Beteiligung von Partnerschaften an anderen Berufsausübungsgesellschaften der Wirtschaftsprüfer im Rahmen des § 44b Abs. 1 WPO möglich. Die Beteiligung einer Partnerschaft an einer WPG ist nur zulässig, wenn die Partnerschaft selbst als Wirtschaftsprüfungsgesellschaft anerkannt ist (WP-Handbuch 2017/*Naumann* A. Rn. 450, 513). Eine Teilnahme einer Partnerschaft an einer Partnerschaft kommt wegen § 1 Abs. 1 S. 3 nicht in Betracht (→ Rn. 43 ff.; zu Zweigniederlassungen → § 5 Rn. 69 ff.).

351   **d) Internationale Zusammenschlüsse.** Wirtschaftsprüfer können sich grundsätzlich mit Ausländern zur gemeinsamen Berufsausübung in einer Partnerschaft zusammenschließen, wenn diese die Berufszulassung als Wirtschaftsprüfer oder für eine anderen der nach § 44b Abs. 1 WPO sozietätsfähigen Berufe für das Inland haben. Erleichterungen für die Zulassung ausländischer Wirtschaftsprüfer sieht die WPO nicht vor. Weiterhin besteht nach § 44b Abs. 2 WPO für Wirtschaftsprüfer die Möglichkeit, mit sachverständigen Prüfern, die in einem ausländischen Staat ermächtigt und bestellt sind, aber **keine Zulassung für das Inland** haben, eine Partnerschaft zu gründen. Erforderlich ist, dass die Voraussetzungen ihrer Ermächtigung und Bestellung den Vorschriften der WPO im Wesentlichen entsprechen und dass sie in dem ausländischen Staat ihren Beruf gemeinsam mit Wirtschaftsprüfern ausüben dürfen. Auch mit Rechtsanwälten, Patentanwälten und Steuerberatern anderer Staaten ist eine Partnerschaft zulässig, wenn diese einen nach Ausbildung und Befugnissen der BRAO, der PAO oder dem StBerG entsprechenden Beruf ausüben und mit Rechtsanwälten, Patentanwälten oder Steuerberatern im Inland ihren Beruf gemeinsam ausüben dürfen.

352   In als Wirtschaftsprüfungsgesellschaften anerkannten Partnerschaften dürfen nach § 28 Abs. 3 S. 1 WPO Personen, die **in einem ausländischen Staat als sachverständige Prüfer ermächtigt und bestellt** sind, mit Ausnahmegenehmigung der WPK gem. § 28 Abs. 3 S. 1 WPO als Partner aufgenommen werden. Voraussetzung ist ebenso wie nach § 44b Abs. 2 WPO (→ Rn. 351), dass die Erfordernisse für ihre Ermächtigung und Bestellung den Vorschriften der WPO entsprechen. Das setzt insbesondere voraus, dass sie ein Zeugnisverweigerungsrecht besitzen (vgl. WP-Handbuch 2017/Naumann A. Rn. 506). Notwendig ist weiterhin, dass die Mehrheit der Mitglieder des Vorstandes, der

Geschäftsführer und Geschäftsführerinnen, der persönlich haftenden Gesellschafter und Gesellschafterinnen, der geschäftsführenden Direktoren und Direktorinnen oder der Partner und Partnerinnen (gesetzliche Vertreter) Berufsangehörige oder EU- oder EWR-Abschlussprüfer sind (§ 28 Abs. 1 S. 1 WPO). Die im Inland nicht zugelassenen Partner werden durch die Beteiligung an einer Partnerschaft nach § 44b Abs. 2 oder nach § 28 Abs. 3 S. 1 WPO noch nicht berechtigt, im Inland die den Wirtschaftsprüfern vorbehaltenen Tätigkeiten auszuüben. Hierzu bedürfen sie der Zulassung.

Inwieweit sich eine als Wirtschaftsprüfungsgesellschaft anerkannte oder **353** eine nicht anerkannte **Partnerschaft in einer GbR** (eine PartG kommt insoweit nicht in Betracht) **mit einer ausländischen Prüfergesellschaft** zur gemeinsamen Berufsausübung zusammenschließen kann, richtet sich nach § 44b Abs. 2 WPO. Eine Beteiligung an einer **losen Kooperation** in der Rechtsform der **EWIV** zusammen mit anderen europäischen Wirtschaftsprüfern oder Wirtschaftsprüfungsgesellschaften begegnet keinen Bedenken (*Meyer-Landrut* WPK-Mitt. 1989, 60; vgl. auch § 43a Abs. 2 Nr. 3 WPO). Soll der Zusammenschluss in einer der in § 27 WPO genannten **Gesellschaftsformen** erfolgen, so müssen für eine Anerkennung die Voraussetzungen des § 28 WPO, insbesondere § 28 Abs. 3 WPO, erfüllt sein, sofern die Gesellschaft ihre Hauptniederlassung im Inland haben soll. Ein Zusammenschluss in einer Partnerschaft ist wegen § 1 Abs. 1 S. 3 ausgeschlossen. Liegt die zukünftige Hauptniederlassung im Ausland, so gilt nach den Regeln des Internationalen Verwaltungsrechts (*Friedlaender* AnwBl. 1954, 1 ff.) grundsätzlich ausländisches Berufsrecht. Ebenso ist für die Frage, ob eine ausländische Prüfergesellschaft Gesellschafterin eines internationalen Zusammenschlusses werden kann, das jeweilige ausländische Berufsrecht maßgeblich.

e) Bedeutung der Partnerschaften in der Praxis. Zum 1. 7. 2016 be- **354** standen nach Angaben der WPK 248 (130 davon als PartG mbB) als Wirtschaftsprüfungsgesellschaften anerkannte Partnerschaften. Berücksichtigt man die Gesamtzahl aller Wirtschaftsprüfungsgesellschaften von 2.916 (vgl. Mitgliederstatistik der WPK, Stand 1. 7. 2016) so ist die Beliebtheit der anerkannten Partnerschaft unter den Wirtschaftsprüfern ersichtlich gering. Erklärbar ist die niedrige Quote damit, dass die Kapitalgesellschaft bei Einführung der PartG bereits im Berufsstand der Wirtschaftsprüfer etabliert war, sodass – aus haftungsrechtlicher Sicht – nur geringere Anreize für eine Umwandlung in eine Partnerschaft bestanden. Die Kapitalgesellschaften stellen mit 2.525 (davon 2.406 GmbHs) die mit Abstand größte Gruppe. Bezieht man alle auch interprofessionell ausgerichtete und nicht anerkannte Partnerschaften ein, so bestanden zum 31. 12. 2016 immerhin 915 Partnerschaften unter Beteiligung von Wirtschaftsprüfern. Der Anteil von PartmbB an allen von Wirtschaftsprüfern (ggf. unter Beteiligung von Berufsträgern anderer Profession) betriebenen PartG beträgt 56,6 %, sodass auch bei Wirtschaftsprüfern, ähnlich wie bei Rechtsanwälten, ein klarer Trend hin zu dieser Sonderform erkennbar ist (zum Ganzen *Lieder/Hoffmann* NZG 2017, 325 [328]).

13. Steuerberater

Schrifttum: *Bösert,* Der RegE eines Gesetzes zur Schaffung von Partnerschaftsgesellschaften (Partnerschaftsgesellschaftsgesetz – PartGG), DStR 1993, 1332; *Deutsches Steuerberaterinstitut e. V.,* 7. StBÄndG – WPOÄG – Neues Berufsrecht der Steuerberater und Wirtschaftsprüfer, 2001; *Drüen/Thulfaut,* Zur Europäisierung der Steuerberatung, IStR 2004, 499; *Eggesiecker,* Partnerschaftsgesellschaften für Steuerberater, in: Steuerberater Handbuch 2004/2005, 143ff.; *Elkemann-Reusch,* Die Partnerschaftsgesellschaft im Spannungsfeld zwischen Berufs- und Gesellschaftsrecht, Diss. Erlangen-Nürnberg 2000; *Eversloh,* Siebtes Steuerberatungsänderungsgesetz: Verschärfter Konkurrenzkampf, StB 2001, 23; *Koslowski,* StBerG, 7. Aufl. 2015; *Gilgan,* Auswirkungen des Partnerschafts-Gesellschaftsgesetzes auf die Angehörigen des steuerberatenden Berufs, Stbg 1995, 28; *Gladys,* Partner einer Partnerschaft ohne Anerkennung als Berufsgesellschaft (§ 43a Abs. 2 WPO), Stbg 2004, 336; *Gladys,* Die Berufshaftpflichtversicherung der einfachen Steuerberater-Partnerschaft, DStR 2015, 916; *Henssler/Jansen,* Anmerkung zu BGH v. 26.1.2006 – IX/ZR 225/04, LMK 2006, 196757; *Kluth/Goltz/Kujath,* Die Zukunft der freien Berufe in der Europäischen Union, 2005; *Kupfer,* Die Partnerschaftsgesellschaft als Alternative zur Sozietät, in Praktische Einführung in das neue Recht der Umwandlung, der Umwandlungsbesteuerung, der kleinen AG und der Partnerschaftsgesellschaft, Arbeitsunterlage zur 40. Kölner Trainingstagung 1994, 102; *Mittelsteiner,* Gesetz zur Schaffung von Partnerschaftsgesellschaften und zur Änderung anderer Gesetze vom 25. Juli 1994, DStR 1994, Beiheft zu Heft 37, 35; *Mittelsteiner/Gilgan/Späth,* Berufsordnung der Steuerberater, 2002; *Weyand,* Partnerschaftsgesellschaften als neue Organisationsform für die freiberufliche Praxis, INF 1995, 22.
Vgl. außerdem die Hinweise der Bundessteuerberaterkammer für die Gründung einer Steuerberatungsgesellschaft in der Rechtsform einer Partnerschaftsgesellschaft, Stand Oktober 2015, „Berufsrechtliches Handbuch" (abrufbar auf der Homepage der Bundessteuerberaterkammer unter www.bstbk.de).

355   **a) Partnerschaftsfähigkeit. aa) Anerkannte Steuerberatungsgesellschaft.** Nach § 49 Abs. 1 StBerG (neu gefasst durch Gesetz v. 25.7.1994, BGBl. 1994 I 1744) können auch Partnerschaften als **Steuerberatungsgesellschaften** anerkannt werden, wenn sie die Voraussetzungen für die Anerkennung nach §§ 49ff. StBerG erfüllen. Zuständig für die Erteilung der Anerkennung ist die Steuerberaterkammer, in deren Bezirk die Partnerschaft ihren Sitz hat.

356   **bb) Einfache Partnerschaft.** Da § 3 StBerG aF die einfache gemischte Partnerschaft nicht als Erlaubnisträger aufführte, war es im Hinblick auf den Wortlaut des § 56 Abs. 1 S. 1 StBerG aF, der eine Sozietät nur in der Rechtsform der GbR vorsah, zunächst unklar, ob es überhaupt eine **nicht anerkannte Partnerschaft unter Beteiligung von Steuerberatern** geben konnte (befürwortend FG Köln EFG 1998, 241; LG Zweibrücken NZG 1998, 548; *Bösert* ZAP 1994, Fach 15, 137 [145]; *Eggesiecker* Fach E 4.020; *Seibert* DB 1994, 2381 [2383f.]; *Gilgan* Stbg 1995, 28; *Kupfer* KÖSDI 1995, 10.130, 10133f.; s. auch Bericht des Rechtsausschusses BT-Drs. 12/7642, 12f.; aA BFH NJW-RR 1999, 205; *Mittelsteiner* DStR 1994, Beiheft zu Heft 37, 37; *Burret* WPK-Mitt. 1994, 201 [206f.] für die WPO).

357   Dieser unsinnige Rechtszustand wurde zum 1.7.2000 korrigiert. Seither ist auch die einfache Partnerschaft über § 3 Nr. 3 StBerG (geändert durch das 7. Steuerberatungsänderungsgesetz v. 24.6.2000, BGBl. 2000 I 874) zur uneingeschränkten Hilfestellung in Steuersachenbefugt, wenn die Partner diese

Befugnis nach § 3 Nr. 1 und 4 StBerG besitzen. Allerdings dürfen ausschließlich natürliche Personen iSv § 3 Nr. 1 StBerG Partner sein. Die Beschränkung auf natürliche Personen ergibt sich für die PartGG ohnehin aus § 1 Abs. 1 S. 3 (→ Rn. 43 ff.). Zu der gem. § 67 Abs. 1 StBerG iVm § 55 Abs. 1, 3 DVStB erforderlichen **Berufshaftpflichtversicherung der einfachen PartG** (und deren Partner) → § 8 Rn. 159.

Die gem. § 161 StBerG geschützte Bezeichnung „Steuerberatungsgesell- **358** schaft" ist den anerkannten Gesellschaften vorbehalten (vgl. *Koslowski* StBerG § 49 Rn. 12; *Koslowski* StBerG § 53 Rn. 1;). Soll die Gesellschaft auch gewerbliche Tätigkeiten verrichten (zB bestimmte Treuhandtätigkeiten, s. dazu BFH NJW 1990, 71 = BB 1989, 1740; *Koslowski* StBerG § 57 Rn. 108; *Klose* BB 2003, 2702; → Rn. 171), so kommt keine Partnerschaft, sondern nur die Errichtung einer Handelsgesellschaft (OHG, KG, AG und GmbH) in Betracht. Mindestens ein Partner muss seine Niederlassung am Sitz der Gesellschaft haben (§ 50 Abs. 1 S. 2 StBerG).

b) Interprofessionelle Zusammenschlussmöglichkeiten. Die inter- **359** professionelle Zusammenarbeit in der einfachen Partnerschaft richtet sich nach § 56 Abs. 1 StBerG. Danach können sich Steuerberater mit anderen Steuerberatern, Steuerbevollmächtigten, Wirtschaftsprüfern, vereidigten Buchprüfern, mit Mitgliedern einer RAK und Patentanwälten im Rahmen der eigenen beruflichen Befugnisse zu einer nicht als Steuerberatungsgesellschaft anerkannten Partnerschaft zusammenschließen (→ Rn. 311 f., → Rn. 356; *Bösert* ZAP 1994, Fach 15, 137 [145]; *Seibert* DB 1994, 2381 [2383 f.]; *Gilgan* Stbg 1995, 28; *Kupfer* KÖSDI 1995, 10.130, 10133 f.; s. auch Bericht des Rechtsausschusses BT-Drs. 12/7642, 12 f.; *Koslowski* StBerG § 56 Rn. 19 ff.). Nicht zulässig ist etwa die Zusammenarbeit mit Unternehmensberatern (LG Duisburg DStR 1994, 1868). Mit Anwaltsnotaren kann – ebenso wie bei Rechtsanwälten und Wirtschaftsprüfern – die gemeinsame Berufsausübung nur hinsichtlich der anwaltlichen Tätigkeit erfolgen (§ 56 Abs. 1 S. 3 StBerG; vgl. ferner BVerfGE 80, 269 [280] = DNotZ 1989, 627; BGHZ 53, 103 = NJW 1970, 425; BGH DNotZ 1989, 330; Schippel/Bracker/*Schäfer* BNotO § 8 Rn. 34; Mittelsteiner/Gilgan/Späth/*Späth* BOStB § 51a Rn. 19; zur Novelle der BNotO vgl. BT-Drs. 13/4184). Die Gründung einer interprofessionellen Partnerschaft ist nach § 56 Abs. 4 S. 1 StBerG der zuständigen Berufskammer anzuzeigen. Ihre Rechtfertigung findet die restriktive Haltung des Gesetzgebers wie bei der Parallelvorschrift des § 59a BRAO in dem Anliegen, den Mandanteninteressen, insbesondere der Verschwiegenheitspflicht des Steuerberaters, hinreichend Rechnung zu tragen (vgl. BVerfG StB 1982, 219: Die Beschränkung der Assoziierungsmöglichkeit will die Unabhängigkeit und Eigenverantwortlichkeit sowie das Berufsgeheimnis des Steuerberaters gewährleisten).

Für als **Steuerberatungsgesellschaft anerkannte Partnerschaften** gel- **360** ten die Vorschriften der Kapitalbindung in § 50a StBerG. Nach § 50 Abs. 2 StBerG, § 50a Abs. 1 Nr. 1 StBerG können auch Rechtsanwälte, Wirtschaftsprüfer, vereidigte Buchprüfer und Steuerbevollmächtigte Partner sein. Weiterhin kommen besonders befähigte Kräfte anderer Fachrichtungen in Betracht, sofern sie in der Gesellschaft aktiv tätig sind und die Anerkennungsbehörde die Genehmigung nach § 50 Abs. 3 StBerG erteilt. Die Genehmigung darf nur versagt werden, wenn die besondere Fachkunde fehlt oder die persönliche Zuverlässigkeit nicht vorhanden ist (§ 50 Abs. 3 S. 2 StBerG). Es handelt sich nicht um eine Ermessensentscheidung (BFHE 120, 97 = DB 1977, 986). In Betracht kommen entsprechend vorgebildete Landwirte, Mathematiker, Informatiker und Fachleute im ausländischen Recht (*Koslowski* StBerG § 50 Rn. 17). Sie müssen Kenntnisse und Fähigkeiten besitzen, welche die Besonderheiten des Berufs betreffen, auch die Steuerberatung berühren und über dem Durchschnitt dessen liegen, was das einschlägige Berufsbild verlangt (BFHE 124, 290 = DB 1978, 824; BFHE 125, 232 = DB 1978, 1868; BFHE 127, 489 = BB 1980, 92). Die persönliche Zuverlässigkeit ist anhand der Kriterien des § 40 Abs. 2 Nr. 1–4 StBerG zu beurteilen (*Koslowski* StBerG § 50 Rn. 19).

361   An einer **anerkannten Steuerberatungsgesellschaft** müssen **mindestens ebenso viele Steuerberater als Partner beteiligt sein** wie Angehörige anderer Berufe (§ 50 Abs. 4 StBerG). Soll die Partnerschaft gleichzeitig als Wirtschaftsprüfungsgesellschaft anerkannt werden, so muss sie zudem die Anerkennungsvoraussetzungen der WPO erfüllen (→ Rn. 341 ff.). Nach § 28 Abs. 2 S. 3 WPO müssen die Wirtschaftsprüfer die Mehrheit der persönlich haftenden Gesellschafter bilden. Beide Anforderungen können nur erfüllt werden, wenn ausreichend viele Partner mit einer Doppelqualifikation als Steuerberater und Wirtschaftsprüfer beteiligt sind (Zur Verfassungsmäßigkeit der Vorschriften § 50 Abs. 4 StBerG und § 28 Abs. 2 S. 3 WPO → Rn. 335).

362   **c) Internationale Zusammenschlüsse.** Für deutsche Steuerberater richtet sich die Frage, inwieweit sie sich mit ausländischen Freiberuflern zu einer Partnerschaft zusammenschließen dürfen, nach **§ 56 Abs. 3 StBerG.** Anders als bei Rechtsanwälten und Wirtschaftsprüfern ist es nach § 56 Abs. 3 StBerG möglich, auch mit solchen ausländischen Berufsangehörigen der in § 3 Nr. 1 StBerG genannten Berufe zusammenzuarbeiten, die **keine Zulassung für das Inland** haben. Voraussetzung ist, dass diese Partner ihre berufliche Niederlassung im Ausland haben (*Henssler/Jansen* LMK 2006, 196.757). Die berufliche Niederlassung ist in § 34 Abs. 1 S. 2 StBerG als Beratungsstelle, von der aus der Berufsangehörige seinem Beruf selbstständig nachgeht, definiert. Weiterhin müssen Ausbildung und Befugnisse dieser Berufe den entsprechenden deutschen Berufen vergleichbar sein. Die Voraussetzungen der Berufsausübung müssen den Anforderungen des StBerG entsprechen. Das BMF hat im Einvernehmen mit den Ländern und der Bundessteuerberaterkammer festgestellt, in welchen Ländern diese Vergleichbarkeit gegeben ist (BStBl. I 2014 1199). Bei den dort aufgeführten Berufsgruppen ist von einer Vergleichbarkeit bzgl. Ausbildung, Befugnissen und Berufsausübungsvoraussetzungen auszugehen. Die Liste ist nicht abschließend, sondern wird ständig aktualisiert und den tatsächlichen Verhältnissen angepasst (*Koslowski* StBerG § 56 Rn. 33).

363   Soll der ausländische Partner auch im Inland Hilfe in Steuersachen leisten, so musste er bis zum 7. StBÄndG v. 24.6.2000 (BGBl. 2000 I 874) grundsätzlich die Zulassung nach dem StBerG (durch Ablegung der Steuerberaterprüfung oder der für EU-Ausländer vorgesehenen Eignungsprüfung nach § 36 Abs. 4 StBerG aF) erwerben. Das **Verbot der grenzüberschreitenden Steuerberatung** rechtfertigte die Rspr. mit zwingenden Gründen des Allgemeininteresses, wie dem Schutz des Steueraufkommens, der Steuermoral und steuerrechtsunkundiger Bürger vor Falschberatung (BFH BStBl. II 1994, 875; OLG Frankfurt a. M. DB 1999, 2055). Vor dem Hintergrund der europäischen Grundfreiheiten nach Art. 49, 56 AEUV wurde diese Praxis jedoch zweifelhaft (*Drüen / Thulfaut* IStR 2004, 499 [500]). Durch die im Rahmen des 7. StBÄndG erfolgten Neuregelungen kam der Gesetzgeber einer Entscheidung des EuGH zuvor, die vermutlich einen Verstoß gegen den EG-Vertrag (jetzt AEUV) gerügt hätte (so *Deselaers* in Deutsches Steuerberaterinstitut e. V., 7. StBÄndG – WPOÄG – Neues Berufsrecht der Steuerberater und Wirtschaftsprüfer, 2001, 29). Die berufsrechtliche Zulässigkeit inländischer Tätigkeit durch europäische Berater ist nunmehr zweigleisig ausgestaltet. Unterschieden wird danach, ob in Deutschland eine Niederlassung begründet wird, oder nicht (vgl. *Drüen / Thulfaut* IStR 2004, 499 [500 ff.]; *Deselaers* in Deutsches Steuerberaterinstitut e. V., 7. StBÄndG – WPOÄG – Neues Berufsrecht der Steuerberater und Wirtschaftsprüfer, 2001, 30 f.). Zur grenzüberschreitenden Tätigkeit → Rn. 365.

Die geschilderten Erleichterungen betreffen nur die (vorübergehenden) **364** Dienstleistungen ausländischer Berufsträger. Weiterhin kann sich ein Berater aus einem Mitgliedstaat der EU oder der Schweiz (vgl. das Gesetz über die Änderung des EuBAG, BGBl. 2003 I 2074) **erst dann in Deutschland niederlassen,** wenn er sich einer **Eignungsprüfung** nach § 37a Abs. 2 StBerG, § 37b StBerG oder der **Steuerberaterprüfung** unterzogen hat (*Koslowski* StBerG Einl. Rn. 11; *Koslowski* StBerG § 37a Rn. 4 ff.; *Drüen / Thulfaut* IStR 2004, 499 [500]; *Henssler / Jansen* LMK 2006, 196.757). Eine der Rechtsanwaltschaft vergleichbare Form der Niederlassungsfreiheit kennen die europäischen Steuerberater nach wie vor nicht. Der Gesetzgeber hat von der Möglichkeit Gebrauch gemacht, für die Begr. einer Niederlassung im Aufnahmestaat weiterhin eine Eignungsprüfung zu fordern (vgl. Art. 4 Abs. 1 lit b RL 89/48/EWG [Richtlinie über eine allgemeine Regelung zur Anerkennung der Hochschuldiplome, die eine mindestens dreijährige Berufsausbildung abschließen]; *Oppermann,* Europarecht, 7. Aufl. 2016, Rn. 1620). Insofern hat das 7. StBÄndG keine Neuregelung mit sich gebracht. Das 8. Steuerberatungsänderungsgesetz v. 8. 4. 2008 setzte die Berufsanerkennungsrichtlinie in nationales Recht um (*Koslowski* StBerG Einl. Rn. 16).

Lässt sich der Steuerberater dagegen nicht in Deutschland, sondern in einem **365** anderen EU-Mitgliedstaat oder der Schweiz, nieder, ist auf § 3a StBerG, der eine grenzüberschreitende Tätigkeit aus dem Niederlassungsstaat heraus erlaubt, abzustellen. Nach § 3a Abs. 1 S. 1 StBerG sind Personen, die in einem anderen Mitgliedstaat der Europäischen Union oder in einem anderen Vertragsstaat des Abkommens über den Europäischen Wirtschaftsraum oder in der Schweiz beruflich niedergelassen und dort befugt sind, geschäftsmäßig Hilfe in Steuersachen nach dem Recht des Niederlassungsstaates zu leisten, auch zur vorübergehenden und gelegentlichen geschäftsmäßigen Hilfeleistung in Steuersachen **auf dem Gebiet** der Bundesrepublik Deutschland befugt. Eine ausländische Steuerberatungsgesellschaft, die nicht über einen den Anforderungen der § 51 ff. DVStB entsprechenden Schutz in Bezug auf die Berufshaftpflichtversicherung verfügt, kann allerdings die Befugnis zur geschäftsmäßigen Hilfe in Steuersachen in Deutschland nicht auf die Dienstleistungsfreiheit stützen. Das Bestehen des Versicherungsschutzes muss die ausländische Steuerberatungsgesellschaft durch Vorlage entsprechender Unterlagen nachweisen (BFH BeckRS 2017, 94330).

366   Der EuGH hat in seiner Entscheidung vom 17.12.2015 (DStR 2016, 558 ff. mAnm *Kämmerer*) festgestellt, dass die Regelung des § 3a StBerG jedenfalls partiell nicht mit Art. 56 AEUV in Einklang steht. Betroffen ist der Fall, dass die geschäftsmäßige Hilfeleistung in Steuersachen aus dem Niederlassungsstaat heraus ohne physischen Grenzübertritt des Dienstleistenden nicht erlaubt ist. Der EuGH verlangt, dass die Qualifikation, die diese ausländische Gesellschaft oder die natürlichen Personen, die für sie die Dienstleistung der geschäftsmäßigen Hilfeleistung in Steuersachen erbringen, in anderen Mitgliedstaaten erworben haben, ihrem Wert entsprechend anerkannt und angemessen berücksichtigt werden muss. Ausgangspunkt dieses Verfahrens bildete ein Vorlagebeschluss des BFH (DStRE 2014, 951 ff.; vgl. auch *Kämmerer* DStR 2015, 540 ff.; *Hellwig* AnwBl. 2016, 201 ff.; *Weberstaedt* AnwBl. 2016, 208 ff.). Das Urteil des EuGH führt nicht zu einer uferlosen Öffnung des deutschen Steuerberatungsmarktes, wie vielfach befürchtet. Vielmehr tritt durch dieses Urteil lediglich eine weitere Variante der grenzüberschreitenden Dienstleistungserbringung zu der in § 3a StBerG bereits normierten hinzu.

367   Schranken ergeben sich dabei aufgrund der Anknüpfung an die Beratungsbefugnisse im Niederlassungsstaat (§ 3a Abs. 1 S. 2 StBerG): Der Umfang der Befugnis zur Hilfeleistung in Steuersachen im Inland richtet sich nach dem Umfang dieser Befugnis im Niederlassungsstaat. Weitergehend unterliegen sie bei ihrer Tätigkeit im Inland denselben Berufsregeln wie die in § 3 StBerG genannten Personen. Wenn nach § 3a Abs. 1 S. 4 StBerG weder der Beruf noch die Ausbildung zu diesem Beruf im Staat der Niederlassung reglementiert ist, gilt die Befugnis zur geschäftsmäßigen Hilfeleistung in Steuersachen im Inland nur, wenn die Person den Beruf in einem oder in mehreren Mitgliedstaaten oder Vertragsstaaten oder der Schweiz während der vorhergehenden zehn Jahre mindestens ein Jahr lang ausgeübt hat. Der Berater, der seine Qualifikation im Ausland erworben hat, darf zudem gem. § 3a Abs. 5 StBerG nur unter der Berufsbezeichnung seines Niederlassungsstaates tätig werden. Wer danach berechtigt ist, die Berufsbezeichnung „Steuerberater", „Steuerbevollmächtigter" oder „Steuerberatungsgesellschaft" zu führen, hat zusätzlich den Niederlassungsstaat sowie die Berufsorganisation, der er angehört, anzugeben. Eine Verwechslung mit den genannten Berufsbezeichnungen muss ausgeschlossen sein.

368   Niedergelassene Europäische Rechtsanwälte, sowie seit dem 1.11.2003 (vgl. Gesetz zur Änderung des EuRAG, BGBl. 2003 I 2074) auch Schweizer Rechtsanwälte, sind nach § 3 Nr. 1 StBerG zur geschäftsmäßigen Hilfeleistung in Steuersachen berechtigt (diese Befugnis gewährte ihnen bereits das Gesetz über die Tätigkeit europäischer Rechtsanwälte v. 9.3.2000, BGBl. 2000 I 182; vgl. *Drüen/Thulfaut* IStR 2004, 499 [502]). Das StBerG wurde insoweit nur klarstellend geändert.

369   Die Gründung einer einfachen internationalen Partnerschaft nach § 56 Abs. 3 StBerG, an der ausländische Berufsträger beteiligt sind, ist der zuständigen Steuerberaterkammer anzuzeigen (§ 56 Abs. 4 StBerG).

d) Mitgliedschaft einer Partnerschaft in anderen Berufsausübungs- 370
gesellschaften. Zur gemeinsamen Berufsausübung dürfen sich Steuerberater
in Personengesellschaften grundsätzlich nicht mit Gesellschaften oder juristischen Personen zusammenschließen (arg. § 56 Abs. 1 S. 2 StBerG aE; § 50
Abs. 1 S. 1 StBerG). § 50a Abs. 1 Nr. 1 StBerG erlaubt allerdings seit dem
24.6.2000, dass sich an anerkannten Steuerberatungsgesellschaften auch andere (anerkannte) Steuerberatungsgesellschaften beteiligen. Berufsrechtlich
wäre danach sogar die Beteiligung von anderen Steuerberatungsgesellschaften
an einer anerkannten Steuerberatungspartnerschaft möglich. Sie scheitert indes an § 1 Abs. 1 S. 3. Sowohl berufsrechtlich als auch gesellschaftsrechtlich zulässig ist es dagegen, dass sich eine als Steuerberatungsgesellschaft anerkannte
Partnerschaft an einer Steuerberatungsgesellschaft in der Rechtsform einer
AG oder GmbH beteiligt. Neben der Bürogemeinschaft (§ 56 Abs. 2 StBerG)
und der Kooperation (§ 56 Abs. 5 StBerG) steht Steuerberatern wie auch den
anderen Freien Berufen die **EWIV** zur Verfügung (arg. § 58 Nr. 7 StBerG;
Koslowski StBerG § 32 Rn. 19). Ein Zusammenschluss einer Partnerschaft mit
einer natürlichen oder juristischen Person zu einer stillen Gesellschaft im Sinn
der §§ 230 ff. HGB entfällt schon mangels Kaufmannseigenschaft der Partnerschaft. Dagegen kann sich die Partnerschaft als (bürgerlich-rechtliche) stille
Gesellschafterin an fremden Unternehmen beteiligen (→ Rn. 28).

An **Steuerberatungsgesellschaften** können sich gem. § 50a Abs. 2 S. 2 371
StBerG grundsätzlich auch Stiftungen und eingetragene Vereine beteiligen,
wenn sie der **Altersversorgung** der in der Steuerberatungsgesellschaft tätigen
Personen dienen. Für Steuerberatungsgesellschaften in der Rechtsform einer
Partnerschaft ist dieser Weg jedoch wegen § 1 Abs. 1 S. 3 verschlossen (dazu
Elkemann-Reusch, Die Partnerschaftsgesellschaft im Spannungsfeld zwischen
Berufs- und Gesellschaftsrecht, Diss. Erlangen-Nürnberg 2000, 44 f.)

e) Bedeutung der Partnerschaft in der Praxis. Die Partnerschaft wurde 372
bisher von Steuerberatern als Rechtsform sowohl für mono- als auch für interprofessionelle Zusammenschlüsse eher selten gewählt. Zum 31.12.2016 exis-
tierten immerhin 3.635 Partnerschaftsgesellschaften, an denen Steuerberater
beteiligt waren (*Lieder/Hoffmann* NZG 2017, 325 [328;] zum Vergleich: 406
im Jahr 1999; 1.130 im Jahr 2004, 1.665 im Jahr 2007).

Zum 1.1.2016 gab es nach den Zahlen der Bundessteuerberaterkammer 373
1.094 als Steuerberatungsgesellschaft anerkannte (306 im Jahr 1999; 547 im
Jahr 2004) und 2.283 einfache Partnerschaften gem. § 3 Nr. 2 StBerG (100 im
Jahr 1999; 583 im Jahr 2004). Der Zuwachs erklärt sich unter anderem da-
durch, dass der einfachen Partnerschaft seit 2000 die Befugnis zur unbe-
schränkten Hilfeleistung in Steuersachen eingeräumt wurde (vgl. § 3 Nr. 2
StBerG; → Rn. 357). Insgesamt sind bei den Steuerberatern weiterhin die
Rechtsformen der GbR und GmbH stark verbreitet. So gab es zum 1.1.2016
beispielsweise 4.686 Steuerberatungsgesellschaften in der Rechtsform einer
GbR und 7.671 Steuerberatungsgesellschaften in der Rechtsform einer
GmbH. Bei PartG unter Beteiligung von Steuerberatern beträgt der Anteil
der haftungsprivilegierten PartmbB 51% (*Lieder/Hoffmann* NZG 2017, 325
[328]).

14. Beratende Volks- und Betriebswirte

374   Da es bisher (zu einer geplanten Berufsordnung für Unternehmensberater vgl. *List* BB 1993, 1488 ff.) keine gesetzlichen Regelungen des Berufes der beratenden Volks- und Betriebswirte gibt, bestehen weder für Zusammenschlüsse zwischen Angehörigen dieser Berufe noch für solche mit anderen Freien Berufen Beschränkungen. Teilweise haben die Berufsverbände in freiwilliger Selbstbeschränkung Regelungen erlassen, die auch die Zusammenschlussmöglichkeiten ihrer Mitglieder betreffen. Diese entfalten lediglich eine vereinsrechtliche Bindungswirkung. Zu beachten sind aber stets die Berufsrechte der anderen Berufe, die in eine Partnerschaft mit beratenden Volks- und Betriebswirten aufgenommen werden sollen. Mit Rechtsanwälten, Wirtschaftsprüfern und Steuerberatern ist derzeit keine gemeinsame Berufsausübung möglich (→ Rn. 359).

375   Die Mitglieder des Bundesverbandes Deutscher Unternehmensberater BDU e. V., einem Wirtschafts- und Berufsverband der Managementberatungs- und Personalberatungsunternehmen in Deutschland mit knapp 500 Mitgliedern, sind, soweit sie nicht in einer Einzelkanzlei tätig sind, überwiegend in der Rechtsform der Kapitalgesellschaft organisiert. Immerhin überstieg bereits 2004 die Anzahl der Partnerschaften diejenige der Gesellschaften bürgerlichen Rechts. Inzwischen gibt es (Stand 31. 12. 2016) rund 700 Partnerschaften, die im weitesten Sinne im Bereich der Unternehmensberatung tätig sind (beratende Volks- und Betriebswirte, Strategie-, Management-, Marketing-, Prozess- und Personalberater; dazu *Lieder/Hoffmann* NZG 2017, 325 [326]). Die PartmbB steht ihnen mangels berufsrechtlicher Versicherungslösung (→ § 8 Rn. 177) nicht zur Verfügung.

15. Vereidigte Buchprüfer (Vereidigte Buchrevisoren)

Schrifttum: *Beul,* Zulassung des vereidigten Buchprüfers zum Wirtschaftsprüfer?, DStR 2012, 257; *Lichtner/Korfmacher,* Das Dritte Gesetz zur Änderung der Wirtschaftsprüferordnung, WPK-Mitt. 1994, 207 ff.; *Pieroth/Aubel,* Der vereidigte Buchprüfer im Verfassungs- und Europarecht, 2004; *Schmidt/Kaiser,* Die Fünfte WPO-Novelle – eine umfassende Reform in schwieriger Zeit, WPK-Mitt. 2003, 150;

376   Der Berufsstand ist zweimal eingeführt und jeweils wieder geschlossen worden. Bei der erstmaligen Schließung 1961 durfte jeder vereidigte Buchprüfer im Rahmen einer Übergangsprüfung (6-wöchiger Vorbereitungskurs und anschließende mündliche Prüfung) zum Wirtschaftsprüfer bestellt werden. Die Wiedereröffnung 1986 dauerte bis zum 31. 12. 2004 (Schließung durch die 5. WPO-Novelle im Zuge des Wirtschaftsprüfungsexamens-Reformgesetzes v. 1. 12. 2003; BGBl. 2003 I 2446), allerdings bestand bis zum 31. 12. 2009 für die vereidigten Buchprüfer gem. § 13a WPO die Möglichkeit, durch eine verkürzte Prüfung die WP-Zulassung zu erhalten (BT-Drs. 15/1241, 27; ausf. dazu *Pieroth/Aubel,* Der vereidigte Buchprüfer im Verfassungs- und Europarecht, 2004, 2, 10 ff., 31 ff.; *Beul* DStR 2012, 257). Die Möglichkeit, die Prüfung zum Wirtschaftsprüfer in verkürzter Form abzulegen (§ 13a Abs. 1 WPO), wurde schließlich zum 17. 6. 2016 wieder eröffnet (vgl. hierzu BT-

Drs. 18/6282, 58). Nach Auskunft der WPK waren zum 1.1.2016 noch 2.689 vereidigte Buchprüfer und 102 Buchprüfungsgesellschaften tätig.

Nach § 130 Abs. 2 S. 1 WPO finden die für Wirtschaftsprüfungsgesellschaf- **377** ten maßgeblichen Bestimmungen auch auf Buchprüfungsgesellschaften An- wendung. § 130 Abs. 2 S. 2 (neu gefasst durch die 5. WPO-Novelle) regelt eine gesetzliche Verpflichtung zur Antragstellung auf Anerkennung als Wirt- schaftsprüfungsgesellschaft bei einer Majorität von Wirtschaftsprüfern in einer Buchprüfungsgesellschaft. Der **dauerhafte Fortbestand** von Buchprüfungs- gesellschaften soll so verhindert werden (BT-Drs. 15/1241, 43). Im Gegensatz zu Wirtschaftsprüfern, die nach § 319 Abs. 1 S. 1 HGB uneingeschränkt zur Vornahme von Pflichtprüfungen berechtigt sind, beschränkt § 319 Abs. 1 S. 2 HGB die entsprechende Befugnis der vereidigten Buchprüfer auf Jahresab- schlüsse und Lageberichte mittelgroßer GmbH und mittelgroßer Personen- handelsgesellschaften iSv § 264a HGB (insbesondere GmbH & Co KG).

16. Steuerbevollmächtigte

Einem Zusammenschluss von Steuerbevollmächtigten (dazu § 56 Abs. 3 **378** StBerG sowie → Rn. 360) in einer Partnerschaft stehen keine Hindernisse ent- gegen. Allerdings kann eine solche Partnerschaft nur dann als Steuerberatungs- gesellschaft anerkannt werden, wenn die Voraussetzungen der §§ 50 ff. StBerG erfüllt sind. Nach § 50 Abs. 4 StBerG müssen mindestens die Hälfte der per- sönlich haftenden Partner Steuerberater sein. Die **Anforderungen** sind damit bei der Partnerschaft als Personengesellschaft **strenger** als bei der Steuer- beratungsgesellschaft mbH, bei der alle Gesellschafter Steuerbevollmächtigte (oder Rechtsanwälte) sein können (§ 50a Abs. 1 StBerG). Zur Beteiligung von Steuerbevollmächtigten an Partnerschaften mit Rechtsanwälten, Patent- anwälten, Wirtschaftsprüfern und Steuerberatern s. die Kommentierungen zu dem jeweiligen Beruf.

17. Ingenieure

Schrifttum: *Eichberger/Oehl,* Architekten- und Ingenieurrecht, 2004.

Mit Ausnahme der öffentlich bestellten Vermessungsingenieure ist für alle **379** anderen Ingenieurberufe der Zusammenschluss in einer Partnerschaft zulässig. Für öffentlich bestellte Vermessungsingenieure ist nur für die Amtstätigkeit der Zusammenschluss in einer Partnerschaft ausgeschlossen (BT-Drs. 12/6152, 10). Wenn landesrechtliche Regelungen nicht entgegenstehen, können auch sie sich mit ihrer nicht hoheitlichen Tätigkeit zur gemeinsamen Berufsaus- übung verbinden (→ Rn. 84).

Regelungen zur beruflichen Tätigkeit von Ingenieuren finden sich nur ver- **380** einzelt in **Berufsordnungen.** Zwar hat die Bundesingenieurkammer eine Musterberufsordnung formuliert; die Landeskammern verweisen jedoch idR auf die Ingenieur(kammer)gesetze. Aus diesen ergeben sich bisweilen beson- dere Anforderungen an die **Unabhängigkeit** und **Weisungsfreiheit** der Ingenieure, denen bei Ausgestaltung des Gesellschaftsvertrages Rechnung zu tragen ist. Auch die von der Bundesingenieurkammer hrsg. Musterberufsord- nung betont das Unabhängigkeitspostulat (vgl. Nr. 14). Die geforderte Unabhängigkeit ist gegeben, wenn der Ingenieur seine Leistungen unabhängig von Produktions-, Handels- und Lieferinteressen erbringt und keine fremden Interessen dieser Art vertritt (vgl. **Bayern:** Art. 3 Abs. 5 S. 3 BayBauKaG, **NRW:** § 27 Abs. 3 BauKaG NRW, **Rheinland-Pfalz:** § 1 Abs. 3 RhPfIngKaG).

381   Um die Berufsbezeichnung **„Beratender Ingenieur"** führen zu dürfen, bedarf es idR einer Eintragung in die „Liste Beratender Ingenieure" im jeweiligen Bundesland. Eintragungsfähig sind nur unabhängig und eigenverantwortlich tätige Ingenieure, die zudem schon eine praktische Tätigkeit als Ingenieur über einen gewissen Zeitraum nachweisen können (vgl. zB Niedersachsen: §§ 11 ff. NdsIngG; **Berlin:** § 11 BlnABKG). § 27 Abs. 2 lit. b BauKaG **NRW** verlangt zusätzlich, dass Ingenieure und in gleicher Weise wie diese tätige Architekten über die Stimmenmehrheit innerhalb eines Zusammenschlusses verfügen müssen. In **Schleswig-Holstein** können nach § 10 Abs. 1 SchlHArchIngKG nur Personen Partner sein, die in die Liste der Ingenieurkammer eingetragen sind und aufgrund ihrer Ausbildung in der Lage sind, zur Erfüllung der Berufspflichten beizutragen.

382   In der Regel ist der Abschluss einer Berufshaftpflichtversicherung verpflichtend (vgl. Nr. 12 MBO-Ingenieure; **NRW:** § 33 Abs. 2 BauKaG NRW; **Rheinland-Pfalz:** § 12 Abs. 2 Nr. 5 I RhPfIngKaG). Auch bei Ingenieuren ist die Partnerschaft heute nach anfänglicher Zurückhaltung des Berufes beliebt. Zum Stichtag 31.12.2016 gab es 2.340 PartG (18%), die Architekten- und Ingenieurleistungen erbringen (*Lieder/Hoffmann* NZG 2017, 325 [326]). Inzwischen sind auch in Landesgesetzen die berufsrechtlichen Voraussetzungen für die Berufsausübung in einer PartmbB geschaffen worden. Zuletzt sind für Architekten und beratende Ingenieure auch in Baden-Württemberg (§ 2 a Abs. 4 BWArchG, § 17 a Abs. 2 BWIngKG), Berlin (§§ 7 a, 33 Abs. 5 BlnABKG), Brandenburg (§ 7 Abs. 1 BbgArchG, § 7 Abs. 1 BbgIngG), Rheinland-Pfalz (§ 9 Abs. 5 RhPfArchG, § 10 Abs. 3 RhPfIngKaG), Saarland (§ 7 Abs. 6 S. 3 SAIG, § 27 Abs. 3 SAIG) und in Thüringen (§ 33 Abs. 3, 4 ThürAIKG) entsprechende Vorschriften verabschiedet worden. Die haftungsprivilegierte Rechtsform kann aber nur dann gewählt werden, wenn der Gesellschaft nur beratende Ingenieure und Architekten, nicht dagegen auch sonstige Ingenieure angehören (OLG Hamm NZG 2016, 72; OLG Celle MDR 2016, 1216). Eine PartG, der ein nicht beratender Ingenieur angehört, ist dementsprechend nur eine einfache Partnerschaft, die nicht berechtigt ist, die Bezeichnung PartmbB zu führen (*Lieder/Hoffmann* NZG 2017, 325 [329]).

18. Architekten

Schrifttum: *Eichberger/Oehl,* Architekten- und Ingenieurrecht, 2004; *Löffelmann/Fleischmann,* Architektenrecht, 6. Aufl. 2012; *Thode/Wirth/Kuffer,* Praxishandbuch Architektenrecht, 2. Aufl. 2016.

383   Das Berufsrecht der Architekten ist in den Architektengesetzen der Länder und in von den Landesarchitektenkammern vereinzelt erlassenen Berufsordnungen geregelt. § 2 a BWArchG **(Baden-Württemberg)** und § 8 BbgArchG **(Brandenburg)** gestatten zB ausdrücklich den Zusammenschluss in einer Partnerschaft (vgl. auch § 8 Abs. 1 BauKaG NRW **[NRW];** § 6 Abs. 1 HASG **[Hessen];** § 10 Abs. 1 SchlHArchIngKG **[Schleswig-Holstein];** § 13 Abs. 2 Arch-

IngG M-V [**Mecklenburg-Vorpommern**]). Auch die Berufsausübung in einer Kapitalgesellschaft ist für Architekten und Ingenieure anerkannt (OLG Düsseldorf GRUR 1996, 370; Baumbach/Hueck/*Fastrich* GmbHG § 1 Rn. 9; vgl. auch § 13 Abs. 3 ArchIngG M-V [**Mecklenburg-Vorpommern**]). Teilweise ist die Eintragung in ein Gesellschaftsverzeichnis erforderlich, wenn geschützte Berufsbezeichnungen im Namen oder der Firma einer Gesellschaft geführt werden (§ 13 Abs. 3 ArchIngG M-V [**Mecklenburg-Vorpommern**]).

Mangels anderer Bestimmungen sind für freiberuflich tätige Architekten **384** (zur Abgrenzung → Rn. 188 f.) grundsätzlich Partnerschaften auch unter Beteiligung berufsfremder Freiberufler möglich. Voraussetzung ist, dass mindestens ein Partner Mitglied der Architektenkammer ist und die Partnerschaft in das Verzeichnis der Partnerschaften bei der Architektenkammer eingetragen ist (vgl. § 2a Abs. 1 BWArchG [**Baden-Württemberg**]). § 10 Abs. 1 SchlH-ArchIngKG (**Schleswig-Holstein**) bestimmt, dass weitere Mitglieder einer Berufsausübungsgemeinschaft außer Architekten und Ingenieuren nur Personen sein können, die zur Erfüllung der Berufsaufgaben nach §§ 1, 2 SchlH-ArchIngKG beitragen können und selbst in die Architektenliste eingetragen sind.

Vereinzelt finden sich nähere Bestimmungen in den jeweiligen Berufsord-**385** nungen. Nach § 2 Abs. 7 Berufsordnung Architekten NRW ist es jedem Mitglied gestattet, seine Berufsaufgaben im Rahmen einer Personengesellschaft oder juristischen Person wahrzunehmen, es muss aber nach § 2 Abs. 8 Berufsordnung Architekten NRW die Inhaberschaft oder Beteiligung an einem gewerblichen Unternehmen der Bauwirtschaft gegenüber der Bauherrin oder dem Bauherrn offenlegen. Nr. 2 Abs. 4 Berufsordnung **Baden-Württemberg** erlaubt freiberuflich tätigen Architekten Zusammenschlüsse nur dann, wenn in dem betreffenden Zusammenschluss keine baugewerblichen Tätigkeiten ausgeübt werden. Nach außen darf eine Partnerschaft nur dann als Architektengemeinschaft oder Architekturbüro kenntlich gemacht werden, wenn die Mehrheit der Partner Architekten sind. In **Rheinland-Pfalz** ist Architekten die gemeinsame Berufsausübung ebenfalls nur gestattet, sofern diese keine baugewerbliche Tätigkeit darstellt (§ 8 Abs. 2 Berufsordnung). In den übrigen Bundesländern formuliert die jeweilige Berufsordnung lediglich generalisierende Maßstäbe, an denen sich die Tätigkeit der Kammermitglieder unabhängig davon orientieren soll, ob sie in einem beruflichen Zusammenschluss tätig sind. So sind die Kammermitglieder insbesondere verpflichtet, ihre Unabhängigkeit und Eigenverantwortlichkeit zu wahren (vgl. Nr. 2 Abs. 2 Berufsordnung **Baden-Württemberg**). Die Verpflichtung zum Abschluss einer Haftpflichtversicherung ist oft bereits in den jeweiligen ArchG geregelt (vgl. § 8 Abs. 3 BauKaG NRW [**NRW**], § 10 Abs. 2 SchlHArchIngKG [**Schleswig-Holstein**]; § 13 Abs. 2 ArchIngG M-V [**Mecklenburg-Vorpommern**]).

Wie bei den Ingenieuren werden auch bei den Architekten besondere An-**386** forderungen an die **Unabhängigkeit** der Berufsausübung gestellt. In der Regel ist dieser Unabhängigkeit genüge getan, wenn der Architekt keine Produktions-, Handels- oder Lieferinteressen vertritt, die in unmittelbarem oder mittelbarem Zusammenhang mit seiner Berufsausübung stehen (vgl. § 2 Abs. 2 S. 3 HmbArchtG [**Hamburg**], § 1 Abs. 2 HASG [**Hessen**]). Maßgebend ist dabei nicht der Interessenkonflikt im konkreten Fall, sondern das

Vorliegen einer Sachlage, die die abstrakte Möglichkeit eines Interessenkon-
fliktes begründet und eventuell den Anschein fehlender Unabhängigkeit des
Architekten vermittelt.

387   Gestattet ist Architekten auch der Zusammenschluss in einer **GmbH** (OLG
Düsseldorf GRUR 1996, 370; Baumbach/Hueck/*Fastrich* GmbHG § 1, Rn. 9
vgl. § 2 b BWArchG **[Baden-Württemberg];;** § 8 BauKaG **NRW;** § 13
Abs. 3 ArchIngG M-V **[Mecklenburg-Vorpommern]**). Bei **Zweigniederlassungen** ist zu beachten, dass der Architekt in jedem Bundesland, in dem er
sich niederlässt, Mitglied der zuständigen Architektenkammer werden muss.
Zu Verbreitung der PartG und PartmbB bei Ingenieuren → Rn. 382.

19. Hauptberufliche Sachverständige

Schrifttum: *Bayerlein,* Praxishandbuch Sachverständigenrecht, 5. Aufl. 2015; *Bleutge,*
Geprüft, bestellt, vereidigt – Der öffentlich bestellte und vereidigte Sachverständige in
der Rspr., Buchreihe des DIHT, 3. Aufl. 1987; *Wellmann,* Der Sachverständige in der Praxis, 7. Aufl. 2004.

388   **a) Partnerschaft von öffentlich bestellten und vereidigten Sachverständigen.** Für Sachverständige gibt es idR kein Berufsrecht. Eine Ausnahme
gilt für **öffentlich bestellte und vereidigte Sachverständige.** Diese Sachverständigen werden aufgrund besonderer gesetzlicher Bestimmungen auf ihre
fachliche und persönliche Eignung zur Sachverständigentätigkeit überprüft.
Nach ihrer Bestellung können sie auf ihrem Spezialgebiet sowohl vor Gerichten
als auch im privaten Bereich als öffentlich bestellte Sachverständige tätig werden. Die Zulassungskörperschaften, idR die Industrie- und Handelskammern,
aber auch die Handwerks-, Landwirtschafts- und zT auch die Ingenieur- und
Architektenkammern (vgl. *Böttger* in Bayerlein SachverständigenR-HdB § 1
Rn. 14, Wellmann/*Weidhaas* Rn. 3), haben das Berufsrecht der von ihnen bestellten Sachverständigen überwiegend in Satzungen (§ 36 Abs. 4 GewO; § 91
Abs. 1 Nr. 8 HwO) geregelt, die sich an die Muster-Sachverständigenordnungen (MSVO) der Bundesingenieurkammer (MSVO-DIHK), des Deutschen
Handwerkskammertages und des Deutschen Industrie- und Handelskammer-
tages anlehnen. Zu den letztgenannten MSVO gibt es zudem Auslegungsricht-
linien, in denen die Rspr. zu Einzelbestimmungen berücksichtigt wird. Es handelt sich um Verwaltungsvorschriften, die die jeweils zuständige Kammer in der
Ausübung ihres Ermessens binden.

389   Nach § 21 MSVO-DIHK iVm § 21 der entsprechenden Richtlinie ist im
Zusammenschluss von öffentlich bestellten und vereidigten Sachverständigen
auch anderer Sachgebiete in jeder Rechtsform dann zulässig, wenn gewährleistet ist, dass der einzelne Sachverständige seine Sachverständigendienstleis-
tungen unabhängig, unparteiisch, persönlich, gewissenhaft und weisungsfrei
erbringt (vgl. § 8 MSVO-DIHK; ausführlich zur unabhängigen, weisungs-
freien, gewissenhaften und unparteilichen Aufgabenerfüllung Wellmann/
Weidhaas Rn. 407 ff., 430).

390   Erstatten mehrere Sachverständige ein Gutachten gemeinsam, ist § 11
Abs. 2 MSVO-DIHK zu beachten. Danach muss zweifelsfrei erkennbar sein,
welcher Sachverständige für welche Teile, Feststellungen oder Schlussfolgerungen verantwortlich ist. Das Gutachten muss von allen beteiligten Sach-

verständigen unterschrieben, bzw. durch eine elektronische Signatur gekennzeichnet und mit dem Rundstempel versehen werden.

Mit nicht öffentlich bestellten Sachverständigen darf sich der öffentlich be- **391** stellte Sachverständige nur zusammenschließen, wenn dies mit dem Ansehen und den Pflichten eines öffentlich bestellten Sachverständigen vereinbar ist. Er hat sicherzustellen, dass die nicht öffentlich bestellten Sachverständigen die Pflichten aus der Sachverständigenordnung der Kammer einhalten, soweit sie sinngemäß anzuwenden sind (vgl. § 21 Abs. 3 Richtlinie; Wellmann/*Weidhaas* Rn. 431). Insbesondere muss ausgeschlossen werden, dass ein Auftraggeber über den Status (bestellt, anerkannt, nicht bestellt, zertifiziert uÄ) der einzelnen Sachverständigen in einer Gesellschaft irregeführt wird. Der Sachverständige hat zu gewährleisten, dass bei einem Zusammenschluss, an dem er beteiligt ist, die Regeln über die Führung der Bezeichnung „öffentlich bestellter und vereidigter Sachverständiger" beachtet werden und dass alle Angehörigen eines Zusammenschlusses auf Briefbögen und sonstigen Drucksachen genannt werden. Unternehmensbezeichnungen und Firmierungen dürfen nur dann auf die öffentliche Bestellung Bezug nehmen, wenn die Mehrheit der Gesellschafter oder Mitglieder und alle vertretungsberechtigten Personen öffentlich bestellte Sachverständige sind. Nach § 14 Abs. 2 MSVO-DIHK soll der Sachverständige eine **Haftpflichtversicherung** in angemessener Höhe abschließen und während der Zeit der Bestellung aufrechterhalten. Für Zusammenschlüsse enthält § 14 Abs. 2 Richtlinie verschiedene Sollvorschriften. Wird der Sachverständige in einem Zusammenschluss mit anderen Sachverständigen tätig, bei dem die Haftung des Einzelnen ausgeschlossen oder beschränkt ist (§ 21 MSVO-DIHK), so soll er eine Haftpflichtversicherung abschließen, wobei die Deckungssumme der Haftpflichtversicherung dem Haftungsrisiko des Zusammenschlusses entsprechen soll. Wählt er für einen Zusammenschluss iSd § 21 MSVO-DIHK eine Rechtsform, die die Haftung auf das Vermögen des Zusammenschlusses beschränkt (§ 13 Abs. 2 GmbHG), soll er dafür Sorge tragen, dass die Gesellschaft über eine angemessene Haftpflichtversicherung verfügt. Angemessenheit ist nur dann zu bejahen, wenn die Haftungshöchstsummen deutlich über denen für die einzelnen Sachverständigen des Zusammenschlusses liegen.

Die Regelungen der MSVO-DHKT und der MSVO-BIngK entsprechen **392** im Wesentlichen denen der MSVO-DIHK. Zusammenschlüsse von öffentlich bestellten und vereidigten Sachverständigen sind ebenfalls in § 21 geregelt. Alle Partner müssen in Briefbögen und sonstigen Drucksachen genannt werden. Nach § 21 Abs. 1 MSVO-DHKT sind Zusammenschlüsse mit Sachverständigen, die nicht öffentlich bestellt und vereidigt sind, **unzulässig.** Sofern die persönliche Haftung der einzelnen Sachverständigen ausgeschlossen oder eingeschränkt wird, muss sichergestellt werden, dass eine angemessene **Haftpflichtversicherung** für Ansprüche gegen die Beteiligten des Zusammenschlusses oder den Zusammenschluss als solchen abgeschlossen und aufrechterhalten wird (§ 21 Abs. 3 MSVO-DHKT; vgl. außerdem § 8 Abs. 2).

b) Interprofessionelle Zusammenschlüsse. Regelungen für Zusam- **393** menschlüsse mit Angehörigen anderer Freier Berufe bestehen nicht. Die Berufsfreiheit der Sachverständigen darf nicht durch eine untergesetzliche, durch

Organe der Industrie- und Handelskammern, die von den Mitgliedern nicht demokratisch legitimiert sind, erlassene Regelung in unzulässiger Weise eingeschränkt werden. Einschränkungen der Zusammenschlussmöglichkeiten, die über das durch firmenrechtliche Grundsätze oder durch Treu und Glauben Gebotene hinausgehen, sind daher nicht wirksam. Soweit Sachverständige freiberuflich tätig sind, steht dem Zusammenschluss in einer Partnerschaft auch mit Angehörigen anderer Freier Berufe nichts im Wege (*Schlehe* in Bayerlein SachverständigenR-HdB § 6 Rn. 15). Zu beachten ist stets das Berufsrecht der potentiellen Partner. Zu den entsprechenden Beschränkungen insbesondere in den Berufsrechten der Rechtsanwälte, Wirtschaftsprüfer und Steuerberater → Rn. 360 f. Zu **Zweigniederlassungen** → § 5 Rn. 1 ff.

20. Lehrer/Erzieher

394   Für freiberuflich tätige Lehrer und Erzieher existieren grundsätzlich **keine berufsrechtlichen Beschränkungen.** Ebenso wenig wie an Privatlehrer besondere Qualifikationsanforderungen gestellt werden, gibt es auch keine generellen Regelungen der beruflichen Zusammenarbeit. Lediglich der Berufsverband Deutscher **Diplom-Pädagogen** und Diplom-Pädagoginnen e.V. (BDDP) hat eine Berufsordnung (BOPäd) erlassen, die seit 1996 in Kraft ist. Sie dient dem Schutz der Berufsbezeichnung und definiert die Berufsethik der Mitglieder, indem sie einen Verhaltenskodex des Berufsstandes als freier Beruf regelt. Die (interne) Verbindlichkeit der Berufsordnung hängt für den einzelnen Diplom-Pädagogen anders als bei verkammerten Berufen von seiner – freiwilligen – Mitgliedschaft im BDDP ab. Von den Mitgliedern wird eine eigenverantwortliche, weisungsfreie und verantwortungsvolle Tätigkeit gefordert (§§ 1, 17 ff. BOPäd). Sie sind nach § 22 BOPäd zur Verschwiegenheit verpflichtet. Beschränkungen der beruflichen Zusammenarbeit enthält die BOPäd nicht, die kooperative Berufsausübung wird in §§ 39 f. BOPäd geregelt Angesprochen ist dort aber nur eine Art Bürogemeinschaft, nicht eine Berufsausübungsgesellschaft und damit auch nicht die Zusammenarbeit in einer PartG.

395   Besonderheiten gelten für **Fahrlehrer.** Sind sie freiberuflich tätig (→ Rn. 228), so steht ihnen der Zusammenschluss in einer Partnerschaft ebenso wie eine Zusammenarbeit in einer GbR (dazu BVerwG NJW 1993, 1151) offen (ebenso *Bösert/Braun/Jochem* 102). Die Partnerschaft kann nach § 2 FahrlG zwar nicht Inhaberin einer Fahrlehrerlaubnis, wohl aber angesichts ihrer Rechtsfähigkeit gem. § 11 Abs. 2 FahrlG Inhaberin einer Fahrschulerlaubnis sein. § 11 Abs. 2 FahrlG, der nur von juristischen Personen spricht, ist insoweit entsprechend anzuwenden (aA offenbar BVerwG NJW 1993, 1151; *Bösert/Braun/Jochem* 102). Für die Errichtung einer Zweigstelle bedürfen die Partner einer besonderen Zweigstellenerlaubnis (§ 14 Abs. 1 FahrlG).

21. Alphabetisches Verzeichnis der Berufe mit Hinweisen auf Einschränkungen der Zusammenschlussmöglichkeiten in einer Partnerschaft

Altenpfleger: Keine Beschränkungen.   **396**

Architekten: Grundsätzlich keine Einschränkungen. Bei der Ausgestaltung des Partnerschaftsvertrages ist jedoch das Berufsrecht zu beachten (→ Rn. 383 f.).

Ärzte: Berufsrechtliche Beschränkungen ergeben sich über die Umsetzung der MBO-Ä in den Berufsordnungen der Landesärztekammern (→ Rn. 255 ff.).

Balletttänzer: Keine Beschränkungen.

Bauingenieure (freiberuflich tätig): Es gilt das Berufsrecht der Ingenieure.

Baustatiker: Grundsätzlich keine Beschränkungen.

Beratende Volks- und Betriebswirte: Keine Beschränkungen.

Bergführer: Keine Beschränkungen.

Beschäftigungs- und Arbeitstherapeuten: s. Ergotherapeuten.

Bildberichterstatter: Keine Beschrankungen.

Bildhauer: Keine Beschränkungen.

Biologen: Freiberufliche Biologen unterliegen keinen Beschränkungen.

Bühnenbildner: Keine Beschränkungen.

Dentisten: Keine Beschränkungen.

Designer: Keine Beschränkungen (Auskünfte: Verband Deutscher Industrie-Designer e. V.).

Diätassistenten: Einzelne Verbände haben Berufsrichtlinien erlassen, die jedoch lediglich verbandsinterne Wirkung entfalten. Diese enthalten idR keine Beschränkungen bzgl. der Zusammenarbeit mit anderen Berufsgruppen (vgl. §§ 3, 4, 5 der VDD-Berufsrichtlinien).

Diplom-Informatiker: Keine Beschränkungen.

Diplom-Pädagogen: Keine Beschränkungen.

Diplom-Psychologen: Psychotherapeuten und beratende Psychologen unterliegen keinen Beschränkungen.

Dirigenten: Keine Beschränkungen.

Dolmetscher: Unterliegen als nicht verkammerter Beruf keinen Beschränkungen.

EDV-Berater: Keine Beschränkungen.

Entbindungspfleger: s. Hebammen.

Ergotherapeuten: Grundsätzlich keine Beschränkungen.

Erzieher: Grundsätzlich keine Beschränkungen.

Film- und Fernsehkameramann: Keine Beschränkungen.

Filmproduzenten: Keine Beschränkungen.

Fotografen: Keine Beschränkungen.

Fußpfleger, medizinische: Grundsätzlich keine Beschränkungen.

Gebrauchsgraphiker: Keine Beschränkungen.

Geologen und andere Geowissenschaftler: Keine Beschränkungen.

Gerichtspsychologen: Grundsätzlich keine Beschränkungen. Für Psychologische Psychotherapeuten und Kinder- und Jugendlichenpsychotherapeuten vgl. dort.

Handelschemiker: Keine Beschränkungen.

Hauptamtliche Sachverständige: Keine Beschränkungen, s. aber öffentlich bestellte und vereidigte Sachverständige.

Hebammen und Entbindungspfleger: Keine Beschränkungen.

Heileurythmisten: Grundsätzlich keine Beschränkungen.

Heilmasseure (Masseure und medizinische Bademeister): Keine Beschränkungen.

Heilpädagogen: Grundsätzlich keine Beschränkungen.

Heilpraktiker: Keine Beschränkungen.

Informatiker: Keine Beschränkungen.

Ingenieure: Grundsätzlich keine Beschränkungen; bei der Ausgestaltung des Partnerschaftsvertrages ist aber das Berufsrecht zu beachten.

Journalisten: Keine Beschränkungen.

Kinder- und Jugendlichenpsychotherapeuten: vgl. Diplom-Psychologen. Bislang zT landesrechtliche Einschränkungen (→ Rn. 306 ff.).

Komponisten: Keine Beschränkungen.

Krankengymnasten (Physiotherapeuten): Keine Beschränkungen.

Krankenschwestern und -pfleger: Grundsätzlich keine Beschränkungen.

Künstler: Keine Beschränkungen.

Lehrer: Keine Beschränkungen gelten für Sport- oder Tanzlehrer, sofern sie überhaupt freiberuflich tätig sind. Auch Inhaber einer Fahrlehrererlaubnis können sich in einer Partnerschaft zusammenschließen (→ Rn. 394).

Logopäden: Regelungen zu Zusammenschlüssen mit anderen Berufsgruppen finden sich nur im untergesetzlichen Bereich, eine detaillierte Berufsordnung existiert nicht. Grundsätzlich sind Zusammenschlüsse mit anderen Berufsgruppen daher möglich.

Lotsen: Keine Beschränkungen.

Maler: Keine Beschränkungen.

Marktforschungsberater: Keine Beschränkungen.

Masseure und medizinische Bademeister: Keine Beschränkungen.

Medizinisch-/technisch-/diagnostische Assistentinnen: Keine Beschränkungen.

Mitglieder von RAK: s. Rechtsanwälte.

Modezeichner: Keine Beschränkungen.

Motopäden: Grundsätzlich keine Beschränkungen.

Musiker: Keine Beschränkungen.

Öffentlich bestellte und vereidigte Sachverständige: Beschränkungen ergeben sich über die Umsetzung der verschiedenen Muster-Sachverständigenordnungen durch die regionalen Zulassungskörperschaften (→ Rn. 388 f.).

Orthoptisten: Keine Beschränkungen.

Pantomimen: Keine Beschränkungen.

Patentanwälte: Beschränkungen ergeben sich aus § 52a PAO (→ Rn. 311 ff.).

Physiotherapeuten: seit 1994 die Berufsbezeichnung für Krankengymnasten, vgl. dort.

Physiker: Keine Beschränkungen.

Podologen: Grundsätzlich keine Beschränkungen, vgl. Fußpfleger.

Psychologische Psychotherapeuten: vgl. Diplom-Psychologen. Zum Teil landesrechtliche Einschränkungen (→ Rn. 306 ff.).

Rechtsanwälte: (Mitglieder von RAK): Beschränkungen ergeben sich aus § 59 a BRAO (→ Rn. 311 ff.)

Redner: Keine Beschränkungen.

Regisseure: Keine Beschränkungen.

Repetitoren: Keine Beschränkungen.

Restauratoren: Der Beruf des Restaurators ist nur in Mecklenburg-Vorpommern geschützt (RestauratorG v. 9.11.1999; GVOBl. M-V 582). Beschränkungen der Zusammenarbeit sieht das Gesetz nicht vor.

Rettungsassistenten: Grundsätzlich keine Beschränkungen.

Sänger: Keine Beschränkungen.

Schauspieler: Keine Beschränkungen.

Schriftleiter: Keine Beschränkungen.

Schriftsteller: Keine Beschränkungen.

Sprachheilpädagogen und **Sprachtherapeuten:** Keine Beschränkungen.

Steuerberater: Beschränkungen ergeben sich aus §§ 49 ff. StBerG (→ Rn. 355 ff.).

Steuerbevollmächtigte: Grundsätzlich keine Einschränkungen. Bei der Ausgestaltung des Partnerschaftsvertrages ist aber das Berufsrecht zu beachten.

Synchronsprecher: Keine Beschränkungen.

Technische Redakteure: Keine Beschränkungen.

Tierärzte: Beschränkungen ergeben sich aufgrund der Landesberufsordnungen und landesgesetzlichen Regelungen (→ Rn. 293 ff.).

Tontechniker: Keine Beschränkungen.

Trauerredner: Keine Beschränkungen.

Übersetzer: Unterliegen als nicht verkammerter Beruf keinen Beschränkungen.

Umweltgutachter: Keine Beschränkungen.

Unfallursachensachverständige: Keine Beschränkungen.

Unternehmensberater: Keine Beschränkungen.

Vereidigte Buchprüfer: Beschränkungen ergeben sich aus § 130 Abs. 2 WPO iVm §§ 27 ff. WPO (→ Rn. 376 f.).

Vermessungsingenieure: Nicht partnerschaftsfähig ist nur die Amtstätigkeit der öffentlich bestellten Vermessungsingenieure (→ Rn. 379 f.).

Wirtschaftsberater: Keine Beschränkungen.

Wirtschaftsprüfer: Beschränkungen ergeben sich aus §§ 27 ff. WPO (→ Rn. 336 ff.).

Wissenschaftler: Keine Beschränkungen.

Zahnärzte: Beschränkungen ergeben sich aus Umsetzungen der MBO-Zahnärzte in den Berufsordnungen der Länderkammern (→ Rn. 285 ff.).

§ 2 Name der Partnerschaft

(1) [1]Der Name der Partnerschaft muß den Namen mindestens eines Partners, den Zusatz „und Partner" oder „Partnerschaft" sowie die Berufsbezeichnungen aller in der Partnerschaft vertretenen Berufe enthalten. [2]Die Beifügung von Vornamen ist nicht erforderlich. [3]Die Namen anderer Personen als der Partner dürfen nicht in den Namen der Partnerschaft aufgenommen werden.

(2) § 18 Abs. 2, §§ 21, 22 Abs. 1, §§ 23, 24, 30, 31 Abs. 2, §§ 32 und 37 des Handelsgesetzbuchs sind entsprechend anzuwenden; § 24 Abs. 2 des Handelsgesetzbuchs gilt auch bei Umwandlung einer Gesellschaft bürgerlichen Rechts in eine Partnerschaft.

§ 2 verweist auf folgende Vorschriften des HGB:

§ 18 [Firma des Kaufmanns]

Absatz 1 ist von der Verweisung ausgenommen.

(2) [1]Die Firma darf keine Angaben enthalten, die geeignet sind, über geschäftliche Verhältnisse, die für die angesprochenen Verkehrskreise wesentlich sind, irrezuführen. [2]Im Verfahren vor dem Registergericht wird die Eignung zur Irreführung nur berücksichtigt, wenn sie ersichtlich ist.

§ 21 [Fortführung bei Namensänderung]

Wird ohne eine Änderung der Person der in der Firma enthaltene Name des Geschäftsinhabers oder eines Gesellschafters geändert, so kann die bisherige Firma fortgeführt werden.

§ 22 [Fortführung bei Erwerb des Handelsgeschäfts]

(1) Wer ein bestehendes Handelsgeschäft unter Lebenden oder von Todes wegen erwirbt, darf für das Geschäft die bisherige Firma, auch wenn sie den Namen des bisherigen Geschäftsinhabers enthält, mit oder ohne Beifügung eines das Nachfolgeverhältnis andeutenden Zusatzes fortführen, wenn der bisherige Geschäftsinhaber oder dessen Erben in die Fortführung der Firma ausdrücklich willigen.

Absatz 2 ist von der Verweisung ausgenommen.

§ 23 [Veräußerungsverbot]

Die Firma kann nicht ohne das Handelsgeschäft, für welches sie geführt wird, veräußert werden.

§ 24 [Fortführung bei Änderungen im Gesellschafterbestand]

(1) Wird jemand in ein bestehendes Handelsgeschäft als Gesellschafter aufgenommen oder tritt ein neuer Gesellschafter in eine Handelsgesellschaft ein oder scheidet aus einer solchen ein Gesellschafter aus, so kann ungeachtet dieser Veränderung die bisherige Firma fortgeführt werden, auch wenn sie den Namen des bisherigen Geschäftsinhabers oder Namen von Gesellschaftern enthält.

(2) Bei dem Ausscheiden eines Gesellschafters, dessen Name in der Firma enthalten ist, bedarf es zur Fortführung der Firma der ausdrücklichen Einwilligung des Gesellschafters oder seiner Erben.

§ 30 [Unterscheidbarkeit]

(1) Jede neue Firma muß sich von allen an demselben Ort oder in derselben Gemeinde bereits bestehenden und in das Handelsregister oder in das Genossenschaftsregister eingetragenen Firmen deutlich unterscheiden.

(2) Hat ein Kaufmann mit einem bereits eingetragenen Kaufmanne die gleichen Vornamen und den gleichen Familiennamen und will auch er sich dieser Namen als seiner Firma bedienen, so muß er der Firma einen Zusatz beifügen, durch den sie sich von der bereits eingetragenen Firma deutlich unterscheidet.

(3) Besteht an dem Orte oder in der Gemeinde, wo eine Zweigniederlassung errichtet wird, bereits eine gleiche eingetragene Firma, so muß der Firma für die Zweigniederlassung ein der Vorschrift des Absatzes 2 entsprechender Zusatz beigefügt werden.

(4) Durch die Landesregierungen kann bestimmt werden, daß benachbarte Orte oder Gemeinden als ein Ort oder als eine Gemeinde im Sinne dieser Vorschriften anzusehen sind.

§ 31 [Änderung der Firma; Erlöschen]

Nur zum Verständnis mit abgedruckt:

(1) Eine Änderung der Firma oder ihrer Inhaber, die Verlegung der Niederlassung an einen anderen Ort sowie die Änderung der inländischen Geschäftsanschrift ist nach den Vorschriften des § 29 zur Eintragung in das Handelsregister anzumelden.

(2) [1]Das gleiche gilt, wenn die Firma erlischt. [2]Kann die Anmeldung des Erlöschens einer eingetragenen Firma durch die hierzu Verpflichteten nicht auf dem in § 14 bezeichneten Wege herbeigeführt werden, so hat das Gericht das Erlöschen von Amts wegen einzutragen.

§ 32 [Insolvenzverfahren]

[1]Wird über das Vermögen eines Kaufmanns das Insolvenzverfahren eröffnet, so ist dies von Amts wegen in das Handelsregister einzutragen. [2]Das gleiche gilt für

1. die Aufhebung des Eröffnungsbeschlusses,
2. die Bestellung eines vorläufigen Insolvenzverwalters, wenn zusätzlich dem Schuldner ein allgemeines Verfügungsverbot auferlegt oder angeordnet wird, daß Verfügungen des Schuldners nur mit Zustimmung des vorläufigen Insolvenzverwalters wirksam sind, und die Aufhebung einer derartigen Sicherungsmaßnahme.
3. die Anordnung der Eigenverwaltung durch den Schuldner und deren Aufhebung sowie die Anordnung der Zustimmungsbedürftigkeit bestimmter Rechtsgeschäfte des Schuldners,
4. die Einstellung und die Aufhebung des Verfahrens und
5. die Überwachung der Erfüllung eines Insolvenzplans und die Aufhebung der Überwachung.

(2) [1]Die Eintragungen werden nicht bekanntgemacht. [2]Die Vorschriften des § 15 sind nicht anzuwenden.

§ 37 [Unzulässiger Firmengebrauch]

(1) Wer eine nach den Vorschriften dieses Abschnitts ihm nicht zustehende Firma gebraucht, ist von dem Registergerichte zur Unterlassung des Gebrauchs der Firma durch Festsetzung von Ordnungsgeld anzuhalten.

(2) [1]Wer in seinen Rechten dadurch verletzt wird, daß ein anderer eine Firma unbefugt gebraucht, kann von diesem die Unterlassung des Gebrauchs der Firma verlangen. [2]Ein nach sonstigen Vorschriften begründeter Anspruch auf Schadensersatz bleibt unberührt.

Schrifttum: *Bärwaldt / Schabacker,* Darf sich nur noch die Partnerschaftsgesellschaft „und Partner" nennen?, MDR 1997, 114; *Hartmann,* Zur Abänderbarkeit der gemäß § 24 HGB fortgeführten Firma einer Personenhandelsgesellschaft, RNotZ 2003, 250; *Henssler,*

Das Namensrecht der Partnerschaftsgesellschaft – aktuelle Praxisprobleme und Reformbedarf, FS Baums, 2017, 579; *Henssler,* Anmerkung zu OLG München, Urt. v. 16.9.1999 – 6 U 6228/98, NZG 2000, 645; *Henssler/Müller,* Anmerkung zu BGH, Urt. v. 28.2.2002 – I ZR 195/99, LM BGB § 12 Nr. 67; *Huff,* Anmerkung zu BVerfG, Beschl. v. 22.3.2006 – 1 BvR 97/06, BRAK-Mitt. 2006, 173; *Nothoff,* Firmierung einer Handelsgesellschaft mit dem Partnerschaftsgesellschaftszusatz, NZG 1998, 123; *Offermann-Burckart,* Anwaltliches Gesellschaftsrecht – das kleine Einmaleins der PartG, AnwBl. 2014, 194; *Ring,* Die Firma der Steuerberatungsgesellschaft, StB 1991, 41; *Römermann,* Namensfortführung in der Freiberufler-Sozietät und Partnerschaft – Zugleich Anmerkung zu BayObLG, Beschl. v. 26.11.1997 – 3 Z BR 279/97, und BGH, Urt. v. 17.4.1997 – I ZR 219/94, NZG 1998, 121; *Römermann,* Firmierung mit dem Zusatz „& Partner" nach dem Unternehmenserwerb einer BGB-Gesellschaft durch eine GmbH, NZG 1998, 179; *Römermann,* Kanzlei-Marke, Anwalt 3/2001, 20; *Schirmer,* Berufsrechtliche und kassenarztrechtliche Fragen der ärztlichen Berufsausübung in Partnerschaftsgesellschaften, MedR 1995, 341; *Sommer,* Umwandlung einer GbR in eine Partnerschaftsgesellschaft, NJW 1998, 3549; *Wolff,* Firmierung der GmbH mit partnerschaftlichem Zusatz: Gestaltungsgrenzen und Folgen ihrer Überschreitung, GmbHR 2006, 303.

Übersicht

I. Der Name der Partnerschaft

1. Regelungszweck

Wie für jede andere Gesellschaft auch ist der Name der Partnerschaft **Iden-** 1
tifikationsmerkmal für Außenstehende. Mit einem Namen verbindet sich
ein guter wie auch ein schlechter Ruf. Als nichtgewerblicher freiberuflicher
Zusammenschluss trägt die Partnerschaft statt einer Firma einen „Namen".
Der Sache nach gilt gleichwohl das Firmenrecht des HGB, dessen Vorschriften
weitgehend für anwendbar erklärt werden. Die Partnerschaft kann unter
ihrem Namen klagen und verklagt werden (vgl. BT-Drs 7/5413, 3). Die mit
dem Charakter der Freiberuflichkeit zu vereinbarenden Grundsätze des handelsrechtlichen Firmenrechts – Firmenwahrheit, Firmenbeständigkeit und
Firmenausschließlichkeit – sind auf die Partnerschaft übertragbar. Großen
Wert legt der Gesetzgeber auf die sachgerechte Lösung der praktisch wichtigen
Frage der Fortführung des Namens ausgeschiedener Partner (Begr. zum RegE,
BT-Drs. 12/6152, 11). Die zum Zeitpunkt des Inkrafttretens gut nachvollzieh-
bare Regelung ist in der Zwischenzeit überholt. Schon seinerzeit stellte sich
freilich die Frage, weshalb für die Partnerschaft in dem auf das Gesellschaftsrecht beschränkten PartGG Regelungen zum Namensrecht aufgenommen
wurden, die für einen freiberuflichen Zusammenschluss in einer GbR nicht
gelten. Richtiger Standort für gesetzliche Vorgaben für die Kurzbezeichnung
einer freiberuflichen Gesellschaft ist das Berufsrecht. Die dort verankerten Anforderungen sollten dann konsequent rechtsformunabhängig gelten.

Nachdem es in früheren Zeiten üblich war, den Namen eines ausgeschiede- 2
nen namensgebenden Gesellschafters nach einiger Zeit im Allgemeinen nicht
weiter zu verwenden und die übrigen Namen in der Bezeichnung nach vorne
rücken zu lassen bzw. einen neuen hinzuzufügen, entstand im Rahmen des
Strukturwandels bei verschiedenen freien Berufen das **Bedürfnis,** durch eine
Kurzbezeichnung die Berufsausübungsgesellschaft dauerhaft zu bezeichnen.
Bei größeren, erst recht bei internationalen Kanzleien wird dieser Name häufig nicht mehr mit der Tätigkeit eines konkreten Berufsträgers verbunden,
sondern mit dem freiberuflichen Unternehmen als solchem. Er übernimmt
die Funktion einer „Marke" („brand"). Für den (potenziellen) Vertragspartner
(Mandanten, Klienten, Auftraggeber) tritt der namensgebende Partner in den
Hintergrund. Für ihn sind der mit dem Markennamen der Gesellschaft verbundene Qualitätsanspruch und die Einschätzung des konkret seinen Fall bearbeitenden Partners, der vielfach nicht Bestandteil des Namens der Kanzlei
ist, von vorrangiger Bedeutung.

Diese rechtstatsächliche Entwicklung spricht dafür, sich vom überkomme- 3
nen Prinzip der Personenfirma auch für die freiberufliche Personengesellschaft
vollständig zu lösen und neben dem Personennamen gleichberechtigt eine

Sachbezeichnung und/oder eine Fantasiebezeichnung zuzulassen. Der Gesetzgeber ist in § 2 diesen folgerichtigen Schritt bislang nicht gegangen. Die Regelung knüpft – trotz der zwischenzeitlich erfolgten Liberalisierung des Firmenrechts durch das Handelsrechtsreformgesetz – weiterhin primär an dem auch
für die Personengesellschaft **überholten Konzept der „Personenfirma"**
an. Immerhin erlaubt sie Sach- und Fantasiezusätze (→ Rn. 19), sodass ein gewisser Spielraum für eine marktgerechte Namensgestaltung besteht.

4   Die Vorschrift wurde im Zuge des Handelsrechtsreformgesetzes (v.
22. 6. 1998, BGBl. 1998 I 1474) redaktionell geändert: In Abs. 1 wurden die
S. 2 und 3 eingefügt, die dem Wortlaut von § 19 Abs. 3 und 4 HGB entsprechen, auf die vorher verwiesen wurde und die durch das Handelsrechtsreformgesetz aufgehoben wurden. Inhaltliche Änderungen ergaben sich mittelbar
durch die Neufassung einzelner Vorschriften des HGB, auf die § 2 Abs. 2 verweist (zur Normentwicklung ausführlich Römermann/ *Zimmermann* Rn. 1–3).

5   Als **Publikationsmedium** steht der Gesellschaft das **Partnerschaftsregister** zur Verfügung. Es erfüllt für die Partnerschaft die Funktion des Handelsregisters (vgl. § 4). Der Name wird in das Partnerschaftsregister eingetragen
(§ 3 Abs. 2, § 5 Abs. 1).

2. Mindestbestandteile

6   **a) Benennung mindestens eines Partners.** Abs. 1 nennt die **Minimal-
bestandteile des Namens** einer Partnerschaft. Der Name der Partnerschaft
muss den **Namen mindestens eines Partners** enthalten. Dieser Name soll
nach der Rspr. nicht aus der zusammen und klein geschriebenen Kombination
der beiden Familiennamen von zwei Partnern in einem Wort gebildet werden
können (OLG Frankfurt a. M. FGPrax 2008, 167). Das sei mit den zwingenden Vorgaben des § 2 Abs. 1 S. 1, 3 nicht zu vereinbaren, da so der Eindruck
erweckt werde, es handle sich um einen eigenständigen Familiennamen einer
Person, die nicht Partner ist. Die de lege ferenda vertretbare Rspr. verdeutlicht
nur, dass die Anknüpfung an den Namen eines Partners überholt ist. Nach
Abs. 1 S. 2 ist die Angabe des **Vornamens** nicht erforderlich, aber auch nicht
ausgeschlossen. Sie kann sich ausnahmsweise aus der Notwendigkeit der Unterscheidbarkeit von bereits vorhandenen Partnerschaftsnamen ergeben
(Abs. 2 iVm § 30 HGB; → Rn. 26).

7   Maßgeblich ist grundsätzlich der **bürgerliche Name des Partners** oder
der Name, wie er sich aus dem Personenstandsregister ergibt. Der Geburts-
name einer Partnerin kann daher bei der Namensbildung der Partnerschaft
auch dann nicht isoliert Verwendung finden, wenn er noch Bestandteil ihres
heutigen Doppelnamens ist (OLG Karlsruhe NJW 1999, 2284). Name iSd
§ 12 BGB ist allerdings nicht nur der Familienname, sondern auch ein ge-
wähltes **Pseudonym,** wenn der Verwender unter diesem Namen im Verkehr
bekannt ist, also mit diesem Namen Verkehrsgeltung besitzt (BGH NJW
2003, 2978; OLG Frankfurt a. M. NJW 2003, 364; MüKoBGB/*Säcker* BGB
§ 12 Rn. 11). Einem Pseudonym kommt daher nicht allein durch die Aufnahme der Benutzung ein eigenständiger Namensschutz zu. Gleiches gilt im
Rahmen des § 2. Da das Registergericht ebenso wie bei der Eintragung einer
OHG die Zulässigkeit der Namensbildung kontrollieren muss (vgl. §§ 37

HGB, § 392 FamFG), wird ein **Künstlername** nur dann zur Namensbildung gewählt werden können, wenn sich seitens des namensgebenden Partners nachweisen lässt, dass er in dem Beruf, den er in der Partnerschaft ausüben will, unter seinem Künstlernamen bekannt geworden ist (strenger EBJS/*Seibert,* 1. Aufl. 2001, Rn. 2, der die Eintragung im Pass oder Personalausweis fordert). Denkbar ist dies – und hier wird in erster Linie ein Bedarf nach der Aufnahme eines Pseudonyms in den Namen der Partnerschaft bestehen – bei Schriftstellern oder Künstlern, die unter einem Pseudonym veröffentlichen oder in der Öffentlichkeit auftreten. Anders als Pseudonyme und Künstlernamen ist die Verwendung von Decknamen zu beurteilen. Zwar wird infolge der Liberalisierung des Firmenrechts grundsätzlich auch die Verwendung eines Decknamens als Fall der Fantasiefirma für zulässig erachtet (OLG Jena NZG 2010, 1354 [zur GmbH]; OLG München NZG 2013, 108 [zum Einzelkaufmann]). Das bedeutet aber nicht, dass damit die strengeren Anforderungen des § 2 Abs. 1 erfüllt wären. Dieser soll ja gerade sicherstellen, dass der Rechtsverkehr zuverlässig über die Identität eines Partners der Gesellschaft informiert wird, während es bei Verwendung eines Decknamens um das Verbergen der eigentlichen Identität geht (Römermann/*Zimmermann* Rn. 10).

Abs. 1 S. 3 soll klarstellen, dass grundsätzlich nur die in der Partnerschaft aktiven Partner in den Namen aufgenommen werden dürfen. Ausnahmen gelten **8** für Fälle zulässiger **Namenskontinuität** (→ Rn. 28 ff.). Von dem im Partnerschaftsregister einzutragenden Namen ist die namentliche Aufführung der Partner auf dem Briefbogen oder dem Praxisschild zu unterscheiden (→ Rn. 49 ff.; → § 7 Rn. 62 ff.).

b) Rechtspolitische Bewertung. Die Regelung in § 2 Abs. 1, nach der **9** der Name der Partnerschaft den Namen mindestens eines Partners enthalten muss, ist heute auch im Bereich der Freien Berufe **nicht mehr zeitgemäß.** Auch hier hat der Gedanke der Identifizierung mit dem Namen einzelner Gesellschafter weitgehend an Bedeutung verloren, sodass sich eine Aufgabe des Erfordernisses der „Personenfirma" aufdrängt. Große Beratungsgesellschaften treten heute unter einer einheitlichen Marke auf (→ Rn. 2), unter der sie allgemein im Rechtsverkehr bekannt sind und die für einen einheitlichen Qualitäts- und Ethikstandard steht. Im Recht der Personengesellschaften KG und OHG wurde der Grundsatz der Personenfirma bereits im Zuge der Reform des Firmenrechts im Jahr 1998 aufgegeben. Auch dem Recht der GbR und den Berufsrechten der meisten in § 1 Abs. 3 aufgezählten Freien Berufe ist eine dem § 2 Abs. 1 vergleichbare Beschränkung fremd (vgl. § 28 Abs. 2 BS WP/vBP [Berufssatzung Wirtschaftsprüfer/vereidigte Buchprüfer]; § 8 Satzung über eine Berufsordnung der Architektenkammer Rheinland-Pfalz; § 9 Abs. 5 BOStB iVm § 56 StBerG, die Kurzbezeichnungen generell zulassen).

Im Berufsrecht der Rechtsanwälte, einem der freien Kernberufe, wurden in **10** den Jahren 2004 bzw. 2009 die Beschränkungen in § 9 BORA aF und § 59k BRAO aF aufgehoben, nach denen zuvor die Verwendung von Sach- und Fantasiefirmen verboten war (zur Kritik an der von vornherein verfehlten Vorschrift des § 59k BRAO *Henssler* NJW 1999, 241 [244]; *Römermann* GmbHR 1999, 526 [530]). Die in § 2 Abs. 1 enthaltene Berufsausübungsbeschränkung lässt sich weder mit den Besonderheiten der Freien Berufe noch mit denen der Personengesellschaft erklären. Dieser Bewertung steht auch die Tatsache, dass die Berufsordnungen der Ärzte zT noch das Verbot der Fortführung des Namens ausgeschiedener Gesellschafter nach dem Vorbild des § 18a Abs. 1 S. 3 MBO-Ä enthalten, nicht entgegen. Die Registergerichte halten diese Beschränkung überwiegend für verfassungsrechtlich bedenklich, sodass im Falle eines Verstoßes kein Amtslöschungsverfahren eingeleitet wird. Außerdem könnte selbst eine allein für Ärzte sachgerechte Besonderheit als Ausnahme keine allgemeine, alle Freien Berufe treffende Berufsausübungsbeschränkung begründen.

11   Mit diesen rechtspolitischen Erwägungen gehen verfassungsrechtliche Bedenken gegen die in § 2 Abs. 1 enthaltene Beschränkung auf die Personenfirma einher. Das Verbot anderer Kurzbezeichnungen ist ein Eingriff in die durch Art 12 Abs. 1 GG geschützte freie Berufsausübung. An die Rechtfertigung von Eingriffen aufgrund vernünftiger Gemeinwohlerwägungen legt das BVerfG hohe Maßstäbe an (vgl. nur die neueren Entscheidungen zu Mehrheitserfordernissen, BVerfGE 135, 90 = NJW 2014, 613 und zum Assoziierungsverbot mit Apothekern und Ärzten, BVerfGE 141, 82 = NJW 2016, 700). Einen solchen vernünftigen Gemeinwohlbelang stellt insbesondere nicht mehr die zu schützende Vertrauensbeziehung zwischen Freiberufler und Auftraggeber dar, da Mandanten/Klienten mit vielen Namen insbesondere großer Gesellschaften längst keine bestimmte Persönlichkeit mehr verbinden. Deutlich ist dies insbesondere bei den international tätigen Gesellschaften der rechts- und wirtschaftsberatenden Berufe. Die Grundsätze lassen sich aber auch auf andere Freie Berufe übertragen. Will man bei einigen wenigen Berufen, wie zB den Heilberufen, weiterhin das Bedürfnis nach einer Einschränkung der freien Gestaltung des Namen befürworten, weil das Vertrauen des Patienten mit einem bestimmten Namen verbunden wird, so wäre diese Beschränkung jedenfalls nicht im PartGG zu verorten. Sachgerecht wäre es vielmehr, eine solche Regelung über den Berufsrechtsvorbehalt des § 1 Abs. 4 in das jeweilige Berufsgesetz aufzunehmen. Unabhängig davon, ob man die Verfassungswidrigkeit der Regelung in § 2 Abs. 1 ablehnt oder sie mit der hier vertretenen Auffassung bejaht, muss den geschilderten Erwägungen in jedem Fall im Rahmen der durch den Wortsinn gezogenen Grenzen über eine verfassungskonforme Auslegung Rechnung getragen werden. Die Vorschrift ist damit restriktiv auszulegen.

12   Auch aus praktischer Sicht erscheint die restriktive Regelung des § 2 Abs. 1 unbefriedigend. Vielen Berufsausübungsgesellschaften in der Rechtsform der Partnerschaft gehört eine Vielzahl an gleichberechtigten Partnern an. In solchen Fällen ist eine Umsetzung des § 2 Abs. 1 sowohl für den Rechtsverkehr als auch die betroffenen Gesellschaften unzumutbar. Es wäre völlig praxisfremd, in den Namen der Partnerschaft sämtliche Namen der Partner aufzunehmen. Genauso unpassend ist es aber, einem oder wenigen Partnern durch Nennung ihres Namens eine herausgehobene Stellung beizumessen. Dies würde auch dem Sinn des Grundsatzes der Namenskontinuität völlig zuwider laufen, nach dem die Namensführung der Partnerschaft in bestimmten Fällen vom Ausscheiden einzelner Partner unabhängig sein soll. Vor diesem Hintergrund ist es schlicht praxisfremd, dass wegen § 2 Abs. 1 ein mehr oder weniger willkürlich ausgewählter Partner, der nicht mehr als andere Partner für das Renommee und die Qualität der Gesellschaft steht, in den Namen der Partnerschaft aufgenommen werden muss.

c) Rechtsformhinweis. Neben dem Familiennamen eines Partners muss **13** der Partnerschaftsname zwingend alternativ den Zusatz „**und Partner**" oder „**Partnerschaft**" enthalten (zum Rechtsformzusatz bei der Partnerschaftsgesellschaft mit beschränkter Berufshaftung → §8 Rn. 180ff.; sowie Römermann/*Zimmermann* Rn. 13). Der Zusatz dient dazu, diese Rechtsform im Rechtsverkehr von anderen Gesellschaftsformen abzugrenzen. Die Begriffe „Partner" und „Partnerschaft" sollen im Sinne der ihnen vom Gesetzgeber zugeordneten technischen Bedeutung eindeutig interpretiert werden. Bei Verwendung des Zusatzes „Partnerschaft" ist die namentliche Erwähnung aller Partner nicht erforderlich (anders noch der Referentenentwurf, ZIP 1993, 153ff.). Die Verwendung des Rechtsformhinweises „und Partner" setzt zumindest einen (nicht zwei!) weiteren Gesellschafter voraus, der namentlich nicht erwähnt ist. Trägt die Partnerschaft den Namen sämtlicher Partner, so bleibt nur der Zusatz „Partnerschaft". Die Bezeichnung „und Partner" würde in irreführender und daher unzulässiger Weise auf das Vorhandensein weiterer nicht namensgebender Partner hinweisen (MWHLW/*Meilicke* Rn. 4; *Seibert* 49). Eine großzügige Handhabung bietet sich dagegen an, wenn in einer Partnerschaft mehrere Gesellschafter den gleichen Familiennamen haben. Hinter dem Namen „Meyer und Partner" können sich daher auch ausschließlich weitere Partner des Namens „Meyer" verbergen. Eine Irreführung des Publikums ist nicht zu befürchten. Anders ist dies zu bewerten, wenn ein namentlich nicht benannter Partner nachträglich ausscheidet und nur noch die im Namen ausdrücklich aufgeführten Partner verbleiben. Der bisherige Name, insbesondere der Zusatz „und Partner", darf dann wegen des Grundsatzes der Firmenkontinuität beibehalten werden. Dieser Grundsatz genießt Vorrang vor dem Grundsatz der Namenswahrheit. Das gilt sogar dann, wenn der Namensgeber ausscheidet (OLG Celle NZG 2008, 866; strenger das BVerfG NJW 2008, 502, das im Zusammenhang mit §10 Abs. 1 S. 1–3 BORA annimmt, dass bei der Verwendung des Zusatzes „& Kollegen" in der Kurzbezeichnung im Briefkopf eine geschützte Erwartung des Rechtsverkehrs dahingehend bestehe, dass neben den namentlich aufgeführten Rechtsanwälten mindestens zwei weitere Rechtsanwälte mit ihnen zur gemeinschaftlichen Berufsausübung verbunden sind, vgl. zum Ganzen auch MüKoHGB/*Heidinger* HGB §18 Rn. 187).

Statt des Zusatzes „und Partner" sind auch die Kürzel „**& Partner**" sowie **14** „**+ Partner**" zulässig. Kennzeichnende Bedeutung kommt dem auch in „Partnerschaft" enthaltenen Substantiv „Partner" zu, nicht hingegen dem Bindewort „und". Zeichen wie „&" und „+", die dieselbe Bedeutung haben und zudem als „und" gesprochen werden, sind kein wesentliches Unterscheidungsmerkmal (BGHZ 135, 257 = NJW 1997, 1854). Das kaufmännische „&"-Zeichen ist daher weder irreführend noch gewerblich belegt (ebenso MWHLW/*Meilicke* Rn. 4; *Feddersen/Meyer-Landrut* Rn. 2). Für Anwaltssozietäten ist das Kürzel eingebürgert und von der Rspr. anerkannt (vgl. BGHZ 135, 257 = NJW 1997, 1854). Umgewandelte Sozietäten dürfen das Kürzel aufgrund des Prinzips der Namenskontinuität ohnehin weiterführen.

15   Insgesamt gilt, dass § 2 nicht die wörtliche Verwendung der Rechtsformzusätze „und Partner" oder „Partnerschaft" gebietet, sondern auch sinngemäße
Abwandlungen zulässt. Entscheidend ist, dass die im Gesetz genannten Rechts-
formzusätze im Kern erhalten bleiben und ihre die Rechtsform kennzeichnende Funktion erfüllen (Römermann/*Zimmermann* Rn. 12). Dies gilt etwa
für die im Gesetz ebenfalls nicht ausdrücklich erwähnte weibliche Form **„und
Partnerinnen"** (*Wehrheim/Wirtz* 41) sowie die Schreibweise in Groß- oder
Kleinbuchstaben. Zulässig sind auch die Abkürzung **„PartG"** und die
Langform **„Partnerschaftsgesellschaft"** (Römermann/*Zimmermann* Rn. 14;
MWHLW/*Meilicke* Rn. 4; MHdB GesR I/*Salger* § 38 Rn. 18) Die noch ver-
einzelt vertretene Gegenansicht (MüKoBGB/*Schäfer* Rn. 11), nach der solche
Zusätze noch keine Verkehrsgeltung erlangt haben sollen, ist jedenfalls seit der
Einführung der PartmbB bzw. PartGmbB überholt. Diese Zusätze sind nun
ausdrücklich durch § 8 Abs. 4 S. 2. Hs. erlaubt. Die Vorschrift bezweckt die
Klarstellung, dass der Gesetzgeber diese Abkürzungen generell als zur Kennzeichnung von Partnerschaftsgesellschaften geeignet ansieht (in diese Richtung
auch *Römermann* NJW 2013, 2305). Ein Umkehrschluss verbietet sich daher
(aA MüKoBGB/*Schäfer* Rn. 11). Auch in der englischen Version ist die Verwendung des Zusatzes „& Partners" der Rechtsform der Partnerschaft vorbehalten (OLG München NJW-RR 2007, 761 [762]; OLG Frankfurt a. M.
DB 2005, 99; KG NJW-RR 2004, 976; krit. *Wolff* GmbHR 2006, 303 [304]);
dies gilt jedoch nicht für den Begriff „Associates" (vgl. AGH München
BRAK-Mitt. 2007, 224 [226]). Die Verpflichtung zur Verwendung der genannten Zusätze in der Partnerschaft ist nach dem Regelungskonzept des
PartGG mit einer gleichzeitigen Sperrwirkung zulasten aller anderen Gesellschaften verbunden, um Verwechslungen zu vermeiden. Wird bei der Partnerschaft die Haftung der Partner für Berufsfehler ausgeschlossen, muss dies durch
einen entsprechenden Hinweis im Rechtsformzusatz kenntlich gemacht werden (→ § 8 Rn. 180).

16   Für Zusammenschlüsse in **anderen Rechtsformen,** die sich vor dem
1. 7. 1995 als Partnerschaft bezeichnet oder den Zusatz „und Partner" im Namen geführt haben, ist die von § 11 vorgesehene Übergangsfrist am 30. 6. 1997
abgelaufen. Ihr Name muss seither einen Hinweis auf die abweichende Rechtsform enthalten. Neu gegründeten Gesellschaften, die nicht die Rechtsform der
Partnerschaft gewählt haben, ist die Verwendung der für die Partnerschaft vorgesehenen Zusätze aus Gründen der Rechtssicherheit vollständig verwehrt (insgesamt zur Problematik der „Partner"-Zusätze *Kögel* Rpfleger 2007, 590). Problematisch und umstritten ist dies allerdings, wenn der Zusatz „Partner" nicht
rechtsformspezifisch, zB ohne „und" oder als Teil eines zusammengesetzten
Wortes verwendet wird (für die Zulässigkeit der Verwendung dieser Begriffe
durch andere Gesellschaften als Partnerschaften OLG München NJW-RR
2007, 761; MüKoHGB/*Heidinger* HGB § 18 Rn. 185; *Wolff* GmbHR 2007,
1032; aA OLG Düsseldorf ZIP 2010, 282 [„Partner Logistics Immobilien
GmbH"] unter Hinweis auf die Verwechslungsgefahr mit dem Rechtsformzusatz einer PartG). Die Auffassung des OLG Frankfurt a. M. (NJW 1996, 2237),
dem zufolge Kapitalgesellschaften den Firmenzusatz generell verwenden dürfen, weil eine Verwechslungsgefahr wegen des zwingenden Rechtsformzusatzes (s. etwa § 4 GmbHG; §§ 4, 279 AktG) dort nicht bestehe, widerspricht

dem Regelungsanliegen des PartGG (vgl. BGHZ 135, 257 [258 f.] = NJW 1997, 1854; OLG Karlsruhe NJW 1998, 1160 [1161] sowie → § 11 Rn. 2; *Wehrheim/Wirtz* 43). Dies gilt umso mehr, als seit Inkrafttreten des Handels-rechts-Reformgesetzes vom 22.6.1998 (BGBl. 1998 I 1474) zum 1.7.1998 nunmehr bei allen Unternehmensträgern (Ausnahme: GbR) zwingend die Verwendung eines Rechtsformzusatzes vorgeschrieben ist (vgl. § 19 HGB).

d) Berufsbezeichnungen. Sämtliche **Berufsbezeichnungen** der in der **17** Partnerschaft gemeinsam **ausgeübten** Berufe müssen im Namen der Partner-schaft aufgeführt werden (zu den berufsspezifischen Erleichterungen bei Steuer-beratungs- und Wirtschaftsprüfungsgesellschaften → Rn. 61 ff., → Rn. 68). Gibt es berufsrechtlich vorgegebene Bezeichnungen, so sind diese zu verwen-den. Die Hinweispflicht ist rechtspolitisch umstritten. Die BRAK befürchtete Probleme mit dem Registergericht (BRAK-Mitt. 1993, 200 [201]; krit. auch *Römermann/Zimmermann* Rn. 27 ff., 53; *Wehrheim/Wirtz* 41 f.). Die gesetzlich bezweckte Aufklärung des Publikums über die tatsächliche Bandbreite der in der Partnerschaft angebotenen freiberuflichen Dienstleistungen (vgl. Begr. zum RegE, BT-Drs. 12/6152, 12) mag zwar zum Zeitpunkt des Inkrafttreten des PartGG 1995 nachvollziehbar gewesen sein. Rechtspolitisch notwendig ist die Aufnahme aller Bezeichnungen indes nicht, heute ist sie überholt. Sie führt bei den wünschenswerten größeren interprofessionellen Zusammenschlüssen zu schwerfälligen und überlangen Bezeichnungen. Da die Entscheidung des BVerfG zur Zulässigkeit einer PartG von Ärzten, Apothekern und Rechts-anwälten dazu führen wird, dass künftig vermehrt interprofessionelle Zusam-menschlüsse mit vielen Berufen möglich sind, sollte die Regelung aufgrund der mit ihr verbundenen Belastung für eine prägnante Kurzbezeichnung aufgeho-ben werden. Überzeugender erscheint es, mit Stimmen aus dem Schrifttum (*Römermann/Zimmermann* Rn. 30 ff.; MHdB GesR I/*Salger* § 38 Rn. 19) in § 2 zwar ein Recht der Gesellschaft, aber keinen Zwang vorzusehen, auf die ver-schiedenen Berufsqualifikationen der Gesellschafter hinzuweisen. Das gleiche gilt, wenn ein Partner über eine Mehrfachqualifikation verfügt. Auch der Um-stand, dass die Berufsrechte der Steuerberater und Wirtschaftsprüfer Ausnah-men von dieser Verpflichtung vorsehen (→ Rn. 61, 68), verdeutlicht, dass diese Regelung heute nicht mehr zeitgemäß und zudem verfassungsrechtlich be-denklich ist.

Nur die in der Partnerschaft **konkret ausgeübten** Berufe sind zu nennen **18** (zur Verwendung des Begriffs „ Rechtsanwaltskanzlei“ statt „Rechtsanwalt“ als Berufsbezeichnung vgl. *Offermann-Burckart* AnwBl. 2014, 474 [476]). Der von § 3 Abs. 2 Nr. 2 abweichende Sprachgebrauch (§ 2 Abs. 1 „in der Partner-schaft vertretene Berufe“; § 3 Abs. 2 Nr. 2 „in der Partnerschaft ausgeübte Be-rufe“) ist redaktionell unbefriedigend, deutet jedoch keinen sachlichen Unter-schied an. Wird von mehreren Berufen eines Partners nur einer in der Partnerschaft ausgeübt, so ist nur dieser zu nennen (aA *Jürgenmeyer* BRAK Mitt. 1995, 142 [144 Fn. 10]). Der **Anwaltsnotar** darf danach auf seine notari-elle Tätigkeit im Rahmen der Partnerschaft nicht hinweisen, da er unabhängig von der Frage, ob der Notar zu den partnerschaftsfähigen Berufen iSd § 1 ge-hört (→ § 1 Rn. 82 f., → § 1 Rn. 325 f.), gem. § 59a Abs. 1 S. 3 BRAO (s. auch § 56 Abs. 1 S. 2 StBerG und § 44b Abs. 1 S. 2 WPO) eine Sozietät (und damit auch eine Partnerschaft) mit anderen Anwälten, Steuerberatern und Wirtschaftsprüfern nur bezogen auf seine anwaltliche Berufsausübung eingehen darf. Wohl aber darf auf dem Briefkopf und dem Kanzleischild auf das Notaramt hingewiesen werden, wenn zugleich klargestellt wird, wer Rechtsanwalt und wer Notar in der Kanzlei ist (Begr. zum RegE, BT-Drs. 12/6152, 10; BGH NJW 2005, 2693 [2694]). Nach Auffassung des OLG München (NZG 2017, 64) muss beim Eintritt eines Rechtsanwalts in eine als Steuerberatungsgesellschaft anerkannte PartG nach der spezielleren Vorschrift des § 53 S. 2 StBerG dessen Beruf („Rechtsanwalt") nicht im Namen der Partnerschaft erwähnt werden (→ Rn 61). Bei diesen Gesellschaften entfalle die Pflicht, alle in der PartG vertretenen Berufe aufzuführen (vgl. auch BT-Drs. 12/7642, 12).

3. Namenswahrheit

19   **a) Ergänzende Namensbestandteile.** Zusätzliche Angaben müssen Grenzen beachten, die durch den in § 18 Abs. 2 HGB verankerten Grundsatz der **Firmenwahrheit** gezogen werden. Der Name der Partnerschaft darf keine Angaben enthalten, die geeignet sind, über geschäftliche Verhältnisse, die für die angesprochenen Verkehrskreise wesentlich sind, irrezuführen. Die umfangreiche Kasuistik zu § 18 Abs. 2 HGB ist auf den Namen der Partnerschaft übertragbar (dazu MüKoHGB/*Heidinger* HGB § 18 Rn. 113–196). Ob eine Eignung zur Irreführung besteht, ist für die Firma in ihrer Gesamtheit zu beurteilen (OLG Frankfurt a. M. NZG 2011, 1234). Grundsätzlich zulässig ist daher die Aufnahme von **Sach- und Fantasiebezeichnungen** in den Namen einer Partnerschaft (BGH NJW 2004, 1651 – **artax**): Zwar enthält § 2 für Sach- oder Fantasiebezeichnungen keine Regelung. Die Gesetzesbegründung (Begr. zum RegE, BT-Drs. 12/6152, 12) geht aber von der grundsätzlichen Zulässigkeit entsprechender Zusätze aus. Der Umstand, dass § 2 Abs. 2 nach der Änderung des § 18 Abs. 1 HGB durch das Handelsrechtsreformgesetz vom 22. 6. 1998 (BGBl. 1998 I 1474), der zufolge Einzelkaufleute und Personenhandelsgesellschaften im Gegensatz zu früher Sach- und Fantasiefirmen verwenden dürfen, nicht auf das liberalisierte Firmenrecht Bezug nimmt, rechtfertigt keine andere Beurteilung. Der Gesetzgeber hatte, nachdem er bei den Partnerschaften die Beifügung von Sach- und Fantasieangaben von vornherein als zulässig ansah, keinen Anlass, das PartGG anlässlich der Handelsrechtsreform ebenfalls zu ändern. Infolge der Zulassung von Fantasiebezeichnungen kann bei Sachfirmen weder ein objektiver noch ein subjektiver Zusammenhang zwischen Unternehmensgegenstand und Firma verlangt werden (zuletzt OLG Stuttgart NZG 2012, 551). Einschränkungen greifen, wenn der Fantasiebegriff irreführend oder aus sonstigen Gründen unzulässig ist. Die für einen Namen notwendige Kennzeichnungseignung und Unterscheidungskraft besitzen auch bloße Buchstabenfolgen, die keine Worte bilden und nach der Verkehrsanschauung keine bestimmte Bedeutung haben, solange sie nur artikulierbar sind (BGH NJW-RR 2009, 327). Problematisch kann dies allerdings bei der alleinigen Verwendung von Ziffern sein (KG NZG 2013, 1153).

20   Zulässig ist neben der Aufnahme von Vornamen (→ Rn. 6) oder des Geburtsnamens eines kraft Heirat einen anderen Namen tragenden Partners die Einbeziehung von Künstlernamen und akademischen Graden (BGH NZG

2017, 734: Dr.-Titel ist eintragungsfähig) sowie von geografischen oder auf die Herkunft der Partnerschaft oder ihren früheren Namen hinweisenden Zusätzen (MüKoBGB/*Schäfer* Rn. 15). Ob entsprechend der Rspr. des BGH (BGHZ 53, 65 [67] = GRUR 1970, 320; BGH NJW 1998, 1150) zum Firmenrecht ein Doktortitel eines ehemaligen Gesellschafters noch (mit oder ohne Nachfolgezusatz) weitergeführt werden darf, ist umstritten, aber zu bejahen. Das AG Essen (BeckRS 2016, 18999) und das OLG Hamm (v. 14.7.2016 – I-27 W 93/16) lehnen im Anschluss an eine Entscheidung des OLG Köln (FGPrax 2008, 125) zu Unrecht eine Fortführung selbst dann ab, wenn die Partnerschaft bereit ist, einen Nachfolgezusatz zu verwenden. Die zur Firma eines Immobilienmaklers entwickelte Rspr. des BGH (BGHZ 53, 65 = GRUR 1970, 320) lässt sich auf Freiberuflergesellschaften von akademischen Berufen nicht übertragen. Eine für den Geschäftsverkehr relevante Irreführung ist mit der Beibehaltung des Titels bei akademischen Berufen nicht verbunden. Das gilt erst recht dann, wenn andere nicht im Namen der Partnerschaft genannte Gesellschafter promoviert sind (insoweit zutreffend OLG Köln FGPrax 2008, 125). Das Verbot der Namensfortführung steht damit im Widerspruch zum Grundsatz der Firmenkontinuität des § 24 HGB, der in § 2 Abs. 2 für anwendbar erklärt wird. Wurde der Doktortitel nicht in dem Fachgebiet erworben, auf welchem die Partnerschaft freiberuflich tätig ist, kann dies im Einzelfall irreführend sein.

Unzulässig ist die Verwendung einer geografischen Angabe in der Kanzleibezeichnung, wenn mit dieser Angabe ein **unzulässiger Alleinstellungsanspruch** einhergeht (*Kilian* in Kilian/Offermann-Burckart/vom Stein, Praxishandbuch Anwaltsrecht, 3. Aufl. 2018, § 7 Rn. 101; auch an die Verwendung geografischer Angaben werden aber im Zuge der Liberalisierung des Firmenrechts immer geringere Anforderungen gestellt, vgl. nur OLG München DNotZ 2010, 933; OLG Frankfurt a. M. NZG 2011, 1234; MüKoHGB/*Heidinger* HGB § 18 Rn. 151, anders: OLG Jena NZG 2011, 1191). Als ausreichend wird idR ein realer Bezug zu dem genannten Ort bzw. Gebiet im Sinne des Sitzes oder des Haupttätigkeitsgebiets erachtet, eine herausgehobene Stellung wird dagegen zu Recht nicht mehr gefordert (OLG Hamm RNotZ 2013, 573; OLG Zweibrücken BeckRS 2012, 13796; so auch EBJS/*Reuschle* HGB § 18 Rn. 54 ff.). Eine Partnerschaftsgesellschaft kann ohne Weiteres mit dem **Zusatz „Sozietät"** in das Partnerschaftsregister eingetragen werden (Steuerberater- und Rechtsanwalts-Sozietät). Der Zusatz ist nicht etwa täuschend iSv § 2 Abs. 2 iVm § 18 Abs. 2 HGB, da anwaltliche Berufsausübungsgesellschaften unabhängig von ihrer Rechtsform als Sozietät bezeichnet werden. Der Begriff der „Sozietät" ist damit kein Synonym für in der Rechtsform einer Gesellschaft bürgerlichen Rechts organisierte Kanzleien (BT-Drs. 16/3655, 82 f.: „Bereits bisher wird unter ‚Sozietät' iSv § 59a Abs. 1 Satz 1 auch die Partnerschaftsgesellschaft verstanden."; vgl. auch LG Zweibrücken NZG 1998, 548), auch wenn § 52 Abs. 2 S. 1 BRAO dies offenbar unterstellt. Insgesamt gilt, dass der Begriff inzwischen an Konturen verloren hat (vgl. BGHZ 194, 79 Rn. 33 f. = NJW 2012, 3102; BGH NJW-RR 2014, 611 Rn. 12; *Markworth* 37 ff.). Eine ärztliche Partnerschaftsgesellschaft darf dementsprechend die Bezeichnung **„Gemeinschaftspraxis"** im Namen führen (OLG Schleswig NJW-RR 2003, 173). Der Namenszusatz **„Institut"** für ein

„Kardiologisches Institut" ist wegen Verstoßes gegen das Irreführungsverbot unzulässig, wenn nicht durch einen (weiteren) Zusatz eindeutig klargestellt ist, dass es sich nicht um eine öffentliche oder unter öffentlicher Aufsicht stehende, wissenschaftlich arbeitende Einrichtung handelt. Denn der Begriff „Institut" wird häufig von wissenschaftlichen Zwecken dienenden Einrichtungen, insbesondere wissenschaftlichen Betriebseinheiten von Hochschulen, verwendet. Die Täuschungsmöglichkeit wird durch einen bloßen Rechtsformzusatz nicht beseitigt (OLG Frankfurt a. M. NJW-RR 2002, 459), ebenso wenig durch eine Tätigkeitsbezeichnung, die nicht eindeutig klarstellt, dass es sich nicht um eine öffentliche oder unter öffentlicher Aufsicht stehende Einrichtung handelt (KG Berlin FGPrax 2012, 32).

22   Der Zusatz **„international"** weist auf ausgedehnte eigene Auslandsaktivitäten sowie entsprechende Größe hin (OLG Stuttgart NJW-RR 1987, 101). Unzulässig ist dieser Zusatz, wenn in einer Rechtsanwaltskanzlei nur einer von mehreren Gesellschaftern einer Gesellschaft mit ausländischen Rechtsberatern angehört (BGH NJW 1996, 2308; s. auch BGH NJW 2005, 1770). Zulässig ist es, wenn ein Rechtsanwalt zusätzlich zum Begriff „Rechtsanwalt" die Bezeichnung **„Fachanwalt"** führt (LG Bremen NJW 2004, 2027 [2028]). Die Verwendung des Begriffs „Fachanwälte" als Zusatz zu der Kurzbezeichnung einer überörtlichen Anwaltspartnerschaft setzt voraus, dass eine den Plural rechtfertigende Zahl von Partnern Fachanwälte sind (BGH NJW 2007, 2334). Unzulässig ist dementsprechend die Bezeichnung als „Fachklinik", wenn keiner der ärztlichen Mitarbeiter Facharzt ist (LG Kleve Urt. v. 10.8.2007 – 8 O 2/67, BeckRS 2007, 16834). Dagegen müssen nicht an jedem Standort, an dem der Zusatz verwendet wird, ein oder mehrere Fachanwälte oder Fachärzte tätig sein. Verwendet eine Partnerschaft in ihrer Kurzbezeichnung eine auf eine Zusatzqualifikation hinweisende Bezeichnung, muss sie dort, wo die Mitglieder der Partnerschaft namentlich aufgeführt sind, die (Zusatz-)Qualifikation jedes einzelnen Mitglieds der Partnerschaft benennen (vgl. BGH NJW 2007, 2334 Rn. 14). Die Rspr. hat auch die Bezeichnungen „Kanzlei für Arbeitsrecht und allgemeines Zivilrecht" (BGH NJW 2001, 1573) gebilligt. Ergänzend sind die berufsrechtlichen Verbote aufdringlicher und unsachlicher Werbung zu beachten. Einschränkungen des Grundsatzes der Namenswahrheit ergeben sich aus dem kollidierenden Prinzip der Namenskontinuität (→ Rn. 28 ff.).

23   Nicht zulässig soll die Verwendung des Zusatzes **„Steuerberatung"** im Namen einer anwaltlichen Partnerschaftsgesellschaft sein (OLG Rostock NJW-RR 2006, 784 [785 f.]; nicht beanstandet von BVerfG NJW 2006, 1499; s. auch BGH NJW 2001, 3193; OLG Dresden NJW 1996, 202). Die Verwendung dieses Zusatzes sei geeignet, bei den um steuerrechtliche Beratung nachsuchenden Verkehrskreisen den Eindruck hervorzurufen, es handele sich bei der Partnerschaft um einen Zusammenschluss von Rechtsanwälten und Steuerberatern, die in besonderer Weise von Berufs wegen für die Steuerberatung qualifiziert seien. Überzeugen kann diese Sichtweise nicht: § 3 Nr. 2 StBerG gewährt einer Rechtsanwaltspartnerschaft die unbeschränkte Befugnis zur Hilfeleistung in Steuersachen. Wenn dementsprechend die Werbung mit dem Angebot „Steuerberatung" zulässig ist, muss dies auch für die Aufnahme eines entsprechenden Namenszusatzes gelten (so auch *Huff* BRAK-Mitt. 2006, 173).

b) Aufgabe der aktiven Mitarbeit. § 2 Abs. 1 S. 3 stellt klar, dass nur in   24
der Partnerschaft **aktive** Partner im Namen aufgeführt werden dürfen (so bereits zu § 2 Abs. 2 aF iVm § 19 Abs. 4 HGB aF Begr. zum RegE, BT-Drs. 12/6152, 9). Dieses Anliegen kollidiert mit der gleichzeitigen Verweisung in § 2 Abs. 2 auf § 22 Abs. 1 HGB, § 24 HGB. Danach ist die Fortführung des Namens ausgeschiedener und sogar verstorbener Partner zulässig. Während fremde Personen, die nicht Partner sind oder waren, selbstverständlich nicht in den Namen aufgenommen werden dürfen, ist die Frage der aktiven Mitarbeit für den Grundsatz der Namenswahrheit ohne Bedeutung. Das Namensrecht steht der Namensfortführung bei der alters- oder krankheitsbedingten Aufgabe der aktiven Berufstätigkeit eines in der Partnerschaft verbleibenden Partners nicht entgegen.

Der Verbleib in der Partnerschaft scheitert jedoch an § 1 Abs. 1 und darüber   25
hinaus vielfach an berufsrechtlichen Vorschriften. § 17 Abs. 2 BRAO ermöglicht für solche Fälle nur die Fortführung der Berufsbezeichnung „Rechtsanwalt", nicht dagegen den Fortbestand der Zulassung (Henssler/Prütting/*Henssler* BRAO § 17 Rn. 7 ff.). Die Benennung von nicht mehr aktiven Partnern im Namen der Gesellschaft entspricht dem Grundsatz der **Firmenbeständigkeit**. Ohnehin wäre eine Kontrolle der aktiven Mitarbeit einzelner Partner durch das Registergericht nicht praktikabel (zum Problemkreis aktive Berufsausübung/stille Beteiligung → § 1 Rn. 24 ff., → § 1 Rn. 232 f.).

4. Namensausschließlichkeit

Neben dem Grundsatz der Namenswahrheit gilt aufgrund der Verweisung   26
in Abs. 2 der Grundsatz der **Firmenausschließlichkeit** (§ 18 Abs. 2 HGB, § 30 HGB). Er beschränkt sich nicht auf das Verhältnis zu anderen Partnerschaften gleichen Namens am selben Ort, sondern bezieht auch verwechslungsfähige Personenfirmen von Unternehmen anderer Rechtsform mit ein. Der unterschiedliche Rechtsformzusatz reicht als Unterscheidungsmerkmal regelmäßig nicht aus (RGZ 104, 341 [342]; BGH NJW 1959, 1081; BGHZ 46, 7 [12] = NJW 1966, 1813 [1815 f.]; MüKoBGB/*Schäfer* Rn. 23; Römermann/*Zimmermann* Rn. 68). Sofern eine andere Gesellschaft am Ort des Sitzes der Partnerschaft den gleichen Namen führt, muss diese zu den Minimalbestandteilen des Partnerschaftsnamens Zusätze zur Unterscheidung aufnehmen. Die **Unterscheidbarkeit** muss eindeutig sein (Heymann/*Emmerich* HGB § 30 Rn. 12). Nach der amtlichen Begründung soll dem Vornamen der Vorrang vor anderen Unterscheidungsmerkmalen zukommen (BT-Drs. 12/6152, 12). Bei Anwälten hat sich die Unterscheidung durch dem Familiennamen angefügte römische Ziffern (I, II, III) bewährt (zur deutlichen Unterscheidbarkeit zweier Firmen nur durch andere römische Ziffer bei einer GmbH & Co KG: OLG Hamm NZG 2013, 997). Diese Praxis begegnet in der Anwalts-Partnerschaft ebenfalls keinen Bedenken. Die Unterscheidung kann sich auch aus der Angabe verschiedener Berufsbezeichnungen ergeben, wobei der Zusatz „Anwaltssozietät" nicht ausreichend ist (OLG Braunschweig NJW-RR 1998, 1004). Die Angabe eines Doktortitels genügt ebenso wenig wie die unterschiedliche Schreibweise des Familiennamens („Schaefer" – „Schäfer"; OLG Braunschweig NJW-RR 1998, 1004).

27   Entscheidender Zeitpunkt ist die **konstitutive Eintragung** der Partnerschaft. Die für das Partnerschaftsregister zuständigen Registergerichte sind verpflichtet, in der Reihenfolge der Anmeldungen einzutragen. Nur triftige
Gründe rechtfertigen eine abweichende Vorgehensweise. Bei Zweigniederlassungen ist darauf abzustellen, ob am Ort der Zweigniederlassung eine Partnerschaft mit gleichem Namen bereits eingetragen oder angemeldet ist.

5. Namensbeständigkeit

28   Die Verweisung des § 2 Abs. 2 erfasst mit den Vorschriften der §§ 21, 22
Abs. 1 HGB und § 24 HGB auch den Grundsatz der Firmenbeständigkeit. In
seinem Geltungsbereich durchbricht der Grundsatz der Firmenbeständigkeit
denjenigen der Firmenwahrheit (Baumbach/Hopt/*Hopt* HGB § 22 Rn. 1).

29   **a) Änderung des Familiennamens.** Ändert sich der **Familienname
eines namensgebenden Partners,** so gestattet Abs. 2 iVm § 21 HGB, den
Namen der Partnerschaft ohne Änderung beizubehalten. Die Änderung des
Familiennamens muss jedoch zum Partnerschaftsregister angemeldet werden
(§ 3 Abs. 2 Nr. 2; § 4 Abs. 1 S. 3). Im Falle der **Umwandlung** einer GbR in
eine Partnerschaftsgesellschaft ist § 21 HGB nicht anwendbar (arg. ex § 2
Abs. 2 Hs. 2). Hat sich der Name eines namensgebenden Gesellschafters geändert, soll dieser entsprechend den Anforderungen des § 2 Abs. 1 richtig und
vollständig in den Namen der Partnerschaftsgesellschaft einfließen (OLG
Karlsruhe NJW 1999, 2284 [2285]). Das Ergebnis bleibt unbefriedigend, da
es die Umwandlung erschwert. Überzeugender erscheint es, auch nach der
Umwandlung den Geburtsnamen eines Partners als Bestandteil der Partnerschaft zuzulassen. Wenn schon der Name eines Gesellschafters fortgeführt werden darf, der zum Zeitpunkt der Umwandlung nicht einmal mehr Mitglied
der Gesellschaft war (→ Rn. 40 ff.), muss dies erst recht gelten, wenn sich nur
der Name des Gesellschafters geändert hat. Es ist kein Sachgrund ersichtlich,
warum dieser frühere Gesellschaftername nur dann Bestandteil des Namens
der Partnerschaft werden können soll, wenn das Mitglied aus der Gesellschaft
vor der Umwandlung ausgeschieden ist. Insoweit handelt es sich um ein Re-
daktionsversehen des Gesetzgebers, das den Weg für eine analoge Anwendung
des § 21 HGB freimacht (Begr. zum RegE, BT-Drs. 12/6152, 11 ff. schweigt
dementsprechend zu dieser Problematik).

30   **b) Praxiserwerb.** Die Fortführung des Partnerschaftsnamens ist – im Rahmen des Berufsrechts (§ 1 Abs. 3) – zulässig, wenn die Praxis einer Partnerschaft vollständig auf eine andere Partnerschaft übergeht (Abs. 2 iVm § 22
Abs. 1 HGB). Die Gesetzesbegründung spricht missverständlich von einer
„Veräußerung" der Partnerschaft (BT-Drs. 12/6152, 12). Gemeint ist damit
nur eine Eigentumsübertragung. Voraussetzung ist insoweit eine Übertragung
der Partnerschaft im Großen und Ganzen (vor allem Mandanten-, Patientenstamm), nicht aber zwingend der Geschäftsräume und der Büroausstattung.
Wird die Praxis nur an eine andere Partnerschaft **verpachtet** oder ein **Nießbrauch** bestellt, so ist eine Namensfortführung nicht möglich. § 2 Abs. 2
klammert § 22 Abs. 2 HGB von der Verweisung aus, sodass eine nur nutzungs-

berechtigte Partnerschaft verpflichtet ist, einen eigenen Namen zu bilden. Der Gesetzgeber rechtfertigt diesen Zwang mit der Begründung, nur die Eigentumsübertragung solle namensrechtlich erleichtert werden, nicht aber die schuldrechtliche oder dingliche Überlassung zur Nutzung, die idR zeitlich befristet sei. Gründe, die Nutzungsüberlassung der Partnerschaft zu fördern, seien nicht ersichtlich (BT-Drs. 12/6152, 12; krit. Römermann/*Zimmermann* Rn. 77; MWHLW/*Meilicke* Rn. 21; MüKoBGB/*Schäfer* Rn. 21; *Wehrheim*/*Wirtz* 44 f.). Auch der Verweis des Abs. 2 auf § 23 HGB dient dem Schutz des Publikums vor Täuschungen, nämlich vor sog. Leerübertragungen. Der Name einer Partnerschaft darf nicht ohne die dazugehörige Praxis veräußert werden (hierzu MüKoBGB/*Schäfer* Rn. 19).

Da der einzelne Freiberufler nicht namensrechtsfähig iSv § 2 ist, kommt **31** § 24 HGB beim **Erwerb einer Einzelpraxis** durch eine Partnerschaft sowie bei dem umgekehrten Fall der Gründung einer Partnerschaft durch Aufnahme eines Berufsträgers in eine Einzelpraxis nicht zur Anwendung. Der Name der Einzelpraxis besteht nur aus dem Namen des Berufsträgers. Selbstverständlich kann der bisherige Inhaber der Einzelpraxis nach allgemeinen Regeln seinen Personennamen nunmehr in der Partnerschaft (weiter)führen, das ist aber kein Kontinuitätsfall.

Gibt der Partnerschaftsname als Folge der Praxisübernahme die ausgeübten **32** Berufe nicht mehr zutreffend wieder, so ist zur Vermeidung einer Irreführung des Publikums eine Berichtigung vorzunehmen. Die Namenswahrheit hat in diesem Fall Vorrang vor der Kontinuität (Begr. zum RegE, BT-Drs. 12/6152, 12; → Rn. 38 ff.).

c) Gesellschafterwechsel. Aufgrund der Verweisung auf § 24 Abs. 1 **33** HGB darf der Name der Partnerschaft auch dann fortgeführt werden, wenn nachträglich ein Gesellschafterwechsel durch Ein- oder Austritt eines Partners erfolgt. Für den Eintritt eines neuen Partners ist die Verweisung ohne Bedeutung, da ohnehin gem. Abs. 1 nicht alle Partner in den Namen der Partnerschaft aufgenommen werden müssen. Wichtig ist die Vorschrift für den Fall des Ausscheidens eines namensgebenden Partners. Der Partnerschaftsname darf mit dem Namen des Ausgeschiedenen mit oder ohne Beifügung eines Nachfolgezusatzes weiterverwendet werden (§ 2 Abs. 2 iVm § 22 Abs. 1 HGB, § 24 Abs. 2 HGB). Viele Freiberufler-Gesellschaften haben wegen des mit dem Namen verbundenen Goodwills ein großes Interesse an der Namenskontinuität. Mit dem Verweis in Abs. 2 billigt der Gesetzgeber diese Praxis, da sich die Verkehrsauffassung an sie gewöhnt habe (Begr. zum RegE, BT-Drs. 12/6152, 12). Der ausgeschiedene Partner bzw. dessen Erben müssen entsprechend § 24 Abs. 2 HGB ausdrücklich ihre Einwilligung erklären. Es empfiehlt sich, diese Einwilligung schon vorab im Partnerschaftsvertrag zu erklären (→ Muster § 1 Abs. 2). Der Name der Partnerschaft, der nur noch die Namen der verbliebenen Partner und den ursprünglich zulässigen Zusatz „und Partner" enthält, wird nicht unzulässig, wenn der einzige nicht namensgebende Partner ausscheidet. Der Grundsatz der Namenskontinuität genießt insoweit den Vorrang vor dem Grundsatz der Namenswahrheit (so auch OLG Celle NZG 2008, 866 ff.; aA MüKoBGB/*Schäfer* Rn. 20, demzufolge die Erstreckung des Grundsatzes der Firmenbeständigkeit auf den Rechtsformzusatz

wegen der Gefahr der Irreführung des Rechtsverkehrs über die Anzahl der
haftenden Gesellschafter nicht überzeugend ist).

34   Eine Vereinbarung, mit der ein namensgebender Seniorpartner einer Anwaltskanzlei seinen Partnern gestattet, seinen Namen in der Kanzleibezeichnung auch nach seinem Ausscheiden weiterzuführen, verstößt selbst dann
nicht gegen ein gesetzliches Verbot, wenn es in der Folge zu Verwechslungen
kommt, weil der Seniorpartner nach seinem Ausscheiden entgegen der ursprünglichen Absicht seine anwaltliche Tätigkeit in eigener Praxis fortsetzt.
Einer **Irreführungsgefahr** kann dadurch begegnet werden, dass in der Na-
mensliste auf das Ausscheiden des Namensgebers hingewiesen wird. Die frühere Rechtsprechung des BGH (BGH NJW 1997, 3236; 2002, 2093 mAnm
Henssler/Müller LM BGB § 12 Nr. 67; dazu auch *Römermann* NZG 1998,
121), nach der es erforderlich sein sollte, auf dem Briefkopf auf eine eventuelle
neue Tätigkeit des Rechtsanwalts in einer anderen Kanzlei hinzuweisen, überzeugt nicht und ist inzwischen überholt (*Henssler/Michel* NZG 2012, 401
[411]; BeckOK BORA/*Römermann* BORA § 10 Rn. 80; BeckOK BORA/
Römermann BORA § 9 Rn. 56; Feuerich/Weyland/*Träger* BORA § 10 Rn. 8;
aA Hartung/Scharmer/*v. Lewinski* BORA § 10 Rn. 64; offen gelassen von
Henssler/Prütting/*Prütting* BORA § 10 Rn. 9).

35   Gedeckt ist vom Gedanken der Firmen- bzw. Namenskontinuität im Prinzip nur die unveränderte Fortführung des Namens. Erfolgt daher eine Namens**neu**bildung, indem etwa die Namen eines neu eingetretenen Partners
hinzugefügt werden, können unter Berufung auf § 2 Abs. 2 iVm § 24 HGB
Altpartner grundsätzlich nicht im Namen fortgeführt werden. Dementsprechend ist in der Rspr. die Voranstellung des Namens eines neu aufgenommenen Sozius als Änderung des Namens der Partnerschaft angesehen worden mit
der Folge, dass die bisher enthaltenen Namen bereits verstorbener Partner
nicht länger beibehalten werden dürfen (OLG Frankfurt a. M. NZG 2005,
925). Das Gebot der verfassungskonformen Auslegung gebietet insoweit allerdings ein weites Verständnis der Namenskontinuität. In jedem Fall können
Änderungen vorgenommen werden, die nachträglich im Interesse der Allgemeinheit notwendig oder wünschenswert werden. Fehlt ein solches Interesse, so sind nach allgemeinen handelsrechtlichen Grundsätzen Änderungen
zulässig, die den Prinzipien der Firmenbildung entsprechen, keinen Zweifel
an der Identität der geänderten mit der bisherigen Firma aufkommen lassen
und vom Standpunkt der Handelsgesellschaft bei objektiver Beurteilung infolge nachträglicher Änderung der Verhältnisse gerechtfertigt sind (BGHZ 44,
116 [119f.] = NJW 1965, 1915f.; MWHLW/*Meilicke* Rn. 29). Denkbar ist
dies etwa im Hinblick auf Änderungen des Geschäftsumfangs, -zweigs oder
Sitzes (vgl. Baumbach/Hopt/*Hopt* HGB § 24 Rn. 4). Diese Grundsätze sind
auf die PartG übertragbar.

36   Zulässig ist die Fortführung des Namens eines ausgeschiedenen Partners
auch dann, wenn der Name der Partnerschaft wegen Ausscheidens eines weiteren Partners, der mit der Fortführung seines Namens nicht einverstanden ist,
ohnehin geändert werden muss (LG Essen DStRE 2003, 443). Generell gilt,
dass bei Ausscheiden eines Partners, der seine Einwilligung in die Weiterverwendung seines Namens versagt, **keine vollständige Neubildung des Namens notwendig** ist. Die insoweit zwischen den Grundsätzen der Firmen-

wahrheit und der Firmenbeständigkeit bestehende Kollision ist zugunsten des Vorrangs von § 24 Abs. 1 HGB aufzulösen. Schließlich handelt es sich um keine vollständige Neubildung des Namens, sondern um eine bloße Namensänderung, die aufgrund des in § 24 Abs. 2 HGB selbst normierten Erfordernisses eines Einverständnisses notwendig wird (vgl. *Hartmann* RNotZ 2003, 250 [251 ff.]).

Für die Praxis wichtig ist die Möglichkeit, den Namen eines schon aus- **37** geschiedenen Partners auch nach **Umwandlung** einer BGB-Gesellschaft in eine Partnerschaft (→ Rn. 40 ff.) weiterzuführen (§ 2 Abs. 2 Hs. 2 iVm § 24 Abs. 2 HGB), selbst wenn der Gesellschafter schon vor der Umwandlung ausgeschieden ist. Der Name eines Partners kann bei entsprechender Einwilligung ohne zeitliche Begrenzung (der Referentenentwurf wollte dieses Recht noch auf zehn Jahre begrenzen, vgl. ZIP 1993, 153 ff.) fortgeführt werden. Die Einwilligung kann auch bedingt oder befristet erteilt werden (MWHLW/ *Meilicke* Rn. 33). Die Fortführungsbefugnis entfällt, wenn jemand als **Strohmann** nur für kurze Zeit in die Partnerschaft aufgenommen wurde, um dieser einen werbewirksamen Namen (Adelstitel) zu geben (Begr. zum RegE, BT-Drs. 12/6152, 12; ausführlich hierzu Römermann/*Zimmermann* Rn. 94 f.).

d) Ausscheiden einer Profession. Ist nach dem Ausscheiden eines Part- **38** ners eine im Namen genannte **Berufsbezeichnung** nicht mehr in der Partnerschaft vertreten, so ist der Partnerschaftsname zu berichtigen. Der Grundsatz der Namensbeständigkeit gilt hier nicht, da es bei Weiterverwendung der Berufsbezeichnung zur Täuschung der Öffentlichkeit über die in der Partnerschaft ausgeübten Professionen käme.

Wird der Beruf eines namensgebenden Partners nach dessen Ausscheiden **39** nicht mehr in der interprofessionellen Partnerschaft ausgeübt, so soll nach der Gesetzesbegründung auch der **Name** dieses Partners nicht weitergeführt werden dürfen (Begr. zum RegE, BT-Drs. 12/6152, 12). Überzeugender erscheint es mit der im Schrifttum überwiegend vertretenen Auffassung (Römermann/ *Zimmermann* Rn. 63; *Wehrheim/Wirtz* 46; *Bösert/Braun/Jochem* 125 und MüKoBGB/*Schäfer* Rn. 18, 22; anders noch die Vorauflage dieses Kommentars) nur zu verlangen, dass die Berufsbezeichnung aus dem Namen der Partnerschaft gestrichen wird.

e) Umwandlung einer GbR. Für regelungsbedürftig wurde die Namens- **40** kontinuität bei Umwandlung einer GbR in eine Partnerschaft (→ § 1 Rn. 36 ff.) befunden. Gemäß Abs. 2 Hs. 2 iVm § 24 Abs. 2 HGB darf der Praxis-/Sozietätsname in der Partnerschaft fortgeführt werden, auch wenn namensgebende Gesellschafter bereits vor der Umwandlung ausgeschieden sind (Begr. zum RegE, BT-Drs. 12/6152, 12). Wenn auch mit abnehmender Tendenz verwenden doch kleine und mittelgroße Freiberufler-Gesellschaften, die in der Rechtsform der GbR geführt werden, weiterhin keinen Namen im Sinne einer eigenständigen Kurzbezeichnung, sondern benennen die derzeitigen und vereinzelt – mit entsprechendem Hinweis (Beispiel: „Rechtsanwalt Dr. Fritz Müller [bis 2002]“) – auch **ausgeschiedene Gesellschafter auf dem Briefkopf und Kanzleischild.** Meist sind es Kanzleigründer, an deren Bekanntheitsgrad die Kanzlei mit solchen Hinweisen weiterhin anknüpfen will. Hier muss es entsprechend der gebotenen verfassungskonformen Auslegung erlaubt sein, die Namen dieser bereits ausgeschiedenen Gesellschafter in den Namen der Partnerschaft aufzunehmen (vgl. dazu *Feddersen/Meyer-Landrut* Rn. 9; *Seibert* 50; aA MWHLW/*Meilicke* Rn. 36 f.).

41 Einer **ausdrücklich den Umwandlungsfall betreffenden Zustimmung** des ausgeschiedenen Gesellschafters zur Namensfortführung bedarf es nicht. In der Regel genügt es, wenn der namensgebende Gesellschafter im Sozietätsvertrag für den Fall seines Ausscheidens ohne Einschränkung in die Weiterführung seines Namens im Briefkopf eingewilligt hat (BGH NJW 2002, 2093; BayObLG NJW 1998, 1158). Ist die Fortführungsbefugnis einer Gesellschaft bürgerlichen Rechts erteilt, umfasst sie grundsätzlich auch die Weiterverwendung des Sozietätsnamens als Namen einer Partnerschaft, in die die Sozietät umgewandelt wird (BGH NJW 2002, 2093).

42 Der Grundsatz der Namenskontinuität greift auch, wenn eine ausländische Freiberuflergesellschaft, etwa eine internationale Anwaltskanzlei in der Rechtsform einer englischen LLP, ihre deutsche Zweigniederlassung rechtlich in der Rechtsform einer Partnerschaft verselbstständigt. Sie darf dann – unabhängig von der konkreten rechtlichen Gestaltung dieser Abspaltung – ihren international bekannten Kanzleinamen für die deutsche Gesellschaft weiterverwenden, auch wenn die namensgebenden Partner längst verstorben sind (vgl. dazu OLG Hamm BeckRS 2016, 115025). Das Gebot, in solchen Fällen nun wieder zusätzlich den Namen eines aktiven Partners aufzunehmen, wäre praxisfremd, ein Nutzen für den deutschen Rechtsverkehr nicht erkennbar, sodass schon über eine verfassungskonforme Auslegung des § 2 die Namensfortführung für zulässig erachtet werden muss. Ohnehin könnte die ausländische Gesellschaft im Einklang mit § 2 zunächst die Abspaltung auf eine GbR unter Beibehaltung ihres Namens und die anschließende Umwandlung der GbR in eine PartG durchführen. Wenn dies aber nach dem insoweit eindeutigen Willen des Gesetzgebers zulässig sein soll, ist nicht ersichtlich, warum bei dem sachgerechten direkten Weg in die PartG eine Namenskontinuität nicht möglich sein soll (dazu *Henssler* FS Baums, 2017, 579 ff.).

43 Nähere Regelungen zur Namenskontinuität finden sich im **UmwG:** Im Falle der Verschmelzung kann eine Partnerschaft als übernehmender oder neuer Rechtsträger den Namen bzw. die Firma eines übertragenden Rechtsträgers als Namen fortführen. Umgekehrt kann der Name einer Partnerschaft durch einen übernehmenden Rechtsträger als Firma fortgeführt werden. Dabei besteht jeweils ein Einwilligungsvorbehalt zugunsten derjenigen natürlichen Personen, die nicht an dem übernehmenden Rechtsträger beteiligt sind (§ 18 Abs. 3 S. 1 UmwG iVm § 18 Abs. 2 UmwG). Bei der Fortführung einer Firma als Name einer Partnerschaft müssen die Voraussetzungen des § 2 Abs. 1 beachtet werden (§ 18 Abs. 3 S. 2 UmwG). Ferner steht eine Firmenfortführung durch eine Partnerschaft stets unter dem Vorbehalt des Berufsrechts (§ 18 Abs. 3 S. 3 UmwG iVm § 1 Abs. 3). Für einen Formwechsel nach dem UmwG trifft § 200 Abs. 4 UmwG entsprechende Regelungen.

44 **f) Haftung bei Namensfortführung durch Unternehmenserwerber.** § 2 Abs. 2 klammert **§§ 25, 28 HGB** bewusst und aus gutem Grund von der Verweisung aus. Erwerben mehrere Berufsangehörige das freiberufliche Unternehmen von den bisherigen Partnern, so kommt es daher selbst bei einer

Namensfortführung nicht zu der – rechtspolitisch durchaus diskussionswürdigen – Haftung für die Altschulden. Die Verweisungen in Abs. 2 sind als **abschließende** gedacht (zu einer Ausnahme → Rn. 29) und lassen daher keinen Raum für die analoge Anwendung von weiteren firmenrechtlichen Vorschriften aus dem Katalog der §§ 18–37 HGB. Die im Schrifttum (MüKoBGB/*Schäfer* Rn. 2) befürwortete Trennung zwischen firmenrechtlichen Vorschriften im engen Sinn und den einer Analogie zugänglichen Bestimmungen der §§ 25–28 HGB, die zwar im Kontext des Firmenrechts enthalten, jedoch nicht im engeren Sinn firmenrechtlicher Natur seien, ist in § 2 Abs. 2, der sich ersichtlich auf den gesamten Regelungskomplex bezieht, nicht angelegt (→ § 8 Rn. 52; *Hirtz* AnwBl. 2011, 48 f.; aA MüKoBGB/*Schäfer* Rn. 2, MüKoBGB/*Schäfer* § 8 Rn. 10; inzwischen ebenfalls zweifelnd MWHLW/*v. Westphalen* § 8 Rn. 44). Nach Ansicht des OLG München (NZG 2015, 599) steht es der Anwendbarkeit von § 25 HGB nicht von vornherein entgegen, dass er nicht in § 2 Abs. 2 aufgeführt ist. Der bei Übernahme der Geschäfte einer zunächst fortbestehenden Rechtsanwalts-GmbH durch eine Partnerschaftsgesellschaft vereinbarte Haftungsausschluss sei deswegen in das Handelsregister einzutragen. Zwar betreibe eine PartG kein Handelsgewerbe, die vorherige GmbH sei aber nach § 6 Abs. 1 HGB Formkaufmann. So sei es nicht ausgeschlossen, dass der Rechtsverkehr annehmen könnte, dass die PartG das Formhandelsgeschäft fortführe und deswegen nach § 25 HGB hafte.

Der in § 2 Abs. 2 verankerte Rechtsgedanke steht generell einer analogen **45** Anwendung der §§ 25, 28 HGB auf die **Fortführung freiberuflicher Unternehmen in der Rechtsform einer GbR** entgegen (*Henssler* LMK 2004, 118 [119]; *Henssler* ZHR 161 [1997], 13 [43]; im Ergebnis lehnt auch BGHZ 157, 361 = NJW 2004, 836 eine entsprechende Anwendbarkeit des § 28 HGB auf die GbR ab, ebenso BGH NJW-RR 2012, 239 für den Fall des Zusammenschlusses eines Rechtsanwalts mit einem bisher als Einzelanwalt tätigen Kollegen in der Rechtsform der GbR). Der BGH begründet seine Ansicht mit der besonderen Ausgestaltung des von der persönlichen Leistungserbringung geprägten Mandatsverhältnisses. Allerdings zeigt er in einer neueren Entscheidung (vgl. BGH NJW 2010, 3720) deutliche Sympathien für eine analoge Anwendung des § 28 HGB, auch wenn er die Frage letztlich offen lässt, da § 28 HGB in der gegebenen Situation ohnehin, auch unter Kaufleuten, nicht einschlägig wäre. Eine klare Linie ist in der höchstrichterlichen Rspr. derzeit nicht erkennbar. Eine Haftung für die Altverbindlichkeiten des Inhabers der Einzelkanzlei kann sich dann ergeben, wenn diese mit allen Vermögensgegenständen und Verbindlichkeiten in die neu gegründete Partnerschaft eingebracht wird (→ § 8 Rn. 52).

g) Sonstige Namenszusätze. Bezieht der Name einer Partnerschaft sei- **46** nen Wiedererkennungswert nicht nur aus den Namen der Gesellschafter, sondern auch aus einem Zusatz, so soll nach Auffassung des OLG Hamm (NZG 2016, 1351) der Firmenname ohne Zusatz nicht unter dem Gesichtspunkt der Firmenfortführung im Register eingetragen werden. In dem der Entscheidung zugrunde liegenden Sachverhalt war der Namen der Partnerschaft von „X-Treuhand A & B Part mbB Wirtschaftsprüfungsgesellschaft Steuerberatungsgesellschaft" in „A & B Part mbB Wirtschaftsprüfungsgesellschaft

Steuerberatungsgesellschaft" abgeändert worden. Die Entscheidung überzeugt
nicht, da der Treuhand-Zusatz in einer Freiberufler Partnerschaft ein Fremdkörper ist, da er auf eine in der Partnerschaft an sich unzulässige gewerbliche
Tätigkeit hindeutet. Der Verzicht auf diesen Namensbestandteil dient damit
gerade der sachgerechten Betonung der freiberuflichen Betätigung der Gesellschaft.

II. Sanktionen

1. Verstöße gegen die Anmeldepflicht

47   Für **Namensänderungen** sieht § 4 Abs. 1 S. 3 eine Pflicht zur Anmeldung
zum Partnerschaftsregister vor. Erlischt der Name der Partnerschaft, so folgt
die Anmeldepflicht aus § 2 Abs. 2 iVm § 31 Abs. 2 HGB. Dem Registergericht
stehen als Sanktionsmittel die Festsetzung eines Zwangsgelds (Abs. 2 iVm § 31
Abs. 2 HGB, § 5 Abs. 2 iVm § 14 HGB) oder die Löschung von Amts wegen
zur Verfügung. Relevant werden die Zwangsmittel, wenn die Partnerschaft
ihre Aktivität einstellt oder nicht mehr ausschließlich der Ausübung Freier Berufe dient. Die Zusätze „und Partner" bzw. „Partnerschaft" werden dann unzulässig (zur abgelaufenen Übergangsregelung → § 11 Rn. 7 ff.). Wird über das
Vermögen der Partnerschaft ein Insolvenzverfahren eröffnet, so erfolgt eine
Eintragung in das Partnerschaftsregister von Amts wegen (Abs. 2 iVm § 32
HGB). Dies gilt auch für die Aufhebung des Eröffnungsbeschlusses und für
die Einstellung oder Aufhebung des Insolvenzverfahrens.

2. Unzulässiger Namensgebrauch

48   Die **korrekte Namensführung** der Partnerschaft kann gem. Abs. 2 iVm
§ 37 HGB durch das Registergericht und Privatpersonen erzwungen werden.
Unzulässige Namen werden nicht eingetragen. Wird ein Name nach Eintragung unzulässig, kann das Registergericht durch Festsetzung eines Ordnungs-
gelds zur Unterlassung der Namensverwendung anhalten (§ 37 Abs. 1 HGB;
§ 392 FamFG). Auch eine Löschung von Amts wegen gem. § 393 Abs. 1
FamFG iVm § 395 Abs. 1 FamFG kann betrieben werden (Heymann/*Emmerich*
HGB § 37 Rn. 21). Jeder, der durch einen unzulässigen Namensgebrauch in
seinen Rechten verletzt wird, kann gem. § 37 Abs. 2 S. 1 HGB Unterlassung
des Namensgebrauchs verlangen. Anspruchsberechtigt sind insbesondere Konkurrenten der Partnerschaft (vgl. BGHZ 53, 65 [70] = NJW 1970, 704 [705];
Heymann/*Emmerich* HGB § 37 Rn. 23). Die Vorschrift schützt nur das All-
gemeininteresse an der Einhaltung der firmenrechtlichen Vorschriften, der
Schutz privater Interesse ist nur Mittel zur Durchsetzung dieses Ziels (vgl.
Staub/*Burgard* HGB § 37 Rn. 4 f.). Bei Namensfortführungen ohne Einwilligung sind auch der ausgeschiedene Partner und seine Erben klagebefugt
(BGHZ 92, 79 = NJW 1985, 59; s. auch BGHZ 100, 75 = NJW 1989, 1798).
Ein weiter gehender Namensschutz gem. § 12 BGB bleibt unberührt. In einem
unzulässigen Namensgebrauch kann auch ein Verstoß gegen das Irreführungs-
verbot der §§ 3, 5 Abs. 1 Nr. 3 UWG liegen mit den Rechtsfolgen der §§ 8 ff.
UWG (vgl. MWHLW/*Wolff* § 11 Rn. 19 zu einem Verstoß gegen § 11 Abs. 1).

III. Berufsrechtliche Besonderheiten

Zusätzliche Anforderungen an den Namen der Partnerschaft und der Part- **49** ner werden in einer Reihe von berufsrechtlichen Vorschriften aufgestellt. Sie betreffen nur zT den Berufsrechtsvorbehalt (§ 1 Abs. 3). Teilweise regeln sie die verwandte Rechtsfrage der Gestaltung von **Praxisschild und Briefkopf** als Werbemedien. Berufsrechtliche **Erleichterungen** sehen § 53 S. 2 StBerG, § 31 S. 2 WPO iVm § 130 Abs. 2 WPO vor (→ Rn. 61 ff., → Rn. 68).

1. Ärzte, Zahnärzte, Tierärzte

a) Name. Nach § 23a Abs. 2 MBO-Ä (verbindlich sind allerdings nur die **50** einzelnen landesweit geltenden Berufsordnungen) darf der Name einer **Ärztepartnerschaft** nur die Namen der in der Gesellschaft tätigen ärztlichen Gesellschafter enthalten. Unbeschadet des Namens der Gesellschaft können die Namen und Arztbezeichnungen aller ärztlichen Gesellschafter und der angestellten Ärztinnen und Ärzte aufgenommen werden. Bei einer **medizinischen Kooperationsgemeinschaft** zwischen Ärzten und Angehörigen anderer Fachberufe in der Rechtsform einer Partnerschaftsgesellschaft muss sich gem. § 23b Abs. 1 S. 4 lit. g MBO-Ä die medizinische Kooperationsgemeinschaft verpflichten, im Rechtsverkehr die Namen aller Partnerinnen und Partner und ihre Berufsbezeichnungen anzugeben und den Zusatz „Partnerschaft" zu führen. Andere nach § 2 zulässige Zusätze („und Partner") sind daher nicht zulässig, wenn man die berufsrechtliche Regelung als abschließend versteht (so Römermann/*Zimmermann* Rn. 48). Eine Kurzbezeichnung wird durch das ärztliche Berufsrecht allerdings nicht ausgeschlossen: Der berufsrechtlichen Anforderung, im Rechtsverkehr die Namen sämtlicher Partner anzugeben, wird auch durch eine entsprechende Angabe auf dem Briefbogen und Praxisschild Genüge getan (hierzu Römermann/*Zimmermann* Rn. 48). **Tierärzte,** die sich in der Rechtsform einer Partnerschaft zusammenschließen, haben die Anforderungen der §§ 16, 18 MBO-Tierärzte (hierzu Römermann/*Zimmermann* Rn. 50 ff.) zu beachten.

b) Gestaltung des Praxisschilds. Eine Regelung zur Gestaltung des Pra- **51** xisschilds findet sich in § 17 Abs. 4 MBO-Ä. Danach müssen Ärztinnen und Ärzte auf ihrem Praxisschild ua ihren Namen und ihre (Fach-)Arztbezeichnung sowie ggf. die Zugehörigkeit zu einer Berufsausübungsgemeinschaft gem. § 18a MBO-Ä angeben. § 22 Abs. 2 S. 2 MBO-Zahnärzte (berufsrechtliche Regelungen zum Namen finden sich hier nicht) sieht vor, dass Zahnärzte, die ihren Beruf gemeinsam ausüben, unter Angabe des Namens aller in der Partnerschaft zusammengeschlossenen Zahnärzte, ein gemeinsames Praxisschild führen müssen. Diese berufsrechtlichen Pflichten beeinflussen den im Partnerschaftsregister einzutragenden Namen der Partnerschaft allerdings nicht.

c) Namenskontinuität bei ausgeschiedenen Partnern. Anders zu be- **52** urteilen ist das Verbot der Fortführung des Namens von nicht mehr berufstätigen, ausgeschiedenen oder verstorbenen Partnern gem. § 18a Abs. 1 S. 4

MBO-Ä (Verfassungsmäßigkeit wird bejaht von OVG Münster MedR 2007, 188; teilweise aA *Rieger* MedR 2007, 190) und § 18 Abs. 4 MBO-Tierärzte (Römermann/*Zimmermann* Rn. 50 nehmen Verfassungswidrigkeit der Vorschrift an). Der Berufsrechtsvorbehalt des § 1 Abs. 3 ist hier unmittelbar einschlägig; § 2 Abs. 2 iVm § 24 HGB tritt zurück. Das Verbot hat nicht nur Einfluss auf die Praxisschilder, sondern auch auf den im Partnerschaftsregister einzutragenden Namen der Partnerschaft, der für Ärztepartnerschaften abweichend im Berufsrecht geregelt ist (dazu *Schirmer* MedR 1995, 341 [349]; *Bösert/Braun/Jochem* 127).

2. Rechtsanwälte

53   **a) Name.** Während als Namensgeber für den im Partnerschaftsregister einzutragenden Namen nach § 2 nur Gesellschafter in Betracht kommen, konnten nach **§ 9 BORA in der Fassung vom 1.11.2004,** der ausdrücklich auch für die Partnerschaftsgesellschaft galt, in der Kurzbezeichnung einer anwaltlichen Berufsausübungsgesellschaft auch die Namen von freien Mitarbeitern und Angestellten geführt werden. Die ranghöhere gesellschaftsrechtliche Regelung (vgl. § 2 Abs. 1 S. 3) war daher insoweit strenger als das Berufsrecht und benachteiligte Anwälte, die sich in der Rechtsform der Partnerschaftsgesellschaft zusammengeschlossen haben. § 9 BORA enthält heute ausdrücklich nur noch die Vorgabe, dass eine Kurzbezeichnung einheitlich geführt werden muss. Außerdem ermöglicht § 9 BORA weiterhin die Verwendung der Namen von Angestellten und freien Mitarbeitern (Römermann/*Zimmermann* Rn. 34). Für das Verhältnis zum Gesellschaftsrecht gilt damit immer noch das zu § 9 BORA aF Gesagte. Ergänzend dazu gilt § 8 BORA, der die Kundgabe gemeinschaftlicher Berufsausübung betrifft. Danach ist auch die Kundgabe jeder anderen Form der beruflichen Zusammenarbeit als der der Sozietät zulässig. Unter die Vorschrift fallen auch die Zusammenarbeit mit angestellten Rechtsanwälten und freien Mitarbeitern, Hinweise darauf sind somit nunmehr in berufsrechtlicher Hinsicht uneingeschränkt zulässig (*Bormann* in Gaier/Wolf/Göcken, Anwaltliches Berufsrecht, Kommentar, 2. Aufl. 2014, BORA § 8 Rn. 1). Darauf zu achten ist in diesen Fällen aber, dass nicht der Eindruck einer gemeinschaftlichen Berufsausübung erweckt wird. Ansonsten finden sich in § 9 BORA in der Fassung vom 1.7.2015, wie schon in der vom 1.11.2004 keine berufsrechtlichen Einschränkungen mehr; insbesondere können **Sach- und Fantasiebezeichnungen** in den Namen aufgenommen werden. Da **Anwaltsnotare** nur in ihrer Funktion als Rechtsanwalt partnerschaftsfähig sind, scheidet eine Aufnahme der Berufsbezeichnung „Notar" in den Namen von interprofessionellen oder Anwaltspartnerschaften aus (→ Rn. 14). Nach Auffassung des OLG Brandenburg soll die Bezeichnung einer Partnerschaft von Rechtsanwälten als „Rechtsanwalts- und Steuerkanzlei" ersichtlich irreführend und daher nicht (im Partnerschaftsregister) eintragungsfähig sein, wenn die Partnerschaft mehrere Kanzleien in verschiedenen Städten unterhält (DStRE 2016, 1472).

54   **b) Praxisschild und Briefkopf.** Briefkopf und Kanzleischild der Rechtsanwalts-Partnerschaft dürfen ebenfalls die Namen von angestellten Rechtsanwälten und freien Mitarbeitern enthalten (§§ 8, 10 Abs. 2 iVm § 33 Abs. 1

BORA). Zwingend vorgeschrieben ist jedoch nur die Nennung der Partner (Hartung/Scharmer/*v. Lewinski* BORA § 10 Rn. 26ff. hält diese Vorschrift im Hinblick auf die Partnerschaft für verfassungswidrig, da die Möglichkeit der Einsichtnahme den Rechtsuchenden ausreichend schütze). Ein Ausscheiden ist nach § 10 Abs. 4 BORA kenntlich zu machen. Für die Gestaltung des Briefbogens einer Partnerschaftsgesellschaft trifft gem. § 33 Abs. 2 BORA jeden Rechtsanwalt die persönliche Verantwortung (AGH Bayern NJW 2002, 3338 [3339]).

Zwar ergibt sich aus **§ 10 BORA,** dass die Aufnahme von Nichtpartnern in **55** den Briefkopf der Gesellschaft zulässig ist. Mit der berufsrechtlichen Erlaubnis ist allerdings noch keine Aussage zur **Haftungssituation** des in den Briefkopf aufgenommenen Berufsträgers verbunden. Angestellte Rechtsanwälte, die eine **Haftung als Außensozius bzw. als „Außenpartner"** vermeiden wollen, müssen auf ihren Sonderstatus als Angestellter hinweisen (*Markworth* 55ff.). Das gleiche gilt für Personen, die als freie Mitarbeiter oder als „Of Counsel" tätig sind. Ohne entsprechende, den Status verdeutlichende Zusätze darf das Publikum davon ausgehen, dass der auf dem Briefkopf oder Kanzleischild benannte Berufsträger Gesellschafter ist und damit grundsätzlich für die Gesellschaftsschulden haftet (BGH NJW 1999, 3040 [3041]; BGHZ 172, 16 Rn. 19f. = NJW 2007, 2490; *Markworth* 55ff.; *Jawansky* DB 2001, 2281 [2284]; *Schäfer* DStR 2003, 1078 [1080]; *Roth* DB 2007, 616; wohl auch *Posegga* EWiR 2002, 129f.; so jetzt auch Henssler/Prütting/*Henssler* BRAO § 2 Rn. 16; vgl. auch Hartung/Scharmer/*v. Lewinski* BORA § 9 Rn. 9).

Für den handelnden, auf dem Briefbogen benannten Nichtpartner, der sei- **56** nen Status als Angestellter oder Angehöriger eines freien Berufes nicht auf dem Briefbogen klargestellt hat, führt dies dazu, dass er neben dem Vermögen der Gesellschaft nach Rechtsscheingrundsätzen analog § 8 Abs. 1, 2 persönlich haftet (OLG München NJW-RR 2001, 1358 [1360]; *Markworth* 167ff., 314ff.; *Grams* AnwBl. 2001, 292 [294]; *Jawansky* DB 2001, 2281 [2284]; *Roth* DB 2007, 616 [619]). Außerdem haftet neben dem angestellten Rechtsanwalt, der als Briefkopfpartner in Erscheinung tritt, stets nach § 8 Abs. 1 S. 1 derjenige Partner persönlich, dem tatsächlich im Gesellschafterkreis die verantwortliche Bearbeitung des Auftrags oblag (*Markworth* 320f.). Generell gilt auch für die Außenpartnerschaft, dass jedem Mandat ein Gesellschafter als verantwortlicher Bearbeiter zugewiesen sein muss (→ § 8 Rn. 90f.). Anderenfalls haften alle Partner gesamtschuldnerisch für die Folgen einer Pflichtverletzung des angestellten Anwalts. Der persönlichen Haftung des Briefkopfpartners steht dessen fehlende Eintragung im Partnerschaftsregister nicht entgegen. Die **Publizitätsfunktion,** die das Partnerschaftsregister zugunsten des Nichtpartners entfaltet, wird hier durch die Briefkopfgestaltung als vorrangigem allgemeinem Rechtsscheintatbestand überlagert (*Markworth* 309f.). Die entstehende Unklarheit geht zulasten des Briefkopfpartners. Die Haftung ist im Ergebnis auch sachgerecht, kann der „Außenpartner" sie doch durch eine korrekte Gestaltung des Briefkopfs vermeiden (zur Haftung des Scheinpartners → § 8 Rn. 89ff.).

Auch der **„Außenpartner"** profitiert vom **Haftungsprivileg** des § 8 **57** Abs. 2 (→ § 8 Rn. 60, 89). Haftungsgrundlage ist das schutzwürdige Vertrauen des Adressaten in Briefbogen und Kanzleischild. Solange dort aber deutlich zu

Ausdruck kommt, dass es sich bei der Berufsausübungsgesellschaft, mit der er
kontrahiert, um eine Partnerschaft handelt, kann er auch nur darauf vertrauen,
dass die benannten Berufsträger wie Gesellschafter einer Partnerschaft haften.
Eine weiter gehende Haftung trägt der Rechtsscheingedanke nicht.

58   Nach allgemeinen Grundsätzen der **Rechtsscheinvollmacht** ist außerdem
eine rechtsgeschäftliche Vertretungsmacht der auf dem Briefkopf benannten
Berufsträger zu unterstellen. Briefkopfpartner können damit die Partnerschaft
wirksam verpflichten (*Henssler* ZAP 1997, 861 [864] = Fach 23, 285, 288;
Markworth 314 f.).

59   **c) Namenskontinuität.** Trotz der Streichung des § 9 Abs. 2 BORA aF
(„Die Namen früherer Kanzleiinhaber, Gesellschafter, Angestellter oder freier
Mitarbeiter dürfen in der Kanzleibezeichnung weitergeführt werden.“) kön-
nen die Namen ausgeschiedener Rechtsanwälte in der Kurzbezeichnung zeit-
lich unbeschränkt weitergeführt werden. Die ausdrückliche Regelung des § 9
Abs. 2 BORA aF wurde obsolet, nachdem die Satzungsversammlung sogar
Fantasiebezeichnungen berufsrechtlich zuließ. Das Ausscheiden ist allerdings
auf den Briefbögen kenntlich zu machen (§ 10 Abs. 4 BORA).

3. Steuerberater

60   **a) Steuerberatungsgesellschaft.** Die BOStB enthielt in § 56 BOStB aF
eine umfangreiche Regelung zur Firma der Steuerberatungsgesellschaft und
damit auch zum Namen der als Steuerberatungsgesellschaft anerkannten Partnerschaft. Die BOStB in der Fassung vom 8. 9. 2010, in Kraft getreten zum
1. 1. 2011, enthält dagegen nur noch an unterschiedlichen Stellen der Satzung
einzelne Regelungen zu verschiedenen Teilbereichen der Firmengestaltung.
So kann gem. § 9 Abs. 5 BOStB bei gemeinschaftlicher Berufsausübung, sofern sie in einer Sozietät, Partnerschaftsgesellschaft oder in sonstiger Weise
(Anstellungsverhältnis, freie Mitarbeit) mit sozietätsfähigen Berufen erfolgt,
eine einheitliche Kurzbezeichnung geführt werden. § 9 Abs. 6 und 7 BOStB
enthalten eine detaillierte Regelung zur Gestaltung von Geschäftspapieren
(**Briefbögen,** Umschläge, Gebührenrechnungen, Besuchskarten uÄ). Gemäß
§ 9 Abs. 6 BOStB müssen auf dem Briefbogen einer Partnerschaft die Partner
mit Namen und Berufsbezeichnungen aufgeführt werden. Das gilt auch dann,
wenn eine Kurzbezeichnung verwendet wird, zB durch Nennung einzelner
Namen von Steuerberatern mit Zusätzen, die gem. § 43 StBerG zulässig sind.
Ausgeschiedene Partner dürfen auf dem Briefbogen weitergeführt werden,
wenn ihr Ausscheiden kenntlich gemacht wird. Ergänzend dazu sind als besondere Berufspflichten bei beruflicher Zusammenarbeit die Regelungen in
§ 24 BOStB zu beachten, die Vorgaben bzgl. der Verwendung des Begriffs
„Steuerberatungsgesellschaften“ treffen. Wie schon in § 56 BOStB aF dürfen
weiterhin die Namen ausgeschiedener Gesellschafter grundsätzlich weitergeführt werden, es sei denn, dadurch wird das Ansehen des Berufs gefährdet,
bspw. weil der betreffende Gesellschafter aus dem Beruf ausgeschlossen worden ist. Eine Gefährdung des Ansehens liegt dagegen nicht vor, wenn ein Widerruf der Bestellung wegen Vermögensverfalls erfolgte (BFH NJW-RR
2008, 1652). § 24 Abs. 2 BOStB schreibt – die Pflicht des § 53 S. 1 StBerG
konkretisierend und wie schon zuvor § 56 Abs. 7 BOStB aF – vor, dass die Be-

zeichnung „Steuerberatungsgesellschaft" ungekürzt und ungebrochen im Namen zu führen ist. Diese Bezeichnung wird auch durch § 161 Abs. 1 StBerG geschützt.

Eine Erleichterung sieht für die Steuerberatungsgesellschaft § 53 S. 2 **61** StBerG vor, der über Art. 7 und 8 des 2. Gesetzes zur Schaffung von Partnerschaftsgesellschaften und zur Änderung anderer Gesetze vom 25.7.1994 (BGBl. 1994 I 1744) zeitgleich mit dem PartGG eingeführt wurde (zu den gleichfalls in Kraft getretenen Sonderregelungen für Wirtschaftsprüfungsgesellschaften → Rn. 68). Danach sind Partnerschaften, die nach §§ 49 ff. StBerG als Steuerberatungsgesellschaft anerkannt wurden, von der Verpflichtung befreit, die Berufsbezeichnungen aller in der Partnerschaft vertretenen Berufe in den Namen aufzunehmen. Rechtsanwälte und Wirtschaftsprüfer dürfen danach in einer „X und Partner Steuerberatungsgesellschaft" in ihren Professionen tätig werden. Die interprofessionelle Ausrichtung der Partnerschaft ist dann für die Öffentlichkeit nicht ersichtlich. Die berufsspezifische Erleichterung wird damit gerechtfertigt, das Publikum werde durch die Bezeichnung als Steuerberatungsgesellschaft bereits ausreichend über die in solchen Partnerschaften möglichen Dienstleistungen aufgeklärt (BT-Drs. 12/7642, 12). Will die Partnerschaft Rechtsberatung betreiben und unter Berufung auf § 7 Abs. 4 als umfassend **postulationsfähig** anerkannt werden, wird man de lege lata allerdings verlangen müssen, dass der in der Partnerschaft tätige Rechtsanwalt auch im Namen der Partnerschaft mit Namen und Berufsbezeichnung erscheint (→ § 7 Rn. 57). § 53 S. 2 StBerG ist systemwidrig, da nach § 1 Abs. 3 an sich im Berufsrecht nur zusätzliche Anforderungen aufgestellt, nicht dagegen Erleichterungen vorgenommen werden dürfen. Sie zeigt aber zugleich, dass die Vorgabe des § 2 Abs. 1, nach der alle Berufsbezeichnungen der Partner im Namen der Gesellschaft aufgenommen werden müssen, verfehlt ist (→ Rn. 17). Das OLG München (NZG 2017, 64) folgert aus der Sonderregelung des § 53 S. 2 StBerG zu Recht, dass es bei Eintritt eines Rechtsanwalts in eine Steuerberatungsgesellschaft generell nicht der Angabe seines Berufes im Namen der Partnerschaftsgesellschaft bedürfe (→ Rn. 18).

Da die BRAO im Gegensatz zum StBerG für die Partnerschaft kein eigenes **62** Anerkennungsverfahren vorsieht, ist einer Partnerschaft, an der Rechtsanwälte beteiligt sind, ein Auftreten als „Rechtsanwaltsgesellschaft" verwehrt (s. § 59k Abs. 2 BRAO, der den Begriff der „Rechtsanwaltsgesellschaft" für die GmbH monopolisiert; dazu krit. Henssler/Prütting/*Henssler* BRAO § 59k Rn. 14). Ausnahmen bestehen nach § 59k Abs. 2 S. 2 BRAO lediglich für Partnerschaften, die die Bezeichnung „Rechtsanwaltsgesellschaft" bereits am 1.3.1999 in ihrem Namen geführt und einen Hinweis auf die Rechtsform hinzugefügt haben, was jedoch § 2 Abs. 1 ohnehin vorschreibt. Das bedeutet indes nicht, dass Rechtsanwälten die Beteiligung an als „Steuerberatungsgesellschaft" auftretenden Partnerschaften nunmehr generell verwehrt wäre oder dass sie in solchen Gesellschaften zumindest nicht mehr ihrem Beruf nachgehen dürften. Wohl aber ist darauf zu achten, dass Rechtsbesorgungsleistungen in diesen Gesellschaften ausschließlich durch zugelassene Rechtsanwälte erbracht werden dürfen. Die korrekte Namensführung lautet, sofern Rechtsdienstleistungen erbracht werden sollen, **„X, Y und Partner, Rechtsanwälte, Steuerberatungsgesellschaft".**

63　　Die Privilegierung der Steuerberater (und Wirtschaftsprüfer, → Rn. 68) gegenüber den Rechtsanwälten begegnet nicht nur rechtspolitischen, sondern auch **verfassungsrechtlichen Bedenken** (*Henssler* WPK-Mitt 1999, 2 [5 f.]; MHdB GesR I/*Salger* § 38 Rn. 20; *Bösert/Braun/Jochem* 126). Nach der Rspr. des BVerfG sind die drei wirtschaftsnahen Beratungsberufe der Rechtsanwälte, Steuerberater und Wirtschaftsprüfer grundsätzlich gleich zu behandeln (BVerfGE 98, 49 [62] = NJW 1998, 2269 [2271]; dazu *Henssler* JZ 1998, 1065). Das Gericht geht von der **Wesensverwandtheit der drei Beratungsberufe** aus. Von Verfassungs wegen ist der Gesetzgeber gehalten, die Beratungsberufe bei berufsausübungsbeschränkenden Maßnahmen willkürfrei zu behandeln. Daraus folgt ein Verbot, einen der Beratungsberufe Berufsausübungsbeschränkungen zu unterwerfen, die für die Berufsträger der verwandten Beratungsberufe nicht gelten. Insoweit verbindet sich der grundrechtliche Schutz des Art. 12 GG mit demjenigen aus Art. 3 GG zu einem einheitlichen Schutzkonzept, dem die Benachteiligung der Rechtsanwälte nicht gerecht wird. Auch dieser Umstand spricht für einen generellen Verzicht auf die Pflicht, in interprofessionellen Gesellschaften die Berufsbezeichnungen aller Gesellschafter in den Namen der PartG aufzunehmen (→ Rn. 17).

64　　**b) Einfache Partnerschaft.** Steuerberatern steht gem. § 56 Abs. 1 StBerG zudem die Möglichkeit offen, sich an sog. „einfachen" Partnerschaften zu beteiligen (→ § 1 Rn. 359 ff.). Damit sind jene Partnerschaften angesprochen, die nicht als Steuerberatungsgesellschaften anerkannt sind und die damit zugleich nicht die strengen berufsrechtlichen Anforderungen erfüllen müssen, welche §§ 50 f. StBerG an die Mehrheitsverhältnisse in Geschäftsführung und Gesellschafterkreis stellen. Eine gemischte Partnerschaft von Rechtsanwälten und den verwandten Beratungsberufen ist eintragungsfähig und berufsrechtlich unbedenklich. Freilich ist es ihr verwehrt, die Bezeichnung Steuerberatungsgesellschaft (oder Wirtschaftsprüfungsgesellschaft) zu führen.

4. Wirtschaftsprüfer, vereidigte Buchprüfer

65　　**a) Allgemeine Anforderungen.** Das Berufsrecht der Wirtschaftsprüfer kennt ebenfalls zahlreiche Besonderheiten für den Außenauftritt von Berufsausübungsgesellschaften. So sieht § 28 Abs. 1 BS WP/vBP für die nicht als Wirtschaftsprüfungsgesellschaft (Buchprüfungsgesellschaft) anerkannte Partnerschaft, deren Bildung in § 43 a Abs. 2 S. 1 WPO ausdrücklich gebilligt worden ist, vor, dass alle Partner bei gemeinsamer Berufsausübung unter ihren Namen und Berufsbezeichnungen auftreten müssen. Abs. 2 erlaubt eine namensähnliche Bezeichnung für eine Partnerschaft, die allerdings einheitlich sein muss. Nach Abs. 3 müssen alle Partner mit ihren Berufsbezeichnungen (Gleiches gilt gem. Abs. 4 für das Praxisschild) und ggf. darüber hinaus mit ihren beruflichen Niederlassungen auf dem Briefbogen gesondert aufgeführt werden.

66　　Nach § 13 a Abs. 1 BS WP/vBP müssen Geschäftsbriefbögen, Praxisschilder oder sonstige auf Dauer angelegte Informationen über die beruflichen Verhältnisse die Angaben nach § 18 Abs. 1 WPO, § 128 Abs. 2 WPO bzw. den Namen der Wirtschaftsprüfungsgesellschaft oder Buchprüfungsgesellschaft enthalten. Partner dürfen unter Kennzeichnung ihres Status auf dem Briefbogen genannt werden; die Nennung anderer Personen ist unzulässig.

b) Wirtschaftsprüfungsgesellschaft. Die als Wirtschaftsprüfungsgesell- 67
schaft anerkannte Partnerschaft ist gem. § 31 S. 1 WPO (dies folgt für die
Buchprüfungsgesellschaft aus § 130 Abs. 2 WPO) verpflichtet, in ihren Namen
die Bezeichnung **„Wirtschaftsprüfungsgesellschaft"** aufzunehmen. § 29
BS WP/vBP sieht ergänzend vor, dass Wortverbindungen mit anderen Firmie-
rungs- oder Namensbestandteilen unzulässig sind. Nach Abs. 2 darf der Name
keine Hinweise auf berufsfremde Unternehmen oder Unternehmensgruppen
enthalten. In Abs. 3 ist geregelt, dass in den Namen von Wirtschaftsprüfungsgesellschaften nur Namen von Personen aufgenommen werden, die die Voraussetzungen des § 28 Abs. 4 S. 1 Nr. 1 WPO erfüllen und Gesellschafter sind.
Die Zahl der aufgenommenen Namen von Personen, die nicht Wirtschaftsprüfer und Wirtschaftsprüfungsgesellschaften sind, darf die Zahl der Wirtschaftsprüfer und Wirtschaftsprüfungsgesellschaften nicht erreichen; besteht
die Kurzbezeichnung nur aus zwei Gesellschafternamen, so muss ein Name
eines Wirtschaftsprüfers oder einer Wirtschaftsprüfungsgesellschaft verwendet
werden. § 29 Abs. 3 S. 3 BS WP/vBP gewährleistet **Namenskontinuität,** indem der Name einer Wirtschaftsprüfungsgesellschaft nach dem Ausscheiden
namensgebender Gesellschafter fortgeführt werden darf.

Auch für die Wirtschaftsprüfungsgesellschaft (und die Buchprüfungsgesell- 68
schaft, vgl. § 130 Abs. 2 WPO) gilt gem. § 31 S. 2 WPO eine **berufsspezifische Erleichterung** dergestalt, dass sie von der Verpflichtung befreit sind, die
Berufsbezeichnungen aller in der Partnerschaft vertretenen Berufe in den Namen aufzunehmen (zur Steuerberatungsgesellschaft → Rn. 61). Zu den rechtspolitischen Bedenken gegen die Pflicht des § 2 Abs. 1, in interprofessionellen
Gesellschaften alle in der PartG vertretenen Berufsbezeichnungen in den Namen der Gesellschaft aufzunehmen → Rn. 17.

c) Einfache Partnerschaft. Wirtschaftsprüfer dürfen sich zwar auch an 69
einer einfachen, dh nicht in einem besonderen Zulassungsverfahren anerkannten Partnerschaft beteiligen. Eine solche einfache Partnerschaft darf indes nicht
die Bezeichnung „Wirtschaftsprüfungsgesellschaft" führen (*Henssler* WPK-
Mitt. 1999, 2 [5]).

§3 Partnerschaftsvertrag

(1) **Der Partnerschaftsvertrag bedarf der Schriftform.**

(2) **Der Partnerschaftsvertrag muß enthalten**
1. **den Namen und den Sitz der Partnerschaft;**
2. **den Namen und den Vornamen sowie den in der Partnerschaft ausgeübten Beruf und den Wohnort jedes Partners;**
3. **den Gegenstand der Partnerschaft.**

Schrifttum: *Bayer/Imberger,* Die Rechtsformen freiberuflicher Tätigkeit, DZWiR 1993,
309; *Römermann,* Schriftformerfordernisse bei Gesellschaftsverträgen, NZG 1998, 978;
Schaffner, Die Vorgesellschaft als Gesellschaft sui generis, 2003; *Stuber,* Das Partnerschaftsgesellschaftsgesetz unter besonderer Berücksichtigung der Anwaltschaft, WiB 1994, 705.

Übersicht

I. Partnerschaftsvertrag

1. Inhalt

1   Der Partnerschaftsvertrag muss als Gesellschaftsvertrag die Voraussetzungen des § 705 BGB erfüllen. Mindestens zwei Partner müssen sich verpflichten, die Erreichung eines gemeinsamen Zwecks in der durch den Vertrag bestimmten Weise zu fördern, insbesondere die vereinbarten Beiträge zu leisten. Die Einschränkungen des § 1 Abs. 1 sind zu beachten (→ § 1 Rn. 1 ff.; (Bespiele für einen Mustervertrag einer PartG/PartmbB bei *Offermann-Burckart* AnwBl. 2014, 488 ff.; *Henssler* in Heinz/Ritter, Beck'sches Formularbuch für die Anwaltskanzlei, 2014, 57 ff.).

2. Rechtsnatur

2   Der Partnerschaftsvertrag zählt als Vertrag über eine Personengesellschaft und damit als Sonderform des GbR-Vertrages nach der Systematik des BGB zu den „Einzelnen Schuldverhältnissen" des besonderen Schuldrechts (vgl. ausführlich MüKoBGB/*Schäfer* BGB § 705 Rn. 155: *Wiedemann* GesR II § 2 I. 1., 90 ff.). Der Gesellschaftsvertrag legt die Rechte und Pflichten der Beteiligten fest und ist daher Schuldvertrag (vgl. auch zu § 105 HGB Heymann/

Emmerich HGB § 105 Rn. 3; Staub/*Schäfer* HGB § 105 Rn. 137; MüKoHGB/
K. Schmidt HGB § 105 Rn. 114; *Wiedemann* WM Sonderbeilage 8/1990, 2ff.;
EBJS/*Wertenbruch* HGB § 105 Rn. 61). Von den Austauschverträgen (Kauf-,
Miet-, Werkvertrag usw) unterscheidet er sich durch das Element der **Leis-
tungsvereinigung** (MüKoBGB/*Schäfer* BGB § 705 Rn. 161; Soergel/
Hadding/Kießling BGB § 705 Rn. 44). Bei Leistungsstörungen können die
Vorschriften über gegenseitige Verträge (§§ 320ff. BGB) deshalb nur zurück-
haltend angewandt werden (→ Rn. 4ff.).

Das **Gemeinschaftselement** des Vertrages und der persönliche Zusam- 3
menschluss der Mitglieder führen zur Anerkennung einzelner ungeschriebe-
ner Rechtsgrundsätze wie dem Gleichbehandlungsgrundsatz und der Treuepflicht im Innenverhältnis. Als „Verfassung" der Gesellschaft enthält der
Gesellschaftsvertrag neben dem schuldvertraglichen auch ein **organisations-
rechtliches Element („Doppelnatur").** Aufgrund seiner verbandskonstitu-
ierenden Wirkung bildet er die Grundlage für die Organisation der Gesellschaft und ist damit auch Organisationsvertrag (vgl. zu § 105 HGB BGHZ
112, 40 [45] = NJW 1990, 2616; *Flume,* Allgemeiner Teil des Bürgerlichen
Rechts, Bd. I Teil 1: Die Personengesellschaft, 1977, 4, 61; Baumbach/Hopt/
Roth HGB § 105 Rn. 47; Staub/*Schäfer* HGB § 105 Rn. 139; MüKoHGB/
K. Schmidt HGB § 105 Rn. 114; EBJS/*Wertenbruch* HGB § 105 Rn. 61). Die
Organisation, realisiert in den Organen der Gesellschaft und dem gesamthän-
derisch gebundenen Vermögen, lässt auch Gesellschaften auf fehlerhafter Ver-
tragsgrundlage fortbestehen (Lehre von der fehlerhaften Gesellschaft,
→ Rn. 41ff.; MüKoBGB/*Schäfer* BGB § 705 Rn. 323ff.). Der Partnerschafts-
vertrag begründet ein **Dauerschuldverhältnis,** mit der Folge, dass an die
Stelle von Rücktritt, Anfechtung und Vertragsauflösung wegen Wegfalls der
Geschäftsgrundlage die Kündigung (§§ 723ff. BGB) tritt.

3. Anwendbares Recht

a) Grundsatz. Aus der Rechtsnatur des Partnerschaftsvertrages ergeben 4
sich – wie bei allen Gesellschaftsformen – Besonderheiten gegenüber dem
grundsätzlich anwendbaren Recht des Allgemeinen Teils des BGB und dem
Allgemeinen Schuldrecht. So gelten zwar die Vorschriften über die Geschäftsfähigkeit, Fristen und Termine. Für in Vollzug gesetzte Außengesellschaften
wie die ins Partnerschaftsregister eingetragene Partnerschaft beurteilen sich
die Rechtsfolgen fehlerhafter Willenserklärungen (§§ 116−124, 142−144
BGB) jedoch nach der Lehre von der fehlerhaften Gesellschaft (→ Rn. 41ff.).
Die Auslegungsregeln der §§ 139, 154f. BGB sind nur eingeschränkt anwendbar (→ Rn. 41). Auch für Bedingungen und Befristungen des Gesellschaftsvertrages gelten von den §§ 158, 159 BGB abweichende Regelungen.

Schuldrechtliche Besonderheiten betreffen den Haftungsmaßstab des § 708 5
BGB. Für die Leistung der Beiträge der einzelnen Partner können die
§§ 241ff. BGB herangezogen werden, soweit Gegenstand, Ort und Zeit der
Leistung betroffen sind. Die Sonderregelung des § 311b BGB für einzelne
Leistungsversprechen ist anwendbar. Insbesondere gilt § 311b Abs. 1 BGB für
die Verpflichtung zur Übertragung von Grundstücken auf die Gesellschaft.
Vereinbarungen über einseitige Vertragsänderungen und über nachträglich

festzulegende Einlageleistungen richten sich nach den §§ 315, 317 BGB (BGH NJW 1960, 963 [964] zu § 317 BGB; Soergel/*Hadding*/*Kießling* BGB § 705 Rn. 42; *Salje* NZG 1998, 161 [165]). Die Regelungen über das Erlöschen des Schuldverhältnisses gem. §§ 362–397 BGB sowie – nach Vollzug der Gesellschaft – auch über das Rücktrittsrecht (§§ 346 ff. BGB) können wegen des Dauerschuldcharakters des Partnerschaftsvertrages nicht herangezogen werden (Staub/*Schäfer* HGB § 105 Rn. 150.). An die Stelle des zur Rückabwicklung führenden Rücktrittsrechts eines Vertragspartners tritt das Recht zur Kündigung (§ 9 iVm § 132 HGB) mit seinen in die Zukunft gerichteten Rechtsfolgen (→ Rn. 14).

6   **b) Synallagma.** Der Gesellschaftsvertrag wird vielfach als gegenseitiger Vertrag iSd §§ 320 ff. BGB eingestuft (BGH NJW 1951, 308; RGZ 147, 340 [341 f.]; RGZ 76, 276 [279]; *U. Huber,* Leistungsstörungen II, 2009, 498; Staub/*Schäfer* HGB § 105 Rn. 143; Oetker/*Weitemeyer* HGB § 105 Rn. 73; EBJS/*Wertenbruch* HGB § 105 Rn. 61; aA Baumbach/Hopt/*Roth* HGB § 105 Rn. 48; MüKoHGB/*K. Schmidt* HGB § 105 Rn. 114). Der BGH hat zwar nie die Grundsatzfrage entschieden (vgl. aber OLG München, NZG 2000, 1124: grundsätzlich nicht anwendbar), sich in Einzelfragen aber gegen deren Anwendbarkeit ausgesprochen (BGH WM 1967, 419 f.; 1959, 53 f.; NJW 1983, 1188 f.). Die Leistungen der Partner werden regelmäßig nicht in dem für §§ 320 ff. BGB typischen synallagmatischen Verhältnis stehen. Die Partner erbringen ihre Leistungen – Dienstleistungen, Kapital, Grundstücke, Knowhow – vorrangig, um den gemeinsamen Zweck zu fördern. Allenfalls sekundäres Leistungsziel ist es, die Mitgesellschafter zur Leistung zu veranlassen (MüKoBGB/*Schäfer* BGB § 705 Rn. 168). Der Gewinnanspruch des einzelnen Gesellschafters gegen die Partnerschaft ist ebenfalls nicht im Sinne eines Gegenseitigkeitsverhältnisses an die Beitragspflicht gekoppelt (BGHZ 26, 330 [335] = NJW 1958, 668 [669]; Staub/*Schäfer* HGB § 105 Rn. 138, 148 f.).

7   **c) Zurückbehaltungsrecht.** Wird ein Gesellschafter zur Beitragsleistung aufgefordert, so kann er bei einer in Vollzug gesetzten Gesellschaft auch dann kein **Zurückbehaltungsrecht** aus § 320 BGB geltend machen, wenn andere Gesellschafter ihre Beiträge noch nicht erbracht haben (BGH WM 1956, 29; Heymann/*Emmerich* HGB § 105 Rn. 6; Röhricht/Graf v. Westphalen/Haas/*Haas* HGB § 105 Rn 33a; KKRM/*Kindler* HGB § 105 Rn. 40; Baumbach/Hopt/*Roth* HGB § 105 Rn. 48; MüKoHGB/*K. Schmidt* HGB § 105 Rn. 185 f.; Oetker/*Weitemeyer* HGB § 105 Rn. 75; EBJS/*Wertenbruch* HGB § 105 Rn. 124, 125; im Grundsatz ebenso, jedoch Ausnahmen zulassend Staub/*Schäfer* HGB § 105 Rn. 145 ff.). Sowohl im Verhältnis zur Gesellschaft als auch im Verhältnis zu den Mitgliedern geht jeder Gesellschafter das Risiko ein, dass auch weniger zuverlässige Personen an der Interessengemeinschaft beteiligt sind. Diese gemeinschaftsbezogene Wertung lässt sich mit dem Regelungsanliegen des § 320 BGB, der auf den Typus des Austauschvertrages zugeschnitten ist, nicht vereinbaren. Für zweigliedrige Gesellschaften kann nichts anderes gelten (Baumbach/Hopt/*Roth* HGB § 105 Rn. 48; Oetker/*Weitemeyer* HGB § 105 Rn. 75; EBJS/*Wertenbruch* HGB § 105 Rn. 124; *Wiedemann* GesR II § 2 I. 2., 98; mit anderer Begründung Staudinger/*Habermeier,* 2003, BGB § 706 Rn. 24; aA *Hueck,* Das Recht der offenen Handelsgesellschaft, 4. Aufl. 1971, § 6 II 3b, c; KKRM/*Kindler* HGB § 105 Rn. 40; MHdB GesR I/*Möhrle* § 47 Rn. 47; Staub/*Schäfer* HGB § 105 Rn. 149; nur für die 2-Personen-Innengesellschaft, also nicht für OHG, PartG und KG MüKo-HGB/*K. Schmidt* HGB § 105 Rn. 185). Denkbar ist ein Rückgriff auf den Gleichbehandlungsgrundsatz (Erman/*H. P. Westermann* BGB § 705 Rn. 44; MüKoBGB/*Schäfer* BGB § 705 Rn. 168; Soergel/*Hadding/Kießling* BGB § 705 Rn. 45; Staudinger/*Habermeier,* 2003, BGB § 706 Rn. 24), wenn die Beiträge von den anderen Gesellschaftern nicht eingezogen werden, und in Ausnahmefällen auf das Verbot des Rechtsmissbrauchs (vgl. BGHZ 26, 330 [335] = NJW 1958, 668 [669]).

Steht die Zahlung entnahmefähiger Gewinne aus, so kann der Gesellschaf- **8** ter seinen zeitgleich fälligen Beitrag verweigern. Der Leistungspflicht steht dann der Arglisteinwand entgegen (BGHZ 26, 330 [335] = NJW 1958, 668 [669]; aA MüKoBGB/*Schäfer* BGB § 705 Rn. 168: § 273 BGB; differenzierend Erman/*H. P. Westermann* BGB § 705 Rn. 44: § 320 BGB). Ausgeschlossen ist das Zurückbehaltungsrecht bei verweigerter Mitwirkung an der Geschäftsführung (BGH WM 1959, 53f.). Die nachträgliche Vermögensverschlechterung bei einzelnen Gesellschaftern oder bei der Gesellschaft berechtigt nicht zur Leistungsverweigerung gem. § 321 BGB (aA *Hueck, Das Recht* der offenen Handelsgesellschaft, 4. Aufl. 1971, § 6 II 3c, 56f.). Die Partner haben die Möglichkeit zur Auflösung der Partnerschaft bzw. zum Austritt (§ 9 Abs. 1; MüKoBGB/*Schäfer* BGB § 706 Rn. 25). Dem Anspruch auf Rückzahlung nicht gerechtfertigter Entnahmen an die Gesellschaft im Rahmen einer actio pro socio kann nicht entgegengehalten werden, das der Kläger seinerseits Rückzahlungen schuldet (BGH NJW 2000, 505 [506]).

d) Unmöglichkeit bei Sacheinlagen. Bedeutung hat die Diskussion um **9** die Anwendbarkeit der §§ 320 ff. BGB insbesondere bei **Leistungsstörungen** im Gesellschaftsverhältnis. Über die Anwendbarkeit der Vorschriften wird insoweit heute überwiegend und zu Recht nicht abstrakt-generell, sondern mit Blick auf die konkreten Umstände des Einzelfalls unter Berücksichtigung der wesensmäßigen Unterschiede des Gesellschafts- zum Austauschvertrag sowie der gesellschaftsrechtlichen Wertungen entschieden (BGH WM 1959, 53f.; vgl. Baumbach/Hopt/*Roth* HGB § 105 Rn. 48; Oetker/*Weitemeyer* HGB § 105 Rn. 73; EBJS/*Wertenbruch* HGB § 105 Rn. 123f.). Mit der hM ist davon auszugehen, dass die Beitragspflicht in keinem Gegenseitigkeitsverhältnis zu dem Gewinnanspruch steht (so ausdrücklich *Wiedemann* GesR II § 2 I. 2., 97). Wird einem Gesellschafter die Erbringung seiner Beitragsleistung (Sach- oder Dienstleistung) unmöglich, was nur bei **Sach- oder Dienstleistungen** in Betracht kommt, so wird er gem. §§ 275, 311a BGB grundsätzlich von der Leistung frei. Hat der Partner die Unmöglichkeit **zu vertreten** (Vermutung!), ist er nach § 280 Abs. 1 BGB zum Schadensersatz verpflichtet (MüKoBGB/*Schäfer* BGB § 706 Rn. 25; *Wiedemann* GesR II § 2 I. 2., 98; *K. Schmidt* GesR § 20 III 3. a), 583; modifizierend für den Fall der Unmöglichkeit MHdB GesR I/*Möhrle* § 47 Rn. 48; Baumbach/Hopt/*Roth* HGB § 105 Rn. 48; EBJS/*Wertenbruch* HGB § 105 Rn. 126). Ist die Unmöglichkeit von ihm **nicht zu vertreten,** so richten sich die Rechtsfolgen nach dem auszulegenden Gesellschaftsvertrag. Insbesondere bei kapitalistisch strukturierten Gesellschaften ist es denkbar, dass die Gesellschafter eine Wertdeckungszusage abgegeben haben, sodass die untergegangene Sachleistungspflicht sich in eine Geldleistungspflicht umwandelt. In **personalistisch strukturierten Gesellschaften** wie der Partnerschaft, führt die Unmöglichkeit dagegen regelmäßig zu einer ersatzlosen Befreiung des Partners von seiner Beitragsleistungspflicht (*Wiedemann* GesR II § 2 I. 2., 98; *K. Schmidt* GesR § 20 III 3. a), 583). Eine Pflicht zur Anpassung der Gewinnansprüche sowie der übrigen Beitragsleistungen kann aus der gesellschaftsrechtlichen Treuepflicht folgen (BGH VersR 1963, 433 [434]; 585, 586; DB 1972, 2201 [2202]; *Hueck,* Das Recht der offenen Handelsgesellschaft, 4. Aufl. 1971, § 6 II 3 d), 57; Staudinger/*Habermeier,* 2003, BGB § 706 Rn. 20, 25). Kommt es zu keiner Vertragsanpassung, muss der Partner aufgrund seiner Treuepflicht eine **Minderung seiner Gewinnrechte** hinnehmen (BGH DB 1972, 2201 [2202]). War der nunmehr entfallene Beitrag für die Gesellschafter wesentlich, so sind die Partner zur Auflösungsklage gem. § 9 Abs. 1 iVm § 133 HGB berechtigt (ähnlich Erman/*H. P. Westermann* BGB § 705 Rn. 45; MüKoBGB/*Schäfer* BGB § 706 Rn. 25).

10   **e) Verzug.** Bei **Verzug** gelten grundsätzlich die § 280 Abs. 1, 2 BGB, § 286 BGB. Bei Geldleistungen besteht eine Pflicht zur Verzinsung aus § 6 Abs. 3 S. 2 iVm § 111 Abs. 1 HGB. **Rücktritt** vom Gesellschaftsvertrag gem. §§ 323 ff. BGB und **Schadensersatz statt** der Leistung gem. §§ 281, 283, 311 a Abs. 2 BGB sind bei verspäteter Leistung aufgrund des Vorrangs der gesellschaftsrechtlichen Auflösungs- und Kündigungsregeln ausgeschlossen (OLG Köln NZG 2001, 467 [468]; differenzierend Röhricht/Graf v. Westphalen/Haas/*Haas* HGB § 105 Rn. 74: §§ 323 ff. BGB nicht, §§ 280, 281 BGB anwendbar; KKRM/*Kindler* HGB § 105 Rn. 40 f.: §§ 323 ff. BGB, § 280 Abs. 1, 3 BGB, § 281 BGB: nicht, § 280 Abs. 1 BGB, § 241 Abs. 2 BGB, § 280 Abs. 1, 3 BGB, § 283 BGB: anwendbar). Ab Invollzugsetzung treten an die Stelle des Rücktrittsrechts nach §§ 323 ff. BGB die Regelungen zur Kündigung (§§ 723 ff. BGB). Die §§ 280 ff. BGB sind für Schadensersatzansprüche neben der Leistung anwendbar. Der Verzug kann außerdem einen wichtigen Grund zur Auflösungs- oder Ausschlussklage (§ 9 Abs. 1 iVm §§ 133, 140 HGB) bieten (MüKoBGB/*Schäfer* BGB § 706 Rn. 25).

11   **f) Gewährleistung.** Bei Mängeln der geleisteten Einlage (mangelhafte Sacheinlage, mangelhafte Dienstleistungen) stellt sich die Frage, inwieweit auf das Gewährleistungsrecht des Kauf-, Miet- oder Dienstvertragsrechts zurückgegriffen werden kann. Nach einer im Vordringen befindlichen Ansicht ist regelmäßig zu differenzieren (Henssler/Strohn/*Henssler* HGB § 105 Rn. 67). Die Rechtsfolgen des § 437 Nr. 1, 3 BGB (Nacherfüllung, Schadens- und Aufwendungsersatz) sind anwendbar (MHdB GesR I/*v. Falkenhausen/Schneider* § 60 Rn. 81); nicht jedoch diejenigen des § 437 Nr. 2 BGB (Rücktritt und Minderung; auch EBJS/*Wertenbruch* HGB § 105 Rn. 129 hält § 437 Nr. 1, 3 BGB für anwendbar, ebenso KKRM/*Kindler* HGB § 105 Rn. 42 sowie Staub/*Schäfer* HGB § 105 Rn. 151 f.; ohne weitere Differenzierung Oetker/*Weitemeyer* HGB § 105 Rn. 76). Die Rechtsfolgen des Rücktritts und der Minderung müssen den Zwecken des Gesellschaftsrechts angepasst werden (krit. MüKoBGB/*Schäfer* BGB § 706 Rn. 27). Eine Minderung kommt, soweit keine Sondervereinbarung getroffen wurde (MHdB GesR I/*v. Falkenhau-*

sen/Schneider § 60 Rn. 82), nur in der Form geringerer Anrechnung der Sacheinlage und entsprechender Differenzausgleichspflicht durch Leistung einer Bareinlage in Betracht (MHdB GesR I/*v. Falkenhausen/Schneider* § 60 Rn. 82). Denkbar wäre es, der Gesellschaft ein Rücktrittsrecht mit der Folge zuzugestehen, dass die mangelhafte Sacheinlage zurückgegeben wird und der Gesellschafter nunmehr eine wertgleiche Bareinlage zu leisten hat (MüKoHGB/ *K. Schmidt* HGB § 105 Rn. 186). Überzeugender erscheint es seit der Neuregelung des Schuldrechts, diese Rechtsfolgen auf Schadensersatzrechte gem. §§ 280 ff. BGB zu stützen (*Wiedemann* GesR II § 3 II 2., 189 f.; MüKoBGB/ *Schäfer* BGB § 706 Rn. 27; Staudinger/*Habermeier*, 2003, BGB § 706 Rn. 23).

Lassen sich die Folgen der Pflichtverletzung über Schadensersatzleistungen **12** nicht in zumutbarer Weise bewältigen, kommt die Auflösung der Gesellschaft nach § 9 Abs. 1 iVm § 133 HGB bzw. der Ausschluss des pflichtwidrig handelnden Gesellschafters nach § 9 Abs. 1 iVm § 140 HGB in Betracht (*Wiedemann* GesR II § 3 II 2., 190). Im Übrigen ergeben sich die Rechtsfolgen anstelle des Rücktritts und der Minderung aus dem Gesellschaftsvertrag (ggf. in ergänzender Auslegung) und dem dispositiven Gesellschaftsrecht (*K. Schmidt* GesR § 20 III 3 d; Röhricht/Graf v. Westphalen/Haas/*Haas* HGB § 105 Rn. 74 und MüKoHGB/*K. Schmidt* HGB § 105 Rn. 187 möchten diese Fälle ausschließlich nach dem Gesellschaftsrecht lösen, dh ohne Rückgriff auf die §§ 434 ff. BGB).

Die schuldhafte Verletzung von im Außenverhältnis bestehenden freibe- **13** ruflichen Dienstleistungspflichten – zB die Nichteinhaltung einer Rechtsmittelfrist durch einen Rechtsanwalt – löst auch im Innenverhältnis Schadensersatzansprüche aus § 280 Abs. 1 BGB, § 708 BGB wegen Verletzung der gesellschaftsvertraglichen Pflichten aus (BGH NJW 1983, 1188 [1189]). Auch wenn nach § 8 Abs. 2 nur der handelnde Partner im Außenverhältnis persönlich haftet, so bleibt doch die Haftung der Gesellschaft mit ihrem Gesellschaftsvermögen von der Haftungsprivilegierung unberührt. Kann der Partner die Dienstleistung, zB wegen Krankheit, nicht erbringen, so kann sich aus dem Gesellschaftsvertrag ergeben, dass der Partner stattdessen eine Geldeinlage zu leisten oder eine Ersatzkraft zu stellen hat (BGH DB 1972, 2201 f.).

g) Rücktritt. Nach § 323 Abs. 1 BGB steht einem Vertragspartner nach **14** erfolglosem Ablauf einer Nachfrist ein Rücktrittsrecht zu, wenn die andere Vertragspartei eine fällige Leistung nicht oder nicht vertragsgemäß erbringt. Da der Rücktritt Auswirkungen auf das Mitgliedsverhältnis und die Gesellschaft insgesamt hat (vgl. hierzu *Wiedemann* GesR II § 2 I. 2., 96 f.), ist die Anwendung von § 323 BGB ausgeschlossen. An seine Stelle treten die Rechte zur Auflösung der Partnerschaft (§ 9 Abs. 1 iVm §§ 132 HGB) und zum Ausschluss von Gesellschaftern (§ 9 Abs. 1 iVm §§ 140, 133 HGB).

II. Vertragsschluss

Der Partnerschaftsvertrag ist ein Gesellschaftsvertrag über eine Personen- **15** gesellschaft. Daher müssen – neben den Erfordernissen des Abs. 2 – die Voraussetzungen des § 705 BGB erfüllt sein. Mindestens zwei Personen müssen die vertragliche Verpflichtung eingehen, einen gemeinsamen Zweck zu fördern, der in der unternehmerischen Tätigkeit als freiberufliche Berufsausübungsgemeinschaft besteht (§ 1 Abs. 1 S. 1). Für den Abschluss des Partnerschaftsvertrages gelten die Vorschriften des BGB über Willenserklärungen (§§ 104 ff. BGB) und über den Vertragsschluss (§§ 145 ff. BGB). Die Regeln über die Geschäftsfähigkeit nach §§ 104 ff. BGB sind uneingeschränkt anwendbar (zur OHG stRspr, vgl. nur BGH NJW 1983, 748 [Minderjähriger]; 1992, 1503 [vorübergehend Geisteskranker]; Staub/*Schäfer* HGB § 105 Rn. 154; MüKoHGB/ *K. Schmidt* HGB § 105 Rn. 126; *Wiedemann* WM Sonderbeilage 8/1990, 4). Stellvertretung ist beim Abschluss des Gesellschaftsvertrags gem. §§ 164 ff. BGB möglich, jedoch sind die Grenzen der §§ 181, 1629 Abs. 2 S. 1 BGB, § 1795 BGB sowie etwaige Genehmigungsvorbehalte zu beachten (Heymann/*Emmerich* HGB § 105 Rn. 12; Baumbach/Hopt/*Roth* HGB § 105 Rn. 50). Der Vertrag setzt die Einigung zwischen allen in Aussicht genommenen Partnern voraus. Jede Vertragserklärung muss allen Partnern zugehen (§ 130 Abs. 1 BGB); Empfangsvertretung oder der Verzicht auf den **Zugang** gem. § 151 S. 1 BGB ist möglich. Der **konkludente** Abschluss eines Partnerschaftsvertrages scheitert am Formerfordernis des § 3 Abs. 1 (**aber: fehlerhafte Gesellschaft:** → Rn. 41; *K. Schmidt* ZIP 1993, 633 [640]; Römermann/*Zimmermann* Rn. 7: Wirksamkeit mündlicher interner Abreden).

16   Der Partnerschaftsvertrag muss neben den **allgemeinen Elementen** jedes Gesellschaftsvertrages einer Personengesellschaft zusätzlich die **Elemente des § 3 Abs. 2** enthalten. Einzelne Vertragsinhalte können unter den Voraussetzungen der §§ 315, 317 BGB auch durch einen Partner alleine oder durch einen Dritten bestimmt werden. Da sich allein aus dem Gesellschaftszweck die Rechtsform der Partnerschaft nicht ergibt, muss diese im Unterschied zur OHG, KG oder GbR (vgl. zur OHG Staub/*Schäfer* HGB § 105 Rn. 160) vertraglich vereinbart werden. Andernfalls liegt eine GbR für die freiberufliche Tätigkeit eine GbR vor. Die **vertragliche Vereinbarung der Rechtsform** entbindet die Gesellschafter aber nicht von den Anforderungen des § 1 Abs. 1. Der Vertrag kann unter einer **aufschiebenden Bedingung oder Zeitbestimmung** geschlossen werden. Der bedingte Vertragsschluss bietet sich für Partnerschaften an, die als Berufsausübungsgesellschaften – Wirtschaftsprüfungs- und Steuerberatungsgesellschaften (→ § 1 Rn. 165 ff.) – anerkannt werden sollen (zur Haltung der Berufskammern s. ZIP aktuell Heft 16/95, XIV). Der Gesellschaftsvertrag muss nicht als „Partnerschaftsgesellschaftsvertrag" bezeichnet sein (MHdB GesR I/*Salger* § 38 Rn. 1).

17   Zwischen Abschluss des Partnerschaftsvertrages und ihrer Eintragung ist die Partnerschaft im Außenverhältnis noch nicht **wirksam (§ 7 Abs. 1).** Entfaltet die Gesellschaft dennoch bereits vor der Eintragung eine wirtschaftliche Tätigkeit, agiert sie als **Vor-Gesellschaft** (→ § 7 Rn. 8 ff.; *Schaffner* 246 ff.). Der Partnerschaftsvertrag ist in diesem Fall bereits maßgeblich. Soweit er keine Regelungen enthält, gelten im Außenverhältnis bis zur Eintragung die gesetzlichen Vorschriften über die GbR (*Bayer/Imberger* DZWiR 1995, 178 [179 f.]; *K. Schmidt* NJW 1995, 1 [3 f.]; *Stuber* WiB 1994, 705 [708]; → § 7 Rn. 8 ff.; insbesondere → § 7 Rn. 12 ff.).

III. Schriftform (Abs. 1)

1. Normzweck

Zur Erleichterung des Nachweises vertraglicher Abreden im Innenverhält- **18**
nis zwischen den Partnern schreibt Abs. 1 für den Partnerschaftsvertrag die
Schriftform vor (BT-Drs. 12/6152, 13; *Kempter* BRAK-Mitt. 1994, 122
[123]; krit. MWHLW/*Meilicke* Rn. 3 ff.; Römermann/*Zimmermann* Rn. 5 ff.;
Michalski ZIP 1993, 1210 [1212]; *K. Schmidt* ZIP 1993, 633 [640] und MüKo-
BGB/*Schäfer* Rn. 3). Die regelmäßige Funktion der Schriftform zur Warnung
der Vertragsparteien über den Inhalt und zur Ermöglichung der öffentlichen
Aufsicht wird mit § 3 nicht verfolgt (Henssler/Strohn/*Hirtz* Rn. 1; MüKo-
BGB/*Schäfer* Rn. 1; *Römermann* NZG 1998, 978 [979]). Auf eine notarielle
Beurkundung wurde im Gesetzgebungsverfahren verzichtet, weil der Partner-
schaftsvertrag ohnehin nicht der Prüfung durch das Registergericht unterliegt
(BT-Drs. 12/6152, 13). Für das Außenverhältnis kommt dem Vertrag neben
der Eintragung keine selbstständige Bedeutung zu. Daher ist die Einhaltung
der Form im Außenverhältnis ohne Bedeutung (Henssler/Prütting/*Henssler*
Rn. 2; MüKoBGB/*Schäfer* Rn. 1; vgl. *K. Schmidt* NJW 1995, 1 [3]). Es besteht
keine Pflicht, den Vertrag bei der Anmeldung der Partnerschaft zum Register
vorzulegen (BT-Drs. 12/6152, 13). Da die Gesellschaft im Außenverhältnis
mit Registereintragung gleichwohl entsteht und auch die Wirkungen im Innenverhältnis nach der Lehre von der fehlerhaften Gesellschaft begrenzt sind,
ist das Schriftformerfordernis überflüssig und sollte gestrichen werden. Dass
die schriftliche Abfassung des Vertrages in der Praxis sinnvoll ist, rechtfertigt
noch keinen gesetzlichen Schriftformzwang. Insofern beruht das Schriftformerfordernis auf einem Missverständnis des Gesetzgebers. Wieso aus dem
Charakter der Freiberuflichkeit das für gewerbliche Zusammenschlüsse nicht
geltende Formerfordernis folgen soll, erläutert die Gesetzesbegründung dementsprechend auch nicht. Ein sachlicher Grund für die Abweichung von § 105
HGB ist nicht ersichtlich (krit. auch MWHLW/*Meilicke* Rn. 7; Römermann/
Zimmermann Rn. 6 ff., 12; *Michalski* ZIP 1993, 1210 [1212]; *K. Schmidt* ZIP
1993, 633 [640] und MüKoBGB/*Schäfer* Rn. 3). Aufgrund der nur internen
Wirkung steht dem Registerrichter auch kein Recht zu, die Vorlage des Vertrages zu verlangen (Römermann/*Zimmermann* Rn. 6; aA noch die Vorauflage
und *K. Schmidt* ZIP 1993, 633 [640]). Da das PartGG keine abweichende Regelung enthält, kann der Partnerschaftsvertrag gem. § 126 Abs. 3 BGB auch in
elektronischer Form iSd § 126 a BGB geschlossen werden (vgl. MWHLW/
Meilicke Rn. 12 a). Erforderlich ist, dass das Dokument mit einer qualifizierten
elektronischen Signatur iSd SigG versehen wird. Die praktische Bedeutung
der elektronischen Form wird daher gering sein.

2. Reichweite – formbedürftige Bestandteile

Der Schriftform unterliegen **alle** – nicht nur die nach Abs. 2 notwendigen **19**
(Abs. 2) – **Bestandteile** des Vertrages. Nach § 126 Abs. 1 BGB ist idR eine von
den Partnern eigenhändig zu unterzeichnende Vertragsurkunde erforderlich.

Auch **Änderungen** des Vertrages unterliegen dem Formzwang (BT-Drs. 12/ 6152, 13). Nach dem Zweck der Formvorschrift gilt sie auch für die Abtretung eines Partnerschaftsanteils (→ § 1 Rn. 52; für sie gab § 10 des Referentenentwurfs – ZIP 1993, 153 ff. – die Schriftform ausdrücklich vor). Die Berufsordnungen können gem. § 1 Abs. 3 weitere Formerfordernisse aufstellen (BT-Drs. 12/6152, 13; vgl. *Kopp* in Henssler/Streck SozietätsR-HdB Kap. C Rn. 36). Die Regierungsbegründung bezog sich in diesem Zusammenhang auf den inzwischen überholten § 85 Abs. 4b SGB V, der bei Berufsausübungsgemeinschaften von Zahnärzten den Nachweis der gleichberechtigten Teilhaberschaft aller Vertragszahnärzte im Hinblick auf deren Vergütungsanspruch in notariell beglaubigter Form forderte. Die seltenen sonstigen berufsrechtlichen Formvorschriften begnügen sich mit einem Schriftformgebot für Zusammenschlüsse (vgl. nur § 49 Abs. 4 StBerG sowie die Berufsordnungen der Tierärzte, zB § 23 Abs. 1 BerufsO Schleswig-Holstein; § 22 Abs. 2 BerufsO Schleswig-Holstein, § 22 Abs. 2 S. 1 BerufsO Bayern). Für die Anerkennung der Partnerschaft als Wirtschaftsprüfungs- oder als Steuerberatungsgesellschaft ist die Vorlage einer schriftlichen Ausfertigung oder einer öffentlich beglaubigten Abschrift des Gesellschaftsvertrages erforderlich (§ 29 Abs. 2 WPO; § 49 Abs. 3 StBerG).

20   **Notarielle Beurkundung** des Partnerschaftsvertrages (dazu BT-Drs. 12/ 6152, 13; *Burret* WPK-Mitt. 1995, 201 [204]) ist geboten, wenn beurkundungsbedürftige Beitragspflichten vereinbart werden: Einlagepflicht zur Übertragung eines **Grundstücks** (§ 311b Abs. 1 BGB) oder Pflicht eines Partners, sein ganzes oder Bruchteile seines **Vermögens** zu übertragen (§ 311b Abs. 3 BGB). Nach § 311b Abs. 1 BGB ist der Gesellschaftsvertrag formbedürftig, wenn sich darin ein Gesellschafter zur Einbringung eines Grundstücks in die Gesellschaft (BGHZ 22, 312 [317] = NJW 1957, 459) oder zum Erwerb eines der Gesellschaft gehörenden Grundstücks bei Ausscheiden oder bei Auflösung der Gesellschaft (BGH NJW 1978, 2505 f.) verpflichtet, aber auch dann, wenn nicht der Gesellschafter, sondern die Gesellschaft zum Erwerb von Grundeigentum verpflichtet wird (Röhricht/Graf v. Westphalen/Haas/*Haas* HGB § 105 Rn. 22; EBJS/*Wertenbruch* HGB § 105 Rn. 68). Gleiches gilt für das Wohnungseigentum (§ 4 Abs. 3 WEG), für ein Erbbaurecht (§ 11 Abs. 2 ErbbauRG) und für Miteigentumsanteile an Grundbesitz (§ 747 BGB). Die Formpflicht entsteht bereits bei nur faktischem (mittelbarem) Zwang (allgM BGH NJW 1992, 3237 f.; 1987, 54; 1980, 829; Staub/*Schäfer* HGB § 105 Rn. 170; MüKoHGB/*K. Schmidt* HGB § 105, Rn. 135). Die für einzelne Beitragspflichten geltenden Formerfordernisse erstrecken sich grundsätzlich auf den ganzen Gesellschaftsvertrag einschließlich aller Nebenabreden (zur Vorläuferregelung des § 311b Abs. 1 BGB BGH NJW 1978, 2505 [2506]; MüKoBGB/*Einsele* BGB § 125 Rn. 32). Beurkundungsbedürftig ist die **unentgeltliche Zuwendung** einer Beteiligung oder die unentgeltliche Aufstockung der Beteiligung eines Partners (§ 518 Abs. 1 BGB). Unentgeltlichkeit ist nur in den seltenen Fällen anzunehmen, in denen der Wert der Beteiligung die Belastungen aus der persönlichen Haftung und der Pflicht zur aktiven Berufsausübung übersteigt (zur OHG: BGH BB 1965, 472; Staub/*Schäfer* HGB § 105 Rn. 175 ff.). Bei Verstoß gegen die Formvorschrift des § 311b Abs. 1 S. 1 BGB ist Heilung durch Vollzug der Grundstücksübertragung möglich (§ 311b Abs. 1 S. 2 BGB). Dasselbe gilt gem. § 518 Abs. 2 BGB bei unentgeltlicher Zuwendung.

3. Folgen eines Formverstoßes

a) Allgemeines. Der Verstoß gegen das Formerfordernis führt – ungeach- **21** tet der Problematik dieses Ergebnisses – zur Nichtigkeit des Partnerschaftsvertrages gem. § 125 S. 1 BGB (im Ergebnis trotz Bedenken ebenso Henssler/Strohm/*Hirtz* Rn. 5; MWHLW/*Meilicke* Rn. 10; *Stuber* WiB 1994, 707; aA *K. Schmidt* NJW 1995, 1 [3]). Grundsätzlich möglich ist allerdings die **Umdeutung** nach § 140 BGB in einen formfreien Vertrag zur Gründung einer GbR (MüKoBGB/*Schäfer* Rn. 7). Voraussetzung ist der erkennbare Wille aller Partner, „in jedem Fall", also unabhängig von der rechtsformbezogenen Haftung, eine Berufsausübungsgesellschaft zu gründen. Ein solcher Wille kann indes nicht ohne Weiteres unterstellt werden. So haben sich die Vertragspartner darauf eingerichtet, dass ein Gesellschaftsvertrag erst mit der Erfüllung des Formerfordernisses zustande kommt. Auch werden die besonderen Vorteile der Partnerschaftsgesellschaft, insbesondere die Haftungsbeschränkung nach § 8 Abs. 2, in der GbR gerade nicht verwirklicht (vgl. MüKoBGB/*Schäfer* Rn. 7). Ohne konkrete Hinweise darf daher nicht unterstellt werden, dass die Vertragspartner auf diese Vorteile verzichten wollen (aA MWHLW/*Meilicke* Rn. 36).

b) Vor Eintragung. Wird die Gesellschaft nach Abschluss des formwirksa- **22** men Vertrages, aber vor Eintragung in das Partnerschaftsregister in **Vollzug** gesetzt, entsteht sie als Vorgesellschaft in der Rechtsform der GbR (→ § 7 Rn. 8 ff.; aA *Schaffner* 259: Gesellschaft sui generis). Soll die Gesellschaft endgültig nicht mehr eingetragen werden, gelten die Regeln der fehlerhaften Gesellschaft (allgemein zur unechten Vorgesellschaft Baumbach/Hueck/*Fastrich* GmbHG § 11 Rn. 32; zur Partnerschaft: MüKoBGB/*Schäfer* Rn. 8; *Stuber* WiB 1994, 705 [708]).

c) Nach Eintragung. Kommt es zur **Eintragung der nichtigen Part-** **23** **nerschaft** ins Partnerschaftsregister und nimmt die Partnerschaft ihre Tätigkeit auf, greifen die **Grundsätze über die fehlerhafte Gesellschaft** (→ Rn. 41 sowie *Bayer*/*Imberger* DZWiR 1995, 178 [180]; Römermann/*Zimmermann* Rn. 20; aA MHdB GesR I/*Salger* § 38 Rn. 11: gültige Partnerschaft). Eine auf unwirksamer Rechtsgrundlage – wegen Formnichtigkeit, Unvollständigkeit (hierzu BGH NJW 1960, 430; MüKoBGB/*Schäfer* BGB § 705 Rn. 29) oder anderer Mängel des Vertrages – errichtete Partnerschaft ist im Innen- wie im Außenverhältnis als wirksam – und zwar als wirksame Partnerschaft – zu behandeln (BT-Drs. 12/6152, 13; *Bayer*/*Imberger* DZWiR 1995, 178 [180]; *Römermann* NZG 1998, 978 [979]). Die Gegenansicht, derzufolge eine GbR zustande kommt, da eine zweckidentische Gesellschaft gegründet worden sei und es lediglich an der formbedürftigen Rechtsformwahl fehle (*K. Schmidt* GesR § 64 II 2. b), 1881), überzeugt nicht. Für die damit verbundene Verschlechterung der Haftungssituation der Partner (§ 8 Abs. 2 würde dann ja nicht gelten) gibt es keinen Anlass; das schutzwürdige Vertrauen der außenstehenden Vertragspartner ist nur darauf gerichtet, mit einer wirksamen Partnerschaftsgesellschaft kontrahiert zu haben. Auf eine unbeschränkte, persönliche und gesamtschuldnerische Haftung aller Gesellschafter können sie nicht vertrauen. Die Fehlerhaftigkeit kann nur für die Zukunft durch Auflösungsklage eines Partners geltend gemacht werden (§ 9 Abs. 1 iVm § 133 Abs. 1 HGB; MüKoBGB/*Schäfer* BGB § 705 Rn. 342 ff.).

24   **d) Beitritt und Austritt.** Der rechtsgeschäftliche Beitritt zu einer Partnerschaft ist ebenso wie der rechtsgeschäftliche Austritt eine **Vertragsänderung** und unterfällt ebenfalls dem Schriftformerfordernis des § 3 Abs. 1 (zum formlosen Austritt → § 9 Rn. 12 f.). Wird er formlos vollzogen, so ist er **fehlerhaft** und nicht nichtig. Die fehlerhaften Maßnahmen können durch gesellschaftsrechtliche Gestaltungsmöglichkeiten, Austritt und Ausschluss einerseits und Vereinbarung des Wiedereintritts andererseits, behoben werden (zum Beitritt: BGHZ 63, 338 [345 f.} = NJW 1975, 1022 [1024 f.]; BGH NJW 1976, 894; 1988, 1321 [1323]; zum Austritt: BGH NJW 1969, 1483; WM 1975, 512; NJW-RR 2003, 533).

25   Etwas anderes gilt für eine **Anteilsübertragung,** bei der die Schriftform missachtet wurde (für die Formbedürftigkeit MWHLW/*Graf v. Westphalen* Rn. 37 ff.; aA MüKoBGB/*Schäfer* Rn. 11, der die Anteilsübertragung nicht als Änderung des Partnerschaftsvertrages qualifiziert und daher die Formvorschrift nicht anwenden will). Selbst wenn der Gesellschafterwechsel vollzogen ist, sind die Grundsätze über die fehlerhafte Gesellschaft nicht anwendbar (BGH NJW 1990, 1915 [Fall der angefochtenen Anteilsübertragung]; BGH NJW-RR 1995, 1182; *K. Schmidt* GesR § 6 V 2., 163 f.; aA die frühere Rspr. BGH NJW 1988, 1324 = BB 1988, 580; BGHZ 84, 47 = NJW 1982, 2822; BGH LM GmbHG § 15 Nr. 12 = JZ 1975, 448). Ausschlaggebend ist, dass sich aus der unwirksamen Anteilsveräußerung keine spezifischen Rückabwicklungsschwierigkeiten ergeben. Aus Sicht der Mitgesellschafter besteht insoweit auch kein besonderes Interesse an Rechtssicherheit, schließlich ist die Wirksamkeit der Rechtshandlungen gegenüber dem Scheingesellschafter nicht tangiert. Einer Erstreckung der Lehre von der fehlerhaften Gesellschaft auf Anteilsveräußerungen bedarf es daher nicht. Gesellschaft und Mitgesellschafter werden durch die Unwirksamkeit der Anteilsübertragung in ihrem Interesse an Rechtssicherheit nicht substanziell berührt, weil ihnen gegenüber Rechtshandlungen von und gegenüber dem Schein-Nachfolger gleichwohl Wirksamkeit erlangen (Wertung der §§ 413, 409, 407 BGB; dazu MüKoBGB/*Schäfer* BGB § 705 Rn. 374).

IV. Notwendige Vertragsbestandteile (Abs. 2)

26   Abs. 2 nennt drei notwendige Bestandteile eines Partnerschaftsvertrages. Die Partner sollen dazu gezwungen werden, sich zu Beginn der gemeinsamen Berufsausübung über die wichtigsten Grundlagen der Zusammenarbeit zu einigen (BT-Drs. 12/6152, 13). Neben dem **Namen** (→ § 2 Rn. 6 ff.) und dem **Sitz** der Partnerschaft (→ Rn. 27 ff.) sind die **Namen und Wohnorte der Partner** anzugeben. Die in der Partnerschaft **ausgeübten Berufe und der Gegenstand der Partnerschaft** sind schriftlich zu fixieren. Die Festlegung ist für die Abgrenzung der sonstigen Tätigkeit der Partner von der Partnerschaftssphäre bedeutsam (zum gemeinsamen Zweck der Partnerschaft → § 1 Rn. 23 ff.). Fehlt ein notwendiger Bestandteil, so ist keine für den Vertragsschluss hinreichende Einigung erzielt worden. Maßgeblich ist für § 3 Abs. 2

der Zeitpunkt des Vertragsschlusses. Ändert sich etwa später der Name oder der Wohnort eines Partners, wird die Wirksamkeit des Partnerschaftsvertrages davon selbstverständlich nicht berührt (MWHLW/*Meilicke* Rn. 26). In den meisten Fällen wird der gesetzliche Mindestinhalt nicht ausreichen. Weitere Absprachen beispielsweise über die Dauer der Gesellschaft, Geschäftsführung und Vertretung, Beschlussfassung und Stimmrecht, Gewinnverteilung, über Auflösungsgründe und Gesellschafternachfolge im Todesfall bieten sich an (vgl. *Kopp* in Henssler/Streck SozietätsR-HdB Kap. C Rn. 34; Staub/*Schäfer* HGB § 105 Rn. 157.; s. auch Muster Partnerschaftsvertrag). Die Partner genießen einen weiten Gestaltungsspielraum. Weitere Pflichtbestandteile können sich aus berufsrechtlichen Vorschriften ergeben, zB das Mehrheitserfordernis berufsangehöriger Gesellschafter nach § 50 Abs. 4 StBerG und § 28 WPO oder die Sicherung der freien Arztwahl innerhalb einer medizinischen Kooperationsgemeinschaft nach § 23b Abs. 1 S. 4 MBO-Ä (vgl. Überblick bei Römermann/*Zimmermann* Rn. 40ff.).

1. Name und Sitz der Gesellschaft (Nr. 1)

Für den im Partnerschaftsvertrag zu bestimmenden Namen der Gesellschaft **27** gilt § 2 Abs. 1 (→ § 2 Rn. 6ff.). Der im Gesellschaftsvertrag zu bezeichnende **Sitz** der Partnerschaft sollte nach der früher, in Anlehnung an die hM im Recht der OHG, vertretenen Meinung (BGH WM 1957, 999 [1000]; BGH LM HGB § 106 Nr. 1 = BB 1969, 329; KG OLGR 22, 2; 42, 214; KG WM 1955, 892; MüKoHGB/*Langhein* HGB § 106 Rn. 26, 28f.; *Hueck,* Das Recht der offenen Handelsgesellschaft, 4. Aufl. 1971, § 8 I 5, 104; aA vor allem MHdB GesR I/*Salger* § 38 Rn. 3f.: Staub/*Schäfer* HGB § 106 Rn. 19f. mwN gegen analoge Anwendung des § 106 Abs. 1 HGB und für freie Sitzwahl) zwingend der **Ort ihrer Geschäftsführung (Verwaltungssitz)** sein. Davon wurde selbst dann ausgegangen, wenn sich aus dem Partnerschaftsvertrag oder dem Register etwas anderes ergab. Eine abweichende Bestimmung im Gesellschaftsvertrag führte nach der im Personengesellschaftsrecht hM zur Fehlerhaftigkeit des Vertrages (§ 134 BGB iVm § 3 Abs. 2).

Seit der Änderung der § 5 AktG, § 4a GmbHG sprechen allerdings die bes- **28** seren Argumente dafür, auch im Personengesellschaftsrecht freie Sitzwahl anzuerkennen. Eine Ungleichbehandlung von Personen- und Kapitalgesellschaften ließe sich nur schwer rechtfertigen (ausführlich dazu *Koch* ZHR 173 [2009], 101ff.; Henssler/Strohn/*Henssler* HGB § 105 Rn. 181; Henssler/Strohn/*Hirtz* Rn. 9). Außerdem wäre es bei Ablehnung eines Wahlrechts überflüssig, die Angabe des Sitzes als erforderliche Angabe im Katalog des § 3 Abs. 2 aufzuführen. Auch für Personengesellschaften ist somit eine freie Sitzwahl anzuerkennen (so auch Römermann/*Zimmermann* Rn. 25; MüKoBGB/ *Schäfer* Rn. 18). Hierdurch kann auch das Problem willkürlicher und sich häufig ändernder Sitzbestimmungen (→ Rn. 29) vermieden werden (MWHLW/ *Meilicke* Rn. 20; MHdB GesR I/*Salger* § 38 Rn. 3f.; MüKoBGB/*Schäfer* Rn. 18).

Da gem. § 6 Abs. 2 grundsätzlich alle Partner zur Geschäftsführung befugt **29** sein müssen, ist die Bestimmung des Sitzes bei **überörtlichen Partnerschaften** mit mehreren nahezu gleichwertigen Standorten bisweilen schwierig. Jedenfalls in solchen Fällen muss es möglich sein, den im Partnerschaftsvertrag bestimmten Sitz als maßgeblich anzusehen (ebenso Römermann/*Zimmermann* Rn. 25). Die Anbindung des Sitzes an den Schwerpunkt der Gesellschaft (so Heymann/*Emmerich* HGB § 106 Rn. 7) führt bei Partnerfluktuation zu praxisfremden Ergebnissen. So kann in der Praxis bei freiberuflichen Beratungsgesellschaften beobachtet werden, dass ganze Teams eines Standortes die Gesellschaft kurzfristig verlassen. Die Folge ist ein erheblicher Bedeutungsverlust eines Standortes, der allenfalls langfristig durch Neubesetzungen aufgefangen werden kann. Ein häufiger Sitzwechsel würde angesichts der Bedeutung des Sitzes für den allgemeinen Gerichtsstand und die Zuständigkeit des Registergerichtes (→ Rn. 31) die Rechtssicherheit nachhaltig beeinträchtigen.

30   Einen **Doppelsitz** kann es allenfalls in seltenen Ausnahmefällen geben (etwas großzügiger Staub/*Koch* HGB § 13 Rn. 50ff.; Staub/*Schäfer* HGB § 106 Rn. 21; ähnlich LG Köln NJW 1950, 871 [872]; aA – nur ein Sitz möglich – Heymann/*Emmerich* HGB § 106 Rn. 7 mwN; für die Partnerschaft grundsätzlich ablehnend Römermann/*Zimmermann* Rn. 26; MüKoBGB/*Schäfer* Rn. 19). Regelmäßig sind weitere Sitze als Zweigniederlassungen einzutragen (MüKoBGB/*Schäfer* Rn. 19).

31   An ihrem Sitz hat die Gesellschaft ihren allgemeinen **Gerichtsstand** gem. § 17 Abs. 1 ZPO. Er entscheidet zugleich über die **Zuständigkeit** des **Registergerichts** (§ 4 Abs. 1 iVm § 106 Abs. 1 HGB) und damit indirekt auch über den Namen der Partnerschaft (§ 2 Abs. 2 iVm § 30 Abs. 1 HGB). Der Sitz der Partnerschaft hat hingegen jedenfalls für EU-Auslandsgesellschaften keinen Einfluss auf das auf die Gesellschaft anwendbare Recht (→ Einführung Rn. 60, 63).

32   Eine **Verlegung des Sitzes** im **Inland** ist gem. § 5 Abs. 2 iVm § 13h HGB zum Partnerschaftsregister anzumelden. Behält die Partnerschaft ihren Registersitz im Inland, kann sie den tatsächlichen Verwaltungssitz in das Europäische Ausland verlegen und dort als deutsche Partnerschaft tätig sein (→ Einführung Rn. 49ff., MüKoBGB/*Kindler* IntGesR Rn. 126ff.). Wird der **Verwaltungssitz** in ein außerhalb der EU gelegenes Land verlegt, ist maßgeblich, ob das IPR dieses Staates der Gründungs- oder der Sitztheorie folgt. Aus der Sicht des deutschen Rechts steht dem Fortbestand der Gesellschaft nichts im Wege, wenn man mit der hier vertretenen Ansicht das Auseinanderfallen von Verwaltungs- und Registersitz erlaubt.

33   Wird dagegen der **Registersitz** der Partnerschaft ins **Ausland** verlegt, so führt dies auch nach der neueren EuGH- Rspr. (→ Einführung Rn. 61f.) zur Auflösung der Gesellschaft, so die hM zum Internationalen Gesellschaftsrecht (vgl. OLG Brandenburg GmbHR 2005, 484; BayObLG NJW-RR 2004, 836; OLG Hamm NJW 2001, 2184; Heymann/*Emmerich* HGB § 106 Rn. 8; *Wiedemann* GesR I § 15 III. 1. b), 870f.; aA *Beitzke* ZHR 127 [1964], 1 [37ff.]; *Eidenmüller*/*Rehm* ZGR 2004, 159 [176f.]; *Ringe,* European Business Law Review 2005, 621 [633ff.]; wohl auch *W.-H. Roth* RabelsZ 55 [1991]), 623 [648f.]; vgl. aber auch Vorlagebeschluss des Regionalgericht *Szeged* ABl. C 165 v. 15.7.2006, 17 = EWiR 2006, 459). Nach der Rspr. des EuGH (EuGH NJW 2012, 2715 – Vale) muss bei einer grenzüberschreitenden Verlegung des Registersitzes aber zugleich schon de lege lata ein identitätswahrender Rechtsformwechsel in eine Rechtsform des Aufnahmestaates möglich sein. Die

Art. 49 und 54 AEUV stehen nationalen Regelungen entgegen, die zwar für inländische Gesellschaften die Möglichkeit einer Umwandlung vorsehen, die Umwandlung einer dem Recht eines anderen Mitgliedstaats unterliegenden Gesellschaft in eine inländische Gesellschaft dagegen generell nicht zulassen (vgl. zum Ganzen auch Henssler/Prütting/*Henssler* Rn. 7). Bei einem Wegzug einer deutschen PartG dürfte das Recht des Aufnahmestaates also nicht zunächst die Auflösung und Liquidation der PartG verlangen, um so die Umwandlung zu verhindern (EuGH EuZW 2009, 75 [80]).

Würde Art. 10b EGBGB RefE für ein Gesetz zum Internationalen Privat- **34** recht der Gesellschaften, Vereine und juristischen Personen realisiert (zum Entwurf MüKoBGB/*Kindler* IntGesR Rn. 540ff.; *Schneider* BB 2008, 566ff.), hätte die Verlegung des Registersitzes nicht die Auflösung der Gesellschaft zur Folge, vielmehr würde lediglich das anwendbare Recht wechseln. Voraussetzung wäre, dass beide Rechtsordnungen einen Wechsel ohne Auflösung und Neugründung zulassen und die hierfür aufgestellten Kriterien erfüllt sind.

2. Name, Vorname, ausgeübter Beruf und Wohnort (Nr. 2)

Neben ihren **Namen und Vornamen** – ein Vorname genügt (vgl. Baum- **35** bach/Hopt/*Roth* HGB § 106 Rn. 6, aber: es gibt keinen rechtlich festgesetzten Rufnamen mehr) – müssen die Partner auch den in der Partnerschaft **ausgeübten Beruf** im Vertrag angeben. Damit wird es Partnern, die mehrere Freie Berufe ausüben, ermöglicht, nur einen dieser Berufe in die Partnerschaft einzubringen (BT-Drs. 12/6152, 13; zur Normgestaltung krit. MWHLW/*Meilicke* Rn. 8). Eine Beschränkung auf eine Tätigkeit muss sich eindeutig aus dem Partnerschaftsregister ergeben, wenn die spezielle Berufstätigkeit vom Gegenstand der Partnerschaft umfasst wird (MHdB GesR I/*Salger* § 38 Rn. 9).

Grundsätzlich kann der Freie Beruf auch in mehreren Partnerschaften aus- **36** geübt werden. Entgegenstehendes Berufsrecht ist zu beachten (§ 1 Abs. 3). So wurde früher angenommen, aus dem Wortlaut des § 59a Abs. 1 S. 1 BRAO („in einer Sozietät") folge, dass Rechtsanwälte ihrem Beruf grundsätzlich nur in **einer** Gesellschaft nachgehen dürfen (BT-Drs. 12/4993, 33; zur Zulässigkeit des Verbots der Sternsozietät nach alter Rechtslage vgl. *Henssler* ZIP 1998, 2121; BGH NJW 2006, 1132 und Anmerkung von *Kilian* BGH-Report 2006, 339f.). Im Jahr 2007 wurde im Zuge der Einführung des Rechtsdienstleistungsgesetzes der Wortlaut der Vorschrift geändert und damit das Verbot der Sternsozietät aufgehoben. § 59a Abs. 1 BRAO ist seit der Streichung der Worte „in einer Sozietät" jetzt neutral formuliert („Rechtsanwälte dürfen sich mit Mitgliedern einer Rechtsanwaltskammer und der Patentanwaltskammer, mit Steuerberatern, Steuerbevollmächtigten, Wirtschaftsprüfern und vereidigten Buchprüfern zur gemeinschaftlichen Berufsausübung im Rahmen der eigenen beruflichen Befugnisse verbinden."). Zur Neufassung des § 59a Abs. 1 BRAO im Rahmen der Einführung des RDG → § 1 Rn. 316f.

Die Eintragung des Berufs im Partnerschaftsregister ermöglicht jedermann **37** (§ 5 Abs. 2 iVm § 9 HGB) die **Information,** welcher Beruf von den einzelnen Partnern in der Gesellschaft ausgeübt wird (Römermann/*Zimmermann* Rn. 29; *Seibert* 48). Zugleich wird hierdurch die Tätigkeitspflicht eines jeden Partners dokumentiert (MüKoBGB/*Schäfer* Rn. 21).

38   **Wohnort** ist der Wohnort iSd § 7 BGB. Da nach § 7 Abs. 2 BGB mehrere
Wohnorte zugelassen sind, genügt die Angabe des Hauptwohnsitzes im Sinne
des tatsächlichen Aufenthaltsortes des Partners (MHdB GesR I/*Salger* § 38
Rn. 8; aA Römermann/*Zimmermann* Rn. 30; MüKoBGB/*Schäfer* Rn. 20: es
kommt nicht auf den Wohnort iSd § 7 BGB, sondern den Ort des tatsächlichen dauerhaften Aufenthalts des Partners an). Im Zweifel kann es sich empfehlen, mehrere Wohnsitze im Vertrag anzugeben, um die Wirksamkeit des
Vertrages sicherzustellen. Der Gesetzgeber hat sich bei der Festlegung dieses
Erfordernisses wohl an § 106 Abs. 2 Nr. 1 HGB orientiert. Dort handelt es
sich allerdings nur um eine Ordnungsvorschrift. Die nach § 3 Abs. 2 iVm
§ 125 BGB bei fehlerhaften Angaben eintretende Nichtigkeitsfolge (vgl.
MWHLW/*Meilicke* Rn. 24) erscheint völlig praxisfremd und verfehlt.

3. Gegenstand (Nr. 3)

39   **Gegenstand der Partnerschaft** kann allein die gemeinsame Ausübung
einer freiberuflichen Tätigkeit nach § 1 sein. Die Festlegung im Gesellschaftsvertrag soll sicherstellen, „daß die Berufszweige, in denen die Partner tätig
werden wollen, klar und eindeutig festgelegt werden" (BT-Drs. 12/6152, 13).
Der **Gegenstand** der Partnerschaft ist **nicht zu verwechseln** mit dem
Zweck. Während ersterer lediglich die Tätigkeit der Partnerschaft festlegt,
bezeichnet der Zweck das Ziel dieser Tätigkeit (vgl. Hachenburg/*Ulmer*
GmbHG § 3 Rn. 19; *Kübler/Assmann,* Gesellschaftsrecht, 6. Aufl. 2006, § 5,
34 f.; *Wiedemann* GesR II § 2 III 1. a), 122 ff.). Zweck der Partnerschaft ist die
gemeinsame Berufsausübung. Der Gegenstand bezeichnet das Mittel, mit dem
dieser Unternehmenszweck erreicht werden soll. Er ist bei der Partnerschaft
die freiberufliche Tätigkeit, welcher die Partner nachgehen möchten.

40   Von Bedeutung ist der Gegenstand des Unternehmens für die Reichweite
des **Wettbewerbsverbotes** (§ 6 Abs. 3 iVm § 112 HGB, → § 6 Rn. 72 ff.).
Außerdem können sich die Partner durch eine konkrete Festlegung des Gegenstandes im Innenverhältnis und in geringerem Umfang auch im Außenverhältnis – nach der Lehre vom Missbrauch der Vertretungsmacht (MüKoBGB/
Schramm BGB § 164 Rn. 106 ff.) – dagegen schützen, dass das Betätigungsfeld
der Partnerschaft durch Geschäftsführungsmaßnahmen anderer Partner willkürlich auf Gebiete ausgedehnt wird, die anfangs nicht vereinbart waren. Der
Gegenstand der Partnerschaft ist dementsprechend auch **nicht identisch mit
den in der Partnerschaft ausgeübten Berufen** (zur Problematik, wenn sich
Angabe des Gegenstands nach § 3 Abs. 2 Nr. 3 und Angabe der ausgeübten
Berufe nach § 3 Abs. 2 Nr. 2 nicht decken Römermann/*Zimmermann*
Rn. 32). Welche der zu ihrer Berufsausübung zählenden Tätigkeiten die Partner im Rahmen der Partnerschaft vornehmen dürfen, kann durch die Festlegung des Gegenstandes **beschränkt** werden. So kann eine Partnerschaft, in
der Steuerberater und Rechtsanwälte tätig sind, sich auf den Unternehmensgegenstand „Steuerberatung" beschränken, der für die anwaltlichen Partner
nur einen Ausschnitt aus ihrem beruflichen Tätigkeitsfeld bildet. Durch die
Eintragung (vgl. § 5 Abs. 1) wird zugleich die Öffentlichkeit geschützt. Aus
Gründen der Flexibilität sollte der Gegenstand der Partnerschaft nicht zu eng
umrissen werden.

V. Vertragsmängel – Lehre von der fehlerhaften Gesellschaft

Der Wirksamkeit des Partnerschaftsvertrages können die im BGB nor- **41** mierten Vertragsmängel (Geschäftsunfähigkeit, Dissens, fehlende Vertretungsmacht, Formmängel oder Willensmängel nach §§ 119, 123 BGB) entgegenstehen. Auch Scheingeschäfte (§ 117 BGB) oder Fälle fehlender Geschäftsgrundlage sind denkbar. Bei **Teilnichtigkeit** gilt die Auslegungsregel des § 139 BGB grundsätzlich nicht (BGHZ 49, 364 (365) = NJW 1968, 1378 f.; BGH DB 1955, 750; WM 1976, 1027 (1029); Soergel/*Hadding/Kieß*-*ling* BGB § 705 Rn. 40; Staudinger/*Habermeier,* 2003, BGB § 705 Rn. 65). Vielmehr ist anzunehmen, dass die Gesellschafter ein gemeinsames Interesse am Bestand der Gesellschaft haben. Eine entsprechende Vermutung liegt vor allem dann nahe, wenn die Gesellschaft bereits in Vollzug gesetzt wurde. Ist die Willenserklärung nur eines Partners unwirksam, wird die Auslegung des Vertrages häufig ergeben, dass gleichwohl ein Vertragsschluss unter den übrigen Partnern gewollt war. Ein wichtiges Indiz hierfür bildet die Aufnahme einer Fortsetzungsklausel in den Gesellschaftsvertrag (Staub/*Schäfer* HGB § 105 Rn. 184).

Erstreckt sich die Nichtigkeit auf den gesamten Vertrag, so besteht die Ge- **42** sellschaft gleichwohl, sofern sie schon in Vollzug gesetzt ist und ansonsten keine schutzwürdigen Belange entgegenstehen. Nach der **Lehre von der fehlerhaften Gesellschaft** können dann Nichtigkeits- und Anfechtungsgründe nur mittels der gesellschaftsrechtlichen Gestaltungsmittel der Auflösungsklage (§ 9 Abs. 1 iVm § 133 HGB) oder des Ausscheidens (§ 9 Abs. 1 iVm § 140 HGB) und nur für die Zukunft geltend gemacht werden. In **Vollzug** gesetzt ist eine Gesellschaft spätestens mit Beginn der Tätigkeit nach außen (BGHZ 3, 285 [287 f.]; 52, 97; Soergel/*Hadding/Kießling* BGB § 705 Rn. 75; Staudinger/*Habermeier,* 2003, BGB § 705 Rn. 66). Aber auch bereits dann, wenn eine Einlageleistung erbracht und ein liquidationsbedürftiges Gesamthandsvermögen begründet wurde, liegt Vollzug vor (BGHZ 13, 320 [321] = NJW 1954, 1562; aA MüKoBGB/*Schäfer* BGB § 705 Rn. 331; Staudinger/*Habermeier,* 2003, BGB § 705 Rn. 66). Bei der Partnerschaft ist die Eintragung in das Partnerschaftsregister notwendige, nicht aber hinreichende Bedingung. Im Vollzug kann eine Bestätigung (§ 141 BGB) des fehlerhaften – beispielsweise anfechtbaren – Rechtsgeschäfts liegen (dazu MWHLW/*Meilicke* Rn. 31).

Schutzwürdige Belange der Gesellschafter oder Dritter können den Be- **43** stand der Gesellschaft verhindern. Im Personengesellschaftsrecht spielt der Schutz Geschäftsunfähiger eine bedeutende Rolle (vgl. BGHZ 38, 26 ff. = NJW 1962, 2344 ff.; MüKoBGB/*Schäfer* BGB § 705 Rn. 335 ff.; Erman/ *H. P. Westermann* BGB § 705 Rn. 76). Bei den der Berufsausübung dienenden Partnerschaften dürfte die Beteiligung Geschäftsunfähiger oder beschränkt Geschäftsfähiger dagegen wenig praxisrelevant sein. Der durch arglistige Täuschung oder Drohung erzwungene Beitritt zu einer Gesellschaft rechtfertigt nach einer verbreiteten Literaturmeinung noch keine Abweichung von den Grundsätzen der fehlerhaften Gesellschaft (Erman/*H. P. Westermann* BGB § 705 Rn. 77; MüKoBGB/*Schäfer* BGB § 705 Rn. 340 jeweils mwN; differenzierend *Kübler/Assmann,* Gesellschaftsrecht, 6. Aufl. 2006, § 26 IV. 5., 397).

Demgegenüber verneint die Rspr. in diesen Fällen die Anwendbarkeit der Lehre von der fehlerhaften Gesellschaft (vgl. BGHZ 13, 320 [323] = NJW 1954, 1562; BGHZ 26, 330 [335] = NJW 1958, 668 [669]; BGHZ 55, 5 [9] = NJW 1971, 375 [377]; BGHZ 63, 338 [345] = WM 1975, 346 [347]; BGHZ 148, 201 [207] = NJW 2001, 2718 [2719]; OLG Rostock NZG 2000, 930 [932]). Schadensersatzansprüche und die Möglichkeit des Austritts bieten einen ausreichenden Schutz. Ein Vorrang schutzwürdiger Belange ist in Partnerschaften zu erwägen, wenn der Vertrag als ganzer und nicht nur einzelne Klauseln gegen §§ 134, 138 BGB verstoßen.

44   Ein fehlerhafter, in Vollzug gesetzter Gesellschaftsvertrag ist – vorbehaltlich der Unwirksamkeit einzelner Klauseln – **als wirksam zu behandeln,** bis die Fehlerhaftigkeit durch gesellschaftsrechtliche Gestaltungsmittel geltend gemacht wurde. Vor der Invollzugsetzung können grundsätzlich die nach bürgerlichem Recht bestehenden Anfechtungsrechte eingesetzt oder die Nichtigkeit geltend gemacht werden.

VI. Vertragsänderungen – Mehrheitsentscheidungen

45   Vertragsänderungen bedürfen grundsätzlich der **Zustimmung sämtlicher Partner.** Im Partnerschaftsvertrag kann vorgesehen werden, dass solche Änderungen auch durch **Mehrheitsbeschluss** erfolgen können. Der bei Mehrheitsklauseln in Gesellschaftsverträgen früher für die formelle Legitimation zu beachtende **Bestimmtheitsgrundsatz** sowie die **Kernbereichslehre** (BGHZ 8, 35 [41] = NJW 1953, 102; BGHZ 48, 251 [253] = NJW 1967, 2158; BGHZ 170, 283 Rn. 9 f. = NJW 2007, 1686; BGH WM 1966, 707; BB 1976, 948; WM 1986, 1556 f.; NJW 1988, 411 [412]; OLG Düsseldorf NJW 1977, 2216 [2217]; OLG Hamm BB 1978, 120 [121]) wurden vom BGH zunächst zunehmend relativiert und inzwischen ausdrücklich aufgegeben (BGHZ 203, 77 = NJW 2015, 859; → § 6 Rn. 94). Erforderlich ist nach dieser Rspr. eine zweistufige Prüfung (BGHZ 203, 77 Rn. 11 ff. = NJW 2015, 859). Zunächst ist die formelle Legitimation im Wege der Auslegung des Gesellschaftsvertrags nach allgemeinen Auslegungsgrundsätzen zu prüfen, bevor dann auf einer zweiten Stufe die materielle Wirksamkeit am Maßstab der gesellschafterlichen Treuepflicht zu beurteilen ist. Maßgeblich ist, ob der mit der Änderung verbundene Eingriff in die individuelle Rechtsstellung des Gesellschafters, dh in seine rechtliche und vermögensmäßige Position in der Gesellschaft, im Einzelfall im Interesse der Gesellschaft geboten und dem betroffenen Gesellschafter unter Berücksichtigung seiner eigenen schutzwerten Belange zumutbar ist. Ausgenommen von der Zumutbarkeitsprüfung ist ein vom BGH inhaltlich nicht näher bestimmter Bereich von unverzichtbaren Rechten. Damit ist die konkrete Festlegung jedes einzelnen, im Rahmen einer Mehrheitsentscheidung zu fassenden Beschlussgegenstands im Partnerschaftsvertrag nicht mehr erforderlich (Zum Ganzen *Grunewald* BB 2015, 328 ff.; *Heckschen/Bachmann* NZG 2015, 531 ff.; *Priester* EWiR 2015, 72 ff.; *Schäfer* ZGR 2013, 237 ff.; *Schäfer* NZG 2014, 1401 ff.; *Ulmer* ZIP 2015, 657 ff.; *Wertenbruch* DB 2014, 2875 ff.; krit. *Altmeppen* NJW 2015, 2065 ff., sowie → § 6 Rn. 94).

VII. Auslegung

Die Auslegung des Partnerschaftsvertrages folgt den allgemeinen Grundsät- **46** zen der Vertragsauslegung (**§§ 133, 157 BGB).** Dem Wortlaut des Vertrages und der übereinstimmenden (subjektiven) Vorstellung der Partner kommt maßgebliche Bedeutung zu (BGH NJW 1995, 3313 [3314]; *Grunewald* ZGR 1995, 68f.; *Wiedemann* GesR II § 2 III. 2. a), 127; Staudinger/*Habermeier,* 2003, BGB § 705 Rn. 13). Neben dem Wortlaut einer Regelung, ihrem Sinn und Zweck und der Interessenlage der Parteien ist insbesondere auch die bisherige tatsächliche Übung durch die Gesellschafter maßgeblich (BGH NJW-RR 1989, 993f. [stille Gesellschaft]; Heymann/*Emmerich* HGB § 105 Rn. 18; Staub/*Schäfer* HGB § 105 Rn. 193; MüKoHGB/*K. Schmidt* HGB § 105 Rn. 149). Eine objektive Auslegung, wie sie für Satzungen von Körperschaften praktiziert wird, ist selbst bei großen Partnerschaften abzulehnen, da diese nicht auf den ständigen Wechsel ihrer Mitglieder angelegt sind. Nach längerer Vertragsdauer, vor allem nach Gesellschafterwechseln, tritt jedoch der Wille der Gründer zugunsten einer an Vertragszweck, Treuepflichten und vor allem an einverständlicher tatsächlicher Handhabung orientierten Vertragsauslegung zurück (*Wiedemann* DNotZ 1977 [Sonderheft], 99, 108f.; *Wiedemann* GesR II § 2 III. 2. a), 128). Aus dem Formzwang des § 3 Abs. 1 folgt, dass entsprechend der von der Rspr. in ähnlichem Kontext befürworteten Andeutungstheorie die für die Auslegung herangezogenen Umstände in der Vertragsurkunde wenigstens einen – wenn auch unvollkommenen – Ausdruck gefunden haben müssen (BGHZ 63, 359 [362] = NJW 1975, 536f.; BGHZ 80, 246 [250] = NJW 1981, 1736 [1737]; BGHZ 86, 41 [47] = NJW 1983, 672 [637]; BGHZ 87, 150 [154] = NJW 1983, 1610 [1611]). Über die Anwendbarkeit der Andeutungstheorie auf Gesellschaftsverträge musste die Rspr. allerdings – soweit erkennbar – bis heute nicht entscheiden. Im Schrifttum wird sie überwiegend abgelehnt (Oetker/*Weitemeyer* HGB § 105 Rn. 69; EBJS/*Wertenbruch* HGB § 105 Rn. 95).

Von der Auslegung zu trennen ist die in der Praxis häufig angewandte Be- **47** weislastregel (§ 286 Abs. 1 S. 1 ZPO) der inhaltlichen Richtigkeit und Vollständigkeit einer Urkunde (sog. tatsächliche Vermutung; vgl. dazu Staub/*Schäfer* HGB § 105 Rn. 195). Die Auslegung kann erst vorgenommen werden, wenn die Tatsachengrundlage, also der Auslegungsgegenstand feststeht. Der schriftliche Gesellschaftsvertrag trägt – wie jede Urkunde über ein Rechtsgeschäft – die Vermutung der Richtigkeit und Vollständigkeit in sich (vgl. nur Röhricht/Graf v. Westphalen/Haas/*Haas* HGB § 105 Rn. 28). Erweist sich der Partnerschaftsvertrag als **lückenhaft,** so ist zunächst auf das Instrument der **ergänzenden Vertragsauslegung** zurückzugreifen (BGH NJW 1979, 1705 [1706]; 1982, 2816 [2817]; 1985, 192f; BGHZ 123, 281 [285f.] = NJW 1993, 3193f.; *Henssler,* Risiko als Vertragsgegenstand, 1994, 103ff. mwN; ausführliche Darstellung bei Staub/*Schäfer* HGB § 105 Rn. 197f.). Zu ermitteln ist der hypothetische Parteiwille, also das, was die Parteien bei redlicher Denkweise übereinstimmend als gerechten Interessenausgleich gewollt und akzeptiert hätten (BGHZ 16, 71 [76] = NJW 1955, 337). Bietet der Vertrag keine Anhaltspunkte, so ist das dispositive Recht des PartGG mit seinen Verweisungen auf das HGB und das BGB heranzuziehen.

§ 4 Anmeldung der Partnerschaft

(1) [1]Auf die Anmeldung der Partnerschaft in das Partnerschaftsregister sind § 106 Abs. 1 und § 108 Satz 1 des Handelsgesetzbuchs entsprechend anzuwenden. [2]Die Anmeldung hat die in § 3 Abs. 2 vorgeschriebenen Angaben, das Geburtsdatum jedes Partners und die Vertretungsmacht der Partner zu enthalten. [3]Änderungen dieser Angaben sind gleichfalls zur Eintragung in das Partnerschaftsregister anzumelden.

(2) [1]In der Anmeldung ist die Zugehörigkeit jedes Partners zu dem Freien Beruf, den er in der Partnerschaft ausübt, anzugeben. [2]Das Registergericht legt bei der Eintragung die Angaben der Partner zugrunde, es sei denn, ihm ist deren Unrichtigkeit bekannt.

(3) Der Anmeldung einer Partnerschaft mit beschränkter Berufshaftung nach § 8 Absatz 4 muss eine Versicherungsbescheinigung gemäß § 113 Absatz 2 des Gesetzes über den Versicherungsvertrag beigefügt sein.

§ 4 verweist auf folgende Vorschriften des HGB:

§ 106 [Anmeldung zum Handelsregister]

(1) Die Gesellschaft ist bei dem Gericht, in dessen Bezirke sie ihren Sitz hat, zur Eintragung in das Handelsregister anzumelden.
Absatz 2 ist von der Verweisung ausgenommen.

§ 108 [Anmeldung durch alle Gesellschafter; Aufbewahrung der Unterschriften]

[1]Die Anmeldungen sind von sämtlichen Gesellschaftern zu bewirken.
Satz 2 ist von der Verweisung ausgenommen.

Schrifttum: *Franz,* Verordnung über die Einrichtung und Führung des Partnerschaftsregisters (Partnerschaftsregisterverordnung – PRV), ZAP 1995, 187; *Henssler,* Die PartmbB – großer Wurf oder (zu) kleine Lösung, AnwBl. 2014, 96; *Hornung,* Partnerschaftsgesellschaft für Freiberufler (Teil 1), Rpfleger 1995, 481; (Teil 2) Rpfleger 1996, 1 ff.; *Keilbach,* Die Prüfungsaufgaben der Registergerichte, MittRhNotK 2000, 365; *Keilbach,* Fragen des Partnerschaftsregisters, RNotZ 2001, 159; *Krafka,* Das neue Handels- und Unternehmensregister, MittBayNot 2005, 290; *Limmer,* Partnerschaftsregisteranmeldung einer Partnerschaftsgesellschaft, ZAP 2001, 651, Fach 26 S. 9; *Noack,* Das EHUG ist beschlossen – elektronische Handels- und Unternehmensregister ab 2007, NZG 2006, 801; *Notthoff,* Muster für die Anmeldung der Errichtung einer Partnerschaft zum Partnerschaftsregister, NZG 1998, 136; *Schaub,* Das neue Partnerschaftsregister, NJW 1996, 625; *Seibert/Decker,* Das Gesetz über elektronische Handelsregister und Genossenschaftsregister sowie das Unternehmensregister (EHUG), DB 2006, 2446.

Übersicht

I. Regelungszweck

1. Überblick

Das Partnerschaftsregister dient als öffentliches Verzeichnis rechtserhebli- **1**
cher Tatsachen über Partnerschaften in erster Linie der Publizität und somit
der Sicherheit und Information des Rechts- und Geschäftsverkehrs (BT-Drs.
12/6152, 13, 29; LG Frankenthal NJW 2004, 3190). Es ermöglicht die verläss-
liche Information über wesentliche Angaben wie den Zeitpunkt des Entste-
hens der Gesellschaft, die Identität der Partner, die von den Partnern ausgeübten Berufe, Beschränkungen der Vertretungsmacht der Partner, den Termin
des Ausscheidens einzelner Partner, die Orte von Haupt- und Zweigniederlassungen der Partnerschaft, die Namen der Liquidatoren uÄ Zwar ist der In-
formationsumfang als Folge der geringen Vorlage- und Nachweispflichten gegenüber früheren Entwürfen reduziert. Gleichwohl bleibt die Registereinsicht
für den Rechtsverkehr lohnend (aA Römermann/*Zimmermann* Rn. 9 ff.). Verwiesen sei allein auf die gem. § 160 HGB begrenzte Nachhaftung ausgeschiedener Partner. Erst der Blick in das Register erlaubt die Berechnung der Fünf-
jahresfrist dieser Vorschrift.

Anmeldung und Eintragung in das Register eröffnen die Möglichkeit, die **2**
Partnerschaft von einer freiberuflichen GbR zu unterscheiden (→ § 7 Rn. 1).
Mit dem Inkrafttreten der von der Sozietät abweichenden Haftungsregelung
in § 8 Abs. 2 und der Einführung der PartmbB hat dieses Anliegen zusätzlich
an Bedeutung gewonnen.

2. Entstehungsgeschichte

Die Einrichtung der Partnerschaftsregister war im Gesetzgebungsverfahren **3**
heftig und lange umstritten. Die Länder befürchteten das Entstehen unwirt-
schaftlicher Kosten, die auch durch Gebühren nicht sinnvoll aufgefangen wer-

den könnten (BT-Drs. 12/6152, 26). Verwiesen wurde auf die schwierige Haushaltslage der öffentlichen Hand, die an sich dazu zwinge, das vorhandene Personal zu reduzieren. Der Bundesregierung war jedoch bewusst, dass die Registrierung die Schicksalsfrage des gesamten Gesetzgebungsverfahrens darstellte (so zutreffend auch *Hornung* Rpfleger 1995, 481 [486]). Der Verzicht auf den damals zentralen Vorteil der registerlichen Publizität hätte das Scheitern des Gesetzes bedeutet. Eine rechtssichere Abgrenzung zur GbR wäre im Geschäftsverkehr zumindest deutlich erschwert worden. Die verbleibenden nur noch geringen Vorteile gegenüber der GbR hätten eine neue Gesellschaftsform nicht mehr rechtfertigen können. Das Gesetz versucht, den Bedenken nicht nur durch kostendeckende Gebühren (→ Rn. 32 ff.), sondern außerdem durch eine enge Begrenzung des registerrechtlichen Prüfungsaufwands Rechnung zu tragen. So sollen weder der Gesellschaftsvertrag noch berufsrechtliche Vorschriften vom Registergericht überprüft werden. Schließlich verzichtet die verabschiedete Fassung des § 4 sogar auf den Nachweis der Zugehörigkeit zu einem in der Partnerschaft ausgeübten Freien Beruf (anders noch RegE, BT-Drs. 12/6152, 4, dazu die Stellungnahme des Bundesrates, BT-Drs. 12/6152, 27). §§ 3, 4 PRV, die bestimmte, die Zulassung zum Freien Beruf betreffende Nachweis- und Ermittlungserfordernisse anlässlich der Eintragung begründen (→ Rn. 46 f.), stimmen mit dieser Zielsetzung allerdings nicht vollständig überein.

4   Die alternativ angedachte Registrierung der Partnerschaften bei den Berufskammern scheiterte daran, dass nur ein Teil der Freien Berufe überhaupt verkammert ist. Außerdem wären bei interprofessionellen Partnerschaften die konkurrierenden Kammerzuständigkeiten nur schwer lösbar gewesen (BT-Drs. 12/6152, 29 f.). Der Vorschlag der BRAK, das Partnerschaftsregister für verkammerte Berufe durch ihre jeweiligen Kammern, für nicht verkammerte Berufe von einem durch VO zu bestimmenden Notar führen zu lassen (*Haas* BRAK-Mitt. 1994, 1), hätte das Problem der interprofessionellen Partnerschaften nicht gelöst. Zudem hätte die Publizität für Außenstehende unter der zersplitterten Zuständigkeit gelitten (so auch MWHLW/*Wolff* Rn. 9).

5   Nach einem Gesetzesentwurf des Bundesrates sollte die Führung des Handelsregisters, des Genossenschaftsregisters, des Partnerschaftsregisters und des Vereinsregisters durch von den Ländern bestimmte Stellen als Behörden oder Beliehene in einem Verwaltungsverfahren übernommen werden (Register-Führungsgesetz – RFüG; BT-Drs. 16/515, 10). Ein neuer Art. 55 EGHGB sollte die Länder zum Erlass entsprechender Gesetze und Rechtsverordnungen ermächtigen. Ziel solcher Vorschläge war die Entlastung der Justiz (BT-Drs. 16/515, 7, 9). Die tatsächliche Entwicklung hat indes eine andere Richtung eingeschlagen. So sind zum 1.1.2007 Handels-, Genossenschafts- und auch Partnerschaftsregister durch das Gesetz über elektronische Handelsregister und Genossenschaftsregister sowie das Unternehmensregister (EHUG vom 10.11.2006, BGBl. 2006 I 2553) auf elektronischen Betrieb umgestellt worden (vgl. § 8 Abs. 1 HGB). Im Rahmen des Gesetzgebungsverfahrens wurde der Vorschlag des Bundesrates auf Einführung einer Öffnungsklausel abgelehnt, nach der von den Ländern bestimmten Stellen die Registerführung vornehmen können sollten (Stellungnahme des Bundesrates vom 10.2.2006, BT-Drs. 16/960, 81). Mit dem klaren Bekenntnis des EHUG zur Register-

führung durch die Gerichte (vgl. § 8 Abs. 1 HGB, § 125 FGG) hat sich der Entwurf des Register-Führungsgesetzes erledigt.

§ 4 hat in jüngerer Zeit einige Änderungen erfahren. So wurde der Vor- 6 schrift anlässlich der Einführung der PartmbB (§ 8 Abs. 4) mit Wirkung vom 19.7.2013 ein Abs. 3 angefügt, der bei Anmeldung einer PartmbB die Einreichung einer Bescheinigung über die bei dieser haftungsprivilegierten Variante nötige Versicherung verlangt. Als letzte Änderung wurde im Zuge der Aktiennovelle 2016 in § 4 Abs. 1 der dort enthaltene Verweis auf § 108 HGB auf dessen S. 1 beschränkt. Die für die Personenhandelsgesellschaften in § 108 S. 2 vorgesehene Erleichterung bei der Anmeldung nachträglicher Änderungen der inländischen Geschäftsanschrift hat für die PartG keine Bedeutung, da bei der Partnerschaft nach § 5 Abs. 2 Hs. 2 von vornherein keine Pflicht zur Anmeldung einer inländischen Geschäftsanschrift besteht.

II. Die Partnerschaftsregisterverordnung

§§ 4 und 5 regeln Einzelheiten der Anmeldung und Eintragung in das Part- 7 nerschaftsregister. Eine weitere Konkretisierung verfahrenstechnischer Fragen erfolgt durch die Partnerschaftsregisterverordnung (PRV). Die VO wurde am 16.6.1995 (BGBl. 1995 I 808ff.; BR-Drs. 213/95) verkündet und ist wie das PartGG seit dem 1.7.1995 in Kraft (§ 10 PRV).

1. Rechtsgrundlage

Art. 2 des Gesetzes zur Schaffung von Partnerschaftsgesellschaften und zur 8 Änderung anderer Gesetze sah parallel zur Einführung der neuen registerpflichtigen Gesellschaftsform Änderungen des damaligen FGG vor. Der durch Gesetz vom 25.7.1994 (BGBl. 1994 I 1744) eingefügte § 160b Abs. 1 S. 2 FGG verwies für das Partnerschaftsregister auf die Vorschriften des FGG über die Führung von Registern. Seit der Einführung des FamFG sind die Einzelheiten zum Verfahren in Registersachen in den §§ 374–409 FamFG geregelt. Die Ermächtigung, entsprechend der Handelsregisterverfügung (HRV) eine VO über das Partnerschaftsregister zu erlassen, leitet sich aus § 387 Abs. 2 FamFG ab.

2. Regelungsgegenstand

a) Anmeldeverfahren. Die PRV bestimmt, dass sich die Einrichtung und 9 Führung des Partnerschaftsregisters nach den Vorschriften der HRV (die HRV vom 12.8.1937 galt als Bundesrecht fort) richten, soweit nicht in der PRV abweichende Regelungen getroffen worden sind (§ 1 PRV). Die PRV enthält nur wenige Abweichungen von der HRV und garantiert so einen Gleichlauf der Registervorschriften für vergleichbare Gesellschaftsformen (Begr. RegE PRV, BR-Drs. 213/95, 11f.; ZRP 1995, 238). Durch das EHUG (→ Rn. 5) ist die HRV von 1937 zum 1.1.2007 wesentlich neu gefasst und an die Gegebenheiten des elektronischen Registerverkehrs angepasst worden. Aufgrund des Verweises in § 1 PRV war eine entsprechend umfassende Änderung der PRV entbehrlich.

10   Neben rein technischen Fragen der Gestaltung des Registers sieht die PRV auch für die Anmeldung und die Eintragung wichtige Ergänzungen zu §§ 4 und 5 vor. Die Pflichten der anmeldenden Partner werden durch die Sollvorschriften des § 3 Abs. 1 S. 2 und Abs. 3 PRV näher bestimmt (→ Rn. 46 ff.). Insbesondere soll bei staatlich reglementierten Freien Berufen ein Nachweis der Zulässigkeit bzw. der Befähigung zur Ausübung des Berufes vorgelegt werden (§ 3 Abs. 1 S. 2 PRV). Die Partner sollen ferner erklären, dass berufsrechtliche Vorschriften der Eintragung nicht entgegenstehen (§ 3 Abs. 2 PRV). Die Interessen der betroffenen Berufskammern werden durch ein Anhörungsrecht in Zweifelsfällen gewahrt (§ 4 PRV „Sollvorschrift"). Abweichungen von den Stellungnahmen der Berufskammern sind vom Registergericht zu begründen (§ 4 S. 4 PRV).

11   **b) Eintragung und Bekanntmachung.** Zur Konkretisierung des § 5 werden Details des Registeraufbaus (§ 2 PRV), des Inhalts der Eintragungen (§ 5 PRV), der Bekanntmachung der Eintragungen (§ 7 PRV) und der Informationsrechte Dritter (§ 6 PRV) normiert (→ § 5 Rn. 9 ff.).

III. Die Anmeldung der Partnerschaft (Abs. 1)

Muster: Ein Muster für die Anmeldung der Errichtung einer Partnerschaft zum Partnerschaftsregister findet sich bei MAH PersGesR/*Johansson* § 4 Rn. 455; *Limmer* ZAP 2001, 651, Fach 26 S. 9; *Notthoff* NZG 1998, 136.

1. Gerichtliche Zuständigkeit

12   Aufgrund des Verweises in § 4 Abs. 1 auf § 106 Abs. 1 HGB ergibt sich eine Pflicht, die Partnerschaft bei dem für ihren Sitz (→ § 3 Rn. 27 ff.) zuständigen Registergericht zur Eintragung anzumelden. Die Führung des Partnerschaftsregisters obliegt nach § 23 a Abs. 1 Nr. 2, Abs. 2 Nr. 3 GVG iVm § 374 Nr. 3 FamFG den **Amtsgerichten.** Auf die Eintragungen in das Partnerschaftsregister finden §§ 376−387 und § 395 FamFG Anwendung.

13   Ein zentrales (Bundes-)Handelsregister gibt es nicht. Jedoch haben inzwischen alle Bundesländer die von § 376 Abs. 2 FamFG eröffnete Möglichkeit genutzt, die Führung der Partnerschaftsregister für mehrere Amtsgerichtsbezirke oder sogar für ganze Landgerichts- und auch Oberlandesgerichtsbezirke durch Landesverordnung bei einem Amtsgericht zu konzentrieren.

14   In **Baden–Württemberg** sind nach Maßgabe der §§ 5 f. Zuständigkeitsverordnung Justiz verschiedene Amtsgerichte zuständig. In **Bayern** übernimmt das für die Führung des Handelsregisters zuständige Amtsgericht auch die Führung des Partnerschaftsregisters (§§ 9 f. GerZustJuV BY [Gerichtliche Zuständigkeitsverordnung Justiz]). In **Mecklenburg–Vorpommern** ist nach § 1 Konzentrationsverordnung das Amtsgericht am Sitz des Landgerichts zuständig für alle Amtsgerichte in dessen Bezirk, auch **Thüringen** hat sich weitgehend für diese Form einer Konzentration entschieden. Für die Landgerichtsbezirke Erfurt, Gera, Meiningen und Mühlhausen ist das Amtsgericht Jena zuständig (§ 2 ThürGerZustVO [VO über gerichtliche Zuständigkeiten in der ordentlichen Gerichtsbarkeit]). Die Amtsgerichte Chemnitz, Dresden und Leipzig sind nach § 9 SächsJOrgVO (Sächsische Justizorganisationsverordnung in **Sachsen**) zuständig, während in **Sachsen–Anhalt** nach § 14 Abs. 1 GBRegVO (Grundbuch- und Registerverordnung) eine Zuordnung an das Amtsgericht Stendal erfolgt ist. **Rheinland-Pfalz** kennt eine Zuständigkeit des Amtsgerichts Koblenz für den OLG-Bezirk Koblenz und des Amtsgerichts Zweibrücken für den OLG-Bezirk Zweibrücken (§ 3 Abs. 3 ZFGGZuVO [Landesverordnung über die gerichtliche Zuständigkeit in Zivilsachen und Angelegenheiten der freiwilligen Gerichtsbarkeit]).

Nordrhein-Westfalen hat den sinnvollen Weg der Errichtung eines einzigen zentralen Partnerschaftsregistergerichts eingeschlagen (§ 1 Abs. 2 NRW-RegisterVO [Registerverordnung]). Zuständig ist das Amtsgericht Essen. Ebenso ist in **Berlin** mit dem Amtsgericht Charlottenburg (§ 5 ZuwV [Zuweisungsverordnung]), in **Bremen** mit dem Amtsgericht Bremen (§ 1 Abs. 1 Nr. 1 RegZVO [VO über die örtliche Zuständigkeit in Registersachen und das zentrale Vollstreckungsgericht]), in **Hamburg** mit dem Amtsgericht Hamburg (§ 1 Nr. 14 VO über die Zuständigkeit des Amtsgerichts Hamburg), in **Hessen** mit dem AG Frankfurt a. M. (§ 32 Abs. 2 HessJuZuV [Justizzuständigkeitsverordnung]), in **Niedersachsen** mit dem Amtsgericht Hannover (§ 16 Abs. 2 NdsZustVO-Justiz [Verordnung zur Regelung von Zuständigkeiten in der Gerichtsbarkeit und der Justizverwaltung]), im **Saarland** mit dem Amtsgericht Saarbrücken (§ 1 SaarlRegisterVO [Registerverordnung]) und in **Schleswig-Holstein** mit dem Amtsgericht Kiel (§ 2 SchlHRegVO [Registerverordnung]) verfahren worden. **15**

§ 376 Abs. 2 S. 3 FamFG eröffnet die Möglichkeit, die Zuständigkeit eines Amtsgerichts auch über die Landesgrenzen hinaus auszudehnen. Im Rahmen des elektronischen Abrufs verliert die lokale Verwurzelung der Register an Bedeutung. Eine Einsichtnahme „vor Ort" kann über Terminals erfolgen, die grundsätzlich bei jedem Amtsgericht unabhängig von einer Konzentration der Registerführung auf andere Gerichte aufgestellt werden können. **16**

Funktionell zuständig ist der Rechtspfleger nach § 3 Nr. 2 lit. d RPflG. **17**

2. Antragserfordernis und Form der Anmeldung

Eintragungen in das Partnerschaftsregister werden nur aufgrund einer Anmeldung vorgenommen (Antragserfordernis). Der im Schrifttum (Staub/*Koch* HGB § 12 Rn. 5ff.; EBJS/*Schaub* HGB § 12 Rn. 26ff. mwN) geführte Meinungsstreit um die Rechtsnatur der Anmeldung hat bei der Partnerschaft keine eigenständige Relevanz (dazu MüKoBGB/*Schäfer* §§ 4, 5 Rn. 4a). Von Amts wegen erfolgen Eintragungen nur ausnahmsweise, wenn eine besondere gesetzliche Regelung dies vorsieht (vgl. § 2 Abs. 2 iVm § 32 HGB im Rahmen des Insolvenzverfahrens). Leidet ein zunächst gestellter Antrag unter einem Mangel, der durch Zwischenverfügung gerügt wird und stellt der Beteiligte anschließend einen nunmehr formgültigen Antrag, so liegt darin idR die stillschweigende Rücknahme des ursprünglichen Antrags. Eine Entscheidung über diesen ist damit obsolet (OLG ZweibrückenNZG 2011, 1160). **18**

Den Regelfall bildete bereits seit der Umstellung der Registerführung auf elektronischen Betrieb durch das EHUG (→ Rn. 5) die elektronische Anmeldung. Seit dem 1.1.2007 wird das Register ausschließlich elektronisch geführt **19**

(§ 5 Abs. 2, § 8 Abs. 1 HGB, § 1 PRV, § 7 HRV), auch Anmeldungen können seitdem nur noch elektronisch erfolgen.

20   Elektronische Anmeldungen haben gem. § 5 Abs. 2 iVm § 12 Abs. 1 HGB zum Schutz des Rechtsverkehrs in **öffentlich beglaubigter Form** (§ 129 BGB) zu erfolgen. Hierfür wird das Dokument von einem Notar mit einem einfachen elektronischen Zeugnis nach § 39a BeurkG (dazu ausführlich *Malzer* DNotZ 2006, 9 [12 ff.]) versehen und anschließend an das Registergericht übermittelt. Seit 1.9.2013 (BGBl. 2013 I 1800) kann statt einer Vollmacht zur Anmeldung in öffentlich beglaubigter Form auch eine Bescheinigung eines Notars nach § 21 Abs. 3 BNotO eingereicht werden. Eine direkte Online-Anmeldung des Eintragenden wurde im Verlauf der Vorbereitung des EHUG zwar erwogen, konnte sich jedoch im Hinblick darauf, dass der Notar nach der Konzeption des Registerwesens eine über die reine Beglaubigungstätigkeit hinausgehende Funktion im Sinne vorsorgender Rechtspflege ausübt, nicht durchsetzen (*Noack* NZG 2006, 801 [802]). Bei einer Abweichung der mitübermittelten XML-Strukturdaten von der öffentlich beglaubigten Anmeldung ist diese maßgeblich (OLG Nürnberg ZIP 2015, 374 ff.).

21   Die Pflicht zur Anmeldung trifft gem. § 4 Abs. 1 S. 1 iVm § 108 S. 1 HGB grundsätzlich sämtliche Gesellschafter gemeinsam. Da die Eintragung nicht höchstpersönlich bewirkt werden muss, können Dritte hierzu bevollmächtigt werden (MüKoHGB/*Langhein* HGB § 108 Rn. 14). Wie bei § 108 HGB sind die §§ 181, 1629, 1795 BGB unanwendbar, sodass die Gesellschafter sich auch untereinander vertreten können (Baumbach/Hopt/*Roth* HGB § 108 Rn. 3). Die Vollmacht bedarf ebenfalls der öffentlich beglaubigten Form und ist elektronisch einzureichen (§ 5 Abs. 2, § 12 Abs. 2 S. 1 HGB). Ein Mangel der Form hindert nicht die Wirksamkeit der Anmeldung, sondern nur ihren Vollzug (OLG Jena NJW-RR 2003, 99 = NZG 2003, 43 [44]).

22   Nach § 11 HGB können zum Register einzureichende Dokumente zusätzlich zu der deutschen Fassung auch in jeder Amtssprache eines Mitgliedstaats der Europäischen Union übermittelt werden. Nach Abs. 2 der Vorschrift genießen Übersetzungen allerdings nur einen eingeschränkten Gutglaubensschutz. Weicht die deutsche Fassung von der eingereichten Übersetzung ab, kann sich ein Dritter auf die Übersetzung berufen, es sei denn, der Eingetragene weist nach, dass dem Dritten die deutsche Originalfassung bekannt war.

23   Nach § 4 Abs. 1 S. 1 aF iVm § 108 Abs. 2 HGB aF war die Namensunterschrift unter Angabe des Namens der Partnerschaft von den vertretungsberechtigten Partnern zur Aufbewahrung bei dem Registergericht persönlich zu zeichnen. Schon in der amtl. Begr. des Gesetzesentwurfs hielt die Bundesregierung die Regelung für nicht mehr zeitgemäß (BT-Drs. 12/6152, 13). Daher sollte die Vorschrift im Rahmen der Reform des Handelsregisterrechts überdacht und nach Möglichkeit gestrichen werden (vgl. Bericht der Bund-/Länder-Arbeitsgruppe in Beil. zum BAnz. vom 9.8.1994, Nr. 148). Lange Zeit blieb es allerdings doch bei der ursprünglichen Regelung. Erst zum 1.1.2007 ist § 108 Abs. 2 HGB aF im Rahmen der Verabschiedung des EHUG (→ Rn. 5) gestrichen und somit das Erfordernis der persönlichen Zeichnung aufgegeben worden. Auf die digitale Aufnahme eingescannter Unterschriften wurde verzichtet (Begr. zum RegE EHUG, 116 f.). Vorrangiges Ziel dieser Vereinfachung ist die Beschleunigung der Verwaltung.

3. Mindestangaben bei erstmaliger Eintragung

Inhaltlich werden in § 4 die Anforderungen an die anmeldepflichtigen Da- **24** ten gegenüber früheren Entwürfen weit zurückgenommen. Der Prüfungsaufwand der Gerichte musste im Gesetzgebungsverfahren reduziert werden, um die Zustimmung der Länder zu sichern, die unverhältnismäßig hohe Kosten durch die Führung der Partnerschaftsregister auf sich zukommen sahen (*Leutheusser-Schnarrenberger* der freie Beruf 7–8/1994, 20 [21]).

Bis zur Änderung des Abs. 1 S. 2 durch das ERJuKoG am 15.12.2001 be- **25** schränkte sich die Anmeldepflicht auf den gem. § 3 Abs. 2 zwingenden Mindestinhalt des Partnerschaftsvertrages, nämlich: **Name und Sitz der Partnerschaft** (Nr. 1), **Familienname, Vorname und Wohnort jedes Partners** (Nr. 2), den **Gegenstand der Partnerschaft** (Nr. 3) und sämtliche in der **Partnerschaft ausgeübte Berufe** (Nr. 2). Anmeldungspflichtig war darüber hinaus nur eine von der gesetzlichen Regelung in § 7 Abs. 3 iVm § 125 Abs. 1 HGB (Alleinvertretungsbefugnis aller Partner) abweichende Gestaltung der organschaftlichen Vertretungsmacht. Obwohl akademische Titel nicht von § 3 Abs. 2 erfasst werden, sind sie aufgrund Gewohnheitsrechts in das Partnerschaftsregister eintragungsfähig (BGH NZG 2017, 734).

Seit 2001 ist zur besseren Verständlichkeit des Registerinhalts – entspre- **26** chend der die OHG betreffenden Regelung in § 106 Abs. 2 Nr. 4 HGB – die **Vertretungsmacht der Partner** in jedem Fall zur Eintragung anzumelden. Gemeint ist nur die organschaftliche Vertretungsmacht (im Unterschied zu einer rechtsgeschäftlich erteilten Vertretungsmacht). Sowohl § 125 Abs. 4 HGB als auch der Verweis in § 7 Abs. 3 wurden infolgedessen obsolet und deshalb gestrichen (Begr. zum RegE v. 31.8.2001; BT-Drs. 14/6855, 20 f.). Zur Vertretungsmacht der Partner gehört auch die Befreiung vom Verbot des Insichgeschäfts nach § 181 BGB (BayObLG NJW-RR 2000, 562 = NZG 2000, 138 zur GmbH & Co. KG). Ferner muss – ebenfalls in Angleichung an § 106 Abs. 2 HGB – auch das **Geburtsdatum eines jeden Partners** zur Eintragung angemeldet werden.

Die Anmeldung muss aus sich heraus verständlich sein (BayObLG NJW- **27** RR 2000, 562 = NZG 2000, 138). Der einzutragende Inhalt muss eindeutig bezeichnet werden (*Ammon* DStR 1993, 1025 [1026]).

Die ursprünglich erwogene Verpflichtung, den Partnerschaftsvertrag bei der **28** Anmeldung vorzulegen, fand sich schon im RegE nicht mehr (BT-Drs. 12/6152, 13). Trotz des engen Konnexes zwischen dem Umfang der Anmeldepflicht und dem Mindestinhalt des Partnerschaftsvertrages erschien die Prüfung des Partnerschaftsvertrages zu zeitaufwendig. Auch auf den Nachweis einer etwaigen Haftpflichtversicherung der Partnerschaft wurde im Gegensatz zu früheren Entwürfen (§ 2 Abs. 3 E 1971, → Einführung Rn. 2) verzichtet. Etwas anderes gilt nur für die inzwischen eingeführte PartmbB (§ 4 Abs. 3). Da die Partnerschaft gem. § 7 Abs. 1 erst mit der Eintragung wirksam wird, muss die Anmeldung abweichend von § 106 Abs. 2 HGB, § 123 HGB nicht den Geschäftsbeginn wiedergeben.

4. Anmeldepflichtige Änderungen

29   Nach § 4 Abs. 1 S. 3 müssen die vertretungsberechtigten Partner auch **Änderungen der anmeldepflichtigen Tatsachen** zur Eintragung in das Partnerschaftsregister anmelden. Dies betrifft vor allem den Eintritt eines neuen Partners oder die Sonderrechtsnachfolge in einen Partnerschaftsanteil. § 108 S. 2 HGB nimmt für OHG und KG bloße Änderungen der Geschäftsanschrift von der nachträglichen Anmeldepflicht aus. Da bei der Partnerschaft nach § 5 Abs. 2 Hs. 2 allerdings ohnehin keine Pflicht zur Anmeldung einer inländischen Geschäftsanschrift besteht, bedurfte es in § 4 Abs. 1 keines Verweises auf diese Bestimmung. Nach § 5 Abs. 2 iVm § 12 Abs. 2 HGB ist für die Dokumentenform danach zu unterscheiden, ob eine Urschrift, eine einfache Abschrift oder aber ein notariell beurkundetes Dokument bzw. eine öffentlich beglaubigte Abschrift einzureichen ist. Während in den beiden erstgenannten Fällen die Übermittlung einer elektronischen Aufzeichnung genügt, ist für die letztgenannten Urkunden ein mit einem einfachen elektronischen Zeugnis nach § 39 a BeurkG versehenes Dokument zu übermitteln. Nach § 8 a Abs. 2 S. 2 HGB obliegt es im Übrigen den Ländern, durch Rechtsverordnung die Datenübermittlung zu regeln und die Form der zu übermittelnden elektronischen Dokumente festzulegen. Um eine Zersplitterung der Registeranmeldungen zu vermeiden, sollte dabei von den Ländern auf eine gewisse Einheitlichkeit geachtet werden (*Noack* NZG 2006, 801 [802]).

30   Spezielle Anmeldungspflichten ergeben sich bei Erlöschen des Namens der Partnerschaft (§ 2 Abs. 2 iVm § 31 Abs. 2 S. 1 HGB), Ausscheiden eines Partners (§ 9 Abs. 1 iVm § 143 Abs. 2 HGB) und bei Auflösung der Partnerschaft (§ 9 Abs. 1 iVm § 143 Abs. 1 HGB). Ebenso muss die Verlegung des Sitzes der Partnerschaft angemeldet werden (§ 5 Abs. 2 iVm § 13h Abs. 1 HGB). Verschmelzungen, Spaltungen und Formwechsel unter Beteiligung einer Partnerschaft sind nach den Vorschriften des UmwG registerpflichtig. Erlischt die PartG ohne vorherige Liquidation, weil nach dem Ausscheiden von Partnern nur ein einziger Gesellschafter verbleibt, so ist nur die Auflösung der Gesellschaft und nicht das Ausscheiden der Partner zur Eintragung anzumelden (MüKoBGB/*Schäfer* §§ 4, 5 Rn. 4; ebenso zur OHG BayObLG DB 2001, 2088 [2089]; OLG Düsseldorf NJW-RR 1998, 245 [246]; Staub/*Schäfer* HGB § 143 Rn. 11).

5. Registerpublizität

31   Anmeldung und Eintragung führen zur Anwendbarkeit der **Registerpublizität** gem. § 5 Abs. 2 iVm § 15 Abs. 1 HGB. So können zB vertragliche Regelungen der Vertretungsmacht im Rahmen des § 7 Abs. 3 dem Rechtsverkehr erst nach erfolgter Eintragung und Bekanntmachung entgegengehalten werden. Ebenso verhält es sich mit dem Ausscheiden eines Partners. Dem Angehörigen des Freien Berufes wird damit im Interesse des Schutzes des Rechtsverkehrs eine kaufmannsähnliche Sorgfaltspflicht in eigenen Angelegenheiten auferlegt. Dieser Abweichung von der Rechtslage in der GbR sind sich die zT wenig geschäftserfahrenen Angehörigen einzelner Freier Berufe (insbesondere die Berufsgruppen der Heilberufe und der Künstler) nicht immer bewusst.

6. Kosten

Ebenso wie Eintragungen in andere öffentliche Register sind Eintragungen **32** in das Partnerschaftsregister gebührenpflichtig (§ 58 Abs. 1 Nr. 1 GNotKG; § 1 HRegGebV)). Eine grundlegende Einführung in das neue GNotKG als Nachfolgeregelung der KostO findet sich bei *Wudy* NotBZ 2013, 201 ff.

Die Höhe der Gebühr richtet sich nach dem Gebührenverzeichnis der Anl. **33** zur Handelsregistergebührenverordnung (HRegGebV, BGBl. 2004 I 2563), § 1 HRegGebV iVm § 58 GNotKG.

Die Gebühr für die Ersteintragung einer Gesellschaft mit bis zu drei ein- **34** zutragenden Partnern beträgt danach 100 EUR und erhöht sich für jeden weiteren einzutragenden Partner um 40 EUR. Für die Eintragung einer Zweigniederlassung ist eine Gebühr von 40 EUR zu entrichten. Für die Verlegung der Hauptniederlassung oder des Sitzes einer Partnerschaft in den Bezirk eines anderen Gerichts beträgt die Gebühr bei bis zu drei eingetragenen Partnern 80 EUR (Erhöhung für jeden weiteren eingetragenen Partner 40 EUR). Wenn bei der Verlegung der Hauptniederlassung oder des Sitzes das bisherige Gericht zuständig bleibt, werden keine Gebühren erhoben. Für die Eintragung aufgrund der Umwandlung einer Partnerschaft nach dem Umwandlungsgesetz wird bei maximal drei einzutragenden Partnern eine Gebühr iHv jeweils 180 EUR für die Eintragung in das Register des übertragenden oder formwechselnden Rechtsträgers und für die Eintragung in das Register des übernehmenden Rechtsträgers fällig. Hinsichtlich der Gebühren für Eintragungen, die Zweigniederlassungen eines Unternehmens mit Sitz im Ausland betreffen, bleibt der Umstand, dass es sich um eine Zweigniederlassung handelt, unberücksichtigt. Die allgemeinen für inländische Unternehmen geltenden Vorschriften finden Anwendung. Die Eintragung einer Tatsache bei einer Partnerschaft mit bis zu fünfzig eingetragenen Partnern führt grundsätzlich zu einer Gebühr von 60 EUR.

Für die Übertragung von Schriftstücken in ein elektronisches Dokument **35** nach § 9 Abs. 2 HGB wird für jede angefangene Seite eine Gebühr iHv 2 EUR erhoben (insgesamt jedoch mindestens 25 EUR). Mit dieser Gebühr wird auch die einmalige elektronische Übermittlung der Dokumente an den Antragsteller abgegolten.

Ursprünglich richtete sich die Höhe der Gebühren nach dem Geschäfts- **36** wert, der sich seinerseits am Wert des Betriebsvermögens der Partnerschaft orientierte. Durch die Einführung eines Mindestgebührenwertes hat der Gesetzgeber die kostenrechtliche Behandlung erleichtert. Auch das GNotKG enthält eine allgemeine Mindestgebühr, § 34 Abs. 5 GNotKG, sowie Mindestgebühren für bestimmte Geschäfte, wie zB das Beurkundungsverfahren, das Entwurfsgeschäft und bestimmte Beglaubigungen (*Wudy* NotBZ 2013, 201 [209]). § 26a S. 2 KostO ermöglichte zudem einen vereinfachten Nachweis des Geschäftswertes. Im Anwendungsbereich der EG-Gesellschaftssteuer-Richtlinie (RL 69/335/EWG) verstieß diese Regelung jedoch gegen Unionsrecht (EuGH NZG 1998, 274 – Fantask). Sie wurde bereits vor Ersetzung der KostO durch das GNotKG aufgehoben.

In § 3 Abs. 1 GNotKG ist der Begriff des Geschäftswerts definiert. Die Er- **37** mittlung des Geschäftswerts richtet sich grundsätzlich nach der allgemeinen

Geschäftswertvorschrift des § 36 GNotKG, soweit es für den jeweiligen Einzelfall keine Sondervorschrift gibt (*Wudy* NotBZ 2013, 201 [211]). Heute wird der Geschäftswert einer Partnerschaft nach § 105 GNotKG bestimmt und beträgt bei der ersten Anmeldung einer Partnerschaft mit zwei Partnern 45.500 EUR (§ 105 Abs. 3 Nr. 2 GNotKG). Hat die Gesellschaft mehr als zwei Partner, erhöht sich der Wert für den dritten und jeden weiteren Partner um jeweils 15.000 EUR (§ 105 Abs. 3 Nr. 2 GNotKG). Bei einer späteren Anmeldung beträgt der Geschäftswert nach § 105 Abs. 4 Nr. 3 GNotKG 30.000 EUR. In § 106 GNotKG ist als Höchstwert für die Anmeldungen zu bestimmten Registern, ua dem Partnerschaftsregister ein Geschäftswert von 1 Million vorgesehen. Die Gebühren für Eintragungen in das Partnerschaftsregister richten sich allerdings – wie unter → Rn. 36 dargelegt – nicht mehr nach dem Geschäftswert.

IV. Anmeldung einer PartmbB (Abs. 3)

38   Aufgrund der Einführung der haftungsprivilegierten Variante der PartmbB in § 8 Abs. 4 (→ § 8 Rn. 128 ff.) musste § 4 für die Anmeldung dieser Sonderform um die Pflicht zur Einreichung einer Bescheinigung über den erforderlichen Versicherungsschutz ergänzt werden (vgl. den Regierungsentwurf BT-Drs. 17/10487, 13; zum Gesetz zur Einführung einer Partnerschaftsgesellschaft mit beschränkter Berufshaftung und zur Änderung des Berufsrechts der Rechtsanwälte, Patentanwälte, Steuerberater und Wirtschaftsprüfer v. 15.7.2013, BGBl. 2013 I 2386). Bei der Berufshaftpflichtversicherung handelt es sich nach der amtlichen Begründung um eine freiwillige Versicherung, weshalb ein ausdrücklicher Verweis auf die an sich nur Pflichtversicherungen erfassende Vorschrift des § 113 Abs. 2 VVG erforderlich ist. Danach hat der Versicherer dem Versicherungsnehmer unter **Angabe der Versicherungssumme** zu bescheinigen, dass eine der zu bezeichnenden **Rechtsvorschrift** entsprechende Pflichtversicherung besteht. Die Bescheinigung muss die Versicherungssumme und die der Versicherung zugrunde liegende berufsrechtliche (also nicht § 8 Abs. 4 S. 1, so aber unzutreffend *Gladys* DStR 2012, 309 [311]; wie hier *Seibert* DB 2013, 1710 [1711]) Rechtsvorschrift enthalten. Die Einreichung unter Angabe der Rechtsvorschrift soll – so die Begründung des Regierungsentwurfs (BT-Drs. 17/10487, 13) – die Prüfung durch das Registergericht, insbesondere die Ermittlung der Mindestversicherungssumme erleichtern. Das Gericht hat nur zu prüfen, ob die berufsrechtlich vorgesehene Mindestversicherungssumme erreicht ist (zum Prüfungsumfang auch *Römermann / Praß* NZG 2012, 601 [604]; *Seibert* DB 2013, 1710; *Vossius* GmbHR 2012, R 213). In interprofessionellen Partnerschaften müssen dementsprechend alle einschlägigen berufsrechtlichen Bestimmungen benannt werden. Maßgeblich ist dann die höchste Versicherungssumme (→ § 8 Rn. 137 ff.; *Henssler / Trottmann* NZG 2017, 241; *Gladys* DStR 2014, 2596 [2600]).

39   **Anzugeben ist neben der Rechtsvorschrift, über die das Gericht selbst die Mindestversicherungssumme ermitteln kann, immer auch die tatsächliche Versicherungssumme** (MüKoBGB/*Schäfer* §§ 4, 5 Rn. 9a; MWHLW/*Wolff* Rn. 38b; MüKoVVG/*Brand,* 2. Aufl. 2017, VVG § 113 Rn. 19; Langheid/Rixecker/*Langheid,* 5. Aufl. 2016, VVG § 113 Rn. 7; aA

Römermann/*Zimmermann* Rn. 34, der davon ausgeht, dass auch bei höherer Versicherungssumme die Angabe der Mindestversicherungssumme ausreicht). Sieht die berufsrechtliche Regelung eine Mindestversicherungssumme und im Übrigen eine „angemessene" Versicherung vor, so prüft das Registergericht nach der Begründung zum Entwurf ebenfalls nur, ob die Mindestversicherungssumme erreicht ist. Ob die Versicherung im Übrigen dann angemessen ist, bleibe das Risiko der Partner (MüKoBGB/*Schäfer* §§ 4, 5 Rn. 9a; krit. *Römermann/Praß* NZG 2012, 601 [604 f.]). Die Vorschrift ist direkt nur auf die Neugründung und erstmalige Anmeldung anwendbar, das Registergericht prüft nicht, ob der ausreichende Versicherungsschutz auch fortbesteht. Entsprechend Abs. 1 S. 3, Abs. 3 muss die Bescheinigung auch bei einer „Umwandlung" einer PartG in einer PartmbB vorgelegt werden (*Henssler* AnwBl. 2014, 96 [98], vgl. dort auch zu Umwandlungen von AG, GmbH oder LLP in eine PartmbB; MWHLW/*Wolff* Rn. 38a; Römermann/*Zimmermann* Rn. 36 f.). Zu möglichen Staatshaftungsansprüchen bei Eintragungen durch das Registergericht trotz nicht bestehenden Versicherungsschutzes Römermann/*Zimmermann* Rn. 38; allgemein zur Amtshaftung bei fehlerhaften Bekanntmachungen → § 5 Rn. 15.

V. Registergerichtliche Prüfung (Abs. 2)

1. Partnerschaftsvertrag, Name

Der **Partnerschaftsvertrag** ist mangels Vorlagepflicht grundsätzlich kein **40** Gegenstand der registergerichtlichen Prüfung. Erfährt das Gericht jedoch, dass der Gesellschaftsvertrag ohne die Einhaltung der Schriftform abgeschlossen wurde, so lehnt es die Eintragung ab (BT-Drs. 12/6152, 13). Gleiches gilt bei denkbaren Mängeln infolge der Beteiligung nicht voll geschäftsfähiger Gesellschafter, die ohne Genehmigung des Familien- oder Vormundschaftsgerichts erfolgt. Liegen substantiierte Hinweise auf derartige Vertragsmängel vor, hat das Registergericht ihnen nachzugehen. Dem steht nicht entgegen, dass eine generelle Vorlagepflicht des Partnerschaftsvertrages gerade nicht besteht (so auch MüKoBGB/*Schäfer* §§ 4, 5 Rn. 15; MWHLW/*Wolff* Rn. 54). Etwas anderes gilt für Verstöße gegen Berufsrechtsnormen. Hier wird das Gericht nur bei positiver Kenntnis aktiv (→ Rn. 42; MWHLW/*Wolff* Rn. 54).

Ein Schwerpunkt der Prüfung betrifft den **Namen** der Partnerschaft (vgl. **41** § 2 Abs. 1 iVm der Verweisung in § 2 Abs. 2 auf das allgemeine Firmenrecht). Die Unterscheidbarkeit des Namens iSd § 30 HGB muss nicht nur im Interesse der Wettbewerber, sondern auch im Interesse der Allgemeinheit gewährleistet werden.

2. Einhaltung des Berufsrechts

Die amtl. Begr. begnügt sich mit dem irreführenden Hinweis, bei der Ein- **42** tragung in das Partnerschaftsregister werde die Einhaltung berufsrechtlicher Vorgaben seitens des Gerichts grundsätzlich nicht überprüft. Dies sei „vielmehr vorrangige Aufgabe der berufsständischen Organe, deren Beteiligung nach § 380 Abs. 1 Nr. 4 FamFG möglich ist" (BT-Drs. 12/6152, 14). Die Formulierung bedarf der Ergänzung: Soweit Berufsrecht für die Wirksamkeit einzutragender Tatsachen von Bedeutung ist, unterliegt es der registergerichtlichen Überprüfung. Es erfolgt jedoch keine Prüfung von Amts wegen. Das Gericht darf sich auf die Angaben der anmeldenden Partner verlassen. Die vom Gesetzgeber bezweckte Entlastung der Registergerichte bei der Überprüfung berufsrechtsrelevanter Sachverhalte hat einen rein verfahrensrechtlichen Hintergrund. Der Prüfungsgegenstand im Sinne eines Prüfungsrechts ist nicht beschränkt (*Franz* ZAP 1995, 187 [193]; MüKoBGB/*Schäfer* §§ 4, 5 Rn. 13 f.).

43   Gemäß § 3 Abs. 2 PRV müssen die Partner erklären, dass die Zusammenarbeit der verschiedenen Berufe auf keine berufsrechtlichen Bedenken stößt und dass alle berufsrechtlichen Vorgaben eingehalten wurden. In Betracht kommen hier insbesondere Beschränkungen interprofessioneller Zusammenschlüsse (→ § 1 Rn. 245 ff.). Ist dem Gericht positiv bekannt, dass berufsrechtliche Vorschriften, welche die Nichtigkeit des Partnerschaftsvertrages zur Folge haben, einer Eintragung entgegenstehen, so darf die Partnerschaft nicht eingetragen werden (zutreffend *Franz* ZAP 1995, 187 [193]).

44   So muss das Gericht etwa das Verbot des Zusammenschlusses öffentlich bestellter mit nicht öffentlich bestellten Vermessungsingenieuren (dazu BGHZ 97, 243 [250] = NJW 1987, 65) beachten, soweit ein solches in der jeweiligen Berufsordnung (→ § 1 Rn. 84) enthalten ist. Bei evidenten Verstößen gegen die berufsrechtlichen Beschränkungen der interprofessionellen Zusammenarbeit der wirtschaftsnahen Beratungsberufe (§ 59a BRAO, § 56 StBerG, § 44b WPO, zu § 59a BRAO ist aber das Urteil BVerfGE 141, 82 = NJW 2016, 700 zu beachten, nach dem das Sozietätsverbot aus § 59a Abs. 1 S. 1 BRAO das Grundrecht der Berufsfreiheit verletzt, soweit es Rechtsanwälten eine gemeinschaftliche Berufsausübung mit Ärzten oder Apothekern im Rahmen einer Partnerschaftsgesellschaft untersagt) ist die Eintragung ebenfalls abzulehnen. Gleiches gilt für die berufsrechtlichen Vorschriften über den Namen der Partnerschaft, etwa die Befugnis, ausgeschiedene Partner im Namen fortzuführen, die Regeln über Zweigniederlassungen oder über die Vertretung der Partnerschaft (*Franz* ZAP 1995, 187 [194]).

45   Erleichtert wird diese Aufgabe durch die nach § 380 Abs. 1 Nr. 4 FamFG, § 395 Abs. 1 S. 1 FamFG mögliche Zusammenarbeit des Registergerichts mit den Berufskammern und deren Beteiligung am Eintragungsverfahren nach Maßgabe der §§ 4, 6 PRV (→ Rn. 54). Eine Eintragung darf das Registergericht jedoch nur verweigern, wenn es nach Einholung einer Stellungnahme der zuständigen Berufskammer von der Unrichtigkeit der Angaben positive Kenntnis hat. Bei bloßen Zweifeln ist die Eintragung vorzunehmen (LG München DNotZ 2001, 814 [815 f.]; *Keilbach* RNotZ 2001, 159 [160]; MWHLW/ *Wolff* Rn. 52; aA Henssler/Strohn/*Hirtz* §§ 4, 5 Rn. 11).

3. Zugehörigkeit zu den Freien Berufen (Abs. 2 S. 2)

46   Die Pflicht zur Angabe der Berufe der Partner und des Gegenstandes der Gesellschaft ermöglicht eine Kontrolle der Berechtigung, die Rechtsform der Partnerschaft in Anspruch zu nehmen. Das Gericht prüft nicht nur, ob die mitgeteilten Berufe Freie Berufe iSd § 1 Abs. 2 (→ § 1 Rn. 54 ff.) sind, sondern auch, ob die Gründung der Partnerschaft überhaupt berufsrechtlich zulässig ist (→ Rn. 42; ebenso MWHLW/*Wolff* Rn. 50; MüKoBGB/*Schäfer* §§ 4, 5 Rn. 14). Insoweit besteht eine Prüfungspflicht. Nach Intervention des Bundesrates (BT-Drs. 12/6152, 27) wurde mit Zustimmung der Bundesregierung (BT-Drs. 12/6152, 30) während der Beratung im Rechtsausschuss auf den RegE noch vorgesehenen vollen Nachweis der Freiberuflichkeit verzichtet. Der angefügte § 4 Abs. 2 S. 2 stellt dies in der vom Bundesrat angeregten Formulierung klar. Die „schlichte Erklärung" der anmeldenden Partner, der ausgeübte Beruf zähle zur Gruppe der Freien Berufe, reicht aus (so ausdrücklich BT-Drs. 12/7642, 12). Ein Nachweis ist nicht erforderlich (vgl. auch LG München DNotZ 2001, 814 [815]).

Da staatliche Stellen wie die Gerichte, Notare, die Staatsanwaltschaften sowie **47** die Polizei- und Gemeindebehörden zu ihrer Kenntnis gelangte Verstöße gegen die Anmeldepflicht dem Registergericht mitteilen (§ 379 Abs. 1 FamFG), sind unrichtige Eintragungen in nennenswertem Umfang nicht zu befürchten und soweit ersichtlich, bislang auch nicht erfolgt. Gemäß § 380 Abs. 1 Nr. 4 FamFG werden die Registergerichte bei der Vermeidung unrichtiger Eintragungen, der Berichtigung und Vervollständigung des Handels- und Partnerschaftsregisters, der Löschung von Eintragungen in diesen Registern und beim Einschreiten gegen unzulässigen Firmengebrauch oder unzulässigen Gebrauch eines Partnerschaftsnamens von den berufsständischen Organen unterstützt. Diese den Berufskammern obliegenden Mitwirkungsaufgaben ergeben sich auch aus § 4 PRV. Erfährt das Registergericht, dass nur eine stille Beteiligung eines Partners vorgesehen ist, so wird es die Eintragung ablehnen (vgl. BGHZ 75, 214, 217 ff.). Gleichwohl soll der Nachweis der Freiberuflichkeit zur präventiven Vermeidung fehlerhafter Eintragungen erfolgen, soweit er ohne Weiteres möglich ist (Begr. zum Entwurf einer PRV, BR-Drs. 213/95, 14).

Ist **für den Beruf,** den ein Partner in der Partnerschaft ausüben will, eine **48** staatliche **Zulassung erforderlich,** so verpflichtet die Sollvorschrift des § 3 Abs. 1 S. 2 PRV zur „**Vorlage** etwaiger Zulassungs- oder Prüfungsurkunden" im Original, einer Ausfertigung oder einer öffentlich beglaubigten Abschrift (LG München DNotZ 2001, 814 [815]). Die Vorlage derartiger Nachweise kann nach der Begr. allerdings unterbleiben, wenn an der Ausübung des Freien Berufs durch den betreffenden Partner keine vernünftigen Zweifel bestehen, wie zum Beispiel bei im Gerichtsbezirk zugelassenen Rechtsanwälten (Begr. RegE PRV BR-Drs. 213/95, 14 f.).

Gibt es für den jeweiligen Beruf keine anerkannte Ausbildung oder ein sons- **49** tiges Zulassungsverfahren, so „können die Partner die Ausübung der freiberuflichen Tätigkeit auf sonstige Weise, notfalls auch durch schlichte Erklärung **darlegen**" (§ 3 Abs. 1 S. 3 PRV). Betroffen sind Künstler, Wissenschaftler und Schriftsteller. Den Partnern obliegt die Verpflichtung zu schriftlichen Angaben (BR-Drs. 213/95, 14 f.). Die „Sollvorschrift" lässt den Verzicht auf Nachweise zu, wenn keine Zweifel bestehen, die Ausübung eines Freien Berufes etwa dem Gericht bereits bekannt ist (BR-Drs. 213/95, 15). Auch bei Schwierigkeiten, den Nachweis zu erbringen, kann das Gericht von seiner Vorlage absehen und sich mit einer schlichten Erklärung begnügen (*Franz* ZAP 1995, 187 [189]). § 3 Abs. 1 S. 2 PRV verändert die **Darlegungslast** der anmeldenden Partner nicht. Die Wertung des § 4 Abs. 2 beeinflusst auch die Interpretation der VO. Der missverständliche Begriff „darlegen" ist als schlichte Erklärung der Berufszugehörigkeit zu verstehen (so im Ergebnis auch *Feddersen/Meyer-Landrut* Rn. 10 ff.; Römermann/*Zimmermann* Rn. 32).

50   Bedarf die **Partnerschaft** selbst **der staatlichen Zulassung,** so werden die berufsrechtlichen Kriterien bereits im Rahmen des jeweiligen Anerkennungsverfahrens von der zuständigen Berufsorganisation überprüft. An die Stelle der Zulassungsurkunden gem. § 4 Abs. 1 S. 2 PRV tritt nach § 4 Abs. 3 PRV die Bestätigung der zuständigen Behörde, dass eine Zulassung der Partnerschaft erfolgen kann. Verwiesen sei auf Steuerberatungsgesellschaften (§ 49 Abs. 1 StBerG) und Wirtschaftsprüfungs- sowie Buchprüfungsgesellschaften (§ 27 Abs. 1 WPO, § 130 Abs. 2 WPO). Wie bei Kapital- und Personengesellschaften, die besonderer staatlicher Zulassung, Genehmigung oder Anerkennung bedürfen, kann die Registereintragung der Partnerschaft in diesen Fällen erst nach Vorlage einer Unbedenklichkeitsbescheinigung der Anerkennungsbehörde erfolgen. Die endgültige berufsrechtliche Anerkennung setzt die Vorlage des Registerauszugs voraus. Eine Doppelüberprüfung wird vermieden. Dies ist ein weiterer Beitrag zur Entlastung des Registergerichts.

51   Nach § 3 Abs. 4 PRV gelten die Anmeldeerfordernisse bei der Anmeldung des späteren Eintritts eines Partners in die bestehende Partnerschaft entsprechend.

4. Prüfungsrecht, Prüfungspflicht

52   Die Richtigkeitsvermutung des § 4 Abs. 2 S. 2 nimmt dem Registergericht nicht jede Prüfungsmöglichkeit, wie es der Bundesrat gerne gesehen hätte (BT-Drs. 12/6152, 27; *Bösert* ZAP 1994, 765 [772]; *Burret* WPK-Mitt. 1994, 201 [205]). Nach der Gesetzesfassung legt „das Gericht die Angaben der Partner zugrunde". Ein Verbot, bei erheblichen Zweifeln an der Zugehörigkeit zu einem Freien Beruf eine gesonderte Prüfung vorzunehmen, ergibt sich aus dem Wortlaut der Bestimmung nicht. Auf § 4 Abs. 1 ist § 4 Abs. 2. S. 2 nicht anzuwenden (MWHLW/*Wolff* Rn. 49; Henssler/Prütting/*Henssler* Rn. 8; MüKoBGB/*Schäfer* §§ 4, 5 Rn. 13). Soweit die Gegenansicht § 4 Abs. 2 S. 2 entgegen der Gesetzessystematik als eigenständigen Absatz lesen und dementsprechend auf Abs. 1 erstrecken möchte (*Kempter* BRAK-Mitt. 1994, 122 [123]; Römermann/*Zimmermann* Rn. 6; *Krafka/Kühn* Rn. 2044), überzeugt dies weder vom Ergebnis noch wird es dem Regelungsanliegen gerecht.

53   Nach seinem Regelungszweck ist § 4 Abs. 2 S. 2 als Einschränkung des Amtsermittlungsgrundsatzes als § 26 FamFG zu verstehen (so auch MWHLW/*Wolff* Rn. 52). Nur eine Erleichterung der Aufgaben (BT-Drs. 12/7642, 12), nicht eine Einschränkung der Befugnisse entsprach der Intention von Bundesrat und Rechtsausschuss des Bundestages, auf die die Änderung gegenüber dem RegE zurückgeht. In der Begr. der Beschlussempfehlung des Rechtsausschusses heißt es folgerichtig: „Der Stellungnahme des Bundesrates entsprechend **kann** (Anm. des Verf.: nicht „muss") das Registergericht bei der Eintragung regelmäßig die Angaben … als zutreffend zugrunde legen" (BT-Drs. 12/7642, 12). Hat daher das Registergericht konkrete Bedenken, ob die zur Eintragung beantragten Tatsachen richtig und vollständig angemeldet sind, ist es zu einer ausführlichen Prüfung berechtigt (*Keilbach* RNotZ 2001, 159).

VI. Beteiligung der Berufsvertretungen

Bestehen für die in der Partnerschaft ausgeübten Berufe öffentlich-recht- 54
liche Berufskammern oder -vertretungen, so soll das Gericht ihnen gem. § 4
S. 1 PRV in zweifelhaften Fällen Gelegenheit zur Stellungnahme geben. Bei
in privatrechtlichen Verbänden organisierten Berufsvertretungen findet § 4
S. 1 PRV keine Anwendung. Sie können aber im Rahmen der Amtsermitt-
lung gehört werden (*Franz* ZAP 1995, 187 [191]). Will das Gericht von der
Stellungnahme der Berufskammer abweichen, so teilt es dies der Kammer
unter Beifügung einer Begründung mit. Die Kammer kann entscheiden, ob
sie von ihrem Beschwerderecht nach § 380 Abs. 5 FamFG Gebrauch macht.
Ist die Eintragung erfolgt, kommt nur noch die Amtslöschung gem. § 395
FamFG in Betracht.

Das Registergericht prüft danach zunächst, ob der angegebene Beruf zur 55
Kategorie der Freien Berufe gem. § 1 Abs. 2 zählt. Insoweit besteht eine Prü-
fungs**pflicht.** Darüber hinaus prüft das Gericht die Plausibilität und Schlüssig-
keit der Angaben des anmeldenden Partners über seine Zugehörigkeit zu diesem Freien Beruf. In der Praxis relevant wird dies nur, wenn sich der Partner
nicht mit einer schlichten Erklärung begnügt. Insofern besteht kein Unterschied zur Prüfungspflicht des Registergerichts beim Handelsregister (Mü-
KoHGB/*Krafka* HGB § 8 Rn. 57 ff.). Das Gericht muss jedoch nicht, wie sonst
im Registerverfahren (MüKoHGB/*Krafka* HGB § 8 Rn. 62), bei bloßen
Zweifeln weitere Ermittlungen anstellen.

Nur bei **positiver Kenntnis** der Unrichtigkeit muss das Gericht die Eintra- 56
gung ablehnen. Wird ihm die Unrichtigkeit erst später, etwa durch entsprechende Mitteilungen gem. § 379 FamFG bekannt, so ist eine Berichtigung
gem. § 395 FamFG vorzunehmen. Werden Berufe mitgeteilt, die teils freiberuflich, teils gewerblich sind, so ist die Eintragung insgesamt abzulehnen
(vgl. Baumbach/Hopt/*Hopt* HGB § 8 Rn. 10). Der Ablehnung der Eintragung geht idR eine Frist zur Beseitigung des Eintragungshindernisses gem.
§ 2 Abs. 1 PRV iVm § 26 S. 2 HRV voraus.

VII. Das Unternehmensregister

Informationen über Partnerschaften sind nicht nur dem Partnerschaftsregis- 57
ter, sondern auch dem Unternehmensregister (§ 8b HGB) zu entnehmen.
Über das ebenfalls elektronisch geführte Unternehmensregister (Internetseite
www.unternehmensregister.de) sind nach § 8b Abs. 2 Nr. 3 HGB auch alle
Eintragungen, die im Partnerschaftsregister erfolgt sind, einsehbar. Das Unternehmensregister soll den Zugang zu allen Informationen bündeln, die sich auf
in Deutschland aktive Unternehmen beziehen. Damit wird die Trennung zwischen gewerblichen und freiberuflichen Unternehmen überwunden. Das Register erfüllt eine reine Informationsfunktion für jedermann (§ 9 Abs. 6 HGB),
genießt dagegen keinen öffentlichen Glauben. Die positive und negative Publizität des § 15 Abs. 1 und 3 HGB (für das Partnerschaftsregister iVm § 5
Abs. 2) kommt ihm nicht zu.

Anhang

Verordnung über die Einrichtung und Führung des Partnerschaftsregisters (Partnerschaftsregisterverordnung – PRV)

(Vom 16. Juni 1995, BGBl. 1995 I 808 ff.;
zuletzt geändert durch Art. 5 Abs. 3 G über elektr. Handels- und Genossenschafts- sowie Unternehmensregister vom 10. November 2006, BGBl. 2006 I 2553, 2574 ff.)

Auf Grund des § 160b Abs. 1 Satz 2 in Verbindung mit § 125 Abs. 3 und 4 des Gesetzes über die Angelegenheiten der freiwilligen Gerichtsbarkeit in der im Bundesgesetzblatt Teil III, Gliederungsnummer 315–1, veröffentlichten bereinigten Fassung, von denen § 125 Abs. 3 neu gefasst und § 125 Abs. 4 eingefügt worden ist durch Artikel 6 des Gesetzes vom 20. Dezember 1993 (BGBl. 1993 I 2182) und § 160b eingefügt worden ist durch Artikel 2 des Gesetzes vom 25. Juli 1994 (BGBl. 1994 I 1744), zuletzt geändert durch Artikel 5 Abs. 3 des Gesetzes vom 10. November 2006 (BGBl. 2006 I 2553, 2574 ff.), verordnet das Bundesministerium der Justiz:

§ 1 Anwendbares Recht

(1) Die Einrichtung und Führung des Partnerschaftsregisters bestimmen sich nach den Vorschriften der Handelsregisterverordnung, soweit nicht nachfolgend etwas anderes vorgeschrieben ist.

(2) Dabei steht die Partnerschaft einer offenen Handelsgesellschaft gleich; an die Stelle der persönlich haftenden Gesellschafter treten die Partner, an die Stelle der Firma der offenen Handelsgesellschaft tritt der Name der Partnerschaft.

§ 2 Einteilung und Gestaltung des Registers

(1) [1]Jede Partnerschaft ist unter einer fortlaufenden Nummer (Registerblatt) in das Register einzutragen. [2]Das Register wird nach dem beigegebenen Muster in Anlage 1 geführt.

(2) Bei der Führung des Registers sind die beigegebenen Muster (Anlagen 1 bis 3) zu verwenden.

§ 3 Anmeldung

(1) [1]In der Anmeldung der Partnerschaft zur Eintragung in das Register ist die Zugehörigkeit jedes Partners zu dem Freien Beruf, den er in der Partnerschaft ausübt, anzugeben. [2]Bedarf die Berufsausübung der staatlichen Zulassung oder einer staatlichen Prüfung, so sollen die Urkunde über die Zulassung oder das Zeugnis über die Befähigung zu diesem Beruf in Urschrift, Ausfertigung oder öffentlich beglaubigter Abschrift vorgelegt werden. [3]Besteht für die angestrebte Tätigkeit keine anerkannte Ausbildung oder ist zweifelhaft, ob die angestrebte Tätigkeit als freiberuflich im Sinne des § 1 Abs. 2 des Partnerschaftsgesellschaftsgesetzes einzustufen ist, können die anmeldenden Partner die Ausübung freiberuflicher Tätigkeit auf sonstige Weise, notfalls auch durch

schlichte Erklärung, darlegen. [4]Das Gericht legt in diesem Fall bei der Eintragung die Angaben der Partner zugrunde, es sei denn, ihm ist deren Unrichtigkeit bekannt (§ 4 Abs. 2 Satz 2 des Partnerschaftsgesellschaftsgesetzes).

(2) [1]Die anmeldenden Partner sollen eine Erklärung darüber abgeben, daß Vorschriften über einzelne Berufe (§ 1 Abs. 3 des Partnerschaftsgesellschaftsgesetzes), insbesondere solche über die Zusammenarbeit von Angehörigen verschiedener Freier Berufe, einer Eintragung nicht entgegenstehen. [2]Absatz 1 Satz 4 gilt entsprechend.

(3) Bedarf die Partnerschaft aufgrund von Vorschriften über einzelne Berufe (§ 1 Abs. 3 des Partnerschaftsgesellschaftsgesetzes) der staatlichen Zulassung, so tritt an die Stelle der in den Absätzen 1 und 2 genannten Nachweise die Bestätigung der zuständigen Behörde, daß eine solche Zulassung erfolgen kann.

(4) Die Absätze 1 bis 3 gelten bei Anmeldung des Eintrittes eines Partners in eine bestehende Partnerschaft oder der Umwandlung in oder auf eine Partnerschaft entsprechend.

§4 Stellungnahme der Berufskammer

[1]Bestehen für in der Partnerschaft ausgeübte Berufe Berufskammern, so soll das Gericht diesen in zweifelhaften Fällen vor Eintragung Gelegenheit zur Stellungnahme geben. [2]Die anmeldenden Partner sollen dem Gericht mit der Anmeldung mitteilen, ob und welche Berufskammern für die in der Partnerschaft ausgeübten Berufe bestehen. [3]Dabei sollen auch die Anschriften der Berufskammern mitgeteilt werden. [4]Weicht das Gericht von einer Stellungnahme ab, so hat es seine Entscheidung der Berufskammer, die die Stellungnahme abgegeben hat, unter Angabe der Gründe mitzuteilen.

§5 Inhalt der Eintragungen

(1) In Spalte 1 ist die laufende Nummer der die Partnerschaft betreffenden Eintragungen anzugeben.

(2) [1]In Spalte 2 sind unter Buchstabe a der Name, unter Buchstabe b der Sitz und die Errichtung oder Aufhebung von Zweigniederlassungen, und zwar unter Angabe des Ortes einschließlich der Postleitzahl und, falls dem Namen der Partnerschaft für eine Zweigniederlassung ein Zusatz beigefügt ist, unter Angabe dieses Zusatzes und unter Buchstabe c der Gegenstand der Partnerschaft und die sich jeweils darauf beziehenden Änderungen anzugeben. [2]Zum Namen der Partnerschaft gehören auch die Berufsbezeichnungen aller in der Partnerschaft vertretenen Berufe (§ 2 Abs. 1 des Partnerschaftsgesellschaftsgesetzes). [3]Dies gilt auch für Partnerschaften, an denen Steuerberater, Steuerbevollmächtigte, Wirtschaftsprüfer oder vereidigte Buchprüfer beteiligt sind, es sei denn, die Partnerschaft soll als Steuerberatungs-, Wirtschaftsprüfungs- oder Buchprüfungsgesellschaft anerkannt werden (§ 53 des Steuerberatungsgesetzes, §§ 31, 130 Abs. 2 der Wirtschaftsprüferordnung).

(3) [1]In Spalte 3 ist unter Buchstabe a die allgemeine Regelung zur Vertretung der Partnerschaft durch die Partner und die Liquidatoren einzutragen. [2]In Spalte 3 unter Buchstabe b sind die Partner und die als solche bezeichneten

Liquidatoren mit Familiennamen, Vornamen, Geburtsdatum, dem in der Partnerschaft ausgeübten Beruf und Wohnort einzutragen. [3]Ferner ist in Spalte 3 unter Buchstabe b jede Änderung in den Personen der Partner oder Liquidatoren einzutragen. [4]Weicht die Vertretungsbefugnis der in Spalte 3 unter Buchstabe b einzutragenden Personen im Einzelfall von den Angaben in Spalte 3 unter Buchstabe a ab, so ist diese besondere Vertretungsbefugnis bei den jeweiligen Personen zu vermerken.

(4) [1]In Spalte 4 ist unter Buchstabe a die Rechtsform einzutragen. [2]In Spalte 4 unter Buchstabe b sind einzutragen:
1. die Auflösung, Fortsetzung und die Nichtigkeit der Partnerschaft; das Erlöschen des Namens der Partnerschaft sowie Löschungen von Amts wegen;
2. Eintragungen nach dem Umwandlungsgesetz;
3. die Eröffnung, Einstellung und Aufhebung des Insolvenzverfahrens sowie die Aufhebung des Eröffnungsbeschlusses; die Bestellung eines vorläufigen Insolvenzverwalters unter den Voraussetzungen des § 32 Abs. 1 Satz 2 Nr. 2 des Handelsgesetzbuches sowie die Aufhebung einer derartigen Sicherungsmaßnahme; die Anordnung der Eigenverwaltung durch den Schuldner und deren Aufhebung sowie die Anordnung der Zustimmungsbedürftigkeit bestimmter Rechtsgeschäfte des Schuldners nach § 277 der Insolvenzordnung; die Überwachung der Erfüllung eines Insolvenzplans und die Aufhebung der Überwachung

und die sich jeweils darauf beziehenden Änderungen.

(5) In Spalte 5 erfolgt unter a die Angabe des Tages der Eintragung, unter b und sonstige Bemerkungen.

(6) Enthält eine Eintragung die Nennung eines in ein öffentliches Unternehmensregister eingetragenen Rechtsträgers, so sind Art und Ort des Registers und die Registernummer dieses Rechtsträgers mit zu vermerken.

§ 6 Mitteilungen an Berufskammern

Besteht für einen in der Partnerschaft ausgeübten Beruf eine Berufskammer, so sind dieser sämtliche Eintragungen mitzuteilen.

§ 7 Bekanntmachungen

Die Bekanntmachungen erfolgen in dem für das Handelsregister bestimmten Veröffentlichungssystem (§ 10 des Handelsgesetzbuchs).

§ 8 Namenslöschung wegen Nichtausübung freiberuflicher Tätigkeit

Wird der Name einer Partnerschaft gelöscht, weil unter diesem keine freiberufliche Tätigkeit ausgeübt wird, so kann auf Antrag der Gesellschafter in der Bekanntmachung der Grund der Löschung erwähnt werden.

§ 9 [aufgehoben]

§ 10 Inkrafttreten

Diese Verordnung tritt am 1. Juli 1995 in Kraft.

Der Bundesrat hat zugestimmt.

Anlage 1
(zu § 2 Abs. 1 und 2 PRV)

Partnerschaftsregister des Amtsgerichts … Nummer der Partnerschaft: PR

Nr. der Eintragung	a) Name b) Sitz, Zweigniederlassung c) Gegenstand	a) Allgemeine Vertretungsregelung b) Partner, Vertretungsberechtigte und besondere Vertretungsbefugnis	a) Rechtsform b) sonstige Rechtsverhältnisse	a) Tag der Eintragung b) Bemerkungen
1	a) Müller und Partner, Rechtsanwälte und Steuerberater b) München c) Ausübung rechtsanwaltlicher und steuerberatender Tätigkeit	a) Jeder Partner ist zur Vertretung der Partnerschaft berechtigt b) Müller, Peter, Rechtsanwalt, Starnberg, geb. 1. Januar 1966; Schmidt, Christian, Steuerberater, München, geb. 12. Mai 1967; Dr. Mittler, Gabriele, Rechtanwältin, Dachau, geb. 25. April 1968	a) Partnerschaft	a) 28. Juli 2001 Röcken
2		b) Jung Ute, Rechtsanwältin, Augsburg, geb. 15. Oktober 1965. Ute Jung ist als Partnerin in die Partnerschaft eingetreten.*) Ute Jung ist nur gemeinsam mit Peter Müller oder Christian Schmidt vertretungsberechtigt		a) 10. Oktober 2001 Schirmer
3		b) Jung, Ute ist nun einzelvertretungsberechtigt.*)		a) 1. Januar 2002 Schirmer
4	b) In Augsburg ist einer Zweigniederlassung (Amtsge-			a) 5. Februar 2002 Schirmer

Nr. der Eintragung	a) Name b) Sitz, Zweigniederlassung c) Gegenstand	a) Allgemeine Vertretungsregelung b) Partner, Vertretungsberechtigte und besondere Vertretungsbefugnis	a) Rechtsform b) sonstige Rechtsverhältnisse	a) Tag der Eintragung b) Bemerkungen
	richt Augsburg, PR 345) errichtet			
5	a) Müller, Schmidt und Partner, Rechtsanwälte und Steuerberater		b) Der Name der Partnerschaft ist geändert*)	a) 18. Oktober 2002 Schirmer
6		a) Die Liquidatoren sind nur gemeinsam zur Vertretung der Partnerschaft berechtigt. b) Liquidatoren: Schmidt, Christian, Steuerberater, München, geb. 12. Mai 2967; Jung Ute, Rechtsanwältin, Augsburg, geb. 15. Oktober 1965	b) Die Partnerschaft ist aufgelöst.	a) 10. Januar 2003 M. Schmidt
7			b) Der Name der Partnerschaft ist erloschen**)	a) 30. April 2003 Scholz

Anmerkung: Die Kopfzeile und die Spaltenüberschrift müssen beim Abruf der Registerdaten auf dem Bildschirm stets sichtbar sein.

*) Als nicht in den aktuellen Ausdruck aufzunehmen kenntlich gemacht gemäß § 1 der Partnerschaftsregisterverordnung iVm § 16a der Handelsregisterverordnung.

**) Die Durchkreuzung oder die auf sonstige Weise erfolgte Kenntlichmachung des Registerblattes als gegenstandslos ist hier weggelassen.

Anlage 2
(zu § 2 Abs. 2 PRV)

Partnerschaftsregister des Amtsgerichts … Nummer der Partnerschaft: PR
Wiedergabe des aktuellen Registerinhalts
1. Anzahl der bisherigen Eintragungen:
2. a) Name:
   b) Sitz, Zweigniederlassungen:
   c) Gegenstand:
3. a) Allgemeine Vertretungsregelung:
   b) Partner, Vertretungsberechtigte und besondere Vertretungsbefugnis:
4. a) Rechtsform:
   b) Sonstige Rechtsverhältnisse:
5. Tag der letzten Eintragung:
Anmerkung: Die beiden Kopfzeilen müssen beim Abruf der Registerdaten auf dem Bildschirm stets sichtbar sein.

Anlage 3
(zu § 2 Abs. 2 PRV)

Stand:
Amtsgericht Partnerschaftsregister Stand:
Detailanzeige aus dem Namensverzeichnis
Registernummer:
Der vollständige Name der Partnerschaft lautet:
    Geschäftsadresse (ohne Gewähr):
    Straße/Hausnummer:
    Postfach·
    PLZ/Ort:

Anlage 4
(zu § 7 PRV)
Muster für Bekanntmachungen

Amtsgericht München – Registergericht –, Aktenzeichen: PR 1292

Die in () gesetzten Angaben der Geschäftsanschrift und des Unternehmensgegenstandes erfolgen ohne Gewähr:[*)]

Neueintragungen:

27.6.2004: PR 1292 Müller und Partner, Rechtsanwälte und Steuerberater, München (Junkerstr. 7, 80117 München). Partnerschaft.

[*)] Die Veröffentlichungen sollen entsprechend dem vorstehenden Muster möglichst in drei Gruppen unter den Überschriften: Neueintragungen, Veränderungen, Löschungen, eingeteilt werden. Auf Einführungssätze soll verzichtet werden. Die Registernummer ist einheitlich an den Anfang jeder bekanntzumachenden Eintragung zu setzen. Geschäftszweig und Anschrift sind in Klammern beigefügt. In der ständigen Überschrift über der Veröffentlichung befindet sich der Hinweis, dass für die Angaben in den Klammern keine Gewähr übernommen wird (§ 1 PRV iVm § 16a HRV).

Gegenstand: Ausübung rechtsanwaltlicher und steuerberatender Tätigkeit. Jeweils zwei Partner vertreten gemeinsam.

Partner: Müller, Peter, Rechtsanwalt, Starnberg, ★18.5.1966; Schmidt, Christian, Steuerberater, München, ★13.1.1966. Bekannt gemacht am: 30.6.2004.

§ 5 Inhalt der Eintragung; anzuwendende Vorschriften

(1) **Die Eintragung hat die in § 3 Abs. 2 genannten Angaben, das Geburtsdatum jedes Partners und die Vertretungsmacht der Partner zu enthalten.**

(2) **Auf das Partnerschaftsregister und die registerrechtliche Behandlung von Zweigniederlassungen sind die §§ 8, 8a, 9, 10 bis 12, 13, 13d, 13h und 14 bis 16 des Handelsgesetzbuchs über das Handelsregister entsprechend anzuwenden; eine Pflicht zur Anmeldung einer inländischen Geschäftsanschrift besteht nicht.**

§ 5 verweist auf folgende Vorschriften des HGB:

§ 8 Handelsregister

(1) Das Handelsregister wird von den Gerichten elektronisch geführt.

(2) Andere Datensammlungen dürfen nicht unter Verwendung oder Beifügung der Bezeichnung „Handelsregister" in den Verkehr gebracht werden.

§ 8a Eintragungen in das Handelsregister; Verordnungsermächtigung

(1) Eine Eintragung in das Handelsregister wird wirksam, sobald sie in den für die Handelsregistereintragungen bestimmten Datenspeicher aufgenommen ist und auf Dauer inhaltlich unverändert in lesbarer Form wiedergegeben werden kann.

(2) [1]Die Landesregierungen werden ermächtigt, durch Rechtsverordnung nähere Bestimmungen über die elektronische Führung des Handelsregisters, die elektronische Anmeldung, die elektronische Einreichung von Dokumenten sowie deren Aufbewahrung zu treffen, soweit nicht durch das Bundesministerium der Justiz nach § 387 Abs. 2 des Gesetzes über das Verfahren in Familiensachen und in den Angelegenheiten der freiwilligen Gerichtsbarkeit entsprechende Vorschriften erlassen werden. [2]Dabei können sie auch Einzelheiten der Datenübermittlung regeln sowie die Form zu übermittelnder elektronischer Dokumente festlegen, um die Eignung für die Bearbeitung durch das Gericht sicherzustellen. [3]Die Landesregierungen können die Ermächtigung durch Rechtsverordnung auf die Landesjustizverwaltungen übertragen.

§ 9 Einsichtnahme in das Handelsregister und das Unternehmensregister

(1) [1]Die Einsichtnahme in das Handelsregister sowie in die zum Handelsregister eingereichten Dokumente ist jedem zu Informationszwecken gestattet. [2]Die Landesjustizverwaltungen bestimmen das elektronische Informations- und Kommunikationssystem, über das die Daten aus den Handelsregistern abrufbar sind, und sind für die Abwicklung des elektronischen Abrufverfahrens zuständig. [3]Die Landesregierung kann die Zuständigkeit durch Rechtsverordnung abweichend regeln; sie kann diese Ermächtigung durch Rechtsverordnung auf die Landesjustizverwaltung übertragen. [4]Die Länder können ein länderübergreifendes, zentrales elektronisches Informations- und Kommunikationssystem bestimmen. [5]Sie können auch eine Übertragung der Abwicklungsaufgaben auf die zuständige Stelle eines anderen Landes sowie mit dem Betreiber des Unternehmensregisters eine Übertragung der Abwicklungsaufgaben auf das Unternehmensregister vereinbaren.

(2) Sind Dokumente nur in Papierform vorhanden, kann die elektronische Übermittlung nur für solche Schriftstücke verlangt werden, die weniger als zehn Jahre vor dem Zeitpunkt der Antragstellung zum Handelsregister eingereicht wurden.

(3) [1]Die Übereinstimmung der übermittelten Daten mit dem Inhalt des Handelsregisters und den zum Handelsregister eingereichten Dokumenten wird auf Antrag durch das Gericht beglaubigt. [2]Dafür ist eine qualifizierte elektronische Signatur zu verwenden.

(4) [1]Von den Eintragungen und den eingereichten Dokumenten kann ein Ausdruck verlangt werden. [2]Von den zum Handelsregister eingereichten Schriftstücken, die nur in Papierform vorliegen, kann eine Abschrift gefordert werden. [3]Die Abschrift ist von der Geschäftsstelle zu beglaubigen und der Ausdruck als amtlicher Ausdruck zu fertigen, wenn nicht auf die Beglaubigung verzichtet wird.

(5) Das Gericht hat auf Verlangen eine Bescheinigung darüber zu erteilen, dass bezüglich des Gegenstandes einer Eintragung weitere Eintragungen nicht vorhanden sind oder dass eine bestimmte Eintragung nicht erfolgt ist.

(6) [1]Für die Einsichtnahme in das Unternehmensregister gilt Absatz 1 Satz 1 entsprechend. [2]Anträge nach den Absätzen 2 bis 5 können auch über das Unternehmensregister an das Gericht vermittelt werden. [3]Die Einsichtnahme in die Bilanz einer Kleinstkapitalgesellschaft (§ 267 a), die von dem Recht nach § 326 Absatz 2 Gebrauch gemacht hat, erfolgt nur auf Antrag durch Übermittlung einer Kopie.

§ 10 Bekanntmachung der Eintragungen

[1]Das Gericht macht die Eintragungen in das Handelsregister in dem von der Landesjustizverwaltung bestimmten elektronischen Informations- und Kommunikationssystem in der zeitlichen Folge ihrer Eintragung nach Tagen geordnet bekannt; § 9 Abs. 1 Satz 4 und 5 gilt entsprechend. [2]Soweit nicht das Gesetz ein anderes vorschreibt, werden die Eintragungen ihrem ganzen Inhalt nach veröffentlicht.

§ 11 Offenlegung in der Amtssprache eines Mitgliedstaats der Europäischen Union

(1) [1]Die zum Handelsregister einzureichenden Dokumente sowie der Inhalt einer Eintragung können zusätzlich in jeder Amtssprache eines Mitgliedstaats der Europäischen Union übermittelt werden. [2]Auf die Übersetzung ist in geeigneter Weise hinzuweisen. [3]§ 9 ist entsprechend anwendbar.

(2) Im Fall der Abweichung der Originalfassung von einer eingereichten Übersetzung kann letztere einem Dritten nicht entgegengehalten werden; dieser kann sich jedoch auf die eingereichte Übersetzung berufen, es sei denn, der Eingetragene weist nach, dass dem Dritten die Originalfassung bekannt war.

§ 12 Anmeldungen zur Eintragung und Einreichungen

(1) [1]Anmeldungen zur Eintragung in das Handelsregister sind elektronisch in öffentlich beglaubigter Form einzureichen. [2]Die gleiche Form ist für eine Vollmacht zur Anmeldung erforderlich. [3]Anstelle der Vollmacht kann die Bescheinigung eines Notars nach § 21 Absatz 3 der Bundesnotarordnung eingereicht werden. [4]Rechtsnachfolger eines Beteiligten haben die Rechtsnachfolge soweit tunlich durch öffentliche Urkunden nachzuweisen.

(2) [1]Dokumente sind elektronisch einzureichen. [2]Ist eine Urschrift oder eine einfache Abschrift einzureichen oder ist für das Dokument die Schriftform bestimmt, genügt die Übermittlung einer elektronischen Aufzeichnung; ist ein notariell beurkundetes Dokument oder eine öffentlich beglaubigte Abschrift einzureichen, so ist ein mit einem einfachen elektronischen Zeugnis (§ 39 a des Beurkundungsgesetzes) versehenes Dokument zu übermitteln.

§ 13 Zweigniederlassungen von Unternehmen mit Sitz im Inland

(1) [1]Die Errichtung einer Zweigniederlassung ist von einem Einzelkaufmann oder einer juristischen Person beim Gericht der Hauptniederlassung, von einer Handelsgesellschaft

beim Gericht des Sitzes der Gesellschaft, unter Angabe des Ortes und der inländischen Geschäftsanschrift der Zweigniederlassung und des Zusatzes, falls der Firma der Zweigniederlassung ein solcher beigefügt wird, zur Eintragung anzumelden. [2]In gleicher Weise sind spätere Änderungen der die Zweigniederlassung betreffenden einzutragenden Tatsachen anzumelden.

(2) Das zuständige Gericht trägt die Zweigniederlassung auf dem Registerblatt der Hauptniederlassung oder des Sitzes unter Angabe des Ortes sowie der inländischen Geschäftsanschrift der Zweigniederlassung und des Zusatzes, falls der Firma der Zweigniederlassung ein solcher beigefügt ist, ein, es sei denn, die Zweigniederlassung ist offensichtlich nicht errichtet worden.

(3) Die Absätze 1 und 2 gelten entsprechend für die Aufhebung der Zweigniederlassung.

§ 13d Sitz oder Hauptniederlassung im Ausland

(1) Befindet sich die Hauptniederlassung eines Einzelkaufmanns oder einer juristischen Person oder der Sitz einer Handelsgesellschaft im Ausland, so haben alle eine inländische Zweigniederlassung betreffenden Anmeldungen, Einreichungen und Eintragungen bei dem Gericht zu erfolgen, in dessen Bezirk die Zweigniederlassung besteht.

(2) Die Eintragung der Errichtung der Zweigniederlassung hat auch den Ort und die inländische Geschäftsanschrift der Zweigniederlassung zu enthalten; ist der Firma der Zweigniederlassung ein Zusatz beigefügt, so ist auch dieser einzutragen.

(3) Im übrigen gelten für die Anmeldungen, Einreichungen, Eintragungen, Bekanntmachungen und Änderungen einzutragender Tatsachen, die die Zweigniederlassung eines Einzelkaufmanns, einer Handelsgesellschaft oder einer juristischen Person mit Ausnahme von Aktiengesellschaften, Kommanditgesellschaften auf Aktien und Gesellschaften mit beschränkter Haftung betreffen, die Vorschriften für Hauptniederlassungen oder Niederlassungen am Sitz der Gesellschaft sinngemäß, soweit nicht das ausländische Recht Abweichungen nötig macht.

§ 13h Verlegung des Sitzes einer Hauptniederlassung im Inland

(1) Wird die Hauptniederlassung eines Einzelkaufmanns oder einer juristischen Person oder der Sitz einer Handelsgesellschaft im Inland verlegt, so ist die Verlegung beim Gericht der bisherigen Hauptniederlassung oder des bisherigen Sitzes anzumelden.

(2) [1]Wird die Hauptniederlassung oder der Sitz aus dem Bezirk des Gerichts der bisherigen Hauptniederlassung oder des bisherigen Sitzes verlegt, so hat dieses unverzüglich von Amts wegen die Verlegung dem Gericht der neuen Hauptniederlassung oder des neuen Sitzes mitzuteilen. [2]Der Mitteilung sind die Eintragungen für die bisherige Hauptniederlassung oder den bisherigen Sitz sowie die bei dem bisher zuständigen Gericht aufbewahrten Urkunden beizufügen. [3]Das Gericht der neuen Hauptniederlassung oder des neuen Sitzes hat zu prüfen, ob die Hauptniederlassung oder der Sitz ordnungsgemäß verlegt und § 30 beachtet ist. [4]Ist dies der Fall, so hat es die Verlegung einzutragen und dabei die ihm mitgeteilten Eintragungen ohne weitere Nachprüfung in sein Handelsregister zu übernehmen. [5]Die Eintragung ist dem Gericht der bisherigen Hauptniederlassung oder des bisherigen Sitzes mitzuteilen. [6]Dieses hat die erforderlichen Eintragungen von Amts wegen vorzunehmen.

(3) [1]Wird die Hauptniederlassung oder der Sitz an einen anderen Ort innerhalb des Bezirks des Gerichts der bisherigen Hauptniederlassung oder des bisherigen Sitzes verlegt, so hat das Gericht zu prüfen, ob die Hauptniederlassung oder der Sitz ordnungsgemäß verlegt und § 30 beachtet ist. [2]Ist dies der Fall, so hat es die Verlegung einzutragen.

§ 14 Festsetzung von Zwangsgeld

[1]Wer seiner Pflicht zur Anmeldung oder zur Einreichung von Dokumenten zum Handelsregister nicht nachkommt, ist hierzu von dem Registergericht durch Festsetzung von

Zwangsgeld anzuhalten. [2]Das einzelne Zwangsgeld darf den Betrag von fünftausend Euro nicht übersteigen.

§ 15 Publizität des Handelsregisters

(1) Solange eine in das Handelsregister einzutragende Tatsache nicht eingetragen und bekanntgemacht ist, kann sie von demjenigen, in dessen Angelegenheiten sie einzutragen war, einem Dritten nicht entgegengesetzt werden, es sei denn, daß sie diesem bekannt war.

(2) [1]Ist die Tatsache eingetragen und bekanntgemacht worden, so muß ein Dritter gegen sich gelten lassen. [2]Dies gilt nicht bei Rechtshandlungen, die innerhalb von fünfzehn Tagen nach der Bekanntmachung vorgenommen werden, sofern der Dritte beweist, daß er die Tatsache weder kannte noch kennen mußte.

(3) Ist eine einzutragende Tatsache unrichtig bekanntgemacht, so kann sich ein Dritter demjenigen gegenüber, in dessen Angelegenheiten die Tatsache einzutragen war, auf die bekanntgemachte Tatsache berufen, es sei denn, daß er die Unrichtigkeit kannte.

(4) Für den Geschäftsverkehr mit einer in das Handelsregister eingetragenen Zweigniederlassung eines Unternehmens mit Sitz oder Hauptniederlassung im Ausland ist im Sinne dieser Vorschriften die Eintragung und Bekanntmachung durch das Gericht der Zweigniederlassung entscheidend.

§ 16 [Entscheidung des Prozeßgerichts]

(1) [1]Ist durch eine rechtskräftige oder vollstreckbare Entscheidung des Prozeßgerichts die Verpflichtung zur Mitwirkung bei einer Anmeldung zum Handelsregister oder ein Rechtsverhältnis, bezüglich dessen eine Eintragung zu erfolgen hat, gegen einen von mehreren bei der Vornahme der Anmeldung Beteiligten festgestellt, so genügt zur Eintragung die Anmeldung der übrigen Beteiligten. [2]Wird die Entscheidung, auf Grund deren die Eintragung erfolgt ist, aufgehoben, so ist dies auf Antrag eines der Beteiligten in das Handelsregister einzutragen.

(2) Ist durch eine rechtskräftige oder vollstreckbare Entscheidung des Prozeßgerichts die Vornahme einer Eintragung für unzulässig erklärt, so darf die Eintragung nicht gegen den Widerspruch desjenigen erfolgen, welcher die Entscheidung erwirkt hat.

Schrifttum: *Franz,* Verordnung über die Einrichtung und Führung des Partnerschaftsregisters (Partnerschaftsregisterverordnung – PRV), ZAP 1995, 187; *Hornung,* Partnerschaftsgesellschaft für Freiberufler (Teil 1), Rpfleger 1995, 481; (Teil 2) Rpfleger 1996, 1; *Krafka/Kühn,* Registerrecht, 10. Aufl. 2017; *Keilbach,* Fragen des Partnerschaftsregisters, RNotZ 2001, 159; *Kögel,* Gründung einer ausländischen Briefkastenfirma: Wann ist eine Zweigniederlassung in Deutschland eine Zweigniederlassung?, DB 2004, 1763; *Krafka,* Das neue Handels- und Unternehmensregister, MittBayNot 2005, 290; *Meixner,* Das Gesetz über elektronische Handelsregister und Genossenschaftsregister sowie das Unternehmensregister (EHUG), ZAP Fach 15 S. 527; Münchener Kommentar, HGB, Band 1, 4. Aufl. 2016; *Noack,* Das EHUG ist beschlossen – elektronische Handels- und Unternehmensregister ab 2007, NZG 2006, 801; *Schaub,* Das neue Partnerschaftsregister, NJW 1996, 625; *Seibert/Decker,* Das Gesetz über elektronische Handelsregister und Genossenschaftsregister sowie das Unternehmensregister (EHUG), DB 2006, 2446; *Willer/Krafka,* Besonderheiten der elektronischen Registerführung, Rpfleger 2002, 411.

Übersicht

I. Regelungsgegenstand, Entstehungsgeschichte und Normzweck

1   Die Vorschrift bildet die Grundnorm des Partnerschaftsregisters. In Abs. 1 wird der Inhalt der Eintragungen in das Partnerschaftsregister normiert, in Abs. 2 werden über Verweisungen die Regelungen des Handelsregisters im zweiten Abschnitt des ersten Buches des HGB weitgehend für anwendbar erklärt. § 5 nimmt für die Funktion des Registers, einige Verfahrensfragen der Registerführung und die registerrechtliche Behandlung von Zweigniederlassungen Bezug auf die handelsrechtlichen Regelungen zum Handelsregister. Die entsprechende Anwendung der handelsrechtlichen Vorschriften verdeutlicht, dass das Partnerschaftsregister diejenigen Funktionen erfüllen soll, die bei den Personenhandelsgesellschaften das Handelsregister übernimmt (BT-Drs. 12/6152, 14).

2   Im Gesetzgebungsverfahren konnte sich trotz der wegen der Belastung der Registergerichte geäußerten Kritik die Fassung des Regierungsentwurfs unverändert durchsetzen. Nachträglich hat die Vorschrift jedoch einige Änderungen erfahren. Zur zusätzlichen Aufnahme eintragungspflichtiger Tatsachen führte zunächst das Gesetz über elektronische Register und Justizkosten für Telekommunikation (ERJuKoG) vom 10.12.2001 (BGBl. 2001 I 3422). Zusätzlich aufgenommen wurden das Geburtsdatum jedes Partners und die Vertretungsmacht der Partner. Mit dem Gesetz über elektronische Handelsregister und Genossenschaftsregister sowie das Unternehmensregister (EHUG) vom 10.11.2006 (BGBl. 2006 I 2553) hat sodann die elektronische Registerführung auch beim Partnerschaftsregister Einzug gehalten. Entsprechende europarechtliche Vorgaben wurden mit der Einführung des zentralen Unternehmensregister (→ § 4 Rn. 57) umgesetzt, über das auch eine Partnerschaft betreffende Eintragungen zugänglich sind. Aufgrund von Änderungen der von § 5 Abs. 2 in Bezug genommenen Vorschriften musste auch die Verweisungskette angepasst werden.

Eine von den Handelsgesellschaften abweichende Besonderheit ergibt sich **3** aus dem anlässlich der Verabschiedung des MoMiG eingeführten § 5 Abs. 2 HS. 2, der abweichend von § 108 S. 2 HGB bestimmt, dass keine Pflicht zur Anmeldung einer inländischen Geschäftsanschrift besteht. § 5 Abs. 2 HS. 2 bezieht sich auf die im 1. Halbsatz des § 5 Abs. 2 genannten Vorschriften, also nicht nur auf Zweigniederlassungen (*Krafka/Kühn* Rn. 2035 und wohl auch *Römermann/Zimmermann* Rn. 16). Der Normzweck dieser Privilegierung der Partnerschaft bleibt unklar (zu Recht krit. MWHLW/*Wolff* Rn. 3 c). Die Gesetzesbegründung (BT-Drs. 16/6140, 60) erläutert nicht, warum die Erreichbarkeit bei der PartG nicht so wichtig sein soll wie im Geltungsbereich des Handelsregisters. Die Vorschrift zeigt einmal mehr, dass es längst eines widerspruchsfreien Gesamtkonzeptes des Rechts der Personengesellschaften bedarf.

In das Partnerschaftsregister einzutragen sind alle anmeldungspflichtigen **4** Tatsachen (vgl. § 5 PRV, abgedruckt im Anschluss an die Kommentierung zu § 4). Hierzu zählt nicht nur der nach § 3 Abs. 2 zwingende Inhalt des Partnerschaftsvertrages (Nr. 1: Name und Sitz der Partnerschaft, Nr. 2: Name, Vorname, Berufsbezeichnung und Wohnort der Partner, Nr. 3: Gegenstand der Partnerschaft). Seit Inkrafttreten des Gesetzes über elektronische Register und Justizkosten für Telekommunikation (ERJuKoG, BGBl. 2001 I 3422) sind entsprechend den für die Anmeldung nach § 4 Abs. 1 S. 2 geltenden Anforderungen auch das Geburtsdatum und die Vertretungsmacht eines jeden Partners anmelde- und eintragungspflichtig. Damit wurde der parallelen Änderung des § 106 Abs. 2 HGB im Recht der Partnerschaft Rechnung getragen.

Einzutragen sind entgegen dem Wortlaut des Abs. 1 **alle** anmeldungspflich- **5** tigen Tatsachen. Erfasst sind also alle nach gesetzlichen Vorschriften anmeldungspflichtigen Tatsachen, nicht lediglich die in Abs. 1 genannten (vgl. Muster für die Anmeldung einer Partnerschaft bei *Notthoff* NZG 1998, 136; *Limmer* ZAP 2001, 651, Fach 26 S. 9). Eintragungsfähig sind nur Tatsachen, für die zugleich eine Eintragungspflicht besteht. Anders entschied jüngst der BGH per Beschluss bezüglich eines Doktortitels (BGH NZG 2017, 734 mAnm *Römermann*). Zwar merkte das Gericht zunächst an, dass für eine Eintragung weder eine gesetzliche Regelung noch ein erhebliches Bedürfnis des Rechtsverkehrs bestünde. Allerdings befand es den akademischen Grad aufgrund Gewohnheitsrechts für eintragungsfähig (kritisch *Römermann* NZG 2017, 736 f.).

Die Eintragung in das Partnerschaftsregister ist gebührenpflichtig nach § 58 **6** Abs. 1 Nr. 1 GNotKG iVm § 1 HRegGebV (→ § 4 Rn. 32 ff.).

II. Überblick über die anzuwendenden Vorschriften des HGB (Abs. 2)

7   Aufgrund der Funktionsidentität von Partnerschaftsregister und Handels-register war es zweckmäßig, weitgehend auf das Handelsregister zu verweisen. Es gelten die Vorschriften über das beschleunigte Verfahren, die Bekannt-machung und die Einsichtsrechte (§§ 8–11 HGB). Die Form der Anmeldung richtet sich nach § 12 HGB (→ § 4 Rn. 18 ff.). Verlegt die Partnerschaft ihren Sitz im Inland, so ist § 13 h HGB für die Eintragung maßgeblich. Übernom-men werden weiterhin die Möglichkeiten, bei Verstößen gegen die Anmelde-pflicht durch das Registergericht ein Zwangsgeld festzusetzen (§ 14 HGB) und die von einzelnen Gesellschaftern verweigerte Anmeldung durch eine rechts-kräftige und vorläufig vollstreckbare Entscheidung des Prozessgerichts zu er-setzen (§ 16 HGB). Von besonderer Bedeutung ist die Anwendbarkeit der Vorschriften über Zweigniederlassungen (§§ 13 ff. HGB) und die Registerpu-blizität (§ 15 HGB).

8   Am 1.1.2007 sind Handels-, Genossenschafts- und Partnerschaftsregister durch das Gesetz über elektronische Handelsregister und Genossenschaftsre-gister sowie das Unternehmensregister (EHUG vom 10.11.2006, BGBl. 2006 I 2553) auf elektronischen Betrieb umgestellt worden (vgl. § 8 Abs. 1 HGB).

III. Das Partnerschaftsregister

1. Aufbau des Registers

9   Einzelheiten der Führung des Partnerschaftsregisters sind in der Partner-schaftsregisterverordnung, insbesondere in § 2 PRV (→ § 4 Rn. 7 ff.) geregelt. Die Vorschriften dieser Verordnung über die Einteilung und Gestaltung des Registers treten an die Stelle der §§ 13 Abs. 1, 39 der bundesweit geltenden Handelsregisterverfügung (HRV). Jede Partnerschaft ist danach unter einer fortlaufenden Nummer in das Register einzutragen. Wie das Handelsregister ist das Partnerschaftsregister in Spalten aufgeteilt; eine Aufteilung in Abteilun-gen erübrigt sich, da das Partnerschaftsregister anders als das Handelsregister nur eine Rechtsform aufnimmt (im Handelsregister werden in Abteilung A vollkaufmännische Einzelkaufleute und handelsrechtliche Personengesell-schaften, in Abteilung B Kapitalgesellschaften eingetragen, dazu Baumbach/ Hopt/*Hopt* HGB § 8 Rn. 4).

10   Spalte 1 des Partnerschaftsregisters enthält die laufende Nummer der Ein-tragung, Spalte 2 Name, Sitz und Gegenstand der Partnerschaft. Namens-bestandteile sind gem. § 2 Abs. 1 die Berufsbezeichnungen sämtlicher in der Partnerschaft vertretenen Berufe (§ 5 Abs. 2 S. 2 PRV). § 5 Abs. 2 S. 3 PRV schreibt die Pflicht zur Eintragung aller Berufsbezeichnungen ausdrücklich auch für den Fall der **„einfachen"** Partnerschaft vor, an der Steuerberater, Wirtschaftsprüfer oder Buchprüfer beteiligt sind. Die Pflicht zur Eintragung aller Berufsbezeichnungen gilt nicht für die **„als Wirtschaftsprüfungs-, Steuerberatungs- oder Buchprüfungsgesellschaft anerkannte"** Partnerschaft. § 53 StBerG, §§ 31, 130 Abs. 2 WPO modifizieren als gem. § 1 Abs. 3 vorrangige berufsrechtliche Vorschriften die Regelung des PartGG (→ § 2 Rn. 60 ff., → § 2 Rn. 67 ff.). Nicht als Berufsbezeichnungen iSd § 2 Abs. 1 S. 1 eintragungsfähig sind zB Notar- und Fachanwaltsbezeichnungen (OLG Bremen MDR 1997, 1172 = AnwBl. 1998, 158; OLG Stuttgart ZIP 2006, 1491 = BRAK-Mitt. 2006, 144). In Spalte 2 sind auch die Errichtung, Verlegung und Aufhebung von Zweigniederlassungen zu vermerken. Aufzunehmen ist zudem der Name der Zweigniederlassung, sofern er einen Zusatz erhält oder von dem Namen der Hauptniederlassung abweicht, sowie der Ort der Registereintragung und die Registernummer der Zweigniederlassung (vgl. § 5 Abs. 6 PRV).

Die Eintragung der organschaftlichen Vertretungsregelungen erfolgt in der **11** „Partner, Liquidatoren" betreffenden Spalte 3. Bis zum 30. 6. 1998 sah § 9 PRV für eine Übergangszeit von drei Jahren Ausnahmen vor (BR–Drs. 213/95, 23). Die Eintragung einer von den gesetzlichen Vorschriften abweichenden Vertretungsbefugnis konnte statt in Spalte 3 in Spalte 4 erfolgen. Im Rahmen der Änderung der PRV am 11. 12. 2001 wurde § 9 PRV aufgrund des Zeitablaufs zunächst neu gefasst und zum 1. 1. 2006 schließlich aufgehoben (durch das EHUG vom 10. 11. 2006, BGBl. 2006 I 2553).

In Spalte 4 sind die Rechtsform und weitere der Eintragung unterliegenden **12** Rechtsverhältnisse aufzunehmen. Sie betreffen etwa die Auflösung, Fortsetzung und Nichtigkeit der Partnerschaft, die Eröffnung und Einstellung von Insolvenzverfahren sowie das Erlöschen des Namens der Partnerschaft und weitere von Amts wegen vorgenommene Löschungen. Eintragungen nach dem Umwandlungsgesetz erfolgen ebenfalls in Spalte 4. Die Aufhebung von Zweigniederlassungen wird seit 2001 in Spalte 2 eingetragen. Der Entstehungszeitpunkt der Partnerschaft wird nicht gesondert eingetragen. Er ergibt sich aus dem Datum der konstitutiv wirkenden Eintragung (§ 7). Bei der neu geschaffenen PartmbB ist zu beachten, dass auch bei dieser in der Spalte 4 Buchstabe a des Registers, als Rechtsform „Partnerschaft" ohne den Zusatz „mit beschränkter Berufshaftung" einzutragen ist. Das folgt daraus, dass es sich bei der PartmbB lediglich um eine Variante der „normalen" Partnerschaft handelt, nicht um eine eigenständige Rechtsform (OLG Nürnberg NZG 2014, 422).

Spalte 5 ersetzt die im Handelsregister üblichen Spalten 6 und 7. § 5 Abs. 5 **13** PRV unterschied hier von 2001 bis zum 31. 12. 2006 zwischen dem in Papierform geführten Register und dem maschinellen Register. Seit Umstellung des Registers auf elektronischen Betrieb am 1. 1. 2007 ist diese Unterscheidung nicht mehr nötig und daher gestrichen. Eine Unterschrift des Urkundsbeamten ist seither nicht mehr erforderlich. Neben dem Eintragungszeitpunkt sind in diese Spalte Bestätigungen sowie Verweisungen und sonstige Bemerkungen aufzunehmen.

Als Folge der dynamischen Verweisung auf die HRV erübrigen sich Ände- **14** rungen der PRV, wenn allgemeine Regelungen der HRV geändert werden (BR–Drs. 213/95, 12; ZRP 1995, 238). Da seit dem 1. 1. 2007 das Partnerschaftsregister zwingend elektronisch geführt wird (→ Rn. 8), können im Interesse der Beschleunigung der Verwaltung Unterlagen seither nur noch elektronisch eingereicht werden. Aus Gründen der Rechtssicherheit bleibt für die Anmeldungen zur Eintragung eine öffentliche Beglaubigung erforderlich.

2. Bekanntmachung der Eintragungen

15   Seit dem 1.1.2007 erfolgen auch die Bekanntmachungen der Registerein-
tragungen nach § 10 HGB elektronisch (vgl. § 7 PRV). Danach macht das Gericht die Eintragungen in dem von der Landesjustizverwaltung bestimmten
elektronischen Informations- und Kommunikationssystem in der zeitlichen
Folge ihrer Eintragung nach Tagen geordnet bekannt. Jede Eintragung ist
vom Registergericht in entsprechender Anwendung des § 10 S. 2 HGB mit
ihrem gesamten Inhalt zu veröffentlichen. Die Bekanntmachung hat unmittelbar im Anschluss an die Eintragung zu erfolgen. Der Verzicht auf die Veröffentlichung ist unzulässig (für das Handelsregister Baumbach/Hopt/*Hopt*
HGB § 10 Rn. 1). Fehler bei der Bekanntmachung lösen eine Schadensersatzpflicht gemäß den Grundsätzen der Amtshaftung aus (vgl. RGZ 131, 12 [13];
BayObLG NJW-RR 1989, 934 = BB 1989, 1009).

16   Zusätzlich werden nach dem EHUG die Bekanntmachungen in das grundsätzlich vom Bundesministerium geführte zentrale Unternehmensregister nach
§ 8b Abs. 2 Nr. 1 HGB aufgenommen (www.unternehmensregister.de). Es ist
als Metaregister konzipiert (so *Noack* NZG 2006, 801 [804]) und enthält alle
Bekanntmachungen aus den Handels-, Genossenschafts- und Partnerschaftsre-
gistern. Der Abruf von Daten aus diesem Register ist bis auf die Daten aus den
Handelsregistern kostenlos. Aufgrund der Verordnungsermächtigung in § 9a
Abs. 1 HGB wurde die Führung des Unternehmensregisters durch Verordnung
vom 15.12.2006 (BGBl. 2006 I 3202) mit Wirkung zum 1.1.2007 auf die
Bundesanzeiger VerlagsGes mbH übertragen (aufgrund Verordnung zur Änderung der Verordnung über die Übertragung der Führung des Unternehmensregisters und die Einreichung von Dokumenten beim Betreiber des Bundesan-
zeigers vom 14.1.2015, BGBl. 2015 I 16, jetzt Bundesanzeiger Verlag GmbH)

17   Die früher bestehende Pflicht zur Publizität der vorgenommenen Eintragungen im Papier-Bundesanzeiger ist seit dem 1.1.2007 entfallen (dazu *Seibert*/*Decker* DB 2006, 2446 [2448]). Eine (zusätzliche) Veröffentlichung der
im Partnerschaftsregister vorgenommenen Eintragung in einer Zeitung ist dagegen selbstverständlich weiterhin möglich. Hinsichtlich der Wirkungen der
Bekanntmachungen ist insbesondere mit Blick auf § 15 HGB (→ Rn. 85 ff.)
jedoch allein die elektronische Bekanntmachung maßgeblich.

18   Während früher für die herkömmliche Bekanntmachung in Tageszeitun-
gen unterschiedlich hohe Kosten (bis zu mehreren 100 EUR) anfielen und
die elektronische Bekanntmachung unter Geltung des § 137 Abs. 1 Nr. 4 lit. a
KostO noch pauschal 1 EUR kostete, werden heute für die Bekanntmachung
in einem elektronischen Informations- und Kommunikationssystem, wie dem
Handels- und Partnerschaftsregister, grundsätzlich keine Auslagen mehr erhoben, wenn das Entgelt nicht für den Einzelfall oder ein einzelnes Verfahren berechnet wird, Anlage 1 (zu § 3 Abs. 2 GNotKG), Nr. 31004.

3. Einsichtsrecht

19   Die Einsicht in das Partnerschaftsregister ist jedermann gestattet (vgl. § 9
HGB). Ebenso wie das Handelsregister ist auch das Partnerschaftsregister öffentlich. Das Einsichtsrecht bestimmt sich gem. § 385 FamFG allein nach den

registerrechtlichen Vorschriften sowie den aufgrund von § 387 FamFG erlassenen Rechtsverordnungen. Es besteht ohne Nachweis eines rechtlichen Interesses und ist weit zu verstehen (MüKoHGB/*Krafka* HGB § 9 Rn. 1, 6; Baumbach/Hopt/*Hopt* HGB § 9 Rn. 1). Auch die Gesamteinsicht zu kommerziellen Zwecken ist ebenso wie beim Handelsregister uneingeschränkt zulässig (BGHZ 108, 32 = NJW 1989, 2818; *Kollhosser* NJW 1988, 2409; *Junker* EWiR 1989, 899). Die Öffentlichkeit des Registers legt die Erlaubnis nahe, eigene Abschriften, Auszüge oder auch Fotokopien fertigen zu können (OLG Dresden NJW 1997, 667 [668]).

Der Datenabruf erfolgt seit dem 1.1.2007 grundsätzlich über das Internet. **20** Das System, bzw. die Internetadresse, über die die Einsichtnahme erfolgt, bestimmen dabei die Länder. Die Einsichtnahme vor Ort auf der Geschäftsstelle des Registergerichts bleibt daneben weiterhin möglich (vgl. § 10 HRV). Über ein Terminal kann dieser Service grundsätzlich auch an Amtsgerichten angeboten werden, die für die Registerführung nicht zuständig sind. Für den Fall, dass alte Dokumente noch nicht in elektronische Form konvertiert wurden, kann der Einsichtnehmende wie bisher die Zusendung einer Abschrift beantragen (§ 9 Abs. 4 S. 2 HGB). Soweit Dokumente, die weniger als zehn Jahre vor dem Zeitpunkt der Antragstellung zum Handelsregister eingereicht wurden, noch nicht als elektronische Datei verfügbar sind, kann der Einsichtnehmende deren elektronische Übermittlung gleichwohl verlangen (§ 9 Abs. 2 HGB). Allerdings muss er die für die Umwandlung in ein elektronisches Dokument anfallenden Kosten tragen. Pro Seite fallen 2,00 EUR, mindestens jedoch 25,00 EUR an (Nr. 5007 KV HRegGebV).

Übermittelte Daten werden auf Antrag durch das Registergericht hinsichtlich ihrer Übereinstimmung mit den Originaldaten des Handelsregisters beglaubigt (vgl. § 9 Abs. 3 HGB). Verlangt werden kann auch ein beglaubigter Ausdruck oder eine beglaubigte Abschrift von Schriftstücken (§ 9 Abs. 4 HGB).

Die Einsichtnahme vor Ort auf der Geschäftsstelle des Registergerichts ist **22** kostenfrei. Für Ablichtungen, Ausdrucke und Bescheinigungen sind dagegen nach dem GNotKG Gebühren zu entrichten. Sie betragen nach § 3 Abs. 2 GNotKG iVm Anlage 1 Nr. 17000, 17001 und 17004 KV GNotKG zwischen 10 und 20 EUR.

Seit Einführung der elektronischen Registerführung ist auch eine kosten- **23** günstigere Einsichtnahme möglich. Wird anstelle eines Ausdrucks nur die elektronische Übermittlung einer Datei beantragt, werden für eine unbeglaubigte Datei 5,– EUR und für eine beglaubigte Datei 10 EUR erhoben (§ 3 Abs. 2 GNotKG iVm Anlage 1 Nr. 17002 und 17003 KV GNotKG). Für einen elektronischen Auszug entstehen nach dem EHUG Gebühren iHv 4,50 EUR. Eine weitere Kosten- und Zeitersparnis ergibt sich bei einem Abruf der Registerdaten über einen Browser mit automatischem Gebühreneinzug (im Vergleich zum Aufsetzen eines Schreibens an das Register mit anschließender Überweisung der Gebühren). Für den Datenschutz ist § 38 BDSG zu beachten. Eine personenbezogene Suchfunktion gibt es nicht (dazu *Noack* NZG 2006, 801 [803]).

Insgesamt bestehen damit seit dem 1.1.2007 zwei Zugriffsmöglichkeiten **24** „online": entweder direkt über das elektronische Partnerschaftsregister oder aber zentral über das Unternehmensregister, dem eine „Portalfunktion" (vgl. BT-Drs. 16/960, 36 ff.) zukommt.

4. Registergerichtliche Prüfung

25 Aus der allgemeinen Bindung des Richters an Recht und Gesetz gem. Art. 20 Abs. 3 GG (Staub/*Koch* HGB § 8 Rn. 82; im Schrifttum wird stattdessen auch auf den Amtsermittlungsgrundsatz aus § 26 FamFG zurückgegriffen, MüKoHGB/*Krafka* HGB § 8 Rn. 64; *K. Schmidt* HandelsR § 13 III 1 a, 475) ergibt sich die Pflicht und damit auch das Recht des Registergerichts, die Anmeldung in formeller und materieller Hinsicht zu prüfen. In materieller Hinsicht bedeutet dies eine Schlüssigkeitskontrolle. Außerdem muss das Gericht bei Zweifeln an der Richtigkeit der in der Anmeldung vorgetragenen Tatsachen den Sachverhalt von Amts wegen aufklären. Diese Prüfungspflicht ist im Interesse der Entlastung der Registergerichte bei der Eintragung in das Partnerschaftsregister erheblichen Einschränkungen unterworfen (zur eingeschränkten Prüfungspflicht auch BGH NJW-RR 2011, 1184 sowie → § 4 Rn. 40 ff.). Die Erleichterungen betreffen gem. § 4 Abs. 2 auch die Zugehörigkeit des einzutragenden Partners zu einem Freien Beruf (→ § 4 Rn. 46 ff.). Dem Gericht obliegt es nicht, von Amts wegen die Einhaltung der berufsrechtlichen Beschränkungen zu prüfen (→ § 4 Rn. 42 ff.; BT-Drs. 12/6152, 8; aA Römermann/*Zimmermann* § 4 Rn. 48, Römermann/*Zimmermann* Rn. 11, der lediglich die Prüfung der Vereinbarkeit mit berufsständischen Satzungen ausschließen will). Das Gericht kann jedoch die berufsständischen Organe im Eintragungsverfahren anhören und in sonstiger Weise einschalten (§ 380 FamFG).

IV. Zweigniederlassungen (Abs. 2)

1. Begriff

26 Den Partnerschaften ist es grundsätzlich (zu berufsrechtlichen Ausnahmen → Rn. 43 ff.) erlaubt, Zweigniederlassungen zu gründen und in das Partnerschaftsregister eintragen zu lassen. Kennzeichen einer Zweigniederlassung ist einerseits die Abhängigkeit von einem Hauptunternehmen, der auf der anderen Seite eine gewisse Selbstständigkeit gegenübersteht (RGZ 77, 60 [63]; zu den Begriffen der Abhängigkeit und Selbstständigkeit *K. Schmidt* HandelsR § 3 III 3 b, 89; *Krafka/Kühn* Rn. 289 ff.). Übt eine Zweigstelle beispielsweise ihr Recht zur abweichenden Namenswahl aus, ist dies Ausdruck ihrer Selbstständigkeit. Die Zweigstelle ist eine Zwischenform zwischen einem im Verhältnis zur Hauptniederlassung eigenständigen Unternehmen und einer bloßen Abteilung desselben (*K. Schmidt* HandelsR § 3 III 3 b, 89). Unternehmerische Entscheidungen muss die Zweigstelle allerdings unabhängig vom Hauptunternehmen treffen können (so zB Wahl der Büroräume).

27 Merkmale einer Zweigniederlassung sind: (1) räumliche Selbstständigkeit (Baumbach/Hopt/*Hopt* HGB § 13 Rn. 3; *Kögel* DB 2004, 1763 [1764]); (2) sachlich mit dem Geschäftszweig des Sitzes der Gesellschaft übereinstimmende Geschäfte; (3) ein auf gewisse Dauer angelegter Geschäftsbetrieb (in

Abgrenzung zur Messe, vgl. *K. Schmidt* HandelsR § 3 III 3b, 89) und (4) eine dem Sitz der Gesellschaft in sachlicher und personeller Hinsicht entsprechende Organisation (MüKoHGB/*Krafka* HGB § 13 Rn. 9).

Partnerschaftsgesellschaften oder „partnerschaftsähnliche Gesellschaften" **28** mit Sitz im Ausland können Zweigniederlassungen in Deutschland errichten (→ Rn. 36). Die Eintragung der ausländischen Gesellschaft in das Handelsregister oder das Partnerschaftsregister richtet sich danach, ob sie eher der GmbH oder der Partnerschaft nach deutschem Recht ähnelt.

Schon nach dem Gesellschaftsrecht nicht zulässig ist die Gründung mehre- **29** rer Hauptsitze. Wie die OHG kann die Partnerschaft grundsätzlich nur einen Hauptsitz haben (zur ausnahmsweise möglichen Bildung eines Doppelsitzes → § 3 Rn. 30). Abzugrenzen sind allerdings mehrere Hauptsitze von gleichberechtigten Niederlassungen (vgl. § 59a Abs. 2 BRAO). Ohne dass sich in diesem Fall an der berufsrechtlichen Einordnung der Niederlassungen etwas ändert (MWHLW/*Wolff* Rn. 43), ist es registerrechtlich notwendig, eine der Niederlassungen als Hauptsitz und die andere als Zweigniederlassungen anzumelden (BT-Drs. 12/6152, 14). Von der jeweiligen Qualifikation der eingetragenen Niederlassung hängt letztlich auch die Zuständigkeit des „Zentralregistergerichts" ab (*Krafka/Kühn* Rn. 295).

2. Registerrechtliche Behandlung der Zweigniederlassung

Für die registerrechtliche Behandlung von Zweigniederlassungen der Part- **30** nerschaft gelten die §§ 13, 13d HGB entsprechend. Die Zweigniederlassung entsteht mit ihrer Errichtung (MüKoHGB/*Krafka* HGB § 13 Rn. 16), jedenfalls aber mit Aufnahme des Geschäftsbetriebs (Baumbach/Hopt/*Hopt* HGB § 13 Rn. 10). Ihre Eintragung in das Register hat nur deklaratorische Bedeutung (BayObLG DB 1979, 1936; *Kögel* DB 2004, 1763; *Krafka/Kühn* Rn. 290).

Durch das EHUG ist die registerrechtliche Behandlung von Zweignieder- **31** lassungen zum 1.1.2007 insofern vereinfacht worden, als die Eintragung allein bei dem Gericht der inländischen Hauptniederlassung erfolgt. Aufgrund der elektronischen Vernetzung der Register erübrigt sich eine Eintragung bei dem für den Ort der Zweigniederlassung zuständigen Gericht. Ein „Gericht der Zweigniederlassung" gibt es nicht mehr. Die §§ 13a, 13b, 13c HGB aF sind daher aufgehoben worden. Die bis zum 31.12.2006 auf Grundlage der §§ 13–13c HGB aF beim Gericht der Zweigniederlassung geführten Registerblätter wurden zum 1.1.2007 geschlossen. Verweise auf den Registerblättern beim Gericht des Sitzes auf die Eintragung beim Gericht am Ort der Zweigniederlassung wurden von Amts wegen gelöscht.

Im Zuge des Gesetzes zur Modernisierung des GmbH-Rechts und zur Be- **32** kämpfung von Missbräuchen (MoMiG) wurde im Jahr 2008 in § 13 Abs. 2 HGB die Pflicht des Registergerichts aufgenommen, auch die inländische Geschäftsanschrift der Zweigniederlassung anzugeben (zur Begründung BT-Drs 16/1640, 49). In § 5 wurde in Abs. 2 ein zweiter Halbsatz eingefügt, wonach diese Pflicht für die PartG entfällt (→ Rn. 3)

3. Zweigniederlassungen von Partnerschaften mit Sitz im Inland

33   Die Errichtung von Zweigniederlassungen von Partnerschaften mit Sitz im Inland richtet sich nach § 5 Abs. 2 iVm § 13 HGB. Die Anmeldung erfolgt durch die vertretungsberechtigten Partner in öffentlich beglaubigter Form (§ 5 Abs. 2 iVm § 12 HGB) beim Gericht des Sitzes der Partnerschaft. Eine an das Gericht der Zweigniederlassung gerichtete Anmeldung erfolgt nicht ordnungsgemäß und ist zurückzuweisen (Staub/*Koch* HGB § 13 Rn. 7).

34   Eintragungen erfolgen nach § 5 Abs. 2 iVm § 13 Abs. 2 HGB seit dem 1.1.2007 in das Register des Sitzes der Partnerschaft unter Angabe des Ortes der Zweigniederlassung. Auf ein zusätzliches Registerblatt beim Register am Ort der Zweigniederlassung wird verzichtet.

35   Nach § 5 Abs. 2 iVm § 13 Abs. 3 HGB gelten die Vorschriften über die Errichtung der Zweigniederlassung entsprechend bei ihrer Aufhebung. Das Verfahren ist identisch (vgl. Baumbach/Hopt/*Hopt* HGB § 13 Rn. 15; *Krafka/ Kühn* Rn. 308).

4. Zweigniederlassungen von „partnerschaftsähnlichen" Gesellschaften mit Satzungssitz im Ausland

36   Zweigniederlassungen ausländischer „partnerschaftsähnlicher" (so die Formulierung der Begründung des RegE, BT-Drs. 12/6152, 14) Zusammenschlussformen sind gem. § 5 Abs. 2 iVm § 13d HGB ebenfalls in das Partnerschaftsregister einzutragen. Die Regelung des § 13d HGB entspricht § 13 HGB für Unternehmen mit Sitz im Inland (→ Rn. 33f.). Als partnerschaftsähnlich wird man ausländische (→ Einführung Rn. 70ff.) Zusammenschlüsse von Freiberuflern iSd § 1 Abs. 2 S. 2 ansehen können, die einen ähnlichen Organisationsgrad wie die Partnerschaft aufweisen (MüKoHGB/*Krafka* HGB § 13d Rn. 10; *Henssler* NJW 2009, 3136 [3138]; zur Substitution vgl. allg. Staudinger/*Großfeld* IntGesR Rn. 332ff.). Nicht erforderlich ist, dass die ausländische Rechtsform eine § 8 Abs. 2 vergleichbare Form der Haftungsbeschränkung kennt. Jedoch muss sie ähnlich wie die deutsche Partnerschaft über eine eigenständige Rechtsfähigkeit verfügen, ohne zugleich die körperschaftliche Struktur einer Kapitalgesellschaft zu haben. Partnerschaftsähnlich sind jedenfalls ausländische Personengesellschaften, in denen sich Freiberufler iSv § 1 zusammengeschlossen haben.

37   In Betracht kommen Zweigniederlassungen einer französischen **société civile professionnelle,** einer englischen **partnership,** einer US-amerikanischen **partnership** oder **limited liability partnership** (dazu *Henssler* FS Wiedemann, 2002, 907 [909ff.]; *Henssler* NJW 2009, 3136 [3137]; *Finch/Freeman,* The Journal of Business Law, 2002, p. 475–512; *Lieder* NZG 2014, 127 [130]; *Weller/Kienle* DStR 2005, 1102 [1103]; → Einführung Rn. 70ff.). Auch die **limited liability company** des US-Rechts, die trotz ihrer Haftungsbeschränkungsmöglichkeit nicht zu den Kapitalgesellschaften zählt, wird man hierunter fassen können. Als partnerschaftsähnlich ist – trotz der unterschiedlichen gesellschaftsrechtlichen Haftungskonzeption – auch die **limited liability partnership** (LLP) englischen Rechts (dazu *Henssler* FS Busse, 2005, 127 [150f.]; *Henssler* NJW 2014, 1761; *Henssler/Mansel* FS Horn, 2006, 404; *Bank,*

Die britische Limited Liability Partnership: Eine attraktive Organisationsform für Freiberufler?, 2006, 315 ff.) zu qualifizieren, sofern an ihr ausschließlich Angehörige der Freien Berufe als Partner beteiligt sind. Anders als die deutsche Partnerschaft steht die englische LLP auch gewerblichen Unternehmern offen. Bei ihr ist also zu differenzieren: gewerbliche LLPs sind ins Handelsregister, freiberufliche LLPs ins Partnerschaftsregister einzutragen. Seit der Einführung der PartmbB verbietet es sich, die in Deutschland tätigen Partner einer freiberuflichen LLP einer persönlichen Haftung zu unterwerfen (*Henssler* NJW 2014, 1761 [1765]). Die zur alten Rechtslage aus dem internationalprivatrechtlichen Rechtsinstitut der Anpassung hergeleitete persönliche Haftung für die Folgen beruflicher Pflichtverletzungen (*Henssler* FS Busse, 2005, 148 ff.; *Henssler/Mansel* FS Horn, 2006, 404 [414 ff.]) ist überholt (*Henssler* NJW 2014, 1761 [1765]; im Ergebnis auch *Schnittker,* Gesellschafts- und steuerrechtliche einer englischen Limited Liability Partnership mit Verwaltungssitz in Deutschland, 2006, 117 ff.; *Bank,* Die britische Limited Liability Partnership: Eine attraktive Organisationsform für Freiberufler?, 2006, 404, die diese Rechtsansicht schon zuvor vertreten hatten). Seit im deutschen Recht eine Freiberuflerpersonengesellschaft ohne unmittelbare persönliche Berufshaftung der Gesellschafter als sachgerecht angesehen wird, entfällt der tragende Grund für eine Anpassung (*Pleister* AnwBl. 2012, 801; *Henssler* NJW 2014, 1761 [1765]; iErg ebenso *Deckenbrock/Markworth* in Kilian/Offermann-Burckart/vom Stein, Praxishandbuch Anwaltsrecht, 3. Aufl. 2018 § 9 Rn. 249, die den Haftungsausschluss jedoch vom Bestehen einer der PartmbB nachgebildeten Berufshaftpflichtversicherung abhängig machen wollen). Bei einer freiberuflichen **Kommanditgesellschaft österreichischen Rechts** (→ Einführung Rn. 107 ff.) spricht ebenfalls viel dafür, ihre deutsche Zweigniederlassung in das Partnerschaftsregister einzutragen, auch wenn das gesellschaftsrechtliche Haftungsregime nicht unmittelbar vergleichbar ist.

Im Hinblick darauf, dass zB zahlreiche deutsche Anwaltskanzleien als Folge **38** internationaler Fusionen nur noch als Zweigniederlassungen ausländischer Rechtspersönlichkeiten fortbestehen, ist die Frage der „Partnerschaftsähnlichkeit" von großer Bedeutung. Eng verbunden mit der registerrechtlichen Behandlung ist auch die steuerrechtliche Beurteilung. Wird eine Gesellschaft registerrechtlich nicht als partnerschaftsähnlich, sondern als Kapitalgesellschaft und damit als juristische Person qualifiziert, indiziert dies auch eine vergleichbare steuerrechtliche Bewertung (zur steuerrechtlichen Einordnung *Schnittker,* Gesellschafts- und steuerrechtliche einer englischen Limited Liability Partnership mit Verwaltungssitz in Deutschland, 2006, 125 ff.). Unter diesem Gesichtspunkt wird auch die Eintragungspflicht ausländischer Berufsausübungsgesellschaften immer wichtiger. Das gilt insbesondere für die Frage, ob die Inanspruchnahme eines vom Heimatrecht gewährten Haftungsprivilegs die Eintragung in das Partnerschaftsregister voraussetzt. Im Ergebnis ist diese Frage zu verneinen. Anders ist die rechtliche Bewertung der Folgen einer fehlenden Eintragung für die Postulationsfähigkeit vor deutschen Gerichten. Da auch deutschen Partnerschaften oder einer deutschen Rechtsanwalts-GmbH diese Postulationsfähigkeit nur im Falle ihrer ordnungsgemäßen Registereintragung zukommt, wird man von der ausländischen Gesellschaft ebenfalls die Eintragung verlangen müssen. Ohne Eintragung sind nämlich bei einem Auftreten vor deutschen Gerichten für die

Beteiligten nicht einmal die zentralen Informationen über die rechtliche Einordnung der Gesellschaft und ihre Organe verfügbar (zum Ganzen auch Henssler/Prütting/*Henssler* Rn. 9; *Henssler* NJW 2009, 3136 [3137]).

39   Deutsche Partnerschaften müssen seit Inkrafttreten des Elektronischen Handels- und Genossenschaftsregister-Gesetzes (EHUG) und der Aufhebung der §§ 13a–c HGB Zweigniederlassungen nur noch im Register der Hauptniederlassung vermerken. Infolgedessen muss auch einer – der deutschen Partnerschaft vergleichbaren – ausländischen Gesellschaft die Möglichkeit eingeräumt werden, eine „inländische Hauptniederlassung" festzulegen, in deren Register sodann die weiteren deutschen Zweigniederlassungen lediglich vermerkt werden. Um die Registeranmeldung möglichst praktikabel zu gestalten, sollten sich die Registergerichte außerdem mit der Anmeldung und Eintragung der in Deutschland tätigen Gesellschafter/Partner begnügen (Zum Ganzen Henssler/Prütting/*Henssler* Rn. 9; *Henssler* NJW 2009, 3136 [3137]).

40   Das Registergericht hat bei der Anmeldung zu prüfen, ob die ausländische Gesellschaft nach deutschem Internationalen Gesellschaftsrecht anerkannt wird (BayObLGZ 1985, 272 [278] = DB 1986, 2670–2672; zur registerrechtlichen Behandlung Staudinger/*Großfeld* IntGesR Rn. 990 ff.; MüKoHGB/*Krafka* HGB § 13d Rn. 8, 21 ff.). Zu berücksichtigen ist dabei die Niederlassungsfreiheit nach Art. 49, 54 AEUV (noch zu Art 43, 48 EGV–Nizza BGHZ 154, 185 = NJW 2003, 1461; BGHZ 164, 148 = NJW 2005, 3351). Die Anforderungen des deutschen Registerrechts sind vollständig beim Gericht der deutschen Zweigniederlassung zu erfüllen (Baumbach/Hopt/*Hopt* HGB § 13d Rn. 2). Auch die nach ausländischem Recht zu beurteilenden Voraussetzungen der Eintragung werden von Seiten des deutschen Registergerichts überprüft. Die wirksame Gründung einer Gesellschaft im Ausland wird anhand des ausländischen Rechts geprüft, ohne dass das Gericht an ausländische Entscheidungen gebunden wäre (BayObLG WM 1985, 1205 = DB 1986, 2670). Das Registergericht darf insbesondere keine Entstehungsvoraussetzungen verlangen, die das ausländische Recht nicht vorsieht (OLG Hamm NJW-RR 2005, 1626 = NZG 2005, 930).

41   Nach § 5 Abs. 2 iVm § 13d Abs. 2 HGB muss die Eintragung den Ort der Zweigniederlassung sowie einen eventuellen Zusatz zum Namen enthalten (zum Namen der Zweigniederlassung → § 2 Rn. 1 ff. und → § 3 Rn. 1 ff.).

5. Ausländische partnerschaftsähnliche Gesellschaften mit Verwaltungssitz im Inland

42   Unterhält eine ausländische partnerschaftsähnliche Gesellschaft – trotz ausländischen Registersitzes – sogar ihren Verwaltungssitz im Sinne ihres Hauptsitzes in Deutschland (→ Einführung Rn. 70 ff.), so ist auch dieser Sitz im deutschen Partnerschaftsregister eintragungspflichtig. Entsprechende Konstellationen sind aufgrund der Niederlassungsfreiheit bei partnerschaftsähnlichen Gesellschaften aus dem EU-Ausland denkbar (→ § 3 Rn. 6). Die Eintragungspflicht ergibt sich im Wege des Erst-Recht-Schlusses aus der Pflicht, die deutsche Zweigniederlassung ins Partnerschaftsregister einzutragen. Für den Umfang der Eintragungspflicht kann auf die Ausführungen zur Eintragung von Zweigniederlassungen verwiesen werden (→ Rn. 39 ff.).

6. Berufsrechtliche Sondervorschriften

Partnerschaften ist es gesellschaftsrechtlich grundsätzlich erlaubt, Zweignie- **43** derlassungen zu errichten. Einschränkungen ergeben sich aufgrund des Vorrangs des Berufsrechts (§ 1 Abs. 3). Berufsrechtliche Vorschriften kannten früher sogar häufig echte Zweigstellenverbote. Heute gibt es entsprechende Einschränkung nur noch vereinzelt. Das in § 28 BRAO aF enthaltene anwaltsrechtliche Zweigstellenverbot wurde beispielsweise durch das Gesetz zur Stärkung der Selbstverwaltung der Rechtsanwaltschaft v. 26. 3. 2007 (BGBl. 2007 I 358) aufgehoben. Seither unterliegen Rechtsanwälte bei der Errichtung von Zweigstellen überhaupt keinen Beschränkungen mehr (*Kleine-Cosack* BRAO § 27 Rn. 9). Generell gilt, dass berufsrechtliche Zweig**stellen**verbote nicht als Verbote von Zweig**niederlassungen** zu verstehen sind. Insbesondere darf aus ihnen nicht gefolgert werden, dass an jedem Geschäftsort eine Hauptniederlassung errichtet werden müsste, mit der Folge, dass an jedem Sitz ein eigenständiges Registerverfahren zu betreiben wäre. Ziel ist bzw. war es, den unerwünschten Wettbewerb durch einen am Praxis- oder Kanzleiort nicht ständig erreichbaren Berufsausübenden zu verhindern (BGH DNotZ 1968, 499; EGH Celle BRAK-Mitt 1984, 88; EGH München AnwBl. 1977, 270 [271]; *Henssler* DB 1995, 1549 [1551]; krit. zur Rspr. *Kleine-Cosack*, 4. Aufl. 2003, BRAO § 28 Rn. 10). Um diesem Regelungszweck Rechnung zu tragen, genügt es, wenn **ein Partner,** der umfassende Vertretungsmacht nach außen hat, am Ort der Zweigniederlassung schwerpunktmäßig tätig ist.

Ein Zweigstellenverbot ist als Beschränkung der von Art. 12 GG geschütz- **44** ten Berufsausübung zu qualifizieren. Auch wenn solche Beschränkungen als nicht statusbegründende Berufspflichten vom Vorbehalt des formellen Gesetzes nicht erfasst werden, so bedürfen sie zumindest einer hinreichend bestimmten Regelung in einer Berufsordnung der verkammerten Berufe.

a) Ärzte. aa) Allgemeines Berufsrecht. Nach § 17 Abs. 2 MBO-Ä der **45** auf dem 107. Deutschen Ärztetag in Bremen 2004 verabschiedeten Musterberufsordnung der Bundesärztekammer (MBO-Ä) war es dem **Arzt** erstmals gestattet, über seinen Praxissitz (seine Niederlassung) hinaus **an zwei weiteren Orten** (auch überörtlich) ärztlich tätig zu sein. In ihrer er aktuellen Fassung des 118. Deutschen Ärztetages in Frankfurt a. M. 2015 enthält die MBO-Ä diese Möglichkeit weiterhin. Dabei ist die Niederlassung der Ort, an dem der Arzt normalerweise seine ambulante Tätigkeit, idR die Sprechstunde, ausübt. Für die Berufsausübungsgemeinschaft und damit auch die Partnerschaft regelt § 18 Abs. 3 MBO-Ä die Zulässigkeit von Zweigniederlassungen. Voraussetzung ist, dass an dem jeweiligen Praxissitz verantwortlich mindestens ein Partner eine ausreichende Patientenversorgung sicherstellt. Eine solche ist ua dann gewährleistet, wenn die Orte der ärztlichen Tätigkeit so gewählt werden, dass die Partner jede Praxis innerhalb kurzer Zeit erreichen können (vgl. BSG GesR 2004, 242 [245] = MedR 2005, 52: 30 Minuten; § 17 Abs. 2 Berufsordnung Hessen spricht von einer „zeitnahen Versorgung" der Patienten). Die bisherige Regelung in § 18 Abs. 3 S. 3 MBO-Ä, nach der mindestens ein Mitglied „hauptberuflich" tätig sein musste, wurde als zu restriktiv empfunden, nachdem inzwischen auch Vertragsarztpraxen mit einem lediglich hälftigen Versorgungsauftrag geführt werden dürfen (Mindestpräsenz von 10 Stunden).

Im Zuge des 114. Deutschen Ärztetages 2011 in Kiel wurde deswegen Abs. 3 in die heute geltende Fassung abgeändert (vgl. zu den Gründen der Änderung die Synopse zu den Änderungen der MBO-Ä, abrufbar unter: www.bundes aerztekammer.de/fileadmin/user_upload/downloads/pdf-Ordner/MBO/ MBO_Synopse.pdf). Eine Bindung der Zweigpraxis an den Kammerbezirk der Hauptniederlassung ist nicht vorgeschrieben.

46 Die Begrenzung ärztlicher Tätigkeit auf drei Orte ist dem **Apotheken-recht** entliehen (vgl. §§ 1, 2 ApoG ([Gesetz über das Apothekenwesen], geändert durch Art. 20 GMG v. 14.11.2003, BGBl. 2003 I 2190) und soll die Etablierung von Großketten verhindern. Die Beschränkung gilt allerdings nicht für Anästhesisten bezogen auf deren anästhesiologische Tätigkeit (*Koch* GesR 2005, 241 [242]; *Ratzel/Lippert* MedR 2004, 525 [527]; *Ratzel* ZMGR 2005, 143 [144]). Unverändert berufsrechtswidrig ist die Ausübung der ambulanten Tätigkeit im Umherziehen. Allerdings kann die Ärztekammer im Interesse der medizinischen Gesundheitsversorgung auf Antrag des Arztes Ausnahmen von der Verpflichtung nach Abs. 1 gestatten, wenn sichergestellt ist, dass die beruflichen Belange nicht beeinträchtigt werden und die Berufsordnung beachtet wird.

47 Gemäß § 17 Abs. 5 MBO-Ä ist die Aufnahme jeder ärztlichen Tätigkeit der zuständigen Ärztekammer **anzuzeigen.** Liegt die Zweigpraxis in einem anderen Kammerbezirk, so ist die dort zuständige Kammer zusätzlich zu informieren.

48 Der ganz überwiegende Teil der Landesärztekammern hat den für die Gründung von Zweigniederlassungen relevanten § 17 Abs. 2 MBO-Ä fast wörtlich übernommen. Lediglich in Bayern und Niedersachsen weichen die derzeit geltenden Berufsordnungen von der Musterberufsordnung ab. § 17 Abs. 2 Berufsordnung **Bayern** gestattet die ärztliche Tätigkeit zwar an bis zu zwei weiteren Orten (unterscheidet aber in Abs. 1 noch zwischen Zweigniederlassung und ausgelagerten Praxisräumen). § 17 Abs. 2 Berufsordnung **Niedersachsen** gestattet es dem Arzt, unter Beachtung der in Abs. 1 genannten Vorgaben an zwei weiteren Orten ärztlich tätig zu sein und ist insofern bezogen auf diese Voraussetzungen restriktiver als die entsprechende Vorschrift der Musterberufsordnung.

49 Im Hinblick darauf, dass es dem Arzt in § 18 iVm D III Nr. 11 Berufsordnung **Brandenburg** vom 25.6.2003 ausdrücklich gestattet war, eine Zweigpraxis im EU-Ausland zu gründen, war das generelle Verbot der Gründung einer im Zweifel näher liegenden Zweigpraxis im Inland nicht erforderlich, um die oftmals angeführte ordnungsgemäße Patientenversorgung zu gewährleisten. Auch wenn eine solche ausdrückliche Regelung in der aktuellen Fassung der Berufsordnung Brandenburg nicht mehr vorgesehen ist, gelten die dazu angestellten grundsätzlichen Überlegungen auch heute noch. Abgesehen von diesem materiell-rechtlichen Widerspruch hätte ein entsprechendes Verbot auch keine ausreichende gesetzliche Grundlage in den Heilberufs- und Kammergesetzen (→ Rn. 55; vgl auch Anm. *Jaeger* zu LG Konstanz MedR 2005, 67).

50 **bb) Vertragsarztrecht.** Nach dem am 30.12.2006 verkündeten und zum 1.1.2007 in Kraft getretenen Vertragsarztänderungsgesetz (VÄndG BGBl.

2006 I 3439; dazu *Koch* GesR 2005, 241 [242]) ist es nunmehr auch Vertragsärzten gestattet, außerhalb ihres Vertragsarztsitzes an weiteren Orten, auch
außerhalb ihres KV-Bezirks, vertragsärztlich tätig zu sein (vgl. § 24 Abs. 3 und
4 Ärzte-ZV [Zulassungsverordnung für Vertragsärzte]; BT-Drs. 16/2474, 29f.
der Begründung). Voraussetzung ist, dass die Versorgung der Versicherten an
den weiteren Orten verbessert und diejenige am Vertragsarztsitz nicht gefährdet wird. Die Gesetzesänderung vollzieht damit für den Vertragsarzt die durch
den 107. Deutschen Ärztetag 2004 in § 17 Abs. 2 MBO-Ä vorgenommene
Lockerung der Bindung des Arztes an seinen Vertragsarztsitz nach, soweit dies
mit der spezifischen Pflicht eines Vertragsarztes, die vertragsärztliche Versorgung an seinem Vertragsarztsitz zu gewährleisten (vgl. § 95 Abs. 1 S. 4 und
Abs. 3 SGB V iVm den Regelungen zur regionalen Bedarfsplanung), vereinbar
ist (BT-Drs. 16/2474, 29f.).

Auch die **gemeinschaftliche überörtliche Berufsausübung** von Ver- **51**
tragsärzten ist im Zuge des VÄndG durch eine Neufassung des § 33 Ärzte-ZV
erleichtert worden. Die gemeinsame Berufsausübung in einer örtlichen oder
überörtlichen Gemeinschaftspraxis ist nunmehr zwischen allen zur vertragsärztlichen Versorgung zugelassenen Leistungserbringern, also Ärzten, Psychotherapeuten und medizinischen Versorgungszentren, zulässig, bedarf allerdings nach
§ 33 Abs. 3 Ärzte-ZV weiterhin einer Genehmigung (dazu auch BSG MedR
2004, 118; *Schiller* Bayrisches Ärzteblatt 2004, 125). Auch überörtliche Berufsausübungsgemeinschaften mit **Vertragsarztsitzen in mehreren Zulas-
sungsbezirken einer Kassenärztlichen Vereinigung** können genehmigt
werden. Der zuständige Zulassungsausschuss wird hier durch Vereinbarung
zwischen der Kassenärztlichen Vereinigung sowie den Landesverbänden der
Krankenkassen und den Verbänden der Ersatzkassen bestimmt. Denkbar ist seit
dem 1.1.2007 (zum alten Recht vgl. BSG MedR 2004, 118 [119]; Rundschreiben 1/05 KV-Thüringen, 8; *Ratzel* ZMGR 2005, 143 [145]; *Flenker/
Koch* Westfälisches Ärzteblatt 2005, 11, 12) schließlich, dass eine überörtliche
Berufsausübungsgemeinschaft **Mitglieder in mehreren Kassenärztlichen
Vereinigungen** hat. In diesem Fall muss sie den Vertragsarztsitz (unwiderruf-
lich für mindestens zwei Jahre) wählen, der maßgeblich für die Genehmigungs-
entscheidung ist sowie für die auf die gesamte Leistungserbringung dieser
überörtlichen Berufsausübungsgemeinschaft anzuwendenden ortsgebundenen
Regelungen, insbesondere zur Vergütung, zur Abrechnung sowie zu den
Abrechnungs-, Wirtschaftlichkeits- und Qualitätsprüfungen (§ 33 Abs. 3
Ärzte-ZV).

Eine **überörtliche Kooperation** war dagegen bereits nach der älteren **52**
Rechtslage auch für Kassenärzte zulässig (*Wigge* in Schnapp/Wigge VertragsarztR-HdB § 2 Rn. 23, *Wigge* in Schnapp/Wigge VertragsarztR-HdB § 6
Rn. 53). Zwar wird die Kassenzulassung für den Ort des Praxissitzes erteilt
(§ 95 Abs. 1 S. 2 SGB V, § 24 Abs. 1 Ärzte-ZV). Das bedeutet jedoch nur, dass
der in der Zweigniederlassung tätige Arzt für diesen Ort selbst die Zulassung
besitzen muss.

b) Zahnärzte. aa) Allgemeines Berufsrecht. Die 2005 neu erarbeitete **53**
Musterberufsordnung der Bundeszahnärztekammer (MBO-Zahnärzte) hat
nach dem Vorbild der MBO-Ä (→ Rn. 45ff.) zu einer erheblichen Liberalisie-

rung des Berufsrechts der Zahnärzte geführt. Während die Berufsangehörigen bis dato Zweigpraxen nur mit Zustimmung der zuständigen Berufsvertretung widerruflich und befristet errichten konnten, eröffnet § 9 Abs. 2 MBO-Zahnärzte seitdem (die letzte Überarbeitung der MBO-Zahnärzte erfolgte im November 2014) dem nach Abs. 1 niedergelassenen Zahnarzt die Möglichkeit, seinen Beruf auch in weiteren Praxen oder an anderen Orten auszuüben. Die Zahl der Zweigpraxen sowie die Zahl und Art der anderen Orte der Berufsausübung wird im Gegensatz zur Parallelvorschrift in der MBO-Ä (§ 17 MBO-Ä) weder begrenzt noch näher bestimmt. Voraussetzung ist lediglich, dass der Zahnarzt in jedem Einzelfall die ordnungsgemäße Versorgung seiner Patienten sicherstellt. Die Unterscheidung zwischen ausgelagerten Praxisräumen und Zweigpraxis entfällt. Berufsausübungsgemeinschaften und damit auch Partnerschaften mit mehreren Praxissitzen sind zulässig, wenn an dem jeweiligen Praxissitz verantwortlich mindestens ein Gesellschafter die Patientenversorgung sicherstellt (§ 16 Abs. 2 MBO-Zahnärzte).

54   Inzwischen haben alle Landeszahnärztekammern die Regelungen der geltenden Musterberufsordnung umgesetzt (vgl. dazu § 9 Abs. 2 Berufsordnungen **Baden-Württemberg, Brandenburg, Hamburg, Sachsen-Anhalt, Niedersachsen, Rheinland-Pfalz, Hessen, Thüringen** und **Westfalen-Lippe**, § 6 Abs. 4 Berufsordnung Berlin und § 8 Abs. 2 Berufsordnung **Mecklenburg-Vorpommern,** die im Wesentlichen § 9 Abs. 2 MBO-Zahnärzte entsprechen). Nach § 9 Abs. 2 Berufsordnung **Saarland,** § 17 Abs. 2 Berufsordnung **Bremen,** § 9 Abs. 2 Berufsordnung **Schleswig-Holstein, Bayern** und **Sachsen** ist die Gründung von bis zu zwei weiteren Praxen zulässig, wenn in jedem Einzelfall die ordnungsgemäße Versorgung der Patienten sichergestellt wird. § 1 Abs. 1 Berufsordnung Ärztekammer **Nordrhein** bestimmt seit 2007 ebenfalls die Zulässigkeit der Berufsausübung in zwei weiteren eigenen Praxen oder anderen Orten als dem Praxissitz, soweit in jedem Einzelfall die ordnungsgemäße Versorgung der Patienten sichergestellt wird.

55   Soweit die Heilberufs-Kammergesetze lediglich Regelungen bezüglich der näheren Ausgestaltung der Berufspflichten gestatten, reichen sie als Ermächtigungsgrundlage für ein generelles Verbot der Errichtung von Zweigpraxen in den jeweiligen Berufsordnungen nicht aus. Entsprechende Regelungen sind daher rechtswidrig (vgl. LG Konstanz MedR 2005, 67 bzgl. des damaligen Zweigpraxisverbotes in Baden-Württemberg).

56   **bb) Vertragszahnarztrecht.** Im Rahmen des VÄndG (→ Rn. 50 ff.) sind durch eine Änderung der entsprechenden Zulassungsverordnung auch für Vertragszahnärzte die Möglichkeiten einer **Zweigstellenerrichtung** erleichtert worden. So vollziehen § 24 Abs. 3 und 4 Zahnärzte-ZV die in § 9 Abs. 2 MBO-Zahnärzte vorgenommene Lockerung der Bindung des Zahnarztes an seinen Vertragszahnarztsitz nach, soweit dies mit der spezifischen Pflicht eines Vertragszahnarztes, die vertragszahnärztliche Versorgung an seinem Vertragszahnarztsitz zu gewährleisten (vgl. § 95 Abs. 1 S. 4 und Abs. 3 SGB V iVm den Regelungen zur regionalen Bedarfsplanung), vereinbar ist. § 33 Zahnärzte-ZV erleichtert parallel zu § 33 Ärzte-ZV die überörtliche gemeinschaftliche Berufsausübung von Vertragszahnärzten und setzt auch insoweit die Änderungen der Musterberufsordnung der Bundeszahnärztekammer um.

c) Tierärzte. Nachdem die Errichtung von Zweigniederlassungen nach 57
§ 12 Abs. 3 MBO-Tierärzte aF noch viel länger als bei den Ärzten grundsätzlich unzulässig war, lässt auch die Berufsvertretung der Tierärzte nach dem
Vorbild der MBO-Ä (→ Rn. 45 ff.) inzwischen Liberalisierungen zu. Die Ausübung des tierärztlichen Berufs in eigener Praxis ist an die Niederlassung an
einem Praxissitz gebunden, der in § 11 Abs. 1 S. 2 MBO-Tierärzte als Ort definiert wird, der mit den notwendigen räumlichen, sachlichen und personellen
Voraussetzungen für die Begründung einer selbstständigen, freiberuflichen
tierärztlichen Tätigkeit ausgestattet ist. Allerdings können Tierärzte inzwischen neben dem Ort ihrer Niederlassung an weiteren Standorten eine Praxis
betreiben (sog. Zweitpraxis; § 11 Abs. 5 MBO-Tierärzte). Dies ist der Kammer
anzuzeigen. Voraussetzung ist außerdem, dass die ordnungsgemäße Versorgung der Patienten an jedem Ort der Tätigkeit und insbesondere die Notfall-
versorgung sichergestellt sind. Das Gleiche gilt iVm § 16 Abs. 1 MBO-Tierärzte auch für Berufsausübungsgemeinschaften.

Die Berufsordnungen der Landestierärztekammern **Berlin** (vgl. § 11 58
Abs. 5) und **Thüringen** (vgl. § 11 Abs. 4) entsprechen der Musterberufsordnung der Bundestierärztekammer.

Nach § 6 Abs. 2 S. 1 Berufsordnung **Bayern** ist es dem Tierarzt gestattet, 59
neben seinem Praxissitz in bis zu zwei weiteren Praxen selbstständig tätig zu
sein. Voraussetzung ist, dass er Vorkehrungen für eine ordnungsgemäße Versorgung der Patienten an jedem Ort seiner Praxis trifft. Dazu gehört nach der
Berufsordnung insbesondere die räumliche Nähe der weiteren Praxen zum
Praxissitz. Nach § 11 Abs. 4 Berufsordnung **Schleswig-Holstein** ist das Betreiben weiterer Praxen zulässig, wenn mindestens ein weiterer Tierarzt dort
tätig ist, nach § 12 Abs. 5 Berufsordnung **Brandenburg** und § 11 Abs. 5 Berufsordnung **Niedersachsen**, wenn mindestens ein Tierarzt oder eine Tier-
ärztin dort hauptberuflich tätig ist. § 11 Abs. 3 Berufsordnung **Hamburg** und
§ 14 Abs. 3 Berufsordnung **Hessen** erlauben an nur einem weiteren Standort
das Betreiben einer zusätzlichen Praxis, § 12 Abs. 5 Berufsordnung **Nordrhein**
nur unter der zusätzlichen Voraussetzung, dass mindestens ein Tierarzt dort
hauptberuflich tätig ist. Nach § 11 Ab. 6 Berufsordnung **Sachsen** können
Tierärzte an bis zu zwei weiteren Praxisnebenstellen tierärztlich tätig sein, wobei Praxisnebenstellen organisatorisch und wirtschaftlich unselbstständige Un-
tereinheiten einer Praxis sind. § 9 Abs. 3 Berufsordnung **Sachsen–Anhalt** ermöglicht den Betrieb von bis zu zwei Zweigpraxen.

Gemäß § 11 Abs. 3 Berufsordnung **Westfalen-Lippe** ist die Niederlassung 60
an einen Ort gebunden, die Errichtung einer Zweitpraxis bedarf der Zustimmung der zuständigen Tierärztekammer. § 10 Abs. 3 Berufsordnung **Bremen**
legt fest, dass Zweig- oder Zweitpraxen unzulässig sind. Wie bei den Ärzten
und Zahnärzten (→ Rn. 49, 55) ist das generelle Verbot der Errichtung einer
Zweigpraxis nicht von einer ausreichenden Ermächtigungsgrundlage in den
entsprechenden Heilberufs-Kammergesetzen gedeckt und insofern rechtswidrig (vgl. LG Konstanz MedR 2005, 67 zum Verbot der Errichtung einer
Zweigpraxis in der zahnärztlichen Berufsordnung Baden-Württembergs).

d) Psychotherapeuten. Nach § 20 Abs. 2 MBO-Psychotherapeuten, der 61
von der Bundespsychotherapeutenkammer erlassenen Musterberufsordnung,

in der Fassung des Beschlusses des 24. Deutschen Psychotherapeutentages in Berlin am 17.5.2014, ist es zulässig, über den Praxissitz hinaus an bis zu zwei weiteren Orten psychotherapeutisch tätig zu sein. Der Psychotherapeut muss an jedem Ort seiner Tätigkeit Vorkehrungen für eine ordnungsgemäße Versorgung der Patienten treffen. Ort und Zeitpunkt der Aufnahme psychotherapeutischer Tätigkeit sowie jede Veränderung sind der zuständigen Landespsychotherapeutenkammer nach § 20 Abs. 3 MBO-Psychotherapeuten unverzüglich mitzuteilen.

62   Die Berufsordnungen in den verschiedenen Kammerbezirken weisen nur noch wenige Abweichungen im Vergleich zur MBO-Psychotherapeuten auf. Die als Folge der MBO erhoffte Vereinheitlichung ist somit inzwischen weitgehend eingetreten. § 20 Abs. 2 Berufsordnungen **Nordrhein-Westfalen,** Bremen, **Bayern, Berlin** und **Niedersachsen** sowie § 22 Nr. 3, 4 Berufsordnung **Baden-Württemberg** entsprechen der Regelung der MBO. Auch § 19 Abs. 2 Berufsordnung **Hamburg** gestattet die Ausübung psychotherapeutischer Tätigkeit an bis zu drei Praxisorten. § 19 Berufsordnung **Rheinland-Pfalz** nimmt wie § 18 Berufsordnung **Schleswig-Holstein** keine Beschränkung auf drei Orte vor. Nach Abs. 2 bzw. Abs. 5 der Vorschriften ist die Errichtung einer Zweigpraxis der Kammer lediglich anzuzeigen. § 22 Abs. 2 Berufsordnung **Hessen** erlaubt grundsätzlich die Gründung einer Zweigpraxis, verlangt aber ab der zweiten Niederlassung eine Genehmigung durch die Kammer. Auch die Ostdeutsche Psychotherapeutenkammer hat inzwischen eine Berufsordnung erlassen (→ § 1 Rn. 309). Deren § 20 Abs. 2 entspricht der MBO-Psychotherapeuten, sodass es auch hier zulässig ist, über die Praxisniederlassung hinaus an bis zu zwei weiteren Orten psychotherapeutisch tätig zu sein.

63   **e) Rechtsanwälte.** Rechtsanwälten war es lange Zeit gem. § 28 Abs. 1 BRAO aF untersagt, Zweigstellen in Deutschland zu unterhalten und Sprechtage zu veranstalten (krit. dazu *Kleine-Cosack,* 4. Aufl. 2003, BRAO § 28 Rn. 6, 8 ff.; *Kleine-Cosack* AnwBl. 2005, 162; *Schneider* AGS 2004, 458; aA BGHZ 108, 290 [294] = NJW 1998, 2533; BGHZ 117, 382 [384]; 119, 225 [227]). Dieses Zweigstellenverbot ist mit Inkrafttreten des „Gesetzes zur Stärkung der Selbstverwaltung der Rechtsanwaltschaft" (BGBl. 2007 I 358) zum 1.6.2007 aufgehoben worden (dazu *Kleine-Cosack* AnwBl. 2005, 162; *Horn* BRAK-Mitt. 2007, 97). In der amtlichen Begründung des Gesetzesentwurfs (BT-Drs. 16/513, 15) wird darauf hingewiesen, dass die Regelungen über Zweigstellen und Sprechtage wegen der veränderten Verkehrsverhältnisse und Kommunikationsmöglichkeiten ihre praktische Bedeutung weitgehend verloren hätten. Ihre rechtliche Funktion, Umgehungen des Lokalisierungsgebots zu verhindern, sei zudem mit dessen Aufgabe entfallen.

64   Längst überholt ist heute auch der Streit um die Zulässigkeit überörtlicher Sozietäten. Ihn hat der Gesetzgeber bereits im Jahre 1994 mit der Neufassung des § 59a Abs. 2 BRAO entschieden (vgl. auch § 9 Abs. 1 S. 2 BORA aF, § 10 Abs. 3 BORA aF). Sozietäten durften danach schon vor Aufhebung des Zweigstellenverbotes mehrere Kanzleien errichten (zum früheren Recht BGHZ 108, 290 [294f.]; 119, 225 [227]; BGH NJW 1991, 2780 [2781]; *Prütting* JZ 1989, 705 [706]; *Henssler* NJW 1993, 2137 [2139]). Allerdings war in

§ 59a Abs. 2 BRAO noch die Einschränkung enthalten, dass bei einer Sozietät mit mehreren Kanzleien an jedem Ort verantwortlich zumindest ein Mitglied der Partnerschaft tätig sein musste, für das die Kanzlei den Mittelpunkt seiner beruflichen Tätigkeit bildete. Durch das Gesetz zur Neuregelung des Rechtsberatungsrechts v. 12.12.2007 (BGBl. 2007 I 2840) wurde die Vorschrift geändert und Abs. 2 aufgehoben. Seitdem steht es Rechtsanwälten frei, den Beruf in eigener Verantwortung auszuüben und zu organisieren und insbesondere über eine überörtliche Tätigkeit zu entschieden (Henssler/Prütting/*Hartung* BRAO § 59a Rn. 11). Für **Patentanwälte** gilt die Parallelvorschrift des § 52a PAO. Auch dieser wurde 2007 durch das Gesetz zur Neuregelung des Rechtsberatungsrechts neu gefasst. Im Zuge dieser Gesetzesänderung wurde das bis dahin in § 52a Abs. 1 S. 1 PAO enthaltene Verbot der Sternsozietät aufgehoben (Römermann/*Zimmermann* Rn. 22). Die Regelung der Rechtsanwalts- und Patentanwaltssozietäten ist auf die Anwalts-Partnerschaft unmittelbar übertragbar.

Unter einer überörtlichen Sozietät/Partnerschaft ist der Zusammenschluss **65** von zwei oder mehreren Freiberuflern zu verstehen, die an verschiedenen Orten tätig sind. Auch in der überörtlichen Sozietät kann nach geltendem Recht ein Gesellschafter mehrere Kanzleien unterhalten (anders noch BGHZ 108, 290 [294f.]). Die Kanzleiorte der jeweiligen Gesellschafter sind auf dem Briefkopf deutlich hervorzuheben. Voraussetzung für eine überörtliche Partnerschaft ist weiterhin, dass eine gemeinsame Berufsausübung vorliegt. Für bloße Kooperationen kann nur die GbR als Rechtsform gewählt werden.

Zulässig ist auch eine überörtliche interprofessionelle Partnerschaft. Dabei **66** muss nicht jeder Kanzleiort von Angehörigen jeder der beteiligten Professionen mitgeleitet werden. Zur Vermeidung wettbewerbsrechtlicher Probleme empfiehlt es sich klarzustellen, über welche beruflichen Qualifikationen die Partnerschaft und jeder einzelne Partner verfügt und wo der jeweilige Partner seine Residenz hat (vgl. BGH NJW 1994, 2288). Die verantwortliche Leitung des Kanzleiortes kann auch einem Angehörigen der verwandten Berufe übertragen werden (so schon zum alten Recht *Henssler* WPK-Mitt. 1999, 2 [4]).

Auch in der überörtlichen Partnerschaft gilt für den einzelnen anwaltlichen **67** Partner die Residenzpflicht (§ 27 BRAO, § 26 PAO). Zulässig sind bei Beachtung dieser Kriterien auch sog. **interlokale** Partnerschaften, bei denen mehr als eine Kanzlei innerhalb eines Zulassungsbezirks unterhalten wird und intraurbane Partnerschaften mit mehreren Kanzleien innerhalb einer Gemeinde (vgl. BGH NJW 1994, 2288).

Grenzüberschreitende Zweigniederlassungen in anderen EU-Staaten **68** durften von Partnerschaften, deren Sitz sich in Deutschland befindet, schon nach altem Recht unterhalten werden, ohne dass die Anforderungen der § 59a Abs. 2 S. 1 BRAO; § 52a Abs. 2 Hs. 1 PAO beachtet werden mussten (§ 59a Abs. 2 S. 2 BRAO aF, § 29a BRAO, § 52a Abs. 2 Hs. 2 PAO aF iVm § 27 PAO). Nationale Zweigstellenverbote für grenzüberschreitende Partnerschaften verstoßen nach der Rspr. gegen die Niederlassungsfreiheit des Art. 49 AEUV (noch zu Art 43 EGV-Nizza: EuGHE 1984, 2971 ff. – Klopp; vgl. auch *Gornig* NJW 1989, 1120 [1122]). Das PartGG fordert bei mehreren Niederlassungen lediglich, dass festgelegt wird, welche der Kanzleien den Sitz der Partnerschaft iSd § 3 Abs. 2 Nr. 1 (→ § 3 Rn. 26 ff.) bildet (BT-Drs. 12/6152, 14).

69   **f) Wirtschaftsprüfer.** Wirtschaftsprüfungsgesellschaften und nicht anerkannte (einfache) Partnerschaften, an denen Wirtschaftsprüfer beteiligt sind,
können im In- und Ausland (§ 3 Abs. 3 WPO) Zweigniederlassungen einrich-
ten. Gemäß dem mWv 17.6.2016 durch Gesetz v. 31.3.2016 (BGBl. 2016 I
518) neu gefassten § 47 S. 1 WPO ist erforderlich, dass die Zweigniederlassung
von wenigstens einem Berufsangehörigen oder EU- oder EWR-Abschlussprüfer geleitet wird, der seine berufliche Niederlassung am Ort der Zweigniederlassung hat. Die Regelung ist auch auf Wirtschaftsprüfungsgesellschaften
anwendbar (OVG Berlin-Brandenburg DStR 2014, 496). Bei dem Zweigstel-
lenleiter kann es sich auch um einen mit weitreichenden Vollmachten aus-
gestatteten angestellten Wirtschaftsprüfer handeln. Von diesem Leitungserfor-
dernis kann die Wirtschaftsprüferkammer Ausnahmen zulassen, allerdings nur
für Zweigniederlassungen von in eigener Praxis tätigen Wirtschaftsprüfern
(also nicht für Zweigniederlassungen von Wirtschaftsprüfungsgesellschaften),
§ 47 S. 2 WPO (dazu WP-Handbuch 2017/*Naumann* A. Rn. 496 ff.). Die nähere Ausgestaltung des Rechts der Niederlassungen und Zweigniederlassungen erfolgt durch § 19 Berufssatzung der Wirtschaftsprüferkammer.

70   Einschränkungen für die **fachliche Leitung einer Zweigniederlassung**
ergeben sich nach Auffassung der WPK aus dem Grundsatz der Eigenverantwortlichkeit. Dieser soll nach der Begründung zu § 12 Berufssatzung (v.
21.6.2016 BAnz. AT 22.7.2016 B1; in Kraft getreten am 23.9.2016) nur gewahrt sein, wenn die Wirtschaftsprüfer die übernommenen Tätigkeiten tatsächlich wahrnehmen und übersehen können. WP/vBP verstoßen danach
gegen die Berufspflicht der **Eigenverantwortlichkeit,** wenn sie die alleinige
verantwortliche Führung einer Berufsgesellschaft übernehmen, nur um die
berufsrechtlichen Voraussetzungen zu erfüllen, während sie den Umständen
nach die geforderte berufliche Verantwortung weder tragen können noch
wollen. Entsprechendes soll auch für die fachliche Leitung von Zweigniederlassungen gelten.

71   Im Vergleich zu einem in Einzelpraxis tätigen Wirtschaftsprüfer sind bei
Zweigniederlassungen interprofessioneller Gesellschaften Einschränkungen zu beachten. Zwar gelten die Vorschriften der Berufssatzung grundsätzlich für alle Mitglieder der Wirtschaftsprüferkammer (§ 58 Abs. 1 WPO).
Bei den Vorschriften, die ausschließlich Wirtschaftsprüfungsgesellschaften und
Buchprüfungsgesellschaften betreffen, ergeben sich aber gewisse Besonderheiten. Für WP/vBP, die zugleich Steuerberater, Rechtsanwalt und/oder Notar
sind, hat das BVerwG eine Einschränkung des Anwendungsbereichs der Berufssatzung in sachlicher Hinsicht gefordert. Das BVerwG (WPK-Mitt. 2001,
70 ff.) hat die WPO und die Berufssatzung für unanwendbar erklärt, wenn ein
Wirtschaftsprüfer, der zugleich Steuerberater ist, eine Zweigniederlassung betreibt, sofern er in der Zweigniederlassung ausschließlich steuerberatende Tätigkeiten ausführt und dies hinreichend deutlich kundmacht. Nach Auffassung
der WPK liegt der Entscheidung ein allgemeiner Rechtsgedanke zugrunde,
der sich auf das gesamte Berufsrecht und damit auf die Anwendbarkeit der Berufssatzung insgesamt auswirkt. **Mehrfach qualifizierte Berufsangehörige**
können daher zum Beispiel einerseits in einer Sozietät eine Tätigkeit als StB
oder RA ausüben und andererseits als WP/vBP in Einzelpraxis oder im Angestelltenverhältnis bei einer WPG/BPG tätig sein. Voraussetzung ist eine hin-

reichend klare Kundmachung der Abtrennung. Diese Grundsätze sind auf Berufsgesellschaften entsprechend anzuwenden. Zulässig bleibt auch in solchen Fällen die vollständige Firmierung. Auch bei Verwendung einer abweichenden Zweigniederlassungsfirma muss diese nach § 31 WPO den Zusatz „Wirtschaftsprüfungsgesellschaft" bzw. nach § 128 Abs. 2 WPO den Zusatz „Buchprüfungsgesellschaft" enthalten. Bei Doppelbändergesellschaften wäre es also unzulässig, wenn für die Zweigniederlassung nur der Zusatz Steuerberatungsgesellschaft unter Weglassen der Bezeichnung als Wirtschaftsprüfungsgesellschaft verwendet würde. Die Trennung der beruflichen Tätigkeiten muss zB durch einen klarstellenden Zusatz auf dem Briefbogen der Niederlassung bzw. in den sonstigen Materialien deutlich gemacht werden.

Generell wird man davon ausgehen können, dass das Erfordernis der **ver-** **72** **antwortlichen Leitung** nur im Rahmen der **Vorbehaltsaufgaben** des Wirtschaftsprüfers greift. So ist dem BGH zufolge ein auswärtiges Büro, in dem ein Wirtschaftsprüfer ohne Hinweis auf seinen Beruf als Wirtschaftsprüfer und ohne Angebot oder Durchführung berufsspezifischer Kerntätigkeiten lediglich Aufgaben als Insolvenzverwalter wahrnimmt, keine Zweigniederlassung iSv §§ 17, 38 Nr. 3 WPO (BGH NJW 2005, 1057 [1058] = DStR 2005, 213; dazu *Römermann* EWiR 2005, 449f.; *Hund* DStR 2005, 216; *Deckenbrock/Fleckner* NJW 2005, 1165). Zwar unterliegt der Wirtschaftsprüfer auch als Insolvenzverwalter grundsätzlich den Regeln sowohl der WPO als auch der Berufssatzung. Nur im Kernbereich der Tätigkeit eines Wirtschaftsprüfers, dem sog. Vorbehaltsbereich, sind allerdings sämtliche Berufspflichten, und somit auch die Vorschriften über Zweigniederlassungen, anwendbar (BGH NJW 2005, 1057 [1058]). Hintergrund dieser restriktiven Einschätzung sind verfassungsrechtliche Überlegungen. Berufsausübungsbeschränkungen, und dazu zählen grundsätzlich alle Berufspflichten, dürfen auch durch Gesetz oder aufgrund eines Gesetzes nur unter Beachtung des Verhältnismäßigkeitsprinzips eingeführt werden. Darf die außerhalb des Vorbehaltsbereichs liegende Tätigkeit, hier die **Insolvenzverwaltung,** aber auch von sonstigen Personen ausgeübt werden, die nicht an Berufspflichten gebunden sind, so muss im Rahmen einer einzelfallabhängigen wertenden Gesamtbetrachtung überprüft werden, ob die berufsrechtlichen Beschränkungen greifen. Es ist davon auszugehen, dass sich die in der berufsrechtlichen Praxis und in der Literatur bislang herrschende gegenteilige Auffassung, nach der sich die Berufspflichten auf den gesamten Bereich der Berufstätigkeit unter Einschluss auch der vereinbarten Tätigkeiten erstrecken, dieser sog. bereichsspezifischen Auslegung des BGH anschließen wird. Die Wirtschaftsprüferkammer steht unter dem Eindruck der Entscheidung des BGH in der Zwischenzeit auf dem Standpunkt, dass außerhalb des Vorbehaltsbereichs „insbesondere unter dem Blickwinkel der Berufsausübungsfreiheit (Art. 12 GG) und des Verhältnismäßigkeitsprinzips im Einzelfall die Anwendung bestimmter Regelungen ausgeschlossen sein (kann)" (so die Begründung zu § 64 BS WP/vBP v. 21.6.2016 BAnz. AT 22.7.2016 B1; in Kraft getreten am 23.9.2016). Damit lässt sich die Einschränkung auf andere außerhalb des Vorbehaltsbereichs liegende Tätigkeiten, etwa die **Testamentsvollstreckung** durch Wirtschaftsprüfer oder die **betriebswirtschaftliche Beratung** übertragen. Auch sie dürfen in Niederlassungen ausgeübt werden, die nicht von einem dort ansässigen Wirtschaftsprüfer verantwortlich geleitet werden. In all diesen Fällen muss das Büro somit weder zum Berufsregister gemeldet noch mit einem Berufsangehörigen als Zweigniederlassungsleiter besetzt werden (Begründung zu § 64 BS WP/vBP).

73   **g) Steuerberater.** Zweigniederlassungen von Steuerberatern werden in der Terminologie des § 34 Abs. 2 StBerG als **„weitere Beratungsstellen"** bezeichnet (*Koslowski* StBerG § 34 Rn. 6). Eine solche liegt vor, wenn ein Steuerberater seinen Beruf von einer ständigen Einrichtung aus ausübt, die außerhalb des Ortes seiner beruflichen Niederlassung liegt. Das **Merkmal der ständigen Einrichtung** unterscheidet die weitere Beratungsstelle von auswärtigen Sprechtagen, die ein Steuerberater nur vorübergehend abhält (*Koslowski* StBerG § 34 Rn. 3; zur Abgrenzung weiterer Beratungsstellen von auswärtigen Sprechtagen Mittelsteiner/Gilgan/Späth/*Gilgan* BOStB § 49 Rn. 5). Die berufliche Niederlassung einer Steuerberatungsgesellschaft befindet sich an dem nach dem Gesellschaftsrecht zu bestimmenden Sitz der Gesellschaft (arg e § 49 Abs. 3 StBerG).

74   Weitere Beratungsstellen sind grundsätzlich **ohne Begrenzung auf eine absolute Zahl,** aber nur dann zulässig, wenn dadurch die Erfüllung der Berufspflichten nicht beeinträchtigt wird. Der Steuerberater muss in der Lage sein, seinen Beruf gewissenhaft und eigenverantwortlich auszuüben. Beurteilungskriterien sind die Praxisstruktur, Zahl und Qualifikation der Mitarbeiter, die Größe der weiteren Beratungsstellen sowie ihre Entfernung zur beruflichen Niederlassung (vgl. BGH NJW-RR 2001, 851 = BB 2001, 439; *Koslowski* StBerG § 34 Rn. 7).

75   Als Leiter einer weiteren Beratungsstelle muss ein Steuerberater oder Steuerbevollmächtigter bestimmt werden, der seine berufliche Niederlassung am Ort der Beratungsstelle hat (§ 34 Abs. 2 S. 1 und 2 StBerG). Angehörige anderer Berufe können die Leitung selbst dann nicht übernehmen, wenn sie nach § 3 StBerG zur unbeschränkten Hilfeleistung in Steuersachen befugt sind. Der verantwortlich tätige Steuerberater muss allerdings keinen Partnerstatus haben. Auch ein **mit weitreichenden Vollmachten ausgestatteter angestellter Steuerberater oder Steuerbevollmächtigter** kann die Leitung der weiteren Beratungsstelle übernehmen. Voraussetzung ist nach § 34 Abs. 2 S. 2 StBerG nunmehr ausdrücklich, dass es sich bei dem Leiter jeweils um einen anderen Steuerberater oder Steuerbevollmächtigten als den Inhaber der weiteren Beratungsstelle handelt (vgl. *Koslowski* StBerG § 34 Rn. 12). § 34 Abs. 2 S. 4–7 StBerG lassen allerdings in begründeten Fällen Ausnahmen zu (*Deselaers* in Deutsches Steuerberaterinstitut e. V., 7. StBÄndG – WPO AG – Neues Berufsrecht der Steuerberater und Wirtschaftsprüfer, 2001, 35). Entsprechend den Ausführungen zum Wirtschaftsprüferberuf (→ Rn. 72) wird man die berufsrechtlichen Beschränkung des § 34 StBerG nur im Bereich der Vorbehaltsaufgaben des Steuerberaters anwenden können, nicht also dann, wenn in der weiteren Beratungsstelle sonstige Tätigkeiten wie die Insolvenzverwaltung ausgeübt werden.

76   Für zusätzliche Beratungsstellen in einem anderen **Mitgliedstaat der EU** verzichtet das Gesetz (§ 34 Abs. 2 S. 3 StBerG) entsprechend der EU-rechtlichen Vorgaben auf das Erfordernis der Leitung durch einen anderen Steuerberater oder Steuerbevollmächtigten. S. 4 eröffnet zudem die Möglichkeit, weitere Ausnahmen bei der zuständigen Steuerberaterkammer zu beantragen. Da § 34 StBerG die Zulässigkeit weiterer Beratungsstellen nicht auf das Inland begrenzt, ist die Einrichtung weiterer Beratungsstellen im Ausland nicht zu beanstanden, solange die Erfüllung der Berufspflichten nicht beeinträchtigt wird (Mittelsteiner/Gilgan/Späth/*Gilgan* BOStB § 49 Rn. 3).

Weitere Beratungsstellen sind in das Berufsregister einzutragen, wenn sie im **77** Registerbezirk errichtet werden (§ 46 Nr. 3 und 4 DVStB). Zusätzlich sind weitere Beratungsstellen auch in das über die Steuerberatungsgesellschaft geführte Berufsregister einzutragen (§ 46 Nr. 1 f., Nr. 2 f. DVStB).

h) Sonstige Berufe. Auch für weitere Freie Berufe gelten vereinzelt be- **78** rufsrechtliche Besonderheiten. So bedarf der freiberuflich tätige **Inhaber einer Fahrschule** (→ § 1 Rn. 228, 395) für den Betrieb einer Zweigstelle der Zweigstellenerlaubnis (§ 14 FahrlG).

Architekten oder **Beratenden Ingenieuren** ist die Errichtung von **79** Zweigniederlassungen erlaubt. Liegt die Zweigniederlassung jedoch in einem anderen Bundesland als der Sitz, so bedarf es nach den landesrechtlichen Bestimmungen der Architekten bzw. Baukammergesetze idR einer weiteren Eintragung in die Architektenliste oder die Liste der Beratenden Ingenieure. In **NRW** ist nach §§ 7, 32 BauKaG NRW eine solche Eintragung bei Vorliegen bestimmter Voraussetzungen entbehrlich. Für Gesellschaften bestehen zT Sonderregelungen, bzw. gesonderte Verzeichnisse und Listen (vgl. §§ 8 ff., 33 ff. BauKaG **NRW**). In den von den Landeskammern vereinzelt erlassenen Berufsordnungen finden sich keine Regelungen zu Zweigniederlassungen.

§ 17 MSVO-DIHKaF, nach dem **öffentlich bestellte und vereidigte** **80** **Sachverständige** grundsätzlich Zweigniederlassungen errichten durften, wenn die Voraussetzungen der § 17 Abs. 2–4 MSVO-DIHK berücksichtigt wurden, ein Sachverständiger oder ein von ihm Beauftragter in der Niederlassung erreichbar war und vor der Errichtung nach § 17 Abs. 3 MSVO-DIHK die Genehmigung der zuständigen Kammer eingeholt wurde (Wellmann/*Weidhaas* Rn. 428 f.), ist ersatzlos entfallen. Einschränkungen bzgl. der Gründung von Zweigniederlassungen sind in der aktuellen MSVO-DIHK nicht mehr enthalten. Auch die Reglung in § 17 Abs. 2 MSVO-BIngK, die die Verpflichtung enthielt, die Errichtung oder Schließung einer Zweigniederlassung der bestellenden Ingenieurkammer anzuzeigen, ist aufgehoben worden Die MSVO-DHKT enthält heute keine Regelung mehr über die Errichtung von Zweigniederlassungen.

V. Verlegung des Sitzes einer Partnerschaft im Inland

Nach § 5 Abs. 2 iVm § 13h HGB ist auch die Verlegung des Sitzes einer **81** Partnerschaft im Partnerschaftsregister zu verlautbaren. Unterschieden wird zwischen der Verlegung innerhalb eines Gerichtsbezirkes (§ 13h Abs. 1, 3 HGB) und aus diesem heraus (§ 13h Abs. 1, 2 HGB). Das Registergericht des bisherigen Sitzes prüft im Fall von § 13h Abs. 2 HGB nur die förmliche Richtigkeit der Anmeldung. Das Registergericht des neuen Sitzes der Partnerschaft prüft nach § 13h Abs. 2 S. 3 HGB und übernimmt im Übrigen die Eintragungen ohne weitere Nachprüfung (vgl. § 13h Abs. 2 S. 4 HGB).

82   Die Verlegung einer Zweigniederlassung ist ein rein tatsächlicher Vorgang. Eingetragen wird die Ortsveränderung in das Register des Sitzes der Partnerschaft. Von der Verlegung zu unterscheiden ist die Aufhebung einer bisherigen Zweigniederlassung und Neuerrichtung einer anderen (MüKoHGB/*Krafka* HGB § 13h Rn. 11).

VI. Erzwingung von Anmeldungen durch Zwangsgeld

83   Aufgrund der Verweisung in § 5 Abs. 2 auf die Regelung des § 14 HGB ist das Registergericht ermächtigt und verpflichtet, die Erfüllung von Anmelde- und Einreichungspflichten zwangsweise durchzusetzen. Dem Registerzwang ist unterworfen, wer zur Anmeldung oder Einreichung verpflichtet ist (→ § 4 Rn. 16 ff.). Als Beugemittel zur Durchsetzung dieser Pflichten dient die Festsetzung von Zwangsgeldern. Auf das Verfahren der Zwangsgeldfestsetzung finden §§ 388–392 FamFG Anwendung. In der Frage der Verfahrenseröffnung ist dem Registergericht kein Ermessen eingeräumt (LG Limburg BB 1963, 324; MüKoHGB/*Krafka* HGB § 14 Rn. 9).

84   Die Androhung eines Zwangsgeldes erfolgt durch eine einleitende Verfügung (§ 388 Abs. 1 FamFG), gegen die sich der Verpflichtete mit dem Einspruch zur Wehr setzen kann, um die durch die Verfügung beanstandete Unterlassung zu rechtfertigen (§ 390 FamFG). Kommt der Adressat innerhalb der bestimmten Frist der gesetzlichen Verpflichtung nicht nach und wird auch kein Einspruch erhoben, so setzt das Registergericht das angedrohte Zwangsgeld durch Beschluss fest (§ 389 FamFG). Gegen diesen Beschluss ist die Beschwerde statthaft (§ 391 FamFG).

VII. Registerpublizität

1. Schutz der Vertragspartner

85   Das Partnerschaftsregister soll wie das Handelsregister den öffentlichen Glauben schützen (§ 5 Abs. 2 iVm § 15 HGB). Es soll den Druck auf die Partner erhöhen, eintretende Veränderungen etwa in den Vertretungsverhältnissen und in der Haftung zur Eintragung anzumelden. Die Verweisung auf § 15 HGB stieß im Schrifttum vereinzelt auf Ablehnung, da sie eine zu starke Belastung der Gläubiger darstelle (*Stuber* WiB 1994, 707). Die idR nichtgewerbliche Klientel einer Partnerschaft sehe das Partnerschaftsregister weder regelmäßig ein noch achte sie auf Bekanntmachungen. In der Tat bleibt neben der Registerpublizität grundsätzlich (zu Ausnahmen beim Auftreten von Scheinpartnern aber → § 7 Rn. 21 ff.) kein Raum für die Anwendung von Rechtsscheingrundsätzen, über die die Rspr. in der Freiberufler-Sozietät dem Publikum vielfach geholfen hat (vgl. BGHZ 70, 247 ff.; BGH NJW 1990, 827 ff.; 1991, 1225 f.). So kann nunmehr etwa wirksam die Gesamtvertretungsbefugnis aller Partner vereinbart werden, ohne dass dies außerhalb des Partnerschaftsregisters gegenüber der Klientel zum Ausdruck gebracht werden müsste (→ § 7 Rn. 48). Faktisch verringert sich daher der Schutz des mit einer Freiberuflergesellschaft kontrahierenden Verbrauchers.

Das elektronisch geführte Handelsregister konkurriert mit **von Privaten** 86
geführten Firmenverzeichnissen. Den Schutz nach §§ 11, 15 HGB genießen nur die im Handelsregister iSd HGB geführten Daten. Zur Vermeidung
von Irreführungen dürfen nach § 8 Abs. 2 HGB andere Datensammlungen
nicht unter Verwendung oder Beifügung der Bezeichnung „Handelsregister"
in den Verkehr gebracht werden. Das staatliche Handelsregister soll unter der
Vielzahl der Angebote eindeutig auffindbar sein.

2. Negative Publizität

Für anmeldungspflichtige Tatsachen gilt die negative Publizität des Regis- 87
ters (§ 15 Abs. 1 HGB): Solange eine **eintragungspflichtige Tatsache nicht**
eingetragen und bekannt gemacht wurde, kann sie von demjenigen, in
dessen Angelegenheiten sie einzutragen war, Dritten nicht entgegengehalten
werden. § 15 Abs. 1 begründet einen registerrechtlichen Vertrauensschutz.
Weder die Partnerschaft noch die Partner können sich gegenüber gutgläubigen Dritten auf anmeldungspflichtige Tatsachen berufen, bevor sie eingetragen sind. Zum Tragen kommt die Regelung des § 15 Abs. 1 HGB bei Veränderungen zum Nachteil außenstehender Dritter, insbesondere dem Ausschluss
eines Partners von der Vertretungsmacht oder der Vereinbarung einer Gesamtvertretung, der Auflösung der Partnerschaft und dem Ausscheiden eines Partners. Nur die Kenntnis (nicht: Kennenmüssen) des Dritten lässt die Tatsachen
auch ohne Eintragung und Bekanntmachung gegen den Dritten wirken. Die
Beweislast liegt bei der Partnerschaft, bzw. den Partnern (Baumbach/Hopt/
Hopt HGB § 15 Rn. 7; Heymann/*Sonnenschein/Weitemeyer* HGB § 15
Rn. 10 f.).

Der registerrechtliche Vertrauensschutz setzt voraus, dass die für den Eintra- 88
gungspflichtigen günstige Tatsache zu Unrecht nicht eingetragen oder/und
nicht bekannt gemacht wurde. Für den außenstehenden Dritten günstige Tatsachen, auf die sich der Dritte berufen möchte, müssen dagegen im Partnerschaftsregister nicht eingetragen sein. Bedeutungslos ist, ob der Dritte das Register eingesehen und im Vertrauen auf dessen Inhalt gehandelt hat.
Entscheidend für § 15 Abs. 1 HGB ist das Schweigen des Registers über eine
dem Dritten zum Nachteil gereichende Tatsache (stRspr seit BGHZ 55, 267
[272]; vgl. ferner BGHZ 116, 37 [44]; BGH NJW 1983, 2258, 2259; Baum-
bach/Hopt/*Hopt* HGB § 15 Rn. 4; Heymann/*Sonnenschein/Weitemeyer* HGB
§ 15 Rn. 13). In Ausnahmefällen bedarf diese Auffassung einer Korrektur
durch eine teleologische Restriktion der negativen Publizität (vgl. dazu
K. Schmidt HandelsR § 14 III 2b, 486 f.; 2d, 490 ff.; MüKoHGB/*Krebs*
§ 15 Rn. 22, 35 f.; zur Gegenauffassung, die § 15 Abs. 1 HGB an die allgemeinen Voraussetzungen der Rechtsscheinhaftung knüpft: *Hueck* AcP 118 [1920],
350; *John* ZHR 140 [1976], 237).

§ 15 Abs. 1 HGB ist einem Umkehrschluss nicht zugänglich. Der Rechts- 89
verkehr kann sich auf die Richtigkeit des Registerinhalts nicht verlassen. Inwieweit Dritte auf unrichtige Eintragungen vertrauen dürfen, bestimmt sich
nach dem durch § 15 Abs. 3 HGB fixierten Umfang der positiven Publizität.

Sind die Voraussetzungen des § 15 Abs. 1 HGB erfüllt, können einem Drit- 90
ten die vom Partnerschaftsregister bzw. von der Bekanntmachung verschwie-

genen Tatsachen nicht entgegengehalten werden. Erfasst ist der gesamte Geschäftsverkehr der Partnerschaft einschließlich vertraglicher Erfüllungs- und Rückabwicklungsansprüche, Ansprüchen aus unerlaubter Handlung und aus ungerechtfertigter Bereicherung, sofern sie einen Bezug zu rechtsgeschäftlichem Handeln aufweisen. Zum Geschäftsverkehr zählt auch der sog. Prozessverkehr mit Prozesshandlungen und Vollstreckungsmaßnahmen (BGH NJW 1979, 42). Nicht geschützt sind Verbindlichkeiten aus der Teilnahme am allgemeinen Verkehr, die in keinem Zusammenhang mit dem Geschäftsverkehr stehen, zB aus einem Verkehrsunfall (RGZ 93, 238; zum Anwendungsbereich des § 15 Abs. 1 HGB Baumbach/Hopt/*Hopt* HGB § 15 Rn. 4 f.; Heymann/*Sonnenschein/Weitemeyer* HGB § 15 Rn. 4).

91   § 15 Abs. 1 HGB greift nur zugunsten des Dritten, nicht auch zugunsten der betroffenen Partnerschaft bzw. des Partners. Dem Dritten steht es frei, den Vertrauensschutz geltend zu machen oder auf ihn zu verzichten (zur sog. „Lehre vom Wahlrecht" BGHZ 55, 267 [273]; 65, 309 f.; BGH NJW-RR 1987, 1318 [1319]; vgl. ablehnend *K. Schmidt* HandelsR § 14 III 4b, 493 ff.; MüKoHGB/*Krebs* HGB § 15 Rn. 53; *Hager* Jura 1992, 62).

3. Eintragung und Bekanntmachung einer einzutragenden Tatsache (§ 5 iVm § 15 Abs. 2 HGB)

92   Nach § 15 Abs. 2 HGB wird der allgemeine Rechtsschein des Fortbestehens einer Rechtslage durch Eintragung und Bekanntmachung zerstört. § 15 Abs. 2 HGB spricht die Selbstverständlichkeit aus, dass ein Dritter richtige Eintragungen und Bekanntmachungen gegen sich gelten lassen muss, auch wenn sie ihm unbekannt sind. Gegenüber richtigen Eintragungen und Bekanntmachungen tritt seine Schutzbedürftigkeit entsprechend der Funktion des Registers zurück. Nur für eine Übergangszeit von fünfzehn Tagen nach der Bekanntmachung wird ihm Vertrauensschutz für die von ihm vorgenommenen Rechtshandlungen gewährt. Der Anwendungsbereich dieser Einschränkung ist aber auf absolute Ausnahmefälle beschränkt (MüKoHGB/*Krebs* HGB § 15 Rn. 72 ff.). Zusätzlich muss der Dritte beweisen, dass er die Tatsache weder kannte noch kennen musste. § 15 Abs. 2 HGB begründet zum Schutz des Eintragungspflichtigen eine Informationspflicht des Dritten.

93   Ein spezieller Vertrauenstatbestand kann gegenüber der Verlautbarung des Partnerschaftsregisters vorrangig sein (BGHZ 62, 216 [222]; BGH NJW 1978, 2030; 1981, 1481; *K. Schmidt* HandelsR § 14 II 2a, 480 ff.; Baumbach/Hopt/*Hopt* HGB § 15 Rn. 15). Betroffen sind etwa Veränderungen des Registerinhalts während einer ständigen Geschäftsbeziehung, auf die der Geschäftspartner nicht gesondert hingewiesen wurde.

4. Positive Publizität

94   Über die negative Publizität hinaus kommt der **Bekanntmachung** des Registerinhalts in dem beschränkten Umfang des § 15 Abs. 3 HGB auch positive Publizität zu (zu Einzelheiten vgl. MüKoHGB/*Krebs,* 2. Aufl. 2005, HGB § 15 Rn. 80 ff.). § 15 Abs. 3 HGB gilt ebenso wie § 15 Abs. 1 HGB nur für eintragungspflichtige Tatsachen. Eine rechtliche Vermutung für die Richtigkeit der Verlautbarungen im Partnerschaftsregister begründet das Gesetz nicht (zum Handelsregister: Baumbach/Hopt/*Hopt* HGB § 15 Rn. 16).

Nur ausnahmsweise wird das Vertrauen auf eine unrichtige Bekannt- **95** machung geschützt. Einen Schutz über § 15 Abs. 3 HGB genießt der Dritte im Fall der **richtigen Eintragung, aber unrichtigen Bekanntmachung,** eine Fallkonstellation, die seit Einführung der elektronischen Eintragung und Bekanntmachung kaum noch vorkommen dürfte. Gleiches gilt für Konstellationen, in denen **Eintragung und Bekanntmachung unrichtig** sind (argumentum a fortiori: *K. Schmidt* HandelsR § 14 IV 2b, 504f.; Baumbach/Hopt/ *Hopt* HGB § 15 Rn. 18) oder in denen bei **unrichtiger Bekanntmachung** die **Eintragung** im Register **fehlt.** Im Fall der richtigen Bekanntmachung, aber unrichtigen Eintragung findet sich eine Lösung nur über die allgemeinen Rechtsscheingrundsätze, nicht aber über § 15 Abs. 3 HGB (Begründung des RegE, BT-Drs. V/3862, 11; *K. Schmidt* HandelsR § 14 IV 2b, 504f.; aA Baumbach/Hopt/*Hopt* HGB § 15 Rn. 18 wegen eines befürchteten Wertungswiderspruchs; für eine analoge Anwendung des § 15 Abs. 3 HGB *Bürck* AcP 171 [1971], 328 [338]).

Als Rechtsfolge der Verweisung in § 5 Abs. 2 auf § 15 Abs. 3 HGB kann sich **96** der Dritte gegenüber Partnerschaft bzw. betroffenem Partner auf die bekannt gemachte Tatsache so berufen, als ob sie richtig sei. Der Dritte kann sich jedoch auch auf die wirkliche Rechtslage stützen, wenn diese für ihn günstiger ist (BGH NJW-RR 1990, 737 [738]).

VIII. Entscheidung des Prozessgerichts

Nach § 5 Abs. 2 iVm § 16 HGB ist das Registergericht an Prozessentschei- **97** dungen gebunden. Diese Bindungswirkung erstreckt sich auf rechtskräftige Gestaltungsurteile staatlicher Gerichte, einstweilige Verfügungen (BayObLG ZIP 1986, 94) und rechtskräftige Urteile auf Abgabe einer Willenserklärung (§ 894 ZPO). Verurteilende oder feststellende Prozessentscheidungen sind allerdings nicht immer bindend (dazu Baumbach/Hopt/*Hopt* HGB § 16 Rn. 1f.).

§6 Rechtsverhältnis der Partner untereinander

(1) **Die Partner erbringen ihre beruflichen Leistungen unter Beachtung des für sie geltenden Berufsrechts.**

(2) **Einzelne Partner können im Partnerschaftsvertrag nur von der Führung der sonstigen Geschäfte ausgeschlossen werden.**

(3) [1]**Im übrigen richtet sich das Rechtsverhältnis der Partner untereinander nach dem Partnerschaftsvertrag.** [2]**Soweit der Partnerschaftsvertrag keine Bestimmungen enthält, sind die §§ 110 bis 116 Abs. 2, §§ 117 bis 119 des Handelsgesetzbuchs entsprechend anzuwenden.**

§ 6 Abs. 2 verweist auf die folgenden Vorschriften des HGB:

§ 110 [Ersatz für Aufwendungen und Verluste]

(1) Macht der Gesellschafter in den Gesellschaftsangelegenheiten Aufwendungen, die er den Umständen nach für erforderlich halten darf, oder erleidet er unmittelbar durch seine Geschäftsführung oder aus Gefahren, die mit ihr untrennbar verbunden sind, Verluste, so ist ihm die Gesellschaft zum Ersatze verpflichtet.

(2) Aufgewendetes Geld hat die Gesellschaft von der Zeit der Aufwendung an zu verzinsen.

§ 111 [Verzinsungspflicht]

(1) Ein Gesellschafter, der seine Geldeinlage nicht zur rechten Zeit einzahlt oder eingenommenes Gesellschaftsgeld nicht zur rechten Zeit an die Gesellschaftskasse abliefert oder unbefugt Geld aus der Gesellschaftskasse für sich entnimmt, hat Zinsen von dem Tage an zu entrichten, an welchem die Zahlung oder die Ablieferung hätte geschehen sollen oder die Herausnahme des Geldes erfolgt ist.

(2) Die Geltendmachung eines weiteren Schadens ist nicht ausgeschlossen.

§ 112 [Wettbewerbsverbot]

(1) Ein Gesellschafter darf ohne Einwilligung der anderen Gesellschafter weder in dem Handelszweig der Gesellschaft Geschäfte machen noch an einer anderen gleichartigen Handelsgesellschaft als persönlich haftender Gesellschafter teilnehmen.

(2) Die Einwilligung zur Teilnahme an einer anderen Gesellschaft gilt als erteilt, wenn den übrigen Gesellschaftern bei Eingehung der Gesellschaft bekannt ist, daß der Gesellschafter an einer anderen Gesellschaft als persönlich haftender Gesellschafter teilnimmt, und gleichwohl die Aufgabe dieser Beteiligung nicht ausdrücklich bedungen wird.

§ 113 [Verletzung des Wettbewerbsverbots]

(1) Verletzt ein Gesellschafter die ihm nach § 112 obliegende Verpflichtung, so kann die Gesellschaft Schadensersatz fordern; sie kann statt dessen von dem Gesellschafter verlangen, daß er die für eigene Rechnung gemachten Geschäfte als für Rechnung der Gesellschaft eingegangen gelten lasse und die aus Geschäften für fremde Rechnung bezogene Vergütung herausgebe oder seinen Anspruch auf die Vergütung abtrete.

(2) Über die Geltendmachung dieser Ansprüche beschließen die übrigen Gesellschafter.

(3) Die Ansprüche verjähren in drei Monaten von dem Zeitpunkt an, in welchem die übrigen Gesellschafter von dem Abschluss des Geschäfts oder von der Teilnahme des Gesellschafters an der anderen Gesellschaft Kenntnis erlangen oder ohne grobe Fahrlässigkeit erlangen müssten; sie verjähren ohne Rücksicht auf diese Kenntnis oder grob fahrlässige Unkenntnis in fünf Jahren von ihrer Entstehung an.

(4) Das Recht der Gesellschafter, die Auflösung der Gesellschaft zu verlangen, wird durch diese Vorschriften nicht berührt.

§ 114 [Geschäftsführung]

(1) Zur Führung der Geschäfte der Gesellschaft sind alle Gesellschafter berechtigt und verpflichtet.

(2) Ist im Gesellschaftsvertrage die Geschäftsführung einem Gesellschafter oder mehreren Gesellschaftern übertragen, so sind die übrigen Gesellschafter von der Geschäftsführung ausgeschlossen.

§ 115 [Geschäftsführung durch mehrere Gesellschafter]

(1) Steht die Geschäftsführung allen oder mehreren Gesellschaftern zu, so ist jeder von ihnen allein zu handeln berechtigt; widerspricht jedoch ein anderer geschäftsführender Gesellschafter der Vornahme einer Handlung, so muß diese unterbleiben.

(2) Ist im Gesellschaftsvertrage bestimmt, daß die Gesellschafter, denen die Geschäftsführung zusteht, nur zusammen handeln können, so bedarf es für jedes Geschäft der Zustimmung aller geschäftsführenden Gesellschafter, es sei denn, daß Gefahr im Verzug ist.

§ 116 [Umfang der Geschäftsführungsbefugnis]

(1) Die Befugnis zur Geschäftsführung erstreckt sich auf alle Handlungen, die der gewöhnliche Betrieb des Handelsgewerbes der Gesellschaft mit sich bringt.
(2) Zur Vornahme von Handlungen, die darüber hinausgehen, ist ein Beschluß sämtlicher Gesellschafter erforderlich.
Absatz 3 ist von der Verweisung ausgenommen.

§ 117 [Entziehung der Geschäftsführungsbefugnis]

Die Befugnis zur Geschäftsführung kann einem Gesellschafter auf Antrag der übrigen Gesellschafter durch gerichtliche Entscheidung entzogen werden, wenn ein wichtiger Grund vorliegt; ein solcher Grund ist insbesondere grobe Pflichtverletzung oder Unfähigkeit zur ordnungsmäßigen Geschäftsführung.

§ 118 [Kontrollrecht der Gesellschafter]

(1) Ein Gesellschafter kann, auch wenn er von der Geschäftsführung ausgeschlossen ist, sich von den Angelegenheiten der Gesellschaft persönlich unterrichten, die Handelsbücher und die Papiere der Gesellschaft einsehen und sich aus ihnen eine Bilanz und einen Jahresabschluß anfertigen.
(2) Eine dieses Recht ausschließende oder beschränkende Vereinbarung steht der Geltendmachung des Rechtes nicht entgegen, wenn Grund zu der Annahme unredlicher Geschäftsführung besteht.

§ 119 [Beschlußfassung]

(1) Für die von den Gesellschaftern zu fassenden Beschlüsse bedarf es der Zustimmung aller zur Mitwirkung bei der Beschlußfassung berufenen Gesellschafter.
(2) Hat nach dem Gesellschaftsvertrage die Mehrheit der Stimmen zu entscheiden, so ist die Mehrheit im Zweifel nach der Zahl der Gesellschafter zu berechnen.

Schrifttum: *Appel,* Gesellschaftsvertrag einer Partnerschaft, Stbg. 1995, 203; *Bunk,* Vermögenszuordnung, Auseinandersetzung und Ausscheiden in Sozietät und Gemeinschaftspraxis, 2007; *Enzinger,* Mehrheitsbeschlüsse bei Personengesellschaften, 1995; *Henssler,* Mandatsschutzklauseln in Sozietätsverträgen, FS Geiß, 2000, 271; *Henssler,* Organisationsfreiheit ohne Privilegien – Die freien Berufe in einem neu gestalteten System des Personengesellschaftsrechts, Verhandlungen des 71. DJT. Bd. II/1, 2017, O 54ff.; *Römermann,* Nachvertragliche Wettbewerbsverbote bei Freiberuflern, BB 1998, 1489; *K. Schmidt,* Mehrheitsregelungen in GmbH & Co.-Verträgen, ZHR 158 (1994), 205.

Zu den Berufsrechten vgl. für **Rechtsanwälte:** *Feuerich/Weyland,* BRAO, 9. Aufl. 2016; *Hartung/Scharmer,* Berufs- und Fachanwaltsordnung: BORA/FAO, 6. Aufl. 2016; *Henssler,* M & A Beratung und Unabhängigkeit des Wirtschaftsprüfers – Der Begriff der Unternehmensleitungs- und Finanzdienstleistungen in § 319 Abs. 3 HGB –, ZHR 171 (2007), 5; *Henssler,* Das anwaltliche Berufsgeheimnis, NJW 1994, 1817; *Henssler/Prütting,* BRAO, 4. Aufl. 2014; *Kleine-Cosack,* BRAO, 7. Aufl. 2015; *Michalski/Römermann,* Wettbewerbsbeschränkungen zwischen Rechtsanwälten, ZIP 1994, 433; *Römermann,* Auflösung und Abspaltung bei Anwaltssozietäten, NJW 2007, 229, *Schautes,* Anwaltliche Unabhängigkeit – Eine rechtsvergleichende Untersuchung des deutschen und US-amerikanischen Berufsrechts, 2005; *Schramm,* Das Verbot der Vertretung widerstreitender Interessen, 2004; **Steuerberater:** Busse/Goez/Kleemann/Kuhls/Maxl/Riddermann/Ruppert/Willerscheid, StBerG, 3. Aufl. 2012; *Dahns/Detlefsen,* Berufsrechtliche Aspekte bei der Beendigung der Zusammenarbeit von Steuerberatern, DStR 2006, 1574; *Koslow-*

ski, StBerG, 7. Aufl. 2015; *Mittelsteiner/Gilgan/Späth,* Berufsordnung der Steuerberater, 2002; **Wirtschaftsprüfer:** *Hense/Ulrich,* WPO Kommentar, 2. Aufl. 2013; WP-Handbuch 2017/*Naumann,* 15. Aufl. 2017, A.; **Ärzte:** *Heberer,* Das ärztliche Berufs- und Standesrecht, 2. Aufl. 2001; *Ratzel/Lippert,* Kommentar zur Musterberufsordnung der deutschen Ärzte (MBO), 6. Aufl. 2015.

Übersicht

I. Regelungsgegenstand

§ 6 regelt das **Innenverhältnis** der Partnerschaft (zur Normentwicklung s. **1** Römermann/*Praß* Rn. 3 ff.). Es bestimmt sich gem. dem § 109 HGB nachgebildeten § 6 Abs. 3 in erster Linie nach dem Partnerschaftsvertrag. Nur soweit der Partnerschaftsvertrag keine Regelungen vorsieht, wird in Abs. 3 S. 2 subsidiär auf solche Bestimmungen der OHG verwiesen, die nicht im Widerspruch zum spezifisch freiberuflichen Charakter der Partnerschaft stehen. § 6 Abs. 2 greift die **Geschäftsführungsbefugnis** als eine der wichtigsten Fragen des gesellschaftlichen Innenverhältnisses heraus und regelt die Möglichkeiten vertraglicher Beschränkungen des Geschäftsführungsrechts abweichend vom Handelsrecht (krit. → Rn. 3). Ziel der Sonderregelung soll es sein, dem freiberuflichen Charakter Rechnung zu tragen und die Möglichkeit einer bloßen Kapitalbeteiligung zu verhindern (→ § 1 Rn. 24 ff., → § 1 Rn. 232 ff.).

Nach Abs. 1 gilt außerdem der **Vorrang des Berufsrechts.** Der Zusam- **2** menschluss in einer Partnerschaft entbindet die einzelnen Partner nicht davon, bei der Berufsausübung ihr jeweiliges Berufsrecht zu beachten (so schon BGHZ 70, 158 [167] = NJW 1978, 589 [591]; OLG München NJW 1993, 800 [801], beide zur ärztlichen Berufsausübung in der Kapitalgesellschaft). Wegen der Regelung des Berufsrechtsvorbehalts in § 1 Abs. 3 kommt § 6 Abs. 1 nur klarstellende Bedeutung zu.

II. Rechtspolitische und dogmatische Bewertung

Die Regelung in § 6 Abs. 2 zählt neben § 2 Abs. 1 und § 3 Abs. 1 zu jenen **3** wenigen Vorschriften, mit denen der Gesetzgeber versucht, bereits im Gesellschaftsrecht vermeintlichen Besonderheiten der Freien Berufe Rechnung zu tragen. Ebenso wie die beiden anderen Vorschriften beruht auch § 6 Abs. 2 auf einer Fehleinschätzung des Gesetzgebers. Zum Schutz der freiberuflichen Tätigkeit ist sie insgesamt ungeeignet, zumindest aber überflüssig und deshalb ersatzlos zu streichen (aA Henssler/Strohn/*Hirtz* Rn. 2). Schon der Umstand, dass die Freien Berufe auch weisungsgebunden im Arbeitsverhältnis ausgeübt werden können, zeigt, dass aus dem Unabhängigkeitserfordernis keine zwingende Beteiligung an der Geschäftsführung folgen kann. Aus dem Charakter der Freiberuflichkeit ergibt sich lediglich die Vorgabe, dass der Berufsträger im Bereich seiner Berufsausübung keinen Weisungen unterworfen sein darf. Diese Vorgabe gilt indes rechtsformunabhängig, ist damit im Gesellschaftsrecht nicht korrekt verortet. Sie kann sachnäher und unter Berücksichtigung berufsspezifischer Besonderheiten im jeweiligen Berufsrecht geregelt werden. Eine Regelung im PartGG auf der Ebene des Gesellschaftsrechts entbehrt jeder Logik, zumal es für die GbR und damit für die klassische freiberufliche Sozietät solche Einschränkungen nicht gibt. Besonders augenscheinlich wird die Inkohärenz des gesetzlichen Gesamtsystems bei denjenigen Freiberuflern, denen durch ihr Berufsrecht auch eine Berufsausübung in der Rechtsform der KG ermöglicht wird. Hier können Angehörige der Freien Berufe die Stellung eines Kommanditisten übernehmen, wodurch sie grundsätzlich (aber dispositiv) von der Geschäftsführung ausgeschlossen sind und ihnen die Übertragung einer organschaftlichen Vertretungsmacht sogar zwingend verwehrt ist.

4   Die Regelung des § 6 Abs. 2 beruht auf einem falschen Verständnis des Unabhängigkeitspostulats. Die Beteiligung an der Geschäftsführung ist keine notwendige Voraussetzung für eine weisungsfreie und unabhängige Berufsausübung und damit auch kein zwingendes Wesenselement der PartG. Aus § 6 Abs. 2 folgt nach richtigem Verständnis, dass der Berufsträger nicht von allen Mandantenkontakten ausgeschlossen werden darf, sodass er zur aktiven Mitarbeit in der Berufsausübungsgesellschaft fähig und berechtigt ist. Außerdem muss er in der Mandatsbearbeitung frei sein. Ein anderes Verständnis entspricht einem längst überholten Bild der Freiberuflichkeit. Die gesellschaftsrechtliche Abteilung des 71. DJT in Essen hat sich 2016 daher zu Recht für die Streichung der Bestimmung ausgesprochen (Verhandlungen des 71. DJT. Bd. II/1, 2017, O 101 ff.).

III.   Vorrang berufsrechtlicher Pflichten (Abs. 1)

1. Überblick

5   Der **Berufsrechtsvorbehalt** schränkt die Vertragsfreiheit der Partner ein. Er gilt sowohl gegenüber Dritten (Mandanten, Klienten, Patienten) als auch gegenüber den anderen Partnern. Ihnen allen gegenüber kann sich der Berufsträger nur im Rahmen seines Berufsrechts verpflichten. Bedeutung erlangt der Berufsrechtsvorbehalt insbesondere bei sog. **interprofessionellen Partnerschaften.** Soweit interprofessionelle Partnerschaften berufsrechtlich zulässig sind, muss zugleich sichergestellt sein, dass die Berufspflichten aller Partner gewahrt werden (vgl. für Rechtsanwälte § 45 Abs. 3 BRAO; §§ 30, 33 BORA; für Steuerberater § 25 BOStB und für Wirtschaftsprüfer § 44b Abs. 5 WPO). Genauso wie ein mehrfach qualifizierter Berufsträger (Bsp.: Anwalt, Steuerberater und Wirtschaftsprüfer) im Ergebnis das **strengste Berufsrecht** zu beachten hat (BGHSt 49, 258 [262] = NJW 2005, 1057 [1058] mAnm *Deckenbrock/Fleckner* NJW 2005, 1165), muss gewährleistet sein, dass auch in einer interprofessionellen Sozietät das berufsrechtliche Pflichtenprogramm nicht durch die an eine anderes Berufsrecht gebundenen Mitglieder unterlaufen wird. Das kann uU eine entsprechende Regelung im Partnerschaftsvertrag bedingen (so zB ausdrücklich in § 23b Abs. 1 S. 4f. MBO-Ä; vgl. auch § 59a Abs. 4 BRAO-E, BT-Drs. 16/3655, S. 14f., 82ff., der jedoch nicht Gesetz wurde → § 1 Rn. 322).

6   Als herausragenden berufsübergreifenden Pflichten kommt in freiberuflichen Berufsausübungszusammenschlüssen neben der Wahrung der **Unabhängigkeit und Eigenverantwortung** den Pflichten zur **Vermeidung von Interessenkollisionen** und zur beruflichen **Verschwiegenheit** besondere Bedeutung zu (vgl. BVerfGE 108, 150, 159 = NJW 2003, 2520). Diese zT auch als „core values" (vgl. *Henssler* NJW 2001, 1521) bezeichneten Pflichten sind bei Rechtsanwälten (§ 43 a Abs. 1, Abs. 2 und Abs. 4 BRAO, §§ 45, 46 BRAO), Wirtschaftsprüfern (§ 43 Abs. 1 WPO, § 53 WPO) und Steuerberatern (§ 57 Abs. 1 StBerG) berufsrechtlich ausdrücklich verankert.

2. Unabhängigkeit und Eigenverantwortung

a) Bedeutung. Die Unabhängigkeit der Partner soll als Wesenselement **7** aller Freien Berufe innerhalb des Regelungssystems des PartGG zunächst durch § 6 Abs. 2 gewährleistet werden (zur → Kritik Rn. 4). Eine **Beschränkung der Geschäftsführung** eines Partners hinsichtlich seiner Berufsausübung ist danach **unzulässig.** Weisungen der Mitgesellschafter, die in die unabhängige Berufsausübung eingreifen, sind nicht erlaubt, sofern sie den Gesellschafter zu einer Vertragserfüllung zwingen, die seiner Vorstellung von einer gewissenhaften Berufsausübung nicht entspricht. Wohl aber kann die kooperative Berufsausübung dazu führen, dass ein bestimmter Auftrag wegen des Widerspruchs der Mitgesellschafter überhaupt nicht bearbeitet werden kann (→ Rn. 62).

b) Berufsrechtliche Vorschriften. Über die in § 6 Abs. 2 auf der gesell **8** schaftsrechtlichen Ebene verankerten Beschränkungen hinaus sichern berufsrechtliche Vorschriften Unabhängigkeit und Eigenverantwortlichkeit der Beruftätigen. Im Referentenentwurf war eine entsprechende Klarstellung sogar ausdrücklich enthalten.

Steuerberater als unabhängige Organe der Steuerrechtspflege (§ 1 Abs. 1 **9** BOStB; BVerfGE 80, 269 [280 f.] = NJW 1989, 2611 [2612]; BVerfGE 113, 29 [50] = NJW 2005, 1917 [1919]) dürfen zur Wahrung ihrer Unabhängigkeit keine Bindungen eingehen, die ihre berufliche Entscheidungsfreiheit gefährden können (§ 57 StBerG, § 2 BOStB; dazu *Maxl* in Busse/Goez/Kleemann/ Kuhls/Maxl/Riddermann/Ruppert/Willerscheid, StBerG, 3. Aufl. 2012, StBerG § 57 Rn. 32 ff.). § 3 BOStB präzisiert die Verpflichtung des Steuerberaters, seine Tätigkeit eigenverantwortlich auszuüben. Bei einem Zusammenschluss zu einer **Steuerberatungsgesellschaft** haben die verantwortlichen Leiter in besonderem Maße darauf zu achten, dass ihnen die Unabhängigkeit und die Freiheit zu pflichtgemäßem Handeln nicht genommen wird (§ 25 BOStB; BFHE 133, 322 [328] = DStR 1981, 538 [539]). Die bei einer Steuerberatungsgesellschaft erforderliche verantwortliche Führung durch Steuerberater ist nicht mehr sichergestellt, wenn eine Entscheidung lediglich im Innenverhältnis vom bestimmenden Einfluss der beteiligten Steuerberater abhängt (ähnlich *Mittelsteiner* DStR 1994, Beihefter zu Heft 37, 38; vgl. auch OLG Düsseldorf NJW-RR 1997, 313).

Wirtschaftsprüfer haben nach § 43 WPO ihren Beruf unabhängig, ge **10** wissenhaft, verschwiegen und eigenverantwortlich auszuüben (eingehend zur Unabhängigkeit WP-Handbuch 2017/*Naumann* A. Rn. 95 ff.; Hense/Ulrich/ *Henning/Precht* WPO § 43 Rn. 3 ff.). § 2 BS WP/vBP enthält für die Unabhängigkeit eine konkretisierende Regelung. Dort finden sich in Abs. 2 Beispiele für unzulässige Bindungen. Eigenverantwortliche Tätigkeit bedeutet nach § 44 Abs. 1 S. 1 WPO ua, dass ein Wirtschaftsprüfer nicht derart an Weisungen gebunden werden darf, dass er Prüfungsberichte und Gutachten auch dann unterzeichnen müsste, wenn sich ihr Inhalt mit seiner Überzeugung nicht deckt. Unbedenklich bleibt es, die Annahme und Erledigung von Aufträgen durch einen WP-Partner an die Zustimmung der anderen Partner zu binden (Vier-Augen-Prinzip), wenn dies zur Folge hat, dass der Auftrag entweder gar nicht angenommen oder zumindest nicht durch den widersprechenden Wirtschaftsprüfer (weiter-)bearbeitet wird (vgl. § 44 Abs. 2 WPO). Nach § 44 Abs. 1 S. 2 WPO dürfen andere Partner auf die Durchführung von Abschlussprüfungen nicht in einer Weise Einfluss nehmen, welche die Unabhängigkeit des verantwortlichen Wirtschaftsprüfers beeinträchtigt. Neben der Verpflichtung zur Unabhängigkeit spielt im Berufsrecht der Wirtschaftsprüfer –aufgrund der Funktion als unparteilicher Abschlussprüfer – insbesondere die Pflicht zur Unbefangenheit/Unparteilichkeit eine entscheidende Rolle (WP-Handbuch 2017/*Naumann* A. Rn. 97 ff.; Hense/Ulrich/*Henning/Precht* WPO § 43 Rn. 3 ff.).

11   Für die **Anwaltschaft** wird die grundlegende Bedeutung der Unabhängigkeit gleich in mehreren Vorschriften hervorgehoben (vgl. §§ 1, 3 Abs. 1 BRAO, § 43a Abs. 1 BRAO sowie § 1 BORA). Unabhängigkeit wird nicht nur als Unabhängigkeit vom Staat, sondern auch als berufliche und persönliche Unabhängigkeit verstanden (vgl. § 43a Abs. 1 BRAO; zu Einzelheiten: Feuerich/Weyland/*Träger* BRAO § 43a Rn. 2 ff.; Hennssler/Prütting/*Busse* BRAO § 1 Rn. 38 ff.; Henssler/Prütting/*Henssler* BRAO § 43a Rn. 2 ff.; *Grunewald* AnwBl. 2004, 463; *Schautes,* Anwaltliche Unabhängigkeit – Eine rechtsvergleichende Untersuchung des deutschen und US-amerikanischen Berufsrechts, 2005).

12   Für **Ärzte** folgt aus § 1 Abs. 2 BÄO, dass sie in ihrer eigentlichen Heilbehandlungstätigkeit unabhängig und weisungsfrei sind (BGHZ 70, 158 [167 f.] = NJW 1978, 589 [591]; OLG Düsseldorf MedR 1991, 149).

3. Vermeidung von Interessenkollisionen

13   Die für verschiedene Freie Berufe anerkannte Pflicht zur Vermeidung von Interessenkollisionen hat in Berufsausübungsgemeinschaften wie der Partnerschaft besondere Relevanz. Die in den verschiedenen Berufsrechten vorgesehenen Regelungen gebieten es bisweilen, Aufträge abzulehnen, bei denen es auch nur für einen der Partner aufgrund einer früheren oder gleichzeitigen Tätigkeit zu einer Interessenkollision kommt. Dies erfordert vor jeder Annahme eines Mandats eine sorgfältige Prüfung. In der Praxis werden hierfür zumindest in größeren Gesellschaften moderne Informationssysteme eingesetzt.

14   **a) Rechtsanwälte.** Kollidieren eigene Interessen des Rechtsanwalts mit denen eines Mandanten, ist dem Anwalt die Mandatsannahme bereits wegen Verstoßes gegen die anwaltliche Unabhängigkeit (§ 43a Abs. 1 BRAO; so Hennssler/Prütting/*Henssler* BRAO § 43a Rn. 27) oder gegen die Generalklausel des § 43 BRAO (AnwG München BRAK-Mitt. 1995, 172) untersagt. Daneben findet sich in § 43a Abs. 4 BRAO ein ausdrückliches **Verbot der Vertretung widerstreitender Interessen,** das den Fall der Unvereinbarkeit der Interessen mehrerer Mandanten regelt (vgl. hierzu *Henssler* NJW 2001, 1521 ff.; *Henssler* AnwBl. 2013, 668 ff.; Henssler/Prütting/*Henssler* BRAO § 43a Rn. 161 ff.; *Deckenbrock,* Strafrechtlicher Parteiverrat und berufsrechtliches Verbot der Vertretung widerstreitender Interessen, 2009; *Deckenbrock* AnwBl2009, 170). Die Norm bezieht sich ausweislich ihres Wortlauts nur auf den Einzelanwalt, der in derselben Rechtssache nicht Parteien mit gegenläufigem Interesse vertreten darf. Auch die strafrechtliche Vorschrift des § 356 StGB (Parteiverrat) bezieht sich nicht auf **Berufsausübungsgesellschaften** (OLG Stuttgart NJW 1986, 948; Schönke/Schröder/*Heine/Weißer* StGB § 356 Rn. 9 f.).

Aufgrund eines Versehens wurde es in § 43 a Abs. 4 BRAO **versäumt,** eine **15** §§ 45, 46 Abs. 3 BRAO aF entsprechende Vorschrift aufzunehmen, die das Verbot der Vertretung widerstreitender Interessen **auf die Sozietät und damit auch auf die Partnerschaft erstreckt** (dazu *Kleine-Cosack* BRAO § 43 a Rn. 196 ff.; *Henssler* NJW 2001, 1521 [1525]). Die in § 45 BRAO geregelten Tätigkeitsverbote knüpfen an Tätigkeiten außerhalb der anwaltlichen Berufsausübung als Quelle potenzieller Interessenkollisionen an (BGH NJW 2015, 567 Rn. 12), erfassen damit nicht den Normalfall der anwaltlichen Vertretung widerstreitender Interessen. § 3 Abs. 2 BORA aF, der eine Erstreckung des Tätigkeitsverbots auf Sozietät und Partnerschaft vorsah, wurde vom BVerfG (BVerfGE 108, 150 – NJW 2003, 2520) für mit Art. 12 Abs. 1 GG unvereinbar und damit nichtig erklärt. Allerdings widerspreche trotz der engen Wortlautfassung des § 43 a Abs. 4 BRAO eine die Berufsausübung in Fällen von Interessenkollisionen einschränkende Maßnahme und eine sie bestätigende Gerichtsentscheidung nicht zwangsläufig den Anforderungen des Art. 12 Abs. 1 S. 2 GG (BVerfG NJW 2006, 2469). Das BVerfG hat damit eine vorsichtige Erstreckung des § 43 a Abs. 4 BRAO auf Sozietätsverhältnisse für zulässig erachtet. Einer sozietätsweiten Ausdehnung des § 356 StGB steht dagegen das strafrechtliche Analogieverbot (Art. 103 Abs. 2 GG) entgegen.

Die **Satzungsversammlung** der Bundesrechtsanwaltskammer hat im **16** Rahmen der ihr durch § 59 b Abs. 2 Nr. 1 lit. e BRAO eingeräumten Satzungskompetenz in **§ 3 Abs. 2 und 3 BORA** eine Sozietätsklausel aufgenommen, die sich eng an die Vorgaben des BVerfG anlehnt (vgl. BVerfGE 108, 150 = NJW 2003, 2520. *Hartung* NJW 2006, 2721 [2722] und *Kleine-Cosack* AnwBl. 2006, 13 [14 ff.] halten auch die Neufassung für verfassungswidrig. Dagegen geht BVerfG NJW 2006, 2469 [2470] offenbar von der Verfassungsmäßigkeit aus. S. zur Neuregelung auch *Maier-Reimer* NJW 2006, 3601; *Saenger/Rieße* MDR 2006, 1385; *Deckenbrock* AnwBl 2009, 170).

Aufgrund der Satzungsregelung gilt seit dem 1. 7. 2006 das Verbot der Ver- **17** tretung widerstreitender Interessen auch für alle mit einem Rechtsanwalt in derselben Berufsausübungs- oder Bürogemeinschaft gleich welcher Rechts- oder Organisationsform verbundenen Rechtsanwälte, es sei denn, dass sich im Einzelfall die betroffenen Mandanten in der widerstreitenden Mandaten nach umfassender Information mit der Vertretung ausdrücklich einverstanden erklärt haben und Belange der Rechtspflege nicht entgegenstehen (§ 3 Abs. 2 BORA). Entsprechendes gilt für **Sozietätswechsler** (§ 3 Abs. 3 BORA).

Die sozietätsweite Geltung des Verbots der Vertretung widerstreitender In- **18** teressen steht damit zur Disposition der betroffenen Mandanten. Sie werden die Erteilung ihrer **Zustimmung** regelmäßig davon abhängig machen, ob zwischen den beteiligten Partnern ein Transfer sensiblen Wissens ausgeschlossen werden kann. So kann bspw. die Arbeitsteilung in der abgebenden Kanzlei durch räumliche Trennung (bei überörtlichen Partnerschaften), durch organi-

satorische Vorkehrungen **(chinese walls),** durch Ausgestaltung des Vertragsverhältnisses (Partner, Angestellter oder freier Mitarbeiter), durch die schiere
Größe oder die fachliche Abschottung der verschiedenen Bereiche einer
Kanzlei (bspw. Baurecht, Familienrecht, Patentrecht) gewährleisten, dass keine
vertraulichen Informationen an Bearbeiter des kollidierenden Mandats weiter-
gegeben werden.

19   **b) Steuerberater.** Das StBerG kennt **keine eigenständige Regelung**
von Interessenkonflikten. Jedoch wird ein entsprechendes Tätigkeitsverbot aus
der durch § 57 Abs. 1 StBerG garantierten und geforderten Unabhängigkeit
des Steuerberaters hergeleitet (*Maxl* in Busse/Goez/Kleemann/Kuhls/Maxl/
Riddermann/Ruppert/Willerscheid, StBerG, StBerG, 3. Aufl. 2012, StBerG
§ 57 Rn. 70 ff.; *Deckenbrock,* Strafrechtlicher Parteiverrat und berufsrechtliches
Verbot der Vertretung widerstreitender Interessen, 2009, Rn. 312 ff.), die
durch Interessenkollisionen gleich welcher Art berührt wird (*Gehre/von Borstel,* StBerG, Kommentar, 5. Aufl. 2005, StBerG § 57 Rn. 17). Eine **Konkretisierung** des Tätigkeitsverbots findet sich in **§ 6 BOStB,** dessen Abs. 1 den
Steuerberater verpflichtet, Interessenkollisionen zu vermeiden. Nach Abs. 2
S. 1 ist es grundsätzlich zulässig, in derselben Angelegenheit mehrere Auftraggeber zu beraten und zu vertreten, wenn diese zustimmen oder einen gemeinsamen Auftrag erteilt haben. Allerdings gilt dies nur für den Fall, dass zwischen
den Auftraggebern keine widerstreitenden Interessen bestehen. Andernfalls ist
nach § 6 Abs. 2 S. 2 BOStB allein eine vermittelnde Tätigkeit mit Zustimmung aller Beteiligten zulässig. Bei einer vermittelnden Tätigkeit vertritt der
Steuerberater aber ohnehin keine widerstreitenden Interessen, sondern das
gemeinsame Interesse an einer vermittelnden Lösung (s. hierzu ausführlich
Deckenbrock, Strafrechtlicher Parteiverrat und berufsrechtliches Verbot der
Vertretung widerstreitender Interessen, 2009, Rn. 319 ff.; *Schramm* DStR
2003, 1364).

20   Angesichts dieser Regelungen ist die Aussage des BVerfG (NJW 2002, 2163
[2164]), Steuerberater würden kein Verbot der Vertretung widerstreitender Interessen kennen, nicht nachvollziehbar. Im vom Bundesministerium der Fi-
nanzen am 3. 8. 2006 vorgelegten Entwurf des „Achten Gesetzes zur Änderung
des Steuerberatungsgesetzes" heißt es konträr zur Einschätzung des BVerfG:
„Die bisherige Beschränkung auf eine berufliche Zusammenarbeit mit Angehörigen der sog. sozietätsfähigen Berufe (Rechtsanwälte, Patentanwälte,
Wirtschaftsprüfer, vereidigte Buchprüfer) wird damit begründet, dass nur diese
Berufe vergleichbaren berufsrechtlichen Beschränkungen unterliegen und nur
auf diese Weise gewährleistet werden kann, dass das Berufsrecht der Steuerberater – insbesondere Verschwiegenheit, Tätigkeitsverbot bei widerstreitenden Interessen und Unabhängigkeit – beachtet wird." Zu einer unzulässigen
Interessenkollision führt etwa die Pflichtprüfung eines Jahresabschlusses, wenn
der Steuerberater diesen zuvor selbst erstellt hat (*Gehre/von Borstel,* StBerG,
Kommentar, 5. Aufl. 2005, StBerG § 57 Rn. 19). Die Steuerstrafverteidigung
bei gleichzeitiger Beratung und Prüfung (*Koslowski* StBerG § 57 Rn. 18) und
die Vertretung in Gemeindesteuersachen als Amtsträger der gemeindlichen
Selbstverwaltung (*Koslowski* StBerG § 57 Rn. 20) sind ebenfalls berufsrechtswidrig.

§ 6 Abs. 3 BOStB sieht vor, dass Sozietäten, Steuerberatungsgesellschaften, **21**
Partnerschaftsgesellschaften, Angestelltenverhältnisse oder sonstige Formen
der Zusammenarbeit nicht zu einer Umgehung eines Betätigungsverbotes
missbraucht werden dürfen. Hieraus den Schluss zu ziehen, dass ein und dieselbe Partnerschaft unter keinen Umständen widerstreitende Interessen vertreten darf, ginge indes zu weit. Sachgerecht erscheint es, das für die Rechtsanwälte entwickelte Regelungsmodell zu übertragen und eine Einwilligung
der betroffenen Auftraggeber für relevant zu halten, sofern verschiedene Berufsträger in der Partnerschaft die kollidierenden Mandate betreuen (so inzwischen auch *Maxl* in Busse/Goez/Kleemann/Kuhls/Maxl/Riddermann/Rup-
pert/Willerscheid, StBerG, 3. Aufl. 2012, StBerG § 56 Rn. 58ff.; 89ff.; § 57
Rn. 75, nach dem beispielsweise auch interne Sicherungsmaßnahmen zur Vermeidung von Interessenkollisionen ausreichen; *Deckenbrock,* Strafrechtlicher
Parteiverrat und berufsrechtliches Verbot der Vertretung widerstreitender Interessen, 2009, Rn. 686ff.). Nur eine solche Sichtweise wird dem Umstand gerecht, dass nach der Rspr. des BVerfG noch nicht einmal eine ausdrückliche gesetzliche Regelung des Verbots der Vertretung widerstreitender Interessen ein
ausnahmsloses Tätigkeitsverbot rechtfertigen kann (→ Rn. 15).

Aus dem Unabhängigkeitstatbestand des § 57 StBerG kann dann erst recht **22**
kein über § 43 a Abs. 4 BRAO hinausgehendes Verbot gewonnen werden, zumal ohnehin die Berufsgruppen der Rechtsanwälte und Steuerberater gleich zu
behandeln sind (→ § 2 Rn. 63). Gleiches gilt auch für **Steuerberatungsgesellschaften,** für die gem. § 72 Abs. 1 StBerG alle Pflichten aus § 57 StBerG mit
den in § 6 BOStB erfolgten Konkretisierungen sinngemäß Anwendung finden
(ähnlich § 59 m BRAO für die Anwalts-GmbH). Sinngemäße Anwendbarkeit
bedeutet, dass auf Steuerberatungsgesellschaften die für einfache Partnerschaften entwickelten Grundsätze übertragen werden mussen, nicht aber, dass für
sie ein strengeres, weil ausnahmsloses Tätigkeitsverbot Gültigkeit erlangt.

c) **Wirtschaftsprüfer.** Bei Wirtschaftsprüfern ist durch die 7. WPO-No- **23**
velle (Gesetz zur Stärkung der Berufsaufsicht und zur Reform berufsrechtlicher
Regelungen in der Wirtschaftsprüferordnung (Berufsaufsichtsreformgesetz –
BARefG) v. 3.9.2007, BGBl. 2007 I 2178) in **§ 53 WPO ein ausdrückliches,
an § 43 a Abs. 4 BRAO orientiertes Verbot der Vertretung widerstrei-
tender Interessen** verankert worden, nachdem zuvor nebeneinander § 43
Abs. 1 S. 1 WPO (Unabhängigkeit des Wirtschaftsprüfers), § 53 WPO (Wech-
sel des Auftraggebers) und § 49 WPO (Besorgnis der Befangenheit) für die
Herleitung eines Tätigkeitsverbots bemüht worden waren (Hense/Ulrich/
Richter WPO § 53 Rn. 1; *Deckenbrock,* Strafrechtlicher Parteiverrat und berufsrechtliches Verbot der Vertretung widerstreitender Interessen, 2009,
Rn. 333ff.).

§ 53 WPO sieht seither unter der wenig passenden Überschrift „Wechsel **24**
des Auftraggebers" vor, dass Berufsangehörige keine widerstreitenden Interessen vertreten dürfen. Sie sollen insbesondere in einer Sache, in der sie bereits
tätig waren, für andere Auftraggeber nur tätig werden, wenn die bisherigen
und die neuen Auftraggeber einverstanden sind. In § 3 BS WP/vBP findet
sich auf Satzungsebene eine weitere Regelung des Verbots der Vertretung
widerstreitender Interessen, die jedoch im Hinblick auf die Dispositivität des

Verbots im Widerspruch zu § 53 WPO steht (zu seiner Reichweite einerseits *Deckenbrock*, Strafrechtlicher Parteiverrat und berufsrechtliches Verbot der Vertretung widerstreitender Interessen, 2009, Rn. 354 ff.; *Deckenbrock* BB 2002, 2453 [2455 f.] und andererseits *Schramm* DStR 2003, 1364 [1366 ff.]). Für **Abschlussprüfer** ergeben sich weitreichende Tätigkeitsverbote zudem aus § 319 Abs. 2 und 3 HGB sowie § 319a Abs. 1 HGB (vgl. etwa BGHZ 135, 260 = NJW 1997, 2178; BGHZ 153, 32 = NJW 2003, 970; dazu *Henssler* ZHR 171 [2007], 5 ff.).

25   Diese genannten Berufspflichten gelten grundsätzlich auch für eine Partnerschaft. Auch wenn § 3 Abs. 2 BS WP/vBP aF, der eine Erstreckung des Verbots auf **Sozietätskonstellationen** vorsah, aus verfassungsrechtlichen Gründen aufgehoben worden ist (vgl. *Knorr/Schnepel* WPK-Magazin 1/2005, 42 ff.), folgt eine entsprechende Pflichtenerstreckung nunmehr unmittelbar aus § 53 WPO, der das Verbot auf eine Person oder eine Personengesellschaft erstreckt, mit der der persönlich disqualifizierte Berufsträger seinen Beruf gemeinsam ausübt (Hense/Ulrich/*Richter* WPO § 53 Rn. 19 ff.; *Deckenbrock*, Strafrechtlicher Parteiverrat und berufsrechtliches Verbot der Vertretung widerstreitender Interessen, 2009, Rn. 695 ff.). Freilich besteht hier wiederum eine Ausnahme für den Fall, dass die betroffenen Mandanten mit einer Vertretung im widerstreitenden Interesse einverstanden sind. In § 56 Abs. 1 WPO wird § 53 WPO auf die als Wirtschaftsprüfungsgesellschaft anerkannte Partnerschaft für anwendbar erklärt. Für die Inkompatibilitätsvorschriften der §§ 319, 319a HGB gilt eine ausnahmslose Erstreckung auf alle in derselben Wirtschaftsprüfungsgesellschaft tätigen Wirtschaftsprüfer (§ 319 Abs. 3 HGB, § 319a Abs. 1 S. 4 HGB).

4. Verschwiegenheitspflicht

26   **a) Bedeutung.** Bei einer Vielzahl der Freien Berufe, insbesondere den verkammerten Berufen, kommt der Verschwiegenheitspflicht die Bedeutung einer **statusbegründenden Berufspflicht** zu. Sie ist die unverzichtbare Basis des besonderen Vertrauensverhältnisses zum Auftraggeber, der die Wahrnehmung von höchstpersönlichen Interessen dem Berufstätigen anvertraut. In einer Berufsausübungsgesellschaft ist die Verschwiegenheit des Freiberuflers zusätzlichen Gefahren ausgesetzt, da sich aufgrund des arbeitsteiligen Zusammenwirkens die Anzahl der Geheimnisträger vervielfacht.

27   **Strafrechtlich** ist die Schweigepflicht für alle Angehörigen der Heilberufe, für die wirtschaftsnahen Beratungsberufe und für freiberuflich tätige Psychologen und Sachverständige in § 203 StGB, berufsrechtlich außerdem durch eine Reihe von häufig noch weiter reichenden berufsspezifischen Sondervorschriften (→ Rn. 32 ff.) geschützt. Sie wird ferner durch die Zeugnisverweigerungsrechte in § 383 ZPO, § 53 StPO und das in § 97 StPO angeordnete Beschlagnahmeverbot verfahrensrechtlich abgesichert.

28   **b) Umfang der Verschwiegenheitspflicht in der Partnerschaft.** Die Pflicht zur Verschwiegenheit erstreckt sich auf alles, was den Professionen bei ihrer Berufsausübung oder bei Gelegenheit ihrer Berufsausübung anvertraut wird oder ihnen über die Verhältnisse ihrer Auftraggeber bekannt wird (BGH LM ZPO § 383 Nr. 2; OLG Hamm BB 1969, 860 für Steuerberater; zur Ver-

schwiegenheitspflicht der Rechtsanwälte OLG Köln NJW 2000, 3656; Einzelheiten bei *Henssler* NJW 1994, 1817). Die Pflicht gilt nicht nur gegenüber Außenstehenden. Auch an Mitarbeiter und an andere Partner dürfen Informationen nur dann weitergeleitet werden, wenn der Auftraggeber damit einverstanden ist.

Eine solche **Erlaubnis** ist allerdings regelmäßig in der Auftragserteilung **29** **stillschweigend** enthalten, da der Mandant idR die Partnerschaft als solche beauftragt und die personellen Ressourcen der gesamten Gesellschaft in Anspruch nehmen möchte (für Rechtsanwälte: BGHZ 148, 97 [102] = NJW 2001, 2462 [2463]; BGH NJW 1995, 2915; dazu auch Henssler/Prütting/ *Henssler* BRAO § 43a Rn. 76ff.). Die Erlaubnis erstreckt sich grundsätzlich (zu interprofessionellen Partnerschaften aber → Rn. 44ff.) auch auf die Weitergabe vertraulicher Informationen an später eintretende Partner (vgl. BGHZ 148, 97 [102] = NJW 2001, 2462 [2463]; BGHZ 124, 47 [50] = NJW 1994, 257 [258]; BGH NJW 1991, 1225; nach *Kleine-Cosack* BRAO § 43a Rn. 64 soll es auf die konkludente Mandanteneinwilligung nicht mehr ankommen, da alle Informationen zugleich der Sozietät anvertraut würden).

Etwas anderes gilt, wenn nicht die Partnerschaft, sondern nur ein einzelner **30** Partner im Wege eines **Einzelmandats** beauftragt worden ist, oder der Mandant ausdrücklich Einschränkungen erklärt hat. Ein Einzelmandat ist nur ausnahmsweise anzunehmen, etwa bei der gerichtlichen Beiordnung eines Anwalts, der freundschaftlichen Verbundenheit mit einem Gesellschafter oder wenn einer der Gesellschafter ein ausgewiesener Experte für ein Spezialgebiet ist (BGHZ 56, 355 [361] = NJW 1971, 1801 [1803]; BGHZ 124, 47 [49] = NJW 1994, 257). Hat der Mandant den Anwalt im Innenverhältnis von der Schweigepflicht entbunden, **erstreckt** sich die Pflicht zur Verschwiegenheit im Außenverhältnis allerdings auf alle Anwälte der Sozietät, ihre berufsmäßig tätigen Gehilfen und alle sonstigen Personen, die an ihrer beruflichen oder dienstlichen Tätigkeit mitwirken (§ 203 Abs. 3 und 4 StGB). Zu ihren Gunsten greift zudem ein Zeugnisverweigerungsrecht (§ 53a StPO). Für anerkannte **Steuerberatungs- und Wirtschaftsprüfergesellschaften** wird das Verschwiegenheitsgebot in § 72 Abs. 2 StBerG bzw. § 56 Abs. 2 WPO sogar ausdrücklich auf alle in der Partnerschaft tätigen Personen erstreckt.

Auch die **ärztliche Schweigepflicht** (§ 203 StGB, § 9 MBO-Ä in der Fas- **31** sung der Beschlüsse des 118. Deutschen Ärztetags in Frankfurt a. M. 2015) gilt grundsätzlich im Verhältnis von Partnern einer Ärzte-Partnerschaft untereinander. Aus den gleichen Erwägungen wie bei einer Rechtsanwalts-Partnerschaft ist jedoch auch hier regelmäßig von einer konkludenten Einwilligung des Patienten auszugehen, insbesondere dann, wenn ihn mehrere Ärztinnen und Ärzte derselben Partnerschaft gleichzeitig oder nacheinander untersuchen oder behandeln (hierzu § 9 Abs. 4 MBO-Ä sowie *Lippert* in *Ratzel/Lippert*, Kommentar zur Musterberufsordnung der deutschen Ärzte (MBO), 6. Aufl. 2015, MBO-Ä § 9 Rn. 27ff., 36ff. und *Erbsen*, Praxisnetze und das Berufsrecht der Ärzte, 2004, 188ff.).

c) Berufsrechtliche Regelungen. Berufsrechtliche Regelungen der **32** Pflicht zur Verschwiegenheit finden sich insbesondere für folgende Berufsgruppen:

33   **Ärzte:** Die Heilberufsgesetze der Länder sehen entweder selbst eine Regelung der ärztlichen Schweigepflicht vor oder ermächtigen zur Aufnahme entsprechender Vorschriften in die Landesberufsordnung (vgl. Art. 19 Nr. 1 BayHKaG; § 16 Abs. 2 Nr. 3, Abs. 3 SächsHKaG; § 32 Nr. 1 NRWHeilBerG). § 9 MBO-Ä enthält einen entsprechenden Regelungsvorschlag. Die Musterberufsordnung der Bundesärztekammer ist aus verfassungsrechtlichen Gründen nicht bindend für die Länder und hat nur Empfehlungscharakter.

34   **Tierärzte:** Die Regelung der Schweigepflicht entspricht derjenigen der Ärzte (vgl. Art. 51 BayHKaG iVm Art. 19 Nr. 1 BayHKaG; § 16 Abs. 2 Nr. 3, Abs. 3 SächsHKaG). Außerdem fixiert § 3 Abs. 1 Nr. 8 MBO-Tierärzte die Schweigepflicht des Tierarztes.

35   **Zahnärzte:** Auch für Zahnärzte gelten die Regelungen in den Heilberufsgesetzen der Länder. In § 7 MBO-Zahnärzte ist die Schweigepflicht geregelt.

36   **Rechtsanwälte:** § 43 a Abs. 2 BRAO verankert das anwaltliche Berufsgeheimnis ausdrücklich (dazu *Hensler* NJW 1994, 1817; Hensler/Prütting/*Hensler* BRAO § 43 a Rn. 38 ff.). Ende 2017 ist die Norm umfassend überarbeitet worden (zu Einzelheiten *Grupp* AnwBl 2017, 816 ff.) und um die Berufspflicht des Rechtsanwalts ergänzt worden, die von ihm beschäftigten Personen in schriftlicher Form zur Verschwiegenheit zu verpflichten und sie dabei über die strafrechtlichen Folgen einer Pflichtverletzung zu belehren. Darüber hinaus sieht der ebenfalls neu geschaffene § 43 e BRAO eine Regelung zur Reichweite der Verschwiegenheit bei Inanspruchnahme von Dienstleistungen vor. In § 2 BORA findet sich eine weitere Konkretisierung der anwaltlichen Verschwiegenheitspflicht.

37   **Steuerberater:** § 57 Abs. 1 StBerG erwähnt die Pflicht zur verschwiegenen Berufsausübung als einer von sechs beruflichen Grundpflichten (dazu *Koslowski* StBerG § 57 Rn. 57 ff.). Eine Konkretisierung enthält § 5 BOStB. Die Verpflichtung zur Verschwiegenheit wird durch § 72 Abs. 1 StBerG auf Steuerberatungsgesellschaften erstreckt. § 72 Abs. 2 StBerG verpflichtet auch die Organe der Gesellschaften zur Verschwiegenheit.

38   **Wirtschaftsprüfer:** Für Wirtschaftsprüfer ist die Pflicht zur „verschwiegenen" Berufsausübung zunächst in der Grundnorm des § 43 Abs. 1 WPO sowie in § 9 BS WP/vBP enthalten. Für die gemeinsame Berufsausübung statuiert § 44 b Abs. 1 S. 1 WPO daran anknüpfend das Gebot, sich nur mit solchen Angehörigen Freier, verkammerter Berufe in Sozietäten zusammenzuschließen, die ein Zeugnisverweigerungsrecht nach § 53 Abs. 1 Nr. 3 StPO haben (dazu Hense/Ulrich/*Schnepel* WPO § 44 b Rn. 20). Außerdem muss der Wirtschaftsprüfer gem. § 50 WPO seine Gehilfen und Mitarbeiter zur Verschwiegenheit verpflichten.

39   **Vereidigte Buchprüfer:** Auf vereidigte Buchprüfer und Buchprüfungsgesellschaften finden gem. § 130 WPO die für Wirtschaftsprüfer geltenden Bestimmungen des Dritten Teils der WPO entsprechende Anwendung.

40   **d) Monoprofessionelle Partnerschaften. aa) Innenverhältnis.** In einer Partnerschaft, in der nur ein Freier Beruf vertreten ist, lässt sich die Verschwiegenheit intern verhältnismäßig einfach absichern. Bei den Berufsausübungsgesellschaften, wie Sozietät oder Partnerschaft, ergeben sich Besonderheiten aus dem Zweck dieses Zusammenschlusses. Der Zweck der gemeinsamen Berufsausübung bedingt die Mitteilung anvertrauter Erkenntnisse gegenüber dem Mitgesellschafter. Der Mandant wendet sich an eine Partnerschaft, um den Sachverstand aller Gesellschafter für sich nutzen zu können. Er erklärt sich daher regelmäßig schlüssig mit einem **Informationsaustausch** der Partner untereinander zur Bearbeitung seines Mandats **einverstanden** (→ Rn. 29).

Wird einer Berufsausübungsgesellschaft in der Rechtsform der GbR ein **41** Auftrag erteilt, so ist nach dem Bekenntnis des II. Senats zur Akzessorietätstheorie (BGHZ 142, 315 [319 ff.] = NJW 1999, 3483 [3484 f.]; BGHZ 146, 341 [344] = NJW 2001, 1056 [1057]) die Gesellschaft selbst Vertragspartnerin (BGHZ 193, 193 Rn. 15 = NJW 2012, 2435; anders noch: BGHZ 56, 355 [359] = NJW 1971, 1801 [1802]; BGHZ 70, 247 [248 f.] = NJW 1978, 996; BGH NJW-RR 1988, 1299; BGHSt 37, 220 [223] = NJW 1991, 49 [50]; BGHZ 124, 47 [48 f.] = NJW 1994, 257). Da die Verschwiegenheitspflicht aber an die Person unmittelbar anknüpft, sind die **Partner** der Sozietät **originär der Verschwiegenheitspflicht** unterworfen. Gleiches gilt für die Partnerschaft. Die Partner schulden die berufliche Leistung nach § 6 Abs. 1 eben falls persönlich im Rahmen ihrer berufsrechtlichen Pflichten, sodass an der unmittelbaren Unterwerfung unter die Schweigepflicht kein Zweifel besteht.

Liegt ausnahmsweise eine zumindest schlüssige **Entbindung von der in-** **42** **ternen Schweigepflicht** durch den Auftraggeber **nicht** vor, so muss das gesellschaftsrechtliche Auskunftsrecht aus § 6 Abs. 3 S. 2 iVm § 118 HGB und aus § 1 Abs. 4 iVm §§ 713, 666 BGB zurückstehen (→ Rn. 88 ff.). Die gesellschaftsrechtlichen Auskunftsrechte stehen unter dem Vorbehalt entgegenstehender Vereinbarungen im Gesellschaftsvertrag. Findet sich im Partnerschaftsvertrag keine abweichende Regelung, so ist auf den Berufsrechtsvorbehalt der § 1 Abs. 3, § 6 Abs. 1 zurückzugreifen. Gesellschaftsrechtliche Auskunftsrechte treten danach zurück, wenn das Berufsrecht Verschwiegenheit anordnet. Die Frage der Priorität wird durch diese Vorschriften allgemein geklärt. Partnerschaften sind datenrechtlich als einheitlich speichernde Stelle anzusehen. Die von Bürogemeinschaften zu beachtenden internen Datenübermittlungssperren gelten für sie nicht (vgl. *Abel* AnwBl. 1996, 436 [439]; s. auch *Rüpke* AnwBl. 2003, 19; *Dahns* NJW-spezial 2006, 285).

bb) Außenverhältnis. Im Außenverhältnis gegenüber Dritten muss das **43** Berufsgeheimnis von der Partnerschaft stets in vollem Umfang beachtet werden. In der monoprofessionellen Partnerschaft ergeben sich keine besonderen Probleme, da jeder Partner demselben Berufsrecht unterworfen ist und damit derselben Verschwiegenheitspflicht unterliegt. Eine Lücke im Geheimnisschutz nach außen besteht nicht (→ Rn. 30).

e) Interprofessionelle Partnerschaften. aa) Grundsatz. Das PartGG **44** geht davon aus, dass zwischen verschiedenen Freien Berufen, denen die Gesellschaftsform zur Verfügung steht, auch interprofessionelle Zusammenschlüsse möglich sind, sofern nicht die Berufsordnungen gegenteilige Bestimmungen enthalten (→ § 1 Rn. 240 ff.). In solchen interprofessionellen Partnerschaften kann es zur Geltung voneinander divergierender Berufsrechte kommen. Das Nebeneinander mehrerer Berufsrechte bedeutet indes nicht, dass sich die Pflichten des einzelnen Partners stets auf die Beachtung seines Berufsrechts beschränken. Jeder Partner hat die von der Gesellschaft übernommenen vertraglichen Pflichten zwar nur im Rahmen seiner beruflichen Kompetenzen zu erfüllen. Es kann jedoch zu einer Erweiterung seiner Pflichtenstellung kommen (BVerfGE 141, 82 Rn. 56 = NJW 2016, 700).

45   In der Regel ist auch in der interprofessionellen Partnerschaft davon auszugehen, dass der Auftraggeber mit der Erteilung des Auftrags an die Partnerschaft die Partner im partnerschaftlichen Innenverhältnis von einer eventuellen Verschwiegenheitspflicht entbindet. Die **Entbindung** bezieht sich indes nur auf solche Offenbarungen, die für die sachgerechte Vertragserfüllung notwendig sind. Informationen, die nur dazu dienen, Rechte aus dem Gesellschaftsvertrag auszuüben, sind von ihr nicht gedeckt (Henssler/Prütting/*Henssler* BRAO § 43a Rn. 80).

46   Ist im Einzelfall eine Entbindung der Partner von der Schweigepflicht im Innenverhältnis zu bejahen, so bleibt der Auftraggeber im Außenverhältnis geschützt, selbst wenn einige der Partner keiner berufsrechtlich angeordneten Verschwiegenheitspflicht unterliegen. Die Erstreckung der Strafnorm des § 203 Abs. 1 und 2 StGB (Geheimnisverrat) auf die **„berufsmäßig tätigen Gehilfen"** (§ 203 Abs. 3 S. 1 StGB) verdeutlicht die Einbindung aller Partner in die Verschwiegenheitspflicht (so ausdrücklich auch BVerfGE 141, 82 Rn. 75 = NJW 2016, 700). Zu den berufsmäßig tätigen Gehilfen gehört jeder, „der innerhalb des beruflichen Wirkungsbereichs eines Schweigepflichtigen eine auf dessen berufliche Tätigkeit bezogene unterstützende Tätigkeit ausübt, welche die Kenntnis fremder Geheimnisse mit sich bringt oder ohne Überwindung besonderer Hinweise ermöglicht" (Schönke/Schröder/*Lenckner/Eisele* StGB § 203 Rn. 64; *Fischer* StGB § 203 Rn. 21). Ein Dienstverhältnis mit dem Schweigepflichtigen oder eine sonstige Weisungsgebundenheit ist nicht erforderlich. Auch ein nach dem eigenen Berufsrecht nicht schweigepflichtiger Partner macht sich daher strafbar, wenn er einem Schweigepflichtigen anvertraute Umstände, die er während der Tätigkeit für die Partnerschaft erfahren hat, offenbart. Die Erstreckung der strafprozessualen Zeugnisverweigerungsrechte und der Beschlagnahmefreiheit eines Partners auf die mit ihm in gemeinsamer Berufsausübung stehenden Personen über § 53a Abs. 1 StPO und §§ 97 Abs. 1 und 4 StPO, §§ 53, 53a StPO verdeutlicht ebenfalls, dass die Partner im **Außenverhältnis einheitlichen Regeln** unterliegen.

47   **bb) Die wirtschaftsnahen Beratungsberufe.** Für die wirtschaftsnahen Beratungsberufe der **Rechtsanwälte, Wirtschaftsprüfer, Steuerberater und vereidigten Buchprüfer** hat der Gesetzgeber eine restriktive Lösung dieser Problematik ausdrücklich im Berufsrecht verankert. Wegen des Berufsrechtsvorbehalts in § 1 Abs. 3 ist eine Partnerschaft für Anwälte derzeit (zur zunächst geplanten, dann aber verschobenen Neufassung des § 59a BRAO vgl. BT-Drs. 16/3655, 14f., 82ff. sowie → § 1 Rn. 322) nur mit den in § 59a BRAO aufgeführten sozietätsfähigen Berufen möglich. Für die anderen Berufe finden sich im Ergebnis ähnliche Regelungen in §§ 56, 72 Abs. 1 StBerG (Steuerberater) und § 28 Abs. 4 WPO, § 44b Abs. 1 WPO, § 130 WPO (Wirtschaftsprüfer, vereidigte Buchprüfer).

48   **cc) Heilberufe.** Gesellschaftsrechtlich gesehen steht einer Partnerschaft zwischen Ärzten, Zahnärzten, Physiotherapeuten, Hebammen, Krankengym-

nasten und anderen verwandten Heilkundeberufen nichts im Wege, sofern diese Tätigkeiten freiberuflich ausgeübt werden. Die berufsrechtlichen Schranken sind in den letzten Jahren erheblich gelockert worden. Nachdem bis 1995 eine Zusammenarbeit zwischen Arzt und Nicht-Arzt vollständig ausgeschlossen war, sah bereits die auf dem 107. Deutschen Ärztetag 2004 verabschiedete MBO-Ä in § 23a, 23b MBO-Ä die Möglichkeit interprofessioneller Zusammenschlüsse unter Beteiligung von Ärzten vor. Die gleiche Möglichkeit enthält auch die aktuelle, auf dem 118. Ärztetag 2015 verabschiedete Fassung der MBO-Ä. Demnach können sich Ärzte mit anderen Ärzten und den in § 23b Abs. 1 S. 1 MBO-Ä generalisierend genannten Berufen zusammenschließen. Aufgezählt sind dort die selbstständig tätigen und zur eigenverantwortlichen Berufsausübung befugten Berufsangehörigen anderer akademischer Heilberufe im Gesundheitswesen oder staatlicher Ausbildungsberufe im Gesundheitswesen sowie andere Naturwissenschaftler und Mitarbeiter sozialpädagogischer Berufe. Durch diese Definition wurde der bisherige Katalog der möglichen Berufsgruppen ersetzt, sodass die Berufsordnung gegenüber allen neu entstehenden Berufen, die die genannten Voraussetzungen erfüllen, offen ist (→ § 1 Rn. 270 ff.). Mit anderen Berufen als den genannten Gesundheitsberufen darf der Arzt gem. § 23c MBO-Ä in einer Partnerschaft nur dann zusammenarbeiten, wenn er in der Partnerschaft nicht die Heilkunde am Menschen ausübt.

Trotz der erweiterten Zulassung von interprofessionellen Ärzte-Partner- **49** schaften sind **Schutzlücken** zulasten der Auftraggeber nicht zu befürchten. Zwar sehen die berufsrechtlichen Bestimmungen, die für die in § 23b MBO-Ä für die interprofessionelle Zusammenarbeit mit Ärzten zugelassenen Berufe gelten, überwiegend keine Regelung der Verschwiegenheitspflicht vor. Die Lücke füllt indes weitgehend § 203 Abs. 1 Nr. 1 StGB (→ Rn. 27), der für all jene Heilberufe, deren Ausübung eine staatlich geregelte Ausbildung erfordert, die Schweigepflicht strafrechtlich absichert. § 23b Abs. 1 f. MBO-Ä verlangt außerdem, dass der Kooperations-/Partnerschaftsvertrag „die Einhaltung der berufsrechtlichen Bestimmungen der Ärzte" durch die übrigen Partner gewährleisten muss. Ärztinnen und Ärzte sollen alle Verträge über ihre ärztliche Tätigkeit vor ihrem Abschluss der Ärztekammer vorlegen, damit geprüft werden kann, ob die beruflichen Belange gewahrt sind. Die Ärztekammer kann aufgrund ihrer Beteiligung im Registerverfahren (→ § 4 Rn. 45, 54 ff.) dafür sorgen, dass eine interprofessionelle Ärzte-Partnerschaft, deren Partnerschaftsvertrag das ärztliche Berufsgeheimnis nicht hinreichend sichert, nicht eingetragen bzw. bei einem Verstoß wieder gelöscht wird.

f) Kooperationen. Besonderer Aufmerksamkeit bedarf die Einhaltung **50** der Verschwiegenheitspflicht gegenüber einem Kooperationspartner der Partnerschaft (BGH NJW 2005, 2692 [2693]; *Henssler/Deckenbrock* DB 2007, 447 [449]; *Henssler* AnwBl. 2007, 553 [559]; Henssler/Prütting/*Henssler* BRAO § 43a Rn. 86 f.). Es können sich daher im Rahmen beruflicher Kooperationen von Rechtsanwälten (bspw. bei einer gemeinsamen Mediation) entsprechende Regelungen sowohl im Kooperationsvertrag als auch in den einzelnen Mandatsverträgen empfehlen, in denen die Parteien auch zur Klarstellung den Nicht-Juristen und den Rechtsanwalt untereinander von der Verschwiegenheitspflicht entbinden. Mit der nun erfolgten Neufassung des § 203 StGB ist ausdrücklich geklärt, dass künftig das Offenbaren von geschützten Geheimnissen gegenüber Personen, die an der beruflichen oder dienstlichen Tätigkeit des Berufsgeheimnisträgers mitwirken, nicht als strafbares Handeln zu qualifizieren ist, soweit dies für die ordnungsgemäße Durchführung der Tätigkeit der mitwirkenden Personen erforderlich ist (vgl. dazu BT-Drs. 18/11936, 3, 28).

IV. Die Geschäftsführung der Partnerschaft (Abs. 2)

1. Gesetzliches Regelungskonzept

51   Nach Abs. 3 S. 1 richtet sich das Rechtsverhältnis der Partner untereinander grundsätzlich nach dem Partnerschaftsvertrag. Abs. 2 normiert eine Ausnahme von der im Innenverhältnis bestehenden Vertragsfreiheit (→ Rn. 55 ff.). Fehlt es an einer vertraglichen Bestimmung über die Geschäftsführungsbefugnis, greift das **gesetzliche Regelungskonzept.** Ihm zufolge sind alle Partner jeweils allein zur Geschäftsführung berechtigt und verpflichtet (Abs. 3 S. 2 iVm § 114 Abs. 1 HGB, § 115 Abs. 1 HGB). Die Mitgesellschafter haben ein **Widerspruchsrecht** nach Abs. 3 S. 2 iVm § 115 Abs. 1 Hs. 2 HGB. Die Einzelgeschäftsführungsbefugnis ist gem. Abs. 3 S. 2 ivm § 116 Abs. 1 HGB auf Handlungen beschränkt, welche die freiberufliche Tätigkeit der Partnerschaft **gewöhnlich** mit sich bringt.

52   Die Abgrenzung zu den außergewöhnlichen Handlungen erfolgt nach Maßgabe der partnerschaftsvertraglichen Vereinbarungen. Fehlt es an einer vertraglichen Regelung, so fallen neben den direkt zur Ausübung des Freien Berufs erbrachten Tätigkeiten, dem Bereich der „**Berufsausübung**" (zur Definition → Rn. 56 ff.), auch die sog. „**sonstigen Geschäfte**" unter die Geschäftsführungsbefugnis. Gemeint sind all jene Geschäfte, welche die kooperative Ausübung eines Freien Berufs immer wieder mit sich bringt, wie der Abschluss von Anstellungsverträgen mit Mitarbeitern, der Kauf von Büromaterial uÄ.

53   Für **außergewöhnliche** Geschäfte gilt kraft Gesetzes Gesamtgeschäftsführung (Abs. 3 S. 2 iVm § 116 Abs. 2 HGB). Erforderlich ist damit ein Beschluss aller Gesellschafter. Außergewöhnlich in diesem Sinne sind Geschäfte mit Ausnahmecharakter (Heymann/*Emmerich* HGB § 116 Rn. 5), etwa einschneidende Änderungen in der Organisation, Beteiligungen an anderen Unternehmen oder Geschäfte, die gemessen an den Verhältnissen der Partnerschaft besonders umfang- oder risikoreich sind (BGH LM HGB § 116 Nr. 1; BGHZ 76, 160 [162] = NJW 1980, 1463 [1464]; MWHLW/*Meilicke* Rn. 39). Auch der Verkauf eines Vermögensgegenstands kann ausnahmsweise ein außergewöhnliches Geschäft darstellen, wenn er nur im Rahmen eines vorab definierten Zwecks zur Veräußerung bestimmt ist oder einen ungewöhnlich hohen Wert hat (BGH NZG 2008, 622). Von der Verweisung ausgenommen ist die Vorschrift des § 116 Abs. 3 HGB. Eine Partnerschaft soll grundsätzlich nicht die Möglichkeit haben, Prokuristen zu bestellen. Als Hilfspersonen des **Kaufmanns** (§ 48 HGB) passen sie nach Auffassung des Gesetzgebers nicht in das Modell einer freiberuflich tätigen Gesellschaft. Berücksichtigt man, dass mit der heute allgemeinen anerkannten Zulässigkeit der Freiberufler-Kapitalgesellschaft durchaus auch in den Berufsausübungsgesellschaften der Freien Berufe die Erteilung einer Prokura in Betracht kommt – in den großen Wirtschaftsprüfungsgesellschaften in den Rechtsformen der GmbH und AG etwa ist die Erteilung von Prokura ganz üblich –, so erscheint auch diese Regelung heute überholt (auch zur unechten Gesamtvertretung → § 7 Rn. 33).

Überhaupt nicht zu den Geschäftsführungsmaßnahmen als dem Organhan- 54 deln der Gesellschafter für die Gesellschaft zählen die sog. **Grundlagengeschäfte.** Ihnen sind alle Entscheidungen zuzuordnen, welche die Verfassung der freiberuflichen Gesellschaft betreffen bzw. das Rechtsverhältnis zwischen den Gesellschaftern ausgestalten (zur Abgrenzung Staub/ *Schäfer* HGB § 116 Rn. 8). Erfasst sind neben Änderungen des Gesellschaftsvertrags insbesondere Umwandlung der Gesellschaft, Aufnahme und Ausschluss von Gesellschaftern, die (bei der PartG allerdings mangels Bilanzierungspflicht nicht einschlägige) Wahl des Abschlussprüfers und Feststellung des Jahresabschlusses (anders als die Aufstellung des Jahresabschlusses BGH NJW 2007, 1685; DStR 2009, 1544; für die Liquidationsbilanz: BGH NJW 2012, 1439, NZG 2012, 397) oder die Einforderung von Nachschüssen (vgl. etwa aus der Rspr. BGHZ 76, 338 [342 f.] = NJW 1980, 1689 [1690]; BGHZ 132, 263 [266] = NJW 1996, 1678). Bei diesen Grundlagengeschäften bedarf es jeweils eines Beschlusses der Gesellschafterversammlung, an dem grundsätzlich sämtliche Gesellschafter mitwirken müssen, soweit die Satzung nicht in zulässiger Weise einen Mehrheitsbeschluss vorsieht (dazu im Einzelnen Staub/ *Schäfer* HGB § 119 Rn. 30 ff.). § 6 iVm §§ 114–117 HGB greift insoweit nicht, wohl aber § 119 HGB, auf den § 6, der ja das gesamte Innenverhältnis der Gesellschaft regelt, in Abs. 3 ebenfalls verweist (→ Rn. 92 ff.). Allerdings sind diesbezüglich abweichende Regelungen zulässig, sodass Geschäftsführer für die Vornahme von Grundlagengeschäften, zB die Aufnahme von Gesellschaftern (BGH NJW 2011, 1666), ermächtigt werden können.

2. Vertragliche Beschränkungen der Gesamtgeschäftsführungsbefugnis

Ebenso wie in der OHG kann die Geschäftsführung vertraglich abweichend 55 vom gesetzlichen Modell der Einzelgeschäftsführungsbefugnis geregelt werden. Zulässig ist es, mehreren oder allen Partnern nur gemeinsam die Geschäftsführung zu übertragen (Abs. 3 S. 2 iVm § 115 Abs. 2 HGB). Bei der **Gesamtgeschäftsführungsbefugnis** kann sodann für die interne Abstimmung auch das **Mehrheitsprinzip** vereinbart werden (dazu Baumbach/Hopt/ *Roth* HGB § 115 Rn. 5 ff.). Schon dieser Umstand zeigt, dass der in § 6 Abs. 2 angeordnete Zwang zur Beteiligung an der Geschäftsführung keine effektive Absicherung der freiberuflichen Unabhängigkeit sein kann. Das Gesetz trennt im Übrigen zwischen der Geschäftsführung im Bereich der **Ausübung des Freien Berufs** und der Geschäftsführungsbefugnis für die „**sonstigen Geschäfte**".

a) „**Berufsausübung**". Bei der Abgrenzung zwischen Tätigkeiten der 56 Berufsausübung und sonstigen Geschäften ist darauf abzustellen, ob es für das

Tätigwerden der Befähigung als Freiberufler bedarf. Zum Bereich der Berufsausübung zählt der Abschluss des Beratungs-/Behandlungsvertrags mit dem
Mandanten/Patienten, die Erfüllung des Vertrags sowie die **Durchsetzung
der Vergütung** (für die Einziehung der Honorarforderungen aA MWHLW/
Meilicke Rn. 44; zumindest zweifelnd *Wehrheim/Wirtz* 66 f.). Schon die berufsrechtlichen Beschränkungen für die Abtretung von Honorarforderungen be-
legen (vgl. für Rechtsanwälte § 49b Abs. 4 BRAO; dazu BGH NJW 2007,
1196; 2005, 507; zum alten Recht BGH NJW 1995, 2026; für Steuerberater
s. § 64 Abs. 2 StBerG sowie BGHZ 141, 173 [176] = NJW 1999, 1544
[1546]; für Wirtschaftsprüfer vgl. § 55 Abs. 3 WPO; für Ärzte BGHZ 115,
123 [130] = NJW 1991, 2955 [2957]; BGHZ 116, 268 [272] = NJW 1992,
737 [739]), dass aus der Sicht des Gesetzgebers die Durchsetzung dieser Forderungen einen engen Bezug zur spezifisch freiberuflichen Tätigkeit aufweist
(MüKoBGB/*Schäfer* Rn. 12 spricht von einem Hilfsgeschäft, dessen Wahrnehmung zur Entfaltung einer freiberuflichen Tätigkeit geboten ist).

57   Auch bei der **Einziehung der Honorare** sind daher die freiberuflichen
Besonderheiten zu beachten. Der Partner bedarf eines Mitspracherechts,
wenn er der Auffassung ist, die besondere Art der Einziehung gefährde die Interessen der Auftraggeber und sei daher mit seinem Verständnis gewissenhafter
Vertragserfüllung nicht zu vereinbaren. Die beschlossenen vorsichtigen Gesetzesänderungen im Bereich des Honorarinkassos durch Dritte (vgl. zur entsprechenden Änderung des § 49b Abs. 4 BRAO im Rahmen der Einführung des
RDG BT-Drs. 16/3655, 14, 82) ändern nichts an der grundsätzlichen gesetzlichen Anerkennung des engen Bezugs zwischen der Geltendmachung einer
Honorarforderung und der spezifisch freiberuflichen Tätigkeit.

58   Die **Unabhängigkeit** der Freien Berufe bzw. ihre Selbstständigkeit und
Eigenverantwortung **zwingt** auch im Bereich der Berufsausübung **nicht** zur
Einzelgeschäftsführung (*Henssler* DB 1995, 1549 [1553]; MWHLW/*Meilicke* Rn. 45 f.; jetzt auch Römermann/*Praß* Rn. 34 [anders noch die Vorauf-
lage]) und **nicht** zur **Einzelvertretungsmacht** (dazu *Henssler/Michel* NJW
2015, 11 [16]; *Markworth* NJW 2015, 2152 [2155 f.]; *Markworth* ZAP 2017,
749 [752] = Fach 15, S. 619 [622]). Die Unabhängigkeit des einzelnen Partners findet ihre Grenze in der Unabhängigkeit der Mitgesellschafter. Die
Übernahme risikoträchtiger Mandate darf intern an die Zustimmung der Partner geknüpft werden. Ein Vertragsentwurf oder ein an das Gericht gerichteter
Schriftsatz darf – entsprechend dem **4-Augen-Prinzip** – an die Gegenzeichnung eines anderen Partners gebunden werden. Die Eigenverantwortung wird
nicht dadurch berührt, dass im Einzelfall eine Abstimmung zwischen den Partnern zu erfolgen hat. Die Unabhängigkeit des Einzelnen darf nicht zur Folge
haben, dass die zur gemeinsamen Berufsausübung verbundenen Partner ohne
Rücksprache in nicht überschaubare Haftungsrisiken bzw. Reputationsverluste für die Partnerschaftsgesellschaft gezwungen werden können. Trotz der
Haftungsprivilegierung durch § 8 Abs. 2 sind die Partner aufgrund der fortbestehenden Haftung der PartG jeweils zumindest mittelbar betroffen.

59   Die vertragliche Vereinbarung der Geschäftsführung darf den einzelnen
Partner nicht an der Berufsausübung hindern. So darf ein Anwalt nicht von
sämtlichen Mandantenkontakten ausgeschlossen werden. § 6 Abs. 2 sieht aus
diesem Grund (rechtspolitisch und dogmatisch verfehlt, → Rn. 4) eine part-

nerschaftsspezifische Beschränkung der vertraglichen Gestaltungsfreiheit vor. Einzelne Partner dürfen nicht von der Geschäftsführung ausgeschlossen werden, soweit sie die Berufsausübung betrifft (zur Frage entsprechender Anwendung des Abs. 2 auf die Vertretungsmacht der Partner → § 7 Rn. 45 ff.). Ein vollständiger Ausschluss von sämtlichen Mandantenkontakten wäre in der Tat mit dem Gebot der aktiven Berufsausübung in der Partnerschaft (§ 1 Abs. 1) nicht zu vereinbaren. Die **Unabhängigkeit der Berufsausübung,** wie sie in vielen Berufsrechten (§ 43 a Abs. 1 BRAO, § 43 Abs. 1 WPO, § 57 Abs. 1 StBerG; → Rn. 7 ff.) gefordert wird, ist dagegen entgegen der Gesetzesbegründung (Begr. zum RegE, BT-Drs. 12/6152, 15; dazu *Henssler* DB 1995, 1549 [1553]) durch den bloßen Ausschluss von der Geschäftsführung noch nicht in unzulässiger Weise beschränkt. Wie die Zulässigkeit der Tätigkeit im Anstellungsverhältnis zeigt, bedarf es zur Gewährleistung der Unabhängigkeit nicht zwingend einer Beteiligung an der Geschäftsführung, sondern lediglich der Weisungsfreiheit bei der Mandatsbearbeitung im Verhältnis zu den (Mit-)Gesellschaftern. Aus der Unabhängigkeit folgt, dass der Berufsträger nicht zu einer bestimmten Art der Auftragsbearbeitung gezwungen werden darf.

Die Einschränkungen des Abs. 2 bedeuten nicht, dass im Einzelfall gegen **60** den Willen einzelner Partner keine Mandatsverträge abgeschlossen oder abgelehnt werden könnten. Insbesondere ist das Widerspruchsrecht gem. § 115 Abs. 1 HGB ohne Verstoß gegen § 114 Abs. 2 HGB, § 6 Abs. 2 abdingbar und die Erteilung von Weisungen auch im freiberuflichen Bereich sowie im Bereich der Mandatsannahme möglich (MWHLW/*Meilicke* Rn. 45 f.). Zulässig ist es auch, bei interprofessionellen Partnerschaften die Geschäftsführungsbefugnis der einzelnen Partner auf den von ihnen jeweils ausgeübten Freien Beruf zu beschränken. Soweit der Freie Beruf eine besondere Qualifikation der Partner voraussetzt, kann eine entsprechende Beschränkung sogar aus berufsrechtlichen Gründen (§ 6 Abs. 1) unverzichtbar sein (MüKoBGB/*Schäfer* Rn. 14).

b) Die „sonstigen Geschäfte". Unter die „sonstigen Geschäfte" fallen **61** die die Organisation der gemeinschaftlichen Praxis oder Kanzlei betreffenden Angelegenheiten, wie zB der Abschluss von Miet- und Arbeitsverträgen, der Einkauf von Büromaterial, der Erwerb von Grundbesitz sowie sämtliche interne Handlungen wie Personalführung, Buchführung und Bibliothekspflege. Einer vertraglichen Regelung der Geschäftsführung steht – wie der Umkehrschluss aus § 6 Abs. 2 zeigt – nichts entgegen. Denkbar ist es, im Sinne einer bloßen Geschäftsverteilung einzelne Partner mit der Erledigung bestimmter Aufgaben zu betrauen, ohne dass hierdurch das grundsätzliche Recht jedes Gesellschafters berührt wird. Die Partner können aber auch die Geschäftsführung auf einen oder mehrere „managing partner" übertragen mit der Folge, dass alle anderen Partner von der Geschäftsführung ausgeschlossen sind. Der völlige Ausschluss einzelner Partner von der Geschäftsführung ist im Bereich der sonstigen Geschäfte also zulässig (Begr. zum RegE, BT-Drs. 12/6152, 15). Selbst Dritten darf die Führung der sonstigen Geschäfte eingeräumt werden. Der Grundsatz der **Selbstorganschaft** erfordert allerdings, dass zusätzlich noch mindestens ein Partner zur Geschäftsführung berechtigt bleibt. Diesem

Grundsatz ist aber auch dann genügt, wenn die Gesellschafter einem Dritten durch Beschluss oder Gesellschaftsvertrag Geschäftsführungsaufgaben anvertrauen und ihn mit entsprechend umfassender Vollmacht ausstatten (BGH NJW 2011, 2040), solange es sich hierbei noch um eine Überlassung zur Ausübung und nicht eine vollständige Übertragung handelt. Eine solche Gestaltung verstößt auch nicht gegen das RDG (vgl. BGH NJW 2011, 2040).

3. Der nachträgliche Entzug der Geschäftsführungsbefugnis

62 **a) Entzug durch gerichtliche Entscheidung.** Liegt ein wichtiger Grund für den nachträglichen Entzug der Geschäftsführungsbefugnis vor, so kann eine entsprechende gerichtliche Entscheidung (Abs. 3 iVm § 117 HGB) beantragt werden. Ein wichtiger Grund ist zu bejahen, wenn der Entzug unter umfassender Abwägung der Belange aller Beteiligten zum Schutz der Partnerschaft und der anderen Partner unerlässlich ist. Erforderlich ist ein Antrag aller übrigen Partner. Wird nur einzelnen Partnern die Befugnis, die „sonstigen Geschäfte" der Partnerschaft zu führen, entzogen, so ist dies gesellschafts- und berufsrechtlich unproblematisch. Aber auch für den **Bereich der Berufsausübung** ist es trotz Abs. 2 möglich, einem Partner in besonderen Ausnahmefällen die Geschäftsführung wenigstens **vorübergehend** zu entziehen (Begr. zum RegE, BT-Drs. 12/6152, 15). *Feddersen/Meyer-Landrut* Rn. 11 wollen die Höchstdauer insoweit auf drei Monate beschränken. Das dürfte indes der Vielzahl der denkbaren Sonderkonstellationen nicht gerecht werden. Ein dauerhafter Entzug bedeutet nicht zwingend einen Verstoß gegen das Gebot der aktiven Berufsausübung durch die Partner (Römermann/*Praß* Rn. 40ff.; MüKoBGB/*Schäfer* Rn. 22). So gibt es zum einen andere Möglichkeiten der aktiven Mitwirkung in der Gesellschaft (→ § 1 Rn. 24ff., → § 1 Rn. 232ff.) und zum anderen setzt die freiberufliche Tätigkeit nicht zwingend eine Beteiligung an der Geschäftsführung voraus, wie die zulässige freiberufliche Tätigkeit im Anstellungsverhältnis verdeutlicht. Wird wegen der Schwere der Verfehlung ein dauerhafter Entzug jeder Beteiligung an der Geschäftsführung angestrebt, so kommt auf der Grundlage des § 6 Abs. 2 nur ein Ausschluss des missliebigen Partners aus der Partnerschaft gem. § 9 Abs. 1 in Betracht. Ausnahmen sollten insbesondere bei Partnern, die ihre Tätigkeit altersbedingt eingestellt haben, anerkannt werden (→ § 1 Rn. 109ff. sowie MüKoBGB/*Schäfer* Rn. 22).

63 Aus Abs. 2 folgt, dass nur einzelnen Partnern, nicht aber allen gleichzeitig die Führung der **„sonstigen" Geschäfte** entzogen werden kann. Das entspricht dem Grundsatz der **Selbstorganschaft.** Auch die Führung der „sonstigen Geschäfte" darf damit nicht vollständig einem gesellschaftsfremden Manager überlassen werden (→ Rn. 61).

64 **b) Wichtiger Grund.** Nach Abs. 3 S. 2 iVm § 117 HGB ist für den Entzug der Geschäftsführungsbefugnis ein wichtiger Grund (ausführlich hierzu MüKoHGB/*Jickeli* HGB § 117 Rn. 26ff.) erforderlich. Für einen Ausschluss von der Führung der sonstigen Geschäfte ist dieser gegeben, wenn die Partnerschaft für private Geschäfte missbraucht wird. Auch ein Verstoß gegen das Wettbewerbsverbot (→ Rn. 72ff.) sowie die Zerstörung des Vertrauensverhältnisses bereits durch den begründeten Verdacht einer erheblichen Pflicht-

widrigkeit (BGH NJW-RR 2008, 704) können einen wichtigen Grund darstellen. Ein vorübergehender Entzug der berufsbezogenen Geschäftsführung kommt bei schwerer Krankheit, lang andauernder Ortsabwesenheit, Übernahme eines politischen Mandats oder – beschränkt auf bestimmte Sachgebiete – wegen mangelnder fachlicher Kenntnisse, insbesondere bei unzureichender fachlicher Fortbildung in Betracht (dazu BGH JZ 1952, 276). Letzteres ist allerdings nur eingeschränkt justiziabel (vgl. für Rechtsanwälte Henssler/Prütting/*Henssler* BRAO § 43a Rn. 232 ff.).

c) Abweichende Vereinbarungen. Mit Ausnahme des Abs. 2 ist § 6 dis- **65** positiv. Insbesondere kann das gerichtliche Verfahren abbedungen und durch einen Gesellschafterbeschluss ersetzt werden.

4. Niederlegung der Geschäftsführung

Parallel zur Entziehung kann jeder Partner sein Geschäftsführeramt nieder- **66** legen. Da ein Partner nicht nur ein Recht, sondern auch eine Pflicht zur Geschäftsführung hat, gilt dies indes nur, wenn er hierfür einen wichtigen Grund hat (§ 1 Abs. 4 iVm § 712 Abs. 2 BGB). Der Verzicht betrifft grundsätzlich nur die Führung der „sonstigen" Geschäfte. Will der Partner jede Form der aktiven Mitarbeit aufgeben, bleibt ihm nur die Möglichkeit des Ausscheidens aus der Partnerschaft.

5. Geschäftsführervergütung und Aufwendungsersatz

Den Geschäftsführern steht für ihre Tätigkeit, auch wenn sie den Bereich **67** der „sonstigen Geschäfte" betrifft, grundsätzlich keine gesonderte Vergütung zu. Insbesondere ergibt sich ein Vergütungsanspruch grundsätzlich auch nicht aus § 612 Abs. 1 BGB, da Dienstvertragsrecht nur anwendbar ist, wenn ein gesonderter Dienstvertrag mit dem Geschäftsführer abgeschlossen wurde (OLG Brandenburg DB 2007, 1130). Dies ist zwar möglich, aber nicht erforderlich, da Rechte und Pflichten des Geschäftsführers bereits unmittelbar aus dem Gesellschaftsverhältnis folgen. Die Vergütung erfolgt vielmehr im Rahmen der Gewinnverteilung. Abweichende Vereinbarungen im Partnerschaftsvertrag sind möglich und bieten sich insbesondere dann an, wenn einzelne Partner die Führung der „sonstigen Geschäfte" bzw. allgemein Managementaufgaben neben ihrer freiberuflichen Tätigkeit als zusätzliche Aufgabe übernehmen. Unabhängig von solchen gesellschaftsvertraglichen Regelungen steht jedem geschäftsführenden Partner ein Aufwendungsersatzanspruch nach § 110 HGB zu, auf den § 6 Abs. 3 ebenfalls verweist.

V. Die sonstigen Rechte und Pflichten der Gesellschafter im Innenverhältnis (Abs. 3)

1. Grundsatz

Soweit die Partner keine eigenen Absprachen treffen, richtet sich das In- **68** nenverhältnis der Partnerschaft weitgehend nach den handelsrechtlichen Regelungen der OHG. Der das „Rechtsverhältnis der Gesellschafter untereinander" betreffende zweite Titel aus dem ersten Abschnitt des zweiten Buches (§§ 109–122 HGB) ist in seinem Kernbereich entsprechend anzuwenden. Ausgenommen von der Verweisung sind neben dem inhaltlich § 6 Abs. 3 S. 1 entsprechenden § 109 HGB der auf die Partnerschaft nach Auffassung des Gesetzgebers nicht passende § 116 Abs. 3 HGB (dazu und zu den Vorschriften der § 116 Abs. 2 HGB, § 117 HGB → Rn. 53 f.) sowie die Vorschriften über die Gewinnverteilung (§§ 120 ff. HGB).

2. Aufwendungs- und Verlustersatzansprüche der Partner (§ 110 Abs. 1 HGB)

69   Gemäß § 110 Abs. 1 HGB hat jeder Partner Anspruch auf Aufwendungsersatz. Zu den Aufwendungen gehört auch die Prämie einer berufsrechtlich vorgeschriebenen Haftpflichtversicherung. § 110 Abs. 1 HGB gewährt zudem über § 670 BGB hinausgehend einen Anspruch auf Ersatz von im Rahmen seiner Geschäftsführung erlittenen Verlusten, die sich durch die Unfreiwilligkeit ihres Eintritts von den Aufwendungen unterscheiden. Ansprüche auf Verlustausgleich stehen einem Partner auch zu, soweit er wegen der in § 8 Abs. 1 S. 1 angeordneten gesamtschuldnerischen Haftung in Anspruch genommen wird, ohne sich auf das Haftungsprivileg des § 8 Abs. 2 berufen zu können (→ § 8 Rn. 99 ff.). Nach der Rspr. des BGH (NJW 2010, 1360) kann es zu einer Haftung auch dann kommen, wenn den Partner kein Verschulden trifft, so etwa wenn er nach einem Eintritt in die Gesellschaft an einem Mandat mitarbeitet, bei dem anderen Partnern schon vor seinem Eintritt eine Pflichtverletzung unterlaufen ist (dazu krit. *Henssler/Deckenbrock* EWiR PartGG § 8 1/10). Der gegen die Partnerschaft gerichtete **Regressanspruch** entsprechend § 110 HGB genießt in derartigen Fällen Vorrang gegenüber dem Gesamtschuldnerausgleich nach § 426 Abs. 1 BGB (MüKoBGB/*Schäfer* Rn. 26). Da § 110 HGB dispositiv ist, können die Partner ungeachtet der Haftungsbeschränkung nach außen gem. § 8 Abs. 2 im Innenverhältnis eine verschuldensunabhängige, solidarische Schadensverteilung vereinbaren (*Römermann/Praß* Rn. 75).

3. Verzinsungspflicht (§ 110 Abs. 2 HGB, § 111 HGB)

70   § 6 Abs. 3 S. 2 iVm § 110 Abs. 2 HGB begründet die Verpflichtung der Gesellschaft, vom Partner aufgewendetes Geld ab dem Zeitpunkt der Aufwendung zu verzinsen. Da § 352 f. HGB für die Partnerschaft nicht gilt, erlangt der vorgezogene Beginn der Verzinsungspflicht anders als in der OHG eigenständige Bedeutung.

71   Den umgekehrten Fall der **Zinszahlungspflicht des Partners** regelt § 111 HGB. Jeder Partner muss, sofern er der Partnerschaft unbefugt Gelder vorenthalten hat, diese verzinsen, ohne dass die Verzugsvoraussetzungen erfüllt sein müssen. Das Gesetz sieht die Verzinsungspflicht in drei Fallgruppen vor: **(a)** bei der Nichtzahlung von Geldeinlagen, die bei der Gründung oder beim Eintritt eines Partners vereinbart wurden, **(b)** bei der Nichtablieferung von Partnerschaftsgeldern, wobei den Mandanten direkt zustehende Gelder (Fremdgelder) ausgenommen sind, und **(c)** unbefugte Entnahmen aus der Partnerschaftskasse.

4. Wettbewerbsverbot (§§ 112, 113 HGB)

a) Überblick. Nach Abs. 3 S. 2 iVm § 112 HGB ist es den Partnern unter- **72** sagt, ohne Einwilligung der Mitgesellschafter durch eine gleichartige Berufstätigkeit in Konkurrenz zur Partnerschaft zu treten (zum Zweck des § 112 HGB vgl. *Weller* ZHR 175 [2011], 110ff.). Neben einer selbstständigen freiberuflichen Dienstleistung ist dem Partner auch die unselbstständige Tätigkeit als Arbeitnehmer, Geschäftsführer oder Vorstand in einer anderen Partnerschaft oder sonstigen Berufsausübungsgesellschaft grundsätzlich verboten. War den übrigen Partnern die Konkurrenztätigkeit bei Gründung der Partnerschaft bekannt und haben sie gleichwohl keine Einwendungen erhoben, wird die Einwilligung unwiderleglich vermutet (§ 112 Abs. 2 HGB). Die Regelung des § 112 HGB ist dispositiv (Baumbach/Hopt/*Roth* HGB § 112 Rn. 12ff.). Das Verbot kann vertraglich verschärft, aber auch abbedungen werden. Die Einwilligung in die Konkurrenztätigkeit ist wegen des vom Begünstigten erworbenen Vertrauensschutzes nur aus wichtigem Grund widerruflich (Baumbach/Hopt/*Roth* HGB § 112 Rn. 9; Heymann/*Emmerich* HGB § 112 Rn. 16f.).

b) Verbotsumfang. Die nicht mit einer persönlichen Haftung verbun- **73** dene einfache Gesellschafterstellung in Form einer Kapitalbeteiligung an einer Konkurrenzgesellschaft oder die Tätigkeit als Aufsichtsrat in einem solchen Unternehmen kann angesichts des eindeutigen Wortlauts des § 112 Abs. 1 HGB keinen Verstoß gegen das Wettbewerbsverbot bedeuten (für die OHG Baumbach/Hopt/*Roth* HGB § 112 Rn. 4; differenzierend MHdB GesR I/*Salger* § 41 Rn. 6 und MüKoBGB/*Schäfer* Rn. 28). Wegen des freiberuflichen Charakters der Partnerschaft wäre ein Wettbewerbsverstoß ohnehin nur denkbar, wenn die Beteiligung an der eine Konkurrenztätigkeit ausübenden Kapitalgesellschaft ausnahmsweise keine aktive freiberufliche Mitarbeit des Gesellschafters voraussetzt. Die unlautere Zuführung von Geschäftspartnern an Dritte (Konkurrenten) verstößt gegen das Wettbewerbsverbot in gleicher Weise, wie wenn der Partner das Geschäft an sich gezogen hätte (MHdB GesR I/*Salger* § 41 Rn. 7). Unklar ist, ob das gesetzliche Wettbewerbsverbot einem Freiberufler mit Mehrfachqualifikation eine andere als die in der Partnerschaft ausgeübte Tätigkeit in einer anderen Gesellschaft verbietet. Insoweit empfiehlt sich ggf. eine vertragliche Regelung (dazu *Wehrheim/Wirtz* 63). Bei Beratungsgesellschaften wird es den Partnern regelmäßig nicht erlaubt sein, neben den Gesellschaftsmandaten noch **Einzelmandate** zu betreuen. Bestimmte Mandate müssen allerdings aus berufsrechtlichen Gründen außerhalb der Gesellschaft betreut werden. So muss etwa die Notartätigkeit eines Anwaltsnotars als Amtstätigkeit außerhalb der Partnerschaft ausgeübt werden. In solchen Fällen bestehen nach der Rspr. sogar Schranken für die Einbringung der Erträge aus der notariellen Tätigkeit in die PartG. Nach Auffassung des OLG Celle darf ein Notar, der zugleich als Rechtsanwalt tätig und in dieser Eigenschaft mit weiteren Rechtsanwälten zu einer Partnerschaft verbunden ist, die Gebühren aus seiner Notartätigkeit nicht pauschal, unmittelbar und vollumfänglich der Partnerschaft zufließen lassen. Eine solche Praxis verletze das Gebührenteilungsverbot des § 17 Abs. 1 S. 4 BNotO (OLG Celle NJW 2007, 2929 [2930f.]). Diese Rspr. erscheint freilich wenig praxisnah.

74　　c) **Nachvertragliches Wettbewerbsverbot.** Ein gesetzliches **Wettbewerbsverbot** für die Zeit nach dem Ausscheiden aus einer Partnerschaft besteht nicht (dazu ausführlich *Henssler/Michel* NZG 2012, 401 [411 ff.]). Ohne abweichende vertragliche Vereinbarung endet das Wettbewerbsverbot mit dem Ausscheiden des Partners; bei der Liquidation der Partnerschaft mit der Wirksamkeit des Auflösungsbeschlusses (dazu MHdB GesR I/*Salger* § 41 Rn. 8; MWHLW/*Meilicke* Rn. 58; *Wehrheim/Wirtz* 63), sofern die Gesellschaft nicht teilweise als werbendes Unternehmen fortgeführt wird (vgl. RG JW 1938, 3180 [3185]; Heymann/*Emmerich* HGB § 112 Rn. 8). Die Vornahme bloßer Vorbereitungshandlungen für die eigenständige Berufsausübung nach zeitlichem Ablauf des Wettbewerbsverbots wird von dem Verbot nicht erfasst (MüKoBGB/*Schäfer* Rn. 30).

75　　Das **aktive Abwerben von Mandanten** der Partnerschaft kann allerdings auch nach dem Ausscheiden berufsrechtlich verboten sein (sog. Abwerbungsverbot; *Michalski/Römermann* ZIP 1994, 433 [434, 445 f.]). Eine entsprechende Regelung fand sich für **Steuerberater** in § 33 Abs. 1 BOStB, nach dem Steuerberater, die aus einer Steuerberatungsgesellschaft, aus einer Bürogemeinschaft, einem freien Mitarbeiterverhältnis oder Angestelltenverhältnis ausscheiden, alles zu unterlassen hatten, was darauf gerichtet war, ihre früheren Vertragspartner aus einem Auftrag zu verdrängen. Dieses weitgehende Abwerbungsverbot wurde im Rahmen der Novellierung der Berufsordnung der Steuerberater durch die 21. Sitzung der Satzungsversammlung der Bundessteuerberaterkammer auf der Grundlage des „Vorschlags einer neuen Berufsordnung der Bundessteuerberaterkammer", die am 1.1.2011 in Kraft trat, gestrichen (ein Überblick über die erfolgten Änderungen findet sich bei *Ruppert* DStR 2011, 138 ff.). Grund hierfür ist, dass es grundsätzlich berufsrechtlich unbedenklich ist, dass ein ausscheidender Mitgesellschafter Mandanten „mitnimmt". Im freien Wettbewerb hat niemand Anspruch auf Erhaltung seines Mandantenstamms. Das Abwerben von Kunden gehört auch dann zum Wesen des freien Wettbewerbs, wenn es zielbewusst, systematisch und planmäßig geschieht (BGH GRUR 1986, 547 [548]) und die Mandanten vertraglich noch an einen Mitbewerber gebunden sind (BGH GRUR 2002, 548 [549]).

76　　Im Hinblick auf die durch Art. 12 Abs. 1 GG geschützte Berufsausübungsfreiheit war bereits § 33 Abs. 1 BOStB aF verfassungskonform dahingehend auszulegen, dass das **Abwerben durch unlautere Methoden** geschehen muss (OLG Frankfurt a. M. DStR 2009, 1331 ff.). Zur Frage, wann unlautere Methoden vorliegen, gibt es umfangreiche Rspr.: So sei die Grenze zur berufswidrigen Abwerbung erst durch Hinzutreten besonderer Umstände – etwa Diffamierung des früheren Steuerberaters oder unbefugte Mitnahme der Mandantendaten – überschritten (vgl. OLG Düsseldorf DStR 2003, 1049). Es reicht damit nicht aus, wenn der ausscheidende Gesellschafter vor seinem Ausscheiden Mandanten der Partnerschaft direkt oder indirekt auf seine zukünftige Tätigkeit als Wettbewerber oder für einen anderen Wettbewerber hinweist (vgl. aber BGH NJW 2004, 2385 und *Dahns/Detlefsen* DStR 2006, 1574). Diese Grundsätze gelten auch nach neuer Gesetzeslage fort. Die besonderen Umstände, die dazu führen, dass das Abwerben von Kunden als unlauter zu bewerten ist, sind jetzt in § 19 BOStB auf der Grundlage der bisher dazu ergangenen Rspr. niedergelegt. Unlauter ist es danach insbesondere, wenn die

Abwerbung unter Verwendung rechtswidrig beschaffter Adressen, unter Zusammenwirken mit einem Mitarbeiter eines anderen Steuerberaters, durch Anbieten einer unangemessen niedrigen Vergütung oder durch Herabsetzung und Verunglimpfung eines anderen Steuerberaters erfolgt.

Für **Rechtsanwälte** kennt die BORA – anders als die früheren Standes- 77 richtlinien (RichtlRA) – kein Abwerbeverbot mehr (so jetzt auch Römermann/*Praß* Rn. 58). Berufsrechtliche Schranken für die Akquisitionstätigkeit des ausgeschiedenen Partners ergeben sich daher allein aus dem anwaltlichen Werberecht der § 43b BRAO, §§ 6 ff. BORA. Danach darf der ausgeschiedene Gesellschafter zwar bei Mandanten, deren Mandate in der Sozietät verblieben sind, nicht gezielt um die Erteilung dieses Mandats an ihn werben. Jedoch ist es zB zulässig, das Ausscheiden aus der Sozietät bekannt zu geben (§ 32 Abs. 2 S. 2 BORA; zur Mandantenbefragung s. *Römermann* NJW 2007, 2209 [2211 f.]) sowie Einladungen zur Kanzleieröffnung, zu Vernissagen oder zu Vortragsveranstaltungen auszusprechen (Henssler/Prütting/*Henssler* BORA § 32 Rn. 18). Für **Wirtschaftsprüfer** (und vereidigte Buchprüfer) regelt § 14 Abs. 3 BS WP/vBP, dass Wirtschaftsprüfer weder bei der Gründung einer eigenen Praxis noch bei Wechsel des Arbeitgebers Auftraggeber ihres bisherigen Arbeitgebers veranlassen dürfen, ihnen Aufträge zu überlassen. Diese Vorschrift kann und soll ebenfalls den Wettbewerb um Mandate als solchen nicht unterbinden.

Die **vertragliche Vereinbarung** nachvertraglicher Wettbewerbsverbote ist 78 nicht schrankenlos möglich. Zwar ist das Wettbewerbsverbot ebenso wie in der Personenhandelsgesellschaft nicht an §§ 74 ff., 90 a HGB zu messen (Heymann/*Henssler* HGB Vor § 74 Rn. 11; MHdB GesR I/*Salger* § 41 Rn. 10; Römermann/*Praß* Rn. 55), da die auf den kaufmännischen Angestellten zugeschnittenen Vorschriften nicht im Wege der Analogie auf selbstständige Unternehmer übertragbar sind. Nachvertragliche Wettbewerbsbeschränkungen sind aber mit Rücksicht auf die **grundgesetzlich geschützte Berufsausübungsfreiheit** nur dann gerechtfertigt und nicht gem. § 138 BGB sittenwidrig, wenn und soweit sie notwendig sind, um die Partner des ausgeschiedenen Gesellschafters vor einer illoyalen Verwertung der Erfolge der gemeinsamen Arbeit oder vor einem Missbrauch der Ausübung der Berufsfreiheit zu schützen; sie dürfen insbesondere nicht dazu eingesetzt werden, den früheren Mitgesellschafter als Wettbewerber auszuschalten. Das Wettbewerbsverbot ist daher wegen § 138 Abs. 1 BGB hinsichtlich Gegenstand, Ort und Zeit auf das notwendige Maß zu begrenzen und darf den betroffenen Partner nicht unangemessen in seiner wirtschaftlichen Bewegungsfreiheit beeinträchtigen (BGH NJW-RR 1996, 741; NJW 2004, 66; 2005, 3061 [3062] mAnm *Henssler/Bank* LMK 2005, II, 140 – zwei Jahre nach Ausscheiden ist noch angemessen; OLG Stuttgart NJW 2002, 1431 [1432]; *Goette* AnwBl. 2007, 637 [643] – siebenjähriges Wettbewerbsverbot für alte und gegenwärtige Mandate ist nichtig). Zum Einfluss einer Abfindung auf die Wirksamkeit von Wettbewerbsverboten vgl. OLG Celle BRAK-Mitt 2007, 180; NZG 2007, 542; *Hirtz* AnwBl. 2008, 82 [88]; *Westermann* AnwBl. 2007, 103 [108 ff.].

Ein zeitlich zu langes Wettbewerbsverbot kann mit wirksamer kürzerer 79 Laufzeit aufrechterhalten werden (§ 139 BGB, vgl. BGH NJW 1991, 699; 2000, 2584); die **Missachtung der gegenständlichen und räumlichen Grenzen** hat dagegen die **Nichtigkeit** des Verbots zur Folge (BGH NJW

2005, 3061 [3062] mAnm *Henssler/Bank* LMK 2005, II, 140; Römermann/
Praß Rn. 56; aA *Römermann* NJW 2007, 2209 [2214] für die Überschreitung
räumlicher Grenzen). Die gegenständlichen und örtlichen Grenzen eines
Wettbewerbsverbots richten sich nach dem Einzugsbereich, aus dem die Partnerschaft ihre Mandanten akquiriert. Je spezialisierter das Tätigkeitsfeld einer
Gesellschaft ist, umso größer darf der Radius für das Verbot ausgedehnt werden (*Goette* AnwBl. 2007, 637 [644]; *Hirtz* AnwBl. 2008, 82 [88]). Selbst bei
überörtlich tätigen Partnerschaften wäre jedoch ein Wettbewerbsverbot, das
die gesamte Bundesrepublik umfasst, sittenwidrig, da es quasi einem Berufs-
verbot gleichkäme.

80   Das nachvertragliche Wettbewerbsverbot muss zudem einer Überprüfung
anhand des Berufsrechts standhalten. Uneingeschränkt zulässig sind **beschränkte Mandatsschutzklauseln,** in welchen dem ausgeschiedenen Partner untersagt wird, Mandanten der Partnerschaft aktiv abzuwerben. Sie
können durch Vertragsstrafen gesichert werden. **Unbeschränkte Mandatsschutzklauseln** in Partnerschaftsverträgen, die es einem aus der Partnerschaft
ausgeschiedenen Rechtsanwalt verbieten, für einen bestimmten Zeitraum
Mandanten der Partnerschaft zu betreuen, die sich aus eigener Initiative an
ihn wenden, kollidieren mit dem Recht des Mandanten auf freie Anwaltswahl
(§ 3 Abs. 3 BRAO), wenn den berechtigten Schutzinteressen der Partner hinreichend durch Gewinnabführungsklauseln Rechnung getragen werden kann.
Sie werden von der Rspr. gleichwohl zugelassen. Der BGH stuft Mandantenschutzklauseln stets dann als rechtmäßig ein, wenn sie gegenständlich und
räumlich auf bisherige Mandanten der Sozietät beschränkt sind (BGH NJW
2000, 2584 mkritAnm *Henssler/Strohe* LM BGB § 705 Nr. 76, S. 232 f.). Eine
fehlende zeitliche Befristung führt nicht zur Sittenwidrigkeit solcher Klauseln, sondern hat lediglich die zeitliche Begrenzung des Mandatsschutzes auf
längstens zwei Jahre zur Folge (→ Rn. 79). Strenger sind die Maßstäbe bei
Mandantenschutzklauseln, die mit angestellten Anwälten vereinbart werden
(dazu BAG NZA 2002, 1282 und *Bohle* MDR 2003, 140; *Hümmerich* AnwBl.
2005, 77 [84 ff.]).

81   Rechtlich unbedenklich sind **Gewinnabführungsklauseln,** in welchen
sich der ausgeschiedene Partner verpflichtet, für die Mitnahme von Mandanten, die er nicht selbst für die Sozietät geworben hat, zeitlich begrenzt Teile
des Gewinns abzuführen (*Henssler* FS Geiß, 2000, 271 [281]). Selbst akqui-
rierte Mandate dürfen von einem ausscheidenden Sozius stets ohne Ausgleichszahlung mitgenommen werden. Allerdings kommt es dann zu einer
Kürzung eventueller Abfindungsansprüche. Bei der rechtlichen Bewertung
von Gewinnabführungsklauseln muss stets eine **Gesamtschau** von Ab-
führungsquote und Abführungsdauer vorgenommen werden. In die Gesamtschau ist ferner eine dem ausgeschiedenen Gesellschafter gewährte Abfindung
einzubeziehen. Als Faustregel gilt, dass eine Gewinnabführung von jeweils
25 % des erzielten Honorarvolumens für einen Zeitraum von zwei Jahren nicht
nur rechtlich unbedenklich, sondern sachgerecht ist (*Henssler* FS Geiß, 2000,
271 [284 ff.]). Die Grenze zur Sittenwidrigkeit ist nach allgemeinen Grundsätzen erst erreicht, wenn diese Quote deutlich überschritten wird.

82   Vorzugswürdig gegenüber Gewinnabführungsvereinbarungen sind Klauseln, die für den Fall der Mitnahme nicht selbst akquirierter Mandate eine

Ausgleichszahlung vorsehen, die sich an den von der Partnerschaft in der Vergangenheit aus dem Mandat erzielten Honoraren orientiert. Solche am wirtschaftlichen Wert der Mandate ausgerichteten Vereinbarungen vermeiden Manipulationsmöglichkeiten durch zeitlich verzögerte Rechnungsstellung des ausgeschiedenen Partners. Ein ausgeschiedener Partner, der sich einer Gewinnabführungsverpflichtung unterworfen hat, ist berufsrechtlich berechtigt und vertraglich verpflichtet, die Namen der von ihm übernommenen Mandanten sowie das von ihm während der Dauer der Abführungspflicht erzielte Honorar offenzulegen (*Henssler* FS Geiß, 2000, 271 [288 ff.]; für den Steuerberater BAG AP BGB § 611 Konkurrenzklausel Nr. 35).

d) Rechtsfolge. § 113 Abs. 1 HGB sieht als Rechtsfolge der Verletzung **83** eines Wettbewerbsverbots alternativ **Schadensersatz** oder **Gewinnherausgabe** vor. In § 113 Abs. 1 Hs. 1 HGB ist als Rechtsfolge ein Anspruch auf Schadensersatz bei Verschulden (§ 1 Abs. 4 iVm § 708 BGB) vorgesehen. Weil der Schaden häufig schwer nachzuweisen ist (BGHZ 38, 306 [309] = NJW 1963, 646 [647]), hat die Partnerschaft wahlweise ein Eintrittsrecht nach § 113 Abs. 1 Hs. 2 HGB. Die Partnerschaft kann verlangen, dass der Partner die für eigene Rechnung getätigten Geschäfte als für Rechnung der Partnerschaft eingegangen gelten lässt und bei Geschäften für fremde Rechnung den Gewinn herausgibt bzw. den Vergütungsanspruch abtritt. Auch für das Eintrittsrecht muss ein schuldhafter Verstoß gegen das Wettbewerbsverbot vorliegen. Mit dem Anspruch der Partnerschaft korrespondiert ein Anspruch des Partners auf Aufwendungsersatz. Wegen des Berufsrechtsvorbehalts ist die Rechtsfolge des § 113 Abs. 1 Hs. 2 HGB ausgeschlossen, soweit es sich um Geschäfte im Rahmen der Berufstätigkeit eines Partners handelt, der aufgrund des für ihn geltenden Berufsrechts einer Schweigepflicht unterliegt (vgl. die Rspr. zur Abtretung von Honorarforderungen BGHZ 122, 115 [121 f.] = NJW 1993, 1638 [1640]; BGH NJW 1995, 2026; 2005, 507 [Rechtsanwälte]; OLG Düsseldorf Stbg 1994, 309 [Steuerberater]; BGHZ 115, 123 [124 ff.] = NJW 1991, 2955 [2956 f.] [Zahnärzte] sowie → Rn. 56 f.).

Empfehlen kann sich die Vereinbarung einer **Vertragsstrafe,** um die **84** Schwierigkeit bei der Durchsetzung der Rechte aus § 113 HGB zu vermeiden (EBJS/*Bergmann* HGB § 113 Rn. 23–25; *Michalski/Römermann* ZIP 1994, 433 [445]). Bei einer übermäßigen Vertragsstrafe findet § 348 HGB Anwendung, sodass eine Herabsetzung auf den angemessenen Betrag durch das Gericht erfolgen kann. Während die Geltendmachung der Ansprüche auf Schadensersatz oder Gewinnherausgabe neben dem Verschulden einen Mehrheitsbeschluss der Partnerschaft bedingt, kann ein **Unterlassungsanspruch** verschuldensunabhängig im Wege der actio pro socio von jedem Partner geltend gemacht werden (BGHZ 70, 331 [336] = NJW 1978, 1001 [1002]; BGHZ 89, 162 [170] = NJW 1984, 1351 [1353]; OLG Nürnberg BB 1981, 452; Baumbach/Hopt/*Roth* HGB § 113 Rn. 4; krit. MWHLW/*Meilicke* Rn. 64; aA EBJS/*Bergmann* HGB § 113 Rn. 34, der einen Beschluss der übrigen Gesellschafter nach § 113 Abs. 3 HGB verlangt).

Aus § 6 Abs. 3 S. 2 iVm 113 Abs. 4 HGB folgt, dass das verbotswidrige Ver- **85** halten eines Partners auch zum Anlass genommen werden kann, den Partner aus der Partnerschaft auszuschließen oder im Wege der Gestaltungsklage nach

§ 117 HGB die gerichtliche Entziehung der Geschäftsführungsbefugnis durchzusetzen (→ Rn. 62ff.).

5. Informationsrechte der Partner (§ 118 HGB)

86 **a) Überblick.** Nach § 6 Abs. 3 S. 2 iVm § 118 HGB steht den Partnern ein umfassendes Informations- und Einsichtsrecht zu. Die Rechtsposition erlangt in der OHG vor allem für jene Gesellschafter Bedeutung, die von der Geschäftsführung ausgeschlossen sind. In der Partnerschaft tritt diese besondere Form des Minderheitenschutzes (vgl. BGH NJW 1995, 194) wegen der Absicherung der Partner durch § 6 Abs. 2 zurück. Das die Mitgesellschafter weniger belastende **Einsichtsrecht** erstarkt nur ausnahmsweise zum **Auskunftsrecht,** wenn die erforderlichen Angaben nicht aus den Büchern und Papieren der Partnerschaft ersichtlich sind und sich der Partner ohne Auskunft keine Klarheit über die Angelegenheiten der Partnerschaft verschaffen kann. Die Informationsrechte bestehen nach Auflösung der Partnerschaft fort. Ausgeschiedenen Partnern stehen keine Informationsrechte nach § 118 HGB zu, wohl aber Rechte aus § 810 BGB und § 242 BGB (BGH NJW 1989, 225 [226] – zur GmbH & Co. KG; Baumbach/Hopt/*Roth* HGB § 118 Rn. 2; aA Heymann/*Emmerich* HGB § 118 Rn. 4). Zu den Informationsrechten eines ausgeschiedenen Partners → § 9 Rn. 53, 67.

87 **b) Umfang.** Die Einsichts- und Kontrollrechte der Partner sind ebenso wie in § 118 HGB für die OHG grundsätzlich **weit zu verstehen** (dazu Begr. zum RegE, BT-Drs. 12/6152, 15; für die OHG Baumbach/Hopt/*Roth* HGB § 118 Rn. 4; Heymann/*Emmerich* HGB § 118 Rn. 13 f.). Sie erfassen alle Handelsbücher und Papiere, deren Kenntnis für den Wert, die Gewinnsituation, die steuerlichen Verhältnisse und ganz allgemein die Vermögenslage der Gesellschaft von Bedeutung ist sowie Namen und Anschrift der Mitgesellschafter (BGH NJW 2010, 439 und BGH NJW 2011, 921 zur GbR; BGH NJW 2013, 2190 zur KG).

88 **c) Informationsrecht und Schweigepflicht.** Allerdings können sich in der Partnerschaft ausnahmsweise Schranken aufgrund der **Besonderheiten der in der Gesellschaft ausgeübten Freien Berufe, insbesondere aufgrund der beruflichen Schweigepflicht,** ergeben. Regelmäßig werden die freiberuflichen Mandate der ganzen Partnerschaft anvertraut sein, dann wird man die Einsichts- und Kontrollrechte auch auf die von den einzelnen Partnern bearbeiteten Mandantenakten iS der Handakten erstrecken müssen (vgl. aber BGHZ 109, 260 = NJW 1990, 510 für die Handakten des Rechtsanwalts). Soweit diese für die Beurteilung von Haftungsfragen oder Gewinnansprüchen und damit für die wirtschaftliche Situation der Partnerschaft wesentlich sind, ist ein berechtigtes Interesse der Gesellschafter an der Einsichtnahme gegeben. Hat der Mandant ausnahmsweise seine Zustimmung zur Weitergabe von Informationen an andere Partner und Mitarbeiter verweigert bzw. die Weitergabe ausdrücklich untersagt, geht der Schutz der Verschwiegenheit allerdings vor. So bleibt etwa in der anwaltlichen Partnerschaft der Mandant weiterhin der „Herr des Geheimnisses" (MüKoBGB/*Schäfer* Rn. 34f. und Römermann/*Praß* Rn. 68ff. lehnen dagegen eine Einschränkung des Kontrollumfangs ab).

Unabhängig von der Reichweite der Einsichts- und Kontrollrechte werden   **89**
somit berufsrechtliche Geheimhaltungspflichten, wie die ärztliche Schweigepflicht, im Außenverhältnis nicht berührt. § 118 HGB begründet anders als
bspw. § 807 ZPO (dazu BGHSt 37, 340 = NJW 1991, 2844; OLG Köln
MDR 1993, 1007; LG Würzburg NJW-RR 1998, 1373; aA LG Memmingen
NJW 1996, 793) kein der Verschwiegenheitspflicht gegenüber vorrangiges
Auskunftsrecht; das Einsichtsrecht des § 118 HGB führt deshalb zu keiner Gefahr für das Berufsgeheimnis schweigepflichtiger Partner. Da die Verschwiegenheitspflicht grundsätzlich auch unter den Partnern derselben Berufsausübungsgesellschaft gilt, bedeutet dies, dass ein Informationsrecht im Hinblick
auf geheimhaltungsbedürftige Tatsachen nur besteht, wenn der Geheimnisträger eine entsprechende ausdrückliche oder konkludente Einwilligung – die
allerdings oft vorliegen wird (→ Rn. 29) – erteilt hat.

Allein die Tatsache, dass alle Partner und auch die „berufsmäßig tätigen Ge-   **90**
hilfen" einer regelmäßig sogar gleichartigen berufsrechtlichen Schweigepflicht
unterliegen, führt noch nicht zu einem umfassenden Einsichtsrecht aller Partner (so aber wohl OLG Karlsruhe NZG 2001, 654 und Römermann/Praß
Rn. 68 ff.; *Kleine-Cosack* BRAO § 43a Rn. 64). Auch die Stellung der Partnerschaft als Vertragspartnerin rechtfertigt nicht die Durchbrechung der Schweigepflicht im Innenverhältnis, da jeder Gesellschafter unmittelbar der Verschwiegenheitspflicht unterliegt (→ Rn. 41; MüKoBGB/*Schäfer* Rn. 34 ff.).
Für den Fall der Insolvenzverwaltung bejaht die Rspr. demgegenüber weiter
gehende Einsichtsrechte des Insolvenzverwalters auch in Mandantenakten.
Der Schuldner ist hier gem. § 97 InsO verpflichtet, dem Insolvenzverwalter
Einsicht in seine Bücher und Geschäftspapiere zu gestatten. Eine Strafbarkeit
des Schuldners aus § 203 StGB scheitert damit bereits an der Voraussetzung
der „unbefugten" Offenbarung eines fremden Geheimnisses (BGHZ 162,
187 = NJW 2005, 1505; LG Berlin ZInsO 2004, 817).

Eine Vereinbarung im Gesellschaftsvertrag, welche die gesellschaftsrecht-   **91**
lichen Auskunftspflichten der Partner aus § 6 Abs. 3 S. 2 iVm § 118 HGB zum
Schutz der berufsrechtlichen Geheimhaltungspflichten für die Partnerschaft
beschränkt oder gar ausschließt, ist wegen des dispositiven Charakters des
§ 118 HGB zwar denkbar, berufsrechtlich jedoch nicht notwendig.

6. Beschlussfassung (§ 119 HGB)

a) Mehrheitsverhältnisse. Für Gesellschafterbeschlüsse ist gem. § 119   **92**
HGB grundsätzlich die Zustimmung aller mitwirkungsberechtigten Partner
notwendig, auch die eines besonders Betroffenen. Etwas anderes kann gelten,
wenn im Einzelfall das Stimmrecht eines Partners (bspw. aus Gründen der Inter-
essenkollision) ausgeschlossen ist (hierzu Baumbach/Hopt/*Roth* HGB § 119
Rn. 8 ff.). Der Beschluss kommt durch die Stimmabgabe der Partner zustande.
Bei Stimmenthaltung oder Nichtteilnahme an der Abstimmung liegt keine
Einstimmigkeit vor. Fehlerhafte Beschlüsse sind nichtig, nicht nur anfechtbar.
Die Nichtigkeit kann im Wege der Feststellungsklage geltend gemacht werden
(Baumbach/Hopt/*Roth* HGB § 119 Rn. 32 ff.). Das hierfür erforderliche Fest-
stellungsinteresse der Gesellschafter der PartG ist grundsätzlich gegeben. Jeder
Gesellschafter einer Personengesellschaft hat grundsätzlich ein Interesse an der

Feststellung der Unwirksamkeit des Beschlusses. Dem stehen im Regelfall auch das zwischenzeitliche Ausscheiden des Gesellschafters oder eine Auflösung der Gesellschaft nicht entgegen. Es ist nicht erforderlich, dass der in Rede stehende Beschluss eine Rechtspflicht begründet (BGH NZG 2013, 664 in Fortführung von BGH NZG 2012, 625; vgl. dazu auch *Böcker* DZWiR 2013, 551 ff.).

93   § 119 HGB ist **dispositiv,** sodass qualifizierte Mehrheiten für besondere Beschlüsse, wie Änderungen des Partnerschaftsvertrags, die Aufnahme neuer Partner, der Ausschluss von Partnern, die Errichtung von Zweigniederlassungen, vereinbart werden können. Ebenso kann statt Einstimmigkeit auch ein **Mehrheitsbeschluss** (Abstimmung im Zweifel nach Köpfen, vertraglich kann aber auch ein Stimmrecht nach der Höhe des Beitrags am Stammkapital oder nach dem Gewinnanteil vereinbart werden) vorgesehen werden. Wegen der Gefahr, dass Minderheiten durch eine Gesellschaftermehrheit dominiert werden, stellte die Rspr. früher hohe Anforderungen an die **Bestimmtheit** der vertraglichen Festschreibung jener Fälle, in denen Mehrheitsbeschlüsse möglich sein sollen (Beispiele bei Baumbach/Hopt/*Roth* HGB § 119 Rn. 38, zum Bestimmtheitsgrundsatz insgesamt BGH NJW 2007, 1685). Diese Anforderungen wurden allerdings in den Urteilen „Otto" (BGH NJW 2007, 1685; dazu auch *Schmidt* ZGR 2008, 1 ff.) und „Schutzgemeinschaft II" (BGH NJW 2009, 669; dazu auch *Schäfer* ZGR 2009, 768 ff.; *Schmidt* ZIP 2009, 737 ff.; *Weber* DStR 2010, 702 ff.) zunehmend relativiert und 2014 vollständig aufgegeben. Zunächst wurden weiter gefasste Mehrheitsklauseln zugelassen. Insbesondere wird keine Auflistung jedes einzelnen im Rahmen einer Mehrheitsentscheidung zu fassenden Beschlussgegenstands gefordert. Es reicht aus, wenn die Formulierung den Beschlussgegenstand eindeutig erkennbar macht.

94   Seit der vollständigen **Aufgabe des Bestimmtheitsgrundsatzes** greift das Gericht auf eine materielle Beschlusskontrolle zurück (BGH NJW 2015, 859). Danach kommt dem Bestimmtheitsgrundsatz auch für die formelle Legitimation einer Mehrheitsentscheidung keine Bedeutung mehr zu. Diese sei vielmehr im Wege der Auslegung des Gesellschaftsvertrags nach allgemeinen Auslegungsgrundsätzen zu prüfen. Auf der zweiten Stufe, der materiellen Wirksamkeit sei nicht mehr die Kernbereichslehre maßgeblich, sondern die gesellschafterliche Treuepflicht alleiniger Maßstab (zum Ganzen *Grunewald* BB 2015, 328 ff.; *Heckschen/Bachmann* NZG 2015, 531 ff.; *Priester* EWiR 2015, 72 ff.; *Schäfer* ZGR 2013, 237 ff.; *Schäfer* NZG 2014, 1401 ff.; *Ulmer* ZIP 2015, 657 ff.; *Wertenbruch* DB 2014, 2875 ff.; krit. *Altmeppen* NJW 2015, 2065 ff.). Die Aufgabe des Bestimmtheitsgrundsatzes gilt jetzt auch außerhalb der Publikumsgesellschaften (Baumbach/Hopt/*Roth* HGB § 119 Rn. 37 b ff.). Nicht näher spezifizierte Mehrheitsbeschlüsse sind nur bei laufenden Geschäften zulässig, nicht dagegen bei Vertragsänderungen.

95   Beschlüsse, welche die Änderung des Partnerschaftsvertrags zum Ziel haben, bedürfen der Schriftform (zur Formbedürftigkeit → § 3 Rn. 19). Zur antizipierten Zustimmung zu Eingriffen in Mitgliedschaftsrechte vgl. BGH NJW-RR 2007, 757; *Schmidt* ZGR 2008, 1 ff.; *Weber* DStR 2010, 702 ff.

96   **b) Stimmrechtsausschluss und Vertretung.** Ein vertraglicher Ausschluss des **Stimmrechts** einzelner Partner ist gesellschaftsrechtlich grundsätzlich zulässig. Von der insoweit von ihm früher vertretenen **Kernbereichs-**

lehre (BGHZ 20, 363 [367ff.] = NJW 1956, 1198 [1199f.]; BGH DB 2007, 564; NJW 2010, 65; Baumbach/Hopt/*Roth* HGB § 119 Rn. 13; *Holler* ZIP 2010, 1678ff.; zur Zustimmungspflicht der Gesellschafter bei Eingriff in den Kernbereich der Mitgliedschaft BGH NJW 2012, 65) hat der BGH inzwischen Abstand genommen. Er stellte klar, dass er bei der Prüfung der materiellen Unwirksamkeit eines Mehrheitsbeschlusses nicht mehr darauf abstelle, ob ein Eingriff in den Kernbereich gegeben sei. Der Kreis der nicht ohne Weiteres durch Mehrheitsbeschluss entziehbaren Rechte sei vielmehr nur unter Berücksichtigung der konkreten Besonderheiten der jeweiligen Gesellschaftsstruktur sowie der Stellung des Gesellschafters und nicht abstrakt feststellbar (BGH, NJW 2015, 859; *Schäfer* ZGR 2013, 237 [250ff.]; krit. zu dieser Entwicklung *Priester* NZG 2015, 529ff.).

Während eine schuldrechtliche Verpflichtung gegenüber einem Partner, in **97** einem bestimmten Sinne abzustimmen, in den Grenzen des § 138 Abs. 1 BGB zulässig ist, begegnen Stimmbindungsverträge mit Dritten wegen der Kollision mit dem Abspaltungsverbot bereits gesellschaftsrechtlichen Bedenken (MüKo-BGB/*Schäfer* BGB § 717 Rn. 25; aA I Ieymann/*Emmerich* HGB § 119 Rn. 26a). Bei den Angehörigen der Freien Berufe ist zu beachten, dass jede Fremdbestimmung wegen der Gefahrdung der Unabhängigkeit der Berufstätigen vermieden werden muss.

Als elementares und höchstpersönliches Recht kann das Stimmrecht grund- **98** sätzlich weder durch einen Mitgesellschafter noch durch einen Dritten ausgeübt werden (Baumbach/Hopt/*Roth* HGB § 119 Rn. 21). Stimmvollmachten können im Partnerschaftsvertrag vorgesehen werden, jedoch darf als Stimmrechtsvertreter nur ein Angehöriger der gleichen Berufsgruppe eingesetzt werden. Nur auf diese Weise lässt sich die Beachtung der Berufspflichten sicherstellen.

7. Gewinn- und Verlustverteilung

§ 6 Abs. 3 klammert die handelsrechtliche Regelung der Gewinnverteilung **99** in §§ 120ff. HGB von der allgemeinen Verweisung aus. Die handelsrechtliche Regelung setzt einen Jahresabschluss der Gesellschaft voraus, passt daher nicht für die Gewinnverteilung in der Partnerschaft (Begr. zum RegE, BT-Drs. 12/6152, 15), in der angesichts des fehlenden Handelsgewerbes die Gewinnermittlung auch ohne handelsrechtliche Buchführung und Bilanzierung im Wege der Einnahmen-Überschussrechnung nach § 4 Abs. 3 EStG erfolgen kann. Ergänzend zum Partnerschaftsvertrag muss über § 1 Abs. 4 auf die Regelung des § 721 Abs. 2 BGB zurückgegriffen werden. Rechnungsabschluss und Gewinnverteilung haben danach idR am Ende jedes Geschäftsjahres zu erfolgen (§ 721 Abs. 2 BGB). Enthält der Partnerschaftsvertrag keine Regelung, so partizipieren nach § 722 Abs. 1 BGB iVm § 1 Abs. 4 alle Partner zu gleichen Anteilen am Gewinn der Partnerschaft. In der Praxis haben sich verschiedene Systeme durchgesetzt.

In deutschen größeren Anwaltsgesellschaften werden ua das sog. **Lock-** **100** **step-System** (quotale Bemessung der Gewinnanteile dergestalt, dass sich der Gewinnanteil über ein Punktesystem ausschließlich in Abhängigkeit von der Dauer der Sozietätszugehörigkeit erhöht) und verschiedene produktivitätsorientierte Systeme bevorzugt (zu Einzelheiten s. *Michalski/Römermann* in Henss-

ler/Streck SozietätsR-HdB Kap. B Rn. 220 ff.; *Heussen* AnwBl. 2007, 169 ff.).
Die Möglichkeiten eines erfolgreichen Partners, nachträglich eine leistungs-
orientierte Anpassung eines Lockstep-Systems durchzusetzen, sind begrenzt.
Weder nach den Grundsätzen über die Änderung der Geschäftsgrundlage
noch über die gesellschafterliche Treuepflicht kann ein Partner eine Erhöhung
seines Gewinnanteils mit der Begründung verlangen, er erwirtschafte einen im
Vergleich zu seiner Gewinnbeteiligungsquote erheblich überproportionalen
Anteil am Umsatz und Gewinn der Sozietät (OLG Stuttgart OLG-Report
Stuttgart 2007, 663). Zu den verschiedenen Möglichkeiten der Gestaltung der
Gewinnverteilung *Hirtz* AnwBl. 2008, 82 (85 f.).

101   Die **Verlustverteilung** entspricht der Gewinnverteilung. Eine Verpflichtung zur Leistung von Ausgleichszahlungen an die Partnerschaftsgesellschaft
(Nachschusspflicht) besteht nicht (vgl. § 1 Abs. 4 iVm §§ 707, 735 BGB sowie jüngst BGH NJW-RR 2007, 757 Rn. 8 ff.; 2007, 832 Rn. 15 ff.; *Armbrüster* ZGR 2009, 1 ff.). Allerdings sind Gesellschafter aufgrund gesellschafterlicher Treuepflicht verpflichtet, einem Gesellschafterbeschluss zuzustimmen, in
dem bei einer zahlungsunfähigen und überschuldeten Gesellschaft mit der erforderlichen Mehrheit beschlossen wird, die Gesellschaft durch Herabsetzung
des Kapitals und Vereinbarung freiwilliger, neuer Beitragspflichten und Ausscheiden nicht zahlungswilliger Gesellschafter zu sanieren. Das gilt zumindest
dann, wenn der Gesellschafter durch die Pflicht, bei Ausscheiden den Ausein-
andersetzungsfehlbetrag zu leisten, nicht schlechter steht, als bei sofortiger Liquidation (BGH NJW 2010, 65 zur Publikums-GmbH & Co OHG, **„Sanieren oder Ausscheiden"** – in Abgrenzung dazu BGH, NJW 2011, 1667: hier
wurde eine entsprechende Pflicht abgelehnt, weil der Gesellschaftsvertrag vorsah, dass eine Kapitalerhöhung nur einstimmig beschlossen werden kann und
schützenswerte Belange des Gesellschafters entgegenstanden; *Armbrüster* ZGR
2014, 333 [347 ff.]; *Bitter* ZGR 2010, 147 [163 ff.]). In Fortführung dieser Urteile entschied der BGH 2015 (NZG 2015, 995), dass es im Gesellschaftsvertrag einer Publikumspersonengesellschaft für eine Zustimmungspflicht zum
Ausscheiden aus gesellschafterlicher Treuepflicht in besonderen Ausnahmefällen keiner ausdrücklichen Regelung bedürfe. Diese Treuepflicht sei ohnehin
jedem Gesellschaftsverhältnis immanent. Allerdings könne die Zustimmungspflicht im Vertrag ebenso ausdrücklich enthalten sein wie der Auslegung zu-
gängliche Regelungen zur Einschränkung der Zustimmungspflicht.

§ 7   Wirksamkeit im Verhältnis zu Dritten; rechtliche Selbständigkeit; Vertretung

(1) **Die Partnerschaft wird im Verhältnis zu Dritten mit ihrer Eintragung in das Partnerschaftsregister wirksam.**

(2) **§ 124 des Handelsgesetzbuchs ist entsprechend anzuwenden.**

(3) **Auf die Vertretung der Partnerschaft sind die Vorschriften des
§ 125 Abs. 1 und 2 sowie der §§ 126 und 127 des Handelsgesetzbuchs
entsprechend anzuwenden.**

(4) **¹Die Partnerschaft kann als Prozess- oder Verfahrensbevoll-
mächtigte beauftragt werden. ²Sie handelt durch ihre Partner und**

Vertreter, in deren Person die für die Erbringung rechtsbesorgender Leistungen gesetzlich vorgeschriebenen Voraussetzungen im Einzelfalle vorliegen müssen, und ist in gleichem Umfang wie diese postulationsfähig. [3]Verteidiger im Sinne der §§ 137ff. der Strafprozessordnung ist nur die für die Partnerschaft handelnde Person.

(5) **Für die Angabe auf Geschäftsbriefen der Partnerschaft ist § 125a Absatz 1 Satz 1, Absatz 2 des Handelsgesetzbuchs mit der Maßgabe entsprechend anzuwenden, dass bei einer Partnerschaft mit beschränkter Berufshaftung auch der von dieser gewählte Namenszusatz im Sinne des § 8 Absatz 4 Satz 3 anzugeben ist.**

§ 7 verweist auf folgende Vorschriften aus dem HGB:

§ 124 [Rechtliche Selbständigkeit; Zwangsvollstreckung in Gesellschaftsvermögen]

(1) Die offene Handelsgesellschaft kann unter ihrer Firma Rechte erwerben und Verbindlichkeiten eingehen, Eigentum und andere dingliche Rechte an Grundstücken erwerben, vor Gericht klagen und verklagt werden.

(2) Zur Zwangsvollstreckung in das Gesellschaftsvermögen ist ein gegen die Gesellschaft gerichteter vollstreckbarer Schuldtitel erforderlich.

§ 125 [Vertretung der Gesellschaft]

(1) Zur Vertretung der Gesellschaft ist jeder Gesellschafter ermächtigt, wenn er nicht durch den Gesellschaftsvertrag von der Vertretung ausgeschlossen ist.

(2) [1]Im Gesellschaftsvertrage kann bestimmt werden, daß alle oder mehrere Gesellschafter nur in Gemeinschaft zur Vertretung der Gesellschaft ermächtigt sein sollen (Gesamtvertretung). [2]Die zur Gesamtvertretung berechtigten Gesellschafter können einzelne von ihnen zur Vornahme bestimmter Geschäfte oder bestimmter Arten von Geschäften ermächtigen. [3]Ist der Gesellschaft gegenüber eine Willenserklärung abzugeben, so genügt die Abgabe gegenüber einem der zur Mitwirkung bei der Vertretung befugten Gesellschafter.

Abs. 3 ist von der Verweisung ausgenommen.

§ 125a [Angaben auf Geschäftsbriefen]

(1) [1]Auf allen Geschäftsbriefen der Gesellschaft gleichviel welcher Form, die an einen bestimmten Empfänger gerichtet werden, müssen die Rechtsform und der Sitz der Gesellschaft, das Registergericht und die Nummer, unter der die Gesellschaft in das Handelsregister eingetragen ist, angegeben werden.

S. 2 und 3 sind von der Verweisung ausgeschlossen.

(2) Für Vordrucke und Bestellscheine ist § 37a Abs. 2 und 3, für Zwangsgelder gegen die zur Vertretung der Gesellschaft ermächtigten Gesellschafter oder deren organschaftliche Vertreter und die Liquidatoren ist § 37a Abs. 4 entsprechend anzuwenden.

§ 126 [Umfang der Vertretungsmacht]

(1) Die Vertretungsmacht der Gesellschafter erstreckt sich auf alle gerichtlichen und außergerichtlichen Geschäfte und Rechtshandlungen einschließlich der Veräußerung und Belastung von Grundstücken sowie der Erteilung und des Widerrufs einer Prokura.

(2) Eine Beschränkung des Umfanges der Vertretungsmacht ist Dritten gegenüber unwirksam; dies gilt insbesondere von der Beschränkung, daß sich die Vertretung nur auf gewisse Geschäfte oder Arten von Geschäften erstrecken oder daß sie nur unter gewissen Umständen oder für eine gewisse Zeit oder an einzelnen Orten stattfinden soll.

(3) In betreff der Beschränkung auf den Betrieb einer von mehreren Niederlassungen der Gesellschaft finden die Vorschriften des § 50 Abs. 3 entsprechende Anwendung.

§ 127 [Entziehung der Vertretungsmacht]

Die Vertretungsmacht kann einem Gesellschafter auf Antrag der übrigen Gesellschafter durch gerichtliche Entscheidung entzogen werden, wenn ein wichtiger Grund vorliegt; ein solcher Grund ist insbesondere grobe Pflichtverletzung oder Unfähigkeit zur ordnungsgemäßen Vertretung der Gesellschaft.

Schrifttum: *Bösert,* Der Regierungsentwurf eines Gesetzes zur Schaffung von Partnerschaftsgesellschaften (Partnerschaftsgesellschaftsgesetz – PartGG), DStR 1993, 1332; *Bösert,* Das Gesetz über Partnerschaftsgesellschaften Angehöriger Freier Berufe (Partnerschaftsgesellschaftsgesetz – PartGG), ZAP 1994, 765 (= ZAP Fach 15, 137); *Henssler,* Anwaltsgesellschaften, NJW 1993, 2137; *Henssler,* Neue Formen anwaltlicher Zusammenarbeit, DB 1995, 1549; *Henssler,* Die Zulassung ausländischer Anwaltsgesellschaften in Deutschland, in Henssler/Mattik/Nadler, Rechtspolitik und Berufspolitik, Festschrift für Felix Busse, 2005, 127; *Kupfer,* Freiberufler-Gesellschaften: Partnerschaft, Anwalts- und Ärzte-GmbH, KÖSDI 1995, 10.130; *Lenz,* Die Partnerschaft – alternative Gesellschaftsform für Freiberufler?, MDR 1994, 741; *Markworth,* Scheinsozius und Scheinsozietät, 2016; *Schaffner,* Die Vorgesellschaft als Gesellschaft sui generis, 2003; *K. Schmidt,* Partnerschaftsgesetzgebung zwischen Berufsrecht, Schuldrecht und Gesellschaftsrecht, ZIP 1993, 633; *K. Schmidt,* Die Freiberufliche Partnerschaft, NJW 1995, 1; *Seibert,* Die Partnerschaft für die Freien Berufe, DB 1994, 2381; *Timm,* Einige Zweifelsfragen zum neuen Umwandlungsrecht, ZGR 1996, 247; *Wertenbruch,* Partnerschaftsgesellschaft und neues Umwandlungsrecht, ZIP 1995, 712.

Übersicht

I. Regelungsinhalt

§ 7 regelt weitgehend durch Verweisungen das Außenverhältnis der Partner- **1**
schaft. Zunächst bestimmt **Abs. 1** in Anlehnung an § 123 Abs. 1 HGB den Eintritt der Wirkungen des Gesellschaftsvertrages im Verhältnis zu Dritten. Ergänzend verweist **§ 7 Abs. 2** für die Rechtsnatur der Partnerschaft auf die für die
OHG geltende Regelung des § 124 HGB. **§ 7 Abs. 3** erklärt schließlich das in
§§ 125–127 HGB normierte Vertretungsrecht der OHG für anwendbar, soweit
es mit den Besonderheiten der Partnerschaft zu vereinbaren ist. Im Gegensatz zu
früheren Entwürfen (Referentenentwurf, ZIP 1993, 153 [156]) greift die geltende Fassung des § 7 auf die bewährten Regelungen des HGB zurück. Rspr.
und Literatur zu den einschlägigen Vorschriften des HGB kann daher zur
Lösung offener Fragen herangezogen werden. Der durch Art. 2 2. FGOÄndG
v. 19. 12. 2000 (BGBl. 2000 I 1757) eingeführte **§ 7 Abs. 4** verleiht der Partnerschaft selbst die Postulationsfähigkeit für alle Verfahrensordnungen. **§ 7 Abs. 5,**
der durch Art. 11 HRefG v. 22. 6. 1998 (BGBl. 1998 I 1474) eingefügt wurde
und seine jetzige Fassung durch das Gesetz zur Einführung einer Partnerschaftsgesellschaft mit beschränkter Berufshaftung und zur Änderung des Berufsrechts
der Rechtsanwälte, Patentanwälte, Steuerberater und Wirtschaftsprüfer vom
15. 7. 2013 (BGBl. 2013 I. 2386) erhielt (→ Rn. 62), übernimmt – allerdings
nur partiell – die zeitgleich verabschiedete Regelung des § 125 a HGB für die
Partnerschaftsgesellschaft.

II. Wirksamkeit der Partnerschaft gegenüber Dritten

1. Konstitutivwirkung

Die Eintragung der Partnerschaft in das Partnerschaftsregister hat **konstitu-** **2**
tive Wirkung. Da die Partnerschaft wie die OHG in ein öffentliches Register
einzutragen ist, soll sie im Verhältnis zu Dritten erst mit ihrer Eintragung wirksam werden. Beginnen die Partner ihre **Geschäfte vor Eintragung** der Partnerschaft, so wird der Gleichklang zur Parallelnorm des § 123 HGB gestört.

Abweichend von **§ 123 Abs. 2 HGB** tritt die Wirksamkeit der Partnerschaft nicht schon mit dem Zeitpunkt des Geschäftsbeginns ein. Einer analogen Anwendung der handelsrechtlichen Vorschrift ist aufgrund des eindeutigen Gesetzeswillens der Weg verschlossen (*Schaffner* 191). Der Verzicht auf eine § 123 Abs. 2 HGB entsprechende Regelung war notwendig, da ansonsten die Zusammenschlüsse von Angehörigen Freier Berufe in der Rechtsform der GbR automatisch dem PartGG unterfallen würden. Anders als im kaufmännischen Bereich **fehlt es bei der Partnerschaft** an einem **inhaltlichen gegenstandsbezogenen Abgrenzungskriterium** zur GbR. Bei der OHG liefert die Unterscheidung zwischen kaufmännischer Tätigkeit einerseits und kleingewerblicher (§ 2 HGB) bzw. nicht gewerblicher Betriebsführung andererseits das erforderliche Differenzierungsmerkmal. Eine Ausnahme bildet die Verwaltung eigenen Vermögens, die – obwohl nicht gewerblich – nach § 105 Abs. 2 S. 1 HGB Gegenstand einer OHG sein kann. Hier gibt es damit ebenfalls kein inhaltliches Abgrenzungskriterium zur GbR, sodass die OHG konsequenterweise erst mit der konstitutiv wirkenden Eintragung entsteht.

3   Ein mit der Handelsgewerblichkeit vergleichbares Kriterium wurde von Seiten des Gesetzgebers für die Partnerschaftsgesellschaft bewusst nicht eingeführt, um die bereits existierenden freiberuflichen BGB-Gesellschaften keinem Rechtsformzwang zu unterwerfen (*Bösert* DStR 1993, 1332 [1334]; Römermann/*Praß* Rn. 6; MüKoBGB/*Schäfer* Rn. 3). Selbst bei einer betrieblichen Größenordnung, die kaufmännische Unternehmen iSd § 1 HGB auszeichnet, erschien ein Zwang zur Partnerschaft nicht sachgerecht.

4   Eine Vereinbarung der Partner, nach der die Partnerschaft erst zu einem zeitlich nach ihrer Eintragung liegenden Zeitpunkt Rechtswirkungen entfalten soll, ist Dritten gegenüber unwirksam. Dies ergibt sich bereits aus der zwingenden Natur des § 7 Abs. 1, sodass sich eine Bezugnahme auf **§ 123 Abs. 3 HGB** erübrigte (MWHLW/*Meilicke* Rn. 34).

5   Die Eintragung in das Partnerschaftsregister hat zur Folge, dass die Partnerschaft von nun an **unter ihrem Namen** Rechte erwerben, Verbindlichkeiten eingehen, klagen und verklagt werden kann (§ 7 Abs. 2; § 124 Abs. 1 HGB). **Einschränkungen der Vertretungsbefugnis** im Rahmen der §§ 125–127 HGB kann sie vom Zeitpunkt der Eintragung an Dritten entgegenhalten (§ 7 Abs. 3). Den Gesellschaftern kommt ab Eintragung die Haftungskonzentration des **§ 8 Abs. 2** zugute. Besonders wichtig ist dieser Vorteil für jene Berufsgruppen, deren Berufsrecht für die GbR vertragliche Haftungsbeschränkungen – etwa in Form von allgemeinen Mandatsbedingungen – erschwert (vgl. § 52 Abs. 1 S. 2 BRAO).

6   Das Schrifttum geht überwiegend davon aus, dass § 7 Abs. 1 beim Eintritt eines neuen Partners entsprechend anwendbar ist, sodass der Eintritt eines neuen Partners nicht bereits mit der Beitrittserklärung, sondern erst der Eintragung des Beitritts wirksam würde (so auch die 2. Aufl. 2008). Sinn und Zweck der konstitutiven Eintragung der Partnerschaft, die in der Abgrenzbarkeit von der GbR liegen, gebieten eine entsprechende Anwendung auf diese Situation aber nicht. Abgrenzungsschwierigkeiten können hier gerade nicht entstehen, der Rechtsverkehr ist ausreichend über § 5 Abs. 2 iVm § 15 HGB geschützt. Darüber hinaus würde die Anwendung des § 7 Abs. 1 auf diese Konstellation unnötige und nur schwer lösbare Rechtsfragen bezüglich der

Haftung und des Status des Beitretenden zwischen Beitrittserklärung und Eintragung aufwerfen. Im Ergebnis ist somit die Annahme einer bloß deklaratorischen Wirkung der Eintragung vorzugswürdig. Auch eine analoge Anwendung des § 176 Abs. 2 HGB scheidet im Rahmen der Berufshaftung aus, da Gläubiger einer Partnerschaftsgesellschaft nie darauf vertrauen können, dass ein Partner für alle Berufshaftungsverbindlichkeiten unbegrenzt haftet (aA MWHLW/*Meilicke* Rn. 35; eingehend zu Rechtsstellung und Haftung des neu eintretenden Partners → § 8 Rn. 49 ff.).

§ 7 Abs. 1 ist auch nicht erneut anwendbar, wenn aus einer bereits beste- 7
henden PartG (bei deren ursprünglicher Entstehung § 7 Abs. 1 unproblematisch galt) eine PartmbB wird. Die PartmbB entsteht somit nicht erst mit der Eintragung des Namenszusatzes ins Register, sondern bereits vorher, mit Erfüllung der Voraussetzungen des § 8 Abs. 4 (→ § 8 Rn. 128 ff.). Davon zu trennen ist die Frage nach der Möglichkeit, sich auf die Haftungsbeschränkung zu berufen. Da es sich hierbei um eine eintragungspflichtige Tatsache handelt, besteht diese Möglichkeit erst ab Eintragung (Römermann/*Praß* Rn. 8; *Römermann/Praß* NZG 2012, 601 [603], *Uwer/Roeding* AnwBl. 2013, 309 [311]).

2. Vor-Partnerschaft

a) Grundsatz. Beginnt die Partnerschaft ihre Geschäfte vor Eintragung, 8
finden die **Vorschriften der Gesellschaft bürgerlichen Rechts** Anwendung (str.: zutreffend Henssler/Strohn/*Hirtz* Rn. 4 ff.; *K. Schmidt* NJW 1995, 1 [4]; *Lenz* MDR 1994, 741 [743]; MüKoBGB/*Schäfer* Rn. 4; MWHLW/*Meilicke* Rn. 4; aA *Schaffner* 259: Gesellschaft sui generis). Römermann/*Praß* (Römermann/*Praß* Rn. 14) plädiert für die Annahme einer Vor-Partnerschaft, auf welche die Regeln über die Partnerschaft bereits „weitgehend" (!) Anwendung finden sollen (ebenso *Gail/Overlack* Rn. 126). Sie übertragen dabei die für juristische Personen, insbesondere für die Vor-GmbH, entwickelten Grundsätze zu Unrecht auf die Partnerschaft. Vorgesellschaften zu juristischen Personen werden in der Tat von der ganz hM zutreffend als Personenvereinigungen sui generis eingestuft (BGHZ 72, 45 [48 f.] = NJW 1978, 1978 [1979]; BGHZ 80, 129 [132] = NJW 1981, 1373 [1374]; Baumbach/Hueck/*Fastrich* GmbHG § 11 Rn. 6 f. mwN).

Diese Erwägungen sind **auf Gesamthandsgemeinschaften jedoch** 9
nicht übertragbar, wie schon die Regelungen in § 105 Abs. 2 HGB und § 1 Abs. 4 zeigen. Auch für die OHG und die KG entspricht es ganz hM, dass die Gesellschaft im Stadium zwischen Abschluss des Gesellschaftsvertrages und ihrer Verwandlung in eine Handelsgesellschaft gem. § 123 Abs. 1 und 2 HGB als BGB-Gesellschaft zu qualifizieren ist (BGHZ 116, 7 [10] = NJW 1992, 241 [242]; Heymann/*Emmerich* HGB § 123 Rn. 5). Da die Gesellschaft ohnehin ihre Identität mit der Eintragung nicht verändert, besteht für die Annahme einer Gesellschaft sui generis weder dogmatischer Raum noch praktischer Bedarf. Für das gesamte Recht des Außenverhältnisses der Gesellschaft ist die Eintragung gem. § 7 Abs. 1 schlechthin konstituierend. Im Außenverhältnis steht der Vor-Partnerschaft daher nur die (Teil-)Rechtsfähigkeit der erwerbsgerichteten Außen-GbR zu. Die Interessen Dritter sind bei der Behandlung der Vor-Partnerschaft als GbR ausreichend gewahrt. Auch wenn sich die Gesellschafter

in ihrer gesamthänderischen Verbundenheit bereits als eingetragene Partnerschaftsgesellschaft gerieren, steht ihnen jedenfalls das Haftungsprivileg des § 8 Abs. 2 nicht zu.

10   Im Stadium zwischen Abschluss des Partnerschaftsvertrags und Eintragung bestehen auch jene freiberuflichen Zusammenschlüsse als **GbR** fort, die schon zuvor im Rechtsverkehr gegenüber Dritten „wirksam" in Form einer freiberuflichen BGB-Gesellschaft aufgetreten sind. Das PartGG enthält insoweit keine Sonderregelungen. Die Vor-Partnerschaft wird in vollem Umfange unternehmerisch aktiv, genießt dabei jedoch nicht die Vorteile des PartGG. Seit der Anerkennung der Rechtsfähigkeit der GbR hat der Streit um die Qualifizierung der „Vor-Partnerschaft" an praktischer Bedeutung verloren. Wichtig bleibt indes der haftungsrechtliche Unterschied, da § 8 Abs. 2 für die Vorgesellschaft nicht gilt (→ Rn. 15).

11   **b) Innenverhältnis.** Das Verhältnis der Partner untereinander richtet sich regelmäßig bereits vor Eintragung nach den für eine PartG geltenden Bestimmungen, dh insbesondere nach dem Partnerschaftsvertrag, ferner nach § 6 sowie den in § 6 Abs. 3 S. 2 in Bezug genommenen Vorschriften des HGB. Diese Besonderheit folgt nicht aus einer Eigenständigkeit der Vorgesellschaft als Personenvereinigung eigener Art, sondern aus der Maßgeblichkeit des Parteiwillens (für die OHG Heymann/*Emmerich* HGB § 123 Rn. 5; MüKoHGB/ *K. Schmidt* HGB § 123 Rn. 15). Der durch Auslegung zu ermittelnde Wille der vertragschließenden Gesellschafter richtet sich erkennbar auf die Anwendbarkeit dieser Regeln, sofern nicht der Gesellschaftsvertrag selbst zulässigerweise Abweichendes vorschreibt. Der Charakter der Vorgesellschaft wird hierdurch nicht beeinflusst. Die Vor-Partnerschaft bleibt GbR.

12   **c) Die Haftung der Vor-Partnerschaft.** In der **als GbR zu qualifizierenden Vor-Partnerschaft** besteht grundsätzlich eine persönliche, unbeschränkte und gesamtschuldnerische Haftung aller Gesellschafter. Dies gilt für rechtsgeschäftliche Verbindlichkeiten in jedem Fall, selbst wenn man in der Vor-Partnerschaft eine Gesellschaftsform sui generis sehen will (*Schaffner* 246). Da die §§ 705 ff. BGB im Gegensatz zu handelsrechtlichen Bestimmungen keinen zwingenden Umfang der Vertretungsmacht gesetzlich fixieren, hatten Rspr. (BGH NJW 1979, 2304 [2306]; 1985, 619; 1987, 2666 f.; NJW-RR 1989, 465 [466]; NJW 1992, 3037 [3039] mwN; OLG Hamm NJW 1985, 1846 f.) und Literatur (Soergel/*Hadding* BGB § 714 Rn. 32 f.; *Brandes* WM 1994, 569 [571]; *Heckelmann* FS Quack, 1991, 243 [249 ff.]; *Henssler* NJW 1993, 2137 [2138 f.]; *Wiedemann* GesR I § 10 II 2. a), 531; vgl. aber auch *Wiedemann* GesR II § 7 III. 3., 656) zwar zeitweise eine „BGB-Gesellschaft mit beschränkter Haftung" anerkannt. Konstruktiv sollte dieser Bruch mit der persönlichen Gesellschafterhaftung über eine Beschränkung der Vertretungsmacht des handelnden Gesellschafters bewältigt werden. Die „Theorie der Doppelverpflichtung", die die Grundlage einer solchen vertretungsrechtlichen Haftungsbeschränkung bildete, ist indes heute überholt

13   Nach nunmehr ständiger höchstrichterlicher Rspr. (BGHZ 146, 341 = NJW 2001, 1056) und gefestigtem Schrifttum (*Wiedemann* GesR II § 7 III. 2., 646 ff.; MüKoBGB/*Schäfer* BGB § 705 Rn. 299 ff., 303 ff.; MüKoBGB/ *Schäfer* BGB § 714 Rn. 33 f.; *K. Schmidt* GesR § 60 II. 1., 1771 ff.; grundlegend

Flume, Allgemeiner Teil des Bürgerlichen Rechts, Bd. I Teil 1: Die Personengesellschaft, 1977, 326; *Kornblum* BB 1973, 218 [226 f.]) ist die **GbR rechts-**
und parteifähig. Die Gesellschafter haften außerdem analog § 128 HGB persönlich und akzessorisch sowohl für vertraglich als auch für gesetzlich begründete Gesellschaftsschulden (BGHZ 154, 88 [94] = NJW 2003, 1445 [1446 f.];
MüKoBGB/*Schäfer* BGB § 714 Rn. 37). Die persönliche Haftung der Gesellschafter für Verbindlichkeiten der Gesellschaft kann zwar durch eine **indivi-**
dualvertragliche Vereinbarung mit dem jeweiligen Gläubiger abbedungen
werden. Einseitige Erklärungen eines Gesellschafters oder der Gesellschaft
können dagegen keine Beschränkung der Haftung auf das Gesellschaftsvermögen begründen (BGHZ 142, 315 [321 f.] = NJW 1999, 3483 [3484 f.]; BGH
NZG 2005, 209 [210]). Die Rspr. (BGHZ 142, 315 [321] = NJW 1999,
3483 [3484]; OLG Stuttgart NZG 2002, 84 [85]) versagt auch einer **formu-**
larvertraglich vereinbarten Haftungsbeschränkung wegen Verletzung
des § 307 Abs. 2 Nr. 1 BGB die Wirksamkeit. Die unbeschränkte Haftung der
Gesellschafter für die Gesellschaftsschulden sei ein **Wesensmerkmal der**
GbR, das nur über eine Individualabrede überspielt werden könne (obiter
dicta BGHZ 142, 315 [321] = NJW 1999, 3483 [3484]; einschränkend
BGHZ 150, 1 − NJW 2002, 1642 für Anlagegesellschaften; für freiberufliche
GbR ebenso *Hasenkamp* BB 2004, 230 [234 f.]).

Für freiberufliche Berufsausübungsgesellschaften gilt dies freilich nur ein- **14**
geschränkt. Verschiedene **Berufsrechte kennen Sonderregeln,** die eine formularvertragliche Haftungsbeschränkung für berufliche Pflichtverletzungen in
der GbR ausdrücklich erlauben (zB § 52 Abs. 2 S. 2 BRAO; vgl. dazu Henss-
ler/Prütting/*Diller* BRAO § 52 Rn. 48 ff.; s. auch *Wiedemann* GesR II § 7 4.
III. b) aa), 665). Nicht nur die Vereinbarung einer Maximalhaftung der Gesellschaft (§ 52 Abs. 1 S. 1 Nr. 2 BRAO), sondern auch eine formularvertragliche
Haftungskonzentration auf den Mandatsbearbeiter (§ 52 Abs. 2 S. 2 BRAO;
§ 54a Abs. 2 WPO; § 67a Abs. 2 S. 1 StBerG) werden für zulässig erklärt (dazu
Henssler/Prütting/*Diller* BRAO § 52 Rn. 65 ff.). Diese berufsrechtlichen Regelungen gehen den allgemeinen gesellschaftsrechtlichen und AGB-rechtlichen Grundsätzen vor. Das Verhältnis zwischen Gesellschafts- und Berufsrecht wird generell durch den Grundsatz des **Vorrangs des Berufsrechts**
bestimmt, wie ua § 1 Abs. 4 verdeutlicht. Berufsrechtliche Regelungen, die
auch für die GbR eine vollständige Freistellung aller − also auch der auftrags-
bearbeitenden − Gesellschafter von der Haftung für die Gesellschaftsschulden
erlauben, existieren nicht. Ohnehin greifen die berufsrechtlichen Sondervorschriften nur im Bereich der beruflichen Pflichtverletzungen. Für außerberuf-
lich begründete Gesellschaftsschulden (zB Verbindlichkeiten aus Mietverträ-
gen, Arbeitsverträgen uÄ) bleibt es bei der Geltung der AGB-rechtlichen
Grundsätze.

Die **Haftungsbeschränkung nach § 8 Abs. 2** wird **erst mit der Eintra-** **15**
gung der Partnerschaft wirksam; in der Vor-Partnerschaft haften somit alle
Gesellschafter persönlich für die Gesellschaftsschulden (MüKoBGB/*Schäfer*
Rn. 6; Römermann/*Praß* Rn. 15). Sieht man die Vor-Partnerschaft als reine
GbR an, so ist dieses Ergebnis zwingend (→ Rn. 8 ff.). Anders ist die Aus-
gangslage, wenn man die Vor-Partnerschaft als **Gesellschaft sui generis** ein-
ordnet. In diesem Fall steht einer Anwendung des § 8 Abs. 2 grundsätzlich

nichts entgegen. Entscheidend ist für die Vertreter dieser Auffassung, ob die
Eintragung der Partnerschaft in das Partnerschaftsregister zwingende Voraussetzung für die Haftungsbeschränkung ist. Hierfür sind keine Gründe ersichtlich. Denn der Mandant weiß, dass er mit einer Vor-Partnerschaft ein Vertragsverhältnis eingeht und kennt den bearbeitenden Partner, auf den er im
Haftungsfall persönlich zurückgreifen kann. Auf eine Kenntnis der Namen
der anderen Partner, die der Mandant nach Eintragung aus dem Partnerschaftsregister erlangen kann, kommt es für ihn nicht mehr an. Es muss auch
nicht – wie etwa in der GmbH oder der Kommanditgesellschaft – zum Eintragungszeitpunkt eine bestimme Einlage zur Haftungsmasse geleistet worden
sein (zum Ganzen *Schaffner* 246 ff; insbesondere 253 f.).

16   Wird eine Freiberufler-GbR in eine Partnerschaftsgesellschaft umgewandelt, so greift eine zeitliche Begrenzung der Haftung für Berufsfehler aus der
Zeit der GbR analog § 160 HGB, § 224 Abs. 2 UmwG für einen Zeitraum
von fünf Jahren ab Eintragung der Partnerschaft (vgl. *Sommer/Treptow/Dietl-
meier* NJW 2011, 1551 ff.).

17   d) Die Vor-Partnerschaft als Träger von Rechten und Pflichten. Als
Gesellschaft bürgerlichen Rechts kann die Vor-Partnerschaft gem. § 718 BGB
grundsätzlich Vermögensrechte aller Art erwerben. Ausgeschlossen sind nur
wenige Rechtspositionen, nach hM etwa die Gesellschafterstellung in einer
OHG oder als persönlich haftender Gesellschafter einer KG (BGHZ 46, 291
[296] = NJW 1967, 826 [827]; BGH WM 1966, 190; *Wiedemann* GesR II § 2 II
3. a), 105; aA *Klamroth* BB 1983, 796). Die Beteiligung einer GbR als Kommanditistin einer KG lässt § 162 Abs. 1 S. 2 HGB dagegen ausdrücklich zu (BGHZ
148, 291 [294 ff.] = NJW 2001, 3121 [3122]). Der Rechtserwerb erfolgt bei der
rechtsfähigen GbR direkt durch diese. Da der Außen-GbR nicht nur Rechtsfähigkeit zukommt, sondern diese auch parteifähig ist, kann unmittelbar ihr gegenüber Klage erhoben werden und entgegen § 736 ZPO auch aus einem nur
gegen die GbR erlangten Titel vollstreckt werden. Gemäß § 859 Abs. 1 S. 2
ZPO kann ein Gläubiger eines Gesellschafters nicht in das Gesamthandsvermögen vollstrecken. Wegen einer persönlichen Forderung gegen einen Gesellschafter kann damit nicht in einen Vermögensgegenstand der GbR vollstreckt
werden. Möglich bleibt nur der Umweg über die Pfändung des Gesellschaftsanteils und anschließender Kündigung der Gesellschaft (§ 725 BGB).

18   Wie jede GbR kann die Vor-Partnerschaft Verbindlichkeiten, insbesondere
freiberufliche Verpflichtungen aus Dienst- und Werkverträgen eingehen. Die
Vor-Partnerschaft haftet auf Erfüllung bzw. auf Schadensersatz wegen Nicht-
oder Schlechterfüllung.

19   e) Geschäftsführung/Vertretung. Gemäß § 714 BGB sind die nach dem
Gesellschaftsvertrag zur Geschäftsführung befugten Gesellschafter im Zweifel
zur Vertretung der anderen Gesellschafter gegenüber Dritten ermächtigt. Aufgrund der Rechtsfähigkeit der Außen-GbR ist die Vertretung als organschaftliche zu qualifizieren. Vertreten werden nicht die einzelnen Gesellschafter, sondern die Gesellschaft selbst. Mithin hat der Wortlaut des § 714 BGB insoweit
keine Bedeutung mehr (MüKoBGB/*Schäfer* BGB § 714 Rn. 13 f., 16 f.). Dies
ändert hingegen nichts an der gesetzlich nach wie vor angeordneten Gesamtvertretungsbefugnis (§§ 709, 714 BGB). Zutreffend geht die Rspr. (BGHZ 56,

355 [359 ff.] = NJW 1971, 1801 [1803]) bei freiberuflichen BGB-Gesellschaften regelmäßig von der Einzelvertretungsbefugnis der Sozietätspartner aus. Diese Vermutung ist etwa bei Rechtsanwälten Ausdruck der Unabhängigkeit des Berufsträgers, wie sie § 1 BRAO vorsieht (*Steindorff* FS Robert Fischer, 1979, 747 [750]; *Wiedemann* GesR II § 7 III. 3. b), 656).

Nach **Rechtsscheingrundsätzen** darf der Vertragspartner davon ausgehen, dass der im Namen der GbR handelnde Gesellschafter berechtigt ist, die Gesellschaft zu verpflichten (vgl. aber auch *Schaffner* 239 f.). Erscheint der Handelnde ohne einschränkenden Zusatz auf dem Briefbogen, dem Praxis-/Kanzleischild der Gesellschaft (BGH NJW 1991, 1225 f.; 1999, 3040) oder dem Stempel (BGHZ 70, 247 [249] = NJW 1978, 996), so kommt es auf seine tatsächliche Stellung als Gesellschafter nicht an. Er wird als alleinvertretungsberechtigter Gesellschafter angesehen, der die GbR durch sein Handeln verpflichtet. Zur Verpflichtung der Gesellschaft kommt es nach den Grundsätzen der **Anscheinsvollmacht.** Sie sind auf die organschaftliche Vertretung, von der auszugehen ist, anwendbar (MüKoBGB/*Schäfer* BGB § 714 Rn. 28; MüKoHGB/*K. Schmidt* HGB § 125 Rn. 3). Die Haftung der **„Außengesellschafter"** ergibt sich aus der Kombination der Grundsätze der Rechtsscheinhaftung mit der analogen Anwendung des § 128 HGB (vgl. *Canaris,* Handelsrecht, 24. Aufl. 2006, § 6 Rn. 27 f., 68 ff.). **20**

3. Scheinpartnerschaft

Das PartGG enthält bewusst keine Verweisung auf § 5 HGB. Auch eine analoge Anwendung verbietet sich (BT-Drs. 12/6152, 16). Die Eintragung in das Partnerschaftsregister begründet daher keinen Rechtsschein einer freiberuflichen Tätigkeit (Henssler/Strohn/*Hirtz* Rn. 7; *K. Schmidt* NJW 1995, 1 [7]). Fehlt eine konstitutive Voraussetzung der Partnerschaft, so bleibt die Gesellschaft eine GbR. Entfällt sie nachträglich, so wandelt sich die Partnerschaft automatisch in eine GbR um (MüKoBGB/*Schäfer* Rn. 8; aA Römermann/*Praß* Rn. 10 ff.). Der Konflikt zwischen Rechtssicherheit und Beschränkung der Partnerschaft auf freiberufliche Tätigkeit wurde vom Gesetzgeber bewusst zulasten der Rechtssicherheit gelöst. **21**

Generell kann sich die Scheingesellschaft nicht auf ihre Eintragung in das Partnerschaftsregister berufen, soweit die **Eintragung zu ihren Gunsten wirken** würde. Umgekehrt hat die Gesellschaft jedoch einen Vertrauenstatbestand gesetzt, auf den sich gutgläubige Dritte berufen können. Es gelten die für den „Kaufmann kraft Rechtsschein" entwickelten Grundsätze (*Canaris,* Handelsrecht, 24. Aufl. 2006, § 6 Rn. 27 ff; Baumbach/Hopt/*Hopt* HGB § 5 Rn. 9 ff.; eingehend zur Scheinpartnerschaft *Markworth* 305 ff.). Voraussetzung ist neben dem **(a)** Auftreten von Gesellschaftern unter dem Namen einer Partnerschaft (vgl. für die KG: BGH NJW 1980, 784) als der Rechtsscheingrundlage, **(b)** die Zurechenbarkeit des Rechtsscheins (BGH NJW 1962, 2196), **(c)** die Schutzbedürftigkeit bzw. Gutgläubigkeit des auf den Rechtsschein vertrauenden Dritten (BGH NJW 1982, 1513; leichte Fahrlässigkeit schadet, str. vgl. Baumbach/Hopt/*Hopt* HGB § 5 Rn. 12) und **(d)** die Kausalität des von den Partnern gesetzten Rechtsscheins für ein geschäftliches Verhalten des Dritten (BGH BB 1976, 902). **22**

23   Der fehlende freiberufliche Charakter der Gesellschaftstätigkeit kann auch **außerhalb des Registerverfahrens** geltend gemacht werden. Die Eintragung steht im Geschäftsverkehr nicht dem Einwand entgegen, es werde überhaupt keine freiberufliche Tätigkeit betrieben (so für die Personenhandelsgesellschaft BGHZ 32, 307 [313] = NJW 1960, 1664 [1665]). Eine derartige Partnerschaft ist entsprechend § 395 FamFG von Amts wegen zu löschen (vgl. für die OHG: RGZ 155, 75 [87]).

III. Rechtsnatur der Partnerschaft (Abs. 2)

1. Rechtsfähigkeit

24   Die Verweisung des § 7 Abs. 2 auf § 124 HGB stellt klar, dass die Partnerschaft als selbstständiges Rechtssubjekt und Trägerin des Gesellschaftsvermögens anzusehen ist. Sie ist damit – ebenso wie die unternehmenstragende GbR und die Personenhandelsgesellschaften – der juristischen Person angenähert, ohne selbst juristische Person zu sein (vgl. nur BGHZ 100, 190 [194] = NJW 1987, 2008; Heymann/*Emmerich* HGB § 124 Rn. 2 mwN). Die Partnerschaft kann **unter ihrem Namen** Rechte erwerben, Verbindlichkeiten eingehen, klagen und verklagt werden (**§ 7 Abs. 2; § 124 Abs. 1 HGB;** vgl. BAG NJW 2007, 2877). Trotz der in § 124 Abs. 1 HGB gewählten Formulierung „kann" steht es der Partnerschaft nicht frei, weiterhin unter dem Namen aller einzelnen Gesellschafter aufzutreten. Die Partnerschaft **muss** vielmehr unter dem Partnerschaftsnamen tätig werden (MWHLW/*Meilicke* Rn. 14). Die Bedeutung der Eintragung ins Partnerschaftsregister besteht in erster Linie – sieht man einmal von der Haftungsprivilegierung ab – nicht in der Gewährung weiterer Rechte, sondern in der erleichterten Verwirklichung von Rechten, die grundsätzlich auch der Vor-Partnerschaft schon zustanden. Mit der heute allgemein anerkannten Rechtsfähigkeit der GbR hat sich ein wesentlicher Vorteil der Partnerschaft erübrigt (so auch Römermann/*Praß* Rn. 31; MHdB GesR I/*Salger* § 36 Rn. 23).

2. Haftung

25   Als Trägerin des Gesellschaftsvermögens ist allein die Partnerschaft selbst Vertragspartnerin der einzelnen Behandlungs- und Mandatsverträge (OLG Düsseldorf AnwBl. 2012, 372; Römermann/*Praß* Rn. 34). Nach der Rspr. kann sich eine Gesellschaft zu freiberuflichen Leistungen verpflichten, ohne selbst über die erforderliche Zulassung oder Approbation zu verfügen (für die Freiberufler-GmbH: BGHZ 124, 224 [226] = NJW 1994, 786 [787]; BayObLG ZIP 1994, 1868 [1870]). Voraussetzung ist lediglich, dass die vertraglichen Verpflichtungen durch einen zur Berufsausübung befähigten Mitarbeiter oder Gesellschafter mit Wirkung für die Partnerschaft erfüllt werden (*K. Schmidt* ZIP 1993, 633 [644]). Über die vertraglichen Verbindlichkeiten hinaus kann die Partnerschaft auch aus gesetzlichen, insbesondere deliktischen Verpflichtungen haften. Für das Verhalten der „verfassungsmäßig berufenen Vertreter" hat die Partnerschaft analog § 31 BGB einzutreten. Für das Verhalten ihrer Erfüllungsgehilfen haftet sie nach § 278 BGB (weitere Einzelheiten

zur Haftung der Partnerschaft und zur Haftungsbeschränkungsmöglichkeit
→ § 8 Rn. 24 ff. und → § 8 Rn. 62 ff.).

3. Grundbuchfähigkeit

Die Partnerschaft ist unter ihrem Namen grundbuchfähig. Im Fall eines **26**
Gesellschafterwechsels bedarf es daher keiner kostenpflichtigen Berichtigung
des Grundbuchs. Zu einer Kostenersparnis führt die Grundbuchfähigkeit der
Partnerschaft bei einem Wechsel im Gesellschafterkreis freilich kaum, da der
Ein- und Austritt von Partnern der kostenpflichtigen Eintragung ins Partnerschaftsregister unterliegt. Zur wirksamen Auflassung reicht die im Namen der
Partnerschaft abgegebene Erklärung des handelnden Partners aus. Der Nachweis der Vertretungsmacht kann im Wege des § 32 Abs. 1, 2 GBO oder gem.
§ 5 Abs. 2 iVm § 9 Abs. 3 HGB erbracht werden. § 34 GBO ist entsprechend
anwendbar, da das Partnerschaftsregister „Register" im Sinne dieser Vorschrift
ist (Begr. zum RegE, BT-Drs. 12/6152, 16). Die Grundbuchfähigkeit der
Partnerschaftsgesellschaft stellt heute keinen Vorteil gegenüber der GbR mehr
dar. Der BGH hatte schon mit seiner Grundsatzentscheidung v. 4.12.2008 die
Grundbuchfähigkeit der GbR anerkannt (BGHZ 179, 102 = NJW 2009,
594). Seither konnte die GbR selbst, unter der Bezeichnung, die die Gesellschafter im Gesellschaftsvertrag für sie vorgesehen haben oder als „Gesellschaft
bürgerlichen Rechts, bestehend aus …" in das Grundbuch eingetragen werden. Der Gesetzgeber hat dies durch § 899a BGB klargestellt. Bedeutung hat
die Verweisung des § 7 Abs. 2 auf § 124 HGB aber insoweit, als die Partnerschaftsgesellschaft als solche unter Grundbucheintragung unter Berufung auf
diese Vorschrift bewirken kann. Bei der GbR ist dagegen trotz Grundbuchfähigkeit mangels eines GbR-Registers die Eintragung sämtlicher Gesellschafter
im Grundbuch erforderlich (MüKoBGB/*Schäfer* Rn. 12). Dies ergibt sich aus
§ 47 Abs. 2 GBO, der mit Wirkung zum 18.8.2009 durch das Gesetz zur Einführung des elektronischen Rechtsverkehrs und der elektronischen Akte im
Grundbuchverfahren sowie zur Änderung weiterer grundbuch-, register- und
kostenrechtlicher Vorschriften (ERVGBG) vom 11.8.2009 (BGBl. 2009 I
2713) eingefügt wurde (zur Grundbuchfähigkeit der Gesellschaft bürgerlichen
Rechts auch *Blum/Schellenberger* BB 2009, 400 ff.).

4. Insolvenzfähigkeit

Aufgrund des parallelen Gesetzgebungsverfahrens war die Partnerschaft in **27**
der InsO zunächst nicht berücksichtigt worden. Dieser Fehler wurde nachträglich behoben, die Partnerschaft ist nach § 11 Abs. 2 Nr. 1 InsO insolvenzfähig.

5. Parteifähigkeit

a) Gesellschaftsprozess. Die Partnerschaft kann entsprechend **§ 124 28**
Abs. 1 HGB unter ihrem Namen vor Gericht klagen und verklagt werden.
Sie ist parteifähig (BAG NJW 2007, 2877 [2878]). Auch wenn die Partner-
schaft über Prozessfähigkeit i. S. v. von Verfahrenssubjektqualität (MüKo-
ZPO/*Lindacher* ZPO § 52 Rn. 23) verfügt, muss sie sich vor Gericht durch

ihre organschaftlichen Vertreter vertreten lassen. Der allgemeine Gerichtsstand gem. § 17 ZPO bestimmt sich nach ihrem Sitz, nicht nach demjenigen der Gesellschafter. Ein Wechsel im Gesellschafterbestand beeinflusst vor Gericht anhängige Verfahren nicht.

29   **b) Gesellschafterprozess.** Vom Gesellschaftsprozess zu trennen ist der Prozess gegen die Gesellschafter. Partnerschaft und Partner sind unterschiedliche Prozessparteien. Die Partner können zusätzlich als Gesamtschuldner in Streitgenossenschaft mitverklagt werden (§ 8 Abs. 1). Zwischen Partnerschaft und Partner besteht keine notwendige Streitgenossenschaft. Prozesse zwischen Gesellschaft und Partnern etwa wegen Forderungen aus Drittgeschäften sind unbedenklich möglich. Nicht gegen die Partnerschaft, sondern gegen einzelne Partner gerichtet ist die actio pro socio.

30   **c) Vollstreckung.** Entsprechend **§ 124 Abs. 2 HGB** kann in das Partnerschaftsvermögen vollstreckt werden. Erforderlich, aber auch ausreichend ist ein gegen die Partnerschaft gerichteter Titel. Aus einem gegen die Partnerschaft gerichteten Titel kann jedoch nicht in das (sonstige) Privatvermögen der Partner vollstreckt werden (§ 8 Abs. 1; § 129 Abs. 4 HGB). Für den Privatgläubiger eines Gesellschafters besteht nach **§ 857 ZPO** die Möglichkeit, den Gesellschaftsanteil dieses Partners zu pfänden (Zöller/*Stöber* ZPO § 857 Rn. 2). Eine derartige Vollstreckung führt nach § 131 Abs. 2 HGB nicht von Gesetzes wegen zum Ausscheiden des betroffenen Partners aus der Partnerschaft, sondern nur zur Pfändung der nach **§ 717 BGB** übertragbaren Vermögensrechte des Partners (zB Gewinn- und Auseinandersetzungsansprüche). Der Gläubiger kann jedoch gem. § 9 Abs. 1 iVm § 135 HGB die Gesellschaft sechs Monate vor dem Ende des Geschäftsjahrs für diesen Zeitpunkt kündigen. Die Partner haben die Möglichkeit, weitergehende Rechtsfolgen im Partnerschaftsvertrag zu vereinbaren.

6. Besondere Rechte der Partnerschaft

31   § 124 HGB gewährt der Partnerschaft materielle Befugnisse, die an die eigenständige Rechtsfähigkeit anknüpfen. So kann die Partnerschaft als solche Mitglied einer Gesellschaft oder juristischen Person sein. Voraussetzung ist, dass sich nicht aus dem Berufsrecht Beschränkungen ergeben. So ist nach Auffassung des BGH eine Beteiligung als einzige Gesellschafterin einer Rechtsanwaltsgesellschaft mbH nicht möglich, und zwar auch dann nicht, wenn an der Partnerschaft ausschließlich Rechtsanwälte beteiligt sind (BGH NJW 2017, 1681; dazu krit. *Henssler* NJW 2017, 1644; *Römermann* GmbHR 2017, 572). Dies ergibt sich jedoch aus den für eine Rechtsanwaltsgesellschaft mbH geltenden Besonderheiten. Unbedenklich ist die stille Beteiligung an einer Drittgesellschaft. Dagegen dürfen sich an der Partnerschaft selbst nur aktiv mitarbeitende Angehörige der Freien Berufe beteiligen. Die stille Beteiligung gesellschaftsfremder Personen scheidet daher aus, sodass die Partnerschaft nicht analog §§ 230 ff. HGB **Prinzipal einer stillen Gesellschaft** sein kann. Nach der Regierungsbegründung zu § 1 darf die Partnerschaft nicht als bloße Anlage oder stille Beteiligung dienen (BT-Drs. 12/6152, 9). Damit soll nicht nur die aktive Mitarbeit der freiberuflichen Partner sichergestellt, sondern auch ver-

hindert werden, dass Dritte zulasten der Berufsträger an Umsatz oder Gewinn der Gesellschaft beteiligt werden (vgl. auch für die Anwalts-GmbH: *Henssler* DB 1995, 1549 [1551]). Die Beschränkung folgt aus dem freiberuflichen Charakter, insbesondere der Unabhängigkeit der Gesellschafter, die vom Gesetzgeber des PartGG in den Vordergrund gerückt wird.

Auch die Gegenansicht, die mangels eines ausdrücklichen Verbotes, wie es 32 etwa in § 8 ApoG enthalten ist, die Zulässigkeit von Verträgen bejaht, die dem Dritten ähnlich wie in der stillen Gesellschaft Anteile am Gewinn einräumen (MWHLW/*Meilicke* Rn. 16; *Feddersen/Meyer-Landrut* § 1 Rn. 5), muss beachten, dass verschiedene Berufsrechte, etwa das anwaltliche Berufsrecht (§ 27 BORA), ein Verbot für die Beteiligung Dritter am Ertrag von Berufsausübungsgesellschaften kennen (so auch *Gail/Overlack* Rn. 89 f.). Das schließt für alle Formen von Anwaltsgesellschaften jede mittelbare Beteiligung (Unterbeteiligung, stille Beteiligung) aus.

IV. Vertretung der Partnerschaft (Abs. 3)

1. Anwendbarkeit der OHG-Regeln

Abs. 3 erklärt weitgehend das Vertretungsrecht der OHG für entsprechend 33 anwendbar. Allein die § 125 Abs. 3 HGB und § 125a Abs. 1 S. 2, 3 HGB sind aufgrund von Besonderheiten der Partnerschaft von der Verweisung ausgeschlossen. Die Ausklammerung des § 125 Abs. 3 HGB folgt aus dem Umstand, dass in der Partnerschaft keine Prokuristen bestellt werden können, deren Stellung gem. §§ 49, 50 HGB an den Betrieb eines Handelsgewerbes gekoppelt ist. Die sich aus § 50 HGB ergebende umfassende Rechtsposition soll sich angeblich nicht mit der Unabhängigkeit und Eigenverantwortlichkeit der freiberuflichen Gesellschafter vereinbaren lassen. Das überzeugt freilich nicht, da in der Freiberufler-Kapitalgesellschaft ohne Weiteres Prokuristen bestellt werden können (→ § 6 Rn. 53; vgl. für die Rechtsanwaltsgesellschaft mbH § 59f Abs. 3 BRAO). § 125a Abs. 1 S. 2 und 3 HGB regeln die Angaben auf Geschäftsbriefen bei Unternehmen, bei denen kein Gesellschafter eine natürliche Person ist. Sie sind in der Partnerschaft unanwendbar, da bei ihr die Gesellschafterstellung gem. § 1 Abs. 1 S. 3 natürlichen Personen vorbehalten ist. Die uneingeschränkte Übernahme des § 126 HGB steht diesem Ergebnis nicht entgegen (*Feddersen/Meyer-Landrut* Rn. 6; MüKoBGB/*Schäfer* Rn. 14; *K. Schmidt* NJW 1995, 1 [5]).

2. Gesetzliche Regelung der Vertretungsmacht nach § 125 Abs. 1 HGB, § 126 HGB

a) Einzelvertretungsmacht. Die Vertretungsmacht betrifft in Abgren- 34 zung zur in § 6 geregelten Geschäftsführungsbefugnis die Rechtsmacht zur rechtsgeschäftlichen Verpflichtung der Partnerschaft im Außenverhältnis. Nach dem für die Partnerschaft ebenso wie für die OHG geltenden **Prinzip der Selbstorganschaft** kommen als organschaftliche Vertreter der Partnerschaft nur die Partner selbst in Betracht (organschaftliche Vertretungsmacht; dazu für die OHG BGHZ 33, 105 [108] = NJW 1960, 1997 [1998]; Heymann/*Emmerich* HGB § 125 Rn. 5; für die Partnerschaft MWHLW/*Meilicke* Rn. 25). Den Partnern steht gem. § 125 Abs. 1 HGB grundsätzlich **Einzelvertretungsmacht** zu. Sie erstreckt sich gem. § 126 Abs. 1 HGB auf alle gerichtlichen und außergerichtlichen Geschäfte und Rechtshandlungen, auch wenn diese außerhalb des Gesellschaftszwecks nach § 3 Abs. 2 Nr. 3 liegen (Römermann/*Praß* Rn. 43; Baumbach/Hopt/*Roth* HGB § 126 Rn. 1). Danach können zB auch **gewerbliche Geschäfte** durch den Vertreter im Namen der Partnerschaft abgeschlossen werden. Die für § 126 HGB anerkannten **Grundsätze des Missbrauchs der Vertretungsmacht** gelten auch für die Vertretung der Partnerschaft gegenüber Dritten. Gerade bei gewerblichen Geschäften kann sich der Missbrauch der Vertretungsmacht als offensichtlich aufdrängen.

35   **b) Gegenständliche Beschränkungen.** Die Vertretungsmacht kann gem. § 126 Abs. 2 HGB im Interesse des Gläubigerschutzes gegenüber Dritten nicht gegenständlich beschränkt werden. Eine nur „interne gegenständliche Beschränkung der Vertretungsmacht", gesellschaftsrechtlich gesehen also eine Beschränkung der Geschäftsführungsbefugnis, ist nicht nur ohne Außenwirkung. Aus der Beitragspflicht zur aktiven Mitarbeit und der Regelung in § 6 Abs. 2 folgt zugleich, dass eine gegenständliche Beschränkung der Vertretungsmacht, soweit sie im beruflichen Bereich mit diesen Grundsätzen kollidiert, ohnehin gesellschaftsvertraglich nicht wirksam vereinbart werden kann. § 126 Abs. 2 HGB entfaltet daher Wirkungen nur im Bereich der sonstigen, dh nicht originär freiberuflichen Geschäfte, indem er den insoweit gesellschaftsvertraglich zulässigen Beschränkungen die Außenwirkung nimmt.

36   Für die Vertretung der Gesellschaft bei Rechtsgeschäften zwischen der Partnerschaft und ihren Partnern gilt der Verkehrsschutz des § 126 Abs. 2 HGB nicht (BGHZ 38, 26 [33] = NJW 1962, 2344 [2347]; BGH WM 1979, 72; Baumbach/Hopt/*Roth* HGB § 126 Rn. 6; EBJS/*Hillmann* HGB § 126 Rn. 14 ff.; aA MüKoHGB/*K. Schmidt* HGB § 126 Rn. 17). Nur wenn sich durch unterschiedliche Namensführung bzw. durch örtliche Zusätze zum Partnerschaftsnamen verschiedene Standorte der Partnerschaft nach außen erkennbar unterscheiden lassen, ist analog § 126 Abs. 3 HGB iVm dem ansonsten für die Partnerschaft nicht anzuwendenden § 50 Abs. 3 HGB eine **Beschränkung** der Vertretungsmacht **auf die jeweilige Niederlassung** denkbar (so auch Römermann/*Praß* Rn. 43). Dies ist kein Widerspruch zur restriktiven Gestaltung der partnerschaftsrechtlichen Vertretungsformen, sondern entspricht der Möglichkeit, sogar die akzessorische Haftung der Gesellschafter auf die an einem Kanzleiort ansässigen und berufstätigen Partner zu beschränken.

37   **c) Einzelermächtigungen nach § 125 Abs. 2 S. 2 HGB.** Auch wenn die Partner keine gegenständliche Beschränkung ihrer Vertretungsmacht mit Wirksamkeit im Außenverhältnis vereinbaren können, so lässt sich doch über den Umweg des § 125 Abs. 2 S. 2 HGB ein ähnlicher Effekt erreichen, wenn bei grundsätzlich geltender Gesamtvertretung einzelnen Partnern für bestimmte Geschäfte eine Einzelermächtigung erteilt wird. Der gute Glaube an eine solche in das Partnerschaftsregister nicht eintragungsfähige Einzelermächtigung ist registerrechtlich nicht geschützt. In bestimmten Fällen kann eine Partnerschaft aber nach **Rechtsscheingrundsätzen** an das Handeln einzelner Partner gebunden sein, etwa wenn einzelne Partner mit Wissen der anderen

die im Partnerschaftsregister eingetragene Gesamtvertretung regelmäßig überschreiten oder wenn die kontinuierliche Missachtung der registerrechtlich erkennbaren Beschränkungen der Vertretungsmacht hätte erkannt und verhindert werden können (MWHLW/*Meilicke* Rn. 28; *Markworth* 314 f.).

d) Passive Einzelvertretung. Aus § 125 Abs. 2 S. 3 HGB ergibt sich eine **38**
passive Vertretungsmacht aller zur Mitwirkung an der Vertretung befugten
Gesellschafter. Jeder von ihnen gilt als allein zur Entgegennahme von Willenserklärungen befugt, die gegenüber der Partnerschaft abgegeben werden sollen.
Eine vereinbarte Gesamtvertretungsbefugnis entfaltet im Bereich der passiven
Vertretungsmacht somit keine Wirkung. Ein Schutz vor solchen Passivwir-
kungen lässt sich nur über einen vollständigen Ausschluss einzelner Partner
von der Vertretungsmacht erreichen (MWHLW/*Meilicke* Rn. 29).

e) Nachweis der Vertretungsmacht bei einseitigen Willenserklärun- **39**
gen. Gibt ein für die PartG handelnder Berufsträger für den Mandanten einseitige rechtsgeschäftliche Willenserklärungen ab, so hängt deren Wirksamkeit
nicht nur von einer entsprechenden Vertretungsmacht, sondern nach § 174 S. 1
BGB auch davon ab, dass der Bevollmächtigte eine Vollmachtsurkunde vorlegt
bzw. der Erklärungsempfänger das Rechtsgeschäft nicht bei fehlender Vorlage
einer entsprechenden Urkunde aus diesem Grund unverzüglich zurückweist.
Ausgeschlossen ist die Zurückweisung im Fall des § 174 S. 2 BGB. Bei dem
Nachweis der Vertretungsmacht ergeben sich zusätzliche Probleme, wenn der
unmittelbar handelnde Berufsträger für eine Berufsausübungsgesellschaft, etwa
eine Partnerschaft, tätig wird. In der Praxis werden insbesondere Rechtsanwälte immer wieder mit dem Problem konfrontiert, dass bei für den Mandanten abgegebenen einseitigen empfangsbedürftigen Willenserklärungen
gem. § 174 S. 1 BGB nicht (allein) das Fehlen der vom Mandanten ausgestellten Vollmachtsurkunde gerügt wird, sondern das Fehlen einer Vollmachtsurkunde, aus der sich die Vertretungsmacht des Rechtsanwalts für seine Kanzlei
ergibt. Lautet die Vollmachtsurkunde des Mandanten nämlich nicht (auch) auf
den tatsächlich handelnden Rechtsanwalt, ist dessen Vertretungsmacht streng
genommen nicht aus der vom Mandanten ausgestellten Vollmachtsurkunde ersichtlich. Vor diesem Hintergrund wirft der Nachweis der Vertretungsmacht
durch Vollmachtsurkunden in Partnerschaftsgesellschaften eigenständige
Rechtsfragen auf (zum Ganzen *Henssler/Michel* NJW 2015, 11 [16]).

Klarzustellen ist, dass hinsichtlich der organschaftlichen Vertretungsmacht **40**
der Partner § 174 BGB von vornherein nicht anwendbar ist und dass auch
eine entsprechende Anwendung der Vorschrift nicht in Betracht kommt,
wenn die Partner über Einzelvertretungsvollmacht verfügen. Anders als in der
GbR ist die organschaftliche Vertretungsmacht der Partner gem. § 4 Abs. 1
S. 1, § 5 Abs. 1 aus dem Partnerschaftsregister ersichtlich. Verfügen die Partner
dagegen lediglich über Gesamtvertretungsmacht (→ Rn. 41), so greift grundsätzlich § 174 BGB. Auf der Grundlage der geschilderten hM besteht für die
Vorlage einer Vollmachtsurkunde gleichwohl kein Bedürfnis, da der Berufsträger im Rahmen seiner beruflichen Tätigkeit nach dieser (vorliegend abgelehn-
ten) Auffassung zwingend über Einzelvertretungsmacht verfügt. Lehnt man
mit der hier vertretenen Auffassung dagegen einen Zwang zur Einräumung
von Einzelvertretungsmacht ab und begründet man eine entsprechende Ver-

tretungsmacht mit Rechtsscheingrundsätzen, so kommt es zu einem Konflikt zwischen der Registerlage und dem Rechtsschein. Auch wenn die Rechtsscheingrundsätze prinzipiell Vorrang genießen, so bestehen bei einer abweichenden Registerlage doch hinreichende Unklarheiten über die Vertretungsregelung, sodass bei fehlender Vorlage der Vollmacht das Rechtsgeschäft zurückgewiesen werden kann, ohne dass sich der Erklärungsempfänger dem Missbrauchsvorwurf ausgesetzt sieht (zum Ganzen *Henssler/Michel* NJW 2015, 11 [16]). In der Praxis empfiehlt es sich daher, bei der Vereinbarung von Gesamtvertretungsmacht die Vollmachtsurkunden entsprechend zu gestalten.

3. Gewillkürte Regelung der Vertretungsmacht

41   **a) Gesamtvertretungsmacht.** Entsprechend § 125 Abs. 2 HGB können die Partner im Partnerschaftsvertrag grundsätzlich **Gesamtvertretungsmacht** vereinbaren. Einzelne Partner können gesellschaftsvertraglich von der Vertretung der Partnerschaft ganz ausgeschlossen werden. Ferner kann festgelegt werden, dass bestimmte Partner die Gesellschaft nur gemeinschaftlich vertreten dürfen. Eine Pflicht zur Gleichbehandlung der Partner besteht nicht, sodass einzelnen Partnern Einzelvertretungsbefugnis eingeräumt werden kann, während andere Partner jeweils nur zu zweit handeln dürfen.

42   Allerdings wird für bestimmte Freie Berufe im Schrifttum für den beruflichen Bereich ein Zwang zur Einräumung einer Einzelvertretungsmacht angenommen. So soll mit der Stellung als Rechtsanwalt in einer Berufsausübungsgesellschaft nach hM berufsrechtlich zwingend eine Einzelvertretungsmacht verbunden sein, soweit die anwaltliche Berufsausübung infrage steht (Feuerich/Weyland/*Brüggemann* BRAO § 59a Rn. 16; *Michalski/Römermann* in Henssler/Streck SozietätsR-HdB Kap. B Rn. 129; Hartung/Scharmer/*v. Wedel* BRAO Vor § 59c Rn. 26f.). Dies folge aus dem Grundsatz der Unabhängigkeit des Rechtsanwalts, der in jeglicher Organisationsform als zentrale Bestimmung des anwaltlichen Berufsrechts zu beachten sei (Henssler/Prütting/*Busse* BRAO § 1 Rn. 60). Ein Rechtsanwalt müsse, auch wenn er in einer Gesellschaft tätig ist, die ihm übertragenen Mandate eigenverantwortlich bearbeiten können, das bedeute, dass er hinsichtlich der Annahme des Beratungsvertrags, dessen Durchführung sowie der Durchsetzung seiner Vergütung unabhängig von Weisungen seiner Mitgesellschafter oder von deren Zustimmung handeln können müsse. Nach hM soll dies nur möglich sein, wenn dem Berufsträger für die genannten Tätigkeiten Einzelvertretungsmacht eingeräumt wird.

43   Diese Auffassung beruht auf einem grundlegenden Missverständnis und berücksichtigt nicht die Besonderheiten der gemeinschaftlichen Berufsausübung (Henssler/Prütting/*Henssler* BRAO § 43a Rn. 25; *Deckenbrock/Markworth* in Kilian/Offermann-Burckart/vom Stein, Praxishandbuch Anwaltsrecht, 3. Aufl. 2018, § 9 Rn. 158; *Markworth* NJW 2015, 2152 [2155f.]). Sie lässt insbesondere außer Acht, dass die Unabhängigkeit des einzelnen Partners ihre Grenze zwangsläufig in der Unabhängigkeit der Mitgesellschafter findet. Selbstverständlich muss es zulässig sein, die Übernahme risikoträchtiger Mandate intern an die Zustimmung der Partner zu knüpfen. Auch darf ein Vertragsentwurf oder ein an das Gericht gerichteter Schriftsatz – entsprechend dem schon aus Compliance-Gründen sachgerechten 4-Augen-Prinzip – an die Gegenzeichnung eines anderen Partners gebunden werden. Die Eigenverantwortung des einzelnen Berufsträgers wird nicht dadurch berührt, dass im Einzelfall eine Abstimmung zwischen den Partnern zu erfolgen hat. Aus der freiberuflichen Unabhängigkeit folgt lediglich, dass dem Berufsträger nicht gegen dessen Willen eine bestimmte Form der Mandatsbearbeitung oder die Annahme eines bestimmten Mandates aufgezwungen werden darf. Dagegen kann aus ihr nicht hergeleitet werden, dass die zur gemeinsamen Berufsausübung verbundenen Partner durch einen Gesellschafter ohne Rücksprache in nicht überschaubare Haftungsrisiken bzw. Reputationsverluste für die Berufsausübungsgemeinschaft gezwungen werden können (→ § 6 Rn. 58; *Deckenbrock* in Henssler/Streck SozietätsR-HdB Kap. M Rn. 69).

Von dieser berufsrechtlichen Problematik zu trennen ist die Thematik der **44** Rechtsscheinvollmacht. Der Rechtsverkehr erwartet, dass alle im Briefkopf und auf dem Kanzleischild verzeichneten Berufsträger im beruflichen Bereich über Einzelvertretungsmacht verfügen. Rspr. und Literatur messen der Aufnahme in den Briefkopf sogar eine besonders starke Rechtsscheinwirkung hinsichtlich der Einzelvertretungsvollmacht zu (BGH NJW 1992, 3037 [3039]; *Bartels/Wagner* ZGR 2013, 482 [502]; *Grunewald* FS Ulmer, 2003, 141 [145 f.]; *Henssler* in Henssler/Streck SozietätsR-HdB Kap. D Rn. 133; *Schäfer* DStR 2003, 1078 [1081]; *Schroeder* DStR 1992, 507 [510]; dagegen *Markworth* 194 ff.; *Markworth* NJW 2015, 2152 [2156 f.]). Diese Form der Einzelvertretungsmacht folgt indes nicht aus dem Charakter der freiberuflichen Unabhängigkeit, sondern ist dogmatisch in Vertrauensschutzerwägungen verortet.

b) Ausschluss von der Vertretungsmacht. Nach § 7 Abs. 3 iVm § 125 **45** Abs. 1 HGB können einzelne (aber nicht alle) Partner durch gesellschaftsvertragliche Abrede an sich sogar völlig von der Vertretungsmacht ausgeschlossen werden. § 6 Abs. 2 entfaltet aber trotz seines auf die Geschäftsführung beschränkten Wortlautes und unabhängig von den gegen die Vorschrift bestehenden rechtspolitischen Bedenken (→ § 6 Rn. 3) Wirkungen auch für die Rechtsmacht der Partner im Außenverhältnis. Nur im Bereich der sonstigen Geschäfte ist der Ausschluss von der Vertretungsmacht danach möglich. Im Bereich der freiberuflichen Tätigkeit dürfen nach der Wertung des § 6 Abs. 2 **einzelne Partner nicht vollständig von der Vertretungsbefugnis ausgeschlossen** werden, wenn dadurch zugleich die eigenverantwortliche und selbstständige Berufsausübung beeinträchtigt ist (Römermann/*Praß* Rn. 38). Ohne Befugnisse im Außenverhältnis ist eine höchstpersönliche Tätigkeit bei vielen Freien Berufen schlechterdings undenkbar.

Die amtl. Begr. des Gesetzes geht davon aus, dass das nach § 1 Abs. 3 **vorran- 46 gig geltende Berufsrecht** der Entziehung der Vertretungsbefugnis einzelner Partner zumindest in Bezug auf die Annahme und Abwicklung einzelner Klientenaufträge im Rahmen der sog. klassischen Freien Berufe entgegenstehen kann (BT-Drs. 12/6152, 16; *Feddersen/Meyer-Landrut* Rn. 8). Nach hier vertretener Ansicht (→ § 6 Rn. 58) folgt aus der Unabhängigkeit kein Zwang zur Einzelvertretungsmacht. Einem vollständigen Ausschluss von jeder organschaftlichen und rechtsgeschäftlichen Vertretungsmacht sind indes Grenzen gesetzt. Nach den von § 6 Abs. 2 in den Vordergrund gerückten **Grundsätzen**

freiberuflicher Unabhängigkeit und Eigenverantwortung muss jedenfalls dort im Einzelfall eine Vertretungsbefugnis bestehen, wo sich die Ausübung der Berufstätigkeit der Partner im Verhältnis zu Dritten als Vertretung der Gesellschaft darstellt (BT-Drs. 12/6152, 16; Römermann/*Praß* Rn. 38).

47   Sachgerecht erscheint es, de lege lata den Ausschluss von der organschaftlichen Vertretungsmacht nur dann für zulässig zu halten, wenn dem Partner zumindest eine **nichtorganschaftliche Handlungsvollmacht** für alle mit der Berufsausübung verbundenen rechtsgeschäftlichen Handlungen eingeräumt wird. In der Regel benötigen etwa Rechtsanwälte oder Steuerberater als Partner keine organschaftlichen Vertretungsbefugnisse, um ihre freiberuflichen Leistungen eigenverantwortlich zu erbringen. Es genügt eine nicht auf das Einzelmandat beschränkte Untervollmacht. Diese kann ihnen die Partnerschaft, vertreten durch einen oder mehrere vertretungsberechtigte Partner, jederzeit erteilen (MWHLW/*Meilicke* Rn. 27; MüKoBGB/*Schäfer* Rn. 18). Auf die Erteilung der Untervollmacht hat der Partner einen aus § 6 Abs. 2 abgeleiteten Anspruch (MüKoBGB/*Schäfer* Rn. 18).

48   **c) Eintragungspflicht.** Seit dem Jahr 2001 ist die Vertretungsmacht der Partner in jedem Fall, nicht also nur die Abweichung vom gesetzlichen Regelfall der Alleinvertretungsbefugnis, zum Partnerschaftsregister **anmeldepflichtig** (§ 125 Abs. 1 HGB und § 5 Abs. 1, § 4 Abs. 1 S. 2, 3). Die Eintragung ist allerdings keine Wirksamkeitsvoraussetzung. Solange keine Abweichung von der Alleinvertretungsbefugnis in das Partnerschaftsregister eingetragen ist, kann sich der gutgläubige Rechtsverkehr indes nach § 5 Abs. 2 iVm § 15 HGB auf das Bestehen der Einzelvertretungsbefugnis aller Partner verlassen (MüKoBGB/*Schäfer* Rn. 16).

49   **d) Bevollmächtigung Dritter.** Gesellschaftsfremden Dritten kann eine rechtsgeschäftliche Vollmacht, auch in Form einer Generalvollmacht, nicht jedoch der Prokura (OLG München DB 2005, 2072; → § 6 Rn. 53) eingeräumt werden. Folgerichtig ist § 125 Abs. 3 HGB nicht in die Verweisung des § 7 Abs. 3 aufgenommen worden (zur Kritik → Rn. 33; → § 6 Rn. 58). Die Grenze für die Einbeziehung von Nichtgesellschaftern in vertretungsrechtliche Vereinbarungen bildet das Prinzip der Selbstorganschaft. Die Erteilung unwiderruflicher Generalvollmachten, der Ausschluss aller Gesellschafter von der Vertretungsmacht, Bindungen an die Weisungen Dritter bei der Ausübung der Vertretungsmacht und bestimmte Gestaltungen von Betriebsführungsverträgen sind unzulässig (*Feddersen/Meyer-Landrut* Rn. 6). Zumindest die Gesamtheit aller Gesellschafter muss stets ein **Weisungsrecht** gegenüber außenstehenden Vertretern behalten. Eine rechtsgeschäftliche Vollmacht ist jederzeit widerrufbar. Der Widerruf kann zwar eine Schadensersatzpflicht der Partnerschaft begründen. Verstöße gegen vertragliche Bindungen berühren aber die Wirksamkeit des Widerrufs nicht (BGH NJW 1982, 1817 [1818]; MWHLW/*Meilicke* Rn. 25). Eine Durchbrechung des Prinzips der Selbstorganschaft findet nur in der Liquidation (→ § 10 Rn. 12) sowie zumindest vorübergehend in „liquidationsähnlichen Sonderlagen" (BGH ZIP 2012, 2345) statt. In bestimmten Ausnahmefällen kann ein Gericht einen **gesetzlichen Notvertreter** bestellen, der nicht Organ der Gesellschaft ist (für OHG und KG: BGHZ

33, 105 [108] = NJW 1960, 1997 [1998]; BGHZ 51, 198 [200] = NJW 1969, 507 [508]).

4. Entziehung der Vertretungsmacht

§ 7 Abs. 3 verweist schließlich auf § 127 HGB. Danach kann auf Antrag **50** eines Partners einem Mitgesellschafter die Vertretungsmacht **durch gerichtliche Entscheidung** entzogen werden. Voraussetzung ist ein wichtiger Grund für den Ausschluss von der Vertretungsmacht. Zudem ist der Verhältnismäßigkeitsgrundsatz zu beachten. Können künftige Pflichtverstöße etwa durch die Entziehung der Alleinvertretungsmacht und Einräumung einer Gesamtvertretungsmacht ausgeschlossen werden, kann die Entziehung nur insoweit verlangt werden (MüKoHGB/*K. Schmidt* HGB § 127 Rn. 17). Die Entziehung der Alleinvertretungsmacht ist kein wesensgleiches Minus gegenüber einer vollständigen Entziehung der Vertretungsmacht, weshalb ein entsprechender Antrag zumindest hilfsweise gestellt werden muss. Andernfalls ist die Klage abzuweisen (BGH NJW-RR 2002, 540). Die auf diese Weise erfolgte Entziehung der Vertretungsmacht ist zum Partnerschaftsregister anzumelden. Betrifft sie den einzigen vertretungsberechtigten Partner, so wird durch die Entscheidung automatisch Gesamtvertretungsmacht aller Partner ausgelöst (Heymann/*Emmerich* HGB § 127 Rn. 4; Baumbach/Hopt/*Roth* HGB § 127 Rn. 2).

Aus Vereinfachungsgründen kann im Partnerschaftsvertrag die Entziehung **51** der Vertretungsmacht **durch Gesellschafterbeschluss** vorgesehen werden (BGH NJW 1998, 1225 [1226] für die KG; *Hueck,* Das Recht der offenen Handelsgesellschaft, 4. Aufl. 1971, § 10 VII 11. b), 158, § 20 IV, 300). Wegen der Wertung des § 6 Abs. 2 darf eine solche, durch Gesellschafterbeschluss herbeigeführte Entziehung der Vertretungsmacht nicht ohne vertraglich festgelegten wichtigen Grund und nicht für einen längeren Zeitraum als für drei Monate erfolgen, ohne dass es zu einem Ausschluss des Partners kommt (*Feddersen/Meyer-Landrut* Rn. 9; aA MüKoBGB/*Schäfer* Rn. 17, nach dem die Entziehung der Vertretungsmacht im Gegensatz zur Geschäftsführungsbefugnis unter dem Vorbehalt berufsrechtlicher Schranken auch auf Dauer möglich sein soll; Römermann/*Praß* Rn. 46 iVm Römermann/*Praß* § 6 Rn. 40 ff.; → § 6 Rn. 66). Verzichtet der Vertrag auf das Erfordernis eines wichtigen Grundes, so kann das Gericht einen Mehrheitsbeschluss der Partner nicht auf seine sachliche Richtigkeit überprüfen (gegen eine solche Kompetenz der Gerichte auch MWHLW/*Meilicke* § 7 Rn. 31 iVm MWHLW/*Meilicke* § 6 Rn. 47). Die vertragliche Klausel ist unwirksam, sodass die Partner auf die Gestaltungsklage angewiesen sind.

Theoretisch kann der Gesellschaftsvertrag die Entziehung der Vertretungs- **52** macht auch über § 127 HGB hinaus erschweren. Diesem Fall dürfte in der Praxis jedoch keine Bedeutung zukommen, da der gesetzlich vorgesehene Ausschluss durch gerichtliches Gestaltungsurteil bereits eine ausreichende Barriere gegen das vorschnelle Hinausdrängen eines Partners bietet. Ein vollständiges Abbedingen der Regelung ist hingegen unzulässig (BGH NJW 1998, 1225 [1226] für die OHG; MüKoHGB/*K. Schmidt* HGB § 127 Rn. 9).

V. Partnerschaftsgründung durch Umwandlung

53   Nachdem die Umwandlung einer Partnerschaft bzw. die Umwandlung in eine Partnerschaft anfangs nicht geregelt war (vgl. 1. Aufl. 1997, Rn. 47 ff.), ist die Partnerschaft durch die UmwG-Novelle vom 22.7.1998 (BGBl. 1998 I 1878) in den Katalog der verschmelzungsfähigen Gesellschaften aufgenommen worden (§ 3 Abs. 1 Nr. 1 UmwG; → § 1 Rn. 38; → § 10 Rn. 44). Zudem kann die Partnerschaft formwechselnder Rechtsträger (§ 191 Abs. 1 Nr. 1 UmwG; → § 1 Rn. 40; → § 10 Rn. 45) wie auch Rechtsträger neuer Rechtsform sein (§ 191 Abs. 2 Nr. 2 UmwG, § 226 UmwG). Entsprechende Unterabschnitte sind mit den §§ 45a–45e UmwG und §§ 225a–225c UmwG in das UmwG eingefügt worden. Über § 125 UmwG ist eine Auf- und Abspaltung einer Partnerschaft möglich (→ § 1 Rn. 39). Nicht durch das UmwG geregelt ist der Formwechsel in oder aus einer anderen Personengesellschaft. Dieser erfolgt nach dem allgemeinen Personengesellschaftsrecht, was § 2 Abs. 2 Hs. 2 voraussetzt (OLG Karlsruhe NJW 1999, 2284 [2285]; MHdB GesR I/*Salger* § 45 Rn. 4; MüKoBGB/*Schäfer* Rn. 27, 31 f.). Relevant ist in diesem Zusammenhang insbesondere die Umwandlung durch Eintragung einer GbR als Partnerschaft in das Partnerschaftsregister. Es erfolgt ein identitätswahrender Rechtsformwechsel, eine Liquidation der ursprünglichen GbR ist nicht erforderlich, das Vermögen und die Schulden der GbR werden mit Eintragung unproblematisch Gesellschaftsvermögen und -verbindlichkeiten der Partnerschaft (Römermann/*Praß* Rn. 18). Für Verbindlichkeiten aus Berufshaftung wird zT eine Nachhaftungsbegrenzung analog § 160 Abs. 3 HGB, § 224 Abs. 2 UmwG befürwortet (Sommer/*Treptow*/*Dietlmeyer* NJW 2011, 1551 [1553]; → § 1 Rn. 36; → § 10 Rn. 39 ff.).

54   Bei der Umwandlung in eine PartmbB ist zusätzliche Voraussetzung der Abschluss einer Haftpflichtversicherung (§ 8 Abs. 4 S. 1; zur untechnischen „Umwandlung" einer PartG in eine PartmbB auch *Uwer*/*Roeding* AnwBl. 2013, 309; *Lieder*/*Hoffmann* NZG 2016, 287 [292]). Im Übrigen gilt die Prämisse, dass für die PartmbB als bloße Rechtsformvariante der „einfachen" Partnerschaft im Rahmen der Umwandlung die gleichen Vorschriften gelten wie für die PartG, soweit nicht ausnahmsweise § 8 Abs. 4 eine Abweichung gebietet (*Lieder*/*Hoffmann* NZG 2016, 287 [292]).

VI. Die Partnerschaft als Prozess- und Verfahrensbevollmächtigte (Abs. 4)

55   Die Regelung des Abs. 4 ist durch das FGOÄndG v. 19.12.2000 (BGBl. 2000 I 1757) eingefügt worden. Sie trifft eine Sonderbestimmung für Partnerschaften, an der Rechtsanwälte oder Steuerberater beteiligt sind. Die Vorschrift ist § 59l BRAO nachgebildet, der in ähnlicher Form die **Postulationsfähigkeit** der Rechtsanwaltsgesellschaft mbH regelt. Ursprünglich war kein Bedarf für eine entsprechende Klarstellung gesehen worden, die Postulationsfähigkeit der Partnerschaft wurde – ebenso wie diejenige einer Sozietät – vielmehr als selbstverständlich vorausgesetzt. Der BFH stellte sich in einer Entscheidung aus dem Jahr 1999 allerdings auf den Standpunkt, dass die Partnerschaft im Revisionsverfahren keine vertretungsberechtigte Person sei mit der weitreichenden Folge, dass die durch eine Partnerschaft eingelegte Revision als unzulässig zurückgewiesen wurde (BFH DStR 1999, 758 [759]). Der postulationsfähige Partner hätte die Revision aus Sicht des BFH in eigenem Namen einlegen müssen. Damit war eine gesetzliche Regelung erforderlich. Leider ist der Gesetzgeber auf halbem Wege stehen geblieben. Im Grunde genommen stellt sich nämlich ein identisches Problem bei der Sozietät in der Rechtsform der GbR, die ebenfalls rechtsfähig und damit selbst Vertragspartnerin des Anwaltsvertrags ist (→ Rn. 13 ff.). Ihr müsste konsequenterweise ebenfalls explizit die Postulationsfähigkeit zuerkannt werden (krit. auch Henssler/Strohn/*Hirtz* Rn. 1, 19).

Die Partnerschaft ist eine rechtsfähige Personengesellschaft. Der Beratungs- **56** vertrag mit einer Steuerberatungs-Partnerschaft bzw. der Rechtsanwaltsvertrag mit einer Rechtsanwalts-Partnerschaft kommt mit der Partnerschaft selbst und nicht mit einem oder mehreren Berufsträgern der Partnerschaft zustande. Das Honorar steht demzufolge der Partnerschaft zu, nicht den einzelnen Partnern (daraus ergibt sich unter anderem die Folge, dass die Erhebung der Klage auf Zahlung der Vergütung durch nur einen Partner ohne Hinweis auf eine Prozessstandschaft für die PartG nicht zu einer Verjährungshemmung in Bezug auf die Honorarforderung führt; denn Voraussetzung der Verjährungshemmung nach § 204 Abs. 1 Nr. 1 BGB ist, dass die Klage durch den Inhaber der Forderung als materiell Berechtigten erhoben wird, OLG Düsseldorf AnwBl. 2012, 372). Die Partnerschaft selbst handelt durch ihre Partner oder durch weitere Vertreter, etwa angestellte Steuerberater oder Rechtsanwälte. Dementsprechend erkennt der Gesetzgeber der Partnerschaft die Fähigkeit zu, **prozessuale Handlungen** in allen Verfahrensschritten wirksam vorzunehmen (BT-Drs. 14/4061, 12; für § 59l BRAO BT-Drs. 13/9820, 18). Die Postulationsfähigkeit hat den Vorteil, dass die Partnerschaft die prozessuale Vertretung durch jeden ihrer organschaftlichen oder rechtsgeschäftlichen Vertreter erbringen kann, ohne dass der Mandant jedem bearbeitenden Rechtsanwalt eine Vollmacht erteilen müsste oder der auftretende Rechtsanwalt einer Untervollmacht bedürfte (dies spielte auch in der Entscheidung BGH NJW 2010, 3661 eine – wenn auch nur untergeordnete – Rolle).

Bei den jeweiligen verfahrensrechtlichen Schritten kann die Partnerschaft **57** nur von einem Partner oder Vertreter vertreten werden, der selbst in berechtigter Weise vor der jeweiligen Stelle auftreten darf. Dies ergibt sich aus den Prozess- oder Verfahrensordnungen, dem Rechtsdienstleistungsgesetz (RDG) und den einzelnen Berufsordnungen (Römermann/*Praß* Rn. 55). Seit Einführung des RDG ist die Rechtslage unbefriedigend (*Henssler* AnwBl. 2007, 553 [557]). Die Verleihung der Postulationsfähigkeit führt nicht zur Befugnis der Partnerschaft zur Rechtsberatung, vielmehr ergibt sich diese alleine aus dem anwaltlichen Berufsrecht. Anders als die Vorgängerregelung in § 3 Nr. 2 RBerG enthält das RDG keine ausdrückliche Zulassung von gesellschaftlichen Zusammenschlüssen von Rechtsanwälten. Auch die BRAO enthält mit § 3 Abs. 1 BRAO nur eine Regelung für den Einzelanwalt sowie für Rechtsanwaltsgesellschaften iSv § 59c ff. BRAO Allerdings sollte mit der Einführung des RDG keine Änderung der Zulässigkeit der Rechtsberatung durch Sozietäten und Partnerschaften einhergehen (BT-Drs. 16/3655, 32).

58   Deswegen ist auch weiterhin davon auszugehen, dass eine Partnerschaft, bei der mindestens ein Partner Rechtsanwalt ist, gem. § 3 RDG iVm § 3 Abs. 1 BRAO zur Rechtsberatung befugt ist (*Henssler/Deckenbrock* DB 2008, 41 f.). Voraussetzung ist, dass die Rechtsdienstleistung durch den anwaltlichen Partner oder einen angestellten Rechtsanwalt erbracht wird. Das folgt auch aus § 7 Abs. 4, der die Befugnis der Partnerschaft zur Rechtsbesorgung zwingend voraussetzt. Die Postulationsfähigkeit der einzelnen Partner sowie der angestellten Berufsträger erstreckt sich auf die Partnerschaft (MüKoBGB/*Schäfer* Rn. 22).

59   Dies hat insbesondere für **interprofessionelle Partnerschaften** Bedeutung. Besteht zB eine Partnerschaft aus Steuerberatern und Rechtsanwälten, so ist die Partnerschaft als solche zur (zivil-)gerichtlichen Vertretung befugt und nicht nur die anwaltlichen Partner. Allerdings darf die interprofessionelle Partnerschaft vor Gericht nur durch einen vertretungsberechtigten Rechtsanwalt auftreten. So kann etwa eine interprofessionelle Partnerschaft, der ein Rechtsanwalt und mehrere Steuerberater angehören, die Anerkennung als Steuerberatungsgesellschaft erhalten. Ihr Name lautet dann „X, Y und Partner Steuerberatungsgesellschaft, Rechtsanwalt", sofern nicht nach § 53 S. 2 StBerG die Berufsbezeichnung des Rechtsanwalts weggelassen wird (→ § 2 Rn. 61). Möchte die Steuerberatungsgesellschaft Rechtsdienstleistungen erbringen, wird es sich allerdings empfehlen, die Berufsbezeichnung „Rechtsanwalt" im Namen zu erwähnen. Die Steuerberatungsgesellschaft darf durch ihren anwaltlichen Partner Rechtsdienstleistungen erbringen und vor Gericht als Prozessvertreter auftreten (dazu *Henssler* FS Busse, 2006, 127 [137]). Genauso wie eine reine Rechtsanwaltspartnerschaft benötigt auch eine interprofessionelle Partnerschaft, an der Rechtsanwälte als Gesellschafter beteiligt sind, keine Erlaubnis nach dem RDG. Die Kompetenz zur Rechtsdienstleistung geht nicht durch die zusätzliche Anerkennung als Steuerberatungs- oder Wirtschaftsprüfungsgesellschaft verloren.

60   Die Anknüpfung der Postulationsfähigkeit an die **Vertretungsmacht** der Partnerschaft führt im Fall der Gesamtvertretung zu deren Geltung auch in der Prozessvertretung. Postulationsfähig sind in diesem Fall nur die gesamtvertretungsberechtigten Partner oder Vertreter gemeinsam. Mit der berufsrechtlichen Unabhängigkeit des Rechtsanwaltes ist dieses Ergebnis nicht zu vereinbaren. Die Gesamtvertretung der Partnerschaft darf bei Prozesshandlungen im Rahmen der Mandatsausübung für die Partnerschaft nicht fortbestehen. Hierzu gelangt man methodisch mit dem Vorschlag von *Meilicke* (MWHLW/ *Meilicke* Rn. 40), eine Ermächtigung für die gerichtliche Mandatsvertretung anzunehmen, die auch konkludent mit der Übertragung der Mandatsbearbeitung durch die übrigen Partner erfolgen kann (aA Henssler/Strohn/*Hirtz* Rn. 20).

61   Eingeschränkt wird die Postulationsfähigkeit der Partnerschaft durch Abs. 4 S. 3 im Strafprozess. **Verteidiger** iSd § 137 ff. StPO ist danach nur die für die Partnerschaft handelnde Person. Dies entspricht dem Grundsatz, dass Verteidiger immer nur eine Person, nicht aber eine Personenvereinigung sein kann (BVerfGE 43, 79 [91] = NJW 1977, 99; *Weiß* NJW 1983, 89 [90]). Sollen

mehrere Partner oder angestellte Rechtsanwälte der Partnerschaft die Verteidigung übernehmen, müssen sie in diesem Fall einzeln durch den Mandanten bevollmächtigt werden, soweit man nicht auf eine Untervollmacht ausweichen will. Hierzu muss der Angeklagte den Verteidiger aber grundsätzlich ermächtigen (*Meyer-Goßner/Schmitt* StPO Vor § 137 Verteidigung Rn. 11). Zu berücksichtigen ist auch § 137 Abs. 1 S. 2 StPO, nach dem die Zahl der gewählten Verteidiger drei nicht übersteigen darf. Die Verteidigerstellung nur einzelner Partner ändert nichts daran, dass der Rechtsanwaltsvertrag mit der Partnerschaft geschlossen wird.

VII. Angaben auf Geschäftsbriefen (Abs. 5)

Die Vorschrift über die Angaben auf Geschäftsbriefen ist mit dem HRefG **62** vom 22.6.1998 (BGBl. 1998 I 1474) zunächst als Abs. 4 eingefügt und mit der Einfügung des Prozess- und Verfahrensbevollmächtigung betreffenden neuen Abs. 4 als Abs. 5 beibehalten worden. Sie überträgt die Regelung des durch das HRefG neu gefassten § 125a HGB auf die Partnerschaft. Da Gesellschafter einer Partnerschaft ausschließlich natürliche Personen sein können, erübrigte sich die Übernahme von § 125a Abs. 1 S. 2 und 3 HGB. Nach der Regierungsbegründung (BT-Drs. 13/8444, 81) dient die Vorschrift vor allem dem Schutz des Rechtsverkehrs. Denn auch in der Kurzbezeichnung der Partnerschaft können Namen von ausgeschiedenen oder verstorbenen Partnern in zulässiger Weise fortgeführt werden. Deshalb ist für Dritte allein aus dem Namen nicht ersichtlich, wer hinter der Partnerschaft steht und wer damit **persönlich für die Gesellschaftsschulden haftet.** Zudem soll durch die Nennung des Partnerschaftsregisters und der Registernummer eine deutliche Unterscheidung und damit eine Abhebung der Partnerschaft von der Sozietät in der Rechtsform der GbR erreicht werden.

Nach § 125a Abs. 1 S. 1 HGB müssen auf den **Geschäftsbriefen** der Part- **63** nerschaft die **Rechtsform der Partnerschaft, der Sitz der Partnerschaft, das Registergericht sowie die Registernummer,** unter der die Partnerschaft eingetragen ist, angegeben werden. Dies gilt allerdings nur, wenn die Geschäftsbriefe an einen bestimmten Empfänger gerichtet sind. Der Begriff des Geschäftsbriefs ist weit auszulegen. Hierunter fallen Kurzmitteilungen wie etwa Postkarten ebenso wie elektronische Mitteilungen, etwa Telefaxe und E-Mails (MüKoHGB/*K. Schmidt* HGB § 125a Rn. 5; zu den Möglichkeiten der praktischen Umsetzung der Anforderungen zu Pflichtangaben in E-Mails durch das am 1.1.2007 in Kraft getretene Gesetz über elektronische Handelsregister und Genossenschaftsregister sowie das Unternehmensregister [EHUG] *Glaus/Gabel* BB 2007, 1744ff.). Sie müssen indes im Namen der Gesellschaft im geschäftlichen Bereich verfasst sein und einen rechtsgeschäftlich erheblichen Inhalt haben. Dies ist bei reinen Werbebriefen oder allgemeinen Informationen nicht der Fall (EBJS/*Hillmann* HGB § 37a Rn. 7).

Für **Bestellscheine und Vordrucke** ist über § 125a Abs. 2 HGB die Rege- **64** lung in § 37a Abs. 2, 3 HGB anwendbar. Danach bedarf es der Angaben iSd § 125a Abs. 1 S. 1 HGB nicht, wenn eine Mitteilung im Rahmen einer **bestehenden Geschäftsverbindung** gemacht wird. Voraussetzung ist, dass die In-

formationen bereits einmal übermittelt worden sind (Baumbach/Hopt/*Hopt*
HGB § 37a Rn. 5). Bei erstmaliger Aufnahme der Geschäftsverbindung ist die
Ausnahme daher nicht anwendbar. Die handelsrechtliche Sondervorschrift
greift nur, wenn für die Mitteilungen üblicherweise Vordrucke verwendet wer-
den, in die nur die im Einzelfall erforderlichen besonderen Angaben eingefügt
zu werden brauchen. Nach § 37a Abs. 3 HGB gilt die Erleichterung nicht für
Bestellscheine. Die Verweisung in § 37a Abs. 4 HGB stellt sicher, dass gegen die
organschaftlichen Vertreter sowie gegen die vertretungsberechtigten Partner
Zwangsgelder durch das Registergericht verhängt werden können, wenn die
Pflichtangaben auf den Geschäftsbriefen nicht eingehalten werden.

65   Von der gesellschaftsrechtlichen Regelung bleiben spezielle berufsrechtliche Regelungen unberührt. So sind auf den **Briefbögen** (→ § 2 Rn. 54 ff.)
einer Partnerschaft von Rechtsanwälten die Namen aller Gesellschafter mit
mindestens einem Vornamen aufzuführen, § 10 Abs. 2 S. 1 BORA. Diese berufsrechtliche Pflicht führt bei registerpflichtigen Gesellschaften wie auch der
PartG zu einer „doppelten Publizität", da die Gesellschafter bereits aus dem
Register ersichtlich sind. Vor dem Hintergrund des Art. 3 Abs. 1 GG ist diese
zusätzliche Belastung nicht unproblematisch. Das BVerfG (NJW 2009, 2587
Rn. 7 ff.) verneint allerdings im Ergebnis zu Recht einen Verstoß mit dem
Hinweis, dass die doppelte Publizität dem erhöhten Schutzbedürfnis der Mandanten vor allem bei größeren Anwaltsfirmen Rechnung tragen kann (vgl.
Hartung/Scharmer/*v. Lewinski* BORA § 10 Rn. 26 ff.). Außerdem handelt es
sich bei der Informationsbeschaffung anhand des Registers nicht um eine
gleichwertige Alternative (BVerfG NJW 2009, 2587 Rn. 15; *Deckenbrock* in
Henssler/Streck SozietätsR-HdB Kap. M Rn. 198). Eine ähnliche Regelung
gilt etwa für Wirtschaftsprüfer (§ 28 Abs. 3 S. 1 BS WP/vBP).

66   Für die **PartmbB** als Variante der Partnerschaftsgesellschaft soll gemäß der
amtlichen Begründung (BT-Drs. 17/10487, 13) des Regierungsentwurfs zum
Gesetz zur Einführung einer Partnerschaftsgesellschaft mit beschränkter Berufshaftung und zur Änderung des Berufsrechts der Rechtsanwälte, Patentanwälte, Steuerberater und Wirtschaftsprüfer vom 15.7.2013 (BGBl. 2013 I
2386) in Abs. 5 klargestellt werden, dass der die **Haftungsbeschränkung
kenntlich machende Namenszusatz** zu den Angaben gehört, die nach
§ 125 Abs. 1 S. 1 HGB auf den Geschäftsbriefen anzugeben sind. Im Falle des
Zuwiderhandelns kommt eine **Rechtsscheinhaftung** in Betracht (→ § 8
Rn. 55).

§ 8   Haftung für Verbindlichkeiten der Partnerschaft

(1) **¹Für Verbindlichkeiten der Partnerschaft haften den Gläubigern
neben dem Vermögen der Partnerschaft die Partner als Gesamtschuldner. ²Die §§ 129 und 130 des Handelsgesetzbuchs sind entsprechend anzuwenden.**

(2) **Waren nur einzelne Partner mit der Bearbeitung eines Auftrags
befaßt, so haften nur sie gemäß Absatz 1 für berufliche Fehler neben
der Partnerschaft; ausgenommen sind Bearbeitungsbeiträge von untergeordneter Bedeutung.**

(3) **Durch Gesetz kann für einzelne Berufe eine Beschränkung der Haftung für Ansprüche aus Schäden wegen fehlerhafter Berufsausübung auf einen bestimmten Höchstbetrag zugelassen werden, wenn zugleich eine Pflicht zum Abschluß einer Berufshaftpflichtversicherung der Partner oder der Partnerschaft begründet wird.**

(4) [1]**Für Verbindlichkeiten der Partnerschaft aus Schäden wegen fehlerhafter Berufsausübung haftet den Gläubigern nur das Gesellschaftsvermögen, wenn die Partnerschaft eine zu diesem Zweck durch Gesetz vorgegebene Berufshaftpflichtversicherung unterhält.** [2]**Für die Berufshaftpflichtversicherung gelten § 113 Absatz 3 und die §§ 114 bis 124 des Versicherungsvertragsgesetzes entsprechend.** [3]**Der Name der Partnerschaft muss den Zusatz „mit beschränkter Berufshaftung" oder die Abkürzung „mbB" oder eine andere allgemein verständliche Abkürzung dieser Bezeichnung enthalten; anstelle der Namenszusätze nach § 2 Absatz 1 Satz 1 kann der Name der Partnerschaft mit beschränkter Berufshaftung den Zusatz „Part" oder „PartG" enthalten.**

§ 8 verweist auf folgende Vorschriften des HGB:

§ 129 [Einwendungen des Gesellschafters]

(1) Wird ein Gesellschafter wegen einer Verbindlichkeit der Gesellschaft in Anspruch genommen, so kann er Einwendungen, die nicht in seiner Person begründet sind, nur insoweit geltend machen, als sie von der Gesellschaft erhoben werden können.

(2) Der Gesellschafter kann die Befriedigung des Gläubigers verweigern, solange der Gesellschaft das Recht zusteht, das ihrer Verbindlichkeit zugrunde liegende Rechtsgeschäft anzufechten.

(3) Die gleiche Befugnis hat der Gesellschafter, solange sich der Gläubiger durch Aufrechnung gegen eine fällige Forderung der Gesellschaft befriedigen kann.

(4) Aus einem gegen die Gesellschaft gerichteten vollstreckbaren Schuldtitel findet die Zwangsvollstreckung gegen die Gesellschafter nicht statt.

§ 130 [Haftung des eintretenden Gesellschafters]

(1) Wer in eine bestehende Gesellschaft eintritt, haftet gleich den anderen Gesellschaftern nach Maßgabe der §§ 128 und 129 für die vor seinem Eintritte begründeten Verbindlichkeiten der Gesellschaft, ohne Unterschied, ob die Firma eine Änderung erleidet oder nicht.

(2) Eine entgegenstehende Vereinbarung ist Dritten gegenüber unwirksam.

Schrifttum: *Arnold/Dötsch,* Persönliche Haftung für Altschulden beim Eintritt in eine GbR, DStR 2003, 1398; *Bachmann/Schaloske,* Die neue Partnerschaftsgesellschaft mit beschränkter Berufshaftung, PHi 2013, 202; *Barth,* Partnerschaftsgesellschaft und Haftungsbeschränkung, NZBau 2003, 409; *Bauer,* Partnerschaftsgesellschaft mit beschränkter Berufshaftung – Auf die Plätze, fertig, los!, BRAK-Mitt. 2013, 202; *Beck,* Zwei Jahre PartGmbB: Offene Fragen des Gesetzgebungsverfahrens, AnwBl. 2015, 380; *Binnewies/Wollweber,* Der Rechtsformwechsel von der Sozietät (GbR) in die PartGmbB, AnwBl. 2014, 9; *Chab,* Die Haftung des Rechtsanwalts für Berufsfehler seiner Sozien, ZAP Fach 23, 723; *Dahns,* Partnerschaftsgesellschaft mit beschränkter Berufshaftung, NJW-Spezial 2012, 190; *Dahns,* Die neue Partnerschaftsgesellschaft mit beschränkter Berufshaftung, NJW-Spezial 2013, 446; *Dallwig,* Versicherungsrechtliche Konsequenzen des Gesetzes zur Einführung einer Partnerschaftsgesellschaft mit beschränkter Berufshaftung für die

Vermögensschadenhaftpflichtversicherung für Rechtsanwälte, VersR 2014, 19; *Decken-brock/Meyer,* Die Haftung des Scheinsozius, ZIP 2014, 701; *Eigner,* Die Beschränkung der persönlichen Gesellschafterhaftung bei Gesellschaft bürgerlichen Rechts und Partnerschaft, 2004; *Ewer,* Die Antwort auf die Flucht in die Anwalts-LLP: Passen wir unser Recht an, AnwBl. 2010, 857; *Fischer,* Die Partnerschaftsgesellschaft mit beschränkter Berufshaftung, Rechtliche Einordnung und Haftungsverfassung unter Berücksichtigung der englischen LLP, Diss. 2015; *Freudenberg/Honisch,* Gesellschafterhaftung in der Insolvenz von Anwaltssozietäten – Erstreckung auf (ausgeschiedene) Scheingesellschafter?, NJW 2014, 881; *Gladys,* Die Partnerschaftsgesellschaft mit beschränkter Berufshaftung – Offene Fragen aus Sicht der Berufshaftpflichtversicherung, DStR 2013, 2416; *Gladys,* Die Berufshaftpflichtversicherung zu dem Zweck, die Haftung auf das Gesellschaftsvermögen der Partnerschaft zu begrenzen, DStR 2014, 2596; *Gladys,* Die Berufshaftpflichtversicherung der einfachen Steuerberater-Partnerschaft, DStR 2015, 916; *Gladys/Riechert,* Neuer Versicherungsschutz für Gesamthand und Gesamthänder bei Schäden aus beruflicher Tätigkeit Teil 2: Ausgestaltung und Anwendung, DStR 2011, 936; *Grunewald,* Anwaltshaftung bei gemeinschaftlicher Berufsausübung, ZAP Fach 23, 551; *Grunewald,* Scheinsozietäten als besondere Form der Scheingesellschaft, FS Ulmer, 2003, 141; *Grunewald,* Die Partnerschaft mit beschränkter Berufshaftung – sinnvolle Ergänzung des PartGG oder systemwidrige Privilegierung einiger Weniger?, ZIP 2012, 1115; *Grunewald,* Die Partnerschaft mit beschränkter Berufshaftung, GWR 2013, 393; *Hecksehen/Bergschneider,* Freiberufler – die richtige Wahl der Rechtsform, NotBZ 2013, 81; *Hellwig,* Haftpflichtversicherung statt Handelndenhaftung bei der Partnerschaftsgesellschaft, NJW 2011, 1557; *Henssler,* Die Haftung der Partnerschaft und ihrer Gesellschafter, FS Vieregge, 1995, 361; *Henssler,* Die Haftung der Rechtsanwälte und Wirtschaftsprüfer, AnwBl. 1996, 3; *Henssler,* Die „Limited Liability Partnership" des US-amerikanischen Rechts, FS Herbert Wiedemann, 2002, 906; *Henssler,* Die Personengesellschaft – das Stiefkind des deutschen Gesellschaftsrechts, BB 2010, 2; *Henssler,* Keine Organisationsfreiheit für Rechtsanwälte – Das Verbot der Rechtsanwalts-GmbH & Co. KG, NZG 2011, 1121; *Henssler,* Die „association d'avocats à responsabilité professionelle individuelle" als französisches „Pendant zur LLP" – Vorbild für die Reform des deutschen Personengesellschaftsrechts?, FS Hommelhoff, 2012, 401; *Henssler,* Die PartGmbB – großer Wurf oder (zu) kleine Lösung, AnwBl. 2014, 96; *Henssler,* Die LLP – die bessere Alternative zur PartmbB?, NJW 2014, 1761; *Henssler/Markworth,* Anforderungen an eine Freiberufler-GmbH & Co. KG, NZG 2015, 1; *Henssler/Trottmann,* Berufsrechtliche Besonderheiten bei der interprofessionellen Partnerschaftsgesellschaft mit beschränkter Berufshaftung, NZG 2017, 241; *Jawansky,* Haftung und Haftungskonzentration bei der Partnerschaftsgesellschaft, Diss. 1997; *Hirte/Mertz,* Reformbedarf im Unternehmens- und Steuerrecht für den (freiberuflichen) Mittelstand, FS Frotscher, 2013, 219; *Hirte/Praß,* Insolvenz der Partnerschaftsgesellschaft mit beschränkter Berufshaftung (PartmbB), FS Kübler, 2015, 243; *Höpfner,* Die Haftungsverfassung der Partnerschaftsgesellschaft mit beschränkter Berufshaftung, JZ 2017, 19; *Kilian,* Brennpunkte des anwaltlichen Berufsrechts – Das Berufsrechtsbarometer 2011 des Soldan Insituts, NJW 2011, 3413; *Kilian,* Risikomanagement durch Versicherungsschutz, AnwBl. 2012, 893; *Kilian,* Überwiegend Akzeptanz in der Anwaltschaft für eine PartmbB, AnwBl. 2012, 957; *Kilian,* Die Partnerschaft mit beschränkter Berufshaftung – Vielfalt beim Risikomanagement – oder: Für welche Kanzleien die PartGmbB attraktiv ist, AnwBl. 2013, 14; *Kilian,* Die Partnerschaftsgesellschaft mit beschränkter Berufshaftung, MDR 2013, 1137; *Kilian,* Brennpunkte des anwaltlichen Berufsrechts – Das Berufsrechtsbarometer 2013 des Soldan Instituts, NJW 2014, 1499; *Klein,* Ein Apfel unterm Birnbaum? – Rechtsfolgen des Handelns bei fehlendem oder fehlerhaftem Rechtsformzusatz, NJW 2015, 3607; *von Klitzing/Seiffert,* GmbH und PartmbB im Lichte des Berufsrechts – Organinnenhaftung in der haftungsbeschränkten Berufsträgergesellschaft, ZIP 2015, 2401; *Klose,* Insolvenzantragspflicht bei der PartmbB, GmbHR 2013, 1191; *Korch,* Offene Rechtsfragen zur Reichweite der Haftungsbeschränkung durch die Partnerschaftsgesellschaft mit beschränkter Berufshaftung, NZG

2015, 1425; *Kreße,* Die neue Partnerschaftsgesellschaft mit beschränkter Berufshaftung im Kontext der Rechtsanwaltshaftung, NJ 2013, 45; *Kubata/Riegler/Straßen,* Zur Gewerblichkeit freiberuflich tätiger Personengesellschaften, DStR 2014, 1949; *Langenkamp/Jäger,* Die Haftung für Fehler von Scheinpartnern in Rechtsanwalts- und Steuerberatungs-Partnergesellschaften, NJW 2005, 3238; *Leitzen,* Die Partnerschaftsgesellschaft mit beschränkter Berufshaftung, DNotZ 2013, 596; *Leuering,* Auf dem Weg zur Partnerschaftsgesellschaft mit beschränkter Berufshaftung, ZIP 2012, 1112; *Leuering,* Die Partnerschaft mit beschränkter Berufshaftung, NZG 2013, 1001; *Lieder,* Die Partnerschaftsgesellschaft mit beschränkter Berufshaftung – Teil 1, NotBZ 2014, 81; *Lieder,* Die Partnerschaftsgesellschaft mit beschränkter Berufshaftung – Teil 2, NotBZ 2014, 128; *Lieder/Hoffmann,* Rechtstatsachen zur PartmbB und zur LLP, NZG 2014, 127; *Lieder/Hoffmann,* Die PartmbB – Rechtstatsachen und Rechtsprobleme, NJW 2015, 897; *Markworth,* Scheinsozius und Scheinsozietät – die Auswirkungen des Rechtsscheins in GbR und PartG, Diss. 2015; *Markworth,* Anwaltsvertragsschlüsse für eine Sozietät, NJW 2015, 2152; *Markworth,* Eintragung bei Formwechsel einer GmbH in eine GbR, Anm. zu BGH, Urt. v. 18.10.2016 – II ZR 314/15, NJW 2017, 559; *Mumme,* Gläubigerschutz durch Berufshaftpflichtversicherung in der PartGmbB, 2017; *Niebling,* Haftungsbeschränkung für Rechtsanwälte trotz AGB-Richtlinie, AnwBl. 1996, 20; *Offermann-Burckhart,* Anwaltliches Gesellschaftsrecht – das kleine Einmaleins der PartG, AnwBl. 2014, 194; *Offermann-Burckhart,* Anwaltliches Gesellschaftsrecht – das große Einmaleins der PartG, AnwBl. 2014, 366; *Pleister,* Ein Weg zur begrenzten Haftung für Berufsfehler: Die englische LLP, AnwBl. 2012, 801; *Posegga,* Die Haftung der Mitglieder einer freiberuflichen Sozietät – Eine Bestandsaufnahme der höchstrichterlichen Rspr. zur Haftung der Mitglieder einer freiberuflichen Sozietät nach der Entscheidung des BGH vom 10.5.2012, IX ZR 125/10 (Teil II), DStR 2013, 611; *Riechert,* Die Berufshaftpflichtversicherung der PartGmbB – Grundlagen, AnwBl. 2014, 266; *Riechert,* Die Berufshaftpflichtversicherung der PartGmbB – Spezialfragen, AnwBl. 2014, 852; *Ring,* Die Partnerschaftsgesellschaft mit beschränkter Berufshaftung für Angehörige freier Berufe (insbesondere Rechtsanwälte), WM 2014, 237; *Römermann,* Anwalts-GmbH als theoretische Variante zur Partnerschaft, GmbHR 1997, 530; *Römermann,* PartmbB – die anwaltliche Rechtsform der Zukunft?!, AnwBl. 2012, 288; *Römermann,* Die PartmbB – eine neue attraktive Rechtsform für Freiberufler, NJW 2013, 2305; *Römermann/Praß,* Die Partnerschaftsgesellschaft mit beschränkter Berufshaftung – Rechtspolitische Kritik und rechtssystematische Einordnung, NZG 2013, 601; *Römermann/Jähne,* Die Partnerschaftsgesellschaft mit beschränkter Berufshaftung – ein Erfolgsmodell?, BB 2015, 579; *Seibert,* Aktuelle Änderungen im PartGG – Neue Haftungsregelung für Freiberufler, BRAK-Mitt 1998, 210; *Ruppert,* Partnerschaftsgesellschaft mit beschränkter Berufshaftung – Ende gut, alles gut?, DStR 2013, 1623; *Salger,* Beschränkte Berufshaftung – Zum Gesetzentwurf zur Einführung einer „Partnerschaftsgesellschaft mit beschränkter Berufshaftung", DB 2012, 1794; *K. Schmidt,* Die freiberufliche Partnerschaft, NJW 1995, 1; *K. Schmidt,* Die Sozietät als Sonderform der BGB-Gesellschaft, NJW 2005, 2801; *Schumacher,* Die Partnerschaftsgesellschaft mit beschränkter Berufshaftung für Rechtsanwälte, Diss. 2014; *Schumacher,* Zur materiellen Reichweite des partiellen Haftungsausschlusses bei der rechtsanwaltlichen Partnerschaftsgesellschaft mit beschränkter Berufshaftung (§ 8 IV 1 PartGG), NZG 2015, 379; *Schüppen,* Wider die LLP, für rechtspolitische Plausibilität – es bleibt viel zu tun bei der Änderung des PartGG, BB 2012, 783; *Schüppen,* Die Partnerschaftsgesellschaft mit beschränkter Berufshaftung (PartmbB) – Schubladenmodell oder Handlungszwang?, WPg 2013, 1193; *Seibert,* Die Partnerschaft mit beschränkter Berufshaftung (PartGmbB), DB 2013, 1710; *Sommer/Treptow/Diethmeier,* Haftung für Berufsfehler nach Umwandlung einer Freiberufler-GbR in eine Partnerschaftsgesellschaft, NJW 2011, 1551; *Sommer/ Treptow/Friemel,* Die Aushebelung der Haftungskonzentration des § 8 II PartGG durch Scheinpartner, NZG 2012, 1249; *Sommer/Treptow,* Die „Umwandlung" einer Partnerschaftsgesellschaft in eine PartmbB und ihre Folgen, NJW 2013, 3269; *Suyr,* Die Partnerschaftsgesellschaft mit beschränkter Berufshaftung unter besonderer Berücksichtigung der

Haftungsbeschränkung nach § 8 Abs. 4 PartGG und des Gläubigerschutzes, Diss. 2015; *Therstappen,* Die wissentliche Pflichtverletzung im Versicherungsverhältnis – Abgrenzung der wissentlichen Pflichtverletzung zur vorsätzlichen Handlung anhand von Beispielen, AnwBl. 2014, 182; *Tröger/Pfaffinger,* Partnerschaftsgesellschaft mit beschränkter Berufshaftung, JZ 2013, 812; *K. Ulmer,* Von der PartG zur PartGmbB: Auswirkungen auf Dauermandate, AnwBl. 2014, 806; *Ulmer/Habersack,* Die Haftungsverfassung der Partnerschaftsgesellschaft, FS Brandner, 1996, 151; *Uwer/Roeding,* Wege in die Partnerschaftsgesellschaft mit beschränkter Berufshaftung, AnwBl. 2013, 309; *Uwer/Roeding,* Partnerschaftsgesellschaft mit beschränkter Berufshaftung kommt, AnwBl. 2013, 483; *Vogels,* Haftung von Rechtsanwälten in der Sozietät, Diss. 1995; *Vossius,* Regierungsentwurf zur Part mbB, GmbHR 2012, R213; *Wälzholz,* Wege in die PartmbB – Überlegungen zur Gründung und Umwandlung bereits existierender Rechtsträger in eine PartmbB, DStR 2013, 2637; *Wertenbruch,* Die Innenhaftung bei der PartmbB, NZG 2013, 1006; *Wollweber,* Sieben Stolpersteine beim Weg in die PartmbB, DStR 2014, 1926; *Zimmermann,* Verdrängt die PartmbB Haftungsvereinbarungen?, NJW 2014, 1142.

Übersicht

I. Regelungszweck und Überblick

1. Regelungszweck

1   Als Regelung der Haftungssituation der Gesellschafter einer Partnerschaft bildet § 8 das Kernstück des gesamten PartGG. Das gilt erst recht, seit in Abs. 4 die Variante der PartmbB verankert ist. Die Norm regelt ausschließlich die zur Partnerschaftsgesellschaft akzessorische Haftung der Partner, nicht die Haftungsverfassung der Gesellschaft insgesamt. Die Haftung der Gesellschaft als selbstständiges Rechtssubjekt wird von § 8 vorausgesetzt. Sie ist im PartGG nicht explizit angeordnet, sondern folgt aus dem in § 7 Abs. 2 angeordneten Verweis auf § 124 Abs. 1 HGB. Das PartGG trennt allerdings begrifflich nicht stets klar zwischen beiden Haftungssubjekten, sodass sich – insbesondere im Bereich der Haftungsbeschränkungsmöglichkeiten – eine Reihe von Unklarheiten ergibt (→ Rn. 24 ff.).

2   Die **Verbesserung der Haftungssituation der Freiberufler** war eines der zentralen Regelungsmotive für die Einrichtung der neuen Gesellschaftsform (zum Vergleich der Haftung in der Partnerschaft und der BGB-Gesellschaft *Henssler* FS Vieregge, 1995, 361 ff.), auch wenn die ursprüngliche Gesetzesfassung den Gesellschaftern nur geringfügige Vorteile brachte (→ Rn. 4). Die persönliche Haftung der Freiberufler sollte bei der gemeinschaftlichen Berufsausübung auf ein vernünftiges Maß beschränkt werden (BT-Drs. 12/6152, 7). Eine uneingeschränkte gesamtschuldnerische Haftung aller Partner für die Berufsfehler einzelner Partner erschien dem Gesetzgeber im Vergleich zur Haftungssituation des Auftraggebers gegenüber einem in einer Einzelpraxis tätigen Angehörigen eines Freien Berufs nicht notwendig (BT-Drs. 12/6152, 17). In überörtlichen oder interprofessionellen Partnerschaften sei dem einzelnen

Partner eine Überwachung der Mitgesellschafter nicht zumutbar, meist sogar aus praktischen Gründen nicht möglich. Seine Inanspruchnahme entspräche daher einer Art Gefährdungshaftung (*Driesen* GmbHR 1993, R 25 [26]; *Bösert* WPrax 1994, 2 [3]; *Leutheusser-Schnarrenberger* AnwBl. 1994, 334 [335]).

Dieser besonderen Haftungssituation der Freiberufler wird der erst seit 1998 **3** geltende Abs. 2 gerecht, der in Modifikation des Grundsatzes der akzessorischen Haftung aller Personengesellschafter eine gesetzliche Haftungskonzentration auf einzelne Gesellschafter vorsieht. Durch die im Vergleich zu BGB-Gesellschaft und OHG abgeschwächte Gesellschafterhaftung erlangt bei der PartG die Haftung der Gesellschaft somit eine gesteigerte Bedeutung (→ Rn. 24 ff.). Nochmals verstärkt gilt dies seit der Einführung der Partnerschaft mit beschränkter Berufshaftung (PartmbB) durch Abs. 4. Seither kann die Haftung für Schäden wegen fehlerhafter Berufsausübung vollständig auf das Gesellschaftsvermögen beschränkt werden, wenn eine besondere Berufshaftpflichtversicherung unterhalten wird (zum Gesetzgebungsverfahren → Rn. 8, 110 ff.).

2. Genese

§ 8 erwies sich schon kurz nach Einführung der neuen Gesellschaftsform als **4** **reformbedürftig.** Der Gesetzgeber hatte zwar gesehen, dass in freiberuflichen Zusammenschlüssen ein Bedarf für eine Beschränkung der gemeinschaftlichen Verantwortung für berufliche Fehler einzelner Berufsträger besteht. Das Ziel einer Haftungsentlastung war in der 1995 in Kraft getretenen Gesetzesfassung jedoch nur unzureichend umgesetzt worden. Abs. 2 aF eröffnete lediglich die Möglichkeit, die der Haftungsverfassung der OHG entsprechende akzessorische und gesamtschuldnerische persönliche Haftung der Partner iSd Abs. 1 S. 1 für Schadensersatzansprüche wegen fehlerhafter Berufsausübung einzelvertraglich oder durch vorformulierte Vertragsbedingungen auf denjenigen Partner zu beschränken, der innerhalb der Partnerschaft die berufliche Leistung zu erbringen oder verantwortlich zu leiten oder zu überwachen hatte.

Diese völlig **unzulängliche Haftungsentlastung** war zu Recht von Anfang an heftiger Kritik ausgesetzt, nicht nur, weil eine vertragsrechtliche Ausgestaltung der Haftungsbeschränkung in einem gesellschaftsrechtlichen Gesetz systemwidrig ist. Der Gesetzgeber hatte (und hat bis heute) nicht bedacht, dass die PartG für die Angehörigen der Freien Berufe nicht nur die ihnen mangels Gewerblichkeit verwehrte OHG ersetzen musste. Auch die haftungsrechtlich vorteilhafte KG, einschließlich der Sonderform der GmbH & Co. KG, steht ihnen aufgrund der Anknüpfung des HGB am Handelsgewerbe nicht zur Verfügung. Auch für sie bedarf es damit eines Pendants, will man die Freien Berufe nicht haftungsrechtlich benachteiligen. Für eine solche Benachteiligung gäbe es keine Rechtfertigung, zumal sich eine Haftungsbeschränkung mit der Eigenart der Freien Berufe ohne Weiteres verträgt, wie die Zulässigkeit der Freiberufler-Kapitalgesellschaft zeigt. Im Ergebnis wird über die PartG auf systematisch fragwürdige Weise versucht, den Freien Berufen einen Ersatz für beide Formen der Personenhandelsgesellschaften zu bieten.

Unabhängig von dieser konzeptionellen Schwäche war aber auch die kon- **6** krete Ausgestaltung der Urform der PartG verfehlt. Die Notwendigkeit, vor jeder Mandatsannahme mit dem Auftraggeber die Haftungsbegrenzung zu vereinbaren, war ersichtlich unpraktikabel und wurde von der Praxis deshalb nicht angenommen. Für viele Freie Berufe sind vertragliche Haftungsbeschränkungen bis heute eher unüblich und werden als Störfaktor für das Vertrauensverhältnis mit dem Vertragspartner empfunden. Unbefriedigend und praxisfremd war ferner, dass das Haftungsprivileg eines jeden Partners entscheidend von dem nur schwer kontrollierbaren Verhalten der Mitgesellschafter abhing. Versäumte ein Mitgesellschafter die Vereinbarung der die Haftungskonzentration enthaltenden Auftragsbedingungen gerade in dem entscheidenden Fall, so war das Risikomanagementkonzept der Partnerschaft wirkungslos. Der vom Gesetzgeber eingeschlagene Weg der vertraglichen Haftungsbeschränkung löste auch nicht das Problem der Dritthaftung gem. § 311 Abs. 2 BGB (Sachwalterhaftung aus cic) oder aus Delikt, da vertragliche Haftungsbeschränkungen nur gegenüber Ansprüchen der Vertragspartner greifen, nicht aber bei Ansprüchen Dritter. Belastend wirkten ferner die vielfältigen, den Abs. 2 aF betreffenden Auslegungsprobleme. Unklar waren insbesondere die Anforderungen an die Konkretisierung des bearbeitenden Partners (vgl. 1. Aufl. 1997, Rn. 38 ff. mwN).

7   Unter Hinweis auf ausländische Vorbilder (etwa Frankreich, Dänemark, Schweden und Norwegen, dazu *Henssler* JZ 1992, 697, 708 f.; eine haftungsrechtlich vergleichbare Rechtsform ist auch die LLP des englischen und US-amerikanischen Rechts, dazu *Henssler/Mansel* NJW 2007, 1393 ff.; *Henssler* FS Wiedemann, 2002, 906 ff., *Kilian* NZG 2004, 71, zum rechtsvergleichenden Überblick → Einführung Rn. 70 ff.) wurde ein praktikabler Weg über eine gesellschaftsrechtliche Haftungsprivilegierung bei gleichzeitiger persönlicher Haftung des handelnden Gesellschafters gefordert. Der diesen Vorschlag aufgreifende Regierungsentwurf (im Folgenden RegE) zum „Gesetz zur Änderung der Bundesrechtsanwaltsordnung, der Patentanwaltsordnung und anderer Gesetze" (BT-Drs. 13/9820, 9) stieß zwar auf Ablehnung im Bundesrat, der in seiner Stellungnahme zum Gesetzentwurf zu Unrecht bemängelte, die geplante gesetzliche Haftungsbeschränkung weiche vom grundlegenden Prinzip der Personengesellschaften ab und benachteilige den Vertragspartner der Partnerschaft, ohne dass dies nach außen sichtbar werde. Es sei nicht sachgerecht, dem Geschädigten die Aufgabe zuzuweisen, den haftenden Partner ausfindig zu machen (BT-Drs. 13/9820, 25 f.). Im Ergebnis konnten sich jedoch die berechtigten Anliegen der freiberuflichen Unternehmer durchsetzen.

8   Mit Wirkung vom 1. 8. 1998 wurde Abs. 2 durch das „Gesetz zur Änderung des Umwandlungsgesetzes, des Partnerschaftsgesellschaftsgesetzes und anderer Gesetze" v. 22. 7. 1998 (BGBl. 1998 I 1878) neu gefasst. Die seitdem geltende Fassung enthält die im Schrifttum geforderte gesetzliche Beschränkung der persönlichen Haftung für berufliche Fehler auf den bzw. die mit der Bearbeitung des Auftrags befassten Partner. Abweichend vom Recht der GbR und der OHG besteht eine akzessorische Haftung für die Gesellschaftsschuld nicht für alle, sondern nur für bestimmte Gesellschafter. Konsequenz ist, dass das Haftungsregime der PartG nicht länger jenem ihres Vorbilds, der oHG, entspricht. Gewerbetreibende sind seither im Vergleich zu den Angehörigen der Freien Berufe partiell benachteiligt, ein Nachteil, der mit der Einführung der PartmbB noch ausgebaut wurde. Aus dem ursprünglichen gesetzlichen Anliegen, Nachteile für die Freien Berufe auszugleichen, ist so im Ergebnis eine Privilegierung geworden, eine erstaunliche Entwicklung, die eine gewisse Konzeptlosigkeit des Gesetzgebers offenbart (vgl. dazu auch *Henssler,* Verhandlungen des 71. DJT. Bd. II/1, 2017, O 63 ff.). Auch wenn man berücksichtigt, dass die Nachteile teilweise durch die nur gewerblichen Unternehmern offenstehende KG kompensiert werden, fehlt es doch an einem stimmigen Gesamtkonzept des Personengesellschaftsrechts. Die Freiberuflichkeit rechtfertigt keine Unterschiede in den gesellschaftsrechtlichen Haftungsbegrenzungsmöglichkeiten. Die Verankerung einer allgemeinen gesetzlichen Pflichtversicherung für die PartG wurde (anders noch der Entwurf von 1971, BT-Drs. VI/2047, 12) anlässlich der Reform des Jahres 1998 nicht für notwendig befunden (Bericht des Rechtsausschusses, BT-Drs. 13/10955, 13; *Reiff* NJW 1999, 517 [523]). Diese Zurückhaltung verdient Zustimmung, besteht doch bei der Haftungskonzentration des Abs. 2 die Haftung gerade desjenigen Partners fort, der persönliches Vertrauen in Anspruch genommen hat. Ob unabhängig von der Rechtsform eine Haftpflichtversicherung angemessen erscheint, lässt sich nur berufsbezogen beantworten und ist daher in den jeweiligen Berufsrechten zu regeln.

Durch das Gesetz zur Einführung einer Partnerschaftsgesellschaft mit be- **9** schränkter Berufshaftung und zur Änderung des Berufsrechts der Rechtsanwälte, Patentanwälte, Steuerberater und Wirtschaftsprüfer vom 15.7.2013 (BGBl. 2013 I 2386) ist die – über die Haftungskonzentration des Abs. 2 hinausgehende – Möglichkeit geschaffen worden, die Haftung wegen fehlerhafter Berufsausübung grundsätzlich auf das Gesellschaftsvermögen zu beschränken. Anstoß zu dem Gesetzgebungsverfahren gab insbesondere eine gemeinsame Initiative des DAV und der BRAK (*Dahns* NJW-Spezial 2012, 190; *Ewer* AnwBl. 2010, 857; *Hellwig* NJW 2011, 1557 ff.; *Hellwig* AnwBl. 2012, 876; *Kilian* NJW 2011, 3413 [3414 f.]; *Schuppen* BB 2012, 783). Das Gesetz ist am 19.7.2013 in Kraft getreten. Als **Motiv** nennt die amtliche Begründung des Gesetzesentwurfs der Bundesregierung die Notwendigkeit, der Praxis eine deutsche **Alternative zur LLP** zu bieten (BT-Drs. 17/10487, 11; vgl. zu den Hintergründen auch Henssler/Prütting/*Diller* BRAO § 51a Rn. 3; krit. *Tröger/Pfaffinger* JZ 2013, 812 f.). Die Haftungsverfassung der PartG sei von Freiberuflern, insbesondere von größeren Gesellschaften, als unbefriedigend empfunden worden. Bei kleineren Partnerschaften seien die Tätigkeitsbereiche der einzelnen Partner idR gut voneinander abgrenzbar (BT-Drs. 17/10487, 13). Für diese sei die Handelndenhaftung nach Abs. 2 (Haftungskonzentration) eine angemessene Haftungsbeschränkung.

Gerade wenn jedoch bei größeren Partnerschaften unterschiedlich spezia- **10** lisierte Partner gemeinsam als Team an großen und komplexen Aufträgen arbeiten würden, stoße die Haftungskonzentration auf praktische Grenzen. Nicht nur, wenn die Partner Spezialisten für unterschiedliche Disziplinen innerhalb einer Berufsgruppe seien, sondern insbesondere wenn sie unterschiedliche Freie Berufe ausüben würden, könnten die Arbeitsbeiträge des jeweils anderen weder inhaltlich noch dem Umfang nach vollständig überblickt und verantwortet werden. Da insbesondere Großkanzleien die LLP der Rechtsform der PartG vorgezogen hätten („*Flucht in ausländische Personengesellschaften*", *Dahns* NJW-Spezial 2013, 446; vgl. auch *Hirte/Praß* FS Kübler, 2015, 243 [246]; Zweifel an diesem Motiv äußern *Römermann/Jähne* BB 2015, 579), sollte die Partnerschaftsgesellschaft mit beschränkter Berufshaftung (im Folgenden PartmbB) als Alternative neben die herkömmliche PartG treten.

11   Da die Prämien der erforderlichen Berufshaftpflichtversicherung deutlich höher sind als die zur allgemeinen Mindestversicherung, profitieren große Zusammenschlüsse wie Wirtschaftskanzleien von der neuen Variante deutlich stärker als kleinere Zusammenschlüsse (*Henssler* AnwBl. 2014, 96; anders *Uwer/Roeding* AnwBl. 2013, 309; vgl. auch *Kilian* AnwBl. 2012, 893 ff. [viele Rechtsanwälte seien ohnehin schon deutlich höher versichert als gesetzlich notwendig, eine Erhöhung des Versicherungsschutzes sei für sie eher eine Maßnahme des Risikomanagements als die Rechtsformwahl]; *Kilian* AnwBl. 2013, 14 f.). Neueste Zahlen lassen allerdings einen Trend erkennen, dass sich auch Zusammenschlüsse mit wenigen Partnern als PartmbB organisieren (*Lieder/Hoffmann* NJW 2015, 897 [898]; zu Kostenvorteilen der GbR *Lieder/Hoffmann* NJW 2015, 897 [902]). Bei der **PartmbB** handelt es sich **nicht** um eine **neue Gesellschaftsform,** sondern um eine besondere PartG mit teilweise modifiziertem Haftungsregime und besonderem Namen (**„Variante",** BT-Drs. 17/10487, 15; OLG Nürnberg NZG 2014, 422). Die Haftungsbefreiung ist nur auf Berufsfehler beschränkt worden, da die berechtigten Gläubigerinteressen nur hier durch eine Haftpflichtversicherung gesichert werden können. In aller Regel wird durch den Versicherungsschutz sichergestellt, dass die Mandanten bei Berufspflichtverletzungen einen leistungsfähigen Schuldner haben (*Henssler* AnwBl. 2014, 96). Es gibt jedoch Ausnahmen (→ Rn. 135 ff.). Parallel zur Änderung des PartGG bedarf es berufsrechtlicher Regelungen, um die Variante den jeweiligen Berufen zur Verfügung zu stellen. Denjenigen Berufen, die kein eigenständiges Berufsrecht haben, bleibt die Haftungsprivilegierung faktisch verwehrt.

3. Normstruktur

12   Abs. 1 ordnet in S. 1 die dem Recht der OHG nachgebildete akzessorische Haftung der Gesellschafter neben der Gesellschaft an. Die PartG ist trotz des Verweises auf das Recht der GbR in § 1 Abs. 4 in ihrer Struktur enger mit der OHG verwandt (*Posegga* in Peres/Senft SozietätsR § 15 Rn. 4). Das Verhältnis von PartG und ihren Gesellschaftern ist – anders als das Verhältnis der Gesellschafter untereinander – kein Gesamtschuldverhältnis (Akzessorietät). Die für die OHG geltenden Regelungen zu den Einwendungen eines für eine Verbindlichkeit der Gesellschaft in Anspruch genommenen Gesellschafters (§ 129 HGB) und zur Haftung eintretender Gesellschafter für Gesellschaftsschulden (§ 130 HGB) werden durch Bezugnahme in Abs. 1 S. 2 auf die PartG für anwendbar erklärt.

13   Abs. 2 modifiziert die streng akzessorische Haftung aller Gesellschafter und schreibt vor, dass neben der Gesellschaft nur jene Gesellschafter haften, die in nicht lediglich untergeordneter Weise mit der Bearbeitung des Auftrags befasst waren, bei dessen Ausführung es zu einer schadensverursachenden Pflichtverletzung gekommen ist.

14   Abs. 3 eröffnet die Möglichkeit, für einzelne Berufe bei entsprechendem Versicherungsschutz eine summenmäßige Begrenzung der Haftung wegen fehlerhafter Berufsausübung einzuführen.

Abs. 4 ermöglicht den vollständigen Ausschluss der persönlichen akzessori- **15** schen Haftung der Partner für Gesellschaftsverbindlichkeiten aus schädigenden Pflichtverletzungen im beruflichen Bereich. Voraussetzung ist das Unterhalten einer bestimmten Berufshaftpflichtversicherung (→ Rn. 128 ff.).

4. Rechtspolitische Bewertung

Bereits die Neufassung des Abs. 2 hatte erhebliche Bedeutung sowohl für **16** die Akzeptanz der Rechtsform der Partnerschaft als auch für das Gesellschaftsrecht im Allgemeinen: Die Partnerschaft hat seither für die Angehörigen der Freien Berufe deutlich an Attraktivität gewonnen (vgl. die Darstellung der zahlenmäßigen Entwicklung bei *Lieder/Hoffmann* NZG 2017, 325). Die Partnerschaft weist nicht nur klare und weitreichende Vorteile gegenüber dem Zusammenschluss in einer GbR auf, sondern stellt auch eine echte Alternative zu den kapitalgesellschaftsrechtlichen Organisationsformen, insbesondere der GmbH, dar (vgl. schon *Henssler* NJW 1999, 241 [248]; *Henssler* AnwBl. 2014, 96; *Henssler* NJW 2014, 1761; *Römermann* NZG 1998, 81 [83]).

Die für die Gesellschafter **vorteilhafte Haftungsverfassung** wirkt sich **17** freilich zwangsläufig zulasten der (beruflichen) Gläubiger der Gesellschafter aus. Aufgrund der massiven Beschränkung der Haftung der Gesellschafter durch Abs. 2 müsste im Interesse des **Gläubigerschutzes** der Haftung der Gesellschaft mit einem gesicherten Gesellschaftsvermögen an sich eine zentrale Bedeutung zukommen. Einem geschädigten Mandanten stehen als Haftungspartner nur die Gesellschaft und der bzw. die unmittelbare(n) Bearbeiter des Auftrags gegenüber. Vor diesem Hintergrund erscheint es wenig konsequent, dass das Recht der Partnerschaft für die Gesellschaft keine Kapitalerhaltungsvorschriften kennt. Nach dem geltenden Rechtszustand ist es für die Gesellschafter problemlos möglich, das Gesellschaftsvermögen abzuziehen, wenn die Partnerschaft mit einem Haftungsfall konfrontiert wird (zur PartmbB → Rn. 128 ff., → Rn. 193 ff.). Die Ausgestaltung des Abs. 1 bietet außerdem einen Anreiz, nach Möglichkeit kein Gesellschaftsvermögen zu bilden, sondern die erzielten Gewinne aus der freiberuflichen Tätigkeit schnell und möglichst vollständig auszuschütten. Im Ergebnis dürfte der gegen die Gesellschaft gerichtete – primäre – Anspruch daher häufig von nur geringem Wert sein.

Geradezu zu einem „Star" unter den Personengesellschaften ist die PartG **18** aus Sicht der Gesellschafter mit der Einführung der Variante der PartmbB geworden. Mit ihr ist erstmals eine Gesellschaftsform geschaffen worden, die die Vorteile transparenter Besteuerung als Personengesellschaft und der Gewerbesteuerfreiheit (vgl. OFD NRW Kurzinformation v. 12.12.2013, Kurzinformation Einkommensteuer Nr. 30/2013, DStR 2014, 703) mit einem vollständigen Ausschluss der persönlichen Haftung für eigene Berufsfehler verbindet (*Henssler* AnwBl. 2014, 96). Das trifft nicht nur auf Zustimmung (*„Bruch im System der Gesellschaftsformen in Deutschland",* vgl. *Deutscher Richterbund,* Stellungnahme 11/12). Ein wesentlicher Fortschritt der neuen Regelung ist, dass sich die Frage des „Befasstseins" eines Partners mit einem Auftrag iSd Abs. 2 erübrigt. Diese ist nach wie vor eine der schwierigsten Fragen des Rechts der PartG (*Kilian* MDR 2013, 1137 [1139]). Weiterhin steht einer echten Teamarbeit nichts mehr im Wege, neu eintretende Partner haften – anders als nach

Abs. 2 – rechtssicher nicht mehr für Fehler, die zu einem Zeitpunkt begangen worden sind, bevor sie in die PartG eingetreten sind (dazu *Henssler* AnwBl. 2014, 96 [97]). Ein entscheidender Nachteil gegenüber den deutschen Kapitalgesellschaften, aber auch der LLP ist, dass die Haftungsbeschränkung lediglich für Schadensersatzansprüche wegen Berufsfehlern gilt (*Henssler* AnwBl. 2014, 96 [104]). Auch die sonstigen Verbindlichkeiten können sich aber zu erheblichen Summen aufaddieren. Insofern werden die Partner nicht geschützt.

19   Aus Sicht der Gläubiger verschärft sich die in → Rn. 17 angesprochene **Problematik des fehlenden Kapitalerhaltungsschutzes** zusätzlich (kritisch zum Gläubigerschutzsystem in der PartG auch *Mumme,* Gläubigerschutz durch Berufshaftpflichtversicherung in der PartGmbB, 2017, 127 ff.; 172). Denn ihnen ist (für Ansprüche wegen Berufsfehlern) sämtliches „Gesellschaftervermögen" als Haftungsmasse entzogen. Als Ausgleich dafür wird zwar der Schutz über eine Berufshaftpflichtversicherung gewährt. Muss der Versicherer jedoch – auch im Außenverhältnis – nicht leisten (Überschreitung der Mindestversicherungssumme oder der Jahreshöchstleistung), können sich die Gläubiger lediglich an das Gesellschaftsvermögen halten (krit. zum *„Ausschluss persönlicher Verantwortlichkeit", Tröger/Pfaffinger* JZ 2013, 812 [816 ff.]). In der Regel mag zwar zutreffen, dass die *„vorgeschlagene Versicherungslösung ... zu einer Verzehnfachung der bisherigen Mindestversicherungssumme* [führt] und dass *„diesen Betrag ... das Privatvermögen eines Beraters eher selten abdecken"* dürfte (*Leuering* ZIP 2012, 1112 [1115]). Gerade bei größeren Gesellschaften, deren Partner im Team arbeiten, kann sich aber die zur Verfügung stehende Haftungsmasse zulasten der Mandanten erheblich verschlechtern. Die Einführung der PartmbB wird dementsprechend zwar einerseits **begrüßt** (*Hirte/Praß* FS Kübler, 2015, 243 [247 f.]; *von Klitzing/Seiffert* ZIP 2015, 2401 [2406]), erfährt aber andererseits auch aus ganz unterschiedlichen Gründen **Kritik** (*Beck* AnwBl. 2015, 380 [387 f.] [für die Möglichkeit vollständiger Haftungsbeschränkung de lege ferenda]; *Schüppen* WPg 2013, 1193 [1205] *Tröger/Pfaffinger* JZ 2013, 812 ff.). Nicht zu Unrecht wird es als gesellschaftsrechts-systemwidrig bezeichnet, dass für die PartmbB trotz der weitgehenden Haftungsbeschränkung weder das Mindeststammkapital noch die Kapitalaufbringung oder –erhaltung normiert wurde (*Römermann/Praß* NZG 2012, 601 [606 f.]). Nicht verkannt werden sollte auch, dass die Rechtsformvariante nicht für alle Angehörigen der Freien Berufe gleichermaßen Vorteile bringt. So spielt sie für die **Heilberufe** wegen der strengen deliktischen Haftung der Berufsträger eine eher **untergeordnete Rolle** (*Henssler* AnwBl. 2014, 96 [104 f.]; *Markworth* 371; → Rn. 210).

20   Zu bemängeln ist, dass die PartmbB die fehlende Kohärenz des deutschen Gesellschaftsrechts weiter vertieft. Historisch bedingte Systemwidrigkeiten werden noch zusätzlich verfestigt. Eine **umfassende Neuentwicklung des deutschen Personengesellschaftsrechts** wäre der „Einzelfallregelung" des Abs. 4 klar vorzuziehen (*Henssler,* Verhandlungen des 71. DJT. Bd. II/1, 2017, O 67 ff.; *Hirte/Praß* FS Kübler, 2015, 243 [247 f.]). Die vom Verfasser seit langem geforderte grundlegende Reform des Personengesellschaftsrechts (*Henssler* BB 2010, 2 ff.; *Henssler* NZG 2011, 1121 [1129]; *Henssler* FS Hommelhoff, 2012, 401 [402 f., 414 f.]; vgl. daneben *Markworth* NJW 2015, 2152 f.) wird durch diese Teillösung lediglich unnötig hinausgezögert. Sachgerecht wäre es, im Gesellschaftsrecht die Trennung zwischen gewerblicher und freiberuflicher

Tätigkeit vollständig aufzugeben. Die GmbH & Co. KG sollte für alle freien Berufe geöffnet werden (Deutscher Richterbund, Stellungnahme 11/12; *Grunewald* ZIP 2012, 1115 [1117]; *Henssler/Markworth* NZG 2015, 1 zu **Gerechtigkeitsdefiziten bei der Besteuerung** und entspr. Reformanregungen *Hirte/Mertz* FS Frotscher, 2013, 219 [229 ff.]).

Die PartmbB hat sich im **Wettbewerb mit anderen Gesellschaften** be-   21
reits nach kurzer Zeit durchgesetzt, bei den wirtschaftsnahen Beratungsberufen verdrängt sie sogar zunehmend die reguläre PartG (vgl. die statistischen Daten bei *Lieder/Hoffmann* NZG 2017, 325). Ihre Einführung muss daher ungeachtet der vorstehend geäußerten Kritik als Erfolg bezeichnet werden (so schon die Prognose von *Heckschen/Bergschneider* NotBZ 2013, 81 [94]). Nachdem Ende 2013 noch 361 PartmbB in die Partnerschaftsregister eingetragen waren, waren es Ende 2014 schon 1.702 (*Lieder/Hoffmann* NJW 2015, 897) und zum Jahresende 2016 4.378 (*Lieder/Hoffmann* NZG 2017, 325). Das ist ein beeindruckender Trend (*Lieder/Hoffmann* NJW 2015, 897 [901]). Gegen die **Freiberufler-GbR** wird sich die PartG (mbB) jedenfalls auf längere Sicht durchsetzen (so auch *Grunewald* GWR 2014, 393 [394] „*Im Vergleich zur BGB-Gesellschaft sind die Vorteile der PartGmbB immens*"; *Posegga* in Peres/Senft SozietätsR § 15 Rn. 2, *Römermann* AnwBl. 2012, 288 [291]; krit. *Markworth* 371)
Im Grunde ist die Wahl der GbR für jeden freiberuflichen Zusammenschluss, der eine nennenswerte Tätigkeit entfaltet, ein grober Verstoß gegen „die in eigenen Angelegenheiten anzuwendende Sorgfalt". Vorteile weist die PartG/PartmbB auch gegenüber den von vielen Freiberuflern ohnehin ungern gewählten **Kapitalgesellschaften** auf (Gründungsaufwand, Bilanz-, Publizitäts-, gewerbesteuerrechtliche Pflichten, dazu *Heckschen/Bergschneider* NotBZ 2013, 81 [87 f.]; *Henssler/Markworth* NZG 2015, 1 [3]; *Kreße* NJ 2013, 45 [47]; *Leitzen* DNotZ 2013, 596 [602]), auch wenn bei diesen die Haftungsbeschränkungsämtliche Ansprüche erfasst (*Grunewald* GWR 2013, 393 [394]; zu Haftungsrisiken bei Kapitalgesellschaften *Leuering* ZIP 2012, 1112 [1114]).

Die Praxis hat gezeigt, dass sich die PartmbB auch gegen das Modell der   22
Freiberufler-GmbH & Co. KG (sie steht unter den Freien Berufen ohnehin nur **Steuerberatern und Wirtschaftsprüfern** zur Verfügung) durchzusetzen vermag (dazu *Henssler* AnwBl. 2014, 96 [105]; *Wälzholz* DStR 2013, 2637 [2641]; *Lieder/Hoffmann* NJW 2015, 897 [902]). *Kubata/Riegler/Straßen* DStR 2014, 1949 ff. kommen mit Blick auf die steuerlichen Nachteile der Freiberufler-GmbH & Co. KG (Einkünfte aus Gewerbebetrieb, § 15 EStG) zu dem Schluss, dass die PartmbB auch unter dem Gesichtspunkt der transparenten Besteuerung eine attraktive Rechtsformalternative darstellt. So verwehrt die Rspr. etwa den **Rechtsanwälten** diese Rechtsform weiterhin (BGH NJW 2011, 3036; krit. *Henssler/Markworth* NZG 2015, 1 [3]; *Henssler* NZG 2011, 1121 ff.; für die Forderung einer „*freien Berufsausübung in Form einer KG*" *Salger* DB 2012, 1794 [1797]). Bei ihnen wird daher eine sorgfältig getroffene Rechtsformwahl in aller Regel zugunsten von PartG/PartmbB ausfallen (so auch *Römermann* NJW 2013, 2305 [2310]; *Kilian* AnwBl. 2012, 95/ff. test; *Schumacher* NZG 2015, 379; krit. *Tröger/Pfaffinger* JZ 2013, 812 [821]: mögliche Ablehnung durch Mandanten aufgrund von Haftungs-Ausfallrisiken; vgl. auch *Klein* NJW 2015, 3607: „[N]*ichts gilt als besserer Garant für sorgfältige Vermögensverwaltung als die persönliche Haftung des Unternehmers.*").

23   Gegenüber der **LLP** (englischen oder US-amerikanischen Rechts) hat die PartmbB den klaren Vorteil einer deutschen Rechtsform, auch wenn ihr die LLP aufgrund der vollständigen Haftungsbeschränkung bei gleichzeitiger steuerlicher Transparenz an sich überlegen ist (dazu *Henssler* NJW 2014, 1761 ff.; *Heckschen/Bergschneider* NotBZ 2013, 81 [89 ff.]; *Schüppen* BB 2012, 783 f.; krit. zur Rechtsform der LLP für Rechtsanwälte: *Römermann/Praß* NZG 2012, 601 [602]; *Grunewald* GWR 2014, 393 [394]; vgl. aber andererseits *Kreße* NJ 2013, 45 [49 f.]; *Pleister* AnwBl. 2012, 801 f.). Die Neugründungszahlen „deutscher" Freiberufler-LLPs sind jedenfalls rückläufig (*Lieder/Hoffmann* NJW 2015, 897 [901 f.]). Für die PartmbB spricht auch die Rechtssicherheit, da die Haftung der Gesellschafter einer LLP englischen Rechts für Berufsfehler höchstrichterlich noch ungeklärt ist (vgl. auch *Römermann/Jähne* BB 2015, 579). Allerdings ist die LLP mit der Einführung der PartmbB – entgegen der ausdrücklichen Intention des Gesetzgebers – gestärkt worden. Jedenfalls kann seither die umfassende Haftungsbeschränkung im Bereich der beruflichen Angelegenheiten nicht mehr als für das deutsche Berufs- und Gesellschaftsrecht systemfremd bezeichnet werden. Es besteht damit kein Grund mehr, IPR-rechtlich dem englischen Gesellschaftsstatut die Geltung zu versagen (dazu eingehend *Henssler* NJW 2014, 1761).

II. Die Haftung der Partnerschaft

1. Grundsatz

24   Die Haftung der Partnerschaft ergibt sich nicht aus § 8, sondern aus § 7 Abs. 2 iVm § 124 HGB. § 8 Abs. 1 S. 1 wiederholt lediglich die sich schon aus diesen Normen ergebende Rechtsfolge. Die Formulierung, dass für Verbindlichkeiten der Partnerschaft das „Vermögen der Partnerschaft" haftet, ist dogmatisch unpräzise, Haftungssubjekt ist die Partnerschaft als Rechtssubjekt (ausführlich *Eigner*, Die Beschränkung der persönlichen Gesellschafterhaftung bei Gesellschaft bürgerlichen Rechts und Partnerschaft, 2004, 327 ff.). Die Haftung der Gesellschaft gilt für Verbindlichkeiten jeder Art (Vertrag, Delikt, Abgaben usw). Die Partner haften für diese Verbindlichkeiten nach Abs. 1 S. 1 grundsätzlich akzessorisch (→ Rn. 39), hinsichtlich der Verbindlichkeiten wegen fehlerhafter Berufsausübung allerdings nur eingeschränkt nach Maßgabe des Abs. 2 (→ Rn. 63 ff.) bzw. Abs. 4 (→ Rn. 128 ff.).

2. Vertragliche Haftung

25   Die Partnerschaft haftet gem. § 7 Abs. 2 iVm § 124 HGB als rechtlich verselbstständigte Organisation mit ihrem gesamthänderisch gebundenen Vermögen. Im Haftungsfall bedarf zunächst der Klärung, wer der **Vertragspartner des Mandanten** war: die PartG selbst (Regelfall) oder einer bzw. mehrere Partner (MWHLW/*v. Westphalen* Rn. 25). Einzelmandate der Partner bleiben auch bei einem Zusammenschluss rechtlich möglich, und zwar selbst dann, wenn sie im Gesellschaftsvertrag ausdrücklich untersagt werden (zur dogmatischen Einordnung *Markworth* NJW 2015, 2152). Eine entsprechende Vereinbarung entfaltet keine Außenwirkung. Bei Verbindlichkeiten, die aus der Berufsausübung eines Gesellschafters resultieren, setzt die Haftung der Gesellschaft voraus, dass ein Vertragsverhältnis (Anwaltsvertrag, Behandlungsvertrag usw) mit der Gesellschaft und nicht nur mit dem einzelnen Berufsträger begründet worden ist (zB anwaltliches Einzelmandat anstatt Sozietätsmandat; hierzu näher *Kilian/Koch,* Anwaltliches Berufsrecht, 2. Aufl. 2018, Rn. B 1092 ff.; *Markworth* NJW 2015, 2152). Die PartG hat grundsätzlich nur für Vertragsverletzungen bei eigenen vertraglichen Verbindlichkeiten einzustehen. Bei schuldhaften Pflichtverletzungen der Partner haftet sie sowohl im Rahmen der Berufsausübung der Gesellschafter als auch bei der Vornahme sonstiger Rechtsgeschäfte (zB Arbeits-, Miet-, Leasingverträge). Pflichtverletzungen von **Angestellten** der Partnerschaft werden dieser im vertraglichen Bereich nach § 278 BGB zugerechnet.

Der Partnerschaft wird ebenso wie der OHG in Vertragsbeziehungen das **26** **Fehlverhalten ihrer Gesellschafter** über **§ 31 BGB analog** (hM, vgl. MüKoBGB/*Arnold* BGB § 31 Rn. 15 f.; näher *Markworth* 54 f.) zugerechnet. Das Handeln der geschäftsführenden Gesellschafter ist als eigenes Handeln der Partnerschaft anzusehen. Nur die Partner sind die organschaftlich vertretungsberechtigten Repräsentanten, Fremdorganschaft ist unzulässig. Auch im Rahmen schuldrechtlicher Sonderverbindungen ist auf § 31 BGB analog zurückzugreifen.

Die amtliche Begründung geht darüber hinaus von der Anwendbarkeit des **27** **§ 278 BGB** aus (vgl. BT-Drs. 12/6152, 17). Dies widerspricht der im Schrifttum herrschenden Auffassung, die für die OHG eine Anwendbarkeit des § 278 BGB neben § 31 BGB mit Recht ablehnt (MüKoBGB/*Grundmann* BGB § 278 Rn. 10; Soergel/*Pfeiffer* BGB § 278 Rn. 20 f.). Praktische Bedeutung erlangt die Anwendbarkeit des § 278 BGB indes nicht, da § 31 iVm § 276 BGB ohnehin eine strengere unmittelbare Zurechnung begründet. Der Partnerschaft kann entgegen § 278 S. 2 BGB nicht im Voraus die Haftung für ein vorsätzliches Fehlverhalten ihrer Organe erlassen werden. Eine **Eigen**haftung der verselbstständigten Organisation für vorsätzliches Verhalten ihrer Organe darf sachgerechterweise nicht ausgeschlossen werden.

3. Deliktische Haftung

a) Analoge Anwendbarkeit des § 31 BGB. Für deliktische Handlungen **28** der Partner haftet die Partnerschaft ebenfalls analog § 31 BGB, wenn der jeweils handelnde Partner eine deliktische Handlung „in Ausführung" einer ihm „zustehenden Verrichtung" begangen hat (für die OHG ist die analoge Anwendung des § 31 BGB heute gewohnheitsrechtlich anerkannt, so schon BGH NJW 1952, 527 [528]; ferner BGH NJW 2003, 1445 [1446]; für die Partnerschaft ebenso MWHLW/*v. Westphalen* Rn. 53; nichts anderes kann für die PartmbB gelten, da sachliche Differenzierungsgründe ggü. der PartG nicht ersichtlich sind, vgl. *Schumacher* GmbHR 2016, 732 [736]). Auch das deliktische Handeln eines Scheinpartners (→ Rn. 55 ff.) wird der Partnerschaft analog § 31 BGB zugerechnet (für die GbR BGH NJW 2007, 2490; ausführlich zur GbR *Markworth* 207 ff.). Die Rspr. erstreckt den Anwendungsbereich auf **Organisationsmängel** (BGH NJW 1980, 2810 [2811]). Von Bedeutung ist die deliktische Haftung der Gesellschaft insbesondere bei Pflichtverstößen, die zu Körper-, Gesundheits- oder Eigentumsverletzungen und damit zu Rechtsgutsverletzungen iSd § 823 Abs. 1 BGB führen. Betroffen sind vor allem gemeinschaftlich tätige Angehörige der Heilkundeberufe. Bei ihnen führt ein Behandlungsfehler regelmäßig auch zu einer deliktischen Haftung (*Henssler* DB 1995, 1549 [1554]; *Taupitz* MedR 1995, 475 [479]). Bei den Beratungsberufen (zB Rechtsanwalt, Steuerberater) hat die deliktische Haftung geringere Relevanz, da eine Pflichtverletzung üblicherweise nur sog. „reine Vermögensschäden" nach sich zieht, und somit keine Ersatzpflicht gem. § 823 Abs. 1 BGB begründet. Erfüllt die Pflichtverletzung des Partners jedoch einen deliktischen Tatbestand, zB § 823 Abs. 2 BGB oder § 826 BGB (etwa im Falle der Veruntreuung von Mandantengeldern), so führt auch hier die analoge Anwendung des § 31 BGB dazu, dass das gesamthänderisch gebundene Vermögen der Partnerschaft in die Haftung einbezogen ist.

29   **b) Vergleich mit der BGB-Gesellschaft.** Aus der analogen Anwendbarkeit des § 31 BGB auf die Partnerschaft folgten in der Vergangenheit haftungsrechtliche Nachteile im Vergleich zur BGB-Gesellschaft. Nach einer älteren Entscheidung des BGH sollte die Vorschrift des § 31 BGB auf die GbR nicht anwendbar sein, weil sie zu wenig körperschaftlich organisiert sei (BGHZ 45, 311 [312] = NJW 1966, 1807; zum Streitstand *Vogels,* Haftung von Rechtsanwälten in der Sozietät, 1995, 96 ff., 117 ff.). Lange Zeit wurde etwa für die ärztliche Gemeinschaftspraxis die Auffassung vertreten, die Mitgesellschafter seien per se nicht für das deliktische Fehlverhalten des behandelnden Arztes verantwortlich. Entsprechendes galt für Architektenbüros oder Anwaltssozietäten. Demgegenüber haftete die Partnerschaft seit jeher für Schäden der Auftraggeber bei deliktischem Fehlverhalten eines Partners (ausführlich zur damaligen Diskussion 1. Aufl. 1997, Rn. 4 ff.).

30   Dieser Haftungsnachteil der Partnerschaft ist aufgrund des vom BGH vollzogenen Rechtsprechungswandels und dem nunmehr herrschenden Verständnis der Rechtssubjektivität der BGB-Gesellschaft (BGHZ 146, 341 = NJW 2001, 1056) überholt. In seiner aktuellen Rspr. wendet der BGH § 31 BGB analog auch auf die BGB-Gesellschaft an (BGHZ 172, 169 = NJW 2007, 2490; BGHZ 154, 88 = NJW 2003, 1445; BGHZ 155, 108 = NJW 2003, 2984; ferner OLG Celle NJW 2006, 3431; zuvor bereits *Habersack* BB 2001, 477, 481; *Hadding* ZGR 2001, 712 [725 f., 735 f.]; *K. Schmidt* NJW 2001, 993 [998 f.]; *Ulmer* ZIP 2001, 585 [597]; *Wiedemann* JZ 2001, 661 [663]). Ein **Nachteil der Partnerschaft** könnte sich nur dann noch ergeben, wenn man bei der GbR einen Ausschluss der Haftung der Gesellschaft für vorsätzliche **Vertragsverletzungen** der geschäftsführenden Partner für möglich hält (→ Rn. 25 f.). Stützt man mit einer heute nur noch als Mindermeinung vertretenen Ansicht die Zurechnung von Vertragsverletzungen der Gesellschafter in der BGB-Gesellschaft – anders als bei OHG und PartG – nur auf § 278 BGB (vgl. zum Meinungsstand nur MüKoBGB/*Schäfer* BGB § 705 Rn. 262 ff.), wäre dort ein Haftungsausschluss nach § 278 S. 2 BGB denkbar. Geht man mit der zutreffenden Ansicht von der Rechtsfähigkeit der Außen-GbR aus, ist indes allein die analoge Anwendung von § 31 BGB folgerichtig, sodass die Mindermeinung als überholt bezeichnet werden muss. Außerdem ist für von die für § 278 BGB vorausgesetzte **Erfüllungsgehilfeneigenschaft von Ge-**

sellschaftern lebhaft umstritten (vgl. *Beuthien* DB 1975, 725 [729]; Soergel/*Hadding/Kießling* BGB §718 Rn. 22; *Wiedemann* GesR I §5 II 3a, S. 263f.). Im Ergebnis sollte daher für die erwerbsgerichtete bzw. unternehmenstragende Außengesellschaft in der Rechtsform einer GbR ebenfalls das hier für die PartG entwickelte Konzept (→ Rn. 25f.) zugrunde gelegt werden.

c) Insbesondere: Schmerzensgeldansprüche. Nicht erst durch den **31** Rechtsprechungswandel, sondern bereits durch das am 1.8.2002 in Kraft getretene 2. Gesetz zur Änderung schadenersatzrechtlicher Vorschriften, ist ein weiterer haftungsrechtlicher Nachteil der PartG nivelliert worden, der sich früher im Verhältnis zur GbR ergab: Die Aufhebung des §847 BGB und die Überführung seines Regelungsgehalts in §253 Abs. 2 BGB führt bei Körper- oder Gesundheitsverletzungen zu einer Zubilligung von Schmerzensgeld nicht nur bei deliktischem Handeln, sondern auch bei einem vertraglichen Fehlverhalten. Durch die analoge Anwendung des §31 BGB wird ein Gleichklang im Bereich der Schmerzensgeldhaftung bei deliktischem Handeln erreicht. Der in diesem Bereich ursprünglich bestehende Nachteil der PartG, der diese Rechtsform für Angehörige der Heilberufe problematisch erscheinen ließ, wurde damit durch Gesetzgeber und Rechtsprechungswandel aufgehoben.

4. Beschränkung der Haftung der Partnerschaft

a) Individualvertragliche Klauseln. Die im PartGG vermisste klare **32** Trennung zwischen der Haftung der Partnerschaft und derjenigen der Partner setzt sich in der Regelung der Haftungsbeschränkungsmöglichkeiten fort. Abs. 2 betrifft nur die Haftung der **Partner,** die Haftung der **Partnerschaft** mit ihrem gesamthänderisch gebundenen Vermögen bleibt unberührt. Die Vorschrift will nach ihrem Normzweck jedoch ersichtlich **nicht** jede vertragliche Begrenzung der Haftung der Partnerschaft unterbinden. Da von der Beschränkung der Haftung der Partnerschaft auch die Partner selbst profitieren, darf auf diesem Wege freilich die Wertung des Abs. 2 **nicht unterlaufen werden.** Abs. 3, der sich mit dem **Sonderfall einer summenmäßigen Haftungsbegrenzung** befasst, betrifft dagegen nicht nur die Haftung der Partner, sondern primär diejenige der Partnerschaft. Erlaubt das Berufsrecht eine summenmäßige Haftungsbeschränkung, so wird man sinnvollerweise bereits die Haftung der Partnerschaft und nicht erst die akzessorische Gesellschafterhaftung beschränken (→ Rn. 104ff.), um auch das Gesellschaftsvermögen zumindest teilweise von der Haftung freizustellen.

Unbedenklich sind individualvertragliche Haftungsbegrenzungsklauseln, **33** sofern sie die Schranken der §§134, 138, 242, 276 Abs. 3 BGB beachten. Danach scheidet eine Begrenzung der Haftung der Partnerschaft für das vorsätzliche Verhalten ihrer geschäftsführenden Gesellschafter von vornherein aus (§§31, 276 Abs. 3 BGB). Eine Begrenzung der Haftung der Partnerschaft für fahrlässiges Fehlverhalten ihrer Gesellschafter und Erfüllungsgehilfen ist demgegenüber grundsätzlich zulässig. Nur aus berufsrechtlichen Sondervorschriften können sich Beschränkungen ergeben. So ist über §1 Abs. 3 und §8 Abs. 3 etwa die berufsrechtliche Sondervorschrift des §52 Abs. 1 Nr. 1 BRAO auch auf Vereinbarungen zur Beschränkung der Haftung der Partnerschaft anzuwenden (§52 Abs. 1 S. 2 BRAO). Kennt das Berufsrecht des jeweiligen Freien Be-

rufs keine Regelung der Haftungsbegrenzungsmöglichkeiten oder existieren
überhaupt keine beruflichen Bestimmungen (→ § 1 Rn. 115 ff.), so ist in einer
Individualabrede auch ein vollständiger Ausschluss der Haftung der Gesellschaft
für fahrlässige Pflichtverletzungen der Gesellschafter grundsätzlich denkbar
(aber → Rn. 104 ff.).

34   **b) Vorformulierte Haftungsbegrenzungsklauseln.** Weder Abs. 2 noch
Abs. 3 stehen einer vorformulierten Beschränkung der Haftung der Partnerschaft entgegen. Aus den Gesetzesmaterialien ergibt sich im Gegenteil, dass
die **haftungsrechtliche Situation** der Angehörigen der Freien Berufe gegenüber dem Rechtszustand vor Inkrafttreten des Gesetzes insgesamt **verbessert** werden sollte. Ebenso wie eine OHG ihre Haftung per AGB im Rahmen
der von §§ 307 ff. BGB gezogenen Schranken begrenzen kann, steht dieser
Weg grundsätzlich auch der Partnerschaft offen (→ Rn. 107 ff.).

35   Wirksam ist danach eine Klausel in Allgemeinen Vertragsbedingungen, über
welche die Haftung der Gesellschaft für „einfache" Fahrlässigkeit begrenzt wird
und zwar der Höhe nach auf den Betrag der gesetzlichen Haftpflichtversicherung (zur früheren Rechtslage in der Anwaltssozietät [GbR]: *Henssler* JZ 1994,
178 [186]). Wichtig ist diese Klarstellung für Berufe, die keine berufsrechtlichen Sonderregelungen für vorformulierte Vertragsbedingungen kennen.
Für Rechtsanwälte ist wegen des Berufsrechtsvorbehaltes § 52 Abs. 1 S. 1 Nr. 2
BRAO sinngemäß anzuwenden. § 56 WPO erklärt für Wirtschaftsprüfungsgesellschaften die Regelung der Haftungsbeschränkungsmöglichkeit in § 54a
Abs. 1 WPO sogar ausdrücklich für sinngemäß anwendbar (zu den Haftungsbeschränkungsmöglichkeiten bei Wirtschaftsprüfern und Wirtschaftsprüfungsgesellschaften *Stoffels* ZIP 2016, 2389). Außerdem kann nach § 54a Abs. 2
WPO die persönliche Haftung von Mitgliedern einer Personengesellschaft
(§ 44b WPO) – und damit auch der PartG – auf Schadensersatz auch durch vorformulierte Vertragsbedingungen auf einzelne namentlich bezeichnete Mitglieder der Personengesellschaft beschränkt werden, die die vertragliche Leistung erbringen sollen. Eine Parallelvorschrift zu § 54a WPO findet sich für
Steuerberater und Steuerberatungsgesellschaften in § 67a StBerG, § 72 StBerG
bildet das Pendant zu § 56 WPO.

5. Zwangsvollstreckung

36   Aus einem gegen die Partnerschaft gerichteten Titel findet eine Zwangsvollstreckung gegen die Partner nicht statt (Abs. 1 S. 2 iVm § 129 Abs. 4
HGB). Um in das Privatvermögen eines Partners vollstrecken zu können, ist
ein gegen ihn selbst gerichteter Vollstreckungstitel notwendig. Eine Umschreibung eines gegen die Partnerschaft gerichteten Titels kommt nicht in
Betracht (MüKoBGB/ *Schäfer* Rn. 8). Das folgt bereits aus dem Umstand, dass
dem Partner persönliche Einwendungen gegen die Gesellschaftsschuld zustehen können (→ Rn. 48). Zur Zwangsvollstreckung in das Partnerschaftsvermögen ist ein Vollstreckungstitel gegen die Partnerschaft erforderlich (→ § 7
Rn. 30).

III. Die Haftung der Partner – Grundsatz (Abs. 1)

1. Persönliche Haftung (Abs. 1 S. 1)

Abs. 1 S. 1 ordnet die Haftung der Partner für die Verbindlichkeiten der **37** Partnerschaft an. Die Partner haften – wie OHG-Gesellschafter – neben der Partnerschaft akzessorisch, persönlich, unbeschränkt, unmittelbar, primär, auf das Ganze mit ihrem Privatvermögen. Untereinander haften die Partner als Gesamtschuldner. Die Haftung umfasst alle Arten von Verbindlichkeiten, vertraglich sowie gesetzlich begründete. Einbezogen sind Verbindlichkeiten aus Verzug, Unmöglichkeit, Gewährleistung, Schlechterfüllung, aus GoA, Delikt, ungerechtfertigter Bereicherung und aus dem öffentlichen Recht, wie Steuerverbindlichkeiten und Geldstrafen. Die Leistungspflicht des akzessorisch haftenden Partners wird in der Praxis regelmäßig auf eine Geldleistung gerichtet sein (vgl. zu dem bei der OHG geführten Streit um die **Erfüllungstheorie** vgl. Staub/*Habersack* HGB § 128 Rn. 27 ff.; MüKoHGB/*K. Schmidt* HGB § 128 Rn. 24 ff.). Es bestehen aber keine durchgreifenden Bedenken, den berufsrechtlich zur Leistung befugten Partner unmittelbar auf Erfüllung in Form der Primärleistung in Anspruch zu nehmen, wenn die freiberufliche Leistung nicht erbracht hat (so auch MüKoBGB/*Schäfer* Rn. 5; Römermann/*Römermann* Rn. 19; MWHLW/*v. Westphalen* Rn. 22). Zu beachten ist allerdings, dass sich die Haftungskonzentration des Abs. 2 nur auf Schadensersatzleistungen (wegen Pflichtverletzungen) bezieht, nicht dagegen auf die primäre Leistungspflicht (→ Rn. 63). Bleibt also die Gesellschaft nach Annahme eines Auftrags untätig, so kann der Mandant/Auftraggeber jeden Partner auf **Primärleistung** in Anspruch nehmen und nicht nur denjenigen, der ihm gegenüber als Mandatsbearbeiter benannt wurde oder der nach der internen Geschäftsverteilung zuständig wäre.

Die Haftung des Partners ergibt sich unmittelbar aus Abs. 1 S. 1. Eines **38** Rückgriffs auf die Parallelvorschrift des § 128 HGB, an den Abs. 1 angelehnt ist, bedarf es nicht. Aus diesem Grund ist der im Bereich der OHG geführte Meinungsstreit, ob § 128 HGB auch für die Haftung für deliktische Handlungen von Mitgesellschaftern gilt (so die hM, ablehnend etwa *Altmeppen* NJW 1996, 1017 ff.), für die PartG ohne Bedeutung.

2. Akzessorietät

Inhaltlich gilt das bei der OHG anerkannte Haftungsmodell einer „bürgen- **39** ähnlichen" und damit akzessorischen Haftung der Gesellschafter für die Verbindlichkeiten der Gesellschaft. Für die OHG geht die Rspr. seit BGHZ 47, 376 (379) von der Akzessorietätstheorie aus (vgl. ferner BGHZ 73, 217 [224] = NJW 1979, 1361; BGHZ 74, 240 [242] = NJW 1979, 1821). Die Haftung der Partner ergibt sich nach diesem Modell unmittelbar aus der Haftung der Partnerschaft, ohne dass es einer weiteren Zurechnungsnorm bedarf. In der insoweit unklaren Begründung des Gesetzesentwurfs wird im Rahmen der Erläuterung der Haftung der Partner ausgeführt, für die Zurechnung des Fehlverhaltens der hinzugezogenen Partner gelte „neben § 8 Abs. 1 S. 2 des

Entwurfs die allgemeine Vorschrift des § 278 BGB" (BT-Drs. 12/6152, 17). Über § 278 BGB wird – ebenso wie über die parallele Vorschrift des § 31 BGB (analog) – bei rechtlich verselbstständigten Gesellschaften wie der OHG oder der Partnerschaft jedoch nur die Haftung der **Gesellschaft** für das Fehlverhalten ihrer Gesellschafter begründet. § 278 BGB passt im vorliegenden Kontext ersichtlich nicht, da Partner des Schuldverhältnisses nur die Gesellschaft ist. Schaltet der Gesellschafter einen Dritten ein, so bedient er sich dessen nicht zur Erfüllung einer **ihm selbst** obliegenden Verbindlichkeit iSd § 278 BGB.

3. Gesamtschuldnerschaft

40   Wie bei der OHG sind die Partner untereinander Gesamtschuldner iSd §§ 421 ff. BGB, im Verhältnis zur Gesamthand liegt dagegen mangels Gleichstufigkeit keine echte Gesamtschuldnerschaft vor (ausführlich *Henssler* FS Vieregge, 1995, 361 [364]; ebenso Römermann/*Römermann* Rn. 20; aA MWHLW/*v. Westphalen* Rn. 13, 21; für die OHG ganz hM: BGHZ 39, 319 [323 f.] = NJW 1963, 1873; BGHZ 104, 76 = NJW 1988, 1976 [1977]; *K. Schmidt* GesR § 49 II 4 b, 1409 f.; *Wiedemann* GesR II § 8 III 3 b bb; Baumbach/Hopt/*Roth* HGB § 128 Rn. 19; EBJS/*Hillmann* HGB § 128 Rn. 21; Heymann/*Emmerich* HGB § 105 Rn. 26 a; KKRM/*Kindler* HGB § 128 Rn. 5; MüKoHGB/*Schmidt* HGB § 128 Rn. 19; Staub/*Habersack* HGB § 128 Rn. 23). Zwar bestimmt § 128 S. 1 HGB für die OHG, dass „[d]ie Gesellschafter … **für die Verbindlichkeiten der Gesellschaft** den Gläubigern als Gesamtschuldner persönlich" [haften], während Abs. 1 die Partner „den Gläubigern **neben dem Vermögen der Partnerschaft**" als Gesamtschuldner haften lässt. Eine Abweichung vom Recht der OHG ist damit jedoch nicht bezweckt. Sie wäre in der amtlichen Begründung zumindest angesprochen worden.

41   Ausschlaggebend ist, dass sich das Gesetz für die Übernahme des Akzessorietätsgedankens entschieden hat, mit dem ein echtes Gesamtschuldverhältnis nicht zu vereinbaren ist. Deutlich wird die Unvereinbarkeit etwa bei der Auseinanderentwicklung der Haftung von Gesellschaft und Gesellschafter, zu der § 425 BGB führen würde. Die §§ 422 ff. BGB kommen somit nicht direkt zur Anwendung, jedoch ist ebenso wie bei der OHG im Einzelfall der Rechtsgedanke aus §§ 422 ff. BGB heranzuziehen (vgl. nur BGHZ 47, 376 [378]; BGHZ 74, 240 [242] = NJW 1979, 1821; BGHZ 104, 76 = NJW 1988, 1976 [1977]). Anwendbar sind etwa §§ 422, 424 BGB (Baumbach/Hopt/*Roth* HGB § 128 Rn. 19 ff.). Ausgeschlossen ist demgegenüber ein Rückgriff auf §§ 423, 425 und 426 BGB.

4. Ausgleich im Innenverhältnis

42   Bedeutsam ist die Einordnung als nur „unechte" Gesamtschuld auch für den Innenausgleich zwischen Gesellschafter und Gesellschaft. Für die „echte" Gesamtschuldnerschaft findet sich die Regelung des Innenausgleichs oder Regresses in § 426 BGB. Ist die Haftung der Partner für die Verbindlichkeiten der Partnerschaft lediglich akzessorisch, so hat der Partner nach seiner Inanspruchnahme durch einen Gesellschaftsgläubiger zwar uU den umfassenden Regressanspruch gegen die Partnerschaft aus § 110 HGB (→ Rn. 99 ff.). Eine zusätzliche cessio legis aus § 426 Abs. 2 BGB erfolgt jedoch nicht. Für die Partnerschaft verweist § 6 Abs. 3 auf § 110 HGB, ein Umstand, der ebenfalls für eine Gleichschaltung von OHG und Partnerschaft und gegen eine „echte" Gesamtschuldnerschaft zwischen Partner und Partnerschaft spricht.

5. Interprofessionelle Partnerschaft

a) Haftung bei interprofessioneller Berufsausübung. Auf der Grund- **43** lage der sich an der Akzessorietätstheorie orientierenden Haftungsverfassung der PartG (→ Rn. 24) gelangt man auch in den **interprofessionellen Partnerschaft** zwangsläufig zu einer gesamtschuldnerischen Haftung aller Gesellschafter ohne Ansehen ihrer beruflichen Befugnisse. Der jeweilige Mandatsvertrag wird stets mit der Gesellschaft selbst geschlossen, die auch im Falle einer Pflichtverletzung durch ihre Gesellschafter haftet. Die Haftung der einzelnen Berufsträger entspricht in vollem Umfang derjenigen der Gesellschaft, ohne dass es auf einschlägige berufliche Befugnisse ankäme. Eine Divergenz von Gesellschafts- und Gesellschafterhaftung ist grundsätzlich nur bei Annahme eines Einzelmandats vorstellbar. Nur wenn mit der Mandatierung ausnahmsweise keine Verbindlichkeit der Partnerschaft entstanden ist, sondern nur einzelne Partner verpflichtet wurden, kommt es zu einer auf einzelne Partner begrenzten Haftung. Im Ergebnis wird die akzessorische Haftung allerdings regelmäßig an Abs. 2 scheitern. Die dort angeordnete Haftungskonzentration auf den Mandatsbearbeiter führt in der interprofessionellen Partnerschaft dazu, dass von vornherein nur die beruflich befugten Partner für eine Haftung in Betracht kommen.

b) Vergleich mit der GbR. Die Gesellschafterhaftung entspricht bei einer **44** interprofessionellen Berufsausübung in der PartG damit im Ansatz jener, die nunmehr auch für die GbR gilt. Für die interprofessionelle Sozietät ging der IX. Senat des BGH (NJW 2000, 1333 mAnm *A. Schmidt* NJW 2001, 1911 und *Damm / von Mickwitz* JZ 2001, 76), nachdem in früheren höchstrichterlichen Entscheidungen zunächst der Grundsatz der umfassenden persönlichen Haftung der Gesellschafter betont worden war (BGH NJW 1992, 3037 [3038 f.]), zwischenzeitlich von der persönlichen Haftung nur jener Sozietätspartner aus, die „die generellen rechtlichen und fachlichen Voraussetzungen zur Bearbeitung des erhaltenen Auftrags" erfüllen (vgl. bereits BGH NJW 1993, 2799). Auch das OLG Köln hatte eine Haftungsbeschränkung auf die jeweils erfüllungsbefugten Sozietätspartner ausdrücklich bejaht (OLG Köln, NJW-RR 1997, 438 mit ablehnender Anm. *Römermann;* dem OLG zustimmend *Henssler* ZIP 1997, 1489). Eine volle Haftung im Sinne des Gedankens „alle für einen" war bei der interprofessionellen Sozietät nach dieser für die GbR entwickelten Rspr. nur bei jenen Mandaten denkbar, bei denen der Mandant alle Professionen in Anspruch nahm (*Busse,* DStR 1995, 738 [741]). Inzwischen löst der für das Gesellschaftsrecht zuständige II. Senat des BGH (BGHZ 142, 315; BGH ZIP 2001, 330) die Haftungssituation in der GbR in Analogie zu §§ 128, 130 HGB. Sie folgt damit denselben Grundsätzen wie in der PartG (zu den Auswirkungen der aktuellen BGH- Rspr. auf die Haftung in der Rechtsanwaltssozietät vgl. *Jungk* BRAK-Mitt. 2001, 159; *Grunewald* ZAP [2001] Fach 23, 554; *Eichele* BRAK-Mitt. 2001, 156; Henssler/Prütting/*Hartung* BRAO § 59a Rn. 55; *Markworth* 48f.). Erst aufgrund der Haftungskonzentration des Abs. 2 ergibt sich ein Haftungsvorteil für die PartG.

45   **c) Vorbehaltsaufgaben.** Besonderheiten sollen nach einer Entscheidung des BGH gelten, wenn sich die Gesellschaft zur Erbringung einer Aufgabe verpflichtet, die gesetzlich einem bestimmten Beruf vorbehalten ist (zB zu einer Rechtsdienstleistung nach Maßgabe des RDG). Verfügen nicht alle in der Gesellschaft zusammengeschlossenen Berufsträger über die entsprechende Befugnis zur Erbringung der Vorbehaltsaufgabe, soll der mit der Gesellschaft geschlossene Vertrag **nach § 134 BGB nichtig** sein (BGH NJW-RR 2006, 1071 Rn. 10ff.). Die Entscheidung betraf den Fall eines griechischen Steuerberaters, der sich an einer Steuerberatersozietät beteiligt hatte, obwohl er selbst nicht nach § 3 StBerG zur geschäftsmäßigen Hilfe in Steuersachen befugt und mangels Niederlassung im Ausland auch nicht nach § 56 Abs. 4 StBerG sozietätsfähig war. Zu beachten ist allerdings, dass sich in einer interprofessionellen Berufsausübungsgesellschaft die Gesellschafter stets nur verpflichten, im **„Rahmen der eigenen beruflichen Befugnisse"** für den Mandanten tätig zu werden. Die verallgemeinerungsfähige Formulierung des § 59a BRAO stellt klar, dass der Auftrag jeweils nur von denjenigen Gesellschaftern zu erfüllen ist, in deren beruflichen Aufgabenbereich er fällt. In einer interprofessionellen Partnerschaft von Rechtsanwälten und Wirtschaftsprüfern übernimmt der assoziierte Wirtschaftsprüfer also keine persönliche Erfüllungspflicht aus einem Rechtsberatungsmandat (mit Recht krit. zu dieser Rspr. *Kilian/Koch,* Anwaltliches Berufsrecht, 2. Aufl. 2018, Rn. B 1112; ferner *Posegga* DStR 2006, 1155). Nicht der Umstand, dass weder die Sozietät selbst noch der griechische Steuerberater über die Befugnis zur geschäftsmäßigen Hilfe in Steuersachen verfügte, war damit entscheidend, sondern allein der Umstand, dass in der konkreten Konstellation der griechische Mitgesellschafter überhaupt nicht sozietätsfähig war. Für die PartG ist die Rechtslage eindeutiger, da nach § 3 Nr. 2 StBerG nur eine PartG, deren Partner ausschließlich die in § 3 Nr. 1 und 4 StBerG genannten Personen sind, selbst zur geschäftsmäßigen Hilfeleistung in Steuersachen befugt ist (zum Ganzen auch *Henssler/Jansen* LMK 2006, 196757). Die Entscheidung des BGH ist vereinzelt geblieben und sollte als missglückter und nicht verallgemeinerungsfähiger „Ausreißer" gewertet werden.

6. Einwendungen der Partner

46   **a) Einwendungen der Partnerschaft.** Wird ein Partner wegen einer Verbindlichkeit der Partnerschaft in Anspruch genommen, so kann er entsprechend § 129 HGB alle Einwendungen erheben, welche der Partnerschaft in dem Zeitpunkt zustehen, in dem sie der Partner vorbringt. Unter den Begriff der Einwendungen fallen neben dem schlichten Bestreiten des Anspruchs alle Einwendungen und Einreden im Rechtssinne (Beispiele: Erfüllung, Erlass, Vergleich, Annahmeverzug, Nichtigkeit nach §§ 125, 134 oder 138 BGB, Unmöglichkeit, Verwirkung und Verjährung; vgl. ferner Baumbach/Hopt/*Roth* HGB § 129 Rn. 3). Jeder Partner kann außerdem die Befriedigung eines Partnerschaftsgläubigers verweigern (Leistungsverweigerungsrecht), solange der **Partnerschaft** ein Gestaltungsrecht, etwa Anfechtungsrecht (§§ 119, 123 BGB) oder eine Aufrechnungsmöglichkeit mit einer fälligen Forderung

(§§ 387 ff. BGB), zusteht (Abs. 1 S. 2; § 129 Abs. 2 und 3 HGB; dazu Staub/ *Habersack* HGB § 129 Rn. 20 ff.).

Nur ausnahmsweise liegt es in der Natur einer Einwendung, dass sie nur **47** von der Partnerschaft, nicht aber vom einzelnen Partner selbst erhoben werden kann. In der Regel handelt es sich um prozessuale Einreden (Staub/*Habersack* HGB § 129 Rn. 2 ff.), etwa die Rüge der örtlichen Unzuständigkeit nach dem Sitz der Gesellschaft oder die Einrede der Rechtshängigkeit wegen eines Prozesses der Gesellschaft.

b) Persönliche Einwendungen des Partners. Ferner stehen dem Part- **48** ner seine persönlichen Einwendungen (etwa Stundung oder Vergleich des Partners mit dem Gläubiger und insbesondere die Einwendungen aus §§ 159, 160 HGB) zu (zu den Einreden ausgeschiedener Partner → Rn. 53 f.).

7. Haftung neu eintretender Partner (Abs. 1 S. 2 iVm § 130 HGB)

Der nach Abs. 1 S. 2 entsprechend anwendbare § 130 HGB überträgt im In- **49** teresse des Verkehrsschutzes den Akzessorietätsgedanken auf die Haftung eines **neu eintretenden Partners.** Dieser haftet auch für die vor seinem Eintritt begründeten Verbindlichkeiten der Partnerschaft. Für Berufsanfänger, die neu in eine Gesellschaft eintreten, ergibt sich damit ein **erhebliches Haftungsrisiko, das lediglich im beruflichen Bereich durch die Haftungskonzentration abgemildert wird.** Auch im beruflichen Bereich kann es allerdings bei Altmandaten zu einer Mithaftung kommen. Für die Haftungskonzentration ist es nämlich ohne Bedeutung, ob das Auftragsverhältnis vor oder nach dem Eintritt begründet worden ist. So kommt die persönliche Haftung nach Abs. 2 zunächst unproblematisch dann in Betracht, wenn der Gesellschafter nach seinem Eintritt in die Bearbeitung oder Überwachung eines Altmandates eingeschaltet wird und wenn der schadensstiftende berufliche Fehler während dieser Zeit begangen wurde (so auch MüKoBGB/*Schäfer* Rn. 32). Nach Auffassung des IX. Zivilsenats des BGH soll eine Haftung aber auch dann in Betracht kommen, wenn die irreparable Pflichtverletzung bereits von anderen Mandatsbearbeitern vor seinem Eintritt begangen wurde, sofern der Eintretende nur überhaupt mit dem Mandat befasst war. Die Haftung sei nämlich lediglich an das Merkmal der Befassung gebunden, nicht dagegen an die Verletzungshandlung, die zu dem konkreten Berufsausübungsfehler führt (BGH NJW 2010, 1360 Rn. 17 ff.). Es handelt sich somit um eine Form einer **verschuldensunabhängigen Handelndenhaftung,** die auch solche an der Bearbeitung beteiligte Partner trifft, die selbst nicht fehlerhaft gehandelt haben. Einer schadenskausalen Beteiligung des Partners am konkreten Bearbeitungsfehler bedürfe es nicht. Nach dieser Rspr. haftet ein neu eintretender und mit einer Sache befasster Partner somit selbst dann, wenn er den Fehler nicht mehr hätte korrigieren können. Nur bei der Variante der PartmbB (Abs. 4) ist der Eintretende damit gegen eine Haftung für die **„Sünden der Vergangenheit"** geschützt. Dem ist zu widersprechen. Ein an dem Schadenseintritt völlig „unschuldiger" Partner sollte nicht schlechter gestellt werden als ein Mitgesellschafter, der die Pflichtwidrigkeit während seiner untergeordneten Mitwirkung immerhin hätte verhindern können. Anders als bei der GbR haften nach dem Konzept des PartGG die Gesellschafter eben nicht uneingeschrankt akzessorisch für berufliche Pflichtverletzungen eines Kollegen, sondern nur dann, wenn sie selbst einen jedenfalls mittelbaren Verursachungsbeitrag gesetzt haben (vgl. *Henssler/Deckenbrock* EWiR 2010, 89; aA *Posegga* in Peres/Senft Sozietätsrecht § 15 Rn. 33; MWHLW/*v. Westphalen* Rn. 42).

50   Die Geltung des § 130 HGB bedeutete ursprünglich einen erheblichen Nachteil der Partnerschaft gegenüber der GbR. Neu in eine GbR eintretende Gesellschafter sollten nach der früher herrschenden Auffassung in Rspr. und Schrifttum grundsätzlich nicht persönlich für Altschulden haften. Nur in Einzelfällen wurde eine Einbeziehung des eintretenden Gesellschafters in bestehende Vertragsbeziehungen bejaht (BGH NJW 1994, 257). Nunmehr wendet die Rspr. auch auf den in eine GbR eintretenden Gesellschafter § 130 HGB analog an (BGHZ 154, 370 = NJW 2003, 1803; BGHZ 155, 205 = NJW 2003, 2984; BGH NJW 2006, 765; LG Frankenthal NJW 2004, 3190; dazu *Arnold/Dötsch* DStR 2003, 1398; *Baumann/Rößler* NZG 2002, 793). Aus dem früheren **Vorteil** der GbR wird nun sogar ein **Nachteil,** wenn man den Gesellschaftern einer freiberuflichen GbR gleichzeitig die Haftungskonzentration des Abs. 2 verwehrt. Der II. Senat des BGH hat die entsprechende Anwendbarkeit des § 8 Abs. 2 auf die Freiberufler-GbR zunächst offen gelassen (BGHZ 154, 370 = NJW 2003, 1803), weil er dem für die Berufshaftung zuständigen IX. Senat insoweit nicht vorgreifen wollte. Inzwischen hat sich allerdings in Rspr. und Schrifttum die Auffassung durchgesetzt, dass in Freiberuflersozietäten § 130 HGB uneingeschränkt auch auf berufliche Fehler anzuwenden ist (→ Einführung Rn. 38; BGHZ 172, 169 Rn. 29 = NJW 2007, 2490; BGHZ 193, 193 Rn. 69, 74 = NJW 2012, 2435; dazu *Deckenbrock* AnwBl. 2012, 723 [725]; aA Henssler/Strohn/*Hirtz* Rn. 2; *Henssler* LMK 2004, 118).

51   Der Eintritt kann in der Form eines Aufnahmevertrages oder im Wege der Übertragung eines Gesellschaftsanteils (Abtretung, §§ 413, 398 BGB) erfolgen. Ein Eintritt im Wege der Erbfolge scheidet regelmäßig aus, soweit nicht die Sonderregel des § 9 Abs. 4 S. 2 greift (→ § 9 Rn. 114 ff.). Bei einem vorgeblichen „Eintritt" in eine Schein-Partnerschaft ist § 130 HGB hingegen grundsätzlich nicht anwendbar (ausführlich *Markworth* 171 ff., 315; *Deckenbrock/Meyer* ZIP 2014, 701 [704]). Eine die Haftung des eintretenden Gesellschafters ausschließende Vereinbarung im Partnerschaftsvertrag ist Dritten gegenüber nach § 130 Abs. 2 HGB unwirksam. Die Vereinbarung entfaltet Wirkungen lediglich im Innenverhältnis in Form einer Haftungsfreistellung. Haftungsbeschränkende Eintragungen in das Partnerschaftsregister sind nicht möglich. §§ 25, 28 HGB, die ohnehin nur den Fall der Neugründung einer Gesellschaft und nicht den des Eintritts in eine schon bestehende Gesellschaft betreffen, sind in der PartG nicht anwendbar (→ Rn. 52).

8. Eintritt in eine freiberufliche Einzelkanzlei

52   Wird ein Mitgesellschafter in eine bisherige freiberufliche Einzelpraxis unter gleichzeitiger Gründung einer Partnerschaft aufgenommen, so greifen Abs. 1 S. 2 iVm § 130 HGB nicht. Die handelsrechtliche Vorschrift des § 28 HGB, die im Parallelfall der Gründung einer OHG durch Eintritt in ein einzelkaufmännisches Unternehmen zu einer Haftung für die Altverbindlichkeiten führt, ist ebenfalls nicht einschlägig. § 2 Abs. 2 klammert § 28 HGB ausdrücklich vom Katalog der in Bezug genommenen handelsrechtlichen Vorschriften aus (→ § 2 Rn. 44). Für eine analoge Anwendung des § 28 HGB ist angesichts des klaren Wortlauts dieser rechtspolitisch fragwürdigen Vorschrift kein Raum (→ § 2 Rn. 44, *Henssler* LMK 2004, 118 [119]; MWHLW/*v. Westphalen* Rn. 44; offengelassen von BGH NJW 2010, 3720; aA MüKoBGB/ *Schäfer* § 2 Rn. 2; bei der GbR kommt § 28 HGB daher erst recht nicht zur Anwendung, vgl. BGHZ 157, 361 [366 f.]; BGH NJW-RR 2012, 239 Rn. 20; *Markworth* 55 f.). Gleichwohl ist auch bei der Gründung der Partnerschaft durch Eintritt in eine Einzelkanzlei eine Haftung für die Altverbindlichkeiten des bisherigen Kanzleiinhabers denkbar. Bringt der Inhaber der Einzelkanzlei diese nämlich mit allen Vermögenswerten und Verbindlichkeiten in die Partnerschaft ein, so werden die bisherigen persönlichen Verbindlichkeiten des Einbringenden zu Verbindlichkeiten der Gesellschaft. Für diese haften der bzw. die anderen Partner sodann nach Abs. 1 S. 1.

9. Haftung ausgeschiedener Partner

Ausgeschiedene Partner haften nur für die im Zeitpunkt ihres Ausscheidens **53** bestehenden Verbindlichkeiten der Partnerschaft. Ihnen kommt außerdem das Nachhaftungsprivileg des § 160 HGB zugute (→ § 10 Rn. 48 ff.). Auch zwischen dem ausgeschiedenen Partner und der Gesellschaft besteht zwar kein echtes Gesamtschuldverhältnis (für die OHG: *K. Schmidt* GesR § 49 II 4 b, 1421 f.), jedoch bietet sich die entsprechende Anwendung der §§ 422 ff. BGB an (vgl. BGHZ 44, 229 [233] = NJW 1966, 499; BGHZ 48, 203 [204] = NJW 1967, 2203).

Der ausgeschiedene Gesellschafter kann sowohl die Einwendungen nach **54** Abs. 1 S. 2 iVm § 129 Abs. 1–3 HGB als auch seine persönlichen Einwendungen geltend machen. Ein Urteil gegen die Partnerschaft wirkt nicht gegen den **ausgeschiedenen** Partner (hier findet § 425 BGB Anwendung; vgl. BGHZ 44, 229 [233]). Auch kann eine Unterbrechung der Verjährung der Gesellschafterschuld nicht gegen den Ausgeschiedenen eingewandt werden. Ihm gegenüber bleibt der Gläubiger zur Klage oder zur Vornahme einer sonstigen Unterbrechungshandlung verpflichtet (str., wie hier Baumbach/Hopt/*Roth* HGB § 128 Rn. 36). Begleicht der ausgeschiedene Partner eine Gesellschaftsschuld, so folgt sein Erstattungsanspruch aus § 670 BGB, nicht aus § 110 HGB (str. wie hier Baumbach/Hopt/*Roth* HGB § 128 Rn. 36; aA MüKoHGB/ *K. Schmidt* HGB § 128 Rn. 62). § 426 Abs. 2 BGB ist anwendbar (BGHZ 39, 319 [324]; str. zustimmend Baumbach/Hopt/*Roth* HGB § 128 Rn. 36), jedenfalls kann der ausgeschiedene Gesellschafter auch für seinen Nachhaftungs-Regressanspruch die verbliebenen unbeschränkt haftenden Gesellschafter in Anspruch nehmen (für die Anwendbarkeit des § 128 HGB MüKoHGB/ *K. Schmidt* HGB § 128 Rn. 62).

10. Haftung der Scheinpartner/Außenpartner

Auch derjenige, der im Rechtsverkehr als Partner auftritt, ohne Partner zu **55** sein – verwiesen sei auf den in Anwaltssozietäten häufigen Fall des „Scheinsozius" bzw. „Briefkopfsozius" (zu seiner Haftung BGHZ 70, 247 [249] = NJW 1978, 996; BGH NJW 1991, 1225; BGHZ 124, 47 = NJW 1994, 257; BGH

NJW 1999, 3040; BGHZ 146, 341 = NJW 2001, 1056; *Henssler* NJW 1993, 2137 [2139]; *v. Westphalen* in Henssler/Streck SozietätsR-HdB Kap. B Rn. 601 f.; zum Wirtschaftsprüfer als Scheingesellschafter BGHSt 46, 155 = NJW 2001, 165) – haftet persönlich (MüKoBGB/*Schäfer* Rn. 11; *Markworth* 87 ff., 307 ff.; *Grunewald* FS Ulmer, 2003, 141 [144 f.]; *Deckenbrock/Meyer* ZIP 2014, 701 [703 ff.]; *C. Schäfer,* DStR 2003, 1078 [1079 ff.]; *Arnold/Dötsch* DStR 2003, 1398 [1403]; *Späth* DStR 2001; 1181; *Gladys* DStR 2002, 1638; *Roth* DB 2007, 616 [618 f.]). Seine Haftung als Gesellschafter folgt nicht aus einer gesellschaftsvertraglichen Vereinbarung, sondern beruht auf dem zurechenbar gesetzten Rechtsschein einer Gesellschafterstellung. Anwendungsfälle einer solchen **Rechtsscheinhaftung** bieten vor allem die nicht trennscharfe Außendarstellung der Berufsträger einer PartG nach Gesellschaftern, Angestellten und freien Mitarbeitern auf den Briefbögen der Gesellschaft sowie die nicht vollständige Tilgung von Hinweisen auf ausgeschiedene Gesellschafter (zu entsprechenden Rechtsscheinträgern *Markworth* 93 ff.; *Deckenbrock/ Meyer* ZIP 2014, 701 [705 ff.]). Zwar ist es grundsätzlich zulässig, auch Angestellte oder freie Mitarbeiter auf dem Briefkopf zu benennen (vgl. etwa für Rechtsanwälte § 10 BORA). Wird diese Angabe jedoch nicht mit einem Hinweis auf den besonderen Status der benannten Person versehen, darf ein Geschäftspartner davon ausgehen, dass die aufgeführten Personen auch Partner sind (vgl. zur GbR *Markworth* 96 ff.). Unabhängig von der Gestaltung der Briefbögen und Kanzleischilder ist stets derjenige als Scheinpartner zu behandeln, der gegenüber dem Mandanten bei der Auftragsbearbeitung als Partner auftritt (zur GbR *Markworth* 93 f., 103 f.).

56   Der „Scheinpartner" ist Partner lediglich im **Außenverhältnis zu Dritten,** sodass in Anlehnung an den „Außensozius" auch von einem **Außenpartner** gesprochen werden kann (gegen diese Begrifflichkeit *Markworth* 75). Im Verhältnis zu den Gesellschaftern entstehen durch die Außendarstellung dagegen keine gesellschaftsrechtlichen Beziehungen. Auch berufsrechtlich treffen ihn nicht jene Pflichten, die den Gesellschaftern abverlangt werden (BGHSt 46, 155 = NJW 2001, 165; ausführlich *Markworth* 212 ff.; krit. vgl. *Grunewald* FS Ulmer, 2003, 141 [147 f.]). Gesellschafterbezogene Rechte des Berufsrechts können hingegen ausnahmsweise dazu führen, dass der Scheinpartner im Innenverhältnis einem Gesellschafter gleich zu behandeln ist (vgl. etwa § 32 BORA: Mandantenbefragung bei Ausscheiden eines Gesellschafters; dazu zur GbR *Markworth* 117 ff.). Beruft sich der Scheinpartner auf diese Rechte, muss er allerdings auch die hiermit korrespondierenden Pflichten tragen (vgl. *Grunewald* FS Ulmer, 2003, 141 [146]). Eine Eintragung des Scheinpartners als Mitglied der Partnerschaft in einem Berufsregister würde dieses unrichtig machen, sie kommt daher – ebenso wenig wie eine Eintragung im Partnerschaftsregister – nicht in Betracht (BGHSt 46, 155 = NJW 2001, 165 [166]; *Grunewald* FS Ulmer, 2003, 141 [148]).

57   Der erweckte Anschein einer Gesellschafterstellung wird zwar regelmäßig mit der **Eintragung im Partnerschaftsregister** kollidieren, soweit dort der tatsächliche Gesellschafterbestand wiedergegeben wird. Dem „Scheinpartner" ist es gleichwohl verwehrt, sich auf seine fehlende Eintragung im Partnerschaftsregister zu berufen (so auch *Kilian/Koch,* Anwaltliches Berufsrecht, 2. Aufl. 2018, B Rn. 1103; MWHLW/*v. Westphalen* Rn. 45; *Kopp* in Henss-

ler/Streck SozietätsR-HdB Kap. C Rn. 215; *Markworth* 309 f.; *Deckenbrock/ Meyer* ZIP 2014, 701 [710]). § 15 Abs. 2 HGB greift insoweit nicht. Entsprechend dem handelsrechtlichen Grundsatz, demzufolge sich derjenige, der im Geschäftsverkehr als Gesellschafter einer OHG auftritt, auch als persönlich haftender Gesellschafter behandeln lassen muss (BGHZ 17, 13 ff.; 61, 59 [64 f.]), ist eine vergleichbare Rechtsscheinhaftung für den „Scheinpartner" zu bejahen (OLG München NJW-RR 2001, 1358; MüKoBGB/*Schäfer* Rn. 11; *Markworth* 309 f.; *Deckenbrock/Meyer* ZIP 2014, 701 [710]). Ebenso wie derjenige, der sich als Gesellschafter einer OHG geriert, gutgläubigen Dritten nach §§ 128–130 HGB haftet (Heymann/*Emmerich* HGB § 105 Rn. 4, 27; Staub/*Schäfer* HGB § 105 Rn. 367 f.), kann auch der „Scheinpartner" von redlichen Gläubigern über § 8 Abs. 1 S. 1 in Anspruch genommen werden (*Markworth* 314 f.; *Deckenbrock/Meyer* ZIP 2014, 701 [710]).

Die These, bei Gesellschaftsformen, die in ein mit öffentlichem Glauben **58** versehenes Register eingetragen werden, sei kein Raum für die mit Blick auf die GbR entwickelte Rspr. zur „Scheinsozietät" (so Römermann/*Römermann* Rn. 44), verkennt, dass die nicht auf das Gesellschaftsrecht beschränkte Rechtsscheinlehre keine Differenzierung danach vornimmt, ob ein zurechenbar gesetzter Rechtsschein durch eine Registereintragung widerlegt ist. Zudem ist anerkannt, dass ein sich als Gesellschafter einer OHG gerierender Nichtgesellschafter trotz fehlender Eintragung im Handelsregister wie ein echter Gesellschafter haftet (BGHZ 17, 13 ff.). Die Haftung wird auch nicht über § 5 Abs. 2 iVm § 15 Abs. 2 HGB ausgeschlossen, da im Handelsregister nur die Gesellschafterstellung einzutragen ist und sich ihr Fehlen erst aus einem Umkehrschluss ergibt (vgl. *Markworth* 309 f.).

Voraussetzung für eine Haftung nach Rechtsscheingrundsätzen ist, dass der **59** Dritte **gutgläubig** ist. Ist diesem bekannt, dass der für die PartG nach außen als Gesellschafter Auftretende kein Gesellschafter ist, wird er durch die Rechtsscheingrundsätze nicht geschützt (BGH NJW-RR 1988, 1299 [1300]; OLG Frankfurt a. M. NJW-RR 2001, 1004 [1005]; *Markworth* 142 ff.). Der Dritte muss die Rechtsscheinträger zur Kenntnis genommen haben, ein abstrakter, von der Gesellschaft im Rechtsverkehr gesetzter Rechtsschein genügt nicht (*Kilian/Koch,* Anwaltliches Berufsrecht, 2. Aufl. 2018, B Rn. 1100; *Markworth* 134 ff.; *Markworth* NJW 2017, 559 [561]; *Deckenbrock/Meyer* EWiR 2017, 37 [38]). Entscheidend sind der Kenntnisstand und die Sicht des Dritten, der sich auf die Rechtsscheinhaftung beruft (BGH NJW-RR 1988, 1299 [1300]; OLG Köln NJW-RR 2004, 279; OLG Saarbrücken, NJW-RR 2006, 707 – jeweils zur GbR).

Dem Scheinpartner kommt ebenfalls das **Haftungsprivileg des Abs. 2** **60** zugute, wenn er nicht persönlich mit der Auftragsbearbeitung befasst war (→ Rn. 89 ff.; *Markworth* 316 ff.; *Deckenbrock/Meyer* ZIP 2014, 701 [710]; MWHLW/*v. Westphalen* Rn. 45). Seine Haftung geht nicht weiter als diejenige eines echten Partners. Das muss im Ergebnis auch für die **Haftungsbeschränkung** in der PartmbB nach **Abs. 4** gelten. Der Scheinpartner muss dann aber wie ein „echter" Partner mitversichert sein (MWHLW/*v. Westphalen* Rn. 45; *Markworth* 321 → Rn. 143), was bei bloßen Scheingesellschaftern regelmäßig nicht der Fall sein wird. Ein Scheingesellschafter **haftet außerdem nicht nach § 130 HGB** für solche Altverbindlichkeiten der Gesellschaft, die vor Setzung des Rechtsscheins einer Gesellschafterstellung entstanden sind (so für die GbR OLG Saarbrücken NJW 2006, 2862; ausführlich *Markworth* 171 ff.).

61   Im **Innenverhältnis** bestehen regelmäßig **Ausgleichsansprüche** des Gesellschafters kraft Rechtsscheins gegen die Gesellschaft und – über Abs. 1 S. 1 – auch gegen die Gesellschafter. Die Rechtsgrundlage variiert je nach Status des Außenpartners. Freie Mitarbeiter stehen in einem selbstständigen Dienstvertragsverhältnis zur Partnerschaft, das als Grundlage von Ausgleichs- bzw. Freistellungsansprüchen dienen kann (zur GbR *Markworth* 218). Ist der Scheinpartner Arbeitnehmer, so kommt ihm das Arbeitnehmerhaftungsprivileg zugute mit der Folge, dass selbst bei einem Fehlverhalten des Scheinpartners eine partielle oder sogar vollständige Erstattungspflicht der Gesellschaft greifen kann (zur GbR *Markworth* 213 ff.; zum Arbeitnehmerhaftungsprivileg allgemein vgl. MüKoBGB/*Henssler* BGB § 619a Rn. 5 ff.). Als angestelltem Mitarbeiter steht dem Scheinpartner außerdem ein Freistellungsanspruch gegenüber der Partnerschaft als seinem Arbeitgeber zu. Da die entsprechenden Ansprüche eines Gesellschafters kraft Rechtsscheins dienstvertraglicher Natur sind, also nicht aus fehlerhafter Berufsausübung resultieren, greift zugunsten der in Regress genommenen Gesellschafter die Haftungsprivilegierung des Abs. 2 (→ Rn. 62 ff.) ebenso wenig wie Abs. 4 (ausführlich *Markworth* 324 f.). Treten für die Partnerschaft Gesellschafter kraft Rechtsscheins auf, ist damit das **Konzept** der auf den Mandatsbearbeiter beschränkten persönlichen Haftung für Berufsausübungsfehler **durchbrochen.** In der PartG ist daher dem Problem der Rechtsscheinhaftung auch aus Sicht der Partner besondere Aufmerksamkeit zu widmen.

IV. Die Haftungskonzentration auf den mandatsbearbeitenden Partner (Abs. 2)

1. Regelungsanliegen und -system

62   Angesichts ihrer akzessorischen Haftung für die Verbindlichkeiten der Partnerschaft haben die Partner ein besonderes Interesse an einer sachgerechten Begrenzung ihrer **persönlichen** Einstandspflicht. Insbesondere in großen Berufsausübungsgesellschaften ist die unbeschränkte gesamtschuldnerische Haftung für das Fehlverhalten der anderen Partner weder praxisgerecht noch aus Gründen des Verbraucherschutzes erforderlich. Die persönliche Haftung steht der Bildung großer Einheiten, in denen sich die Partner kaum noch persönlich kennen, entgegen. Das PartGG trägt diesem anerkennenswerten Interesse in Abs. 2–4 Rechnung. Abs. 2 sieht eine gesetzliche Konzentration der Haftung für Berufsausübungsfehler auf die mit dem Auftrag konkret befassten Gesellschafter vor. Abs. 3 stellt darüber hinausgehend klar, dass über berufsrechtliche Regelungen eine vertraglich zu vereinbarende, summenmäßige Beschränkung der Haftung ermöglicht werden kann. Diese Kombination von gesetzlich angeordneter und vertraglich zu vereinbarender Haftungsbeschränkung hat 1998 das ursprüngliche Regelungskonzept des PartG abgelöst, das ausschließlich auf einer speziellen Form der vertraglichen Haftungsbegrenzung fußte. Den Gesellschaftern stand ursprünglich lediglich die Möglichkeit einer Haftungskonzentration über Individualvereinbarung oder vorformulierte Vertragsbedingungen zur Verfügung. Inzwischen kann – über Abs. 2 und 3 hinausgehend – in der „erweiterten Variante" der PartmbB gem. Abs. 4 die Haftung für Berufsfehler vollständig auf das Gesellschaftsvermögen beschränkt werden.

2. Gesetzliche Haftungskonzentration gem. Abs. 2

a) Grundzüge. Abs. 2 begrenzt die nach Abs. 1 S. 1 grundsätzlich unbe- **63** schränkte persönliche gesamtschuldnerische Haftung der Partner für bestimmte Verbindlichkeiten der Partnerschaft: Für **berufliche Fehler** haften nur die Partner, die mit der Bearbeitung eines Auftrags befasst waren, sofern es sich nicht um Bearbeitungsbeiträge von untergeordneter Bedeutung gehandelt hat. Die Haftung des handelnden Partners tritt neben die Haftung der Partnerschaft mit dem Partnerschaftsvermögen. Die Haftungskonzentration des Abs. 2 betrifft nur **Schadensersatzleistungen** wegen **beruflicher Fehler** und damit nicht den gesamten Bereich der akzessorischen Gesellschafterhaftung nach Abs. 1 S. 1. Eine eventuell zu bejahende primäre Leistungspflicht der Partner bleibt unberührt (→ Rn. 37). Verweigert die Gesellschaft etwa nach Annahme eines Auftrags zu Unrecht die Aufnahme einer Tätigkeit, so ist jeder beruflich erfüllungsbefugte (vgl. § 59a Abs. 1 BRAO) Partner gegenüber dem Mandant/Auftraggeber zur Primärleistung verpflichtet und kann von ihm im Klagewege auf Leistung in Anspruch genommen werden. Interne Zuständigkeitsverteilungen sind insoweit bedeutungslos.

Die Haftungskonzentration auf den handelnden Partner war bei ihrer Ein- **64** führung ein echtes **Novum im deutschen Gesellschaftsrecht** (*Römermann* GmbHR 1997, 530 [536]; *Seibert* BRAK-Mitt. 1998, 211 [212]). Anzusiedeln ist sie zwischen der unbeschränkten persönlichen Haftung der Gesellschafter einer GbR bzw. OHG und der auf das Gesellschaftsvermögen begrenzten Haftung in Kapitalgesellschaften. Ähnlichkeit besteht mit der Haftungssituation in der KG, bei der die Person des persönlich haftenden Gesellschafters (Komplementär) von vornherein unveränderlich feststeht, während sie in der Partnerschaftsgesellschaft anhand der konkreten Umstände des Einzelfalls ermittelt werden muss (vgl. Begr. zum RegE BT-Drs. 13/9820, 23ff.; Römermann/ *Römermann* Rn. 36ff.; *Seibert* BRAK-Mitt. 1998, 210 [211]). Die KG belegt zugleich, dass die Partnerschaft keinesfalls ein Fremdkörper im System der Personengesellschaften ist. Die Regelung in Abs. 2 und 4 verdeutlicht, dass die PartG im System des Personengesellschaftsrechts heute eine doppelte Funktion erfüllt: sie soll für die Freien Berufe sowohl die OHG als auch die KG ersetzen. Insofern stimmt das ursprüngliche Bild von der „Schwester" der OHG jedenfalls inzwischen nicht mehr.

In der freiberuflichen Praxis wird es nur bei den eher seltenen Großschäden **65** zur persönlichen Haftung des Handelnden kommen. Regelmäßig wird im Schadensfall die Partnerschaft unter Inanspruchnahme einer **Berufshaftpflichtversicherung** die Ansprüche der Gläubiger erfüllen. Die amtliche Begründung geht ebenfalls davon aus, dass es die Partner nur in **extremen Ausnahmefällen** zur Insolvenz ihrer Gesellschaft kommen lassen werden, sodass ein Gläubiger auf die persönliche Haftung eines oder mehrerer Partner zurückgreifen muss (Begr. zum RegE BT-Drs. 13/9820, 23ff.).

66 **b) Sachliche Reichweite. aa) Erfasste Ansprüche.** Die Haftungsbeschränkung bezieht sich nur auf die akzessorische Haftung der Gesellschafter für Ansprüche aus **Schäden wegen fehlerhafter Berufsausübung.** Außerdem muss der Fehler im Zusammenhang mit der **„Bearbeitung eines Auftrags"** begangen worden sein. Der Begriff des Auftrags ist nicht eng isd § 662 BGB zu verstehen, sondern meint jedes Vertragsverhältnis, das die Grundlage für die freiberufliche Tätigkeit bildet (MWHLW/*v. Westphalen* Rn. 59; MüKoBGB/*Schäfer* Rn. 17; Römermann/*Römermann* Rn. 36). Erfasst werden zunächst alle Ansprüche der Auftraggeber, die sich aus Pflichtverletzungen isd §§ 280ff. BGB ergeben, wobei neben originär vertraglichen Ansprüchen auch solche aus Verträgen mit Schutzwirkung zugunsten Dritter (vgl. dazu etwa BGH NJW 1965, 1955) unter den Anwendungsbereich der Norm fallen (BT-Drs. 12/6152, 18; MWHLW/*v. Westphalen* Rn. 56; Römermann/*Römermann* Rn. 33; MüKoBGB/*Schäfer* Rn. 15).

67 Der „berufliche Fehler" kann in der Schlechterfüllung der freiberuflichen Hauptleistungspflicht, in der Verletzung von Obhuts- und Aufklärungspflichten oder sonstiger Nebenpflichten liegen. Auch eine gegenüber dem Vertragspartner zur Unzeit – etwa kurz vor einem wichtigen Termin – ausgesprochene Kündigung eines Dienstvertrages über höhere Dienste kann zur persönlichen Haftung führen. In diesem Fall haften nicht nur der unmittelbare Mandatsbearbeiter, sondern alle Gesellschafter, die das Kündigungsschreiben unterzeichnet und damit die Vertragsverletzung mit begangen haben. Nicht erfasst werden Ansprüche auf **Erfüllung** einer vertraglich geschuldeten Leistung (*Jawansky,* Haftung und Haftungskonzentration bei der Partnerschaftsgesellschaft, 1997, 56ff.; *Wehrheim/Wirtz* 83). Ansprüche auf **Nacherfüllung** sowie Rechte auf **Minderung** oder **Rücktritt** sind entgegen Stimmen im Schrifttum (MWHLW/*v. Westphalen* Rn. 52) ebenfalls nicht unter Abs. 2 subsumierbar. Für die Nacherfüllung haften alle erfüllungsbefugten Gesellschafter weiterhin persönlich (→ Rn. 63), bei auf Minderung oder Rücktritt gerichteten Rechten kommt eine Haftungskonzentration schon von ihrer Funktion her nicht in Betracht. Das gilt selbst dann, wenn die Ausübung des Rechts zu Rückabwicklungsansprüchen führt. Verlangt etwa bei einem freiberuflichen Werkvertrag der Vertragspartner nach einem Rücktritt vom Vertrag die bereits entrichtete Vergütung zurück, so haften für diese Verbindlichkeit der Gesellschaft alle Partner akzessorisch nach Abs. 1 S. 1.

68 Bei einer Haftung der Partnerschaft aus § 311 Abs. 2 BGB, § 280 BGB **(Verschulden bei Vertragsschluss)** wegen eines nach § 31 BGB zurechenbaren beruflichen Fehlverhaltens eines Partners während der Vertragsanbahnung wird man wegen der Nähe zu vertraglichen Ansprüchen ebenfalls auf Abs. 2 zurückgreifen können, auch wenn hier noch kein Vertrag entstanden ist (ebenso MüKoBGB/*Schäfer* Rn. 15). Das Gleiche gilt für berufsrechtliche Vorschriften, die eine vorvertragliche Haftung vorsehen. So muss nach **§ 44 BRAO** ein Rechtsanwalt, „der in seinem Beruf in Anspruch genommen wird und den Auftrag nicht annehmen will, … die Ablehnung unverzüglich erklären". Er hat den Schaden zu ersetzen, der aus einer schuldhaften Verzögerung dieser Erklärung entsteht. Im Falle der unterbliebenen Ablehnung haftet die Partnerschaft für den Vertrauensschaden, sie muss also den Mandanten so stellen, als wäre ihm die Ablehnung unverzüglich mitgeteilt worden. Aller dings hat hier noch keine Konzentration auf einen Mandatsbearbeiter stattgefunden, wenn die Anfrage des Mandanten allgemein an die Partnerschaft gerichtet war.

Schwieriger ist die Situation im Anwendungsbereich des **§ 311 Abs. 3** **69** **BGB,** da hier selbst bei einer gewissen Dehnung des Wortlauts nicht mehr von einer Bearbeitung eines Auftrags gesprochen werden kann. Ein Vertragsverhältnis zwischen Partnerschaft und geschädigtem Anspruchssteller besteht nicht. Die Haftung wird typischerweise keine solche der Partnerschaft, sondern eine Eigenhaftung des jeweiligen Partners sein, der das persönliche Vertrauen in Anspruch genommen hat. Im Ergebnis sind damit die Fälle des § 311 Abs. 3 BGB vom Anwendungsbereich des Abs. 2 auszuklammern (so auch MWHLW/*v. Westphalen* Rn. 55).

Die der Gesellschaft über § 31 BGB analog zugerechneten deliktischen **70** Handlungen der Gesellschafter, die in **Ausführung einer ihnen zustehenden Verrichtung** begangen wurden, sind von der Haftungsbeschränkung ebenfalls abgedeckt (BT-Drs. 12/6152, 18; *Feddersen/Meyer-Landrut* § 8 Rn. 6; MWHLW/*v. Westphalen* Rn. 53; *Römermann/Römermann* Rn. 34; MüKo-BGB/*Schäfer* Rn. 15). Das vor der Neufassung des Abs. 2 bestehende Problem, ob eine nach Abs. 2 vertraglich herbeigeführte Haftungskonzentration auch deliktische oder vorvertragliche Ansprüche erfasst, ist unter Geltung der nunmehr gesetzlich angeordneten Haftungskonzentration hinfällig geworden. Sind allerdings bei einem deliktischen Verhalten eines Partners die Voraussetzungen des § 31 BGB analog nicht gegeben, so greift auch Abs. 2 nicht. Es fehlt bereits an einer Verbindlichkeit der Gesellschaft, die eine akzessorische Gesellschafterhaftung nach Abs. 1 und 2 nach sich ziehen könnte (MWHLW/ *v. Westphalen* Rn. 55; MüKoBGB/*Schäfer* Rn. 5; vgl. zur GbR BGHZ 154, 88 = NJW 2003, 1445 [1446]).

Die **deliktische Eigenhaftung** eines Partners wird durch die Haftungs- **71** konzentration allerdings nicht berührt. Selbst wenn das deliktische Handeln im Einzelfall nicht zu der Annahme einer „Bearbeitung des Auftrags" im Sinne des Abs. 2 und damit nicht zu einer akzessorischen gesellschaftsrechtlichen Haftung führt, haftet der deliktisch Handelnde persönlich. Seine Eigenhaftung ist keine Verbindlichkeit der Partnerschaft iSd Abs. 2 (BT-Drs. 12/6152, 18). Praktisch relevant dürfte der Fall eines Bearbeitungsbeitrages von untergeordneter Bedeutung sein, der zu einer deliktischen Mitverantwortung des Partners führt.

bb) Schäden wegen fehlerhafter Berufsausübung. Als Folge der Be- **72** schränkung der Vorschrift auf Ansprüche aus Schäden wegen **fehlerhafter Berufsausübung** setzt die Privilegierung der Haftungskonzentration die Ausübung eines Berufs iSd § 1 Abs. 2 voraus. Die zum Schadensersatz verpflichtende Verletzung einer dem Berufstätigen obliegenden vertraglichen oder gesetzlichen Pflicht muss einen sachlichen Zusammenhang zu der freiberuflichen Tätigkeit aufweisen, die Gegenstand des Vertragsverhältnisses zwischen Partnerschaft und Geschädigtem ist. Die Zugehörigkeit zur freiberuflichen Tätigkeit ist weit zu verstehen (aA *Eigner,* Die Beschränkung der persönlichen Gesellschafterhaftung bei Gesellschaft bürgerlichen Rechts und Partnerschaft, 2004, 344: das Merkmal der fehlerhaften Berufsausübung sei

„eng auszulegen"). So werden bei ärztlichen Partnerschaften auch Folgen eines Beratungsfehlers oder der Ausstellung fehlerhafter Bescheinigungen erfasst (*Schirmer* MedR 1995, 341 [352]). Berufsfremde, insbesondere gewerbliche Tätigkeiten, die der Berufsträger entgegen dem Gesellschaftszweck in der Gesellschaft entfaltet, fallen nicht unter Abs. 2. Eine Ausnahme wird man bei untergeordneten **Treuhandtätigkeiten** der wirtschaftsnahen Beratungsberufe (Rechtsanwälte, Steuerberater, Wirtschaftsprüfer) anerkennen müssen. Sie werden zwar als gewerblich eingestuft, gehören aber gleichwohl zum Berufsbild dieser Berufe (so auch für Rechtsanwälte BGH NZG 2016, 398). Geht man davon aus, dass diese Tätigkeiten zulässigerweise auch in einer PartG ausgeübt werden dürfen (→ § 1 Rn. 171, Rn. 336). Auch bei der Verletzung von Verkehrssicherungspflichten gegenüber Mandanten, Klienten und Patienten wird man Abs. 2 nach seinem Normzweck nicht anwenden können. Ein Sachgrund für die Privilegierung freiberuflicher Unternehmer gegenüber gewerblichen Unternehmern ist insoweit nicht ersichtlich. Das Privileg des Abs. 2 kommt den nicht mit der Bearbeitung Befassten auch dann zugute, wenn der Mandatsbearbeiter nicht über die formale Berufsqualifikation für die freiberufliche Tätigkeit verfügt, da ein Partner außerhalb des persönlichen Anwendungsbereichs des § 9 Abs. 3 nach dem Willen des Gesetzgebers bis zu seinem Ausschluss den Status eines Partners behält (→ § 9 Rn. 54; aA MWHLW/*Hoffmann* § 9 Rn. 21, 22). Etwas anderes gilt für jene Freie Berufe, deren Berufsrecht ein eigenes Zulassungsverfahren kennt (→ § 9 Rn. 40).

73   Unberührt von Abs. 2 bleibt die akzessorische Haftung aller Partner für **vertragliche Verbindlichkeiten,** die ihren Rechtsgrund nicht in der freiberuflichen Aufgabenwahrnehmung haben. So haften alle Partner gesamtschuldnerisch für die Erfüllungs- und Schadensersatzansprüche aus **Darlehens-, Miet-, Leasing- oder Versicherungsverträgen** sowie aus den **Arbeitsverträgen** mit den Angestellten der Gesellschaft und eventuellen **Dienstverträgen** mit Freien Mitarbeitern. Bei solchen und sonstigen vermögensrechtlichen Aktivitäten der Partnerschaft ist eine vertraglich vereinbarte Haftungskonzentration zulässig. Da die Privilegierung durch Abs. 2 nicht greift, findet in solchen Fällen jedoch eine Inhaltskontrolle nach allgemeinen schuldrechtlichen Grundsätzen statt (→ Rn. 104 ff.).

74   Abs. 2 schließt die Gesellschafterhaftung für eine Schädigung eines Dritten durch die Gesellschaft aufgrund einer von einem Partner zu vertretenden beruflichen Pflichtverletzung unbeachtlich von dessen **Verschulden** aus. Ohne Bedeutung ist auch, ob die fehlerhafte Berufsausübung auf (grob) fahrlässigem oder vorsätzlichem Verhalten des Mitgesellschafters beruht.

75   c) Verantwortlicher Partner. aa) Befassung mit der Bearbeitung eines Auftrags. Tatbestandlich knüpft Abs. 2 den Fortbestand der grundsätzlich akzessorischen Gesellschafterhaftung an die „Bearbeitung des Auftrags" durch den in Anspruch genommenen Gesellschafter (zu diesem Begriff → Rn. 66). Zur **Befassung** mit der Bearbeitung eines Auftrags zählt jede Mitwirkungshandlung im weitesten Sinne. Befassung bedeutet, dass der Partner einen Auftrag selbst bearbeitet oder seine Bearbeitung überwacht hat oder dies nach der internen Zuständigkeitsverteilung hätte tun müssen (BGH NJW 2010, 1360 Rn. 17). Es handelt sich um ein tatsächliches Kriterium

(MWHLW/*v. Westphalen* Rn. 63; MüKoBGB/*Schäfer* Rn. 21), ein rechtsgeschäftlicher Kontakt mit dem Auftraggeber ist nicht erforderlich. Über die originäre fachliche Tätigkeit hinaus werden also auch technische Mitwirkungshandlungen, wie etwa die Versendung eines fristwahrenden Faxes oder der Transport eines Briefes zur Post, erfasst. Der Partner muss den Auftrag selbst bearbeitet oder seine Bearbeitung geleitet bzw. überwacht haben (vgl. Begr. zum RegE BT-Drs. 13/9820, 21). Zu nach Erledigung des Auftrags in die PartG eintretenden Gesellschaftern, die nach Abs. 1 S. 2 iVm § 130 HGB grundsätzlich für Altschulden haften (→ Rn. 49 ff.).

Die bloße **Mitwirkung am Vertragsschluss** ist kein Bearbeitungsbeitrag, **76** sondern betrifft die von der Bearbeitung zu trennende Begründung des Vertragsverhältnisses. Etwas anderes gilt für Pflichtverletzungen beruflich-fachlicher Art, die im Vertragsanbahnungsstadium begangen werden (→ Rn. 68). Bei überörtlichen Partnerschaften wird regelmäßig ein Auftrag nur von einem Standort bearbeitet, sodass auch nur die Partner dieses Standorts mit der Bearbeitung befasst sind, was die Individualisierbarkeit der Mandatsbearbeiter erleichtert (dazu auch MWHLW/*v. Westphalen* Rn. 77; MüKoBGB/*Schäfer* Rn. 25; Römermann/*Römermann* Rn. 42). Eine standortübergreifende Bearbeitung, etwa im Rahmen einer sog. „service line" oder unter Hinzuziehung von Spezialisten aus anderen Standorten, ist aber selbstverständlich denkbar.

Die mit der alten Fassung des Abs. 2 verbundenen Auslegungsschwierigkei- **77** ten, die sich aufgrund der Differenzierung zwischen Erbringung, verantwortlicher Leitung und Überwachung der beruflichen Leistung ergaben, sind unter der Geltung des neuen Abs. 2 entfallen (Römermann/*Römermann* Rn. 37). Nach dem Wortlaut ist die tatsächliche Befassung mit der Bearbeitung entscheidend (Römermann/*Römermann* Rn. 37), jedoch soll dem RegE zufolge stets derjenige Partner mit der Bearbeitung eines Auftrags „befasst" sein, der nach der **internen Zuständigkeitsverteilung** hätte tätig werden müssen (Begr. zum RegE BT-Drs. 13/9820, 21; vgl. auch BGH NJW 2010, 1360 Rn. 17).

Diese Regelung erscheint für den Fall der **Bearbeitung durch Angestellte 78** durchaus praxisgerecht. Hat sich hier keiner der Partner mit der Angelegenheit durch **Überwachung** des Angestellten oder aber lediglich durch Bearbeitungsleistungen von untergeordneter Bedeutung (→ Rn. 84 ff.) mit der Sache befasst, so ist es sachgerecht, stets denjenigen Partner in Anspruch zu nehmen, der sich der Überwachung hätte annehmen müssen (so auch *Posegga* in Peres/Senft SozietätsR § 15 Rn. 33; MWHLW/*v. Westphalen* Rn. 65; zur Scheinpartnerproblematik *Markworth* 318 ff.). Dies entspricht im Übrigen auch der Rechtslage bei vergleichbaren ausländischen Gesellschaften, wie der Limited Liability Partnership des US-amerikanischen Rechts (*Henssler* FS Wiedemann, 2002, 906 [928]). Es genügt damit, wenn die Aufsicht über den angestellten Anwalt, der den Fall fehlerhaft bearbeitet hat, nach der **Geschäftsverteilung** einem bestimmten Partner zugewiesen war.

Ist die **Bearbeitung** nicht durch einen Angestellten, sondern **durch** einen **79** anderen **Partner** erfolgt als jenem, der nach der Geschäftsverteilung hätte tätig werden sollen, haftet nur der tatsächlich mit der Bearbeitung befasste Partner (*Posegga* in Peres/Senft SozietätsR § 15 Rn. 34; so iErg wohl auch MWHLW/

v. Westphalen Rn. 65; aA *Wehrheim/Wirtz* 80). Ein anerkennenswertes Interesse des Dritten, zusätzlich auch den nach der Geschäftsverteilung zuständigen, aber nicht aktiv gewordenen Partner in Anspruch nehmen zu können, ist nicht ersichtlich. Sein schutzwürdiges Vertrauen bezog sich nur auf den Mandatsbearbeiter, der ihm gegenüber in Erscheinung getreten ist. Dies gilt auch, wenn in einer interprofessionellen PartG ein Partner eine Aufgabe wahrnimmt, für deren Ausführung er eigentlich nicht qualifiziert ist (*Posegga* in Peres/Senft SozietätsR § 15 Rn. 34).

80   Auch wenn der Auftrag versehentlich **von** überhaupt **niemandem bearbeitet** wurde, erscheint es sachgerecht, grundsätzlich nur denjenigen Partner für verantwortlich zu erklären, der den Auftrag nach der Geschäftsverteilung hätte übernehmen müssen (*Henssler* FS Wiedemann, 2002, 906 [929]). Dessen vorwerfbare Pflichtverletzung besteht in der **Missachtung der internen Geschäftsverteilung.** Ohne entsprechende Zuständigkeitsregelung kann insbesondere in größeren Partnerschaften keine sinnvolle Haftungszuordnung vorgenommen werden. Erkennt man daher die Maßgeblichkeit des Geschäftsverteilungsplanes nicht an (wie etwa MWHLW/*v. Westphalen* Rn. 65), so entwertet man für diese Gesellschaften die gesetzlich gewollte Haftungsbeschränkung erheblich (für eine Orientierung an der internen Zuständigkeitsverteilung auch *Grunewald* ZAP Fach 23, 551 [555]; *Seibert* BRAK-Mitt 1998, 210 [211]). Freilich obliegt es der Gesellschaft nachzuweisen, dass tatsächlich eine klare und eindeutige Geschäftsverteilung zum Zeitpunkt der Mandatsannahme bestand. Ist überhaupt **keine Zuweisung durch** einen Geschäftsverteilungsplan oder durch Einzelabsprache erfolgt, so obliegt die Aufsicht **allen Partnern** mit der Folge ihrer **gesamtschuldnerischen Haftung** nach Abs. 1 – **es sei denn,** ein oder mehrere Partner überwachen den oder die angestellten Sachbearbeiter oder bearbeiten das Mandat (→ Rn. 78). Würde man Abs. 2 auch dann eingreifen lassen, wenn kein Geschäftsverteilungsplan vorhanden und niemand mit einer Sache befasst ist, würde man die Partner in nicht zu rechtfertigender Weise privilegieren und deren Gläubiger auf die (oft unzureichende) Haftungsmasse des Gesellschaftsvermögens verweisen.

81   Im Schrifttum wird das hier vertretene partnerschaftsfreundliche Verständnis teilweise abgelehnt, weil sich die Haftung des Partners bei diesem Konzept nicht allein aus dem Gesetz, sondern auch aus der internen Zuständigkeitsverteilung in der Partnerschaft ergebe. Das werde weder dem Anliegen des Gesetzgebers noch der tatsächlichen Wirkung eines Geschäftsverteilungsplans gerecht. Zudem sei die Beweislage des Geschädigten problematisch (*Römermann* GmbHR 1997, 530 [537]; MWHLW/*v. Westphalen* Rn. 66). Dem ist entgegenzuhalten, dass bei der PartG **grundsätzlich alle** Partner haften (Abs. 1 S. 1). Abs. 2 ist eine für einzelne Partner günstige Norm, nämlich für solche, die nicht mit der Sache befasst waren oder nur einen Bearbeitungsbeitrag von untergeordneter Bedeutung erbracht haben. Diese potenziell privilegierten Partner müssen die Tatsachen darlegen und beweisen, welche den für sie günstigen Tatbestand des Abs. 2 ausfüllen (→ Rn. 96). Es wäre zwar unter Kostengesichtspunkten **unzumutbar,** den Gläubiger zunächst darauf zu verweisen, neben der PartG alle Partner zu verklagen. Dem Gläubiger steht jedoch ein **Auskunftsanspruch** (→ Rn. 94) zu, der zunächst – neben dem Anspruch gegen die Gesellschaft – eingeklagt werden kann (*Posegga* in Peres/Senft SozietätsR § 15 Rn. 36). Für den Fall, dass kein Partner den Auftrag bearbeitet hat, führt die Gegenansicht zur Unanwendbarkeit des Abs. 2 insgesamt mit der Folge der Haftung sämtlicher Partner gem. Abs. 1 (Römermann/*Römermann* Rn. 39; *Römermann* GmbHR 1997, 530 [537]; *Römermann* NZG 1998, 675 [676]; *Eigner,* Die Beschränkung der persönlichen Gesellschafterhaftung bei Gesellschaft bürgerlichen Rechts und Partnerschaft, 2004, 348 ff.). Das Haftungsprivileg des Abs. 2 wird auf diese Weise erheblich entwertet, weil der einzelne Partner in größeren Gesellschaften unmöglich überwachen kann, ob alle Mitgesellschafter den Geschäftsverteilungsplan beachten. Er muss daher befürchten, bei einem Fehlverhalten des nach der Geschäftsverteilung zuständigen Partners doch in Anspruch genommen zu werden.

Ist eine **Individualisierbarkeit** einzelner Partner bei der Bearbeitung eines **82** Auftrags **nicht möglich,** etwa mangels internem Geschäftsverteilungsplan, so waren alle Partner befasst, die somit auch sämtlich nach Abs. 1 S. 1 haften. Dasselbe gilt, wenn tatsächlich alle Partner in die Bearbeitung des Auftrags einbezogen waren oder überhaupt kein Partner „befasst" war. Letzteres kann eintreten, wenn die Partnerschaft den Auftrag zwar angenommen, aber danach nichts unternommen hat oder wenn nicht aufklärbar ist, ob und wer sich mit dem Auftrag befasst hat. Haben mehrere Partner die Sache bearbeitet, so haften sie gesamtschuldnerisch (Begr. zum RegE BT-Drs. 13/9820, 21).

Bislang ungelöste Probleme bestehen, wenn die PartG eine andere Kanzlei **83** als Unterbevollmächtigten für die Mandatsbearbeitung einschaltet und der Pflichtverstoß von dieser Kanzlei begangen wird. Die PartG haftet für das Fehlverhalten der Erfüllungsgehilfen nach § 278 BGB. Ob auch in solchen Fällen eine Haftungskonzentration auf einen verantwortlichen Mandatsbearbeiter erfolgen kann, erscheint unklar. Schließlich wird das Fehlverhalten des Erfüllungsgehilfen über § 278 BGB nicht ihm, sondern der Gesellschaft zu gerechnet. Praktisch relevant werden solche Konstellationen nicht nur bei der Einschaltung eines Prozessanwalts, der im Interesse der Zeit- und Kostenersparnis zur Wahrnehmung eines auswärtigen Gerichtstermins eingesetzt wird. Auch werden in internationalen Sachverhalten deutsche Kanzleien nicht selten als eine Art Generalunternehmer eingesetzt, die sodann in den betroffenen Ländern mit kooperierenden Anwaltsgesellschaften zusammenarbeiten, die in keiner Vertragsbeziehung zum Mandanten stehen. Beispiele bieten etwa kartellrechtliche Genehmigungen, die bei einer verschiedene Länder betreffenden Transaktion weltweit eingeholt werden müssen. Hier bietet es sich an, solche Mandate angesichts der unüberschaubaren Haftungsrisiken außerhalb der PartG in einer Rechtsanwaltsgesellschaft mbH zu betreuen. Insoweit erweist es sich als problematisch, dass der BGH die Beteiligung einer PartG an einer Rechtsanwaltsgesellschaft mbH für unzulässig erachtet (BGH NJW 2017, 1681; dazu *Henssler* NJW 2017, 1644).

hh) Bearbeitungsbeiträge von untergeordneter Bedeutung. Bearbei- **84** tungsbeiträge von untergeordneter Bedeutung gelten nicht als „Befassung" im Sinne der Vorschrift. Ziel dieser Ergänzung ist es, die Haftungsfreistellung möglichst weit und damit für die betroffenen Freiberufler effektiv auszugestalten. Allerdings muss es angesichts der gewählten Formulierung fast zwangsläufig zu neuen Auslegungsproblemen kommen. Die Vorschrift setzt voraus, dass an der Bearbeitung eines Auftrags mehrere Partner beteiligt sind. Derjenige, der den Beitrag von untergeordneter Bedeutung leistet, haftet nicht (*Römermann*/*Römermann* Rn. 46). Nach der Begründung des RegE sollen darunter zB Urlaubsvertretungen ohne eigene gebotene inhaltliche Bearbeitung oder geringfügige Beiträge aus nur am Rande betroffenen Berufsfeldern (zB konsiliarische Beiziehung) fallen (BT-Drs. 13/9820, 21; vgl. *Henssler* ZIP 1997, 1481 [1490]).

85   Die Beiziehung eines nur **beratenden Partners** ist als untergeordneter Beitrag anzusehen, da sonst ein kontraproduktiver Anreiz geschaffen würde, auf die kanzleiinterne Sichtung und Kontrolle zu verzichten (*Henssler* ZIP 1997, 1481 [1490]). Die Beiziehung hat bereits begrifflich zur Voraussetzung, dass es einen eigentlichen Sachbearbeiter gibt. Dieser Sachbearbeiter zeichnet im Außenverhältnis für den Beitrag verantwortlich, indem er beispielsweise einen Schriftsatz unterzeichnet und dadurch die Verantwortung für dessen Inhalt übernimmt. Demgegenüber hat die interne Beratung nur einen unterstützenden Charakter und somit unabhängig von ihrem Inhalt und ihrem gesellschaftsinternen Stellenwert eine untergeordnete Bedeutung (*Römermann* NZG 1998, 675 [676]). Ein Bearbeitungsbeitrag (zum weiten Verständnis dieses Begriffs → Rn. 69), der den **Berufsfehler selbst mitgesetzt** hat, kann jedoch niemals von untergeordneter Bedeutung sein (*Henssler* ZAP Fach 23, 285 [292 f.]; *Wehrheim*/*Wirtz* 82; MWHLW/*v. Westphalen* Rn. 80; MüKoBGB/*Schäfer* Rn. 28; enger *Römermann*/*Römermann* Rn. 47, der nur von indizieller Wirkung ausgeht; einschränkend auch *Posegga* in Peres/Senft SozietätsR § 15 Rn. 35). Das gilt auch, wenn der Partner mit einer Sache derart inhaltlich befasst war, dass er konkrete Sachentscheidungen treffen musste (BGH NJW 2010, 1360 Rn. 20).

86   Ungeklärt ist, wie im Falle eines **Rechtsstreits** die Bedeutung eines Bearbeitungsbeitrags zu beurteilen ist. Kommt es auf die nachträgliche Sicht des erkennenden Gerichts (ex-post) an, das die Frage auch unter Berücksichtigung des entstandenen Schadens, also erfolgsorientiert beantworten wird? Oder ist die Sicht des handelnden Partners im Zeitpunkt der Maßnahme (ex-ante) entscheidend (vermittelnd *Römermann*/*Römermann* Rn. 50 f.)? Sachgerecht dürfte eine **Einzelfallbeurteilung** sein. In ihrem Rahmen ist einerseits die Zielsetzung des Abs. 2 zu berücksichtigen, die persönliche Haftung der Partner angemessen zu begrenzen, andererseits ist aber auch der Schutzbedürftigkeit des geschädigten Auftraggebers Rechnung zu tragen, dem es nicht angelastet werden darf, wenn sich der Partner der möglichen Folgen seines Handelns nicht bewusst war (vgl. *Römermann*/*Römermann* Rn. 51).

87   **cc) Vertragliche Bestimmung des befassten Partners.** Verbreitet kommt es bei der Beauftragung einer Freiberuflergesellschaft zur schriftlichen Benennung eines Bearbeiters des erteilten Auftrags. Eine solche Benennung lässt die Haftung aus Abs. 2 unberührt, soweit es zu einer Befassung eines anderen Gesellschafters als dem in der Vereinbarung benannten kommt. Die in Abs. 2 angeordnete Verantwortlichkeit des tatsächlich Handelnden kann durch die bloße Benennung eines angeblichen Mandatsbearbeiters nicht ausgeschlossen werden (so auch *Hallweger,* Anwaltsgesellschaften in den Vereinigten Staaten von Amerika und Deutschland – Lösungsansätze für eine künftige Partner-

schaft mit beschränkter Berufshaftung, 2000, 185; *Eigner,* Die Beschränkung der persönlichen Gesellschafterhaftung bei Gesellschaft bürgerlichen Rechts und Partnerschaft, 2004, 351 f.). Diese Aussage steht nicht im Widerspruch zu der grundsätzlichen Möglichkeit individualvertraglicher Beschränkungen der Gesellschafterhaftung. Solche Vereinbarungen (zur vertraglichen Modifizierung der Haftungskonzentration → Rn. 104 ff.) setzen jeweils voraus, dass die Abweichung von der von Abs. 1 S. 1 angeordneten akzessorischen Gesellschafterhaftung eindeutig zum Ausdruck gebracht wird. Die bloße Benennung eines Mandatsbearbeiters genügt hierfür nicht.

Hiervon zu trennen ist die Frage, ob eine solche Vereinbarung in jedem **88** Falle den namentlich Genannten unabhängig von seiner tatsächlichen Befassung haften lässt. Hier wird im Einzelfall danach zu differenzieren sein, ob der Gesellschafter unter Bezugnahme auf Abs. 2 erkennbar als in jedem Falle Haftender oder lediglich **informatorisch** als **„Ansprechpartner"** oder Ähnliches benannt wird (für grundsätzliche Haftung Römermann/*Römermann* Rn. 56). Im Zweifel wird man davon ausgehen müssen, dass der benannte Partner eine Gesamtverantwortung für das Mandat übernehmen sollte, die auch dann erhalten bleibt, wenn er sich im weiteren Verlauf nicht mehr um das Mandat gekümmert hat.

d) Scheinpartner. Der Scheinpartner, der grundsätzlich über Abs. 1 S. 1 **89** haftet (→ Rn. 55 ff.), kann sich bei fehlender beruflicher Befassung mit dem schadensauslösenden Auftrag auf Abs. 2 berufen (*Markworth* 316; *Langenkamp/ Jäger* NJW 2005, 3238 [3239]; MWHLW/*v. Westphalen* Rn. 45, 71). Der Rechtsschein kann zu keiner strengeren Haftung führen, als sie sich bei einer echten Gesellschafterstellung ergäbe. Ist der Scheinpartner nicht in die Mandatsbearbeitung eingeschaltet, so haftet er also nicht für die beruflichen Verfehlungen der Partner, sondern nur für die außerberuflichen Verpflichtungen der Partnerschaft (OLG München NJW-RR 2001, 1358 [1360]; *Markworth* 316; *Roth* DB 2007, 616 [619]). Eine Argumentation, die darauf abstellt, dass der Außenpartner kein Gesellschafter der Partnerschaft sei, er also wie ein Gesellschafter einer (die Partnerschaft erweiternden) fiktiven GbR behandelt werden müsse, missachtet den Grundgedanken der Rechtsscheinhaftung (so *Arnold/Dötsch* DStR 2003, 1398 [1403]). **Haftungsgrundlage** ist das schutzwürdige Vertrauen des Adressaten von Briefbogen, Kanzleischild und sonstigen Rechtsscheinträgern. Solange auf diesen aber deutlich zu Ausdruck kommt, dass es sich bei der Berufsausübungsgesellschaft, mit der er kontrahiert, um eine Partnerschaft handelt, kann er auch nur darauf vertrauen, dass die benannten Berufsträger wie Gesellschafter einer Partnerschaft haften. Eine weitergehende Haftung trägt der Rechtsscheingedanke nicht.

Für den Fall der Befassung des Scheinpartners mit der Bearbeitung des Auf-**90** trags ist umstritten, ob sich die Partner ihrerseits mit Blick auf den Scheinpartner auf Abs. 2 berufen können (so wohl OLG München NJW-RR 2001, 1358 [1360]). Für den Geschädigten wäre dies misslich, da der tatsächliche Status von Scheinpartnern in der Partnerschaft (Angestellter, freier Mitarbeiter) die Realisierung der Ansprüche zumeist problematischer macht als bei einer Inanspruchnahme eines oder mehrerer Partner. Bei korrekter Interpretation wird man die Wertung des Abs. 2 dahin verstehen müssen, dass für jedes freiberufliche Mandat in jedem Fall ein echter – im Partnerschaftsregister eingetragener – Partner persönlich verantwortlich sein muss (aA wohl *Jungk* BRAK-Mitt. 2007, 197 [198]; differenzierend *Markworth* 318 ff.). Abs. 2 bezweckt, wie der Kontext zu Abs. 1 verdeutlicht, eine Konzentration der grundsätzlich akzessorischen Gesellschafterhaftung auf einen oder mehrere Gesellschafter. Es handelt sich im Kern um ein Modell eines variablen Komplementärs (→ Rn. 64). Nicht gewollt ist dagegen die Konzentration der Haftung auf irgendeinen Mandatsbearbeiter unter völliger Freistellung aller Gesellschafter. Die ausschließliche persönliche Haftung eines „bloßen" Angestellten widerspricht damit dem gesetzlichen Haftungskonzept.

91   Keinesfalls dürfen sich die Partner ihrer persönlichen Verantwortung dadurch entziehen können, dass sie junge Berufseinsteiger als Scheinpartner auf den Briefkopf aufnehmen, diese damit einem hohen persönlichen Haftungsrisiko aussetzen und sich überdies noch der persönlichen Verantwortung für die korrekte Auftragsbearbeitung entziehen. Neben dem Scheinpartner muss damit **immer zumindest ein echter Partner** persönlich für die Mandatsbearbeitung verantwortlich zeichnen, damit die übrigen Partner in den Genuss des Haftungsprivilegs des Abs. 2 kommen. Außerdem wird man in der (fehlenden) Überwachung des sich (eventuell unfreiwillig) als Scheinpartner gerierenden Angestellten/freien Mitarbeiters durch den oder die zuständigen Partner einen weiteren Verursachungsbeitrag sehen müssen, der zu einer Verantwortlichkeit dieser Gesellschafter neben dem Scheinpartner führt (differenzierend *Markworth* 318 ff.). Für jeden angestellten oder freiberuflichen Mitarbeiter muss nach der internen Aufgabenverteilung immer ein Partner verantwortlich sein. Fehlt eine solche Aufgabenverteilung, so sind **grundsätzlich alle Partner** verantwortlich. Das Privileg des Abs. 2 greift nicht.

92   **e) Haftungsdurchgriff auf die privilegierten Gesellschafter?** Für die nicht in die Auftragsbearbeitung eingeschalteten Partner bewirkt die Gesellschaft einen Haftungsschutz, welcher derjenigen in der Kapitalgesellschaft ähnelt. Sie haften für die Verbindlichkeiten aus Berufspflichtverfehlungen ihrer Mitgesellschafter nur mit ihrer Einlage bzw. ihrem Anteil am Gesellschaftsvermögen. In der Gesellschaftsrechtswissenschaft bislang kaum diskutiert ist die Frage, ob es auch in der Partnerschaft zu einem **Haftungsdurchgriff** kommen kann, wenn der Anspruch gegen die Gesellschaft dadurch entwertet wird, dass der Gesellschaft kein angemessenes oder zumindest kein klar abgegrenztes Vermögen zur Verfügung steht (dazu *Henssler* FS Wiedemann, 2002, 906 [929 ff.]).

93   In Rspr. und Schrifttum sind **drei Fallkonstellationen** entwickelt worden, in denen es in Kapitalgesellschaften ausnahmsweise zu einer Gesellschafterhaftung kommen kann (dazu Henssler/Strohn/*Verse* GmbHG § 13 Rn. 19 ff.): (1) die **Außenhaftung aus Delikt** (§ 826 BGB), hierunter fällt etwa die sittenwidrige Gläubigerbenachteiligung bei sog. „Aschenputtelgesellschaften" (Fall: Gesellschafter übertragen alle Risiken ohne korrespondierende Chancen auf eine GmbH), (2) die Außenhaftung in Form eines **Durchgriffs** gegen Gesellschafter mit den Unterfallgruppen der Vermögensvermischung (sog. „Waschkorblage"), der Sphärenvermischung und des Rechtsformmissbrauchs/Institutsmissbrauchs und (3) die Haftung der Gesellschafter im Innenverhältnis zur Gesellschaft auf der Grundlage der Rspr. (BGH NJW 2007, 2689 – Trihotel) zum **„existenzvernichtenden Eingriff" (§ 826 BGB)**, die auf einer Missachtung der Zweckbindung des Gesellschaftsvermögens beruht. Die Fallgruppen 2 und 3 lassen sich auch beim Kapitalschutz in der PartG nutzbar machen. Dagegen gibt es nach geltendem Recht **keine allgemeine** gesellschaftsrechtliche (verschuldensabhängige oder gar verschuldensunabhängige) **Haftung** des Gesellschafters **wegen materieller Unterkapitalisierung** (BGH NJW 2008, 2437 – Gamma), ein Grundsatz der auch für die Partnerschaft zu gelten hat. Praktisch relevant dürfte in der PartG insbesondere der Fall des existenzvernichtenden Eingriffs sein, wenn die Partner der Gesellschaft das für deren Betrieb unverzichtbare Vermögen entziehen.

f) Auskunftsanspruch des Auftraggebers. In seiner Stellungnahme **94** zum RegE hat der Bundesrat gegen die Neufassung des Abs. 2 eingewandt, es könne nicht Aufgabe des geschädigten Auftraggebers sein, zu beweisen, wer im konkreten Fall mit der Bearbeitung des Auftrags „befasst" gewesen sei (BT-Drs. 13/9820, 25f). Tatsächlich hat der Geschädigte für den Fall, dass er wirklich nicht weiß, wer den Auftrag bearbeitet hat, aus dem zugrunde liegenden Vertragsverhältnis einen **Auskunftsanspruch** gegen die Partnerschaft (BT-Drs. 13/9820, 22). Zweifel an der Realisierbarkeit dieses Anspruchs sind kaum begründet, haben die übrigen Partner doch ein eigenes Interesse an der Auskunft. Schließlich greift die gesetzliche Handelndenhaftung nur dann, wenn nachgewiesen werden kann, dass lediglich nur einer der oder einzelne Partner mit der Bearbeitung befasst waren (→ Rn. 75ff.). Der **Auskunftsanspruch** ergibt sich aus dem jeweils zugrunde liegenden Vertrag iVm § 242 BGB (MWHLW/*v. Westphalen* Rn. 66 nennt § 242 BGB als Anspruchsgrundlage).

Im Falle einer **falschen Auskunft** über die Handelnden haften für den **95** hieraus entstehenden Schaden (v. a. Prozesskosten) Gesellschaft und Gesellschafter nach Maßgabe des Abs. 1 S. 1. Leichte Fahrlässigkeit genügt. Die Haftungskonzentration nach Abs. 2 greift nicht, da die fehlerhafte Auskunft keine Berufsausübung im Sinne des Abs. 2 darstellt. Dies gilt auch im Falle einer Partnerschaft von Rechtsanwälten, die die Auskunft im Rahmen eines Eigenmandats erteilt.

g) Darlegungs- und Beweislast. Der geschädigte Mandant muss einen **96** materiell-rechtlich begründeten Schadensersatzanspruch beweisen. Da die Haftungskonzentration den übrigen Partnern zugutekommt, müssen die von der Vereinbarung Begünstigten bei ihrer Inanspruchnahme darlegen und beweisen, dass die fehlerhafte Berufsausübung dem gemäß der Haftungskonzentration allein Haftenden zuzurechnen ist und dass der Benannte auch tatsächlich die vertragliche Leistung erbracht bzw. die Vertragserfüllung geleitet oder überwacht hat (vgl. *Posegga* in Peres/Senft SozietätsR § 15 Rn. 36).

h) Prozessuales. Der Geschädigte kann seinen Schadensersatzanspruch **97** zunächst gegen die Partnerschaft gerichtlich geltend machen. Dabei wirkt die Unterbrechung der Verjährung gegenüber der Partnerschaft auch gegenüber den Partnern (BT-Drs. 13/9820, 21ff.). Will er gleichzeitig seinen Anspruch auch gegen den handelnden Partner gem. Abs. 1 und 2 einklagen, ist ihm jedoch der Bearbeiter nicht bekannt, so kann er für den Fall, dass die Partnerschaft ihre Auskunftspflicht vorprozessual (→ Rn. 94) nicht erfüllt hat, parallel zur Schadensersatzklage eine **Auskunftsklage** gegen die Partnerschaft erheben (hierauf weist die amtliche Begründung des RegE ausdrücklich hin, BT-Drs. 13/9820, 22). Nach Auskunftserteilung können sodann – jedenfalls im ersten Rechtszug – im Wege der **subjektiven Klageerweiterung** der oder die befassten Partner persönlich in Anspruch genommen werden.

98   Besteht Ungewissheit über den persönlich haftenden Partner, kann der Kläger auch einzelnen oder allen Partnern den **Streit verkünden** mit der Folge, dass diese darüber zu entscheiden haben, ob sie dem Rechtsstreit beitreten und selbstständig Angriffs- und Verteidigungsmittel geltend machen; in jedem Fall haben sie das Ergebnis des Prozesses gegen sich gelten zu lassen (§ 74 Abs. 3 ZPO). Konnte die Partnerschaft nicht mehr ermitteln, wer befasst war, so haftet sie jedenfalls aus **Organisationsverschulden** (mangelnde interne Dokumentation, vgl. zB § 50 BRAO). Hat die Partnerschaft einen falschen Partner benannt, gilt Entsprechendes. Wurde überhaupt niemand benannt, so bleibt es im Falle eines „non liquet" bei der persönlichen Haftung aller Partner. Die Darlegungs- und Beweislast tragen die Partnerschaft bzw. die Partner (BT-Drs. 13/9820, 21 ff.).

99   **i) Ausgleich im Innenverhältnis.** Der nach der Inanspruchnahme eines Partners im Innenverhältnis vorzunehmende Ausgleich richtet sich in erster Linie nach der Regelung im Partnerschaftsvertrag. Der Gesetzgeber hat bewusst auf eine eigenständige Regelung verzichtet, um den Gesellschaftern insoweit Gestaltungsfreiheit zu gewähren (BT-Drs. 12/6152, 17 f.). Für Fälle leichter Fahrlässigkeit bietet es sich an, im Partnerschaftsvertrag die Haftung paritätisch auf alle Partner, auch auf die nicht erfüllungsbefugten, zu verteilen (vgl. für die Sozietät das Vertragsmuster von *Stucken* WiB 1994, 744 [745]). Dies entspricht der zwischen den Partnern anzustrebenden Solidarität. Schweigt der Gesellschaftsvertrag, kann ein Partner gem. § 6 Abs. 3 S. 2 ivm § 110 Abs. 1 HGB von der Partnerschaft Ersatz der von ihm für erforderlich gehaltenen Aufwendungen verlangen (→ § 6 Rn. 69). Darunter fällt idR auch die Begleichung von Verbindlichkeiten der Gesellschaft (vgl. für die OHG Baumbach/Hopt/*Roth* HGB § 110 Rn. 10). Reicht das Gesellschaftsvermögen nicht aus, um den **Aufwendungsersatzanspruch** zu erfüllen, so kann der im Außenverhältnis in Anspruch genommene Partner die ihm aus der Gesamtschuld zustehenden **Ausgleichsansprüche** aus § 426 Abs. 1 und 2 BGB gegen seine Mitgesellschafter geltend machen (MüKoBGB/*Schäfer* Rn. 31; *v. d. Horst* DStR 1995, 2027 [2028]).

100   Im Innenverhältnis haftet allein derjenige Partner, der den (von der Versicherung nicht gedeckten) Schaden schuldhaft verursacht hat (das gilt auch für Fälle von Abs. 2 und 4 MWHLW/*v. Westphalen* Rn. 21). Ihm ist nicht nur eine Verletzung der gesellschaftsvertraglichen Pflichten isV § 280 Abs. 1 BGB vorzuwerfen, er ist – im Verhältnis zu den anderen Gesellschaftern – auch gem. § 426 Abs. 1 S. 1 ivm § 254 BGB zur Übernahme des Gesamtschadens verpflichtet. Für den **Gesellschafter kraft Rechtsschein** (→ Rn. 55 ff.) gelten diese Grundsätze nicht. Er kann auf der Grundlage seiner jeweiligen Vertragsbeziehung bei den Gesellschaftern Regress nehmen; in diesem Fall ist die

Haftungskonzentration des Abs. 2 wirtschaftlich wirkungslos, da im Verhältnis zu den echten Partnern ein von Abs. 2 nicht erfasster Anspruch geltend gemacht wird. Hat der Scheinpartner, der meist den Status eines Angestellten oder freien Mitarbeiter haben wird, den Schaden selbst schuldhaft verursacht, so kann sich die Partnerschaft bei ihm nach arbeits-, dienst- oder werkvertraglichen Grundsätzen – eventuell nur teilweise – schadlos halten (ausführlich zum Ganzen *Markworth* 324 ff.).

Nicht „**erforderlich**" iSd § 110 Abs. 1 HGB sind die Aufwendungen eines **101** gem. Abs. 2 persönlich verantwortlichen Partners. In diesem Fall steht dem pflichtwidrig handelnden Partner, der mit seiner Leistung an den Gläubiger zugleich die Gesellschaftsschuld beglichen hat, keine Regressmöglichkeit gegen die Gesellschaft zu (*Römermann/Römermann* Rn. 62; MWHLW/*v. Westphalen* Rn. 21; *Wehrheim/Wirtz* 86). **Haften mehrere Partner** als Mandatsbearbeiter, so kann es für die interne Ausgleichspflicht nicht darauf ankommen, ob sie im Außenverhältnis auch tatsächlich in Anspruch genommen wurden (aA *Wehrheim/Wirtz* 86). Im Verhältnis der Mandatsbearbeiter zueinander bleibt es bei der gesamtschuldnerischen Haftung nach Abs. 1 S. 1. Fehlt es an einer vertraglichen Absprache im Gesellschaftsvertrag, so greift für die interne Ausgleichspflicht § 426 BGB. Regelmäßig wird nach dem Rechtsgedanken des **§ 254 BGB auf die jeweiligen Verschuldensbeiträge abzustellen** sein.

Zahlt die Partnerschaft auf eine berechtigte Schadensersatzforderung, so **102** kann sie bei einem schuldhaften Verhalten des verantwortlichen Partners gem. § 1 Abs. 4 iVm § 708 BGB **Rückgriff** nehmen (Begründung zum RegE PartGG, BT-Drs. 12/6152, 18). Der Haftungsmaßstab der eigenüblichen Sorgfalt iSd §§ 708, 277 BGB dürfte angesichts der beruflichen Qualifikation der Freiberufler hoch anzusetzen sein (*Römermann/Römermann* Rn. 64). Für den Innenregress bei der **PartmbB** → Rn. 143 ff.

j) Berufsrechtsvorbehalt. Ausgehend von der Idee einer strikten Tren- **103** nung zwischen Gesellschaftsrecht und Berufsrecht (*K. Schmidt* ZIP 1993, 633) enthält das PartGG unter Verzicht auf eigenständige berufsrechtliche Regelungen nur den allgemeinen Berufsrechtsvorbehalt des § 1 Abs. 3. Die in Abs. 2 gesellschaftsrechtlich angeordnete beschränkte Gesellschafterhaftung kann daher mit strengeren berufsrechtlichen Haftungsregeln kollidieren (zu den berufsrechtlichen Regelungen der Freien Berufe → § 1 Rn. 115 ff., 255 ff.). Der Vorrang der einen oder anderen Regelung muss für jeden Einzelfall festgelegt werden. Der Berufsrechtsvorbehalt des § 1 Abs. 3 ist kein absolutes Dogma. Der Gesetzgeber kann sich vielmehr innerhalb des PartGG oder auch in berufsrechtlichen Bestimmungen grundsätzlich über den Vorrang des Berufsrechts hinwegsetzen. Das gilt allerdings nur für Verschärfungen gegenüber dem Recht der Partnerschaft. Berufsrechtliche Erleichterungen der Haftungsverfassung sind dagegen systemwidrig und nach § 1 Abs. 3 unzulässig (→ § 1 Rn. 243), soweit sie unmittelbar an die Rechtsform anknüpfen, also (trotz der Verankerung im Berufsrecht) der Sache nach rein gesellschaftsrechtlicher Natur sind. Allenfalls über § 8 Abs. 3 lässt sich ihre Zulässigkeit begründen (→ Rn. 113). Gegenüber einer berufsrechtlichen Regelung gem. Abs. 3 hat die gesellschaftsrechtliche Regelung des Abs. 2 **Vorrang** (*Henssler* FS Wiedemann, 2002, 906 [913]; MüKoBGB/*Schäfer,* Rn. 2; zustimmend MWHLW/*v. Westphalen* Rn. 8). Reichen das Vermögen der Gesellschaft und das Privatvermögen des nach Abs. 2 haftenden Partners nicht aus, um die Forderung des Gläubigers zu erfüllen, so geht die Haftungshöchstsumme ins Leere. Unter der Geltung des Abs. 2 aF wurde dagegen angenommen, dass diese Vorschrift im Verhältnis zu § 51 a Abs. 2 BRAO allgemeiner war (1. Aufl. 1997, Rn. 66 ff.).

V. Vertragliche Beschränkungen der akzessorischen Gesellschafterhaftung

1. Individualvertragliche Beschränkung der Haftung der Partner

104   **a) Grundsätze.** Die Regelung des Abs. 2 enthält kein zwingendes Recht, schließt also weiter gehende vertragliche Haftungsbeschränkungen durch Vereinbarung zwischen Partnerschaft bzw. den Partnern einerseits und jeweiligem Vertragspartner andererseits nicht generell aus (so auch MüKoBGB/*Schäfer* Rn. 7, 29; MWHLW/*v. Westphalen* Rn. 17). Die Aussage des Abs. 2 beschränkt sich zunächst auf den Bereich der Pflichtverletzungen bei der Bearbeitung des freiberuflichen Auftrags. Bei allen sonstigen Rechtsbeziehungen gelten ohnehin die allgemeinen Grundsätze, wie sie für Haftungsbeschränkungsvereinbarungen bei der GbR und der OHG anerkannt sind (zur Zulässigkeit von individualvertraglichen Haftungsbeschränkungen bei der OHG Staub/*Habersack* HGB § 128 Rn. 16; Baumbach/Hopt/*Roth* HGB § 128 Rn. 38). Aber auch im Bereich der beruflichen Tätigkeit bestehen keine durchgreifenden Einwände gegen individualvertragliche Haftungsbeschränkungen. Die Zulässigkeit solcher Vereinbarungen wird durch Abs. 2 und 3 nicht berührt. Die Genese des § 8 belegt, dass der Gesetzgeber trotz des Verzichts auf die Übernahme der Formulierung des § 128 S. 2 HGB, aus der für die OHG die Zulässigkeit von vertraglichen Haftungsbegrenzungen abgeleitet wird, entsprechende Vereinbarungen der Partnerschaft zugunsten der Partner ermöglichen wollte (ausführlich *Eigner,* Die Beschränkung der persönlichen Gesellschafterhaftung bei Gesellschaft bürgerlichen Rechts und Partnerschaft, 2004, 337 f.). Ihre rechtliche Beurteilung richtet sich auch insoweit nach den allgemeinen Vorschriften.

105   **b) Gestaltungsmöglichkeiten.** Der Ausschluss der persönlichen Gesellschafterhaftung erfolgt konstruktiv durch die Abbedingung des Abs. 1 S. 1. Die akzessorische Verpflichtung des Partners entsteht nicht, Schuld und Haftung verbleiben ausschließlich bei der Partnerschaft. Verschiedene Gestaltungen sind insoweit denkbar: Die Gesellschafter können zunächst mit dem jeweiligen Vertragspartner individuell eine Haftungsbegrenzung vereinbaren. Ebenso wie bei der GbR (sog. Quoten-GbR) kann zB eine **bloß anteilige Haftung für die Gesellschaftsschulden** vereinbart werden. Eine solche Gestaltung kann sich etwa bei der Aufnahme eines Darlehens durch die Partnerschaft anbieten, für deren Rückzahlung die Partner nur anteilig haften wollen. Denkbar ist auch eine zwischen der Partnerschaft und dem Vertragspartner vereinbarte Haftungsbegrenzung als Vertrag zugunsten des Partners oder der Partner als Dritten. Dies ist die vom Ansatz her weitest gehende Form der Beschränkung der Gesellschafterhaftung, da von ihr auch der Bearbeiter des Auftrags erfasst wird, der nach dem Haftungskonzept des PartGG grundsätzlich gesamtschuldnerisch mit der Partnerschaft haftet, sofern nicht der Ausnahmefall der PartmbB vorliegt.

c) Grenzen. Grenzen sind Haftungsbeschränkungen durch die Bestim- **106** mungen der § 276 Abs. 3 BGB, §§ 138, 242 BGB und – im Bereich der freiberuflichen Tätigkeit – durch Einschränkungen im jeweiligen Berufsrecht gezogen: vgl. § 52 BRAO für Rechtsanwälte; § 45 b PAO für Patentanwälte; § 67 a StBerG für Steuerberater; § 54 a WPO für Wirtschaftsprüfer (dazu *Zimmermann* WPK-Magazin 4/2005). Partnerschaftsspezifische Rechtsfragen ergeben sich nicht. Eine solche Vereinbarung kann auch die Freistellung der Partner für deliktische Verbindlichkeiten der Partnerschaft umfassen (zur Zulässigkeit eines Haftungsausschlusses bei deliktischen Verbindlichkeiten Erman/*Wilhelmi* BGB Vor § 823 Rn. 27; Palandt/*Sprau* BGB Einführung vor § 823 Rn. 21), sofern die Schädigung im Rahmen einer vertraglichen Beziehung erfolgt ist. Im Schrifttum wird die Zulässigkeit von Haftungsausschlüssen demgegenüber gelegentlich allein auf vertragliche Ansprüche beschränkt (näher MüKoBGB/*Wagner* BGB Vor §§ 823–853 Rn. 67 ff.).

2. Formularvertragliche Beschränkung der Haftung der Partner

a) Berufliche Verbindlichkeiten. Formularvertragliche Vereinbarungen **107** müssen sich zusätzlich an den §§ 307 ff. BGB messen lassen. Nach § 307 Abs. 2 Nr. 1 BGB sind Haftungsbeschränkungen unwirksam, wenn sie von den wesentlichen Grundgedanken des PartGG abweichen. Das **gesetzliche Leitbild**, das das PartGG für die Haftung der Gesellschafter kennt, wird einerseits durch den Grundsatz der akzessorischen Gesellschafterhaftung (Abs. 1 S. 1) und andererseits durch die beiden eng umgrenzten Ausnahmen der (1) Haftungskonzentration im Bereich der freiberuflichen Tätigkeit bzw. der (2) Subvariante der PartmbB geprägt. Sieht man § 8 Abs. 4 als Sonderfall an und betrachtet man § 8 Abs. 2 als Regelfall, so liegt der Partnerschaft das Leitbild zugrunde, dass sich der persönlich für eine fehlerhafte Auftragsbearbeitung verantwortliche Partner grundsätzlich nicht der Haftung für die Folgen seiner Pflichtverletzung entziehen können soll. Die Haftung für die eigenen Berufsfehler kann damit beim Grundmodell der PartG nicht durch AGB ausgeschlossen werden. Fraglich bleibt nur, ob nicht gleichwohl die Haftung desjenigen Partners beschränkt werden kann, der zwar in die Mandatsbearbeitung mit eingeschaltet war, selbst aber den Fehler weder begangen noch ihn durch unzureichende Überwachung ermöglicht hat. Berücksichtigt man indes, dass die Regelung in Abs. 2 als eng umrissene Ausnahme vom Leitbild der akzessorischen Gesellschafterhaftung konzipiert ist, dann hält auch eine solche formularvertragliche Erweiterung der Haftungskonzentration **§ 307 Abs. 2 Nr. 1 BGB** nicht stand. Formularvertragliche Beschränkungen der Gesellschafterhaftung sind im Bereich der beruflichen Tätigkeit damit im Zweifel unwirksam (MüKoBGB/*Schäfer* Rn. 29).

b) Sonstige Verbindlichkeiten. Im Bereich der sonstigen Verbindlich- **108** keiten greift das gesetzliche Leitbild der akzessorischen Gesellschafterhaftung unbeschränkt. Ebenso wie im Recht der GbR könnten damit formularvertragliche Beschränkungen der Haftung der Gesellschafter für die Schulden der Partnerschaft allenfalls in Ausnahmefällen anerkannt werden. Die für die GbR anerkannten Ausnahmefälle etwa bei geschlossenen Immobilienfonds (BGH NZG 2002, 533; zur nur quotalen Haftung in solchen Fällen BGH NZG 2012, 701) sind auf die PartG als Berufsausübungsgesellschaft nicht übertragbar. Der Vertragspartner darf im Regelfall von der persönlichen Haftung der Gesellschafter ausgehen. Formularvertragliche Beschränkungen der akzessorischen Gesellschafterhaftung sind damit bei der PartG generell nach **§ 307 Abs. 2 Nr. 1 BGB unwirksam.**

VI. Vereinbarung von Haftungshöchstbeträgen (Abs. 3)

1. Regelungszweck

109　Abs. 3 will nach seinem Wortlaut berufsrechtliche Regelungen ermöglichen, die eine summenmäßige Begrenzung der Haftung auf einen bestimmten Höchstbetrag erlauben (MWHLW/*v. Westphalen* Rn. 82). Dabei geht es nicht um jegliche Verbindlichkeiten, sondern **ausschließlich** um die **Haftung für Ansprüche aus Schäden wegen fehlerhafter Berufsausübung.** Eine solche Haftungsbeschränkung ist aus Sicht einer PartG oder PartmbB vorteilhaft. Denn unabhängig davon, ob die Partner für einen bestimmten Schadensersatzanspruch nur teilweise oder überhaupt nicht haften (Abs. 2 oder 4), besteht eine existenzielle Gefahr für die Gesellschaft. Diese kann sich vor allem verwirklichen, wenn die Höchstsumme der Berufshaftpflichtversicherung überschritten ist (Henssler/Prütting/*Diller* BRAO § 52 Rn. 4). Das tatsächliche Regelungsanliegen dieser Vorschrift bleibt freilich dunkel (zur Kritik an der Aufnahme der Regelung in das PartGG vgl. *K. Schmidt* ZIP 1993, 633 [647 f.]: „rätselhaft"; Römermann/*Römermann* Rn. 66: „Fremdkörper im Gesellschaftsrecht"). Eine eigene Regelung trifft sie ersichtlich nicht. Als Ermächtigungsgrundlage für den Bundesgesetzgeber wäre sie überflüssig, sollte sie sich an den Landesgesetzgeber richten, würde es an der Gesetzgebungskompetenz fehlen.

110　Der amtlichen Begründung zufolge soll Abs. 3 **klarstellen,** dass die Möglichkeit der Beschränkung der Haftung auf einen bestimmten Höchstbetrag nur dem **formellen Gesetzgeber** zusteht. Einer Rechtszersplitterung durch divergierendes Satzungs- und Kammerrecht soll so entgegengewirkt werden (BT-Drs. 12/6152, 18). Grundsätzlich dürfte den Körperschaften der Freien Berufe aber ohnehin keine Befugnis zustehen, die zivilrechtlichen Rechtsbeziehungen zwischen den Berufsträgern und ihren Auftraggebern durch Satzungsrecht zu regeln (vgl. dazu Henssler/Prütting/*Henssler* BORA Einführung Rn. 9). Die Ermächtigungsnormen in den Berufsgesetzen, wie etwa § 59b BRAO, beschränken die Satzungskompetenz auf die Konkretisierung der Berufspflichten der jeweiligen Berufsträger. Insoweit dürfte die Norm als **überflüssige „Anregung"** an die zuständigen Gesetzgeber zu qualifizieren sein, entsprechende berufsrechtliche Regelungen zu verabschieden (vgl. *Kempter* BRAK-Mitt. 1994, 122; *Seibert* DB 1994, 2381 [2384]).

111　Vor dem Hintergrund des **zweifelhaften Normzwecks** erscheinen auch die Voraussetzungen, unter denen eine Haftungsbeschränkung ermöglicht werden soll, fragwürdig. Berufsrechtliche Regelungen sollen nur dann eine Haftungsbeschränkung erlauben, wenn für den betreffenden Beruf gleichzeitig eine Pflicht zum Abschluss einer Berufshaftpflichtversicherung eingeführt wird, bei der es sich um eine Pflichtversicherung iSd §§ 113 ff. VVG handeln muss. Nicht erforderlich ist eine Versicherungspflicht sowohl der Partnerschaft als auch aller Partner. Die Versicherungspflicht kann entweder den Partnern oder der Partnerschaft auferlegt werden. Die Kopplung der summenmäßigen Begrenzung der Haftung an die Pflicht zur Berufshaftpflichtversicherung gewährleistet einen Mindestschutz der Mandanten, der für die große Mehrzahl der Fälle ausreichend ist. Abs. 3 hindert den jeweils zuständigen Gesetzgeber selbstverständlich nicht, im jeweiligen Berufsgesetz noch weitergehende Anforderungen an eine betragsmäßige Haftungsbeschränkung zu stellen.

Nach seinem Wortlaut betrifft Abs. 3 nicht den Fall einer **gesetzlichen** 112 **Haftungsbegrenzung,** wie er etwa von § 323 Abs. 2 HGB für Wirtschaftsprüfer bei gesetzlichen Pflichtprüfungen – ganz unabhängig von der Rechtsform der Berufsausübungsgesellschaft – angeordnet wird. Vielmehr soll durch Gesetz nur „eine Beschränkung der Haftung ... auf einen bestimmten Höchstbetrag zugelassen werden" können. Das lässt sich dahin verstehen, dass durch die jeweiligen Berufsgesetze entsprechende individual- oder formularvertragliche Haftungsbeschränkungsvereinbarungen ausdrücklich zugelassen werden können, wie dies etwa in § 52 BRAO der Fall ist. Dem jeweils zuständigen Gesetzgeber bleibt es indes selbstverständlich unbenommen, eine maximale Haftung für bestimmte Berufe auch durch Gesetz vorzuschreiben, sofern sich die Privilegierung nicht speziell auf die PartG bezieht.

2. Berufsspezifische Besonderheiten

a) Besonderer Berufsrechtsvorbehalt. Abs. 3 enthält einen besonderen 113 Berufsrechtsvorbehalt. Voraussetzung der summenmäßigen Begrenzung nach Abs. 3 ist, dass sie vom Berufsrecht zugelassen wird. Die Berufsrechte der Rechtsanwälte (§ 52 BRAO), Patentanwälte (§ 45b PAO), Steuerberater (§ 67a Abs. 1 StBerG) und Wirtschaftsprüfer (§ 54a Abs. 1 WPO) eröffnen diese Beschränkungsmöglichkeit nicht nur für die Partnerschaft, verbinden sie aber – wie von Abs. 3 verlangt – jeweils mit der Höhe einer Berufshaftpflichtversicherung. Erlaubt werden die summenmäßigen Haftungsbegrenzungen jeweils sowohl in der Form von **Individualvereinbarungen** als auch in Form von **vorformulierten Vertragsbedingungen.** Um eine echte **gesetzliche** Haftungsbeschränkung, wie sie nach Abs. 3 wohl auch möglich wäre (→ Rn. 112; aA wohl *Schirmer* MedR 1995, 341 [352]), handelt es sich bei diesen Vorschriften nicht. Vielmehr ist stets eine vertragliche Vereinbarung notwendig.

b) Wirksamkeitsvoraussetzungen für vertragliche Vereinbarungen 114 **von Haftungshöchstgrenzen.** Zunächst muss die Vereinbarung **wirksam Vertragsbestandteil** werden (§ 52 Abs. 1 S. 1 BRAO; § 45b Abs. 1 S. 1 PAO; § 67a Abs. 1 S. 1 StBerG; § 54a Abs. 1 WPO). Soweit das Berufsrecht für eine **Individualvereinbarung** die Schriftform voraussetzt (so § 52 Abs. 1 S. 1 Nr. 1 BRAO; § 45b Abs. 1 S. 1 Nr. 1 PAO; § 67a Abs. 1 S. 1 Nr. 1 StBerG; § 54a Abs. 1 Nr. 1 WPO), ist diejenige **iSd § 126 BGB** gemeint (MWHLW/ *v. Westphalen* Rn. 86). Zur Frage, wann ein Einzelfall iSd berufsrechtlichen

Vorschriften vorliegt, vgl. ausführlich MWHLW/*v. Westphalen* Rn. 88–90. Soweit die Einbeziehung der Haftungshöchstgrenze durch **vorformulierte Vereinbarungen** möglich ist (so § 52 Abs. 1 S. 1 Nr. 2 BRAO; § 45b Abs. 1 S. 1 Nr. 2 PAO; § 67a Abs. 1 S. 1 Nr. 2 StBerG; § 54a Abs. 1 Nr. 2 WPO), sind die §§ 305 ff. BGB zu beachten, wenn es sich bei dem Vertragspartner um einen Verbraucher iSd § 13 BGB handelt (MWHLW/*v. Westphalen* Rn. 85, 88). Insbesondere für unternehmerisch tätige Auftraggeber gelten diese zusätzlichen Voraussetzungen dagegen nicht (§ 310 Abs. 1 S. 1 BGB). Eine namentliche Bezeichnung, wie sie etwa § 52 Abs. 2 S. 2 BRAO (ebenso: § 45b Abs. 2 S. 2 PAO; § 67a Abs. 2 S. 2 StBerG; § 54a Abs. 2 WPO) fordert, ist allerdings für die PartG **nicht** erforderlich, da dieser Teil der Regelungen auf als GbR organisierte Sozietäten beschränkt ist (vgl. zum eingeschränkten Anwendungsbereich: Henssler/Prütting/*Diller* BRAO § 52 Rn. 67; aA wohl MWHLW/*v. Westphalen* Rn. 87).

c) Haftungsbeschränkung in Partnerschaften von Rechtsanwälten

§ 52 BRAO – Vertragliche Begrenzung von Ersatzansprüchen

(1) [1]Der Anspruch des Auftraggebers aus dem zwischen ihm und dem Rechtsanwalt bestehenden Vertragsverhältnis auf Ersatz eines fahrlässig verursachten Schadens kann beschränkt werden:
1. durch schriftliche Vereinbarung im Einzelfall bis zur Höhe der Mindestversicherungssumme;
2. durch vorformulierte Vertragsbedingungen für Fälle einfacher Fahrlässigkeit auf den vierfachen Betrag der Mindestversicherungssumme, wenn insoweit Versicherungsschutz besteht.
[2]Für Berufsausübungsgemeinschaften gilt Satz 1 entsprechend.
(2) [1]Die Mitglieder einer Sozietät haften aus dem zwischen ihr und dem Auftraggeber bestehenden Vertragsverhältnis als Gesamtschuldner. [2]Die persönliche Haftung auf Schadensersatz kann auch durch vorformulierte Vertragsbedingungen beschränkt werden auf einzelne Mitglieder einer Sozietät, die das Mandat im Rahmen ihrer eigenen beruflichen Befugnisse bearbeiten und namentlich bezeichnet sind. [3]Die Zustimmungserklärung zu einer solchen Beschränkung darf keine anderen Erklärungen enthalten und muß vom Auftraggeber unterschrieben sein.

115   Die BRAO enthält die von Abs. 3 geforderte berufsrechtliche Regelung in § 52 Abs. 1 BRAO. Danach kann die Haftung für einen **fahrlässig** verursachten Schaden einerseits durch **schriftliche Vereinbarung** im **Einzelfall** bis zur Höhe der Mindestversicherungssumme (Abs. 1 Nr. 1, erfasst ist auch grobe Fahrlässigkeit, str., vgl. Henssler/Prütting/*Diller* BRAO § 52 Rn. 31) und andererseits durch **vorformulierte Vertragsbedingungen** für Fälle einfacher Fahrlässigkeit auf den vierfachen Betrag der Mindestversicherungssumme beschränkt werden, **wenn insoweit Versicherungsschutz besteht.** Für **Berufsausübungsgemeinschaften** gilt diese Möglichkeit entsprechend. Nach dem RegE der BReg (BT-Drs. 17/10487, 15 f.) sollen darunter alle Fälle der gemeinschaftlichen Berufsausübung (§ 59a Abs. 1 S. 1 BRAO) zu verstehen sein. Die einfache **PartG** – und damit nur mittelbar auch die akzessorisch haftenden Partner (Henssler/Prütting/*Diller* BRAO § 52 Rn. 25) – kann demzufolge ebenso wie die Sozietät (GbR) durch Individualvereinbarung ihre Haftung auf 250.000,00 EUR und durch allgemeine Vertragsbedingungen auf

1.000.000,00 EUR beschränken (letzteres nur, wenn insoweit ein entsprechender Versicherungsschutz besteht; zur Mindestversicherungssumme vgl. § 51 Abs. 4 BRAO).

Auch eine Rechtsanwalt-**PartmbB** kann danach ihre Haftung nach Maßgabe des § 52 Abs. 1 S. 1 BRAO begrenzen (vgl. dazu auch *Riechert* AnwBl. 2014, 852). Die angeordnete entsprechende Anwendung bedeutet, dass die Mindestversicherungssumme von 2.500.000,00 EUR (§ 51a Abs. 2 BRAO) beträgt. Eine PartmbB kann dementsprechend ihre Haftung durch eine Individualvereinbarung auf 2.500.000,00 EUR begrenzen und durch vorformulierte Vertragsbedingungen auf 10.000.000,00 EUR. § 52 BRAO verlangt insofern von der PartmbB den Abschluss einer Berufshaftpflichtversicherung. Problematisch für den Fall der „Umwandlung" einer PartG in eine PartmbB ist das Schicksal der **Alt-Haftungsvereinbarungen,** dh derjenigen Vereinbarungen, die vor dem Eingreifen der Haftungsbeschränkung abgeschlossen worden sind. Entsprechend dem Rechtsgedanken des Art. 171 EGBGB werden diese mit dem Eintritt der Haftungsbeschränkung unwirksam (vgl. ausführlich *K. Ulmer* AnwBl. 2014, 806 [813f.]; Henssler/Prütting/*Diller* BRAO § 52 Rn. 35; für Unwirksamkeit, aber Aufrechterhalten der Haftungsbeschränkungen durch teleologische Reduktion: *Sommer/Treptow* NJW 2013, 3269 [3273 f.]; für Unwirksamkeit: *Wollweber* DStR 2014, 1926, 1931; MWHLW/*v. Westphalen* Rn. 166 [so wie hier, allerdings für die „Umwandlung" einer GbR in eine PartmbB, vgl. MWHLW/*v. Westphalen?* Rn. 168]). Danach wird bei einem bestehenden Dienstvertrag das Vertrauen der Vertragsparteien auf konstante Fortgeltung der gesetzlichen Regelungen nicht geschützt. **116**

Die hier entwickelte Lösung ist konsequent, soweit – wie hier (→ Rn. 198) – vertreten wird, dass für den Eintritt der Haftungsbeschränkung auch bei Altmandaten lediglich hinreichender Versicherungsschutz im Zeitpunkt des schädigenden Ereignisses vorliegen muss. Auf diese Weise greift das Haftungsregime der PartmbB ohne zeitliche Verzögerung. Dies bringt beiden Mandatspartnern Vor- und Nachteile. Die PartmbB bzw. deren Partner profitieren von der Haftungsbeschränkung, die Mandanten von der neuen und umfassenderen Haftpflichtversicherung und den erhöhten Mindestversicherungssummen. Könnten die Partner sich jedoch auch noch auf die alten vertraglichen Haftungsvereinbarungen berufen, würde dies deren einseitige Bevorzugung im Sinne einer „Rosinentheorie" bedeuten. Dabei sinkt ihr Interesse an dieser Vereinbarung durch den Wegfall ihrer persönlichen Haftung ohnehin. Kündigt ein Mandant allerdings nach der „Umwandlung", gilt das alte Haftungsregime der PartG für die Vertragsabwicklung fort (→ Rn. 198). Dann verhält der Mandant sich treuwidrig (§ 242 BGB), wenn er sich dennoch auf die Unwirksamkeit der vertraglichen Haftungsvereinbarung beruft. Soweit hingegen das neue Haftungsregime der PartmbB gilt, wird dem Mandanten das Privatvermögen der Partner als potenzielle Haftungsmasse genommen und durch einen Haftpflichtversicherer ersetzt. Das zwingt zwar nicht dazu, die vertragliche Haftungsbeschränkung von 250.000,00 EUR (1.000.000,00 EUR) auf 2.500.000,00 EUR (10.000.000,00 EUR) „zu erhöhen". Es entspricht jedoch der Billigkeit, nicht ausschließlich den Mandanten mit den Folgen der „Umwandlung" in die PartmbB zu belasten. Schließlich gibt es Schutzlücken, in denen dem Vertragspartner allein das Gesellschaftsvermögen als Haftungs- **117** masse zur Verfügung steht. Das ist etwa der Fall, wenn die Jahreshöchstsumme der Berufshaftpflichtversicherung erreicht ist, außerdem bei einem Leistungsausschluss isd § 51 Abs. 3 Nr. 2–5 BRAO. Die Berücksichtigung der schutzwürdigen Interessen der Mandanten/Patienten liegt schon deshalb nahe, weil es schließlich die Partner sind, die das neue Haftungsregime gezielt installieren und davon auch am meisten profitieren. Eine Ausnahme von dem oben genannten Grundsatz (Rechtsgedanke des Art. 171 EGBGB) lässt sich damit nicht rechtfertigen.

118 Die **Haftung wegen Vorsatz** kann dem Schuldner nicht im Voraus erlassen werden (§ 276 Abs. 3 BGB). Eine vertragliche Haftungsvereinbarung kann **kumulativ neben** den gesetzlichen Haftungsbeschränkungen nach Abs. 2 und 4 erfolgen (Henssler/Prütting/*Diller* BRAO § 52 Rn. 24).

d) Haftungsbeschränkung in Partnerschaften von Patentanwälten

§ 45b PAO – Vertragliche Begrenzung von Ersatzansprüchen

(1) [1]Der Anspruch des Auftraggebers aus dem zwischen ihm und dem Patentanwalt bestehenden Vertragsverhältnis auf Ersatz eines fahrlässig verursachten Schadens kann beschränkt werden:
1. durch schriftliche Vereinbarung im Einzelfall bis zur Höhe der Mindestversicherungssumme;
2. durch vorformulierte Vertragsbedingungen für Fälle einfacher Fahrlässigkeit auf den vierfachen Betrag der Mindestversicherungssumme, wenn insoweit Versicherungsschutz besteht.
[2]Für Berufsausübungsgemeinschaften gilt Satz 1 entsprechend.
(2) [1]Die Mitglieder einer Sozietät haften aus dem zwischen ihr und dem Auftraggeber bestehenden Vertragsverhältnis als Gesamtschuldner. [2]Die persönliche Haftung auf Schadensersatz kann auch durch vorformulierte Vertragsbedingungen beschränkt werden auf einzelne Mitglieder einer Sozietät, die das Mandat im Rahmen ihrer eigenen beruflichen Befugnisse bearbeiten und namentlich bezeichnet sind. [3]Die Zustimmungserklärung zu einer solchen Beschränkung darf keine anderen Erklärungen enthalten und muß vom Auftraggeber unterschrieben sein.

119 Die PAO enthält die von Abs. 3 geforderte berufsrechtliche Regelung in § 45b PAO. Die Erläuterungen zu Rechtsanwälten gelten entsprechend, sodass auf die diesbezüglichen Ausführungen verwiesen wird (→ Rn. 115 ff.).

e) Haftungsbeschränkungen in Partnerschaften von Steuerberatern

§ 67a StBerG – Vertragliche Begrenzung von Ersatzansprüchen

(1) [1]Der Anspruch des Auftraggebers aus dem zwischen ihm und dem Steuerberater oder Steuerbevollmächtigten bestehenden Vertragsverhältnis auf Ersatz eines fahrlässig verursachten Schadens kann beschränkt werden:
1. durch schriftliche Vereinbarung im Einzelfall bis zur Höhe der Mindestversicherungssumme;
2. durch vorformulierte Vertragsbedingungen auf den vierfachen Betrag der Mindestversicherungssumme, wenn insoweit Versicherungsschutz besteht.
[2]Für Berufsausübungsgesellschaften gilt Satz 1 entsprechend.
(2) [1]Die persönliche Haftung auf Schadensersatz kann durch vorformulierte Vertragsbedingungen beschränkt werden auf die Mitglieder einer Sozietät, die das Mandat im Rahmen ihrer eigenen beruflichen Befugnisse bearbeiten und namentlich bezeichnet sind. [2]Die Zustimmungserklärung zu einer solchen Beschränkung darf keine anderen Erklärungen enthalten und muß vom Auftraggeber unterschrieben sein.

§ 67a Abs. 1 StBerG erlaubt zunächst unter den gleichen Voraussetzungen **120** wie § 52 Abs. 1 BRAO eine individualvertragliche Haftungsbeschränkung und auch die formularvertragliche Vereinbarung einer Haftungshöchstsumme für Ersatzansprüche wegen fahrlässig verursachter Schäden.

Hinsichtlich der Haftungshöchstsummen ergeben sich Unterschiede. „Ein- **121** fache" Steuerberater-**PartG** müssen nach § 67 Abs. 1 StBerG „angemessen" versichert sein. Die Mindestversicherungssumme ergibt sich aus § 52 Abs. 1 DVStB und beträgt 250.000,00 EUR. Für Steuerberater-**PartmbB** gilt gem. § 67 Abs. 2 StBerG iVm § 52 Abs. 2 DVStB eine Mindestversicherungssumme iHv 1.000.000,00 EUR. § 67a Abs. 1 S. 2 StBerG stellt klar, dass die Möglichkeit, Ersatzansprüche vertraglich zu begrenzen, auch für Berufsausübungsgesellschaften gilt (BT-Drs. 17/13944, 16). Im Übrigen wird auf die Ausführungen zu den Rechtsanwälten (→ Rn. 115 ff.) verwiesen.

f) Haftungsbeschränkungen in Partnerschaften von Wirtschaftsprüfern

§ 54a WPO – Vertragliche Begrenzung von Ersatzansprüchen

(1) Der Anspruch der Auftraggeber aus den zwischen ihnen und den Berufsangehörigen bestehenden Vertragsverhältnissen auf Ersatz eines fahrlässig verursachten Schadens kann beschränkt werden

1. durch schriftliche Vereinbarung im Einzelfall bis zur Mindesthöhe der Deckungssumme nach § 54 Absatz 4 Satz 1 oder

2. durch vorformulierte Vertragsbedingungen auf den vierfachen Betrag der Mindesthöhe der Deckungssumme nach § 54 Absatz 4 Satz 1, wenn insoweit Versicherungsschutz besteht.

(2) Die persönliche Haftung von Mitgliedern einer Personengesellschaft (§ 44b) auf Schadensersatz kann auch durch vorformulierte Vertragsbedingungen auf einzelne namentlich bezeichnete Mitglieder der Personengesellschaft beschränkt werden, die die vertragliche Leistung erbringen sollen.

(3) Werden im Rahmen der gesetzlichen Abschlussprüfung Prüfungstätigkeiten durch Berufsangehörige auf Dritte übertragen, so bleibt die Pflichtenstellung der Berufsangehörigen gegenüber ihren Auftraggebern hiervon unberührt.

Die Mindestversicherungssumme für Wirtschaftsprüfungs-**PartG** und **122 PartmbB** ergibt sich aus § 54 Abs. 1 S. 2 WPO iVm § 323 Abs. 2 S. 1 HGB und beträgt **1.000.000,00 EUR.** Ausdruck der Geschlossenheit des Prüferberufes ist, dass dort die von § 323 Abs. 2 HGB an sich nicht untersagte Erweiterung der Haftung bei gesetzlichen Pflichtprüfungen als berufsrechtswidrig, ja sogar als unlauterer Wettbewerb eingestuft wird (*Adler/Düring/Schmaltz*, Rechnungslegung und Prüfung im Unternehmen, Teilband 7, 6. Aufl. 2000, HGB § 323 HGB Rn. 146 ff.).

3. Haftungshöchstbeträge bei fehlender berufsrechtlicher Regelung

a) **Überblick.** Für jene Berufe, deren Berufsgesetze bislang keine summen- **123** mäßige Haftungsbeschränkung vorsehen (Ärzte, Zahnärzte, Heilpraktiker, Hebammen, Ingenieure, Architekten, Lotsen, Sachverständige, Dolmetscher, Übersetzer usw), bleibt es bei den allgemeinen Regeln. Haftungsfreizeichnungs- und Haftungsbegrenzungsklauseln zugunsten der Gesellschaft können sowohl über Individualvereinbarungen als auch in AGB vereinbart werden. Für die vorformulierte Beschränkung der Haftung der Gesellschafter gelten die dargelegten Einschränkungen (→ Rn. 107 f.).

124 **b) Inhaltskontrolle.** Individualvertraglich vereinbarte Haftungsbeschränkungen sind an §§ 276 ff., 138 Abs. 1 BGB zu messen (→ Rn. 33). Bei einer Vereinbarung der Haftungsbegrenzung durch AGB folgt die Möglichkeit einer Inhaltskontrolle aus §§ 307 ff. BGB (MWHLW/v. *Westphalen* Rn. 97 f.). Die **Unsicherheit** über die Wirksamkeit einer solchen Klausel ist damit deutlich größer als bei der gesetzlich ausdrücklich normierten Möglichkeit einer Haftungsbegrenzung.

125 Auf Haftungsbeschränkungsklauseln in Form von „vorformulierten Vertragsbedingungen" finden die Vorschriften der §§ 305 ff. BGB grundsätzlich Anwendung. Bei den sog. **„Verbraucherverträgen"** genügt eine einmalige Verwendung zur Eröffnung der AGB-Kontrolle (§ 310 Abs. 3 Nr. 2 BGB). Nur wenn es sich bei dem Mandanten um einen Unternehmer handelt, bedarf es zur Anwendbarkeit der AGB-rechtlichen Inhaltskontrolle einer mehrfachen Verwendung der Haftungsklausel.

126 Unsicherheiten bestehen bei vorformulierten Haftungsbeschränkungsvereinbarungen vor allem über die Notwendigkeit einer **Mindesthaftungssumme.** Für Rechtsanwälte wurde eine solche – nicht abdingbare – Mindesthaftung vor der Einführung der gesetzlichen Regelung in § 51a Abs. 1 BRAO aF (jetzt § 52 BRAO) vertreten (dazu *Henssler* JZ 1994, 178 [186]; *Prinz* VersR 1986, 317 [320]). Generell gilt, dass auch im Bereich der einfachen Fahrlässigkeit eine Haftungshöchstgrenze nur dann der Inhaltskontrolle nach § 307 Abs. 1 BGB standhält, wenn sie den vorhersehbaren, typischerweise eintretenden Schaden umfasst, die Verantwortung für diese Schäden von der Haftungsbegrenzung also unberührt bleibt (MWHLW/v. *Westphalen* Rn. 97 f.). Dementsprechend wird man für Ärzte, für die § 21 der MBO-Ä eine Berufspflicht zum Abschluss einer „hinreichend(en)" Haftpflichtversicherung vorsieht, eine Mindesthaftsumme von jedenfalls 50.000 EUR bejahen müssen. Bei den **Heilberufen** ist außerdem § 309 Nr. 7a BGB einschlägig, mit der Folge, dass im Fall der schuldhaften Verletzung des Lebens, des Körpers oder der Gesundheit eine Haftungsbeschränkung ohnehin unwirksam ist.

4. Interprofessionelle Partnerschaften

127 In **interprofessionellen Partnerschaften** sind vertragliche Haftungshöchstgrenzen entsprechend den jeweiligen Berufsrechten zulässig. Innerhalb einer Partnerschaft kann es danach verschiedene Vorgaben für Haftungshöchstgrenzen geben. Je nach dem Schwerpunkt des Mandatsverhältnisses müssen dann unterschiedliche Haftungsbeschränkungsvereinbarungen verwendet werden (dazu MüKoBGB/*Schäfer* Rn. 38; MWHLW/v. *Westphalen* Rn. 95). Etwas anderes gilt bei **Vorbehaltsaufgaben** einzelner Gesellschafter, etwa dem Bereich der Rechtsberatung, der Anwälten vorbehalten ist, oder demjenigen der gesetzlichen Pflichtprüfungen, die den Wirtschaftsprüfern vorbehalten sind. Hier entscheidet nicht der Schwerpunkt des interdisziplinären Auftrages. Aus der Sicht der Partnerschaft empfiehlt es sich vielmehr, **mehrere Mandatsverträge mit unterschiedlichen Haftungsvereinba-**

rungen abzuschließen. Wird dagegen ein einheitliches Vertragsverhältnis begründet, das von den jeweiligen Partnern im Rahmen ihrer beruflichen Befugnisse erfüllt werden soll, so gilt der Grundsatz des strengsten Berufsrechts. Im Sinne des Mandantenschutzes ist bei solchen interprofessionellen Mandaten dementsprechend eine Haftungsbeschränkung nur auf den höchsten der berufsrechtlich vorgesehenen Haftungshöchstbeträge zulässig. Durch die sog. **Sozienklausel** in den AVB, wonach der Versicherer nur mit einer einheitlichen Durchschnittsleistung für die Sozien eintreten muss, wird allerdings mittelbar die Vereinbarung einer einheitlichen Deckung für alle Gesellschafter erzwungen (hierzu *Diller,* Berufshaftpflichtversicherung der Rechtsanwälte, 2. Aufl. 2017, AVB-RSW § 12 Rn. 9 ff.; zu Besonderheiten bei der PartmbB *Henssler/Trottmann* NZG 2017, 241).

VII. Die Partnerschaftsgesellschaft mit beschränkter Berufshaftung (Abs. 4)

1. Voraussetzung der Haftungsbeschränkung

Mit der in Abs. 4 recht knapp geregelten PartmbB ist 2013 eine Variante der **128** PartG eingeführt worden, die es den Gesellschaftern ermöglicht, die Haftung wegen fehlerhafter Berufsausübung auf das Gesellschaftsvermögen zu beschränken (eingehend zur Einführung und praktischen Bedeutung → Rn. 9 ff.; → Rn. 18 ff.). Die Wege in eine PartmbB durch Neugründung oder „Überführung" einer bestehenden Gesellschaft in eine PartmbB stellt *Wälzholz* DStR 2013, 2637 [2639 ff.] vor; vgl. dazu auch *Binnewies/Wollweber* AnwBl. 2014, 9 ff., *Lieder* NotBZ 2014, 128 1[32 ff.]; *Schumacher* GmbHR 2016, 732 ff.; *Sommer/Treptow* NJW 2013, 3269 ff.; *Uwer/Roeding* AnwBl. 2013, 309 ff.

a) „Unterhalten" einer Versicherung. Einzige Voraussetzung (*Beck* **129** AnwBl. 2015, 380 [384]; *Leuering* NZG 2013, 1001 [1004]; *Posegga* in Peres/ Senft SozietätsR § 19 Rn. 3, 8; *Sommer/Treptow* NJW 2013, 3269 [3270]; aA wohl *Ring* WM 2014, 237 [240] *[„Die bloße Eintragung im Register reicht somit aus, um – sofern die sonstigen Erfordernisse erfüllt sind ... – die Haftungsbeschränkungsmöglichkeit wirksam werden zu lassen."]*) für das Eingreifen des über Abs. 2 noch hinausgehenden Haftungsprivilegs ist, dass die Partnerschaft eine **zu diesem Zweck durch Gesetz vorgegebene Berufshaftpflichtversicherung unterhält. Träger** der Berufshaftpflichtversicherung ist die PartmbB (*Gladys* DStR 2013, 2416). **Berufsträger** bleiben idR weiterhin die Partner (Ausnahme etwa Wirtschaftsprüfungsgesellschaft; zu der jeweiligen Versicherungspflicht für die einzelnen Berufe → Rn. 140 ff.). Bei der Haftpflichtversicherung handelt es sich um eine solche, die die PartmbB **im eigenen Namen** abschließt und **nicht** für einen anderen iSd §§ 43 ff. VVG. Diese Vorschriften sind dementsprechend nicht anwendbar – auch nicht analog (für eine entspr. Anwendung des § 47 VVG aber *Schumacher* 173 ff.). Schon die Interessenlage ist nicht vergleichbar. Die Versicherung der PartmbB kann – *muss aber nicht* – auch ihre Partner erfassen. Ist das nicht der Fall, so müssen sich die Partner über einen eigenständigen Vertrag haftpflichtversichern (→ Rn. 141). Versichert wird das Risiko der PartmbB, Verbindlichkeiten aus Schäden wegen fehlerhafter Berufsausübung ausgesetzt zu werden. Dass die Partner deshalb gem. Abs. 4 S. 1 von der Haftung nach Abs. 1 befreit werden, bedeutet nicht, dass sie wie versicherte Personen zu behandeln wären. Wissenszurechnung der Partner kann im Rahmen des § 166 BGB (analog) erfolgen. Im Übrigen kann die Problematik der Wissenszurechnung im Versicherungsvertrag Berücksichtigung finden (wie es für Rechtsanwälte in den AVB-RSW auch der Fall ist).

130 Das **Unterhalten** der Versicherung liegt nach den Gesetzesmaterialien vor, wenn die Versicherung (der Versicherungsvertrag) abgeschlossen worden ist und im Moment der schädigenden Handlung Versicherungsschutz besteht. Dabei muss auf die Zahlungsverpflichtung des Versicherers im Außenverhältnis abgestellt werden. Versicherungsschutz besteht demnach auch, wenn der Versicherer im Innenverhältnis von der Leistungspflicht frei ist (vgl. für den Fall der Nichtzahlung der Versicherungsprämie: *Schumacher* 204 ff.). Dass jeder Schaden vollständig von der Versicherung abgedeckt wird, ist **keine** Voraussetzung der Haftungsbegrenzung (*Posegga* in Peres/Senft SozietätsR § 19 Rn. 11). Eine „Rückwärtsversicherung" scheidet aus (*Schumacher* 168 f.).

131 Für die Gläubiger der Gesellschaft ergeben sich hieraus bei **vorsätzlicher Schadensherbeiführung** (*Beck* AnwBl. 2015, 380 [386], allerdings für Reduktion des Wortlauts und eine Art „Handelndenhaftung", wobei wohl § 826 BGB übersehen wird; *Römermann* NJW 2013, 2305 [2309]) **oder** dem **Überschreiten der Mindestversicherungssumme oder der jährlichen Haftungshöchstsumme** mit Blick auf das Entfallen der Leistungspflicht des Versicherers **Schutzlücken.** Diese werden bei vorsätzlicher Schädigung durch die persönliche Haftung des Handelnden (jedenfalls gem. § 826 BGB) lediglich etwas entschärft (krit. auch *Lieder* NotBZ 2014, 81 [88]). Dann ist aber uU nur eine einzelne natürliche Person als Schuldner vorhanden, was unzureichend sein kann. Es können also Fälle eintreten, in denen Berufshaftungsgläubiger mit ihren Forderungen (teilweise) ausfallen.

132 Wenn ein **Versicherungsmangel** besteht, haften die Partner gem. Abs. 1, 2 (vgl. BT-Drs. 17/10487, 15; → Rn. 193 ff.).

133 **b) Ausgestaltung der freiwilligen Versicherung.** Bei der erforderlichen Berufshaftpflichtversicherung soll es sich nach dem RegE nicht um eine Pflichtversicherung iSd § 113 Abs. 1 VVG handeln (BT-Drs. 17/10487, 14; vgl. auch Beschlussempfehlung und Bericht des Rechtsausschusses, BT-Drs. 17/13944, 15). Danach ist eine Pflicht-Haftpflichtversicherung eine Haftpflichtversicherung, zu deren Abschluss eine Verpflichtung durch Rechtsvorschrift besteht. Der Abschluss einer für die Haftungsbeschränkung des Abs. 4 erforderlichen **Versicherung** soll hingegen **freiwillig** sein (freiwillig-**konstitutiv**, vgl. *Schumacher* 152). Für die Berufshaftpflichtversicherung gelten aber gleichwohl **§ 113 Abs. 3 VVG** und die **§§ 114–124 VVG** entsprechend (Abs. 4 S. 2). Diese **„Rechtsfolgenverweisung"** (vgl. zu der unglücklich gewählten Begrifflichkeit *Schumacher* 154 ff.) ist auf Initiative des Rechtsausschusses eingefügt worden (BT-Drs. 17/13944, 15). Die genaue Ausgestaltung der Berufshaftpflichtversicherung ist dem jeweiligen Berufsrecht der an der PartmbB beteiligten Partner (Berufsträger) vorbehalten. Die Einschaltung des jeweiligen Berufsrechtsgesetzgebers mit entsprechenden fachspezifischen

Kenntnissen soll den Besonderheiten der Berufsgruppen im Einzelfall Rechnung tragen (*Suyr,* Die Partnerschaftsgesellschaft mit beschränkter Berufshaftung unter besonderer Berücksichtigung der Haftungsbeschränkung nach § 8 Abs. 4 PartGG und des Gläubigerschutzes, Diss. 2015, 71; *Wehrheim/Wirtz* 29).

Nach **§ 117 Abs. 1 VVG** bleibt die Verpflichtung eines Versicherers in **134** Ansehung des Dritten gleichwohl bestehen, wenn er von der Verpflichtung zur Leistung (nur) dem Versicherungsnehmer gegenüber ganz oder teilweise frei ist. Das Bestehen des Anspruchs wird somit zugunsten des Geschädigten fingiert (dazu *Mumme,* Gläubigerschutz durch Berufshaftpflichtversicherung in der PartGmbB, 2017, 150 ff.). Soweit der Versicherer den geschädigten Dritten befriedigt, kann dessen Forderung gegen den versicherten Schädiger auf den Versicherer übergehen (§ 117 Abs. 5 S. 1 VVG). In diesen Fällen wird er bei der PartmbB Regress nehmen. **Für diese Verbindlichkeit haften die Partner** wiederum gem. Abs. 1, da diese Ansprüche weder von Abs. 2 noch von Abs. 4 erfasst sind (Henssler/Prütting/*Diller* BRAO § 51a Rn. 8; *Kilian* MDR 2013, 1137 [1140]). Ein Selbstbehalt des Versicherungsnehmers kann dem Dritten nach **§ 114 Abs. 2 S. 2 VVG** nicht entgegengehalten werden.

Nur bei **vorsätzlich** (also mehr als „wissentlich", → Rn. 144 ff.) herbei- **135** geführten beruflichen Pflichtverletzungen haftet **nicht** der Versicherer, sondern (vertraglich oder aus Delikt unter den Voraussetzungen des § 31 BGB analog) die Gesellschaft mit ihrem Vermögen und der bzw. die Handelnde(n) aus Delikt (vgl. *Römermann/Praß* NZG 2012, 601 [603]; *Wertenbruch* NZG 2013, 1006 [1009]). Der Versicherer ist dann von der Leistungspflicht gem. § 103 VVG befreit (*Fischer* 112).

Wie ein Geschädigter seinen Schadensersatzanspruch im Falle der (un- **136** berechtigten) Leistungsverweigerung seitens der PartG und des Versicherers durchzusetzen hat, ist umstritten. Wohl überwiegend wird mit Verweis auf § 115 Abs. 1 S. 1 VVG (Abs. 4 S. 2) vertreten, dass in jedem Fall ein Direktanspruch gegen den Versicherer bestehe (*Sommer/Treptow* NJW 2013, 3269 [3270]; MWHLW/*v. Westphalen* Rn. 111; *Wälzholz* DStR 2013, 2637 Fn. 7; *Wertenbruch* NZG 2013, 1006 [1009]). Die zutreffende Gegensicht lehnt einen derartigen **Direktanspruch** gegen den Versicherer ab (Henssler/Prütting/*Diller* BRAO § 51a Rn. 26; *Offermann-Burckhart* AnwBl. 2014, 474 [483]; *Ring* WM 2014, 237 [240]; *Schumacher* 154–157). Danach muss zunächst der Anspruch gegen die PartmbB eingeklagt und dann im Wege der Zwangsvollstreckung deren Anspruch gegen den Versicherer gepfändet werden, mit der Folge dass der Anspruch zur Einziehung überwiesen werden kann (§§ 835, 829 ZPO; vgl. *Henssler* AnwBl. 2013, 96 [99 f.]). Dass Abs. 4 S. 2 von dem Rechtsausschuss als „Rechtsfolgenverweisung" bezeichnet wird, bedeutet nicht, dass jegliche Rechtsfolgen der Normen auf die verwiesen wird, ohne Weiteres eintreten (*Schumacher* 157). Lediglich das Tatbestandsmerkmal der „Pflichtversicherung" ist nicht zu prüfen. Ein **Direktanspruch gegen den Versicherer** kommt demgemäß nur in den Fällen des **§ 115 Abs. 1 S. 1 Nr. 2, 3 VVG** in Betracht, wenn also über das Vermögen des Versicherungsnehmers das Insolvenzverfahren eröffnet, der Eröffnungsantrag mangels Masse abgewiesen, ein vorläufiger Insolvenzverwalter bestellt worden oder der Aufenthalt des Versicherungsnehmers unbekannt ist (vgl. Henssler/Prütting/*Diller* BRAO § 51a Rn. 26). Diese Voraussetzungen kann der Gläubiger notfalls durch einen Antrag auf Eröffnung des Insolvenzverfahrens selbst herbeiführen. Ein **Direktanspruch** gem. § 115 Abs. 1 S. 1 Nr. 1 VVG kommt **nicht in Betracht,** da die Berufshaftpflichtversicherung der PartmbB keine Haftpflichtversicherung zur Erfüllung einer nach dem Pflichtversicherungsgesetz bestehenden Versicherungspflicht (Kfz-Haftpflichtversicherung) ist.

137   **c) Die interprofessionell arbeitende Sozietät.** Hinsichtlich der Mindestversicherungssummen verweist der Rechtsausschuss auf das jeweilige Berufsrecht (BT-Drs. 17/13944, 15). Insbesondere die gesetzliche Vorgabe von unterschiedlichen Mindestversicherungssummen für die rechts- und wirtschaftsberatenden Berufe wird zu Recht kritisiert (*Römermann* NJW 2013, 2305 [2310]; *Schüppen* BB 2012, 783 [786]). Eine Regelung der Besonderheiten **interprofessionell arbeitender Gesellschaften** ist bewusst unterblieben. Es gebe nämlich einen allgemeinen berufsrechtlichen Grundsatz, nach dem im Falle divergierender berufsrechtlicher Anforderungen stets die strengsten gelten würden (sog. **Grundsatz der Meistbelastung,** vgl. Henssler/Prütting/*Diller* BRAO § 51a Rn. 17; *Gladys* DStR 2013, 2416 [2417]; *Henssler* AnwBl. 2014, 96 [97]; *Hirte/Praß* FS Kübler, 2015, 243 [248]). Dementsprechend soll stets die jeweils **höchste Mindestversicherungssumme** maßgeblich sein (zu einigen Einzelfällen: auch *Gladys* DStR 2013, 2416 [2417ff.]; *Henssler/Trottmann* NZG 2017, 241; für eine Addition der jeweils notwendigen Versicherungssummen der einzelnen Berufsträger plädierend dagegen *Korch* GmbHR 2016, 150 [152]).

138   Zu der Problematik des Ausschlusses **wissentlicher Pflichtverletzungen** sowie der Geltung **unterschiedlicher Haftungshöchstsummen** sowie der **Maximierung der jährlichen Haftung** bei Partnern, die unterschiedliche Freie Berufe ausüben, → Rn. 144ff., 137 und 157.

139   Von Bedeutung ist in diesem Kontext auch, unter welchen Voraussetzungen **Ersatzansprüche (vorformuliert) vertraglich begrenzt** werden können. Die Berufsordnungen sind auch insoweit nicht aufeinander abgestimmt worden. So kann beispielsweise nach § 67a Abs. 1 S. 1 Nr. 2, S. 2 StBerG die Haftung einer „Steuerberatungsgesellschaft" wegen eines – durch jede Form der Fahrlässigkeit – verursachten Schadens durch vorformulierte Vertragsbedingungen beschränkt werden. Bei „Rechtsanwaltsgesellschaften" ist das nur für Fälle einfacher Fahrlässigkeit möglich (§ 52 Abs. 1 S. 1 Nr. 2, S. 2 BRAO; vgl. zu dem Bsp. auch *Gladys* DStR 2013, 2416 [2417]).

2. Berufshaftpflichtversicherung für einzelne Berufsgruppen

140   **a) Grundsätzliches.** Die Berufsträger der im Folgenden dargestellten Freien Berufe benötigen für ihre Zulassung allesamt wenigstens eine „vermittelte" Berufshaftpflichtversicherung (vgl. den Überblick über aktuelle Regelungen bei *Lieder/Hoffmann* NZG 2017, 325). Die reguläre PartG nach § 8 Abs. 1 und 2 benötigt (von berufsrechtlichen Ausnahmen abgesehen, etwa der zugelassenen Wirtschaftsprüfer- oder Steuerberatergesellschaft) idR keine eigene Versicherung. Genau genommen ist auch die PartmbB berufsrechtlich **nicht** dazu **verpflichtet,** eine eigene Versicherung zu unterhalten (vgl. *Gladys*

DStR 2014, 2596; *Kilian* MDR 2013, 1137 [1141]). Der Versicherungsschutz ist aber Voraussetzung für das Eingreifen der Haftungsbeschränkung. Es liegt maW gar keine PartmbB vor, wenn keine entsprechende Versicherung unterhalten wird. Unbefriedigend ist, dass die Regelungen für die rechts- und wirtschaftsberatenden Berufe ungleich ausgestaltet worden sind (vgl. *Offermann-Burckhart* AnwBl. 2014, 474 [484]). Die **PartmbB** muss **selbst Versicherungsnehmerin** sein (*Kilian* MDR 2013, 1137 [1140]), es spricht aber nichts dagegen, die Partner in der Versicherungspolice der Gesellschaft mitzuversichern (*Gladys* DStR 2014, 2596).

Soweit die Partner nicht über eine „Gesellschaftspolice" mitversichert sind, **141** bietet die Berufshaftpflichtversicherung der anwaltlichen Partner nach Teil 1.2. A. AVB-RSW Versicherungsschutz gegen Ansprüche aus Verstößen bei der Ausübung beruflicher Tätigkeit, für die die Partnerschaft verantwortlich gemacht wird, in der der Versicherungsnehmer als Partner tätig ist. Eine unter diesen Bedingungen abgeschlossene Versicherung der Partner deckt grundsätzlich auch eine Inanspruchnahme gem. Abs. 1 S. 1 und Abs. 1 S. 2 iVm § 130 HGB oder § 160 HGB (vgl. dazu *Gladys/Riechert* DStR 2011, 936; *Posegga* DStR 2013, 611 [614f.]).

b) Auskunftsanspruch eines potenziell geschädigten Dritten. Zum **142** Teil sind in den jeweiligen Berufsordnungen **Auskunftsansprüche** geregelt. Danach muss die jeweils zuständige **Kammer** Auskunft über den Namen und die Adresse der Berufshaftpflichtversicherung geben. Voraussetzung ist, dass die Auskunft zur Geltendmachung von Schadensersatzansprüchen dienen soll und dass der Berufsträger kein überwiegendes schutzwürdiges Interesse an ihrer Nichterteilung hat (§ 51 Abs. 6 S. 2 BRAO iVm § 51a Abs. 1 S. 1 BRAO; § 45 Abs. 6 S. 2 PAO iVm § 45a Abs. 1 S. 2 PAO; § 54 Abs. 1 WPO; § 67 Abs. 4 StBerG). Ein entsprechendes Interesse dürfte idR nicht anzuerkennen sein.

c) Rechtsanwälte

§ 51 BRAO – Berufshaftpflichtversicherung

(1) [1]Der Rechtsanwalt ist verpflichtet, eine Berufshaftpflichtversicherung zur Deckung der sich aus seiner Berufstätigkeit ergebenden Haftpflichtgefahren für Vermögensschäden abzuschließen und die Versicherung während der Dauer seiner Zulassung aufrechtzuerhalten. [2]Die Versicherung muß bei einem im Inland zum Geschäftsbetrieb befugten Versicherungsunternehmen zu den nach Maßgabe des Versicherungsaufsichtsgesetzes eingereichten Allgemeinen Versicherungsbedingungen genommen werden und sich auch auf solche Vermögensschäden erstrecken, für die der Rechtsanwalt nach § 278 oder 31 des Bürgerlichen Gesetzbuchs einzustehen hat.

(2) Der Versicherungsvertrag hat Versicherungsschutz für jede einzelne Pflichtverletzung zu gewähren, die gesetzliche Haftpflichtansprüche privatrechtlichen Inhalts gegen den Rechtsanwalt zur Folge haben könnte; dabei kann vereinbart werden, daß sämtliche Pflichtverletzungen bei Erledigung eines einheitlichen Auftrags, mögen diese auf dem Verhalten des Rechtsanwalts oder einer von ihm herangezogenen Hilfsperson beruhen, als ein Versicherungsfall gelten.

(3) Von der Versicherung kann die Haftung ausgeschlossen werden:

1. für Ersatzansprüche wegen wissentlicher Pflichtverletzung,
2. für Ersatzansprüche aus Tätigkeiten über in anderen Staaten eingerichtete oder unterhaltene Kanzleien oder Büros,

3. für Ersatzansprüche aus Tätigkeiten im Zusammenhang mit der Beratung und Beschäftigung mit außereuropäischem Recht,
4. für Ersatzansprüche aus Tätigkeiten des Rechtsanwalts vor außereuropäischen Gerichten,
5. für Ersatzansprüche wegen Veruntreuung durch Personal, Angehörige oder Sozien des Rechtsanwalts.

(4) [1]Die Mindestversicherungssumme beträgt 250 000 Euro für jeden Versicherungsfall. [2]Die Leistungen des Versicherers für alle innerhalb eines Versicherungsjahres verursachten Schäden können auf den vierfachen Betrag der Mindestversicherungssumme begrenzt werden.

(5) Die Vereinbarung eines Selbstbehalts bis zu einem Prozent der Mindestversicherungssumme ist zulässig.

(6) [1]Im Versicherungsvertrag ist der Versicherer zu verpflichten, der zuständigen Rechtsanwaltskammer, bei Rechtsanwälten bei dem Bundesgerichtshof auch dem Bundesministerium der Justiz und für Verbraucherschutz, den Beginn und die Beendigung oder Kündigung des Versicherungsvertrages sowie jede Änderung des Versicherungsvertrages, die den vorgeschriebenen Versicherungsschutz beeinträchtigt, unverzüglich mitzuteilen. [2]Die Rechtsanwaltskammer erteilt Dritten zur Geltendmachung von Schadensersatzansprüchen auf Antrag Auskunft über den Namen und die Adresse der Berufshaftpflichtversicherung des Rechtsanwalts sowie die Versicherungsnummer, soweit der Rechtsanwalt kein überwiegendes schutzwürdiges Interesse an der Nichterteilung der Auskunft hat; dies gilt auch, wenn die Zulassung zur Rechtsanwaltschaft erloschen ist.

(7) Zuständige Stelle im Sinne des § 117 Abs. 2 des Versicherungsvertragsgesetzes ist die Rechtsanwaltskammer.

§ 51a BRAO – Berufshaftpflichtversicherung einer Partnerschaftsgesellschaft mit beschränkter Berufshaftung

(1) [1]Die Berufshaftpflichtversicherung einer Partnerschaftsgesellschaft mit beschränkter Berufshaftung (§ 8 Absatz 4 des Partnerschaftsgesellschaftsgesetzes) muss die Haftpflichtgefahren für Vermögensschäden decken, die sich aus der Beratung und Vertretung in Rechtsangelegenheiten ergeben. [2]§ 51 Absatz 1 Satz 2, Absatz 2, 3 Nummer 2 bis 5 und Absatz 5 bis 7 ist entsprechend anzuwenden. [3]Zuständig ist die Rechtsanwaltskammer am Sitz der Gesellschaft.

(2) [1]Die Mindestversicherungssumme beträgt 2 500 000 Euro für jeden Versicherungsfall. [2]Die Leistungen des Versicherers für alle innerhalb eines Versicherungsjahres verursachten Schäden können auf den Betrag der Mindestversicherungssumme, vervielfacht mit der Zahl der Partner, begrenzt werden. [3]Die Jahreshöchstleistung für alle in einem Versicherungsjahr verursachten Schäden muss sich jedoch mindestens auf den vierfachen Betrag der Mindestversicherungssumme belaufen.

143   Die gegenüber derjenigen von Einzelanwälten auf das Zehnfache erhöhte Mindestversicherungssumme dient dem Schutz der Mandantschaft und gleicht den Wegfall der persönlichen haftenden Gesellschafter aus (*Dahns* NJW-Spezial 2013, 446). Anders als für „Rechtsanwalts-Gesellschaften" in Form einer GbR oder einfachen PartG (*Dallwig* VersR 2014, 19) besteht die **„Versicherungspflicht"** (keine Pflichtversicherung!) für die **PartmbB** selbst (Henssler/Prütting/*Diller* BRAO § 51a Rn. 6). Die **Partner** einer Rechtsanwalts-PartmbB müssen jedoch **auch** einen persönlichen Deckungsschutz (§ 51 Abs. 1 BRAO; *Bauer* BRAK-Mitt. 2013, 202 [203]; *Dallwig* VersR 2014, 19f.; Henssler/Prütting/*Diller* BRAO § 51 Rn. 26; *Posegga* in Peres/Senft SozietätsR § 19 Rn. 36) **neben** der Versicherung für die Gesellschaft aufrechterhalten (*Gladys* DStR 2013, 2416 [2417]; *Henssler* AnwBl. 2014, 96 [105]). Das gilt selbst dann, wenn die Partner gar keine Einzelmandate annehmen, sondern lediglich im Rahmen der PartmbB tätig werden wollen (*Henssler* AnwBl. 2014, 96 [105]). Ansonsten ist entweder die Zulassungsurkunde nicht auszuhändigen (§ 12 Abs. 2 BRAO) oder die Zulassung nach § 14 Abs. 2 Nr. 9 BRAO zu widerrufen. Es ist jedoch unproblematisch möglich, den jeweiligen Deckungsschutz durch einen einzigen Partnerschaftsversicherungsvertrag („Gesellschaftspolice") vorzuhalten (Henssler/Prütting/*Diller* BRAO § 51 Rn. 26). Diese „Sozietätspolice" muss dann aber sicherstellen, dass Versicherungsschutz hinsichtlich der (möglichen) Einzelmandate besteht (Henssler/Prütting/*Diller* BRAO § 51 a Rn. 7). Soweit die Police solche Mandate abdeckt, muss die Versicherung „lediglich" die Anforderungen von § 51 BRAO erfüllen (insbesondere gilt die Mindestversicherungssumme von 250.000,00 EUR).

Aufgrund einer Intervention des Rechtsausschusses (BT-Drs. 17/13944, 15) **144** ist die in dem RegE vorgeschlagene Verweisung des § 51a Abs. 1 S. 2 BRAO auf § 51 Abs. 3 Nr. 1 BRAO entfallen. Danach kann die Haftung für **Ersatzansprüche wegen wissentlicher Pflichtverletzungen** von der „normalen" Rechtsanwalts-Berufshaftpflichtversicherung ausgeschlossen werden (vgl. zu dem Begriff: *Therstappen* AnwBl. 2014, 182). Im Schrifttum ist diese **nur Rechts- und Patentanwälte** (§ 45a Abs. 1 PAO, § 45 PAO) **betreffende** Entwicklung kritisiert worden (*Bachmann/Schaloske* PHi 2013, 202 [205]; *Gladys* DStR 2013, 2416 [2419]; *Ruppert* DStR 2013, 1623 [1627]; *Zimmermann* NJW 2014, 1142 [1144]). Der Rechtsausschuss befürchtete aber zu Recht, dass geschädigte Mandanten infolge der Beschränkung der Haftung bei der PartmbB anderenfalls mit ihren vertraglichen Schadensersatzansprüchen auf das Gesellschaftsvermögen und im Übrigen auf deliktische Ansprüche gegen die handelnden Partner verwiesen worden wären. Folglich wäre eine (rechtliche) Schutzlücke entstanden (Henssler/Prütting/*Diller* BRAO § 51 a Rn. 11). Der Versicherer der PartmbB hätte nämlich die Regulierung bereits dann verweigern können, wenn ein wissentlicher Pflichtverstoß des handelnden Partners vorgelegen hätte. Problematisch ist, dass im Rahmen des § 51 Abs. 3 Nr. 1 BRAO lediglich die Pflichtverletzung, nicht aber auch der Schaden vorsätzlich herbeigeführt werden muss. Eine deliktische Haftung – etwa gem. § 826 BGB – würde demgegenüber regelmäßig voraussetzen, dass der Vorsatz nicht nur die Handlung, sondern auch den Schaden umfasst (vgl. dazu *Henssler* AnwBl. 2014, 96 [100]). Es hätte also der Fall eintreten können, dass einerseits kein Versicherungsschutz besteht und andererseits kein handelnder Partner deliktisch haftet. Im Ergebnis hätte dann nur das Gesellschaftsvermögen als Haftungsmasse zur Verfügung gestanden. Um diese **Schutzlücke** zu **schließen** ist der Verweis von § 51a Abs. 1 S. 1 BRAO auf § 51 Abs. 3 Nr. 1 BRAO unterblieben.

Gemäß dem Vorschlag des Rechtsausschusses gilt in diesen Fällen nunmehr **145** die allgemeine Regelung des § 103 VVG. Danach ist der Versicherer nicht zur Leistung verpflichtet, wenn der Versicherungsnehmer vorsätzlich und widerrechtlich den bei dem Dritten eingetretenen Schaden herbeigeführt hat. In diesen Fällen stünde der handelnde Partner als deliktisch haftender Schuldner zu Verfügung, § 826 BGB (vgl. auch Henssler/Prütting/*Diller* BRAO § 51 a Rn. 11). Die PartmbB bietet insofern aus Mandantensicht nur unzureichenden Schutz. Im Zusammenhang mit der PartmbB ist die Frage der wissentlichen Pflichtverletzung **auch für die Rechtsanwalts-GmbH** geregelt worden (§ 59j Abs. 1 BRAO, vgl. BT-Drs. 17/13944, 15; Henssler/Prütting/*Diller* BRAO § 51a Rn. 11). In Fällen **interprofessioneller PartmbB** ist fraglich, ob die Versicherung auch für Nicht-Anwälte wissentliche Pflichtverletzungen abdecken muss (Grundsatz der Meistbelastung, vgl. dazu *Bachmann/Schaloske* PHi 2013, 202 [206]; *Bauer* BRAK-Mitt. 2013, 202 [206]; *Riechert* AnwBl. 2014, 266 [269]). Zur Vermeidung von Versicherungslücken dürfte dies zu bejahen sein (so auch Römermann/*Römermann* Rn. 101). Auch in die Berufsordnungen der sonstigen wirtschafts- und steuerberatenden Freien Berufe sollte eine entsprechende Regelung aufgenommen werden.

146   Zwischen Versicherer und PartmbB kann jedoch ein **Innenregress** für Fälle der wissentlichen Pflichtverletzung vereinbart werden (*Gladys* DStR 2014, 2596 [2600]; → Rn. 208).

147   Sofern im Schrifttum (*Gladys* DStR 2013, 2416 [2419]) die Auffassung vertreten wird, dass für die **übrigen Freien Berufe** (deren Pflichtverletzungen vor allem das Vermögen des Kunden schädigen können und deren Berufsrecht keinen Ausschluss der wissentlichen Pflichtverletzung kennt, vor allem also die **wirtschafts- und steuerberatenden** Berufe) im Falle wissentlicher Pflichtverletzung aus dem Versicherungsvertrag der PartmbB kein Versicherungsschutz bestehe und die akzessorische Haftung wieder auflebe, überzeugt dies nicht. Für diese Auffassung gibt es im Gesetz keinerlei Anhaltspunkte. Es liegt dann vielmehr eine – hinzunehmende, wenn auch nicht wünschenswerte – „Lücke im Mandantenschutz" vor (*Ruppert* DStR 2013, 1623 [1627]). Der Geschädigte kann sich lediglich an das Gesellschaftsvermögen halten, welches mangels Kapitalaufbringungs- oder Erhaltungsvorschriften keine ausreichende Sicherheit bietet (*Henssler* AnwBl. 2014, 96 [97]). **Das gilt auch** im Falle eines **zulässigen Leistungsausschlusses** iSd § 51 Abs. 3 Nr. 2–5 BRAO oder wenn die **Mindestversicherungssumme** bzw. die **Jahreshöchstleistung** überschritten ist.

148   Die **Mindestversicherungssumme** beträgt 2.500.000,00 EUR für jeden Versicherungsfall. Damit ist sie gegenüber dem Normalfall des § 51 Abs. 4 S. 1 BRAO **verzehnfacht.** Dies entspricht der Regelung für die Rechtsanwalts-GmbH (§ 59j Abs. 2 S. 1 BRAO; s. a. BT-Drs. 17/10487, 15). Die Erhöhung der Summe gegenüber derjenigen in § 51 Abs. 4 BRAO dient dem **Gläubigerschutz,** da die persönliche Haftung der Gesellschafter entfällt (*Posegga* in Peres/Senft SozietätsR § 19 Rn. 33). Die Leistungen des Versicherers für **alle innerhalb eines Versicherungsjahres verursachten Schäden** können auf den Betrag der Mindestversicherungssumme, vervielfacht mit der Zahl der Partner, begrenzt werden. Die Jahreshöchstleistung für alle in einem Versicherungsjahr verursachten Schäden muss sich jedoch mindestens auf den vierfachen Betrag der Mindestversicherungssumme belaufen. Damit ist nicht gemeint, dass die Mindestversicherungssumme durch die Multiplikation mit der Anzahl der Partner zu erhöhen ist (Henssler/Prütting/*Diller* BRAO § 51a Rn. 18f.; *Fischer* 104ff.; *Offermann-Burckhart* AnwBl. 2014, 474 [480f.]; aA MWHLW/*v. Westphalen* Rn. 124a ff.).

149   Vielmehr muss die Versicherung **so viele Schadensfälle abdecken wie Partner vorhanden** sind, aber jeweils nur bis zu einer Höhe der 2.500.000,00 EUR. Gibt es in einem Versicherungsjahr mehr Versicherungs-

fälle als Partner vorhanden sind, gilt folgendes: Musste der Versicherer für einen Versicherungsfall oder mehrere Fälle weniger als die maximale Summe von 2.500.000,00 EUR leisten, so ist nicht jeweils der gesamte Betrag „verbraucht". Nicht verbrauchte Beträge stehen vielmehr für einen oder mehrere weitere(n) Versicherungsfälle – jeweils bis zur Mindestversicherungssumme – zur Verfügung, bis die Jahreshöchstleistung erreicht ist. *Diese* errechnet sich durch eine Multiplikation der vorhandenen Partner mit der Mindestversicherungssumme (vgl. das Bsp. bei *Fischer* 106). Für darüber hinausgehende Schäden haftet – wenn die Versicherung auch die übrigen Voraussetzungen erfüllt – lediglich das Gesellschaftsvermögen. Die Partner sind hingegen von der Haftung befreit. Die Versicherung muss auch nicht lediglich je einen Schadensfall pro Partner abdecken. Sie muss allerdings auch dann regulieren, wenn ein Partner mehrere Schadensfälle herbeiführt. Ist das für ein Jahr bestehende Kontingent aufgebracht, ist der Versicherer auch dann nicht mehr zur Leistung verpflichtet, wenn ein bisher „unbelasteter" Partner einen Schadensfall herbeiführt. Dann haftet gleichwohl nur das Gesellschaftsvermögen. Angesichts dessen ist es den Partnern – jedenfalls wenn Mandate bearbeitet werden, die größere Haftungsrisiken bergen – dringend zu empfehlen, wenigstens für Einzelfälle Vorsorge zu treffen und eine Versicherungsdeckung von mehr als 2.500.000,00 EUR zu vereinbaren (MWHLW/*v. Westphalen* Rn. 136).

150 Zu Fragen des **Selbstbehalts** vgl. Henssler/Prütting/*Diller* BRAO § 51 a Rn. 13; MWHLW/*v. Westphalen* Rn. 125. Zu beachten ist, dass gem. § 114 Abs. 2 S. 2 VVG ein Selbstbehalt des Versicherungsnehmers dem Dritten nicht entgegengehalten und gegenüber einer mitversicherten Person nicht geltend gemacht werden kann.

151 **§ 51 a Abs. 2 S. 3 BRAO** wird nur relevant, wenn eine PartmbB aus zwei oder drei Partnern besteht. Hier muss die Mindestversicherungssumme von 2.500.000,00 EUR gleichwohl vierfach maximiert werden (insgesamt also 10.000.000,00 EUR), obwohl weniger Partner vorhanden sind (Henssler/ Prütting/*Diller* BRAO § 51 a Rn. 24).

d) Patentanwälte

§ 45 PAO – Berufshaftpflichtversicherung

(1) [1]Der Patentanwalt ist verpflichtet, eine Berufshaftpflichtversicherung zur Deckung der sich aus seiner Berufstätigkeit ergebenden Haftpflichtgefahren für Vermögensschäden abzuschließen und die Versicherung während der Dauer seiner Zulassung aufrechtzuerhalten. [2]Die Versicherung muß bei einem im Inland zum Geschäftsbetrieb befugten Versicherungsunternehmen zu den nach Maßgabe des Versicherungsaufsichtsgesetzes eingereichten Allgemeinen Versicherungsbedingungen genommen werden und sich auch auf solche Vermögensschäden erstrecken, für die der Patentanwalt nach § 278 oder § 831 des Bürgerlichen Gesetzbuchs einzustehen hat.

(2) Der Versicherungsvertrag hat Versicherungsschutz für jede einzelne Pflichtverletzung zu gewähren, die gesetzliche Haftpflichtansprüche privatrechtlichen Inhalts gegen den Patentanwalt zur Folge haben könnte; dabei kann vereinbart werden, daß sämtliche Pflichtverletzungen bei Erledigung eines einheitlichen Auftrags, mögen diese auf dem Verhalten des Patentanwalts oder von ihm herangezogenen Hilfsperson beruhen, als ein Versicherungsfall gelten.

(3) Von der Versicherung kann die Haftung ausgeschlossen werden:
1. für Ersatzansprüche wegen wissentlicher Pflichtverletzung,

2. für Ersatzansprüche aus Tätigkeiten über in anderen Staaten eingerichtete oder unterhaltene Kanzleien oder Büros,
3. für Ersatzansprüche aus Tätigkeiten in Zusammenhang mit der Beratung und Beschäftigung mit außereuropäischem Recht,
4. für Ersatzansprüche aus Tätigkeiten des Patentanwalts vor außereuropäischen Gerichten,
5. für Ersatzansprüche wegen Veruntreuung durch Personal, Angehörige oder Sozien des Patentanwalts.

(4) [1]Die Mindestversicherungssumme beträgt 250 000 Euro für jeden Versicherungsfall. [2]Die Leistungen des Versicherers für alle innerhalb eines Versicherungsjahres verursachten Schäden können auf den vierfachen Betrag der Mindestversicherungssumme begrenzt werden.

(5) Die Vereinbarung eines Selbstbehalts bis zu einem Prozent der Mindestversicherungssumme ist zulässig.

(6) [1]Im Versicherungsvertrag ist der Versicherer zu verpflichten, der Patentanwaltskammer den Beginn und die Beendigung oder Kündigung des Versicherungsvertrages sowie jede Änderung des Versicherungsvertrages, die den vorgeschriebenen Versicherungsschutz beeinträchtigt, unverzüglich mitzuteilen. [2]Die Patentanwaltskammer erteilt Dritten zur Geltendmachung von Schadensersatzansprüchen auf Antrag Auskunft über den Namen und die Adresse der Berufshaftpflichtversicherung des Patentanwalts sowie die Versicherungsnummer, soweit der Patentanwalt kein überwiegendes schutzwürdiges Interesse an der Nichterteilung der Auskunft hat; dies gilt auch, wenn die Zulassung zur Patentanwaltschaft erloschen ist.

(7) Zuständige Stelle im Sinne des § 117 Abs. 2 des Versicherungsvertragsgesetzes ist die Patentanwaltskammer.

(8) [1]Erfolgt die Zulassung zur Patentanwaltschaft auf Grund einer Bescheinigung nach § 2 Absatz 5 des Gesetzes über die Tätigkeit europäischer Patentanwälte in Deutschland, gilt § 7 Abs. 1 und 2 des Gesetzes über die Tätigkeit europäischer Rechtsanwälte in Deutschland entsprechend. [2]Zuständige Stelle ist die Patentanwaltskammer. [3]§ 21 Abs. 2 Nr. 10 bleibt unberührt.

§ 45a PAO – Berufshaftpflichtversicherung einer Partnerschaftsgesellschaft mit beschränkter Berufshaftung

(1) Die Berufshaftpflichtversicherung einer Partnerschaftsgesellschaft mit beschränkter Berufshaftung (§ 8 Absatz 4 des Partnerschaftsgesellschaftsgesetzes) muss die Haftpflichtgefahren für Vermögensschäden decken, die sich aus der Beratung und Vertretung in Rechtsangelegenheiten im Sinne des § 3 Absatz 2 und 3 ergeben. § 45 Absatz 1 Satz 2, Absatz 2, 3 Nummer 2 bis 5 und Absatz 5 bis 7 ist entsprechend anzuwenden.

(2) [1]Die Mindestversicherungssumme beträgt 2 500 000 Euro für jeden Versicherungsfall. [2]Die Leistungen des Versicherers für alle innerhalb eines Versicherungsjahres verursachten Schäden können auf den Betrag der Mindestversicherungssumme, vervielfacht mit der Zahl der Partner, begrenzt werden. [3]Die Jahreshöchstleistung für alle in einem Versicherungsjahr verursachten Schäden muss sich jedoch mindestens auf den vierfachen Betrag der Mindestversicherungssumme belaufen.

152   Der neu eingefügte § 45a PAO ermöglicht es auch Patentanwälten, ihren Beruf gemeinsam in einer PartmbB auszuüben. Die Norm regelt die Anforderungen an eine Berufshaftpflichtversicherung einer entsprechenden Gesellschaft, der Patentanwälte angehören (BT-Drs. 17/10487, 16). Im Wesentlichen gelten die Ausführungen zu Rechtsanwälten entsprechend (→ Rn. 143ff.). Auch für Patentanwälte gilt, dass sowohl die PartmbB als auch die Berufsträger jeweils haftpflichtversichert sein müssen (*Henssler* AnwBl. 2014, 96 [105]). Zur Ersatzpflicht bei **wissentlicher Pflichtverletzung** → Rn. 144ff.

e) Wirtschaftsprüfer und vereidigte Buchprüfer

§ 54 WPO – Berufshaftpflichtversicherung

(1) [1]Berufsangehörige, die ihren Beruf nach § 43a Absatz 1 Nummer 1 ausüben, und Wirtschaftsprüfungsgesellschaften sind verpflichtet, eine Berufshaftpflichtversicherung zur Deckung der sich aus ihrer Berufstätigkeit ergebenden Haftpflichtgefahren für Vermögensschäden zu unterhalten. [2]Die Berufshaftpflichtversicherung einer Partnerschaft mit beschränkter Berufshaftung nach § 8 Absatz 4 des Partnerschaftsgesellschaftsgesetzes, die nicht selbst als Wirtschaftsprüfungsgesellschaft zugelassen ist, muss die Haftpflichtgefahren für Vermögensschäden decken, die sich aus ihrer Berufstätigkeit im Sinne der §§ 2 oder 129 ergeben. [3]Die Versicherung muss sich auch auf solche Vermögensschäden erstrecken, für die ein Berufsangehöriger nach den §§ 278 oder 831 des Bürgerlichen Gesetzbuchs einzustehen hat.

(2) [1]Der Versicherungsvertrag muss vorsehen, dass Versicherungsschutz für jede einzelne während der Geltung des Versicherungsvertrages begangene Pflichtverletzung zu gewähren ist, die gesetzliche Haftpflichtansprüche privatrechtlichen Inhalts gegen den Versicherungsnehmer zur Folge haben könnte. [2]Der Versicherungsvertrag kann vorsehen, dass die Versicherungssumme den Höchstbetrag der dem Versicherer in jedem einzelnen Schadensfall obliegenden Leistung darstellt, und zwar mit der Maßgabe, dass nur eine einmalige Leistung der Versicherungssumme in Frage kommt

1. gegenüber mehreren entschädigungspflichtigen Personen, auf welche sich der Versicherungsschutz erstreckt,
2. bezüglich eines aus mehreren Pflichtverletzungen stammenden einheitlichen Schadens,
3. bezüglich sämtlicher Folgen einer Pflichtverletzung ohne Rücksicht darauf, ob Schäden in einem oder in mehreren aufeinanderfolgenden Jahren entstanden sind.

[3]Im Fall des Satzes 2 Nummer 3 gilt mehrfaches auf gleicher oder gleichartiger Fehlerquelle beruhendes Tun oder Unterlassen als einheitliche Pflichtverletzung, wenn die betreffenden Angelegenheiten miteinander in rechtlichem oder wirtschaftlichem Zusammenhang stehen. [4]In diesem Fall kann die Leistung des Versicherers auf das Fünffache der Mindestversicherungssumme nach Absatz 4 Satz 1 begrenzt werden, soweit es sich nicht um gesetzlich vorgeschriebene Pflichtprüfungen handelt.

(3) Von der Versicherung kann der Versicherungsschutz ausgeschlossen werden für
1. Ersatzansprüche wegen wissentlicher Pflichtverletzung,
2. Ersatzansprüche wegen Schäden, die durch Fehlbeträge bei der Kassenführung, durch Pflichtverletzungen beim Zahlungsakt oder durch Veruntreuung durch das Personal des Versicherungsnehmers entstehen,
3. Ersatzansprüche, die vor Gerichten in Drittstaaten geltend gemacht werden, und
4. Ersatzansprüche wegen Verletzung oder Nichtbeachtung des Rechts von Drittstaaten, soweit die Ansprüche nicht bei der das Abgabenrecht dieser Staaten betreffenden geschäftsmäßigen Hilfeleistung in Steuersachen entstehen und soweit das den Ersatzansprüchen zugrunde liegende Auftragsverhältnis zwischen Versicherungsnehmer und Auftraggeber nicht deutschem Recht unterliegt.

(4) [1]Die Mindestversicherungssumme für den einzelnen Versicherungsfall muss den in § 323 Absatz 2 Satz 1 des Handelsgesetzbuchs bezeichneten Umfang betragen. [2]Die Vereinbarung eines Selbstbehalts bis zur Höhe von 1 Prozent der Mindestversicherungssumme ist zulässig. [3]Zuständige Stelle im Sinne des § 117 Absatz 2 des Versicherungsvertragsgesetzes ist die Wirtschaftsprüferkammer.

(5) Die Wirtschaftsprüferkammer erteilt Dritten zur Geltendmachung von Schadensersatzansprüchen auf Antrag Auskunft über den Namen, die Adresse und die Versicherungsnummer der Berufshaftpflichtversicherung der Berufsangehörigen, der Wirtschaftsprüfungsgesellschaften oder der Partnerschaften mit beschränkter Berufshaftung, soweit diese kein überwiegendes schutzwürdiges Interesse an der Nichterteilung der Auskunft haben.

(6) Die Wirtschaftsprüferkammer trifft im Rahmen der Berufssatzung die näheren Bestimmungen über den Versicherungsinhalt, den Versicherungsnachweis, das Anzeigeverfahren und die Überwachung der Versicherungspflicht.

153　　Selbstständige Wirtschaftsprüfer, Wirtschaftsprüfungsgesellschaften und PartmbB sind verpflichtet, eine Berufshaftpflichtversicherung zur Deckung der sich aus ihrer Berufstätigkeit ergebenden Haftpflichtgefahren für Vermögensschäden abzuschließen und die Versicherung während der Dauer ihrer Bestellung oder Anerkennung aufrechtzuerhalten (§ 54 Abs. 1 S. 1 WPO). **PartmbB** mit Wirtschaftsprüfer-Partnern müssen also – anders als einfache PartG (Hense/Ulrich/*Schnepel* WPO § 44b Rn. 47) – stets eine **eigene Berufshaftpflichtversicherung** unterhalten. Das gilt unabhängig davon, ob sie selbst als Wirtschaftsprüfungsgesellschaft anerkannt sind (*Henssler* AnwBl. 2014, 96 [106]). Ansonsten handelt es sich, da die Haftungsbeschränkung nicht eintritt, eben nicht um eine PartmbB, sondern um eine (reguläre) PartG. Für deren Gesellschafter gilt der bisher geltende Rechtszustand fort (Haftung nach Abs. 1 und 2).

154　　Anders als selbstständige Wirtschaftsprüfer iSd § 54 Abs. 1 S. 1 WPO können nen **Gesellschafter einer Wirtschaftsprüfungsgesellschaft isd §§ 27 ff. WPO** (auch PartG oder PartmbB) als **nicht-selbstständig** angesehen werden, wenn sie **ausschließlich** für die Gesellschaft handeln und keine Mandate im eigenen Namen bearbeiten (Hense/Ulrich/*Maxl* WPO § 54 Rn. 14, 19). Die Partner einer Wirtschaftsprüfer-PartmbB müssen sich also nur dann selbst versichern, wenn sie nicht ausschließlich für die Gesellschaft tätig werden, sondern auch eigene Mandate annehmen möchten (BT-Drs. 18/6282, 73; WP-Handbuch 2017/*Naumann* A. Rn. Rn. 542). **Gesellschafter einer Nicht-Wirtschaftsprüfungs–PartG** (auch in einer solchen können Wirtschaftsprüfer ihren Beruf ausüben, allerdings keine gesetzlichen Pflichtprüfungen vornehmen → § 1 Rn. 337 f.; *Posegga* in Peres/Senft SozietätsR § 19 Rn. 45) – auch in der mbB-Variante – sind hingegen **stets selbstständig** tätig. Die Gesellschaft ist wie eine „Sozietät" zu behandeln, ihre Gesellschafter wie Sozien (vgl. Hense/Ulrich/*Teckemeyer* WPO § 43a Rn. 11). Sie haben sich also selbst zu versichern. Daneben *kann* die PartG (sie ist dazu nicht verpflichtet, vgl. Hense/Ulrich/*Schnepel* WPO § 44b Rn. 47) und **muss** die PartmbB selbst eine Berufshaftpflichtversicherung abschließen (wenn die Haftungsbeschränkung eintreten soll, vgl. Hense/Ulrich/*Maxl* WPO § 54 Rn. 4).

155　　Für die **Nicht-Wirtschaftsprüfungs–PartG (mbB)** ist allerdings zu beachten, dass diese nicht berechtigt ist, sog. **Vorbehaltsaufgaben** wahrzunehmen (Hense/Ulrich/*Schnepel* WPO § 44b Rn. 17, 45; Hense/Ulrich/*Schnepel* WPO § 32 Rn. 6). Insofern lässt sich die Rechtsprechung des BGH (NJW 2011, 2301), nach der einer Sozietät oder einer regulären PartG aus Rechtsanwälten und Steuerberatern ein Rechtsberatungsmandat erteilt werden kann, nicht auf die Beauftragung einer einfachen Partnerschaft von Rechtsanwälten und Wirtschaftsprüfern mit einer gesetzlichen Pflichtprüfung übertragen. Abgesehen von Abs. 2 haften dann grundsätzlich alle Gesellschafter akzessorisch neben der PartG (vgl. zur Sozietät und § 128 HGB analog BGH NJW 2012, 2435 Rn. 68 ff.). Hier wird die Erforderlichkeit einer eigenen Berufshaftpflichtversicherung der Wirtschaftsprüfer-Partner besonders deutlich.

Wie bei Rechtsanwälten (→ Rn. 143 ff.), können Gesellschaft und Gesellschafter gemeinsam durch eine Police versichert werden.

Die Mindestversicherungssumme für den einzelnen Versicherungsfall beträgt 1.000.000,00 EUR (BT-Drs. 17/10487, 18). Sie entspricht für Wirtschaftsprüfer und Wirtschaftsprüfungsgesellschaften (unabhängig von deren Rechtsform) der bisherigen Vorgabe in § 54 Abs. 1 WPO. Gemäß § 130 Abs. 1, 2 WPO ist sie auf vereidigte Buchprüfer und Buchprüfungsgesellschaften entsprechend anzuwenden. Die – anders als bei anderen Berufsgruppen – verglichen mit selbstständigen Berufsträgern nicht erhöhte Mindestversicherungssumme für PartmbBs erscheint dem Gesetzgeber als angemessen. Nach § 323 Abs. 2 S. 1 HGB beschränkt sich die Ersatzpflicht von Personen, die fahrlässig gehandelt haben, ebenfalls auf 1.000.000,00 EUR für eine Prüfung. **156**

Eine **Begrenzung der maximalen jährlichen Haftung** auf ein Vielfaches der Mindestversicherungssumme **ist vom Berufsrecht nicht vorgesehen.** Das führt bei der interprofessionellen PartmbB wenigstens zu Auslegungsschwierigkeiten (Grundsatz des strengsten Berufsrechts, vgl. dazu *Gladys* DStR 2014, 2596 [2600 ff.]; *Riechert* AnwBl. 2014, 266 [268 f.]; WP-I Handbuch 2017/*Naumann* A. Rn. 544). *Schüppen* (WPg 2013, 1193 [1199 f.]) meint, dass jedenfalls die Versicherung einer als Wirtschaftsprüfungs- PartmbB anerkannten Gesellschaft keine Maximierung enthalten dürfe (so auch Römermann/*Römermann* Rn. 100). Das dürfte auch für PartmbBs gelten, die nur einen Wirtschaftsprüfer-Partner haben. Eine Begrenzung der Versicherungsleistung auf eine bestimmte Zahl von Haftungsfällen ist daher auch für Partner, die einen anderen Freien Beruf ausüben, nicht möglich (*Posegga* in Peres/Senft SozietätsR § 19 Rn. 43; *Schüppen* WPg 2013, 1193 [1197]). Im Übrigen ist in der interprofessionellen Gesellschaft im Einzelfall darauf abzustellen, welches Mandat (Rechtsberatungsmandat, Prüfungsmandat, Hilfeleistung in Steuersachen) die PartG angenommen hat. Je nach Mandat kann es somit zu Unterschieden im Versicherungsumfang kommen (WP-Handbuch 2017/*Naumann* A. Rn. 544). Soweit kapitalmarktorientierte Aktiengesellschaften geprüft und damit nach § 323 Abs. 2 S. 2 HGB höhere Haftungsgrenzen von 4.000.000,00 EUR eingreifen, ist nach Auffassung der Gesetzgebungsmaterialien davon auszugehen, dass sich die PartmbB „schon aus Selbstschutz" entsprechend höher versichern würden (BT-Drs. 17/10487, 18). Mit Blick auf **§ 54 a Abs. 1 Nr. 2 WPO** (vertragliche Begrenzung von Ersatzansprüchen, → Rn. 122) kann es bei Verwendung von allgemeinen Mandatsbedingungen sinnvoll sein, eine entsprechend höhere Deckungssumme (4.000.000,00 EUR) zu vereinbaren (*Schüppen* WPg 2013, 1193 [1197]; Hense/Ulrich/*Maxl* WPO § 54 Rn. 37). **157**

Gemäß § 54 Abs. 3 WPO trifft die Wirtschaftsprüferkammer im Rahmen der Berufssatzung die näheren Bestimmungen über den Versicherungsinhalt, Regelungen über zulässige Versicherungsausschlüsse wie etwa für Ersatzansprüche bei wissentlicher Pflichtverletzung, den Versicherungsnachweis, das Anzeigeverfahren und die Überwachung der Versicherungspflicht. Die Wirtschaftsprüferkammer hat von dieser Ermächtigung allerdings keinen Gebrauch gemacht. Die Berufssatzung der Wirtschaftsprüfer/vereidigte Buchprüfer (BS WP/vBP) enthält in §§ 23 ff. BS WP/vBP nur wenige allgemeine Grundsätze. Die früher geltende WPBHV ist im Rahmen der 7. WPO-Novelle aufgehoben worden (Hense/Ulrich/*Maxl* WPO § 54 Rn. 37; WP-Handbuch 2017/ **158**

Naumann A. Rn. 543 f.). Allerdings gilt die WPBHV fort, soweit keine gesetzliche Regelung in der WPO getroffen wurde (§ 137 WPO; vgl. BT-Drs. 18/6282, 77)

f) Steuerberater

§ 67 StBerG – Berufshaftpflichtversicherung

(1) Selbstständige Steuerberater, Steuerbevollmächtigte und Partnerschaftsgesellschaften, auch solche mit beschränkter Berufshaftung nach § 8 Absatz 4 des Partnerschaftsgesellschaftsgesetzes, müssen gegen die aus ihrer Berufstätigkeit sich ergebenden Haftpflichtgefahren angemessen versichert sein.

(2) [1]Partnerschaftsgesellschaften mit beschränkter Berufshaftung erfüllen die Voraussetzungen nach § 8 Absatz 4 Satz 1 des Partnerschaftsgesellschaftsgesetzes, wenn sie eine Berufshaftpflichtversicherung unterhalten, deren Mindestversicherungssumme eine Million Euro beträgt. [2]Die Leistungen des Versicherers für alle innerhalb eines Versicherungsjahres verursachten Schäden können auf den Betrag der Mindestversicherungssumme, vervielfacht mit der Zahl der Partner, begrenzt werden. [3]Die Jahreshöchstleistung für alle in einem Versicherungsjahr verursachten Schäden muss jedoch mindestens vier Millionen Euro betragen.

(3) Zuständige Stelle im Sinne des § 117 Absatz 2 des Versicherungsvertragsgesetzes ist die Steuerberaterkammer.

(4) Die Steuerberaterkammer erteilt Dritten zur Geltendmachung von Schadensersatzansprüchen auf Antrag Auskunft über den Namen, die Adresse und die Versicherungsnummer der Berufshaftpflichtversicherung des Steuerberaters, des Steuerbevollmächtigten, der Steuerberatungsgesellschaft oder der Partnerschaftsgesellschaft, soweit der Steuerberater, der Steuerbevollmächtigte, die Steuerberatungsgesellschaft oder die Partnerschaftsgesellschaft kein überwiegendes schutzwürdiges Interesse an der Nichterteilung der Auskunft hat.

§ 51 DVStB – Versicherungspflicht

(1) [1]Selbständige Steuerberater und Steuerbevollmächtigte sowie Steuerberatungsgesellschaften sind verpflichtet, sich gegen die sich aus ihrer Berufstätigkeit (§§ 33, 57 Absatz 3 Nummer 2 und 3 des Gesetzes) ergebenden Haftpflichtgefahren für Vermögensschäden zu versichern und die Versicherung während der Dauer ihrer Bestellung oder Anerkennung aufrechtzuerhalten. [2]Satz 1 gilt sinngemäß für Partnerschaftsgesellschaften, auch solche mit beschränkter Berufshaftung nach § 8 Absatz 4 des Partnerschaftsgesellschaftsgesetzes. [3]Der Versicherungsschutz muss sich auch auf solche Vermögensschäden erstrecken, für die der Versicherungsnehmer nach § 278 oder § 831 des Bürgerlichen Gesetzbuchs einzustehen hat.

(2) [1]Selbständige Steuerberater und Steuerbevollmächtigte, die ausschließlich als freie Mitarbeiter für Auftraggeber, die die Voraussetzungen des § 3 des Gesetzes erfüllen, tätig sind, genügen der Versicherungspflicht nach Absatz 1, wenn sie sich aus der freien Mitarbeit sowie aus § 63 des Gesetzes ergebenden Haftpflichtgefahren für Vermögensschäden durch die beim Auftraggeber bestehende Versicherung gedeckt sind. [2]Der entsprechende Versicherungsschutz ist durch eine Bestätigung der Versicherung des Auftraggebers nachzuweisen. [3]Satz 1 gilt nicht, wenn neben der freien Mitarbeit eigene Mandate betreut werden.

(3) Absatz 2 gilt sinngemäß auch für Steuerberater und Steuerbevollmächtigte, die ausschließlich als Angestellte nach § 58 des Gesetzes tätig sind, sowie für Partner einer Partnerschaftsgesellschaft mit beschränkter Berufshaftung nach § 8 Absatz 4 des Partnerschaftsgesellschaftsgesetzes, die ausschließlich für die Partnerschaftsgesellschaft tätig sind.

(4) Die Versicherung muß bei einem im Inland zum Geschäftsbetrieb befugten Versicherungsunternehmen zu den nach Maßgabe des Versicherungsaufsichtsgesetzes eingereichten allgemeinen Versicherungsbedingungen genommen werden.

Aus § 67 Abs. 1 StBerG, § 51 Abs. 1 S. 1 DVStB ergibt sich, dass auch eine **159** einfache PartG (mit Steuerberater-Partnern) verpflichtet ist, **angemessen berufshaftpflichtversichert** zu sein. Das betrifft nicht nur Steuerberatungsgesellschaften (der Versicherungsschutz ist Voraussetzung für die Anerkennung, vgl. §§ 67, 72, 50 Abs. 6 StBerG), sondern wohl alle PartGs, in denen wenigstens ein Steuerberater tätig ist. Insofern weicht die Regelung – ohne erkennbaren Grund (krit. *Gladys* DStR 2015, 916 [919]: *„Die isoliert im Berufsrecht der Steuerberater neu geschaffene Versicherungspflicht der einfachen Partnerschaft ist überflüssig, nicht erklärbar …"*; *Kilian* MDR 2013, 1137 [1140] hält die Regelung für eine *„Merkwürdigkeit"*) – von den oben dargestellten berufsrechtlichen Regelungen der anderen Freien Berufe ab (*Gladys* DStR 2015, 916 f., dort auch zu der erforderlichen Ausgestaltung der Versicherung). Während in § 67 StBerG grundsätzlich nur eine „angemessene Versicherung" gefordert und nur für die PartmbB ein Mindestversicherungsschutz von 1.000.000,00 EUR verlangt wird (→ Rn. 162), schreibt § 52 DVStB generell eine Mindestversicherungssumme von 250.000,00 EUR vor (zu Umständen, die für eine höhere Versicherung sprechen, *Koslowski* StBerG § 67 Rn. 13).

Sowohl die reguläre PartG als auch die PartmbB können als **Steuerbera- 160 tungsgesellschaften** anerkannt werden (BT-Drs. 17/10487, 17; *Riechert* AnwBl. 2014, 266 [268]). Dann unterliegen sie den §§ 67, 72 StBerG und müssen gem. § 55 Abs. 1, 2 DVStB der bestellenden Steuerberaterkammer den Abschluss einer dieser Verordnung entsprechenden Berufshaftpflichtversicherung durch eine Bestätigung des Versicherers nachweisen oder eine entsprechende vorläufige Deckungszusage vorlegen. Nach § 55 Abs. 3 DVStB soll dies auch für die reguläre PartG „sinngemäß" gelten, „mit der Maßgabe, dass eine entsprechende Versicherungsbescheinigung mit der Anmeldung zum Partnerschaftsregister der Steuerberaterkammer, in deren Bezirk die Partnerschaftsgesellschaft ihren Sitz hat, vorzulegen ist".

Die Partner einer PartG von Steuerberatern müssen stets separat – neben **161** der PartG **kumulativ** – persönlich berufshaftpflichtversichert sein (*Gladys* DStR 2015, 916), wie sich aus einem Umkehrschluss zu § 51 Abs. 3 DVStB ergibt (es reicht jedoch aus, wenn die PartG über die Partner „mitversichert" ist, vgl. *Gladys* DStR 2015, 916 [917 f.]). Partner einer **PartmbB** von Steuerberatern hingegen (diese muss die Voraussetzungen des § 67 Abs. 2 StBerG erfüllen, aber keine Steuerberatungsgesellschaft sein), die **ausschließlich** für die Partnerschaftsgesellschaft tätig sind, genügen der Versicherungspflicht, wenn die sich aus ihrer Tätigkeit ergebenden Haftpflichtgefahren für Vermögensschäden durch die bei der Gesellschaft bestehende Versicherung gedeckt sind (§ 51 Abs. 3 DVStB; vgl. auch *Ruppert* DStR 2013, 1623 [1626]). PartmbBs müssen unabhängig davon, ob sie selbst als Steuerberatungsgesellschaft anerkannt sind, eine eigene Berufshaftpflichtversicherung bereithalten (sonst handelt es sich nicht um eine PartmbB; *Henssler* AnwBl. 2014, 96 [106]).

Die **PartmbB** muss „**angemessen versichert** sein" (§ 67 Abs. 1 StBerG). **162** Dies sollte nach dem RegE zunächst nicht weiter ausgeführt werden, ist aber, um Rechtssicherheit zu garantieren (dafür plädierten schon *Römermann/Praß* NZG 2012, 601 [604 f.]) und zum „Schutz der Rechtsuchenden", auf einen Vorschlag des Rechtsausschusses konkretisiert worden (§ 67 Abs. 2 StBerG, vgl. BT-Drs. 17/13944, 16). Die Voraussetzungen des Abs. 4 S. 1 werden da-

nach als erfüllt angesehen, wenn die Kriterien des § 67 Abs. 2 StBerG vorliegen. Die **Mindestversicherungssumme** beträgt 1.000.00,00 EUR (§ 67
Abs. 2 S. 1 StBerG). Die Leistungen des Versicherers für alle innerhalb eines
Versicherungsjahres verursachten Schäden können auf den Betrag der Mindestversicherungssumme, vervielfacht mit der Zahl der Partner, begrenzt werden (§ 67 Abs. 2 S. 2 StBerG). Die **Jahreshöchstleistung** muss jedoch mindestens 4.000.000,00 EUR betragen (§ 67 Abs. 2 S. 3 StBerG). Damit ist noch
keine Aussage über die Angemessenheit der Versicherung für die PartmbB im
Einzelfall getroffen. Der Beschlussempfehlung des Rechtsausschusses zufolge,
sollen **berufsrechtliche Konsequenzen** für den Fall des Vorliegens eines
nicht angemessenen Versicherungsschutzes davon unberührt bleiben (BT-Drs.
17/13944, 16; vgl. auch *Ruppert* DStR 2013, 1623 [1625 f.]).

163   Angesichts dieser Beschränkung auf berufsrechtliche Konsequenzen und
des klaren Wortlauts des § 67 Abs. 2 S. 1 StBerG kommt ein „Wiederaufleben"
der Haftung bei letztlich nicht angemessener Versicherung ersichtlich nicht in
Betracht (so allgemein auch *Lieder* NotBZ 2014, 81 [85]). Eine Haftung nach
§ 826 BGB oder § 823 Abs. 2 BGB iVm § 67 Abs. 1 StBerG dürfte in aller Regel ebenfalls ausscheiden. Allenfalls in krassen Ausnahmefällen mag Raum für
eine solche Haftung bleiben (vgl. *Lieder* NotBZ 2014, 81 [85]). § 67 Abs. 2 S. 1
StBerG hat die geltende Fassung erhalten, um Rechtssicherheit herbeizuführen. Dieses Anliegen des Rechtsausschusses – und der Praxis – würde durch
eine solche Haftung konterkariert.

164   § 67 Abs. 2 S. 3 StBerG betrifft wiederum nur Partnerschaften mit zwei
oder drei Partnern. **Partner,** die ausschließlich für die PartmbB tätig sind,
müssen sich **nicht** selbst versichern, wenn die Haftpflichtversicherung der
PartmbB ihre Tätigkeit abdeckt (§ 51 DVStB iVm § 67 StBerG). Soweit die
Partner **auch eigene Mandate annehmen,** müssen sie dafür selbst haftpflichtversichert sein (*Posegga* in Peres/Senft SozietätsR § 19 Rn. 42). Die besondere Ausgestaltung der Berufshaftpflichtversicherung ist den §§ 52–56
DVStB zu entnehmen.

165   **g) Ärzte.** Die **MBO-Ä** in der Fassung des Beschlusses des 118. Deutschen
Ärztetages 2015 in Frankfurt a. M. enthält keine Hinweise auf den Versicherungsschutz in einer PartmbB. Jedoch haben einige landesgesetzliche Regelungen den Zugang zu dieser Variante der Partnerschaft auch für Ärzte eröffnet
(vgl. *Lieder/Hoffmann* NZG 2017, 325 [330]).

166   So wurde durch mit Wirkung vom 23.9.2016 angefügten § 32 Abs. 4
NdsHKG (niedersächsisches Kammergesetz für die Heilberufe) die Berufsausübung in der PartmbB für Ärzte auch in Niedersachsen ermöglicht. Als Vor-
bild für diese und andere landesrechtliche Regelungen diente Art. 18 Abs. 2
BayHKaG (bayerisches Heilberufe-Kammergesetz; vgl. MüKoBGB/*Schäfer*
Rn. 42). Auffällig ist, dass die Anforderungen an die Haftpflichtversicherung
deutlich über denen für viele andere Freiberufler, zB Rechtsanwälte, liegen
(*Lieder/Hoffmann* NZG 2016, 287 [290]; *Lieder/Hoffmann* NZG 2017, 325
[330]). Diese Öffnung der PartmbB auch für Heilberufe ist zu begrüßen und
Konsequenz der allgemeinen Entwicklung, die dazu geführt hat, dass sich Angehörige der Heilberufe inzwischen in vielen Bundesländern auch in Kapitalgesellschaften zusammenschließen können (*Lieder/Hoffmann* NZG 2016, 287

[291]). In diesem Zusammenhang wird auch die neuere Rspr. des BVerfG zur Verfassungswidrigkeit des § 59 a BRAO, soweit er den Zusammenschluss von Rechtsanwälten mit Ärzten und Apothekern betrifft, relevant. In Bundesländern, die die Zulässigkeit der PartmbB für Ärzte vorsehen, können diese somit auch eine PartmbB mit Rechtsanwälten gründen (*Lieder/Hoffmann* NZG 2016, 287 [291]), wobei die Gesellschaft dann allerdings nicht befugt ist, Heilkunde zu praktizieren.

Art. 18 Abs. 2 BayHKaG

[1]Partnerschaftsgesellschaften mit beschränkter Berufshaftung erfüllen die Voraussetzungen nach § 8 Abs. 4 Satz 1 des Partnerschaftsgesellschaftsgesetzes, wenn sie eine dem aus der Berufsausübung erwachsenden Haftungsrisiko angemessene Berufshaftpflichtversicherung unterhalten und die Mindestversicherungssumme pro Versicherungsfall **5 000 000 Euro** beträgt. [2]Die Leistungen des Versicherers für alle innerhalb eines Versicherungsjahrs verursachten Schäden können auf den Betrag der Mindestversicherungssumme, vervielfacht mit der Zahl der Partner, begrenzt werden, die Jahreshöchstleistung muss sich jedoch mindestens auf den vierfachen Betrag der Mindestversicherungssumme belaufen.

h) Zahnärzte. In der Musterberufsordnung der Bundeszahnärztekammer **167** (Stand: 11.11.2016) finden sich keine Hinweise auf die PartmbB.

Ebenso wie bei Ärzten eröffnen verschiedene landesgesetzliche Regelungen **168** (etwa die **bayerischen und niedersächsischen Heilberufe-Kammergesetze**) Zahnärzten den Weg in die **PartmbB** (Art. 46 BayHKaG iVm Art. 18 Abs. 2 BayHKaG bzw. § 32 Abs. 4 NdsHKG, → Rn. 165)

i) Tierärzte. Nach § 18 Abs. 2 MBO-Tierärzte (fälschlicherweise über- **169** schrieben mit „Partnerschaft und Partnerschaft *mbH*") gilt: „Die Partnerschaft mit beschränkter Berufshaftung iSd § 8 Abs. 4 PartGG kann geführt werden, wenn im jeweiligen Heilberufe-Kammergesetz den Tierärzten diese Rechtsform offen steht". Damit wird lediglich auf die – auch ohne diese Hinweise – geltende Rechtslage aufmerksam gemacht. Die **Berufsordnung der Landestierärztekammer Westfalen-Lippe** enthält den folgenden § 28 Abs. 1 Nr. 4: „jede/jeder in der Gesellschaft tätige Tierärztin/Tierarzt muss eine ausreichende Berufshaftpflichtversicherung abgeschlossen haben; bei Partnerschaften mit beschränkter Berufshaftung ist **vorrangig** § 8 Absatz 4 des Gesetzes über Partnerschaftsgesellschaften Angehöriger freier Berufe zu beachten". Damit ist die **PartmbB hier** letztlich **nicht zugelassen** worden.

Etwas anderes gilt wiederum in Bayern und Niedersachsen. Im **baye- 170 rischen Heilberufe-Kammergesetz** findet sich ein Hinweis auf die **Zulassung** der **PartmbB auch für Tierärzte** in Art. 51 Abs. 1 BayHKaG iVm Art. 18 Abs. 2 BayHKaG, im niedersächsischem HKG in § 32 Abs. 4 NdsHKG (→ Rn. 166).

j) Psychologische Psychotherapeuten sowie Kinder- und Jugend- 171 lichenpsychotherapeuten. Auch für diese Berufsgruppe findet sich in dem **bayerischen und im niedersächsischen Heilberufe-Kammergesetz** die Öffnung für die PartmbB, für Psychologische Psychotherapeuten sowie Kinder- und Jugendlichenpsychotherapeuten in Bayern in Art. 65 Abs. 1 BayHKaG iVm Art. 18 Abs. 2 BayHKaG, für psychotherapeutische Tätigkeiten in Niedersachsen in § 32 Abs. 4 NdsHKG (→ Rn. 166).

172   **k) Architekten.** Architekten steht die PartmbB inzwischen in sämtlichen Bundesländern zur Verfügung (vgl. die Übersicht bei *Lieder/Hoffmann* NZG 2017, 325 [329 f.]):

– **Baden-Württemberg:** § 2a Abs. 4 BWArchG (Baden-Württembergisches Architektengesetz);
– **Bayern:** Art. 9 Abs. 3 BayBauKaG (Bayerisches Baukammerngesetz);
– **Berlin:** § 7a Abs. 3 Architekten- und BaukammerG Bln (Berliner Architekten- und Baukammergesetz);
– **Brandenburg:** § 7 Abs. 1 BbgArchG (Brandenburgisches Architektengesetz);
– **Bremen:** § 4 Abs. 6 BremArchG (Bremisches Architektengesetz);
– **Hamburg:** § 10 Abs. 3 HmbArchtG (Hamburgisches Architektengesetz);
– **Hessen:** § 6 Abs. 1 Nr. 2 HASG (Hessisches Architekten- und Stadtplanergesetz);
– **Mecklenburg–Vorpommern:** § 30 Abs. 2 ArchIngG M-V (Gesetz zur Neufassung des Architekten- und Ingenieurrechts des Landes Mecklenburg-Vorpommern);
– **Niedersachsen:** § 4b Abs. 4 NdsArchtG (Niedersächsisches Architektengesetz);
– **Nordrhein–Westfalen:** § 10 BauKaG NRW (Gesetz über den Schutz der Berufsbezeichnungen „Architekt“, „Architektin“, „Stadtplaner“ und „Stadtplanerin“ sowie über die Architektenkammer, über den Schutz der Berufsbezeichnung „Beratender Ingenieur“ und „Beratende Ingenieurin“ sowie über die Ingenieurkammer-Bau – Baukammerngesetz) iVm § 19 Abs. 2 DVO BauKaG NRW (Verordnung zur Durchführung des Baukammerngesetzes);
– **Rheinland–Pfalz:** § 9 Abs. 5 RhPfArchG (Rheinland-Pfälzisches Architektengesetz);
– **Saarland:** § 7 Abs. 6 S. 3 SaarlSAIG (Saarländisches Architekten- und Ingenieurkammergesetz) iVm § 27 Abs. 3 SaarlSAIG
– **Sachsen:** § 10 Abs. 3 SächsArchG (Sächsisches Architektengesetz);
– **Sachsen-Anhalt:** § 1 Abs. 2 LSAArchPartGesHPVO (Verordnung über die Haftpflichtversicherung bei Partnerschaftsgesellschaften nach dem Architektengesetz des Landes Sachsen-Anhalt) iVm § 2 LSAArchPartGesHPVO;
– **Schleswig-Holstein:** § 10 Abs. 2 SchlHArchIngKG (Gesetz über die Führung der Berufsbezeichnungen Architektin oder Architekt, Stadtplanerin oder Stadtplaner und Beratende Ingenieurin oder Beratender Ingenieur sowie über die Errichtung einer Architekten- und Ingenieurkammer);
– **Thüringen:** § 33 ThürAIKG (Thüringer Gesetzes über die Architektenkammer, die Ingenieurkammer und den Schutz von Berufsbezeichnungen).

173   Die Bandbreite der Mindestversicherungssummen reicht von 1.000.000 EUR (Bremen) bis 2.500.000 EUR (Bayern) für **Personenschäden** (Regelfall 1.500.000 EUR) und von 200.000 EUR bis (Niedersachsen) bis 1.000.000 EUR (Nordrhein-Westfalen) für **Sachschäden.**

174   **l) Ingenieure.** Auch Ingenieuren steht die PartmbB inzwischen in allen Bundesländern zur Verfügung:

- **Baden-Württemberg:** § 17a Abs. 2 BWIngKG (Gesetz über die Errichtung einer Ingenieurkammer und über die Berufsordnung der Beratenden Ingenieure in Baden-Württemberg);
- **Bayern:** Art. 9 Abs. 3 BayBauKaG (Bayerisches Baukammerngesetz);
- **Berlin:** § 7a Abs. 3 Architekten- und BaukammerG Bln (Berliner Architekten- und Baukammergesetz);
- **Brandenburg:** § 7 Abs. 1 BbgIngG (Brandenburgisches Ingenieurgesetz);
- **Bremen:** § 6 Abs. 5 BremIngG (Bremisches Ingenieurgesetz);
- **Hamburg:** § 6a Abs. 1, Abs. 3 S. 4, Abs. 5 S. 1 Nr. 2 HmbIngG (Hamburgisches Gesetz über das Ingenieurwesen) und § 6b HmbIngG;
- **Hessen:** § 13 Abs. 1 S. 1, S. 2 Nr. 2 HIngG (Hessisches Ingenieur- und Ingenieurkammergesetz), § 15 Abs. 4 HIngG;
- **Mecklenburg-Vorpommern:** § 30 Abs. 2 ArchIngG M-V (Gesetz zur Neufassung des Architekten- und Ingenieurrechts des Landes Mecklenburg-Vorpommern);
- **Niedersachsen:** § 7 Abs. 2 NdsIngG (Niedersächsisches Ingenieurgesetz);
- **Nordrhein-Westfalen:** § 35 BauKaG NRW (Gesetz über den Schutz der Berufsbezeichnungen „Architekt", „Architektin", „Stadtplaner" und „Stadtplanerin" sowie über die Architektenkammer, über den Schutz der Berufsbezeichnung „Beratender Ingenieur" und „Beratende Ingenieurin" sowie über die Ingenieurkammer-Bau – Baukammerngesetz) **iVm** § 19 Abs. 2 DVO BauKaG NRW (Verordnung zur Durchführung des Baukammerngesetzes);
- **Rheinland-Pfalz:** § 10 Abs. 3 RhPflIngKaG (Landesgesetz zum Schutz der Berufsbezeichnungen im Ingenieurwesen und über die Ingenieurkammer Rheinland-Pfalz);
- **Saarland:** § 7 Abs. 6 S. 3 SaarlSAIG (Saarländisches Architekten- und Ingenieurkammergesetz) iVm § 27 Abs. 3 SaarlSAIG;
- **Sachsen:** § 10 Abs. 3 SächsIngG (Sächsisches Ingenieurgesetz);
- **Sachsen-Anhalt:** § 33a IngG LSA (Ingenieurgesetz Sachsen-Anhalt);
- **Schleswig-Holstein:** § 10 Abs. 2 SchlHArchIngKG (Gesetz über die Führung der Berufsbezeichnungen Architektin oder Architekt, Stadtplanerin oder Stadtplaner und Beratende Ingenieurin oder Beratender Ingenieur sowie über die Errichtung einer Architekten- und Ingenieurkammer);
- **Thüringen:** § 33 ThürAIKG (Thüringer Gesetzes über die Architektenkammer, die Ingenieurkammer und den Schutz von Berufsbezeichnungen).

Die Bandbreite der Mindestversicherungssummen reicht von 175 1.000.000 EUR (Bremen) bis 2.500.000 EUR (Bayern) für **Personenschäden** und von 200.000 EUR bis (Niedersachsen) bis 1.000.000 EUR (Bremen, Nordrhein-Westfalen) für **sonstige Schäden.**

Allerdings zeigen jüngere Gerichtsentscheidungen, dass die Zulässigkeit der 176 PartmbB nicht ohne Einschränkungen gewährleistet ist. Hinsichtlich der Rechtslage in **Nordrhein-Westfalen** hat das OLG Hamm entschieden, dass die PartmbB nur beratenden Ingenieuren offensteht, nicht dagegen der Gruppe der nicht-beratenden Ingenieure. Das ergebe sich schon daraus, dass sich die landesrechtlichen Regelungen des BauKaG nur auf beratende Ingenieure beziehen (vgl. § 10 S. 3 und 4 BauKaG NRW und § 35 S. 3 und 4 BauKaG NRW). Vor allem habe der Gesetzgeber bei den nicht-beratenden

Ingenieuren keine Berufshaftpflichtversicherung zum Zweck der Haftungsbeschränkung festgelegt (OLG Hamm NZG 2016, 73 f.). Dieser Auffassung hat sich inzwischen das OLG Celle für **Niedersachsen** angeschlossen (OLG Celle MDR 2016, 1216). Die Landesgesetze von Bayern, Brandenburg, Bremen, Hamburg, Hessen, Mecklenburg-Vorpommern, Niedersachsen und Schleswig-Holstein unterscheiden ebenfalls zwischen beratenden und nicht-beratenden Ingenieuren, sodass die Aussage des OLG Hamm auch auf diese Länder übertragbar sein dürfte (*Lieder/Hoffmann* NZG 2016, 287 [289]; *Korch* GmbHR 2016, 150 [151]). Daraus ergibt sich die Konsequenz, dass eine gemischte PartmbB zwischen beratenden und nicht beratenden Ingenieuren nicht möglich ist, da für alle an der PartmbB beteiligten Berufsträger eine entsprechende Haftpflichtversicherung gesetzlich vorgesehen sein muss. Eine gespaltene Charakterisierung scheitert am *numerus clausus* des Gesellschaftsrechts (OLG Hamm NZG 2016, 73 f.; *Lieder/Hoffmann* NZG 2016, 287 [289]; vgl. auch *Lieder/Hoffmann* NZG 2017, 325 [329 f.]).

177 **m) Sonstige Berufsgruppen.** Auch den Angehörigen der sonstigen Freien Berufe ist der Zugang zu der PartmbB nicht grundsätzlich verwehrt. Die PartmbB steht allerdings nur Angehörigen solcher Freien Berufe zur Verfügung, deren Berufs**gesetz** eine zum Zweck der Ermöglichung der Haftungsbeschränkung vorgegebene Berufshaftpflichtversicherung normiert (*Römermann* NJW 2013, 2305 [2309]). Das ist zB jetzt auch bei den **Apothekern** (vgl. aber zur Unanwendbarkeit des PartGG auf Apotheker → § 1 Rn. 85 ff.) in Bayern der Fall (§ 59 Abs. 1 S. 1 BayHKaG). Eine entsprechende Regelung im **Satzungsrecht** einer Berufskammer **reicht hingegen nicht aus** (*Leitzen* DNotZ 2013, 596 [599]; *Vossius* GmbHR 2012, R 213). Ebenso wenig genügt eine allgemein formulierte (und für die allermeisten Freien Berufe normierte) Versicherungspflicht für die Ausübung eines bestimmten Berufs (*Vossius* GmbHR 2012, R 213). Vielmehr bedarf es einer Änderung in den jeweiligen Berufsgesetzen (*Dahns* NJW-Spezial 2013, 446 [447]; *Tröger/Pfaffinger* JZ 2013, 812 [814 f.]). Notwendig ist eine ausdrückliche Regelung, die sich **speziell auf die PartmbB bezieht** und die Anforderungen an die Versicherung festlegt (*Henssler* AnwBl. 2014, 96; *Posegga* in Peres/Senft SozietätsR § 19 Rn. 10). Für diejenigen Freien Berufe, für die bisher überhaupt kein spezielles Berufsrecht eingeführt wurde, dürfte dies auch in absehbarer Zeit kaum geschehen (vgl. *Kilian* MDR 2013, 1137 [1141]). Diese Ungleichbehandlung der unterschiedlichen Berufsgruppen wird zu Recht krit. gesehen („*In dieser Spezialhaftungsregelung für bestimmte Berufsgruppen könnte ein Verstoß gegen den Gleichbehandlungsgrundsatz zu sehen sein.*", Deutscher Richterbund, Stellungnahme 11/12), wenngleich aktuell generell ein Trend hin zur Öffnung der PartmbB für alle Freiberufler zu beobachten ist (*Henssler/Trottmann* NZG 2017, 241)

178 **Mangels gesetzlicher Regelung** ist die Wahl der PartmbB derzeit **nicht möglich** für (vgl. auch *Lieder/Hoffmann* NJW 2015, 897 [900 f.]):

- **Heilpraktiker** (Gesetz über die berufsmäßige Ausübung der Heilkunde ohne Bestallung – Heilpraktikergesetz);
- **Masseure und Physiotherapeuten** (Gesetz über die Berufe in der Physiotherapie (Masseur- und Physiotherapeutengesetz – MPhG));

– **Hebammen und des Entbindungspfleger** (Bund: Gesetz über den Beruf der Hebamme und des Entbindungspflegers (Hebammengesetz – HebG); auch in den Landeshebammengesetzen bzw. Berufsordnungen für Hebammen sind keine Regelungen vorhanden);

– **Nur-Notare:** umstritten, aber im Ergebnis zu bejahen ist schon, ob Nur-Notaren überhaupt die reguläre Partnerschaft zur Verfügung steht (vgl. ua Henssler/Prütting/*Henssler* § 1 Rn. 70; MWHLW/*Lenz* § 1 Rn. 36). Die Berufsausübung in der haftungsbeschränkten Variante scheitert jedenfalls an der bisher fehlenden gesetzlichen Regelung einer zu diesem Zweck bestehenden Haftpflichtversicherung. Anders ist dies bei Anwalts-Notaren zu beurteilen. Diese können (nur) im Rahmen ihrer anwaltlichen Beratungstätigkeit auch die Haftungsprivilegien des § 8 Abs. 4 nutzen (*Lieder/Hoffmann* NZG 2016, 287 [290]).

Vereinzelt kommt es vor, dass PartmbB von Berufsgruppen, für die die Variante nicht gesetzlich zugelassen ist, in Partnerschaftsregister eingetragen werden (vgl. *Lieder/Hoffmann* NJW 2015, 897 [900 f.]). Bei entsprechenden Anträgen hat das Registergericht dem Antragsteller eine angemessene Frist zur Beseitigung dieses Eintragungshindernisses zu setzen (§ 382 Abs. 4 S. 1 FamFG, § 374 Nr. 3 FamFG; vgl. auch *Lieder/Hoffmann* NZG 2014, 127 [129 f.]). Kommt der Antragsteller dem nicht nach, so ist der Antrag abzulehnen (§ 382 Abs. 3 FamFG). Wird die Gesellschaft dennoch als PartmbB eingetragen, so entsteht lediglich eine „reguläre" PartG (*Lieder/Hoffmann* NZG 2014, 127 [129 f.]). Das Registergericht kann bei falscher „Firmierung" ein Zwangsgeldverfahren betreiben (§ 392 Abs. 2 FamFG, §§ 388 ff. FamFG) und – wenn eine unberechtigte Eintragung vorliegt – eine Amtslöschung vornehmen (§ 395 FamFG; vgl. *Lieder/Hoffmann* NZG 2014, 127 [129 f.]; *Lieder/Hoffmann* NZG 2017, 325 [329]) Auch die jeweiligen Berufskammern können Aufsichtsmaßnahmen ergreifen (*Lieder/Hoffmann* NZG 2014, 127 [129 f.]). **179**

3. „Firmierung" – Der Name der PartmbB

Im vorliegenden Kontext sind nur die Besonderheiten relevant, die im direkten Zusammenhang mit der Haftungsbeschränkung stehen. Allgemein zum Namen der PartG und PartmbB → § 2 Rn. 1 ff. **180**

a) Bloße deklaratorische „Firmenvorschrift". Gemäß § 4 Abs. 3 muss der Anmeldung einer PartmbB gem. § 113 Abs. 2 VVG eine Versicherungsbescheinigung beigefügt sein (→ § 4 Rn. 28). Die Anmeldung und Eintragung ist jedoch **keine weitere Voraussetzung** für den Eintritt der Haftungsbeschränkung, sondern rein deklaratorisch (*Beck* AnwBl. 2015, 380 [384 f.]; *Kilian* MDR 2013, 1137 [1141]; *Lieder/Hoffmann* NJW 2015, 897 [898]; *Posegga* in Peres/Senft SozietätsR § 19 Rn. 26; *Uwer/Roeding* AnwBl. 2013, 483; *Wälzholz* DStR 2013, 2637 [2641]). **181**

Ebenfalls keine konstitutive Voraussetzung ist, dass der Name der Partnerschaft den Zusatz „mit beschränkter Berufshaftung", die Abkürzung „mbB" oder eine andere allgemein verständliche Abkürzung dieser Bezeichnung enthält (anders wohl *Ring* WM 2014, 237 [240]: *„Der Name der Partnerschaft muss – um die Haftungsbeschränkung wirksam werden zu lassen – ... den Zusatz ... enthalten."*). An sich sollte nach dem RegE die Eintragung in das **182**

Partnerschaftsregister erforderlich sein (krit. dazu bereits *Leuering* ZIP 2012, 1112 [1115]). Der Rechtsausschuss hielt dies jedoch für nicht für sachgemäß (BT-Drs. 17/13944, 15). Es sei „systematisch konsequenter", die Eintragung des Namens nur anzuordnen, nicht aber zur Bedingung der Haftungsbeschränkung zu machen. Abs. 4 S. 3 wurde daher als reine **Firmenvorschrift** ausgestaltet und **nicht mit der Haftungsbeschränkung verknüpft.**

183   Allerdings ist bei Neugründung einer PartmbB sowie für die „Umwandlung" einer GbR in eine PartmbB § 7 Abs. 1 zu beachten (vgl. *Leuering* NZG 2013, 1001 [1005]). Die Gesellschaft muss also zumindest als Partnerschaft eingetragen sein, da die Haftungsbeschränkung nicht außerhalb der Rechtsform der PartG eintreten kann.

184   Auch für die **„Umwandlung" einer einfachen PartG in eine PartmbB** ist die Eintragung dringend zu empfehlen, weil anderenfalls nicht nur firmenrechtliche Sanktionen (§ 2 Abs. 2 Hs. 1 iVm § 37 HGB), sondern auch eine **Rechtsscheinhaftung** drohen (ausführlich *Markworth* 326 ff.; *Henssler* AnwBl. 2014, 96 [98, 100 f.]). Insoweit sind zunächst zwei Konstellationen vorstellbar. **Erstens** kann zwar eine den gesetzlichen Anforderungen entsprechende Versicherung abgeschlossen worden sein, sodass die materiellen Voraussetzungen der Haftungsbeschränkung eintreten. Jedoch kann es an dem erforderlichen Gesellschafterbeschluss über die Einführung der Haftungsbeschränkung und die Namensänderung fehlen. In diesem wohl eher theoretischen Fall **kommt eine Haftung gem. § 5 Abs. 2 Hs. 1 iVm § 15 Abs. 1 HGB nicht in Betracht.** Denn es gibt keine einzutragende Tatsache (so auch *Markworth* 313; *Fischer* 127), da die Eintragung der Haftungsbeschränkung selbst durch das PartGG nicht gefordert wird. Abs. 4 S. 3 ordnet ebenfalls nicht die Eintragung des die Haftungsbeschränkung anzeigenden Namenszusatzes an. Der Eintritt der Haftungsbeschränkung ist nicht an eine Eintragung geknüpft. Lediglich die Namensänderung ist gem. § 4 Abs. 1 S. 3, § 3 Abs. 2 Nr. 1 Var. 1 eintragungspflichtig. Wenn der Name aber noch nicht geändert ist, gibt es auch nichts zur Eintragung anzumelden. Überdies kann ein Gläubiger aus der Nicht-Eintragung der Namensänderung keine Besserstellung herleiten. Nicht die Namensänderung könnte dem Dritten iSd § 15 Abs. 1 HGB entgegengehalten werden, sondern der – von der Eintragung unabhängige – Eintritt der Haftungsbeschränkung. Auch der Vergleich mit dem Erlöschen einer Prokura oder dem Ausscheiden eines Gesellschafters stellt dieses Ergebnis nicht infrage (so aber *Lieder* NotBZ 2014, 128 f.). Im ersten Fall (dem Erlöschen der Prokura = eintragungspflichtige Tatsache, § 53 Abs. 2 HGB) hängt die materielle Wirksamkeit der Stellvertretung gerade von dieser eintragungspflichtigen Tatsache ab. Ebenso im zweiten Fall: Gerade von der eintragungspflichtigen Tatsache (dem Ausscheiden des Gesellschafters, § 143 Abs. 2 HGB) hängt das Freiwerden von der Haftung nach § 128 S. 1 HGB ab. **Anders im vorliegenden Fall:** Der Eintritt der Haftungsbeschränkung ist unabhängig von der Eintragung der Namensänderung. Diese Fälle sind somit nicht vergleichbar (zu Fallgruppe 1 iErg ebenso *Fischer* 127).

185   Im Ergebnis identisch ist die Rechtslage in der **zweiten Fallkonstellation,** bei der zwar die Gesellschaftsvertragsänderung durch Gesellschafterbeschluss erfolgt, jedoch die Anmeldung zur Eintragung der Namensänderung unterbleibt. In Betracht käme allenfalls eine **entspr. Anwendung des § 15 Abs. 1**

HGB. Auch wenn die Interessenlage auf den ersten Blick vergleichbar erscheint, so fehlt es doch an der Analogievoraussetzung der planwidrigen Regelungslücke. Die Lücke müsste sich aus einem unbeabsichtigten Abweichen des Gesetzgebers von seinem dem konkreten Gesetzgebungsverfahren zugrunde liegenden Regelungsplan ergeben (BGH NJW 2010, 2585 Rn. 32ff.). Davon kann hier indes nicht ausgegangen werden. Abs. 4 S. 3: „Der Name der Partnerschaft muss den Zusatz „mit beschränkter Berufshaftung" oder die Abkürzung „mbB" oder eine andere allgemein verständliche Abkürzung dieser Bezeichnung enthalten" legt zwar nahe, dass der Beschluss über die Namensänderung konstitutive Wirkung haben könnte. Auch scheint die Erforderlichkeit der Namenseintragung nach § 4 Abs. 1 S. 2 iVm § 3 Abs. 2 Nr. 1 Var. 1 in Richtung des § 15 Abs. 1 HGB zu deuten.

186 Der Rechtsausschuss hat in der Begründung der Beschlussempfehlung jedoch klargestellt, dass beabsichtigt sei „die Eintragung des Namens nur anzuordnen, nicht aber zur Bedingung der Haftungsbeschränkung zu machen" (BT-Drs. 17/13944, 15). Abs. 4 S. 3 solle „als reine Firmenvorschrift ausgestaltet und nicht mit der Haftungsbeschränkung verknüpft" werden. Würde aber die Nicht-Eintragung zu einem abstrakten Gutglaubensschutz führen, der lediglich durch die – von der PartmbB darzulegende und zu beweisende – positive Kenntnis des anderen Teils abzuwehren wäre, würde gleichsam „durch die Hintertür" die Eintragung des Namenszusatzes doch zur konstitutiven Voraussetzung für den Eintritt der Haftungsbeschränkung (iErg wie hier: *Markworth* 313; *Sommer/Treptow* NJW 2013, 3269 [3272]; wohl auch *Kilian* MDR 2013, 1137 [1141]: *„Wird der Namenszusatz nicht eingetragen und die Haftungsbeschränkung Vertragspartnern nicht anderweitig kommuniziert, muss sich die Gesellschaft … an dem gesetzten Rechtsschein der beschränkten Handelndenhaftung für Berufsausübungsfehler festhalten lassen. "*). Die überwiegende Ansicht in der Lit. geht demgegenüber von der Anwendbarkeit des § 15 Abs. 1 HGB aus (*Bauer* BRAK-Mitt. 2013, 202 [204]; *Beck* AnwBl. 2015, 380 [385f.]; *Fischer* 127f. [nur für Fallgruppe 2]; so noch *Henssler* AnwBl. 2014, 96 [100]; vgl. iÜ *Leuering* NZG 2013, 1001 [1003]; *Lieder* NotBZ 2014, 128f.; *Lieder/Hoffmann* NJW 2015, 897 [899f.]; *Offermann-Burckhart* AnwBl. 2014, 474 [476]; *Schumacher* 133; *Uwer/Roeding* AnwBl. 2013, 483; *Tröger/Pfaffinger* JZ 2013, 812 [814]) bringen diese Auffassung auf den Punkt: *„Die unterbliebene Eintragung und Bekanntmachung des Namenszusatzes unterfällt § 15 Abs. 1 HGB i. V. mit § 5 Abs. 2 PartGG, weil, aus § 8 Abs. 4 Satz 3 i. V. mit § 3 Abs. 2 Nr. 1 PartGG ersichtlich, eine eintragungspflichtige Tatsache betroffen ist. "*).

187 Nach hier vertretener Ansicht kommt mangels Einschlägigkeit des § 15 Abs. 1 HGB und des eindeutigen Willens des Gesetzgebers allenfalls eine **allgemeine Rechtsscheinhaftung** des oder der handelnden Gesellschafter in Betracht, wenn diese den Namenszusatz nicht oder unrichtig führen (→ Rn. 191). Hier könnte die Nicht-Eintragung als ein **Indiz** für das Nicht- oder unrichtige Führen des Namenszusatzes dienen. Das lässt sich aber vermeiden, wenn im Rechtsverkehr ordnungsgemäß „firmiert" wird. Wird der Namenszusatz im Rechtsverkehr genutzt, so kann uU sogar von positiver Tatsachenkenntnis des anderen Teils iSd § 15 Abs. 1 HGB aE ausgegangen werden (so auch *Markworth* 310; *Fischer* 128f., wenn auf Briefbögen „ordnungsgemäß firmiert" werde).

188   Die anders gelagerte Fallkonstellation, bei der zwar alle Voraussetzungen für
den Eintritt der Haftungsbeschränkung erfüllt sind, die PartmbB auch ordnungsgemäß im Partnerschaftsregister eingetragen ist, die Verwendung des
Namenszusatzes im Rechtsverkehr aber unterlassen wird (insbesondere unter
Verstoß gegen § 7 Abs. 5), ist ebenfalls über die Anwendung der Rechts-
scheinsgrundsätze zu lösen. Erweckt die Gesellschaft den Eindruck einer GbR
(Schein-Sozietät), sind die Partner als unbeschränkt haftende einer solchen zu
behandeln, tritt sie dagegen als reguläre PartG auf (Schein-Partnerschaft), so
greifen die Haftungsgrundsätze des § 8 Abs. 1 und 2 (→ § 7 Rn. 21 ff.; → § 8
Rn. 55 ff., → § 8 Rn. 89 ff.; ausführlich zur GbR vgl. *Markworth* 260 ff.).

189   **b) Unterlassen oder falsches Führen des Namenszusatzes.** Der **Namenszusatz** muss von der PartmbB **geführt** werden. Gemäß § 7 Abs. 5 ist
für die Angabe auf **Geschäftsbriefen** der Partnerschaft § 125 a Abs. 1 S. 1,
Abs. 2 HGB mit der Maßgabe entsprechend anzuwenden, dass auch der von
der PartmbB **gewählte Namenszusatz** iSd Abs. 4 S. 3 **anzugeben** ist. Anstelle der Namenszusätze nach § 2 Abs. 1 S. 1 kann der Name der Partnerschaft
mit beschränkter Berufshaftung den Zusatz „Part" oder „PartG" enthalten.
Die **Haftungsbeschränkung** muss aber auch hinreichend **deutlich zum
Ausdruck gebracht** werden. Es soll nach dem RegE ebenfalls möglich sein,
die Bezeichnung „PartmbB" oder „PartGmbB" zu führen. In der Begründung
des RegE wird ausgeführt, die Abkürzung „mbH" bestehe zwar durch allgemeine Bekanntheit, sei aber nicht ganz korrekt, weil zu weitgehend. Das
könne auf eine Täuschung des Rechtsverkehrs hinauslaufen, nämlich wenn
Gläubiger anderer als auf Berufsfehlern beruhender Ansprüche – zB Angestellte oder Vermieter – das Signal „mbH" so auffassen würden, dass die
Haftung allgemein beschränkt sei und deshalb von einer Geltendmachung
ihrer Ansprüche absähen (vgl. *Höpfner* JZ 2017, 19 [25]; *Lieder/Hoffmann*
NJW 2015, 897 [899]; krit. *Hirte/Praß* FS Kübler, 2015, 243 [248]; für die Abkürzung mbH MWHLW/*v. Westphalen* Rn. 171).

190   Zu den **registerrechtlichen Folgen** der Eintragung einer PartmbB unter
falschem Namenszusatz vgl. *Lieder* NotBZ 2014, 128 f. Es gelten dieselben Erwägungen wie im Falle der unterbliebenen Eintragung (zudem → Rn. 191).

191   Wird der Namenszusatz von der Partnerschaft **nicht in jeder konkreten
Situation geführt** oder wird die sich daraus ergebende Haftungsbeschränkung
nicht deutlich genug zum Ausdruck gebracht, so soll nach dem RegE diese
Situation nach den allgemeinen Regeln zu lösen sein, die gelten, wenn eine
haftungsbeschränkte Gesellschaft im Rechtsverkehr über ihre Haftungsbeschränkung täuscht (BT-Drs. 17/10487, 14 f.). Wann ein Rechtsschein unbeschränkter Haftung gesetzt ist, lässt sich nur anhand der Umstände eines Einzelfalls bewerten (übertragbar sind insofern die Ausführungen von *Markworth*
264 ff. zur GbR). In Betracht kommt etwa, im Briefkopf den Zusatz „und Partner" zu verwenden, den Hinweis auf die beschränkte Berufshaftung jedoch „im
Kleingedruckten" der Fußzeile zu verstecken. Mit den im RegE angesprochenen **„allgemeinen Regeln"** wird auf eine stRspr des BGH hingewiesen. Danach *„haftet der für eine GmbH im Geschäftsverkehr Auftretende – gleichgültig, ob dies
der Geschäftsführer selbst oder ein anderer Vertreter ist – wegen Verstoßes gegen § 4
GmbHG aus dem Gesichtspunkt einer Rechtsscheinhaftung analog § 179 BGB dann,*

wenn er durch sein Zeichnen der Firma ohne Formzusatz das berechtigte Vertrauen des Geschäftsgegners auf die Haftung mindestens einer natürlichen Person hervorgerufen hat" (BGH NJW 2007, 1529 Rn. 14; urspr. BGH NJW 1975, 1166). Dieser Gedanke lässt sich ohne Weiteres auf die unrichtig „firmierende" PartmbB übertragen (zust. MWHLW/*v. Westphalen* Rn. 173). **Rechtsfolge** ist eine *gesamtschuldnerische* Haftung der PartmbB sowie derjenigen, die den Rechtsschein gesetzt haben (BGH NJW 1991, 2678 [2679]; *Markworth* 310 und allgemein *Markworth* 261 ff.). Die Rechtsscheinhaftung begründet *„eine **schuldunabhängige Garantiehaftung**, die allein auf dem Umstand basiert, dass die unmittelbar auftretende Person durch die dem Vertragspartner gegenüber abgegebene sachlich unzutreffende Erklärung einen Vertrauenstatbestand geschaffen hat"* (BGH NJW 2012, 2871 Rn. 24). Im Ergebnis können der oder die den Rechtsschein setzende(n) Partner sich dann nicht auf die Haftungsbeschränkung nach Abs. 4 berufen (Römermann/*Praß* § 7 Rn. 73; *Markworth* 310).

Im Schrifttum werden teilweise abweichende Ansichten vertreten. Befür- **192** wortet wird etwa (*Beck* AnwBl. 2015, 380 [389 ff.]) eine allgemeine Rechtsscheinhaftung der Gesellschaft gem. § 31 BGB (verbunden mit der akzessorischen Haftung der Partner nach § 8 Abs. 1). Andere Literaturstimmen (*Fischer* 116 ff.) befürworten eine Lösung über die § 280 Abs. 1 BGB, § 311 Abs. 3 S. 2 BGB, § 241 Abs. 2 BGB **(„culpa in contrahendo"),** die aber nur in absoluten Ausnahmefällen einschlägig sein dürfte (ähnlich *Klein* NJW 2015, 3607 ff., der eine entsprechende Anwendung des § 179 BGB ablehnt und – wie *Fischer* – eine Haftung aus cic und außerdem die Anwendung des § 823 Abs. 2 BGB iVm den „Firmenvorschriften" vorschlägt).

4. Die Haftungsbeschränkung

a) Grundsätzliches, Rechtsfolgen. Liegt die Voraussetzung des Abs. 4 **193** S. 1 vor, so haftet den Gläubigern für Verbindlichkeiten der Partnerschaft aus Schäden wegen fehlerhafter Berufsausübung nur das Gesellschaftsvermögen. Nach dem RegE soll die „gesamtschuldnerische akzessorische Mithaftung" (Abs. 1 S. 1) dann „abgeschnitten" sein (BT-Drs. 17/10487, 14). Die **Haftung** nach **Abs. 1** und **Abs. 2 entfällt somit.** Unmittelbar gegen einen Partner gerichtete deliktische Ansprüche sind davon nicht betroffen. Die Vorteile der PartmbB hinsichtlich der persönlichen Haftung werden relevant, wenn die Versicherung einen Schaden nicht hinreichend abdeckt und das Gesellschaftsvermögen nicht ausreicht, um den Geschädigten zu befriedigen (Henssler/ Prütting/*Diller* BRAO § 51a Rn. 25).

b) Umfang. Die Haftungsbeschränkung soll sich schon nach dem RegE in **194** **sachlicher Hinsicht** lediglich auf **Schäden wegen fehlerhafter Berufsausübung** beziehen (BT-Drs. 17/10487, 14; zu dem Begriff *Schumacher* NZG 2015, 379 ff.). Nur hier sei eine gesetzliche Kompensation durch eine Haftpflichtversicherung möglich. Das Merkmal „fehlerhafte Berufsausübung" entspricht der Begrifflichkeit des Abs. 3 sowie dem Begriff des „beruflichen Fehlers" in Abs. 2 (vgl. *Posegga* in Peres/Senft SozietätsR § 19 Rn. 13). Erfasst sind zunächst **vertragliche Schadensersatzansprüche,** vor allem solche aus § 280 Abs. 1 BGB iVm dem jeweiligen Vertrag. Das Gleiche gilt für Schadensersatzansprüche aus Pflichtverletzungen im **vor- und nachvertraglichen**

Bereich (*Korch* NZG 2015, 1425 ff.) und solche nach den § 280 Abs. 1 BGB, § 311 Abs. 2 und 3 BGB, § 241 Abs. 2 BGB – **culpa in contrahendo** (*Lieder* NotBZ 2014, 81 [83]). Das Haftungsprivileg greift auch bei **gegen die Gesellschaft** gerichteten **deliktischen Ansprüchen** aus §§ 823 ff. BGB iVm § 31 BGB analog für das Verhalten eines Partners (dazu *Posegga* in Peres/Senft SozietätsR § 19 Rn. 13; *Schumacher* GmbHR 2016, 732; sowie → Rn. 28) und aus § 831 BGB für das Verhalten von Angestellten, soweit diese auf demselben Lebenssachverhalt beruhen wie die entsprechenden Ansprüche nach §§ 280 ff. BGB iVm dem Vertrag (anders scheinbar MWHLW/*v. Westphalen* Rn. 106). Insofern gilt Entsprechendes wie für die Haftungskonzentration gem. Abs. 2 (→ Rn. 63). Zu **sonstigen Ansprüchen** vgl. *Korch* NZG 2015, 1425 (1427 ff.); *Schumacher* 115 ff.; *Schumacher* GmbHR 2016, 732 (736).

195 **Nicht erfasst** von der Haftungsbeschränkung sind weiterhin alle Verbindlichkeiten der Partnerschaft, die nicht aus einer fehlerhaften Berufsausübung stammen. Dabei kann es sich insbesondere um Ansprüche aus Arbeits-, Leasing-, Miet-, Versicherungs- oder anderen schuldrechtlichen Verträgen (*Kilian* MDR 2013, 1137 [1139]) handeln oder um öffentlich-rechtliche Verbindlichkeiten wie etwa Steuerschulden der Gesellschaft (*Lieder* NotBZ 2014, 81 [83]). Insofern bleibt also ein nicht unerhebliches Resthaftungsrisiko für die Partner (Henssler/Prütting/*Diller* BRAO § 51 a Rn. 2; krit. *Schüppen* BB 2012, 783 [784]; *Schüppen* WPg 2013, 1193 [1200 f.]). Erfüllungsansprüche aus Verträgen jeglicher Art können bereits dem Wortlaut nach nicht unter Abs. 4 S. 1 subsumiert werden (*Korch* NZG 2015, 1425).

196 **In persönlicher Hinsicht** bezieht sich die Haftungsbeschränkung nur auf Fälle, in denen ein Auftrags- oder Mandatsvertrag zwischen der PartmbB und einem Mandanten zustande kommt. Abs. 4 auf Verträge anwendbar, die einzelne Partner im eigenen Namen mit Mandanten abschließen **(Einzelmandate).** Außerdem sind keine **deliktischen Ansprüche** erfasst, die sich unmittelbar gegen einen Partner richten – auch wenn die Gesellschaft Vertragspartnerin des Mandanten ist und der Partner ein solches Mandat fehlerhaft bearbeitet (vgl. dazu *Kilian* MDR 2013, 1137 [1139]; *Korch* NZG 2015, 1425 [1427]; *Seibert* DB 2013, 1710). Das bedeutet, dass die Haftungsbeschränkung die Partner **nicht** von ihrer persönlichen deliktischen Haftung **befreit.** Zur Versicherung **amtsähnlicher Tätigkeiten** vgl. *Gladys* DStR 2014, 2596 (2597); *Riechert* AnwBl. 2014, 852 f. Erfasst vom Haftungsprivileg sind dagegen vertragliche Schadensersatzansprüche von Dritten, die zwar nicht Vertragsparteien sind, deren Ansprüche sich aber bspw. aus Vertrag mit Schutzwirkung zugunsten Dritter oder aus § 675 Abs. 2 BGB ergeben, da die gesetzliche Haftungsbeschränkung des § 8 Abs. 4 ggü. jedermann greift (*Schumacher* GmbHR 2016, 732 [736]).

197 Auch **Scheinpartner** genießen die Vorteile des Abs. 4, allerdings nur, wenn sie vollwertig mitversichert sind (MWHLW/*v. Westphalen* Rn. 109; *Markworth* 328 f.; *Sommer/Treptow/Friemel* NZG 2012, 1249 [1254]; *Zimmermann* NJW 2014, 1142 [1143 f.]), also insbesondere auch bei der Jahreshöchstleistung berücksichtigt werden. Ohne entsprechenden Versicherungsschutz ist kein Raum für eine Haftungsbeschränkung (*Markworth* 329; *Fischer* 107 ff.).

198 Problematisch ist die Haftung bei **Alt- oder Dauermandaten,** wenn in der Zeit nach der „Umwandlung" einer PartG in eine PartmbB ein Berufsfehler geschehen oder bekannt geworden ist (*Gladys* DStR 2013, 2416). Für die Frage nach dem **maßgeblichen Haftungsregime** können drei Fallgruppen gebildet werden. Es entspricht – soweit ersichtlich – einhelliger Auffassung, dass Abs. 4 nicht eingreift, wenn sowohl der Mandatsvertragsschluss als auch das schädigende Ereignis vor dem Eintritt der Voraussetzungen des Abs. 4 S. 1 erfolgt sind – **Fallgruppe 1** (vgl. *Posegga* in Peres/Senft SozietätsR § 19 Rn. 27; *Riechert* AnwBl. 2014, 266 [267]; *Sommer/Treptow/Friemel* NZG 2012, 1249 [1254]; *K. Ulmer* AnwBl. 2014, 806 [809 f.]). Im umgekehrten Fall, wenn also Vertragsschluss und schädigendes Ereignis nach dem Eintritt der Haftungsbeschränkung liegen, gilt dagegen ebenfalls unproblematisch das neue Haftungsregime (*Sommer/Treptow* NJW 2013, 3269 [3271]) – **Fallgruppe 2.** Die Bewertung der **Fallgruppe 3** ist hingegen umstritten. Hier geht es um Fälle, in denen der Vertragsschluss vor dem Eintritt der Haftungsbeschränkung, das schädigende Ereignis aber danach eingetreten ist. Dabei kommt es auf den Zeitpunkt der Pflichtverletzung durch Handlung/Unterlassung an, nicht auf denjenigen des Schadenseintritts. Ausgangspunkt der Überlegungen ist die Frage nach dem maßgeblichen Anknüpfungszeitpunkt.

Es bietet sich an, zur Lösung dieser Fallgruppe auf die Diskussion zu § 160 **199** Abs. 1 S. 1 HGB zurückzugreifen. Scheidet ein Gesellschafter aus einer Gesellschaft aus, so haftet er – unter weiteren Voraussetzungen – für die bis dahin **begründeten** Verbindlichkeiten der Gesellschaft. Die Norm gilt gem. § 10 Abs. 2 auch für die PartG. Die vorliegende Situation ist mit dem Ausscheiden eines Gesellschafters vergleichbar, weil auch hier – dem durch einen Berufsfehler Geschädigten – das Vermögen der Gesellschafter als Haftungsmasse entzogen wird (*K. Ulmer* AnwBl. 2014, 806 [810]). Die Auslegung des Tatbestandsmerkmals „begründet" (Begründung einer Verbindlichkeit) ist in § 160 Abs. 1 S.1 HGB umstritten (vgl. dazu *Henssler* AnwBl. 2014, 96 [99]; *K. Ulmer* AnwBl. 2014, 806 [810] jew. mwN). Nach der hM soll angesichts der Schutzbedürftigkeit des Gläubigers (vgl. BGH NZG 2012, 221) auf den Vertragsschluss abzustellen sein. Der Gläubiger vertraue darauf, für Erfüllungswie für Folgeansprüche die bei Vertragsschluss vorhandene Haftungsmasse zur Verfügung zu haben.

Dieser Begründungsansatz wird von Teilen des Schrifttums auf die „Um- **200** wandlung" einer PartG in eine PartmbB übertragen (*Offermann-Burckart* AnwBl. 2014, 366 [386] tendiert wohl dazu; *Riechert* AnwBl. 2014, 266 [267]; MHdB GesR I/*Salger* § 45a Rn. 11; *Schumacher* 142 f.; *Schumacher* GmbHR 2016, 732 [735]; *Sommer/Treptow/Dietlmeier* NJW 2011, 1551 [1553] [zum vergleichbaren Fall der Haftung für Berufsfehler nach Umwandlung einer Freiberufler-GbR in eine Partnerschaftsgesellschaft]; *Sommer/Treptow/Friemel* NZG 2012, 1249 [1254]; *Sommer/Treptow* NJW 2013, 3269 [3272 f.]; *Tröger/Pfaffinger* JZ 2013, 812 [814]; widersprüchlich MWHLW/*v. Westphalen* Rn. 162, 171 [so wie hier allerdings für die „Umwandlung" von GbR in PartmbB, vgl. MWHLW/*v. Westphalen* Rn. 167]; *Wälzholz* DStR 2013, 2637 [2641]; *WPK*, Die wichtigsten Fragen und Antworten zur PartGmbB aus Sicht des WP/vBP – Stand 26. Juli 2013, abrufbar unter http://www.wpk.de/mitglieder/praxishinweise/partgmbb; iErg wohl auch *Bachmann/Schaloske* PHi 2013, 202 [204]; *Bauer* BRAK-Mitt. 2013, 202 [205]). Ohne eine gesonderte Individualvereinbarung könne den Mandanten das Privatvermögen der Partner als Haftungsmasse nicht entzogen werden (*Riechert* AnwBl. 2014, 266 [267]).

201   Aufgrund der gesetzlichen Ausgestaltung des Abs. 4 S. 1 sowie der Begründung zum RegE sprechen jedoch die besseren Argumente dafür, **auf den Zeitpunkt der schädigenden Handlung** abzustellen (Henssler/Prütting/ *Diller* BRAO § 51a Rn. 21, 28; *Fischer* 134 ff.; *Henssler* AnwBl. 2014, 96 [99]; *Kilian* MDR 2013, 1137 [1142]; *Posegga* in Peres/Senft SozietätsR § 19 Rn. 28; MüKoBGB/*Schäfer* Rn. 16a zu dem Parallelfall bei Einführung des Abs. 2; *K. Ulmer* AnwBl. 2014, 806 [811]). Nach dem RegE ist „*Voraussetzung für die Haftungsbeschränkung . . . , dass die Partnerschaft eine solche für sie berufsrechtlich vorgesehene Versicherung . . . ,unterhält', das heißt dass diese Versicherung abgeschlossen worden ist und im Moment der schädigenden Handlung Versicherungsschutz besteht*" (BT-Drs. 17/10487, 14). Hier wird unmissverständlich auf das sog. **„Verstoßprinzip"** des Berufshaftpflichtversicherungsrechts verwiesen.

202   Dass die Warnfunktion des Namenszusatzes (Abs. 4 S. 3) dann leerläuft, spricht nicht dagegen, dieses Prinzip auch auf Altmandate zu übertragen. Denn die „Firmierung" ist nach der in Kraft getretenen Gesetzesfassung gerade keine Voraussetzung der Haftungsbeschränkung. Die berechtigten Gläubigerinteressen werden hinreichend berücksichtigt. Denn unabhängig von der Frage, ob die „neue" PartmbB verpflichtet ist, die Mandantschaft auf die eingetretene Haftungsregelung hinzuweisen (so *Leuering* NZG 2013, 1001 [1005]; *K. Ulmer* AnwBl. 2014, 806 [811]), *kann* sie jedenfalls darüber informieren. Wird die **Information erteilt,** kann der Mandant die neue Haftungsregelung hinnehmen oder den Mandatsvertrag gem. § 627 BGB kündigen (*Henssler* AnwBl. 2014, 96 [99]). Im Falle der Kündigung kommt zum Ausdruck, dass der Mandant den Vertrag unter den neuen Voraussetzungen nicht geschlossen hätte. Die Partner müssen sich in einem solchen Fall an der alten Haftungsregelung festhalten lassen, können sich also nicht auf die Haftungsbeschränkung berufen (§ 242 BGB, vgl. *K. Ulmer* AnwBl. 2014, 806 [811 f.]). Das kann Pflichtverletzungen nach Eintritt der Beschränkung und vor Kündigung sowie vor allem nachvertragliche Berufsfehler betreffen. Hält der Mandant hingegen an dem Vertrag fest, bringt er stillschweigend zum Ausdruck, das neue Haftungsregime zu akzeptieren. Eine Benachteiligung ist damit nicht verbunden. Denn die wirtschaftlichen Folgen einer Kündigung werden – wenn denn die Haftungsmasse tatsächlich geschmälert und nicht durch die neue Versicherung sogar verbessert wird (letzteres kann durchaus der Fall sein, vgl. auch *Fischer* 205 ff.) – durch § 628 BGB neutralisiert (*K. Ulmer* AnwBl. 2014, 806 [812]).

203   Wird die **Information** über die neue Haftungsregelung durch die PartG **nicht erteilt** und das Mandat einfach weiter bearbeitet, kommt nach der gesetzlichen Konzeption eine Lösung analog der oben genannten Rechtsscheinhaftung (→ Rn. 189 ff.) in Betracht. „Wird der Namenszusatz von der Partnerschaft nicht in jeder konkreten Situation geführt oder wird die sich daraus ergebende Haftungsbeschränkung nicht deutlich genug zum Ausdruck gebracht, so ist diese Situation nach den gleichen Grundsätzen zu lösen, die gelten, wenn eine haftungsbeschränkte Gesellschaft im Rechtsverkehr über ihre Haftungsbeschränkung täuscht" (BT-Drs. 17/10487, 14 f.). Wird der Namenszusatz im Geschäftsverkehr mit dem Altmandanten nicht geführt, greift die Rechtsscheinhaftung. Eine schlichte Ergänzung der Kanzleibezeichnung auf dem Briefkopf um den Zusatz „mbB" dürfte idR unzureichend sein und die Haftungsbeschränkung **gegenüber Altmandanten** nicht hinreichend deutlich zum Ausdruck bringen, sodass auch hier die Rechtsscheinhaftung greift. Die Lösung über Rechtsscheingrundsätze wird der Idee eines neuen Ausgleichs der Interessen von Gesellschaftern einer PartG und deren Mandanten (BT-Drs. 17/10487, 1) gerecht. Die Haftung der Partner für neue Berufsfehler tritt mit sofortiger Wirkung ein. Ebenso unmittelbar erhalten die Mandanten einen „neuen Schuldner", denn im Berufshaftpflichtversicherungsrecht gilt im Allgemeinen das sog. „Verstoßprinzip". Soweit ein Mandant durch die Beschränkung der persönlichen Haftung der Partner und trotz der verbesserten Haftpflichtversicherung tatsächlich einmal wirtschaftlich schlechter stehen sollte, werden dessen Interessen im Rahmen des §§ 627 f. BGB berücksichtigt. Ob für einen Mandanten letztlich die persönliche Haftung oder die Absicherung durch einen Haftpflichtversicherer wirtschaftlich vorteilhafter ist, hängt vom Einzelfall ab. Meist dürfte der Versicherer und die Ansprüche der PartmbB aus der Versicherung aus Gläubigersicht aber mehr Sicherheit bieten als die persönliche Haftung eines Gesellschafters mit seinem Privatvermögen (vgl. auch *Hellwig* NJW 2011, 1557 [1558]; *Hellwig* AnwBl. 2012, 345 [347]).

Bereits ausführlich ist in der Lit. die Frage nach einer **Nachhaftung** („Enthaftung von Altverbindlichkeiten") diskutiert worden. Eine verbreitete Meinung plädiert mit ähnlichen Begründungsansätzen im Ergebnis zu Recht für eine „Enthaftung" nach **fünf Jahren ab Eintritt der Voraussetzungen der Haftungsbeschränkung.** Zur Begründung werden die §§ 225 c, 224 UmwG und § 160 Abs. 3, 1 HGB entsprechend herangezogen, die beide in diese Richtung weisen (vgl. *Fischer* 132 f.; *Höpfner* JZ 2017, 19 [24]; *Riechert* AnwBl. 2014, 266 [267 f.]; MHdB GesR I/*Salger* § 45 a Rn. 11, *Schumacher* 143 f.; *Sommer/Treptow/Dietlmeier* NJW 2011, 1551 [1553 f.] [zum vergleichbaren Fall der Haftung für Berufsfehler nach Umwandlung einer Freiberufler-GbR in eine Partnerschaftsgesellschaft]; *Sommer/Treptow/Friemel* NZG 2012, 1249 [1254]; *Sommer/Treptow* NJW 2013, 3269 [3273]; *Suyr*, Die Partnerschaftsgesellschaft mit beschränkter Berufshaftung unter besonderer Berücksichtigung der Haftungsbeschränkung nach § 8 Abs. 4 PartGG und des Gläubigerschutzes, Diss. 2015, 189; *Tröger/Pfaffinger* JZ 2013, 812 [814]; *K. Ulmer* AnwBl. 2014, 806 [812 f.]; MWHLW/*v. Westphalen* Rn. 163; *Wälzholz* DStR 2013, 2637 [2641]; *Wollweber* DStR 2014, 1926 [1929]; zweifelnd nur: *Bachmann/Schaloske* PHi 2013, 202 [204]).

c) Wegfall der Haftungsbeschränkung. Die Haftungsbeschränkung tritt **205** nicht ein oder entfällt, wenn die Berufshaftpflichtversicherung nicht (mehr) den gesetzlichen Anforderungen entspricht (*Dallwig* VersR 2014, 19 [20]; *Offermann-Burckhart* AnwBl. 2014, 474 [476]). Unabhängig von einer Änderung des Gesellschaftsvertrags oder der Eintragung in das Partnerschaftsregister, die nur deklaratorische Bedeutung haben, besteht automatisch wieder eine reguläre PartG. Lediglich im Innenverhältnis ist ein Beschluss bzgl. der Beendigung des Versicherungsvertrags erforderlich (*Lieder/Hoffmann* NZG 2016, 287 [291]). Die Haftungsbeschränkung entfällt auch dann, wenn (Schein-)Partner in die Gesellschaft „aufgenommen" werden, aber der **Versicherungsvertrag**

nicht entsprechend **angepasst** wird (MWHLW/*v. Westphalen* Rn. 118; vgl. auch *Zimmermann* NJW 2014, 1142 [1143 f.]). Wird der **Versicherungsvertrag gekündigt,** so lebt die persönliche Haftung nach Abs. 1 wieder auf (*Leuering* NZG 2013, 1001 [1005]). Es greift allerdings die Haftungskonzentration des Abs. 2.

206   **d) Verbleibende Haftungsgefahren und interner Schadensausgleich.** Führt das Verhalten eines Partners zu Schadensersatzansprüchen eines Mandanten gegen die PartmbB, ist seine Haftung im Außenverhältnis grundsätzlich ausgeschlossen. Im **Innenverhältnis** kommt jedoch ein Schadensersatzanspruch der PartmbB gegen den Partner gem. **§ 280 Abs. 1 BGB** ivm dem Gesellschaftsvertrag in Betracht (*Bauer* BRAK-Mitt. 2013, 202 [205]; *von Klitzing/Seiffert* ZIP 2015, 2401 [2406]; *Posegga* in Peres/Senft SozietätsR § 19 Rn. 30; *Wertenbruch* NZG 2013, 1006; *Wälzholz* DStR 2013, 2637 [2638]). Problematisch kann vor allem der Fall sein, in dem der Schaden die **Mindestversicherungssumme** oder **Jahreshöchstleistung** überschreitet und der Geschädigte aus dem Gesellschaftsvermögen befriedigt werden müsste (vgl. auch *Lieder* NotBZ 2014, 81 [83 f.]). Außerdem können Fälle problematisch sein, in denen sich der Versicherer von Rechts- oder Patentanwälten einen Regress für Fälle **wissentlicher Pflichtverletzung** vorbehalten hat (vgl. *Zimmermann* NJW 2014, 1142 [1144]). Hier ist der Versicherer zwar im Außenverhältnis gegenüber dem Dritten, nicht aber im Innenverhältnis zur PartmbB zur Leistung verpflichtet. Der Versicherer kann dann nach **§ 117 Abs. 5 VVG** Regress bei der Gesellschaft – und über die Zwangsvollstreckung auch bei den Partnern, die gegenüber der Gesellschaft haften – nehmen (zu Möglichkeiten der Ausgestaltung des Regresses im Versicherungsvertrag vgl. *Dallwig* VersR 2014, 1924 ff.).

207   Die **Gesellschaft** kann von dem Schädiger-Partner Freistellung (Befreiung von der Verbindlichkeit, § 249 Abs. 1 BGB) oder nach Befriedigung oder Fristsetzung (§ 250 BGB) Zahlung verlangen. Einen solchen Anspruch könnte der **Geschädigte** pfänden und sich zur Einziehung überweisen lassen (§§ 829, 835 ZPO). Dann stünde ihm im Ergebnis doch ein Anspruch gegen den handelnden Partner zu (vgl. *Sommer/Treptow* NJW 2013, 3269 [3274]). Das kommt in Betracht, wenn ein Schaden die Mindestversicherungssumme (oder den vertraglich vereinbarte Maximalbetrag) überschreitet und der Versicherer den Geschädigten nur teilweise befriedigt. In Fällen wissentlicher Pflichtverletzung oder eines sonstigen Leistungsausschlusses im Innenverhältnis könnte theoretisch auch der Versicherer auf diesem Weg vorgehen. Bei Mehrfachpfändung gilt dann § 804 Abs. 3 ZPO. Allerdings hat der Versicherer einen eigenen Anspruch gem. **§ 117 Abs. 5 S. 1 VVG**, für den die Partner nach Abs. 1 haften (→ Rn. 134), sodass diesem Umweg in der Praxis keine Bedeutung zukommen wird.

208   Die **gesetzliche Haftungsprivilegierung** nach § 1 Abs. 4 ivm § 708 BGB vermag hier regelmäßig nicht zu helfen. Die **Sorgfaltsanforderungen** an alle Freiberufler sind **hoch** (zu Einzelfällen → Rn. 209). Der **Innenregress** kann zT durch **Vereinbarungen** im Gesellschaftsvertrag **abbedungen** werden. Wie weit eine solche Vereinbarung reichen soll, ist Sache der Gesellschafter und unter Berücksichtigung des konkreten Einzelfalls zu beantworten

(*Henssler* AnwBl. 2014, 96 [103]). Wenn die Gesellschafter die Variante der PartmbB gewählt haben, kann jedoch regelmäßig davon ausgegangen werden, dass sie einen Innenregress für „einfache" **Fahrlässigkeit** nicht wollten (*Henssler* AnwBl. 2014, 96 [103]; *Wertenbruch* NZG 2013, 1006 [1008]; krit. MWHLW/*v. Westphalen* Rn. 151, 153–156; abl. *von Klitzing/Seiffert* ZIP 2015, 2401 [2407]; *Schüppen* WPg 2013, 1993 [1201]). Insofern kann idR von einem stillschweigenden Ausschluss des Regresses ausgegangen werden, wenn der Gesellschaftsvertrag einer PartmbB dazu keine Angaben enthält. Eine ausdrückliche Regelung ist gleichwohl zu empfehlen (*Lieder* NotBZ 2014, 81 [84]; *Posegga* in Peres/Senft SozietätsR § 19 Rn. 30; vgl. dazu auch *Sommer/Treptow* NJW 2013, 3269 [3274]). Das gilt in jedem Fall für Fälle **grober Fahrlässigkeit.** Es entspricht der überwiegenden Auffassung, dass ein Regressausschluss hier einer ausdrücklichen Vereinbarung bedarf (vgl. *von Klitzing/Seiffert* ZIP 2015, 2401 [2407]; *Lieder* NotBZ 2014, 81 [84]; *Wertenbruch* NZG 2013, 1006 [1008]; MWHLW/*v. Westphalen* Rn. 159; aA *Korch* NZG 2015, 1425 [1428]). Generell kann nicht davon ausgegangen werden, dass die Partner ihre eigenen Vermögensinteressen hinter den Interessen eines Partners anstellen möchten, der seine Berufspflichten in grob fahrlässiger Weise verletzt. In aller Regel dürfte es vielmehr den Interessen der Partner entsprechen, eine Schädigung der Gesellschaft durch die Inanspruchnahme des schuldhaft handelnden Verursachers abzuwenden. Die Haftung wegen **Vorsatz** kann dem Schuldner ohnehin nicht im Voraus erlassen werden (§ 276 Abs. 3 BGB).

Besonders hohe Sorgfaltsanforderungen iSd §§ 708, 277 BGB gelten für **209 Rechtsanwälte,** die sich weder im Verhältnis zu Mandanten noch zu ihren Partnern auf eine unterdurchschnittliche Sorgfalt in eigenen Angelegenheiten berufen können (*Henssler* AnwBl. 2014, 96 [103]). Überdies sind hier auch – allerdings in engen Grenzen – Fälle denkbar, in denen auch nicht-handelnde Partner **neben** demjenigen, der einen Berufsfehler begeht, durch die PartmbB in Regress genommen werden können (*Henssler* AnwBl. 2014, 96 [103]; MWHLW/*v. Westphalen* Rn. 152). Hierher gehören Fälle gemeinsamer Verantwortlichkeiten, etwa einer offensichtlich ineffizienten Organisationsstruktur, offensichtlicher Qualifikationsmängel eines Partners, kontinuierlicher Vernachlässigung der Fortbildungspflicht, ein unzureichendes System der Fristenkontrolle sowie die offensichtlich verfehlte oder unterdimensionierte Besetzung von Beratungsteams für größere Mandate.

Für **Heilberufe** ist die Problematik des **Gesamtschuldnerausgleichs zu- 210 gunsten der Gesellschafter** zu beachten (vgl. dazu schon *Henssler* AnwBl. 2014, 96 [103f.]). Bei ihnen kommen gegen die handelnden Partner persönlich gerichtete deliktische Ansprüche wegen fahrlässiger Körperverletzung nach § 823 Abs. 1 BGB bzw. § 823 Abs. 2 BGB iVm § 229 StGB in Betracht. Das Interesse der Heilberufe an einer PartmbB ist deshalb geringer ausgeprägt als dasjenige der wirtschafts- und rechtsberatenden Berufe (*von Klitzing/Seiffert* ZIP 2015, 2401 [2406]), die idR nur (reine) Vermögensschäden verursachen und entsprechend regelmäßig nicht deliktisch haften (vgl. *Seibert* DB 2013, 1710; *Vossius* GmbHR 2012, R213; s. aber auch *Offermann-Burckhart* AnwBl. 2014, 474 [478]: für Rechtsanwälte sei für das „*Paradebeispiel*" – die Veruntreuung von Fremdgeld – Vorsatz erforderlich). **Neben den einen Heilberuf ausübenden Berufsträgern** haftet die PartmbB gem. § 280 Abs. 1 BGB iVm dem Heilbehandlungsvertrag oder §§ 823, 31 BGB. Hier kommt es – anders als bei der akzessorischen Haftung nach Abs. 1 – zu einer **Gesamtschuld** zwischen Partner und PartmbB (*Römermann/Praß* NZG 2012, 601 [603]; *Wertenbruch* NZG 2013, 1006 [1008 f.]). Deshalb können Regressansprüche des Partners gem. § 426 Abs. 1, 2 BGB entstehen. Da der pflichtwidrig handelnde Partner primär verantwortlich für die Entstehung des Schadensersatzanspruchs ist, kommen auf den ersten Blick solche Ansprüche nach den allgemeinen Regeln nicht in Betracht. Allerdings ist die Interessenlage zu beachten. Denn durch die Wahl der PartmbB-Variante haben die Partner zum Ausdruck gebracht, dass sie eine persönliche Haftung grundsätzlich ablehnen. Es liegt daher nahe anzunehmen, dass sie für Fälle, in denen ein Partner doch wegen einer „einfach" fahrlässigen Berufspflichtverletzung in Anspruch genommen wird, stillschweigend einen Regressanspruch des pflichtwidrig handelnden Partners gegen die PartmbB vereinbart haben. Dieser ist zunächst ein Freistellunganspruch (§ 426 Abs. 1 BGB) und wandelt sich nach Begleichung der Forderung in einen Zahlungsanspruch (§ 426 Abs. 2 BGB) um. Da die übrigen Partner gem. Abs. 1 nicht für Sozialansprüche haften, wird dadurch lediglich die PartmbB belastet (*Wertenbruch* NZG 2013, 1006 [1009]). Für grob fahrlässige Berufspflichtverletzungen bedürfte es diesbzgl. in jedem Fall einer gesellschaftsvertraglichen Regelung. Da nicht abzusehen ist, ob sich die hier vertretene Erleichterung durchsetzen wird, ist eine ausdrückliche Regelung auch für Fälle „einfacher" Fahrlässigkeit zu empfehlen.

211   Auch mit Blick auf die **Nachschusspflicht bei Verlust** im Rahmen der Auseinandersetzung (§ 1 Abs. 4 iVm § 735 BGB) sowie der **Haftung für Fehlbeträge** bei Ausscheiden eines Partners (§ 1 Abs. 4 iVm § 739 BGB) verbleiben **Haftungsrisiken** (*Wertenbruch* NZG 2013, 1006; *Wälzholz* DStR 2013, 2637 [2639]). Reicht das Gesellschaftsvermögen zur Berichtigung der gemeinschaftlichen Schulden (und zur Rückerstattung) der Einlagen nicht aus, sind unter Umständen Fehlbeträge von den Partnern zu erstatten. Außer im Falle der Insolvenz kommt es bei einer Auflösung der Gesellschaft zu einem Auseinandersetzungsverfahren nach den §§ 732–735 BGB (vgl. § 1 Abs. 4 iVm §§ 730 f. BGB). Soweit die Partner für Fehlbeträge haften, könnte ein Geschädigter die Ansprüche der PartmbB pfänden und sich zur Einziehung überweisen lassen (§ 829, 835 ZPO). § 735 BGB ist dispositiv (MüKoBGB/ *Schäfer* BGB § 735 Rn. 2; *Wertenbruch* NZG 2013, 1006 f.). Deshalb wird teilweise vertreten, dass die Nachschusspflicht im Falle der PartmbB stets ausgeschlossen sei, weil sie zur gewollten und gesetzlich für angemessen gehaltenen Haftungsbeschränkung in Widerspruch stehe (*Hirte/Praß* FS Kübler 2015, 243 [251]) bzw. der Wahl der PartmbB-Variante ein entsprechender stillschweigender Wille der Partner zu entnehmen sei (*Wertenbruch* NZG 2013, 1006 f.; krit. *Schüppen* WPg 2013, 1193 [1202]). Dies dürfte idR zutreffen. Verlassen sollten die Partner sich darauf allerdings nicht. Auch hier ist ihnen dringend zu einer ausdrücklichen vertraglichen Regelung zu raten (*Wälzholz* DStR 2013, 2637 [2639]). Diese müsste vorsehen, dass Nachschusspflichten für solche Fehlbeträge ausgeschlossen sind, die aus Gesellschaftsverbindlichkeiten herrühren, die auf ein berufliches Fehlverhalten zurückzuführen sind.

212   Risiken ergeben sich außerdem in Konstellationen, in denen die Versicherungssumme sowie das Gesellschaftsvermögen nicht ausreichen, um einen Ge-

schädigten zu befriedigen, die PartmbB zahlungsunfähig und die Gesellschaft somit gem. dem (zwingenden, vgl. MüKoHGB/*K. Schmidt* HGB § 131 Rn. 25) § 9 Abs. 1 iVm § 131 Abs. 1 Nr. 3 HGB aufgelöst wird (wegen Eröffnung des Insolvenzverfahrens). Diese **Nachschusspflicht** wird wegen des engen Zusammenhangs mit der Insolvenz der PartmbB im Kontext der Auflösung der PartG in der Insolvenz (→ Rn. 215) erläutert.

Schließlich müssen die Partner befürchten, von dem Versicherer in Regress **213** genommen zu werden, wenn dieser zwar gegenüber dem Geschädigten zur Leistung verpflichtet ist, nicht aber gegenüber der PartG. Das kann etwa bei Verzug mit der Zahlung der Versicherungsprämie der Fall sein (*Wertenbruch* NZG 2013, 1006 [1009f.], dort auch zu weiteren Beispielen). Dann ist der Versicherer gem. § 37 Abs. 2 VVG grundsätzlich von der Leistungspflicht befreit, allerdings nur gegenüber der PartG, nicht gegenüber dem Geschädigten (Abs. 4 S. 2 iVm § 117 Abs. 1 VVG, vgl. *Kilian* MDR 2013, 1137 [1140]). Der Versicherer kann gem. **§ 117 Abs. 5 S. 1 VVG** bei der PartmbB Regress nehmen. Für solche Forderungen haften alle Gesellschafter, da sie weder von Abs. 2 noch von Abs. 4 erfasst sind (*Kilian* MDR 2013, 1137 [1140]). Zum Regressanspruch der Gesellschaft gegen den oder die Partner, die es unterlassen haben, die Prämien zu zahlen, vgl. *Wertenbruch* NZG 2013, 1006 (1010).

Ein Regress des Versicherers gem. **§ 86 VVG** wegen der Leistung auf eine **214** Gesellschaftsschuld gegenüber dem pflichtwidrig handelnden Partner, ist weder möglich noch besteht ein entsprechender Bedarf (*Wertenbruch* NZG 2013, 1006 [1009]).

5. PartmbB und Insolvenz

Die PartG (mbB) ist gem. § 11 Abs. 2 Nr. 1 InsO **insolvenzfähig.** Es gilt **215** der allgemeine Eröffnungsgrund der Zahlungsunfähigkeit (§ 17 InsO). Vgl. zu der Insolvenz der PartmbB *Hirte/Praß* FS Kübler, 2015, 243ff. Die Überschuldung (§ 19 InsO) stellt für die Gesellschaft keinen Antragsgrund dar (*Leuering* NZG 2013, 1001 [1004]). Beantragt der Schuldner die Eröffnung des Insolvenzverfahrens, so ist auch die **drohende** Zahlungsunfähigkeit Eröffnungsgrund (§ 18 Abs. 1 InsO – vgl. auch *Schüppen* WPg 2013, 1193 [1201]).

a) Direktanspruch. Kommt es als Folge eines Schadensersatzanspruchs **216** aus **Berufshaftung** zur **Insolvenz** der PartmbB, ist bei der Prüfung der Insolvenzreife zu beachten, dass gem. Abs. 4 S. 2 iVm **§ 115 Abs. 1 S. 1 Nr. 2 VVG** ein **Direktanspruch** des Geschädigten gegen den Versicherer besteht (*Hirte/Praß* FS Kübler, 2015, 243 [250f.]; → Rn. 136).

b) Nachschusspflicht. Die persönliche Haftung eines Gesellschafters für **217** die Verbindlichkeiten der Gesellschaft kann während der Dauer des Insolvenzverfahrens nur von dem Insolvenzverwalter geltend gemacht werden (§ 93 InsO). Dabei ist zu berücksichtigen, dass die Gesellschafter einer PartmbB persönlich (akzessorisch) **nicht** für Verbindlichkeiten der Partnerschaft aus Schäden wegen fehlerhafter Berufsausübung, sondern **lediglich** für die sonstigen Gesellschaftsverbindlichkeiten haften (→ Rn. 194ff.). § 93 InsO greift daher nur entsprechend eingeschränkt (*Freudenberg/Honisch* NJW 2014, 881 [882]).

Soweit ein Handelnder den Haftpflichtfall schuldhaft verursacht hat, kann die Gesellschaft – wenn sich aus dem Gesellschaftsvertrag nichts anderes ergibt (→ Rn. 206 ff.) – im Innenverhältnis Regress nehmen. Solche Ansprüche gehören ebenfalls zur Insolvenzmasse (*Haas/Mock* in Gottwald InsO-HdB § 94 Rn. 117, 41), für ihre Geltendmachung ist der Insolvenzverwalter zuständig (§ 80 Abs. 1 InsO). Das gilt auch für etwaige Nachschusspflichten iSd § 1 Abs. 4 iVm § 735 BGB (*Haas/Mock* in Gottwald InsO-HdB § 94 Rn. 117, 40) – hier kommt es allerdings grundsätzlich nicht zu einem Auseinandersetzungsverfahren (vgl. § 1 Abs. 4 iVm § 730 Abs. 1 Hs. 2 BGB).

218   **c) Existenzvernichtungshaftung.** Die Haftung der PartmbB gegenüber ihren Gläubigern wird – wie auch die Haftung der PartG gem. Abs. 2 – **nicht durch Kapitalerhaltungsgrundsätze abgesichert** (auf dieses Grundproblem der Haftungsprivilegierung in der PartG hat der Verfasser schon seit langem hingewiesen vgl. schon die 2. Aufl. 2008 Rn. 12; zur zusätzlichen Problematik in der PartmbB *Römermann/Praß* NZG 2012, 601, 607 f.; *Henssler* AnwBl. 2014, 96 [101]; *Tröger/Pfaffinger* JZ 2013, 812 [818 ff.]; *Römermann/Jähne* BB 2015, 579 [583]). Die Gesellschafter können der PartmbB somit Vermögen entziehen, wenn eine Inanspruchnahme wegen eines Berufsfehlers droht und die Versicherungssumme nicht ausreicht, um den Geschädigten zu befriedigen und ein Regress beim für den Berufsfehler verantwortlichen Partner faktisch oder wegen einer entsprechenden Vereinbarung im Gesellschaftsvertrag ausscheidet. Der Anreiz, auf diese Weise Vermögen in Sicherheit zu bringen, ist hier besonders ausgeprägt. Dennoch hat der Gesetzgeber – bewusst – auf eine gesetzliche Regelung verzichtet. Offenbar vertraut er auf einen hinreichenden Gläubigerschutz durch allgemeine gesellschaftsrechtliche Grundsätze, sodass es nahe liegt, die zur GmbH ergangene Rspr. des BGH zu existenzvernichtenden Eingriffen heranzuziehen (so auch *Fischer* 141 ff.; *Lieder* NotBZ 2014, 81 [85]; *Römermann/Römermann* Rn. 115 f.; *Römermann/Praß* NZG 2012, 601 [607]; *Tröger/Pfaffinger* JZ 2013, 812 [820]; MWHLW/*v. Westphalen* Rn. 144; aA *Korch* NZG 2015, 1425 [1428 f.]; MüKoBGB/*Schäfer* Rn. 46 wegen fehlender Zweckbindung des Gesellschaftsvermögens sowie *Schumacher* 200 ff.; *Schüppen* WPg 2013, 1193 [1202]; *Suyr,* Die Partnerschaftsgesellschaft mit beschränkter Berufshaftung unter besonderer Berücksichtigung der Haftungsbeschränkung nach § 8 Abs. 4 PartGG und des Gläubigerschutzes, Diss. 2015, 189 f.; *Mumme,* Gläubigerschutz durch Berufshaftpflichtversicherung in der PartGmbB, 2017, 174 ff.).

219   Nach der Rspr. des II. Zivilsenats des BGH liegt ein zum Schadensersatz nach **§ 826 BGB** verpflichtender **existenzvernichtender Eingriff** dann vor, wenn der Gesellschaft von ihren Gesellschaftern in sittenwidriger Weise das zur Tilgung ihrer Schulden erforderliche Vermögen entzogen und dadurch eine Insolvenz verursacht oder vertieft wird (BGH NJW-RR 2012, 1240 Rn. 21; NZG 2012, 667; NJW 2007, 2689). Es handelt sich um eine besondere Fallgruppe der sittenwidrigen vorsätzlichen Schädigung (BGH NJW 2007, 2689 Rn. 15 ff.). Das in seiner Zweckbindung zur vorrangigen Befriedigung der Gesellschaftsgläubiger dienende Gesellschaftsvermögen soll vor rechtsmissbräuchlicher „Ausplünderung" bzw. „kompensationslosen" Eingriffen durch die Gesellschafter geschützt werden (BGH NJW 2007, 2689

Rn. 16 ff.). Insofern liegt dieser Rspr., die zu einem **(Innen-)Anspruch der Gesellschaft gegen den Handelnden** führt, ein nicht nur die GmbH betreffender, sondern verallgemeinerungsfähiger Gedanke zugrunde. Da das Gesellschaftsvermögen im Falle des Abs. 4 als einzige Haftungsmasse zweckgebunden ist, den Partnern besondere Rücksichtnahmepflichten gegenüber den Gläubigern auferlegt (*Höpfner* JZ 2017, 19 [27]; *Römermann/Praß* NZG 2012, 601 [607]). Die Überlegungen zur Existenzgefährdungshaftung lassen sich auf all jene Personengesellschaften übertragen, für die es eine gesetzlich angeordnete (wenn auch nicht umfassende) Privilegierung der Gesellschafter gibt (*Henssler* AnwBl. 2014, 96 [102]; *Hirte/Praß* FS Kübler, 2015, 243 [251 f.]). **Alltägliche** und **zur Aufrechterhaltung der ordnungsgemäßen Berufsausübung benötigte Entnahmen** werden allerdings nicht zu einer Haftung nach § 826 BGB führen (*Henssler* AnwBl. 2014, 96 [102]; *Römermann/Praß* NZG 2012, 601 [607 f.]). Den Partnern wäre es nicht zumutbar, ihren Beruf weiterhin unter Verzicht auf ihr Gewinnentnahmerecht auszuüben. Dies läge auch nicht im Interesse der Gläubiger, da die Befriedigung ihrer Schulden von der ertragreichen Fortführung der PartmbB abhängt, wenn keine ausreichende Haftungsmasse zur Verfügung steht. Die verschärfte Haftung gilt nicht bereits ab dem Zeitpunkt, zu dem ein potenziell durch einen Berufsfehler Geschädigter erstmals Ansprüche geltend macht. Die Inanspruchnahme der Gesellschaft muss sich vielmehr bereits derart verdichtet haben, dass bei unterstellter Bilanzierungspflicht eine Rückstellung gebildet werden müsste (*Henssler* AnwBl. 2014, 96 [102]; aA MWHLW/*v. Westphalen* Rn. 147; für eine deutlich weiter gehende Haftung *Tröger/Pfaffinger* JZ 2013, 812 [820]). Da die Existenzvernichtungshaftung zu einem Innenregress der Gesellschaft gegen den Gesellschafter führt, kann ein **Gläubiger** diesen **Anspruch** lediglich **pfänden** und sich überweisen lassen (MWHLW/*v. Westphalen* Rn. 148a). Zur Bedeutung der Rspr. zum existenzvernichtenden Eingriff für die Konstellation einer qualifizierten Unterversicherung → Rn 222.

Neben der Existenzvernichtungshaftung kommen Ansprüche gem. **§ 143 220 Abs. 1 InsO** (Insolvenzanfechtung, insbesondere iVm § 133 InsO; vgl. auch *Römermann* NJW 2013, 2305 [2309]) sowie gem. **§ 826 BGB** (Fallgruppe: Vollstreckungsvereitelung, vgl. NK-BGB/*Katzenmeier* BGB § 826 Rn. 41; MüKoBGB/*Wagner* BGB § 826 Rn. 101) in Betracht (vgl. zu den Konkurrenzen Baumbach/Hueck/*Fastrich* GmbHG § 13 Rn. 60–62). An die letztgenannte Anspruchsgrundlage ist zu denken, wenn Vermögensgegenstände auf Dritte übertragen werden, um sie dem Zwangsvollstreckungszugriff durch Gläubiger zu entziehen (MüKoBGB/*Wagner* BGB § 826 Rn. 101).

d) Insolvenzantrag. Nach dem RegE soll wegen der persönlichen Haf- 221 tung der Partner – abgesehen von Verbindlichkeiten aus Schäden wegen fehlerhafter Berufsausübung – keine Pflicht bestehen, einen Insolvenzantrag zu stellen (**keine Insolvenzantragspflicht nach § 15a Abs. 1 S. 2 InsO**; BT-Drs. 17/10487, 14, *Kilian* MDR 2013, 1137 [1139]; *Leuering* NZG 2013, 1001 [1004]; Feuerich/Weyland/*Brüggemann* Rn. 27; *Posegga* in Peres/Senft SozietätsR § 19 Rn. 21; *Römermann/Praß* NZG 2012, 601 [608] [hätten die Normierung einer Antragspflicht für *„nicht vollkommen fernliegend"* gehalten]; *Schumacher* 159; *Wälzholz* DStR 2013, 2637 [2638]). Mit Blick auf den deutlichen Hinweis im Gesetzgebungsverfahren („*Wegen der ... unbeschränkten persönlichen Haftung der Partner besteht für die PartmbB keine Insolvenzantragspflicht nach § 15a Absatz 1 Satz 2 der Insolvenzordnung.*", BT-Drs. 17/10487, 14) ist auch eine entsprechende Anwendung des § 15a Abs. 1 S. 2 InsO abzulehnen (so aber *Fischer* 162ff.; *Lieder* NotBZ 2014, 81 [86f.]). Die BReg. stellt zwar in erster Linie auf die „nicht privilegierten" Verbindlichkeiten ab, jedoch im unmittelbaren Zusammenhang mit Ausführungen über die Haftungsbeschränkung. Eine Unterscheidung zwischen Verbindlichkeiten aus Schäden wegen fehlerhafter Berufsausübung und sonstigen Verbindlichkeiten verbietet sich, weil es für die Beurteilung der Zahlungsunfähigkeit einer Gesamtbetrachtung bedarf. Eine „aufgespaltene Insolvenzantragspflicht" wäre nicht nur dogmatisch verfehlt, sondern auch praxisfremd. Entgegen *Klose* (GmbHR 2013, 1191) ist die BReg. in der BT-Drs. 17/10487, 14 ersichtlich davon ausgegangen, dass *insgesamt* keine Antragspflicht besteht.

222   **e) Haftung wegen qualifizierter Unterversicherung.** Grundsätzlich besteht kein Raum für eine Haftung der Partner einer PartmbB wegen eines zu niedrigen Versicherungsschutzes, der die aus der Mandatsstruktur folgenden Risiken nicht hinreichend abdeckt (dazu *Mumme,* Gläubigerschutz durch Berufshaftpflichtversicherung in der PartGmbB, 2017, 210ff.). Nur in absoluten Ausnahmefällen, wenn mit Blick auf ein konkretes Mandat der Versicherungsschutz offensichtlich unzureichend ist, kommt eine Haftung eines Partners aus § 826 BGB in Betracht. Voraussetzung ist, dass das Schadensrisiko aus einem Mandat bedingt vorsätzlich ganz überwiegend auf den Mandanten abgewälzt wurde (*Mumme,* Gläubigerschutz durch Berufshaftpflichtversicherung in der PartGmbB, 2017, 246).

§9   Ausscheiden eines Partners; Auflösung der Partnerschaft

(1) Auf das Ausscheiden eines Partners und die Auflösung der Partnerschaft sind, soweit im folgenden nichts anderes bestimmt ist, die §§ 131 bis 144 des Handelsgesetzbuchs entsprechend anzuwenden.

(2) *[aufgehoben]*

(3) Verliert ein Partner eine erforderliche Zulassung zu dem Freien Beruf, den er in der Partnerschaft ausübt, so scheidet er mit deren Verlust aus der Partnerschaft aus.

(4) [1]Die Beteiligung an einer Partnerschaft ist nicht vererblich. [2]Der Partnerschaftsvertrag kann jedoch bestimmen, daß sie an Dritte vererblich ist, die Partner im Sinne des § 1 Abs. 1 und 2 sein können. [3]§ 139 des Handelsgesetzbuchs ist nur insoweit anzuwenden, als der Erbe der Beteiligung befugt ist, seinen Austritt aus der Partnerschaft zu erklären.

§ 9 verweist auf folgende Vorschriften des HGB:

§ 131 [Auflösungsgründe]

(1) Die offene Handelsgesellschaft wird aufgelöst:
1. durch den Ablauf der Zeit, für welche sie eingegangen ist;

2. durch Beschluß der Gesellschafter;
3. durch die Eröffnung des Insolvenzverfahrens über das Vermögen der Gesellschaft;
4. durch gerichtliche Entscheidung.

(2) [1]Eine offene Handelsgesellschaft, bei der kein persönlich haftender Gesellschafter eine natürliche Person ist, wird ferner aufgelöst:
1. mit der Rechtskraft des Beschlusses, durch den die Eröffnung des Insolvenzverfahrens mangels Masse abgelehnt worden ist;
2. durch die Löschung wegen Vermögenslosigkeit nach § 394 des Gesetzes über das Verfahren in Familiensachen und den Angelegenheiten der freiwilligen Gerichtsbarkeit. [2]Dies gilt nicht, wenn zu den persönlich haftenden Gesellschaftern eine andere offene Handelsgesellschaft oder Kommanditgesellschaft gehört, bei der ein persönlich haftender Gesellschafter eine natürliche Person ist.

(3) [1]Folgende Gründe führen mangels abweichender vertraglicher Bestimmung zum Ausscheiden eines Gesellschafters:
1. Tod des Gesellschafters,
2. Eröffnung des Insolvenzverfahrens über das Vermögen des Gesellschafters,
3. Kündigung des Gesellschafters;
4. Kündigung durch den Privatgläubiger des Gesellschafters,
5. Eintritt von weiteren im Gesellschaftsvertrag vorgesehenen Fällen,
6. Beschluß der Gesellschafter.
[2]Der Gesellschafter scheidet mit dem Eintritt des ihn betreffenden Ereignisses aus, im Falle der Kündigung aber nicht vor Ablauf der Kündigungsfrist.

§ 132 [Kündigung eines Gesellschafters]

Die Kündigung eines Gesellschafters kann, wenn die Gesellschaft für unbestimmte Zeit eingegangen ist, nur für den Schluß eines Geschäftsjahrs erfolgen; sie muß mindestens sechs Monate vor diesem Zeitpunkt stattfinden.

§ 133 [Auflösung durch gerichtliche Entscheidung]

(1) Auf Antrag eines Gesellschafters kann die Auflösung der Gesellschaft vor dem Ablaufe der für ihre Dauer bestimmten Zeit oder bei einer für unbestimmte Zeit eingegangenen Gesellschaft ohne Kündigung durch gerichtliche Entscheidung ausgesprochen werden, wenn ein wichtiger Grund vorliegt.

(2) Ein solcher Grund ist insbesondere vorhanden, wenn ein anderer Gesellschafter eine ihm nach dem Gesellschaftsvertrag obliegende wesentliche Verpflichtung vorsätzlich oder aus grober Fahrlässigkeit verletzt oder wenn die Erfüllung einer solchen Verpflichtung unmöglich wird.

(3) Eine Vereinbarung, durch welche das Recht des Gesellschafters, die Auflösung der Gesellschaft zu verlangen, ausgeschlossen oder diesen Vorschriften zuwider beschränkt wird, ist nichtig.

§ 134 [Gesellschaft auf Lebenszeit; fortgesetzte Gesellschaft]

Eine Gesellschaft, die für die Lebenszeit eines Gesellschafters eingegangen ist oder nach dem Ablaufe der für ihre Dauer bestimmten Zeit stillschweigend fortgesetzt wird, steht im Sinne der Vorschriften der §§ 132 und 133 einer für unbestimmte Zeit eingegangenen Gesellschaft gleich.

§ 135 [Kündigung durch den Privatgläubiger]

Hat ein Privatgläubiger eines Gesellschafters, nachdem innerhalb der letzten sechs Monate eine Zwangsvollstreckung in das bewegliche Vermögen des Gesellschafters ohne Erfolg versucht ist, auf Grund eines nicht bloß vorläufig vollstreckbaren Schuldtitels die Pfändung und Überweisung des Anspruchs auf dasjenige erwirkt, was dem Gesellschafter bei der Auseinandersetzung zukommt, so kann er die Gesellschaft ohne Rücksicht darauf, ob sie für bestimmte oder unbestimmte Zeit eingegangen ist, sechs Monate vor dem Ende des Geschäftsjahrs für diesen Zeitpunkt kündigen.

§§ 136–138 [aufgehoben]

§ 139 [Fortsetzung mit den Erben]

(1) Ist im Gesellschaftsvertrage bestimmt, daß im Falle des Todes eines Gesellschafters die Gesellschaft mit dessen Erben fortgesetzt werden soll, so kann jeder Erbe sein Verbleiben in der Gesellschaft davon abhängig machen, daß ihm unter Belassung des bisherigen Gewinnanteils die Stellung eines Kommanditisten eingeräumt und der auf ihn fallende Teil der Einlage des Erblassers als seine Kommanditeinlage anerkannt wird.

(2) Nehmen die übrigen Gesellschafter einen dahingehenden Antrag des Erben nicht an, so ist dieser befugt, ohne Einhaltung einer Kündigungsfrist sein Ausscheiden aus der Gesellschaft zu erklären.

(3) [1]Die bezeichneten Rechte können von dem Erben nur innerhalb einer Frist von drei Monaten nach dem Zeitpunkt, in welchem er von dem Anfalle der Erbschaft Kenntnis erlangt hat, geltend gemacht werden. [2]Auf den Lauf der Frist finden die für die Verjährung geltenden Vorschriften des § 210 des Bürgerlichen Gesetzbuchs entsprechende Anwendung. [3]Ist bei dem Ablaufe der drei Monate das Recht zur Ausschlagung der Erbschaft noch nicht verloren, so endigt die Frist nicht vor dem Ablaufe der Ausschlagungsfrist.

(4) Scheidet innerhalb der Frist des Absatzes 3 der Erbe aus der Gesellschaft aus oder wird innerhalb der Frist die Gesellschaft aufgelöst oder dem Erben die Stellung eines Kommanditisten eingeräumt, so haftet er für die bis dahin entstandenen Gesellschaftsschulden nur nach Maßgabe der die Haftung des Erben für die Nachlaßverbindlichkeiten betreffenden Vorschriften des bürgerlichen Rechtes.

(5) Der Gesellschaftsvertrag kann die Anwendung der Vorschriften der Absätze 1 bis 4 nicht ausschließen; es kann jedoch für den Fall, daß der Erbe sein Verbleiben in der Gesellschaft von der Einräumung der Stellung eines Kommanditisten abhängig macht, sein Gewinnanteil anders als der des Erblassers bestimmt werden.

§ 140 [Ausschließung eines Gesellschafters]

(1) [1]Tritt in der Person eines Gesellschafters ein Umstand ein, der nach § 133 für die übrigen Gesellschafter das Recht begründet, die Auflösung der Gesellschaft zu verlangen, so kann vom Gericht anstatt der Auflösung die Ausschließung dieses Gesellschafters aus der Gesellschaft ausgesprochen werden, sofern die übrigen Gesellschafter dies beantragen. [2]Der Ausschließungsklage steht nicht entgegen, daß nach der Ausschließung nur ein Gesellschafter verbleibt.

(2) Für die Auseinandersetzung zwischen der Gesellschaft und dem ausgeschlossenen Gesellschafter ist die Vermögenslage der Gesellschaft in dem Zeitpunkte maßgebend, in welchem die Klage auf Ausschließung erhoben ist.

§§ 141, 142 [aufgehoben]

§ 143 [Anmeldung von Auflösung und Ausscheiden]

(1) [1]Die Auflösung der Gesellschaft ist von sämtlichen Gesellschaftern zur Eintragung in das Handelsregister anzumelden. [2]Dies gilt nicht in den Fällen der Eröffnung oder der Ablehnung der Eröffnung des Insolvenzverfahrens über das Vermögen der Gesellschaft (§ 131 Abs. 1 Nr. 3 und Abs. 2 Nr. 1). [3]In diesen Fällen hat das Gericht die Auflösung und ihren Grund von Amts wegen einzutragen. [4]Im Falle der Löschung der Gesellschaft (§ 131 Abs. 2 Nr. 2) entfällt die Eintragung der Auflösung.

(2) Absatz 1 Satz 1 gilt entsprechend für das Ausscheiden eines Gesellschafters aus der Gesellschaft.

(3) Ist anzunehmen, daß der Tod eines Gesellschafters die Auflösung oder das Ausscheiden zur Folge gehabt hat, so kann, auch ohne daß die Erben bei der Anmeldung mit-

wirken, die Eintragung erfolgen, soweit einer solchen Mitwirkung besondere Hindernisse entgegenstehen.

§ 144 [Fortsetzung nach Insolvenz der Gesellschaft]

(1) Ist die Gesellschaft durch die Eröffnung des Insolvenzverfahrens über ihr Vermögen aufgelöst, das Verfahren aber auf Antrag des Schuldners eingestellt oder nach der Bestätigung eines Insolvenzplans, der den Fortbestand der Gesellschaft vorsieht, aufgehoben, so können die Gesellschafter die Fortsetzung der Gesellschaft beschließen.

(2) Die Fortsetzung ist von sämtlichen Gesellschaftern zur Eintragung in das Handelsregister anzumelden.

Schrifttum: *Ahrens,* Der Abfindungsanspruch des ausgeschiedenen Rechtsanwaltspersonengesellschafters, FS Geiß, 2000, 219; *Arnold,* Die erbrechtliche Nachfolge in der Partnerschaftsgesellschaft: Unter besonderer Berücksichtigung berufsrechtlicher Implikationen, 2006; *Bieder,* Die zeitlichen Grenzen der Befristung von „Hinauskündigungsklauseln" in GbR-Gesellschaftsverträgen, MDR 2007, 1049; *Boujong,* Abfindungsklauseln nach dem Tod des Gesellschafters einer OHG und Pflichtteilsergänzungsansprüche, FS Ulmer, 2003, 41; *Brückner,* Die Kontrolle von Abfindungsklauseln in Personengesellschafts- und GmbH-Verträgen, 1995; *Bunk,* Vermögenszuordnung, Auseinandersetzung und Ausscheiden in Sozietät und Gemeinschaftspraxis, 2007; *Dauner-Lieb,* Abfindungsklauseln bei Personengesellschaften, ZHR 158 (1994), 271; *Fleischer/Schneider,* Zulässigkeit und Grenzen von Shoot-Out-Klauseln im Personengesellschafts- und GmbH-Recht, DB 2010, 2713; *Freund,* Abfindungsrechtliche Aspekte in der Sozietät, ZIP 2009, 941; *Gehrlein,* Neue Tendenzen zum Verbot der freien Hinauskündigung eines Gesellschafters, NJW 2005, 1969; *Goette,* Aktuelle höchstrichterliche Rechtsprechung zur Freiberuflersozietät, AnwBl. 2007, 637; *Grunewald,* Wer kann ohne besonderen Anlass seine Gesellschafterstellung verlieren?, FS Priester, 2007, 123; *Grunewald,* Ausschluss aus Freiberuflersozietäten und Mitunternehmergesellschaften ohne besonderen Anlass, DStR 2004, 1750; *Heller,* Die Beendigung freiberuflicher Sozietätsverhältnisse, 2000; *Heller/Kanter,* Hinauskündigungsklausel und Bindung des Vertragsarztsitzes höchstens in den ersten zwei Jahren, GesR 2009, 346; *Henssler,* Hinauskündigung und Austritt von Gesellschaftern in personalistisch strukturierten Gesellschaften, FS Konzen, 2006, 267; *Henssler/Michel,* Austritt und Ausschluss aus der freiberuflichen Sozietät Gesellschaftsrechtliche und berufsrechtliche Folgen, NZG 2012, 401; *Henssler/Kilian,* Zulässigkeit und Grenzen einer gemeinschaftlichen Kündigung der Mitgliedschaft in der Mitunternehmer-Personengesellschaft, ZIP 2005, 2229; *Heydn,* Die erbrechtliche Nachfolge in Anteile an Partnerschaftsgesellschaften, 1999; *Heydn,* Die erbrechtliche Nachfolge in Anteile an Partnerschaftsgesellschaften, ZEV 1998, 161; *Hülsmann,* Abfindungsklauseln: Kontrollkriterien der Rechtsprechung, NJW 2002, 1673; *Ivens,* Gesellschaftsvertragliche Abfindungsbeschränkungen im Schenkungs- und Erbschaftsteuerrecht, GmbHR 2011, 465; *Kilian,* Die Trennung vom „missliebigen" Personengesellschafter – Neue Ansätze in Sachen Ausschluss, Hinauskündigung und Kollektivaustritt? –, WM 2006, 1567; *Koch,* Vollstreckung durch Privatgläubiger eines Gesellschafters: Gesellschaftsvertraglicher Gestaltungsbedarf, DZWiR 2010, 441; *Lange,* Neues zu Abfindungsklauseln – Anmerkungen zu den Urteilen des OLG Dresden, NZG 2000, 1042 und des BGH, NZG 2000, 1027, NZG 2001, 635; *Mecklenbrauck,* Abfindungsbeschränkungen in Gesellschaftsverträgen, BB 2000, 2001; *Müller,* Die Buchwertklausel – ein Dauerthema, ZIP 1995, 1561; *Nasall,* Fort und Hinaus Zur Zulässigkeit von Hinauskündigungsklauseln in Gesellschaftsverträgen von Personengesellschaften und Satzungen von GmbH, NZG 2008, 851; *Rasner,* Abfindungsklauseln bei Personengesellschaften, ZHR 158 (1994), 292; *Riedel,* Gesellschaftsvertragliche Nachfolgeregelungen im Lichte der neuen Erbschaftsteuer, ZErb 2009, 2; *Römermann,* Praxisverkauf und Praxisbewertung bei Freiberuflern – ein (scheinbar) unlösbares Problem, NJW 2012, 1694; *Römermann,* Auflösung und Abspaltung bei Anwaltssozietäten, NJW 2007, 2209; *Schön,* Buchwertabfindung im Personengesellschaftskonzern,

ZHR 166 (2002), 585; *Schroeder/Welpot,* High Noon in Nürnberg, Neues zum Texan Shoot-out, zum Russian Roulette und zu anderen Klauseln der alternativen Streitbeilegung im Gesellschaftsrecht, NZG 2014, 609; *Sigle,* Gedanken zur Wirksamkeit von Abfindungsklauseln in Gesellschaftsverträgen, ZGR 1999, 659; *Sistermann,* Steuerliche Behandlung der Rechtsnachfolge bei Freiberufler-Gesellschaften, ZEV 1998, 166; *Stauf,* Der wichtige Grund bei der personengesellschaftlichen Auflösungs- und Ausschließungsklage, 1980; *Stodolkowitz,* Die außerordentliche Gesellschafterkündigung in der Personenhandelsgesellschaft, NZG 2011, 1327; *Ulmer/Schäfer,* Die rechtliche Beurteilung vertraglicher Abfindungsbeschränkungen bei nachträglich eintretendem groben Mißverhältnis, ZGR 1995, 134; *Tiedtke/Hils,* Sonderbetriebsvermögen bei qualifizierter Nachfolge in den Anteil eines Mitunternehmers, ZEV 2004, 441; *Valdini/Koch,* Die missbräuchliche Verwendung von Russian-Roulette-Klauseln, GWR 2016, 179; *Verse,* Inhaltskontrolle von „Hinauskündigungsklauseln" – eine korrekturbedürftige Rechtsprechung: Zugleich Besprechung von BGH v. 19.3.2007, II ZR 300/05, DStR 2007, 914 und v. 7.5.2007, II ZR 281/05, DStR 2007, 1216, DStR 2007, 1822; *Wälzholz,* Steuerliche Folgen der Vererbung von Anteilen an Personengesellschaften, notar 2015, 39; *Wälzholz,* Aktuelle Entwicklungen und Probleme bei Freiberuflerpersonengesellschaften, DStR 2004, 1708; *Wangler,* Einfluss des neuen Bewertungs- und Erbschaftsteuerrechts auf Abfindungsregelungen in Gesellschaftsveträgen, DStR 2009, 1501; *Wertenbruch,* Veräußerung und Vererbung des Anteils an einer vertragsärztlichen Berufsausübungsgesellschaft (Partnerschaft und BGB-Gesellschaft), MedR 1996, 485; *Wertenbruch,* Anm. zu LG Essen Beschl. v. 1.9.2004 – 7 T 508/04, EWiR 2005, 403; *Westermann,* Rechtsfolgen des Ausscheidens aus einer Freiberufler-Sozietät, AnwBl. 2007, 103.

Übersicht

I. Regelungsgegenstand

Das gesamte Recht des Gesellschafterwechsels und der Beendigung sowie **1**
der Abwicklung der Partnerschaft wird in §§ 9 und 10 in stark komprimierter
Form geregelt. Die Knappheit der Regelung gelingt aufgrund einer weitgehenden Verweisung auf das Recht der OHG. § 9 Abs. 1 erklärt für die Beendigung der Partnerschaft das bewährte Regelungssystem der OHG für
entsprechend anwendbar. Über die Abs. 3 und 4 werden nur wenige Modifikationen vorgenommen. Sie dienen einerseits der Strukturverfestigung der
Partnerschaft, andererseits beruhen sie auf der Besonderheit der Ausübung
eines Freien Berufs. Nicht übertragbar sind aus dem Katalog der handelsrecht-

lichen Vorschriften jene Bestimmungen, welche die Kommanditistenstellung eines Gesellschafters betreffen, da eine Partnerschafts-KG vom Gesetzgeber bedauerlicherweise nicht vorgesehen ist.

2 § 9 Abs. 2 aF erhob bereits vor der Angleichung der für die OHG geltenden Regelungen das Prinzip „Ausscheiden statt Auflösung" zum gesetzlichen Regelfall bei der PartG. In einer Partnerschaft steht nicht eine individualbezogene Verbundenheit der Gesellschafter im Vordergrund, sondern vielmehr der gemeinsame Zweck der Berufsausübung. Durch das Ausscheiden eines Einzelnen wird das „persönliche Band" zwischen den Partnern nicht in der Weise aufgelöst, dass den übrigen Partnern eine Fortsetzung der Partnerschaft grundsätzlich nicht zugemutet werden kann (amtl. Begr. zum RegE, BT-Drs. 12/6152, 20).

3 Nachdem sich die als Probelauf konzipierte Regelung im PartGG bewährt hatte (EBJS/*Seibert,* 1. Aufl. 2001, Rn. 3), wurde durch das Handelsrechtsreformgesetz („Gesetz zur Neuregelung des Kaufmanns- und Firmenrechts und zur Änderung anderer handels- und gesellschaftsrechtlicher Vorschriften" – [HRefG] v. 22.6.1998, BGBl. 1998 I 1474) der Grundsatz „Ausscheiden statt Auflösung" als allgemeines Prinzip für die Personenhandelsgesellschaften übernommen. Infolge der Kodifizierung in § 131 HGB nF konnte die partnerschaftsspezifische Sonderregel des Abs. 2 gestrichen werden, da der Regelungsgehalt bereits durch die Verweisung des Abs. 1 abgedeckt ist.

II. Das Ausscheiden eines Partners

1. Gesetzliche Gründe für das Ausscheiden eines Partners

4 Nach Abs. 1 iVm § 131 Abs. 3 HGB führen die dort aufgezählten (im Folgenden a)–g)) Fälle lediglich zu einem Ausscheiden des jeweils betroffenen Partners. Die Partnerschaft wird grundsätzlich unter den verbleibenden Partner fortgesetzt.

5 **a) Tod eines Partners.** Gemäß Abs. 1 iVm § 131 Abs. 3 S. 1 Nr. 1 HGB führt der Tod eines Partners regelmäßig nur zu dessen Ausscheiden aus der Partnerschaft. Einer Fortsetzungsklausel bedarf es damit in der Partnerschaft anders als in der Rechtsform einer GbR organisierten Sozietät (§ 727 BGB) nicht, um im Todesfall den Fortbestand der Gesellschaft sicherzustellen. Da die Beteiligung an einer Partnerschaft nicht vererblich ist (§ 9 Abs. 4 S. 1), werden die Erben grundsätzlich nicht Gesellschafter, sondern erhalten lediglich einen Abfindungsanspruch gem. § 1 Abs. 4 iVm § 738 Abs. 1 S. 2 BGB (ausführlich dazu *Arnold,* Die erbrechtliche Nachfolge in der Partnerschaftsgesellschaft: Unter besonderer Berücksichtigung berufsrechtlicher Implikationen, 2006, 26 ff., *Heydn,* Die erbrechtliche Nachfolge in Anteile an Partnerschaftsgesellschafen, 1999, 17 ff.; *Heydn* ZEV 1998, 161 ff.). Die Praxis kennt indes vielfältige vertragliche Gestaltungen (Nachfolgeklauseln), die abweichend vom gesetzlichen Leitbild einen Eintritt der Erben in die Gesellschaft vorsehen. Die allgemeinen personengesellschaftsrechtlichen Grundsätze sind in der Partnerschaft insoweit eingeschränkt, als die Zugehörigkeit der eintretenden Gesellschafter zu den Freien Berufen sichergestellt sein muss (→ Rn. 115).

Außerdem schränken häufig berufsrechtliche Bestimmungen (Beispiel: § 59a BRAO) den Kreis der partnerschaftsfähigen Berufe ein.

b) Eröffnung des Insolvenzverfahrens über das Vermögen eines **6** **Partners.** Dasselbe gilt gem. Abs. 1 iVm § 131 Abs. 3 S. 1 Nr. 2 HGB, wenn über das Vermögen eines Partners das Insolvenzverfahren eröffnet wird. Der Schuldner scheidet aus der Partnerschaft aus und ist abzufinden. Die Partnerschaft kann nur im Falle einer abweichenden Regelung im Partnerschaftsvertrag aufgelöst werden. Die früher umstrittene Frage, ob auch die Nachlassinsolvenz des Erben eines verstorbenen Partners zum Ausscheiden führt (vgl. §§ 315ff. InsO; s. dazu nur – verneinend – BGHZ 91, 132 [135ff.] = NJW 1984, 2104 [2105]), hat sich mit der durch das HRefG erfolgten Neuregelung des § 131 HGB erledigt, da nun bereits der Tod und die Insolvenz eines Gesellschafters dessen Ausscheiden aus der Gesellschaft zur Folge haben. Der Abfindungsanspruch fällt in die Insolvenzmasse. Der Insolvenzverwalter kann ihn für die Gläubiger des ausgeschiedenen Partners geltend machen, verwerten und den Erlös verteilen (Begr. zum RegE, BT-Drs. 12/6152, 20).

Nicht zum Ausscheiden des Partners führt die Abweisung des Insolvenzan- **7** trags mangels Masse (§ 26 InsO; BGHZ 75, 178 [179ff.] = NJW 1980, 233; aA MüKoHGB/*K. Schmidt* HGB § 131 Rn. 74). Der Partnerschaftsvertrag kann aber eine entsprechende Regelung vorsehen. Der Vermögensverfall eines Partners soll unabhängig von einer vertraglichen Regelung die Ausschließung des Gesellschafters gem. § 140 HGB rechtfertigen (Römermann/*Römermann* Rn. 10). Eine solche Vereinbarung behält freilich Relevanz nur in Fällen, in denen die freiberufliche Stellung nicht an eine Zulassung geknüpft ist. Sofern bei bestimmten Freien Berufen der Vermögensverfall ein Grund für den Widerruf der Zulassung ist (vgl. § 14 Abs. 2 Nr. 7 BRAO), folgt das Ausscheiden des betroffenen Partners bereits aus § 9 Abs. 3 (→ Rn. 40ff.).

c) Kündigung des Partners. aa) Ordentliche Kündigung. Gemäß **8** Abs. 1 iVm § 131 Abs. 3 S. 1 Nr. 3 HGB führt auch die Kündigung eines Partners grundsätzlich nur zu dessen Ausscheiden aus der Partnerschaft. Jeder Partner kann gem. § 9 Abs. 1 iVm § 132 HGB seine Gesellschafterstellung selbst im Wege einer ordentlichen Kündigung beenden, sofern die Partnerschaft für unbestimmte Zeit abgeschlossen worden ist. Dies entspricht dem in § 723 Abs. 1 S. 1 BGB niedergelegten Grundsatz des Gesellschaftsrechts, demzufolge alle Personengesellschaften, die für unbestimmte Zeit eingegangen sind, ohne das Vorliegen eines wichtigen Grundes gekündigt werden können (Heymann/ *Emmerich* HGB § 132 Rn. 1). Als auf unbestimmte Zeit abgeschlossen gelten auch Partnerschaften auf Lebenszeit und solche, die stillschweigend fortgesetzt werden (§ 134 HGB). Zu vertraglichen Einschränkungen → Rn. 25ff.

bb) Außerordentliche Kündigung. Der Verzicht des HGB auf ein frist- **9** loses Kündigungsrecht aus wichtigem Grund – wie es für die GbR in § 723 Abs. 1 BGB vorgesehen ist – gilt infolge der Verweisung des § 9 Abs. 1 auch für die Partnerschaft. Anders als in sonstigen Dauerschuldverhältnissen, in denen nach dem in § 314 BGB verankerten allgemeinen Grundsatz eine außerordentliche Kündigung stets möglich ist und auch vertraglich nicht abbedungen werden kann, ist der Gesellschafter einer Partnerschaft auf den schwerfälligen Weg der Auflösungsklage entsprechend § 133 HGB verwiesen, wenn der Gesellschaftsvertrag keine Erleichterungen vorsieht. Da sich die Wirksamkeit einer außerordentlichen Kündigung regelmäßig nur schwer feststellen lässt, mag man die Bestimmung im Regelungszusammenhang des HGB aus Gründen der Rechtssicherheit noch für rechtspolitisch vertretbar halten (vgl. *K. Schmidt* GesR § 52 III 4a, 1516). Meines Erachtens ist sie auch dort seit der mit dem HRefG eingetretenen Änderung verfehlt.

10   Für die Partnerschaft, bei der im Falle eines wichtigen Grundes zugleich die Grundlage der vertrauensvollen Zusammenarbeit der Partner zerstört ist, ist der Ausschluss der außerordentlichen Kündigung unbefriedigend und inkonsequent. Einerseits werden die Rechtsfolgen der ordentlichen Kündigung abgemildert und der Kündigung einer GbR gleichgestellt, andererseits wird für den Fall der außerordentlichen Beendigung das umständliche Instrument der Auflösungsklage vorgeschrieben (ebenso krit. MWHLW/*Hoffmann* Rn. 9). Die unbefriedigenden Folgen der gesetzlichen Regelung können dann dadurch abgefedert werden, dass man das angerufene Gericht in analoger Anwendung des § 133 HGB für befugt hält, anstelle der Auflösung als milderes Mittel das Ausscheiden des klagenden Partners auszusprechen (→ Rn. 108; EBJS/*Lorz* HGB § 133 Rn. 9; *Wiedemann* GesR II § 8 IV 2d; MWHLW/*Hoffmann* Rn. 9; aA (mit ausführlicher Gesetzesauslegung): *Stodolkowitz* NZG 2011, 1327 [1329ff.], der dem Gesellschafter ein außerordentliches Kündigungsrecht bereits aus der allgemeinen Vorschrift des § 723 Abs. 1 S. 2, 3 BGB iVm § 105 Abs. 3 HGB zuweist und § 133 HGB nach Sinn und Zweck auf den Sonderfall der Auflösung aus wichtigem Grund beschränkt.)

11   **cc) Kündigungserklärung und -frist.** Fehlt es an einer abweichenden gesellschaftsvertraglichen Regelung, so muss die Kündigung gegenüber allen übrigen Partnern erfolgen, nicht gegenüber der Partnerschaft. Die Erklärung kann aber von der Partnerschaft an die Partner weitergeleitet werden (so bereits für die KG: RGZ 21, 93 [95]).

12   Die Kündigung kann **konkludent** erfolgen, ihr Erklärungsinhalt muss aber eindeutig erkennbar sein. Als Gestaltungserklärung muss sie unmissverständlich einen hinsichtlich der beabsichtigten Rechtsfolge konkretisierten Willen des Partners erkennen lassen. Zudem muss deutlich werden, ob es sich um eine bloße Austrittskündigung entsprechend dem gesetzlichen Leitbild gem. § 9 Abs. 1 iVm § 131 Abs. 3 S. 1 Nr. 3 HGB handelt oder ob doch ausnahmsweise eine die Partnerschaft zum nächstmöglichen Termin auflösende Kündigung beabsichtigt ist. Obschon es sich um eine einseitige Willenserklärung handelt, kann sie nach inzwischen herrschender Meinung unter eine Bedingung gestellt werden, sofern dies keine unzumutbare Ungewissheit unter den Partnern aufkommen lässt (Baumbach/Hopt/*Roth* HGB § 132 Rn. 3 unter Hinweis auf BGHZ 97, 264 [267] = NJW 1986, 2245 [2246]; krit. MWHLW/*Hoffmann* Rn. 10).

13   Eine besondere **Form** der Kündigungserklärung ist gesetzlich nicht vorgesehen (MWHLW/*Hoffmann* Rn. 11), jedoch durch Gesellschaftsvertrag vereinbar. Aus Beweisgründen empfiehlt sich die Schriftform (Henssler/Strohn/*Hirtz* Rn. 6).

Die Kündigung muss, sofern im Partnerschaftsvertrag nichts anderes verab- **14** redet wurde, gem. § 9 Abs. 1 iVm § 132 HGB mit einer **Frist** von mindestens **sechs Monaten zum Ende des Geschäftsjahres** erfolgen (so jetzt auch MWHLW/*Hoffmann* Rn. 12). Wird die Kündigung ungeachtet der Einhaltung der Kündigungsfrist zur Unzeit ausgesprochen, ist der kündigende Partner gem. § 1 Abs. 4 iVm § 723 Abs. 2 S. 2 BGB zum Schadensersatz verpflichtet. Die Kündigung der Partnerschaft kann nach der Rspr. (BGHZ 23, 10 [16]) rechtsmissbräuchlich sein, sodass dem Partner eine Berufung auf sein Kündigungsrecht zeitweise verwehrt bleibt. Dabei wird es sich jedoch um absolute Ausnahmefälle handeln. In dem der zitierten BGH-Entscheidung zugrunde liegenden Sachverhalt hatten sich die Parteien in einem gerichtlichen Vergleich verständigt, dass einer Partei eine Gesellschafterstellung eingeräumt wird. In diesem Fall kann es nach Auffassung des BGH rechtsmissbräuchlich sein, wenn man diese Position durch Ausübung des Kündigungsrechts gleich wieder beseitigt. Je länger die Gesellschaft andauert, desto ferner liegt die Annahme rechtsmissbräuchlichen Verhaltens. Eine dauerhafte Beschränkung des Kündigungsrechts aufgrund rechtsmissbräuchlichen Verhaltens kommt wegen § 723 Abs. 3 BGB nicht in Betracht (BGHZ 23, 10 [16 f.]; BGH WM 1977, 736 [738]).

dd) Kollektive Ausübung des Kündigungsrechts. Im Falle der Tren- **15** nung von einem als nicht mehr tragbar empfundenen Partner stellt sich die Frage nach der Möglichkeit einer kollektiven Kündigung der Mitgliedschaft in der Partnerschaft und anschließender Neugründung der Partnerschaft ohne den betroffenen Partner. Ein Bedarf für eine solche Kollektivkündigung besteht insbesondere, sofern die strengen Anforderungen eines zur Hinauskündigung berechtigenden wichtigen Grundes iSd § 737 BGB, § 140 HGB nicht erreicht sind (→ Rn. 22 ff.), die weitere Zusammenarbeit gleichwohl nicht sachdienlich ist. Obgleich durch einen solchen Kollektivaustritt faktisch ein ähnliches Ergebnis wie bei einer rechtlich problematischen Hinauskündigung ohne wichtigen Grund erzielt wird (→ Rn. 30 ff.), steht der Kollektivaustritt nicht im Widerspruch zu den gesetzlichen Wertungen des Ausschlussrechts. Ein Umgehungsvorwurf ist daher zu verneinen (ausführlich *Henssler/Kilian* ZIP 2005, 2229 ff.; *Kilian* WM 2006, 1567 [1574 ff.]).

In der Rspr. ist sogar die These vertreten worden, dass eine im Gesellschafts- **16** vertrag nicht vorgesehene Ausschlusskündigung eines Partners als Austrittskündigung der übrigen Partner anzusehen sei (OLG Braunschweig MDR 1999, 1352). Richtigerweise wird man freilich verlangen müssen, dass ein entsprechender Wille der übrigen Partner eindeutig ermittelbar ist. Kommt es zur Kollektivkündigung, behält der verbleibende Gesellschafter als Alleininhaber der Partnerschaft all diejenigen rechtlichen und wirtschaftlichen Positionen, die durch das Gesellschaftsrecht geschützt sind, insbesondere die Infrastruktur sowie die unternehmerischen Chancen, die in dem Unternehmen verkörpert sind. Die anderen Gesellschafter stehen nach dem Kollektivaustritt wie nach der Auflösung der Partnerschaft wieder in einer allgemeinen Wettbewerbssituation zu ihrem Mitgesellschafter, sodass es Sache jedes einzelnen Gesellschafters ist, sich die wirtschaftlichen Rahmenbedingungen zu verschaffen, um im Wettbewerb zu bestehen.

17   **d) Kündigung durch Privatgläubiger.** Gemäß Abs. 1 iVm § 131 Abs. 3 S. 1 Nr. 4 HGB scheidet ein Partner aus der Partnerschaft auch dann aus, wenn einer seiner Gläubiger die Kündigung erklärt. Da gem. § 7 Abs. 2 iVm § 124 Abs. 2 HGB nur Gesellschaftsgläubiger in das Vermögen der Partnerschaft vollstrecken können, muss dem Privatgläubiger eines Partners die Möglichkeit eingeräumt werden, auf dessen Anteil zugreifen zu können. Zur Begründung des zu pfändenden Anspruchs des Privatschuldners/Partners auf das Auseinandersetzungsguthaben gem. § 1 Abs. 4 iVm § 717 S. 2 BGB kann der Privatgläubiger die Partnerschaft für den jeweiligen Partner unter den Voraussetzungen des § 135 HGB kündigen (zur Frage, inwieweit der Gläubiger gesellschaftsvertragliche Abfindungsklauseln gegen sich gelten lassen muss, → Rn. 83). § 135 HGB geht als Spezialregelung auch in der Partnerschaft § 725 BGB vor.

18   Im Einzelnen setzt das Kündigungsrecht voraus, dass
– es sich bei dem Gläubiger um einen Privatgläubiger des Partners handelt,
– dieser aufgrund eines nicht bloß vorläufig vollstreckbaren Schuldtitels die Pfändung und Überweisung des Abfindungsanspruchs des Partners erwirkt hat,
– innerhalb der letzten sechs Monate durch ihn oder einen anderen Gläubiger eine Zwangsvollstreckung in das Vermögen des Schuldners ohne Erfolg versucht wurde (dabei reicht ein ernsthafter Vollstreckungsversuch aus; der Ausgang weiterer Vollstreckungsversuche, insbesondere in das unbewegliche Vermögen, braucht nicht abgewartet zu werden, BGH ZIP 2009, 1863), wobei die Erfolglosigkeit nachgewiesen werden muss (Unpfändbarkeitsprotokoll des Gerichtsvollziehers), und
– die Kündigung spätestens sechs Monate vor dem Ende des Geschäftsjahres für diesen Zeitpunkt erfolgt (Kündigungsfrist).

19   Die Kündigung muss gegenüber allen Partnern einschließlich des Schuldners erklärt werden, da sich die Gläubigerkündigung an der Kündigung durch einen Partner orientiert. Der Privatgläubiger übt nicht das Kündigungsrecht seines Schuldners, sondern ein eigenes Gestaltungsrecht aus (BGH LM HGB § 142 Nr. 7). Bei einer Kündigungserklärung gegenüber der Partnerschaft ist erforderlich, dass die Erklärung rechtzeitig an die Partner weitergeleitet wird. Ausnahmsweise kann eine gesellschaftsvertraglich vereinbarte Auflösung der Gesellschaft – die dem gesetzlich vorgesehenen Fall der Fortsetzung widerspricht – als Kündigungsfolge sinnvoll sein, wenn beispielsweise der infrage stehende Anteil einen fundamentalen Wert für die Gesellschaft hat, ohne den sie nicht weiter bestehen kann (zu gesellschaftsvertraglichen Gestaltungsmöglichkeiten: *Koch* DZWiR 2010, 441 [443f.]).

20   **e) Beschluss der Partner.** Gemäß Abs. 1 iVm § 131 Abs. 3 S. 1 Nr. 6 HGB kann ein Partner auch aufgrund eines Gesellschafterbeschlusses aus der Partnerschaft ausgeschlossen werden. Dieser setzt mangels anderer Vereinbarung Einstimmigkeit voraus (vgl. § 6 Abs. 3 iVm § 119 Abs. 1 HGB). Ein Ausschluss gegen den Willen des betroffenen Partners ist jedoch nur durch Ausschlussklage nach § 140 Abs. 1 HGB, § 133 HGB bei wichtigem Grund in der Person des Partners oder bei entsprechender Ausschlussklausel im Gesellschaftsvertrag möglich (Römermann/*Römermann* Rn. 15 ff.; vgl. für die OHG Baumbach/Hopt/*Roth* HGB § 131 Rn. 26). § 131 Abs. 3 S. 1 Nr. 6 HGB ist nicht dahingehend zu verstehen, dass die Partner einen Gesellschafter ohne dessen Zustimmung nach freiem Ermessen ausschließen können (vgl. für die OHG Baumbach/Hopt/*Roth* HGB §131 Rn. 26; zur Zulässigkeit eines Ausschlusses eines Partners ohne wichtigen Grund →Rn. 30ff.).

f) Die Ausschließung eines Partners (§§140, 133 HGB). aa) Aus- 21 **schließungsklage.** Jeder Partner kann entsprechend §140 HGB durch gerichtliche Entscheidung aus der Partnerschaft ausgeschlossen werden. In der Person des Partners muss ein Umstand eingetreten sein, der für die übrigen Gesellschafter einen Auflösungsgrund nach §133 HGB bildet (→Rn. 22ff.). Den Partnern soll die Möglichkeit eröffnet werden, trotz Vorliegen eines Auflösungsgrundes die Gesellschaft zwischen den übrigen Partnern fortzusetzen. Nach §140 Abs. 1 S. 2 HGB ist die Ausschließungsklage selbst dann möglich, wenn nach der Ausschließung nur ein Partner verbleibt. Die Partnerschaft wird in diesem Fall allerdings aufgelöst. Kommt es in einer Zwei-Personengesellschaft zu schwerwiegenden Pflichtverletzungen auf beiden Seiten, kann einer von zwei Anteilsinhabern nicht wegen gesellschaftswidrigen Verhaltens aus der Gesellschaft ausgeschlossen werden; vielmehr ist im Wege der Auflösungsklage gem. §133 HGB durch das Gericht zu entscheiden (LG Frankfurt a. M. ZIP 2013, 2311 [2315]). §140 HGB verlangt die Ausschließung durch Gestaltungsurteil. Die Ausschließungsklage muss von allen übrigen Mitgesellschaftern als notwendige Streitgenossen (§62 ZPO) erhoben werden (BGHZ 30, 195 [197] = NJW 1959, 1683). §140 HGB ist – im Gegensatz zum Recht auf Auflösung (§133 Abs. 3 HGB) – dispositiv (Heymann/*Emmerich* HGB §140 Rn. 30ff.). Das Ausschlussrecht kann im Gesellschaftsvertrag erschwert oder gar ganz beseitigt werden (BGHZ 51, 204 [205] = NJW 1969, 793 [794]). Es bleibt dann nur die Auflösung.

bb) Wichtiger Grund. Die Ausschließung erfordert einen **wichtigen** 22 **Grund.** Er liegt vor, wenn das Zusammenwirken der Gesellschafter zur Erreichung des Gesellschaftszwecks derart beeinträchtigt ist, dass dem Kläger die Fortführung der Partnerschaft unzumutbar ist (vgl. BGHZ 69, 160 [169] = NJW 1977, 2160 [2162]). Zu differenzieren ist zwischen **gesellschafts- und gesellschafterbezogenen Umständen.** Nur die letztgenannten können angesichts der Formulierung in §140 HGB („in der Person eines Gesellschafters") als Ausschließungsgrund berücksichtigt werden. Beispiele für gesellschafterbezogene Gründe bieten: Verleumdung, anderweitige Berufstätigkeit, Rücksichtslosigkeit und mangelnde Loyalität gegenüber den Partnern, Alter, Krankheit und Zerrüttung der persönlichen Vermögensverhältnisse. Aus den in §133 Abs. 2 HGB genannten Beispielen geht hervor, dass neben einem vorsätzlichen oder grob fahrlässigen Fehlverhalten auch ein unverschuldetes Verhalten in Betracht kommen kann. Selbst ein nicht verhaltensbedingtes Unvermögen zur Erfüllung der gesellschaftsvertraglichen Verpflichtungen berechtigt die Partner, sich von einem Mitgesellschafter zu lösen. Im Rahmen einer umfassenden Interessenabwägung sind sämtliche Umstände zu würdigen. Maßgebend für die Beurteilung der Unzumutbarkeit ist der Zeitpunkt der letzten mündlichen Verhandlung.

Die Rspr. trägt bislang den freiberuflichen Besonderheiten wenig Rech- 23 nung. Zwar wird die Zerstörung der Vertrauensbasis in einer Freiberuflerge-

sellschaft als wichtiger Grund für eine außerordentliche Kündigung eines Gesellschafters gewertet (BGH NJW-RR 1991, 1249 [1251]). Jedoch soll selbst
eine massive Beeinträchtigung des Vertrauensverhältnisses für sich genommen
die Ausschließung noch nicht rechtfertigen. Vielmehr müsse das Zerwürfnis
überwiegend durch den Auszuschließenden verursacht worden sein (BGH
NZG 2003, 625 [626]). Überzeugender erscheint es, in freiberuflichen Gesellschaften aufgrund der engen persönlichen Abhängigkeit und der Gesellschaf-
terpflicht zur aktiven Mitarbeit generell geringere Anforderungen an den
einen Ausschluss rechtfertigenden wichtigen Grund zu stellen. Der Partnerschaft sind diese Besonderheiten aufgrund ihrer vorgegebenen freiberuflichen
Ausrichtung immanent (dazu *Henssler* FS Konzen, 2006, 267 [280]).

24   Schon nach allgemeinen gesellschaftsrechtlichen Grundsätzen dürfen außerdem an die besondere Bedeutung des Ausschließungsgrundes isd § 140
HGB keine höheren Anforderungen gestellt werden als an die „Wichtigkeit"
eines Auflösungsgrundes gem. § 133 HGB, wie sich aus der Verweisung in
§ 140 HGB auf die Voraussetzungen des § 133 HGB ergibt. Jede andere Auslegung liefe zudem der ratio des neuen Regelungskonzepts bei den Personenhandelsgesellschaften zuwider, durch Erweiterung der Ausschließungsgründe
die Fälle der Auflösung einzugrenzen und damit zu einer Strukturverfestigung
der Gesellschaft beizutragen. Erweiterungen des „wichtigen Grunds" durch
den Partnerschaftsvertrag stehen den Beteiligten offen.

25   **g) Vertragliche Gestaltungen. aa) Vereinbarte Ausschlussgründe.**
Über die in § 9 Abs. 1 iVm § 131 Abs. 3 S. 1 HGB und § 9 Abs. 3 ausdrücklich
geregelten Ausscheidensgründe hinaus können die Partner weitere Gründe im
Partnerschaftsvertrag festlegen, deren Eintritt zum Ausscheiden eines Partners
führt (vgl. § 131 Abs. 3 S. 1 Nr. 5 HGB). Als vereinbarter partnerschaftsspezifi-
scher Ausschlussgrund bietet sich die Aufgabe der aktiven Mitarbeit aus Altersgründen an (amtl. Begr. zum RegE, BT-Drs. 12/6152, 19; *Seibert* 116). Die
Vereinbarung von Kündigungs- oder Austrittsrechten im Partnerschaftsvertrag
ist zu empfehlen.

26   **bb) Erleichterungen des Kündigungsrechts.** Erleichterungen des Kündigungsrechts sind in verschiedenen Formen denkbar. So kann die Kündigungsfrist des § 132 HGB abgekürzt oder ein Recht zur jederzeitigen Kündigung eingeräumt werden (MüKoHGB/*K. Schmidt* HGB § 132 Rn. 36; Staub/
Schäfer HGB § 132 Rn. 26 f.; Baumbach/Hopt/*Roth* HGB § 132 Rn. 8;
Henssler/Strohn/*Hirtz* Rn. 14). Steht das Ausscheiden eines Gesellschafters
ohnehin fest, besteht meist ein beiderseitiges Interesse an einer schnellen Abwicklung. Die verbleibenden Partner werden kein Interesse daran haben, dass
der ausscheidende Gesellschafter weiterhin Kontakt zu den Mandanten der
Partnerschaft unterhält. Umgekehrt wird der ausscheidende Gesellschafter
möglichst schnell an seinem neuen Betätigungsort aktiv werden wollen. Eine
praktisch bedeutsame Erleichterung ist auch die vertragliche Verankerung des
gesetzlich nicht vorgesehenen Rechts zur fristlosen Kündigung aus wichtigem
Grund (BT-Drs. 12/6152, 19; MWHLW/*Hoffmann* Rn. 17). Das Gesetz verzichtet auf ein entsprechendes Austrittsrecht, da dem Partner die Auflösungsklage zusteht (→ Rn. 9 f.).

cc) Erschwerungen des Kündigungsrechts. Mit Ausnahme eines gene- 27
rellen Ausschlusses des Kündigungsrechts, dem § 723 Abs. 3 BGB entgegensteht, können die Partner das Kündigungsrecht auch einschränken, insbesondere die Kündigungsfrist sowie den Kündigungstermin abweichend vom
gesetzlichen Regelfall gestalten (Heymann/*Emmerich* HGB § 132 Rn. 11 ff.).
Grundsätzlich zulässig ist die Vereinbarung einer Mindestlaufzeit mit der
Folge, dass das Recht zur ordentlichen Kündigung gem. § 132 HGB erst nach
Ablauf dieser Mindestdauer ausgeübt werden kann (vgl. BGHZ 10, 91 [98]
= NJW 1953, 1217 [1218]). Lange Zeit ging die Rspr. davon aus, dass selbst
sehr langjährige Bindungen in Freiberuflergesellschaften nicht zu beanstanden
seien (für lange Bindungszeiten etwa BGHZ 10, 91 [98] = NJW 1953, 1217
[1218]; *Gersch* BB 1977, 871 [874]; zum Ganzen auch *Oetker,* Das Dauerschuldverhältnis und seine Beendigung, 1994, 499, 501).

Im jüngeren Schrifttum und in aktuellen Gerichtsentscheidungen hat sich 28
die vom Verfasser bereits seit längerem vertretene (vgl. etwa *Henssler* in Hens-
sler/Streck SozietätsR-HdB Kap. D Rn. 111) Auffassung durchgesetzt, dass
bei Berufsausübungsgesellschaften, die in rechtlicher und wirtschaftlicher Hinsicht durch eine berufliche Betätigung der beteiligten Freiberufler und nicht
durch eine bloße Kapitalbindung gekennzeichnet sind, eine zu lange zeitliche
Bindung an die Gesellschaft nicht sachgerecht und ohne die Möglichkeit einer
ordentlichen Kündigung innerhalb eines überschaubaren Zeitraums unzulässig
ist (OLG Düsseldorf NJW-RR 2005, 288 [289]; *Henssler* FS Konzen, 2006,
267 [278 f.]; zust. *Bunk,* Vermögenszuordnung, Auseinandersetzung und Ausscheiden in Sozietät und Gemeinschaftspraxis, 2007, 111 ff.; ferner MüKo-
BGB/*Schäfer* Rn. 7; MWHLW/*Hoffmann* Rn. 16, 35). Der BGH (ErbStB
2013, 81; NJW 2007, 295) geht zwar allgemein davon aus, dass die maximal
zulässige Bindung nicht generell abstrakt, sondern nur anhand des Einzelfalls
unter Abwägung aller Umstände beurteilt werden könne (ebenso Baumbach/
Hopt/*Roth* HGB § 132 Rn. 3; MüKoBGB/*Schäfer* BGB § 723 Rn. 65 f.; vgl.
auch *Heller/Kanter* GesR 2009, 346 [347 ff.]). Speziell für eine Rechtsanwaltssozietät hat er aber die Auffassung vertreten, dass der Ausschluss des Rechts zur
ordentlichen Kündigung im Sozietätsvertrag für einen Zeitraum von 30 Jahren
auch dann eine unzulässige Kündigungsbeschränkung iSd § 723 Abs. 3 BGB
darstellt, wenn sie Teil der Alterssicherung der Seniorpartner ist (BGH NJW
2007, 295; dem folgend OLG Stuttgart OLG-Report Stuttgart 2007, 659).

An die Stelle der unzulässigen Kündigungsbeschränkung tritt eine nach den 29
Umständen des Einzelfalls angemessene Laufzeit (BGH NJW 2007, 295
Rn. 21). Sachgerecht dürfte es sein, die Höchstgrenze bei fünf Jahren anzusiedeln (OLG Stuttgart OLG-Report Stuttgart 2007, 659 [660 ff.]; *Henssler* FS
Konzen, 2006, 267 [279]; der BGH hat sich insoweit nicht festgelegt, jedoch
eine 14-jährige Bindung für zu lang erachtet). Diese Grundsätze sollen auch
gelten, wenn die Partner anlässlich von Vertragsänderungen die unwirksame
Laufzeit mehrfach neu in Gang gesetzt haben; für den Beginn der angemessenen Laufzeit ist dann auf den zuletzt unter den Partnern vereinbarten Neubeginn einer festen Bindungsdauer abzustellen (OLG Stuttgart OLG-Report
Stuttgart 2007, 659 [662]).

30   **dd) Erleichterungen des Ausschließungsrechts.** Ebenso kann der Vertrag vorsehen, dass ein Partner aus wichtigem Grund vereinfacht durch Beschluss – anstatt mittels einer langwierigen Klage – ausgeschlossen werden darf. Eine gesellschaftsvertragliche Regelung, nach der ein Gesellschafter ausscheiden muss, wenn die übrigen Gesellschafter dies durch Erklärung ihm gegenüber verlangen, ist grundsätzlich dahingehend auszulegen, dass ein Beschluss über das Ausscheiden zu fassen und im Anschluss daran eine Ausschließungserklärung gegenüber dem betroffenen Mitglied abzugeben ist (BGH NJW 2011, 2648 Rn. 15). Für die Praxis ist das Urteil in Bezug auf eine möglicherweise im Gesellschaftsvertrag festgelegte Anfechtungsfrist relevant, da diese bereits zu laufen beginnt, wenn der Betroffene Kenntnis vom Inhalt des Beschlusses hat, nicht also erst dann, wenn ihm das Ausscheidensverlangen angetragen wird (*Gehling* EWiR 2011, 813 [814]). Im Gesellschafsvertrag können auch Sachverhalte festgelegt werden, die als „wichtiger Grund" isv § 140 HGB gelten sollen. Die gesetzlichen Voraussetzungen dürfen aber lediglich konkretisiert, nicht dagegen ausgehöhlt werden. Vom gesetzlichen Regelungskonzept abweichende vertragliche Gestaltungen haben die von der Rspr. für die Personenhandelsgesellschaften konkretisierten Grenzen der Vertragsfreiheit zu beachten (Begr. zum RegE, BT-Drs. 12/6152, 19; Baumbach/Hopt/*Roth* HGB § 131 Rn. 25). Nach der gefestigten Rspr. des BGH sind Klauseln unwirksam, die den Ausschluss eines Gesellschafters ohne wichtigen Grund vorsehen (stRspr seit BGHZ 68, 212 [215] = NJW 1977, 1292 [1293]). Der BGH hält solche **„Hinauskündigungsklauseln"**, die an keine Voraussetzungen geknüpft sind, nur ausnahmsweise dann für zulässig, wenn der Ausschluss im Einzelfall wegen besonderer Umstände **sachlich gerechtfertigt** ist (BGHZ 81, 263 [266ff.] = NJW 1981, 2565 [2566]; BGHZ 105, 213 [216f.] = NJW 1989, 834 [835]; BGHZ 112, 103 [107f.] = NJW 1990, 2622 [2623]; BGHZ 164, 98 [102] = NJW 2005, 3641 [3642]; BGHZ 164, 107 [110f.] = NJW 2005, 3644 [3645]; BGH NJW-RR 2007, 913 Rn. 9ff.). Dogmatisch lässt sich dieser Ausnahmecharakter mit dem Grundsatz der Gleichstellung aller Gesellschafter begründen, der eine Gleichbehandlung aller Partner und eine Treuepflicht jedes Mitglieds gegenüber den anderen Partnern fordert. Nur dort, wo ein ungleiches Verhältnis zwischen einem Partner und den übrigen Gesellschaftern besteht, ist es auch gerechtfertigt, diesen aus der Gesellschaft auszuschließen. Ließe man eine Hinauskündigung auch bei sachfremden Gründen zu, käme das einem willkürlichen Ausschlussrecht gleich, das die freie Willensbildung der Gesellschafter negativ beeinflussen und somit die persönliche Entscheidungsfreiheit der Partner gefährden würde (zum Ganzen: *Nassall* NZG 2008, 851 [853ff.]).

31   **Sachlich gerechtfertigt** sind nach der Rspr. des BGH vor allem Klauseln, die den berechtigten Interessen der übrigen Gesellschafter Rechnung tragen, nur solche Gesellschafter aufzunehmen, mit denen eine vertrauensvolle und gedeihliche Zusammenarbeit möglich erscheint. Gebilligt hat der BGH auch ein freies Hinauskündigungsrecht, das auf der Testierfreiheit des Erblassers beruht. Im entschiedenen Fall hatte der Erblasser sein einzelkaufmännisches Unternehmen in der Weise an seine beiden Kinder vererbt, dass er ihnen dessen Einbringung in eine von ihnen zu gründende Kommanditgesellschaft und den Abschluss eines Gesellschaftsvertrags auferlegt hatte, der dem einen Kind auch im Falle einer an keine Gründe geknüpften Eigenkündigung das Recht zur Übernahme des Geschäftsbetriebs einräumen sollte. Durch diese Gestaltung habe er dem anderen Kind zulässigerweise nur eine bereits mit dem Kündigungsrecht belastete Beteiligung vermacht (BGH NJW-RR 2007, 913 Rn. 13).

Für **sachlich gerechtfertigt** befand das OLG Nürnberg auch eine sog. **32** Russian Roulette-Klausel im Gesellschaftsvertrag einer zweigliedrigen Gesellschaft (OLG Nürnberg NJW-RR 2014, 418 [420]; zust. Baumbach/Hopt/ *Roth* HGB § 105 Rn. 71; skeptisch MüKoHGB/*K. Schmidt* HGB § 140 Rn. 91). Als – soweit ersichtlich – erstes deutsches Gericht befasste es sich mit der Grundform von sog. Shoot-Out-Klauseln, welche für unüberwindbare Konflikte aufgrund der paritätischen Beteiligung von Gesellschaftern in einer zweigliedrigen Gesellschaft die Möglichkeit vorsehen, die Auflösung der Gesellschaft ohne Einschaltung eines Gerichts herbeizuführen. Hierbei wird einem Gesellschafter das Recht eingeräumt, in einer unüberwindbaren Pattsituation dem anderen Gesellschafter seinen Gesellschaftsanteil zum Kauf anzubieten. Dieser kann das Angebot entweder annehmen oder es mit der Konsequenz ablehnen, dass er selbst seinen Gesellschaftsanteil um gleichen Preis dem anderen Teil verkaufen muss (sog. One Way Sell Russian Roulette oder auch „chinesische Klausel", zum Ganzen und weiteren gängigen Varianten wie Texas Shoot-Out-Klauseln: *Schroeder/Welpot* NZG 2014, 609 [611]; *Fleischer/Schneider,* DB 2010, 2713 [2714]).

Obwohl die Klausel im konkreten Fall nicht entscheidungserheblich war, **33** nahm das OLG Nürnberg ausführlich zur Problematik Stellung und erklärte, es halte Russian Roulette-Klauseln jedenfalls nicht per se für unwirksam. Im Ergebnis knüpfte das Gericht schließlich an die Sittenwidrigkeitsprüfung von **„Hinauskündigungsklauseln"** gem. § 138 BGB an. Es hielt den Zweck der Klausel, die Selbstblockade der Gesellschaft zu lösen, für legitim und stufte im konkreten Fall die Verwendung der Klausel als sachlich gerechtfertigt ein (OLG Nürnberg NJW-RR 2014, 418 [420]). Die Gegenansicht verneint schon das Vorliegen einer **„Hinauskündigungsklausel"** (BeckOK BGB/ *Schöne* BGB § 737 Rn. 25; EBJS/*Wertenbruch* HGB § 105 Rn. 210) oder geht allenfalls von einer ihr „ähnlichen" Fallkonstellation (*Valdini/Koch* GWR 2016, 179) aus, da der Empfänger des Angebots grundsätzlich in seiner Entscheidung frei ist, zu kaufen oder verkaufen. Eine Lösung wird nicht über die Sittenwidrigkeit nach § 138 BGB, sondern über eine Verletzung der gesellschaftlichen Treuepflicht nach § 242 BGB entwickelt (EBJS/*Wertenbruch* HGB § 105 Rn. 210).

Als Vorteile der Shoot-Out-Verfahren werden Kosten- und Zeitersparnisse **34** durch die Vermeidung langjähriger Gerichtsprozesse insbesondere über die Bewertung des Gesellschaftsanteils und die damit einhergehende Erstellung aufwendiger Sachverständigengutachten genannt (*Schroeder/Welpot* NZG 2014, 609, 610 [612]). Nachteilig erscheinen nicht ausgeschlossene Missbrauchsmöglichkeiten der Gestaltungsform, die auch bereits in der Herbeiführung der Konfliktsituation liegen können (hierzu: *Valdini/Koch* GWR 2016, 179 [181 ff.]).

Grundsätzlich bedenklich ist das in einem anwaltlichen Partnerschaftsver- **35** trag vereinbarte Recht des oder der Seniorpartner, neu aufgenommene Juni-

orpartner ohne wichtigen Grund nach **freiem Ermessen** kündigen zu können. Eine solche Vertragsgestaltung muss ihrerseits durch einen Sachgrund gerechtfertigt sein. Eine denkbare Konstellation ist etwa die Aufnahme eines Ju-
niorpartners, der sich nicht in die Gesellschaft „einkaufen" musste. Bei
Partnern, die ihren Gesellschaftsanteil entgeltlich erworben haben, widerspricht das freie Kündigungsrecht der Mitgesellschafter dagegen der essentiellen Bedeutung der Gesellschafterstellung, die in der Partnerschaft zugleich Er-
werbsquelle ist und damit den Lebensunterhalt sichert. Problematisch sind
auch Klauseln, die einen Ausschluss desjenigen Partners vorsehen, der die Um-
satzerwartungen nicht erfüllt. Da der wichtige Grund geeignet sein muss, das
zwischen den Gesellschaftern herrschende Vertrauensverhältnis zu beschädi-
gen, dürfte eine bloße Umsatzverfehlung hierzu nicht ausreichen, sodass ein
auf diesem Umstand basierendes Hinauskündigungsrecht regelmäßig gegen
die guten Sitten (§ 138 BGB) verstößt (ausführlich *Henssler/Michel* NZG
2012, 401 [402f.]).

36   Abweichend von der restriktiven Rspr. fordern zahlreiche Stimmen aus der
Literatur die Zulässigkeit des Ausschlusses eines Gesellschafters bei entsprechender gesellschaftsvertraglicher Regelung auch ohne wichtigen Grund
(*Schilling* ZGR 1979, 419 [422f.]; *Kreutz* ZGR 1983, 109ff.; *Flume* DB 1986,
629 [632]; *Grunewald* DStR 2004, 1750 [1751], die ein **freies Ausschlussrecht** immer dann für zulässig hält, wenn der Ausscheidende eine vollwertige
Abfindung erhält). Für eine liberale Anerkennung vertraglicher Ausschluss-
rechte in freiberuflichen Zusammenschlüssen spricht, dass die Zusammenarbeit hier ein besonderes Vertrauen der Partner zueinander erfordert. Aus der
für die Freien Berufe charakteristischen Eigenverantwortlichkeit und Unabhängigkeit sowie dem Status des Berufsträgers als Vertrauensperson des Mandanten folgt sowohl die Notwendigkeit, sich als Gesellschafter von seinen
Partnern innerhalb eines überschaubaren Zeitraums lösen zu können, als auch
die Schutzwürdigkeit des Interesses der Mitgesellschafter, einen Partner innerhalb einer solchen Frist aus der Gesellschaft ausschließen zu können (zum
Ganzen *Henssler* FS Konzen, 2006, 267 [277ff.]; zustimmend MWHLW/*Hoffmann* Rn. 35).

37   Meinungsverschiedenheiten über die grundsätzliche Art der Mandatsbearbeitung, der Risikovorsorge, der Einkommensentwicklung oder des Kanzlei-
managements belasten die Zusammenarbeit der Gesellschafter aufgrund der
freiberuflichen Besonderheiten weit stärker, als dies bei gewerblichen Tätigkeiten ohne Vertrauensbeziehung zur Marktgegenseite der Fall ist (vgl. dazu
Henssler in Henssler/Streck SozietätsR-HdB Kap. D Rn. 111). Für eine
schwächere Bindung spricht darüber hinaus, dass es einem Partner wegen der
regelmäßig wenig kapitalintensiven und stark personenbezogenen Tätigkeit
gegenüber seinem Mandanten leichter als einem Gesellschafter einer OHG
fällt, seinen Beruf anderweitig auszuüben. Meines Erachtens sollte daher generell die Möglichkeit anerkannt werden, sich von einem Gesellschafter, mit dem
keine harmonische Zusammenarbeit mehr möglich ist, **innerhalb eines angemessenen Zeitraumes lösen zu können.** Dem Kontinuitätsinteresse des
auszuschließenden Gesellschafters ist durch eine angemessene Abfindung in
Höhe des Verkehrswerts seines Gesellschaftsanteils und durch Gewährung
einer Auslauffrist von einem bis zwei Jahren ab der Mitteilung des Ausschlusses

Rechnung zu tragen. Grenzen werden dem Ausschlussrecht durch das Will-kürverbot und das Verbot rechtsmissbräuchlicher Rechtsausübung gezogen.

In der **Rspr. des BGH** sind klare Tendenzen zu erkennen, die Besonder- **38** heiten der freiberuflichen Gesellschaften stärker als bislang zu berücksichtigen (vgl. BGH NJW 2004, 2013 [2015]; NJW-RR 2007, 1256 Rn. 25). So wird wenigstens für eine **„Erprobungsphase"** ein nicht an die Voraussetzung des wichtigen Grundes gekoppeltes Ausschlussrecht anerkannt. Zu empfehlen ist daher in den Partnerschaftsgesellschaftsverträgen stärker auf das Vertrauensver-hältnis zwischen den Partnern abzustellen. Die Voraussetzung des sachlichen Grundes sollte mit Blick auf Störungen des Vertrauensverhältnisses konkreti-siert werden. Bei der Aufnahme von Juniorpartnern empfiehlt sich die Verein-barung von Erprobungszeiten. Als zulässig wird man eine **Erprobungszeit von drei Jahren** einstufen dürfen, einen Zeitraum, den die Partner benötigen, um sich aufeinander einstellen zu können. Hierzu bedarf es einer längeren Ge-wöhnungsphase als für die bloße Beurteilung der fachlichen Qualifikation (BGH NJW-RR 2007, 1256 Rn. 25; s. zuvor *Henssler* LMK 2005, 15 [16]; *Grunewald* DStR 2004, 1750 [1751]; *K. Schmidt* NJW 2005, 2801 [2803]; krit. aber *Bieder* MDR 2007, 1049 [1050 f.], der eine Frist von einem Jahr für angemessen erachtet). Nach *Goette* (AnwBl. 2007, 637 [643]) und *Verse* (DStR 2007, 1822 [1824]) kann die Frist kürzer zu bemessen sein, wenn das entspre-chende Berufsrecht – anders als in dem vom BGH entschiedenen Fall – eine längere Tätigkeit im Angestelltenverhältnis erlaubt. *Heller/Kanter* (GesR 2009, 346 [347 ff.]) warnen vor einer Verallgemeinerung der Drei-Jahresfrist und mahnen die Berücksichtigung der Umstände des jeweiligen Einzelfalls an, da die Frist im konkreten Fall wegen des öffentlich-rechtlichen Charakters des Vertragsarztrechts nur für Ärzte Geltung beanspruchen konnte. Selbst für diese Berufsgruppe sei die BGH-Entscheidung nunmehr wegen der zwischenzeit-lich durch das VÄndG zum 1.1.2007 geschaffenen Möglichkeit der Anstel-lung mehrerer Ärzte nicht mehr maßgeblich, da die Erprobung eines Gesell-schafters alternativ zur sofortigen Vergesellschaftung mit späterer Option der Hinauskündigung nun regelmäßig durch eine vorläufige Anstellung des Arztes erfolgen könne. Durch den BGH (vgl. BGHZ 164, 98 = NJW 2005, 3641; BGHZ 164, 107 = NJW 2005, 3644: sog. **Manager- bzw. Mitarbeitermo-delle**) als Lösungsmodell vorgezeichnet ist auch der Weg über zwei separate Verträge, nämlich den Abschluss eines Anstellungsvertrags, der parallel zur Ge-sellschafterstellung besteht. Die Gesellschafterstellung kann dann wirksam an die Dauer des Anstellungsvertrags gekoppelt werden (dazu *Grunewald* FS Pries-ter, 2007, 123 [130]).

Das Recht, die Auflösung der Partnerschaft zu verlangen, darf weder aus- **39** geschlossen noch beschränkt oder mittelbar ausgehöhlt werden (§ 133 Abs. 3 HGB).

2. Verlust der Zulassung (§ 9 Abs. 3)

a) Verkammerte Berufe. § 9 Abs. 3 regelt einen aus der Funktion der **40** Partnerschaft als Freiberuflergesellschaft zwingend folgenden Sonderfall des Ausscheidens eines Partners kraft Gesetzes. Da die Gesellschaftsform der Part-nerschaft nach § 1 Abs. 1 nur den Angehörigen Freier Berufe offensteht, muss konsequenterweise derjenige, der seine Zulassung zu dem in der Partnerschaft ausgeübten Freien Beruf verliert, aus dieser ausscheiden. Die Vorschrift stellt nicht auf die Berufszugehörigkeit, sondern auf die Berufszulassung ab. Sie ist daher nur für die Freien Berufe mit besonderem Zulassungsverfahren einschlägig. Erfasst sind die Freien Berufe, deren Angehörige kraft Gesetzes in Kammern zusammengeschlossen sind, insbesondere also Ärzte, Zahnärzte, Tierärzte, Architekten, Vereidigte Buchprüfer, Beratende Ingenieure, Lotsen, Rechtsanwälte, Patentanwälte, Steuerberater und Wirtschaftsprüfer.

41   **b) Endgültiger Zulassungsverlust.** Zum Ausscheiden führt allein der endgültige und unanfechtbar festgestellte Verlust der Zulassung sowie deren rechtskräftiger Widerruf (vgl. § 14 BRAO). Ein Steuerberater, der gemeinsam mit zwei Rechtsanwälten an einer Partnerschaft beteiligt ist, hat gleichwohl kein Recht auf Beteiligung an einem Verwaltungsverfahren, in dem es um den Widerruf der Zulassungen der beiden Rechtsanwälte geht, obwohl mit Verlust von deren Zulassung die Gesellschaft erlischt (vgl. BGH BeckRS 2013, 05202). Sieht das Berufsrecht einen besonderen Widerrufsgrund des Vermögensverfalls vor (§ 14 Abs. 2 Nr. 7 BRAO), so geht der sich aus Abs. 3 ergebende Ausscheidensgrund den aus Abs. 1 iVm § 131 Abs. 3 S. 1 Nr. 2 HGB folgenden Gründen vor. § 9 Abs. 1 iVm § 131 Abs. 3 S. 1 Nr. 2 HGB, der auf die Eröffnung des Insolvenzverfahrens über das Vermögen des Partners abstellt, steht strengeren berufsrechtlichen Zulassungsvorschriften nicht entgegen. Eine nur vorübergehende Aufhebung oder ein Ruhen der Berufszulassung (etwa Inkompatibilität mit einem übertragenen öffentlichen Amt, dazu *Schumann* FS Zeuner, 1994, 483 oder im Falle der §§ 6, 13 BÄO) führt nicht zu einem automatischen Ausscheiden aus der Partnerschaft.

42   **c) Mehrfachqualifikation.** § 9 Abs. 3 greift nicht, wenn ein Partner nach dem Gesellschaftsvertrag bereits vor Verlust der Berufszulassung mehrere Berufe innerhalb der Partnerschaft ausgeübt hat und der Verlust der Zulassung nur einen dieser Berufe betrifft (Römermann/*Römermann* Rn. 21). Erforderlich ist allerdings eine Berichtigung des Partnerschaftsregisters (§ 4 Abs. 1 S. 3 iVm § 3 Abs. 2 Nr. 2). Ein Partner, der die Berufszulassung für den einzigen von ihm in der Partnerschaft ausgeübten Beruf verliert, scheidet dagegen auch dann aus, wenn er außerdem die berufliche Qualifikation eines anderen, nicht „verkammerten" Freien Berufes besitzt, zu dessen Ausübung er sich mit seinen bisherigen Partnern ebenfalls zu einer Partnerschaftsgesellschaft hätte zusammenschließen können. So könnte ein Beratender Ingenieur (verkammerter Beruf) nach verlorener Berufszulassung eine Tätigkeit in einer anderen (nicht verkammerten) Sparte des Ingenieurwesens aufnehmen. Maßgeblich ist jeweils der Beruf, dessen Ausübung im Partnerschaftsvertrag vorgesehen ist.

43   Die einschneidende Konsequenz des § 9 Abs. 3 lässt sich vermeiden, wenn bereits im Partnerschaftsvertrag für den Fall des Verlusts einer Berufszulassung eine **bedingte Umwandlung der Partnerschaft** in eine solche mit einem Partner eines nicht verkammerten Berufes vereinbart wird (so auch MWHLW/*Hoffmann* Rn. 26; Römermann/*Römermann* Rn. 21). Es handelt sich nicht um eine Umgehung des § 9 Abs. 3. Vielmehr könnte der ausgeschlossene Partner nach einer entsprechenden Änderung des Partnerschaftsvertrags ohnehin in die modifizierte Partnerschaft wieder aufgenommen werden.

d) Berufe ohne Zulassungsverfahren. Ist bei einem Freien Beruf eine **44** Berufszulassung nicht vorgesehen (etwa bei Hebammen oder Übersetzern), so kann die gesetzliche Rechtsfolge des Abs. 3 nicht eintreten. Angehörige solcher Berufe können allein entsprechend § 140 HGB durch gerichtliche Entscheidung oder bei einer entsprechenden Regelung im Partnerschaftsvertrag auch durch Beschluss ausgeschlossen werden (vgl. die amtl. Begr. zum RegE, BT-Drs. 12/6152, 20). Geht die betroffene Person einer nicht freiberuflichen Tätigkeit unter dem Deckmantel einer Partnerschaft nach oder übt sie einen Freien Beruf aus, ohne die formale Qualifikation für den Beruf zu besitzen (zB im Fall der Aberkennung des Berufsexamens), so liegt ein Verstoß gegen § 1 Abs. 1 vor, gegen den wettbewerbs- oder registerrechtlich vorgegangen werden kann (BT-Drs. 12/6152, 20; vgl. auch *Wehrheim/Wirtz* 93 f.). Das Haftungsprivileg des § 8 Abs. 2 greift in einem solchen Fall sowohl für den „falschen" Freiberufler als auch für seine Partner (aA MWHLW/*Hoffmann* Rn. 21/22), da ein Partner außerhalb des persönlichen Anwendungsbereichs des § 9 Abs. 3 nach dem Willen des Gesetzgebers bis zu seinem Ausschluss den Status eines Partners behält (→ § 8 Rn. 72), Allerdings kann sich aus dem Auftreten eines „falschen" Partners ein Schadensersatzanspruch der geschädigten Auftraggeber gegen die PartG ergeben (vgl. MWHLW/*Hoffmann* Rn. 21/22).

3. Allgemeine Rechtsfolgen des Ausscheidens

a) Anzuwendende Vorschriften. Die Rechtsfolgen des Ausscheidens **45** eines Partners richten sich nach den zum Personengesellschaftsrecht entwickelten Grundsätzen. Vorbehaltlich einer anderweitigen vertraglichen Regelung kommt mangels einer handelsrechtlichen Spezialregelung über § 1 Abs. 4 namentlich **§ 738 BGB** zur Anwendung. Die Vorschrift bestimmt auch für die OHG die Rechtsfolgen beim Ausscheiden eines Gesellschafters.

b) Anwachsung. Mit dem Ausscheiden eines Partners wächst dessen An- **46** teil zwingend (vgl. Baumbach/Hopt/*Roth* HGB § 131 Rn. 39) den verbleibenden Partnern an. Eine abweichende vertragliche Regelung ist wegen der grundlegenden Bedeutung dieses dinglichen Mechanismus für die Gesamthand nicht möglich (MüKoBGB/*Schäfer* BGB § 738 Rn. 8, 13). Die Anwachsung geschieht automatisch ohne besonderen Übertragungsakt. Die Rechtszuordnung des Gesellschaftsvermögens bleibt unverändert. Verändert wird lediglich die prozentuale, also relative Vermögensbeteiligung im „horizontalen" Verhältnis der Gesellschafter untereinander (so MüKoHGB/*K. Schmidt* HGB § 131 Rn. 103). Für Gesellschaften mit Immobilienvermögen gelten keine Besonderheiten. Verfügt die Gesellschaft über Grundbesitz, so bleibt bei der Partnerschaft die rechtsfähige Gesellschaft ungeachtet des Ausscheidens einzelner Gesellschafter Eigentümerin der Immobilie. Die Anwachsung erfolgt im Zweifel entsprechend der bisherigen Gewinn- und Verlustbeteiligung der Partner.

Die Anwachsungsregel des § 738 Abs. 1 S. 1 BGB gilt nicht für die **Zwei-** **47** **personenpartnerschaft.** Die Gesellschaft erlischt ohne Liquidation und das Partnerschaftsvermögen geht auf den verbleibenden Partner im Wege der Gesamtrechtsnachfolge über (vgl. BGHZ 71, 296 [299 f.] = NJW 1978, 1525; KG NZG 2007, 665 [666]; Baumbach/Hopt/*Roth* HGB § 131 Rn. 35;

K. Schmidt GesR § 11 V 3 a, 308; *K. Schmidt* GesR § 44 II 2, 1304; *Wertenbruch* EWiR 2005, 403; → § 10 Rn. 35, 42). Dieser hat den Ausgeschiedenen abzufinden (MüKoBGB/*Schäfer* Rn. 12). Der Erwerber haftet aufgrund der eintretenden Gesamtrechtsnachfolge für alle Altschulden der Gesellschaft (Baumbach/Hopt/*Roth* HGB § 131 Rn. 35) Es empfiehlt sich daher kautelarische Vorsorge zu treffen, etwa durch eine Klausel, die für zweigliedrige Gesellschaften die Regel „Auflösung statt Ausscheiden" einführt, verbunden mit einer Übernahmemöglichkeit.

48   **c) Rückgabe von Gegenständen.** Die Partnerschaft ist nach dem Ausscheiden eines Partners verpflichtet, ihm diejenigen Gegenstände zurückzugeben, die er der Partnerschaft zur Nutzung überlassen hat (§ 738 Abs. 1 S. 2 BGB). Zufällige Verluste müssen nicht ersetzt werden (§ 732 BGB). Bis zur Bezifferung eines bereits wahrscheinlichen Ausgleichsanspruchs der Partnerschaft gegen den ausscheidenden Partner in der Abschichtungsbilanz steht der Gesellschaft ein Zurückbehaltungsrecht gem. § 273 BGB zu (BGH NJW 1981, 2802). Die Partnerschaft hat ihrerseits einen Rückgabeanspruch für die dem Partner überlassenen Gegenstände (§§ 667, 713 BGB). Aus der nachvertraglichen Treuepflicht kann sich zudem ein Anspruch des bisherigen Nutzungsberechtigten auf entgeltliche Weiternutzung ergeben (Staub/*Schäfer* HGB § 131 Rn. 119).

49   **d) Schuldbefreiung.** Nach § 9 Abs. 1 iVm § 738 Abs. 1 S. 2 BGB ist die Partnerschaft verpflichtet, den ausscheidenden Partner von den gemeinschaftlichen Schulden zu befreien. Vor Fälligkeit kann statt der Befreiung Sicherheit geleistet werden (Satz 3). Die Haftung des ausscheidenden Partners im Außenverhältnis (§ 8 Abs. 1 S. 1 iVm § 128 HGB) bleibt hiervon in den Grenzen von § 10 Abs. 2 iVm §§ 159, 160 HGB unberührt. Jedoch kann der Ausscheidende im Falle einer Inanspruchnahme im Wege der Nachhaftung im Innenverhältnis Rückgriff bei der Partnerschaft gem. § 426 BGB iVm § 738 Abs. 1 S. 2 BGB nehmen. Hat der Ausscheidende einem Gläubiger der Partnerschaft Sicherheiten aus seinem Privatvermögen gestellt (Pfandrecht, Sicherungsübereignung, Bürgschaft etc), so kann er auch hiervon Befreiung verlangen. Der Partnerschaft steht ein Zurückbehaltungsrecht nach § 273 BGB zu, soweit ein Anspruch auf Verlustausgleich gegen den Ausscheidenden entsprechend § 739 BGB zu erwarten ist. Um bestandsgefährdende Belastungen der Partnerschaft als Folge von Rückgriffs- und Befreiungsansprüchen zu vermeiden, empfehlen sich vertragliche Modifikationen dieser Ansprüche.

50   **e) Abfindungsanspruch und Ausgleichspflicht.** Entsprechend § 738 BGB muss dem Ausscheidenden das Auseinandersetzungsguthaben ausgezahlt werden, welches bei Auflösung der Partnerschaft im Zeitpunkt des Austritts angefallen wäre (→ Rn. 68). § 739 BGB sieht eine Nachschusspflicht des die Partnerschaft verlassenden Gesellschafters bei mangelnder Schuldendeckung durch das Partnerschaftsvermögen vor (BGH NJW 1999, 2438 [2439]).

51   **f) Beteiligung an schwebenden Geschäften.** Nach § 740 BGB ist der ausscheidende Gesellschafter an dem Gewinn und Verlust zu beteiligen, der aus im Zeitpunkt des Ausscheidens schwebenden Geschäften erwirtschaftet wird. Zu den schwebenden Geschäften zählen solche unternehmensbezogenen und unmittelbar auf Erwerb gerichteten Umsatzgeschäfte (nicht bloße Hilfsgeschäfte wie Vermietung, Verpachtung, Kapitalanlage etc, vgl. MüKoHGB/ *K. Schmidt* HGB § 131 Rn. 119 mwN), aus denen sich am Stichtag eine Ausführungsverpflichtung der Gesellschaft ergibt (BGH NJW-RR 1986, 454 [455]; *K. Schmidt* DB 1983, 2401 [2404]). Zur Erleichterung der Auseinandersetzung ist dieser Anspruch gegenüber dem Abfindungsanspruch grundsätzlich verselbstständigt (BGH NJW 1993, 1194; WM 1985, 1166; 1969, 494).

§ 740 BGB ist vor dem Hintergrund einer Unternehmensbewertung **52** (hierzu Rn. 62 ff.) konzipiert, die nicht von der heute üblichen Abfindung nach dem Ertragswert ausgeht. Er ist daher weitgehend überholt (hM, vgl. Baumbach/Hopt/*Roth* HGB § 131 Rn. 45; vorsichtiger MüKoHGB/ *K. Schmidt* HGB § 131 Rn. 115). Angesichts seiner Dispositivität (BGH WM 1960, 1121 [1122]) empfiehlt sich ein Ausschluss im Interesse einer zügigen und reibungslosen Abwicklung des Ausscheidens (*Wiedemann* GesR II § 3 III 3e) bb), 244; Heymann/*Emmerich* HGB § 138 Rn. 37, 46 ff.; *Bunk,* Vermögenszuordnung, Auseinandersetzung und Ausscheiden in Sozietät und Gemeinschaftspraxis, 2007, 101 jeweils mwN). Bestimmt sich der Abfindungsanspruch nach dem Ertragswert, werden die noch schwebenden Geschäfte mit in die Berechnung einbezogen. In diesem Fall ist regelmäßig von einem konkludenten Ausschluss des § 740 BGB auszugehen (OLG Hamm NZG 2005, 175 f.). Gleiches gilt für die Berechnung der Abfindung nach der Buchwertmethode (MüKoBGB/*Schäfer* BGB § 740 Rn. 8) oder der Substanzwertmethode, soweit der Unternehmenswert mitberücksichtigt wird (Erman/*Westermann* BGB § 740 Rn. 1). Die Vorschrift ist damit für freiberufliche Praxen und Kanzleien, bei denen diese Bewertungsmethoden üblich sind, weitgehend gegenstandslos (vgl. nur Staudinger/*Habermeier,* 2003, BGB § 740 Rn. 1). Bei Unternehmensbewertungen, die den zu erwartenden zukünftigen Ertrag nicht berücksichtigen (Substanzwertermittlungen), muss § 740 BGB jedoch weiterhin angewandt werden.

Die verbleibenden Partner können die schwebenden Geschäfte entspre- **53** chend §§ 740, 708 BGB so abwickeln, wie es ihnen unter Berücksichtigung der Sorgfalt in eigenen Angelegenheiten vorteilhaft erscheint. Der Ausgeschiedene kann am Schluss eines jeden Geschäftsjahres Rechenschaft und ggf. Auszahlung des Überschusses verlangen (§ 740 Abs. 2 BGB). Er hat jedoch nicht mehr das aktive Informationsrecht aus § 118 HGB (BGH WM 1963, 989; BayObLG BB 1987, 711), sondern nur noch ein Recht auf Rechnungslegung und Abgabe einer eidesstattlichen Versicherung gem. § 259 BGB (BGH LM HGB § 138 Nr. 7; NJW 1959, 1963; → Rn. 67 sowie → § 6 Rn. 86).

g) Zeitpunkt des Ausscheidens. Gemäß § 9 Abs. 1 iVm § 131 Abs. 3 S. 2 **54** HGB scheidet der Partner mit dem Eintritt des ihn betreffenden Ereignisses aus, im Falle der Kündigung aber nicht vor Ablauf der Kündigungsfrist. Das Ausscheiden eines Partners ist gem. § 9 Abs. 1 iVm § 143 Abs. 2 HGB zur **Eintragung in das Partnerschaftsregister** anzumelden (Begr. zum RegE, BT-Drs. 12/6152, 13). Mit dem Ausscheiden des vorletzten Partners erlischt die Partnerschaft. Das Partnerschaftsvermögen wird im Wege der Gesamtrechtsnachfolge Alleinvermögen des verbleibenden „Partners" (→ Rn. 47; Baumbach/Hopt/*Roth* HGB § 131 Rn. 35).

4. Berufsrechtliche Rechtsfolgen des Ausscheidens

55   **a) Allgemeines.** Das Ausscheiden eines Gesellschafters wirft mitunter nicht nur gesellschaftsrechtliche Streitpunkte, sondern auch berufsrechtliche Fragestellungen auf. Diese werden exemplarisch für das Ausscheiden eines Rechtsanwalts aus einer Berufsausübungsgemeinschaft dargestellt (hierzu insbesondere *Henssler/Michel* NZG 2012, 401 [409 ff.]).

56   **b) Der Bestand des Mandatsverhältnisses.** Nicht der im Einzelnen mit der Bearbeitung beauftragte Partner, sondern die Partnerschaft selbst ist Schuldner der Dienstleistung (§ 7 iVm § 124 HGB), sodass bei Ausscheiden eines mandatsbearbeitenden Gesellschafters das Mandatsverhältnis zunächst einmal bestehen bleibt und seine Bearbeitung einem anderen Partner zu übertragen ist. Hierfür muss eine Zustimmung des Mandanten nur dann eingeholt werden, wenn dies bei Abschluss des Vertrages vereinbart wurde (Henssler/Prütting/*Henssler* BORA § 32 Rn. 13). Da dem Mandant aber andererseits ein Recht auf freie Anwaltswahl zusteht, ist er nicht gehindert, der Partnerschaft das ihr ursprünglich erteilte Mandat zu entziehen und es dem Ausgeschiedenen anzutragen, sofern er an einer persönlichen Fortführung interessiert ist (*Henssler/Michel* NZG 2012, 401 [409]). Der Mandant kann in diesem Fall grundsätzlich sein Kündigungsrecht gem. § 627 Abs. 1 BGB geltend machen (MüKoBGB/*Henssler* BGB § 627 Rn. 21, 23, 27), wobei er dabei weder an die Einhaltung einer Frist (MüKoBGB/*Henssler* BGB § 627 Rn. 9) noch an das Vorliegen eines wichtigen Grundes gebunden ist. Konsequenz einer solchen fristlosen Kündigung ist, dass er möglicherweise zur Teilvergütung und Schadensersatz gem. § 628 BGB verpflichtet ist, wenn nicht ausnahmsweise die Regelung des § 628 Abs. 1 S. 2 BGB greift. Im Regelfall würde dem Mandant somit eine doppelte Honorarzahlung aufgebürdet, wodurch jedoch sein Recht auf freie Anwaltswahl in unzulässiger Weise abgeschnitten würde (*Henssler/Michel* NZG 2012, 401 [409 f.]). Eine tragende Bedeutung kommt in diesem Fall §§ 32, 33 BORA zu, die ihn vor einer doppelten Kostenbelastung bewahren.

57   **c) Fragerecht nach §§ 32, 33 BORA.** Im Fall des Ausscheidens eines Partners sind die übrigen Gesellschafter bei fehlender anderer vertraglicher Regelung verpflichtet, jeden Mandanten darüber zu befragen, wer künftig seine laufenden Sachen bearbeiten soll. Geht man richtigerweise davon aus, dass die Befragung durch die übrigen Gesellschafter ein Angebot auf Übernahme des Vertrages darstellt (OLG Hamm NJW 2011, 1606 [1607]; Henssler/Prütting/*Henssler* BORA § 32 Rn. 7; *Kilian/Koch,* Anwaltliches Berufsrecht, 2. Aufl. 2018, Rn. 1197), werden dem Mandanten die Kündigungsfolgen des § 628 BGB erspart, sodass ihn keine Pflicht zur doppelten Vergütung trifft. In der freiberuflichen Praxis wird häufig von der Möglichkeit der vertraglichen Abweichung von dieser Regelung Gebrauch gemacht, indem sogenannte „Mandantenschutzklauseln" oder „Mandantenübernahmeklauseln" vereinbart werden.

58   Wenn sich die bisherigen Sozien über die Art der Befragung nicht einigen, hat die Befragung in einem gemeinsamen Rundschreiben zu erfolgen. Kommt eine Verständigung der bisherigen Sozien über ein solches Rundschreiben

nicht zustande, darf jeder der bisherigen Sozien einseitig die Entscheidung der Mandanten einholen (§ 32 Abs. 2 S. 1, Abs. 1 S. 2, 3 BORA, § 33 BORA). Problematisch ist im Fall einer solchen einseitigen Einholung der Entscheidung die fehlende Zustimmung der übrigen Partner zum Angebot der Vertragsübernahme. Zu einer sachgerechten Lösung kommt man in dieser Konstellation dann, wenn man die Erklärung des Mandanten als Kündigungserklärung iSd § 627 Abs. 1 BGB auslegt, die hier jedoch ausnahmsweise gem. § 628 Abs. 1 S. 2 BGB nicht die Pflicht zur Teilvergütung und Schadensersatz nach sich zieht (*Henssler/Michel* NZG 2012, 401 [410]). Dies wird dem Wertungssystem des § 628 BGB gerecht, da die Partner im Fall der Nichtteilnahme an der Mandantenbefragung gegen berufsrechtliche Vorschriften verstoßen und insoweit nicht schutzwürdig in Bezug auf die ihnen zu zahlende Vergütung sind (*Henssler/Michel* NZG 2012, 401 [410]).

d) Das Hinweisrecht nach § 32 Abs. 2 S. 1, Abs. 1 S. 4, 5 BORA, § 33 **59** **BORA.** Der ausscheidende Partner darf am bisherigen Kanzleisitz einen Hinweis auf seinen Umzug für ein Jahr anbringen; die verbleibenden Gesellschafter haben während dieser Zeit auf Anfrage die neue Kanzleiadresse, Telefon- und Faxnummern des ausgeschiedenen Partners bekannt zu geben (§ 32 Abs. 2 S. 1, Abs. 1 S. 4, 5 BORA). Das Hinweisrecht des ausgeschiedenen Gesellschafters sowie die Auskunftspflicht seiner ehemaligen Partnerschaft erstrecken sich auf die Internetpräsenz der ehemaligen Kanzlei (Hartung/Scharmer/*Scharmer* BORA § 32 Rn. 41ff.).

e) Fortführung des Namens des ausgeschiedenen Gesellschafters. **60** Aus berufsrechtlicher Sicht ist eine unbefristete Namensfortführung auch nach dem Ausscheiden gem. §§ 9, 33 BORA möglich (*Henssler* NZG 2000, 645 [646], Henssler/Prutting/*Prütting* BORA § 9 Rn. 8; Feuerich/Weyland/*Träger* BORA § 9 Rn. 6f.). Zivilrechtlich ergibt sich aufgrund des Namensrechts durch § 12 BGB insofern eine Einschränkung, als der ausscheidende Gesellschafter der Fortführung zustimmen muss (*Henssler* NZG 2000, 645 [646]; Henssler/Prütting/*Prütting* BORA § 9 Rn. 9). Rechtlich handelt es sich hierbei um eine Gestattung, die wegen ihres schuldrechtlichen Vertragscharakters zwar aus wichtigem Grund gekündigt (BGH NZG 2006, 619; OLG München NJW-RR 1993, 621 [623]), nicht jedoch einfach widerrufen werden kann (*Heller,* Die Beendigung freiberuflicher Sozietätsverhältnisse, 2000, 143f.).

f) Handakten. Gemäß § 50 Abs. 2 S. 1 BRAO müssen die Handakten fünf **61** Jahre nach Beendigung des Mandats aufbewahrt werden. Für den Fall des Ausscheidens eines Gesellschafters, trifft die Vorschrift keine Regelung über den Verbleib der Akten. Empfehlenswert ist, die Akten bei einer Mandatsübernahme durch den ausscheidenden Gesellschafter diesem zu übergeben und sie im Falle der Weiterbearbeitung durch die Partnerschaft sowie bei bereits beendeten Mandaten der Partnerschaft zu belassen (*Henssler/Michel* NZG 2012, 401 [411]).

5. Die Abfindung des ausscheidenden Partners

62 **a) Grundlagen des Anspruchs.** Die Berechnung des Abfindungsgutha-bens und die Wirksamkeit von Abfindungsklauseln bestimmen sich nach den im Personengesellschaftsrecht entwickelten allgemeinen Grundsätzen (aus-führlich *Wiedemann* GesR II § 3 III 3e), 239ff. sowie unter besonderer Be-rücksichtigung der freien Berufe *Peres/Schmid* in Peres/Senft SozietätsR § 10 Rn. 38ff.). Zentrales Element der Vermögensabwicklung der Partnerschaft mit einem ausgeschiedenen Gesellschafter ist dessen nach § 9 Abs. 1 iVm § 738 Abs. 1 S. 2 BGB bestehender Anspruch auf das Auseinandersetzungsgut-haben. Sein Umfang richtet sich danach, was er bei der Auseinandersetzung erhielte, wenn die Partnerschaft zurzeit seines Ausscheidens aufgelöst worden wäre. Der Anspruch entsteht mit dem Stichtag des Ausscheidens (→ Rn. 64). Schuldner sind die Partnerschaft gem. § 7 Abs. 2 iVm § 124 HGB sowie gem. § 8 Abs. 1 S. 1 bzw. § 8 Abs. 1 S. 2 iVm § 130 HGB die nach dem Stichtag ver-bleibenden oder neu eintretenden Partner. Gleichzeitig ausscheidende Partner haften einander nicht (Baumbach/Hopt/*Roth* HGB § 131 Rn. 48).

63 Aus der nachwirkenden Treuepflicht des Ausgeschiedenen kann sich die Verpflichtung zur vorrangigen Inanspruchnahme der Partnerschaft ergeben, solange der Anspruch auf diesem Wege unproblematisch zu realisieren ist (OLG Köln NZG 2001, 467 [469]; MüKoHGB/*K. Schmidt* HGB § 131 Rn. 128). Ist nach Beendigung der Zweipersonenpartnerschaft das gesamte Gesellschaftsvermögen auf den einzig verbliebenen Partner übergegangen, so ist dieser persönlicher Schuldner des Abfindungsanspruchs (BGH NJW 1990, 1171). Anstelle einer Abfindung oder in Ergänzung derselben kann eine Ver-sorgungsrente vereinbart werden (*Streck* in Henssler/Streck SozietätsR-HdB Kap. B Rn. 806ff.). Ist die Versorgungsregelung an den Bilanzgewinn der akti-ven Partnerschaft geknüpft und wird diese von den aktiven Partnern veräußert und werden daraufhin die Zahlungen eingestellt, so wandelt sich der Versor-gungsanspruch in einen Abfindungsanspruch gem. § 738 BGB um (BGH NJW 2004, 2449; ausführlich *Wälzholz* DStR 2004, 1708 [1710]).

64 **b) Entstehung, Fälligkeit.** Der Anspruch entsteht mit dem Zeitpunkt des Ausscheidens (§ 738 Abs. 1 S. 2 BGB, vgl. BGHZ 88, 205 [206f.] = NJW 1984, 492; BGHZ 104, 351 [353] = NJW 1989, 458; beachte aber § 140 Abs. 2 HGB) als Stichtag. Er ist das Surrogat der Einlage und kann schon vorab abgetreten sowie nach § 95 InsO für eine Insolvenzaufrechnung verwendet werden (MüKoHGB/*K. Schmidt* HGB § 131 Rn. 129 mwN).

65 Zeitpunkt der Fälligkeit ist grundsätzlich derjenige, zu dem Berechenbar-keit des Anspruchs vorliegt (MüKoHGB/*K. Schmidt* HGB § 131 Rn. 129; MüKoBGB/*Schäfer* BGB § 738 Rn. 20; Staub/*Schäfer* HGB § 131 Rn. 145; Baumbach/Hopt/*Roth* HGB § 131 Rn. 54), nach früher hM derjenige der Feststellung der Abschichtungsbilanz (BGH WM 1980, 212; → Rn. 68ff.). Ist – wie es in der Partnerschaft regelmäßig der Fall sein wird – eine Abschich-tungsbilanz entbehrlich, so tritt die Fälligkeit gem. § 271 Abs. 1 BGB sofort ein (vgl. Baumbach/Hopt/*Roth* HGB § 131 Rn. 54; Heymann/*Emmerich* HGB § 138 Rn. 10).

c) Gesamtabrechnung. Dem Ausscheidenden steht gegen die Partner- 66
schaft grundsätzlich nur ein einheitlicher und umfassender Abfindungsanspruch als Ergebnis einer Gesamtabrechnung iSd §§ 738, 739 BGB zu. Ein-
zelansprüche (wegen der maßgeblichen Ertragswertmethode auch solche aus
schwebenden Geschäften) sind bloße unselbstständige Rechnungsposten, deren gesonderte Geltendmachung in aller Regel ausgeschlossen ist (BGH WM
1971, 130 [131]; 1981, 487 f.; 1988, 446 [448]; NJW 2000, 2586). Allerdings
können die Beteiligten umstrittene Teilposten zum Gegenstand einer Feststellungsklage machen (BGHZ 1, 65 [74]; BGHZ 26, 25 [30] = NJW 1958, 57
[58]; BGH NJW 1985, 1898). Keine Einzelforderungen sind unstreitige Min-
destbeträge. Mit ihnen wird rechtlich unbedenklich der unstreitige Teil der
Gesamtforderung geltend gemacht (MüKoHGB/*K. Schmidt* HGB § 131
Rn. 131 mwN). Eine separate Durchsetzung von Einzelposten ist ausnahmsweise möglich, wenn der so erlangte Betrag keinesfalls mehr zurückzuzahlen
ist (BGHZ 37, 299 [304 f.] = NJW 1962, 1863 [1865]; BGH WM 1981, 487
[488]; BGHZ 103, 72 [77] = NJW 1988, 1375 [1376 f.]). Auch können Ansprüche aus Drittgeschäften, dh für das Gesellschaftsverhältnis unspezifischen
Geschäften zwischen dem Ausscheidenden und der Partnerschaft, selbstständig
verfolgt werden (RGZ 118, 295 [299 f.]; zA BGH WM 1978, 89 [90]).

Der ausgeschiedene Gesellschafter muss im erforderlichen Umfang an der 67
Schlussabrechnung mitwirken (BGH NJW 2000, 2276 [2277]). Ein Einsichtsrecht in die Unterlagen der Gesellschaft steht dem Ausgeschiedenen bei beste-
hendem berechtigten Interesse nur aus §§ 810, 242 BGB, nicht aber aus § 118
HGB zu (BGH NJW 1989, 1146; 1989, 3272 [3273]; OLG München Urt. v.
19. 2. 2014 – 13 U 2374/11, Rn. 16 – juris). Datenschutzrecht und freiberufliche Schweigepflicht stehen nicht entgegen (OLG Karlsruhe NZG 2001,
654 f.). Gegenüber der Gesellschaft kann der ausgeschiedene Gesellschafter
sein Recht auf Abfindung im Wege der Stufenklage (§ 254 ZPO), zuerst gerichtet auf Aufstellung einer Schlussrechnung, geltend machen (BGH FamRZ
1975, 35 [38]; OLG Naumburg NZG 1999, 111 [112]). Die Übermittlung
einer Auseinandersetzungsbilanz durch die verbliebenen Gesellschafter
schließt das Einsichtsrecht nicht aus (OLG München Urt. v. 19. 2. 2014 –
13 U 2374/11, Rn. 18 – juris). Die Bewertung des Unternehmens zur Berechnung des Abfindungsanspruchs erfolgt regelmäßig durch Sachverständigengutachten eines Wirtschaftsprüfers.

d) Abschichtungsbilanz. Grundlage der Gesamtabrechnung zur Ermitt- 68
lung von Abfindungsansprüchen ist eine Vermögensbilanz (Abschichtungs-,
Auseinandersetzungs- oder Abfindungsbilanz) der Partnerschaft (vgl. BGHZ
17, 130 [133 ff.] = NJW 1955, 1025 [1026 f.]; BGHZ 23, 17 [29]; BGH NJW-
RR 1986, 454; OLG Düsseldorf NZG 2001, 695) auf den Stichtag des Ausscheidens (→ Rn. 64 f.). Sie kann bei ganz einfach gelagerten Fällen entbehrlich
sein, so bei vertraglichen Buchwertabfindungsansprüchen (BGH WM 1980,
1363; NJW-RR 1987, 1386). In ihr sind **sämtliche Vermögenswerte** der
Gesellschaft anzugeben (vgl. BGH NJW-RR 1986, 454 für Abbaurechte), also
der volle wirtschaftliche Wert des aktiven Unternehmens (Verkehrswert) einschließlich aller aufzulösenden stillen Reserven und des „Goodwill" (Baum-
bach/Hopt/*Roth* HGB § 131 Rn. 50 f.; Heymann/*Emmerich* HGB § 138

Rn. 22). Der sich aus der Abschlussbilanz ergebende Buchgewinn/-verlust gegenüber dem letzten Jahresabschluss wird nach dem zuletzt gültigen Gewinnverteilungsschlüssel auf die Kapitalanteile der einzelnen Partner verteilt (BGHZ 17, 130 [133] = NJW 1955, 1025 [1026]; BGHZ 19, 42 [47] = NJW 1956, 300 [302]; BGH WM 1971, 1450). Aus ihm ergibt sich der Saldo des Kapitalkontos, der das Guthaben oder die Schuld des Ausgeschiedenen ausweist (vgl. MüKoHGB/*K. Schmidt* HGB § 131 Rn. 134; Heymann/*Emmerich* HGB § 138 Rn. 22). Bei Anwendung der Ertragswertmethode werden schwebende Geschäfte nicht gem. § 740 BGB gesondert abgerechnet (→ Rn. 52).

69   Der Ausgeschiedene hat gegen die Gesellschaft grundsätzlich einen einklagbaren Anspruch auf Aufstellung einer Abschichtungsbilanz. Parallel zum Abfindungsanspruch (→ Rn. 62 ff.) richtet er sich sowohl gegen die Gesellschaft (MüKoHGB/*K. Schmidt* HGB § 131 Rn. 136) als auch gegen die verbleibenden und neu eingetretenen Partner. Jeder Gesellschafter kann sich zur Erfüllung der Aufstellungsverpflichtung eines Sachverständigen bedienen, sodass es nicht gerechtfertigt ist, den Kreis der Anspruchsgegner auf jene Gesellschafter zu beschränken, die als Fachleute innerhalb der Gesellschaft für die Aufstellung von Bilanzen zuständig sind (aA Baumbach/Hopt/*Roth* HGB § 131 Rn. 51). Von dieser Möglichkeit der Einschaltung eines Sachverständigen werden selbst „bilanzerfahrene" Gesellschafter regelmäßig Gebrauch machen. Im Rahmen der Bilanzaufstellung hat auch der Ausgeschiedene eine Mitwirkungspflicht (Staub/*Schäfer* HGB § 131 Rn. 150; Baumbach/Hopt/*Roth* HGB § 131 Rn. 51 und Heymann/*Emmerich* HGB § 138 Rn. 16).

70   Die Abschichtungsbilanz wird durch einen – möglicherweise auch stillschweigend geschlossenen (vgl. *Schwung* BB 1985, 1375) – Vertrag zwischen den Beteiligten im Sinne einer Billigung festgestellt („kausaler Feststellungsvertrag", vgl. Baumbach/Hopt/*Roth* HGB § 131 Rn. 51 und Baumbach/Hopt/*Merkt* HGB § 242 Rn. 3). Seine Rechtsnatur entspricht derjenigen eines abstrakten Schuldversprechens. Die §§ 781 f., 779 BGB sind analog anzuwenden (vgl. MüKoHGB/*K. Schmidt* HGB § 131 Rn. 137).

71   Prozessual ist eine Stufenklage gem. § 254 ZPO auf Aufstellung der Abschichtungsbilanz und auf Zahlung des Auseinandersetzungsguthabens möglich (vgl. BGH FamRZ 1975, 35 [38]; MüKoHGB/*K. Schmidt* HGB § 131 Rn. 136). Ebenso kann unmittelbar auf Abfindungszahlung geklagt werden, da der Anspruch nicht erst mit der Aufstellung und Feststellung der Abschichtungsbilanz fällig wird (BGH NJW-RR 1987, 1386 [1387]; Baumbach/Hopt/*Roth* HGB § 131 Rn. 57; → Rn. 54 f.).

72   **e) Unternehmensbewertung.** § 738 BGB lässt offen, auf welche Art und Weise der Auseinandersetzungswert eines Unternehmens berechnet werden soll. Die mit der Bewertung betrauten Fachleute können daher nach sachverständigem Ermessen die im Einzelfall geeignete Methode wählen. Rechtlich vorgegeben ist das abstrakte Bewertungsziel, eine angemessene Abfindung auf der Grundlage des fiktiven Liquidationserlöses zu ermitteln. Das Einzelfallergebnis ist Gegenstand tatrichterlicher Würdigung und – soweit erforderlich – zu schätzen (§ 738 Abs. 2 BGB).

73   Nach der Rspr. ergibt sich der Gesamtwert eines Unternehmens aus dessen **fiktivem Marktpreis** bei einer Veräußerung (vgl. BGH NJW 1985, 192

[193]). Maßgeblich ist der Ertragswert des aktiven Unternehmens. Abweichend vom Wortlaut des § 738 Abs. 1 S. 2 BGB ist somit nicht der Zerschlagungswert, sondern vielmehr der Fortführungswert des Unternehmens anzusetzen (Baumbach/Hopt/*Roth* HGB § 131 Rn. 49; MüKoHGB/*K. Schmidt*, § 131 Rn. 142 mwN). Obgleich der Gesetzgeber des BGB in seinem Grundkonzept den oft sehr erheblichen Geschäftswert (Zukunftswert) nicht berücksichtigt hat (vgl. *Schulze-Osterloh* ZGR 1986, 548), ist ohne diesen eine gerechte – im Sinne einer realistischen – Auseinandersetzungsgrundlage nicht zu ermitteln.

Dementsprechend greift die Rspr. zur Wertermittlung des Gesellschaftsver- **74** mögens bei unternehmenstragenden Gesellschaften grundsätzlich auf die Ertragswertmethode zurück (BGH NJW 2011, 2572; 2008, 1221; 1999, 283f.; 1982, 2441; dazu BeckFormB Anwaltskanzlei/*Knief* Kap. N IX, 1014), die auf den aus einer Gesellschaft ziehbaren Nutzen abstellt. Bei ihr werden zur Wertermittlung die voraussichtlichen künftigen Jahreserträge auf der Grundlage der zurückliegenden Jahresergebnisse geschätzt, auf den Bewertungszeitpunkt abgezinst und um zukünftige Ereignisse bereinigt (Erman/*Westermann* BGB § 738 Rn. 5a). Maßgeblich für die Berechnung ist der Zeitpunkt des Ausscheidens des Gesellschafters (BGH DStR 2004, 97 [98]). Korrekturen des ermittelten Gesellschaftswertes können notwendig werden, wenn die Gesellschaft über hohe stille Reserven verfügt (BGH NZG 2006, 425) oder der Ertragswert an die Mitarbeit eines bestimmten Gesellschafters gebunden ist (BGH NJW 1991, 1547 ff.).

Untere Wertgrenze ist der Substanzwert (BGH NJW-RR 2006, 1270 **75** Rn. 13). Er bildet das Mindestvermögen der Gesellschaft (BGH NJW 1993, 2101 [2102]), tritt aber regelmäßig hinter dem **maßgeblichen Ertragswert** zurück (so speziell für die Partnerschaftsgesellschaft. *Seibert* 47; vgl. ferner BGH NJW 1985, 192; 1982, 2441; Baumbach/Hopt/*Roth* HGB § 131 Rn. 49; MüKoHGB/*K. Schmidt* HGB § 131 Rn. 143; sehr instruktiv: *Ulmer* FS Quack, 1991, 477 ff.).

Zulässig ist auch die Anwendung der **Übergewinnverrentung** (vgl. OLG **76** Schleswig MedR 2007, 215 [218]). Die Vereinbarung einer **Buchwertklausel,** bei der der Abfindungswert allein auf Grundlage des bilanziellen Eigenkapitals bestimmt wird, kann bei einer von Anfang an bestehenden starken **Diskrepanz** zum realen Wert nichtig sein (BGH NJW 1993, 2101 [2102]; OLG München NZG 2004, 1055 [1056]; ausführlich Staudinger/*Habermeier*, 2003, BGB § 738 Rn. 32f.; Erman/*Westermann* BGB § 738 Rn. 16). Zu erst nachträglich entstandenen Abweichungen des Verkehrswerts vom Buchwert → Rn. 91 ff.

Die Abfindung bestimmt sich nach dem **wahren Wert des Gesellschafts-** **77** **vermögens** am Stichtag des Ausscheidens. Entscheidend ist der volle Wert (BGH NJW 1979, 104) des aktiven Unternehmens im Sinne seines Verkehrswerts einschließlich aller aufzulösenden stillen Reserven und des „Goodwill" (→ Rn. 68; Baumbach/Hopt/*Roth* HGB § 131 Rn. 49; Heymann/*Emmerich* HGB § 138 Rn. 22; *Kurs* WM 1989, 1229). Die zukünftigen Gewinne der Gesellschaft sind auf den Bewertungsstichtag realistisch abgezinst zu berücksichtigen (Heymann/*Emmerich* HGB § 138 Rn. 32f.). Erforderlich ist eine Prognose der Gewinnerwartungen, die sich an den letzten erreichten Gesellschaftsergebnissen orientiert und bereits absehbare und quantifizierbare künftige Entwicklungen berücksichtigt (ausführlich zum Aspekt der Bewertungsmethode: Baumbach/Hopt/*Hopt* HGB Einl. vor § 1 Rn. 34 ff. mwN in Rn. 37; *Ulmer* FS Quack, 1991, 477 [479]; aus betriebswirtschaftlicher Sicht: *Barthel* DStR 1995, 343). Besonderheiten gelten, wenn der Ertrag in besonderem Maße dem Renommee oder der Leistung eines Partners zu verdanken ist (vgl. für den Ausscheidenden BGH WM 1986, 1384). Hierbei kann mit Ab- und Zuschlägen gearbeitet werden (*Ulmer* FS Quack, 1991, 477 [498]).

78   Für den Praxiswert von **Anwaltskanzleien** ist nach Auffassung eines zu diesem Thema eingesetzten BRAK-Ausschusses grundsätzlich der **Umsatz der letzten drei Jahre** die entscheidende Bemessungsgrundlage (BRAK-Mitt. 2009, 268 [269]), wobei der letzte Jahresumsatz doppelt gewichtet wird. Der so ermittelte Umsatz wird um die Umsatzsteuer gekürzt, der verbleibende Betrag sodann um außerordentliche Maßnahmen bereinigt. Schließlich werden die oben genannten Einzelfallmultiplikatoren zum Ansatz gebracht (vgl. *Sommer,* GmbHR 1995, 254; eingehend zur Bewertung von Praxisanteilen anlässlich des Ausscheidens eines Gesellschafters *Heller,* Die Beendigung freiberuflicher Sozietätsverhältnisse, 2000, 68 ff.; zur Bewertung von Anwaltskanzleien s. *Römermann/Schröder* NJW 2003, 2709; *Janssen* NJW 2003, 3387; *Römermann* NJW 2012, 1694 [1697]; *Römermann* NJW 2007, 2209 [2213]). Der Multiplikationsfaktor liegt grundsätzlich bei einem Wert zwischen 0,3 und 1,0, wobei im Einzelfall ausnahmsweise auch höhere oder niedrigere Werte veranschlagt werden können. Wertbestimmende Kriterien können zB die Bestandsdauer der Kanzlei, Alter und Gesundheitszustand des Kanzleiinhabers oder die Anzahl der Mandanten sein (BRAK-Mitt. 2009, 268 [270 ff.]; *Römermann* NJW 2012, 1694 [1697]).

79   Zur Bewertung einer **ärztlichen Praxis** hat die Bundesärztekammer „Hinweise zur Bewertung von Arztpraxen" herausgegeben (DÄBl. 2008, Heft 51–52, A4 ff.; vgl. dazu auch *Leuner* NJOZ 2010, 2241 ff.; OLG Oldenburg GesR 2015, 120 ff.). Nach diesen Hinweisen ist ebenfalls die **Ertragswertmethode** anzuwenden, wobei die Bewertungsformel die Besonderheiten einer ärztlichen Praxis berücksichtigt. Die Berechnung berücksichtigt verschiedene Faktoren wie bspw. die Praxisstruktur, die Arztdichte, die regionalen Honorarverteilungsregeln, die Vertragsarztzulassung in einem gesperrten Planungsbezirk und die Kooperationsform (ausführlich hierzu MAH MedR/*Broglie/Hartmann* § 9 Rn. 289 f.; zu den Problemen der Bewertungshinweise MAH MedR/*Broglie/Hartmann* § 9 Rn. 291). Der Substanzwert ist gesondert zu berechnen. Eine Übersicht über weitere Bewertungsmethoden für Arztpraxen findet sich bei *Cramer* FS 10 Jahre Arbeitsgemeinschaft Medizinrecht im DAV, 2008, 689, 699 f.

6. Abfindungsklauseln

80   **a) Grundlagen.** Die §§ 738–740 BGB sind lediglich hinsichtlich der Anwachsungsfolge zwingend (→ Rn. 46 f.). Die weiteren dort vorgesehenen Rechtsfolgen stehen zur Disposition der Partner. Gegen die Zulässigkeit der in der Praxis sehr verbreiteten Abfindungsklauseln bestehen daher grundsätzlich keine Bedenken. Sie bezwecken regelmäßig den Schutz der Gesellschaft vor finanziellem Ausbluten oder zu großem Substanzverlust infolge einer sich ergebenden Abfindungspflicht (Kapitalsicherungsfunktion). Zudem soll die Berechnung des Abfindungsanspruchs auf eine klare Grundlage gestellt und damit erleichtert werden (Rationalisierungs- und Schlichtungsfunktion). Schließlich kann Motivationsgrundlage auch der Zweck sein, das Ausscheiden aus der Gesellschaft zu erschweren (vgl. BGH NJW 1989, 2625). Als Gegenstand einer Abfindungsklausel kommen in Betracht die Vereinbarung einer bestimmten Berechnungsmethode sowie Absprachen über die Höhe der Abfindung (BGH DStR 2014, 1404 Rn. 12f.; MüKoBGB/*Schäfer* BGB § 738 Rn. 39) oder über die Zahlungsmodalitäten (hierzu Erman/*Westermann* BGB § 738 Rn. 19). Hinweise zur Gestaltung von Abfindungsklauseln für **ärztliche Gemeinschaftspraxen** finden sich bei *Cramer* FS 10 Jahre Arbeitsgemeinschaft Medizinrecht im DAV, 2008, 689 (710ff.) (ohne Berücksichtigung der Hinweise der Bundesärztekammer) und bei MAH MedR/*Broglie*/*Hartmann* § 9 Rn. 270ff.; *Wenzel*/*Haack* Kap. 11 Rn. 100ff. Üblich sind Abfindungsvereinbarungen zum Buchwert (eingehend *Haack* GmbHR 1994, 437), mit denen der Ausscheidende von stillen Reserven sowie vom Geschäftswert ausgeschlossen werden soll (zur Zulässigkeit → Rn. 91ff.). Wegen möglicher Streitigkeiten über Abfindungsklauseln empfiehlt sich regelmäßig die Aufnahme einer Schiedsgerichtsvereinbarung in den Gesellschaftsvertrag, um im Hinblick auf die Reputation der Kanzlei ein öffentliches Gerichtsverfahren zu vermeiden, da ansonsten finanzielle sowie bestehende Mandatsverhältnisse öffentlich werden könnten (*Freund* ZIP 2009, 941 [947]).

b) Maßstab der Wirksamkeitskontrolle. Die Gestaltungsfreiheit der **81** Partner findet ihre Schranken in den Grundsätzen des § 138 BGB sowie des § 242 BGB (Ausübungsschranke wegen Rechtsmissbrauchs). Eine vertragliche Begrenzung der Höhe des Abfindungsanspruchs verstößt dann gegen die guten Sitten, wenn die Rechte des ausscheidenden Gesellschafters unverhältnismäßig beschnitten werden (BGH DStR 2014, 1404 Rn. 12f.). Dabei ist neben den Motiven der Streitvermeidung und der Vereinfachung der Wertermittlung (*Cramer* FS 10 Jahre Arbeitsgemeinschaft Medizinrecht im DAV, 2008, 689 [692]) das Interesse der Gesellschaft zu berücksichtigen, durch den Abfindungsanspruch nicht ihrer zur Fortführung der Geschäfte notwendigen Liquidität beraubt zu werden (BGHZ 65, 22 [27]; BGH DStR 2014, 1404 Rn. 13; Erman/*Westermann* BGB § 738 Rn. 11; zur besonderen Interessenlage *Cramer* FS 10 Jahre Arbeitsgemeinschaft Medizinrecht im DAV, 2008, 689 [694f.]). Die den Abfindungsanspruch begrenzenden Interessen der Gesellschaft müssen gegen das Abfindungsinteresse des ausgeschiedenen Gesellschafters abgewogen werden. Gerechtfertigt ist eine Abfindungsbegrenzung grundsätzlich nur, wenn das Fortführungsinteresse der Gesellschaft nicht auf andere Weise (bspw. durch Ratenzahlung) gesichert werden kann (Soergel/*Hadding*/*Kießling* BGB § 738 Rn. 47).

Die Rspr. berücksichtigt ferner die Wertungen des § 723 Abs. 3 BGB und **82** des § 133 Abs. 3 HGB (Beschränkung des zwingenden Kündigungsrechts, zu Recht krit. *Ulmer*/*Schäfer* ZGR 1995, 135; MüKoHGB/*K. Schmidt* HGB § 131 Rn. 156). Inhaltlich bestimmen sich die Grenzen von Abfindungsklauseln nach den Grundsätzen des Gläubigerschutzes, des Erben- und Partnerschutzes sowie nach grundsätzlichen rechtlichen Erwägungen. Bei der Klauselkorrektur gilt grundsätzlich der Vorrang der ergänzenden Vertragsauslegung vor der Inhaltskontrolle (BGHZ 123, 281 [285 f.] = NJW 1993, 3193 [3194]; MüKoHGB/*K. Schmidt* HGB § 131 Rn. 156 f.; → Rn. 92). Nur bei anfänglicher Sittenwidrigkeit entfällt die Klausel ersatzlos. Gemäß § 310 Abs. 4 S. 1 BGB scheidet eine Inhaltskontrolle nach den §§ 305 ff. BGB aus. An die Stelle einer unwirksamen Abfindungsregelung treten die allgemeinen Regeln; danach steht ausgeschiedenen Gesellschaftern einer freiberuflichen Sozietät das uneingeschränkte Recht zu, um die Mandanten der Sozietät zu werben; sie sind außerdem am Vermögen der Gesellschaft und an schwebenden Geschäften beteiligt (BGH NJW 2008, 2987 Rn. 21).

83   **c) Gläubigerschutz.** Die Anfechtungsvorschriften der §§ 129 ff. InsO, §§ 3 ff. AnfG können einen ausreichenden Gläubigerschutz nicht umfassend garantieren. Abfindungsbeschränkungen, die zwischen einem Partner und dessen Gläubiger ohne sachlichen Grund zu dessen Nachteil differenzieren, sind als gezielte Diskriminierung der Gläubiger sittenwidrig (MüKoBGB/ *Schäfer* BGB § 738 Rn. 47 f.; Baumbach/Hopt/*Roth* HGB § 131 Rn. 60; Mü-KoHGB/*K. Schmidt* HGB § 131 Rn. 160 mwN).

84   **d) Erbenbeeinträchtigung.** Klauseln, welche eine Abfindung für den nicht eintretenden Erben in vollem Umfang ausschließen, sollen nach der im Personengesellschaftsrecht hM zulässig sein (RGZ 145, 289 [294]; BGHZ 22, 186 [194] = NJW 1957, 180; BGH WM 1971, 1338 [1339 f.]; Baumbach/ Hopt/*Roth* HGB § 131 Rn. 62). Der Abfindungsausschluss kann indes zu einer gesetzwidrigen Benachteiligung der Pflichtteilsberechtigten und damit zu einer Umgehung der zwingenden Pflichtteilsregelungen der §§ 2303 ff. BGB führen (vgl. *Heymann/Emmerich* HGB § 138 Rn. 44; krit. auch *Engel* NJW 1986, 348; *R. Kohl* MDR 1995, 865). Ein im Umfang beschränkter Abfindungsanspruch der Erben belastet die Gesellschaft nicht stärker als ein in der Person des ausscheidenden Partners entstehender Anspruch. Es ist daher ein Ausgleich entsprechend § 2325 BGB zu erwägen (vgl. MüKoHGB/ *K. Schmidt* HGB § 131 Rn. 163 mwN).

85   Die Rspr. lehnt eine **Schenkung** iSd **§ 2325 BGB** ab, wenn bei gleichen Risiken und Chancen für alle Gesellschafter eine Fortsetzung ohne Abfindung vereinbart war (BGHZ 22, 186 [194] = NJW 1957, 180 [181]; KG DNotZ 1978, 109; OLG Düsseldorf MDR 1977, 932; ebenso MüKoBGB/*Lange* BGB § 2325 Rn. 32; aA Soergel/*Dieckmann* BGB § 2325 Rn. 27, *Worm* RNotZ 2003, 535 [543]). Da in die Bewertung der Äquivalenz von Leistungspflichten auch ungewisse Gewinnchancen und Verlustrisiken einzubeziehen sind (dazu *Henssler,* Risiko als Vertragsgegenstand, 1994, 241 ff.), befindet sich diese Rspr. noch auf dem Boden der Schuldrechtsdogmatik (krit. dagegen *Ulmer* FS Quack, 1991, 477 [479]). In krassen Fällen, etwa bei einem besonders hohen Wert des Anteils, der das wesentliche „Erbe" bildet und zugleich guter Liquidität der Gesellschaft, muss dem Erben im Einzelfall über §§ 138, 826 BGB geholfen werden (so iErg auch Palandt/*Weidlich* BGB § 2325 Rn. 1).

86   Belastet der Ausschluss jedes Abfindungsanspruchs der Erben **nur einzelne Gesellschafter,** so ist eine **Schenkung** anzunehmen (BGH NJW 1981, 1956 f.; WM 1971, 1338 [1339]; allgemein zu diesem Aspekt *Haegele* BWNotZ 1976, 29). Die nach § 2301 BGB formbedürftige Schenkung ist durch Zuwendung der Anwartschaft auf den Anteil als bereits unter Lebenden vollzogen anzusehen. Nach § 2301 Abs. 2 BGB iVm § 518 Abs. 2 BGB ist ein erbrechtlicher Formmangel somit geheilt (BGHZ 22, 186 [194] = NJW 1957, 180 [181]; BFHE 168, 397 [399f.] = NJW 1993, 157; KG JR 1971, 422 mAnm *Säcker; K. Schmidt* GesR § 45 V 3b, 1337).

e) Partnerbeeinträchtigung. Eine deutliche Kehrtwendung lässt sich in **87** den letzten Jahren in der Gewichtung des Gesellschafterschutzgedankens beobachten. Bei der Beurteilung der Wirksamkeit von generellen Ausschlussklauseln zeichnet sich in der höchstrichterlichen Rspr. schon seit langem ein deutlicher Trend zulasten der von der Kautelarjurisprudenz weit vorangetriebenen Kapitalerhaltungstendenzen ab. Beschränkungen der Abfindung werden nur dann für zulässig erachtet, wenn das verbleibende Auseinandersetzungsguthaben noch als **„angemessen"** angesehen werden kann (BGH NJW 1979, 104; 1985, 192; OLG Naumburg NZG 2000, 698 [700]; Baumbach/Hopt/*Roth* HGB § 131 Rn. 61 mwN). Hinsichtlich der Angemessenheit können sich je nach Abfindungswert, Abfindungsanlass sowie nach Art und Dauer der Beteiligung Unterschiede ergeben. Im Rahmen der Beurteilung der Angemessenheit einer Abfindung sind die Besonderheiten des konkreten Einzelfalls zu berücksichtigen. Maßgebende Umstände sind insbesondere: der Grund des Ausscheidens, die persönlichen Umstände des Ausscheidens, das frühere Verhalten des Ausscheidenden, die Begleitumstände des Ausscheidens (dazu *Peres/Schmid* in Peres/Senft SozietätsR § 10 Rn. 78; *Bunk,* Vermögenszuordnung, Auseinandersetzung und Ausscheiden in Sozietät und Gemeinschaftspraxis, 2007, 141ff.; *Heller,* Die Beendigung freiberuflicher Sozietätsverhältnisse, 2000, 95 jeweils mwN aus der Rspr.).

Im Zuge der Umsetzung der geschilderten Tendenz hat die Rspr. **ver- 88 schiedene Grenzen für die Beschränkung von Abfindungsansprüchen** entwickelt. Zunächst ist eine gesellschaftsvertragliche Abfindungsklausel wie jede vertragliche Vereinbarung nur in den Grenzen des § 138 BGB wirksam. Beispiele für unwirksame Abfindungsregeln bieten die Fälle der sittenwidrigen Knebelung. Die Rspr. nimmt eine solche Gestaltung an, wenn der Gesellschafter ohne wichtigen Grund mit einer nicht vollwertigen Abfindung ausgeschlossen werden konnte (BGH NJW 1979, 104; 1989, 2685 [2686]). Ein solcher Ausschluss ohne wichtigen Grund ist grundsätzlich nicht möglich, entsprechende Vereinbarungen sind unwirksam (→ Rn. 30ff.). Unwirksam sind nach der Rspr. das BGH auch solche Klauseln, die zu einer **unzulässigen Kündigungsbeschränkung** führen (BGH NJW 1985, 192 [193]; zum Ganzen *Bunk,* Vermögenszuordnung, Auseinandersetzung und Ausscheiden in Sozietät und Gemeinschaftspraxis, 2007, 123ff.; *Heller,* Die Beendigung freiberuflicher Sozietätsverhältnisse, 2000, 93ff.). Nach der zwingenden Vorschrift des § 723 Abs. 3 BGB darf die Kündigung eines Gesellschafters nicht unzumutbar beschränkt werden. Beanstandet werden allerdings nur solche Klauseln, die die Kündigung faktisch ausschließen.

Im Sinne einer dritten von der Rspr. gezogenen Grenze sollen Abfindungs- **89** beschränkungen auch dann korrekturbedürftig sein, wenn − insbesondere bei Buchwertklauseln (→ Rn. 91) − zum Zeitpunkt des Ausscheidens ein **erhebliches Missverhältnis zwischen Klauselwert und wirklichem Anteils-**

wert besteht (BGH DStR 2014, 1404 Rn. 12 ff.; BGHZ 123, 281 = NJW 1993, 3193; BGHZ 126, 226 [233 f.] = NJW 1994, 2536 [2537]). Verschiedene Wertgrenzen waren bereits Gegenstand von Stellungnahmen der Rspr. (BGH NJW 1989, 2685 [2686]: 50% des Buchwertes; BGHZ 123, 281 [284]: 45% des Verkehrswertes; BGH NJW-RR 2006, 1270 Rn. 12 f.: 30% des Liquidationswertes), schematische Lösungen wurden aber zu Recht abgelehnt (BGH NJW 1993, 2101 [2102]). Zu berücksichtigen sind die Ertragsstruktur der Gesellschaft, die Höhe des betroffenen Anteils, der Grund des Ausscheidens, die Dauer der Zugehörigkeit zur Gesellschaft sowie der Anteil des Ausscheidenden am Aufbau und Erfolg der Gesellschaft (vgl. BGH NJW 1979, 104; 1993, 2101 [2102]; *Hülsmann* GmbHR 2001, 409 [412]; *Hülsmann* NJW 2002, 1673 [1678]; *Langen* NZG 2001, 635 [642]). Klauseln, die zusätzliche Abschläge vom Buchwert vorsehen, sind grundsätzlich unwirksam (hM, BGH NJW 1989, 2685 für Beschränkung auf die Hälfte des Buchwerts; *Baumbach/Hopt/Roth* HGB § 131 Rn. 64; *Lange* NZG 2001, 635 [641]). Zulässig soll dagegen eine Beschränkung des Abfindungsanspruchs als Vertragsstrafe im Fall des § 737 BGB sein (BGH NJW 1993, 2101 [2102]; 1989, 2685 [2686]; aA *Soergel/Hadding/Kießling* BGB § 738 Rn. 50), nicht aber ein vollständiger Abfindungsausschluss (vgl. BGH ZIP 2014, 1327 zur GmbH).

90   In jenen Partnerschaften, in denen der eintretende Partner keinen finanziellen Beitrag erbringen muss, und damit zugleich keinen Kapitalanteil übernimmt, wie es etwa in vielen großen Anwaltssozietäten der Fall ist, kann auch der Abfindungsanspruch deutlich reduziert werden. Satzungen vieler Freiberuflergesellschaften sehen für den Fall einer **Befreiung neu eintretender Gesellschafter von einer Einlagepflicht** sogar einen vollständigen Ausschluss der Abfindungsansprüche vor. Die Rspr. hat solche Klauseln zwar bislang noch nicht ausdrücklich gebilligt. Im Schrifttum wird überwiegend von ihrer Zulässigkeit ausgegangen (dazu *Oppenhoff* AnwBl. 1977, 357 [361]; *Goette* AnwBl. 2007, 637 [641 f.]; *Bunk*, Vermögenszuordnung, Auseinandersetzung und Ausscheiden in Sozietät und Gemeinschaftspraxis, 2007, 148 ff.; *Heller*, Die Beendigung freiberuflicher Sozietätsverhältnisse, 2000, 103 ff.; s. aber auch *Römermann* NJW 2007, 2209, 2213; → Rn. 93). Im Einzelfall wird entscheidend darauf abzustellen sein, ob die während der Mitarbeit des Partners erzielten Gewinne überwiegend ausgeschüttet oder aber zur Anschaffung von dauerhaftem Anlagevermögen in größerem Umfang thesauriert wurden. Im letztgenannten Fall darf dem Partner nicht jeder Vermögensausgleich bei seinem Ausscheiden verwehrt werden. Richtigerweise wird man darüber hinausgehend verlangen müssen, dass mit zunehmender Dauer der Mitgliedschaft auch das Anrecht auf eine Abfindung wächst (ausführlich *Henssler/Michel* NZG 2012, 407).

91   **f) Buchwertklauseln. aa) Bedeutung.** Weit verbreitet sind bei allen personalistisch strukturierten Gesellschaften sog. **Buchwertklauseln,** bei denen sich der für die Berechnung des Abfindungsguthaben maßgebliche Unternehmenswert allein aus der letzten Jahresbilanz ergeben und neben den stillen Reserven auch der Geschäftswert unberücksichtigt bleiben soll (vgl. *Heymann/ Emmerich* HGB § 138 Rn. 37, 46 ff.; *Baumbach/Hopt/Roth* HGB § 131 Rn. 64, 71). Regelmäßig wird über solche Klauseln nicht der volle Wert des

Gesellschaftsanteils erfasst, sodass sie zu einer unangemessenen Bereicherung der verbleibenden Gesellschafter führen können (vgl. BGH NJW 1979, 104). Die Rspr. versagte ihnen ursprünglich bei jeder – auch nachträglich entstandenen – **erheblichen Abweichung** des Buchwerts vom wirklichen Anteilswert die rechtliche Anerkennung (BGH NJW 1979, 104; WM 1979, 1064; 1980, 1362). Ein solch krasses Missverhältnis erschwere das dem austrittswilligen Gesellschafter zustehende Kündigungsrecht in unzumutbarer Weise (vgl. § 723 Abs. 3 BGB; BGH NJW 1985, 192; WM 1979, 1064; 1980, 1362). Die Abfindungsklausel sei unwirksam, wenn sich der Gesellschafter durch sie derart eingeengt fühlen müsse, dass er eine Kündigung gar nicht ernsthaft in Erwägung ziehe (*Müller* ZIP 1995, 1561 [1564]).

bb) Nachträgliches Missverhältnis. Mit seiner wegweisenden Entschei- 92 dung vom 20.9.1993 (BGHZ 123, 281 = NJW 1993, 3193 in Anknüpfung an NJW 1993, 2101) hat der BGH auf die im Schrifttum an seiner Rspr. geäußerte Kritik reagiert. Ist das grobe Missverhältnis zwischen dem Buchwert und dem wahren Anteilswert erst nachträglich entstanden, so behält die Buchwertklausel gleichwohl ihre Gültigkeit, da ein Unwirksamkeitsverdikt methodisch korrekt nur aus der ex-ante-Sicht zu fällen ist (vor diesem Hintergrund ist BGH NJW ГtU 2006, 1270 nicht nachvollziehbar, zu Recht krit. *Bunk*, Vermögenszuordnung, Auseinandersetzung und Ausscheiden in Sozietät und Gemeinschaftspraxis, 2007, 126 f.). Anderenfalls wäre die Wirksamkeit derartiger Klauseln je nach der augenblicklichen wirtschaftlichen Lage der Gesellschaft einem ständigen Wechsel unterworfen. Auf der Grundlage der wirksamen Abfindungsklausel muss im Wege **ergänzender Vertragsauslegung** die Abfindungssumme neu ermittelt werden (BGHZ 123, 281 [288 f.] = NJW 1993, 3193 [3194 f.]; BGHZ 126, 226 [233 f.] = NJW 1994, 2536 [2537]; Erman/*Westermann* BGB § 738 Rn. 14; *Henssler/Michel* NZG 2012, 401 [406]; *Ulmer/Schäfer* ZGR 1995, 134). Im Ergebnis kommt diese Lösung einer **Anpassung über das Institut des Wegfalls der Geschäftsgrundlage** (§ 313 BGB) nahe. Im Rahmen der Anpassung an veränderte Umstände sind ua der Anlass der Abfindung sowie die Beteiligungsdauer zu berücksichtigen (krit.: Heymann/*Emmerich* HGB § 138 Rn. 49; MüKoHGB/*K. Schmidt* HGB § 131 Rn. 174; *Müller* ZIP 1995, 1561 [1566]).

cc) Zumutbarkeitsgrenzen. Eine an diesen sachlichen Grundsätzen aus- 93 gerichtete vertragliche Beschränkung des Abfindungsanspruchs begegnet keinen rechtlichen Bedenken (BGH NJW 1992, 892; Baumbach/Hopt/*Roth* HGB § 131 Rn. 65 f.; MüKoHGB/*K. Schmidt* HGB § 131 Rn. 167 f.). Zu den Bewertungsmaßstäben und maximal zulässigen Abschlägen → Rn. 89. Ungeachtet der notwendigen Gesamtwürdigung dürften die Zumutbarkeitsgrenzen regelmäßig überschritten sein, wenn der Buchwert weniger als die Hälfte des Anteilswerts beträgt (vgl. auch BGH NJW 1989, 2685). Unzulässig ist ferner eine Differenzierung nach der Art der Beteiligung, etwa die Diskriminierung eines Partners, dem der überwiegende Teil seiner Gesellschaftereinlage von einem anderen Partner geschenkt wurde, sofern nicht die zugewandte Beteiligung von vornherein mit der Belastung versehen war (→ Rn. 31 f., → Rn. 90). Unbedenklich sind Klauseln über Auszahlungsmodalitäten (etwa Fälligkeit, Ratenzahlung, Abzinsung), solange sie durch überwiegende Kapitalerhaltungsinteressen der verbleibenden Gesellschafter gedeckt sind (vgl. *Rasner* NJW 1983, 2906). Eine Stundung über zehn Jahre hinaus ist stets unangemessen, verstößt daher gegen § 138 BGB (BGH NJW 1989, 2685 [2686]; Heymann/*Emmerich* HGB § 138 Rn. 51; MüKoHGB/*K. Schmidt* HGB § 131 Rn. 171).

94   **dd) Mandatsübernahme.** Für Partnerschaften mit **festem Mandanten-oder Patientenstamm** sieht die Rspr. (vgl. BGH WM 1979, 1064 [1065]; NJW 1994, 796 f. mwN; OLG Schleswig NZG 2001, 658) in der Mitnahme eines Teils dieser Kunden durch den Ausscheidenden eine angemessene Form der Auseinandersetzung. Der Ausscheidende soll damit die Grundlage für seine weitere berufliche Existenz erhalten. Der Wert der Mandate ist dann in vollem Umfang auf einen finanziellen Abfindungsanspruch anzurechnen. Eine Kumulierung von Mandantenmitnahme und Beteiligung am Geschäftswert wird allenfalls in seltenen Ausnahmefällen angemessen sein (BGH NJW 1995, 1551). Mischformen sind jedoch in der Praxis keine Seltenheit: Beispielsweise wird ein Partner einer Großkanzlei Mandate, die seinen eigenen Tätigkeitsbereich betreffen, mitnehmen wollen, Mandanten bzw. Mandate, die verschiedene Abteilungen der Partnerschaft beschäftigt haben, verbleiben dagegen idR aus Effizienzgründen bei dieser (*Freund* ZIP 2009, 941 [943 f.]). Scheidet umgekehrt ein Gesellschafter aus einer Freiberuflersozietät gegen Zahlung einer Abfindung aus, welche auch den Wert des Mandantenstamms abgelten soll, hat dies mangels abweichender Abreden zur Folge, dass der ausscheidende Gesellschafter die Mandanten der Sozietät nicht mitnehmen darf, sondern sie – längstens für zwei Jahre – seinen bisherigen Partnern belassen muss (BGH NJW 2000, 2584; zur Zulässigkeit von Wettbewerbsklauseln → § 6 Rn. 74 ff.). Besonderheiten können für die Fälle altersbedingten Ausscheidens oder des Ausscheidens wegen krankheitsbedingter Berufsunfähigkeit bestehen (*Peres/Schmid* in Peres/Senft SozietätsR § 10 Rn. 84).

7. Besteuerung des Ausscheidens

95   **a) Ausscheiden gegen Abfindung.** Das Ausscheiden eines Gesellschafters gegen Abfindung wird im Sinne des Ertragssteuerrechts als ein entgeltliches Veräußerungsgeschäft behandelt (*Grobshäuser* in Grobshäuser/Maier/Kies, Besteuerung der Gesellschaften, 4. Aufl. 2014, Kapitel II-Teil C 8). Der bei Ausscheiden aus der Partnerschaftsgesellschaft in diesem Zusammenhang erzielte Gewinn (Abfindung abzüglich Kapitalkonto) ist **seit 2004 mit 56 % des Durchschnittssteuersatzes** (bis 2003 mit dem halben Steuersatz) zu versteuern, wenn der Steuerpflichtige das 55. Lebensjahr vollendet hat oder wenn er im sozialversicherungsrechtlichen Sinne dauernd berufsunfähig ist (§ 18 Abs. 3 EStG iVm § 34 Abs. 1 und 3 EStG; ausführlich *Grobshäuser* in Grobshäuser/Maier/Kies, Besteuerung der Gesellschaften, 4. Aufl. 2014, Kapitel II-Teil C 2.1.1; *Hottmann* in Zimmermann/Hottmann/Kiebele/Schaeberle/Scheel/Schustek/Szczesny, Die Personengesellschaft im Steuerrecht, 12. Aufl. 2017, J Rn. 86 ff.). Der Freibetrag beträgt 45.000 Euro, ist dem Steuerpflichtigen nur einmal zu gewähren und ermäßigt sich um den Betrag, um den der Veräußerungsgewinn 136.000,00 EUR übersteigt (§ 18 Abs. 3 S. 2 EStG iVm § 16 Abs. 4 EStG). Voraussetzung für diese Begünstigung gegenüber gewerblichen Mitunternehmeranteilen ist, dass der Veräußerer seine freiberufliche Tätigkeit im bisherigen örtlichen Wirkungskreis **zumindest vorübergehend einstellt** (BFHE 175, 249 [250] = NJW 1995, 1375 [1376]; zust. Schmidt/*Wacker* EStG § 18 Rn. 225). Etwas anderes gilt, wenn der ausscheidende Gesellschafter nur einen Teil seines Praxisanteils veräußert, da er in diesem Fall in der Gesellschaft tätig bleibt und eine Einstellung seiner Tätigkeit nicht verlangt werden kann (BFHE 176, 520 [522] = NJW 1995, 1775 [1776]; Blümich/*Hutter* EStG § 18 Rn. 318).

Mit dem Ausscheiden gelten die Wirtschaftsgüter des Sonderbetriebsvermö- **96** gens des ausscheidenden Partners als zum gemeinen Wert (§ 16 Abs. 3 EStG) entnommen, dh bei der Berechnung des steuerprivilegierten Veräußerungsgewinnes sind auch die aufgedeckten stillen Reserven mit zu berücksichtigen (*Grobshäuser* in Grobshäuser/Maier/Kies, Besteuerung der Gesellschaften, 4. Aufl. 2014, Kapitel II-Teil C 2.1.4). Findet eine Überführung der Wirtschaftsgüter in ein anderes Betriebsvermögen statt, so sind gem. § 6 Abs. 5 S. 2 EStG die Buchwerte in die Bilanz des anderen Betriebs aufzunehmen. Stille Reserven müssen nicht aufgedeckt werden (vgl. *Hunfeld* in Lange/Bilitewski/ Götz, Personengesellschaften im Steuerrecht, 9. Aufl. 2015, Rn. 2255). Zu beachten ist allerdings, dass ein solches Vorgehen uU die Versagung der Steuervergünstigung gem. §§ 16, 34 EStG nach sich zieht, weil nicht mehr sämtliche in den wesentlichen Betriebsgrundlagen enthaltenen stillen Reserven aufgedeckt werden, was jedoch als Voraussetzung für die Vergünstigung angesehen wird (*Hunfeld* in Lange/Bilitewski/Götz, Personengesellschaften im Steuerrecht, 9. Aufl. 2015, Rn. 2255). Zu den unterschiedlichen Folgen der Kategorisierung zu überführender Wirtschaftsgüter als wesentliche oder nicht wesentliche Betriebsgrundlagen vgl. BFHE 164, 260 sowie *Hottmann* in Zimmermann/ Hottmann/Kiebele/Schaeberle/Scheel/Schustek/Szczesny, Die Personengesellschaft im Steuerrecht, 12. Aufl. 2017, Rn. 74 ff.

Bei Vereinbarung einer **Rentenabfindung** kann der Ausscheidende wäh- **97** len zwischen einer Sofortversteuerung des Rentenkapitalwerts als Veräußerungsgewinn oder der Versteuerung der laufenden Zahlungen als nachträgliche Einkünfte aus selbstständiger Arbeit gem. § 24 Nr. 2 EStG (vgl. Schmidt/*Wacker* EStG § 18 Rn. 270). Bei Wahl der sofortigen umfassenden Versteuerung unterliegen die laufenden Rentenzahlungen nur noch mit dem Ertragsanteil der Besteuerung (§ 22 Nr. 1 S. 3 lit. a bb EStG; *Hottmann* in Zimmermann/ Hottmann/Kiebele/Schaeberle/Scheel/Schustek/Szczesny, Die Personengesellschaft im Steuerrecht, 12. Aufl. 2017, J Rn. 206).

b) Steuerrechtliche Folgen bei Tod eines Partners. Die steuerliche **98** Behandlung im Falle des Ausscheidens durch Tod des Partners bestimmt sich nach der einschlägigen Nachfolgeregelung (ausführlich dazu *Arnold,* Die erbrechtliche Nachfolge in der Partnerschaftsgesellschaft: Unter besonderer Berücksichtigung berufsrechtlicher Implikationen, 2006, 37 ff., 155 f.) Bei Ausscheiden des Partners ohne Fortsetzung mit einem oder den Erben und der Anwachsung des Anteils bei den übrigen Partnern ist der Vorgang steuerlich wie eine Veräußerung von Gesellschaftsanteilen zu behandeln. Der hierbei entstehende Veräußerungsgewinn wird noch dem Erblasser zugerechnet und ist nach den §§ 16, 34 EStG steuerbegünstigt (*Hunfeld* in Lange/Bilitewski/Götz,

Personengesellschaften im Steuerrecht, 9. Aufl. 2015, Rn. 2604; *Zimmermann* in Zimmermann/Hottmann/Kiebele/Schaeberle/Scheel/Schustek/Szczesny, Die Personengesellschaft im Steuerrecht, 12. Aufl. 2017, O Rn. 64). Der erbschaftsteuerliche Freibetrag gem. § 13a ErbStG kommt dem Erben insoweit nicht zugute (MHdB GesR I/*Salger* § 37 Rn. 12). Für die in der Gesellschaft verbleibenden Partner kann gem. § 3 Abs. 1 Nr. 2 ErbStG Erbschaftssteuer anfallen, wenn die an die Erben des ausscheidenden Gesellschafter zu zahlende Abfindungssumme niedriger ist als ihr Steuerwert, da es sich bei dieser Differenz um eine zu versteuernde Bereicherung der verbleibenden Gesellschafter handelt. Waren vor der Erbschaftssteuerreform zum 1.1.2009 solche Fälle aufgrund des regelmäßig niedrig angesetzten Steuerwerts von Gesellschaftsanteilen ungewöhnlich und war eine diesen Wert unterschreitende Abfindungsregelung in Gesellschaftsverträgen selten vorzufinden, ist durch die Neuregelung der Bewertung von Anteilen an Personengesellschaften der Steuerwert der Gesellschaftsanteile heute meist deutlich höher als früher, sodass eine Besteuerung aufgrund einer Differenz bei einer Abfindungszahlung an die Erben nicht unwahrscheinlich ist (zum Ganzen: *Ivens* GmbHR 2011, 465 [468f.]; *Riedel* ZErb 2009, 2 [4f.]; *Wälzholz* notar 2015, 39 [40f.]; *Wangler* DStR 2009, 1501 [1505]). Bei Eintritt der oder des Erben in die Partnerschaft hingegen unterliegt die in den Nachlass fallende Beteiligung für die Erben der Erbschaftsteuer, nicht jedoch der Einkommensteuer. Es handelt sich insoweit einkommensteuerrechtlich um einen Fall der Buchwertfortführung gem. § 6 Abs. 3 EStG mit der Folge, dass weder Veräußerungs- bzw. Entnahmegewinne noch Anschaffungskosten entstehen (*Hunfeld* in Lange/Bilitewski/Götz, Personengesellschaften im Steuerrecht, 9. Aufl. 2015, Rn. 2607; vgl. zu den Besonderheiten bei qualifizierten Nachfolgeklauseln *Hunfeld* in Lange/Bilitewski/Götz, Personengesellschaften im Steuerrecht, 9. Aufl. 2015, Rn. 2610ff.).

99   Bemessungsgrundlage ist der **anteilige Einheitswert zum Zeitpunkt des Erbfalls.** Bis zur Erbschaftsteuerreform im Jahr 2009 blieb das Betriebsvermögen beim Erwerb durch Erbanfall oder beim Erwerb im Wege der vorweggenommenen Erbfolge bis zu einem Wert von 225.000 EUR außer Ansatz (§ 13a Abs. 1 ErbStG aF). Neben dem gewährten Freibetrag wurde der verbleibende Wert des Vermögens mit 65% angesetzt (§ 13a Abs. 2, 4 ErbStG aF).

100   Durch das ErbStRefG 2009 wurde § 13a ErbStG zunächst reformiert. Die Norm unterscheidet nun zwischen Grundmodell (§ 13a Abs. 1–7 ErbStG) und Optionsmodell (§ 13a Abs. 8 ErbStG). Das Grundmodell ermöglicht eine Steuerbefreiung iHv 85% des begünstigten Erwerbs, das Optionsmodell sogar eine Befreiung 100%, allerdings sind die Voraussetzungen für einen begünstigten Erwerb wesentlich strenger ausgestaltet (zum Ganzen: *Meincke* ErbStG § 13a Rn. 5f.; *Seer* in Tipke/Lang, Steuerrecht, Handbuch, 22. Aufl. 2015, § 15 Rn. 106ff.). Inzwischen ist die Regelung vom BVerfG als für unvereinbar mit Art. 3 Abs. 1 GG befunden und somit in ihrer Gesamtheit als verfassungswidrig erklärt worden (BVerfGE 138, 136 = NJW 2015, 303; *Seer* in Tipke/Lang, Steuerrecht, Handbuch, 22. Aufl. 2015, § 15 Rn. 107). Eine Reaktion des Gesetzgebers erfolgte nach wiederholter Fristsetzung durch das BVerfG erst am 14.10.2016 mit Zustimmung des Bundesrates zur Erbschaftsteuerreform. Die Voraussetzungen für die Privilegierung von Firmen-Erben wurden verschärft: Zwar gilt die 85%ige- bzw. 100%ige Verschonung grundsätzlich fort. Jedoch wurden nun Wertgrenzen für eine Verschonung eingeführt. Künftig soll bei dem Erbe eines Betriebs-Anteils von mehr als 26.000.000,00 EUR ein Nachweis des Erben obligatorisch sein, dass ihn eine Erbschaftsteuerzahlung überfordern würde, wobei hier auch das Privatvermögen offenzulegen sein wird und hälftig zur Besteuerung herangezogen werden kann. Ab 90.000.000,00 EUR soll eine Privilegierung gänzlich ausgeschlossen sein (BT-Drs. 344/16, 1, 9f.). Diejenigen, die einer Begünstigung von Betriebserbschaften bisher bereits krit. gegenüberstanden, werden auch an der Verfassungsmäßigkeit der neuen Regelung zweifeln.

Die Abfindungskosten für die verbleibenden und übernehmenden Partner **101** sind als Betriebsschuld zu passivieren. Aufgedeckte stille Reserven erhöhen die Abschreibungsbemessungsgrundlage der einzelnen Wirtschaftsgüter. Liegt die Abfindung über dem Buchwert, so ist in Höhe der Differenz ein entgeltlich erworbener Praxiswert zu aktivieren, der sodann abzuschreiben ist. Hierbei ist eine Nutzungsdauer von drei bis fünf Jahren zugrunde zu legen, da der bisherige Partner nicht mehr in der Gesellschaft mitarbeitet (vgl. *Gail/Overlack* Rn. 547).

III. Die Auflösung der Partnerschaft

1. Auflösungsgründe

a) Grundsatz. Entsprechend der vom HRefG bezweckten Strukturverfes- **102** tigung der unternehmenstragenden Personengesellschaften soll eine Auflösung nur in Ausnahmefällen erfolgen. Es gilt das Prinzip „Ausscheiden statt Auflösung". Lediglich dann, wenn das Ausscheiden einzelner Mitglieder der Partnerschaft nicht zumutbar ist, weil sich der Gesellschaftszweck nur unter Mitwirkung aller ursprünglichen Partner realisieren lässt, soll eine Auflösung in Betracht kommen. Der über Abs. 1 zur Anwendung kommende § 131 Abs. 1 HGB enthält zwingende, grundsätzlich abschließende Auflösungsgründe (vgl. für die OHG Baumbach/Hopt/*Roth* HGB § 131 Rn. 6 mwN).

b) Zeitablauf. Ist die Partnerschaft nur zeitlich befristet – etwa zum **103** Zwecke der Durchführung eines Großprojekts (→ § 1 Rn. 8, 73) – eingegangen worden, wird sie gem. § 9 Abs. 1 iVm § 131 Abs. 1 Nr. 1 HGB nach Zeitablauf aufgelöst. Falls die Partnerschaft nach dem Ablauf der vorgesehenen Zeit fortgesetzt wird, steht sie gem. § 134 HGB einer iSd §§ 132, 133 HGB für unbestimmte Zeit eingegangenen Gesellschaft gleich. Angesichts der grundsätzlich auf dauerhafte gemeinsame Berufsausübung gerichteten Zielsetzung der Partnerschaft wird es sich um seltene Ausnahmefälle handeln.

c) Beschluss der Partner. Den Partnern steht es frei, ihre Gesellschaft **104** durch Beschluss gem. § 9 Abs. 1 iVm § 131 Abs. 1 Nr. 2 HGB aufzulösen (vgl. § 311 Abs. 1 BGB) Ein solcher Beschluss erfordert Einstimmigkeit, wenn nicht im Partnerschaftsvertrag das Mehrheitsprinzip (HK-HGB/*Stuhlfelner* HGB § 131 Rn. 3) vorgesehen ist. Die allgemeine Vereinbarung des Mehrheitsprinzips im Partnerschaftsvertrag erfasst nicht die Beschlussfassung über die Auflösung der Partnerschaft. Als ungewöhnliche Vertragsänderung, die den Kernbereich der Gesellschafterrechte betrifft, muss sie ausdrücklich dem Mehrheitsprinzip unterworfen werden (Bestimmtheitsgrundsatz, vgl. Mü-KoHGB/*K. Schmidt* HGB § 131 Rn. 15; Heymann/*Emmerich* HGB § 119 Rn. 30, 33). Das Mehrheitsprinzip darf allerdings **keine sittenwidrige Abhängigkeit eines Partners von der Mehrheit** begründen (Baumbach/Hopt/*Roth* HGB § 131 Rn. 12, Baumbach/Hopt/*Roth* HGB § 119 Rn. 35).

105   In besonderen Ausnahmefällen, etwa wenn nur durch rasche Auflösung eine angemessene Verwertung des Gesellschaftsvermögens möglich ist, kann ein Partner aufgrund der Treuepflicht zur Zustimmung zu einem Auflösungsbeschluss verpflichtet sein (BGH NJW 1960, 434; MWHLW/*Hoffmann* Rn. 73). Vorbehaltlich gesellschaftsvertraglicher Regeln kann der Beschluss formfrei (Heymann/*Emmerich* HGB § 131 Rn. 7) und sogar konkludent – etwa durch den Beschluss, ein Projekt, für welches die Partnerschaft gegründet wurde, nicht fortzuführen – erfolgen (MWHLW/*Hoffmann* Rn. 73). Bei Geschäftsunfähigkeit oder beschränkter Geschäftsfähigkeit eines Partners ist die Genehmigung des Vormundschaftsgerichts gem. § 1822 BGB nicht erforderlich (str., wie hier Heymann/*Emmerich* HGB § 105 Rn. 36; vgl. auch BGHZ 52, 316 [319] = NJW 1970, 33). Die Sollvorschrift des § 1823 BGB ist zu beachten.

106   **d) Gesellschaftsinsolvenz. aa) Gesetzlicher Auflösungsgrund.** Bei der Eröffnung des Insolvenzverfahrens über ihr Vermögen wird die Partnerschaft gem. Abs. 1 iVm § 131 Abs. 1 Nr. 3 HGB zwingend aufgelöst. Nach Eröffnung des Insolvenzverfahrens über das Partnerschaftsvermögen muss dieses in erster Linie vom Insolvenzverwalter zur Befriedigung der Partnerschaftsgläubiger verwendet werden. Falls nach Auflösung der Partnerschaft das Insolvenzverfahren auf Antrag des Schuldners eingestellt (vgl. §§ 212, 213 InsO) oder nach der Bestätigung eines Insolvenzplans, der den Fortbestand der Gesellschaft vorsieht, aufgehoben wurde, können die Partner gem. Abs. 1 iVm § 144 Abs. 1 HGB die **Fortsetzung der Partnerschaft** beschließen. Die Fortsetzung ist zur Eintragung in das Partnerschaftsregister anzumelden (§ 144 Abs. 2 HGB). Verbleibt nach Beendigung des Insolvenzverfahrens ausnahmsweise ein Überschuss, kann sich eine Abwicklung anschließen (BGHZ 93, 159 [164] = NJW 1985, 1468 [1470]). § 143 Abs. 1 S. 1 HGB, der grundsätzlich die Anmeldung der Auflösung zur Eintragung in das Partnerschaftsregister durch sämtliche Partner vorsieht, gilt wegen § 143 Abs. 1 S. 2 HGB nicht. Die Eintragung der Eröffnung des Insolvenzverfahrens über das Vermögen der Partnerschaft ins Partnerschaftsregister erfolgt von Amts wegen (§ 143 Abs. 1 S. 3 HGB).

107   **bb) Vertraglicher Auflösungsgrund.** Die **Ablehnung der Eröffnung des Insolvenzverfahrens** über das Vermögen der Partnerschaft mangels Masse (vgl. § 26 InsO) wurde vom Gesetzgeber im Rahmen des PartGG nicht als Auflösungsgrund vorgesehen. Da zudem weder das Recht der OHG noch das Insolvenzrecht eine solche Regelung kennen und § 394 FamFG nur für Kapitalgesellschaften und Genossenschaften gilt, kann dieser Umstand nur bei entsprechender Vereinbarung im Partnerschaftsvertrag als Auflösungsgrund wirken. Eine vertragliche Vereinbarung bietet sich an, da zwar Gläubigerinteressen oder Interessen der Allgemeinheit durch die Antragsablehnung regelmäßig nicht beeinträchtigt werden (Begr. zum RegE, BT-Drs. 12/6152, 20 unter Verweis auf BGHZ 75, 178 [181] = NJW 1980, 233; vgl. auch BGHZ 96, 151 [154] = NJW 1986, 850 [851]), ein Auflösungsbedürfnis der Partner jedoch unabhängig hiervon bestehen kann (vgl. MüKoHGB/*K. Schmidt* HGB § 131 Rn. 22).

e) Gerichtliche Entscheidung (§§ 133, 131 Abs. 1 Nr. 4 HGB). Jeder **108** Partner kann entsprechend § 133 HGB die Auflösung der Gesellschaft durch gerichtliche Entscheidung beantragen, sofern er seinen Antrag auf einen wichtigen Grund stützt. Diese Regelung ermöglicht ein außerordentliches Ende der Partnerschaft, weist die schwierige Feststellung der Auflösungsbedingungen jedoch aus Gründen der Rechtssicherheit den Gerichten zu (→Rn. 9f.). Vorrang vor derart einschneidenden Schritten haben Abhilfemaßnahmen, die den Fortbestand der Partnerschaft sichern (BGHZ 80, 346 [348] = NJW 1981, 2302). Diesem allgemeinen personengesellschaftlichen Prinzip kommt angesichts der gesetzlich bezweckten Strukturverfestigung von Partnerschaften besondere Bedeutung zu (Begr. zum RegE, BT-Drs. 12/6152, 19f.). Die Möglichkeit einer Auflösungsklage entfällt, wenn dem Auflösungskläger der Austritt oder das Abwarten eines ordentlichen Kündigungstermins als milderes Mittel zumutbar ist (**Verhältnismäßigkeitsprinzip**).

Den Vorrang solch milderer Maßnahmen kann der **Gesellschaftsvertrag 109** **näher ausgestalten.** Das Recht jedes Gesellschafters, die Auflösung aus wichtigem Grund zu verlangen, darf gem. § 133 Abs. 3 HGB dabei nicht systemfremd verkürzt werden. Eine unzulässige Rechtsverkürzung ist zu bejahen, wenn statt des Rechts aus § 133 HGB allein treuwidrige oder unangemessene Möglichkeiten vorgesehen werden. Abzulehnen sind danach nachteilige Abfindungsregelungen für den vorrangigen Ausschluss oder Austritt. Auch kann die Fortführung der Gesellschaft durch die anderen Partner unzumutbar sein (vgl. MüKoHGB/*K. Schmidt* HGB § 133 Rn. 25; Baumbach/Hopt/*Roth* HGB § 133 Rn. 19f.).

Anders als bei der Ausschließung eines Partners sind für eine Auflösung neben **110** den gesellschafter- auch **gesellschaftsbezogene Gründe** ausreichend. Gesellschaftsbezogene Gründe betreffen regelmäßig wirtschaftliche Aspekte wie die Rentabilität, die Perspektive der Geschäftsidee und die Marktsituation. Neben der Unmöglichkeit, den Partnerschaftszweck zu erreichen, können beispielsweise Gründungsfehler einen wichtigen Grund abgeben. Im Übrigen gelten ähnliche Grundsätze wie für die Ausschließung eines Partners (→Rn. 21ff.). Insbesondere muss die Fortführung der Partnerschaft nach Abwägung aller Umstände unzumutbar geworden sein.

f) Auflösung bei fehlender Zweigliedrigkeit. Zu einem Erlöschen der **111** Gesellschaft ohne vorheriges Liquidationsverfahren kommt es auch dann, wenn nach dem Ausscheiden von Gesellschaftern lediglich ein Partner in der Gesellschaft verbleibt. In diesem Fall gehen Vermögensgegenstände und Verbindlichkeiten der Gesellschaft auf den letzten Partner im Wege der Gesamtrechtsnachfolge über. Neben der Löschung des Namens der Gesellschaft (§ 2 Abs. 2 iVm § 31 Abs. 2 S. 1 HGB) ist auch das Ausscheiden des Gesellschafters einzutragen (vgl. etwa MüKoHGB/*K. Schmidt* HGB § 143 Rn. 4; aA OLG Köln DNotZ 1970, 747: nur Eintragung des Erlöschens). Eine allein auf das Ausscheiden des vorletzten Partners und nicht auch auf das Erlöschen der Gesellschaft gerichtete Anmeldung wird von den Gerichten zurückgewiesen (KG NZG 2007, 665 [666 f.]).

112   **g) Vertragliche Auflösungsgründe.** Die Parteien können im Partnerschaftsvertrag weitere Gründe vorsehen, die zur Auflösung der Partnerschaft führen (arg. ex § 131 Abs. 1 Nr. 1 und 2 HGB; für die OHG vgl. Baumbach/ Hopt/*Roth* HGB § 131 Rn. 74). Praktisch bedeutsam ist die Ablehnung der Eröffnung des Insolvenzverfahrens über das Vermögen der Partnerschaft mangels Masse (→ Rn. 7, 107).

2. Rechtsfolgen

113   Als Rechtsfolge der Auflösung wandelt sich die Partnerschaft von einer werbenden Gesellschaft in eine **Abwicklungsgesellschaft** um. Während der Abwicklung besteht die Partnerschaft fort, ohne ihre Identität zu ändern. Der Auflösung folgt die Liquidation unter den Partnern (§ 10 iVm §§ 145 ff. HGB). Die Partnerschaft ist erst beendet, wenn ihr gesamtes Vermögen verteilt, sie somit vollständig abgewickelt ist **(Vollbeendigung).** Während die Partner im Wege der Änderung des Gesellschaftsvertrags die Abwicklungsgesellschaft wieder in eine werbende Gesellschaft zurückverwandeln können (BGH WM 1995, 1536), kann eine vollbeendete Partnerschaft nicht wiederhergestellt werden (Heymann/*Emmerich* HGB § 131 Rn. 35). Möglich ist die Wiederaufnahme des Liquidationsverfahrens, wenn sich nachträglich Vermögensgegenstände ergeben (→ § 10 Rn. 5).

IV. Die Vererbung der Gesellschafterstellung

1. Gesetzlicher Regelfall

114   § 9 Abs. 4 regelt die Vererbung von Beteiligungen an einer Partnerschaft (ausführlich *Heydn,* Die erbrechtliche Nachfolge in Anteile an Partnerschaftsgesellschaften, 1999; *Arnold,* Die erbrechtliche Nachfolge in der Partnerschaftsgesellschaft: Unter besonderer Berücksichtigung berufsrechtlicher Implikationen, 2006). Da nach § 9 Abs. 1 iVm § 131 Abs. 3 S. 1 Nr. 1 HGB der Tod eines Partners nicht zur Auflösung der Partnerschaft führt (→ Rn. 5), musste konsequenterweise die Vererblichkeit der Beteiligung grundsätzlich ausgeschlossen werden (§ 9 Abs. 4 S. 1). Der automatische Eintritt des Erben in die fortbestehende werbende Partnerschaft entspricht regelmäßig nicht dem besonderen persönlichen Vertrauensverhältnis zwischen den freiberuflich tätigen Gesellschaftern (Begr. zum RegE, BT-Drs. 12/6152, 21). Den verbleibenden Partnern darf nicht gegen ihren Willen ein neuer Gesellschafter aufgezwungen werden, zu dem kein persönliches und fachliches Vertrauensverhältnis besteht.

2. Abweichende Vereinbarungen

115   Der Partnerschaftsvertrag kann gem. § 9 Abs. 4 S. 2 die Vererblichkeit durch eine **Nachfolgeklausel** ausdrücklich anordnen (Begr. zum RegE, BT-Drs. 12/6152, 21). Der Kreis der begünstigten Personen ist jedoch auf gem. § 1

Abs. 1 und 2 taugliche Partner beschränkt. Angehörigen anderer Freier Berufe kann der Eintritt nur gestattet werden, sofern die jeweils einschlägigen berufsrechtlichen Bestimmungen einen solchen Zusammenschluss nicht ausschließen (vgl. § 1 Abs. 3). Das bedeutet, dass die Partnerstellung nur für Angehörige solcher Berufe vererblich gestellt werden darf, die mit den bereits in der Partnerschaft ausgeübten Berufen vereinbar sind (Römermann/*Römermann* Rn. 28; *Arnold,* Die erbrechtliche Nachfolge in der Partnerschaftsgesellschaft: Unter besonderer Berücksichtigung berufsrechtlicher Implikationen, 2006, 47 ff.; *Heydn,* Die erbrechtliche Nachfolge in Anteile an Partnerschaftsgesellschaften, 1999, 40 ff.; *Heydn* ZEV 1998, 161 ff.). Entsprechend dem Wesen der Partnerschaft setzt das Nachrücken von Erben zudem voraus, dass diese ihre freiberufliche Tätigkeit aktiv im Rahmen der Partnerschaft ausüben. Nach Abs. 4 S. 3 findet auf den Nachfolger-Erben eines Partners das im OHG-Recht geltende Wahlrecht nach § 139 HGB mit der Maßgabe Anwendung, dass dem oder den Nachfolger-Erben lediglich das Wahlrecht nach § 139 Abs. 2 HGB zwischen dem Verbleiben in der Partnerschaft und dem Austritt zusteht (→ Rn. 118).

Im Partnerschaftsvertrag können **zusätzliche Anforderungen an die 116 Person des Erben** als Nachfolger eines verstorbenen Partners aufgestellt werden, die über die berufsrechtlichen Kriterien hinausgehen. Nahe liegend sind vertragliche Regelungen, welche die Beschränkung der Partnerschaft auf die bisher vorhandenen oder „erwünschten" Freien Berufe auch für den Erbfall sicherstellen (Begr. zum RegE, BT-Drs. 12/6152, 21).

Nach den allgemeinen personengesellschaftsrechtlichen Grundsätzen ist in 117 den durch § 9 Abs. 4 S. 2 gezogenen Grenzen auch in der Partnerschaft die Vereinbarung einer sog. **„qualifizierten Nachfolgeklausel"** zulässig (MüKoBGB/*Schäfer* Rn. 27), nach der gesellschaftsrechtlich nur bestimmte Personen aus einem größeren Kreis der Erben die Nachfolge antreten können (BGHZ 22, 186 [194] = NJW 1957, 180 [181]; Heymann/*Emmerich* HGB § 139 Rn. 28 ff.; MüKoHGB/*K. Schmidt* HGB § 139 Rn. 16 ff. mwN). Soweit die Voraussetzungen des Satzes 2 erfüllt sind, erwirbt der Betreffende die Beteiligung des verstorbenen Partners an der Partnerschaft unmittelbar und im Ganzen und nicht nur in der Höhe seiner Erbquote (BGHZ 68, 225 [237 f.] = NJW 1977, 1339 [1342 f.]). Die **Bedeutung der Erbquote** beschränkt sich auf den vermögensrechtlichen Innenausgleich unter den Erben mit der Folge eines etwaigen Wertausgleichs zulasten des allein in die Partnerstellung einrückenden Gesellschaftererbens (BGHZ 22, 186 [197] = NJW 1957, 180 [181]; BGHZ 50, 316 [318]).

Enthält der Partnerschaftsvertrag eine einfache oder qualifizierte Nachfol- 118 geklausel und erfüllt mindestens ein Erbe die Anforderungen an die Partnerschaftsfähigkeit, sodass er die Nachfolge als Gesellschafter antreten könnte, so ist Abs. 4 S. 3 zu beachten. Dieser modifiziert die Verweisung des § 9 Abs. 1 auf § 139 HGB insofern, als der Erbe, wenn er die ihm ohne sein Zutun zugefallene Partnerstellung nicht ausfüllen will, **ohne Einhaltung einer Kündigungsfrist seinen Austritt aus der Gesellschaft erklären kann** (§ 139 Abs. 2 HGB). Die Übernahme einer Kommanditistenstellung unter gleichzeitigem Rechtsformwechsel der Partnerschaft in eine KG ist dagegen als Konsequenz der freiberuflichen Unternehmensausrichtung ausgeschlossen. Dem

Nachfolger-Erben steht damit nach § 139 Abs. 2 HGB nur das Wahlrecht zwischen dem Verbleib in der Partnerschaft und dem Austritt zu (MüKoBGB/ *Schäfer* Rn. 30; MWHLW/*Hoffmann* Rn. 45; Römermann/*Römermann* Rn. 37). Die Erklärung muss innerhalb von drei Monaten ab Kenntnis von der Erbschaft erfolgen, wobei die Frist jedoch nicht vor Ablauf der Ausschlagungsfrist (vgl. § 1944 BGB) endet (§ 139 Abs. 3 S. 3 HGB). Erklärt der Erbe sein Ausscheiden, so haftet er in seiner Eigenschaft als Erbe für die bis zum Erbfall entstandenen Altschulden und persönlich für die danach bis zu seinem Austritt entstandenen Neuschulden in Form von Nachlassverbindlichkeiten. Ihm steht allerdings die Möglichkeit der Haftungsbeschränkung nach §§ 1967 ff. BGB offen (§ 139 Abs. 4 HGB; vgl. MüKoBGB/*Schäfer* Rn. 29 f.; für die OHG Baumbach/Hopt/*Roth* HGB § 139 Rn. 48). Gemäß § 139 Abs. 5 1. Hs. HGB kann das Austrittsrecht des Erben nicht im Partnerschaftsvertrag erschwert oder ausgeschlossen werden.

119 Wird die Partnerschaft ohne den bzw. die Erben fortgeführt, so gilt § 738 BGB entsprechend. Der Anteil des verstorbenen Partners wächst den übrigen Partnern zu, der Auseinandersetzungsanspruch fällt in den Nachlass. Die Zulässigkeit vertraglicher Abweichungen hat sich an den zum Personengesellschaftsrecht entwickelten Grundsätzen auszurichten (vgl. hierzu BGHZ 22, 186 = NJW 1957, 180; zur Erbenbeeinträchtigung durch Abfindungsklauseln → Rn. 84 ff.).

V. Verfügungen über Partnerschaftsanteile

1. Übertragbarkeit/Zustimmung

120 Die Übertragung von Partnerschaftsanteilen ist trotz des Fehlens einer ausdrücklichen gesetzlichen Regelung **grundsätzlich zulässig.** Sie erfolgt ebenso wie bei der OHG (Heymann/*Emmerich* HGB § 109 Rn. 33a) durch Verfügung über die Mitgliedschaft gem. **§§ 413, 398 BGB.** Der Gesetzgeber ging bei Verabschiedung des PartGG davon aus, dass die allgemeinen im Personengesellschaftsrecht entwickelten Grundsätze (vgl. BGHZ 13, 179 [185 f.] = NJW 1954, 1155 [1156]; BGHZ 24, 106 [114] = NJW 1957, 1026 [1028]) entsprechend anzuwenden seien, sodass es einer gesetzlichen Regelung nicht bedurfte (Begr. zum RegE, BT-Drs. 12/6152, 21). Zur Wahrung der Interessen der übrigen Partner ist für die Anteilsübertragung jedoch eine partnerschaftsvertragliche Regelung oder eine ausdrückliche **Zustimmung aller Partner** (§§ 182 ff. BGB) erforderlich (vgl. MüKoBGB/*Schäfer* Rn. 32; missverständlich Römermann/*Zimmermann* § 1 Rn. 190, der von einer Kumulation beider Voraussetzungen ausgeht). Der Partnerschaftsvertrag kann die Übertragbarkeit sowohl erleichtern als auch erschweren (Heymann/*Emmerich* HGB § 109 Rn. 34).

2. Partnerschaftsspezifische Besonderheiten

121 Zu beachten sind die partnerschaftsspezifischen Kriterien des § 1 Abs. 1 und 2. Die Gesellschaftsanteile dürfen danach nur an eine Person übertragen werden, die aufgrund ihrer freiberuflichen Qualifikation und dem Willen zu aktiver Ausübung des Berufs auch Gründungspartner sein könnte (Begr. zum RegE, BT-Drs. 12/6152, 21). Die Abtretung eines Anteils an ungeeignete Zessionare ist gem. § 134 BGB iVm § 1 unwirksam.

Die Anteilsübertragung selbst und das ihr zugrunde liegende Grundgeschäft **122** (Kauf, Schenkung oÄ) sind grundsätzlich formfrei (hM, vgl. für die OHG Baumbach/Hopt/*Roth* HGB § 105 Rn. 71, 54; Heymann/*Emmerich* HGB § 109 Rn. 35; für die PartG MüKoBGB/*Schäfer* Rn. 32; MWHLW/*Hoffmann* Rn. 56, der allerdings aus § 3 Abs. 1 einen Schriftformbedarf für die Zustimmungserklärungen der Mitgesellschafter ableitet; aA *Feddersen/Meyer-Landrut* Rn. 12). Dies gilt selbst dann, wenn zum Partnerschaftsvermögen Gegenstände gehören, deren Übertragungsverpflichtung und -verfügung formbedürftig sind, also etwa bei Grundstücken gem. § 311b Abs. 1 BGB, §§ 873, 925 BGB (grundlegend: BGHZ 86, 367 [369f.] = NJW 1983, 1110). Ausnahmen werden für das Personengesellschaftsrecht nur dann befürwortet, wenn sich der Zweck der Gesellschaft auf das Halten und Verwalten von Grundstücken beschränkt (MüKoHGB/*K. Schmidt* HGB § 105 Rn. 134 mwN). Für Partnerschaften kommt ein entsprechender Gesellschaftszweck aufgrund der Anbindung an die freiberufliche Tätigkeit und die Ausgestaltung als Berufsausübungsgesellschaft nicht in Betracht.

3. Übertragung aller Anteile

Bei einer gleichzeitigen Übertragung aller Anteile an mehrere Dritte unter **123** Auswechslung aller Gesellschafter bleibt die Identität der Partnerschaft unberührt (vgl. BGHZ 13, 179 [187] = NJW 1954, 1155 [1156]; BGHZ 44, 229 [231] = NJW 1966, 499). Sowohl auf den Kauf aller Anteile als auch auf den Kauf eines wesentlichen Anteilspakets, der wirtschaftlich einem Unternehmensverkauf entspricht, findet gem. § 453 Abs. 1 BGB die Mängelgewährleistung nach §§ 434ff. BGB entsprechend Anwendung (Baumbach/Hopt/*Roth* HGB § 105 Rn. 73). Der Kauf eines einzelnen Minderheitsanteils ist dagegen als Rechtskauf zu qualifizieren, bei dem folgerichtig nur Rechtsmängel iSv § 435 BGB, nicht dagegen Sachmängel denkbar sind. Werden alle Anteile auf eine andere Personengesellschaft übertragen, so kommt es zur Auflösung der Partnerschaft und zur Übertragung des freiberuflichen Unternehmens auf den Erwerber (BGHZ 71, 296 [299f.] = NJW 1978, 1525; BGH NJW-RR 1990, 798 [799], Wertenbruch EWiR 2005, 403; → § 9 Rn. 47 und → § 10 Rn. 35, 42).

4. Rechtsfolgen

Die Mitgliedschaft geht als solche mit allen Rechten und Pflichten (ein- **124** schließlich der Sozialansprüche, BGH NJW-RR 1987, 286) aus dem Partnerschaftsvertrag auf den Zessionar über (BGHZ 45, 221 [222f.] = NJW 1966, 1307 [1308f.]). Abweichende vertragliche Regelungen sind in den Grenzen des § 717 S. 2 BGB zulässig. Die **Aufnahme eines Partners ohne Einlage** (Familienunternehmen) ist wegen der gesetzlichen Übernahme der Haftung (§ 8 Abs. 1) sowie der Gesellschafterpflichten mit einer persönlich-unmittelbaren Belastung verbunden und somit bei der gebotenen Gesamtbetrachtung keine Anteilsschenkung mit dem Formerfordernis des § 518 BGB (BGHZ

112, 40 [44] = NJW 1990, 2616 [2617]; BGH NJW 1981, 1956; BB 1965, 472; aA Baumbach/Hopt/*Roth* HGB § 105 Rn. 56).

VI. Anmeldungen zum Partnerschaftsregister

125   Das Ausscheiden eines Partners und die Auflösung der Partnerschaft sind von allen Partnern zur **Eintragung in das Partnerschaftsregister** anzumelden. Die Partner sind untereinander zur Mitwirkung an der Anmeldung verpflichtet. Ausnahmen gelten für den Ausschluss eines Gesellschafters durch Gestaltungsklage gem. § 140 Abs. 1 HGB iVm § 133 HGB. Hier ersetzt das rechtskräftige Urteil eine Anmeldung des Ausscheidens (→ § 5 Rn. 97). Die Anmeldepflicht entfällt, wenn über das Gesellschaftsvermögen das **Insolvenzverfahren** eröffnet wird (→ Rn. 106). Im Falle der Insolvenz eines Gesellschafters mit der Folge seines Ausscheidens (→ Rn. 6) tritt der Insolvenzverwalter an die Stelle des Partners. Bei einer Anteilsübertragung ergibt sich die Verpflichtung der Partner, die damit verbundenen Änderungen des Mitgliederbestands und der Vertretungsbefugnis zur Eintragung in das Partnerschaftsregister anzumelden, aus § 4 Abs. 1 S. 3 iVm § 3 Abs. 2 Nr. 2.

§ 10   Liquidation der Partnerschaft; Nachhaftung

(1) **Für die Liquidation der Partnerschaft sind die Vorschriften über die Liquidation der offenen Handelsgesellschaft entsprechend anwendbar.**

(2) **Nach der Auflösung der Partnerschaft oder nach dem Ausscheiden des Partners bestimmt sich die Haftung der Partner aus Verbindlichkeiten der Partnerschaft nach den §§ 159, 160 des Handelsgesetzbuchs.**

§ 10 verweist auf folgende Vorschriften aus dem Fünften und Sechsten Titel des zweiten Buches des HGB:

§ 145 [Notwendigkeit der Liquidation]

(1) Nach der Auflösung der Gesellschaft findet die Liquidation statt, sofern nicht eine andere Art der Auseinandersetzung von den Gesellschaftern vereinbart oder über das Vermögen der Gesellschaft das Insolvenzverfahren eröffnet ist.

(2) Ist die Gesellschaft durch Kündigung des Gläubigers eines Gesellschafters oder durch die Eröffnung des Insolvenzverfahrens über das Vermögen eines Gesellschafters aufgelöst, so kann die Liquidation nur mit Zustimmung des Gläubigers oder des Insolvenzverwalters unterbleiben; ist im Insolvenzverfahren Eigenverwaltung angeordnet, so tritt an die Stelle der Zustimmung des Insolvenzverwalters die Zustimmung des Schuldners.

(3) Ist die Gesellschaft durch Löschung wegen Vermögenslosigkeit aufgelöst, so findet eine Liquidation nur statt, wenn sich nach der Löschung herausstellt, daß Vermögen vorhanden ist, das der Verteilung unterliegt.

§ 146 [Bestellung der Liquidatoren]

(1) ¹Die Liquidation erfolgt, sofern sie nicht durch Beschluß der Gesellschafter oder durch den Gesellschaftsvertrag einzelnen Gesellschaftern oder anderen Personen übertra-

gen ist, durch sämtliche Gesellschafter als Liquidatoren. [2]Mehrere Erben eines Gesellschafters haben einen gemeinsamen Vertreter zu bestellen.

(2) [1]Auf Antrag eines Beteiligten kann aus wichtigen Gründen die Ernennung von Liquidatoren durch das Gericht erfolgen, in dessen Bezirke die Gesellschaft ihren Sitz hat; das Gericht kann in einem solchen Falle Personen zu Liquidatoren ernennen, die nicht zu den Gesellschaftern gehören. [2]Als Beteiligter gilt außer den Gesellschaftern im Falle des § 135 auch der Gläubiger, durch den die Kündigung erfolgt ist. [3]Im Falle des § 145 Abs. 3 sind die Liquidatoren auf Antrag eines Beteiligten durch das Gericht zu ernennen.

(3) Ist über das Vermögen eines Gesellschafters das Insolvenzverfahren eröffnet und ist ein Insolvenzverwalter bestellt, so tritt dieser an die Stelle des Gesellschafters.

§ 147 [Abberufung von Liquidatoren]

Die Abberufung von Liquidatoren geschieht durch einstimmigen Beschluß der nach § 146 Abs. 2 und 3 Beteiligten; sie kann auf Antrag eines Beteiligten aus wichtigen Gründen auch durch das Gericht erfolgen.

§ 148 [Anmeldung der Liquidatoren]

(1) [1]Die Liquidatoren und ihre Vertretungsmacht sind von sämtlichen Gesellschaftern zur Eintragung in das Handelsregister anzumelden. [2]Das gleiche gilt von jeder Änderung in den Personen der Liquidatoren oder in ihrer Vertretungsmacht. [3]Im Falle des Todes eines Gesellschafters kann, wenn anzunehmen ist, daß die Anmeldung den Tatsachen entspricht, die Eintragung erfolgen, auch ohne daß die Erben bei der Anmeldung mitwirken, soweit einer solchen Mitwirkung besondere Hindernisse entgegenstehen.

(2) Die Eintragung gerichtlich bestellter Liquidatoren sowie die Eintragung der gerichtlichen Abberufung von Liquidatoren geschieht von Amts wegen.

§ 149 [Rechte und Pflichten der Liquidatoren]

[1]Die Liquidatoren haben die laufenden Geschäfte zu beendigen, die Forderungen einzuziehen, das übrige Vermögen in Geld umzusetzen und die Gläubiger zu befriedigen; zur Beendigung schwebender Geschäfte können sie auch neue Geschäfte eingehen. [2]Die Liquidatoren vertreten innerhalb ihres Geschäftskreises die Gesellschaft gerichtlich und außergerichtlich.

§ 150 [Mehrere Liquidatoren]

(1) Sind mehrere Liquidatoren vorhanden, so können sie die zur Liquidation gehörenden Handlungen nur in Gemeinschaft vornehmen, sofern nicht bestimmt ist, daß sie einzeln handeln können.

(2) [1]Durch die Vorschrift des Absatzes 1 wird nicht ausgeschlossen, daß die Liquidatoren einzelne von ihnen zur Vornahme bestimmter Geschäfte oder bestimmter Arten von Geschäften ermächtigen. [2]Ist der Gesellschaft gegenüber eine Willenserklärung abzugeben, so findet die Vorschrift des § 125 Abs. 2 Satz 3 entsprechende Anwendung.

§ 151 [Unbeschränkbarkeit der Befugnisse]

Eine Beschränkung des Umfanges der Befugnisse der Liquidatoren ist Dritten gegenüber unwirksam.

§ 152 [Bindung an Weisungen]

Gegenüber den nach § 146 Abs. 2 und 3 Beteiligten haben die Liquidatoren, auch wenn sie vom Gerichte bestellt sind, den Anordnungen Folge zu leisten, welche die Beteiligten in Betreff der Geschäftsführung einstimmig beschließen.

§ 153 [Unterschrift]

Die Liquidatoren haben ihre Unterschrift in der Weise abzugeben, daß sie der bisherigen, als Liquidationsfirma zu bezeichnenden Firma ihren Namen beifügen.

§ 154 [Bilanzen]

Die Liquidatoren haben bei dem Beginne sowie bei der Beendigung der Liquidation eine Bilanz aufzustellen.

§ 155 [Verteilung des Gesellschaftsvermögens]

(1) Das nach Berichtigung der Schulden verbleibende Vermögen der Gesellschaft ist von den Liquidatoren nach dem Verhältnisse der Kapitalanteile, wie sie sich auf Grund der Schlußbilanz ergeben, unter die Gesellschafter zu verteilen.

(2) [1]Das während der Liquidation entbehrliche Geld wird vorläufig verteilt. [2]Zur Deckung noch nicht fälliger oder streitiger Verbindlichkeiten sowie zur Sicherung der den Gesellschaftern bei der Schlußverteilung zukommenden Beträge ist das Erforderliche zurückzubehalten. [3]Die Vorschriften des § 122 Abs. 1 finden während der Liquidation keine Anwendung.

(3) Entsteht über die Verteilung des Gesellschaftsvermögens Streit unter den Gesellschaftern, so haben die Liquidatoren die Verteilung bis zur Entscheidung des Streites auszusetzen.

§ 156 [Rechtsverhältnisse der Gesellschafter]

Bis zur Beendigung der Liquidation kommen in Bezug auf das Rechtsverhältnis der bisherigen Gesellschafter untereinander sowie der Gesellschaft zu Dritten die Vorschriften des zweiten und dritten Titels zur Anwendung, soweit sich nicht aus dem gegenwärtigen Titel oder aus dem Zwecke der Liquidation ein anderes ergibt.

§ 157 [Anmeldung des Erlöschens; Geschäftsbücher]

(1) Nach der Beendigung der Liquidation ist das Erlöschen der Firma von den Liquidatoren zur Eintragung in das Handelsregister anzumelden.

(2) [1]Die Bücher und Papiere der aufgelösten Gesellschaft werden einem der Gesellschafter oder einem Dritten in Verwahrung gegeben. [2]Der Gesellschafter oder der Dritte wird in Ermangelung einer Verständigung durch das Gericht bestimmt, in dessen Bezirke die Gesellschaft ihren Sitz hat.

(3) Die Gesellschafter und deren Erben behalten das Recht auf Einsicht und Benutzung der Bücher und Papiere.

§ 158 [Andere Art der Auseinandersetzung]

Vereinbaren die Gesellschafter statt der Liquidation eine andere Art der Auseinandersetzung, so finden, solange noch ungeteiltes Gesellschaftsvermögen vorhanden ist, im Verhältnisse zu Dritten die für die Liquidation geltenden Vorschriften entsprechende Anwendung.

§ 159 [Ansprüche gegen einen Gesellschafter]

(1) Die Ansprüche gegen einen Gesellschafter aus Verbindlichkeiten der Gesellschaft verjähren in fünf Jahren nach der Auflösung der Gesellschaft, sofern nicht der Anspruch gegen die Gesellschaft einer kürzeren Verjährung unterliegt.

(2) Die Verjährung beginnt mit dem Ende des Tages, an welchem die Auflösung der Gesellschaft in das Handelsregister des für den Sitz der Gesellschaft zuständigen Gerichts eingetragen wird.

(3) Wird der Anspruch des Gläubigers gegen die Gesellschaft erst nach der Eintragung fällig, so beginnt die Verjährung mit dem Zeitpunkte der Fälligkeit.

(4) Der Neubeginn der Verjährung und ihre Hemmung nach § 204 des Bürgerlichen Gesetzbuchs gegenüber der aufgelösten Gesellschaft wirken auch gegenüber den Gesellschaftern, die der Gesellschaft zur Zeit der Auflösung angehört haben.

§ 160 [Haftung des ausscheidenden Gesellschafters; Fristen; Haftung als Kommanditist]

(1) [1]Scheidet ein Gesellschafter aus der Gesellschaft aus, so haftet er für ihre bis dahin begründeten Verbindlichkeiten, wenn sie vor Ablauf von fünf Jahren nach dem Ausscheiden fällig und daraus Ansprüche gegen ihn in einer in § 197 Abs. 1 Nr. 3 bis 5 des Bürgerlichen Gesetzbuchs bezeichneten Art festgestellt sind oder eine gerichtliche oder behördliche Vollstreckungshandlung vorgenommen oder beantragt wird; bei öffentlich-rechtlichen Verbindlichkeiten genügt der Erlass eines Verwaltungsakts. [2]Die Frist beginnt mit dem Ende des Tages, an dem das Ausscheiden in das Handelsregister des für den Sitz der Gesellschaft zuständigen Gerichts eingetragen wird. [3]Die für die Verjährung geltenden §§ 204, 206, 210, 211 und 212 Abs. 2 und 3 des Bürgerlichen Gesetzbuches sind entsprechend anzuwenden.

(2) Einer Feststellung in einer in § 197 Abs. 1 Nr. 3 bis 5 des Bürgerlichen Gesetzbuchs bezeichneten Art bedarf es nicht, soweit der Gesellschafter den Anspruch schriftlich anerkannt hat.

(3) [1]Wird ein Gesellschafter Kommanditist, so sind für die Begrenzung seiner Haftung für die im Zeitpunkt der Eintragung der Änderung in das Handelsregister begründeten Verbindlichkeiten die Absätze 1 und 2 entsprechend anzuwenden. [2]Dies gilt auch, wenn er in der Gesellschaft oder einem ihr als Gesellschafter angehörenden Unternehmen geschäftsführend tätig wird. [3]Seine Haftung als Kommanditist bleibt unberührt.

Schrifttum: *Altmeppen,* Zur Enthaftung des ausscheidenden Personengesellschafters, NJW 2000, 2529; *Bunk,* Vermögenszuordnung, Auseinandersetzung und Ausscheiden in Sozietät und Gemeinschaftspraxis, 2007; *Eckert,* Begrenzung der Nachhaftung ausgeschiedener Gesellschafter, RdA 1994, 215; *Hirtz,* Auseinandersetzung von Anwaltsgesellschaften, Anmerkung zum Beschluss des BGH vom 11. 5. 2009, II ZR 210/08, AnwBl. 2009, 775; *Kollbach,* Die Neuregelung der Nachhaftung ausgeschiedener persönlich haftender Gesellschafter, GmbHR 1994, 164; *Lieb,* Offene (Übergangs-)Fragen nach dem Erlaß des Nachhaftungsbegrenzungsgesetzes (NhBG), GmbHR 1994, 657; *Nitsche,* Das neue Nachhaftungsbegrenzungsgesetz – Vertragsübergang kraft Gesetzes?, ZIP 1994, 1919; *Reichold,* Das neue Nachhaftungsbegrenzungsgesetz, NJW 1994, 1617; *Seibert,* Nachhaftungsbegrenzungsgesetz – Haftungsklarheit für den Mittelstand, DB 1994, 641; *Sommer/Treptow,* Die „Umwandlung" einer Partnerschaftsgesellschaft in eine PartG mbB und ihre Folgen, NJW 2013, 3269; *Wertenbruch,* Beginn der Enthaftungsfrist bei Ausscheiden aus einer Personengesellschaft, NZG 2008, 216; *Wischemeyer/Honisch,* Gesellschafterhaftung in der Insolvenz von Anwaltssozietäten – Erstreckung auf (ausgeschiedene) Scheingesellschafter?, NJW 2014, 881; *Wolff,* Die Auseinandersetzung von Freiberuflergesellschaften und ihre prozessuale Bewältigung, NJW 2009, 1302.

Übersicht

I. Regelungsgegenstand

1 § 10 regelt die Liquidation der Partnerschaft sowie die Haftung der Gesell-schafter für Verbindlichkeiten der Partnerschaft nach ihrem Ausscheiden bzw. nach Auflösung der Partnerschaft. Während frühere Entwürfe des Gesetzes über die Partnerschaftsgesellschaften noch umfangreiche Regelungen für das Liquidationsstadium vorsahen (vgl. ZIP 1993, 153 [158]; dazu MWHLW/*Hoffmann* Rn. 1; *Seibert* 48), ordnet § 10 Abs. 1 für die Liquidation der Partner-schaft lediglich die **entsprechende Geltung der §§ 145–158 HGB** an (der Tauglichkeit der oHG-Vorschriften krit. gegenüberstehend: *Wulff* NJW 2009, 1302 [1303], der zu Recht auf die schon vom Grundsatz her unterschiedlichen Vermögenswerte von Handelsgesellschaften und freiberuflichen Zusammen-schlüssen hinweist, da der Hauptwert letzterer regelmäßig von dem beruf-lichen Erfolg des einzelnen Gesellschafters, an den dessen Mandanten- bzw. Patientenstamm gebunden ist, abhängt.). Ergänzend sind gemäß dem Berufs-rechtsvorbehalt des § 1 Abs. 3 berufsrechtliche Regelungen zu beachten (→ Rn. 9). Nach § 145 Abs. 1 HGB schließt sich an die Auflösung der Partner-schaft die Liquidation an, sofern nicht eine andere Art der Auseinandersetzung (etwa eine Realteilung) von den Partnern vereinbart oder über das Vermögen der Partnerschaft das Insolvenzverfahren eröffnet wurde. Für die Nachhaftung der Partner verweist Abs. 2 auf §§ 159, 160 HGB.

II. Liquidation (Abs. 1)

1. Auflösungsgründe

Die Liquidation setzt gem. § 145 Abs. 1 HGB die Auflösung der Gesell- 2
schaft voraus. Diese erfolgt seit der Handelsrechtsreform von 1998 („Gesetz
zur Neuregelung des Kaufmanns- und Firmenrechts und zur Änderung anderer handels- und gesellschaftsrechtlicher Vorschriften" – Handelsrechtsreformgesetz [HRefG] v. 22.6.1998, BGBl. 1998 I 1474) gem. § 131 Abs. 1 HGB nur
noch im Falle des Zeitablaufs, des Gesellschafterbeschlusses, der Eröffnung des
Insolvenzverfahrens über das Vermögen der Gesellschaft sowie einer gerichtlichen Entscheidung (→ § 9 Rn. 2 ff.). Hinfällig wurde damit der ursprüngliche § 9 Abs. 2, der abweichend von § 131 Nr. 4−6 HGB aF im Falle des Todes eines Gesellschafters, der Eröffnung des Konkursverfahrens über das
Vermögen eines Gesellschafters sowie der Kündigung durch den Privatgläubiger eines Gesellschafters nur das Ausscheiden des Gesellschafters, nicht die
Auflösung der Gesellschaft vorsah. In diesen und in den anderen Fällen des
§ 131 Abs. 3 HGB erfolgt ausnahmsweise doch die Auflösung der Partnerschaft, wenn sie im Partnerschaftsvertrag als Rechtsfolge ausdrücklich vereinbart ist. Nur so erklären sich die Regelungen der § 145 Abs. 2 HGB, § 146
Abs. 2 S. 2, Abs. 3 HGB und § 148 Abs. 1 S. 3 HGB (Römermann/*Römermann*
Rn. 3).

2. Bestellung der Liquidatoren

a) Gesetzlicher Regelfall. Mit der Auflösung der Gesellschaft erlöschen 3
Geschäftsführungsbefugnis und Vertretungsmacht der Partner, wie sie nach
dem Partnerschaftsvertrag und dem Gesetz (§ 6 Abs. 3 S. 2 iVm §§ 114 ff.
HGB, § 7 Abs. 3 iVm §§ 125 ff. HGB) für die werbende Gesellschaft galten.
Sowohl die Geschäftsführungsbefugnis als auch die Vertretungsmacht gehen
kraft Gesetzes auf die Liquidatoren als Organe der Gesellschaft iL über (Baum-
bach/Hopt/*Roth* HGB § 145 Rn. 4). Gemäß § 146 Abs. 1 HGB sind grundsätzlich sämtliche Partner ohne Rücksicht auf ihre Geschäftsführungsbefugnis
und Vertretungsmacht in der werbenden Gesellschaft Liquidatoren.

b) Vereinbarung. Durch eine entsprechende Vereinbarung im Partner- 4
schaftsvertrag oder einen einstimmigen Beschluss der Gesellschafter kann die
Liquidation einem der Partner oder einem Dritten übertragen werden. Der
Grundsatz der Selbstorganschaft findet in der Liquidation keine Anwendung
mehr (MüKoBGB/*Schäfer* Rn. 5). Gesellschafterliquidatoren haben grundsätzlich keinen Anspruch auf **Vergütung,** es sei denn, ein solcher ist ihnen durch
Beschluss bewilligt worden (vgl. BGHZ 17, 299 [301 f.] = NJW 1955, 1227 f.;
Baumbach/Hopt/*Roth* HGB § 146 Rn. 4; MWHLW/*Hoffmann* Rn. 14). Ein
zum Liquidator bestellter Dritter kann dagegen die übliche Vergütung verlangen, auch einen Vorschuss (Baumbach/Hopt/*Roth* HGB § 149 Rn. 1).

c) Gerichtliche Bestellung. aa) Fallkonstellationen. Die Liquidatoren 5
werden vom Gericht bestellt, wenn die Gesellschaft durch **Löschung wegen**

Vermögenslosigkeit aufgelöst wurde und eine Liquidation stattfindet, weil sich nach der Löschung im Partnerschaftsregister herausstellt, dass noch der Verteilung unterliegendes Vermögen vorhanden ist (§ 145 Abs. 3 HGB, § 146 Abs. 2 S. 3 HGB; Beispiel: nachträgliche Werthaltigkeit einer Forderung gegenüber einem zuvor als vermögenslos eingestuften Schuldner). Auf Antrag eines Beteiligten kann ferner aus wichtigen Gründen die Ernennung von Liquidatoren gem. § 146 Abs. 2 S. 1 HGB **durch das Gericht** erfolgen. Ein wichtiger Grund liegt vor, wenn die Abwicklung durch die vom Gesetz oder von den Gesellschaftern berufenen Liquidatoren eine ordnungsgemäße Auseinandersetzung nicht erwarten lässt und erhebliche Nachteile für die Gesellschaft zu befürchten sind (HK-HGB/*Stuhlfelner* HGB § 146 Rn. 6). Beispiele bieten der Verdacht der Unfähigkeit oder gesetzwidriges Handeln der Liquidatoren, aber auch ein feindseliges Verhältnis zwischen den Liquidatoren oder Zwist zwischen den Erben, die sich nicht auf einen gemeinsamen Vertreter einigen können (vgl. Baumbach/Hopt/*Roth* HGB § 146 Rn. 5 f.; EBJS/*Hillmann* HGB § 146 Rn. 14; Heymann/*Sonnenschein* HGB § 146 Rn. 12; Schlegelberger/*K. Schmidt* BGB § 146 Rn. 30 ff.; OLG Hamm BB 1958, 497). Als Beteiligte iSd § 146 Abs. 2 HGB sind neben den Partnern alle Personen antragsberechtigt, die eine Gesellschafterstellung ausüben (Insolvenzverwalter, Testamentsvollstrecker), die Erben eines Partners und die Gläubiger, die nach § 135 HGB gekündigt haben (§ 146 Abs. 2 S. 2 HGB). Das Gericht kann dem bestellten Abwickler Einzel- oder Gesamtvertretungsbefugnis einräumen oder festlegen, dass er neben einem oder statt eines bereits vorhandenen Abwicklers tätig werden soll. Im Übrigen fehlt dem Gericht die Kompetenz, die Befugnisse eines Abwicklers zu beschränken, ihm Weisungen zu erteilen oder ihn zu überwachen. Es darf weder die Vergütung festsetzen noch für einen verhinderten Abwickler einen Vertreter bestellen (Baumbach/Hopt/*Roth* HGB § 146 Rn. 7).

6   **bb) Verfahren. Zuständig** für die Bestellung der Liquidatoren ist das Amtsgericht, in dessen Bezirk die Gesellschaft ihren Sitz hat (Heymann/*Sonnenschein* HGB § 146 Rn. 13). Für eine zweigliedrige PartG iL geht das OLG München davon aus, dass gegen die Bestellung eines Prozesspflegers nach § 57 Abs. 1 ZPO die sofortige Beschwerde der Gesellschaft nach § 567 Abs. 1 Nr. 2 ZPO statthaft ist, wenn diese geltend macht, durch den verbleibenden Liquidator gesetzlich vertreten zu sein. Bei vorübergehender Verhinderung eines von zwei gesamtvertretungsberechtigten Vertretern erstarke die Gesamtvertretungsmacht des verbliebenen Gesellschafters nicht zur Alleinvertretungsmacht (OLG München NZG 2014, 899 [900]). Soll die Gesellschaft entgegen § 9 Abs. 1 iVm § 131 Abs. 3 Nr. 5 HGB ausnahmsweise nach dem **Tod eines Partners** aufgelöst werden, so müssen mehrere Erben dieses Partners einen gemeinsamen Vertreter bestellen (§ 146 Abs. 1 S. 2 HGB). Für einen – ebenfalls entgegen § 9 Abs. 1 iVm § 131 Abs. 3 Nr. 2 HGB – partnerschaftsvertraglich vorgesehenen Ausnahmefall (→ § 9 Rn. 6) der Partnerschaftsauflösung nach **Eröffnung** des Insolvenzverfahrens über das Vermögen eines Partners, tritt im Falle der Liquidation der Insolvenzverwalter an die Stelle dieses Partners (§ 146 Abs. 3 HGB).

d) Registerpflicht. Die **Anmeldung** der Liquidatoren und – seit Inkraft- **7**
treten des „Gesetzes über elektronische Register und Justizkosten für Telekommunikation" – ERJuKG v. 10.12.2001 (BGBl. 2001 I 3422) – ihrer Vertretungsmacht zur Eintragung ins Partnerschaftsregister erfolgt gem. § 148
Abs. 1 HGB grundsätzlich durch sämtliche Partner. Bei gerichtlicher Bestellung erfolgt sie gem. § 148 Abs. 2 HGB von Amts wegen. Die Eintragung der
Liquidatoren wirkt nicht konstitutiv.

3. Personenkreis

Aus § 149 HGB ergibt sich ua die Pflicht der Liquidatoren, die laufenden **8**
Geschäfte zu beendigen. Auch neue Tätigkeiten dürfen aufgenommen werden, soweit diese für die Abwicklung bzw. für die Erhaltung des Partnerschaftsvermögens erforderlich sind (BGH LM HGB § 149 Nr. 2; Baumbach/
Hopt/*Roth* HGB § 149 Rn. 6; Römermann/*Römermann* Rn. 5). Da die Geschäfte der Partnerschaft in erster Linie die spezifisch freiberufliche Leistungserbringung umfassen, folgt bereits aus § 149 HGB, dass jeder Liquidator über
die **berufliche Qualifikation und Zulassung** als Angehöriger des jeweiligen Freien Berufes verfügen muss.

Das PartGG stellt selbst keine berufsspezifischen Qualifikationsanforderun- **9**
gen auf, sondern überlässt nach § 1 Abs. 3 dem jeweiligen Berufsrecht eine nähere Regelung. § 55 Abs. 1 S. 1 BRAO bestimmt für **Rechtsanwälte,** dass die
Abwicklung einer Kanzlei nur durch einen Angehörigen desselben Berufs
bzw. eine andere Person, welche die Befähigung zum Richteramt besitzt, erfolgen darf (dazu eingehend Henssler/Prütting/*Prütting* BRAO § 55 Rn. 5).
Andere Berufsrechte enthalten Regeln ohne Ausschließlichkeitscharakter. So
bestimmt der über § 54 Abs. 4 StBerG auf Steuerberatungsgesellschaften und
somit auch auf als solche anerkannte Partnerschaften anwendbare § 70 Abs. 1
S. 1 StBerG, dass die zuständige Berufskammer einen anderen Steuerberater
oder Steuerbevollmächtigten zum Abwickler einer **Steuerberaterkanzlei**
bestellen „kann". Die Bestellung eines Praxisabwicklers liegt im Interesse der
Öffentlichkeit und des Ansehens des Berufsstands. Sie ist daher nicht von
einem Antrag abhängig. Die Steuerberaterkammern werden häufig von Amts
wegen tätig (*Koslowski* StBerG § 70 Rn. 2). Da die Bestellung eines Abwicklers
in die Rechtsstellung des ehemaligen Berufsangehörigen oder seiner Erben
eingreift, bedarf es einer vorherigen Anhörung der Betroffenen (*Koslowski*
StBerG § 70 Rn. 5).

Die Liquidation einer **interprofessionellen Partnerschaft,** die nach die- **10**
sen Grundsätzen eine berufliche Mehrfachkompetenz im Kreis der oder des
Liquidators bedingt, lässt sich auf zwei verschiedenen Wegen realisieren: Es
können einerseits mehrere Abwickler aus verschiedenen Berufen bestellt werden. Möglich ist es andererseits aber auch, nur einen Abwickler zu bestellen,
der sich, soweit er selbst die erforderliche Mehrfachqualifikation nicht aufweist, für die praktische Abwicklung der Mitarbeit von Angehörigen der entsprechenden Berufe bedient (Römermann/*Römermann* Rn. 6). Im Fall der gerichtlichen Bestellung von Liquidatoren nach § 146 Abs. 2 HGB sind die
Gerichte an diese berufsrechtlichen Anforderungen gebunden. Auch die gekorenen Liquidatoren müssen die nach dem Berufsrecht erforderliche Qualifi-

kation besitzen (so auch MüKoBGB/*Schäfer* Rn. 15; *Bunk,* Vermögenszuordnung, Auseinandersetzung und Ausscheiden in Sozietät und Gemeinschaftspraxis, 2007, 233 Fn. 1127). Soweit die Begründung zum Regierungsentwurf
des PartGG darauf hinweist, dass bei gekorenen Liquidatoren bereits das Interesse der Partner an einer möglichst effektiven Abwicklung als Korrektiv wirke
(BT-Drs. 12/6152, 22), bezieht sich dies nur auf die Freien Berufe, deren Berufsrecht keine Sonderregelungen kennt.

4. Abberufung und Niederlegung

11   Die **Abberufung** von Liquidatoren erfolgt gem. § 147 HGB durch einstimmigen Beschluss der Beteiligten (vgl. § 146 Abs. 2 und Abs. 3 HGB), bei
Vorliegen eines wichtigen Grundes auch durch das Gericht. Die Beendigung
des Liquidatorenamtes ist ferner durch **Niederlegung** seitens des betreffenden
Liquidators möglich. Gesellschafterliquidatoren dürfen nur bei Vorliegen eines
wichtigen Grundes kündigen, Dritten ist lediglich die **Kündigung zur Unzeit** verwehrt (Baumbach/Hopt/*Roth* HGB § 147 Rn. 5; MWHLW/*Hoffmann* Rn. 17). Die Kündigungsbeschränkung folgt bei Dritten aus § 627
BGB, sodass eine Kündigung zur Unzeit zwar wirksam, aber mit einer Schadensersatzpflicht verbunden ist (vgl. BGH NJW 2002, 2774 [2775]; MüKo
BGB/*Henssler* BGB § 627 Rn. 34).

5. Rechte und Pflichten der Liquidatoren

12   **a) Rechtsstellung im Außenverhältnis.** § 150 Abs. 1 HGB sieht für den
Regelfall **Gesamtvertretungsmacht der Liquidatoren** vor. In der freiberuflichen Partnerschaft wird diese schwerfällige Kompetenzzuordnung häufig nicht sachgerecht sein. Die erfolgreiche Abwicklung laufender Mandatsverhältnisse der Gesellschaft erfordert typischerweise Einzelvertretungsmacht
des Bearbeiters (Begr. zum RegE, BT-Drs. 12/6152, 22; *Seibert* 48). Es kann
sich daher aufdrängen, den Liquidatoren **Einzelvertretungsbefugnis** einzuräumen, soweit sie auch in der werbenden Gesellschaft bestand. Damit können die Partner ihren Beruf innerhalb der Partnerschaft auch im Abwicklungsstadium einzeln mit Außenwirkung für die Gesellschaft ausüben. Ist gegenüber
der zu liquidierenden Gesellschaft eine Willenserklärung abzugeben, genügt
die Abgabe gegenüber einem von ggf. mehreren Liquidatoren (§ 150 Abs. 2
S. 2 HGB iVm § 125 Abs. 2 S. 3 HGB). Eine Beschränkung des inhaltlichen
Umfangs der gesetzlichen Liquidatorenbefugnisse ist Dritten gegenüber gem.
§ 151 HGB unwirksam. Auch eine Beschränkung auf eine von mehreren Niederlassungen der Partnerschaft entsprechend § 126 Abs. 3 HGB ist nicht möglich (MWHLW/*Hoffmann* Rn. 29; Baumbach/Hopt/*Roth* HGB § 151 Rn. 1).
Zugunsten Dritter ist im Übrigen immer zu vermuten, dass die Handlungen
der Abwickler sich im Rahmen des Liquidationszwecks bewegen (Heymann/
Sonnenschein HGB § 149 Rn. 12). Entpuppt sich ein **Geschäft als liquidationsfremd,** so bleibt die Partnerschaft aus ihm gleichwohl verpflichtet, es sei
denn, der Geschäftspartner hätte die Liquidationsfremdheit des Geschäfts erkennen müssen (BGH NJW 1984, 982). Die Beweislast für die Liquidationsfeindlichkeit trägt die in Liquidation befindliche Partnerschaft. Bei einer
Inanspruchnahme der Gesellschaft wegen eines nach außen nicht erkennbar

liquidationsfremden Geschäfts haften die Liquidatoren gegenüber der Partnerschaft (Baumbach/Hopt/*Roth* HGB § 149 Rn. 7; MWHLW/*Hoffmann* Rn. 28).

Die Liquidatoren sind innerhalb ihres Geschäftskreises die gerichtlichen und **13** außergerichtlichen (gesetzlichen) Vertreter der abzuwickelnden Partnerschaft (vgl. § 149 S. 2 HGB). Ihre Unterschrift müssen die Liquidatoren im Geschäftsverkehr so abgeben, dass sie der als Liquidationsfirma zu bezeichnenden Partnerschaft (zB iL) ihren Namen beifügen (§ 153 HGB).

b) Rechtsstellung im Innenverhältnis. Wegen des in § 6 Abs. 2 iVm **14** § 156 HGB zum Ausdruck kommenden Grundsatzes der Selbstorganschaft besteht die Befugnis der Partner zur **Einzelgeschäftsführung** fort. § 151 HGB, der die Vertretungsmacht der Liquidatoren nach außen hin für nicht beschränkbar erklärt, gilt im Innenverhältnis zu den Gesellschaftern nicht (Begr. RegE, BT-Drs. 12/6152, 22; MWHLW/*Hoffmann* Rn. 29; Römermann/ *Römermann* Rn. 9; aA MüKoBGB/*Schäfer* Rn. 12; *Bunk,* Vermögenszuordnung, Auseinandersetzung und Ausscheiden in Sozietät und Gemeinschaftspraxis, 2007, 235). Die Gesellschafter können im Innenverhältnis die Geschäftsführungsbefugnis der Liquidatoren beschränken und die Vornahme bestimmter Geschäfte an ihre Zustimmung koppeln. Gemäß § 10 Abs. 1 iVm § 152 HGB sind die Liquidatoren in vollem Umfang dem **Weisungsrecht der Partner** und sonstigen Beteiligten unterworfen. Ist im Gesellschaftsvertrag nichts anderes bestimmt, so muss dieses Weisungsrecht durch einstimmigen Beschluss der Gesellschafter ausgeübt werden (Heymann/*Sonnenschein* HGB § 152 Rn. 1). Der partnerschaftsfremde Liquidator unterliegt danach immer dem Weisungsrecht der Partner. Dem Partnerliquidator können dagegen keine Weisungen erteilt werden, sofern der Gesellschaftsvertrag nicht etwas anderes bestimmt (MWHLW/*Hoffmann* Rn. 30).

Handelt ein Liquidator den Weisungen der Gesellschafter zuwider, so ist er **15** gegenüber der Gesellschaft zum Ersatz des hierdurch entstehenden Schadens verpflichtet. Die Haftung des Gesellschafterliquidators wegen der schuldhaften Verletzung einer Pflicht aus dem Gesellschaftsvertrag ergibt sich aus § 280 Abs. 1 BGB. Es gilt der Verschuldensmaßstab des § 708 BGB. Zwischen einem Dritten, der zum Liquidator bestellt worden ist, und der aufgelösten Partnerschaft besteht ein Dienstvertrag in Form eines Geschäftsbesorgungsvertrags gem. § 675 BGB. Eine Pflichtverletzung aus diesem Vertrag begründet ebenfalls eine Haftung aus § 280 Abs. 1 BGB; der Verschuldensmaßstab richtet sich hier nach den allgemeinen Regeln der §§ 276 ff. BGB.

Gesellschaftern, die keinen Liquidatorenstatus haben, stehen weiterhin die **16** **Kontrollrechte nach § 118 HGB** zu, soweit nicht im Gesellschaftsvertrag etwas anderes bestimmt ist (Baumbach/Hopt/*Roth* HGB § 149 Rn. 1). Im Übrigen gelten für das Innenverhältnis aus dem Recht der werbenden Partnerschaft die §§ 110, 111 HGB zu Aufwendungsersatz und Verzinsung sowie der die Beschlussfassung der Partner regelnde § 119 HGB. Die Anwendung der Regelung eines Wettbewerbsverbots (§§ 112, 113 HGB) wird sich aufgrund der Besonderheiten der freiberuflichen Tätigkeit während des Liquidationsstadiums weitgehend erübrigen (MüKoBGB/*Schäfer* Rn. 12; MWHLW/*Meilicke* § 6 Rn. 58).

17   Die Partnerschaft in Liquidation unterliegt nicht der in §§ 238, 242 HGB normierten Pflicht zur **Jahresrechnungslegung**. Der Gesetzgeber sah kein Bedürfnis dafür, bei der nicht gewerblichen Freiberuflergesellschaft eine Buchführungspflicht zwingend vorzuschreiben. Es reiche die vereinfachte Einnahmen-Überschussrechnung nach § 4 Abs. 3 EStG (Begr. zum RegE, BT-Drs. 12/6152, 22).

18   Unabhängig von den allgemeinen Rechnungslegungsvorschriften der §§ 238 ff. HGB unterliegen die Liquidatoren jedoch einer eigenständigen gesellschaftsrechtlichen **Bilanzierungspflicht** nach § 154 HGB. Einigkeit besteht über die Notwendigkeit, eine Liquidationsschlussbilanz aufzustellen, damit festgestellt werden kann, welche Ansprüche den einzelnen Partnern nach Beendigung der Liquidation zustehen (Begr. zum RegE, BT-Drs. 12/6152, 22; Römermann/*Römermann* Rn. 11). Die hM im Schrifttum (Römermann/*Römermann* Rn. 11; *Feddersen/Meyer-Landrut* Rn. 3; MWHLW/*Hoffmann* Rn. 2; Henssler/Strohn/*Hirtz* Rn. 3) zieht aus dem Verzicht auf die Buchführungspflicht nach §§ 238 ff. HGB den Schluss, es könne auch auf die Aufstellung einer Liquidationseröffnungsbilanz verzichtet werden. Diese Bilanz dient indes anders als der Jahresabschluss nicht zur Ermittlung eines Geschäftsergebnisses, sondern zur vorläufigen Klärung des Standes von Aktiva und Passiva. Ein solcher Vermögensstatus fehlt, wenn sich die Freiberuflergesellschaft auf eine bloße Einnahmen-Überschussrechnung beschränkt hat. Die Vermögensbilanz ist daher unverzichtbar, um die Aussichten der Liquidation zu beurteilen. Sie dient als Grundlage der Entschlüsse der Liquidatoren und ihrer Verhandlungen mit den Gläubigern (Baumbach/Hopt/*Roth* HGB § 154 Rn. 2). Im Interesse einer effektiven Liquidation ist auch bei der Partnerschaft am Wortlaut des § 154 HGB festzuhalten und damit sowohl die Aufstellung einer Liquidationseröffnungs- als auch einer Schlussbilanz zu fordern (Begr. zum RegE, BT-Drs. 12/6152, 22; MüKoBGB/*Schäfer* Rn. 10; EBJS/*Seibert*, 1. Aufl. 2001, Rn. 1; aA Römermann/*Römermann* Rn. 11; MWHLW/*Hoffmann* Rn. 2; *Feddersen/Meyer-Landrut* Rn. 3; MHdB GesR I/*Salger* § 44 Rn. 7.).

19   Das nach der Berichtigung der Verbindlichkeiten verbleibende Vermögen der Partnerschaft ist entsprechend § 155 Abs. 1 HGB von den Liquidatoren nach dem Verhältnis der Beteiligungen unter die Partner zu verteilen. Abweichende Vereinbarungen im Partnerschaftsvertrag sind möglich. Können sich die Partner über die Verteilung des Gesellschaftsvermögens nicht einigen, so ist die Verteilung entsprechend § 155 Abs. 3 HGB bis zur Entscheidung des Streits auszusetzen.

20   **c) Einzelheiten der Aufgabenbereiche.** Die in § 10 Abs. 1 iVm § 149 S. 1 HGB vorgeschriebenen Aufgaben der Liquidatoren orientieren sich an dem Ziel der Partnerschaftsbeendigung im Rahmen des Liquidationsverfahrens. Die Geschäftsführungsbefugnis der Liquidatoren erstreckt sich auf alle den Abwicklungszweck fördernde Geschäfte, wozu auch Geschäfte zur Erhaltung des vorhandenen Gesellschaftsvermögens gehören. Darüber hinausgehende Geschäfte bedürfen eines Beschlusses aller Gesellschafter (HK-HGB/*Stuhlfelner* HGB § 149 Rn. 1). Konsequenz des oben Gesagten ist, dass § 149 S. 1 HGB keine abschließende Auflistung des Aufgabenbereichs der Liquidatoren enthält. § 149 S. 1 HGB normiert ausdrücklich folgende Aufgabenkreise der Liquidatoren:

aa) Laufende Geschäfte. Gemäß § 149 S. 1 Hs. 1 HGB haben die Liqui- **21** datoren **die laufenden Geschäfte** der Gesellschaft **zu beendigen.** Dies erfordert nicht, dass Geschäfte vorzeitig abgebrochen werden müssen. Vielmehr setzen die Liquidatoren anhängige Prozesse unter der Abwicklungsfirma (bzw. dem entsprechenden Namen der Abwicklungs-Partnerschaft) fort. Dabei können auch neue Geschäfte eingegangen werden, soweit sie zur Erreichung des Liquidationszwecks notwendig und sinnvoll sind (Baumbach/Hopt/*Roth* HGB § 149 Rn. 2, 6; MWHLW/*Hoffmann* Rn. 23, 27). Für schwebende Geschäfte ist dies in § 149 S. 1 Hs. 1 HGB ausdrücklich normiert. Eine Fortsetzung der werbenden Tätigkeit, die nicht nur der Erhaltung und Versilberung des Partnerschaftsvermögens, sondern dessen Mehrung dient, ist dagegen unzulässig (Baumbach/Hopt/*Roth* HGB § 149 Rn. 6; MWHLW/*Hoffmann* Rn. 27). Die Auflösung der Gesellschaft unterbricht, im Gegensatz zur Eröffnung eines Insolvenzverfahrens, die Geschäfte nicht, vorausgesetzt, es sind Abwickler vorhanden (Baumbach/Hopt/*Roth* HGB § 149 Rn. 2).

bb) Ausstehende Forderungen. Die ebenfalls in § 149 S. 1 HGB nor- **22** mierte Verpflichtung der Liquidatoren, **ausstehende Forderungen einzuziehen,** umfasst sowohl Ansprüche gegen Dritte als auch Sozialansprüche (MWHLW/*Hoffmann* Rn. 24). Ein Einzug zwecks endgültigen Ausgleichs unter den Gesellschaftern hat jedoch noch nicht zu erfolgen, da dieser Sache der Gesellschafter nach beendeter Liquidation ist (BGH NJW 1984, 435; Baumbach/Hopt/*Roth* HGB § 149 Rn. 3). Das OLG München (ZIP 2015, 2222) entschied unlängst für eine KG, dass noch ausstehende Beiträge eines Gesellschafters beglichen werden müssen, wenn die Leistung zur Liquidation nötig ist. Vertritt der in Pflicht stehende Gesellschafter die Auffassung, eine solche Notwendigkeit bestehe nicht, obliegt ihm hierfür die Darlegungs- und Beweislast, wobei der Liquidator seinerseits zur Darstellung der insoweit bedeutenden gesellschaftlichen Verhältnisse verpflichtet ist. Der Anspruch der Gesellschaft besteht auch für den Fall, dass dem Gesellschafter eine Leistung in Raten zugestanden wurde, auch wenn dies bedeutet, dass die Gesellschaft bis zur Fälligkeit der letzten Rate weitergeführt werden muss, da es ansonsten aufgrund einer ungerechtfertigten Privilegierung zu einem Wertungswiderspruch käme (OLG München ZIP 2015, 2222 [2223]).

cc) Veräußerung der Vermögenswerte. Die Liquidatoren haben das **23** **übrige Vermögen in Geld umzusetzen,** wobei die Art und der genaue Zeitpunkt der Umsetzung in ihrem Ermessen steht (HK-HGB/*Stuhlfelner* HGB § 149 Rn. 4). Beschließen die Partner keine Teilung in Natur, so ist das Gesellschaftsvermögen im Ganzen zu veräußern, nicht nur, soweit es zur Berichtigung der Verbindlichkeiten erforderlich ist. Auch die Veräußerung des gesamten von der Gesellschaft betriebenen Geschäfts ist möglich. Eine Einwilligung der Partner wird nur erforderlich sein, wenn dem Erwerber das Recht zur Fortführung des Namens der Partnerschaft eingeräumt wird (Baumbach/Hopt/*Roth* HGB § 149 Rn. 4).

24   **dd) Befriedigung der Gläubiger.** Von dem erzielten Überschuss haben die Liquidatoren die **Drittgläubiger zu befriedigen.** Ist eine Schuld noch nicht fällig oder bleibt sie streitig, so ist das zur Begleichung Erforderliche gem. § 155 Abs. 2 S. 2 HGB zurückzubehalten. Die Liquidatoren selbst haften den Gläubigern gegenüber nur deliktisch nach § 826 BGB. Ansprüche aus § 280 Abs. 1 BGB bzw. § 823 Abs. 2 BGB iVm § 149 HGB kommen nicht in Betracht, da § 149 HGB im Verhältnis zu den Gläubigern kein (gesetzliches) Schuldverhältnis iSd § 280 Abs. 1 BGB begründet und kein Schutzgesetz iSd § 823 Abs. 2 BGB ist (vgl. Baumbach/Hopt/*Roth* HGB § 149 Rn. 5). Können die Gläubiger nicht vollständig befriedigt werden, so ist durch die Liquidatoren die Eröffnung des Insolvenzverfahrens zu beantragen. Ansprüche der Gesellschafter gegen die Gesellschaft aus dem Gesellschaftsverhältnis dürfen nicht beglichen werden, sie werden vielmehr zu unselbstständigen Rechnungsposten in der Auseinandersetzung (Baumbach/Hopt/*Roth* HGB § 149 Rn. 5; HK-HGB/*Stuhlfelner* HGB § 149 Rn. 5).

6. Rechtsfolgen der Liquidation

25   **a) Vermögensverteilung.** Nach Befriedigung der Gesellschaftsgläubiger haben die Liquidatoren weitere, über § 149 S. 1 HGB hinausgehende Verpflichtungen zu erfüllen. Entsprechend § 155 Abs. 1 HGB ist das nach Berichtigung der Schulden **verbleibende Vermögen** der Partnerschaft von den Liquidatoren nach dem Verhältnis der Kapitalanteile, wie sie sich aufgrund der Schlussbilanz ergeben, **unter die Partner zu verteilen.** Der Anspruch der Partner auf Zwischen- und Schlussverteilung ist auf Geld gerichtet (Baumbach/Hopt/*Roth* HGB § 155 Rn. 1). Der Partnerschaftsvertrag kann abweichende Gestaltungen vorsehen. Ebenso sind abweichende Vereinbarungen ad hoc mit Zustimmung aller Gesellschafter möglich (MWHLW/*Hoffmann* Rn. 33).

26   Bei einer Auseinandersetzung vor Gericht hat der Gesellschafter grundsätzlich auf Erstellung der Schlussbilanz und Auszahlung des sich daraus ergebenden Saldoanteils zu klagen. In Ausnahmefällen kann er sich seinen Anteil selbst errechnen und ihn unmittelbar einklagen, ebenso der Gläubiger im Falle des § 135 HGB ggf. iVm einer Auskunftsklage (Baumbach/Hopt/*Roth* HGB § 155 Rn. 1; MWHLW/*Hoffmann* Rn. 33). Erst mit der Schlussverteilung sämtlicher vorhandener Vermögenswerte tritt die Beendigung der Liquidation ein. Zu den Vermögenswerten zählen auch die nicht offensichtlich unbegründeten Forderungen gegen Dritte (MWHLW/*Hoffmann* Rn. 33). Stellt sich später heraus, dass entgegen der Annahme der Liquidatoren noch Gesellschaftsvermögen vorhanden ist (→ Rn. 5), so ist die Liquidation wieder aufzunehmen (BGH NJW 1979, 1987).

27   Die in § 155 Abs. 2 S. 1 HGB vorgesehene vorläufige Verteilung setzt voraus, dass für die Abwicklung entbehrliches Geld vorhanden ist. Über die „**Entbehrlichkeit**" des Geldes entscheiden die Liquidatoren nach pflichtgemäßem Ermessen. Zuviel Gezahltes ist von den Gesellschaftern aufgrund des Vorbehalts der Vorläufigkeit (nicht etwa nach §§ 812 ff. BGB) zurückzuzahlen (Baumbach/Hopt/*Roth* HGB § 155 Rn. 1). Eine Klage der Partner gegen die Liquidatoren auf vorläufige Zahlung ist möglich. Ein Entnahmerecht nach § 122 Abs. 1 HGB entfällt dagegen wegen § 155 Abs. 2 S. 2 HGB.

Gemäß § 155 Abs. 3 HGB haben die Liquidatoren die Verteilung auszusetzen, wenn die Gesellschafter sich im Streit über die Verteilung des Gesellschaftsvermögens befinden.

b) Nachschusspflicht. Für ungedeckte Schulden der Partnerschaft be- 28
steht eine **Nachschusspflicht der Partner** im Verhältnis ihrer Anteile gem. § 1 Abs. 4 iVm § 735 BGB. Den Ausfall infolge Vermögenslosigkeit eines verpflichteten Gesellschafters tragen alle übrigen Partner nach dem gesellschaftsvertraglichen Verlustverteilungsschlüssel (§ 1 Abs. 4 iVm § 735 S. 2 BGB). Nach außen hin haften die Partner gesamtschuldnerisch, untereinander steht ihnen ein entsprechender Ausgleichsanspruch zu (§ 426 Abs. 1 S. 1 BGB). § 735 BGB betrifft nur das **Innenverhältnis der Gesellschafter** untereinander, begründet also keine Ansprüche der externen Gesellschaftsgläubiger gegen nachschusspflichtige Gesellschafter (MüKoBGB/*Schäfer* BGB § 735 Rn. 2). Gesellschaftsgläubiger können allenfalls im Rahmen der **Zwangsvollstreckung** gegen die Gesellschaft den Nachschussanspruch pfänden und sich zur Einziehung überweisen lassen (§§ 829, 835 ZPO). Da ihnen außerdem die Rechte aus § 8 Abs. 1 zustehen, wird dieser Weg allerdings nur ausnahmsweise begangen werden. Als Regelung des Innenverhältnisses ist § 735 BGB **dispositiv,** sodass auch in der Partnerschaft die Nachschusspflicht abbedungen werden kann.

Eine wichtige **Ausnahme** greift für solche Verbindlichkeiten, für die gem. 29
§ 8 Abs. 2 neben der Gesellschaft nur der handelnde Partner haftet. Hierdurch begründete Gesellschaftsschulden ziehen – mangels abweichender Absprachen im Innenverhältnis – grundsätzlich keine Nachschusspflicht der nicht in die Mandatsbearbeitung eingeschalteten Partner nach sich. Sieht der Partnerschaftsvertrag insoweit für das Innenverhältnis Modifikationen im Sinne eines Solidaritätsmodells vor, so besteht wegen der in → Rn. 28 geschilderten Vollstreckungsmöglichkeiten die Gefahr, dass Gesellschaftsgläubiger doch auf die von der Haftung freigestellten Gesellschafter zugreifen und damit das Modell der gesetzlichen Haftungskonzentration auf den mit der Bearbeitung eines Auftrags befassten Partner leer läuft.

Bei einer **PartmbB** folgt aus der Wahl der Rechtsform in aller Regel der 30
erkennbare Wille der Gesellschafter, den dispositiven § 735 BGB jedenfalls insoweit abzubedingen, als die Liquidationsfehlbeträge auf eine fehlerhafte Berufsausübung zurückzuführen sind (→ § 8 Rn. 211; ferner *Henssler* AnwBl. 2014, 96; *Wertenbruch* NZG 2013, 1006 [1007]; MHdB GesR I/*Salger* § 45a Rn. 15; MüKoBGB/*Schäfer* Rn. 11). Anderenfalls würde das Haftungsprivileg im Liquidationsfall entwertet. Eine Klarstellung im Partnerschaftsvertrag ist dringend zu empfehlen (→ § 8 Rn. 211; MWHLW/*Hoffmann* Rn. 34; *Wälzholz* DStR 2013, 2637 [2638 f.]).

c) Erlöschen der Partnerschaft. Bei Beendigung der Liquidation erlischt 31
mit der Partnerschaft auch deren Name (vgl. Baumbach/Hopt/*Roth* HGB § 157 Rn. 1). Alle Liquidatoren – also nicht die ggf. personenverschiedenen Partner (Römermann/*Römermann* Rn. 13; MWHLW/*Hoffmann* Rn. 35) – haben das **Erlöschen des Partnerschaftsnamens zum Partnerschaftsregister anzumelden** (§ 10 Abs. 1 iVm § 157 Abs. 1 HGB). Erfüllen die Liquidatoren ihre Verpflichtungen nicht, so kann ihnen seitens des Registergerichts

ein Zwangsgeld auferlegt werden (§ 2 Abs. 2 iVm § 31 Abs. 2 HGB, § 14 HGB). Notfalls ist gem. § 2 Abs. 2 iVm § 31 Abs. 2 S. 2 HGB die Eintragung des Erlöschens der Partnerschaft von Amts wegen durch das Gericht vorzunehmen. Die Wirkung der Löschungseintragung ist deklaratorisch. Die Namenslöschung ist ggf. ihrerseits wieder zu löschen, wenn sich später noch Partnerschaftsvermögen auffindet und die Liquidation fortgesetzt werden muss (MWHLW/*Hoffmann* Rn. 35). Etwaige Einwendungen des Finanzamtes nach Vollbeendigung hindern das Gericht nicht an der Eintragung der Liquidation ins Partnerschaftsregister (vgl. zu Handelsgesellschaften OLG Düsseldorf NZG 2014, 583 [584]).

32   **d) Aufbewahrungspflichten. Bücher und Papiere** der aufgelösten Gesellschaft müssen gem. § 157 Abs. 2 und 3 HGB durch einen Partner oder einen Dritten **aufbewahrt werden.** Über den zu engen Wortlaut des § 157 Abs. 2 S. 1 HGB hinaus muss auch die Verteilung der Unterlagen auf mehrere Gesellschafter zulässig sein (Römermann/*Römermann* Rn. 13). Werden die Papiere gem. § 157 Abs. 2 S. 1 Alt. 2 HGB durch einen Dritten aufbewahrt, so ist darauf zu achten, dass die Schweigepflichten der Partner nicht verletzt werden. Die übrigen Partner und deren Erben haben ein Einsichtsrecht nach § 157 Abs. 3 HGB. Die **Person des Verwahrers** wird mangels abweichender Vereinbarung im Partnerschaftsvertrag grundsätzlich gem. § 6 Abs. 3 S. 2 iVm § 119 HGB durch Beschluss der Gesellschafter oder deren Erben bestimmt. Fehlt ein solcher Beschluss, so bestimmt das Amtsgericht des Sitzes der Gesellschaft in einem Verfahren nach § 375 Nr. 1 FamFG einen Verwahrer. Die Entscheidung des Gerichts erfolgt nach Anhörung der Beteiligten durch Beschluss gem. §§ 38 ff. FamFG, gegen den Beschwerde nach § 58 FamFG eingelegt werden kann (MüKoHGB/*K. Schmidt* HGB § 157 Rn. 23). Ein Zwang zur Annahme des Amtes besteht nicht. Mit der Annahme entsteht ein Verwahrungsverhältnis zwischen den früheren Gesellschaftern und dem Verwahrer, wobei Letzterem ein Vergütungsanspruch nach § 689 BGB zusteht. Die Kosten der Verwahrung tragen die Gesellschafter gemeinsam. Der zur Deckung der Kosten benötigte Betrag ist von den Liquidatoren zurückzubehalten (Baumbach/Hopt/*Roth* HGB § 157 Rn. 4). Als rechtliche Folgen einer schuldhaften Pflichtverletzung des Verwahrers aus dem Verwahrungsvertrag kommen zivilrechtliche Schadensersatzansprüche sowie uU eine Strafbarkeit nach § 283b Abs. 1 Nr. 2 StGB in Betracht (MüKoHGB/*K. Schmidt* HGB § 157 Rn. 26 f.).

33   Die in § 257 HGB geregelte Aufbewahrungspflicht aus buchführungsrechtlichen Gründen findet auf die freiberuflich tätigen Partner dagegen keine Anwendung, da weder die PartG noch die Gesellschafter einer handelsrechtlichen Buchführungspflicht unterliegen. Ebenso gilt die steuerrechtliche Buchführungspflicht nach §§ 141–148 AO nicht für Freiberufler (*Kuhfus* in Kühn/v. Wedelstädt, Abgabenordnung und Finanzgerichtsordnung, Kommentar, 21. Aufl. 2015, AO § 141 Rn. 2; MWHLW/*Hoffmann* Rn. 36). Als vorsteuerabzugsberechtigte Unternehmer haben die Freiberufler idR jedoch der umsatzsteuerlichen Aufzeichnungspflicht nach § 22 UStG nachzukommen (§§ 63–68 UStDV).

III. Alternativen zur Liquidation der Partnerschaft

1. „Andere Arten der Auseinandersetzung" (§ 145 Abs. 1 HGB, § 158 HGB)

Wird die Partnerschaft aus einem der in § 9 Abs. 1 iVm §§ 131 Abs. 1, 133 **34** HGB genannten Gründe aufgelöst, so geht die Partnerschaft aus dem Stadium der nach dem Gesellschaftszweck für sie bestimmten „werbenden" freiberuflichen Tätigkeit in das Stadium der Auseinandersetzung unter den Gesellschaftern über (dazu Staub/*Schäfer* HGB § 131 Rn. 7; MWHLW/*Hoffmann* Rn. 4). In Ausnahmefällen kann die Liquidation ganz entfallen oder ein anderes Verfahren vorgeschaltet sein. So kann im **Partnerschaftsvertrag** statt der Liquidation eine andere Art der Auseinandersetzung vorgeschrieben werden. Der BGH bestätigte diese unbestrittene, vom Gesetzgeber offensichtlich gewollte Option für eine anwaltliche Partnerschaft 2009 (BGH NJW 2009, 2205; zust. *Hirtz* AnwBl. 2009, 775). Neben der Auseinandersetzungsvereinbarung empfiehlt sich dringend der Abschluss einer Schiedsklausel im Gesellschaftsvertrag, da auf diese Weise ein gerichtliches Verfahren der Öffentlichkeit entzogen, und der Schiedsrichter von den Parteien selbst im Hinblick auf seine Erfahrenheit mit derartigen Sachverhalten gewählt werden kann (*Hirtz* AnwBl. 2009, 775 [776]; *Wolff* NJW 2009, 1302 [1307]). Insgesamt bieten sich für die prozessuale Bewältigung von Auseinandersetzungen abgestufte Streitbeilegungsvereinbarungen an, die vor dem eigentlichen Schiedsverfahren einen letzten Einigungsversuch anstreben und beispielsweise eine Mediation oder Schlichtung vorschalten (*Wolff* NJW 2009, 1302 [1308]).

Ist das **Insolvenzverfahren** über das Vermögen der Partnerschaft eröffnet, **35** so erfolgt erst nach Abschluss dieses Verfahrens eine Auseinandersetzung, sofern noch ein Restvermögen existiert (Baumbach/Hopt/*Roth* HGB § 145 Rn. 1). Eine Auseinandersetzung entfällt ganz, wenn in einer Zweipersonenpartnerschaft **einer der beiden Partner stirbt** und der andere ihn beerbt (Baumbach/Hopt/*Roth* HGB § 145 Rn. 1; Römermann/*Römermann* Rn. 2). Im Fall des § 9 Abs. 1 iVm § 140 Abs. 1 S. 2 HGB übernimmt der letzte verbliebene „Partner" das gesamte Gesellschaftsvermögen (Römermann/*Römermann* Rn. 2).

Als sonstige Auseinandersetzungsformen kommen insbesondere in Betracht **36** (dazu auch Baumbach/Hopt/*Roth* HGB § 145 Rn. 10; MWHLW/*Hoffmann* Rn. 10; *Bunk,* Vermögenszuordnung, Auseinandersetzung und Ausscheiden in Sozietät und Gemeinschaftspraxis, 2007, 221 ff.):

- Die **Übernahme der Partnerschaft** durch einen der Partner durch Anteilskauf oder Abfindung der übrigen Partner.
- Die **Realteilung** des Vermögens der Partnerschaft (BGH NJW 2009, 2205), etwa in Form der Weiterführung verschiedener Zweigniederlassungen durch jeweils einen Partner oder durch Aufteilung der Mandate. Eine solche Realteilung bietet sich gerade bei freiberuflichen Kanzleien/Praxen an.
- Die **Übertragung** aller Anteile **auf einen Dritten**.
- Die Übertragung des Gesamtvermögens auf **Treuhänder** zur Abfindung der Gläubiger. Diesem Liquidationsvergleich steht das grundsätzliche Verbot

der Einschaltung von Treuhändern (→ § 1 Rn. 235) nicht entgegen, da die Gesellschaft nicht mehr zur Ausübung eines Freien Berufes fortgesetzt wird.

2. Geltung der Liquidationsregeln

37   Gemäß § 158 HGB finden auch bei den anderen Arten der Auseinandersetzung im Außenverhältnis die Vorschriften über die Liquidation bezüglich des ungeteilten Partnerschaftsvermögens entsprechende Anwendung (Baumbach/Hopt/*Roth* HGB § 158 Rn. 1; Römermann/*Römermann* Rn. 2). Im Fall der **fehlerhaften Partnerschaft,** in dem nach hM lediglich eine BGB-Gesellschaft besteht (aber → § 3 Rn. 23), und bei Umwandlung der Partnerschaft in eine BGB-Gesellschaft gilt § 158 HGB dagegen nicht. Die Rechtsverhältnisse der Partnerschaft zu Dritten bestimmen sich hier ausschließlich nach dem BGB (§§ 714 f., 427, 719 f., 725 BGB; vgl. Baumbach/Hopt/*Roth* HGB § 158 Rn. 2; MWHLW/*Hoffmann* Rn. 9).

3. Umwandlung

38   **a) Rechtsgrundlagen.** Statt der Liquidation kann die Partnerschaft auch in einer anderen Rechtsform weitergeführt oder mit einer anderen Gesellschaft zusammengeführt werden. Nachdem die Partnerschaft zunächst aus dem UmwG ausgeklammert worden war (vgl. dazu die 1. Aufl. 1997, Rn. 35 ff.), kann sie seit Inkrafttreten des „Gesetzes zur Änderung des Umwandlungsgesetzes, des Partnerschaftsgesellschaftsgesetzes und anderer Gesetze" (BGBl. 1998 I 1878) am 1.8.1998 – unter Beachtung von § 1 Abs. 1 S. 3 und des Berufsrechtsvorbehalts in § 1 Abs. 3 – in gleicher Weise an Umwandlungsvorgängen beteiligt sein wie die Personenhandelsgesellschaften. Im Übrigen kommt eine Umwandlung der Partnerschaft nach den allgemeinen Regeln des Gesellschaftsrechts in Betracht (*Seibert* DB 1994, 2381 [2382]). Eine solche ist durch das UmwG nicht ausgeschlossen (vgl. § 1 Abs. 2 UmwG; Lutter/*H. Schmidt* Verschmelzung 63 f.; → § 1 Rn. 34 ff.; → § 7 Rn. 53).

39   **b) Umwandlung einer Partnerschaft in eine andere Personengesellschaft.** Folge der Stellung der Partnerschaft im System der Personengesellschaften ist ihre **automatische Umwandlung** in eine GbR oder OHG, sobald sie ihren freiberuflichen Gesellschaftszweck verliert, insbesondere also bei einer gewerblichen Ausrichtung (*K. Schmidt* ZIP 1993, 633 [638, 642 f.]; *K. Schmidt* NJW 1995, 1 [7]). Die Partnerschaft ist dann im Partnerschaftsregister zu löschen und – sofern sie nicht ein kleingewerblich tätig ist – im Handelsregister als OHG bzw. KG einzutragen (→ Rn. 40). Einer Vermögensübertragung oder Liquidation der Partnerschaft bedarf es nicht. Die Identität der Gesellschaft bleibt gewahrt. Die Änderung des Gesellschaftszwecks kann auch stillschweigend erfolgen; Beispiele: Eine Partnerschaft von Architekten übernimmt nur noch Baubetreuung oder eine von Ärzten betriebene Klinik wandelt sich in ein gewerbliches Sanatorium um. Die Eintragung im Partnerschaftsregister steht der automatischen Umwandlung nicht entgegen (krit. *K. Schmidt* ZIP 1993, 633 [642 f.]).

40   Den Gesellschaftern steht es außerdem jederzeit frei, ihre Partnerschaft in **eine schlichte GbR umzuwandeln.** Da hier der freiberufliche Erwerbszweck beibehalten wird, bedarf es aber zwingend der Löschung der Gesellschaft im Partnerschaftsregister. Die Löschung wirkt im Falle der Fortsetzung der freiberuflichen Tätigkeit ausnahmsweise **konstitutiv** (MüKoBGB/*Schäfer* § 1 Rn. 31). Nimmt die Gesellschaft demgegenüber– sei es auch aufgrund fehlerhafter Einschätzung der Rechtslage – eine gewerbliche Tätigkeit auf, so wird sie unter den Voraussetzungen des § 1 HGB automatisch zur OHG, auch wenn sie im Partnerschaftsregister eingetragen bleibt. Die Gesellschaft ist unter Löschung im Partnerschaftsregister in das Handelsregister einzutragen. Kommen die Gesellschafter dieser Pflicht nicht nach, so kann das Registergericht zur Löschung von Amts wegen schreiten (§ 393 FamFG).

Aufgrund der durch das Gesetz zur Einführung einer Partnerschaftsgesell- **41** schaft mit beschränkter Berufshaftung und zur Änderung des Berufsrechts der Rechtsanwälte, Patentanwälte, Steuerberater und Wirtschaftsprüfer (BGBl. 2013 I 2386) im Jahr 2013 eingeführten PartG mbB ist auch eine Umwandlung einer regulären Partnerschaft in eine solche mit beschränkter Berufshaftung möglich (hierzu ausführlich *Sommer/Treptow* NJW 2013, 3269). Um eine echte Umwandlung iSd des UmwG handelt es sich dabei nicht, da die PartmbB nur eine Variante der regulären PartG ist.

c) Übertragung der Partnerschaft auf Personengesellschaften. Die **42** **Verschmelzung** einer Partnerschaft oder mehrerer Partnerschaften auf andere Personengesellschaften (GbR, OHG, KG oder Partnerschaft) lässt sich zunächst **außerhalb des UmwG** verwirklichen. Sollen mehrere Gesellschaften beispielsweise zu einer GbR vereinigt werden, so kann dies durch die Übertragung aller Anteile der übrigen Gesellschaften erfolgen. Die einzelnen Partnerschaftsgesellschaften erlöschen, weil es eine Ein-Mann-Partnerschaft nicht geben kann. Im Falle der Vereinigung aller Anteile einer Partnerschaft in einer Hand wird die Gesellschaft **automatisch aufgelöst** und ohne Liquidation voll beendet (BGHZ 71, 296, 299f. = NJW 1978, 1525; BGH NJW-RR 1990, 798 [799]; LG Essen EWiR, 2005, 403 *[Wertenbruch]*; → § 9 Rn. 47; → Rn. 35).

Auf diese Weise lässt sich eine Übertragung des Unternehmens einer Part- **43** nerschaft auf eine Personenhandelsgesellschaft verwirklichen. Nach § 1 Abs. 1 S. 3, der nur die Beteiligung natürlicher Personen an einer PartG erlaubt, steht der Beteiligung etwa einer KG an einer Partnerschaft nicht entgegen. Der Konflikt mit den Vorgaben des § 1 Abs. 1 S. 3 realisiert sich nicht, weil die Partnerschaft in dem Zeitpunkt erlischt, in dem die Übertragung wirksam wird. Die Vorschrift muss insoweit teleologisch reduziert werden. Sie betrifft lediglich die gemeinsame Berufsausübung in der Partnerschaft (Begr. zum RegE, BT-Drs. 12/6152, 9; vgl. auch *K. Schmidt* NJW 1995, 1 [7]), in der Phase der Auflösung der Partnerschaft besteht kein Grund mehr für ihre Anwendung.

d) Umwandlung nach dem UmwG. Nach dem UmwG kommt für eine **44** Partnerschaft oder mehrere Partnerschaften als übertragende Rechtsträger eine **Verschmelzung** durch Übertragung des Vermögens als Ganzes auf eine andere Partnerschaft, eine Personenhandelsgesellschaft, eine Kapitalgesellschaft oder eine eingetragene Genossenschaft in Betracht (§ 3 Abs. 1 Nr. 1 UmwG). Für den Fall, dass die Anteilsinhaber des übernehmenden Rechtsträgers für dessen Verbindlichkeiten nicht unbeschränkt haften, haften die Partner für die Verbindlichkeiten der Partnerschaft(en), wenn diese vor Ablauf von fünf Jahren nach der Verschmelzung fällig und daraus Ansprüche gegen ihn tituliert sind oder eine gerichtliche oder behördliche Vollstreckungshandlung vorgenommen oder beantragt worden ist (vgl. § 45e UmwG iVm § 45 UmwG). Diese Regelung entspricht der Nachhaftungsregelung in § 160 HGB (→ Rn. 46 ff.). Bei aus beruflichen Pflichtverletzungen resultierenden Verbindlichkeiten greifen vorrangig die Privilegierungen durch § 8 Abs. 2 und 4.

45   Ein **Formwechsel** durch Umwandlungsbeschluss nach § 191 UmwG kann gem. § 225a UmwG, der die für Personenhandelsgesellschaften geltende Regelung in § 214 Abs. 1 UmwG nachzeichnet, nur in eine Kapitalgesellschaft oder eine eingetragene Genossenschaft erfolgen. Ist die Partnerschaft bereits aufgelöst, kommt ein Formwechsel nur dann in Betracht, wenn die Partner keine andere Art der Auseinandersetzung als die Abwicklung oder eben den Formwechsel vereinbart haben (§ 225c UmwG iVm § 214 Abs. 2 UmwG). Ein Umwandlungsbericht ist bei einem Formwechsel nur erforderlich, wenn ein Partner der formwechselnden Partnerschaft gem. § 6 Abs. 2 von der Geschäftsführung ausgeschlossen ist (§ 225b Abs. 1 S. 1 UmwG). Im Übrigen gelten weitgehend die Vorschriften über den Formwechsel von Personenhandelsgesellschaften (§ 225c UmwG iVm §§ 217 ff. UmwG). Dementsprechend bleibt die persönliche Haftung der Partner für die im Zeitpunkt des Formwechsels bestehenden Verbindlichkeiten der Gesellschaft (§ 8 Abs. 1 iVm § 128 HGB) in den oben genannten Grenzen bestehen (§ 225c UmwG iVm § 224 UmwG). Nach Ansicht des BFH muss im Fall des Rechtsformwechsels auf eine GmbH die Zulassung zur Rechtsanwaltschaft neu erteilt werden, da diese von personenbezogenen Voraussetzungen abhängig ist (BFH GmbHR 2004, 1105).

IV. Verjährung/Nachhaftung bei Auslösung und Ausscheiden (Abs. 2)

1. Die begrenzte Nachhaftung

46   Abs. 2 erfasst neben der in Abs. 1 angesprochenen Auflösung und Liquidation der Partnerschaft auch die Fälle des Ausscheidens eines Partners aus der Gesellschaft. Auch nach der Auflösung besteht die persönliche, akzessorische und gesamtschuldnerische Haftung der Partner für die Gesellschaftsschulden nach § 8 Abs. 1 grundsätzlich fort (OLG Hamm MDR 2014, 203), allerdings werden die Gläubiger der Partnerschaft von den Liquidatoren aus dem Liquidationsvermögen befriedigt werden. Begrenzt wird die Haftung durch die von § 10 Abs. 2 in Bezug genommenen §§ 159 und 160 HGB. § 159 HGB erfasst alle Fälle der Nachhaftung nach **Auflösung der Partnerschaft** (§§ 131 ff. HGB). Außerdem wirkt die gesetzliche Haftungskonzentration des § 8 Abs. 2 auch nach Auflösung fort. Bei der PartG mbB haften die Partner nach §§ 159, 160 HGB zwar nicht für aus beruflichen Fehlern folgende Schadensersatzansprüche neben dem Gesellschaftsvermögen, wohl aber für die sonstigen Verbindlichkeiten der Gesellschaft.

47   Auch bei einer Scheinpartnerschaft (mbB) kann es zu einer Nachhaftung des Scheinpartners iSd § 160 HGB (für sonstige Verbindlichkeiten) kommen (vgl. für eine Sozietät in Form einer GbR LG Bonn NZG 2011, 143 [145];

dem Urteil diesbezüglich zust. *Markworth,* 180; *Wischemeyer/Honisch* NJW 2014, 881 [885]). Umstritten ist jedoch, ob der die Berufspflicht schuldhaft verletzende Scheinsozius allein nach § 8 Abs. 2 (MWHLW/*v. Westphalen* § 8 Rn. 45) in Anspruch zu nehmen ist, oder ob gem. § 8 Abs. 1 alle Partner von einer gesamtschuldnerischen Haftung betroffen sind (Römermann/*Römermann* § 8 Rn. 45). Überzeugend ist allein der Rückgriff auf § 8 Abs. 2, da ansonsten der Gläubiger des Scheinpartners besser gestellt würde, als bei einer echten Gesellschafterstellung des Partners, wodurch Sinn und Zweck der Rechtsscheinhaftung in unzulässiger Weise ausgedehnt würden (→ § 8 Rn. 60; *Wischemeyer/Honisch* NJW 2014, 881 [884 f.]; differenzierend *Markworth,* 316 ff.).

§ 160 HGB regelt in Ergänzung zur Nachhaftung nach Auflösung der Ge- **48** sellschaft die Nachhaftungssituation nach Ausscheiden eines Partners aus der fortbestehenden Gesellschaft. Vor Inkrafttreten des NachhBG bestand für einen Gesellschafter bei Dauerschuldverhältnissen der Gesellschaft die Gefahr einer theoretisch zeitlich unbegrenzten Haftung, da die Verjährung erst mit Eintritt der Fälligkeit des Anspruchs begann. Gemäß § 160 HGB haftet ein ausgeschiedener Gesellschafter für Altverbindlichkeiten dagegen nur dann, wenn diese vor Ablauf von fünf Jahren nach dem Ausscheiden fällig und daraus Ansprüche gegen ihn tituliert sind oder eine gerichtliche oder behördliche Vollstreckungshandlung vorgenommen oder beantragt wird. Mit dieser Regelung hat der Gesetzgeber klare zeitliche und inhaltliche Haftungsgrenzen für den ausscheidenden Gesellschafter gesetzt. Der Ausschlusstatbestand des § 160 HGB ist auf den Nachschussanspruch gegen den ausgeschiedenen Gesellschafter entsprechend anwendbar (vgl. für die GbR OLG Koblenz NZG 2009, 1426). Soweit es sich jedoch um Gesellschafterschulden handelt, die durch fehlerhafte Berufsausübung iSd § 8 Abs. 2 entstanden sind, kann auch im Hinblick auf Nachzahlungen gem. § 160 HGB nur der handelnde Partner in Anspruch genommen werden (→ Rn. 28). Bei einer PartG mbB kann eine Nachschusspflicht regelmäßig nur im Hinblick auf sonstige Verbindlichkeiten der Gesellschaft begründet werden (→ Rn. 30).

2. Verjährung von Ansprüchen nach Auflösung der Partnerschaft (§ 10 Abs. 2 iVm § 159 HGB)

§ 159 Abs. 1 HGB sieht eine **Sonderverjährung** von fünf Jahren für die **49** persönliche Nachhaftung der Gesellschafter **nach Auflösung der Partnerschaft** vor. Die Verjährung ist mittels einer Einrede durch den in Anspruch genommenen Gesellschafter geltend zu machen. § 159 HGB greift nur ein, wenn ein Gesellschafter gem. § 8 Abs. 1 iVm §§ 129, 130 HGB für Gesellschaftsverbindlichkeiten von Dritten in Anspruch genommen wird. Er gilt nicht für Ansprüche eines Gesellschafters aus dem Gesellschaftsverhältnis, Ausgleichsansprüche nach § 110 HGB, Ansprüche aus Bürgschaft, Schuldbeitritt, Wechselzeichnung oder aus § 25 HGB (Heymann/*Sonnenschein* HGB § 159 Rn. 3; HK-HGB/*Stuhlfelner* HGB §§ 159, 160 Rn. 2).

Die Tituliierung des Anspruchs **gegen die Partnerschaft** verhindert die **50** Verjährung gem. § 159 HGB nicht. Ist dagegen der in Anspruch genommene **Partner selbst bereits verurteilt worden,** so gilt eine Verjährungsfrist von dreißig Jahren gem. § 197 Abs. 1 Nr. 3 BGB (BGH NJW 1981, 2579; MWHLW/*Hoffmann* Rn. 41). Kürzere Verjährungsfristen aus anderen Rechtsgründen bleiben unberührt, jedenfalls über § 8 Abs. 1 S. 2 iVm § 129 HGB (Baumbach/Hopt/*Hopt* HGB § 159 Rn. 5). Eine kürzere Verjährungsfrist könnte sich grundsätzlich auch aus einschlägigen **berufsrechtlichen Regelungen** ergeben. Allerdings sind seit Ende 2004 (vgl. das „Gesetz zur Anpassung von Verjährungsvorschriften an das Gesetz zur Modernisierung des Schuldrechts" v. 9. 12. 2004, BGBl. 2004 I 3214) die besonderen Verjährungsregeln für Rechtsanwälte (früher § 51b BRAO aF) und Steuerberater (früher § 68 StBerG aF) und bereits zuvor (mit Wirkung vom 1. 1. 2004, BGBl. 2004 I 2446) die Sondervorschriften für Wirtschaftsprüfer (§ 51a WPO aF und § 323 Abs. 5 HGB aF; zur Begründung der Aufhebung s. BT-Drs. 15/1241, 37) aufgehoben worden. Seither gelten für alle drei Berufe die allgemeinen Verjährungsregeln der §§ 194 ff. BGB.

51   Für bereits **fällige Verbindlichkeiten** beginnt die Verjährung mit dem Ende des Tages der Eintragung der Partnerschaftsauflösung in das Register des für den Sitz der Gesellschaft zuständigen Gerichts (§ 159 Abs. 2 HGB). Die Publizitätsregeln des § 15 HGB sind in diesem Zusammenhang nicht anwendbar (Baumbach/Hopt/*Roth* HGB § 159 Rn. 6). Tritt die Fälligkeit einer Forderung erst nach Eintragung der Auflösung ein oder entsteht die Verbindlichkeit sogar erst nach Eintragung, also im Stadium der Liquidation der Gesellschaft, so beginnt die Verjährung erst zu diesem späteren Zeitpunkt der Fälligkeit (§ 159 Abs. 3 HGB).

52   Im Fall eines **Dauerschuldverhältnisses** mit wiederkehrenden Einzelfälligkeiten verjährt nach § 159 HGB nicht der Gesamtanspruch schon in fünf Jahren, sondern der Anspruch auf jede einzelne Rate erst nach deren Fälligkeit (BGHZ 50, 232 [235] = NJW 1968, 2006, 2007; Baumbach/Hopt/*Roth* HGB § 159 Rn. 7). Daraus folgt, dass der Partner der aufgelösten Partnerschaft – anders als der ausgeschiedene Partner nach § 10 Abs. 2 iVm § 160 HGB (→ Rn. 48) – möglicherweise über einen weit längeren Zeitraum als fünf Jahre nach Eintragung der Auflösung haften müssen. Faktisch wird es sich um Ausnahmefälle handeln, da im Rahmen der Liquidation der aufgelösten Partnerschaft auch die Dauerschuldverhältnisse abgewickelt werden. Bei Mandats- und Behandlungsverträgen ist idR eine Kündigung jederzeit möglich, sodass sich für die Partner keine speziellen Haftungsprobleme aufgrund von Dauerschuldverhältnissen ergeben werden (*Stuber* WiB 1994, 708 [710]), wohl aber bei langfristigen Leasingverträgen über das Praxis-/Kanzleiinventar (ausführlich zum Streitstand MüKoHGB/*K. Schmidt* HGB § 159 Rn. 41 ff.).

53   **Der Neubeginn der Verjährung oder ihre Hemmung nach § 204 BGB** (etwa durch Anerkenntnis gem. § 212 Abs. 1 Nr. 1 BGB bzw. Klage gem. § 204 Abs. 1 Nr. 1 BGB) gegenüber der aufgelösten Gesellschaft wirken auch gegenüber den Partnern, die der Gesellschaft zum Zeitpunkt der Auflösung angehört haben (§ 159 Abs. 4 HGB). Ein Neubeginn oder eine Hemmung der Verjährung nur gegenüber einem der Partner der aufgelösten Gesellschaft wirken dagegen nicht gegenüber den übrigen Partnern (Baumbach/Hopt/*Roth* HGB § 159 Rn. 9).

3. Haftung des ausscheidenden Gesellschafters (§ 10 Abs. 2 iVm § 160 HGB)

§ 10 Abs. 2 iVm § 160 HGB sieht **für den aus der fortbestehenden Part- 54 nerschaft ausscheidenden Gesellschafter eine zeitliche Nachhaftungsbegrenzung** von fünf Jahren vor. Der Anwendungsbereich des § 160 HGB erstreckt sich nur auf solche Ansprüche gegen die Partnerschaft, für die der einzelne Partner persönlich haftet. Ansprüche aus anderen Rechtsgründen, zB aus eigener persönlicher Sicherung für Verbindlichkeiten der Gesellschaft wie Bürgschaft, werden von § 160 HGB nicht erfasst (MüKoHGB/*K. Schmidt* HGB § 160 Rn. 25). Eine Bereicherungshaftung des ausgeschiedenen Gesellschafters für eine versehentliche Doppelzahlung eines Schuldners an die Gesellschaft scheidet aus, wenn er nach dem Abschluss des die Zahlungspflicht begründenden Vertrages, aber vor der versehentlichen Doppelzahlung aus der Gesellschaft ausgeschieden ist (BGH NZG 2012, 221 Rn. 10).

§ 160 HGB regelt abweichend von § 159 HGB keine Verjährungs-, son- 55 dern eine **Ausschlussfrist,** welche als Einwendung gegen den geltend gemachten Anspruch von Amts wegen durch ein Gericht zu prüfen ist (*Seibert* DB 1994, 461). Ist der gegen den ausgeschiedenen Partner geltend gemachte Anspruch vor Ablauf der Ausschlussfrist verjährt, so kann eine Verjährungseinrede unabhängig von der Ausschlussfrist zusätzlich von dem in Anspruch genommenen Partner in den Prozess eingebracht werden. § 160 HGB bleibt auch dann anwendbar, wenn die Partnerschaft nach dem Ausscheiden des Partners aufgelöst wird (MWHLW/*Hoffmann* Rn. 45).

Gemäß § 160 Abs. 1 S. 1 Hs. 1 HGB muss der Anspruch gegen einen aus- 56 geschiedenen Partner innerhalb der Fünf-Jahres-Frist **fällig** sowie gegen ihn in einer **in § 197 Abs. 1 Nr. 3–5 BGB bezeichneten Art** (dh durch rechtskräftigen Titel, vollstreckbaren Vergleich oder durch Feststellung im Insolvenzverfahren vollstreckbare Ansprüche) **festgestellt** sein oder eine gerichtliche oder behördliche **Vollstreckungshandlung** vorgenommen oder beantragt werden. Die Erwirkung des Titels ist also nicht erforderlich. Bei öffentlichrechtlichen Verbindlichkeiten genügt der Erlass eines Verwaltungsakts (§ 160 Abs. 1 S. 1 Hs. 2 HGB). Nach § 160 Abs. 2 HGB bedarf es einer Feststellung in einer § 197 Abs. 1 Nr. 3–5 BGB bezeichneten Art nicht, soweit der Gesellschafter den **Anspruch schriftlich anerkannt** hat. Ein bloßes Anerkenntnis faktischer Natur (zB durch Abschlagszahlung) genügt nicht; es muss aus Gründen der Rechtssicherheit schriftlich erklärt werden.

Fristbeginn für die Ausschlussfrist ist nach dem Wortlaut des Gesetzes das 57 Ende des Tages, an dem das Ausscheiden des betreffenden Gesellschafters in das **Register** des zuständigen Gerichts **eingetragen** wird (§ 160 Abs. 1 S. 2 HGB) Wird das Ausscheiden des Gesellschafters nicht in das hierfür vorgesehene Register eingetragen, ist der maßgebliche Zeitpunkt für den Fristbeginn die positive Kenntnis des Gesellschaftsgläubigers vom Ausscheiden des Gesellschafters, sodass die Eintragung für den Fristbeginn nicht konstitutiv ist (BGH NJW 2007, 3784 Rn. 15; so auch schon MüKoHGB/*K. Schmidt* HGB § 160 Rn. 27; *Altmeppen* NJW 2000, 2529 ff.). In dem zugrunde liegenden Fall war eine kraft Gesetzes bestehende OHG im Rechtsverkehr als BGB-Gesellschaft aufgetreten und hatte folglich weder ihre Existenz noch ihre Gesellschafter in das Handelsregister eintragen lassen. In konsequenter Anknüpfung an die herrschende Meinung zum Fristbeginn bei der GbR (MüKoBGB/*Schäfer* BGB § 736 BGB Rn. 27 mwN; Henssler/Strohn/*Kilian* BGB § 736 Rn. 10; für § 159 HGB aF schon BGH NJW 1992, 1615 [1617]; nunmehr auch BayVGH DStR 2013, 1791 [1792]), bei der eine Eintragung des Ausscheidens mangels Existenz eines Registers nicht möglich ist, stellte der BGH für den Fristbeginn der Enthaftung bei der OHG nun ebenfalls auf den Zeitpunkt der Kenntniserlangung durch den Gesellschaftsgläubiger ab, jedenfalls für den Fall, dass die Eintragung des Ausscheidens unterblieben war. Übertragen auf die PartG folgt daraus, dass bei einer versäumten Registereintragung des Gesellschafterausscheidens die Kenntnis des Gläubigers vom Ausscheiden maßgeblich ist. Ob die Auffassung des BGH auch für Fälle gilt, in denen der Gläubiger schon vor Eintragung des Ausscheidens Kenntnis von ebendieser hat, bleibt offen, ist jedoch mit Blick auf die Urteilsbegründung als wahrscheinlich anzusehen (vgl. auch *Wertenbruch* NZG 2008, 216 [218]). Die Verjährungsvorschriften der §§ 204, 206, 210, 211 und 212 Abs. 2 und 3 BGB werden für den Lauf der Enthaftungsfrist für entsprechend anwendbar erklärt (§ 160 Abs. 1 S. 3 HGB).

58   § 160 Abs. 3 HGB ist für die Partnerschaft ohne Bedeutung, da ein Wechsel in eine Kommanditistenstellung innerhalb einer Partnerschaft nicht möglich ist.

59   § 160 HGB ist dispositiv, sodass ein Gläubiger mit dem ausscheidenden Partner eine **Verlängerung der Ausschlussfrist** vereinbaren kann (MüKo-HGB/*K. Schmidt* HGB § 160 Rn. 16; MWHLW/*Hoffmann* Rn. 47). Auch eine **Verkürzung** der Nachhaftung ist durch Vereinbarung zwischen dem Gläubiger und dem Gesellschafter möglich (BGHZ 142, 324 [326 f.] = NJW 2000, 208 f.). Die zur alten Rechtslage entwickelte **Kündigungstheorie**, nach der ein ausgeschiedener Gesellschafter bei Dauerschuldverhältnissen für diejenigen Teilleistungen nicht mehr haften sollte, die nach dem Zeitpunkt an die Gesellschaft erbracht wurden, zu dem der Vertragspartner gegenüber der Gesellschaft erstmals fristgemäß hätte kündigen können (BGHZ 70, 132 [137] = NJW 1978, 636 [637]), ist damit überholt.

§ 11   Übergangsvorschriften

(1) ¹**Den Zusatz „Partnerschaft" oder „und Partner" dürfen nur Partnerschaften nach diesem Gesetz führen. ²Gesellschaften, die eine solche Bezeichnung bei Inkrafttreten dieses Gesetzes in ihrem Namen führen, ohne Partnerschaft im Sinne dieses Gesetzes zu sein, dürfen diese Bezeichnung noch bis zum Ablauf von zwei Jahren nach Inkrafttreten dieses Gesetzes weiterverwenden. ³Nach Ablauf dieser Frist dürfen sie eine solche Bezeichnung nur noch weiterführen, wenn sie in ihrem Namen der Bezeichnung „Partnerschaft" oder „und Partner" einen Hinweis auf die andere Rechtsform hinzufügen.**

(2) ¹**Die Anmeldung und Eintragung einer dem gesetzlichen Regelfall entsprechenden Vertretungsmacht der Partner und der Abwickler muss erst erfolgen, wenn eine vom gesetzlichen Regelfall abwei-**

chende Bestimmung des Partnerschaftsvertrages über die Vertretungsmacht angemeldet und eingetragen wird oder wenn erstmals die Abwickler zur Eintragung angemeldet und eingetragen werden. [2]Das Registergericht kann die Eintragung einer dem gesetzlichen Regelfall entsprechenden Vertretungsmacht auch von Amts wegen vornehmen. [3]Die Anmeldung und Eintragung des Geburtsdatums bereits eingetragener Partner muss erst bei einer Anmeldung und Eintragung bezüglich eines der Partner erfolgen.

(3) [1]Die Landesregierungen können durch Rechtsverordnung bestimmen, dass Anmeldungen und alle oder einzelne Dokumente bis zum 31. Dezember 2009 auch in Papierform zum Partnerschaftsregister eingereicht werden können. [2]Soweit eine Rechtsverordnung nach Satz 1 erlassen wird, gelten die Vorschriften über die Anmeldung und die Einreichung von Dokumenten zum Partnerschaftsregister in ihrer bis zum Inkrafttreten des Gesetzes über elektronische Handelsregister und Genossenschaftsregister sowie das Unternehmensregister vom 10. November 2006 (BGBl. I S. 2553) am 1. Januar 2007 geltenden Fassung. [3]Die Landesregierungen können durch Rechtsverordnung die Ermächtigung nach Satz 1 auf die Landesjustizverwaltungen übertragen.

Schrifttum: *Bärwaldt/Schabacker,* Darf sich nur noch die Partnerschaftsgesellschaft „und Partner" nennen?, MDR 1997, 114; *Bärwaldt/Schabacker,* Anmerkung zu BGH, Beschl. v. 21.4.1997 – II ZB 14/96, EWiR 1997, 715; *Goette,* Anmerkung zu BGH, Beschl. v. 21.4.1997 – II ZB 14/96, DStR 1997, 1052; *Hülsmann,* Welche Gesellschafter sind heute noch Partner?, NJW 1998, 35; *Jäger,* Anmerkung zu OLG Frankfurt a. M. Beschl. v. 20.5.1996 – 20 W 121/96, und BayObLG, Beschl. v. 2.8.1996 – 3 Z BR 73/96, DStR 1996, 1820; *Lamsa,* Anmerkung zu OLG Düsseldorf, Beschl. v. 9.10.2009 – I-3 Wx 182/09, 183/09, EWiR 2010, 371; *Lenz,* Anmerkung zu BGH, Beschl. v. 21.4.1997 – II ZB 14/96, MDR 1997, 861; *Mankowski,* Anmerkung zu KG, Beschl. v. 27.4.2004 – 1 W 180/02, EWiR 2005, 41; *Michalski,* Anmerkung zu BGH, Beschl. v. 21.4.1997 – II ZB 14/96, WuB 1997, 660; *Notthoff,* Firmierung einer Handelsgesellschaft mit dem Partnerschaftsgesellschaftszusatz, NZG 1998, 123; *Röh,* Zusatz „und Partner": Reservierung für die Partnerschaftsgesellschaft?, DB 1996, 2426; *Römermann,* Anmerkung zu BGH, Beschl. v. 21.4.1997 – II ZB 14/96, WiB 1997, 752f.; *Römermann,* Anmerkung zu OLG Karlsruhe, Beschl. v. 5.12.1997 – 11 Wx 83/97, NZG 1998, 179; *Schüppen,* Anmerkung zu BayObLG, Beschl. v. 2.8.1996 – 3Z BR 73/96, EWiR 1996, 947; *Schüppen,* Anmerkung zu OLG Frankfurt a. M. Beschl. v. 20.5.1996 – 20 W 121/96, WiB 1996, 786; *Seibert,* Anmerkung zu OLG Frankfurt a. M. Beschl. v. 20.5.1996 – 20 W 121/96, EWiR 1996, 759; *Weber/Jacob,* Exklusivität der Bezeichnungen „Partnerschaft", „und Partner" für Partnerschaften, ZGR 1998, 142; *Wertenbruch,* Die Bezeichnung „und Partner" außerhalb der Partnerschaft, ZIP 1996, 1776; *Wolff,* Firmierung der GmbH mit partnerschaftlichem Zusatz: Gestaltungsgrenzen und Folgen ihrer Überschreitung, GmbHR 2006, 303.

I. Regelungszweck

§ 11 trägt die amtliche Überschrift „Übergangsvorschriften". Dieser Titel **1** passt allerdings nicht auf die Regelung des Abs. 1 S. 1, die **dauerhaft** die Zusätze „Partnerschaft" oder „und Partner" für die Partnerschaftsgesellschaften gegenüber allen anderen Gesellschaftsformen reserviert. Neu gegründeten Gesellschaften, die nicht die Rechtsform der Partnerschaft wählen, ist die Führung dieser Bezeichnungen, auch in anderer Schreibweise, untersagt. Die Vorschrift steht im Zusammenhang mit dem für Partnerschaftsgesellschaften begründeten Zwang (§ 2 Abs. 1), einen dieser Zusätze zur Unterscheidung gegenüber anderen Gesellschaften in ihrem Namen zu führen.

2 Primäres Ziel der Regelung ist es, **Verwechslungsgefahren** mit anderen Gesellschaften zu begegnen (Begr. zum RegE, BT-Drs. 12/6152, 23). Die Bezeichnungen „Partnerschaft" bzw. „und Partner" waren vor Inkrafttreten des PartGG weder nach dem allgemeinen Sprachgebrauch noch in der Rechts- oder Gesetzessprache einer bestimmten Gesellschaftsform zugeordnet. Das Gesetz will ihre **untechnische Verwendung** durch andere Gesellschaften auch dann ausschließen, wenn wegen eines zwingenden Rechtsformzusatzes keine Verwechslungsgefahr besteht, weil die untechnische Verwendung einer Einbürgerung der Begriffe als spezifische Bezeichnung der neuen Gesellschaftsform entgegenstünde (BGHZ 135, 257 [259] = NJW 1997, 1854; *Wolff* GmbHR 2006, 303 [305]). **Übergangsbestimmungen** finden sich in Abs. 1 lediglich in S. 2 und 3, die einen zeitlich abgestuften Bestandsschutz für Altfälle vorsehen.

3 Die später eingefügten Abs. 2 und 3 enthalten weitere Übergangsbestimmungen, die jeweils sachlich nichts miteinander zu tun haben. Der mit Wirkung zum 15. 12. 2001 geltende Abs. 2 erklärt sich vor dem Hintergrund der Änderungen, die das Gesetz über elektronische Register und Justizkosten für Telekommunikation (ERJuKoG; v. 10. 12. 2001 BGBl. 2001 I 3422) für die § 4 Abs. 1 S. 2, § 5 Abs. 1 mit der neu eingeführten Pflicht zur Anmeldung und Eintragung des Geburtsdatums jedes Partners sowie der in der jeweiligen Partnerschaft geltenden Vertretungsmacht gebracht hat. Altpartnerschaften sollten zur Vermeidung unnötigen Verwaltungsaufwands von der Pflicht zur sofortigen Nachmeldung dieser Angaben freigestellt werden (BT-Drs. 14/6855, S. 20 f.). Abs. 2 S. 1 entspricht der Übergangsvorschrift, die Art. 52 EGHGB für nach § 33 HGB eingetragene juristische Personen, OHGs und KGs bereithält.

4 Die Übergangsregelung des Abs. 3 wurde notwendig, weil durch das Gesetz über elektronische Handelsregister und Genossenschaftsregister sowie das Unternehmensregister (EHUG) v. 10. 11. 2006 (BGBl. 2006 I 2553) die Partnerschaftsregister wie die Handels- und Genossenschaftsregister an sich zum 1. 1. 2007 verpflichtend auf den elektronischen Betrieb umgestellt worden sind. Neben zahlreichen Änderungen im HGB wurden auch die im PartGG enthaltenen Verweisungen in § 5 Abs. 2 angepasst (→ § 5 Rn. 8). Die inzwischen wirkungslose Bestimmung ermöglichte es den einzelnen Landesregierungen Bestimmungen zu treffen, nach denen längstens bis zum 31. 12. 2009 Anmeldungen zum Partnerschaftsregister und alle oder einzelne Dokumente noch in Papierform eingereicht werden konnten.

II. Name der Partnerschaft (Abs. 1)

1. Eigenständigkeit der Rechtsformzusätze

5 § 11 Abs. 1 S. 1 korrespondiert mit der Regelung des § 2 Abs. 1, der die Mindestbestandteile des Namens der Partnerschaft festlegt. Eine zwingende Komponente des Namens ist dabei der Rechtsformzusatz „und Partner" oder

„Partnerschaft", denen sinngemäße Abwandlungen gleichstehen (→ § 2 Rn. 13 ff.). Als **Kehrseite des § 2 Abs. 1** sieht § 11 Abs. 1 S. 1 vor, dass Gesellschaften, die in anderen Rechtsformen als der Partnerschaft organisiert sind, der Gebrauch dieser Rechtsformzusätze verwehrt ist. Gemäß dem Regelungszweck der Vorschrift (→ Rn. 2) ist die Verwendung partnerschaftlicher Bezeichnungen auch dann nicht gestattet, wenn eine Gesellschaft ohnehin einen **anderweitigen Rechtsformzusatz** ihrem Namen hinzufügen muss (siehe nur BGHZ 135, 257 [258 f.] = NJW 1997, 1854; BayObLG NJW 1996, 3016, 3017; OLG Karlsruhe NJW 1998, 1160 [1161]; aA noch OLG Frankfurt a. M. NJW 1996, 2237). Die gegen § 11 Abs. 1 S. 1 geäußerten verfassungsrechtlichen und europarechtlichen Bedenken (siehe etwa *Schüppen* WiB 1996, 785; *Schüppen* EWiR 1996, 947; *Bärwaldt/Schabacker* MDR 1997, 114) greifen nicht durch (BGH AnwBl. 2013, 146; AGH NW NJW-Spezial 2012, 447; KG NJW-RR 2004, 976 [977]).

Das OLG München (NJW-RR 2007, 761 [762]) hat trotz dieser klaren **6** Vorgabe die Firma „R. GV-Partner GmbH & Co. KG" als im Handelsregister eintragungsfähig gebilligt (krit. Henssler/Strohn/*Hirtz* Rn. 3). Auch wenn nicht ohne Weiteres erkennbar sei, dass „GV" für „Großverbraucher stehe, werde das Wort „Partner" in einer Verbindung verwendet, die wesentliche Unterscheidungsmerkmale zur Rechtsformbezeichnung enthalte. Wenn der Begriff „Partner" lediglich als Bestandteil eines zusammengesetzten Wortes gebraucht und er durch die Hinzufügung weiterer Wortbestandteile mit einer eigenständigen Bedeutung in einen Zusammenhang gesetzt werde, der eine Verwechslung mit dem Rechtsformzusatz „und Partner" ausschließe, sei § 11 Abs. 1 S. 1 nicht einschlägig. Das OLG Düsseldorf (ZIP 2010, 282 f.) versagte hingegen der Gesellschaft „Partner Logistics Immobilien GmbH" die Eintragungsfähigkeit. Wegen fehlender Differenzierungskriterien sei eine Fehldeutung dahingehend, dass es sich um eine Gesellschaft in der Rechtsform einer Partnerschaft handeln könnte, nicht ausgeschlossen. Zwar könne der Rechtsverkehr die Firma so verstehen, dass das Unternehmen einen Partner für den Kunden anbiete. Ein solches Verständnis sei aber nicht zwingend, insbesondere da die Firma gerade kein sprachliches Bindeglied zwischen „Partner" und „Logistics Immobilien GmbH" (zB „Partner für") enthalte. Auch sei nicht klar, ob es sich bei der Formulierung um Singular oder Plural handele und es fehle an einer Verknüpfung mit weiteren Wortbestandteilen. Die Schlussfolgerung, der Gesellschaftsname könne genauso als Zusammenschluss verschiedener Partner zum Betreiben einer Gesellschaft aufgefasst werden (krit. *Lamsa* EWiR 2010, 371 [372]), erscheint freilich gekünstelt.

2. Übergangsbestimmungen in Abs. 1 S. 2 und 3

Nach dem 1.7.1995 neu gegründete freiberufliche oder sonstige **Ge- 7 sellschaften** in der Rechtsform der GmbH dürfen nach dem eindeutigen Gesetzeswortlaut keine partnerschaftlichen Zusätze in ihrer Firma führen. Gesellschaften, die bereits **vor Inkrafttreten des PartGG** am 1.7.1995 die gerade im anwaltlichen Bereich gebräuchlichen Bezeichnung „und Partner" oder den Begriff „Partnerschaft" in ihrem Namen führten (zu Beweisproblemen siehe MüKoBGB/*Schäfer* Rn. 11), werden durch die Übergangsregelungen in § 11

Abs. 1 S. 2 und S. 3 privilegiert. So genossen diese Gesellschaften zunächst bis zum 30. 6. 1997 **Bestandsschutz** und konnten ihren Namen unverändert fortführen (§ 11 Abs. 1 S. 2).

8 Heute von Bedeutung ist nur noch die Bestimmung des § 11 Abs. 1 S. 3, nach der die privilegierten Altgesellschaften seit dem 1. 7. 1997 in ihren Namen einen eindeutigen Hinweis auf die von ihnen gewählte Gesellschaftsform aufnehmen müssen. So musste sich beispielsweise eine **Rechtsanwaltssozietät,** die vor dem 1. 7. 1995 die Bezeichnung „Rechtsanwälte X, Y und Partner" geführt hatte und nicht auf den Partnerzusatz verzichten wollte, in „Rechtsanwälte X, Y und Partner, **GbR**" umbenennen (dazu BGH NJOZ 2003, 1108 [1110]; *Kempter* BRAK-Mitt. 1994, 122 [124]). Ebenfalls möglich war der Zusatz „Gesellschaft bürgerlichen Rechts" oder „BGB-Gesellschaft", nicht hingegen „Sozietät", da dieser nicht klar konturierte Begriff lediglich einen Zusammenschluss von Rechtsanwälten, Steuerberatern oder Wirtschaftsprüfern bezeichnet, aber keine eindeutige Aussage zur Rechtsform der Berufsausübungsgesellschaft trifft (vgl. auch AGH Hamm BRAK-Mitt. 2000, 260; siehe auch BT-Drs. 16/3655, 82f. und → § 2 Rn. 21). Trotz der eindeutig auf die GbR zugeschnittenen Verwendung des Begriffs Sozietät in § 52 Abs. 2 BRAO ist der Begriff bis heute im berufsrechtlichen Sprachgebrauch nicht hinreichend klar belegt. **Kapitalgesellschaften,** deren Firma bereits zum Zeitpunkt des Inkrafttretens des PartGG den Zusatz „Partnerschaft" oder „und Partner" enthielt, konnten und können wegen der für sie vorgeschriebenen Rechtsformzusätze ihre Firma auch nach Ablauf der Übergangsfrist ohne Änderungen weiter verwenden (BayObLG NJW 1996, 3016 [3017]; *Weber/ Jacob* ZGR 1998, 142 [148]).

9 Der durch § 11 Abs. 1 S. 3 gewährte Bestandsschutz umfasst nur den privilegierten Namen. Kommt es zu einer **Umbenennung** des Namens, erlischt grundsätzlich zugleich die Befugnis, einen partnerschaftlichen Zusatz zu führen. Insoweit gilt Ähnliches wie bei der Namenskontinuität nach § 2 Abs. 2 iVm § 24 HGB (→ § 2 Rn. 35). Hiernach endet der Bestandsschutz, wenn durch die Änderung der sog. **Firmenkern** berührt wird, dem die primäre Kennzeichnungsfunktion zukommt. Dies ist der Fall, wenn bei Personenfirmen und ebenso bei gemischten Firmen mit Personennamen mindestens einer der darin enthaltenen Namen wegfällt oder nicht nur unwesentlich – etwa lediglich hinsichtlich einer Vornamensabkürzung oder auch des Vornamens – geändert wird (OLG Stuttgart NJW-RR 2000, 1128 [1129]; aA LG München I MittBayNot. 1998, 270). Der Bestandsschutz geht jedoch nicht durch Änderung eines untergeordneten Firmenbestandteils, zB einer die Branchenzugehörigkeit beschreibenden Sachbezeichnung verloren (BayObLG NJW-RR 2003, 685 zu einer Umbenennung von „X & Partner Werbeagentur GmbH" in „X & Partner communication GmbH").

10 Die Verweisungen in § 18 Abs. 3 S. 3 UmwG, § 200 Abs. 1, Abs. 4 S. 3 UmwG auf § 11 stellen sicher, dass der Bezeichnungsschutz auch bei **Verschmelzung** oder **Formwechsel** unter Beteiligung einer Partnerschaft eingreift (OLG Frankfurt a. M. NJW 1999, 2285 f.; *Neye* ZAP 1998, 991 ff.). Der Schutz umfasst auch Partnerschaften, die einen Formwechsel vollziehen, sofern diese Gesellschaften selbst aus einer nach § 11 Abs. 1 S. 2 und 3 privilegierten Gesellschaft entstanden sind (MWHLW/*Wolff* Rn. 16).

Keine Anwendung soll § 11 Abs. 1 S. 2 und 3 im Falle einer **Unterneh-** **11**
mensveräußerung finden. Der von einer GbR vor Inkrafttreten des PartGG
geführte Name „… & Partner" soll von dem Erwerber nicht gem. § 2 Abs. 2
S. 1 iVm § 22 HGB fortgeführt werden können (OLG Karlsruhe NJW 1998,
1160 [1161]; MWHLW/*Wolff* Rn. 17; *Römermann* NZG 1998, 179 [180]).
Überzeugender erscheint es dagegen, auch hier dem Zweck der Übergangsvorschrift, die Namenskontinuität im Falle eines schon vor dem 1.7.1995 ver-
wendeten Partnerzusatzes zu ermöglichen, zur Geltung zu verhelfen (→ § 2
Rn. 40; MüKoBGB/*Schäfer* Rn. 10; Henssler/Strohn/*Hirtz* Rn. 5). Nicht anwendbar ist § 11 Abs. 1 S. 3 dagegen im Falle einer **zu Unrecht ins Handels-**
register eingetragenen Firma (OLG Schleswig NJW-RR 2000, 1639).

3. Rechtsfolgen eines Verstoßes

Wird in Gesellschaften bürgerlichen Rechts nach dem 1.7.1997 gegen die **12**
Pflicht zur Umbenennung verstoßen, so liegt eine Verletzung des Irre-
führungsverbots der §§ 3, 5 Abs. 1 S. 2 Nr. 3 UWG vor mit den Rechtsfolgen
der §§ 8 ff. UWG (MWHLW/*Wolff* Rn. 19). Das Registergericht wird von
Amts wegen im Firmenmissbrauchsverfahren (§ 37 Abs. 1 HGB iVm § 2
Abs. 2) gegen solche Gesellschaften vorgehen. Es hat Gesellschaften, deren
Name mit § 11 Abs. 1 nicht vereinbar ist, abzumahnen und sie ggf. im Wege
des Missbrauchsverfahrens nach §§ 388–392 FamFG durch Festsetzung von
Ordnungsgeld zur Unterlassung anzuhalten.

Dabei ist das Partnerschaftsregistergericht auch dann zuständig, wenn es sich **13**
nicht um im Register eingetragene Gesellschaften handelt (BayObLG NJW
1999, 297 [298]). Führt eine im Handelsregister eingetragene Gesellschaft
einen nicht zulässigen Namen iSd § 11 Abs. 1, kann auch das Handelsregister
nach § 37 Abs. 1 HGB iVm §§ 388–392 FamFG einschreiten (MüKoBGB/
Schäfer Rn. 12). Darüber hinaus kommen **Unterlassungs-,** in seltenen Fällen
auch **Schadensersatzansprüche** nach § 37 Abs. 2 HGB und den bürgerlich-
rechtlichen Vorschriften der §§ 823, 826 BGB in Betracht.

Ist eine Eintragung in das Register unter Verletzung wesentlicher Vorschrif- **14**
ten erfolgt, kann das Registergericht sie **von Amts wegen löschen** (§ 395
FamFG; vgl. für die Vorgänger-Vorschrift des § 142 FGG OLG Schleswig
NJW-RR 2000, 1639). Im Rahmen dieser Entscheidung soll nach der Rspr.
bei der **Ermessensausübung** neben dem privaten Interesse der Gesellschaft
an der Beibehaltung der schon langjährig geführten Firma zu berücksichtigen
sein, dass das öffentliche Interesse an der Durchsetzung des Firmenrechts geringer wiegen kann, weil eine konkrete Verwechslungsgefahr wegen des in
der Firma zusätzlich enthaltenen Rechtsformzusatzes „GmbH" nicht gegeben
sei und aufgrund der Bestandsschutzregelung des § 11 Abs. 1 S. 3 für vor dem
1.7.1995 eingetragene Gesellschaften ohnehin viele GmbHs mit Partnerzusatz
dauerhaft im Handelsregister verblieben seien (so OLG Frankfurt a. M. NJW-
RR 2006, 44 f.).

Richtigerweise kann diese Ermessensausübung nur ganz ausnahmsweise zu- **15**
gunsten der Gesellschaft, die eine unzulässige Firma hat, ausfallen (etwa nach
sehr langem Zeitablauf). § 11 Abs. 1 dient eben nicht allein der Vermeidung
von Verwechslungsgefahren, sondern will generell die untechnische Verwen-

dung von partnerschaftlichen Zusätzen verhindern (→ Rn. 2; wie hier MWHLW / *Wolff* Rn. 18; *Wolff* GmbHR 2006, 303 [305 f.]). Die Rspr. ist bei der Zulassung von Partnerzusätzen noch recht uneinheitlich (vgl. die Nachweise in → Rn. 6 sowie neben OLG Frankfurt a. M. NJW-RR 2006, 44 auch BayObLG NJW-RR 2003, 685).

4. Rechtspolitische Bewertung

16   Angesichts der Vielzahl der von der Umbenennungspflicht betroffenen Gesellschaften nicht nur aus dem Bereich der Freien Berufe und der zunächst geringen Anzahl der Partnerschaftsgründungen wurden die Vorgaben des Abs. 1 in der Zeit nach Inkrafttreten als rechtspolitisch fragwürdig kritisiert (vgl. die 1. Aufl. 1997, Rn. 5 sowie *Burret* WPK-Mitt. 1994, 201 [204]; *Lenz* MDR 1997, 861 [862]; *Hülsmann* NJW 1998, 35 [37]; *Bärwaldt / Schabacker* MDR 1997, 114 [116]). Heute erscheint die Exklusivität der Bezeichnungen „Partnerschaft" und „und Partner" aufgrund der breiten Akzeptanz längst gerechtfertigt. Die in § 8 Abs. 2 und Abs. 4 verankerten Haftungsprivilegien weisen eine derartige gesellschaftsrechtliche Eigenständigkeit auf, dass ein ausschließlich der Partnerschaft vorbehaltener Rechtsformzusatz unverzichtbar ist (vgl. *Weber / Jacob* ZGR 1998, 142 [150]).

III. Übergangsvorschrift des Abs. 2

17   Um eine Anmeldewelle zu vermeiden, die sowohl die anmeldeverpflichteten Partner als auch die Registergerichte belastet hätte, sieht § 11 Abs. 2 eine Regelung vor, die es vor dem 15.12.2001 eingetragenen Partnerschaften erlaubt, die nunmehr nach § 4 erforderlichen Angaben (Vertretungsmacht, Geburtsdaten der Partner) nicht nachzuholen (zum Regelungszweck → Rn. 3). Partnerschaften, die keine vom gesetzlichen Normalfall abweichende Vertretungsregelung der Partner und der Abwickler gewählt haben, müssen daher die gesetzliche **Vertretungsmacht** nicht nachträglich anmelden und eintragen lassen. Es reicht aus, wenn eine Anmeldung erfolgt, sobald im Partnerschaftsvertrag eine vom gesetzlichen Normalfall abweichende Bestimmung über die Vertretungsmacht getroffen wird (§ 11 Abs. 2 S. 1). Etwas anderes gilt, wenn erstmals die Liquidatoren zur Eintragung angemeldet werden (§ 10 Abs. 1 iVm § 148 Abs. 1 S. 1 HGB), da dann gleichzeitig ohne besonderen Aufwand die Anmeldung und Eintragung einer dem gesetzlichen Normalfall entsprechenden Vertretungsmacht erfolgen kann.

18   S. 2 ermöglicht es den Registergerichten, die Eintragung der gesetzlichen Vertretungsregelung von Amts wegen vorzunehmen. S. 3 sieht weiter vor, dass mit der Anmeldung und Eintragung der **Geburtsdaten** bereits eingetragener Partner ebenfalls gewartet werden kann, bis eine neue Anmeldung und Eintragung bzgl. eines der Partner erfolgt (vgl. die Begr. zum RegE, BT-Drs. 14/6855, 20 f.).

IV. Übergangsvorschrift des Abs. 3

Die Regelung entspricht der für die Handelsregister bereitgestellten Über **19** gangsbestimmung des Art. 61 EGHGB. Sie sah vor, dass die **Länder** im Wege von Übergangsregelungen von der **Pflicht zur elektronischen Anmeldung und Einreichung von Dokumenten** entbinden konnten, wie dies im EHUG (→ Rn. 4) geregelt war. Anders als § 11 Abs. 1 und 2 ist die Regelung mit Ablauf des 31. 12. 2009 wirkungslos geworden.

Muster eines Partnerschaftsvertrages zwischen Rechtsanwälten, Wirtschaftsprüfern und Steuerberatern – „Einfache Partnerschaft"[1] –

Vorbemerkung: Der nachfolgende Mustervertrag bietet lediglich eine erste Orientierungshilfe. Er soll regelungsbedürftige Gesichtspunkte aufzeigen und Anhaltspunkte für eine zweckmäßige Gestaltung der Partnerschaftsgesellschaft geben. Er erhebt keinen Anspruch auf Vollständigkeit und ersetzt – insbesondere für andere Berufe – nicht die im Einzelfall gebotene Beratung.[2]

Da sich für den Partnerschaftsvertrag einer Partnerschaftsgesellschaft mit beschränkter Berufshaftung nur bzgl. des Namens und der Berufshaftpflichtversicherung Unterschiede zum Partnerschaftsvertrag einer „normalen" Partnerschaftsgesellschaft ergeben, kann auch bei dieser Variante im Wesentlichen auf den nachfolgenden Mustervertrag zurückgegriffen werden. Soweit Abweichungen erforderlich sind, erfolgt ein entsprechender Hinweis.[3] Ergänzend sei auf das ausführliche, mit Alternativvorschlägen versehene Muster bei Beck-FormB Anwaltskanzlei/*Henssler* Form. B. I. 3. verwiesen.

Partnerschaftsvertrag zwischen

1. Rechtsanwalt A (Vorname, Nachname), Köln[4]
2. Rechtsanwältin B (Vorname, Nachname), Köln
3. Wirtschaftsprüfer C (Vorname, Nachname), Köln
4. Steuerberater D (Vorname, Nachname), Köln

Präambel: Zum Zwecke der gemeinschaftlichen Berufsausübung schließen wir uns zu einer Partnerschaftsgesellschaft zusammen und legen den Partnerschaftsvertrag wie folgt fest[5]:

---

[1] Zum Begriff der „einfachen" Partnerschaft → § 1 Rn. 337, 356.

[2] Zu weiteren Vertragsmustern vgl. *Bösert/Braun/Jochem* 225ff. (Rechtsanwälte, Ärzte, Architekten); *Gail/Overlack* 213ff. (Rechtsanwälte); *Korts/Korts,* Heilberufsgesellschaften – ärztliche Partnerschaft, in Heidelberger Musterverträge, H 88, 3. Aufl. 2008 (ärztliche Partnerschaft); *Laukemann,* Partnerschaftsgesellschaft, 3. Aufl. 2016 (Rechtsanwälte, Architekten); *Lenz/Braun,* Partnerschaftsgesellschaftsvertrag, Heidelberger Musterverträge, 3. Aufl. 2006 (Rechtsanwälte, Steuerberater und Wirtschaftsprüfer); *Stehle/Longin,* Rechtsformen für die Freien Berufe, 1. Aufl. 1995, 99ff. (Architekten-Partnerschaft); *Stuber,* Partnerschaftsgesellschaft, 2. Aufl. 2001 (Architekten-Partnerschaft).

[3] Ein Vertragsmuster findet sich bspw. bei *Laukemann,* Partnerschaftsgesellschaft, 3. Aufl. 2016, 55ff.

[4] Die Aufnahme des Namens, des Vornamens, des Wohnortes und des in der Partnerschaft ausgeübten Berufes jedes einzelnen Partners ist nach § 3 Abs. 2 Nr. 2 zwingender Bestandteil des Partnerschaftsvertrages (→ § 3 Rn. 35f.).

[5] Alternative Formulierung bei Umwandlung einer GbR in einer Partnerschaft: „Die Gesellschaft bürgerlichen Rechts der (Namen der Gesellschafter) hat die Umwandlung in einer Partnerschaftsgesellschaft nach dem Partnerschaftsgesellschaftsgesetz beschlossen. Die Eintragung der Partnerschaft in das Partnerschaftsregister ist beantragt. Der Partnerschaftsvertrag wird wie folgt festgelegt:"

§ 1 Name, Sitz, Geschäftsjahr und Dauer (1) Die Gesellschaft ist eine Partnerschaft im Sinne des Partnerschaftsgesellschaftsgesetzes. Der Name[6] lautet:

A und Partner[7] – Rechtsanwälte, Wirtschaftsprüfer und Steuerberater.[8] [9]

(2) Neben dem Namen der Partnerschaft und den Angaben entsprechend § 124a HGB sind auf den Briefbögen, Kanzleischildern und sonstigen schriftlichen Verlautbarungen gegenüber Dritten die Namen aller Partner sowie deren Berufe anzugeben.[10]

(3) Die Partnerschaft ist berechtigt, den Namen des Herrn Rechtsanwalt A auch nach dessen Ausscheiden weiterzuführen, sofern nicht ein wichtiger Grund entgegensteht.[11] Dies gilt unbeschadet einer Änderung des Namens im Übrigen.

(4) Die Gesellschaft hat ihren Sitz[12] in Köln.

(5) Die Partnerschaft beginnt mit ihrer Eintragung ins Partnerschaftsregister.

(6) Die Gesellschaft wird auf unbestimmte Zeit errichtet.[13]

(7) Das Geschäftsjahr ist das Kalenderjahr.[14]

§ 2 Gegenstand der Partnerschaft (1) Gegenstand[15] der Partnerschaft ist die gemeinschaftliche Berufsausübung der Partner als Rechtsanwälte, Wirtschaftsprüfer und Steuerberater mit Ausnahme der gesetzlichen Vorbehaltsaufgaben der Wirtschaftsprüfer.[16]

---

[6] Den Namen der Partnerschaft muss der Partnerschaftsvertrag gem. § 3 Abs. 2 Nr. 1 als zwingenden Bestandteil enthalten (→ § 3 Rn. 26 ff.). Zum Namen der Partnerschaft allgemein → § 2 Rn. 1 ff.

[7] Erforderlich ist nur die Angabe des Nachnamens mindestens eines Partners (vgl. § 2 Abs. 1 S. 1 und 2).

[8] Es handelt sich damit nicht um eine als Steuerberatungsgesellschaft oder Wirtschaftsprüfungsgesellschaft anerkannte Partnerschaft. Zur Zulässigkeit einer solchen → § 1 Rn. 337 f., → § 1 Rn. 356 f.

[9] Um den Anforderungen des § 8 Abs. 4 S. 3 zu genügen, muss der Name der PartmbB den Zusatz „mit beschränkter Berufshaftung" oder die Abkürzung „mbB" oder eine andere allgemein verständliche Abkürzung dieser Bezeichnung enthalten.

[10] Nach § 7 Abs. 5 iVm § 125a Abs. 1 S. 1 HGB sind auf Geschäftsbriefen der Partnerschaft Rechtsform und Sitz sowie Registergericht und Registernummer anzugeben. Nach § 10 Abs. 1 S. 1 BORA müssen auf Briefbögen die Namen aller Partner angegeben werden; § 28 Abs. 3 S. 1 BS WP/vBP und § 9 Abs. 6, 7 BOStB verlangen zusätzlich die Angabe der jeweiligen Berufsbezeichnungen sowie der Niederlassung bei überörtlichen Partnerschaften.

[11] Zur Namensfortführung → § 2 Rn. 33 f.

[12] Die Angabe des Sitzes der Partnerschaft ist gem. § 3 Abs. 2 Nr. 1 zwingender Bestandteil des Partnerschaftsvertrages (→ § 3 Rn. 26 ff.).

[13] Regelmäßig wird die Partnerschaft auf unbestimmte Zeit errichtet werden; in Ausnahmefällen ist eine Befristung aber möglich (→ § 1 Rn. 8, 73; → § 9 Rn. 103).

[14] Zur Rechnungslegung der Partnerschaft → Einführung Rn. 33.

[15] Die Angabe des Gegenstandes der Partnerschaft ist gem. § 3 Abs. 2 Nr. 3 zwingender Bestandteil des Partnerschaftsvertrages (→ § 3 Rn. 39 f.).

[16] Die „einfache" (also keinem Zulassungsverfahren unterworfene) Partnerschaft ist nicht berechtigt, selbst Aufgaben wahrzunehmen, die nach dem Gesetz Wirtschaftsprü-

(2) Die Partnerschaft kann durch die Aufnahme weiterer Rechtsanwälte, Wirtschaftsprüfer und Steuerberater als Partner erweitert werden.

(3) Die Partnerschaft darf Zweigniederlassungen errichten, soweit die berufsrechtlichen Voraussetzungen (vgl. §§ 34 StBerG; 47 WPO) hierfür erfüllt sind.[17]

§ 3 Partner und Beiträge (1) Partner der Gesellschaft sind mit den nachstehend aufgeführten Anteilen:

a) Rechtsanwalt A   35%
b) Rechtsanwältin B   15%
c) Wirtschaftsprüfer C   25%
d) Steuerberater D   25%.

(2) Die Partner bringen ihr bisheriges Inventar gemäß den als Anlage I) bis X) beigefügten Inventarlisten unter Ausschluss jeglicher Gewährleistung zu Eigentum in die Partnerschaft ein. Die Einlage des A wird mit Euro ………, die der B mit Euro ………, die des C mit Euro ……… und die des D mit Euro ……… bewertet. A, B, C und D erhalten vom Jahresgewinn vorab jeweils 5% bis diese Summen getilgt sind.

(3) Künftig angeschafftes Inventar wird Gesamthandsvermögen[18] der Partnerschaft. Das Vermögen ist in einem Vermögensverzeichnis festzuhalten. In dem fortzuschreibenden Vermögensverzeichnis sind für die einzelnen Gegenstände die Anschaffungs- oder Herstellungskosten abzüglich der steuerlich zulässigen Abschreibungen anzugeben.

(4) Partner dürfen nur Angehörige der gem. § 59a Abs. 1 und 3 BRAO[19] sozietätsfähigen Berufe sein.[20]

§ 4 Mandate (1) Die Partner bringen ihre bisherigen laufenden Einzelmandate in die Partnerschaft ein. Steht der Einbringung einzelner Mandate die fehlende Zustimmung des Auftraggebers entgegen, so werden die Mandate im Innenverhältnis für Rechnung der Partnerschaft geführt.

---

fern und Wirtschaftsprüfungsgesellschaften vorbehalten sind. Sie kann insbes. keine Prüfaufträge nach § 319 HGB wahrnehmen.

[17] → § 5 Rn. 63 ff.

[18] Zum Charakter der Partnerschaft als Gesamthandsgemeinschaft → § 7 Rn. 24.

[19] Nach dem Gesetz zur Neuregelung des Rechtsberatungsrechts, wie es im Ergebnis vom Bundestag beschlossen wurde (→ § 1 Rn. 322 ff.), ist die ursprünglich geplante Erweiterung des Kreises der sozietätsfähigen Berufe in einem neuen § 59a Abs. 4 BRAO zurückgestellt worden. Partner müssen nach der aktuellen Fassung des § 59a BRAO Angehörige der gem. § 59a Abs. 1 und 2 BRAO sozietätsfähigen Berufe sein. Das BVerfG hat das Sozietätsverbot aus § 59a Abs. 1 S. 1 BRAO jedoch mit Beschluss vom 12.1.2016 insoweit für verfassungswidrig erklärt, als eine Partnerschaft zwischen einem Rechtsanwalt und einer Ärztin und Apothekerin verhindert wird (BVerfGE 141, 82 = NJW 2016, 700).

[20] Alternativ für eine reine Rechtsanwaltsgesellschaft: „Partner dürfen nur Rechtsanwälte und Rechtsanwältinnen sein." Dann müsste auch § 2 Abs. 1 des Vertrages entsprechend beschränkt werden.

(2) Alle Mandate werden der Partnerschaft erteilt. Mandate in Straf- und Bußgeldsachen werden im Außenverhältnis nur von dem jeweils beauftragten einzelnen Partner übernommen.[21] Im Innenverhältnis werden sie für Rechnung der Partnerschaft geführt.

(3) Über die Annahme oder Ablehnung neuer Mandate entscheidet jeder Partner unter Beachtung der berufsrechtlichen Bestimmungen selbstständig. Die Partner haben sich laufend über die Übernahme neuer Mandate zu unterrichten.[22]

§ 5 Geschäftsführung, Vertretung (1) Zur Führung der Geschäfte ist jeder Partner berechtigt und verpflichtet. Jeder Partner übt seinen Beruf als Rechtsanwalt bzw. Wirtschaftsprüfer oder Steuerberater eigenverantwortlich, unabhängig und frei von Weisungen aus.

(2) Zur Geschäftsführung[23] und Vertretung[24] der Partnerschaft ist jeder Partner allein berechtigt. Ein Partner kann durch Partnerbeschluss,[25] bei dem der betroffene Partner kein Stimmrecht hat, von der Geschäftsführung und/oder der Vertretung[26] ausgeschlossen werden, sofern ein sachlich rechtfertigender Grund vorliegt. Sie werden mit Zustellung des Beschlusses der Partnerversammlung wirksam, einer gerichtlichen Entscheidung bedarf es nicht.[27]

(3) Die Geschäftsführungsbefugnis ist beschränkt auf Handlungen, welche die selbstständige Ausübung des freien Berufes oder der gewöhnliche Gang der Geschäfte[28] mit sich bringen. Darüber hinausgehende Maßnahmen bedürfen eines vorhergehenden Beschlusses der Partner.[29]

§ 6 Partnerversammlung und Beschlüsse (1) Die Partner entscheiden in den ihnen durch Gesetz oder durch diesen Vertrag zugewiesenen Angelegenheiten der Partnerschaft in Versammlungen durch Beschluss. Beschlussfassungen bedürfen der Zustimmung aller Partner,[30] mit Ausnahme der An-

---

[21] Diese Regelung ist im Hinblick auf § 137 Abs. 1 S. 2 StPO (ggf. iVm § 46 OWiG) jedenfalls bei Partnerschaften mit mehr als drei Partnern erforderlich.
[22] Den Partnern steht gem. § 6 Abs. 3 iVm § 118 HGB ein umfassendes Einsichtsrecht in die Unterlagen der Partnerschaft zu (→ § 6 Rn. 86 ff.).
[23] Zur Geschäftsführung der Partnerschaft → § 6 Rn. 51 ff.
[24] Zur Vertretung der Partnerschaft → § 7 Rn. 33 ff.
[25] Abweichend von der dispositiven Regelung in § 6 Abs. 3 iVm § 117 HGB (→ § 6 Rn. 65).
[26] § 7 Abs. 3 iVm § 127 HGB (→ § 7 Rn. 50).
[27] Nach § 6 Abs. 3 S. 2 iVm § 117 HGB und § 7 Abs. 3 iVm § 127 HGB bedarf es zur Entziehung der Geschäftsführungs- und/oder Vertretungsbefugnis eines Partners grds. einer gerichtlichen Entscheidung auf Antrag der übrigen Partner. Zu beachten ist, dass mit Blick auf § 6 Abs. 2 lediglich eine vorübergehende Entziehung infrage kommt (Faustformel: ca. drei Monate), darüber hinaus bleibt nur der Ausschluss des betroffenen Partners (→ § 6 Rn. 62, → § 7 Rn. 51).
[28] § 6 Abs. 3 iVm § 116 Abs. 1 HGB (→ § 6 Rn. 51 f.).
[29] § 6 Abs. 3 iVm § 116 Abs. 2 HGB (→ § 6 Rn. 53).
[30] Diese Bestimmung entspricht der gesetzlichen Regelung gem. § 6 Abs. 3 iVm § 119 Abs. 1 HGB, wonach bei Abstimmungen innerhalb der Partnerschaft das Einstimmigkeitsprinzip gilt. Durch den Partnerschaftsvertrag können für konkrete Beschlussgegen-

gelegenheiten, die unter den Berufsrechtsvorbehalt fallen und/oder die Eigenverantwortlichkeit und Unabhängigkeit des Rechtsanwaltes in Zweifel stellen.

(2) Beschlüsse werden, soweit in diesem Vertrag nicht etwas anderes geregelt ist, mündlich gefasst. Auf Antrag eines Partners werden die Beschlüsse schriftlich protokolliert.

(3) Partnerversammlungen[31] werden regelmäßig an jedem ersten Werktag des Monates abgehalten. Außerordentliche Partnerversammlungen werden durchgeführt, wenn ein Partner dies schriftlich beantragt und/oder die Angelegenheiten der Partner eine außerordentliche Sitzung erfordern.

(4) Zur Ausübung von Partnerrechten (zB Vertretung in der Partnerversammlung, Einsichtsrecht gem. § 6 Abs. 3 PartGG in Verbindung mit § 118 HGB) können nur Partner bevollmächtigt werden, die Rechtsanwälte, Wirtschaftsprüfer oder Steuerberater sind.

(5) Klagen gegen die Beschlüsse der Partnerschaft müssen spätestens einen Monat nach dem Zeitpunkt erhoben werden, zu welchem der Klageberechtigte Kenntnis von dem Beschluss erlangt hat.

§ 7 Überschussrechnung (1) Innerhalb der ersten sechs Monate eines jeden Geschäftsjahres ist eine Überschussrechnung gem. § 4 Abs. 3 EStG für das abgelaufene Geschäftsjahr aufzustellen, aus der sich der Saldo zwischen den Einnahmen und Ausgaben (Gewinn oder Verlust) ergibt.[32] Der Rechnungsabschluss ist allen Partnern zu übermitteln und durch Beschluss der Partnerschaft festzustellen. Mit der Feststellung wird der Rechnungsabschluss für die Partner untereinander verbindlich.

(2) Jeder Partner kann sich zur Ausübung des ihm gesetzlich zustehenden Kontrollrechtes eines zur Berufsverschwiegenheit verpflichteten Sachverständigen bedienen.[33] Die bei der Ausübung des Kontrollrechtes entstehenden Kosten hat der die Einsicht begehrende Partner zu tragen.[34]

---

stände Mehrheitsentscheidungen (zB Dreiviertelmehrheit) zugelassen werden (→ § 6 Rn. 92ff. sowie zu Alternativen BeckFormB Anwaltskanzlei/*Henssler* Form. B. I. 3. § 7).

[31] Die Durchführung von Partnerversammlungen ist für die Beschlussfassung nicht zwingend. Für größere Partnerschaften ist eine solche formalisierte Vorgehensweise jedoch zu empfehlen.

[32] Die Partnerschaft kann ihren Gewinn durch Überschussrechnung ermitteln (§ 4 Abs. 3 EStG), da sie als Zusammenschluss von Freiberuflern nicht zur Bilanzierung und Aufstellung von Jahresabschlüssen verpflichtet ist. Die Gewinnanteile der Partner aus der Partnerschaft stellen Einkünfte aus selbstständiger Tätigkeit iSd § 18 EStG dar, sofern in der Partnerschaft ausschließlich freiberufliche Tätigkeiten ausgeübt werden. Werden in der Partnerschaft auch gewerbliche Tätigkeiten ausgeübt, wird dagegen aus steuerrechtlicher Sicht das Vorliegen eines Gewerbebetriebes fingiert, mit der Folge, dass der erzielte Gewinn zu den Einkünften aus Gewerbebetrieb zählt (zur Abfärbetheorie → Einführung Rn. 21, → § 1 Rn. 103).

[33] Zum Kontrollrecht → § 6 Rn. 86ff.

[34] Um Zweifel hinsichtlich der Kostentragungspflicht zu vermeiden, erscheint eine eindeutige Kostentragungsklausel sinnvoll.

§ 8 Gewinn- und Verlustbeteiligung, Rücklage (1) An den Überschüssen und Verlusten der Partnerschaft nehmen die Partner im Verhältnis ihrer Beteiligung an der Partnerschaft (§ 3 Abs. 1) teil.[35] Die Beteiligungsquoten sollen alle 2 Jahre auf ihre Angemessenheit überprüft und ggf. durch Partnerbeschluss neu festgelegt werden, erstmals zum 1. Januar 2019.

(2) Die Partnerschaft bildet eine gemeinschaftliche Rücklage bis zur Höhe der Betriebsausgaben für den Zeitraum von 6 Monaten, abzüglich Umsatzsteuer. Zu der Bildung der Rücklage werden von dem Gewinnanteil jedes Partners jährlich 10% einbehalten, bis die Rücklage gebildet ist.[36]

(3) Die nach Rücklagenbildung verbleibenden Gewinnanteile werden nach Feststellung des Rechnungsabschlusses ausbezahlt. Jeder Partner ist berechtigt, zulasten seines Gewinnanteils in dem laufenden Rechnungsjahr insgesamt einen Betrag von maximal 75% (monatlich 6,25%) des im abgelaufenen Rechnungsjahr auf ihn entfallenden Gewinns zu entnehmen, sofern die Partnerversammlung nicht Abweichendes beschließt.

§ 9 Konto- und Buchführung (1) Für die Partner werden folgende Konten errichtet: Kapitalkonto I, Verlustvortragskonto, Kapitalkonto II und Privatkonto.[37]

(2) Kapitaleinlagen der Partner werden auf Kapitalkonto I gebucht. Das Konto ist maßgebend für die Beteiligung am Ergebnis, Vermögen und einem eventuellen Auseinandersetzungsguthaben.

(3) Verlustanteile der Partner werden auf die Verlustvortragskonten gebucht.

(4) Vom Gewinnanteil der Partner werden je ……% auf Kapitalkonto II gebucht.

(5) Alle sonstigen die Partner betreffenden Buchungen, insbesondere Entnahmen, Einlagen, Gewinne werden auf die Privatkonten gebucht.

(6) Die Buch- und Kontenführung obliegt allen Partnern gemeinschaftlich.[38]

---

[35] Zur Gewinnbeteiligung → § 6 Rn. 99. Zu weiteren Gewinnverteilungssystemen, etwa dem lockstep-System vgl. BeckFormB Anwaltskanzlei/*Henssler* Form. B. I. 3. § 12.; *Heussen* AnwBl. 2007, 169 ff.; → § 6 Rn. 100.

[36] Die Bildung einer Rücklage dient dazu, die laufenden Betriebskosten bei Einnahmeengpässen aus dem Gesellschaftsvermögen und ohne Nachschüsse der Partner aus ihrem Privatvermögen bestreiten zu können. Die Bildung einer Rücklage in der Höhe der Betriebskosten für einen Zeitraum zwischen drei und sechs Monaten dürfte dem Regelfall entsprechen.

[37] Die Kontoführung gehört nicht zu den zwingend zu regelnden Bereichen des Partnerschaftsvertrages. Der Vollständigkeit halber können die Partner jedoch eine diesbezügliche Regelung aufnehmen.

[38] Bei größeren Partnerschaften erscheint die Übertragung auf einen oder mehrere Partner sinnvoll.

§ 10 Versicherung, Haftung[39] (1) Die Partnerschaft schließt eine Berufshaftpflicht-versicherung ab, welche den für Steuerberaterpartnerschaften geltenden berufsrechtlichen Anforderungen genügt und zusätzlich die persönliche Haftung sämtlicher Partner und angestellter Rechtsanwälte, Wirtschaftsprüfer und Steuerberater, auch für Tätigkeiten außerhalb der Partnerschaft, abdeckt. Dabei werden die durch das jeweilige Berufsrecht vorgegebenen Mindestdeckungssummen nicht unterschritten.[40]

(2) Die Angemessenheit der Deckungssumme ist auf Antrag eines Partners zu überprüfen und ggf. an veränderte Verhältnisse anzupassen. Solche verän-

---

[39] Für die PartmbB ist ein weiterer Absatz einzufügen, der die zusätzlich zur Berufshaftpflichtversicherung jedes einzelnen Partners gem. § 8 Abs. 4 erforderliche Berufshaftpflichtversicherung der Partnerschaftsgesellschaft selbst betrifft, um die Beschränkung der Berufshaftung auf das Gesellschaftsvermögen zu erreichen. Der Umfang und die Höhe dieser Versicherung ergibt sich für Rechtsanwälte aus § 51a BRAO; ein entsprechender Absatz könnte wie folgt lauten: „Die Gesellschaft hat darüber hinaus eine Berufshaftpflichtversicherung iSv § 8 Abs. 4 PartGG iVm § 51a BRAO, § 67 StBerG mit einer Deckungssumme von 2.500.000 EUR pro Einzelfall abzuschließen und aufrecht zu erhalten. Sie ist gegenüber den Partnern verpflichtet, alle gesetzlichen Vorgaben einzuhalten, die zur Erreichung einer Beschränkung der Haftung für die von den Partnern und ihren Mitarbeitern ausgeübte berufliche Tätigkeit auf das Gesellschaftsvermögen vorgesehen sind; insbesondere hat sie Umfang und Höhe der Berufshaftpflichtversicherung bei gesetzlichen Änderungen unverzüglich anzupassen." (Klausel aus BeckOF Vertrag/*Giehl,* 41. Edition 2017, Stand: 1.6.2017, Form. 7.3.2.1 Gesellschaftsvertrag einer PartGmbB § 13 Abs. 2). Alternativ: „Die Partnerschaft schließt eine Berufshaftpflichtversicherung nach Maßgabe der für Rechtsanwaltspartnerschaften mit beschränkter Berufshaftung geltenden berufsrechtlichen Anforderungen ab, welche zusätzlich die persönliche Haftung sämtlicher Partner und angestellter Rechtsanwälte, Wirtschaftsprüfer und Steuerberater für Tätigkeiten außerhalb der Partnerschaft abdeckt. Dabei werden die durch das jeweilige Berufsrecht vorgegebenen Mindestdeckungssummen nicht unterschritten." (BeckFormB Anwaltskanzlei/*Henssler* Form. B. I. 3. § 13.).

[40] Lange Zeit genügte es, wenn in der einfachen Partnerschaft die einzelnen Partner den Anforderungen ihres jeweiligen Berufsrechts entsprechend versichert waren. Zeitgleich mit der Einführung der PartmbB wurde allerdings speziell für Steuerberater die allgemeine Pflicht zur „angemessenen" Versicherung nach § 67 Abs. 1 StBerG, § 51 Abs. 1 S. 2 DVStB auf einfache Partnerschaftsgesellschaften erstreckt. Wegen der Maßgeblichkeit des jeweils strengsten Berufsrechts ist die interprofessionelle Partnerschaft bei Beteiligung eines Steuerberaters verpflichtet, für eine risikoadäquate Deckung iHv mindestens 250.000,00 EUR zu sorgen (§ 52 Abs. 1 DVStB).
Grds. sind außerdem alle für die Partnerschaft tätigen Berufsträger, ob Partner oder Angestellte, verpflichtet, eine eigene persönliche Berufshaftpflichtversicherung zu unterhalten. Ausnahmen gelten etwa für angestellte Steuerberater, die ausschließlich in dieser Funktion tätig werden (§ 51 Abs. 3 Alt. 1 DVStB iVm. §§ 58, 3 Nr. 2 StBerG; sowie →§ 8 Rn. 159ff., →§ 8 Rn. 161). Das Gleiche gilt für Partner einer PartmbB von Steuerberatern (diese muss die Voraussetzungen des § 67 Abs. 2 StBerG erfüllen, aber keine Steuerberatungsgesellschaft sein), die ausschließlich für die Partnerschaftsgesellschaft tätig sind (§ 51 Abs. 3 DVStB; vgl. auch *Ruppert* DStR 2013, 1623 [1626]). Besteht eine Pflicht zur persönlichen Versicherung, so bedarf es keines im eigenen Namen abgeschlossenen Versicherungsvertrages mit dem einzelnen Berufsträger. Es genügt eine von der Partnerschaft gezeichnete Sozietätspolice, sofern diese auch berufliche Tätigkeiten außerhalb der Gesellschaft abdeckt (str., s. Henssler/Prütting/*Diller* BRAO § 51 Rn. 25ff.).

derten Umstände sind insbesondere die Übernahme von Mandaten, die nach Art oder Umfang ein erhöhtes Risiko mit sich bringen.

(3) Die Partnerversammlung beschließt einen Geschäftsverteilungsplan, der eine eindeutige Zuordnung von Mandaten zu den einzelnen Partnern ermöglicht. Alle angestellten und freien Mitarbeiter sind jeweils einem Partner zugewiesen, welcher die Mandatsbearbeitung überwacht. In den Mandatsverträgen der Partnerschaft ist der jeweils zuständige Partner ausdrücklich anzugeben.

(4) Hat ein Partner eine Pflichtverletzung während seiner beruflichen Tätigkeit weder vorsätzlich noch grob fahrlässig begangen, tritt im Haftungsfall die Partnerschaft im Innenverhältnis für diesen Partner ein.

(5) Wird für einen Partner erkennbar, dass die Geltendmachung von Schadensersatz-ansprüchen zu besorgen ist oder werden solche bereits geltend gemacht, sind unverzüglich alle übrigen Partner zu unterrichten.

(6) Haften neben der Partnerschaft nur einzelne Partner für die Folgen von beruflichen Fehlern, ist der Regress jedes der haftenden Partner gegenüber jedem nicht haftenden Partner ausgeschlossen.[41]

§ 11 Arbeitsleistung, Urlaub (1) Die Partner verpflichten sich – mit Ausnahme von Rechtsanwältin B – wechselseitig, der Partnerschaft ihre volle Arbeitskraft zur Verfügung zu stellen. Rechtsanwältin B verpflichtet sich, zumindest halbtags ihre Arbeitskraft einzubringen.[42] An Arbeitszeiten sind die Partner nicht gebunden. Die Ausübung einer entgeltlichen Nebentätigkeit bedarf der Zustimmung aller Partner. Die Zustimmung darf nur aus wichtigem Grund versagt werden.

(2) Jedem Partner steht ein Jahresurlaub von 30 Werktagen zu, der in Absprache mit den anderen Partnern angetreten wird und im laufenden Geschäftsjahr zu nehmen ist.[43]

§ 12 Krankheit (1) Erkrankt ein Partner für eine längere Zeit als drei Monate, so kann die Partnerschaft zulasten seines Gewinnanteils einen Mitarbeiter für ihn einstellen.

(2) Bei einer Erkrankung eines Partners, die 6 Monate überschreitet, kann die Partnerschaft seinen Gewinnanteil angemessen herabsetzen. Bei einer Erkrankung von mehr als zwei Jahren kann die Partnerversammlung den Partner aus der Partnerschaft ausschließen.

---

[41] Durch diese Formulierung wird ausgeschlossen, dass der infolge der gesetzlichen Haftungskonzentration (§ 8 Abs. 2) allein haftende Partner bei den übrigen Partnern Regress zu nehmen berechtigt ist. Anderenfalls besteht die Gefahr, dass der Gläubiger etwaige Regressansprüche des haftenden Partners pfändet und so mittelbar doch alle übrigen Partner haften müssen.

[42] Diese Formulierung soll zeigen, dass auch Partner_innen Gesellschafter werden können, die neben dem Beruf familiäre Verpflichtungen zu erfüllen haben.

[43] Eine Urlaubsregelung ist zwar nicht zwingend erforderlich, aber zu empfehlen.

(3) Die Partner sind verpflichtet, eine Berufsunfallversicherung, eine private Unfallversicherung[44] sowie eine private Krankenversicherung abzuschließen.[45]

§ 13   Eintritt neuer Partner, Anteilsübertragung, Erbfolge (1) Die Aufnahme weiterer Partner sowie die Verfügung über Gesellschaftsanteile bedürfen der Zustimmung aller Partner. Die Beteiligung an der Partnerschaft kann nur auf Personen übertragen werden, die nach den Berufsgesetzen der Rechtsanwälte, Steuerberater und Wirtschaftsprüfer sozietätsfähig sind.[46]

(2) Die Beteiligung an der Partnerschaft ist nicht vererblich (§ 9 Abs. 4 PartGG).[47]

§ 14   Ausscheiden aus der Partnerschaft (1) Im Falle des Todes, der Eröffnung des Insolvenzverfahrens über das Vermögen eines Partners oder der Ablehnung der Verfahrenseröffnung mangels Masse, der Kündigung eines Partners, der Kündigung durch einen Privatgläubiger eines Partners (§ 16) sowie des Verlusts der erforderlichen Zulassung zur Ausübung des Beratungsberufes, scheidet der betroffene Partner mit dem Eintritt des betreffenden Ereignisses aus der Partnerschaft aus. Die Partnerschaft wird zwischen den übrigen Partnern fortgesetzt.[48] Verbleibt nur noch ein Partner, hat er das Recht, die Kanzlei ohne Liquidation fortzuführen.

(2) Ein Partner kann durch Beschluss der Partnerversammlung, bei dem der betroffene Partner kein Stimmrecht hat, ausgeschlossen werden, wenn ein wichtiger Grund in der Person des betreffenden Partners vorliegt. Ein wichtiger Grund liegt insbesondere vor, wenn ein Partner seine aktive Mitarbeit in der Partnerschaft aus Altersgründen,[49] Krankheit oder sonstigen Gründen dauerhaft eingestellt hat, ein Partner seinen Verpflichtungen, in vollem Umfang für die Partnerschaft tätig zu sein, seit mindestens einem Jahr trotz Aufforderung nicht nachgekommen ist oder ein Partner seine sonstigen Partnerschaftspflichten grob verletzt hat und trotz schriftlicher Abmahnung mit Fristsetzung von 10 Tagen die Verletzung fortsetzt. Der Ausschluss wird mit Zugang des Ausschließungsbeschlusses bei dem betroffenen Partner wirksam.[50]

§ 15   Abfindung (1) Der ausscheidende Partner erhält den von ihm aufgebrachten Anteil aus der Rücklage und seinen Gewinnanteil für das laufende Geschäftsjahr bis zum Ausscheidensstichtag ausgezahlt.

---

[44] Bei Zahlung der Prämien aus Privatmitteln der Partner fallen die Versicherungsleistungen im privaten Bereich an und können steuerfrei vereinnahmt werden.

[45] Unter dem regelmäßig vernachlässigten Vorsorgegesichtspunkt ist ergänzend zu erwägen, ob auch eine Krankentagegeldversicherung abgeschlossen werden soll.

[46] Zur grundsätzlichen Übertragbarkeit von Partnerschaftsanteilen auf Angehörige der Freien Berufe → § 9 Rn. 120 ff.

[47] Zur Vererbung der Gesellschafterstellung → § 9 Rn. 114 ff.

[48] Zum Ausscheiden eines Partners aus der Partnerschaft → § 9 Rn. 4 ff.

[49] Möglich ist auch die Vereinbarung einer festen Altersgrenze (s. dazu § 15 des Partnerschaftsvertrages im DAV-Ratgeber für junge Anwälte, 13. Aufl. 2013, 313 f.).

[50] Zur Ausschließung eines Partners aus der Partnerschaft → § 9 Rn. 21 ff.

(2) Der ausscheidende Partner erhält eine Abfindung. Sie bemisst sich nach dem Buchwert[51] des auf seine Beteiligung entfallenden Anteils an dem Gesellschaftsvermögen gemäß des auf den Ausscheidensstichtag aufzustellenden Rechnungsabschlusses und Vermögensverzeichnisses der Partnerschaft.[52]

(3) Das Abfindungsguthaben ist binnen drei Monaten nach dem Ausscheidenstermin fällig.

(4) Weitergehende Ansprüche des ausscheidenden Partners, insbesondere auf Freistellung von Verbindlichkeiten oder auf Teilnahme an schwebenden Geschäften, bestehen nicht.[53] Im Innenverhältnis wird der ausgeschiedene Partner von den gemeinschaftlichen Schulden der Partnerschaft freigestellt, soweit diese nicht auf ein vorsätzliches oder grob fahrlässiges Fehlverhalten des Ausgeschiedenen aus der Zeit vor dem Ausscheiden zurückzuführen sind.

§ 16   Kündigung (1) Jeder Partner kann seine Mitgliedschaft in der Partnerschaft zum Ende eines Kalenderjahres mit einer Frist von sechs Monaten kündigen. Liegt ein wichtiger Grund vor, so kann jeder Partner seine Mitgliedschaft auch ohne Einhaltung einer Frist außerordentlich kündigen.[54]

(2) Jeder Partner hat in diesem Fall das Recht zur Anschlusskündigung auf den gleichen Stichtag innerhalb von drei Monaten nach Zugang der Kündigung.

(3) Jede Kündigung hat schriftlich zu erfolgen. Für die Rechtzeitigkeit der Kündigung ist das Datum des Posteingangsstempels maßgeblich.

§ 17   Auflösung, Liquidation (1) Im Falle der Auflösung der Partnerschaft wird der Liquidationserlös[55] entsprechend der zum Auflösungsstichtag geltenden Gewinnbeteiligung verteilt. Die Partner nehmen an dem Liquidationsergebnis des Gesellschaftsvermögens im Verhältnis ihrer Beteiligungen teil.[56]

(2) Die Partner sind verpflichtet, sich um eine Regelung zu bemühen, welchem Partner die bisher von der Partnerschaft betreuten Mandatsverhältnisse übertragen werden. Kann keine Einigung erzielt werden, ist gem. §§ 32 BORA, 26 BOStB zu verfahren.

§ 18   Mandatsschutz (1) Der ausgeschiedene Partner darf innerhalb von zwei Jahren nach seinem Ausscheiden keine Mandate von Auftraggebern, die in den zwei Jahren zuvor zum Mandantenkreis der Partnerschaft gehört haben, annehmen. Ein Verstoß gegen diese Pflicht hat einen Anspruch der Partner-

---

[51] Zur Zulässigkeit von Buchwertklauseln → § 9 Rn. 91 f.
[52] Zur Abfindung des ausscheidenden Partners → § 9 Rn. 62 ff.
[53] Zur Schuldbefreiung → § 9 Rn. 49.
[54] Nach der gesetzlichen Regelung (§ 9 Abs. 1 iVm § 131 ff. HGB) besteht kein außerordentliches Kündigungsrecht der Partner, sondern nur die Möglichkeit einer Auflösungsklage gem. § 133 HGB (→ § 9 Rn. 9).
[55] Im Gegensatz zum Liquidationsergebnis, das auch einen Verlust ausweisen kann, bezeichnet der Liquidationserlös das Restvermögen der Gesellschaft nach Abzug der Liquidationskosten.
[56] Zur Auflösung der Partnerschaft → § 9 Rn. 102 ff.; zur Liquidation der Partnerschaft → § 10 Rn. 1 ff.

schaft auf Abgabe von 25% des Honorars aus dem betreffenden Mandatsverhältnis zur Folge. Ausgenommen sind Mandate, die der Ausscheidende selbst in die Partnerschaft eingebracht hat.

(?) Abs. 1 findet keine Anwendung, wenn der Partner aus einem durch die anderen Partner begründeten wichtigen Grund ausgeschieden ist.

§ 19 Güterstandsklausel Die Partner sind verpflichtet, hinsichtlich ihrer Beteiligung an dieser Partnerschaft mit ihren Ehegatten den Ausschluss des Güterstandes der Zugewinngemeinschaft zu vereinbaren. Der Abschluss des entsprechenden Ehevertrages ist der Partnerschaft nachzuweisen. Solange der Nachweis nicht geführt ist, sind Gewinnentnahmen nur in der Höhe der aus der Beteiligung anfallenden Steuerlast des betreffenden Gesellschafters auszuzahlen. Die Höhe dieser Steuerlast unter Berechnung nach dem Durchschnittssatz ist durch Bestätigung eines Angehörigen der rechts- oder steuerberatenden Berufe nachzuweisen. Der nach den vorstehenden Bestimmungen nicht auszahlbare Teil des entnahmefähigen Gewinnes ist bis zum Nachweis des Abschlusses eines entsprechenden Ehevertrages auf dem Kapitalkonto II des Gesellschafters zu verbuchen.[57]

§ 20 Schiedsverfahren Für alle Streitigkeiten aus diesem Vertrag oder über seine Gültigkeit, die zwischen der Partnerschaft und einem oder mehreren Partnern entstehen, wird die ordentliche Gerichtsbarkeit ausgeschlossen und die Zuständigkeit eines Schiedsgerichtes vereinbart.[58] Die Schiedsvereinbarung ist in einer gesonderten Urkunde als Anlage[59] zu diesem Vertrag niedergelegt.

§ 21 Schlussbestimmungen (1) Sollten einzelne Bestimmungen dieses Vertrages oder eine künftige in ihn aufgenommene Bestimmung ganz oder teilweise nicht rechtswirksam oder nicht durchführbar sein oder ihre Rechtswirksamkeit oder Durchführbarkeit später verlieren, so soll hierdurch die Gültigkeit der übrigen Bestimmungen des Vertrages nicht berührt werden. Das gleiche gilt, soweit sich herausstellen sollte, dass der Vertrag eine Regelungslücke enthält. Anstelle der unwirksamen oder undurchführbaren Bestimmung

---

[57] Die Vereinbarung einer Güterstandsklausel soll nur als Anregung dienen. Die Einwilligung der Partner in eine derartige Klausel ist nicht selbstverständlich, bedeutet die Verpflichtung doch einen erheblichen Eingriff in die Privatsphäre der Partner (vgl. auch *Bösert/Braun/Jochem* 232 Fn. 703). Sinn der Regelung ist es zu verhindern, dass bei Ehescheidung eines Partners gegen diesen erhebliche Zugewinnausgleichsansprüche geltend gemacht werden, die der betroffene Gesellschafter nur durch Entnahmen aus der Gesellschaft erfüllen könnte (eingehend dazu *Ulmer,* Güterstandsklauseln in Gesellschaftsverträgen von Freiberufler-Personengesellschaften, Diss. Köln, 2017).

[58] Ein Schiedsgericht hat den Vorteil, unter Berücksichtigung des Instanzenzuges kostengünstiger und schneller entscheiden zu können. Auch können Schiedsrichter mit besonderem Fachwissen ernannt werden. Bei internationalen Partnerschaften sollte auf jeden Fall eine Schiedsvereinbarung getroffen werden. Bei kleineren Partnerschaften kann dagegen der ordentliche Rechtsweg beibehalten werden.

[59] Muster einer Schiedsvereinbarung finden sich bei *Stuber,* Partnerschaftsgesellschaft, 2. Aufl. 2001, 77 und *Bösert/Braun/Jochem* 261.

oder zur Ausfüllung einer Lücke sind die Parteien verpflichtet, eine angemessene Regelung zu vereinbaren, die, soweit rechtlich möglich, dem am nächsten kommt, was die Gesellschafter gewollt haben oder nach dem Sinn und Zweck des Vertrages gewollt haben würden, sofern sie bei Abschluss dieses Vertrages und bei der späteren Aufnahme der Bestimmung den Punkt bedacht hätten.

(2) Änderungen, Ergänzungen oder die Aufhebung dieses Vertrages bedürfen der Schriftform. Diese Formvorschrift kann nur schriftlich außer Kraft gesetzt werden.

(3) Die Kosten dieses Vertrages und seiner Durchführung trägt die Partnerschaft.

Köln, den   Unterschriften

Sachverzeichnis

Die fettgedruckten Zahlen bezeichnen die Paragraphen des PartGG,
die magergedruckten Zahlen bezeichnen die Randnummern der Erläuterungen.

Sachverzeichnis

Sachverzeichnis

Sachverzeichnis

Sachverzeichnis

Sachverzeichnis

Sachverzeichnis

Sachverzeichnis

Sachverzeichnis

Sachverzeichnis